“十二五”国家重点
出版物出版规划项目

中国志书精品工程
High Quality Project of China's Local Records

汶川特大地震抗震救灾志

WENCHUAN TEDA DIZHEN KANGZHEN JIUZAI ZHI

《汶川特大地震抗震救灾志》编纂委员会　编

卷十

英雄模范志

方志出版社
Publishing House of Local Records

图书在版编目（CIP）数据

汶川特大地震抗震救灾志. 卷十，英雄模范志 /《汶川特大地震抗震救灾志》编纂委员会编. -- 北京：方志出版社，2015.8

ISBN 978-7-5144-1578-0

Ⅰ.①汶… Ⅱ. ①汶… Ⅲ.①抗震—救灾—概况—汶川县②抗震—救灾—先进事迹—中国 Ⅳ.①D632.5 ②K820.7

中国版本图书馆CIP数据核字（2015）第049061号

汶川特大地震抗震救灾志

2008·5·12

汶

WENCHUAN

TEDA DIZHEN

KANGZHEN JIUZAI ZHI

WENCHUAN

TEDA DIZHEN

KANGZHEN JIUZAI ZHI

《汶川特大地震抗震救灾志》编纂委员会

《汶川特大地震抗震救灾志》编纂人员

总　纂

田　嘉　　邱新立

指导专家（按姓氏笔画排序）

王卫明　　王复兴　　齐家璐　　苏炎灶　　李　云　　张东升　　陈泽泓　　武铁良
罗保平　　周　慧　　赵庚奇　　段育达　　姜昆阳　　梅　森　　谭烈飞　　颜小忠
颜越虎

校　核（按姓氏笔画排序）

牛润珍　　毛东武　　仇玉英　　任根珠　　刘仕仲　　刘柏修　　杨大明　　李继隆
李维怡　　张世民　　陈　华　　陈　野　　林顺道　　欧阳发　　卓　林　　郑汝成
郑洪英　　孟庆斌　　陶利辉　　梁建楼　　梁滨久　　曾祥麟　　缴世忠

编　务

段志贤　　刘永强　　程方勇　　和卫国　　王会世　　曾　荣　　谷春侠　　李一龙
汪秀红

《汶川特大地震抗震救灾志》终审人员

朱佳木　　吴恒权　　项兆伦　　穆　虹　　姜　力　　杨士秋　　徐　科　　王国庆
赵和平　　孙原生　　刘永富　　江泽林　　陈祖武　　李孝聪

《汶川特大地震抗震救灾志·英雄模范志》编纂委员会

《汶川特大地震抗震救灾志·英雄模范志》编纂人员

主　编

尹蔚民

执行主编

杨士秋　陆　晓

副主编

吴玉良　傅思和　蔡名照　赵　凯　邵旭军　刘金国　黄淑和　陆俊华
陈建安

总　纂

杨士秋

执行总纂

信长星　吴云华　岳　雷

副总纂

刘博元　卞宝驰　李小新　顾祥胜　陈祥如　刘　涛　王守兴　奚路彪
刘南昌　叶　壮　李泽远　孔令纪　李德福　雷宝岐　王建中　徐友好

编纂工作室编写人员

薛　虹　欧东明　陈　祎　张　艳　邵　锐　张晓科　龚宝瑞　张　涛
袁　琪　栾　勇　于　淼　吴瑞祥　陈先郡　金子琦　李德刚　江红波
孙晓东　林日闯　尹浩岚　李晓云　陈　静　张　强　赵　镜　畅　达
周根山

承编单位编写人员

牛晓天	王维东	李　迅	明立志	张文祥	刘海富	张一卫	顾祥胜
胡正兵	郭存亮	严鹏程	徐亚骏	番绍立	王　永	朱　靓	王万平
谢志敏	朱保江	许志龙	刘冠男	林　婧	张　宁	和　勇	王海燕
魏光明	邹永宏	姚振怀	崔建管	王建华	饶望京	魏　鑫	魏洪川
田为勇	罗　云	宋志军	张千军	方建敏	王雨亭	孙永福	段　虹
巩劲标	魏　旭	陈国胜	王　斌	丁书旺	王　燕	刘阿娜	张宁宁
李恒宁	初本德	张晓晔	贾立如	陈　梦	柳长森	万质贵	张　昕
刘　卫	岳利平	王国武	段家胜	刘新海	殷　杰	李庆宗	李　鹏
张小艳	李　静	郭　丹	王成玉	王　萍	饶际源	胡明伟	胡小玲
刘振坤	陈　光	牟艳珠	张海东	李德善	魏立忠	谢哲军	吕　昊
王海智	王以忠	关鲁南	王　威	李　涛	刘怀宽	李赤一	史彦勤
苏　莉	高佩娟	陈培军	张　伟	丁旭涛	杨虎德	蒋坤芝	马　骥
张利民	董晓玲	蔡　艳	余亚群	尤　红	姚志贤	梁　华	肖连敏
李兰颂	张继兰	胡堂林	康士建	傅幼尧	宋怀金	张明庆	何经耀
高永辉	何燕梅	邢　华	梁金榜	刘雪林	原永彪	李文廷	孟秀芳
王　力	谭少华	郝云文	李东旭	何艳萍	隋　伟	李　榕	于怀东
李启再	沙小军	李　燕	杨雁雄	吴华森	饶丽芬	王志敏	赵建华
曹永鹏	温兴生	黄小为	刘祖芳	刘伊兰	李宝新	彭晓燕	刘宁东
吴建萍	汪伟平	王越忠	张　勤	王德海	田　诚	龚文昌	赖永明
王永会	徐路源	石永忠	黎　斌	刘亚梅	皮大中	次仁达娃	
罗永新	周　恒	杜晓风	任轶伟	白　莉	庞　波	李德福	田　刚
杨文彬	魏　萍	毛江明	刘智谋	陈　军	杨岸廷	白运增	杨忠强

校核人员

薛　虹　陈　祎　邵　锐　张　涛

《汶川特大地震抗震救灾志·英雄模范志》审稿人员

初　审

齐家璐　邱新立　姜昆阳　张东升　傅幼尧　张明庆　何经耀　李朝全
李晓虹

复　审

杨士秋　赵　凯　邵旭军　刘金国　黄淑和　康士建　吴云华　田　嘉
邱新立　陈东升　徐志刚　李泽远　向可华　齐家璐

凡　例

一、编纂《汶川特大地震抗震救灾志》（以下简称全志），坚持以邓小平理论、“三个代表”重要思想、科学发展观为指导，贯彻落实习近平总书记系列重要讲话精神，坚持辩证唯物主义和历史唯物主义的立场、观点和方法，存真求实，全面、客观、系统地记述汶川特大地震灾害、抗震救灾和灾后恢复重建的全过程，以存史资鉴。

二、全志设 11 卷，《总述》总括汶川特大地震灾害及抗震救灾、灾后恢复重建活动全貌，概述特点；《大事记》记述抗震救灾和灾后恢复重建中有全局性影响的大事、要事；《图志》直观再现汶川特大地震灾害、抗震救灾和灾后恢复重建的真实场景；《地震灾害志》记述地震灾区地质地貌、地震灾害成因等，反映地震破坏、次生地质灾害等对自然生态环境、经济社会发展的严重破坏和灾难性影响，以及人民生命财产的巨大损失；《抢险救灾志》记述在中共中央、国务院、中央军委的领导下，全党全军全国各族人民全力抢救人民生命财产、抢修基础设施和防治次生灾害等的全过程；《灾区生活志》记述党和政府全力实施生活救助、恢复生产、保障受灾群众生活等工作；《灾区医疗防疫志》记述各方支援，全力开展医疗救治、卫生防疫、卫生监督及恢复灾区医疗卫生服务等工作；《社会赈灾志》记述全国各地、社会各界、港澳台同胞、海外侨胞以及国际社会的捐助活动；《灾后重建志》记述灾区人民自力更生恢复生产、重建家园，以及各地对口支援和社会援建等工作；《英雄模范志》重点记述抗震救灾英雄集体和模范人物事迹；《附录》收录与抗震救灾和灾后恢复重建有关的法律法规、重要文献、部分媒体评论及文艺作品。

三、全志综合运用述、记、志、传、图、表、录等体裁，以志体为主。对影响面大、事关全局的典型、特色内容，采用专记记述；与各卷记述内容密切相关的重要文献、档案资料等，采用文献辑存方式收录于各卷正文之后。

《英雄模范志》以传记形式记述在抗震救灾中牺牲的烈士、因公殉职并受到省部级表彰的人物；以简介形式记述 2008 年 10 月 8 日中共中央、国务院、中央军委联合表彰的全国抗震救灾英雄集体和模范，国务院、中央军委记功的集体和个人，以及中央军委表彰或记功的集体和个人。

四、各卷记述时限，《总述》《大事记》《图志》《灾后重建志》和《附录》为 2008 年 5 月 12 日至 2011 年 10 月；《地震灾害志》《抢险救灾志》《灾区生活志》《灾区医疗防疫志》《社会赈灾志》和《英雄模范志》为 2008 年 5 月 12 日至 10 月 14 日。为保持记述内容的相对完整，在必要的背景内容、捐赠款物统计、与抗震救灾工作密切相关的原始文件、重大事件后续发展等方面，记述时限适当上溯、下延。

《灾后重建志》中恢复重建工作“三年”和“两年”的时间概念，从国务院制定的《汶川地震灾后恢复重建总体规划》印发之日算起。其中，“三年”指从2008年10月1日起，至2011年9月30日止；“两年”指从2008年10月1日起，至2010年9月30日止。

五、全志记述范围，涉及地震灾害的，以2008年7月22日民政部、发展改革委、财政部、国土资源部、地震局联合发布的《汶川地震灾害范围评估结果》所界定的灾区范围为准，重点记述极重灾区10个县（市）、重灾区41个县（市、区）的地震灾害及抗震救灾；涉及救灾、赈灾的，以有关主管部门公告为准；涉及灾后恢复重建的，重点为《汶川地震灾后恢复重建总体规划》所确定的规划范围，即上述位于极重灾区和重灾区的51个县（市、区），一般用“重灾地区”代指。支援抗震救灾与灾后恢复重建对口支援，以事件（事项）涉及地区为准，包括非灾区及相关国家和地区。

六、全志横分门类，纵述史实。除《总述》《大事记》《图志》《英雄模范志》《附录》外，其余各卷按篇、章、节编次，节下设目。卷首设概述，篇下设无题述，章、节下视需要设无题述。

七、全志记述顺序，灾区一般按《汶川地震灾害范围评估结果》界定的极重灾区、重灾区和一般灾区的顺序排列，非灾区按民政部《中华人民共和国行政区划手册·2009》（中国社会出版社，2009年3月版）所列行政区划顺序排列；记述国家、地区，按其英文名称首字母顺序排列。

《大事记》依时叙事，有具体时、分的事条居前，无具体时、分的排后；时间相同的，按中央国家机关、解放军和武警部队、社会团体、灾区和非灾区省（区、市），以及国家、地区和国际组织顺序排列；为体现事物的完整性，个别时间跨度较大的，或将其结果记于开始之日，或将其起始情况记于结束之时。

《英雄模范志》记述英烈人物，按教育、公安、其他行业、解放军、武警部队顺序排序，各系统内按烈士被批准的时间先后为序，时间相同者以相关文件中的排名顺序为序；其他因公殉职人物排列于烈士之后，以表彰时间为序。记述英雄集体和模范，以中共中央、国务院、中央军委表彰文件所列名单为序。由国务院、中央军委记功的集体和个人，分别排列于公安系统抗震救灾英雄集体和模范之后；由中央军委表彰或记功的集体和个人，分别排列于解放军抗震救灾英雄集体和模范之后。

《附录》按类收录文献，同类文献按公布、刊发时间顺序排列。碑文据其所在地区，按极重灾区、重灾区、一般灾区顺序排列。

八、全志记述内容涉及国家法律法规的，以其时现行者为准。

九、全志行文规范，按照全志编委会制定的《〈汶川特大地震抗震救灾志〉行文规范》执行，个别条款有所调整。

县级以上行政区划名称及其隶属关系，以民政部《中华人民共和国行政区划手册·2009》

（中国社会出版社，2009 年 3 月版）为准。乡镇名称及其隶属关系，以民政部《中华人民共和国乡镇行政区划简册·2010》（中国统计出版社，2010 年 9 月版）为准。国家、地区名称的规范简称，以《世界地图》（中国地图出版社，2009 年版）为准。

出现频率较高的党政机关、企事业单位、行政区划等名称，大体按照全志编委会办公室制定的《〈汶川特大地震抗震救灾志〉专有名称全称、简称使用规范》（见《索引》）使用简称；出现频率不高的部门、单位名称等，或用全称，或用约定俗成的简称。《英雄模范志》中英雄集体的名称使用表彰文件中的名称。

在上下文不产生歧义的前提下，记述汶川特大地震发生当年的事情，除《总述》“恢复重建”部分及《灾后重建志》外，其余各卷均直书月、日，不标注“2008 年”；其他年份，标明年、月、日。同一段落中连续记述同月发生的多条事项，首次出现时标注月份，后直书日期。记述灾后恢复重建工作，同一目下记述同一年度内容的，首次出现年份时注明年份，后承前省略；记述跨年度内容的，逐年注明年份。

出现频率、知名度较高的人物，首次出现时交代职务（职称），其后一般直书其名。《英雄模范志》中人物职务以表彰文件中所列职务为准。

《英雄模范志》人物传、简介所记人物，凡未注明性别、民族及学历者，分别为“男”“汉族”及“高中（含）以下”。

《附录》收入的原始文献，只校正其中的错字、漏字、衍字以及明显有误的标点符号，标题、目题版式根据全志统一要求予以调整。

记述货币，除特别注明的币种外，均为人民币。其他币种与人民币的汇率，均以当时市场汇率为准，一般不作换算。物资价值按照当年市场价格折算。

计量单位一般保持原貌，不特作统一处理，以避免换算后出现误差和约数；对“亿”“万”数据的表述，也不强求一致。

十、全志资料，主要由中央国家机关、各民主党派和人民团体、各省（区、市）、解放军、武警部队提供，个别摘引自媒体报道、官方网站、公开出版物等，一般不注明资料出处，情况特殊者随文交代。《附录》收录公布或刊发的文献，一般注明出处。

全志记述的主要灾情数据，以 2008 年 7 月 22 日民政部、发展改革委、财政部、国土资源部、地震局联合发布的《汶川地震灾害范围评估结果》为准；其他数据，以中央国家机关、各民主党派和人民团体、各省（区、市）、解放军、武警部队等提供者为准。其中，《地震灾害志》所用数据，反映灾区总体情况和川甘陕三省灾区的数据，采用《汶川地震灾害范围评估结果》中的评估数，以及民政部、发展改革委、财政部、地震局发布的《汶川地震灾害损失校核结果的报告》中的校核数；所记经济损失主要为直接经济损失，记述间接经济损失的随文说明。其他各卷数据，反映同一事物的数据，凡有校核数的用校核数，无校核数的用评估数；地方数据用各级地方政府提供的数据，专业数据用行业主管部门、专业部门提供的数据，另有少量调查数据。因统计时间、统计口径不同等因素，统计范围与统计分组可能与评估报告不完全一致，致使个别统计结果会有出入；数据亦可能因四舍五入计数保留法而出现分项之和与总数不完全一致的情况。

《灾后重建志》中涉及总体规划和专项规划实施情况的数据，由国务院汶川地震灾后恢复重建工作协调小组办公室提供，灾损数据以规划公布数据为准；其他行业（专项）情况和数据，由中央和国家机关有关部委提供；项目重建、软件支援情况和数据，由各灾区、对口支援省市和有关社会组织提供。由于灾后恢复重建项目资金来源多样，对口援建和社会支持部分项目资金只是对口支援单位的投资部分；部分项目投资规模大于援建资金规模的，包含了中央重建基金、灾区地方自筹资金，或两者兼有；两者个别数据不一致而又不便取舍时，分别交代其资料来源。

《社会赈灾志》中的统计数据，以政府职能部门统计者为准；凡未说明截止日期的，截止日期为2008年10月14日。

目　录

概　述

汶川特大地震，是中华人民共和国成立以来破坏性最强、波及范围最广、救灾难度最大的一次地震。震级达8级，最大烈度达11度，余震3万多次，灾区范围包括四川、甘肃、陕西、重庆、云南、宁夏6个省（自治区、直辖市）、237个县（市、区）、4667个乡（镇）、48810个村庄。灾区总面积约50万平方公里，受灾群众4625.6万人，其中极重灾区、重灾区面积约11.6万平方公里，造成69227名同胞遇难、17923名同胞失踪，需要紧急转移安置受灾群众1510.6万余人，房屋大量倒塌损坏，基础设施大面积损毁，工农业生产遭受重大损失，生态环境遭到严重破坏，直接经济损失8523.09亿元，引发的崩塌、滑坡、泥石流、堰塞湖等次生灾害举世罕见。

面对空前惨烈的灾难，在中共中央、国务院和中央军委的坚强领导下，全党、全军和全国各族人民迎难而上，以惊人的意志、勇气和力量，开展了中国历史上救援速度最快、动员范围最广、投入力量最大的抗震救灾斗争。地震发生后，全国各地、社会各界、灾区人民和数十万救援人员、支援灾区的建设者，在第一时间行动起来，快速投入抗震救灾。经灾区人民和救援人员的共同努力，84017名受难群众被从废墟中抢救出来，149万名被困群众得到解救，430多万名伤病员得到及时救治，灾区人民有病能及时得到医治，灾区医疗防疫工作全面开展，确保了大灾之后无大疫。1510万余名被紧急转移安置的受灾群众基本生活得到妥善安排，881万名灾区困难群众得到救助。灾区人民有饭吃、有衣穿、有干净水喝、有住处，中小学校在新学期全面复课开学。与此同时，地震灾区的交通、电力、通信、广播电视、水利、供水、供气等基础设施得到修复，堰塞湖等次生灾害得到及时处理和化解，各项恢复重建工作全面推进。汶川地震抗震救灾斗争取得了举世瞩目的重大胜利，灾区人民正在坚定地迈向新的生活。

在伟大的抗震救灾斗争中，全国人民和人民军队万众一心、众志成城、和衷共济、团结奋斗，涌现出了一大批令人赞叹的英雄集体和模范人物。他们在抗震救灾中的英勇表现，展示了中国人民泰山压顶不弯腰的英雄气概，体现了中国人民团结一致的强大力量，谱写了感天动地、可歌可泣的英雄凯歌，弘扬了伟大的民族精神，书写了中华民族发展史上新的壮丽诗篇。

一

面对汶川特大地震灾害，灾区各级党委、政府紧急动员，迅速行动，在山崩地裂的生死关头，处变不惊、指挥若定，带领群众化悲痛为力量，从废墟上勇敢地站立起来，沉着冷静地开展抗震救灾工作，充分发挥了中流砥柱的作用。共产党员和领导干部在灾害降临的危难时刻，挺身而出、身先士卒，组织灾区群众争分夺秒抢救被困人员，想方设法安置受灾群众，带领群众抓紧恢复生产、重建家园。他们中间，有受到中共中央、国务院、中央军委表彰的北川县委、平武县委、青川县委、彭州市龙门山镇党委、都江堰市向峨乡党委等一大批抗震救灾英雄集体，还有德阳市委书记方小方、绵竹市委书记蒋国华、都江堰市副市长兼都江堰市龙池镇党委书记王晋、平武县南坝镇镇长王正斌等一大批抗震救灾模范。

地震发生时，北川县委书记宋明正在去成都学习的途中。宋明立即调转车头返回北川，指挥人员抢救被埋群众，并安排人员查看县城灾情。地震发生时，县长经大忠正在县委礼堂参加全县青年创业表彰大会。经大忠大呼："让学生先走，党员干部留下！"掩护学生安全撤离后，他立即到县城各处查看灾情，组织群众转移。地震发生3小时后，北川县委在北川中学紧急成立抗震救灾指挥部，在地震当天成功将老城区5000余名群众转移至任家坪北川中学操场。5月13日晨，指挥部再次转移出约3000名新城区幸存群众。党员干部用手刨、用棒撬，积极搜寻幸存者，努力收集食品、饮用水以及能遮风避雨的物品，尽可能让数千受灾群众充饥避雨。抗震救灾期间，北川全县共搜救出群众15063人，救治受伤群众2万多人，掩埋和火化死难者遗体1万余具，安置受灾群众14.2万人。

汶川县映秀镇党委、镇政府在震后多名干部下落不明的情况下，镇党委副书记蒋青林担起重担，组织成立抗震救灾临时领导小组，分头展开救援工作。在映秀小学，蒋青林组织群众救人，没有挖掘工具就徒手救援，并于当晚迅速安排人员组织群众向渔子溪等地势相对较高的地区转移。镇党委书记王长红在出差途中被地震震落的滚石砸伤双腿，伤情严重，在安排部署好抗震救灾工作后，将镇党委工作交给蒋青林全权负责，在外地就医期间还坚持通过电话了解映秀抗震救灾情况。副镇长徐红军在余震不断的情况下，当天从幼儿园废墟中救出20多个孩子。至5月14日凌晨，在外部救援人员来到映秀镇之前，镇党委和镇政府组织带领干部群众用简易工具和双手，成功救出被困人员500余人，救治伤员1000余人。

都江堰市向峨乡是地震极重灾乡镇之一，地震发生后，中小学校校舍和乡政府办公楼垮塌，很多学生和乡干部被埋在废墟里。一边是中小学的400余名师生，一边是乡政府的14名工作人员，在外界援助还未赶到的情况下，向峨乡党委决定集中力量先救学生。书记和乡长分两路组织党员、干部与群众从危难中夺回了30多个学生的生命。当晚，千余名解放军、武警和消防官兵陆续赶到向峨乡。经连续奋战，全乡共营救出68名学生，但乡政府机关已有8人遇难。直到地震发生后的第五天，救援人员才从乡政府废墟中清理出最后一名机关工作人员的遗体。生死关头，向峨乡干部把生的希望留给了群众。

文县中庙乡党委和乡政府在震后30分钟，组织了19个抢险救灾小分队赶到各村。面对灾后惨状和群众期盼的目光，小分队队员立即组织群众转移，抢救伤员，排除险情，两小时内疏通了全乡交通干道，24小时内恢复了居民用电和人畜饮水工程，受灾群众生活得到基本保障。乡干部白天奔波在抗震救灾第一线，深入细致地做群众思想工作，看望慰问群众，组织开展抢险救灾与生产自救，晚上又和乡村干部商谈研究抗震救灾工作。中庙乡干部自己家中受灾，有的家属还受了伤，但都始终坚守在工作岗位上。

宁强县广坪镇地处大巴山深处。地震发生时，镇党委书记万春荣正在镇医院看望病人，突如其来的强烈地震使整个医院乱作一团。万春荣紧急组织所有医护人员在最短的时间内将住院病人转移到安全地带后，又冒险奔赴镇中学，逐个教室搜寻受伤学生。之后，广坪镇迅速成立抗震救灾指挥部，组建了14个抗震救灾和抢险突击队，镇领导分头带队赶赴各村查看灾情。镇党政机关工作人员，有的亲人受伤，有的房屋倒塌，但他们天天扑在救灾抢险第一线，没有休息日，不分白天夜晚地坚守在工作岗位上。

……

正是许许多多如上所述的灾区各级党委、政府及工作人员，在突如其来的地震灾害面前，急人民群众之所急，解人民群众之所难，成为灾区人民的主心骨，把保护人民生命安全放在首位，把中共中央、国务院的关怀送给每一个受灾群众，把人民群众抢险救灾的积极性调动起来，凝聚成一股万众一心、迎难而上、共御天灾的伟大力量。

二

面对汶川特大地震灾害，灾区人民临危不乱、守望相助，全力开展自救互救；全国人民共御灾难、无私奉献，全力展开抢险救援。在千钧一发的紧要关头，多少人瞬间做出把生的希望留给他人、把死的威胁留给自己的抉择，多少父母用双臂为孩子撑起生命的天空，多少教师用自己的身躯为学生挡住死神的威胁，多少救援者舍小家为大家、奋不顾身地奋战在第一线……灾区人民和全国救援人员凭着顽强意志，在满目疮痍的灾区土地上，创造了惊天地、泣鬼神的感人事迹。

5月12日，是通江县洪口镇永安坝村小学教师苟晓超新婚后上班的第一天。地震发生后，苟晓超立即冲进教室抢救学生。他把10余名孩子安全转移到楼下，又马上返身冲向3楼，抱起两名学生冲向楼下。当他第三次双臂各夹着一个孩子飞奔而下、跑到一层的最后一级楼梯时，教学楼正面一块约1吨重的钢筋混凝土板砸落下来，苟晓超本能地将两个孩子保护在自己怀中，用身躯挡住坠落物。两个孩子安然无恙，但苟晓超的双腿却被砸断，胸部和头部也受到重创。当其他教师和赶来的村民搬开他身上的砖块和混凝土板块时，苟晓超还用手指向顶楼，断断续续地说："先救楼上的孩子。"在被送往县医院抢救途中，苟晓超因伤势过重献出了年轻的生命。

地震发生当晚，川北医学院附属医院驾驶员雷勇主动要求前往抗震救灾第一线，并于次日赶赴地震灾区。他连续奋战13个昼夜，往返30余次，从绵阳、德阳等地震灾区转送地震伤员和医疗救援队员，运送药品及救援物资等。6月6日，天降大雨，能见度差，道路崎岖湿滑，雷勇驾驶救护车行驶到一处弯道时，迎面突然驶来一辆大货车。为保护车上9名医护人员及2名志愿者的安全，生死关头，雷勇紧握方向盘，拼尽全力控制车身，不幸壮烈牺牲。

地震发生后，茂县曲谷乡二不寨村党支部副书记王继余，与乡里救援人员一起逐家逐户紧急搜救伤员，转移群众。当晚，大部分村民没有栖身场所，王继余又和民兵一起不顾房屋随时可能垮塌的危险，抢运村民急需的粮食、篷布，帮助村民搭建临时帐篷，查看村民临时安置情况。因通信中断，乡里决定派人徒步到县城向县政府报告地震灾情。当时余震不断，沿途泥石流随时可能发生；交通瘫痪，需绕道上百公里，任务十分艰巨。王继余主动请战："我是共产党员，我去报信。"5月13日一早，王继余和茂县地震办工作人员、河坝村民兵连连长，仅带一把雨伞便踏上送信的路途。14日下午，3人奔走在国道213线上时，余震突然发生，顷刻间山坡上巨石飞滚而下。王继余大声向同伴喊道："飞石，快躲躲！"自己却不幸被滚下的巨石击中，光荣牺牲。

地震发生后，彭州市公安局民警蒋敏作为公安局巡逻小组成员，上街巡逻查看灾情，维持秩序，救助群众。5月13日下午，蒋敏的舅舅打电话告诉她，她的爷爷、奶奶、母亲、女儿等10名亲人已被确认在地震中遇难。遭受重创的蒋敏选择了坚强。在地震发生后的5天时间里，蒋敏一直和民警们忙碌在抗震救灾第一线，维持震后社会秩序，帮助安置不断从灾区转移出来的群众。17日凌晨，因为连日的劳累和悲伤，蒋敏在临时安置点晕厥过去。医生把她送到医院输液治疗，但她一醒过来就立即要求回安置点。"我还行，我不能占医院的床位，我也不能停下来。"蒋敏挣扎着回到安置点坚持工作。

地震发生时，宁强县黄坝驿乡中心小学20多名一年级学生被吓得慌作一团大声哭叫，教师王敏正处在教学楼和宿舍楼之间的空地上。"一定要把孩子救下来"，王敏跌跌撞撞地奔回教学楼，把学生们带到安全地带。王敏看到还有两个小女孩浑身发抖地缩在2楼楼梯旁，就再次冲进去，一手抱住一个转身往下跑。突然，一大堆瓦片重重地砸在王敏身上，在倒地的一瞬间，她下意识地将两个孩子紧紧护在自己怀里。校长和老师们把王敏救出来时，她浑身是血，额头开裂，而她醒过来的第一句话便是"那俩娃怎么样了"。当得知两个孩子安全获救，她欣慰地笑了。王敏为救学生身负重伤，美丽的脸庞上留下了3处伤口，缝合9针。

地震突然发生，四川省人民医院启动突发公共卫生事件应急预案，组成抗震救灾领导小组，组织全院干部职工帮助高层的住院病人和门诊病人疏散至地面安全地带，精心看护不便转移的近200名危重病人，坚守岗位完成进行中的20余台手术。从5月12日15时12分起，医院开始收治来自灾区的伤员。15时30分，受四川省卫生厅委派，医院急救中心急救部第一支医疗救援队赶赴地震灾区。救援队辗转都江堰、安县、北川、汶川县映秀镇等地，在余震频发、山体滑坡、飞石滚落、道路阻隔的重重危险下，在没水没电、物资极度匮乏的极重灾区，建起了一条医疗救助"生命线"。震后不到48小时，医院收治伤员1205名；17日起，作为主要医院之一承担起全省危重伤员集中收治的任务。医院还与卫生部重症医学救治专家组以及外援医疗队紧密合作，极大提高了危重伤员的救治能力，致残率显著降低，院内死亡率仅为0.56%。

地震发生后，绵竹市公安局干警迅速投入抗震救灾工作，短时间内抢救和疏散伤员100多人，安全转移银行7个营业厅的所有现金及金融票据，带领500余名群众走出被困的清平乡小木岭。为维护灾区稳定，绵竹市公安局干警加强对交通要道和重点路口的交通管理，开展"防火、防盗、防谣、防水、防疫"宣传，落实治安防范和消防安全防范措施，消除民众恐慌情绪；深入银行、大型商场、仓库等重点场所和部位，进行通宵巡逻守护；迅速成立刑侦突击队，加大对涉灾案件的侦破力度，先后破获了一批有重大影响的刑事案件。地震中，绵竹市公安局2名民警在工作岗位上牺牲，1名民警遇难，13位民警受伤，18位民警家属遇难或受重伤，近90%的民警住房成为危房；在地震后一个月内，先后执行警卫任务73次，处理突发事件51起，破获刑事案件18起，查处治安案件17起，调解民事纠纷2000余起，为灾区群众追回损失200余万元，保障了灾区的社会稳定。

成都铁路局绵阳车务段的职工、家属在地震中遇难14人，重伤3人，轻伤61人。地震发生5分钟后，段领导班子成立了抗震救灾应急指挥部，赶赴第一线，组织指挥抗震救灾工作。车务段干部职工果断呼停了正在运行的12列旅客列车、21列货物列车，通过汽车转移旅客3000多人。东坝等车站职工为800余名滞留在深山小站的旅客送去食品、饮料和御寒衣物，江油、绵阳、德阳等站安全疏散2000余名候车旅客，做到了无一名旅客和职工伤亡。在遭受毁灭性破坏的汉旺车站，干部职工冒着危险，从废墟中安全转移830桶黄磷、2200桶甲酸等化学危险品，防止了次生灾害及事故的发生。5月13日，救灾物资开始从全国各地汇集到该段管内各车站。为了确保快卸快运，段领导负责每个重点站指挥协调，各个货运站特事特办，确保救灾物资随到、随卸、随走。截至6月10日，全段共抢运救灾物资9037车。

……

在生死一刻，爱心与希望同在，呈现于世人眼前的不只是哀伤，更有生死瞬间呈现出的人性光辉。即使在死亡阴影笼罩的日子，那些爱与献身的事迹仍给活着的人们以温暖和慰藉。废墟下、乱石中，深沉壮阔的无私大爱，拓展了中华民族的精神疆界；抗震救灾一线令人感叹的英雄事迹，传颂着中华民族自强不息、同舟共济、共克时艰的精神，告诉世界什么是“中国力量”。

三

面对汶川特大地震灾害，解放军指战员、武警部队官兵、民兵预备役人员和公安民警冲锋在前、勇挑重担，发挥了主力军和突击队作用。“哪里有解放军和武警部队，哪里就有救！”14.6万名人民子弟兵，心系灾区人民安危，发扬英勇顽强、不怕牺牲、连续作战的战斗作风，承担起抗震救灾最紧急、最艰难、最危险的任务。他们突进震中地带，跨越生死界线，克服千难万险，进入千家万户，为灾区人民带去生命的希望和生活的勇气。7.5万名民兵预备役人员自觉行动，成为解救受灾群众、医疗救护、卫生防疫、公路运输、油料保障、电力抢修、恢复生产等方面的重要突击力量。抗震救灾中，解放军四总部、各军区、各军兵种、武警部队、预备役部队和公安消防特勤、特警、边防等救灾队伍，都涌现出一大批英雄集体和模范。

解放军77116部队副师职直升机机长、年过半百的羌族特级飞行员邱光华，震后第二天即奉命驾驶直升机，不停地往返在灾区气象条件和山势环境极端恶劣的峡谷，运送物资，转运伤员和被困群众。为抢救更多的生命，邱光华6次从家乡上空飞过，但直到地震发生3天后，才得知家人的消息。5月31日，邱光华驾驶直升机执行运送第三军医大学防疫专家任务。返航途中，飞至汶川县映秀镇附近，突遇低云大雾和强气流，直升机不幸失事，邱光华和机组其他4名成员壮烈牺牲。

解放军77225部队92分队排长牛玉新带领党员突击队进入江油市大康镇旧县村，冒着余震带来的生命危险进行抢险救灾。5月24日，牛玉新帮助残疾村民先宇顺搬迁搭在危房旁的帐篷时，余震突然发生。牛玉新背起双腿残疾的先宇顺就往外跑，刚把先宇顺转移到安全地带，又听到身后传来小孩的哭声。得知先宇顺9岁的侄子先康还在帐篷里，牛玉新又返身奔向帐篷，把小孩安全转移后，随着"轰隆"一声巨响，危房屋顶坍塌，先宇顺和先康原来所住的帐篷被砖块瓦砾和断梁压埋。正当牛玉新与战士冯志伟返回坍塌处继续搜寻时，危房另一侧的围墙受余震影响突然垮塌砸向冯志伟。危急关头，牛玉新一个箭步上前推开冯志伟。冯志伟得救了，牛玉新却被残垣砸中弹起的断棍刺穿下颌，造成面部下颌骨折。

地震发生后，工程院院士、解放军总医院专家组成员、78岁高龄的卢世璧多次向组织和家人表达强烈要求，坚持去一线救治伤员。考虑到卢世璧的年龄和身体状况，组织上安排他在成都军区总医院指导救治工作。5月14日晚，卢世璧抵达成都，立即投入到抢救伤员的战斗中。16日17时许，刚刚巡查完100多名伤员的卢世璧通过视频对一位生命垂危的重伤员进行远程会诊，提出科学有效的救治方案，及时挽救了伤者生命。他顾不上吃饭，又返回病房查看伤员伤情，一刻不停地对伤员进行伤情确定等工作。卢世璧每天连续工作10多个小时，短短3天就参加和指导医疗队手术、会诊1000多例，是灾区年龄最大、技术级别最高的医疗队员。

面对突如其来的地震，武警阿坝藏族羌族自治州支队六中队副班长孙魁迅速组织本班人员按照应急预案紧急避险，之后与5名战友立即赶往国家电网映电总厂进行救援，采取里推外拉的方法，成功将25名电厂职工从狭窄的电厂洞口安全救出。正当他们准备撤离时，忽然听到身后有人呼救，孙魁立即转身顺着呼喊声奔向被困群众。此时一阵强余震袭来，山体大面积滑坡，瞬间将他们压埋，孙魁和几名战友壮烈牺牲。

5月12日下午，解放军成都军区总医院组建了由22名业务骨干组成的抗震救灾医疗队。地震发生50分钟后，医疗队到达都江堰市人民医院坍塌现场展开救治。在地震后近300个小时里，医院9个手术组采取换人不停手术的方式，昼夜不间断地同时展开手术，实施手术1282台次，其中大手术516台次。被埋104小时的映秀镇高速公路收费员袁艺、被埋108小时的什邡市红白镇中学炊事员李克成、被埋146小时的映秀镇公路稽查员沈佩云等60余名危重伤员，先后出现地震挤压综合征，医院创造性地采用最先进的连续血滤技术，使他们恢复了脏器功能，创造了生命救治的奇迹。地震中被埋150小时的国家电网映电总厂职工虞锦华，因伤口高度溃烂，面临高位全截肢的危险。专家组反复论证，精心设计手术方案，为其多保留了10厘米左腿，使其康复后能安装假肢站立。绵竹矿工赖元平被埋196小时救出后送到医院时生命垂危，医院组织专家实施了长达7个半小时的手术，挽救了赖元平的生命。

5月13日，解放军71282部队97分队官兵在政委刘法峰、政治部主任黄晓健带领下，对都江堰市区进行拉网式搜救。当行进至石油街居民区时，生命探测仪显示一幢楼内有微弱生命，但断裂的楼板随时都有坠落的危险。刘法峰考虑到上楼搜救有生命危险，便大声问道："是独生子女的请举手。"285名官兵没有一人举手。"不是独生子女的请举手。"官兵们纷纷举起了手。"入伍两年以上的共产党员请举手。"官兵们又一次齐刷刷地举起了手。在场的香港凤凰卫视记者陈鲁豫看到这种场景，感动得哭了。官兵们在滚滚的烟尘和刺鼻的消毒水气味中，持续搜救7个多小时，一口水也没顾得上喝，直至完成任务。事后，陈鲁豫采访刘法峰："285名官兵中有一半是独生子女，但他们为什么都不举手呢？”刘法峰回答：“因为他们是铁军士兵。不管是战争年代，还是和平时期，铁军始终有一种不怕艰难困苦、不怕流血牺牲的精神。”

5月13日上午，解放军68202部队25分队先遣队向陇南灾区开进。至文县碧口镇380公里的路程先后遇到600多次塌方，官兵们迅速清理76处山体滑坡路段、1100立方米土石，提前赶到碧口镇。15日，分队连续奋战54小时，清除塌方路段80多处、土石1.5万多立方米，解救被困车辆百余辆，转移被困人员300多人。此后，又连续奋战8个昼夜，成功打通3条交通要道，为后续部队顺利进入灾区救援开辟了通道。地震使宝成铁路109隧道徽县嘉陵江段山体垮塌，江水被堵，形成一个巨大的堰塞湖，严重影响国道316线的通行，危及下游人民群众生命财产安全。分队冒着山体滚石随时可能落下的危险，实施大剂量爆破32次，完成4.3万立方米石块的爆破任务，提前8天完成疏通嘉陵江堰塞湖任务。

解放军92057部队30分队经过43小时强行军抵达极重灾区绵竹市汉旺镇，立即投入到人员搜救中，连续奋战26个小时，挖掘出遇难者遗体14具。灾后重建中，官兵们发挥工兵专业优势，修道路、炸巨石、通河道。由46人组成的道路抢修突击队，人停机不停，昼夜奋战，经过25天艰苦努力，战胜崩塌、滑坡、泥石流、滚石等险情32处，清理土石方29万立方米，反复3次打通马红公路全线18.55公里的盘山道路，被德阳市政府称为震后开通的第一条通往山区的道路。分队组织防化兵采取整体拉网式消毒、重点部位地毯式清除的方法，连续奋战45天，共出动兵力1675人次，动用车辆116台次，车辆行程累计达17188公里，喷洒消毒液102吨，消毒面积1184万平方米，出色地完成了3个镇24个行政村（居委会）和8个宗教场所的消毒防疫任务。

地震发生后，武警水电第三总队6小时内调集千余名官兵、近百台机械设备，向汶川、北川、都江堰等7个极重灾县（市）紧急开进。5月13日凌晨，率先到达什邡市蓥华中学的150名官兵立即展开救援行动。在机械设备无法作业的情况下，官兵们用手扒、用肩顶，在大雨中连续奋战35个小时，从废墟下营救出18名幸存者。总队官兵连续奋战五天五夜，先后转战灾区5所中小学、2座化工厂、87处居民楼，从废墟中抢救出46名幸存者，安全转移遇险群众5.3万余人；连续奋战75个小时，先后清理山体塌方300多处，挖运和回填土石约13万立方米，打通理县至汶川的救灾通道；总队参谋长梁建忠，带领17名爆破突击队员，背负480公斤炸药，将小岗剑上游堰塞湖堰体炸开一条长45米、宽25米、深8米的导流渠，顺利泄洪200万立方米；抽调658名官兵，投入150多台大型机械设备，在历时半个月的唐家山堰塞湖排险斗争中，轮班作业、昼夜不停地开挖泄洪槽、导流渠，为唐家山堰塞湖顺利泄洪做出了重要贡献。

地震中，北川羌族自治县人武部包括正在集训的民兵在内共有38人遇难、37人失踪、63人受伤。地震发生后，军事科参谋黄安华迅速组织民兵展开营救，陆续救出30多名民兵和干部职工。政委钟良军左腿膝盖粉碎性骨折，头部血流不止，仍坚持在废墟上指挥抢救伤员。从废墟中艰难爬出的副部长谭潇，带领幸存的干部、职工和民兵，一边实施搜救，一边鼓励暂时无法救出的被困者等待救援。后勤科科长王龙国身负重伤，仍坚持抢救被困人员，直到晕倒被送进医院。职工郑植耀全家6位亲人遇难，自己从废墟中获救后，来不及擦干血迹和包扎伤口，在废墟中来回不停地转移伤员，背出受伤群众11人。5月12日当夜，人武部幸存的干部职工和民兵从废墟中救出42条生命。一个月的时间里，人武部动员组织全县民兵转移受灾群众5600余人，运送生活物资20余万件，组织民兵为救援部队当向导、协助救援部队1200余人完成“进村入户”搜救任务，建起北川第一个受灾群众临时安置村，为当地受灾儿童搭建起“兴川希望小学”，解决了120名儿童临时上学的问题。一个遭受极重灾难的群体，成为一个令人赞叹的英雄集体。

5月13日12时，辽宁省公安消防总队赴四川抗震救灾救援大队第一批救援队赶赴北川。14日上午，救援队利用切割、撑顶、扩张等工具，成功救出了被厚厚的墙壁和遇难父母压住的3岁小女孩。这个小女孩就是国务院总理温家宝为之让路、全国人民为之感动的宋馨懿。第二批救援队中有一名叫郎猛的队员婚礼在即，为了参加救援，他决定推迟婚期，但新娘坚持要用婚礼免去郎猛的牵挂。17日，一场没有新郎的网络婚礼如期举行。郎猛受到极大鼓舞，与10名战友连续奋战6个昼夜，在大型机械不足、装备短缺的情况下，用双手在废墟中扒出遇难群众遗体16具。第三批救援队官兵每人背负15公斤重的物资，前往平武县豆叩镇救援断水断粮断药的1000多名受灾群众。路上飞石不断滚落，脚下是悬崖峭壁和滔滔江水，路面最窄之处只有十几厘米宽。经过近3个小时的艰难跋涉，官兵们终于到达豆叩镇，把救命水、救命粮和救命药送到被困群众手中。

……

坚强是战胜磨难的利器，勇气是创造奇迹的支撑。在同特大地震灾害的艰苦斗争中，人民子弟兵用忠诚和血肉之躯又一次在人民心中筑起了巍然屹立的不朽丰碑，又一次向世人昭示了人民军队不愧为人民的子弟兵。在极其惨烈的灾难突袭而来之际，人民军队泰山压顶不弯腰，生死较量不战栗，千难万险不放弃，顽强挑战体力极限、精神极限、生存极限，哪里灾情危急就向哪里冲去，哪里有生死考验就向哪里挺进，哪里有受灾群众就向哪里集结。这种压倒一切困难而不为任何困难所压倒的勇气，是中华民族历经磨难而信念愈坚、饱尝艰辛而斗志更强，勇于自立于世界民族之林的重要精神支柱。

四

面对汶川特大地震灾害，全国人民心系地震灾区、情系灾区人民，形成了齐心协力抗击灾害的磅礴力量。在抗震抢险的日日夜夜里，全国各族人民忧心如焚、勠力同心、生死与共。灾难无情，人间有爱，“汶川加油、中国加油”成为响彻中华大地的最强音。广大医疗卫生工作者发扬救死扶伤的精神，夜以继日地抢救生命、严防疫情，完成了非战争状态下最大规模的生命抢救和伤员转运。广大新闻工作者冒着生命危险深入一线，及时传递中央的声音，深入报道抗震救灾进展情况，生动展现广大军民的英雄事迹，为抗震救灾提供了强大的舆论支持。地震、气象、交通、电力、通信、广播电视、水利、供水、供气以及其他战线的广大科技工作者、工程建设者，密切协作，为抗震救灾提供了有力支持。

地震发生后22分钟，中央电视台新闻频道即在14时50分播发了字幕新闻；震后32分钟，新闻频道在15时整点新闻中以头条播出震情；震后52分钟，新闻频道打破正常编排，推出覆盖全天的震情直播特别节目；震后2个多小时，新闻频道报道组出发，赶赴灾区；震后50小时内，中央电视台新闻节目中心在四川都江堰、什邡、绵竹、北川、青川、平武，以及甘肃文县、陕西宁强等地快速布点，建立了5个大本营和40余路机动报道组，先后投入53部各系统直播设备，形成覆盖4万平方公里的实时直播网络。北京总演播室以全新的组织架构，首次搭建了全开放式直播平台，直播时长近千小时。抗震救灾报道期间，113个国家和地区的298家电视机构引用了中央电视台抗震救灾新闻报道。美联社、路透社、英国广播公司、日本广播协会等转引报道时表示，中国电视新闻是世界舆论获取信息的主渠道，并认为“大量外媒对中国救援速度积极正面评价，与中国中央电视台第一时间推出24小时电视直播节目密不可分”。

接到抗震救灾的指令后，北京市急救中心连夜启动应急预案，迅速集结51家医院的73辆救护车、297名队员，组成全国最大的医疗转运队奔赴灾区。抵达灾区后，急救中心经过14个小时的奔波，将71名伤员从绵阳转移到重庆，来不及休整又立即返回绵阳。全体队员在完全陌生的环境和极其恶劣的路况下，冒着滑坡危险，克服疲惫、困倦、饥饿，连续作战36个小时，安全转运271名伤员，无一例出现意外，无一例交叉感染。北京市急救中心转运队14天行驶23万公里，转运2836名伤员。北京急救车占灾区急救车总数的八分之一，却完成了近三分之一的转运任务。

5月20日，上海市建设交通委员会接受承建绵阳等灾区过渡安置房任务后，当晚组建上海市援建汶川地震灾区绵阳、陇南过渡安置房现场指挥部。22日凌晨，先遣队进驻绵阳后马上投入现场踏勘、项目选址和建设材料、施工机械调度，以及安排上海援建队伍进入四川等项工作。23日，上海建筑企业携带重型施工设备进入绵阳灾区。25日，首批过渡安置房在6个地块、151.8公顷场地开工建设。参建单位打破常规，与时间赛跑，往往是下午定地，即连夜开工，6天建起10多米高的混凝土搅拌台，7天建成拥有34间教室的临时学校，10天建成一个完整的街坊，提前超额完成了绵阳过渡安置房建设任务。5月22日至7月24日两个多月的时间，上海市援建绵阳、陇南过渡安置房现场指挥部，组织、协调、指挥1.3万余名建设者，高标准、高质量、高速度完成了两省356个地块共计58663套过渡安置房的建设任务。

5月14日凌晨，山东省莒县农民刘中明等10人组成救灾志愿队，凑齐3000元钱，自备38件瓶装水、50箱方便面以及8把铁锨、2把铁镐和药品、被褥等，自驾农用三轮车前往四川地震灾区。为了尽快赶到四川，几个人轮流开车，困了就在后车厢打个盹，饿了就吃口煎饼，渴了就喝口凉水。经过四天三夜的颠簸，行程3000多公里，终于在17日到达广元灾区，就地展开救援。之后，他们又赶到安县黄土镇救灾。在永安镇安置点，他们每天3时左右起床，将近22时才吃晚饭。有运送物资的车到来，他们总是跑在最前面，抢着搬运救灾物资。下雨的时候，他们又忙着给帐篷挖导水槽。看到他们疲惫的身影，周围群众都劝他们休息一会，他们只是重复一句话：“我们是农民，有的是力气。”这支农民救灾志愿队在灾区夜以继日连续奋战18天，共搭建帐篷300余顶，铺红砖15万多块，搬运物资近百吨。

地震发生后，黄河水利委员会抗震救灾工程抢险队火速集结。抢险队由24个工作组、814人组成。其中，5支机动抢险队、1支水质监测队、3个水库除险方案编制组、3个堤坝隐患探测组，共计741人，携带200余台大型设备，赴四川参加抗震抢险救灾；其余12个工作组赴甘肃、陕西支援抗震抢险救灾。一个月内，抢险队员完成9座水库、2条河流的应急除险任务，开挖、填筑、拆除土石方近13万立方米；对19座水库进行隐患探测，完成上万米的测线；编制完成72座受损水库的应急除险加固方案；完成244个饮用水区的水质监测任务，上报监测数据2500多个，保障了四川地震灾区10个县（市）的饮水安全。

5月30日，广东省水文局佛山分局副局长、总工程师李志敏带领应急队赶赴被视为震后1号险情的唐家山堰塞湖，负责一线水文测报工作。6月3日，李志敏与队员们二上唐家山，进行导流明渠测量和坝体渗流测验。测量现场余震不断，山上时有飞石下落，险象环生。有一次，刚把仪器架好，一块约一吨重的巨石从山上滚下来，落在李志敏身后几米远的地方。李志敏不顾自身安危，继续投入到测量工作中。李志敏带领的应急小队成功测量出导流明渠泄流最高点高程的标志性数据，为指挥部决策提供了重要依据，指挥部当即对原泄流方案做出紧急调整。根据专家组审查以及数据推算，国务院总理温家宝做出了“力争三日泄流”的决定。7日7时8分，唐家山堰塞湖导流明渠开始泄流，3天内泄流完毕，创造了世界上处理大型堰塞湖的一个奇迹。

新疆维吾尔自治区墨玉县芒来乡布都休克村农民买买提明·日吉甫得知汶川地震的消息后，彻夜难眠。他和妻子决定把打工积攒的1.1万元积蓄全部捐给灾区。妻子理解和支持他的想法，悄悄把结婚时娘家陪嫁的首饰全部变卖掉，又筹集4000元交给买买提明·日吉甫。随后，她还把从自己哥哥那里借来的1万元也给了买买提明·日吉甫当路费。已经102岁高龄的老父亲日吉甫·吾吉得知小儿子有这个想法时，不但全力支持，还把价值2000元的葡萄干和核桃装了满满6大箱，让儿子送给灾区的孩子们。

地震发生时，西安铁路局略阳工务段马蹄湾桥路车间副主任柴桦林乘坐的列车急停在白水江站13号桥。得知宝成铁路109隧道内货运列车脱轨起火时，柴桦林火速赶赴事故现场。作为连接西北和西南地区的铁路大动脉，宝成线是通往四川地震灾区的运输“生命线”。摆在抢险队伍面前最紧迫的任务是进入700多米长的隧道内查明情况，为制订抢险方案和后期加固提供依据。“我去，情况我最熟！”柴桦林不顾生命危险挺身而出。当柴桦林走进隧道时余震发生，一大块混凝土从天而降，差点砸在柴桦林的头上。根据柴桦林的汇报，一个堵洞灭火、注水降温、排风换气、清理车辆的科学抢险方案很快形成，3000多名铁路职工、解放军和武警消防官兵紧急排险，连续奋战11个昼夜打通了隧道。

地震发生后，农业部国家首席兽医师贾幼陵带领8位专家及时赶往地震灾区，提出动物尸体无害化处理和消毒工作应在不影响救人的前提下及早动手，避免引起狂犬病、乙型脑炎、炭疽等疾病流行的建议。贾幼陵组织专家工作组、四川省畜牧兽医部门、四川农业院校、军事医学科学院兽医研究所等部门，组建了10支共388人的联合动物防疫应急分队，分3批先后赴重灾地区市、县，示范带动当地组建3000支、2万人左右的防疫小分队，带领当地群众展开无害化处理和消毒工作“大会战”，在短短的十几天时间内，基本完成动物尸体无害化处理和消毒工作。贾幼陵还带领专家工作组研究灾区紧急免疫工作，制订紧急免疫方案，在灾区死亡畜禽无害化处理和消毒工作基本完成后，迅速实现向灾区动物疫病紧急免疫的战略转移。

……

抗震救灾期间，中央直属机关、中央国家机关、中央企业，以及全国各省（区、市）等的救援力量中，英雄集体和模范事迹不胜枚举。“我们都是汶川人”“我们与你们在一起”，一方有难、八方支援，勠力同心、同舟共济，形成了强大的合力，这是共克时艰的力量所在。汶川特大地震抗震救灾，从政府到民间，从军队到地方，从单位到个人，形成了一个强有力的救援体系，使救援工作迅速取得进展，让受灾群众得到解救和妥善安置。无数英雄集体和模范抗震救灾的业绩，反映出全国各地、各系统的大力支援，凝结着骨肉同胞的深情厚谊，极大地增强了全国人民夺取抗震救灾胜利的信心和力量；无数撼人心魄、感人肺腑的场面，构成了社会主义大团结、大协作的动人画卷。

五

汶川特大地震灾害带给中华民族的，既是一场重大磨难，也是前进中的一场重大考验。中国共产党、人民政府、人民军队和全国各族人民，用理想凝聚力量，用信念铸就坚强，用真情凝结关爱，大力培育和弘扬了“万众一心、众志成城，不畏艰险、百折不挠，以人为本、尊重科学”的伟大抗震救灾精神。这种精神，集中体现和进一步发展了爱国主义、集体主义、社会主义精神，集中体现和进一步发展了中国共产党和人民军队的光荣传统及优良作风，集中体现和进一步发展了中华民族的伟大民族精神和当代中国人民的时代精神，是中国共产党和全国人民极为宝贵的精神财富。

2008年10月8日，在北京人民大会堂举行的全国抗震救灾总结表彰大会上，中共中央、国务院和中央军委授予320个集体“全国抗震救灾英雄集体”荣誉称号，授予522人“全国抗震救灾模范”荣誉称号（含追授5人）。此外，国务院、中央军委、中央和国家机关及各省（区、市）党政机关等，也先后对在抗震救灾中涌现出来的先进集体和个人分别进行了表彰奖励。

抗震救灾英雄集体和模范的先进事迹，向国内外展现了全心全意为人民服务的中国共产党和中国社会主义国家政权的伟大力量、人民军队的伟大力量、13亿中国人民的伟大力量、改革开放的伟大力量和中国特色社会主义的伟大力量。这种力量，必将进一步增强全国各族人民的民族自信心和自豪感，必将激励灾区人民排除万难，重建家园，创造美好生活，必将鼓舞全国各族人民满怀信心地把改革开放和社会主义现代化建设事业继续推向前进。

抗震救灾英烈

教育系统抗震救灾英烈

公安系统抗震救灾英烈

其他行业抗震救灾英烈

中国人民解放军抗震救灾英烈

中国人民武装警察部队抗震救灾英烈

抗震救灾英烈篇，收录了谭千秋、苟晓超、向倩、宋雪、邹雯樱、郑发富、刘小艳、张红梅、方杰、张米亚、简毓芳、吴忠红、何清芳、袁文婷、刘继军、王周明、张辉兵、汤鸿、赵新、王跃泽、连蓉、古雪岷、艾丽莎、孙建军、王秀芳、王光香、罗晓明、李佳萍、张家春、何智霞、周其祥、蒲斌、唐春梅、方明飞、梁爱迪、刘仪君、腾德玲、方秀琼、任维志、张兰、尹琼、母凯贤、周培顺、李燕、李宏勇、乔广平、王超军、许念华、瞿明容、陈健、赵祥、唐超、王刚、陈静、常瑞广、高金耀、杨成、左宜、黄军科、蒋鑫、丁刚、刘建秋、郭庆新、王继余、余国林、袁有昌、金雪娥、雷勇、江发荣、杨秀朝、刘全福、戎金亮、陆生苍、邱光华、武文斌、李月、王怀远、陈林、张鹏、柳德占、陈大桂、张同法、孙魁、周富强、蒋军洲、雷稳、罗星、腾登峰、朱强、卢祥共90位英烈人物。

这些英烈人物，是在汶川特大地震抗震救灾斗争中献身的受灾人员和抢险救援人员。他们中间，有的是被军队或省级民政部门追授的烈士，有的是被中共中央、国务院和中央军委表彰的全国抗震救灾模范，有的是牺牲后被中央军委表彰和记功的抗震救灾模范，还有的是牺牲后被省（部）表彰的抗震救灾模范。这些英烈人物，在危难时刻，把生的希望毫不犹豫地留给他人，把无私、英勇和大爱写在了灾区的土地上。他们无愧于抗震救灾的伟大斗争，他们的英名将永远被历史铭记。

教育系统抗震救灾英烈

谭千秋

1957年8月出生，湖南祁东人。中共党员，大学本科学历。德阳市东汽中学政教处主任。汶川特大地震发生时，为保护学生光荣牺牲。

谭千秋从小家境贫寒，为人正直，富有爱心，学习刻苦，村民都将他作为“勤学楷模”来教育自己的孩子。

1975年夏，谭千秋高中毕业回家务农。由于村里许多村民不识字，他便向村干部建议办扫盲夜校，并主动担当代课教师，晚上义务为村民上课。谭千秋多才多艺，会吹笛子、拉二胡、写歌词。为活跃村民的文化生活，他与几个年轻人组成村文艺宣传队，晚上自编自演文艺节目，深受村民的喜爱。

1982年6月，谭千秋从湖南大学毕业，学校准备让他留校任教，但他却主动要求到祖国最需要的地方去。一个月后，谭千秋如愿以偿地被分配到四川德阳东汽中学工作。

谭千秋工资不高，生活非常节俭，却热心社会公益事业。村里修路、建校，他都主动捐款。谭千秋对学生的安全非常关心，操场上有颗小石子，他也要捡起来，唯恐学生玩耍时踩到摔倒。他常常竭尽全力去帮助有困难的学生，被同事们誉为“最疼爱学生的人”。谭千秋经常教育学生：“做人最重要的是要有社会责任感。”

任教27年，谭千秋教学成绩突出。他的教学方法灵活多变，讲解深入浅出，语言风趣幽默，形成了自己独特的教学风格，深受学生喜爱。2000年9月，谭千秋被评为四川省特级教师。广东汕头、韶关有关单位想高薪聘他去工作，他最后还是选择了留在四川，直到将自己的生命献给这片异乡的热土。

汶川地震发生时，谭千秋正在给东汽中学高二（1）班的同学讲课，房子突然剧烈地抖动起来。“地震！”谭千秋意识到情况不好，大叫着要同学们不要拿任何东西赶快跑出去。当教学楼即将要坍塌的瞬间，谭千秋喊着让学生躲到桌子下面，然后自己弓着身子张开双臂紧紧趴在课桌上，护住几个学生。伴着雷鸣般的响声，砖瓦、灰土如冰雹般砸到谭千秋的头上、手上、背上。他拼命撑住课桌，用自己的血肉之躯保护身下蜷伏着的学生。最终他被巨大的墙体砸中，整个头部都凹陷下去，而他身下的学生，有的幸存下来。

当搜救人员从废墟中搬走压在他身上的最后一块水泥板时，所有抢险人员都被谭千秋的行为震撼，禁不住潸然泪下。湖南省委书记张春贤在听取抗震救灾工作汇报时深情地说：“谭千秋，精神千秋。”

2008年6月，谭千秋被人力资源社会保障部、教育部追授“教育系统抗震救灾英雄”称号，被中组部追授“抗震救灾优秀共产党员”称号；7月，被四川省政府批准为革命烈士；10月，被四川省委、省政府追授“四川省抗震救灾模范”称号；2009年9月，被人力资源社会保障部、教育部追授“全国模范教师”称号。

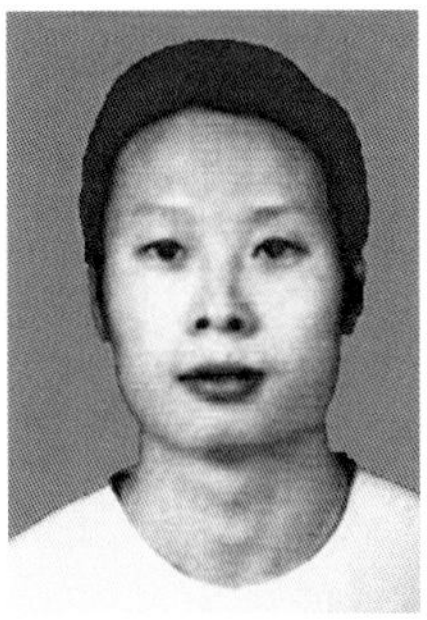

苟晓超

1984年9月出生，四川通江人。中共党员，大专学历。通江县洪口镇永安坝村小学教师。汶川特大地震发生时，为抢救学生光荣牺牲。

苟晓超在山沟里长大，从小不善言谈，却有着大山般的纯朴与厚道。他入学后勤奋好学，成绩一直在全年级名列前茅。

2003年9月，苟晓超考入西南大学，就读于计算机信息管理专业。2006年7月，他以优异成绩毕业；同年8月，到上海市闵行区一家公司上班。2007年8月，苟晓超听说家乡招考教师，便回乡应试，最终以全县第一的成绩成为一名小学教师，被分配到洪口镇永安坝村小学任教。

学校离家只有几十分钟的路程，但不管是否值周，星期一到星期五，他从未回过一次家。苟晓超年轻活泼，待人和气，教学认真负责，是一个深受学生喜爱的教师。因优异的工作业绩和优良的思想品格，他被学校党组织确定为入党积极分子。

2008年5月12日，是苟晓超新婚后上班的第一天。14时，担任班主任的苟晓超来到二年级所在的3楼，班上58名学生正在午休。突然，轰响震天，地动山摇，整栋教学楼剧烈颤抖摇晃，门窗玻璃噼啪作响。苟晓超迅速跑出教室，“发生地震了”，他大声叫醒午睡中的学生，并通知正在一二层巡查的其他教师。这时，教学楼顶楼的砖头、玻璃已开始向下掉落，情形万分危急。他没有迟疑，立即冲进教室抢救学生。

学生被突然惊醒，还迷迷糊糊，不知所措。“快跑，危险！”苟晓超一边大声呼叫，一边迅速抱起两个小学生直往楼下冲去，清醒过来的学生紧随而下。当把10余名学生安全转移到楼下后，他来不及喘口气，又返身冲向3楼。此时，大批学生正从楼道向下涌来，他又抱起两名学生冲向楼下。

苟晓超第三次冲到楼上，发现教室里还有10多名因惊吓过度而死死抱住课桌不放的学生。整栋教学楼已摇摇欲坠，苟晓超声嘶力竭地吼道：“快跑，快跑！”言毕，双臂各夹着一个学生飞奔而下。当他跑到一层的最后一级楼梯时，“轰”的一声，教学楼正面两根直径1米的圆柱倒塌，一块约1吨重的混凝土块砸落下来，他将两个学生护在怀中，用身躯挡住坠落物。两个学生安然无恙，苟晓超的双腿却被砸断，胸部和头部也受到重创，倒在一片殷红的血泊之中。当其他教师和赶来的村民搬开他身上的砖块和混凝土块时，苟晓超还用手指向顶楼，断断续续地说：“先救楼上的孩子。”16时20分，苟晓超在被转往县医院抢救的途中，因伤势过重献出了年轻的生命。

2008年7月，苟晓超被四川省政府批准为革命烈士，被全国总工会追授“全国五一劳动奖章”；9月，被教育部追授“教育系统抗震救灾先进个人”称号；10月7日，被中共中央、国务院、中央军委追授“全国抗震救灾模范”荣誉称号。

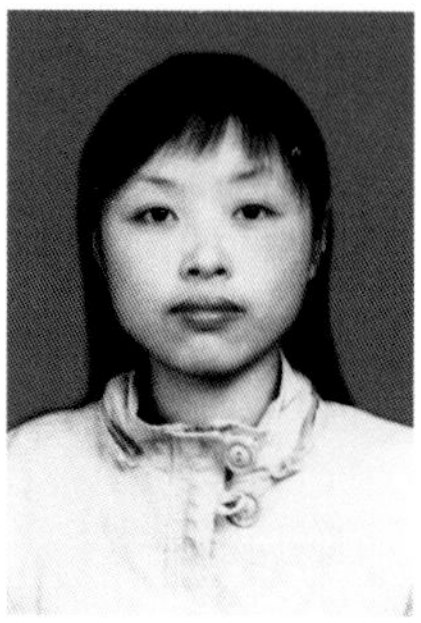

向 倩

女，1987年3月出生，四川什邡人。中共党员，大专学历。什邡市湔氐镇龙居小学英语教师。汶川特大地震发生时，为保护学生光荣牺牲。

向倩出生在什邡市南泉镇柳泉村，家里12口人中，有5人是共产党员，家教严格。向倩学习非常刻苦，2004年9月，以优异成绩考入德阳市孝泉师范学校英语专业。在校期间，她曾先后被评为学校“优秀学生干部”“优秀大学毕业生”；其撰写的论文《对小学数学课堂教学有效性的几点思考》，荣获《数学报》举办的第二届优秀论文评选一等奖。

2007年，向倩参加什邡市人事局、教育局组织的教师公招考试，以全市总分第一名的成绩被录取为正式在编教师。在上班的前一天，她对父母说：“成绩已成为过去了。小学英语虽然不是主科，但我还是要好好工作，要对得起学生，要出成绩，争取通过努力到城关学校发展。”在学校里，向倩的教学方法灵活多变、说话风趣幽默，深受学生喜爱。学生们亲切地称她“向倩姐姐”。为了提高教学质量，向倩总是利用课余休息时间和其他英语老师讨论，还经常通过电话向她的英语老师和同事请教。

汶川地震发生时，在教学楼3楼最里面一间教室上课的向倩，正带领学生们朗读英文。忽然，教室开始剧烈摇晃，日光灯、天花板不停地往下掉。“不好，地震了！”向倩立即意识到危险来临，对学生们喊道：“同学们，快，地震了，快往外跑！”紧急中，她一边招呼孩子们往外跑，一边跑到教室后面，快速疏散学生离开教室，还不停地将孩子往窗户外抱。一个、两个、三个……学生们陆续跑了出去。这时，只需两秒钟便可离开教室到达安全地带的向倩，突然看见教室角落里还有3个学生，因为受惊吓挤在一起。向倩快速奔近学生，搂住孩子们就朝门外冲去。整座教学楼开始垮塌，向倩和学生们一起被埋在废墟中。那一刻，她将孩子们裹在怀里，努力用自己稚嫩的肩膀，为孩子挡住巨大的灾难。房屋再次下塌，向倩献出了21岁年轻的生命。

地震发生30多小时后，当最后一块断壁被搬开，救灾官兵和教师们被眼前的情景惊呆了：面目全非的向倩双手成大环抱状弓趴在地上，她的怀里环抱着3个孩子，救援人员怎么也无法掰开她那紧紧搂住孩子的双手。所有的人都忍不住流下眼泪，在场的数十名官兵在雨中齐刷刷地举起右手，把崇高的军礼献给她；在场的医务人员和群众自发地围在她的身边，深深地鞠躬默哀。

2008年6月，向倩被中组部追授“抗震救灾优秀共产党员”称号，被人力资源社会保障部、教育部追授“教育系统抗震救灾英雄”称号；7月，被四川省政府批准为革命烈士，被全国总工会追授“全国五一劳动奖章”；10月，被四川省委、省政府追授“四川省抗震救灾模范”称号；2009年9月，被人力资源社会保障部、教育部追授“全国模范教师”称号。

宋 雪

女，1996年8月出生，四川绵竹人。绵竹市土门镇邓林小学五年级学生。汶川特大地震发生时，为保护和抢救同学光荣牺牲。

宋雪性格开朗活泼，尊敬老人，孝敬父母，勤俭节约。邻居们说：“这个孩子很有礼貌，见着谁都要打声招呼，‘爷爷’‘奶奶’‘婶婶’‘叔叔’，叫得你心里甜甜的。”她学习刻苦，团结同学，一直担任班上的文娱委员。她工作责任心强，能积极主动完成各项任务，而且成绩非常优秀，多次被评为“优秀学生干部”。

汶川地震发生时，作为值周的学生干部，宋雪正在检查同学午睡，突然大地剧烈震动，她马上意识到是地震了，于是大声呼喊：“地震了，大家快跑！”并迅速跑出教室。午休的学生听到呼喊，快速冲出教室奔向操场。此时，教室的房屋左右摇晃，屋顶上的瓦片不断掉落，灰尘弥散在空气中。宋雪站在间距不足10米的两栋平房之间的空地上，透过窗户，发现坐在第四组前排的曾雨和韩洁同学还趴在桌子上，不由大声呼喊：“曾雨、韩洁，地震了，快出来！”看到两人没有反应，宋雪急了，又冲进教室大声喊道：“地震了，快出教室！”并使劲将曾雨和韩洁摇醒。两位同学从熟睡中醒来，带着惊恐迅速冲出教室，奔向操场。

操场上，师生们都蹲在地上躲避余震。此时四、五、六年级的教室已成为一片废墟，房梁、屋架、椽子乱七八糟地倒在上面，幼儿园和小学一、二、三年级的房屋仍然立着，但已破损不堪，扬起的尘土弥漫天空。很快，教师开始让学生排队清点人数，四年级差5人，六年级差7人，五年级就差宋雪一人。随后，人们在距教室后门仅两步之遥的废墟中刨出宋雪，发现她已经停止了呼吸，但仍然保持着冲向门口的姿势。宋雪唤醒、挽救了同学，而自己却永远离去了。

2008年6月，宋雪被中央文明办、教育部、共青团中央、全国妇联追授“抗震救灾英雄少年”称号；7月，被四川省政府批准为革命烈士。

邹雯樱

女，藏族，1996年6月出生，四川汶川人。汶川县映秀小学五年级学生。汶川特大地震发生时，为抢救被困同学光荣牺牲。

邹雯樱在学校一直表现优秀，在班上担任班长，是老师得力的小助手。同学学习上有困难，她会积极主动地帮助他们；同学之间发生矛盾，她会像小大人一样给他们调解。

邹雯樱的学习成绩一直是年级第一名。邹雯樱的数学老师说："她是一名德才兼备的好学生，是学校少先队大队长，组织能力强，学校搞活动，通知、登记、总结等很多事情，都是她在负责。她还是班里的数学课代表，写得一手漂亮的粉笔字，总是在课前帮我写好板书，是老师的好助手。"

邹雯樱不仅学习成绩好，而且多才多艺，爱好美术、音乐和体育。2007年，她代表映秀小学参加四川省中小学生艺术大赛，获得二等奖。她的美术作品清秀美丽，同学们都很喜欢。每当有同学过生日时，她就会送一幅自己创作的作品当作生日礼物。邹雯樱也是学校田径运动队的成员，2008年4月曾代表映秀小学参加汶川县小学生田径运动会，分别取得了100米、200米比赛第五名、第四名的成绩，并与另外3名同学一起，获得女子4×100米比赛第一名。

汶川地震发生的那一瞬间，邹雯樱先是快速跑到2楼的楼梯口。想到还有其他同学在教室里，她又返回去救助，这一去就再也没能跑出来。同学邹丁边哭边说："她都跑到二层的楼梯上了，要是她不帮助老师救同学，以她那么快的速度，自己一个人跑下来肯定不会出事的。她本来是可以活着的，都是为了救同学啊！"5月14日，当救援人员发现邹雯樱时，她和紧紧搀扶着的一位同班同学倒在了一起。

2008年6月，邹雯樱被中央文明办、教育部、共青团中央、全国妇联追授"抗震救灾英雄少年"称号；7月，被四川省政府批准为革命烈士。

郑发富

1966年8月出生，四川安县人。中共党员，大学本科学历。安县花荄镇初级中学教师。汶川特大地震发生时，为抢救学生光荣牺牲。

郑发富有5个哥哥、3个姐姐。由于孩子多，家境不是很好，靠父亲卖豆腐干和母亲养猪供他们上学。郑发富从小懂事，且聪明好学，从小学到高中成绩都是班上最好的。1985年，他考入绵阳师范高等专科学校政史系，毕业后为照顾年迈的父母，主动回到家乡教书。

在21年的教书生涯中，郑发富心中只有学生。他常说："学生是一张纯洁白净的纸，家长放心把他们交给我们，我们怎可以任意涂鸦呢！"2006年，郑发富担任年级组长，他明白担子重，责任更重，所以总是早早到校，很晚才回家。

汶川地震发生时，郑发富正在值班。突然房子开始颤抖，整个校园强烈抖动起来。"地震了，快通知上课的学生和老师！"他一边大声呼喊，一边向教学楼奔去，到通道较窄的二年级两个班的通道口，疏散和搀扶撤离的师生。此时，围墙垮塌下来，将郑发富压埋在废墟下。当全校师生疏散到安全的外操场清点人数时，才发现郑发富不在其中。教师们急忙跑向内操场，在倒塌的围墙下找到了郑发富，并用车将他紧急送到县医院抢救，但他已停止了呼吸。

2008年7月，郑发富被人力资源社会保障部、教育部追授“教育系统抗震救灾英雄”称号；2009年5月，被四川省政府批准为革命烈士；9月，被人力资源社会保障部、教育部追授“全国模范教师”称号。

刘小艳

女，1980年5月出生，四川安县人。中共党员，大专学历。安县秀水一小汉昌分校教师。汶川特大地震发生时，为抢救学生光荣牺牲。

刘小艳是安县永河镇一个农民家庭的独生女儿。家里经济条件不好，还有需要照料的驼背爷爷，艰辛的生活让刘小艳早早就懂得了很多做人的道理——勤劳、孝顺、关爱他人。她从小学习刻苦，一边学习一边帮家里干些力所能及的农活。1997年，刘小艳考上绵阳教育学院，2000年8月参加工作，一直扎根乡村小学。她说：“我是农村长大的孩子，农村的孩子更需要我，那儿才有我的根。”在投身教育工作的8年间，她一直担任班主任和数学教学工作，任务非常繁重。

2004年，国家基础教育课程改革在安县全面实施，小学开设英语课，农村小学英语师资严重短缺，刘小艳所在的学校没有英语教师。为了不让学校英语教学滞后，她勇挑重担，申请兼任学校的英语学科教学，为农村的孩子们做英语启蒙教育。她在学校领导心目中，是一个勤奋工作的好教师；在同事心目中，是一个平易近人的好同事；在学生心目中，是一个慈祥如母亲的好教师。

汶川地震发生时，伴随着沉闷的声响，大地剧烈抖动，正在批改英语作业的刘小艳被这突如其来的震动吓了一跳，她意识到地震了，马上指挥孩子们躲到墙角里、躲到课桌下，并不停地大声安慰着孩子们：“不要怕，不要怕，有老师在！”等地面的震动稍稍有所缓和后，她立即组织学生们迅速有序地撤离教室到操场集中。学生们一个个冲向操场，楼上滞留的人越来越少，楼道中仅剩6名学生，刘小艳一边拉着一个学生的衣服，一边焦急地喊：“同学们，快！快！”这时，由于地震过后楼道两侧的墙体和上方的梁柱已经松动，加上余震不断，梁柱和墙体连同房顶的瓦片向刘小艳和6名学生头上砸了下来。

操场上的几百名师生被这惊人的一幕吓呆了，人群中发出了一声声惊叫。几个年轻教师迅速跑过去，用自己的双手在瓦片、砖块中不停地挖着，挖着。当挖出刘小艳的遗体时，她的右手还紧紧拉着一个学生的衣服，一根水泥横梁冰凉地压在她的身上。“她本来是最有机会逃生的。”目睹刘小艳牺牲的师生们悲痛地回忆，当时，她站在学生密集的楼道口，离操场只有几步之遥。她如果不顾学生或者少疏散几个学生，完全可以在楼梯坍塌前到达安全的地方。

2008年9月，刘小艳被教育部追授“教育系统抗震救灾先进个人”称号；2009年5月，被四川省政府批准为革命烈士。

张红梅

女，1982年10月出生，四川安县人。中共党员。安县秀水佳欣幼儿园教师。汶川特大地震发生时，为抢救幼儿园孩子光荣牺牲。

出生在农村的张红梅，自幼聪明好学，善良朴实，经常帮助身边一些生活困难的老人及弱势群体，是一名深受群众夸奖的好青年。张红梅工作中尽职尽责，积极向上，勤奋好学，不断努力提升思想和业务素质。从当上幼儿教师那天起，她就不忘自己肩负的责任。“家长把孩子平平安安地送到幼儿园，我们就有责任平平安安地把孩子送到家长手中。”这是佳欣幼儿园对每一位教师的要求，她一直铭记着这句话。

2008年5月12日中午，张红梅和同事黄小琴像往常一样，在教室里守护着熟睡的54个孩子。忽然，房屋猛地晃动起来，还伴随着轰轰巨响。“地震了，”张红梅立即大喊，“快带孩子们出去！”话音刚落，她便手里抱着一个较小的孩子，身后跟着几个孩子冲向幼儿园大门。黄小琴也做出同样的反应，迅即抱起小孩向外跑。此刻，被从睡梦中吵醒的孩子们在教室里惊慌失措地哭喊着。时间就是生命，张红梅似乎忘记了自己年幼的儿子也在其中，冲进屋见孩子就往外抱，恨不得生出几十双手，一下子把所有的孩子都抱到园外。张红梅的儿子许佳豪被突如其来的地震吓坏了，躲在教室最里面，看见自己的妈妈来来去去一直没抱自己，不停地哭喊着“妈妈抱我”。张红梅嘴里不停地说“马上，马上”，但每次抱出去的都是其他孩子。

在幼儿园附近干活的3位家长，以最快的速度冲进幼儿园，协助教师一道把孩子们抱到园外。短短的一分多钟时间里，眼看54个小生命就要全部被救到园外的空地上了，教室里只剩下3个孩子，张红梅的孩子也在其中。张红梅和黄小琴、家长钟代云先后再次冲进教室，黄小琴和钟代云抱起另外两个孩子向外跑，张红梅张开双臂抱起自己心爱的孩子跑在最后，就在黄小琴刚迈出门的一刹那，一声巨响，上层的房屋坍塌下来，张红梅母子不见了踪影。“张老师……张老师……”任凭大家怎么呼喊，却再也听不见张红梅的回音。人们冒着余震的危险冲向废墟，用手不停地刨，终于看到了张红梅散乱的头发，一根重达几百公斤的抬梁死死压在她的头上，垮塌的水泥板无情地压在母子俩身上。

2009年5月，张红梅被四川省政府批准为革命烈士。

方　杰

1973年12月出生，四川遂宁人。大专学历。汶川县漩口中学教师。汶川特大地震发生时，为抢救学生光荣牺牲。

方杰喜爱艺术，爱好体育活动，对工作、生活充满激情。他的妻子也是一名教师，还有个5岁的儿子，一家人经常带着画架，到距学校不到半公里的紫坪铺水库边咏诗作画、嬉戏玩水，生活幸福甜蜜。

汶川地震发生前，方杰正在学校4楼的电脑室里为初二（5）班的42名学生授课。宁静的中午，教室里只有“嗒嗒嗒”的键盘声。突然，大地剧烈地震动起来，教学楼在晃动，墙体、天花板在开裂。“同学们，地震来了，有秩序地快跑！”方杰大喊一声，接着一个箭步冲向门口，用身体顶开即将卡死的防盗门，并用双手托起即将垮落的门框。

第一个学生从方杰托起的门框下急速跑出教室脱离了险境，接着是第二个、第三个、第四个……教室里尘土弥漫，砖头、混凝土块纷纷掉落，但方杰没有动摇，继续拼尽全力托举着门框，41个学生从他的身前跑过。在等待最后一名学生跑出教室时，一根水泥横梁砸向他的胸膛。16天后，人们扒开废墟找到了方杰的遗体，只见他倒下的身躯依然是向上托举的姿势，而最后一名学生就倒在他身旁。几乎就在方杰舍身救学生的同时，他的妻子也被埋压在离他牺牲处不远的一间教室里，他们上幼儿园的孩子也被地震无情地夺去了生命。

得救的学生写下了“方杰老师为救我们班学生，用身体将门框抵住不幸遇难”的横幅，并在横幅上签上了自己的名字。每个名字都是学生眼含热泪，怀着对方杰的崇敬之情，用颤抖的手书写上去的。

2009年5月，方杰被四川省政府批准为革命烈士。

张米亚

1978年4月出生，山西阳城人。大专学历。汶川县映秀小学教师。汶川特大地震发生时，为抢救学生光荣牺牲。

张米亚性格开朗，相貌帅气，与同事关系融洽，能虚心向前辈请教，大家都愿意和他交往。他多才多艺，特别喜欢唱歌，2007年在汶川县组织的“唱响汶川”电视歌手大赛中，和同事苏成刚在漩（口）映（秀）地区脱颖而出。他还爱打篮球，是学校教师篮球队队员。

汶川地震发生时，张米亚正在紧邻楼梯口的2楼教室上课，讲台离楼梯仅几步之遥，完全有逃生的机会。但就在那一刹那，他毫不犹豫地留在教室疏散学生。二年级（2）班学生郭雯告诉到医院看望她的老师，她被压埋在废墟中的时候，黑暗中还摸到了一只大手，那是给他们上课的张米亚老师的手。郭雯的母亲告诉老师，要不是张米亚用躯体保护孩子，她的孩子也许就活不了。张米亚英勇牺牲了，他的爱人和儿子也不幸遇难。

地震后第三天，当人们挖开几层楼的废墟时，都被眼前的一幕惊呆了：只见张米亚扑跪在地，身体前俯，双臂张开，紧紧搂着两个孩子，右臂下的孩子已不幸遇难，而左臂下的孩子仍有呼吸；他的后脑被塌下的水泥块击中，双臂已经僵硬。人们试图掰开张米亚护卫孩子的双手，却怎么也掰不开。考虑到当时的特殊情况，有人含泪建议锯开，但其中一个孩子的家长坚决不同意：“老师用生命保护我们的孩子，一定要给他留个完整的遗体！”后来，在解放军官兵、教师和学生家长共同努力下，救出了孩子，并想尽办法保全了张米亚的双臂。

2008年6月，张米亚被人力资源社会保障部、教育部追授“教育系统抗震救灾英雄”称号；

7月，被全国总工会追授“全国五一劳动奖章”。2009年5月，被四川省政府批准为革命烈士；9月，被人力资源社会保障部、教育部追授“全国模范教师”称号。

简毓芳

女，1945年12月出生，四川汶川人。中共党员，中专学历。汶川县漩口小学退休教师、汶川县水磨镇自办幼儿园教师。汶川特大地震发生时，为抢救幼儿园孩子光荣牺牲。

简毓芳自1966年师范学校毕业参加工作之日起，在33年的从教生涯中，时时以一个共产党员、优秀教师的标准要求自己，勤勤恳恳，兢兢业业，热爱学生，团结同事，在平凡的岗位上做出了许多不平凡的业绩。在多年的教育教学中，简毓芳数次受到奖励：20世纪80年代，连续3届被县妇联评为“三八红旗手”，还多次获得县总工会授予的“优秀工会积极分子”等称号；漩口镇政府多次授予她“优秀教师”和“优秀教育工作者”称号。

1999年简毓芳退休后，看到汶川县漩口镇缺少一个管理规范、师资较强的学前幼儿教育场所，便向上级汇报，在县教育部门的支持下，利用自家宽敞的房屋办起了“漩口镇佳家幼儿园”。后由于修建紫坪铺水库，幼儿园搬至汶川县水磨镇。

2008年5月12日中午，孩子们像往常一样各自在自己的小床上午睡，简毓芳也在楼上陪伴着孩子们。14时28分，突然山崩地裂，地动山摇。面对突如其来的大地震，她非常镇定，清楚地知道作为一名教师，保护孩子是自己义不容辞的责任，一定要把每一个孩子救出去。简毓芳一边大声呼喊老师们“快救孩子、快救孩子”，一边竭尽全力组织所有已惊醒的孩子往教室外疏散。此时，大地剧烈摇晃着，墙上的砖头噼噼啪啪地往下落，整个房屋仿佛就要倒塌下来。大班的孩子们在剧烈的震动中被吓坏了，四处奔跑躲避，园里到处是孩子们的哭喊声，乱作一团。在万分危急的时刻，简毓芳立即把孩子们往楼梯方向疏散，从教室抱起几个孩子，迅速送到楼梯口交给其他教师，又冲回去抱起孩子冲出教室。这时，几个家长也赶来，和她一起抢救孩子，直到最后一个孩子被送下楼，大家心中才稍感踏实。此时，人们发现不见了简毓芳的身影，立即再次上楼寻找，发现她已经受伤倒在教室里无法动弹。大家急忙把她抬到楼下，简毓芳仍牵挂着孩子们，忍受着身体的剧痛，挣扎着说：“你们别管我，快把娃娃们转移到最安全的地方保护好！”教师和家长们抬着简毓芳，带领着孩子，很快转移到路边较为安全的平地上。她仍然放心不下孩子，用微弱的声音问：“幼儿园的娃娃有没有事？蒋瑶（幼儿园一个全托孩子）有没有事？”由于简毓芳头部多处受伤，背部和胸部也出现大面积瘀血，鼻中、嘴角还不断有鲜血溢出，脸色煞白，身体已处于极度的虚弱之中，但仍然忍受着巨大的疼痛坚持着，她想看到每一个孩子都平安的笑脸……在生命的最后时刻，她还喃喃道：“坚持，一定要救出每一个孩子！”这是她留下的最后一句话。21时，简毓芳因伤势过重，永远闭上了眼睛。

2009年5月，简毓芳被四川省政府批准为革命烈士。

吴忠红

1963年4月出生，四川崇州人。中共党员，大专学历。崇州市怀远镇中学英语教师。汶川特大地震发生时，为组织疏散和保护学生光荣牺牲。

吴忠红在农村长大，从小不善言谈，性格温和，为人正直诚恳。他学习刻苦认真，成绩优异。1980年11月，在梓潼中学任教；1989年10月至1991年6月，在都江堰教育学院英语专业学习，获得大专文凭；1998年8月，调到怀远镇中学任教。吴忠红工作认真，思想上追求进步，2007年底被确定为入党积极分子。

在28年的教学生涯中，吴忠红一直承担两三个班的英语教学工作，还担任了近10年的班主任。吴忠红在2001年体检时查出患有胰腺炎，但仍然带病坚持工作。学校领导知道后，让他暂时休息，他却憨厚地笑着说："没什么，我只要滴酒不沾，这也不算什么大不了的病。"

吴忠红全身心扑在工作上，管理成效显著，多次被评为校级"优秀班主任"，崇州市级"优秀班主任""优秀教师"。他热爱学生，教学认真。"任劳任怨的吴老师，是个很细心的人，他对班上每个孩子的学习和思想状况都了如指掌，哪个孩子成绩小有退步，哪个学生情绪有波动，他都很清楚，"他的一位同事回忆说，"每当这种时刻，他总是找到我，和我一起商量怎样帮助孩子。这种敬业和认真的态度，让我从心底佩服。"

2008年5月12日14时28分，吴忠红正在教学楼4楼一年级（5）班教室里上课。突然，地板剧烈地晃动起来，门窗如同抽筋一般来回晃动，课桌上的书本、文具稀里哗啦地掉满一地……学生们惊恐地张皇四顾，全都懵了。"同学们快下楼，地震了！"他大喊一声，惊呆的学生这才纷纷离开座位向教室外涌去。由于门板晃动得厉害，一度又将孩子们吓了回来。吴忠红一个箭步冲到门口，用力顶住门板喊道："快点跑下楼，到操场上去！"在他的组织下，学生们迅速有序地顺着楼道向下撤离，当撤到3楼时，有学生惊呼："吴老师，楼上好像还有人。"来不及多想，吴忠红迅速返身往楼上冲去，拉起最后几名被吓呆的孩子赶紧往下跑。这时，教学楼轰然倒塌，在千钧一发的危急时刻，吴忠红奋力将在他旁边的一名学生推向楼道，而他却与另外两名学生一起随倒塌的楼层落下，被埋进深深的废墟中。

2008年5月，吴忠红被成都市委组织部追认为中共党员；6月，被人力资源社会保障部、教育部追授"教育系统抗震救灾英雄"称号；2009年7月，被四川省政府批准为革命烈士；9月，被人力资源社会保障部、教育部追授"全国模范教师"称号。

何清芳

女，1964年4月出生，四川青川人。大专学历。青川县红光乡东河村小学教师。汶川特大地震发生时，为保护学生光荣牺牲。

1982年9月，何清芳在青川县红光乡东河村高家山生产队任民办教师；

1984年8月，调整到红光乡东河村小学。那时工资不高，她虽然自己生活节俭、清苦，但还是经常帮助一些贫困家庭的学生，给这个同学买支钢笔，给那个同学买瓶墨水。1994年9月转为公办教师后，她仍在东河村小学任教，教学成绩优异。2007年12月，何清芳被聘为小学高级教师。

汶川地震发生时，何清芳正在办公室批改学生作业。忽然，大地剧烈抖动起来，何清芳站在办公室门口大声喊："地震了，快出来！"听到她的喊声，各年级学生迅速跑出教室。何清芳站在校园中间，把跑出来的学生聚在一起。突然，办公室后院传来了撕心裂肺的小孩哭喊声，何清芳立即冲回办公室，直奔后院。霎时，办公室倒塌了，教室也不见了。师生们相互抱着趴在一起，身上盖着厚厚的一层泥灰，不远处有两名学生已经遇难。

地震稍停，学校清点人数，不见了何清芳等3位教师的踪影，师生们心急如焚，立即投入紧张的搜救。一会儿，搜救人员在校园后面的围墙处发现一只手露在垮塌的墙沿上，赶忙上去扒砖头、石块，五六分钟后，露出一个人满身尘土的上身。人们一眼认出是何清芳，便不停地刨，很快从乱石墙堆里把她刨了出来。只见何清芳身子弯着，右臂还紧紧搂着一名学生，两人已经停止了呼吸。

2008年9月，何清芳被教育部追授"教育系统抗震救灾先进个人"称号；2009年11月，被四川省政府批准为革命烈士。

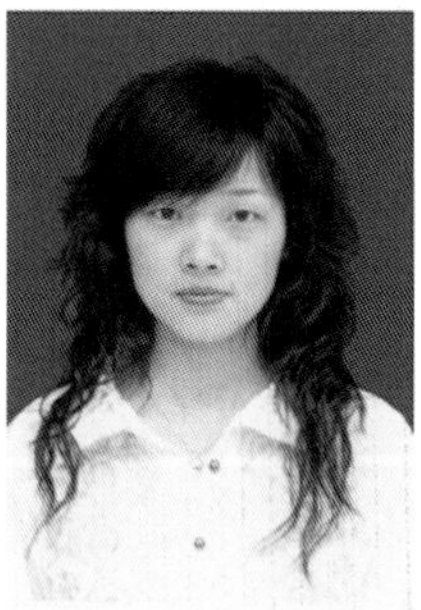

袁文婷

女，1982年9月出生，四川什邡人。共青团员，大专学历。什邡市师古镇民主中心小学教师。汶川特大地震中，为抢救学生光荣牺牲。

袁文婷工作兢兢业业，认真做好每一件事情。她家住什邡城区，距离学校有十多公里，每天总是早早赶到学校，风雨无阻。下午放学后，她总要在做好第二天上课准备后才离开学校。袁文婷参加工作的第一年，便主动担任毕业班的语文课教学和班主任工作。为了管理好班级，搞好教学工作，她利用空余时间为学习上有困难的学生补课；对班级里一些调皮学生，总是耐心地讲道理。她所任班级被评为文明班级。由于工作认真负责、成绩突出，袁文婷曾被评为什邡市"三八红旗手"。2006年，袁文婷通过了专升本的成人高考，参加四川师范大学汉语言专业本科班的学习。

汶川地震发生时，教学楼剧烈地抖动着，民主中心小学教学楼里一年级（1）班教室里的很多孩子，都被吓得愣愣的，坐在教室里不知所措。"快跑，地震了！"袁文婷一边大声呼喊，一边迅速组织学生向教室外撤离。当大部分学生都疏散到室外时，地震来得更猛了，教学楼剧烈摆动，预制构件、砖块伴随着粉尘纷纷砸落。就在生死一线之间，袁文婷不顾自身的安危再次冲进教室，把两名学生推到教室门口。就在她转身去救另外几名学生时，3层教学楼轰然倒塌。已安全撤离的孩子在操场上大声哭喊："袁老师还在教室里！"到学校接孩子的家长抱住自己的孩子，涌出了感动的泪水，说："多亏袁老师啊！"经过救援人员紧急抢救，袁文婷和孩子们露出身影，她从讲台上俯着身子紧紧护着身下的3个孩子。袁文婷被救了出来，脸上的表情宁静安详，她的后脑被打伤了，流出鲜红的血；两只手臂软软的，自然下垂。半个多小时后，从医院传来噩耗，袁文婷经抢救无效光荣牺牲，而她用身体护住的3个孩子中有一名幸免于难。

2008年6月，袁文婷被人力资源社会保障部、教育部追授“教育系统抗震救灾英雄”称号；2009年9月，被人力资源社会保障部、教育部追授“全国模范教师”称号；11月，被四川省政府批准为革命烈士。

刘继军

1971年5月出生，四川什邡人。中共党员，大专学历。什邡市湔氐镇龙居小学教师。汶川特大地震发生时，为抢救学生光荣牺牲。

刘继军一直从事科学课的教学工作。由于学校地处农村，条件有限，教学仪器和教具不齐，为了激发孩子们对科学的兴趣，他努力自制教具和生物标本，学生们都非常喜欢上他教的科学课。他还承担了学校档案管理和教师继续教育管理工作，所管理的学校档案井井有条，教师继续教育登记工作也得到市教师进修学校的肯定。

汶川地震发生时，刘继军刚开始给六年级（1）班的同学上课。仅仅几秒钟的时间，大地突然震荡起来。“快，快跑，地震了！”随着刘继军的喊声和引导，同学们纷纷冲向教室外。然而，留给学生的时间太少了，教学大楼的楼板掉了下来，教室垮塌了。大部分学生已经逃生，留在后面的刘继军冲向3名尚未逃离的学生，用宽大的前胸和手臂将学生护住，地震使他们从3楼掉到2楼，后来楼板又压在了刘继军的肩上。

救援人员赶到学校，一个个幸存者被抢救出来，一具具遗体被抬了出来，刘继军的遗体也找到了。两块沉重的水泥板压在他身上，他身下还护着3个惊吓过度的学生。学生得救了，刘继军却因头部、背部等多处受伤，永远闭上了眼睛。

2008年7月，刘继军被人力资源社会保障部、教育部追授“教育系统抗震救灾英雄”称号；2009年9月，被人力资源社会保障部、教育部追授“全国模范教师”称号；11月，被四川省政府批准为革命烈士。

王周明

1980年5月出生，四川什邡人。共青团员，大专学历。什邡市红白镇中心学校小学教师。汶川特大地震发生时，为保护学生撤离光荣牺牲。

王周明出生在什邡市红白镇红白村1组一个普通的家庭，先后在红白中心小学、红白初中读书，1997年6月考入广汉师范学校。

2000年7月，王周明从师范学校毕业后，被分配到红白镇峡马口小学任教。峡马口小学地处偏远山区，生活、工作等各方面条件都很差。他努力克服各种困难，做好自己的本职工作，教学成绩在全镇同年级中名列前茅。

2004年3月，学区实行撤校并点，峡马口小学被撤并了，学校教师需要重新分配工作，许多教师希望到红白场镇任教，王周明却主动要求到柿子坪小学。柿子坪小学是村点校，学校班级多，教师人数少，条件比较艰苦。王周明到校后，担任一个班的班主任，还承担两个班级语文课教学。

2007年7月，柿子坪小学被撤并，整个红白镇不再保留村小学，王周明到红白镇中心学校小学部担任三年级（2）班班主任，教语文课。除认真搞好教学工作外，他还把班主任工作搞得有声有色。他经常深入学生中，倾听学生心声；进行家访，了解学生学习生活情况；开展多样活动，丰富学生课余生活。

汶川地震发生时，王周明正准备去上课，当走到二三层之间的楼道拐角平台时，“轰”的一声巨响，地震发生了。王周明一边喊“不要慌，走这边，不要推挤”，一边组织学生撤离楼梯通道。受到惊吓的学生纷纷从教室里涌到教学楼的走廊通道和楼梯平台上。王周明本想迅速离开楼梯平台，去组织本班学生尽快撤离，然而学生们慌乱无序地拥挤在一起，需要教师及时指挥，遂决定在楼梯口组织学生疏散。他沉着应对，大声指挥，拥挤在楼梯通道处的学生纷纷跑出通道，脱离险境。

楼体摇晃幅度越来越大。一片混乱之中，王周明隐隐约约听到教学楼裂缝的声音，意识到楼房快要垮塌了，便让还没有撤离的学生赶快逃离。此时，王洁莹等两名学生忽然扑倒在王周明面前。2楼楼道出口与学校操场相连，王周明用力将两名学生推向操场。正当王周明准备撤离时，教学楼倒塌了，王洁莹的一只脚被压在倒塌的预制构件下，但最终得救了，而王周明却被一块半吨重的预制板砸中头部，光荣牺牲。

2008年9月，王周明被教育部追授“教育系统抗震救灾先进个人”称号；2009年11月，被四川省政府批准为革命烈士。

张辉兵

1978年9月出生，四川什邡人。中共党员，大专学历。什邡市红白镇中心学校小学教师。汶川特大地震发生时，为救护、疏散学生光荣牺牲。

张辉兵出生于贫困家庭，幼年时就失去了母亲。他先后在柿子坪小学、红白初中上学。他学习刻苦，遵守纪律，乐于助人，多次代表学校参加各类体育比赛，获得优异成绩；1995年6月，考入孝泉师范学校体育班，体育成绩突出，文化成绩优异。

1998年7月，张辉兵到母校柿子坪小学任教，承担不同年级两个班的数学教学工作。他工作努力，虚心好学，所教班的数学成绩连续几年名列全镇第一名。1999年4月，张辉兵作为红白镇小学高段数学教师代表，参加什邡市的赛课活动，获得二等奖。2002年，由于红白中心小学数学教师短缺，他被借调到那里，负责一个班的数学教学工作，而柿子坪小学的工作也没放下。每天，张辉兵骑车奔波于两所学校之间，难得的是他原来教的两个班级的数学成绩仍然名列前茅；同年7月，他成为一名中共党员。

汶川地震发生时，学生们还在休息，突然“轰”的一声巨响，教室开始不停地晃动。张辉兵快步走到教室前门，拉开半掩着的门，身体靠着门框大声喊道：“都别慌，所有人快往外跑！”由于地震烈度太大，教室门顷刻被挤压得变了形，给学生疏散造成极大困难。张辉兵站在门口，面朝学生，右臂平伸撑住教室门和门框。房子在剧烈地抖动，他极力维持平衡。10余名学生得救了，他却被埋在倒塌楼房的废墟里。3天后，当空降兵战士挖出张辉兵的遗体时，发现两根巨大的水泥横梁压在他的身上，他的一只手臂还指向学生逃生的方向。

2008年9月，张辉兵被教育部追授“教育系统抗震救灾先进个人”称号；2009年11月，被四川省政府批准为革命烈士。

汤　鸿

女，1982年3月出生，四川什邡人。共青团员，大专学历。什邡市红白镇中心学校小学教师。汶川特大地震发生时，为疏散、保护学生光荣牺牲。

汤鸿出生在一个山区教师家庭，先后就读于红白中心小学和红白初中；1998年6月，考入广汉师范学校。其间，除学习规定的各类专业课程外，汤鸿还报名参加函授自学和钢琴、小提琴训练，多次参加文艺演出。

2001年7月，汤鸿师范毕业后，回到母校红白中心小学任教，担任语文教学和班主任工作，所教班级成绩名列全市同年级前列。对于学校布置的各项工作，她总是不折不扣地完成。每次校内活动，她都精心组织班上学生参加，总能获得好的效果或名次。因工作成绩突出和所在班级班风正、学风浓，汤鸿多次被评为“岗位能手”和“优秀班主任”。除教语文课外，汤鸿还兼任多个班的音乐老师，深受学生欢迎。

2008年初，刚休完产假的汤鸿主动要求担任语文成绩相对较差的二年级（2）班的教学工作。为尽快培养学生的学习习惯，提高学习语文的兴趣和能力，汤鸿不顾产后身体虚弱，长期坚持利用中午、下午放学后的时间辅导学生，并且放弃了每天上、下午各30分钟回家哺乳的时间，让母亲每天上、下午背着几个月大的孩子到学校喂奶。

汶川地震发生当日，汤鸿与往常一样提前来到学校，走进教学楼3楼的远程教学室，准备再对五年级（1）班为庆祝六一儿童节暨迎奥运编排的舞蹈节目进行一些细节上的指导。教学楼突然震动，伴随着一阵阵低沉的隆隆声，楼板开始摇晃，汤鸿立刻意识到发生了地震。“地震了！大家不要惊慌，依次快速撤离，在操场开阔地集中。”汤鸿冷静地指挥孩子们有序撤离，二十几名学生飞奔出远程教学室，并很快冲下楼梯，迅速向操场聚集。

灰尘弥漫中，汤鸿看见学生黎瑶紧紧跟随在自己身后，没有向外跑。她立即转过身去，冲黎瑶吼道：“你怎么还不跑？快跑，再不跑就来不及了！”“汤老师，你不跑，我也不跑！”黎瑶像一个依恋母亲的孩子怯怯地说。教学楼的摇晃、震动一阵紧似一阵，汤鸿来不及多想，迅速一手拉着黎瑶，一手拉着另一个学生冯丹，并护着其他同学奋力向门口冲去。

师生数人刚跑到教室前面的黑板处，就被更加强烈的震动晃倒。尘埃四起，他们看不清门的方位。汤鸿凭着直觉张开双臂，右手揽住冯丹，左手揽住黎瑶，把她俩护在自己胸前。楼顶的预制板塌落下来，砸在汤鸿身上，她右手下的学生冯丹清楚地感觉到老师用尽全身的力量向上支撑着，以便为她们挪出更多的空间。

15时20分，汤鸿的遗体被发现。她至死都保持着一个姿势——俯身像母鸡护小鸡一样趴在距门口不到两米远的讲台边，楼顶的预制板压在汤鸿瘦小的脊背上，砖块重重地砸在她的头上，她左手搂住黎瑶，右手护着冯丹，其余的学生都紧靠在她胸前。

2008年7月，汤鸿被全国总工会追授“全国五一劳动奖章”；9月，被教育部追授“教育系统抗震救灾先进个人”称号；2009年11月，被四川省政府批准为革命烈士。

赵　新

1968年3月出生，四川什邡人。大专学历。什邡市湔氐镇中学总务主任。汶川特大地震发生时，为疏散、保护学生光荣牺牲。

赵新出生于什邡农村一个贫困的家庭，1985年6月考入广汉师范学校，1988年7月毕业后回到母校前锋小学从事数学教学与班主任工作，后担任教导主任一职。

1992年，赵新调入湔氐中学，主要承担体育教学工作，为高一级学校培养输送了不少体育人才，每年学校的体育评估在全市都是优秀。后来，由于学校文化课教师短缺，赵新服从学校安排，担任了文化课教师。不管担任哪一科的教学工作，他总是认真负责，所教学科的教学成绩每年都在全市同年级中名列前茅。赵新从事班主任工作同样兢兢业业、一丝不苟，他管理学生特别严格，但学生并没有因此讨厌他，因为他善于开导启发学生。

在从事教学和班主任工作的同时，赵新还负责学校的总务工作。他总是尽心尽力，厉行节约，把学校公共财产管理好。赵新还承担了学校的宣传工作，学校大大小小的活动标语、展板都是他设计制作的。

汶川地震发生时，赵新正在教室里给学生上物理课。大地突然剧烈震荡起来，赵新意识到是地震了，便立即向学生大喊：“快跑，地震了，同学们快跑！”剧烈的摇晃使人站立不稳。看着乱作一团的学生，赵新努力帮助更多的学生冲出去。楼道走廊已被混乱的学生堵塞，赵新站在阳台上背靠护栏，挥动双手，冷静而果断地指挥学生疏散。但无情的地震没有给师生更多的时间和机会，楼体墙壁在不断裂开，楼板在抖动，已是千钧一发。赵新看到还有不少学生没有冲出去，嘶声叫道：“快塌了，快跑！”几个学生跌倒了，赵新就用大手一把将学生拉起推向楼道。混乱之中，一块砖砸到他的后脑上，顿时鲜血直流，但他全然不顾，依旧推着学生往下冲。砖块、水泥块开始大片大片地落下来，墙体轰然倒塌了，没来得及逃生的学生以及赵新等教师被压埋在倒塌的建筑物废墟中。

2008年9月，赵新被教育部追授“教育系统抗震救灾先进个人”称号；2009年11月，被四川省政府批准为革命烈士。

王跃泽

1962年2月出生，四川青川人。大专学历。青川县红光乡中心学校教师。汶川特大地震发生时，为保护学生光荣牺牲。

在青川大山里成长起来的王跃泽，有着农村汉子的勤劳和简朴。他从小爱劳动，爱学习。1979年，17岁高中毕业后，在红光乡中心小学当民办教师。1994年，考入广元师范学校民师班，1996年毕业后成为一名正式教师。2003年，王跃泽主动申请，从中心小学转到条件更艰苦的陶龙村小学任教。他所教班级在同年级考核中年年名列前茅。在承担繁重教学任务的同时，他始终没有停止自己的学习，2005年7月取得川北教育学院大专学历，2007年12月被聘为小学高级教师。

汶川地震发生时，陶龙小学的师生正在上课。突然，大地开始颤抖，教室的窗户剧烈晃动，正在一年级教室上课的王跃泽急忙吆喝：“大家快往外面操场上跑！”陶龙小学为长方形四合院，要穿过一条长4米左右的通道才能到达安全地带。当时，受惊的低年级学生拥挤在铁门前出不去，王跃泽和其他几位教师用力把孩子们推出铁门。此时，房屋开始剧烈晃动，屋顶瓦片也不断坠落，周围农房纷纷倒塌，剧烈的晃动使外撤的学生站不稳脚，过道里乱作一团。王跃泽冷静地指挥学生迅速撤出危险过道，他本可以随着学生冲向安全地带，但当看到离自己一米远的过道中还有一个瘦小的身影在移动时，他没有犹豫就冲进了过道，把那名走在最后的学生抱在怀里。此时，过道旁的一堵墙垮下来，把师生两人埋在了废墟中。地震过去约10分钟，从附近赶来的群众在废墟里找到了王跃泽。只见他的脚依然在过道旁的水沟中，身子匍匐在一旁的菜地里，用整个身躯紧紧护着身下的学生。学生得救了，王跃泽却永远离开了这个世界。

2008年9月，王跃泽被教育部追授“教育系统抗震救灾先进个人”称号；2010年7月，被四川省政府批准为革命烈士。

连　蓉

女，羌族，1980年6月出生，四川汶川人。大学本科学历。汶川县映秀小学一级教师。汶川特大地震发生时，为抢救学生光荣牺牲。

1998年，连蓉从威州民族师范学校毕业，被分配到汶川县映秀小学任教，一直担任美术课教学工作。她热爱自己的工作，谦虚好学，积极向上，教学成绩显著；尊重老教师，团结同事，受到学生和同事们的好评。连蓉认为，美术能让学生认识健康美，也能创造健康美。平时，连蓉严格要求自己，做到精心设计好每一节课，认真上好每一节课。连蓉的美术课，教学形式新颖，课堂气氛生动活泼。她亲切的语言和美术特有的美感激发了学生学习的激情，学生们积极性高，学习效果好。连蓉关心爱护学生，常常极为耐心地辅导学生，尤其是对学习上有困难的学生给予鼓励和指导，使不少学生从喜欢她转变到爱上美术课。在连蓉的精心指导下，映秀小学先后有二十几名学生的美术作品在省、州、县各级艺术大赛中分别荣获一、二、三等奖，她也被评为省级“优秀指导教师”。

连蓉是映秀小学综合教研组组长。她认真履行组长的工作职责，按时开展教学研究活动，学习领会新课程标准的教学理念及对科目的要求。针对艺体科教师都比较年轻，接受新生事物能力强的优势，她多次组织举行了有声有色的展示课、研究课。连蓉自己在课改中身先士卒，所撰写的多篇教学论文分别在省、州级刊物上发表。

汶川地震发生时，连蓉正在六年级（2）班的教室里上美术课。一阵剧烈的上下左右震动后，她和孩子们都意识到发生地震了。她扶着歪歪斜斜的讲台大声喊：“地震了，快下楼！”指挥班上学生往教室门口方向撤离。在一片慌乱中，她用自己的身体死死抵住教室门不让它关上，并吩咐慌乱的孩子们往楼下疏散。分不清是谁，只要手能碰到的，她就拼命地往教室门外推，一个、两个、三个……这个班有13名学生幸存下来。学生李燕说：“为了尽快疏散学生，连老师留在最后，等第13个同学刚跑出教室，教学楼全部塌了下来。”当救援人员挖开废墟时，发现连蓉身边还有一名遇难的孩子，她僵硬的双手正伸向那个孩子。

2008年6月，连蓉被人力资源社会保障部、教育部追授“教育系统抗震救灾英雄”称号；7月，被全国总工会追授“全国五一劳动奖章”；2009年9月，被人力资源社会保障部、教育部追授“全国模范教师”称号；2011年5月，被四川省政府批准为革命烈士。

古雪岷

女，苗族，1978年11月出生，四川合江人。大专学历，汶川县映秀小学一级教师。汶川特大地震发生时，为保护学生光荣牺牲。

1997年7月，古雪岷从威州民族师范学校毕业，被分配到汶川县漩口小学，任音乐课教师；2004年由于紫坪铺水库搬迁，过渡到雁门小学担任音乐课教学工作，2006年到映秀小学任音乐教师。

古雪岷能歌善舞、富有爱心、乐于助人，对生活充满热爱。在当教师的父母熏陶下，她谦虚好学，积极向上，非常热爱自己的职业，关心、爱护学生，热爱学校。为了提高自己的专业知识和技能，2003年，她在绵阳师范专科学校完成了音乐教育专业大专班的学习。在教育教学工作中，她严格要求自己，根据学生特点精心设计并上好每一堂音乐课。12年里，她的教学业绩一直很优秀，在全县音乐课教学评比中，成绩总是名列前茅，是学生们非常喜爱的老师。她也十分注重特长生的发现和培养，多年来，带着学生们参加各种文艺大赛，为学校争得了很多荣誉。

汶川地震发生时，古雪岷正在给四年级（1）班的孩子们上音乐课。突然，大地剧烈抖动，教学楼猛烈摇晃。她敏感地意识到地震了，对学生们大喊："同学们，快向门外跑，别慌！"楼房摇晃剧烈，教室门被"砰"地关上，孩子们很慌乱。古雪岷不顾危险，用尽全身力气打开门，用身体抵挡着教室的门，让孩子们顺利地从她面前快速通过，跑向外边。一个孩子因为慌乱害怕，不敢离开，她冲过去拉起，使尽全力把他推到门外。古雪岷一边疏散学生，一边大声鼓励，让学生稳定情绪，用最快的速度冲出教室。在她有序的组织下，数十名学生跑出教室获救了。短短十几秒钟后，教学楼垮塌了，一心为了孩子们的古雪岷却被埋在废墟里，永远离开了她热爱的教育事业和喜爱的学生们。

2011年5月，古雪岷被四川省政府批准为革命烈士。

艾丽莎

女，满族，1980年7月出生，四川汶川人。大专学历。汶川县映秀小学教师。汶川特大地震发生时，为帮助学生脱险光荣牺牲。

艾丽莎待人和善，脸上始终挂着微笑，是学生们心目中最漂亮的老师，和同事相处得非常好。她热爱自己的本职工作，谦虚好学，积极向上，教学成绩显著，受到同事和学生的好评。她的课堂教学形式新颖、多种多样，课堂气氛生动活泼，亲切生动的语言激发起学生学习的激情，孩子们学习的积极性高，学习效果好，学生和同事们都说艾老师是一位教学经验丰富的好老师。学校每年开展庆祝六一儿童节活动，她都积极主动辅导学校的绘画组，从而使学校绘画展得到好评。艾丽莎关心爱护学生，常常耐心地辅导学生，尤其是对学习上有困难的学生进行鼓励和指导，并帮助家庭贫困的学生购买美术用品，让不少学生爱上了美术课。在她的精心指导下，多名学生的绘画作品在州、县比赛中获奖，她也被评为"优秀指导教师"。

艾丽莎认真参加学校和科研组的教学研究活动，学习领会新课程标准的教学理念及对科目的要求，不断完善自己的教学方法，形成自己独特的教学风格。她新颖、有趣的教学方法，激发了学生的学习兴趣和求知欲望，使学生的绘画技巧和审美能力得到很大提升；同事们也喜欢听她的课，常被她生动、有趣的课堂气氛所感染。

汶川地震发生时，在4楼五年级（1）班上课的艾丽莎大声喊道："地震了，同学们，快跑呀！"并指挥学生们冲向教室外。有些孩子吓得站在门口不动了，她转身拉着被吓得不知所措的学生向楼梯口跑去。在跑动中，她还不停地扶起摔倒在地的学生，指挥他们继续跑。短短的十几秒钟，天昏地暗，房屋全部倒塌，跑在最前面的9名学生得救了，艾丽莎却被压埋在废墟里面，献出了年轻的生命。

2011年5月，艾丽莎被四川省政府批准为革命烈士。

孙建军

羌族，1971年出生，四川汶川县人。中共党员，大专学历。汶川县映秀小学教师。汶川特大地震发生时，为保护和救助学生光荣牺牲。

孙建军1991年7月参加工作，1999年通过自修取得四川师范大学专科学历。他为人谦逊，尊重老教师，和同事们相处得非常好。他担任五年级（2）班的班主任和语文课教学工作。平时，孙建军严格要求自己，认真学习他人先进经验，从各种渠道了解最新的语文课教学动态，并结合本地学生的实际精心设计好每一节课。孙建军的课堂教学形式新颖、多种多样，课堂气氛生动活泼，亲切生动的语言激发了学生学习的激情，孩子们学习的积极性高，学习效果好。

孙建军是映秀小学语文科研组组长。他认真履行组长工作职责，积极参加学校和科研组的教学研究活动，学习领会新课程标准的教学理念及对科目的要求。针对科研组教师都比较年轻、接受新生事物能力强的优势，他协助教科室主任，多次举行了有声有色的展示课和研究课，他自己也在课改中积极承担多节展示课和研究课。孙建军撰写的多篇教学论文分别在省、州的刊物上发表。他耐心辅导学生，尤其是对学习困难学生给予特别的鼓励和指导，使不少学生从喜欢孙建军转变到爱上语文课。在他的精心指导下，许多学生的作文在州、县各级作文大赛中获奖，他也被评为“优秀指导教师”。

映秀镇是汶川特大地震的震中，灾难降临时，房屋倒塌，山体滑坡，映秀小学的教学楼成为一片废墟，呼叫声让人胆战心惊。孙建军当时正在五年级（2）班的教室里上语文课，他顾不上自己的安危，心中想的是学生，生死关头，沉着冷静地指挥班上的学生向教室外跑，他最后一个跑向教室大门。在奔跑中，有些孩子摔倒了，他赶紧把他们拉起来，让他们继续跑。在他的帮助下，班上6名学生得以生还，而他却被埋在了地震的废墟里，光荣牺牲。

2011年5月，孙建军被四川省政府批准为革命烈士。

王秀芳

女，1964年2月出生，四川汶川人。大专学历。汶川县水磨镇寨子坪小学一级教师。汶川特大地震发生时，为抢救学生光荣牺牲。

王秀芳1980年参加工作，1987年由民办教师转为公办教师。从事教育工作以来，她一直兢兢业业、踏踏实实、任劳任怨，因工作出色，颇受家长和领导的好评。1985—2007年，她先后6次被水磨镇党委和镇政府评为“优秀教师”；2002年，被评为汶川县“优秀教师”。2007年，在四川省第八届教师优秀论文评先活动中，荣获三等奖。

王秀芳把学校当成自己的家，把学生当成自己的孩子。有一次，她所教的一年级班上有个女学生不慎摔伤，送到医院后却因家庭困难无钱支付治疗费用，她知道后，毫不犹豫地为学生垫上医疗费，并细心地看护孩子。

王秀芳热爱自己的事业，平时难得请一天假，即使有病也仍然坚持工作。一次，她得了重感冒，声音嘶哑，浑身乏力，医生叮嘱她住院休息治疗，她说："还有一个班的孩子在等着我啊！"说完便不顾医生的劝阻，拖着带病的身子回校为学生们上课。学生们看见她额头上冒着大滴大滴的汗珠，不忍心让她继续讲下去，齐声说："老师，您去休息吧！"但她摇摇头，坚持讲完课。那节课，教室里格外安静，学生们听得格外认真。

2008年5月12日，王秀芳吃过午饭早早来到学校。离上课时间还有半个小时，她叫上班里学习有困难的学生，给他们补课。当她正在2楼办公室给3名学生讲解数学题时，突然，轰响震天，地动山摇，整栋教学楼剧烈地颤抖摇晃起来，门窗玻璃噼啪作响。他们意识到发生地震了。王秀芳大喊："地震了，快下楼！"随即牵着3名学生摇摇晃晃地往2楼楼梯口方向跑去。此时，教学楼顶楼已有砖头、玻璃向下掉落，情形万分危急。当她牵着学生来到楼梯时，整栋教学楼已摇摇欲坠。她双手牵着孩子飞奔而下，刚跑到一层的楼梯转角口，"轰"的一声，教学楼倒塌了，混凝土块、砖块砸向她和孩子，她将3个孩子保护在自己的怀中，用身躯挡住坠落物。当教师和赶来的村民搬开她身上的砖块和混凝土块时，发现她已不幸遇难，但双手仍死死地护着3个孩子。

2011年5月，王秀芳被四川省政府批准为革命烈士。

王光香

女，1956年6月出生，四川江油人。中共党员。江油市武都镇五通村幼儿园副园长，幼儿一级教师。汶川特大地震发生时，为抢救幼儿不幸遇难。

在五通村，说起王光香，几乎无人不知。王光香教过村里一半以上的人，对村里的每一个孩子都当作自己的孩子。哪个孩子喜欢吃什么、喜欢玩什么，她都了如指掌。孩子们不喊她老师，都亲热地叫她"王妈妈"。

汶川地震发生时，正在照料幼儿大班27名孩子午休的王光香高声喊道："孩子们，快起来，地震了！"孩子们被突如其来的地震吓蒙了，王光香抱起两名孩子就往楼下冲。当她跑出来时，两层教学楼三分之一的墙体轰然倒塌。她再次冲上楼，什么也看不清楚，也不知脚踩在什么地方，寻着声音搜寻，凭感觉进出，两次、三次、四次……她连续抱出了10名孩子。这时地震停止了，但砖头、水泥块仍在不断往下掉，情况依旧非常危险，楼上仍然有孩子的哭声。王光香再次冲上楼，正要下楼时，楼房再次垮塌，两层高的教学楼成了一片废墟，王光香再也没有出来。在一块预制板下面，人们发现了王光香，她双膝跪地身体蜷曲，两臂张开扑在地上，怀里有两名孩子。孩子安然无恙，而王光香却不幸遇难。五通村幼儿园共有105名幼儿，地震中仅1名幼儿遇难。

2008年6月，王光香被人力资源社会保障部、教育部追授"教育系统抗震救灾英雄"称号；2009年9月，被人力资源社会保障部、教育部追授"全国模范教师"称号。

罗晓明

1962年6月出生，四川绵竹人。中共党员，大学本科学历。德阳市东汽中学教师、教导处主任。汶川特大地震发生时，为疏散学生不幸遇难。

罗晓明工作兢兢业业，教育教学业绩突出，学校教学管理工作井井有条。

汶川地震发生时，霎时间地动山摇，罗晓明正在东汽中学教学楼一层阶梯教室给学生上多媒体化学课。一向沉着冷静、临危不乱的罗晓明，立刻转移出了4名学生，将他们带到教学楼外。此时，罗晓明已经和这4名被救学生一样获得了一次生存的机会。但为救出教室里剩下的30多名学生，天旋地转中，罗晓明又掉头冲进阶梯教室，对着学生大喊："赶快跑，跑远一点儿，远离建筑物！"阶梯教室的门很小，学生们慌乱地向外跑着。罗晓明站在门侧大声喊叫着，一面组织疏散学生，一面要求还没有出去的学生就地避震。强震中，在罗晓明的疏散和救助下，16名学生跑了出去。此时，楼在晃，墙在裂，教学楼瞬间倒塌，20双眼睛眼睁睁地看着整整一栋教学楼只剩下断壁残垣，罗晓明再也没能出来。5月19日上午，当救援人员挖开废墟，眼前的一幕让他们深深震撼，已经遇难的罗晓明张着双臂，双臂下面护着的是学生。

2008年6月，罗晓明被人力资源社会保障部、教育部追授"教育系统抗震救灾英雄"称号；7月，被全国总工会追授"全国五一劳动奖章"；2009年9月，被人力资源社会保障部、教育部追授"全国模范教师"称号。

李佳萍

女，羌族，1966年12月出生，四川北川人。中共党员，大学本科学历。北川羌族自治县北川中学高级教师。汶川特大地震发生时，为抢救学生不幸遇难。

李佳萍出生在北川羌族自治县禹里乡登高村，祖祖辈辈以种地为生，生活条件虽然艰苦，但父辈的纯朴善良与勤劳品质在她身上得以传承和发扬。在父母的关爱和教育下，她从小就喜欢读书学习，并立志当一名光荣的人民教师。1982年9月，她以优异成绩考入安县师范学校。在校期间，她多次被学校评为学习先进个人，并多次获得学校体育比赛优胜奖。

1985年7月，李佳萍走上向往已久的神圣的三尺讲台，开始了教学生涯。她先后在北川羌族自治县小坝乡村上小学和中心小学任教，因教学成绩突出，1992年9月被调到北川中学任教。在工作中，她勤勤恳恳，任劳任怨，把每一个学生都当成自己的孩子给予热忱的关心和爱护，成为学生心目中的好老师，受到家长和社会的好评。李佳萍2003—2005年连续3年被学校评为"优秀教师"；2003年被评为县级"优秀教师"；2006年获得绵阳市思想品德教学竞赛一等奖；2007年荣获"绵阳市政治学科骨干教师"称号。

汶川地震发生时，李佳萍正在给初二（4）班的学生上课。伴随着“轰隆隆”的巨响，教室剧烈摇晃起来。“同学们，地震了，快跑！”李佳萍一个箭步冲到门口，奋力拉开教室前门大声喊道，并拼尽全力把吓得不知所措的学生一个个往门外推。在李佳萍的疏导下，37名学生很快冲出了教室。他们刚跑出教学楼，就听见身后巨大的楼房倒塌声。回头一看，5层高的教学楼已经垮塌在弥漫的粉尘中，李佳萍和几名学生被压在了教学楼底部。被废墟埋压的李佳萍从昏迷中醒来后，发现被压埋的学生还活着，她不顾自己的伤痛，在废墟下组织学生自救互救。为了给学生们树立生存的信心，李佳萍不断地和学生们拉家常，聊生活中的往事，安慰学生们一定要坚持住，相信会有人来救助的，并鼓励学生们要保存体力，坚强地活下去等待救援。

在废墟中坚持了30多个小时后，李佳萍的声音越来越弱了。她感觉到自己快不行了，便用那只能够活动的右手，摘下左手上戴了近20年的结婚戒指递给离她最近的一名女学生，告诉她：“如果你能活着出去，请把它交给我的爱人。告诉我女儿和爱人，我很想他们，很爱他们！”弥留之际，李佳萍艰难地叮嘱学生“一定要坚持……我会在另一个世界祝福你们”，之后就再也没能醒过来。

2008年6月，李佳萍被人力资源社会保障部、教育部追授“教育系统抗震救灾英雄”称号；2009年9月，被人力资源社会保障部、教育部追授“全国模范教师”称号。

张家春

羌族，1971年2月出生，四川北川人。大专学历。北川羌族自治县北川中学一级教师。汶川特大地震发生时，为抢救学生不幸遇难。

张家春出生在北川一个农民家庭，家庭生活困难，他深知父母的不易，读书非常用功。1992年9月以优异成绩考入绵阳师范学院。在校期间，他勤奋学习，乐于助人，表现突出，被评为“优秀学生干部”，多次获得学校的表彰和奖励。

1995年7月大学毕业后，张家春被分配到北川民族中学任教。在这所偏僻的农村中学，他一干就是7年。他把自己的一腔热情全部倾注在教育事业上，对本职工作精益求精，勇于开拓创新，探索出“自学点拨式”课堂教学模式，创设宽松和谐的课堂教学氛围，促进学生全面和谐发展，教学效果非常显著。

2002年8月，张家春参加北川中学面向社会公开选聘优秀教师的招聘考试，在众多应聘者中脱颖而出，被北川中学录用。在北川中学工作的6年里，他始终以一个优秀教师的标准严格要求自己，爱岗敬业，勤奋努力。他的教学语言诙谐幽默，方法灵活多样，深受学生喜爱。由于教学成绩突出，他所带班级多次被评为先进班集体；参加赛课，曾荣获全校青年教师赛课活动一等奖、北川课堂教学大赛一等奖、绵阳市课堂教学大赛二等奖等。

汶川地震发生时，张家春正在位于旧教学楼一层的初二（1）班上物理课，讲述磁场的知识。此时，一个奇怪的现象出现了，演练过千百次的实验怎么也做不成功，用做教具的指南针一会儿指这，一会儿指那，张家春不禁有些困惑。正当他准备进一步查找原因时，忽然大地一阵剧烈晃动，头顶上的日光灯不停地左右摇摆，学生们被晃得东倒西歪。他跑出教室看了看，迅速返回来高喊："地震了，同学们快跑，快出教室！"这是第一层的第一间教室，处于逃生的有利地势，张家春要想逃生，易如反掌，但他毅然退到讲台后面，有序地组织学生往外撤离。有些学生被突如其来的灾难吓呆了，张家春就一个个将他们往外推。教学楼还在剧烈摇晃，碎块纷纷砸在桌子上、讲台上和学生们的身上，也砸在张家春的身上。"孩子们，快点跑啊！"他高声呼喊着。学生陈涵跑的过程中跌倒了，张家春一把将他拉起，使劲用脚一蹬，把陈涵送到了安全地带。学生傅丽颖被吓坏了，跌倒在门口，张家春一把拽起她，把她推到门外。一个、两个、三个……越来越多的学生逃离了危险。张家春没有撤离，他不想丢下任何一个学生。教学楼疯狂地摇晃着，碎石、砖块纷纷落下，门框变形了，张家春坚持站到门下，用自己的血肉之躯死死地撑住门框，为学生撑起逃生的大门。一个又一个的学生从他臂下穿过，他的头被砸伤了，他的手出血了，灰尘包围着他，石块袭击着他。此时，已经被张家春推出门外的学生周昱铭又进来了，她要去拉同学廖三三。张家春眼看一大块水泥板要砸在她的身上，扑过去一把推开她，然后又奋力救出两个学生。随着一声巨大的闷响，教室坍塌了，张家春被埋压在废墟下，已经获救站在门外的46个孩子一起高声哭喊："张老师……张老师！"

2008年6月，张家春被人力资源社会保障部、教育部追授"教育系统抗震救灾英雄"称号；2009年9月，被人力资源社会保障部、教育部追授"全国模范教师"称号。

何智霞

女，1972年10月出生，四川广安人。中共党员，大学本科学历。都江堰市聚源中学一级教师。汶川特大地震发生时，为抢救学生不幸遇难。

何智霞出生在理县一个普通职工家庭，父亲在医药公司工作，母亲是商业局职工，父母一直很重视对女儿的培养。何智霞从小就学习优异，并且多才多艺，1991年9月以优异成绩考入内江师范专科学校中文系学习。在校期间，她是系里的学生文艺骨干。

1994年8月，何智霞毕业后被分配到聚源中学从事语文课教学工作，先后担任过班主任、语文备课组组长和语文教研组组长。她是一个称职的老师，从教以来，一直兢兢业业，踏踏实实，潜心钻研业务，热心帮助同事，教学成绩突出，并努力提高自身素质，注重自身专业水平的提升，参加工作后不久就取得了大学本科学历。何智霞是一个有爱心的班主任，用行动关心爱护学生，学生患病了就带学生去看医生，学生家庭困难就自己垫钱为学生交学费，班级管理工作十分出色。她的工作受到教师、家长和学生的一致好评，多次被评为校级"优秀青年教师"、校级"优秀班主任"，获得过"成都市骨干教师""成都市优秀班主任""成都市优秀青年教师"等称号。

汶川地震发生那天，正是星期一。担任班主任的何智霞原本没有课，但是她牵挂那些正在准备中考的毕业班学生，于是走进学生们正上政治课的教室。14时28分，地震突如其来，一瞬间天崩地裂。坐在教室最后一排的何智霞和任课教师一起奋力组织学生逃生，直到教学楼轰然倒塌。在楼板砸下来的一刹那，何智霞做出的不是在恐惧中本能地用双手抱头的姿势，而是张开手臂，紧紧地把5名学生拥进怀中，试图用孱弱的身躯为学生撑起生存的空间。

事后，3名获救学生说，何老师被埋在废墟时尚有气息，她一直不断地鼓励身下的学生："要挺住，挺住。只要我们坚持，会有人来救我们的！"在生命的最后一刻，何智霞考虑的不是保持自己的体力，而是想着学生的安危，想着安慰和鼓励学生坚持下去。当人们从废墟中挖出何智霞的遗体时，她脸色乌紫，身体严重变形，但仍伸出双臂紧紧地"拥抱"着自己的学生，就像妈妈保护孩子一样。

2008年7月，何智霞被人力资源社会保障部、教育部追授"教育系统抗震救灾英雄"称号，被全国总工会追授"全国五一劳动奖章"；2009年9月，被人力资源社会保障部、教育部追授"全国模范教师"称号。

周其祥

1956年7月出生，四川绵竹人。中师学历。绵竹市汉旺镇武都白方村小学一级教师。汶川特大地震发生时，为疏散抢救学生不幸遇难。

周其祥出生在绵竹市汉旺镇柏果村，家里5口人，妻子是当地农民，女儿从小就患重病。尽管家庭生活困窘艰难，但周其祥丝毫没有动摇教书育人的决心。

1978年7月，刚刚高中毕业的周其祥以优异成绩考为民办教师。尽管当时条件十分艰苦，但他从未放松业务学习，从不懈怠工作。由于他工作勤奋、成绩突出，1995年8月被破格转为公办教师。周其祥一心扑在工作上，为了提高教育水平和教学能力，始终坚持不断地学习，汲取先进的教育理念，丰富教学实践。课堂上，他坚持精讲巧练，不断改革课堂教学结构，教学效果良好。

在学校，周其祥既是教师，更是长者，他关心学生如同关心家人，经常对学生问寒问暖，对教师关怀备至，不管是小学生，还是幼儿园的小朋友，都亲切地称他为"周爷爷"。他多年担任班主任，与家长、学生相处融洽，大家都愿意与他交朋友。由于工作细致周到，他赢得了学校、家长和社会的广泛赞誉，所带班多次被授予市、校"优秀班集体"光荣称号。

2008年5月12日下午，正在给三年级学生辅导功课的周其祥，忽然感到脚下剧烈晃动，他立刻意识到地震了，于是向全班20名学生发出紧急命令："地震了，快跑！"全班学生快速从楼上向下奔跑，而周其祥则站在教室门口，指挥学生有序快速撤离。强烈的地震使教学楼晃动不已，砖头瓦块不停地落下，周其祥不停地、拼命地催促着学生快跑。他用左手把跑在最后的学生肖庆用力推了出去，用右手紧紧搂住身边的学生席春银。当他与席春银跑到楼梯拐角处时，一堵垮塌的墙重重地砸向他的头部。14日上午，当部队搜救人员在楼梯拐角处找到他时，他的头已被无情的断墙截去一半，可他双手却还紧紧地搂着自己的学生。

2008年7月，周其祥被人力资源社会保障部、教育部追授"教育系统抗震救灾英雄"称号，被全国总工会追授"全国五一劳动奖章"；2009年9月，被人力资源社会保障部、教育部追授"全国模范教师"称号。

蒲　斌

藏族，1979年11月出生，四川甘孜人。大学本科学历。都江堰市聚源中学教师。汶川特大地震发生时，为抢救学生不幸遇难。

蒲斌出生在甘孜县，父母都是康定一中的教师。由于父母的言传身教，他从小就热爱学习，乐于帮助别人。1998年9月以优异成绩考入成都师范高等专科学校数学专业学习，并通过学历提升取得本科学历。在校期间，他学习刻苦、表现优秀，深受同学和老师的好评。

2001年9月，蒲斌毕业后被分配到都江堰市崇义中学任教。2007年9月，都江堰市教育局实行优秀教师校际交流，他被交流到聚源中学任教。他热爱学生，在师生之间建立和谐平等的关系，无论学生成绩、个性如何，他都一视同仁；对性格孤僻的学生，则给予更多的热情帮助，力图使他们恢复自信。

蒲斌认真学习新课程标准，努力转变教育观念，不管工作多忙，他都认真钻研教材，大量阅读参考书，以提高自己的业务能力。教学过程中，蒲斌严格遵循教学常规，认真备课，每一张图片、每一个地名、每一种特产等，都认真查找并运用到课堂上。他讲课生动，学生听起来很有兴趣，教学效果很好。

2008年5月12日下午第一节课，蒲斌正在教学楼一层的初二（7）班给学生上地理课。14时28分，教室地面突然抖动起来。蒲斌以地理教师的直觉判断是发生了地震，立即高呼："地震了，同学们，快跑！"从讲台到门口距离不足3米，却是生与死的距离。蒲斌完全可以冲出教室，站在安全地带向教室里大声呼喊逃生，但他选择了留在危险的教室里，组织学生快速有序地冲出教室，以便让更多的学生脱险。

在蒲斌行动的感召下，班委们也加入到救助同学的行列，全班50多名学生在地震中脱离了危险。而眨眼间，天昏地暗尘土飞扬，跑出去的学生眼睁睁地看着蒲斌被埋进了垮塌的教室里。教学楼倒塌时，蒲斌双臂张开，向前扑倒，用身体护住来不及逃生的学生。当救援官兵从废墟中挖出蒲斌的遗体时，他的眼睛、鼻孔、嘴和耳朵里塞满了泥沙，双手保持着把学生向教室外推的姿势，双臂再也无法合拢。这个场景，让所有被蒲斌救出的学生和闻讯赶来的家长悲痛不已。

2008年7月，蒲斌被人力资源社会保障部、教育部追授"教育系统抗震救灾英雄"称号；2009年9月，被人力资源社会保障部、教育部追授"全国模范教师"称号。

唐春梅

女，羌族，1966年1月出生，四川北川人。大专学历。北川羌族自治县曲山小学高级教师。汶川特大地震发生时，为抢救学生不幸遇难。

唐春梅出生在北川羌族自治县小坝乡大包村，1983年9月以优异成绩考入安县师范学校。在校期间，她学习认真努力，因喜爱写作被聘为校刊编辑。1986年8月参加工作后，唐春梅先后在片口小学、小坝小学、邓家小学等偏远的山区小学任教。她没有因为条件艰苦而放松工作，在教学上精心备课，认真上课，刻苦钻研，虚心向同行请教；及时批改作业，耐心辅导学生，对待学生就像对待自己的弟妹一样，照顾他们的衣食住行，用爱与学生沟通。学生生病了，她亲自送学生回家；学生因家庭困难交不出学费，她拿出自己的工资垫付；学生没有钱买作业本，她就买一些放在办公室供学生使用；学生因家庭原因无法上学，她开导说服家长让学生继续读书。学生们喜欢上她的课，认为她是值得尊敬的好老师、亲密的好朋友、可以信赖的大姐姐。

1994年8月，唐春梅为照顾年幼的女儿和多病的婆婆，调入曲山小学。条件变了，离家近了，可是她教书育人、为人师表的品格没有变，爱岗敬业的精神在新的工作岗位上得到进一步提升。她深感知识的重要性，利用工作之余加强学习，多方搜集材料，阅读报刊，转变教育观念，积极投入课改，教学成绩突出，在省、市、县级教育、科研部门组织的说课、论文评选及课件比赛中多次获奖，她所带班级多次被县、校评为先进班集体，她也多次被评为“优秀教师”“优秀辅导员”。

2008年5月12日下午，大地突然开始摇晃起来，唐春梅上课的四年级（3）班的教室窗户玻璃“噼里啪啦”被震碎在地。“孩子们，地震了，快躲在桌子底下！”危急时刻，唐春梅大声喊着。同学们刚躲到桌子底下，大地颤抖得更厉害了，大楼“吱吱嘎嘎”作响，不停地左右摇晃，从未见过这种阵势的学生们都被吓呆了。唐春梅意识到教室随时都有坍塌的危险，急切地喊道：“同学们，快往教室外边跑！一定要镇定，快！不要拥挤，往操场上跑！”回过神来的学生们迅速向教室外面撤离，但剧烈的摇晃使不少学生摔倒在教室门口。唐春梅守在门口，将摔倒的孩子扶起来，使劲往门外推。一个、两个、三个……多数孩子冲出教室，跑到大操场最安全的地方，教室里还剩下十几个孩子，唐春梅不停地推着他们往外撤离。就在此时，一阵巨响，大楼坍塌了，唐春梅和4个孩子被压埋在教学楼的废墟之下。当天晚上，人们在废墟下救出唐春梅时，她的双腿已被水泥板砸断，血流如注。唐春梅本来就瘦弱的身体更加虚弱，但她仍然念叨着没救出的学生。当日23时左右，由于伤势过重，她不幸离开了人世。

2008年9月，唐春梅被教育部追授“教育系统抗震救灾先进个人”称号。

方明飞

1972年12月出生，四川都江堰人。中共党员，大学本科学历。都江堰市新建小学德育办主任。汶川特大地震发生时，为疏散学生不幸遇难。

方明飞从小就立志做一个对社会和家庭有用的人。1989年7月初中毕业后，以优异的成绩考入新津师范学校。师范学校毕业后，回到母校都江堰市柳街镇小学任教。他热爱本职工作，责任心强，在教学上肯钻肯干，班级管理富有特色，加之他为人开朗豁达，天生一副好嗓子，很快赢得了师生们的喜爱。他工作能力强，成绩突出，1996

年被任命为学校德育办公室副主任。

2002年，四川省教育厅号召青年教师到边远的少数民族地区支教，方明飞主动请缨。由于他是学校的骨干教师，孩子又刚满一岁，学校领导开始没有同意他的请求。他三番五次找领导表达自己的心愿：到最艰苦的地方去支教是对自己的考验，更是对自己的锻炼。同年9月，方明飞告别家乡和亲人，到条件艰苦的甘孜藏族自治州稻城县日瓦乡中心小学校支教。刚到稻城县城时，他因极度疲惫和剧烈的高山反应喘不过气来，打了强心针加吸氧后才得以缓解。

稻城县教育局安排方明飞在县城休息几天，他却坚持立即前往离县城80多公里的支教学校。在课余时间，方明飞带领孩子们清理出一个杂物间，修了一个简易厨房，他和其他教师轮流帮助学生蒸热饭菜，使孩子们能吃上热饭热菜。他把当地的情况反映给自己原来所在的都江堰市柳街镇小学，建议学校号召全体师生为日瓦乡中心小学的孩子们尽一份心意。很快，柳街镇小学为孩子们送去了学习用具和生活用品。他经常与少数民族教师交流，跟学生们一起玩耍。由于工作成绩突出，被评为“四川省优秀青年志愿者”“成都市支教先进教师”和“都江堰市支教先进教师”。之后，方明飞被调到新建小学工作。

汶川地震发生时，方明飞正在新建小学教学楼4楼给六年级（2）班学生上音乐课。他没有自己跑下楼，也没有抢救自己正上课的女儿，而是用尽全身力气，把学生一个个奋力往教室外推，并拼命地喊：“快跑，快跑！”门口的11个孩子被他推出了教室，方明飞还没来得及疏散更多的孩子，一块巨大的预制板重重地砸在他的头上。楼塌了，他和余下的学生被埋在了废墟里……当救援的武警官兵把方明飞的遗体从废墟中挖出来时，他的手依然高高地举着。在生命的最后一刻，方明飞还想把学生推出教室，让所有的学生逃离灾难。

2008年9月，方明飞被教育部追授“教育系统抗震救灾先进个人”称号，被四川省委、省政府追授“四川省教育系统抗震救灾模范”称号。

梁爱迪

女，1978年12月出生，四川都江堰人。大学本科学历。都江堰市新建小学教师。汶川特大地震发生时，为疏散学生不幸遇难。

梁爱迪自幼聪慧伶俐，高中毕业后以优异成绩考入成都师范高等专科学校计算机应用与维护专业。在校期间，她每年都获得奖学金。毕业以后，梁爱迪选择了做一名人民教师。

1999年，梁爱迪服从分配来到都江堰市新建小学。她干劲十足，每天早早到校，擦桌拖地，做好上课准备。每节课前她总是讲一个科学小故事，让学生把注意力集中起来。她还积极参加学校的各项活动，取得了好成绩。她在2003年撰写的《如何培养小学生兴趣》一文，在都江堰市第十二届优秀教育科研成果评选活动中荣获三等奖。

梁爱迪主要教信息技术课，并代管学校的教具。每当微机和教具损坏了，她就及时修理；有时还自己贴钱购买小零件，确保教具的正常使用。有时家长不能及时接孩子，她就主动把孩子送回家。她的爱人在铁路系统工作，一年到头都在外地施工，顾不上家。虽然她一个人带孩子，但从未因此而影响工作。

2008年5月12日14时28分，新建小学三年级（2）班正上信息技术课。讲课中，梁爱迪突然觉得教室在动，她出门一看，发现是地震，马上转身回到教室，在摇晃不定中一边拼命地喊“快跑，快跑”，一边组织来不及跑出去的学生躲到桌子下面。震动越来越强烈，房梁和砖头开始垮落，惊恐的学生们拥堵在教室门口，她奋力把几个学生往教室外推。当时已在教室门外的她，本可以在门口喊声“快跑”，自己就能从楼上顺利跑出去。然而在生与死的考验面前，年轻的梁爱迪选择了转身进教室组织学生逃离，最终被垮落的水泥板夺走了生命。

2008年9月，梁爱迪被教育部追授“教育系统抗震救灾先进个人”称号。

刘仪君

女，1962年11月出生，四川都江堰人。大专学历。都江堰市新建小学高级教师。汶川特大地震发生时，为保护学生不幸遇难。

刘仪君从小热爱生活、能歌善舞。10多岁时，阿坝藏族羌族自治州文工团发现她的歌舞天赋和美丽气质，几次想特招她到文工团，她都没去，她的理想是当一名人民教师。

1982年，刘仪君从威州民族师范学校毕业，先后在汶川县映秀镇新汶坪东介脑小学、都江堰市聚源镇迎祥小学及新建小学任教。新汶坪东介脑小学地处偏远地区，学校没有食堂，孩子们到校时间不一。为给一些成绩落后的孩子补课，刘仪君每天很早就在学校等候和辅导学生。1985年，她调入聚源镇迎祥小学，学校条件也十分艰苦。1987年，刘仪君有了孩子，她每天背着孩子骑车上下班，把孩子寄放在学校一位教师家属那里，从不把孩子带进课堂。1992年，她调入新建小学。随着环境的改善，她把更多的时间和精力投入到学习和工作中。

刘仪君平时就和孩子们一起学习和生活，把学生当成自己的孩子，并亲切称呼他们“幺儿”“幺女”，孩子们也把她看作是朋友和妈妈，常常找她谈心，亲切地喊她“刘妈妈”。学生受了委屈，她帮着擦泪；学生犯了错误，她耐心引导；学生有了进步，她极力表扬。她提出自己的教育理念：“爱学生，相信学生，相信每一个孩子都有优点。”

从教26年，刘仪君一直担任班主任和语文课教学工作，她经常用父亲的人生座右铭“岂能尽如人意，但求无愧我心”来鞭策自己。她关心同事，乐于助人，毫无保留地把自己的教学经验交流给同事。她所带班级不但成绩优秀，教育教学业绩在同年级名列前茅，而且经她帮带的青年教师也取得了优异的成绩。2002年，刘仪君取得小学教育专业高等教育自学考试专科学历。1992—2008年，她先后有9篇论文获奖。刘仪君不但忘我工作，还热心公益事业。2004年体检时，发现患有卵巢囊肿和胆结石，医生多次建议她尽快手术，她却一拖再拖，坚持把所任班级带到毕业。她说：“我不能因自己的身体耽误了孩子。”2006年年底，她做完手术还未出院，就忙着打电话了解孩子们的学习情况，安排班上事情。

汶川地震发生时，刘仪君正在4楼的教室上课，突然觉得教室在抖动。“地震，快钻到桌子下！”刘仪君关了电源，叫孩子们不要慌乱。几个孩子跑离座位来到刘仪君身边，她赶忙张开双臂，把这几个孩子抱在怀里，让他们不要害怕。灰尘、砖块、瓦砾纷纷落下来，教学楼坍塌了，刘仪君和孩子们被压在废墟中。当救援人员发现她时，她仍然张开着双臂，双臂下是3个吓得发抖的孩子。

教室与楼梯只有一墙之隔，刘仪君在生死咫尺间选择了孩子们，用血肉之躯让3个孩子生还。这个班遇难的28名学生的家长，纷纷要求把孩子的骨灰和刘仪君葬在一起。送葬那天，家长们自发地手拿着黄菊、白菊，专程赶来和刘仪君告别。《成都晚报》于5月23日、6月1日先后报道了刘仪君的英勇事迹。

2008年9月，刘仪君被教育部追授“教育系统抗震救灾先进个人”称号，被四川省委、省政府追授“四川省教育系统抗震救灾模范”称号。

腾德玲

女，1963年11月出生，四川广元人。中共党员，大专学历。广元市朝天区金台小学校长，小学特级教师。汶川特大地震发生时，为抢救学生不幸遇难。

腾德玲出生于广元市朝天区东溪河村，高中毕业后即回乡担任民办教师。参加工作后，她先后完成了在剑阁师范学校和四川职业技术学院的学历提高培训；坚持订阅教学杂志，不断吸收新鲜的教育思想和方法；认真阅读教育专著，撰写了大量读书笔记和心得体会。她深钻课堂教学，勤于反思，多次给学校教师上示范课和观摩课。由于先进的教学理念、精湛的教学艺术、出色的口头表达能力、独特的教学风格，她多次在市区级优质课竞赛教学中获一等奖。业余时间，她笔耕不辍，撰写教研论文，有多篇文章在国家级、省级刊物上发表，成为广元市小学数学专委会委员、学术带头人。

腾德玲任金台小学校长期间，确立“以生为本立校、开发潜力育人”的办学宗旨，实施“刚性管理、柔性服务”的办学策略。她一方面注重加强教师队伍建设，实施名师工程、中青年骨干教师工程和继续教育工程；另一方面注重加强领导班子建设，学校领导班子成员分工明确、团结协作、作风民主、廉洁勤政。正是在腾德玲刚柔并济原则的指导下，一个团结拼搏、勇争一流的团队逐步形成。经过多年的努力，学校先后获得“市实验教学先进学校”“市课程改革重点学校”“区知名学校”等称号，并连续两年获区综合评估一等奖，她也被评为朝天区“优秀校长”。

2008年5月12日下午，腾德玲像往常一样，向母亲告别，准备到学校上班。突然之间，房屋剧烈地摇晃起来，屋内桌上的东西纷纷掉到地上，她脑海里霎时掠过一个不祥的念头：不好，地震了，必须马上赶到学校撤离学生。大地在剧烈颠簸，低沉如闷雷的巨响让人不寒而栗，街道两边的房屋剧烈地摇晃，被震落的砖块瓦片像雨点一样密密麻麻地往下坠落，惊慌失措的人们四散奔逃，撕心裂肺的哭声、叫声响彻整个场镇。腾德玲忧心如焚，不顾房屋随时可能倒塌的危险，踉踉跄跄地沿着不断有砖块瓦片飞落的大街向学校飞奔。在离学校大门100米的地方，腾德玲的头部和腰部被从街旁房顶上震落的砖头重重砸中，鲜血喷涌而出。她挣扎着爬起来继续向学校跑去，一步、两步……最后倒在了地上。在她身后同样冲向学校的金台小学教师常开桂跑到她身边，准备扶她起来。腾德玲吃力地说：“不要管我，快……快救……学生！”她丈夫冲到她面前问她怎么样，她只说了一句“我不行了，我的学生咋办”，便昏迷过去。在送往医院的途中，腾德玲永远地离开了人世。

2008年9月，腾德玲被教育部追授“教育系统抗震救灾先进个人”称号。

方秀琼

女，1976年9月出生，四川平武人。大专学历。平武县南坝中心小学教师。汶川特大地震发生时，为疏散和保护学生不幸遇难。

1996年6月，方秀琼毕业于绵阳师范学校，同年7月被分配到平武县南坝小学工作，先后担任过体育、语文、数学课教学及班主任工作。方秀琼是一个活泼开朗、助人为乐的人，每当同事需要帮助时，她总是热心地忙前忙后。人们一走进办公室，就会被她爽朗的笑声所吸引，被她充满朝气的活泼精神所感染。

方秀琼在工作上谦虚好学，积极进取，兢兢业业，任劳任怨，踊跃参与学校组织的教学课改工作。1998年7月，为提高业务能力和教育教学水平，方秀琼利用假期参加绵阳师范高等专科学校函授学习，2001年7月修完全部课程，获得大学专科学历。她撰写的教学论文，《浅谈小学低年级体育教学》获县级一等奖，《浅谈小学生体育课兴趣的培养》获县级二等奖，她还获得教学课件设计一等奖、县级赛课二等奖。在学校组织的教研评比中，她多次获得优质课一、二等奖。

2008年5月12日，方秀琼值日，负责全校学生的午休纪律及安全。从13时开始是午休时间，她在教学楼、寝室来回巡查，学生们渐渐进入梦乡。突然，地动山摇，天旋地转，强烈的地震发生了。方秀琼迅速向两幢教学楼大喊：“同学们，快往操场中间跑，地震了！”瞬间，走廊上孩子们惊慌失措的哭声、喊声响成一片。方秀琼冲到楼道口，和其他几位教师一起疏散学生。此时，只要她多跑几步，就安全了，但在生死关头，方秀琼顾不上自身的安全，也不顾正在上幼儿园小班的女儿，她张开双臂，像一只保护幼雏的雄鹰呵护着孩子们。“轰隆”一声巨响，教学楼倒塌了，顷刻间她被埋在了废墟中。生死之间，方秀琼用自己的血肉之躯，为孩子们撑起了生的希望。

2008年9月，方秀琼被教育部追授“教育系统抗震救灾先进个人”称号。

任维志

1960年8月出生，四川平武人。大专学历。平武县南坝中心小学高级教师。汶川特大地震发生时，为抢救学生不幸遇难。

1982年，任维志毕业于平武县教师进修学校中师班，被分配到南坝镇石坎兴隆小学任教，又先后在南坝镇石坎小学、高庄金陵小学、南坝中心小学任教。到条件艰苦的边远村级小学任教，他毫无怨言；没有电灯，就坚持在煤油灯下备课，钻研教材，批改作业；地方上缺乏资金修学校，就和当地村民自力更生砍树背砖筹建校舍。在教学工作中，任维志善待同事，乐于助人，常和同事一起探讨因地制宜的教育教学方法。他待学生如子女，总是不厌其烦地为学习困难的孩子进行心理疏导、学习辅导。一次，一位住校生发高烧，他立即背起这位学生到医院就医，并守护了一个通宵。1993年春，任维志所教班级教学成绩名列全县第二名，他被评为“绵阳市优秀青年教师”。

调入南坝镇中心小学后，任维志坚持钻研教材，积极参加各类业务进修和培训，多次担任学校课程科研项目。由于业务能力强，工作成绩突出，他成为学校的数学骨干教师和优秀教师，教学成绩多次在全县、全镇名列前茅。1992—1998年，他先后获得“平武县先进教师”“平武县优秀青年教师”“绵阳市优秀青年教师”“绵阳市劳动模范”称号；1995年，被提名为“绵阳市十佳教师”候选人；1996—1998年，被评为“县级青年骨干教师”“学科带头人”。

汶川地震发生时，正在办公室批改作业的任维志立即和其他教师一起，到走廊和楼梯间指挥疏散学生。此时，学生正从教室里纷纷拥出，突然，一位学生因拥挤而跌倒，若发生踩踏，后果将不堪设想。任维志冲过去，将那名学生从人群中拉起来，紧接着，又冲到一、二层的楼梯拐角处维持秩序，疏散学生。任维志知道，减少楼道的拥堵可以给更多孩子生的希望。在教学楼垮塌的一瞬间，任维志迅速将一个女生的头部护住，他和周围的学生、教师一起被埋在了楼梯间。危难之际，任维志本可以自己逃生，却为疏散学生而牺牲了自己。他把学生的生命放在第一位，将个人生死置之度外，用实际行动树起了一座不朽的丰碑。

2008年9月，任维志被教育部追授“教育系统抗震救灾先进个人”称号。

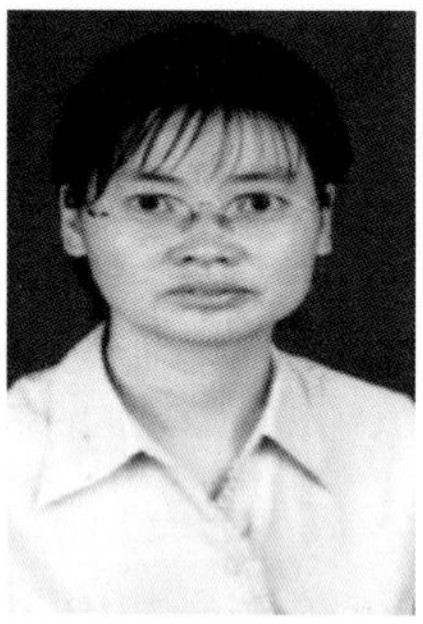

张　兰

女，1973年9月出生，四川平武人。共青团员，大专学历。平武县南坝镇中心小学高级教师。汶川特大地震发生时，为抢救学生不幸遇难。

张兰小时候就很懂事，一有空就帮家里扯猪草、背柴、做家务，乡亲们都夸她是个勤快的好孩子。

1992年7月，从江油师范学校毕业的张兰被分配到平武县边远的水观乡小学工作。那里的条件十分艰苦，每天从早到晚包班教学，她没有丝毫怨言，把工作做得井井有条。张兰生活节俭，常常用省下来的钱给家庭困难的学生购买学习用具和垫交学杂费。她对学生严格要求，勤于辅导，经常利用业余时间为成绩较差的学生补课。在生活上，张兰对学生热情关怀，深受学生的爱戴，也深受学生家长的信赖。

汶川地震发生时，张兰正在办公室批改作业。“地震了，地震了！”顿时宁静的校园里房屋垮塌声和学生的尖叫声、哭喊声交织在一起。“不要慌，快往操场上跑！”张兰大声喊着，同时和其他教师一起紧急疏散惊恐不已挤在2楼走廊里的学生。在混乱的人群中，张兰突然看见离她不到10米远的女儿，但仅朝女儿大喊一声："雪鸥，快跑！"就又去疏散抢救其他学生。震动越来越大，学校的建筑开始大面积塌垮。当张兰顺手抱起一个学生，反手背上一个学生往楼下逃离时，整幢楼房轰然垮塌，厚重的预制板砸了下来。张兰胸前护着的学生得以幸免，她和背上的学生都不幸遇难。

2008年9月，张兰被教育部追授"教育系统抗震救灾先进个人"称号，被四川省委、省政府追授"四川省教育系统抗震救灾模范"称号。

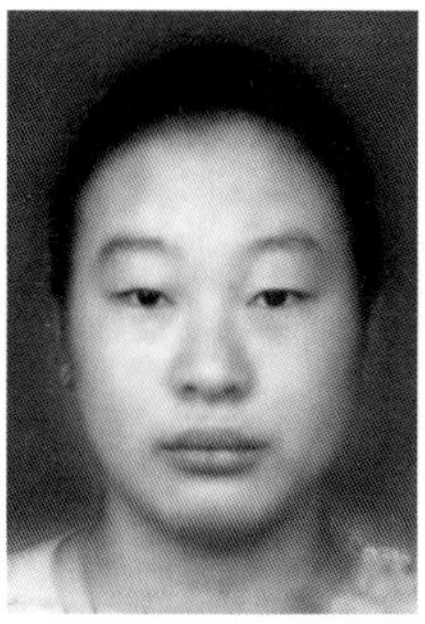

尹　琼

女，藏族，1981年8月出生，四川汶川人。大专学历。汶川县映秀小学一级教师。汶川特大地震发生时，为抢救学生不幸遇难。

尹琼2004年毕业于阿坝师范高等专科学校，被分配至小金县中学工作。2006年调入汶川县映秀小学，担任六年级（3）班语文课教学兼班主任工作。

尹琼自参加工作以来，思想觉悟高，专业技能强，工作勤奋务实，有强烈的事业心和责任感。在4年多的教书生涯中，教学业绩突出，教育效果明显，多次受到州、县教育主管部门的表彰和奖励。尤其是调入映秀小学的两年间，她更是用自己的行动和工作业绩，展示了她的教育教学水平和管理能力，得到师生、家长的一致好评。

汶川地震发生时，尹琼和往常一样守在学校，守在学生们身边。瞬时，天崩地裂，天昏地暗，山体滑坡，教室剧烈摇晃起来。已有8个月身孕的她边跑边喊："地震了，同学们，快向楼下跑！"由于地震太猛烈，人站立不稳，许多学生都摔倒在楼道上。尹琼冲过去使劲拽起两个学生，叫他们快跑。此时楼道已经开始塌陷，许多涌到楼道口的学生摔倒在地上，尹琼也摔倒在过道上，怎么也爬不起来。她挪了挪身子，又继续叫孩子们赶快从她身边向楼下跑。她费力地爬起来，毫不犹豫地冲进教室，迅速带着两名学生跑出来，把她们送到安全地方，再掉头冲进教学楼去救其他学生。就在这时，教学楼"轰"的一声彻底垮塌了，映秀小学成了一片废墟，尹琼和一些学生被埋在了废墟下。生死关头，尹琼不顾自身和腹中孩子的安危，只想着救助学生，用实际行动实践着人民教师的诺言。

2008年9月，尹琼被教育部追授"教育系统抗震救灾先进个人"称号。

母凯贤

羌族，1968年11月出生，四川北川人。大专学历。北川羌族自治县陈家坝初级中学一级教师。汶川特大地震发生时，为抢救学生不幸遇难。

母凯贤出生在北川羌族自治县曲山镇海光村，从小学习非常刻苦，1984年9月以优异成绩考入安县师范学校。在校期间，他学习勤奋，表现突出，多次获得学校的表彰和奖励。

1987年7月，母凯贤毕业后被分配到北川羌族自治县陈家坝乡樱桃沟村小学任教，由于教学业绩突出，1991年9月被调入陈家坝初级中学任教。他风趣幽默、热情大方，对学生和蔼可亲，给他们慈父般的温暖、朋友般的关心，深受学生的喜爱和信赖。

母凯贤积极的工作态度，讲求实效的工作方法，使他在工作中取得了优异成绩，所教学科在历年中考中名列前茅，他多次被评为“先进个人”“优秀教师”，并成为“绵阳市学科带头人”。母凯贤爱好广泛，多才多艺，是学校篮球、排球队的主力和教练。他还精通二胡、吉他等多种乐器，是学校教师乐队的主要成员和负责人，也是学校各项文娱活动主要策划人。

2008年5月12日下午，母凯贤正在教室里上政治课，突然教室抖动了一下，接着传来沉闷的声音。他跑到教室门口想看看个究竟，这时地面开始剧烈地抖动起来，教室也开始剧烈晃动，日光灯、天花板不停地往下掉。母凯贤立即冲回教室向学生大喊：“快点跑，地震了！”并将正在门口的几个学生拉出教室。教室抖动得越来越厉害，人已经站立不稳，他帮助几个学生撤离到外边的空地上，又怕学生滚落到空地前面的坡坎下，连忙又把那几个学生挡在自己背后。就在此时，又一波剧烈的抖动开始了，地表撕裂，教室垮塌。母凯贤所站空地旁边的一堵墙垮塌下来，瞬间把他与几个学生埋在了废墟下面。

地震刚过，学校迅速组织教师施救，当母凯贤被从废墟中挖出来时，脸色土灰，双眼紧闭，耳朵、嘴巴、眼睛、后脑到处流血。在生命垂危、只剩下最后一口气时，他仍断断续续地说：“快，快，学生……”话音未落就闭上了眼睛。其实，母凯贤站立的位置距离安全区域不到3米，他只要有一点独自逃生的念头，就不会被埋在废墟下面，但他只想多救几个学生出来，最终不幸遇难。

2008年9月，母凯贤被教育部追授“教育系统抗震救灾先进个人”称号。

周培顺

1965年6月出生，四川都江堰人。中共党员，大学本科学历。都江堰市第三中学（聚源中学）后勤主任。汶川特大地震发生时，为疏散学生不幸遇难。

周培顺幼年丧母，父亲带着他们姐弟3人艰难度日。儿时苦难生活的磨炼，赋予周培顺勤奋、坚韧的品格。他乐观、豁达和善良的性格，也影响着身边的每一个人。

在聚源中学，周培顺做过教师、德育主任。教师们都说：“这是个好人，是个和蔼可亲、平易近人的领导。”谁遇到困难，只要和周培顺说一声，他就会热心帮忙。桌凳坏了，办公用品没了，厕所堵了，房子漏了……事无巨细，只要找到他，绝对没有推诿之辞。2006年冬的一天晚上，一位女教师下楼时不小心从楼梯上摔了下去，正在值班的周培顺知道后马上赶到，背起这位教师就向医院跑。他在年终总结时曾说过：“我是搞后勤工作的，任务就是为一线教师做好后勤保障工作，我的奋斗目标是力争做到服务‘五心级’——工作要做到细心、贴心，让老师们在生活工作时感到省心、安心、开心。”

周培顺把纷繁复杂的后勤工作做得井井有条。开学前，他忙忙碌碌地采购物资、分配物资、安排教室等；到了期末，带人挨班挨办公室检查桌椅、门窗的损毁情况，在假期安排修补。周培顺每天都要到食堂亲自安排一日三餐，每餐都要想方设法变换新花样。他常常叮嘱食堂里的师傅要绝对保证食堂的卫生安全，并为食堂制定了一系列严格的卫生制度，确保师生们的饮食安全。

周培顺还是一位优秀的化学教师。教学中，他坚持钻研教材，精心备课，认真上课，细致批改作业，教学业绩经常名列前茅。他关心每一个学生，把学生看作自己的孩子，关心学生，爱护学生，给予学生慈父般的关爱，学生们都亲切地叫他“周伯”。

汶川地震发生时，周培顺正给初三（2）班上化学课。突然房子抖动起来，墙壁楼板裂开噼啪乱响。他当时站在讲台上，只要一个箭步，就可以跑到外面从楼梯脱离险境，但教师的责任感让他在讲台上牢牢站定。他一边维持混乱的秩序，一边大声催促门口的学生：“快，快！到操场！”周培顺冲到门口，拼命地将学生往外推。此时，楼板、砖头、水泥块、尘埃伴随着巨大的轰鸣声纷纷落下，教学楼坍塌了，周培顺和没来得及跑出的学生被埋在了废墟里。

第二天清晨，当救援官兵从废墟里挖出周培顺的遗体时，他大张着的嘴里满是尘土，双手仍保持着把学生往外推的姿势。获救的学生哭诉着说：“周老师完全跑得出来的，但他把生的机会留给了我们……”

2008年9月，周培顺被教育部追授“教育系统抗震救灾先进个人”称号，被四川省委、省政府追授“四川省教育系统抗震救灾模范”称号。

李　燕

女，1972年12月出生，四川绵竹人。大专学历。绵竹市新市小学一级教师。汶川特大地震发生时，为抢救学生不幸遇难。

李燕上有公婆、父母，下有10岁的儿子，丈夫也是教师。在家里她是一位孝顺的儿媳、女儿，在学校是一名优秀教师。1992年7月师范毕业后，她被分配到绵竹市新市小学，担任语文课教学和班主任工作。在教学工作中，她勤于钻研教材，及时了解学生的情况，教学业绩突出，多次被评为市级、镇级“优秀教师”。作为班主任，她对学生严爱有加，所带班级班风正、学风浓、凝聚力强、团结上进，多次被评为“优秀班主任”。

2008年5月12日下午，李燕为准备课案提前到校，正在电子备课室查找资料时，地震发生了。当时，楼上的学生们感到剧烈摇摆，纷纷往教室外跑。李燕迅速招呼学生们不要惊慌，有序疏散。她发现班上学生方宇因肚子痛还趴在桌子上，便和学生李雪跑过去拉起方宇的手折回身向楼下跑。当李燕和两名学生手拉着手跑到一层楼梯口时，被跑下来的学生冲散。方宇被挤倒了，李燕俯身拉起方宇，又担心李雪的安危，当她再回头看李雪时，楼道的护栏水泥板掉了下来，重重地砸在她和方宇的身上，他们再也没有站起来。后来，李雪难过地说：如果当时牵着方宇跑的李老师不是回头看她、照顾她，就不会被砸倒……

2008年7月，李燕被全国总工会追授“全国五一劳动奖章”；9月，被教育部追授“教育系统抗震救灾先进个人”称号。

李宏勇

1984年5月出生，四川岳池人。中共党员，大学本科学历。平武县平通镇初级中学教师。汶川特大地震发生时，为抢救学生不幸遇难。

李宏勇出生在农村，父母对他要求很严格，视之为家中的希望，克服家庭经济困难支持他读书。李宏勇深深理解父母的艰辛与期盼，学习勤奋，生活简朴，从小学到初中、高中，成绩都很优秀。2002年6月，考入绵阳师范学院数学系数学专业。在大学期间，先后被评为校“优秀学生干部”、“优秀大学生”。

2006年大学毕业后，李宏勇报名参加四川省特岗教师考试，并以优异成绩被录取为特岗教师，分配到平武县平通镇初级中学从事教学工作。他工作认真，特别关爱学生。李宏勇教学方法灵活多样，教学语言风趣幽默，深受孩子们喜爱。学生们一般不喊他“李老师”，而是亲切地叫他“李宏勇哥哥”。他担任初三数学课、初二物理课共3个班的教学工作，为了提高教学质量，经常利用休息时间备课，充分做好课前准备，精心设计好每一道练习题，努力使学生们学得轻松而快乐。李宏勇不仅关心学生的学习，经常利用休息时间对学生进行个别辅导，同时也很关心孩子们的生活，经常和学生谈心，与家长电话联系或家访，赢得了学生的爱戴、家长的赞扬和同事的肯定。

2008年5月12日下午，平通初中上课预备铃刚响，李宏勇像往常一样，已经提前进入教室辅导学生了。突然间，天摇地动，电灯、天花板等不停下落，李宏勇意识到危险来临，急呼：“不好，地震了，同学们快往外跑！”随即与其他教师一起紧急疏散学生。等所有学生跑出后，他也跟着学生迅速跑向操场。刚跑到距离逃生位置不足两米的地方，学生陈诚被地震的力量甩到他身边。那一瞬间，砖头、瓦块纷纷坠落，教学楼垮塌就在瞬间，多停留一秒就意味着负伤甚至死亡，然而，李宏勇没有犹豫，紧急停下并侧身去抱拉陈诚。就在此时，教学楼轰然塌下，李宏勇被埋在了废墟里。后来，救援人员从废墟中挖出李宏勇的遗体时，他的双手还紧紧搂抱着陈诚。

2008年6月，李宏勇被四川省委追认为中共党员；9月，被教育部追授“教育系统抗震救灾先进个人”称号，被四川省委、省政府追授“四川省教育系统抗震救灾模范”称号。

乔广平

1967年8月出生，四川平武人。中共党员。平武县平通镇初级中学教师。汶川特大地震发生时，为疏散学生不幸遇难。

乔广平出生在平武县锁江羌族乡水口村，从小学起学习成绩一直是村里同年级中最好的。1985年7月，从江油师范学校毕业后，他放弃到广元市工作的机会，毅然选择回到平武山区任教。

在平通初中工作期间，乔广平始终把学生放在第一位。他积极钻研教材，精心备课，认真批改作业。在平时的教育教学活动中，他注重教材的内在联系，积极探索新的教育教学方法，把新的教育教学理念结合到教学工作中。根据班里学生的实际情况，乔广平因材施教，所教班级的教学质量始终处于全县前列，并多次被评为“先进教育工作者”。乔广平担任班主任工作10年，深受学生爱戴和尊敬，工作业绩与为人风格，深得同事的肯定和领导的褒扬。

2008年5月12日下午，乔广平提前到教室为初一（3）班的学生发放批改好的化学试卷，地震发生了。乔广平快步跑到门外楼道边向楼下看，见有人向外跑，他立即冲回教室大声喊道：“同学们，快跑！”地震更加强烈了，教学楼摇晃得愈加剧烈，摇摇欲坠。乔广平不断地呼叫学生快跑，直到班上最后两排的学生都跑出了教室，他才尾随学生向楼下撤离。刚跑到3楼与2楼的拐角处，教学楼整体垮塌了，水泥预制板、横梁、砖块一齐砸下，乔广平被压埋在废墟中。

幸存学生刘庆波、张翔说起那天的情况，止不住泪流满面。他们说：“突如其来的灾难降临时，站在讲台前面的乔老师自己没有向外冲，而是迅速组织我们全部冲出了教室，乔老师才最后跑出来。当我们跑到安全地带时，却没有发现敬爱的乔老师。”

2008年6月，乔广平被四川省委追认为中共党员；9月，被教育部追授“教育系统抗震救灾先进个人”称号，被四川省委、省政府追授“四川省教育系统抗震救灾模范”称号。

王超军

1981年9月出生，四川绵竹人。大学本科学历。绵竹市贝贝家幼稚园英语教师。汶川特大地震发生时，为搜救幼儿不幸遇难。

王超军家里3口人，父母都是勤劳朴实的农民，依靠种田为生，省吃俭用供儿子读书。王超军2003年9月至2005年1月在绵竹市富新镇上崇村学校任教，2007年应聘担任绵竹市贝贝家幼稚园英语老师。上岗后，他接任一个小班的英文教学兼班主任工作。作为一名通过英语六级的本科生和未婚的男教师，在幼儿园任教很少见。最初，幼稚园同事与幼儿家长都有些不放心，王超军通过坚持不懈的努力，很快得到了同事、家长及小朋友的喜欢，成为孩子们心目中的“超人奥特曼”，同事都亲切地称呼他“超人老师”。

汶川地震发生时，大地剧烈抖动，发出恐怖的声响。王超军从睡梦中惊醒，第一反应便是“地震了，救我的孩子们”。幼稚园2楼上有近30个3岁多的孩子，王超军急忙冲到楼上，叫醒还在午睡的一些孩子，组织好因恐惧而大哭的孩子，让他们赶快下楼到操场上集合。在王超军的带领下，班上的孩子毫发无损地聚集到了操场上。他回头一看，3楼上一些孩子还在楼道里乱跑，随即又毅然冲上教学楼。此时，砖头、水泥块纷纷下落，砸在地面上发出巨大的声响，王超军并没有顾及这些，一心救护孩子。在王超军和其他教师及家长的共同努力下，几十个两岁多的孩子又被安全撤离到操场上。此时的王超军已经安全了，但做事一向细致认真的他不放心，担心屋里还有被困住的孩子，于是又向楼上的教室冲去。这一去，就再也没有回来。后来，在一个楼道的转角处，同事们找到了王超军。他静静地躺在地上，头上被砸了一个洞，鲜血顺着脸颊流淌到地上。

2008年7月，王超军被全国总工会追授“全国五一劳动奖章”；9月，被教育部追授“教育系统抗震救灾先进个人”称号。

许念华

女，1968年10月出生，广东番禺人。中共党员，大学本科学历。绵竹市职业教育中心综合办公室主任。汶川特大地震发生时，为抢救学生不幸遇难。

许念华的父亲是许广平的侄子，20世纪60年代大学毕业后来到位于绵竹的东方汽轮机厂，从此扎根绵竹，奉献一生。许念华从小在父辈的教育影响下，树立了正确的世界观和人生观。1988年，她以优异成绩从绵阳师范高等专科学校毕业，担任东汽技校教师，又通过勤奋自学，取得自考法律本科学历。在教学岗位，她多次被评为学校、厂（公司）先进个人，先后任学生科副科长、综合办公室主任。

汶川地震发生时，正在办公室工作的许念华突然感到地板在晃动，她对前来办公室拿资料的两位学生大喊：“地震了，快跑！”此时，震动越来越强烈，并伴有“轰隆轰隆”的声响。面对突如其来的变故，两名学生惊恐万状、不知所措。许念华一个箭步冲上去，用尽全身力气，将两名学生推到门外。她护着两名学生撤退到楼梯口，大喊：“你们快跑！”学生尹贵生奔跑中回头看了一眼，发现许念华并没有跟随他们一起下楼，而是继续站在办公室门口的走廊上，对着还在教室里的其他师生焦急地喊：“地震了，大家赶快跑！”教师们听到喊声，立即组织学生冲出教室向楼下跑去。此时，震动更加强烈，教学楼的墙体裂缝加大，开始垮塌。砖块“哗啦啦”地往下掉，一根巨大的屋梁倒了下来，重重地压在许念华瘦小的身躯上。尹贵生、罗强两名学生刚跑出大楼就听见身后传来一声巨响，整幢大楼顷刻间全部坍塌。惊魂未定的他们突然想到许念华还在楼上生死未卜，便顾不上余震不断的危险冲上废墟，撕心裂肺地呼喊着：“许老师，你在哪里啊？”边喊边用双手不停地搬开砖块，想救出他们敬爱的老师。许念华的办公室在教学楼最靠近楼梯口的位置，大地震来临之际，她完全有时间撤离到安全的地方。可是，在生死一念间的危急时刻，她置个人安危于不顾，把生命的通道留给了学生。

2008年7月，许念华被全国总工会追授“全国五一劳动奖章”；9月，被教育部追授“教育系统抗震救灾先进个人”称号。

瞿明容

女，1962年6月出生，四川绵竹人。幼师毕业，绵竹市遵道镇欢欢幼儿园教师。汶川特大地震发生时，为保护幼儿不幸遇难。

瞿明容1979年9月开始从事幼儿教育工作，1979年9月至1998年8月在绵竹市遵道镇幼儿园工作，1998年9月至2008年5月在遵道镇欢欢幼儿园工作。作为幼教战线上一名普通工作者，瞿明容几十年如一日，坚持教书育人。她以强烈的工作责任心和使命感，从“一切为了孩子、为了孩子一切、为了一切孩子”出发，努力提高政治思想、文化知识素养和业务水平，悉心领会新的教育理念，不断总结经验，开拓进取。从事幼教工作20余年，她先后教过小、中、大班各年龄班。工作中，她能根据不同年龄幼儿的身心发展和教育要求，进行创造性的教育工作。瞿明容经常主动与家长交换幼儿身心发展的情况，虚心接受家长提出的合理化建议，深受家长信赖，多次获得“优秀幼教工作者”称号。

2008年5月12日下午，瞿明容正在大班午休室帮孩子们穿衣服，其他老师和孩子们都在2楼的午休室里休息。突然，大地猛烈抖动，午休室强烈摇晃。“地震了！”瞿明容怀里抱着一个年幼的孩子，带着一群孩子往楼下冲。可是灾难来得太快了，她和孩子们还没来得及跑到门口，顶上的楼板就倒塌下来。为了不让楼板砸伤孩子，瞿明容不顾自己的安危，毅然用身体挡住楼板并用双手死死护住那些孩子。当救援的人们找到瞿明容时，她还护着怀里那个孩子。救援人员使劲掰开瞿明容的手，孩子得救了，瞿明容却永远离开 了人世。

2008年7月，瞿明容被全国总工会追授“全国五一劳动奖章”；9月，被教育部追授“教育系统抗震救灾先进个人”称号。

公安系统抗震救灾英烈

陈　健

1977年9月出生，四川马尔康人。中共党员，大专学历。理县公安局交通警察大队特勤中队队长。汶川特大地震抗震救灾中，在乘机护送伤员途中因飞机失事光荣牺牲。

陈健出身工人家庭，朴实的父母赋予他吃苦耐劳、勤奋好学的秉性。2000年7月，陈健从绵阳师范学院计算机教育专业毕业，进入网通成都公司工作。2002年年底，从小就渴望成为一名人民警察的陈健毫不犹豫地辞掉了待遇丰厚的工作，参加了人民警察招录考试；2003年3月，光荣地成为一名人民警察，被分配到理县公安局交通警察大队工作。

参加公安工作以后，陈健忠于职守，爱岗敬业，勤学苦练，不断提升交通管理业务水平，短时间内就成为业务骨干，能够独当一面，为理县的道路交通安全管理工作做出突出贡献，2006年、2007年被阿坝藏族羌族自治州公安局评为“道路交通管理先进个人”，2007年被评为“优秀共产党员”。

2007年12月，陈健被任命为交通管理大队特勤中队中队长，负责道路交通事故处理工作。为了提高事故处理水平和案卷质量，他加强业务知识学习，所处理的道路交通事故，无一起被提起行政复议，受到群众的一致好评。由于交通管理大队警力有限，陈健每天除承担事故值班和事故处理工作外，还要负责日间的巡逻检查工作。每逢节假日，他总是主动要求值班，从没有说一声累、叫一声苦。同事都知道他从没好好休过一天假，有一次好不容易休了一天假，也因为有当事人前去处理事故而取消。由于工作繁忙，陈健回家陪父母的时间很少，父母有时埋怨他不回家，他总是笑着对父母说：“谁叫你们的儿子是警察呢，不好好工作不是给你们丢脸吗！”

汶川地震发生不到10分钟，国道317线199公里处一辆客车碰撞在山体上，驾驶员被困车中。接报后，陈健和一名同事在大队长黄平的带领下，冒着余震不断、山体滑坡、飞石的危险，赶到事故现场，从变形的客车中，将所有乘客安全转移，并及时将受重伤的驾驶员送往医院救治。

地震导致理县道路交通中断，为确保抗震救灾工作的顺利开展，尽快疏通汶川至马尔康的道路，陈健被派往理县城关至薛城路段执勤，协助相关部门疏通道路。余震不断，又面临山体滑坡、飞石、泥石流等重重危险，他和同事毫不畏惧，坚持工作在抗震救灾一线，连续奋战72小时，协助相关部门迅速疏通了连接灾区的运输“生命线”。

道路疏通后，过往车辆骤然增加，道路通行压力增大，为保证运送救灾物资和人员车辆的畅通，陈健又被派往桃坪执勤。地处桃坪至汶川县城之间的龙溪路段，受余震影响飞石不断，是损毁严重的路段之一。陈健和同事们一道坚守在这个危险的工作岗位，每人每天只有一碗方便面加一瓶水，困了就地打个盹，脚底磨出了血泡，就垫上卫生纸继续上路。没有通信设备，陈健和同事采用“两头站岗、对面瞭望、单向放行、结队通过”的方式，来回奔走于危险路段。陈健佩戴的头盔和驾驶的车辆上，都留下大大小小的坑洼。

地震造成重大人员伤亡，许多重伤员需及时护送转移至成都住院治疗。5月31日，陈健主动承担护送伤员的任务。14时10分左右，陈健与同事抬着重伤员登上成都军区某陆航团邱光华机组的直升机。14时56分，直升机因气候原因失事，陈健光荣牺牲。

2008年7月，陈健被四川省政府批准为革命烈士。

赵　祥

1981年11月出生，山西夏县人。中共党员，大专学历。理县公安局城关派出所副所长。汶川特大地震抗震救灾中，在乘机护送伤员途中因飞机失事光荣牺牲。

赵祥从小受父辈影响，立志长大后成为一名人民警察。2001年，赵祥从绵阳公安学校毕业后，先是在汶川县公安局当协警员，2003年考入理县公安局，成为一名正式的人民警察。因工作成绩优秀、表现突出，2006年晋升为理县公安局110巡警大队大队长，主要负责治安巡逻和维护街面秩序。上任后，他对街面狭窄、人车混杂、秩序混乱等“老大难”问题进行了认真分析研究，通过全面规划，制定有效措施，加强街面巡逻，耐心做好违规人员的思想工作，使街面治安环境得到很大改观。2007年，赵祥被任命为理县公安局城关派出所副所长，除了负责分管工作以外，还要担负巡逻任务，工作更加繁忙。

汶川地震发生时，赵祥正从外地出差返回单位，途经离理县县城30多公里的桃坪乡谢溪沟村境内。在地动山摇中，他目睹了房屋瞬间倒塌和人员伤亡的惨状，心里唯一念头就是“救人”。他不顾危险多次钻进摇摇欲坠的房屋，高声呼喊羌族村民离开住所，并把村民带到空旷地带。赵祥和村民共同努力，从坍塌的房屋里挖出一名老奶奶送去救治，又将一位在地震中落水的狮子坪电站职工救起。

在听说桃坪小学教学楼上百余名学生还没转移的消息后，赵祥火速奔跑到学校找到校长，紧急组织百多名师生转移到桃坪乡车站。余震不断，背靠岷江的桃坪乡车站随时都有垮塌的危险，赵祥又和桃坪乡派出所民警一起，紧急将学生转移到桃坪乡派出所院内，同时协调桃坪乡辖区内的施工单位收集篷布，给师生们搭建临时安置点。

赵祥顾不上喝口水，又和乡派出所民警赶赴国道317线桃坪辖区路段进行搜寻救援。他们发现一辆越野车被垮落的山石泥土所困，马上联系桃坪乡沙石厂两台挖掘机前去抢通。道路疏通后，看到路上的灾区群众越来越多，他又与该越野车车主协商，借用车辆运送受灾群众快速离开危险山地，避免次生灾害伤害。5月12—15日，通过四天四夜的连续战斗，赵祥和当地民警组织群众先后在危急中抢救2人，转移被困人员800余人，搜救被困人员10余人，转移伤员3人。

5月16日，赵祥徒步穿越山岩垮塌的危险路段回到理县公安局，顾不上回家看望亲人，便主动请战参加打通国道317线桃坪至汶川路段的战斗。他和战友到施工单位协调汽车、装载机、挖掘机共8台，组织发动当地群众和施工工人60余名，全力投入到疏通国道的工作中。他们冒着乱飞的石块清理塌方，双手出血，汗透衣衫，经过36小时的艰苦奋战，抢通了桃坪乡境内的国道，为救灾物资车辆顺利通行赢得了宝贵时间。

桃坪乡境内道路修通后，赵祥不顾余震不断、道路塌方等危险，再次投入到输送受灾群众的工作中。他和同事们及时转移滞留在桃坪羌寨的游客120余名，先后为千余名到极重灾区汶川县参加抗震救灾的解放军、武警和民兵提供帮助。5月20日，赵祥再次回到理县，顾不上休息，又组织带领巡逻组民警在灾区群众临时居住点进行24小时不间断巡逻，确保救灾物资车辆安全，并积极帮助卸货，组织将食品物资顺利发送到灾区群众手中。

5月31日，理县下孟乡、杂谷脑镇有10名在地震中受重伤的群众需转移到成都治疗，上级决定用运送防疫专家到理县的邱光华机组的直升机转移伤员。理县公安局接到派民警护送伤员的命令，赵祥和同事陈健担当了护送任务。14时10分许，赵祥与陈健等人护送重伤员登上直升机。14时56分，直升机失事，赵祥不幸牺牲。

2008年7月，赵祥被四川省政府批准为革命烈士。

唐　超

藏族，1981年6月出生，四川理县人。中共党员，大专学历。理县公安局交通管理大队薛城中队协警员。汶川特大地震抗震救灾中，在乘机护送伤员途中因飞机失事光荣牺牲。

唐超的父母是地地道道的农民，艰苦的生活环境，养成了唐超憨厚朴实的性格和勤劳善良的品质。他从小就很懂事，乐于助人，平日里无论是对家里的老人还是邻居，总是尽自己所能热心帮助，从不计较个人得失，是一个孝顺、厚道的好青年。

2001年高中毕业后，唐超在新疆69330部队服役。部队生活的锤炼，铸造了他吃苦耐劳、英勇顽强的优良作风。2003年退伍后，他被分配到桃坪乡政府工作。2004年12月，出于对公安工作的热爱，唐超成了理县公安局交警大队一名协警员。在协助开展道路交通安全管理工作的3年多时间里，他时刻以一名人民警察的标准严格要求自己。他肯钻好学，很快熟悉了道路交通管理业务、道路交通违法代码，能够熟练协助交通管理大队民警开展巡逻检查、事故处理、事故预防、宣传教育等工作。在工作中，他遵章守纪，坚持原则，不徇私情。由于工作突出，他年年被评为“优秀协警员”。

汶川地震发生时，正在彭州休假的唐超义无反顾地投入到当地抢救受伤群众、组织群众撤离的工作中。他背部被倒塌房屋落下的砖块砸得青一块紫一块的，但仍不放弃。地震使成都到理县的道路交通、通信中断，唐超没日没夜地协助理县驻成都办事处运送来自各地的物资，冒着余震不断、飞石滚落的危险，将一车车救灾物资运送到成都周边地震灾区，救助需要帮助的老人和小孩，帮助当地群众开展灾后自救和重建工作，多苦多累也没有一句怨言。

5月29日，唐超主动报名加入运送救灾物资到理县的车队，在经历重重危险后，圆满地将救灾物资押运回家乡。回到理县，唐超只匆匆回家和父母见了一面，就立即回到所在的薛城交警中队报到，投入薛城镇的抗震救灾工作之中。

5月31日，唐超和干警陈健、赵祥受命执行乘直升机护送重伤员前往成都治疗的任务。由于时间紧迫，他来不及与父母告别，只匆匆嘱咐奶奶要好好照顾自己，便与战友踏上征途。14时56分，直升机失事，唐超不幸牺牲。

2008年7月，唐超被四川省政府批准为革命烈士。

王　刚

1966年5月出生，四川岳池人。中共党员，大专学历。汶川县卧龙特别行政区森林公安分局副局长。汶川特大地震抗震救灾中，为营救处于极度危险中的女记者光荣牺牲。

1985年7月，王刚参加工作。1990年7月，王刚调入卧龙公安分局卧龙派出所工作，成为一名人民警察。他先后任卧龙派出所民警、耿达乡派出所所长、卧龙交警中队指导员、卧龙公安分局副局长、卧龙森林公安局副局长等职。

王刚忠于职守，爱岗敬业，身先士卒，率先垂范。他积极组织干警侦破案件，维护辖区社会治安，得到当地群众的充分肯定，1998年被评为“四川省公安系统先进个人”。2005年4月12日，卧龙发生特大交通事故，他在参与抢救和处理交通事故的工作后，又带领干警一举侦破了多起在巴郎山公路沿线盗窃事故车辆和受伤司乘人员财物的案件。“4·12”专案组受到阿坝藏族羌族自治州公安局的表彰。2006年12月4日，巴郎山发生抢劫案，他带领专案小组远赴小金、成都等地，在短时间内将犯罪嫌疑人抓获归案。“12·4”专案组受到四川省森林公安局的表彰。

汶川地震发生后，处于震中地区的卧龙保护区遭受毁灭性破坏，道路、通信中断，98%的民房倒塌，断水、断电，大量人员伤亡或失踪，灾区群众缺医少药。王刚立即投身到抗震救灾工作中。地震当晚暴雨骤降，为了保证卧龙灾区群众安置点内千余人的安全，王刚冒着大雨和山体滑坡的危险，进入郭家沟查看因山体滑坡堵塞的河道，将险情及时准确地报告卧龙抗震救灾指挥部。得到使用炸药清理被堵河道的命令后，他带领公安干警和武警官兵冒着频发的余震，不顾危险，深入狭窄的足木山河谷，将炸药库里的炸药抢运出来，为清理河道提供了重要保障。次日，卧龙抗震救灾指挥部急需与耿达乡取得联系，他主动请战，带领干警沿着被山体滑坡严重损毁的公路徒步前往耿达方向，察看沿途灾情，一直走到因山体严重垮塌无法翻越的关门沟河谷，才返回卧龙将灾情向指挥部汇报。5月16日是王刚42岁的生日。上午，四川省抗震救灾指挥部派出直升机，为卧龙运送救援物资和运出地震受伤人员，王刚带领民警承担了停机坪警戒任务。9时37分，在救援直升机卸载物资过程中，为保护处在极度危险中的女记者，王刚被直升机尾翼击中，不幸牺牲。

王刚牺牲后，战友在清理现场遗物时发现了厚厚的一叠大小、材质不一的报平安的纸条。60多张皱巴巴的平安纸条，密密麻麻地记录着388位被困卧龙人员亲人的电话和报平安的短短字句，透显出被困者传递信息给亲人的焦急心情。由于地震后通信中断，被困人员无法与外界的亲朋好友取得联系，这些纸条是他们交给王刚，请他转交给直升机上的工作人员，以把平安的信息传递给亲人的。当天中午，这些纸条被转交给随直升机到卧龙采访的《中国青年报》记者带到成都，帮助王刚完成了遗愿。

2008年6月，王刚被中组部追授“抗震救灾优秀共产党员”称号；7月，被四川省政府批准为革命烈士，被全国总工会追授“全国五一劳动奖章”；10月，被四川省委、省政府追授“四川省抗震救灾模范”称号。

陈　静

1983年3月出生，四川仁寿人。共青团员，大专学历。彭州市公安局白水河派出所民警，三级警司。汶川特大地震发生时，为组织群众撤离光荣牺牲。

陈静读书时，被评为“优秀共青团员”“优秀学生干部”。2005年6

月，在仁寿县公安局参加工作，任派出所民警。2006年12月，仁寿县皇城旅店一位旅客的现金被盗，接到报案后，陈静与同事迅速出警，仅用半小时即侦破案件。同时，他发现一涉案人员徐某是上海市松江区公安局通缉的逃犯，随即将其抓获。农村连续发生输电线被盗割案件，陈静在派出所所长的带领下不分白天黑夜开展工作，成功将盗割输电线作案15起的犯罪嫌疑人抓获。2007年4月，他协助办理第二代身份证时，抓获一名被成都市公安局通缉的逃犯。一天晚上，派出所接到逃犯郭某潜回家中的消息，陈静在派出所领导的带领下立即前往缉拿。郭某向枇杷林逃窜，陈静追赶上去，不慎将脚扭伤，仍不顾疼痛继续追赶，将逃犯抓获。2007年，陈静被仁寿县公安局评为“2006年度特业管理工作先进个人”。

2008年4月，陈静被调入彭州市公安局白水河派出所工作。他的工作责任心、敬业意识、办事能力、勇于探索和追求的精神，给所领导和同事们留下了深刻印象，得到群众的广泛好评。

2008年5月12日，陈静和民警常瑞广到银厂沟九峰村谢家店子检查景区旅游旺季到来前的安全、消防工作。汶川地震发生时，谢家店子的居民和游人很多，一片混乱。陈静奋力组织群众自救和转移。他大喊：“地震了，大家不要慌，我们手拉手抱住这块大石头。”说罢，用力把群众拉住，向一块大石头后面转移。此时山峰崩塌，滑坡裹挟的土石滚滚而下，陈静被压埋其下，英勇牺牲。

2008年7月，陈静被公安部追授“全国公安系统抗震救灾先进个人”称号；2009年7月，被四川省政府批准为革命烈士。

常瑞广

1970年3月出生，山东单县人。中共党员，大学本科学历。彭州市公安局白水河派出所民警，三级警督，兼任龙门山镇九峰村党支部副书记。汶川特大地震发生时，为组织群众撤离光荣牺牲。

1990年3月，常瑞广在成都军区某部装甲旅服役，1991年3月加入中国共产党，服役期间荣立三等功1次，被评为“优秀士兵”。2004年9月到彭州市公安局工作。2008年3月，被彭州市委、市政府评为“2007年度社会治安综合治理工作先进个人”。

常瑞广有一个信念：“作为负责核心景区治安工作的民警，在景区百姓的眼中就是一个‘带兵的人’，就必须在平凡的岗位上身先士卒，勤奋工作。”彭州市旅游业发展迅猛，到龙门山镇九峰村旅游的人数猛增，常瑞广负责解决纠纷，接受群众和游客求助，银厂沟景区内实现了刑事案件零发案。作为首批兼职担任村党支部副书记的“民警村官”，常瑞广处理警务活动实现零投诉，在群众中有着极高的信誉。他得知村里陈某夫妇的3个儿女不愿赡养老人，便往返300余公里，到3个儿女家中，晓之以理，动之以情，解决了矛盾。2006年6月，银厂沟发生一起纠纷，他赶到现场，车还未停稳，当事人双方便惊喜地说道：“常警官来了，事情有眉目了！”在他的调解下，纠纷很快得以平息。大家都说常瑞广办事公道，周围的群众说：“我们为什么如此信任常警官，一是因为他平易近人，二是因为他公道正派。”

常瑞广爱岗敬业，工作勤恳踏实。旅游旺季，每天到景区的游客有几万人，他长期一个人驻扎在山沟里，面对群众的报警和求助，从来没有一丝拖拉懈怠。为了做好景区安全防范工作，妥善处理矛盾纠纷，他忙起来时常彻夜不眠，肚子饿了就吃几块饼干，嗓子哑了就嚼几粒药，困了就在车里躺一下，病了输着液继续工作。在他和同志们的共同努力下，九峰村核心景区连续两年没有发生刑事案件。

2008年5月12日，常瑞广和民警陈静到银厂沟九峰村谢家店子检查景区旅游旺季到来前的安全、消防工作，突遇汶川地震爆发。在组织群众撤离时，常瑞广被滑坡山体压埋，英勇牺牲。

2009年7月，常瑞广被四川省政府批准为革命烈士。

高金耀

1973年12月出生，四川九寨沟人。中共党员，大学本科学历。汶川县公安局映秀镇派出所所长，一级警司。汶川特大地震抗震救灾中，为保护国家财产光荣牺牲。

高金耀生于农民家庭，家中兄弟姊妹多，生活的艰辛磨砺出他勤劳朴实、坚韧不拔、吃苦耐劳的优良品质。1994年高中毕业后，他考入四川省人民警察学校。1996年毕业后参加公安工作，一直战斗在刑侦工作第一线。他立足本职，爱岗敬业，勤奋好学，团结同志，遵章守纪，工作上兢兢业业，任劳任怨，逐步成长为刑侦系统业务骨干。2004年任汶川县公安局技术中队长后，他充分发挥专业技术特长，先后参与侦破各类大案要案100余起，抓获犯罪嫌疑人200余人，以实际行动保障了汶川人民群众的平安。

2006年12月，高金耀任映秀镇派出所所长。面对各种刑事案件、民事纠纷、移民搬迁等工作，他紧紧依靠党政领导，抓班子、带队伍，以身作则，团结带领全所干警实施安全大检查，整治社会治安，进行多方协调，确保公路施工、房屋拆迁、移民搬迁等工作顺利开展，受到领导和同事的好评。

2008年5月12日下午，高金耀驾驶警车，和镇党委书记王长虹、教导员马国林前往桃关工业园区检查治安状况。突然，地震发生了，天崩地裂，山摇地动，山体大面积滑坡，巨大的岩石从天而降。高金耀当即大声喊道：“王书记，你赶快和老马下车，找一个安全的地方躲一躲！”“老高，我们一起下车吧，这样做，太危险！”“快，你们不要争了，这里危险，再不走，我们三人都得完蛋！”马国林知道高金耀是怕警车被砸烂，这可是派出所里最好的一辆警车啊！马国林和王长虹跳下车，高金耀加大油门把车往前开走了。此时，铺天盖地的碎石从山坡上滚下，尘沙莽莽，大地剧烈摇晃。第二天，山体垮塌基本停止，马国林和同事们找到了高金耀的遗体。危难关头，高金耀为保护国家财产英勇献身。

2009年7月，高金耀被四川省政府批准为革命烈士。

杨 成

藏族，1972年7月出生，四川小金人。中共党员，大专学历。汶川县公安局绵虒交警中队中队长，三级警督。汶川特大地震抗震救灾中，为保护他人生命光荣牺牲。

杨成出生于警察家庭，从小立志成为人民警察。1990年8月参加公安工作以后，先后在汶川县公安局水磨、卧龙、映秀、绵虒等交警中队从事交通安全管理工作，历任民警、副中队长、中队长。他乐于吃苦、甘于奉献，无论烈日当头、酷暑炎热，还是刮风下雨、天寒地冻，一直坚守在第一线。他立足本职，爱岗敬业，无私奉献，开拓进取，出色地完成各项任务。他学习勤奋，工作认真，业务能力强，在交通事故的现场勘查和处理中，不枉不纵，秉公执法。他忠于法律，不徇私情，以铁面无私著称。他身先士卒，急难险重时冲锋在前，团结中队全体民警，做出了突出贡献，中队多次被评为先进集体，他也在2008年荣立个人三等功。

汶川地震给绵虒镇带来巨大灾难。山体垮塌，尘沙遮天蔽日，滚石将房屋砸得七零八落，场镇顷刻变为废墟。正在办公室调解交通事故的杨成当即对事故双方当事人说："你们的事情今天看来解决不了了，现在我们得冲出去。我在前面探路，你们跟我来！"说完，他一个箭步跨出门外，让4位交通事故当事人紧随其后。山体崩裂，山石乱飞，在茫茫尘沙中，杨成带头向安全地带跑去。冲到安全地带，杨成发现只有一人跟着他，连忙问："怎么就你一个人，其余的人呢？"那人惊恐地回答："不知道，可能还在屋子里吧。""什么？还在屋子里，这怎么得了！"杨成对那个人说："你赶快沿河边走，找到下游的桥头，然后过河去才算安全，我回去找其他的人！"那人劝道："杨警官，危险，你不要回去了。"杨成说："不行，他们不熟悉路，我得回去找他们。"说完，杨成转身冲了回去。第二天，人们在一块巨石下发现了杨成的遗体。危难关头，他为救助群众奋不顾身英勇献身。

2009年7月，杨成被四川省政府批准为革命烈士。

左 宜

羌族，1957年12月出生，四川北川人。中共党员。北川羌族自治县公安局拘留所民警，三级警督。汶川特大地震抗震救灾中，为抢救被困在拘留室的羁押人员光荣牺牲。

1975年2月，左宜参加工作，在北川羌族自治县擂鼓镇供销社当服务员。他为人忠厚老实，做事认真负责，连续多年被评为"先进工作者"。

1985年，左宜成为人民警察。参加公安工作后，他虚心向领导和老同志请教，认真学习公安业务知识和法律法规，凭着一股不服输的劲头，干一行、爱一行，钻一行、精一行，迅速成长为业务骨干。他在县公安局办公室负责后勤工作，被战友们亲切地称为“左团长”。他听到后总是呵呵一笑：“看着大家在外面那么辛苦，我为他们服好务也是应该的。”不管是寒冬腊月，还是酷暑伏天，他都努力让大家早晨能吃上热腾腾的包子、稀饭，深夜加班也有一碗香喷喷的煎蛋面。领导和同事们都说：“有这样一个‘当家’的，我们都放心、舒心！”

1993年5月，县公安局成立指挥中心，左宜主动请缨，变成了“左指挥”。中心成立之初警力不足，每当节假日或是同事有急事时，他总是第一个站出来主动要求值班。在指挥中心工作的11年时间里，他接听报警、求助电话几千次，下达出警指令快速准确，为侦查破案、打击违法犯罪行为做出了贡献。只有面对妻儿父母的时候，他才有一丝歉意。他对亲人说：“选择警察这个职业就意味着付出，为了大家的平安，只有舍去小家的幸福。”

2004年2月，他被调到治安拘留所工作。为尽快适应新岗位，他凭着不服输的拼劲，入所检查、教育谈话、回访调查……每样工作都从头学起。对羁押人员，左宜耐心细致地作思想教育工作。许多羁押人员出所后遇见左宜，拉着他的手说：“左警官，真是感谢您语重心长的教诲，才让我深刻认识到了自己的错误，今后不仅自己不再违法，还要教育警示亲人朋友做遵纪守法的好公民。”左宜没有豪言壮语，不计较个人得失，工作上尽职尽责，业务上刻苦钻研，多次受到县公安局和上级部门的表彰。

2008年5月12日下午，左宜正在拘留所办公室值班。刹那间，大地颤抖，天昏地暗，尘烟弥漫。他冲出办公室，一想到监室的安全，又冲进办公室，一把抓起挂在墙上的钥匙，跌跌撞撞地跑向监室大门，边跑边喊：“地震了，大家不要慌，不要挤在门口。放心，我和大家在一起！”他用肩膀死死抵住监室大门，刚把钥匙插入锁芯，拘留所瞬间垮塌，他被压埋于废墟之下，献出了宝贵的生命。震后，幸存的羁押人员张某回忆起当时的情形，仍忍不住泪流满面：“当时地震晃得那么凶，左警官首先想到的是我们这些犯了法的人。他的办公室对面就是一块院坝，他肯定能活下来啊。要不是为了救我们，他就不会死啊。是他给了我们第二次生命，我们一辈子都不会忘记他！”

2009年11月，左宜被四川省政府批准为革命烈士。

其他行业抗震救灾英烈

黄军科

1970年12月出生，陕西凤翔人。中铁电气化局西铁建设公司工人。汶川特大地震发生后，在宝成铁路109隧道抗震抢险中，遭遇山石崩塌光荣牺牲。

黄军科出生于一个普通农民家庭，善良而淳朴。在父母眼里，黄军科是个体贴的孝子，只要回家，他总是陪在父母身边，想方设法改善父母的生活条件，让两位老人能安享晚年；在妻子眼里，他是一个“不称职”的丈夫，长年在外东奔西跑，把地里农活和照顾老人、教育子女的重任全都交给了她；在子女眼里，他是一个严格的父亲，他利用暑假把子女带到工地实习，体验生活的艰辛，让孩子从小养成艰苦奋斗的好习惯。

黄军科爱学习、肯钻研，只有小学文化程度的他，倍加珍惜每一个工作岗位，不放过任何一个学习的机会。从参加工程施工以后，黄军科先后当过木工、钢筋工、模板工、混凝土操作员等，在每个岗位上都做得有模有样，工友们称他是“大能人”。参加工作后，他在宝天线、宝成线工地，及铁路第六次提速工程等施工中，总是抢着干，表现突出。工友都说他憨厚朴实，责任心强，技术全面。

1993年，宝天线凤阁岭隧道施工发生塌方，20多岁的黄军科第一个冲进隧道抢修，同工友们紧张作业30个小时，排除了险情。2007年，在宝天线1260大桥施工时，黄军科开挖的基坑就在既有的铁路线旁，车辆过往时震动很大，且工地为砂石土质，松动易塌，难度较大。桥基孔桩基础坑设计为30米深，挖到六七米时，地下水涌了出来，只能站在水里干活。没过几天，黄军科的脚磨烂了、腿泡肿了，但他一干就是两个月，硬是将孔桩基础挖了出来，工友们送他外号“拼命三郎”。在襄渝二线工地，黄军科负责操作搅拌机。他把搅拌机当宝贝一样，每天开机前检修，用完后清洗，绝不马虎。隧道施工中，爆破炸药需要人工搬运，黄军科经常主动承担这项危险的任务。卸水泥的活儿又脏又累，他却随叫随到。别人觉得他有点傻，他憨憨地笑着说：“顺手的事，我不做，别人也会做。”

黄军科节俭爱家，舍不得抽好烟。和他一起的8名工友中，5人有手机，而他却舍不得买，有急事就借工友的打一两分钟，有时间就去两公里外的话吧打电话。去城里买日用品，他舍不得花1元钱坐公交车，愣是步行几公里进城。他给工友们的印象是，活泼、开朗，对生活充满信心，好像从来不知道什么是愁滋味。

2008年5月12日，汶川特大地震造成21043次货车在宝成线109隧道内脱轨起火，致使宝成铁路中断。中铁电气化局西铁建设公司、西铁工程公司800多人紧急投入抢险。18日下午，在襄渝二线施工现场刚打灰回来的黄军科听到抢险消息后，主动要求加入抢险队伍，当晚即乘火车赶往抢险施工现场。经过20多个小时颠簸赶到109隧道后，他顾不得休息，便跟随队伍开始平整场地，搭建帐篷，搭架子，装沙子，转运沙袋，搬运抢险物资，一直忙到20日凌晨1时多。经过一个小时的短暂休息后，他又投入到转运沙石料、整理机械设备的作业中，一直忙到天亮。

5月20日17时41分，隧道南口正进行挂网喷锚作业。已经连续20多个小时没有休息的黄军科顾不上擦一把脸上的汗水，冒着随时都会有坠石滚落的危险，奋力给搅拌机上料。由于余震，一块直径约30厘米见方的石头突然从40米的高处坠落，砸向黄军科。他所戴的安全帽被砸开一个长约12厘米的口子，他的头部严重受伤，血流不止，经抢救无效，光荣牺牲。

2008年6月，黄军科被民政部、陕西省政府批准为革命烈士。

蒋　鑫

藏族，1979年8月出生，四川理县人。共青团员。理县农村信用合作社联合社驾驶员。汶川特大地震抗震救灾中，为保护乘车人员安全和国家财产光荣牺牲。

1997年7月，蒋鑫毕业于阿坝藏族羌族自治州财贸学校财会专业，曾在阿坝烟草公司开车，后又开过出租车。2005年6月，进入理县农村信用合作社联合社工作。在运钞车驾驶员岗位上，他兢兢业业，任劳任怨。由于理县信用联社人手少，蒋鑫不仅承担了早晚接钞、送钞的任务，而且常常利用间歇时间，送工作人员到基层社检查指导工作。无论是社内社外的工作，他都任劳任怨，愉快地接受并出色完成，给领导和同事们留下了深刻的印象。据联社办公室统计，蒋鑫在联社工作的3年时间，休息时间不超过15天。

汶川地震发生时，蒋鑫正与联社业务部人员在米亚罗信用社检查指导工作。为保证信用社资产的安全，他积极协助信用社工作人员将资金和重要凭证转移到汽车上。5月12日17时许，蒋鑫驾车与同事一起紧急赶返县联社，面对公路沿线的滚石，他毫无惧色，叫同事们坐在车上不动，自己却不顾随时可能发生余震和飞石滚落的危险下车排除故障。在路经古尔沟信用社时，工作人员察看了信用社受损情况，决定把信用社移动存储器和电子机具一并运回县联社。越往前走，塌方越严重，堵塞车辆越多。在一座高山脚下，因山体滑坡，车辆已无法继续前行，为减少安全威胁，他特意选择了一块稍显宽阔的地带停车。夜幕降临，通信中断，大家心急如焚，决定先步行回联社报告情况。蒋鑫主动提出自己留守，看管车上的重要资料，并最终在震后第三天将米亚罗信用社的重要资料安全带回理县联社。

6月6日上午，县联社灾后风险管理会议一结束，理事长叫上营业部主任兰斌、财务部娜斯基等到朴头、米亚罗、古尔沟等信用社检查网点恢复营业和灾后信贷支农情况。临出发前，本该在单位留守的蒋鑫主动向理事长提出："理事长，这趟差我去吧，师兄的爱人刚做了手术，需要人照料。"就这样，一行4人踏上了征途。

6月7日11时40分，工作组在完成古尔沟信用社的工作任务返回单位途中，突遇山体垮塌，因余震而松动的巨石瞬间从天而降。紧要关头，蒋鑫死死抓住方向盘大喊一声："注意！"话音未落，一块巨大的飞石穿过汽车天窗砸进驾驶室，重重落在蒋鑫头部，车辆顿时面目全非，蒋鑫不幸遇难。但正是蒋鑫生命中的最后一声呐喊，让3名同事能够及时躲避自护，幸运地逃过了一劫。

2008年7月，蒋鑫被四川省政府批准为革命烈士。

丁　刚

1968年12月出生，四川遂宁人。中共党员。遂宁市船山区西宁乡大板桥村民兵。汶川特大地震抗震救灾中，为保护和抢救他人生命光荣牺牲。

丁刚为人朴实厚道，从小就不善言谈，但始终怀有一颗仁爱之心。他积极参加各种公益活动，在大板桥社区，人们经常看到他忙碌的身影。他穿梭于各个家属区的楼群中，为东家西家的琐事奔波。有一次，社区内的道路破损，导致经常拥堵，影响了居民的正常生活。丁刚知道后，冒着酷暑挨家挨户走访调查，最后决定由社区出面，居民集资，共同维修。有些居民不想掏钱，丁刚就主动和社区干部一起一次又一次地入户动员，前前后后跑了一个月，做通了居民的思想工作，收齐整治费用，使困扰居民的道路堵塞问题得到圆满解决。2006年4月，一位80多岁的老人因儿子涉案入狱，无力缴纳3000元保释金而求助于社区，社区领导根据实际情况反复和监狱方面沟通，由社区干部担保，缴纳了2000元钱，但仍差1000元。丁刚知道后，主动帮老人缴纳了1000元，老人感动得流下了热泪。

汶川地震发生后，按照上级命令，船山区民兵应急连在5月12日22时完成紧急集结，连夜开赴什邡灾区开展救援。救援工作异常艰难，连续几天的抢险救灾，很多人体力严重透支，急需休整。经上级同意，区人武部于16日组织第二批突击队员，拟于17日开赴什邡。在得知挑选第二批突击队员的消息后，丁刚主动到街道武装部报名，但因年龄偏大而落选。22日，他再次报名，强烈要求参加突击队，结果因同样原因再次落选。6月2日，丁刚第三次找到街道武装部，坚决要求参加突击队，并且跑到区人武部“求情”，人武部领导破格同意了他的请求。3日中午，丁刚随突击队到达什邡灾区。由于表现突出，组织号召能力较强，他被任命为应急连4班班长。当天下午，丁刚就向应急连临时党支部递交了入党申请书，表达了加入中国共产党的愿望。

6月4日3时30分，劳累了一天的队员们正在帐篷里酣睡，突然接到上级命令，赶赴汶川县映秀镇全力搜救失事的直升机。4时，300名遂宁民兵紧急搜救队员分乘8辆汽车，不顾天黑路险，连夜开赴映秀镇。经过6个多小时的颠簸到达映秀镇，在黄家沟附近山区全力搜索。丁刚主动找到民兵营政委要求上山执行搜索任务，政委考虑到他年龄较大，身体微微发福，怕他体力不行，没有答应他的请求，最终挑选了12名经过山地训练的退伍战士，组成搜救小分队，迅速上山开展搜救。

6月5日清晨，搜救小分队正在黄家沟山区附近搜索时，接到搜索无音寺周围方圆8平方公里山区地带的命令。无音寺海拔3000多米，与映秀镇的直线距离不到5公里，但要到达无音寺，需要穿越“迷魂堂”，穿过1816高地。这些地方只能在军用地图上才能找到，绝大多数当地居民都没听说过。10时，民兵营政委下山后，又组织小分队进山。在丁刚的强烈要求下，政委同意他参加。很快，一支由14人组成的小分队在参谋唐立、张凌杰带领下，从磨子沟出发，向无音寺方向搜索。在前往无音寺的途中，无数次山体滑坡早已将大多数植被撕裂，时有乱石飞下，可谓险象环生。为了队友安全，只要到了危险地带，丁刚总是压阵在最后观察，等队友都通过后才最后跟上。到了1816高地附近，为了拓宽搜索范围，小分队决定兵分两路，一路由唐立带队沿山梁搜索，一路由张凌杰带队沿山谷搜索，丁刚所在的4班沿山谷搜索。临别时，丁刚将自己包里的矿泉水和食物分了大半给前往山梁的战友，说：“我们走的是山谷，不会缺水；你们往山上走，要多带点。”

6月5日18时30分，张凌杰带领丁刚一行搜索到一处滑坡地带。头上是悬崖峭壁，脚下是沟谷深渊，耳边不时响起飞石滚落峡谷的响声。就在队友们通过的时候，突然一阵大风刮过，山体滑坡，乱石像潮水一般滚落下来。丁刚一边在乱石堆里往前跑，一边大喊："快跑！"走在丁刚前面的袁林尚未反应过来，便被丁刚往前重重地推了出去，丁刚、张凌杰、季华林、袁林4人都被飞石砸伤。经全力抢救，张凌杰、季华林、袁林相继脱离危险，丁刚由于头部重伤，颈动脉被砸断，失血过多而光荣牺牲。

2008年6月，丁刚被四川省委组织部追认为中共党员；9月，被四川省政府批准为革命烈士。

刘建秋

1972年8月出生，四川双流人。中国移动成都通信建设工程局工程一处职工。汶川特大地震抗震救灾中，为保护他人生命光荣牺牲。

刘建秋于1998年起在成都通信建设工程局工作，先后到杭州、广州、汕头等地从事通信线路施工。2005年四川移动"村通工程"启动后，他又到甘孜、广元、阿坝等地担任施工队队长。

刘建秋在工作中一贯踏实肯干、任劳任怨，总是主动要求到施工环境最恶劣、施工条件最艰苦的地方去。2005年8月，他率队完成海拔5200米的定日珠峰光缆施工任务；10月又率队完成海拔5000米处甘孜藏族自治州"村通工程"甘孜—石渠的光缆施工任务。在西藏移动通信光缆施工中，刘建秋和他的团队曾创下在海拔5000米高原每天立电杆几百根、布放光缆数十公里的高原施工纪录。

2008年初，刘建秋主动请缨，支援江西省冰雪灾害最为严重的遂川县抗雪救灾。遂川县地处江西省西南部，境内的营盘圩山海拔2120.4米。当刘建秋和他的队员到达那里时，当地已断水、断电、断通信17天。虽然已进入2月，当地仍然是冰天雪地，平时纤弱的枯草上竟然包裹着比胳膊还粗的冰凌。盘山公路两旁的光缆电杆早已不堪重负，随处可见倒塌的电杆滚落山谷，断裂的光缆散落于山间。

由于气温极低，脚下薄薄的绝缘鞋已难以抵御寒冷。在上山排除障碍时，刘建秋总是走在队伍的最前面，硬是从冰凌林立的树丛中砍出一条抢修通道。下山的时候，他的衣服、裤子全被打湿了，脸上、手上被冰凌划出一道道血痕。大家关切地询问他的身体状况，他只是淡淡地说："现在辛苦点，灾区人民就能早日通上电话，值！"在那次抗雪救灾活动中，刘建秋因工作出色，被中国移动四川通信服务公司评为"抗雪救灾先进个人"。

地震发生时，同属阿坝藏族羌族自治州的马尔康、理县等地灾情严重。此前，刘建秋所在的施工队一直在马尔康进行中国移动"村通工程"建设。地震发生后，刘建秋根据成都通信建设工程局下达的"各施工部门停止施工工作，立即投入震后抢险救灾"的紧急通知，带领36名施工队员赶赴阿坝藏族羌族自治州移动分公司报到，参加打通"马尔康—理县—汶川"重要通信光缆、恢复汶川对外联系的抢通战役。5月16日13时30分，刘建秋带领抢险队正在理县古尔沟镇附近进行光缆抢险施工，突发强余震，为保护其他抢险队员的生命，刘建秋不幸被山体滑坡滚落的飞石击中，虽当即被送入解放军临时医疗站救治，但终因失血过多抢救无效，于17日9时牺牲。

2008年6月，刘建秋被人力资源社会保障部、国资委追授“中央企业抗震救灾英雄”称号；7月，被全国总工会追授“全国五一劳动奖章”；2009年7月，被四川省政府批准为革命烈士。

郭庆新

1954年4月出生，山西沁源人。中共党员，大学本科学历。中科院成都生物研究所纪委专职副书记、工会主席。汶川特大地震发生时，为救护同事光荣牺牲。

郭庆新出生于军人家庭，从小受到革命传统教育，立志像先辈一样保家卫国、建功立业。1969年3月，郭庆新参加中国人民解放军，因训练刻苦、学习努力，曾受嘉奖1次，两次被评为“五好战士”；1975年5月，转业到中科院成都生物研究所工作；同年秋季，进入四川大学哲学系学习；1978年毕业后，曾担任过研究所宣传干事、党委秘书，党委办公室副主任、主任，行政办公室主任，工会主席，纪委副书记、书记，副所长，党委副书记等职务。

郭庆新长期坚持业务和理论学习，曾先后参加四川省委党校、中科院等单位组织的干部培训学习。1993年，通过了四川省高等教育法律专业自学考试，2002年在中国人民大学研究生院工商管理（MBA）硕士课程研修班结业。他喜好文学，在许多刊物上发表过诗歌、散文、小说等作品。2001年，郭庆新获得四川省“五个一”工程优秀作品奖。

郭庆新工作勤奋、勇于创新，在党的建设、科研管理、创新文化建设等方面提出了创新性设想，为研究所的创新发展做出了贡献，先后获得中科院管理人员突出贡献津贴及“中国科学院优秀思想政治工作者”“全国优秀工会积极分子”“四川省直机关优秀党务工作者”“第四届中国科学院创新文化建设先进个人”等荣誉。

汶川地震发生时，郭庆新正带领研究所十几位老专家在绵竹市云湖国家森林公园考察，住在公园的接待宾馆。地震发生，霎时山崩地裂，飞沙走石，房倒墙倾。“地震了，快跑！”宾馆员工一声大喊，人们纷纷冲出房间，老专家们也纷纷跑出午休的房间。郭庆新搀扶着同屋的专家仇镛，沿着楼梯向楼下跑去，突然听到身后“哎呀”一声惊叫，由于地面晃动太厉害，年岁较大的女专家邹万君被困在走廊上不敢动弹，随时都有生命危险。危急时刻，郭庆新不顾个人安危，毫不犹豫地去搀扶邹万君。此时，更猛烈的地震袭来，郭庆新、邹万君二人转瞬间被倒塌的房屋压埋，郭庆新牺牲。

2009年11月，郭庆新被四川省政府批准为革命烈士。

王继余

羌族，1973年9月出生，四川茂县人。中共党员，大学本科学历。四川省茂县供销社职工、曲谷乡二不寨村党支部副书记。汶川特大地震抗震救灾中，在报送灾情途中光荣牺牲。

王继余18岁到茂县供销社工作。他热爱本职工作，无论在乡下还是在县城，都满腔热情地对待顾客，兢兢业业地对待工作，多次受到单位表彰，1998年被茂县供销社评为“先进工作者”。

2007年10月，茂县“百名干部下基层”活动开展后，王继余要求到曲谷乡最边远偏僻的二不寨村蹲点，被批准后任村党支部副书记。下派期间，他时刻心系群众，为当地新农村建设做了大量工作。

二不寨村地处高山峡谷地带，多年来村里的运输全靠人背马驮。了解这一情况后，王继余想方设法积极向上争取资金，修通前往二不寨村的机耕道，改变了该村长期以来只有“茶马古道”的历史。二不寨村主要出产土豆、洋葱、玉米等，为帮助村民增收致富，他协调联系中国农资公司技术专家对当地土壤结构进行样本分析后，建议村里调整产业结构，推广种植良种土豆，并拿出自己的工资，购买了300公斤良种土豆分发给村民试种。

2007年冬季，二不寨村村民蒋双全家因用电不慎突发大火，房屋和其他财产全部被烧毁，损失惨重。王继余看在眼里、疼在心上，在自己家庭收入并不宽裕的情况下，买了大米、食用油、蔬菜和猪肉等送到蒋双全家，并送去现金。

汶川地震发生后，王继余与曲谷乡党委、乡政府的救援人员逐家逐户紧急搜救伤员，把群众转移安置到安全地带。当晚，大部分村民没有临时栖身场所，他又和民兵不顾房屋随时可能垮塌的危险，冲入部分村民家中抢出一部分急用的粮食、篷布，帮助村民搭建临时帐篷。当天夜里，王继余穿梭往来，察看村民群众临时安置情况，整夜未得合眼休息。

曲谷乡地震灾情汇总后，因通信中断无法上报县政府，乡里决定派人到县城报信。此时，余震不断，山体滑坡，泥石流随时可能发生；交通瘫痪，步行绕道要走上百公里，任务十分艰巨。王继余主动向领导请战：“我是共产党员，我去报，路断了我走也要走到县上！”5月13日一早，王继余和茂县地震办的刘永贵、河坝村民兵连长王树贵3人，仅带了一把雨伞便踏上送信的路途。王继余的鞋走坏了，双脚满是血泡。14日16时，3个人奔走在国道213线茂县渭门乡十里村境内道路上，突然余震发生，轰隆隆的声音从山上传来，顷刻间山坡上浓尘滚滚，巨石呼啸而下。王继余大声向同伴喊道：“飞石，快躲躲！”自己却不幸被滚下的巨石砸中，光荣牺牲。

2008年6月，王继余被中组部追授“抗震救灾优秀共产党员”称号；10月，被四川省委、省政府追授“四川省抗震救灾模范”称号；2009年11月，被四川省政府批准为革命烈士。

余国林

羌族，1952年3月出生，四川茂县人。茂县中医院医生。汶川特大地震抗震救灾中，身负重伤抢救被埋群众，因抢救无效不幸去世。

余国林出身于农民家庭。1968年1月，在茂县凤仪镇南庄村学校任民办教师。1969年3月入伍，在解放军驻甘孜某部卫生队当卫生员。1971年3月退伍后，在成都军区白河军马场卫生所工作。1981年9月至1992年10月，先后在茂县沟口、曲谷、石鼓、渭门等地乡镇卫生院工作。1992年10月调入茂县中医院工作，2006年1月退休，被茂县卫生局、茂县中医院返聘留用。

余国林擅长中医内科，是一位优秀的基层医务工作者。在卫生院工作期间，他经常起早贪黑，跋山涉水，不顾个人安危，深入高山村寨出诊治病，深受群众爱戴。他生活俭朴，爱岗敬业，调到茂县中医院工作后，十几年如一日，无论是刮风下雨还是酷暑严寒，每天都骑自行车往返几公里到医院上班。2006年退休后，为了帮助医院渡过专业技术人员匮乏的难关，虽身患肝硬化，仍坚守工作岗位。2008年3月，余国林车祸受伤后，仍带病坚持工作。

2008年5月12日下午，茂县中医院门诊部挤满就诊的病人。余国林一边开处方，一边详细讲解煎服中药的方法。突然地震发生了，地动山摇，房屋被震得“嘎嘎”作响，诊室墙体坍塌，余国林被严重砸伤，头上、肩上、腿上血流如注。他强忍疼痛紧急疏散屋里的病人，自己却落在最后。等他跑到院坝时，发现有两位病人不幸被埋压在倒塌的墙体乱石和砖瓦下面。他不顾自己的伤痛，和其他医生一起用双手刨挖，将两位病人抢救出来送到安全地带。余国林坚持不住了，才踉踉跄跄地走到县人民医院医疗点。医生在临时搭起的帐篷内给他做缝合手术，治疗巾上满是鲜血。余国林由于颅骨和多处肋骨骨折，并发颅内血肿和气胸，经抢救无效，于15日9时50分永远离开了他的同事和亲人。

在平凡的岗位上，余国林用生命践行了医护人员救死扶伤、全心全意为患者服务的神圣使命。中央电视台、四川电视台及《阿坝日报》《中国中医药报》《健康报》等媒体相继播出和刊发了余国林的英雄事迹。

2008年6月，余国林被人力资源社会保障部、卫生部追授“卫生系统抗震救灾英雄”称号；2009年11月，被四川省政府批准为革命烈士。

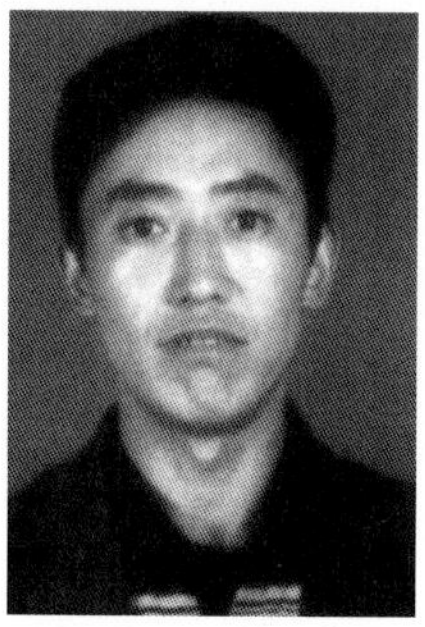

袁有昌

羌族，1964年5月出生，四川茂县人。中共党员，大学本科学历。茂县东兴乡人大副主席兼民政助理员。汶川特大地震发生时，为抢救职工光荣牺牲。

袁有昌自阿坝藏族羌族自治州农业学校毕业后，到茂县永和乡工作。他性格温和，平易近人，乐于助人，很多群众都愿意找他帮忙。袁有昌工资不高，却时常帮助救济贫困户。他用自己所学的知识为群众服务，想办法、出主意，努力调整乡里的产业结构，推广并逐步普及反季节蔬菜种植，以改善群众的生活。

袁有昌担任东兴乡人大副主席兼民政助理员后，除了干好日常工作外，他把更多的时间和心思放在民政工作中。他走村串户，认真做好城镇和农村低保金、“五保户”补助费、军属烈属补助费、军烈属慰问金以及救济粮款的发放，开展对特困户、贫困人口、残疾人的救助工作。最让他牵挂的是患病的70多岁“五保户”老人冯万春，每次下村，袁有昌都要到老人家里去看看，送粮送物。老人旧病复发，他将其送到绵阳医院治疗；老人出院时，指名要袁有昌去接。袁有昌收拾好老人的住房，准备好日常用品，再接老人出院回家。

地震发生时，袁有昌与同事何清、曾天仁正在办公室商量接冯万春老人回村的事。何清冲出屋子后，袁有昌看到何清跑出去的地方正是最危险的地段，便不顾危险，一个箭步冲上去救他，同时边跑边喊："何哥，危险！"何清没有听见，继续向前跑。袁有昌边追边喊道："不能去，危险！"这时，"轰"的一声巨响，墙倒了下来，袁有昌和何清都被埋进了废墟。人们赶去救援时，袁有昌已倒在血泊中停止了呼吸，右手还指着何清所在的方向。

2009年11月，袁有昌被四川省政府批准为革命烈士。

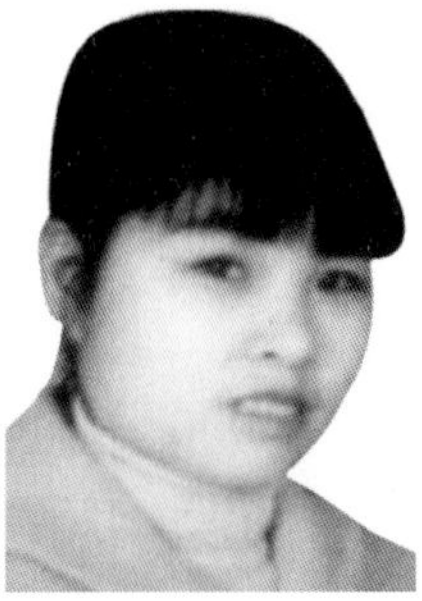

金雪娥

女，1972年1月出生，浙江永嘉人。在青川县乔庄镇山珍市场从事棉絮加工生意。汶川特大地震发生时，为抢救他人光荣牺牲。

金雪娥从小就养成了朴实、善良、乐于助人的良好品德，每当看到老人挑水时，她都会热情地抢过担子帮老人挑。1997年5月，她与丈夫到青川县乔庄镇山珍市场，干起了棉絮加工生意。十多年来，她与邻里相处得十分融洽，在大家眼里她是一个好人。

汶川地震发生前，金雪娥正坐在店门口与邻居易素华聊天，同在市场做生意、来自遂宁的唐均碧找到她说："金姐，小丫（唐均碧8岁的女儿刘小丫）想到你房间里睡会儿觉。"金雪娥便领着小丫到自己房间里睡下。由于唐均碧的住处离市场比较远，往返很不方便，中午不回家，小丫几乎每天都在金雪娥家玩耍和休息。

突然，地下传来一阵"嗡嗡"声，紧接着大地剧烈颤动起来。"地震了"，市场上的人几乎同时大喊起来。坐在椅子上聊天的易素华和唐均碧闻声，大喊道："小金，快跑！"正织着毛线的金雪娥丢下手中毛线，和易素华拉着唐均碧起身跑到市场外河边的马路上。此时大地仍在不停晃动，根本站不稳。突然，金雪娥想起小丫还在自己家里休息，转身就朝仍在不停摇晃并开始掉砖头、水泥块的家里跑去。金雪娥闯进屋里，拉起小丫就往外跑。此时房子摇晃得更加剧烈，紧接着商业楼整体倒塌下来，金雪娥和小丫的身影瞬间消失了。

5月13日16时，当救援官兵扒开压在金雪娥和小丫身上一块一吨多重的厚厚水泥板时，金雪娥还紧紧拉着小丫的手。20日、22日、23日，《温州都市报》《今日永嘉》分别用《为抢救邻家孩子，她倒下了》《生命的赞歌》《英雄魂归故里》等文章对金雪娥的事迹进行了报道。21日，新华网刊发金雪娥救人事迹的文章，人民网、搜狐网、腾讯网、解放网等网站纷纷转发。有网友为金雪娥在"同怀纪念馆"设立了"舍己救人金雪娥"祭奠网页，有网友送上白莲花并留言"你的美超越了阴阳两界"，也有人贴上康乃馨并留言"天使回到天堂，一路走好"。

2009年11月，金雪娥被四川省政府批准为革命烈士。

雷　勇

1955年3月出生，四川南充人。川北医学院附属医院驾驶员，工人技师。汶川特大地震抗震救灾中，为保护他人安全光荣牺牲。

雷勇从小踏实上进，学习刻苦。1974年6月，他响应“知识青年到农村去”的号召，到蓬安县徐家公社插队。在农村，他积极参加生产劳动，任劳任怨，不怕苦累。

1976年12月，雷勇到蓬安县农机厂从事汽车维修与驾驶工作。他总是按质按量完成各项运输任务，被单位树立为后勤服务标兵。

1983年2月，雷勇被调到川北医学院附属医院担任驾驶员。在医院工作的20余年间，他以执着的责任心和优秀的驾驶技术，帮助医务人员挽救了许多危急病人的生命。凡有重大任务，雷勇总是主动请缨，把舒适和安全留给别人，把辛苦和危险留给自己。他对自己“约法三章”，即脏车不入库、故障不过夜、“病车”不上路，始终使车辆保持良好状态。每天出车回来，哪怕是凌晨时分，也要把车擦洗得干干净净，并认真检修一遍。几十年里，他驾车行驶上百万公里，从未发生过一起事故。

汶川地震发生后，大量的震灾伤员需要医务人员去紧急救治。5月12日晚，医院领导商定第一支医疗救护队队员名单时，雷勇主动请缨要求去抗震救灾一线工作。考虑到雷勇技术过硬、经验丰富，院方决定派他出征。

次日，雷勇赶赴地震灾区，不分昼夜地转送地震伤员和医疗救援队员，运送医疗队需用的药品及救援物资等。他连续奋战13个日夜，往返30余次，从绵阳、德阳等地震灾区将伤员转运到成都双流机场和南充等地。

5月26日，因极度疲惫而被单位送回南充短暂休整的雷勇，刚休息不到两天，又主动要求参加医院第六批医疗队，前往平武县南坝镇地震灾区，多次为前线医疗队和抗震指挥部运送药品和物资。6月1—3日，雷勇先后两次从江油往南充转运伤员，顾不得回家探望八旬母亲，又立即随转运救护车队赶赴伤员转运点。

6月6日，救援队救护车行驶至平武至江油大康一段，突遇大雨。由于天色阴暗，能见度差，道路崎岖湿滑，汽车一路颠簸摇晃。16时40分，雷勇驾车行驶到一弯道处，突然迎面驶来一辆大货车。雷勇果断采取避让措施，让车侧翻于驾驶员一侧。生死关头，为保护车上9名医护人员及2名志愿者的安全，雷勇紧握方向盘不松手，以血肉之躯拼尽全力控制车身，不幸英勇牺牲。

10月6日中央电视台“新闻联播”中“抗震救灾英雄谱——大灾之中见精神”栏目，7日《人民日报》长篇通讯《用生命书写医魂——追记四川省川北医学院附属医院驾驶员雷勇》，都报道了雷勇为抗震救灾而牺牲的英雄事迹。

2008年7月，雷勇被全国总工会追授“全国五一劳动奖章”；9月，被卫生部、食品药品监管局、中医药局、总后卫生部追授“抗震救灾医药卫生先进个人”称号；10月7日，被中共中央、国务院、中央军委追授“全国抗震救灾模范”荣誉称号；2011年1月，被四川省政府批准为革命烈士。

江发荣

1965年4月出生，四川什邡人。中共党员。什邡市红白镇安全生产管理办公室主任、劳动保障所所长。汶川特大地震发生时，为救护同事不幸遇难。

1983年7月，江发荣从蓥华中学高中毕业后，先后在红白镇松林煤矿、红白镇松林村矿粉厂、红白观音岩饮料厂、绵竹市伐木场磷矿山做工。1996年，他被聘为红白镇安全生产管理办公室安全员；2001年起，兼任红白镇劳动保障所所长；2003年7月，任红白镇安全生产管理办公室副主任。

红白镇有煤矿、磷矿、电站、水厂、林业等大大小小企业几十家，分布面广，安全生产管理办公室人手少，任务重。江发荣工作踏实认真，常说：“安全重于泰山。我们搞安全工作的，发现问题必须马上整改，一刻也不能缓，否则后果不堪设想。”2006年3月，一个煤矿出现管理人员职责不明、管理不到位的情况，为此江发荣下达了“停产3天，组织全矿人员学习”的整改通知单。矿领导带着好酒好烟前去求情，他说：“不要侥幸现在没发生事故，我们要对群众的生命安全负责，也是对你们企业负责。”经江发荣耐心说服教育，煤矿积极整改，安全生产形势有很大好转，后被评为“什邡市安全生产先进单位”。

江发荣担任安全生产管理办公室主任之后，依法行政，廉洁自律，连续3年被评为什邡市和红白镇“安全生产工作先进个人”。在工作中，他兢兢业业，克己奉公。对办公室的工作人员、对企业，他高标准、严要求；生活中，他对同事们十分关心，谁家有个大事小情都主动帮忙。他经常带着同事到矿区检查工作。同事说：“我们每次都是早上出去，中午两三点钟才回来。如果老江没和我们一起去，他都要在食堂等我们回来一起吃饭。”有职工家属说：“江主任平时对我们这些家属也很好，大家都叫他江哥。”

2008年5月12日早晨，江发荣像往常一样穿着雨靴，带着工作人员王健和陈其云翻山越岭到五桂坪村泡桐湾煤矿，对安全检查中发现的问题进行复查。直到中午，他们才满身泥土、脸上漆黑地回单位吃饭。吃完午饭，3人回到办公室正总结工作，灾难瞬间袭来，地震爆发引起大地剧烈晃动。“快跑！”江发荣一边大喊，一边推着陈其云往外冲。房屋在剧烈的晃动中开始垮塌，江发荣刚跑出门，身后的围墙突然向他们倒来。在生死瞬间，江发荣用力推开陈其云。一声巨响，轰然倒塌的围墙把江发荣压倒在地。王健冲上废墟大声喊着他俩的名字，只有陈其云有微弱的回应，而距离他一米远的江发荣已不幸遇难。

2008年6月，江发荣被人力资源社会保障部追授“人力资源和社会保障系统抗震救灾英雄”称号。

杨秀朝

女，藏族，1976年10月出生，甘肃舟曲人。中共党员。舟曲县江盘乡姚家楞村妇代会主任。汶川特大地震发生时，为保护村民不幸遇难。

姚家楞村山大沟深，交通不便，信息闭塞，人多地少，自然条件艰苦，群众生活贫困。杨秀朝担任村妇代会主任后，积极组织动员妇女姐妹走出家门，到县城建筑工地打工或做家政服务。为帮助妇女群众寻找致富门路，她根据当地丰富的野菜资源优势，动员妇女采摘野菜挣钱，又积极联系销售渠道，增加大家的收入。

姚家楞村是一个藏族村，群众文化程度较低。杨秀朝经常深入农户做工作，动员群众积极参加新农村建设。她带头改厕改灶，美化庭院，用实际行动带动群众建设新农村，脱贫致富，改变旧的生活习俗，改变村容村貌。她还经常调解邻里纠纷，热心帮助弱势群体解决困难，受到群众的好评，被称为藏族妇女的贴心人。

汶川地震发生时，杨秀朝正牵着自家的骡子去饮水。强烈的地震使全村男女老少惊慌失措，村子里老人、妇女和孩子的哭声、喊声乱成一片。受到惊吓的骡马挣断缰绳，冲出圈棚，狂奔乱叫。面对突如其来的灾难，杨秀朝首先想到的是乡亲们的安全，担心大牲畜踏伤群众，急忙将自家骡子拴好后又去拴别人家乱跑的牲畜。正当她拽住一头狂奔骡子的缰绳时，身后的土墙在强烈的震动中倒塌了，将她埋在下面。当村民们找到被压在土墙下的杨秀朝时，她已经停止了呼吸。

2008年6月，杨秀朝被全国妇联追授“全国抗震救灾优秀妇联干部”称号。

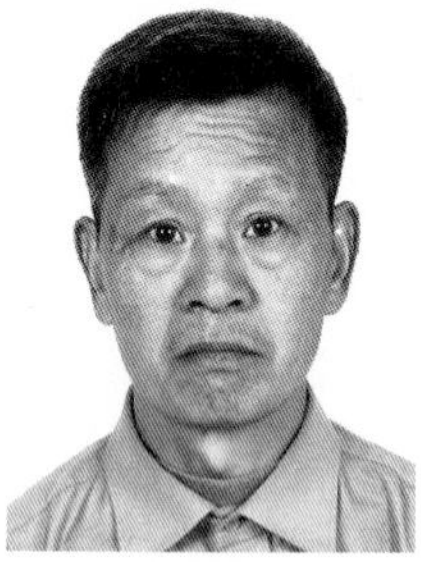

刘全福

1946年12月出生，四川大邑人。中共党员。大邑县雾山乡虾口村党支部书记。汶川特大地震发生时，为抢救群众生命不幸遇难。

刘全福工作中兢兢业业，勤勤恳恳，在村支部书记岗位上一干就是18年，是一个群众称赞的优秀党员、好村干部。

1984年，70多岁的孤寡老人顾某精神失常，常常跑到刘全福家经营的小卖部。刘全福不仅耐心服侍，尽量满足老人的需求，还多次将顾某从山下背回一公里外、位于山顶上的顾家，叮嘱他的家人好好照顾，注意安全。

1988年10月，村民杨志忠家不幸发生火灾，全部家当毁于一旦。刘全福闻讯后，立刻组织40多位父老乡亲前去扑火营救，并安慰杨志忠说：“大火无情，全村人有情，党支部、村委会会帮助你克服困难，重建起一个新家的。”刘全福带头砍掉自家林场的树木为杨志忠搭建新房，并号召全村党员、群众，有力的出力，有钱的出钱，有物的出物，很快帮助杨志忠建起了新家。

刘全福上有82岁高龄的老母亲需要照料，膝下还有一双儿女未成家，年近六旬的老伴身体不好，家境并不宽裕。村里80岁的徐大娘在提起刘全福时说："刘书记是个大好人，他一生中所做的好事数都数不清。村民生病了，他要亲自去探望；哪家有困难了，他要亲自去过问；对我们老人更是问寒问暖，关心得很啊！"

汶川地震发生之日，刘全福和老伴曹群芳带着农具到一公里外的山上，为栽种的中药材黄连除草松土，在途经张家山煤矿1号风井时，恰遇村里的"五保"老人岳树安上山拾柴。行走间突然山摇地动、乱石纷飞，巨大的山石从200多米高的山上飞滚而下，长长的路面顿时成了石头阵，情况万分危急。刘全福和老伴就近躲进身旁的岩窟里，同时大声呼喊3米开外的岳树安："地震来了，山要垮了，赶快跑开，赶快躲起来！"一块重约6吨的巨石隆隆滚下山来，岳树安已经被地震吓得不知所措。刘全福冲上前去，用尽全身力气将岳树安猛地推开。岳树安得救了，而刘全福却被巨石砸中，不幸遇难。

5月13日，虾口村40位村民代表为刘全福垒起一座坟山，将他埋在一片青翠欲滴的杉树林里。刘全福舍己救人的英雄事迹受到社会各界的关注，《人民日报》《成都日报》《成都商报》及成都人民广播电台、成都电视台都对刘全福的事迹作了报道。

2008年6月，刘全福被中组部追授"抗震救灾优秀共产党员"称号；10月，被四川省委、省政府追授"四川省抗震救灾模范"称号。

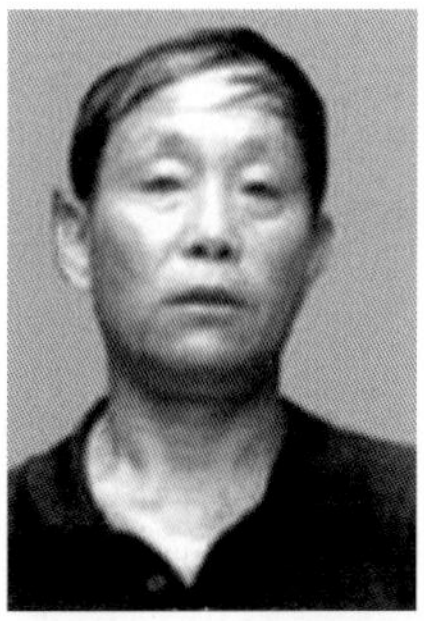

戎金亮

1964年6月出生，山西忻州人。中共党员。山西省忻州市忻府区南城街道西街村农民。汶川特大地震抗震救灾中，在援建工地因劳累过度发病不幸去世。

2008年6月6日，戎金亮主动参加忻州援川建房突击队。8日，他怀着满腔热情坐大客车赶赴四川，20多个小时的长途奔波，未使他有半点疲惫之色。作为忻州市第五批援川建房志愿者，戎金亮决心要多为灾区人民贡献自己微薄的力量。

高温、潮湿和蚊虫叮咬"三大关"，让来自晋北黄土高原的志愿者们备受煎熬。戎金亮全身也被叮得伤痕累累，但他从没有叫过一声苦，喊过一句累。板房安装要求细致认真，他总是挑最苦最累的活干，有时还要把一把本不属于他负责的"关"。一次，一名工友把门口的一根地槽钢安得多出一寸多，正趴在房顶拧螺栓的戎金亮看见后，用山西话朝下面大喊道："操些心了，哪还做得像个营生？"

另外一次，戎金亮正和工友在房顶上干活，不觉已过了中午的饭点。此时，送饭车早已在下面等候着，因为工期紧，戎金亮和大家商量："要不，咱们今天晌午迟吃上半个钟头饭，把活紧着干完算了。"虽然饥肠辘辘，工友们还是同意了他的意见，直到把活全部干完才下来吃饭，而时间已是13时了。

戎金亮关心大家的生活。大伙手纸用完了，他总是第一个起床把自己的手纸早早放到每个人的床边。

6月24日，正是水泥封边赶工期最为紧张的时期。12点多钟，其他人都蹲在阴凉地方吃饭，戎金亮还一个人满头大汗地在太阳下面和灰。忻州援川建房突击队党支部书记兼副队长赵葆春让他吃了饭再干，他头也不抬喘着气说："我先和好灰，等他们吃完饭，抹灰就误不了事了。"这一天，戎金亮主动提出一个人独揽七八个封边和灰任务，一直干到21时许才收工，特别疲劳辛苦。下工回来，戎金亮就上床睡下了。睡在邻铺的王培明忽然发现，戎金亮坐了起来，双手紧按太阳穴，便问他怎么了？戎金亮说有点头疼，接着又开始呕吐。同寝室的工友赶紧把他送到都江堰市崇义镇医院，崇义镇医院又派救护车将他火速送往郫县人民医院，检查后发现戎金亮患的是脑溢血，又紧急转送四川省人民医院。医院立即实施手术进行抢救，还是没能挽留住戎金亮的生命。就这样，一个来自山西忻州的普通农民，把生命献给了异乡四川灾区。

2008年9月，戎金亮被住房城乡建设部追授"全国住房城乡建设系统抗震救灾先进个人"称号；10月，被四川省委、省政府追授"四川省抗震救灾模范"称号。

陆生苍

1929年8月出生，宁夏中卫人。中共党员，大专学历。四川省委党校离休干部，副教授。汶川特大地震发生后，为救灾突遇余震不幸遇难。

陆生苍1949年4月参加革命工作，在中国人民解放军西北军政大学分校学习，任班长、区队长。1950年3月，加入中国共产党，在西南人民革命大学成都分校工作，任中队长、班主任。1953年7月，到四川省委党校工作，历任教学研究室经济建设组组长，哲学教研室秘书、哲学教研室组长、图书资料室副处级调研员、工作联络处《四川党校报》编辑部副主编，副教授职称。1990年10月离休。陆生苍长期从事党校干部教育工作，始终保持着一名教师对事业执着追求的精神，在教学工作、理论研究以及日常生活中，坚持实事求是，敢讲真话，勤于思考，刻苦钻研，完成了许多科研成果，编著有《论马克思主义哲学逻辑结构》一书。

1992年，离休后的陆生苍没有沉浸于天伦之乐，而是到都江堰市虹口乡联合村帮助村民脱贫致富。陆生苍做的第一件事就是自己掏钱买电线以及配电盘，为村民架设动力电线。1993年，陆生苍带头开垦荒地，种植药材厚朴、杜仲等。在他的带动和帮扶下，虹口全乡种植厚朴近7333公顷，成为名声响亮的"中国厚朴之乡"。1998年，陆生苍辅导村民喂养乌骨黑鸡、冷水鱼及林蛙，帮助村民办起科研养鱼场、中药种植场，而且还邀请农业专家到村里讲授种植养殖技术。1999年，他又自己掏钱为村里架设电话线，为村民安装了磨面机、木工加工机等机器设备。16年间，陆生苍节衣缩食，倾其所有，为村民脱贫致富躬身示范，并资助了3名贫困大学生和1名老人。他把智慧、汗水和爱心奉献给山区，赢得了虹口乡山区老百姓的尊敬和爱戴。

汶川地震发生后的6月12日，陆生苍不顾家人劝阻，带着一位老战友的儿子孙贵安，购买了一台小型水力发电机，并带上自制的驱虫药包、蛇药以及带给村民的粽子，急切地赶赴联合村看望和帮扶村民。13日，考虑到处于深山中的联合村2组还有10多户群众，他决定为村民送去急需的驱虫香包、蛇药和粽子。8时40分，在从联合村1组漆树坪到2组连山坪的途中，突遇余震引发的山体滑坡，陆生苍滑下山崖不幸遇难。为了纪念陆生苍，联合村村民在他遇难的地方立起了石碑，并将联合村连山坪改名为"生苍坪"，以表达对他的无尽怀念。

陆生苍的感人事迹在社会上引起了极大反响，《人民日报》、中央党校《学习时报》、《四川日报》《晚霞》《四川省老教授协会通讯》《成都商报》，中央电视台、四川电视台、成都电视台等媒体纷纷报道了陆生苍的先进事迹。四川省委党校、四川行政学院在全校（院）教职工中，四川省委老干部局在全省老干部系统中，相继开展了向陆生苍学习的活动。

2008年10月，陆生苍被四川省委、省政府追授“四川省抗震救灾模范”称号。

中国人民解放军抗震救灾英烈

邱光华

羌族，1957年4月出生，四川茂县人。中共党员，大专学历。1974年4月入伍，解放军77116部队62分队副师职飞行员，直升机机长，大校军衔。汶川特大地震抗震救灾中，在执行救援任务时光荣牺牲。

邱光华从小就是品学兼优的好学生。1974年4月，邱光华经过严格筛选进入军事院校学习。1977年6月，经过3年的学习和训练，他成为新中国第一代少数民族飞行员。1985年12月，他和战友开创了直升机载重进藏的先例，他也被称为世界航空史上直升机载重进入西藏的首飞勇士之一。1987年5月27日，奉命驾机运送小型发电机到因暴风雪与外界隔绝的墨脱，他凭着精湛的技术和过人的胆识，将飞机从海拔6000米的极限高度，降落到海拔只有500米的墨脱，完成了5500米近乎垂直的降落。

邱光华在军旅生涯中，取得了多项突出成就：四种气象指挥员、四种气象教练员、特级飞行员；参与编写的《飞行大纲》用于指导全军陆航部队飞行训练；熟练掌握列装的6种机型的飞行技术，参与高原试飞和军事演习；10多次成功处置直升机空中单发停车、罗盘失效、突遇雷雨等多种险情，确保了国家财产和战友的生命安全。

汶川地震发生时，邱光华还有11个月就退休了。在震后茂县家乡亲人音讯全无的情况下，邱光华无暇顾及亲人的安危，积极请战。5月15日，他驾机飞进青川执行空运救灾物资任务，到达目标空域时才发现，在满目疮痍的地面上很难找到一块降落场。“这可是乡亲们的救命粮和救命水，不能因空投将这些救命的物资摔坏了。”他驾驶飞机反复盘旋观察，沉稳操作，多次试探性悬停着陆后，最终将直升机准确降落在由几块石头形成的不足200平方米的平面上，完好无损地将救灾生活物资送到了灾区群众的手中。

5月26日，邱光华驾机进汶川运送伤员，降落的峡谷仅100余米宽，5道高压线依次挡在下降的航线上。由于山体滑坡河水上涨，原来的河滩变成了一片沼泽，找不到一处可供降落的地方。邱光华驾驶飞机一次次下降，又一次次拉起来，在空中盘旋30多分钟、悬停下降11次后，才终于穿过电线网强行降了下去。事后，邱光华对记者说：“伤员在下面，我们冒死也得下去。”

为抢救更多的生命，邱光华6次驾机从家乡上空飞过而未停留，直到地震发生3天后，才得知家人的消息。在一次执行投送帐篷任务中，投送点恰好在邱光华老家附近。直升机悬停投放时，邱光华第一次清楚地看见了家中倒塌的房屋。虽然满怀对亲人的愧疚，但他仍在完成空投后又立即返航投入到下一次任务中。返回成都后，家人打电话说拾到一顶投送的帐篷，邱光华并未透露帐篷就是他驾机投送的，而是劝说家人将帐篷让给受灾更严重、更需要的其他群众。

5月31日，邱光华驾驶直升机执行运送10名第三军医大学防疫专家去理县的任务。返航至汶川县映秀镇附近时，因局部气候变化，突遇低云大雾和强气流，直升机不幸失事，邱光华和机组其他4名成员壮烈牺牲。

从地震发生到飞机失事，邱光华在气候条件复杂多变、各种参数接近临界值、通信联络不畅的情况下，冒着生命危险共飞行63架次、50小时31分钟，运送物资25.8吨、各类人员131人，转移受灾群众180人，为抗震救灾做出了重大贡献。

2008年6月，中央军委主席胡锦涛签署通令，给邱光华追记一等功；邱光华被成都军区政治部批准为革命烈士，被中组部追授“抗震救灾优秀共产党员”称号。

武文斌

1982年10月出生，河南邓州人。中共党员，大专学历。2002年12月入伍，解放军71282部队64分队实习学员，二级士官军衔。汶川特大地震抗震救灾中，因劳累过度引起肺血管畸形破裂光荣牺牲。

武文斌从小就有从军报国的理想，2002年高考第一志愿就填报了军校，因几分之差未被录取，后就读于一所地方大学。同年10月，得知家乡征兵的消息，武文斌毅然从学校跑回家报名，如愿以偿地穿上了军装，到被称为铁军的“叶挺独立团”服役。2005年9月，他考入解放军信息工程大学测绘学院，就读于测量与导航工程系。在校两年，他一直担任所在系的英语和政治理论课代表，两次被学院评为“优秀学员”。

汶川地震发生后，部队接到赴四川抗震救灾的命令。连队考虑到武文斌正在实习，6月要返校参加毕业典礼，同时考虑到他已领了结婚证，毕业后将举行婚礼，于是安排他在后方留守。武文斌反复找领导申请，要求参加抗震救灾斗争，并千方百计说服了妻子，义无反顾地奔赴抗震救灾前线。

5月15日下午，刚到都江堰还没放下背包，救灾的官兵们就听到受灾群众黄德军夫妇的求救声。“救救我妹妹吧，她刚来这里打工，就遭遇地震被埋在废墟下面了。”两栋5层的楼房，底部两层已垮塌且扭曲成“人”字形，整栋楼摇摇欲坠。眼看教导队的突击队员奋不顾身往里冲，武文斌一把拉住教导队队长员波的胳膊说：“我是学测绘的，有这方面的知识，让我在前头吧。”武文斌刚爬进废墟，就发生一次余震，悬在头上的一块楼板剧烈晃动起来，噼里啪啦往下掉碎渣。武文斌顾不上这些，继续往里探寻。半小时后，他和突击队员们抬出一具遗体，但不是黄德军的妹妹。看到武文斌身上多处擦伤，代理排长李孝会打算替换他。武文斌说："楼内很危险，我刚进去了一次有经验，还是我去吧。”便和突击队员们再次返回危楼搜寻，终于发现了黄德军妹妹的遗体。为了把遗体从废墟中完整地挖出来，武文斌和战友们没有使用工具，而是用手排除断木和碎石。整整3个小时，武文斌和战友们刚把遗体抬出来，危楼便在余震中轰然倒塌了。

连队执行帮助都江堰市“勤俭人家”临时安置点灾区群众安装板床任务时，武文斌抢着承担了最为繁重的拧螺丝任务。连队当天总共安装了800多张板床，武文斌一人就安装了50多张。每张板床有28个螺丝，他总共拧了1400个，螺丝刀拧变了形，他的双手磨满了血泡。

6月17日上午，上级命令连队帮助当地群众搭建活动板房。武文斌搭完排里的帐篷，又去搭建饭堂；丢下平整场地的锄头，又去安装晾衣场。傍晚，重庆市支援的8车活动板材运到胥家镇钢圈厂，武文斌把本排的任务完成后，又去帮助其他排干，累得手脚麻木站都站不起来。第一车快卸完时天色渐暗，连长李俊峰担心天黑后官兵划伤手指，决定组织党员骨干抢卸。武文斌不是党员，却找到连长说：“让我上吧，我保证和党员一样快。”没等连长批准，就爬上卡车干了起来。回到营区时已到熄灯时间，代理排长李孝会见他一身大汗，就开玩笑说：“你今天是不是又抢别人的‘功劳’了？”憨厚的武文斌笑了笑：“能干就多干点呗。”18日凌晨，同帐篷的战友发现武文斌呼吸困难，声音异常，摇了他几下没有摇醒，立即叫来连长和卫生员，迅速把他送往医院抢救。4时45分，武文斌终因劳累过度引起肺血管畸形破裂出血，心脏永远停止了跳动。

2008年6月，71521部队党委追认武文斌为中共党员，71521部队政治部批准他为革命烈士，71521部队给他追记一等功；7月，中央军委主席胡锦涛签署命令，追授武文斌“抗震救灾英雄战士”荣誉称号。

李　月

1980年8月出生，辽宁开原人。中共党员，大学本科学历。1999年8月入伍，解放军77116部队69分队正连职飞行员，上尉军衔。汶川特大地震抗震救灾中，在执行飞行任务时光荣牺牲。

李月从小就对飞机非常喜爱，立志要当飞行员。高中三年级时，他参加招飞考试，顺利通过各种测试。1999年8月，他以优异成绩考入空军长春飞行学院，进入飞行指挥专业培训。2001年4月，李月完成飞行员基础训练，政治思想、专业技能和身体素质等全部合格，又进入陆航学院，开始了飞行专业的系统培训。2003年6月，李月毕业后被分配到部队，成为一名真正的飞行员。

李月熟悉计算机操作，平时就是战友们学习计算机的教员。2004年、2005年计算机等级考试时，他成了飞行大队的大忙人，多次给大家上计算机课，解疑释惑。在他的帮助下，飞行大队成员百分之百地通过了国家计算机等级考试。

李月热爱飞行事业，注重在工作实践和执行大项任务中锻炼和提高自身本领，积极参加理论学习，认真搞好日常训练，扎实打牢技术基础。在飞行实践锻炼中他个人能力不断增强，是同批毕业的飞行员中第一个能够执行高原飞行任务的技术骨干。李月具有较高的航空理论知识和飞行驾驶技术，对技术精益求精，勤于动脑，善于总结经验，有较强的组织领导能力和娴熟的飞行驾驶技术，被评为三级飞行员。从入学至殉职的9年中，李月共飞行565小时，先后参加了"'砺剑—2005'成都活动""爱军精武""携手—2007"中印联合反恐演习、抗击冰雪灾害、维稳和抗震救灾等任务。在气象、地形复杂的情况下，他出色地完成了神舟六号飞船应急回收、尖兵系列返回式卫星回收等任务。

汶川地震发生后，李月执行任务刚刚返回，还没来得及回家休整，就不顾疲劳立即投入到紧张的抗震救灾工作中。初期，他担任塔台助理指挥员，全面协调统筹各方力量，及时传达命令指示，科学组织登机和安检，确保人员登机转运和物资装载秩序正规。执行飞行任务后，李月每次出发前都要充分做好相关准备，科学确定航线，反复论证装载方案，努力实现单机运送最大效率。飞行中，他认真履行副驾驶员职责，积极辅助机长驾驶，完成了物资空运、伤员后送和群众转移等任务。

李月把灾区当家乡，面对灾区人民的期盼，置个人安危于度外，主动要求多飞、飞陌生地域，果断处理飞行过程中发生的多次险情，克服能见度低、航路气象条件差、着陆场难以选择等困难，一次次把灾区急需的物资送到群众手中，一趟趟把伤员安全运回成都。抗震救灾期间，李月随机组共飞行11个架次、6小时24分钟，运送物资3.7吨，输送救援人员27人，转移受灾群众12人；参加组织指挥9场次、112小时30分。

5月31日，李月担任副驾驶，与机长邱光华奉命驾驶直升机执行运送第三军医大学防疫专家到理县任务，返航途中，在汶川县映秀镇附近不幸失事，英勇牺牲。

2008年6月，李月被成都军区追记一等功，被成都军区政治部批准为革命烈士。

王怀远

1961年9月出生，四川泸县人。中共党员，大学本科学历。1979年7月入伍，解放军77116部队77分队正团职空中机械师，上校军衔。汶川特大地震抗震救灾中，在执行飞行任务时光荣牺牲。

王怀远从小就有穿上军装献身国防的梦想。1979年7月高中毕业后，他以优异成绩考入空军第二航空预备学校，如愿以偿地成为了一名飞行学员。1982年，王怀远进入空军第一航空机务学校学习，开始系统地学习飞机维护和保障的相关业务理论。1984年7月，王怀远以优异成绩毕业，被分配到部队任机械技术员。在部队工作的25个年头中，王怀远先后担任过机械师、修理厂副厂长、厂长、机务大队大队长等职务。不论在什么岗位，王怀远都兢兢业业，尽自己的努力做好工作，得到战友们的一致好评。

王怀远是机务和飞行战线的复合型人才。1994年，他随部队参加了西藏航测任务，创造了直升机青藏高原连续飞行时间最长、航测精度最高、超低空航测范围最广的纪录。他还是首飞西藏墨脱的功臣之一，在运输机把一架“黑鹰”直升机空运到西藏贡嘎机场后，仅用4个小时便完成直升机的组装。先后在直升机修理厂、机务大队担任过领导职务的王怀远，对内场和外场工作都非常熟悉，集聚了其创新研究成果的《直升机单机维护质量检查标准》被编写成书，作为操作规范在全军陆航系统推广，为陆航机务事业做出了突出贡献。

汶川地震发生后，王怀远所在部队作为重要运输保障单位参加抗震救灾。5月13日，四川灾区普降中雨，气候条件极其复杂，飞行安全面临严峻挑战，机务准备工作异常繁重，工作难度加大。王怀远迎难而上，冲锋在前，凭着从事直升机维护工作近30年的丰富经验和过硬的维护技能，冒雨奋战在机务维护和飞行准备第一线。在抗震救灾一线奋战的日子里，每次从灾区返回，他都要带回一大把灾区群众写满电话号码的烟盒、纸壳，一下飞机就不停地拨打电话，帮助灾区群众向亲人报平安，而10多天中却只给自己家里打过一个电话。有人问他成天都这样辛苦是为了什么？王怀远回答：“在飞机上我抢运伤员，飞行结束后我让他们的家人安心。”

5月31日12时，运送10名第三军医大学防疫专家前往理县的临时任务下达后，当天已经执行了两个架次任务的机长邱光华等人立即开始飞行准备。按照规定，该机组成员应该有两名机械师。听说执行任务的92734号直升机上还缺一名空勤机械师，刚刚完成92750号直升机出厂检查任务的王怀远主动要求加入机组，随直升机执行护送任务。完成任务返航途中，直升机不幸失事，王怀远和同机组其他4名成员全部牺牲。

从地震发生到飞机失事，王怀远连续19天奋战在抗震救灾第一线，不但要飞往灾区运送物资、抢救伤员，还要在紧急关头带领维护人员及时排除飞机故障，为飞机飞行提供安全保障，每天工作都在10个小时以上，最长时达16小时，共跟机飞行76个架次、61小时9分钟，运送物资15.9吨，输送救灾人员54人，转移受灾群众55人，为抗震救灾做出了突出贡献。

2008年6月，王怀远被成都军区追记一等功，被成都军区政治部批准为革命烈士。

陈　林

1979年10月出生，湖南株洲人。中共党员，大专学历。1998年9月入伍，解放军77116部队76分队副分队长，空中机械师，中尉军衔。汶川特大地震抗震救灾中，在执行飞行任务时光荣牺牲。

陈林出生在一个普通工人家庭，从小学到大学，好学上进，品学兼优。1998年7月，陈林高中毕业，如愿以偿地以优异成绩考入解放军陆军航空兵学院机械系。他学习非常刻苦，不论是基础课还是专业课，都学得非常扎实，毕业时被评为全优学员。

2001年7月军校毕业后，陈林被分配到陆航部队担任机械技术员。陈林工作踏实、勤奋、严谨，总是以饱满的热情投入到工作中。作为分队领导，陈林始终叫响“看我的、跟我上”。在上级赋予的各项急难险重任务中，他始终冲在一线、干在一线、飞在一线。短短4年时间，陈林就从一名地勤机械师成长为一名优秀的空勤机械师。陈林以过硬的专业技能先后参加了高原适应性训练、中印联合演习、抗击雨雪冰冻灾害、军区爱军精武竞赛等重大任务。特别是在2007年，陈林奉命随机组参加“携手—2007”中印联合反恐演习，和机组人员始终以战斗员的标准严格要求，出色地完成了参演科目，训出了军威，练出了国威。

汶川地震发生后，一架架“雄鹰”昼夜不停地穿梭于什邡、青川、平武、北川、汶川、理县、茂县等灾区，迅速探明灾情，紧急向灾区投送急需物资，向外转运危重伤员。面对时间紧、任务重、飞行架次多、直升机服役时间长、维护难度大等实际困难，为确保飞行安全，每天飞行结束后，陈林都坚持对分队每架飞机逐项检查，直到确认飞机各项参数都符合技术标准才放心归队，常常是最先一个到场、最后一个离开。

为了最大可能地多送一些物资进入灾区、多转运一些重伤员出来，陈林同所在机组克服气候条件复杂多变、通信不畅、各种参数接近临界值等困难，冒着生命危险闯峡谷、穿密林、战天候，超越身体极限完成飞行44个架次、40小时22分钟，运送物资11.9吨，运送各类救援人员35人，转移受灾群众75人。

陈林始终视灾区群众为亲人。在灾区，每次飞机一着陆，陈林马上就由机务保障人员转为一线抢救战斗员，装卸物资，抬运伤员，一刻也不停歇。在一次去茂县运送受伤群众时，陈林看到一位脚部受伤的老大娘很难靠近飞机登机，便迅速冲上去背起老人，顶着螺旋桨掀起的巨大气浪，小心翼翼地把老人背上机舱妥善安置，并把自己随身携带的水和干粮送给老人，老人感动得直喊：“感谢共产党！感谢解放军！”

陈林工作地点离家不到一公里，妻子上班，女儿还不满两岁。在5月12—31日执行任务的19天里，陈林没有回家看过一眼。30日晚上，在机场对返航的飞机做完机械检查后，陈林匆匆给妻子打了个电话报平安，又投入到第二天工作的准备之中，谁知这一次通话竟成了他与妻子和女儿的诀别。31日，陈林随邱光华机组执行运送第三军医大学防疫专家到理县任务的返航途中，因直升机在汶川县映秀镇附近上空不幸失事，英勇牺牲。

2008年6月，陈林被成都军区追记一等功，被成都军区政治部批准为革命烈士。

张　鹏

1984年11月出生，山东滕州人。中共党员。2002年12月入伍，解放军77116部队96分队班长，二级士官军衔。汶川特大地震抗震救灾中，在执行飞行任务时光荣牺牲。

张鹏出生在一个农民家庭，从小就梦想着长大后能够穿上一身威武的军装，成为一名解放军战士。2002年6月，张鹏高中毕业填报高考志愿时，从第一志愿到最后一个志愿全部是军队院校，却终因分数不够而落榜，同时也失去了上地方大学的机会。对此，他从来没有遗憾过，因为他心中早已有了自己的梦想。同年12月，他放弃补习再次考大学的机会，入伍到成都军区某陆航部队，迈出了实现人生梦想的第一步。新兵训练结束时，因为训练成绩突出，表现优秀，他被分配到96分队，主要任务是担负场站电源车的维护保养等工作。他虚心学习，到分队不到半年时间，就基本能够单独胜任本职业务，成为分队的技术骨干，先后出色地完成了“‘砺剑—2005’成都活动”“510工程”“075活动”等重大演习中的飞行保障任务。

2004年12月，张鹏面临复员和继续留队的选择。有人劝他不如趁年轻早点复员回家，做点小生意，平平安安地过日子。张鹏没有犹豫，果断地选择了继续留队。2007年12月，张鹏服满一级士官，仍坚守自己心中的梦想，顶着各方面的压力，坚定地选择了继续留队。

汶川地震发生后，一道道命令发向张鹏所在的成都军区某陆航部队。张鹏看着战友忙碌的身影，想象着灾区人民企盼救援的眼神，果断地向分队提出申请，在保证做好本职工作的前提下，参加搬运救灾物资任务。每天的搬运工作完毕，累得双手酸软、声音嘶哑，但张鹏没有放弃，在第二天搬运物资的队伍中，依然能够发现动作最快、声音嘶哑的张鹏。在一次装运救灾帐篷时，张鹏不小心擦伤了手臂，鲜血直流，但为了争取时间，他强忍着疼痛继续工作，一直坚持到任务结束才到卫生队包扎。

每次跟随飞机前往灾区运送物资，看到一座座被震垮的房屋和大量受灾挨饿的群众，张鹏都忍不住伤心与悲痛。在一次搬运完空运物资后，张鹏拿着仅有的一瓶水和一点干粮走到一位大娘面前：“大娘，您吃吧。”大娘推辞说：“小同志，谢谢你，还是你留着吧，我的家都散了，儿子也遇难了，活着还有什么意思！”张鹏抱住大娘：“大娘，您一定要坚强，以后我就是您的儿子，您一定要好好活下去，我们一定会重建家园的。”在执行空投任务中，张鹏协同机组累计为灾区运输救灾物资170架次、共60余吨。

5月21日，部队举行向灾区交纳“特殊党费”仪式，长长的队伍里只有张鹏不是党员。张鹏说：“虽然我还不是共产党员，但要像党员一样献出一个战士应有的爱心。”他把身上所带的680元钱全部作为“特殊党费”交了出去，同时庄重地向党组织递交了入党申请书。

地震过后一段时间，分队要求战士从室外搬进宿舍居住，张鹏仍坚持每晚还住在汽车上。有的战友开玩笑：“就你的命值钱！”张鹏回答说：“不是我怕死，主要是住在汽车上，离飞机近一些，装运物资和转移运送回来的伤员时能快一点。”

5月31日，张鹏随邱光华机组执行运送第三军医大学防疫专家到理县任务的返航途中，因直升机在汶川县映秀镇附近上空不幸失事，英勇牺牲。

2008年6月，张鹏被成都军区党委追认为中共党员，并追记一等功，被成都军区政治部批准为革命烈士。

柳德占

1980年10月出生，山东聊城人。中共党员。2001年特招入伍，解放军71117部队修理连1排代理排长，二级士官军衔。汶川特大地震抗震救灾中，为抢救战友光荣牺牲。

柳德占入伍前，是甘肃省张掖市农牧机械商行山西分公司经理，在得知部队特招技术兵时，毅然放弃优厚待遇踏进军营。新兵集训期间，柳德占给自己定下“当兵就要当尖兵”的目标。经过半年多刻苦努力，他的技术在训练大队名列前茅。毕业时，柳德占负责演示某炮大件分解结合。正常情况下需要两个小时，熟练的也需要50多分钟，柳德占仅用时21分钟，创造了建队以来快速分解结合的最高纪录，为此，训练大队党委给他记三等功1次。柳德占体重100多公斤，体能训练仅有一项合格。为了达标，训练中别人做50个俯卧撑，他就做100个；别人休息，他就加班加点练习，两个月下来，体重减轻20公斤，所有科目均达到合格水平。

柳德占干一行，爱一行，钻一行，精一行。他练就了过硬的军械维修技能，完成了“铁拳—2004”“和平使命—2005”“前卫—2006”“铁拳—2007”军事演习等重要演习的军械装备保障任务。柳德占曾在所在团队精武标兵事迹报告会上，介绍他“用智慧书写火红的青春、用优秀汇报对党的忠诚”的学习训练经历。

汶川地震发生后，柳德占主动向连队党支部递交请战书，请求参加抗震救灾。在抗震救灾中多次受伤的情况下，他仍然带领全排战斗在抗震救灾最前沿，出色地完成了多项急难险重任务。6月10日，连队在都江堰市石羊镇卸载活动板房时，柳德占正在发烧。连队安排他留守，但柳德占闲不住，别人干他也干，别人休息他还在干，一直干到天黑，一连卸了15车板材，迷彩服被汗水湿透后紧紧贴在身上。15日，部队党委批准给柳德占记三等功1次。

6月17—19日，在部队从都江堰转移理县的途中，柳德占小腿被毒虫叮咬，肿得几乎和大腿一样粗。专家诊治后要求他立即住院治疗，但他却悄悄回到了连队，在腿上打了12针封闭，忍着剧痛带着本排战士继续搭建帐篷、搬运粮食。到达理县仅10天，柳德占带领全排共搬运粮食100余吨，搬运救灾物资50余吨，装卸板材近20车，并帮助营盘村、玛瑙村拆除危房10余间。

柳德占家庭困难，自己平时连一包烟都舍不得买，但对战友却有着火一般的热情。6月3—5日，在执行搜救失事直升机的任务中，柳德占一直走在全连的最前面。由于山路崎岖，战士们体力消耗大，柳德占就把自己的干粮和水送给体质较弱的战友。新战士周将杰在日记中写道：“我们上山带的干粮不多，代理排长柳德占把自己舍不得吃的干粮给了我们，而他两天仅仅啃了一包方便面。这就是我们的好排长，宁肯自己饿肚子，也不让我们挨饿，他是我们的好兄长。”

7月9日，柳德占担任连队值班员。23时25分左右，他到连队车场查铺查哨，听到有异常落水声，便迅速赶至距杂谷脑河仅6米的车场外侧巡查，车场哨兵赵杨也闻声赶来，两人一起站在河边查看。突然，脚下堤坝松软的土石下陷滑落，赵杨身体向前倾斜。柳德占见状，急忙抓住赵杨用力向上拉。由于用力过猛，加之脚下土石松软，柳德占失去重心，从3米高的河堤上坠入水流湍急的杂谷脑河。赵杨得救了，而柳德占却被河水卷走了。经全力搜救，10日10时8分，在下游9公里处打捞出他的遗体，他为抢救战友而献出了年仅28岁的宝贵生命。

2008年6月，柳德占被71117部队记三等功；7月，被71521部队政治部批准为革命烈士，被71521部队追记一等功；10月7日，被中共中央、国务院、中央军委追授“全国抗震救灾模范”荣誉称号。

陈大桂

羌族，1982年11月出生，四川北川人。中共党员，大学本科学历。2001年9月入伍，解放军96165部队92分队副连职排长，中尉军衔。汶川特大地震发生时，为抢救被困群众光荣牺牲。

少年时代的陈大桂品学兼优，上小学时加入少先队，读初中时第一批加入了共青团，多次被评为“三好学生”，担任过班级团支部书记和校学生会的学习部长。高中毕业前，陈大桂加入了中国共产党，成为当时全校首批入党的3名学生之一。

2001年9月，怀着报效祖国的坚定信念，陈大桂以优异成绩考入中国人民解放军第二炮兵工程学院。由于成绩优异，表现突出，陈大桂两次被学院表彰为“优秀学员”，担任了学员队党支部组织委员。毕业时，陈大桂放弃留校深造的机会，主动要求分配到基层作战部队最艰苦的工作岗位。为克服专业不对口的问题，陈大桂通读了20多本专业教材，熟练掌握10多个岗位的指挥操作技能，顺利通过了上级组织的技术能手答辩考核，成为所在部队独当一面的专业技术骨干。2006年年底，部队急需一套规范的训练操作规程，陈大桂主动向上级请求承担规程编写任务。他利用到武器生产厂家跟踪见学的机会，编写出了3本8万多字的规程草案，经上级评审后，确定为部队训练教材，他因此荣立三等功1次。陈大桂常说：“哪里有危险，共产党员就要冲到哪里，这样才无愧于党员的称号。”在7年的军旅生涯中，他曾经3次临危不惧、挺身而出解救他人。

2008年初，陈大桂参加了部队组织的集体婚礼。5月初，他回到阔别已久的老家北川羌族自治县擂鼓镇陈山村。12日，陈大桂请人整修房屋，准备4天后按羌寨风俗补办婚宴，20多个乡亲过来帮忙。突然，大地剧烈地抖动起来，院子老房上的瓦片像下雨一样纷纷坠落。陈大桂意识到发生强烈地震，立刻对正在吃饭的乡亲们喊：“地震，快撤！”在陈大桂的指挥下，村民们跑出院落，涌向村子东北侧的开阔地带。此时，北侧山上整片树林发生移动，地面开裂隆起，巨大的石头从山上不断滚落，惊恐的村民不知所措。陈大桂见状，焦急地大喊：“这里不安全，快向那边跑！”村民们刚跑出10多米，一条宽约1.2米、深约1.5米的水沟挡住了逃生之路。地动山摇，连站都站不稳的村民们怎么也跨越不过这条水沟。此时，陈大桂的奶奶、父亲、母亲和妻子落在了后面。陈大桂没有顾及家人，迅速跑到水沟旁，一个接一个连推带拽将就近的乡亲推到沟的对面，第11个被推开的是村民陈言庆。陈言庆刚跑出几米远，山体夹杂着泥浆、巨石轰然而下，陈大桂与奶奶、父母、妻子及4名村民被埋在泥石流之中。

经历这一悲壮过程的村民们悲痛万分，哭着说他们都是大桂用命换来的，就是用手挖也要把他挖出来。陈大桂用生命实现了“随时准备为党和人民牺牲一切”的入党誓言。

2008年7月，陈大桂被96151部队政治部批准为革命烈士；10月7日，被中共中央、国务院、中央军委追授“全国抗震救灾模范”荣誉称号。

张同法

1953年9月出生，山东兖州人。中共党员，大学本科学历。1972年12月入伍，解放军总装备部工程兵军事代表局驻上海和厦门地区军事代表室高级工程师，专业技术大校军衔。汶川特大地震抗震救灾中，因超强度工作突发心脏病以身殉职。

张同法从事军代表工作以后，刻苦钻研业务，严格质量把关，先后检验验收各型舷外机（为舰船、车辆提供水上大动力的推进装置）、内燃凿岩机、气动凿岩机、推土机、发电机组、压路机、打桩机、空压机等工程装备5000余台，为16种产品编制了检验验收质量监督细则，编写了120型履带式推土机和135系列柴油机修理技术文件，获军队科技进步二等奖1项、三等奖3项、四等奖1项。1996年5月，张同法被任命为总参兵种部工程兵驻上海地区军事代表室副总代表。在领导岗位上，张同法认真履行职责，勇挑责任重担，出色地完成了上级下达的各项任务。1998年初，张同法率队赴柬埔寨，完成了某型挖掘机交装培训任务，受到柬埔寨政府的高度评价，为国家和军队赢得了荣誉。1998年抗洪抢险斗争中，张同法带领技术服务小分队奔赴湖北灾区进行技术保障工作，日夜奋战在抗洪一线，为抗洪部队提供了有力的装备技术保障，许多部队为张同法请功。

汶川地震发生后，军队抗震救灾急需舷外机等一批机械设备。5月20日14时，驻上海和厦门军代室受领了采购300台水星舷外机、500台WM55舷外机、400台内燃凿岩机的紧急任务。考虑到张同法的年龄和身体状况，总代表打算派年轻干部到江西为民机械厂落实WM55舷外机的紧急采购任务，张同法得知后主动请缨。他深知这次任务的艰巨性，因江西为民机械厂WM55舷外机的年产量只有400多台，即便把已有库存都调拨过来，仍缺200多台。在困难面前，张同法没有退缩犹豫，赶到为民机械厂连夜与工厂领导召开紧急会议，传达上级指示精神，分析装备生产形势，研究制定对策措施。为协调解决发运问题，张同法带着工厂领导专程前往江西乐平火车站，争取到铁路方面的支持；为解决经费不足问题，张同法又陪同工厂领导前往中国银行乐平支行寻求资金支持；为激发生产积极性，张同法与工厂领导一起深入班组一线发动群众。通过张同法卓有成效的工作，工厂迅速转入紧急生产状态。

5月22日下午，张同法在检查试验中发现4台舷外机化油器溢油，立即要求查清原因，及时解决了问题。23日21时，张同法组织完成280台舷外机的发运工作和148台舷外机的生产验收工作。24日，张同法又参加了军代表和工厂领导联席会议，当了解到江苏泰州某配套厂不能按时供货后，十分焦急，主动提出与工厂领导一起前往该厂解决配件生产供货问题。25日14时，张同法赶到上海向军事代表室领导汇报工作，短暂停留后即向泰州出发，途中突发心脏病，不幸殉职。

汶川地震发生后，张同法动员当医生的妻子报名参加医疗救护队，又鼓励刚参加工作不久的女儿去当志愿者。张同法殉职前六天，曾通过上海市红十字会向灾区捐款3万元；殉职前一天，曾打电话给妻子和女儿，叮嘱她们“党员可以交纳特殊党费，国家损失很大，能尽点力的就多尽点力”；殉职前两个小时，又交纳了4000元“特殊党费”。

2008年5月，张同法被总装备部表彰为“抗震救灾先进个人”；10月7日，被中共中央、国务院、中央军委追授“全国抗震救灾模范”荣誉称号。

中国人民武装警察部队抗震救灾英烈

孙　魁

1987年1月出生，河南郸城人。2005年12月入伍，武警四川省总队阿坝藏族羌族自治州支队六中队副班长，一级士官警衔。汶川特大地震抗震救灾中，在抢险途中遭遇山体滑坡光荣牺牲。

孙魁小时候，父母对他疼爱却不溺爱，总是教育他要做好人、走正路，从而塑造了他坚毅果敢、诚实守信的品格。一天，上小学的孙魁和几名同学放学一道回家，途中捡到一个钱包，打开一看里面有2万元现金和几份合同。孙魁不假思索就跑到城关派出所，将钱包交到值班民警手中。2003年，孙魁的父母双双下岗，靠父亲打零工、母亲摆地摊维持全家生活。孙魁主动为父母分忧解难，父母外出打工、摆摊时，他在家把饭菜做好送去，有时还到母亲的摊位上去帮忙。

2005年12月，孙魁如愿成为一名武警战士，到阿坝支队服役。到部队后，孙魁把吃苦耐劳、忠诚老实、乐于助人的品格融入部队的训练、学习和生活中。新兵营集训时，孙魁的军事训练成绩突出，被评为训练标兵，获嘉奖1次。孙魁入伍不到一年，就向党支部递交了入党申请书。他认真学习党的创新理论，注重用科学理论武装头脑，自费购买了10多本理论书籍，写下了6本学习理论笔记和心得体会，成为中队理论学习骨干。孙魁积极发挥自己的文体特长，经常组织一些官兵喜闻乐见、易于接受的文体活动，被战友们亲切地称为“文体小状元”。孙魁在中队先后主办了8期墙报、7期板报，受到中队官兵和上级领导的肯定。

2006年5月，孙魁主动申请到条件艰苦的黑水县看守所单独执勤点工作后，自我要求更加严格，学习训练更加刻苦，每天坚持进行百个俯卧撑、百个仰卧起坐、百个深蹲起立、百个杠端臂屈伸的“四个一百”体能训练。为加大训练量，提高训练成绩，在5公里越野中，别人徒手跑，而孙魁却在双腿上绑着沙袋跑；打擒敌拳，别人打一遍，他打三四遍；摔擒训练，他主动给新战友当配手，常常被摔得鼻青脸肿也一声不吭。功夫不负有心人，年度训练考核成绩，孙魁取得了五优三良的好成绩，在年度兵中名列前茅，被中队树为训练标兵，年底因表现突出被支队评为“优秀士兵”。在黑水县中队服役期间，孙魁在执勤哨位上时刻保持高度警惕，多次有效处置了在押犯起哄、斗殴、企图自杀等突发情况，3次被大队、中队评为“执勤能手”，2次受中队嘉奖，1次受大队嘉奖。

2007年5月，孙魁因工作需要调入担负国家电网映电总厂守卫任务的六中队。面对全新的生活环境和工作任务，孙魁主动适应环境和任务变化，认真学习守卫勤务的相关规定，虚心向班长、老兵请教各类复杂情况的处置方法，在很短时间内掌握了守卫勤务的处置原则和方法，并在中队组织的勤务训练中担当示范员。由于工作成绩突出，在中队组织的民主测评中名列前茅，孙魁被任命为副班长，年底作为中队骨干被选为一级士官。

汶川地震发生时，孙魁正在组织全班战士整理内务打扫卫生。面对突如其来的大地震，孙魁迅速组织本班人员按照应急预案紧急避险。尔后，孙魁和5名战友立即赶往电厂进行紧急救援。此时余震不断，山体滑坡，救援工作一时受阻，他们果断退回安全地带，重新研究救援方案。余震过后，垮塌的山体将电厂洞口堵得只剩下一条仅容一人勉强通过的缝隙。孙魁和战友们一道迅速采取里推外拉的方法，成功将25名电厂职工救出，并转移至安全地带。正当他们准备撤离电厂时，忽然听到身后有人呼救，孙魁同战友蒋军洲等立即转身循着呼喊声奔向被困群众。突然一阵强余震袭来，山体大面积滑坡，瞬间将他们压埋，光荣牺牲。

2008年8月，孙魁被武警四川省总队批准为革命烈士。

周富强

1986年3月出生，重庆潼南人。中共党员。2003年12月入伍，武警四川省总队阿坝藏族羌族自治州支队六中队副班长，一级士官警衔。汶川特大地震抗震救灾中，为抢救战友光荣牺牲。

周富强出生在一个清苦的农民家庭，外祖父刘德中参加过抗日战争和解放战争，是一名久经考验的共产党员。从小的耳濡目染，让周富强对军人这一崇高职业产生了浓厚的情感，形成了直率的性格和坚韧的品质。上学期间，周富强是一个品学兼优、全面发展的优秀学生。2002年7月初中毕业后，周富强看到父母体弱多病，还在奔波劳累，便主动把求学的机会让给了哥哥。为减轻家庭负担，他在离家十余里的镇上找到一份临时工作。周富强勤奋好学，虚心求教，很快成为业务骨干，得到公司领导和同事的一致认可。

2003年12月，带着家人的期望，周富强如愿成为一名武警战士。他决心刻苦学习，苦练本领，把青春和热血奉献给警营。经过不懈努力，他的军事素质显著提高，在新兵训练结束考核验收时取得了优异的成绩，受到新兵训练大队的嘉奖。

2005年8月，周富强被中队推荐参加支队预提骨干集训。其间，别人跑5公里，他跑10公里；别人做100个俯卧撑，他做200个。单双杠训练时，他双手磨起血泡，缠上布条继续训练；擒拿训练时，他腿脚摔肿，咬紧牙关继续练。经过3个月的艰苦训练，周富强的军事技能成为同年度兵中的佼佼者，年底因表现突出被选为士官，并光荣加入了中国共产党。2006年4月，周富强被中队任命为二班副班长。他坚持“带兵要带心、教人要交心、管人要关心”的原则，以情带兵，以诚待人，受到官兵一致好评。

汶川地震发生时，正在映秀湾电站洞口执勤的周富强，首先想到的不是个人安危，而是正在宿舍休息的几名战友，当即冒着如雨的飞石火速奔向营区，带领几名新战友迅速冲向安全地带。随后，周富强带领战友不顾余震不断、飞石滚落的危险，又紧急奔赴电厂实施救援。地震造成电站道路完全损毁，头顶上是随时可能塌方的巨石，脚下是奔腾的岷江，周富强不顾个人安危，始终走在抢险队伍最前面，手脚并用向前爬行。突然，一阵强余震袭来，大地剧烈颤抖，滚石如雨般落下，眼看一块巨石砸向身边的战友，千钧一发之际，周富强猛地一把推开战友，自己却不幸牺牲。

2008年8月，周富强被武警四川省总队批准为革命烈士。

蒋军洲

1986年9月出生，四川泸县人。2006年12月入伍，武警四川省总队阿坝藏族羌族自治州支队六中队战士，上等兵警衔。汶川特大地震抗震救灾中，在抢险途中遭遇山体滑坡光荣牺牲。

蒋军洲出生在一个普通农民家庭。从小就十分懂事的他，非常体谅父母日夜操劳的辛苦，学习上很少让家人操心。小学、中学期间，因为自幼养成的良好习惯和教养，他自觉、刻苦、勤奋，各科成绩优秀，还积极参加学校组织的植树造林、助农支农、学雷锋做好事等集体活动，并在学习和生活上主动关心帮助同学，深得家人、老师和同学们喜爱，每年都被评为“优秀少先队员”和“三好学生”。

蒋军洲不仅在学校里品学兼优、表现优异，在家里懂事听话、孝敬父母，在社会上也是一个真诚待人、乐于助人的好青年。2002年6月，在他放学回家必经的一条田间小道上，一位素不相识的老大娘因天气炎热中暑而晕倒在稻田旁，他急忙将大娘扶起，吃力地将她背到就近的卫生院抢救，因发现和抢救及时，老人转危为安。

2006年12月，蒋军洲如愿成为一名武警战士。入伍后，蒋军洲思想稳定，训练刻苦，工作积极，为人坦诚，谦虚谨慎，做事踏实。蒋军洲主动关心帮助照顾有困难的同志，与战友们相处融洽。他充分发挥自己的文体特长，热心教战友们吹奏笛子、葫芦笙等乐器，组建了警营小乐队，极大地丰富了中队的业余文化生活。蒋军洲办黑板报积极宣传中队的好人好事，营造了积极向上、心情舒畅的和谐氛围，所办板报曾获得支队板报评比特等奖，为中队赢得了荣誉。

积极上进的蒋军洲，在每天完成繁重的训练、执勤和工作任务之后，再苦再累也要挤出时间进行文化理论学习。2008年4月，他以优异成绩通过了武警院校招生预选考试。正当他抓紧点滴时间温习功课、全力备战招生统考时，汶川特大地震突然发生。

蒋军洲和战友成功避险后，看到国家电网映电总厂遭到严重破坏，人员伤亡惨重，就和战友们火速赶到电厂，投入到紧张的救援战斗中。没有专业救援工具，他们就用手抠、肩扛、铁锹撬的方式，将困在山洞里的25名电厂职工成功救出，并转移到安全地带。正当他们准备撤离电厂时，忽然听到身后有人呼救，蒋军洲立即同战友孙魁等转身前往营救，却被强余震引发的大面积山体滑坡压埋，光荣牺牲。

2008年8月，蒋军洲被武警四川省总队批准为革命烈士。

雷　稳

苗族，1987年7月出生，湖北咸丰人。2006年12月入伍，武警四川省总队阿坝藏族羌族自治州支队六中队战士，上等兵警衔。汶川特大地震发生时，为营救电厂职工光荣牺牲。

雷稳出生在一个农民家庭，祖祖辈辈以务农为生。小时候的雷稳是个健康、活泼的孩子，对陌生事物充满好奇。1993年，刚满6岁的雷稳带着对知识的渴望，到村里的小学读书。一个学期后，他成了班里上课时向老师提问最多的学生。正是由于好问和刻苦，雷稳成为全班学习成绩数一数二的学生。上高中时，母亲因积劳成疾病倒在床。看着躺在病床上日渐消瘦的母亲，雷稳伤心地哭了。他不顾爸爸的反对，瞒着妈妈将上高中的学费拿来垫付了手术费，辍学打工挣钱为妈妈治病、供妹妹上学。1998年7月，一场突如其来的暴风雨，引起山洪和泥石流，顷刻间席卷了大半个村庄，造成重大人员伤亡和财产损失。危难时刻，驻守在附近的部队官兵及时赶到，全力帮助村民抢救伤员、清除淤泥、搭建房屋，并送来米、面、油等急需的生活物资。雷稳亲眼目睹了解放军抢险救灾的全过程，在他幼小的心灵深处刻下了对解放军的深深烙印。

2006年12月，雷稳如愿成为一名武警战士。在学习、生活、训练等方面，雷稳时时处处严格要求自己。为提高身体素质，坚持每天进行百个俯卧撑、百个仰卧起坐、百个深蹲起立、百个蛙跳和一次5公里长跑的“五个一”活动；训练中，主动加大训练强度，动作不规范，一次不行就做两次，两次不行就做三次，直到达到优秀为止。在进行战术课目训练中，他手被划伤了，鲜血直流，简单包扎后又重返训练场。经过3个月的刻苦训练，雷稳的军事素质显著提高。新兵训练结束时，因训练成绩优异，雷稳被新兵营评为“优秀新战士”，并受到嘉奖1次。

分配到中队后，雷稳注重政治理论学习，不断用党的理论武装头脑。为了提高理论水平，先后阅读了《科学发展观士兵读本》《士兵理论学习读本》《士兵心理指南》《战士文库》等书籍。雷稳认为，做人就要做一个品德高尚的人，做一个对社会、对国家有用的人，做一个乐于帮助别人的人。雷稳是这样说的，也是这样做的。2008年3月底，在一次队列训练中，雷稳发现一名新战士走路一瘸一拐的，训练间隙就把他叫到一旁询问原因。这名新战士吞吞吐吐说出了缘由：原来由于天气炎热，训练强度大，裆部出现溃烂，他怕战友笑话一直不好意思说出来。雷稳当即带他到卫生室拿了一盒洗剂，每天帮他擦洗3次，经过悉心料理，半个月后新战士身体康复了。中队驻地附近有一名叫次仁拉姆的藏族小学生，父亲在一场泥石流灾害中丧生，母亲患有严重的风湿性心脏病，生活来源全靠政府每月拨付的300多元的最低生活补贴。小拉姆为凑钱给母亲看病，每天只吃一顿饭，多次晕倒在教室里。第一次见到小拉姆，雷稳就把身上仅有的700元现金全部给了她，并鼓励她好好学习，树立战胜困难的勇气。在中队的统一安排下，雷稳主动与小拉姆结成帮扶对子。每逢周末，雷稳和战友一道轮流为小拉姆补习功课，主动帮她干农活、做家务。雷稳还从自己每月200多元的津贴中拿出150元资助她上学和生活，让小拉姆一家人感到了党和政府以及部队的关爱，看到了生活的希望。

汶川地震发生时，天昏地暗，地动山摇，雷稳正在渔子溪执勤点站哨，马上意识到发生地震了。情况万分危急，他果断地向全班发出紧急报警信号。当看到友邻哨兵朱强飞奔回营区呼喊其他战友，雷稳立即冲向国家电网映电总厂值班室，前去营救电厂职工，不料途中被突然滚落的飞石砸中，落入岷江，光荣牺牲。

2008年8月，雷稳被武警四川省总队批准为革命烈士。

罗　星

1989年3月出生，四川苍溪人。2006年12月入伍，武警四川省总队阿坝藏族羌族自治州支队六中队战士，上等兵警衔。汶川特大地震发生时，为抢救战友光荣牺牲。

罗星一降生，父母便将他视如天上的星星，期望他能像星星一样明亮闪烁。1999年，罗星的父母离异，他和父亲相依为命。懂事的罗星像个“小大人”一样，十分体谅父亲的艰辛和难处，经常做一些力所能及的家务活。

家庭的变故，使年幼的罗星过早地成熟起来，从小就下定决心，一定要通过自己刻苦勤奋的学习，努力创造美好的未来和幸福的生活，以此来报答父亲的养育之恩。小学、初中、高中，罗星学习都非常认真专心，成绩始终名列前茅，一直担任班干部。罗星与班里的同学相处融洽，为人真诚耿直，乐于帮助他人。离罗星家不远的地方，住着一位70多岁的孤寡老人，因年迈体弱多病，生活极其不便。罗星利用放学回家和周末假日等时间，主动帮助老人打扫卫生、挑水、洗衣、干农活，一直坚持了五六年，直到他当兵入伍为止。街坊邻居都称赞他是社区里的好孩子、青年中的好榜样。

2006年10月，罗星如愿成为一名武警战士，来到川西北高原阿坝服役。新兵训练时，罗星不仅训练刻苦，而且热心助人。同班战友孙继才因不适应冬天寒冷的高原气候而患重感冒，一连几天发高烧，罗星就主动给他打水、端饭、洗衣、送药。小孙因呕吐将床单弄脏，罗星二话没说，把自己新发的床单拿出来给小孙换上，并将小孙所有的脏衣服、床单、鞋袜洗得干干净净。训练考核总结时，罗星被评为“新训标兵”和“团结之星”。

被分配到担负守卫国家电网映电总厂任务的六中队后，罗星无论是在平时的学习、训练、工作中，还是在担负执勤处突任务中，始终积极主动，认真负责，刻苦耐劳，表现十分突出，多次受到嘉奖，并被选调到单独执勤点工作。执勤点附近有一对年过六旬的羌族老夫妇，因两个儿子在外务工，身边没有亲人照顾，老人靠自己种点儿蔬菜、水果等农作物度日。2008年4月，罗星在老兵们的介绍下，继承了9班照顾两位老人的传统，帮助老人挑水生火、打扫卫生、洗衣做饭。老人过生日时，罗星自己掏钱买一些礼品前去看望，逢年过节还把老人接到执勤点和官兵共度佳节。罗星乐于助人的好品德，受到当地居民的称赞。

汶川地震发生时，整个宿舍楼剧烈晃动、摇摇欲坠，罗星意识到发生大地震了，一边大喊“地震了，快撤！”一边在楼内疏散战友。当最后一名战友即将跨出大门时，一块巨石滚落下来，眼看就要砸到战友身上，罗星用力将战友向外一推，战友得救了，他自己却不幸被巨石砸中，英勇牺牲。

2008年8月，罗星被武警四川省总队批准为革命烈士。

腾登峰

土家族，1989年6月出生，湖北咸丰人。2006年12月入伍，武警四川省总队阿坝藏族羌族自治州支队六中队战士，上等兵警衔。汶川特大地震抗震救灾中，在抢险途中遭遇山体滑坡光荣牺牲。

腾登峰出生在一个建筑工人家庭，父母对他从小就严格要求，3岁时开始教他识字读书，经常教育他要做一个对社会、对国家有用的人。1995年9月，腾登峰到咸丰县高乐山镇小学读书。由于他勤奋好学，乐于助人，老师和同学都喜欢与他相处。有一次，学校男厕所的一个蹲便管道堵了，腾登峰作为一名刚刚入学的一年级学生，看到情况后转身跑到学校厨房拿了一把火钳，顶着扑鼻的恶臭，蹲下身子用火钳顺着管道一点点往里通，硬是把杂物清理掉，疏通了下水道，学校领导在大会上点名表扬了他。上中学后，父母给腾登峰买了一台价值5000多元的电脑，掌握电脑操作知识后，腾登峰在学校的电脑课上主动帮助其他同学，老师和同学们都夸他是一个充满爱心、乐于助人的好学生。

2006年12月，腾登峰如愿成为一名武警战士。刚刚步入警营，穿上向往已久的橄榄绿军装，腾登峰暗下决心，要勤学苦练，练就一身好本领，把青春热血奉献给警营。刚到新兵连时，因为身体素质差，军事训练成绩一直上不去，但他从不气馁，坚信勤能补拙。除同大家一起参加正常操课训练外，他还抓紧业余时间加班加点地在训练场角落里独自领会动作要领，反复体会练习。经过3个月的不懈努力，腾登峰的军事训练成绩显著提高，新兵训练结束考核验收时，各项训练科目成绩都达到了优秀，受到新兵训练大队嘉奖1次。新兵分配时，腾登峰主动要求到环境恶劣、条件艰苦的阿坝藏族羌族自治州支队服役。在部队开展的忠诚卫士主题教育活动中，腾登峰把对党的朴素感情逐步升华为爱党、信党、跟党走的坚定信念，到中队不到两个月就递交了入党申请书。日常训练、执勤中，腾登峰都从严从难要求自己，体能训练中主动加大训练强度，别人跑3公里他就跑5公里；器械训练中，别人练一遍他就练5遍、10遍。400米障碍跑中，只要有时间就多跑几遍，脚磕青了，手磨破了，他全然不顾。靠着这种坚韧不拔的毅力，腾登峰很快成为同年兵中的佼佼者。为胜任执勤岗位需要，腾登峰又朝着执勤能手的目标冲击，在进行专勤专训科目时，不到一个月就熟记了相关的执勤法规和基本技能。为了做好持枪卧倒动作，他仔细揣摩每一个动作要领，不厌其烦地进行操练；枪入库了，就拿着笤帚、木棍到战术场上练，直到满意为止。由于军政素质过硬，腾登峰成为第一批单独执勤的新兵。

腾登峰关心中队建设，半年时间为中队提出合理化建议13条，被采纳9条。他看到中队营房后侧荒废的山地很有利用价值，主动向中队建议并提出由自己负责荒地的开垦和种植。他不怕苦不怕累，一有时间就扛起工具往荒地里跑，经常是满身泥土和汗水。不久之后，荒地里长出了满园的菜苗，不但绿化了中队周边的环境，改善了官兵的伙食，而且由他总结的农副业生产经验还在支队推广。

汶川地震发生时，腾登峰积极协助驻点干部和班长组织全班战士迅速按照预案紧急避险，之后，立即赶往国家电网映电总厂进行紧急救援，与战友孙魁、蒋军洲等在援救电厂职工时，被强余震引发的大面积山体滑坡压埋，光荣牺牲。

2008年8月，腾登峰被武警四川省总队批准为革命烈士。

朱　强

1989年10月出生，四川泸州人。2006年12月入伍。武警四川省总队阿坝藏族羌族自治州支队六中队战士，上等兵警衔。汶川特大地震抗震救灾中，在抢险途中遭遇山体滑坡光荣牺牲。

朱强出生在一个普通工人家庭，从小就非常懂事，不仅学习刻苦，生活上也非常节俭。读初中时，学校离家有10多公里远，朱强总是将母亲给的路费节省下来购买学习用品。2004年7月，放暑假的朱强背着父母到学校旁边的一家超市当服务员，由于打工期间工作热情、服务周到，店主在他打工结束时额外多给了他300元钱奖金，懂事的朱强把所挣的钱全部交给父母。

2006年10月，朱强如愿成为一名武警战士。就在他拿到入伍通知书的前10天，父亲病情突然恶化。临终前，父亲两眼直盯着朱强，嘴不停地颤抖。朱强哽咽着贴在父亲的耳边说：“爸，我一定在部队好好干，我一定会照顾好妈妈，您就放心吧。”刚刚料理完父亲后事，朱强便踏上了奔赴军营的列车。

2006年12月，朱强来到阿坝藏族羌族自治州支队教导队开始新兵训练。为了增强体质，朱强自制沙背心和沙绑腿穿在身上，进行负重体能训练，每天晚上利用一个小时进行仰卧起坐辅助练习。平时的正常操课他和大家一起摸爬滚打，训练结束后又主动找新训班长为自己“开小灶”。早上，战友们还没起床，朱强就起来跑步，练体能；晚上睡觉前，他坚持做俯卧撑、仰卧起坐，一次就是几百下。朱强还经常利用休息时间在人少的地方反复训练科目中难度大的动作，要求自己必须完全熟练地掌握。经过刻苦训练，朱强军事素质有了很大提高，在训练结束时取得了优异成绩。

朱强被分配到六中队后，尊重领导，团结同志，是战友眼中的好兄弟，是干部眼中的好士兵。训练场上，他坚持时时处处从严要求自己。每次5公里越野他都比别人多加一条手榴弹袋、多背一支冲锋枪，从不叫一声苦；每次练习擒敌动作，他都主动当好配手，身上经常是青一块紫一块，从不叫一声疼。由于刻苦训练，在中队组织的半年军事考核中，朱强军事成绩在同年兵中名列第一，被中队作为骨干重点培养。在中队组织开展的“助学、助贫、助残”活动中，朱强主动要求照顾70多岁的孤寡老人肖大爷，节假日买上食品、衣物、药品，走10多里山路前去看望，帮助老人打扫卫生、挑水做饭。

汶川地震发生时，朱强积极协助驻点干部组织全班战士迅速按照预案快速避险。尔后，他和战友立即赶往国家电网映电总厂进行紧急救援，因强震引发大面积山体滑坡，同战友孙魁、蒋军洲、腾登峰等一起被滑坡压埋，光荣牺牲。

2008年8月，朱强被武警四川省总队批准为革命烈士。

卢　祥

彝族，1987年6月出生，贵州六枝人。中共党员。2005年12月入伍，武警四川省总队阿坝藏族羌族自治州支队汶川县中队副班长，一级士官警衔。汶川特大地震抗震救灾中，在执行任务时光荣牺牲。

卢祥出生在贫困山区的一个农民家庭。1995年，卢祥到离家10余公里的归宗村小学上学。虽然离家较远，但他从不让家人接送。卢祥不仅学习成绩好，还乐于助人，做的好事数不胜数。卢祥及同学上学要经过田野、河流和山冈，而必经的小河沟成了同学们的“拦路虎”。每年夏天河水上涨时，同学们都要蹚过齐膝深的河水，极易被河水冲走，一些女孩子因此不敢过河，卢祥就主动背他们过河。从小学三年级到六年级，卢祥背过河的同学超过千余人次。

1998年，由于长期劳作，卢祥的父亲患上严重的腰椎间盘突出，连续做了多次手术，不能下地干农活，家庭也背上了上万元的债务。小小年纪的卢祥就主动担起家庭重担，帮助父母做家务、干农活。2003年8月，田里的水稻到了收割的季节，父亲却再次因病住院，15岁的卢祥用了整整3天的时间，将水稻全部收割回来，腰疼得直不起来，手上也磨起血泡。

2005年12月，卢祥报名参军，成为一名武警战士。入伍后的第一年年底，由于军事素质过硬，工作成绩突出，他担任代理副班长。第二年，卢祥就成为中队的骨干，担任战术、勤务小教员，参加了支队勤务教员集训，并取得了第三名的好成绩。2006年3月，卢祥被正式任命为副班长，并光荣地加入了中国共产党。卢祥积极发挥骨干作用，带头执行条令条例和规章制度，大胆参与部队管理，经常帮助有困难的战友，受到中队官兵的一致好评。2007年年底，卢祥被选为士官。汶川县中队是总队多年的标兵中队，也是支队有名的无烟中队。卢祥任副班长后遇到的第一个难题就是帮助新战士戒烟。有一名新战士年龄不大，烟龄却有8年。卢祥先是找这名战士谈心，讲清吸烟对本人和中队的危害，又买来零食让战士在想吸烟时吃。在卢祥的帮助和自身努力下，那名新战士成功戒烟。

卢祥关心中队建设，乐于助人，经常利用休息时间清洗厕所、疏通管道、修补门窗，还向家里要来花籽儿种上，美化营院环境。四川籍战士小刘生活自理能力差，卢祥就手把手地教他缝衣服、洗被褥、叠被子。湖北籍战士小张一心想报考法律函授，苦于经济紧张又不忍向家里开口，卢祥就拿出200元钱替他交了报名费。战士小王报考军校缺少资料，卢祥就帮他邮购了一套复习资料。卢祥入伍两年半，帮助战友排忧解难80余次，无偿资助战友达2000余元，他自己却从不乱花一分钱。一次，中队党支部倡议为一名家庭受灾的战友捐款，卢祥个人捐款500元，数额最多。战友整理他的遗物时，发现他的毛巾破了洞、袜子补了3处，生活用品也是最便宜的。而汶川地震发生后，卢祥捐出的款物和交纳的“特殊党费”即有900余元。

汶川地震发生后，卢祥主动请战，担负汶川县瓦山执勤卡点国道213线执勤点检查任务。8月1日16时32分，平武县发生强余震，汶川县震感强烈，部分山体发生滑坡、垮塌情况。19时45分，卢祥在上哨过程中，看到从山上垮落在国道213线上的巨石严重威胁着过往车辆和人民群众的生命安全，立即向中队报告，随后火速和战友一道投入到疏通道路的战斗中。就在此时，余震再次发生，卢祥被山上突然滚落的飞石砸伤，当场昏迷，虽经医疗专家组全力抢救，终因伤势过重，献出了年轻的生命。

2008年8月，卢祥被武警四川省总队批准为革命烈士。

抗震救灾英雄集体

四川省抗震救灾英雄集体

甘肃省、陕西省、重庆市、云南省抗震救灾英雄集体

其他省（区、市）抗震救灾英雄集体

中央直属机关抗震救灾英雄集体

中央国家机关抗震救灾英雄集体

国务院国资委管理的中央企业抗震救灾英雄集体

公安系统抗震救灾英雄集体

中国人民解放军抗震救灾英雄集体

中国人民武装警察部队抗震救灾英雄集体

民兵预备役部队抗震救灾英雄集体

抗震救灾英雄集体篇，收录了328个英雄集体。其中，319个是2008年10月7日被中共中央、国务院和中央军委表彰的英雄集体，包括四川、甘肃、陕西、重庆、云南等灾区省（市）67个，其他省（区、市）和新疆生产建设兵团43个，中央直属机关和中央国家机关34个，国资委管理的中央企业10个，公安消防、特警、边防部队25个，中国人民解放军114个，中国人民武装警察部队23个，民兵预备役部队3个。此外，还包括1个被国务院、中央军委记功的英雄集体，8个被中央军委表彰或记功的英雄集体。

在特大地震灾难面前，中国人民在中共中央、国务院、中央军委的坚强领导下，凝聚起万众一心、共克时艰的精神与力量，展开了撼天动地、气壮山河的抗震救灾斗争，显示出不畏艰险、百折不挠的英雄本色。这些英雄集体，是无数救援力量的优秀代表，是中国人民感情、气概、意志与力量的象征，是中华民族的骄傲。

四川省抗震救灾英雄集体

成都市公安局交通警察支队

汶川特大地震发生后，信息通信基本中断，成都市公安局交通警察支队通过集群电台通信向成都市委、市政府和市公安局汇报情况，并迅速将一项项省、市领导的重要指示传达下去，架起指挥全市抗震救灾的“空中生命线”。

地震发生后，许多市民涌上街头，大量机动车停滞路面。支队安排部署全市交警全警上路，组织实施对中心城区临时分流管制，并强化对省、市党委、政府和公安机关等重点部位的交通管控。在全市1300余名交警的全力指挥疏导下，成都市中心城区的交通在数小时内迅速恢复，基本畅通。

从5月13日凌晨起，由于各类抢险救援车辆和社会车辆纷纷涌入，都江堰城区道路拥堵，交通秩序混乱。按照成都市委、市政府和市公安局党委指示，支队紧急调派民警驰援都江堰灾区，迅速成立都江堰抗震救灾前线指挥部，支队长李建伟坐镇指挥，果断拟订“一区两翼”交通保障方案，在较短时间内全面恢复都江堰灾区的交通秩序，稳定了灾区群众的情绪。

为更好地给抗震救灾救援车队提供交通保障，支队将通往极重灾区的羊西线等6条线路作为确保绝对畅通的道路，实施24小时执勤和重点管控，并实行沿线交警大队联勤联动，保证6条“生命通道”绝对畅通。同时，支队创造性地实施了救灾专用通道，保证急救车辆通行，并在运送伤员的重要道路上开辟救护车辆专用通道，成立救护应急队，搭建了“军、警信息互通热线”。国道213线是从成都直接通往汶川映秀的唯一通道，支队明确提出了道路打通到哪里、交通保障就到哪里的工作要求，组建党员先锋突击队，24小时坚守。在抗震救灾过程中，国道213线没有发生一起因交通疏导不力导致救援车辆严重阻塞滞留、耽误抢险救灾的事件，没有发生一起交通事故。

地震发生后，胡锦涛等中央领导同志先后到灾区考察指导抗震救灾工作。支队精心组织，周密策划，注重细节，强化应变，确保了中央领导同志及外宾出行的绝对安全。截至5月27日，交警支队共出动警力31200人次、警车16900辆次，其中派往都江堰市、彭州市增援救灾的交警2990人次、警车1378辆次，完成一级警卫任务26趟次、二级警卫任务39趟次，保障运输救灾物资180批次，运送灾区群众274批次，运送伤员205批次。

2008年7月，成都市公安局交通警察支队被公安部授予“全国公安系统抗震救灾先进集体”称号；10月7日，被中共中央、国务院、中央军委授予“全国抗震救灾英雄集体”荣誉称号。

成都市疾病预防控制中心

汶川特大地震发生后，成都市疾病预防控制中心立即启动救灾防病应急预案，投入救灾防病工作，当晚即派出两支救灾防病队伍奔赴都江堰、彭州灾区，连夜制订灾后防病技术方案并及时发布疾病防控公告，为成都市灾后防病提供了科学的技术支撑。

随着抗震救灾工作的深入，疾控中心各部门陆续提出各类技术方案和工作指南90余份，涉及疾病监测、消毒、食品卫生等各项工作，覆盖了灾后防病的各个环节；及时消毒处理遇难者遗体及动物尸体，以粪便、垃圾、污水、蚊蝇滋生地为重点，实施大面积、高强度的消毒杀虫；后期以环境卫生管理为主，充分发动当地政府、群众，开展爱国卫生运动。

疾控中心利用手机报告、网络直报及电话报告等方式，迅速恢复疾病监测报告网络，开展病例监测、病原学监测、疾病症状监测及病媒生物监测，实行全市发热及腹泻症状监测日报告和突发公共卫生事件零报告制度，实现传染病监测网络的全覆盖。

从5月14日开始，疾控中心对全市所有水厂和集中式供水实行100%覆盖监测，对分散式供水水源监测覆盖到村；在重灾区县采集饮用水样品4024件，非重灾区县采样2334件，99个安置点采样517件进行监测。

疾控中心对各乡镇的免疫接种现状进行摸底，短时间内恢复了免疫接种门诊的运转。针对灾后可能发生的传染病，如甲型肝炎和乙型脑炎，开展适龄儿童的乙脑疫苗和甲肝疫苗的群体性预防接种，接种率分别达96.43%和92.76%，无异常反应发生。同时，加强了对捐赠食品和学校、集中安置点、建筑工地集中式供餐的食品卫生的监测力度，对居民分散就餐进行食品卫生宣传指导。

疾控中心还以多种形式开展健康教育活动。截至6月18日，累计设立宣传点1983个，发放健康教育材料192万份，张贴标语900幅；共调查指导安置点卫生防病工作3.8万个次，调查指导安置点群众225万人次。

疾控中心在中小学校复课前，开展预防性消毒杀虫；复课后，指导学校建立并有效执行晨检制度、缺课调查制度及传染病报告制度；落实饮用水、食堂卫生；对教室、垃圾集中堆放点、厕所等实施消毒杀虫。截至6月18日，疾控中心共使用各类消杀药物514吨，发放消毒器械3628套，消杀灭面积12170万平方米，处理垃圾、粪坑等蚊蝇滋生地143万处（次）。

抗震救灾期间，疾控中心与来自全国各地疾控系统的援助队伍一起，科学防病，严谨防病，实现灾后传染病疫情和突发公共卫生事件“零纪录”。

2008年7月，成都市疾病预防控制中心被全国总工会授予“抗震救灾重建家园‘工人先锋号’”称号；9月，被卫生部、食品药品监管局、中医药局、总后卫生部授予“抗震救灾医药卫生先进集体”称号；10月7日，被中共中央、国务院、中央军委授予“全国抗震救灾英雄集体”荣誉称号。

中共都江堰市向峨乡委员会

5月12日下午，都江堰市向峨乡党委、乡政府领导班子正在莲月村召开村道建设工作会。突然，伴随着隆隆的地啸声，大地开始摇晃。有人喊道："可能是地震了！"一位工作人员立刻给市政府应急办公室和"110"打电话，但通信已经中断。向峨乡党政一班人一路奔跑到乡政府。刚进入场镇，看见街道、房屋已变成一片废墟，哭喊声、呻吟声、呼救声响成一片，幸存的人们在废墟上拼命掀开一块块碎砖，竭尽全力搜寻着被埋压的亲人。此时，几名群众冲过来说："中学和小学的楼房垮了，好多娃娃都被埋了。""乡政府办公楼垮了，还有干部被埋在底下。"

一边是中学和小学的400余名师生，一边是乡政府办公楼的14名同事，事态严峻，情况紧急，必须马上展开营救。在外界援助还未赶到的情况下，向峨乡党委立即在政府楼前的街道上召开党委会，做出"集中力量先救学生"的决定。

书记和乡长分两路带领党员干部向中学和小学校奔去，边跑边对人群喊："快去学校，快去救娃娃！"地震把中学的教学楼全部震垮，废墟中不时传出孩子的哭声、呼救声。已经赶到学校的家长哭喊着，扑在废墟上刨找着自家的孩子。慌乱中，有群众问："乡干部都到哪儿去了？"乡上一位民政干部大声说："哪个说乡干部不在，我就是乡干部！男人们都站过来！"慌乱的人群一下子安静了许多。乡长跳上学校的乒乓球桌扯着嗓子喊道："现在只顾自己，谁家的娃娃都救不出来，都到那边去，到呼救声最多的地方去，救一个算一个！"男人们过来了，女人们也过来了。身强力壮的男人站到了废墟的最上面，其余的人排成两行，用手刨、用肩扛，把砖头和水泥块不断往后传递。10多分钟后，从废墟里救出了一个又一个幸存的学生。由于没有大型机械，救援进展比较缓慢。

15分钟后，东林村村主任带着自家的两台挖掘机赶了过来。挖掘机进场后，迅速清除了废墟旁的路障，并打通操场连接校外的通道。怕挖掘机伤到孩子，乡里的一位木匠带着几个人，拆掉倒在操场上的篮球架，土法上马，硬是把挖掘机改装成简易吊车，从废墟的最上面开始实施救援。经过干部群众的共同努力，从危难中夺回30多个学生的生命。当晚，千余名解放军、武警和消防官兵陆续赶到向峨乡救援。经过连续奋战，共营救出68名学生。

5月16日晨，学校救援基本结束后，一部分机械和力量转移到乡政府增援。直到17日凌晨，即地震发生后的第五天，才从乡政府废墟中清理出最后一名机关干部的遗体。至此，乡政府机关已有8人遇难。在生死关头，向峨乡干部把生的希望留给了群众。

向峨乡是地震受灾严重的乡镇之一，全乡95%以上房屋建筑垮塌。面对突如其来的巨大灾难，向峨乡党员干部充分发挥战斗堡垒和先锋模范带头作用，带领全乡人民争时间、抢速度，将生命财产损失减少到最低限度。5月17日，中共中央总书记胡锦涛得知向峨乡的情况后，高度评价了向峨乡党员干部危难时刻坚持人民利益高于一切的做法。

2008年6月，中共都江堰市向峨乡委员会被中组部授予“抗震救灾先进基层党组织”称号；10月7日，被中共中央、国务院、中央军委授予“全国抗震救灾英雄集体”荣誉称号。

中共彭州市龙门山镇委员会

5月12日，彭州市龙门山镇党委书记刘廷凯在彭州市里开会，副书记廖光琦带领全镇村支书在彭州市里参加培训。地震发生后，他们一边赶返龙门山镇，一边了解灾情、指挥抢险救人，并及时将灾情上报有关部门。其必经之地小鱼洞大桥已经断裂，大家涉水过河步行7公里返回镇上，镇党委成员也陆续赶到镇政府。

18时，龙门山镇党委紧急成立抢险指挥部，对镇机关党员干部进行分组，立即在镇上展开搜救和群众安抚工作，同时组织党员搭建简易临时帐篷；21时，在“球场坝”设立了临时安置点，把镇上副食店里的所有食物集中起来，实行定额分配。

5月13日7时许，在彭州市委常委、宣传部部长谢芝华引领下，成都空军某部先头部队进驻龙门山镇，与镇党委紧急商量后，立即赶往灾情最重、情况最复杂的九峰村展开救援。镇党委副书记廖光琦、副镇长曹光伟和杜强、挂职副镇长唐双等党员干部也带领自发组织的救援队伍20余人深入九峰村展开救援。他们一边走一边救援，先后救出8名重伤者，20时许才回到镇上。次日，廖光琦、唐双和村镇办主任牟帮富等又随部队官兵再次进入九峰村，救出30多名重伤人员。

5月14日早上，刘廷凯引导500名成都空军某部突击队员进入“孤岛”银厂沟。他们走遍大龙潭周围的80多家农家乐、宾馆，共搜救出受伤村民和游客62人，集中向外疏散村民、游客1000多人。15日，刘廷凯与部队官兵继续往小龙潭进发，历尽艰险，又搜救出5人；至16日，先后从银厂沟成功营救出62名重伤员，帮助上千名村民走出“孤岛”。

自5月13日开始，镇机关30余名工作人员与全镇党员干部齐心协力，在全镇展开搜救工作，至18日，安全疏散、转移到彭州市各临时安置点的群众达8000余人，安全施救、转运伤员980余人，清运、火化遇难者遗体110具。

5月28日后，龙门山镇党委及时将工作重点转移到14个临时板房安置点和灾后重建工作上。在有关援建单位和广大群众的共同努力下，至7月25日，成功平整出安置点20个，搭建活动板房4191套，安置受灾群众2833户8500人。为加快灾后重建，镇党委采取发放明白卡、入户宣传等多种形式，在群众中广泛宣讲政策。截至9月26日，在自愿原则下，全镇3285户受灾农户中选择原址重建的1263户，统规统建的1101户，统规自建的396户，开发性重建的136户，维修加固的374户。截至11月17日，龙门山镇已启动2个统规自建点建设、1个统规统建点建设，确定了九峰村东林寺、团山村1社、三沟村石家滩3个地质灾害避让模式统规统建点。

2008年10月7日，中共彭州市龙门山镇委员会被中共中央、国务院、中央军委授予“全国抗震救灾英雄集体”荣誉称号。

彭州市白鹿镇九年制学校

汶川特大地震发生时，彭州市白鹿镇九年制学校师生正在上课。突然，“轰”的一声巨响伴随着一阵剧烈摇晃，师生们以为是附近矿山在放炮，又继续上课。几秒钟后第二波震动来临，讲台被震倒，教师们几乎同时下令：“地震了，快跑！”顿时，人流从各个教室的前后门涌向楼梯。天花板掉下大块的水泥，整幢楼前后摇摆，跑在最后的学生被震倒在地，教师把学生扶起来冲向楼下。

左方教师宿舍楼垮塌造成巨大的粉尘，使冲下教学楼的学生们眼前灰蒙蒙一片，看不清脚下；与此同时，小学部教学楼在不断升高，中学部教学楼在往下降。教师们大声喊：“用衣服捂住鼻子，右边安全，从右边往足球场跑！”

大地不停地摇晃，大部分学生迅速聚集到足球场。足球场四周围墙被震倒，学校宣传栏墙全部倒塌，有上百年历史的中法桥也已垮塌，学校与外界的唯一通道中断。远处半山腰上的白鹿街边房屋有的已坍塌，有的摇摇欲坠。教师们迅速拦住要涌向校外的学生：“不能出去，目前学校是最安全的，孩子们听话，老师跟你们在一起。”校长柳建及其他几位学校领导拉住几个学生，最后从教学楼跑了出来。

教导主任郭强拿着喊话器在足球场四周奔跑：“不要靠近大树，注意老树丫断裂；不要靠近建筑物，往足球场中央聚集。各班班主任马上上报各班人数！”几分钟后人数报齐，唯独少了五年级（2）班的学生。郭强大叫一声“快上楼”，学校领导和几位男教师立刻冲上教学楼去寻找学生。

几分钟后，阶梯上奔下一群学生，五（2）班得救了。护送五（2）班下来后，柳建、郭强又立刻进入中学楼，和副校长杨文友一起寻找是否还有学生留在楼里。经过几番搜查后确认，教学楼内已经没有学生；再听各班报告，全校1046名学生无一伤亡，全部安全转移到了足球场。

此时有人大声喊道：“张姐呢？”教师们又紧张起来，教师住宿楼塌了，还有人在楼里。柳建当即决定所有女教师照顾学生，男教师去救人。他们来到教师住宿楼的废墟上喊话，敲打砖墙，终于听到回声并确定了位置，立即展开营救。教师金涛、谢凤移等陆续获救，只有副校长杨文友的妻子张来春因伤势过重不幸去世。

许多家长涉水到学校来接孩子，学校对离开的学生都有序进行了登记。晚上，仍有800多名学生留在学校，教师们搭起长长的棚布，学生以班为单位聚集在班主任周围。深夜大雨滂沱，许多教师冒险进入危房中找来棉被和衣服，分发给学生。半夜，镇政府送来200多瓶水和几箱干粮。柳建决定先分发给学生，教师们继续坚持。第二天连续的暴雨，上游山体垮塌造成河水汹涌，男教师和前来救援的民兵们一起背着学生，涉水将学生们转移到安全地带。转移中，一些教师被河中的石头碰伤。

灾后，教师们在各方面的大力支援下搭建起“帐篷学校”。5月19日，九年级学生在“帐篷学校”复课。6月1日，在新修的“板房学校”举行了隆重的复学典礼。7月10日，学校各年级全面复课。

2008年10月7日，彭州市白鹿镇九年制学校被中共中央、国务院、中央军委授予“全国抗震救灾英雄集体”荣誉称号。

崇州市交通局

汶川特大地震发生后，崇州市交通局立即启动应急预案，迅速组织工程技术人员兵分三路，对全市重点道路和桥梁进行勘察，发现鸡冠山旅游公路出现严重塌方，交通完全中断。交通局立即组织机具上山排障，同时组织技术人员继续前行勘察。5月12日23时，基本查明道路损毁情况后，局党组召开紧急会议，研究制订抢险救灾方案，决定成立抢险救灾领导小组，组建抢险救灾突击队，局领导在一线指挥；迅速组织客、货运输企业和社会运力做好救援运输工作。

鸡冠山旅游公路是怀远镇经文井江镇至鸡冠山乡的必经之地。地震造成该道路山体大面积滑坡，全长44.25公里的公路垮塌30余公里，塌方量近40万立方米，数千群众和游客被困山中。交通局迅速研究制订排障方案，全力协调排障机具，组织突击队员于5月13日6时打响抢通“生命线”的战斗。白天12部大型机械多点作业，晚上检修机具，并制订30余处大面积垮塌道路排险方案。在抢通作业任务重的情况下，采用了“多点多面作业、中间向两面开拓、两翼向中间突击”的快速施工方案。经过40天连续抢险，实现无施工人员伤亡、无机具毁损，并提前18天实现抢通“生命线”的目标。

与此同时，交通局紧急从下属企业抽调车辆，向广大个体车主发出积极参与抗震救灾的紧急倡议。交通局先后出动客运车580余辆次，运送人员2.3万人次；出动货运车600余辆次，输送救灾物资4000余吨；实行全市客运车辆灾区群众免费乘车；为紧急疏散灾区群众、抢救伤员、输送救援人员和救援物资提供了交通运力保障。

在完成道路抢通保畅工作后，交通局领导带领干部职工又及时投入到交通基础设施重建规划和建设中。交通局迅速恢复在建工程施工，根据地震后政府建设规划，完成全市交通基础设施灾后重建规划的编制，组织首批总资金近16亿元建设项目前期准备工作；协调对口援建单位重庆市交通委员会对崇州市交通基础设施的援建工作，积极配合其对援建项目工程的灾情评估、建设规划和工程可行性论证工作。

抗震救灾期间，局领导班子成员、党员干部组成的抢险突击队和服务队，面对困难毫不畏惧，始终战斗在抢险最前沿，做到哪里有危险、哪里就有共产党员。该市交通系统有4名优秀分子火线加入了中国共产党。

2008年10月7日，崇州市交通局被中共中央、国务院、中央军委授予“全国抗震救灾英雄集体”荣誉称号。

德阳市旌阳区柏隆镇人民政府

汶川特大地震发生后，德阳市旌阳区柏隆镇机关大楼扭曲，围墙顷刻间倒塌，镇党委书记张学会指挥干部职工迅速撤离。5月12日14时40分，镇领导在机关大门口召开紧急会议，启动突发公共事件应急预案，成立柏隆镇抗震救灾领导小组，临时指挥部设在镇政府车库。全镇机关干部分成9个组，分别前往各村（居委会）了解灾情和抢险救人，党委副书记彭建军赶往旌阳区政府汇报灾情。因通信中断，正在市委党校学习的镇长张锐心急如焚，立即驱车赶回柏隆镇。15时25分，张锐回到镇上后，立即奔赴镇卫生院看望地震伤员。看到伤员不断增加，他命令机关干部立即到卫生院增援。

地震造成柏隆镇境内房屋大面积受损，全镇范围停电、停水、停气，个别村、组地下水受到污染，部分群众家中粮食被埋。柏隆镇及时向旌阳区抗震救灾指挥部汇报灾情，紧急调运灾区群众急需生活物资。5月14日3时，首批370顶帐篷安全运达，镇干部连夜送往受灾群众手中，并帮助群众搭建好帐篷，镇干部晚上都在公交车上休息，直到受灾群众的居住问题全部解决之后，镇干部才为自己搭建办公和休息用帐篷。

5月15日，临时指挥部发出募捐倡议，并于16日举行捐款仪式，镇干部和社会各界踊跃捐款，其中既有80岁的老人，也有5岁的孩子，一群中学生募来2000多元爱心善款，还有人送来大米、瓶装水、干粮、棉被、衣物等物资。

5月18日1时，忽然狂风暴雨大作，张锐下令立即下村看望群众。9个工作组紧急集合，分别奔赴各村（居委会）和场镇体育场、灵泉休闲广场等地，帮助群众加固帐篷，做好防雨防风准备，一直忙到4时才陆续休息片刻。

6月12日下午，柏隆镇政府接到紧急电话通知，绵远河上游的绵竹市汉旺镇一处堰塞湖将实施泄洪爆破。指挥部立即召集机关工作人员，集结20名民兵，分三路沿镇域内绵远河段，到松柏村、隆兴桥村和柏隆渔场组织群众转移。14时30分，张锐一行6人在隆兴桥村看到放鸭户老何和几位垂钓者正在聊天和垂钓，心急如焚，用扩音器催促他们赶快上岸。14时45分，洪水奔涌而来，老何一家却忙着赶鸭子。洪峰离人仅100米远了，张锐与村干部、公安局干警、机关工作人员一道，奋力把老何及其妻子救上河堤。

地震发生后，临时指挥部组织群众恢复生产重建家园，9个工作组挨家挨户查实、统计灾情和引导农户生产自救。抢收抢种农作物之际，临时指挥部协调用水，发给村民燃油补助，帮助群众解决抢收抢种困难。同时，镇政府积极引导群众，利用原有梁、檩等材料，及时搭建过渡房。至6月28日，柏隆镇地震受灾农户全部搭建起简易过渡房。至7月底，在湖南省援助下，场镇受灾居民全部住进活动板房。

2008年10月7日，德阳市旌阳区柏隆镇人民政府被中共中央、国务院、中央军委授予“全国抗震救灾英雄集体”荣誉称号。

中共什邡市纪律检查委员会

汶川特大地震发生后，什邡市纪委监察局果断决定，纪检监察干部全力以赴，认真履行监督职能，为抗震救灾提供强有力的纪律检查保障。

5月12日傍晚，阴雨绵绵，设在什邡市体育场的什邡市抗震救灾指挥部灯火通明。什邡市委常委、纪委书记唐前卫接到上级指令，连夜起草《关于严肃纪律确保抗震救灾工作顺利进行的紧急通知》，并于当晚通过什邡市人民广播电台播发。同日晚，重灾区洛水镇急需应急医药用品，指挥部当时无车可调，什邡市纪委监察局干部杨世泽主动请命，冒着风雨艰难行进一个多小时，将药品安全送达洛水镇。湔氐镇党委副书记、纪委书记肖明，地震后冲进垮塌的龙居中心小学，徒手刨挖救出两名被困学生，并带人爬上危楼，将4名被压在水泥板下的学生救出。13日清晨，由什邡市纪委监察局领导带队，干部职工分4个组赶赴一线，配合受灾乡镇和有关部门开展抗震救灾工作。即将退休的干部阳昌贵，地震后受命到什邡市抗震救灾物资捐赠中心负责赈灾物资接收发放的监督工作，在闷热的帐篷里一干就是两个多月。

什邡市纪委监察局于5月12日向全市各级党组织和广大党员干部提出五项纪律要求，18日起草了什邡市抗震救灾指挥部《关于加强救灾资金物资监督工作的紧急通知》，6月5日在德阳市范围内率先发出《关于严禁对地震受灾群众享受的各种政府补助进行抵扣的紧急通知》。

抗震救灾期间，什邡市纪委监察局成立了以常务副市长和市纪委书记为组长的资金物资监督检查领导小组，建立了抗震救灾资金物资监督管理联席会议制度，组织各镇（街道）、村组（社区）成立监督检查小组，设立监督员，投入资金10余万元，为全市169个村（社区）统一制作抗震救灾资金物资公开栏、资金物资管理使用信息公开办法等“六项制度”，制定了抗震救灾资金、物资接收发放流程和监管流程等“三大工作流程”，采用专门机关监督与社会监督相结合、流动监督与属地监督相结合的方式，构建起四级联动监督检查体系；并于5月17日开通抗震救灾违规违纪举报电话，24日开通“12388”全国纪检监察机关专线举报电话，设立举报投诉点（箱）20个，向社会公布。截至8月，什邡市纪委监察局受理、查处各类信访举报和诉求、政策咨询796件，查处违规案件4件、涉及人数4人，批评教育违规人员26人，纠正不规范使用帐篷22起。通过纪检监督，什邡市1271人主动退还多领补助金39.4万元、救助粮1.9万公斤，查出并追回185人冒领的补助金5.7万元、救助粮2.8万公斤，取消享受救助资格484人，使信访举报投诉案件从地震初期的日均30件下降到日均2件。什邡市纪检监察工作获得中央、省、市领导的肯定。7月9日，四川省抗震救灾资金物资监督管理工作现场会在什邡召开，“什邡监管模式”在四川全省推广。

2008年10月7日，中共什邡市纪律检查委员会被中共中央、国务院、中央军委授予“全国抗震救灾英雄集体”荣誉称号。

什邡市民政局

汶川特大地震发生后，什邡市民政局党委立即启动救灾应急预案，局长曾祥华到市指挥部报告，争取省、市支援；副局长王义、王其聪分别带队赴受灾严重的乡镇查看灾情，副局长黄超荣联系部队救援。

地震发生后，大批受灾群众涌入城区，解决群众吃饭问题是头等大事。5月13日1时，曾祥华召集全局人员在雨中开紧急会议，安排人员到广汉市蜂窝煤厂贮备燃料，到周边县、市筹集干粮、棉被和白布。曾祥华赶到受灾群众接待点说："大家放心，只要我有一口吃的就饿不到大家。"他联系从各大宾馆借来碗筷，联系农家乐设立临时食堂，为受灾群众提供稀粥。经过努力，什邡市民政局在城区建起5个临时食堂。

5月12—19日，什邡城区集中安置受灾群众5.8万人，安置点由城区26个临时接待点延伸到8个对口接待镇。在什邡市抗震救灾指挥部领导下，通过就地就近安置、城区集中安置、对口镇接收、受灾群众投亲靠友等方式，共转移安置受灾群众34万人，并确保受灾群众有干净水喝、有饭吃、有棚住、有衣穿。

5月13日一早，什邡市民政局牵头的3个灾情调查队开赴山区。民政局李信德、王碧琴等被派到重灾区红白镇查看灾情。车到穿心店，因山体滑坡公路阻断，他们决定徒步前进。群众劝说"山上危险，去不得了"，他们没有退缩。历时两个半小时，他们终于赶到与外界失去联系的红白镇，及时把红白镇灾情上报什邡市抗震救灾指挥部。6—8月，什邡市民政局从机场、火车站陆续接回1600余名返乡的地震伤员。

灾难让什邡市殡葬管理所面临严峻考验。地震后，从废墟里挖掘出的遇难者遗体被安放在各医疗点和各镇空旷地区，市民政局立即从其他岗位抽调人员参加遗体搬运。殡管所为遇难者搭建遮雨棚，对每具遗体都妥善放置，并进行清洗和编号。

在抗震救灾期间，什邡市民政局制定了抗震救灾工作纪律；对社会捐赠救灾资金情况、物资接受发放和使用流程进行公示，全面接受群众监督；认真落实临时生活补助政策，坚持边登记认定边发放补助金和补助粮，及时将临时生活补助金、补助粮发放到受灾群众手中；为确保受灾群众的基本生活，抗震救灾取得阶段性胜利后，制定全市社会福利服务设施、基层政权设施灾后重建规划；对农户永久性建房进行调查和认定工作。

2008年6月，什邡市民政局被人力资源社会保障部、民政部授予"民政系统抗震救灾英雄集体"称号；10月7日，被中共中央、国务院、中央军委授予"全国抗震救灾英雄集体"荣誉称号。

中共绵竹市委员会组织部

汶川特大地震使绵竹市遭受空前灾难，绵竹市183个村（社区）遭受严重毁损，11117人遇难，直接经济损失达1423亿元，绵竹市委组织部所有办公用房和设备也在地震中损毁。

地震发生后，绵竹市委组织部部长蔡绣鸿动员全体组工干部，立即投入一线抢险救人，奔赴九龙镇小学，救援被埋的近200名学生。组工干部有的不顾余震危险，多次靠近断壁残垣察看险情，组织大家营救伤员；有的驾车运送被救的学生和其他伤员；有的日夜为学校运送照明设备、食物和药品等赈灾物资；有的顾不上已经身怀六甲的妻子，坚持战斗在抢险一线；有的刚做完腰部手术，不顾劝阻毅然投入抢险，虽伤口裂开血流不止，仍坚持不下火线。就这样，绵竹市委组织部的干部职工连续工作三天三夜，与其他救援人员一起，于危难中夺回73条生命，挖掘出遇难者遗体97具。

地震发生后，其他单位给市委组织部送来帐篷、瓶装水等救灾用品。他们随即把这些应急物品转送给九龙、拱星等乡（镇）受灾群众。组织部3位领导还积极与外界协商沟通，把价值数百万元的救灾物资捐助给特困乡镇。组织部有14位干部职工家里遭受重灾，他们不顾自己的小家，倾尽全力向更多受灾群众奉献爱心。

地震发生后，情况特殊而复杂，市委组织部提出在安置区建立临时党组织。经过精心谋划，3天后，6个临时党委和35个临时党支部在安置区顺利建立。四川省委组织部领导在考察安置区时连说了“三个没想到”：没想到安置区党组织组建这么快，没想到安置区秩序这样好，没想到群众满意度这样高。市委组织部还紧紧团结全市党员干部，组建了700余支党员服务队和140余支党员“双抢”（抢收、抢种农作物）突击队。组工干部扛党旗，戴标志，与灾区党员和群众同吃同住同战斗。根据抗震救灾中很多优秀分子纷纷提出入党申请的情况，市委组织部按照规定程序，发展党员339名。针对灾区干部伤亡严重，基层组织骨干严重不足的情况，市委组织部启动应急机制，共调整配备51名领导干部，及时充实了基层领导力量，这一做法得到中组部的充分肯定。

抗震救灾中，市委组织部还选派11名青年干部到重灾乡镇担任副职领导工作，抽调200余名机关干部到各自所联系的乡镇帮助救灾；此外，为科级领导干部、科员、中层以上职务的专业技术人员和村（社）书记、主任，建立抗震救灾特别档案，为以后表彰、奖励和任用干部提供重要依据；同时，加强对党员、入党积极分子党的基本知识培训、劳动技能培训和就业指导，使6000余人重新走上工作岗位，并及时开展对受中组部等部委表彰的先进人物的事迹宣传，对先进集体和先进个人进行表彰。

2008年10月7日，中共绵竹市委员会组织部被中共中央、国务院、中央军委授予“全国抗震救灾英雄集体”荣誉称号。

绵竹市公安局

汶川特大地震发生后，绵竹市公安局所有办公楼变为危房，大部分办公设备毁坏，9个基层派出所办公房变成废墟。在受灾惨重的情况下，局党委成立了由党委书记、局长刘水和党委副书记、政委李成国挂帅的抗震救灾指挥部，带领全局干警迅速投入抗震救灾工作。

5月12日15时，指挥部得知市内多个商铺倒塌，灾区群众生命受到严重威胁，便急派巡警大队紧急救援。没有工具，干警们就用手扒，几个小时内抢救和疏散伤员100多人，并协助医护人员将伤者及时送到医院救治。

地震发生时，汉旺镇公安分局局长颜琨迅速带领救援组冲向镇幼儿园，用手在废墟中刨出12名受伤儿童，还及时安排警力，加强对商场、金融机构、化学危险品存放处等重点场所、地段巡逻守护，安全转移了中国银行、工商银行等7个营业厅的所有现金及金融票据。

民警赵刚、姜明全正在大山深处检查民爆物品，地震发生后，与500余名群众被困在清平乡的小木岭，与外界失去联系。他们一边安慰鼓励群众，一边千方百计与指挥部联系。没有粮食和饮水，就吃草豌豆、野竹笋，啃树皮，喝山涧水。8天之后，他们终于带领群众走出大山，脱离了险境。

金花派出所所长余永刚到绵竹市区参加会议，当行至西南镇时，地震袭来。余永刚立即下车对途中受伤人员展开救助，将5位重伤群众及时送到医院救治；道路堵塞，他为及早赶回金花镇，徒步走了近3个小时。回镇后，他带领协警员和镇干部，挨家挨户搜救幸存者，将镇上500多名群众带到安全地带。

从5月13日开始，清平乡派出所所长徐枫多次带领救援部队徒步深入大山深处，营救出400名被压埋的群众，组织1000多名被困群众安全撤离。他还带领派出所辅警销毁炸药5吨、雷管1.2万枚，带回无法销毁的电雷管3000枚。

为维护灾区稳定，绵竹市公安局加强对交通要道和重点路口的交通管理；大力开展“防火、防盗、防谣、防水、防疫”宣传，认真落实治安防范和消防安全防范措施，消除民众恐慌情绪；深入银行、大型商场、枪械库等重点场所和部位，通宵巡逻守护；迅速成立刑侦突击队，加大对涉灾案件的侦破力度，先后破获一批有重大影响的刑事案件。

地震发生后，绵竹市公安局全体民警抢救了数以百计的被埋群众，其中生还者420名，救助受伤群众1.2万余名，疏散、转移群众7000余户；有2名民警在工作岗位上牺牲，1名民警遇难，13名民警受伤，18名民警家属遇难或受重伤，近90%的民警住房成为危房；在地震后的一个月内，先后执行警卫任务73次，处理突发事件51起，破获刑事案件18起，查处治安案件17起，调解民事纠纷2000余起，为灾区群众追回损失200余万元，保障了灾区的社会稳定。

2008年6月，绵竹市公安局被人力资源社会保障部、公安部授予“公安系统抗震救灾英雄集体”称号；7月，被全国总工会授予“全国五一劳动奖状”；10月7日，被中共中央、国务院、中央军委授予“全国抗震救灾英雄集体”荣誉称号。

绵竹市青年志愿者协会

汶川特大地震使绵竹市遭受重创。面对突如其来的地震灾害，绵竹市志愿者协会成为志愿者大军坚强的战斗堡垒。

为确保绵竹市广大共青团员、青年和来自全国各地的志愿者能够各尽其能，快速有序投入到抗震救灾一线，绵竹市志愿者协会紧急实行战时动员机制，成立绵竹市抗震救灾志愿者指挥中心，前线指挥，统筹协调，并在全市21个乡（镇）、体育中心和城区灾区群众集中安置点，设置志愿者联络站34个，形成覆盖全市的志愿者组织网络。

志愿者协会组织大批教师志愿者和心理辅导志愿者，深入城区各灾区群众安置点和乡镇、村组，和灾区群众谈心，听取他们的诉求，开展心理干预志愿服务，帮助灾区群众尽快走出灾难的阴影，同时将每天的报纸及时送到各灾区群众安置点、乡镇指挥部以及来绵竹的部队和援建队伍，确保灾区群众及时了解外界信息。志愿者协会还组建环境卫生志愿服务组，每天坚持维护灾区群众安置点的环境卫生；组织了15支文艺小分队，深入农村灾区开展文化互动活动，为灾区群众战胜灾难、重建家园加油鼓劲。

志愿者协会多方筹措，搭建“帐篷学院”“板房学校”，为灾区学生提供临时性学校安置点；和各外省市团委派出的志愿者队伍一起争取社会各界的帮助，在安置点建立15个“帐篷学校”、8个“帐篷红领巾图书室”、3个“帐篷青少年活动中心”，组织600多名志愿者协助援建单位搭建“板房学校”6所，帮助灾区学生重返课堂；同时，积极与外援组织对接，争取对灾区儿童的关怀和支援，累计争取到共青团中央及各省市团委及个人捐赠的价值1456万元的援助物资，资助贫困受灾学生3068名，为“板房学校”“帐篷学校”的学生赠送生活用品等。

为更好地整合志愿服务资源，使各志愿者组织间实现信息共享、资源共享，更有序、有效地参与绵竹市的灾后重建，志愿者协会召集在绵竹服务的30多家志愿者组织，共同建立绵竹市灾后重建公益组织联席会议机制，按各志愿团体的功能、特长划分小组，确保志愿服务工作在抗震救灾和恢复重建中的专业化、系统化和社会化。

截至9月，在绵竹市抗震救灾志愿者指挥中心登记的志愿者多达3万余人。协会结合各条战线抗灾实际需求，将志愿者队伍按工作性质进行统筹调度。据不完全统计，志愿者完成搬运物资、搭建帐篷、转移救治受伤群众、心理援助、医疗救护、卫生防疫等任务2600余件，组织车辆600余辆，出动2500余车次，服务群众7.5万人次。

2008年7月，绵竹市青年志愿者协会被共青团中央、中国青年志愿者协会授予“中国十大杰出志愿服务集体”称号，被人力资源社会保障部、共青团中央授予“抗震救灾英雄志愿服务集体”称号；10月7日，被中共中央、国务院、中央军委授予“全国抗震救灾英雄集体”荣誉称号。

中共绵竹市汉旺镇委员会

汶川特大地震使绵竹市汉旺镇受灾惨重，汉旺镇沿山几乎被夷为平地；全镇房屋、基础设施建设损毁严重。汉旺镇党委、镇政府办公楼垮塌，机关干部14人遇难、3人失踪、8人重伤，领导班子1人死亡、2人重伤。面对突如其来的特大地震灾难，幸免于难的汉旺镇党委书记张扬武、副书记徐文春、副镇长樊杰成在30分钟内成立起临时指挥部，将幸存工作人员分为现场抢救、物资调配、遗体处置、卫生防疫等工作小组，迅速投入到抗震救灾第一线。

汉旺镇是一座工业重镇，总人口近6万人，人口密度大，被埋压的群众多，乡村干部遇难多，辖区内的国有重点企业受损严重。德阳市委、市政府在汉旺地区建立由德阳市委常委、常务副市长张金明担任指挥长的抗震救灾指挥系统，汉旺镇党委抗震救灾指挥部隶属于该指挥系统。

5月13日，数以万计的军地救援大军聚集汉旺镇，千方百计搜救生命。东汽中学4层高的教学楼在地震中倒塌，653名师生逃出，289名师生被倒塌物埋压。镇党委书记张扬武随着指挥长张金明和副指挥长李木生，在现场指挥疏散、撤离群众，组织现场抢救，运送遇难者遗体，通过24小时不间断抢救，先后解救出46名学生，挖出遇难者遗体242具。

抗震救灾初期，当大批食品、帐篷和彩条布陆续运达时，汉旺镇党委迅速组织街道、社区和村组干部，搭建灾区群众临时安置点、医疗救治点和食品、衣物等救灾物资集中发放点，并通过街道、村组和工矿企业，在最短时间内把救灾物资分发到灾区群众家中，留在汉旺的4.1万灾区群众均得到安置。之后，汉旺镇党委领导带领工作人员进村入户，了解灾区群众所急所需；看望慰问遇难者家属，并做好安抚工作；组织调集、分发救灾物资，调剂土地，修建过渡板房。

地震发生后，人畜死亡多，有可能滋生蔓延传染病。汉旺镇党委及时组织人员加强防疫宣传，指定专业作业队伍，制定搜寻、消毒防疫作业规范；军地双方协同作战，妥善处置好遇难者遗体掩埋和火化工作；对重点地区全面、反复消毒，建立垃圾场、清洁场和公共厕所、流动厕所等，确保了全镇无疫情发生。

地震发生后，大量受灾群众集中到汉旺镇，给东汽的救灾物资保卫、危险化学品守护和转运、灾区群众安置点治安和消防等带来巨大压力。汉旺镇党委协调200名公安干警和武警官兵，在辖区内昼夜巡逻，其间抓获盗窃嫌疑人17名。镇党委还组织镇村干部进村入户，开展不稳定因素排查，耐心细致做好群众思想工作。5月14日9时，个别人谣传山里的水库将要决堤，受灾群众十分恐慌，扶老携幼涌向地势较高的东汽，公路交通几乎中断。关键时刻，指挥部协调救灾部队疏理交通，疏散群众，及时辟谣，并加紧调运食品药品等救灾物资，稳定了灾区群众的情绪。抢险救灾取得阶段性胜利后，镇党委一班人又迅速投入到援建对接、规划重建工作中。

2008年10月7日，中共绵竹市汉旺镇委员会被中共中央、国务院、中央军委授予“全国抗震救灾英雄集体”荣誉称号。

绵阳市公安局

汶川特大地震发生后，正在游仙区政府开会的公安局局长胡钢，用对讲机发出启动应急预案的指令。全市公安民警、消防和武警官兵紧急动员，全员上岗，交警和巡警上街维持秩序，派出所民警在加强对重点目标保卫的同时，迅速组织辖区群众转移到安全地带。

地震发生后，前往北川、平武等极重灾县（市）的人流、物流急增。为确保绵阳至北川、平武等地抗震救灾“生命线”的畅通，市公安局下达了必须全力打通交通命脉的死命令，迅速在全市范围内大规模异地调动警力。全市1027名公安交警突出勤务重点，发布通告，实施交通管制，科学进行车辆疏导，排除“堵点”，打通“瓶颈”，全力确保救援人员挺进灾区、救灾物资运入灾区、被困人员及时转移。

5月13日，绵阳公安民警、消防官兵赶赴灾区抢险救援。没有专业救援工具，就用双手掏、挖、刨。据统计，全市4000多名公安民警累计解救幸存者、伤员5000余人，转移被困群众20余万人。

地震使无数人家园被毁，10多万市民到室外空旷地带露宿避灾，4万多名极重灾区受灾群众被转移到绵阳市。为了强化社会面控制，全市出动公安民警1260余人，采取带警犬上街巡逻和武装巡逻相结合的方式，对救灾物资存放地、灾区群众安置点、加油站、医院等1263处重要部位，进行重点守护；通过建立“帐篷派出所”“帐篷警务室”等方式，恢复了正常工作状态和行政管理职能。据统计，各地公安机关共设立帐篷派出所76个、帐篷警务室131个，按照“篷编号、人登记、车定位、区自治、强消防、多广播”的要求，强化集中安置点治安工作，确保哪里有灾区群众集中安置点，哪里就有警务室。

5月28日，北川唐家山堰塞湖险情出现后，绵阳市公安局转发了《绵阳市北川县唐家山堰塞湖应急疏散预案》，制定了《市公安局关于城区应急疏散工作方案》，建立了军警结合的应急指挥部，制定了唐家山堰塞湖群众清查搜救、紧急救援、治安维护、交通管制等工作预案4个，组织成立了7个职能组，建立了党委成员和部门包片负责督导工作机制，与援绵特警共同疏散撤离群众26.6万人，排查搜救6700余人，实现唐家山堰塞湖排险“零伤亡”。

从5月12日至6月19日，绵阳市公安局共出动公安民警2万余人次，查办各类刑事案件151起（结案61件），抓获犯罪嫌疑人122人，完成党和国家领导人到绵阳考察的警卫任务近30次。6月19日，绵阳市公安局下发《关于切实维护灾后重建治安秩序确保全市社会稳定的通知》，组织全市公安机关严厉打击以赈灾为名进行盗窃、抢劫、诈骗等各种违法犯罪活动。

2008年7月，绵阳市公安局被公安部授予“全国公安系统抗震救灾先进集体”称号；10月7日，被中共中央、国务院、中央军委授予“全国抗震救灾英雄集体”荣誉称号。

绵阳市交通局

汶川特大地震发生后，绵阳市的交通基础设施损失严重，共损毁路面6563公里、桥梁1503座、客运站点92个、水运码头44个，48个乡（镇）、1111个村公路完全中断，直接经济损失超过120亿元。绵阳市交通系统人员遇难3人，失踪46人，受伤31人。

地震发生时，局长董晓彬正在北川羌族自治县小坝乡农村公路建设现场。震后的小坝乡，道路、通信中断，董晓彬一边向乡政府了解灾情，一边派人打探周边交通受损情况。在与董晓彬联系不上的情况下，副局长周鑫立即召集在家局领导和部分局直单位负责人，成立临时抢险应急指挥部，启动公共突发事件应急预案，安排各领导带队分赴北川、梓潼、三台、盐亭、安县及各公路收费站了解受灾情况；机关人员开始24小时轮流值班，收集上报交通受灾情况。

5月13日上午，绵阳市交通局抽调125名工作人员，赶往绵阳市抗震救灾指挥部交通运输保障组。工作人员24小时坚守在火炬大厦、南郊机场以及火车站、汽车站，科学安排，合理调度，保证抗震救灾的各项运输车辆的调配工作。抗震救灾期间，市交通局累计调派车辆17370辆次，运输救援人员15万人次，转移运送灾区群众30余万人次，运送救灾物资20余吨。

局长董晓彬徒步翻越5座大山，行程100多公里，终于在5月14日下午赶回绵阳。翌日，在汽车上主持召开紧急会议，强调只有做好抢通保通工作，才能让救援人员和物资在第一时间进入灾区。绵阳市交通局随即成立了抗震救灾保畅工作领导小组，下设工程抢险抢修组、运输保障组、组织协调组等，并在北川设立抢险前线指挥部。各组成立后迅速行动，征调所有大型挖掘机、装载机投入抢通工作。与此同时，积极争取山东、云南、湖北、河南四省援建队伍对北川、平武、安县及江油等极重灾和重灾县（市）的支援，并做好后勤保障等工作，确保4支援建抢险队伍800余人、各种车辆101辆、各类施工机械设备187台（套）以及10座战备钢桥顺利抵达灾区。

抗震救灾期间，绵阳市交通局广大干部职工不怕困难、连续作战，采取“多头推进、中间开花、两边夹击”的道路施工办法，取得明显的抢通效果，累计抢通国省干线公路及主要县乡公路1215公里、农村公路2897公里，保证了因地震震毁断道的48条县到乡公路、1092条乡到村公路、1111条乡到乡公路的畅通。唐家山堰塞湖险情出现后，5月31日，按照绵阳市抗震救灾指挥部统一部署，市交通局研究制定了从北川羌族自治县擂鼓镇到唐家山堰塞湖坝顶的应急通道方案，确保抢险队伍迅速到达坝顶进行排险。在灾区防疫形势严峻、急切需要社会力量参与时，市交通局在通往灾区的主要公路上设置8个防疫消毒站，300余名志愿者24小时不间断地对过往车辆进行消毒。

2008年10月7日，绵阳市交通局被中共中央、国务院、中央军委授予“全国抗震救灾英雄集体”荣誉称号。

绵阳市卫生局

汶川特大地震发生后几分钟，绵阳市卫生局迅速启动突发公共卫生事件应急预案，局领导带领机关干部分组跑步前往各大医院，组建临时联系网络，组织城区医疗卫生机构应急疏散和医疗抢救工作。震后2小时，绵阳市卫生局派出医疗队赶往极重灾区北川；震后3小时，增派4支医疗队奔赴北川；5月13日凌晨至14日上午，又相继派出8支疾控队伍分别奔赴受灾地区，为伤员救援和灾区卫生防疫工作提供组织保障。

绵阳市抗震救灾医疗救治分指挥部成立后，市卫生局牵头协调药监、爱卫会等多个部门，分工合作、协同作战，累计接收中转医疗药械2万余件、消毒药品1000余吨，出台各种医疗防疫技术方案20余个。

由于北川羌族自治县医疗机构瘫痪，众多重伤员等待抢救，绵阳市卫生局立即配置最强的医疗力量就近设立起“帐篷医院”，采取“现场医疗处置转运—帐篷医院抢救转运—城区后方医院救治”的“三级转运”的方式。在国家和四川省卫生部门的协调下，在公安、交通、铁路等部门的协作下，向广州、北京等14个城市安全转运伤员3381人。

5月13日，绵阳市卫生局组建心理危机干预队，15日后又协调卫生部、辽宁省等心理危机干预医疗队，治疗创伤后应激精神障碍患者。针对前期转出伤员陆续回绵阳后续治疗的需求，绵阳市卫生局及时建立绵阳市伤员康复中心，开展康复专职人员技能培训，并协调湖北康复专家到绵阳灾区开展援助。

为确保大灾之后无大疫，绵阳市卫生局快速推进卫生防疫覆盖面，以可能出现的最坏结果，制订各种技术方案，扎实落实各项措施。唐家山堰塞湖泄洪疏散群众安置点医疗防疫资源属地化管理方式、安县京安小区灾区群众安置点“卫生防病示范点”的经验，得到卫生部的高度评价；四川省卫生防疫现场会因此在京安小区召开。

抗震救灾期间，绵阳市卫生局组织卫生系统1.8万多名医务人员，整合了157支外援队伍、6900多名外援专家，参加医疗救治和卫生防疫工作，绵阳灾区未发生传染病暴发流行和与地震相关的突发公共卫生事件。绵阳市卫生局打造的“政府牵头、卫生主导、多部门参与”的应急指挥模式，“三级转运、三次分检后送”的医疗救援模式，“及时介入、社会参与、群防群控”的卫生防疫模式，“六有四强化”的群众安置模式，“通俗化、大众化、整体化”的健康宣传教育模式在四川省乃至全国推广，被各级领导和专家誉为“绵阳模式”。

2008年9月，绵阳市卫生局被卫生部、食品药品监管局、中医药局、总后卫生部授予“抗震救灾医药卫生先进集体”称号；10月7日，被中共中央、国务院、中央军委授予“全国抗震救灾英雄集体”荣誉称号。

四川长虹电子集团有限公司

汶川特大地震发生后，四川长虹电子集团有限公司立即组建了抗震救灾指挥部，党委书记、董事长赵勇任总指挥，开展企业自救和社会救助。

长虹集团抗震救灾指挥部组建后，迅速成立志愿者招募处，发动员工积极加入志愿者队伍。5月12日19时左右，长虹集团向绵阳市抗震救灾指挥中心请战，半小时内组织500余名员工志愿者，于24时到达北川中学，从废墟中救出20多名幸存者；20名驾驶员运送出受灾群众1000多人，转移伤员约120人。

5月14日下午，长虹集团主动向绵阳市政府提出安置幸存的北川中学师生，将北川中学幸存师生接到长虹集团。为保证北川中学师生正常生活，各部门百余人24小时守护，按照每人每天25元的标准提供饮食。长虹集团还筹措了100多顶军用帐篷，于19日开始将北川中学师生转移到培训中心，并组织员工与北川中学各班级开展“一对一”心理帮扶。19日，北川中学500多名高三学生复课，当赵勇将从废墟中寻回的“北川中学”校牌送还给北川中学师生时，全场掌声雷动，很多人抑制不住泪水，哭了起来。赵勇说：“地震摧垮了我们的家园，但是，地震摧不垮我们的心灵。”6月2日，北川中学所有年级学生全部在长虹培训中心复课。衣、食、住、行，师生需要什么，长虹集团就管什么。长虹集团还设立“长虹北川中学奖学金”，资助考上大学的北川中学学生完成大学学业。

5月14日，长虹集团成立抗震救灾接受捐赠小组，接受外部捐赠物资并转赠给重灾地区群众，并发动旗下的美菱电器、华意压缩、零八一集团、广东长虹、国虹通讯等子公司和分公司向灾区捐款和捐赠衣物、食品、药品等各类救灾物资。长虹集团为灾区现场搜救队伍紧急提供了1400多只高亮度电筒等搜救工具；向在青川抗震救灾的部队支援了200台电视机；向都江堰市抗震救灾指挥中心捐赠4万支7号电池和2000支5号电池，用于救灾现场的探测仪器仪表；将12顶帐篷转捐给绵阳市抗震救灾指挥部搭建“帐篷学校”；为俄罗斯直升机救援分队紧急调配2名俄语翻译，确保了唐家山堰塞湖顺利排险。

5月16日16时，长虹集团灾后复工仪式在绵阳长虹家电城601厂房彩电生产线上举行。至30日，长虹集团绵阳生产基地已恢复到震前状态。

抗震救灾期间，长虹集团累计组织志愿者1.6万人次，组织食堂员工不分昼夜地为绵阳市各灾区群众安置点免费提供新鲜馒头、盒饭12万余份。长虹集团抗震救灾运输队累计派遣车辆1000

多车次，转运赈灾物资1900吨，装卸各类赈灾物资2500余吨，运送北川、平武、广元等地受灾群众1.5万余人；组织捐赠物资和现金超过800万元，将外界向公司捐赠的700万元全部转赠北川中学用于重建。公司广大党员交纳“特殊党费”30多万元，职工募集善款200多万元。

2008年7月，四川长虹电子集团有限公司被全国总工会授予“全国五一劳动奖状”；10月7日，被中共中央、国务院、中央军委授予“全国抗震救灾英雄集体”荣誉称号。

中共江油市委员会

汶川特大地震发生后，江油市委立即启动应急预案，迅速成立抗震救灾指挥部，按照“救人，争分夺秒救人，尽最大努力救人”的要求，组织力量迅速展开搜救工作。震后10小时，从废墟中救出1263名被埋群众，累计救出1704人。医疗机构累计出动救护车5640车次，救治伤员36171人。在抗震救灾中，全市600余名各级领导干部始终战斗在抗震救灾第一线，938支党员服务队、1.2万名党员挺身而出。

江油市委把安置群众作为首要任务，迅速组织力量在城区各安置点搭建帐篷，震后4个小时就在诗城西路搭建起3000余平方米的帐篷。同时，江油市委积极组织安置北川、平武灾区群众2.6万人，确保受灾群众有饭吃、有衣穿、有干净水喝、有地方看病、有临时住处。为尽快打通各重灾乡镇的“生命通道”，江油市委组织协调部队官兵、各级干部和党员突击队力量，调集机械24小时疏通道路。震后第三天，救援小组进入全市所有乡镇；震后第七天，救援人员进入全市所有行政村；5月22日，通往各乡镇的公路全线抢通。为帮助群众尽快从地震灾难阴影中走出来，江油市委先后成立了37个慰问组，开展心理安抚和思想疏导工作。

在唐家山堰塞湖排险避险转移疏散下游沿线群众工作中，江油市委一班人冒着酷暑高温，实地勘察群众疏散转移线路，制订避险预案，以最快速度完成近5万名群众的转移安置，实现了唐家山堰塞湖泄洪区群众“零伤亡”。

在过渡安置中，江油市委始终坚持民生优先，全市1300多个基层党组织和3万多名党员、干部迅速组成1000多支党员干部突击队，投入到过渡安置工作中，千方百计为学校复课创造条件。5月底，江油市6000余名高三学生复课；6月底，中小学全部复课；9月1日，全部学校按时开学。江油市委积极配合援建省市开展工作，北京市、河南省在7月底前在江油搭建板房4.9万余套，解决了受灾群众临时居住问题。在农房重建中，江油市委总结出“政府主导、农民主体、援建省帮助、部队支持”四位一体的工作思路，坚持规划先行、因地制宜、宜散则散、宜聚则聚，把农房重建与新农村建设结合起来，切实开展价格临时干预，稳定建材价格。截至10月14日，江油市农房重建开工率达87.3%，永久性农房重建走在了重灾地区的前面。江油市委还帮助群众抢种抢收、补种改种，使粮油生产在大灾之年取得丰收；始终把恢复工业生产作为重中之重，9月新开工两个投资过5亿元的项目。

2008年10月7日，中共江油市委员会被中共中央、国务院、中央军委授予“全国抗震救灾英雄集体”荣誉称号。

中共北川羌族自治县委员会

汶川特大地震使北川羌族自治县遭受重创。全县人员伤亡惨重，20个乡（镇）、278个行政村全面受灾，93%的房屋倒塌或严重损毁，14.2万余人无家可归，直接经济损失高达585.7亿元。全县范围内山体大面积滑坡，新增118个大的地质灾害点，形成大小堰塞湖16处，自然生态遭受严重破坏。

地震发生时，县委书记宋明正在去成都学习的途中。地震的余波未息，他就立即调转车头返回北川。由于道路受阻，宋明赶至北川中学，就地指挥教师和当地群众抢救被埋师生，并安排人员查看县城灾情、了解情况。县长经大忠正在县委礼堂参加全县青年创业表彰大会。地震发生时，他高喊："让学生先走，党员干部留下！"在掩护学生安全撤离后他又立即奔赴县城各处残垣断壁之间查看灾情，组织幸存群众转移。县委副书记蒲方方忍着头部伤痛，大喊："共产党员站出来，干部站出来，身强力壮的站出来！"他刚从礼堂跑出来，便立刻组织群众自救互救和有组织地撤离。

5月12日17时30分，北川县委在北川中学乒乓球桌前紧急成立抗震救灾指挥部，明确职责和任务，一个决策立即形成，一道道指令迅速发出。为避开地质滑坡和上游堰塞湖等悬顶之危，并及时获得外部援助，指挥部在地震当天成功将老城区5000余名群众转移至任家坪北川中学操场。13日晨，再次转移出约3000名新城区幸存群众。

许多党员、干部和群众在城内四处搜寻幸存者，在没有任何救援工具的情况下，用手刨、用棒撬。经大忠带头冲进一幢尚未完全倒塌的楼房，身后一名干部紧随其后，两人合力救出一名中年妇女；县委常委、组织部部长王理效爬上摇摇欲坠的3楼，救出一个小孩和一名妇女；县委常委、宣传部部长韩贵钧，副县长、公安局局长谭佳敏一直战斗在新城区抢险救人第一线；副县长杜勇拖着严重受伤的大腿，在佛泉茶业公司附近的废墟中救人……5月12日晚，余震不断，党员干部一边安慰废墟中的群众，一边收集食品、水以及能遮风避雨的东西，尽可能让数千受灾群众充饥、避雨。

由于通信中断、道路被毁，北川县城成为一座"孤城"。县委先后派出5批人员到绵阳报信。5月12日15时55分，王理效冒着余震，步行十几里山路拦了一辆车赶到绵阳市委报告灾情。绵阳市委、市政府接到灾情报告后，派出领导和救援人员火速赶到北川，成立了绵阳市抗震救灾前线指挥部，全力组织开展抗震救灾工作。

随着各路救援部队、救援人员、志愿者陆续抵达北川，北川中学操场集聚了上万名受灾群众、学生、救援官兵、救援人员及志愿者。县抗震救灾指挥部决定先转移学生、群众，并立即组织机械，紧急疏通通往安县、绵阳的道路。5月13日8时30分，数千名群众陆续被转移到绵阳市九洲体育馆、绵阳市南河体育中心、绵阳市中心医院、绵阳市中医院等地临时安置和紧急救治。

从5月13日开始，县抗震救灾指挥部组织在县内外搭建了364个临时安置点。在山东省的对口援建下，截至8月21日，共建成活动过渡安置板房32876套，妥善安置了数万群众；为群众发放帐篷2万多顶、彩条布3000多件、大米2020吨、菜油140余吨、饮用水350余吨、棉被2万余床、衣物3000多箱；按每人每天10元钱、0.5公斤粮食的标准，为151560名受灾的“三无”（指因灾无房住、无生产资料、无收入来源人员，下同）人员发放了生活补助；及时恢复20个乡镇卫生院和110个村卫生工作站工作。

北川县委及时派遣工作组深入乡镇查看灾情，全面统计干部、职工、群众的伤亡情况，了解受灾群众的需求和困难。6个工作组不分昼夜，到各个乡镇组织受灾群众进行生产自救，配合部队给高山、半高山上的被困群众送食物和药品。

县抗震救灾指挥部积极组织协调各方力量，协调二炮、成都军区、武警部队等救灾部队与山东省交通厅联合作战，用两个月时间全力抢通擂鼓至禹里、墩上至禹里、都坝至白坭、马槽至桃龙等几条交通“生命线”；在6个乡（镇）恢复建立10余处临时供水点，恢复擂鼓、墩上、禹里等乡（镇）输变电线路，20个乡（镇）用水、用电、通信等问题基本得到了保障。

整个抗震救灾期间，北川灾区共搜救出群众15063人，救治受伤群众2万多名，掩埋、火化遇难者遗体1万余具，安置受灾群众14.2万人。

2008年10月7日，中共北川羌族自治县委员会被中共中央、国务院、中央军委授予“全国抗震救灾英雄集体”荣誉称号。

安县水务局

汶川特大地震发生后，安县受灾极其严重。面对突如其来的巨大灾难，安县水务局立即启动应急预案，迅速成立安县水务抗震救灾指挥部，下设10个工作组。所有人员迅速奔赴各地核查水利灾情并进行应急处置，对水库、堤防、渠道、农村饮水工程、水土保持工程、渔业生产、地方电力、管理设施等损毁情况进行拉网式排查和核实，在18小时内全面摸清了工程震损情况并迅速上报，在24小时内完成了工程除险、避险方案的制订。

为及时准确掌握堰塞湖险情基本情况，在5级以上强余震时有发生的情况下，安县水务局陆续组织勘测队30余支，步行前往茶坪河、雎水河流域等高山峡谷地带现场实地勘察，往返100余次，摸清了27处堰塞湖的库容、集雨面积、坝体结构、水位上涨速度等数据，其中茶坪河肖家桥、雎水河罐滩、老鹰岩3处堰塞湖直接威胁17.3万人以及县境内科研院所、骨干企业的生命财产安全，险情重大。

6月6日13时15分，经过13个昼夜的连续施工，肖家桥堰塞湖实施泄流，20时38分解除警报。此次排险，临时疏散下游群众4.8万人，无一人伤亡。此后，雎水河流域的罐滩和老鹰岩两处高危堰塞湖分别于10日和25日泄流排险。

强震造成县内安昌河、茶坪河、干河子等3条主要河流堤防严重受损，而多数群众安置点都建立在河谷地带，防汛度汛形势极为严峻。为确保震灾之后无涝灾，安县水务局投入资金410万元，及时抢修了安昌镇东升村、永安镇跃进村、河清镇保华村等险工险段，确保了安置点在几次大雨中特别是在9月24日洪灾中安然无恙。

地震发生后，安县饮水工程严重损毁，管网破损，设备损坏，水塔倒塌、裂缝、错位，水源变迁，水质污染，全县近47万人的饮水受到影响。安县水务局积极争取上级救灾资金支持及大连水务应急抢险队的援助，迅速修复集中供水站18处，设置应急供水点89处，安装净水设备70套，铺设临时管道80公里，建立公共取水点40处，用较短的时间解决了受灾群众临时生活用水问题。

安县水务局对县内28座水库落实专人24小时监测，及时汇报险情；采取工程措施，及时控制险情；动员灌区提前栽插，及时放水减负；周密制订疏散预案，宣传到位，有效防止次生灾害发生，确保了工程安全度汛和库区及下游群众的生命财产安全。

2008年7月，安县水务局被水利部授予“全国水利抗震救灾先进集体”称号；10月7日，被中共中央、国务院、中央军委授予“全国抗震救灾英雄集体”荣誉称号。

中共平武县委员会

汶川特大地震中，平武县遭受强袭。刹那间，山崩地裂，房屋倒塌，交通、通信、电力等全部中断，平武与外界完全失去联系，各乡镇之间联系全部中断，抗震救灾异常艰难。

5月12日14时30分，大地仍在震颤，平武县委立即启动一级应急预案，成立县抗震救灾指挥部，派出11个工作组，由县级领导带队，奔赴各乡镇并以乡镇为单位组织力量管制物资，展开抗震自救，抢救群众生命，安置受灾群众，稳定群众情绪。由于平通、南坝、水观一线灾情最为严重，平武县委决定将指挥部前移，并成立南坝、平通前线指挥部，组织400名县级机关和轻灾乡镇干部、党员组成抢险救灾突击队，赶赴南坝镇、平通镇、水观乡，与先前派出的工作组一道抢险救人。

绵阳市委和市政府工作组、救援部队到达后，立即在南坝镇成立了绵阳市平武抗震救灾军地联合指挥部，直接指挥南坝、平通、响岩、水观等极重灾乡（镇）的抗震救灾，形成以县指挥部统筹指挥、极重灾乡镇为主阵地的运行机制，昼夜不停地抢险救人，先后从废墟中抢救出幸存者5677人，救治伤病员43056人，转移被困群众3.8万余人。

由于平武道路和通信全面瘫痪，信息传递严重受阻，救援物资运不进去，救援人员和机械有劲使不上。南坝镇尤为突出，进入该镇的唯一通道，竟是每次只能运载20人的渡船。平武县委立即分派县级领导专项负责，指挥协调有关部门两日内抢通了应急电源和首部指挥电话；同时统筹协调军地力量和外援队伍，打通907所至南坝镇何家坝临时通道，夜以继日清除塌方，抢通九环线，架通南坝连心桥和钢架桥，保证救灾物资、医疗药品、施救机械运入灾区。

在抢救被困和受伤人员取得阶段性胜利之后，山体滑坡、堰塞湖等次生灾害直接威胁着水观乡和南坝镇、石坎办事处的13个村，9000余名受灾群众的生命财产安全受到威胁，不得不撤离家园，县城和南坝、响岩、平通场镇也有近3万人需要紧急安置。平武县委审时度势，及时将工作重心转移到妥善安置受灾群众上，在平通、响岩、南坝、县城等地设立了13个大型集中安置点，安排县级领导牵头负责，分点包干，派出县、乡镇、村干部和党员组成工作组，驻点协调、指导、管理；同时，配套建立临时党委和管委会，选配负责人，划分责任区，组建突击抢险、卫生防疫、治安巡逻、文化宣传、消防安全队伍，组织带领安置点的群众积极抗灾自救，使受灾群众生活有序、人心稳定。

堰塞湖是平武面临的又一重大安全隐患，在水观乡马鞍石至南坝镇文家坝15公里的河道上，山体崩塌形成的大小7个堰塞湖，严重威胁着河道沿岸及下游群众的生命财产安全。平武县委及时派出县级领导和技术人员实地察看并驻守现场，监测收集数据，协调指挥设计、施工单位制订排险方案和避险预案，果断实施机械切割、人工切割、爆破切割、水切割等方法，及早降低泄洪高程，及时疏散转移河道沿岸及下游群众，使文家坝和马鞍石两座堰塞湖分别于5月27日和6月23日顺利泄洪，悬在受灾群众头上那几座总库容近2000万立方米的“水炸弹”被安全排除，实现了“零伤亡”。

面对更加艰巨的灾后重建任务，平武县委确定了“以规划为龙头、项目为抓手、民生优先、产业为重”的工作思路，组织力量编制《灾后恢复重建总体规划》及9个方面的专项规划，建立恢复重建项目库，被列入国家灾后重建项目525个，总投入126.4亿元，为灾后恢复重建奠定了基础；优先启动永久性农房建设和住房维修加固，实行县级领导联系乡镇、部门包村责任制，积极协调解决建房资金、技术、材料、宅基地等问题，开展轻灾帮重灾活动，保证受灾群众安全、温暖过冬；采取政府提供设计方案、住户选择施工单位、按面积承担费用、待相关政策出台后再兑现补助的办法，组织干群启动城镇受损住房维修加固工作；组织协调各方力量抓好基础设施恢复重建；九环线和通乡通村道路、人畜饮水设施基本恢复，城乡居民生产生活供电全面恢复，通信设施恢复至灾前水平。

2008年10月7日，中共平武县委员会被中共中央、国务院、中央军委授予“全国抗震救灾英雄集体”荣誉称号。

广元市第一人民医院外科

汶川特大地震袭来时，广元市第一人民医院外科医师王少渊和刘别影正在9楼手术室实施乳腺癌根治手术。刚缝完最后一针，突然四周的物体摇晃起来，手术台被横转90度。王少渊和刘别影用身体紧紧护住手术台上的病人，大声喊道：“地震了，快组织人员将病员向楼下转移！”与此同时，一名6岁的先天性心脏病患儿心脏手术刚结束，需要呼吸机维持呼吸，由于停电，医师张莉就用球囊为患儿进行人工呼吸，挽救了患儿的生命。

地震刚停，外科在短短的30分钟内，将外科住院病人和陪护人员全部转移到医院住院楼南侧草坪安全地带并妥善安置。5月12日18时，很多受伤人员被送到医院救治，医院利用警务室筹建了临时手术室，并抽调外科医护人员抢救治疗。地震当天，外科就收治地震伤员160多人。同日23时许，以外科医生为主的医疗救援队奔赴青川县紧急救援。沿途余震不断，路面开裂下陷，山体滑坡，道路被阻断，医疗救援队先后辗转广元市利州区宝轮镇、三堆镇，以及青川县沙州镇，经过14个小时艰难跋涉，终于到达青川县木鱼中学抢救现场。医疗救援队顾不上休息，立即投入抢救伤员工作中，共处理伤员250余名，护送转运伤员15名。之后，医院又先后派遣了5批医疗队赴青川县开展医疗救治工作。

5月13日，第一批青川县伤员被送到广元市第一人民医院。伤员李嘉林处于昏迷状态，经检查为颅内血肿出现脑栓，必须实施手术。由于医院手术室已被地震损坏难以开展手术，外科迅速将一间临时帐篷改建为手术室，对李嘉林进行开颅手术，3个小时后手术顺利完成，一条生命得以挽救。

5月22日，医院开始转运地震伤员。24—25日，医院抽调了15名外科医护人员，先后转运3批地震伤员到广东、河南及河北等地医院治疗。6月26日，医院转入地震灾后恢复重建阶段，外科全体129人又积极投入到正常治疗及重建工作中。

2008年9月，广元市第一人民医院外科被卫生部、食品药品监管局、中医药局、总后卫生部授予“抗震救灾医药卫生先进集体”称号；10月7日，被中共中央、国务院、中央军委授予“全国抗震救灾英雄集体”荣誉称号。

广元市公安局交通警察支队

汶川特大地震发生后，为确保救灾物资和人员快速进入灾区，广元市交通民警全力投入抗震救灾战斗，保证了交通“生命线”的安全畅通。

5月12日14时35分，广元市公安局交通警察支队迅速启动交通应急预案，支队长康德平立即集结支队机关和城区直属部门152名民警，对城区重要交通路口进行分流疏导，对学校、金融、商场等重点区域实行交通管制，增派警力组织学生和群众有序转移，对医院救护通道和临时车辆停放点进行清理和守护，对城区加油站派专人维护秩序。震后不到一小时，广元市城区主要交通堵塞点基本恢复正常。21时，青川县交警大队协警齐凯受命和青川县政府办公室李师民，将青川县城地震灾情信息送往80公里之外的广元市政府。他们冒着生命危险，跋山涉水，至13日3时20分，将受灾报告送达广元市委、市政府领导手中。

在道路无法通车的情况下，广元交警支队特勤大队民警陈照龙、江阳受命携带广元市唯一一部卫星电话，冒着余震等危险，徒步送达青川县抗震救灾指挥部，使青川县严重的灾情信息得以传回广元市。地震当天，青川县交警大队凉水中队中队长杨举，冲进学校抢救出9名学生，并用双手在医院废墟里扒出10余箱药品，协助医生救治伤员。为保证救灾物资及时运抵灾区，杨举步行前往剑（阁）青（川）线40公里长的凉水路段疏导交通，连续奋战6天。

5月13日12时许，剑青公路被打通后，为确保进入青川县“生命通道”的畅通，广元交警支队立刻从机关和县区抽调105名民警赶赴剑青线，在青川县竹园镇成立交警抗震救灾前线指挥部，并在竹园、七佛、凉水、酒家垭成立了4个前线交通保畅指挥站。14—15日，支队长康德平带领技术人员冒着余震危险，跋山涉水，在人迹罕至的酒家垭等高山上成功勘测通信基地站建站点。

5月16日，广元交警支队成立了10支党员突击队，开赴最艰苦、最危险的剑青公路酒家垭段执勤，为救援部队3万余官兵、千余辆军车引路。当天下午，抗震救灾交通保畅急需的发电机、通信基站、头盔、帐篷、移动照明灯等物资全部投入到剑青线。16—18日，民警代征和技术人员为及早抢建好交通指挥通信基站，在海拔1600余米的酒家垭，忍受着白天近40摄氏度高温、夜晚寒气袭人的恶劣天气，在余震、滑坡、滚石不断的恶劣环境中，连续奋战18小时，成功搭建了4个无线通信基站，为交通“生命线”建立起信息通道。

2008年7月，广元市公安局交通警察支队被公安部授予“全国公安系统抗震救灾先进集体”称号；10月7日，被中共中央、国务院、中央军委授予“全国抗震救灾英雄集体”荣誉称号。

中共剑阁县委员会

汶川特大地震发生后，与北川、青川同处龙门山地震带的剑阁县惨遭重创。全县57个乡（镇）、549个村、67.5万人受灾，5.2万户、17.39万人无家可归。

震后不到3分钟，剑阁县委召开紧急会议，启动应急预案。按照“救人第一、防震第一、查灾第一”的抗灾抢险要求，由剑阁县委、县政府11名在家领导干部带队，分赴各地搜救受灾人员，抢救伤员和查灾；要求供电、天然气、加油站等企业关闭开关和阀门，进行抢险检修，防止发生火灾；组织县水利局、国土资源局紧急救援分队到各大水库和地质灾害隐患区进行排查，防止发生次生灾害；紧急抢修通信、电力、交通设施。

县委主要领导随即赶赴学校和医院，指挥人员搜寻和抢救伤员，并要求公安、卫生、工商等部门，全力以赴开展被埋压人员的抢救工作。县长田中文带队紧急奔赴普安镇受灾现场，组织机关干部、公安干警、民兵预备役人员到剑阁中学、县人民医院及倒塌民舍，搜救人员和全力抢救伤员。县委常委、办公室主任王湖益冒着余震，赶到广元市委汇报灾情，其余常委分别带领抢险队、突击队到学校、医院及各地现场指挥。全县在较短时间内救助遇险群众4.7万人，紧急转移群众21万多人，其中学校师生10多万名。

在抗震救灾中，剑阁县委想群众之所想，急群众之所急，解群众之所难，及时组织食品到学校和医院等单位，要求所有救灾物资24小时内转送到乡镇，解决受灾群众的燃眉之急，并及时将中央补助钱粮发放到13万多名补助对象手中。

震后第三天，剑阁县委在全县范围内开展房屋安全隐患评估，评估各类建筑1300余幢，对危险建筑物进行拆除或设立警示标志；全面启动灾后恢复重建规划纲要编制工作，科学开展恢复重建；筹措灾后重建资金1500万元，紧急启动校舍、医院用房和无房户临时安置点、受灾群众住房重建。截至9月底，剑阁县39993户农村受灾群众中，购买商品房的1438户，动工在建的22783户，基本建成的460多户。剑阁县委还主动争取对口支援单位黑龙江省的支持，重点做好学校和医院重建，城乡困难居民住宅及交通、水利等基础设施恢复重建。

剑阁县委在抓好抢险救灾的同时，还着力抓好生产自救、恢复重建等工作。5月21日，剑阁县委在广元市的县区中，率先召开抗震救灾重建家园紧急动员会，对重建家园进行再部署和再落实；

全力组织抢收抢种农作物，大力发展烤烟、蚕桑、工业原料林、生猪、家禽畜牧等产业；禹鑫化工、中美木业、广旺水泥等工业企业开工建设；剑门关景区旅游开发加快，交通、水利工程整治和学校、医院重建等项目陆续开工建设；村镇银行在剑阁挂牌开业，有力地支持了灾后恢复重建。

2008年10月7日，中共剑阁县委员会被中共中央、国务院、中央军委授予“全国抗震救灾英雄集体”荣誉称号。

中共青川县委员会

汶川特大地震发生时，青川县委、县政府正准备召开全县机关效能建设工作会，参会人员正陆续赶往会场，突然间地动山摇，房屋坍塌。14时33分，青川县委就地成立青川县抗震救灾指挥部，启动地震应急预案，所有参会的乡镇干部和部门负责人火速返回各自乡镇和单位，组织抢险救人。

此时，青川县委大楼已经坍塌一半，工作人员在县委大楼前搭起了指挥部临时营地。在县委书记李浩生、县长陈正永的组织下，几乎所有的县领导都在一线部署救援力量，安排伤病员救治、群众安置、抢通保通等工作。以9名副县级领导为指挥长的片区工作组，迅速奔赴8个片区乡镇查看灾情、指导抢险救人；44名副县级干部全部编成战斗分队，赶赴各乡镇、县城各救援点、各工作组，指导和参与抗震救灾工作。9名片区指挥长带领救援分队冒着余震翻山越岭，于第二天中午全部达到片区乡镇指挥救灾，工作组到达最远的马公乡政府驻地已是5月13日深夜。在抢险救人战役中，县领导身先士卒，组织带领干部职工从废墟中救出3267人，救治伤病员5万余人，转移群众24.3万人。

地震使县城至沙州出境公路桥梁全部坍塌，县城至青溪道路全部中断，剩下县城至金子山公路唯一的一条通道也数处阻断。地震发生后一个小时，县委要求所有道路抢险人员分段施工，重点抢修主干线。当晚，市、县又紧急调集人员1000多人、工程机械设备15台，全面抢修金子山至乔庄公路。抢险人员连续作战十几个小时，终于在5月13日中午全面抢通。震后50天，青川县所有通乡公路全部抢通。

由于青川与外界的通信和交通中断，救援人员和救灾物资进不来，县城商店、库房大量坍塌或被埋，全县人民面临着没有粮、没有清洁饮用水的困境。县领导黄光明和杜非带领由经济、招商、工商、公安、质监等部门党员干部和职工组成的物资抢运“敢死队”，在全城范围内筹集生活物资。两小时后，食品、瓶装水、篷布、电筒、蜡烛、柴油被陆续运送到青川中学、滨河广场等医疗救治点和居民安置点。5月23日深夜，青川普降大雨，县城附近狮子梁、桅杆梁、东山全面告急，县委领导分成数个工作组，冒着瓢泼大雨做群众动员工作，组织人员和物资转移，带领公安干警和武警官兵彻夜值守巡查。

在各医疗救治点，医护人员和药品紧缺，而伤病人员被陆续送来，或坐或躺，挤了一地。县领导赶到救治现场动员安排：“只要懂点卫生防疫的干部家属都到医疗点去帮忙，把药省下来留给伤病员、老年人和学生。”党员干部、干部家属和学生都自发聚拢，忙着为伤病员包扎伤口、端水送药。全县累计救治伤病员1.7万人次，巡诊伤病员8.2万人次。

因特大地震引发的滑坡、泥石流形成石板沟、东河口、红石河等多处堰塞湖，威胁着沿河及下游乡镇群众的安全。县委邀请四川省国土、水利等部门专家进行监测和会诊，通过自然泄溢、分级消能、人工开挖，以减少库容，排除险情；7月12日，完成石板沟高危大型堰塞湖紧急排险，以及东河口、红石河堰塞湖应急排险；到8月底，完成剩余中小型堰塞湖应急排险，确保了下游及沿岸15万群众生命财产安全。

至5月底，全县53所学校全面复课，70%医疗机构恢复。6月1日，机关单位恢复正常工作秩序，特色产业和工业企业基本恢复生产，3200个商业网点中的80%恢复营业。截至8月底，搭建活动板房2.8万余套，2万户城镇居民入住活动板房；农村搭建过渡房6万余间，所有受灾群众在冬季来临前全部得到妥善安置。

2008年10月7日，中共青川县委员会被中共中央、国务院、中央军委授予“全国抗震救灾英雄集体”荣誉称号。

中共青川县乔庄镇委员会

5月12日下午，青川县乔庄镇党委书记陈明忠和镇长齐智在县委等待开会，突然地震发生，瞬间山摇地动，房屋垮塌，尘烟四起。强震刚过，青川县委立即通知参会人员马上返回单位组织抢险救灾。陈明忠、齐智不顾余震和山体滑坡的危险，火速向镇政府奔去。14时40分，两人赶回镇政府，其他党委成员已经全部聚集到镇政府前的公路边。面对前所未有的巨大灾难，他们在路边召开镇党委会，立即启动应急预案，成立乔庄镇抗震救灾指挥部，组建9个以村（社区）联系领导为队长、镇干部和民兵应急队员为成员的抢险突击队，迅速分赴全镇9个村（社区）开展抢险救灾工作。

得知山珍市场和东桥宾馆灾情最严重，房屋垮塌，很多人被埋压的消息，陈明忠当即将城区4个抢险突击队并成两队，分别到东桥宾馆、山珍市场抢险救援。

没有专业工具，挖掘机械进不来，陈明忠就带领突击队员和干部群众手刨肩扛，争分夺秒救人。5月12日15时30分，成功从废墟中救出第一个人。到12日晚，又陆续救出32名生还者，挖掘出7具遇难者遗体。至14日，经全镇干部群众、突击队员、救援部队和民兵预备役队员的不懈努力和英勇奋战，成功解救被困群众127人，从废墟中刨出被埋群众96人，抢救受伤群众995人，紧急转移群众2.3万人，全镇无一学生在校伤亡。

震后，乔庄镇的房屋几乎全部垮塌或严重损毁，交通、通信、电力全部中断。为迅速妥善安置受灾群众，乔庄镇党委在5月15日设立了27个受灾群众临时集中安置点，成立管委会和临时党支部，组建社会治安、物资调配、灾区群众安置点建设、卫生防疫、综合协调等8个工作组，及时安置青川县城4.5万名受灾群众。

6月3日，乔庄镇党委和镇政府成立了乔庄镇过渡房建设领导小组，全面进入过渡安置阶段；至25日，全镇2570户农村群众全部住进自建过渡房。8月初，8000余户城镇居民入住活动板房。乔庄镇2.8万名受灾群众衣、食、住、卫生等生活条件得到保证。

为确保受灾群众生活秩序稳定，乔庄镇党委在4个集中安置板房区，成立10个集中安置区党支部和管委会，组建11支专业卫生防疫队，组织200余名专业防疫人员，成立1000余人的防疫消杀和保洁队伍，深入临时安置点，进村入户，不留死角，分片包干，坚持每天两次以上的消毒防疫保洁工作，确保大灾之后无大疫。

2008年10月7日，中共青川县乔庄镇委员会被中共中央、国务院、中央军委授予“全国抗震救灾英雄集体”荣誉称号。

广元市利州区民政局

汶川特大地震发生后，广元市利州区委、区政府与辖属内18个乡（镇）、街道失去联系。利州区民政局当即启动应急预案，迅速成立抗震救灾领导小组和临时指挥部。5月12日14时50分，全局党员干部兵分四路前往各乡镇、街道调查灾情。面对部分乡镇山体滑坡，汽车无法行进的困难，利州区民政局工作人员冒着生命危险，徒步深入受灾群众家中，在调查统计灾情的同时，帮助群众迅速转移。最后一路人马归队已是23时30分。队员们拖着疲惫的身体，来不及休息便汇总灾情向区里报告，为区委、区政府科学决策、组织抗灾自救提供了宝贵依据。

利州区民政局坚持把保障人民群众的生命财产安全放在第一位，及时制订《灾区群众临时生活困难救助工作方案》《农村受灾居民生活保障及重建工作方案》，及时对“三无”人员实施临时生活困难救助。在组织人员前往各地调查统计灾情的同时，不顾山石滚落、泥石流爆发等危险，没有交通工具，就用肩扛、手抬、背驮，平均每人负重近20公斤，徒步行走近10公里，及时将水和方便食品等急需物资送到受灾群众手中。工作人员从出发到深夜回到临时指挥部，渴了饿了硬是忍着，舍不得喝一口运送给受灾群众的水、吃一口面包。地震发生后，得知福利院、幼儿园灾情严重，区民政局干部迅速赶到，将50余名老人和近200名孩子安全转移，整个过程井然有序，无一人受伤。

在安排部署利州区抗震救灾的同时，利州区民政局主动援助极重灾区青川县，组织全体党员干部奉献爱心捐款捐物，多方筹措资金和物资，并在十分艰难的情况下挤出自己的救灾物资，不到一天时间就组织了价值25万元的食品、饮用水等，日夜兼程送往青川县。

利州区民政局利用媒体发布了赈灾倡议书。5月13日至8月31日，共接收来自全国各地的捐款425.6万元，以及折合2.4亿元的饮用水、食品、衣被等救灾物资。为使捐赠物资接收、管理、发放有序，民政局在城区内设置了7个物资接收分配发放点，根据灾情轻重和需求制订了分配方案，确保捐赠物资及时送到灾区群众手上。抗震救灾期间，全局上下没有一个人休假；工作到深夜时实在困了，就轮流就地打个盹，来了任务就立即爬起来投入紧张的工作。

利州区民政局干部积极引导群众开展生产自救、重建家园。5月13日8时，在详细了解各地灾情后，得知很多群众房屋倒塌严重身无居所，区民政局立即向区委、区政府汇报，并与城区各街道联系，在城区设立灾区群众过渡房集中安置建设点3个，与各街道共同努力，不到两天时间即建成临时过渡房2000余间。15日，5000余人顺利住进安置房。

5月18日，四川省民政厅副厅长三郎木滚带领全省10多个受灾严重县（市）的民政局局长参观了利州区3个集中安置过渡房建设点，对利州区受灾群众的过渡安置和抗震救灾工作给予了高度评价。

2008年6月，广元市利州区民政局被民政部授予“民政系统抗震救灾先进集体”称号；10月7日，被中共中央、国务院、中央军委授予“全国抗震救灾英雄集体”荣誉称号。

南充市中心医院

汶川特大地震袭来时，南充市中心医院建筑晃动剧烈，值班医护人员立即冲向病房，稳定病人情绪，并迅速组织病人、陪护人员向室外转移。不到一个小时，1200余名住院病人全部转移到开阔安全地带，整个过程中无一人伤亡。

地震发生时，妇产科、泌尿外科共有3台手术正在进行。在死亡威胁面前，医护人员坚守岗位，在颤动的手术室里成功地完成手术。重症监护室里的9位危重病人及烧伤科2位气管切开的危重病人都无法转移，肾内科血液净化中心6名患者一时也无法下机，生死关头，当班人员坚守岗位，选择与病人在一起。地震当天傍晚，全院200多名重病员在医护人员陪同下返回病房，5月13—14日，室外病员也陆续返回病房。余震期间，医院没有发生任何安全事故。在震后的两天时间里，医院腾出200张病床收治灾区伤员。19日接收第一批伤员24人，6月1日接收第二批伤员30人。至6月30日，医院共收治重灾地区转来的伤病员86人，收治其他地区送来的伤员37人。在治疗过程中，医院始终给予伤员体贴入微的照顾。截至8月20日，在医护人员的全力治疗及精心护理下，112名伤员康复出院。

5月12日深夜，南充市卫生局紧急传达四川省卫生厅紧急组建医疗救援队赴灾区救援的通知，中心医院党员、干部、职工闻讯后纷纷递交请战书，主动请缨上前线。13日5时，副院长冯胜刚带领23名医护人员组成医疗救援队出征。在灾区路边，看着满身灰土的受伤群众，救援队队员心痛不已，他们不顾瓢泼大雨立即抢救伤员，10分钟后就救出一对母女。到达重灾地区第一天，救援队成功抢救伤员50余人，转运重伤员10多名。队员们渴了、饿了，就喝点水、吃点饼；累了、冷了就坚强地撑着，毫无怨言。17时，国务院总理温家宝到汉旺救援现场慰问，全体救援队员倍感鼓舞。此后，救援队成功救治了感动中国的“可乐男孩”薛枭、“阳光女孩”马小凤和被称为“最坚强女孩”的杨柳等。到19日，救援队共抢救重伤员50余人，转运伤员160余人次，诊治伤员500余人次。

抗震救灾期间，南充市中心医院反应迅速，保障了医院1200余名住院病人安全；紧急奔赴重灾地区，救治伤员500余人；收治86名重灾地区伤员和37名其他地区送来的伤员；先后向地震灾区捐款25万余元、捐赠物资2000余件。

2008年9月，南充市中心医院被卫生部、食品药品监管局、中医药局、总后卫生部授予“抗震救灾医药卫生先进集体”称号；10月7日，被中共中央、国务院、中央军委授予“全国抗震救灾英雄集体”荣誉称号。

中共南江县委员会

突如其来的汶川特大地震，使南江县48个乡（镇）全部受灾，受灾人口达44.58万人。南江县委迅速行动，成立以县委书记青理东为组长的抗震救灾领导小组，组织各级各部门带领全县65万群众抗震救灾。南江县委以最快的速度，采取各种措施对学校、医院、商场等地人员进行疏散，确保群众安全；同时下发《关于切实做好灾后防病工作的紧急通知》，指导全县卫生防病工作，执行传染病疫情日报告制度；实行24小时值班制，领导带班，落实值班人员，确保通信畅通，及时收集掌握灾情和救灾防病信息。

5月13日9时，南江县委组织第一批来自全县11个乡（镇）、企事业单位的118名民兵应急队员从南江出发，冒着余震昼夜兼程，于14日2时率先抵达青川县木鱼镇。应急队员连续奋战15个昼夜，抢救伤员，寻找遇难者，清理贵重财物，搭建临时住所，成功营救出10名幸存者，转移灾区群众976人，挖出遇难者遗体78具，在废墟中抢挖衣物数千件、粮食8.5万余公斤、食用油4.5吨和黄金等大量贵重财物。南江县拨付慰问金50万元，解决木鱼镇燃眉之急。县委领导带队，分5批组织蔬菜、瓜果、大米等救灾物资，前往灾区慰问救援的解放军官兵和木鱼镇受灾群众。

5月13—15日，南江县委组织旅游局对全县景区的受损情况进行调查摸底，92公里景区公路塌方受损，32处共16公里木栈道被落石砸坏，部分环线防护设施、索桥、观景平台受损，15家旅游商品购物店、30家农家乐房屋受损严重，特别是巴山游击队指挥部旧址、巴山游击队史迹陈列室、赵明恩烈士墓碑四周、南江现代革命史陈列室受损严重。13—14日，南江县委组织水利局技术人员赶到玉堂、杨家沟、柴家沟、官房沟等14座震损水库进行紧急排险，并落实值班观测和应急抢险事宜。14日，县人武部政委程强率南江预备役志愿者队伍赴青川抢险。16日，县委组织召开为汶川地震灾区群众捐款大会；县畜牧局由分管领导带队赶赴48个乡（镇）排查、指导抗震救灾工作，及时摸清人员伤亡、房屋垮塌、畜禽圈舍垮塌、畜禽死亡等情况。

为切实加强对救灾款物的监管，南江县委按照公开透明、公正公平、严肃纪律的要求，坚持受灾要助、对象要准、监管要严的原则，从纪检监察执法部门工作人员、离退休干部、党代表、人大代表、政协委员、群众代表中，聘请17人担任义务监督员，确保抗震救灾款物用在刀刃上。

2008年10月7日，中共南江县委员会被中共中央、国务院、中央军委授予“全国抗震救灾英雄集体”荣誉称号。

雅安市交通局

汶川特大地震突然袭来，雅安市交通基础设施损毁严重，境内国省干道多处发生山体滑坡、岩体崩裂、挡墙垮塌及路面沉陷，部分路段交通中断；国道108线、318线，省道210线、211线、305线、306线和瀑电库区在建交通重点工程及农村公路，均受到不同程度损坏；国道、省道、县道和乡村公路桥梁病危程度加剧，县区交通部门办公用房和住房不同程度损坏。

面对突如其来的自然灾难，雅安市交通局迅速启动交通保障应急预案。局领导按照责任分工，立即奔赴国省干线各公路抢险现场指挥抢险；各县区交通局一方面组织开展抗灾自救，一方面迅速展开公路应急抢险，紧急调集人员和机具设备查灾、清障、排险，在公路多次中断情况下反复抢通。地震当晚，境内国道108线、318线基本恢复通车。

5月13日，四川省交通厅把通过雅安的省道210线列为进入灾区的主要“生命通道”。雅安市交通局立即对210线保通保畅工作进行全面部署，迅速制订《省道210线抗震救灾道路保通保畅工作方案》，成立210线保通指挥部，完善标志标牌118套，调集人员和机具设备到210线增援突击作战。交通局抢通队伍冒着余震和飞石危险昼夜抢险，15日零时将两处近万立方米大塌方排除，抢通雅安境内通往汶川灾区的第一条“生命通道”210线。为确保“生命线”畅通，雅安市抽调工程人员200余人组成雅安交通公路抢险突击队，出动20多台大型工程机具，调集60多辆工程运输车，紧急实施道路临时保通维修加固工程。从15日起，210线雅安境段从未中断过，共有6万余辆救援车通过该线进出理县、汶川灾区，为抗震救灾提供了良好交通保障。

5月14日，按照四川省交通战备办公室的紧急命令，雅安公路应急抢险大队架桥分队50余人迅速从各县区集结，奔赴都江堰执行救援抢险任务；16日晨，执行国道213线寿江大桥架桥任务，队员们不怕疲劳，仅用8小时就完成33米双排单层加强型战备钢桥架设任务，为救援队伍打通了通往震中汶川县映秀镇的“生命线”。6月6—13日，架桥分队又奉命奔赴安县，在安昌河上成功架设一座7跨、长159米的“三二一”装配式战备钢桥，打通了通往北川灾区的物资运输通道。

2008年7月，雅安市交通局被全国总工会授予“抗震救灾重建家园‘工人先锋号’”称号，被交通运输部授予“全国交通运输行业抗震救灾先进集体”称号；10月7日，被中共中央、国务院、中央军委授予“全国抗震救灾英雄集体”荣誉称号。

中共宝兴县硗碛藏族乡委员会

宝兴县硗碛藏族乡位于夹金山下，全乡共有5个村、17个村民小组、1368户5306人，藏族占95%以上。突如其来的汶川特大地震，使硗碛藏族乡所有房屋不同程度受损。全乡先后发生3起泥石流灾害，出现12个泥石流滑坡点、4处泥石流隐患、1处地质裂缝，直接威胁536户2333人的生命安全；水、电、路及通信全部中断，陷入与外界完全隔绝的状态。

面对罕见的严重地震灾害，5月12日15时，硗碛藏族乡党委成立抗震救灾应急领导小组，启动突发重大自然灾害应急预案，迅速组织党员干部冒着余震的危险，奔赴全乡5个村17个组了解受灾情况，领导抗震救灾工作。

地震过后，道路被毁，通信中断，硗碛藏族乡与外界隔绝。乡党委召开会议，明确提出“就是爬，也要把灾情信息送出去”。5月12日15时，党员杨树康向宝兴县政府所在地穆坪镇出发。

一路上，鸡蛋般大小的石头不时从身边飞过，杨树康小心翼翼地越过20余处随时可能发生泥石流和塌方的地带，沿硗碛河河谷，经过5个多小时艰难跋涉，终于在当日20时抵达县城，立即向县委、县政府作了灾情汇报，为县委、县政府及时采取有效的抗震救灾措施提供了依据。

滑坡滚石造成省道210线环湖路一段严重损坏。为保证“生命线”通畅，5月16日下午，一支由公路沿线的党员、干部及群众组成的义务护路队在乡党委的组织下成立，主要开展协调、机具维护及拓宽环湖路段等工作。义务护路队员吃在公路上，睡在公路上，时时刻刻关注着公路的通行状况。抗震救灾期间，义务护路队为数万辆运送救灾人员和物资的车辆，提供了及时的交通保障和优质服务。

乡党委成员一半以上为当地干部。在灾后的半个月甚至一个月里，他们一直战斗在抢险救灾一线，没有回家。在泥石流最严重的夹拉村、勒乐村、嘎日村，在飞石、塌方最严重的环湖路和省道210线硗碛段抢修现场以及各个抗震救灾主战场，都有他们的身影。乡党委领导班子在党委书记高德正带领下，临危不乱、处变不惊，在大灾面前舍小家为大家，处处体现了全心全意为人民服务的宗旨，积极解决群众“吃、住、行、医”等最急需、最迫切的问题，千方百计稳定群众情绪。

5月23日，乡政府的23名党员、2名预备党员和5个村的205名党员交纳了“特殊党费”。预备党员杨朝军家和全乡大多数人家一样受灾严重，但在家人的支持下，他将自己的全部积蓄1.02万元作为“特殊党费”交给组织。他说：“请组织把这些钱送给更需要帮助的人。”

2008年10月7日，中共宝兴县硗碛藏族乡委员会被中共中央、国务院、中央军委授予“全国抗震救灾英雄集体”荣誉称号。

汉源县第一中学

汶川特大地震发生时，汉源县第一中学3500余名师生正在上课，强烈的地震打破了校园的宁静。面对突如其来的灾难，学校领导镇定应对，教师冷静地组织学生撤离。妻子还卧病在床的教师张天松坚守在工作岗位上，在异地开会的教师黄锰强火速赶回学校。地震5分钟后，全体师生撤离到学校花园、操场等开阔地带；10分钟后，全部集中到学校足球场。

师生们集中起来后，为稳定学生情绪，总务处立即采购了价值6000多元的防雨材料，师生们即刻在篮球场上搭建起第一个防震棚，学校还准备了饮用水、食物等必备生活品。学校向学生宣传余震发生时的预防措施，安排安全巡查和卫生防疫工作。各班主任、各科任课教师和学生一起，度过了灾后最为艰难的第一夜。在地震发生当晚，学校的防震棚还接纳了近4000名受灾群众前来避险。

5月12日16时，得知汉源县城受灾非常严重，受伤人员众多，而附近的汉源县医院也遭受严重破坏，众多伤员只能转移到汉源县第二人民医院治疗的消息，学校立即组织教职工、学生48人在学校党团干部带领下，赶到汉源县第二人民医院参加救灾工作，成为汉源县抗震救灾中的第一支志愿者队伍。志愿者们一趟一趟运送伤员，医护人员不够时就当起小护士，病房不够了就帮助搭建起一顶顶帐篷。

5月13日晨，学校正式组织起青年志愿者队、党员志愿者队和教职工志愿者队，积极参与到救灾帐篷搭建队伍中。很多教师手被割伤和磨破了，但轻伤不下火线，简单包扎后又继续投入工作。老百姓都称赞汉源一中的教师是“专业人才”。

为确保高考、中考工作顺利进行，学校决定在足球场上搭建100套活动板房。面对这一艰巨任务，因学校停课在家休息的教师来了，学校附近的学生来了，刚上完课的高三教师来了，退休教师来了，学校教职工的家属也来了。最多的一晚，学校师生共卸下11卡车材料。手脚被划伤了，衣服被划破了，天下起雨来，师生们仍坚持着，大家都有一个共同心愿：尽自己的一份力参加抗灾自救，力争早日复课。7月4日，高考圆满结束；15日，学校全面复课。

2008年10月7日，汉源县第一中学被中共中央、国务院、中央军委授予“全国抗震救灾英雄集体”荣誉称号。

中共石棉县新棉镇委员会

汶川特大地震突然袭来时，石棉县新棉镇党委6层高的办公楼前后摇晃，一些反应快的干部几乎同时喊：“地震了，大家快跑。”顿时，干部们迅速冲下楼梯，在办公楼外的草坪上集合待命。新棉镇党委书记刘伟召集班子成员，紧急成立抗震救灾工作领导小组，紧急启动地震应急预案，建立起镇、村、组三级监测网络，迅速将干部分成14个小组分赴各村和居委会摸排灾情，抢救伤员和财产，紧急疏散群众。新棉镇党委办公室和镇政府办公室工作人员冒着余震的危险跑上楼，将办公室的两台电脑搬到办公楼下的走廊里，迅速接通党政网，以便及时统计、汇报灾情。

根据受灾情况，镇党委紧急筹集救灾资金5万余元，购置篷布、雨具、手电筒、口哨等救灾工具，分发到各村。同时，为受灾群众送棉被500床、衣服650套、瓶装水520件，及时对所有倒房户进行妥善安置；迅速组织各村党支部建立联帮互助组6个，集中力量帮助群众抗灾自救。地震发生后，全镇上下迅速开展“爱心大奉献、爱心大传递”活动。镇党委因势利导，向党员和群众发出了“众志成城、抗震救灾募捐倡议书”。截至5月14日，全镇陆续收到捐款14.6万元、衣物7000余件。随后，党员自愿交纳“特殊党费”48034元。

在抗震救灾工作中，新棉镇党委号召广大党员和干部率先垂范，以身作则，把方便、安全让给群众，把困难、危险留给自己。刘伟带领干部深入村组、企业、学校、矿山、移民集中区，展开“拉网式”灾情统计，对桥梁、道路、重点水利工程等地质灾害易发区进行险情排查，宣传应急避震常识，做好思想解释工作，增强群众防范意识，解除群众恐慌心理。街道办副主任雷福贵的哥哥姐姐全家都在灾情严重的汉源县，他忙于险情排查、灾情统计及救灾物资发放，一直没有回家看看。岩子社区党员程晓一直奔波于居民户和办事处之间，开展灾情统计。一次次路过家门，同事都劝她把自己受损的房屋登记上，她摇摇头说：“全社区受灾严重的居民户那么多，我这点小灾算什么。”

地震发生的当天下午，顺河村党支部书记余天清不顾自家安危，立即带领村干部，挨门逐户摸排灾情，迅速将受灾群众转移到安全地带。在受灾严重的西区社区第五居民小组，党支部书记罗万庆组织干部党员帮助受灾群众拆危房搭帐篷，封闭危险路段，保护群众生命财产安全。顺河村老党员李万海主动将分配给自己的篷布，让给受灾严重的其他群众。王大坪地处安靖村5组，海拔较高，坡陡路窄，8户农户因房屋严重崩裂或倒塌，生活顿时陷入困境。村党支部书记郑还虎带领党员突击队，冒着风雨走了近12公里的山路，一步三滑地将粮食、棉被、衣服以及篷布等救灾物资，送到受灾群众家中，让灾区群众有饭吃、有住处、有干净水喝、有衣穿。

2008年10月7日，中共石棉县新棉镇委员会被中共中央、国务院、中央军委授予“全国抗震救灾英雄集体”荣誉称号。

阿坝藏族羌族自治州交通局

汶川特大地震及其引发的次生灾害，使阿坝藏族羌族自治州交通基础设施严重损毁。全州公路损毁9012.83公里，国道213线、317线和7条省道全部中断。

地震发生后20分钟，阿坝藏族羌族自治州交通局便启动交通保障应急预案，成立交通抗震救灾指挥部，迅速调动各方人员和机具，挺进抢险一线。在国道317线理县至汶川段，国道213线都江堰至映秀段、映秀至汶川段、汶川至茂县段，省道302线茂县至北川段、茂县至黑水段等州境国省干线公路上，抢险队伍夜以继日地进行抢通，实行机械24小时不停机，人员24小时不离岗，抢通工作24小时不间断。哪里最危险，哪里就有领导干部和党员。每一位领导干部既是指挥员，又是安全员、战斗员，始终冲在最前线，冒着生命危险，在最险要的路段探路查看灾情，迅速果断做出抢险方案，为打通“生命通道”赢得时间。

各路抢险队伍在无数次余震、飞石、险情突袭的生死关头，顶风雨，冒酷暑，饿了以干粮充饥，困了就睡在汽车上，一次次与死亡危险擦肩而过，昼夜连续奋战。5月15日21时30分，抢险队抢通西线国道317线理县古尔沟通往汶川县城的第一条“生命通道”；震后4天，抢通夹金山至马尔康县、小金县至卧龙通道；震后5天，抢通黑水县、松潘县至茂县通道；震后7天，抢通九寨沟县至平武县通道；震后8天，抢通茂县至汶川县道路。在四川省交通厅和公路局指挥下，阿坝交通局与四川公路桥梁建设集团有限公司一道，决战100天抢通都（江堰）汶（川）“生命线”。至此，全州被损毁的主干线基本被抢通，为抢险救援人员、物资及时运入重灾地区，及伤员和受灾群众撤离，提供了交通保障。

“生命通道”打通后，交通运输部门迅速为救援人员和救灾的物资运输，提供交通保障，确保军队救援车、各地支援物资和人员车辆顺利到达重灾地区。每条干线疏散被困游客上千名，6天转运被困游客3万多人、打工人员2万人、学生2万多人，提前和超额完成运输任务。

受余震和强降雨影响，灾区飞石滑落、道路塌方、泥石流侵袭，次生灾害不断出现。阿坝交通局迅速采取措施，实行分路线、分片区包干负责，负责人员坚守重灾地区一线工地指挥；同时，制订周密保通方案，在保通中抢通，在抢通中保通。地震及次生灾害造成道路严重损毁，塌方量在10万立方米以上的事故点达上百处，抢险队员不畏艰险清除塌方，使所有通往重灾地区的道路在震后一个半月内被抢通，累计清除塌方1.5亿立方米；基本抢通全州通乡、通村公路。在余震和次生灾害严重路段，阿坝交通局全线设置观察哨，设立高危路段值守点98个、值守人员260人，布设抢险机械设备和人员，对各路段实施随垮随抢；对“生命通道”沿线桥梁、隧道及开裂路面、受损路基等进行重点排查，实施加固，消除重大隐患，60个工作日完成受损挡防、涵洞、边坡治理加固，拓宽双车道1320公里，使道路逐步恢复畅通。在震后3个月时间内，阿坝交通局共组织抢通因灾断道的国省干线公路1616公里，县、乡、村公路858条、5918.2公里。

2008年10月7日，阿坝藏族羌族自治州交通局被中共中央、国务院、中央军委授予“全国抗震救灾英雄集体”荣誉称号。

阿坝藏族羌族自治州教育局

汶川特大地震发生后，刚在成都开完四川省职教攻坚动员会的阿坝藏族羌族自治州教育局局长郝士昌、副局长王树全心急如焚。为掌握全州学校受灾情况，及时组织学校抗震救灾，5月12日16时，阿坝教育局在马尔康召开副科级以上干部紧急会议，决定组成4个工作组，奔赴灾区所有学校、幼儿园了解灾情，组织抗震救灾。

由于映秀地区的特殊地理条件，震中映秀完全与外界失去联系，成为“孤岛”。5月15日5时，郝士昌与王树全冒着生命危险，从都江堰徒步挺进映秀。听说映秀小学灾情特别严重，郝士昌和王树全不顾疲劳，匆匆赶往映秀小学，找到正在参加营救的映秀小学校长。了解灾情后，郝士昌立即做出决定：尽一切力量营救仍被埋的师生；组织好幸存师生的灾后安置工作，优先照顾受伤师生。

郝士昌一行看望了避难师生后，又匆匆回到救灾现场，参加到救灾工作中；面对震后缺粮、缺水的严峻形势，组织学校及时与当地村委会协商，挖土豆、烤土豆让学生们充饥。为避免灾后瘟疫爆发，郝士昌和王树全当即向自治州抗震救灾指挥部请示，并通过多种途径向四川省教育厅汇报，建议务必于5月16日组织滞留在映秀的幸存师生集体向成都转移。在四川省教育厅、成都市相关学校的大力支持下，16日18时20分，698名撤出师生全部汇集，分别被安置到西南财经大学、成都中医药大学和成都医学院安置点。

5月下旬开始，为让更多的学生正常复课，阿坝教育局本着师生安全第一的原则，把每位学生重返校园作为重中之重来抓，下发了《中小学（幼儿园）复课实施方案》和《关于切实做好灾后中小学安全复课工作的紧急通知》等。在学生异地安置工作中，县校层层签订责任书。在自治州州委、州政府和四川省教育厅领导下，阿坝教育局克服重重困难，在全国各省市和四川非灾区的大力支持下，省外安置复课学生3234人，省内自治州外安置复课学生9349人，开创了中华人民共和国历史上遇到大灾异地转移安置学生的先河。灾区学生于7月16日复学复课，无一人失学。

驻守在马尔康的第一工作组在副局长东巴格西的指挥下，坚持24小时值班制度；职工积极主动向灾区献爱心，捐献救灾款1.7万余元，交纳“特殊党费”1.5万余元，20余人报名义务献血；组织由11名青年党员组成的突击队，不分昼夜，在马尔康进行救援物资搬运；组建局机关志愿者服务队，接待转移群众、师生6000余人。

6月初，为确保4705名考生高考安全，阿坝教育局组织各灾区县设置板房考点14个，开创了考点最为分散、考试条件最为艰苦但无任何失误的先例。同时，阿坝教育局高度重视遇难学生家长的安抚工作，组织全州342名遇难学生家长填报了《一次性救助金申请表》，上交有关单位，对家长进行救济抚慰。

6月中旬开始，在人员紧、工作任务重的情况下，阿坝教育局积极服从自治州委、州政府的统一安排，抽调干部进驻茂县永和乡及纳普、利里、道财村，指导抗震救灾百余天，带领村民抢修公路、电线、水源，搭建抗震临时安置房。

7月，阿坝教育局成立了全州学校灾后恢复重建规划编制组，认真编制全州学校灾后恢复重建规划与牧民定居学校配套建设规划，及时安排部署校舍危房拆除和维修加固工作，主动争取社会支持，积极协调对口援建工作；深入开展对各族师生的安全温暖过冬工作的督察，严格实行责任追究制度，加强卫生防疫和消防工作以及校园周边环境整治，切实消除安全隐患，积极推进灾后恢复重建。

2008年10月7日，阿坝藏族羌族自治州教育局被中共中央、国务院、中央军委授予“全国抗震救灾英雄集体”荣誉称号。

阿坝藏族羌族自治州卫生局

汶川特大地震发生后，阿坝藏族羌族自治州卫生局职工纷纷赶到单位请缨参加抗震救灾。按照自治州州委和州政府紧急会议要求，5月12日15时10分，在局主持工作的局党委委员、纪检组长陈吉贤立即组织召开局紧急会议，安排部署医疗救援工作，宣布立即启动特别重大事件一级医疗卫生救援预案，成立抗震救灾工作领导小组，组建医疗救援指挥部。

震后两小时内，阿坝卫生局迅速组织抽调州医院、州疾控中心和金川、红原、壤塘、小金等县42名医疗卫生骨干人员，组成7支医疗救援队，在震情灾害不明、道路险阻不清的情况下，冒着强余震紧急启程，从马尔康和小金方向赶赴汶川。阿坝卫生局领导也分别带领有关人员从都江堰、马尔康方向赶往汶川，靠前指挥。与此同时，九寨沟、松潘、若尔盖、阿坝等县和自治州医院，也迅速完成第二批医疗救援队组建，赶赴极重灾区。

5月12日下午，局党委书记、局长张建得知地震的消息后，立即通过手机短信紧急指令全自治州卫生系统团结一心，全力做好抗震救灾医疗救治和卫生防疫工作。在都江堰、北川两地受阻后，张建于14日早晨跟随自治州指挥部领导从紫坪铺水库乘冲锋舟前行10余公里，冒着强余震徒步6公里赶到震中映秀。在条件极其艰苦、环境异常危险的震中地区，他身先士卒，积极组织当地医疗卫生力量开展医疗救援和卫生防疫，主动协调救援部队和各省市卫生救援力量进行医疗急救、伤病员转运、消毒杀虫、水源监测、应急接种和心理干预等工作。

地震发生后，陈吉贤吃住在办公室，担负起组建全州医疗卫生救援队、协调外援医疗防疫队伍、紧急情况处置和医药物资接收管理调配的总指挥、总调度等工作。连续10多天，他每天没有睡过5个小时以上的安稳觉，没有吃过一顿安生饭，紧张、疲劳、饥渴一直陪伴着他。5月22日，他率领唐永东、王维翠、任素英、哈姆、曾元发、刘晓军等职工赶赴映秀灾区参与医疗卫生救援，一干就是80多天。局党委委员、副局长喻晓春在地震发生后两小时，率领职工雷明香、刘晓明连夜赶赴汶川，在经历无数次强余震和大面积山体滑坡地段后，于14日下午徒步赶到汶川县威州镇参加医疗卫生救援指挥工作，一干就是70多天。

地震发生后，阿坝卫生局干部职工纷纷投入抗震救灾工作。5月13日，陈忠强主动向阿坝县洛尔达乡党委请缨赴灾区一线参加抗震救灾，带着自费购买价值3000多元的急救药品赶赴汶川，沿途救治了很多受伤群众，于16日徒步赶到汶川。14日凌晨，肖健引领一支由1500多名武警战士组成的救援队徒步向震中映秀进发。在极其艰苦的条件下，经过12小时的急行军，于当日20时抵达映秀，立即投入到搜救被埋群众的战斗中。临近退休的米开元，从16日起，每天工作17个半小时，连续26天坚守在马尔康县卓克基镇救灾物资接收转运站，接收、转运发往灾区各县的医药物资，每天少则10多车，多则数十车，经常累得回到办公室来不及吃饭就睡着了。

2008年9月，阿坝藏族羌族自治州卫生局被卫生部、食品药品监管局、中医药局、总后卫生部授予“抗震救灾医药卫生先进集体”称号；10月7日，被中共中央、国务院、中央军委授予“全国抗震救灾英雄集体”荣誉称号。

中共汶川县映秀镇委员会

5月12日下午，大地突然剧烈抖动，刹那间整个映秀镇伴随着强烈持续震动变成了一片废墟。强震过后，映秀镇党委立即组织党员和干部群众展开救援，将受灾群众首先带往宽阔的球场坝。此时球场坝已经聚集了千余人，迅速清点人员后才发现镇党委、镇政府原有的30多人，眼前集合的只有6个人。在镇党委书记受重伤、其他镇党政领导及10余名镇干部下落不明的情况下，没有受伤的镇党委副书记蒋青林等党政领导迅速担起重担，震后不到30分钟即成立了映秀镇党委抗震救灾临时领导小组，分头展开救援工作。

映秀镇党委抗震救灾临时领导小组首先想到的是镇里的映秀小学和漩口中学，在稍作部署后，便组织了一支青壮年救援队奔向映秀小学。一到学校，救援队被眼前的景象惊得目瞪口呆，有470多名师生的学校已变成一片废墟，废墟中不时传出孩子的哭声和呼救声，还有家长的哭喊声。“快，大家快搬砖头救人!”救援队员听到命令后，大步冲到还在掉砖头的教学楼废墟前，开始搬砖救人。没有挖掘工具，救援队员们就用手不停地扒砖块；没有手套，双手很快就磨破了皮，一不留神尖锐的石块和铁丝就戳破了手；垮塌的砖头不断砸到身上，救援队员们仍然坚持抢救，一刻也没有停歇。地震当天，镇党委组织镇政府工作人员、镇村青壮年和各单位人员，用简易工具和双手，救出被困人员500余名，救治伤员1000余名。

5月12日傍晚，岷江和渔子溪断流，镇救援队意识到是上游出了问题，一旦出现大洪水，地处河谷的映秀将遭到灭顶之灾。救援队立即向临时领导小组汇报情况，并迅速安排人员组织群众向渔子溪等位置相对较高的地区转移。当晚，大雨倾盆，不少群众出现恐慌情绪，镇救援队耐心地做疏导工作，把从收音机收到的中央和全国人民关心灾区的消息告诉灾区群众。

镇党委书记王长红在出差途中，被滚石砸伤双腿，伤情严重，在对抗震救灾工作做出具体安排后，将党委工作交给蒋青林全权负责。在外地就医期间，他坚持通过电话了解映秀抗震救灾情况。副镇长徐红军强震过后从废墟里爬出，快速向幼儿园跑去，在余震不断的情况下，从杂乱的预制板间刨了一个洞，钻进洞内将孩子一个个送出洞外，当天从废墟中救出20余个孩子。在外部救援人员赶到之前，镇党委组织群众在废墟中先后救出被埋压群众500多人，其中有学生100多人。徐红军还兼任镇人武部部长，他身先士卒，带领民兵展开救援。特别是5月31日邱光华机组直升机失事后，他带领全镇民兵、党员、团员5000余人持续数日上山搜救，并配合解放军、武警部队官兵运送遇难的机组人员遗体。地震发生后，映秀镇有6处次生地质灾害隐患点。镇党委专门成立紧急避险工作小组，制订紧急避险工作预案，落实7个村地质灾害点监测人，打通3条紧急避险通道，进行群众紧急避险演习，全镇紧急避险安置5488人。

5月13日后，阿坝藏族羌族自治州、汶川县抗震救灾指挥部和部队等各支救援力量陆续进入映秀镇。镇党委组织干部群众积极协助解放军、武警部队和消防官兵做好救援工作，从废墟中搜救出幸存者近600人，转移重伤员500余人，寻找和挖掘出遇难者遗体700余具，并全部按要求进行消毒处理和安葬。在映秀镇党委的部署安排下，映秀镇应急阶段共设立临时安置点4个，搭建帐篷500余顶，临时安置受灾群众5443人；设立救助点1个，2万余名受灾群众得到救助。

2008年10月7日，中共汶川县映秀镇委员会被中共中央、国务院、中央军委授予“全国抗震救灾英雄集体”荣誉称号。

汶川县雁门乡萝卜寨村党支部

汶川县雁门乡萝卜寨村位于海拔2000多米的高山上，地震将这个古老羌寨夷为平地，全村229户人家的房子全部倒塌，全村968人中有44人遇难、85人受伤。

地震发生后，村党支部迅速成立了抗震救灾领导小组，组织党员、干部和村民组成18人的搜救队伍，分成3个小组，在余震不断的情况下，冒着残垣断壁随时可能倒塌的危险进入寨中搜救被困群众。没有工具，就用肩膀扛，用双手抬，用手刨。肩膀磨坏了，双手磨起泡了，手指刨出血，没有一个人退缩，没有一个人发出半句怨言。看着党员、干部带头，从废墟中爬出来的村民和陆续从田间地头赶回来的村民，也都自发加入到抢救队伍中来，村寨到处是施救人员上下穿梭的身影。经过数十小时的奋力施救，党支部组织的3个搜救小组终于从废墟中成功解救出60余名幸存者。

面对近百个轻伤和重伤人员，村党支部和村委会立即组织人员到村医疗站抢挖被倒塌房屋压埋的药品，并安排村妇女主任协助村里的医务人员开展医疗救治，及时对受伤人员进行紧急处理。灾后第二天，被抢救出来的重伤员伤情开始加重，生命危在旦夕。为了赢得治疗时间，在场的党员挺身而出，带领群众迅速转移重伤员。第三天，从废墟中抢救出来的一名5岁小女孩，由于头部严重受伤，虽然进行了紧急处理，终因伤情严重又缺医少药，生命体征迅速下降。为了营救年幼的生命，村党支部立即安排民兵连连长袁保建和其他两个民兵轮流背着小女孩连夜转移，将小女孩送到县医院，后又转移到成都，使小女孩得到及时救治。另外6名重伤员也都被村党支部和村委会派人分批送到县城医院进行救治。

地震发生后，全村的房子全部倒塌。为解决受灾村民的临时居住问题，村党支部书记马前国及时与当地一家公司负责人取得联系，获得了一些太阳伞、彩条布、塑料薄膜和几顶旅游帐篷，同时发动村民把手头现有的油布集中起来，统一调配使用，努力让每个村民都有安全的临时住处。

2008年6月，汶川县雁门乡萝卜寨村党支部被中组部授予“抗震救灾先进基层党组织”称号；10月7日，被中共中央、国务院、中央军委授予“全国抗震救灾英雄集体”荣誉称号。

中共理县甘堡乡委员会

汶川特大地震给理县甘堡乡人民群众的生命财产造成严重损失，受灾群众3575人，遇难7人，受伤21人（其中重伤10人），房屋倒塌95%以上。面对灾难，甘堡乡党委、乡政府立即启动抗震救灾应急预案。全乡干部协同甘堡乡派出所干警兵分两路，分别赶往甘堡村木堆组和甘堡组组织救援。为及时掌握全乡的受灾情况和组织抗震救灾工作，5月12日16时，甘堡乡党委和乡政府成立抗震救灾工作领导小组，领导小组下设医疗工作组、后勤保障物资组、抢险救灾组、查灾核灾组、安全保卫组和民兵应急组。17时，全乡干部、派出所干警、甘堡村民兵、甘堡村妇女分成8个小组，奔赴4个村19个村寨组织救灾。21时，信息员陆续返回甘堡大寨子汇总灾情。

地震发生后，甘堡乡同外界的通信全部中断，一些家在汶川县和茂县的甘堡乡职工在不知道亲人安危的情况下，仍坚持投入抗震救灾斗争中，实在忍不住心中的痛苦时，就夜间躲在乡上的护林防火车中偷偷哭一会儿。甘堡乡全体工作人员带着对亲人的牵挂，坚持到村、组抚慰广大群众，将党和政府的关怀及时送到每个受灾群众心里。甘堡乡党委、乡政府还组织干部职工及时转移受灾群众，搭建避灾棚，让受灾群众有饭吃、有地方住。

至5月15日，甘堡乡党委、乡政府转移安置受灾群众3000余人，在全乡相对安全的地方设立24个群众安置点，将日尔脚村甘堡坝组，尔浦村火地组、耳浦组因垮塌严重无法居住的146户648人，分别安置在沿河谷的八什闹村洪水沟组、甘堡村木堆组，并分别在甘堡组、木堆组、洪水沟组、甘堡电站设立4个救助站，接待因地震滞留人员4500余人，送去大米600公斤。

为确保灾后无大疫，甘堡乡党委在云南省疾控中心、湖南省疾控中心医务人员的支持下，对各个村组进行全面消毒处理，走遍了全乡24个村寨、9个临时居民安置点。

在抢险救灾的同时，甘堡乡党委和乡政府不忘周边县、乡镇受难的同胞，组织党员向极重灾区汶川、驻地部队等运送蔬菜50余万公斤。日尔脚村党支部组织村民向重灾区甘堡坝捐助腊肉140公斤、大米250多公斤；联合、熊耳两村主动将大米和物资让给重灾村；甘堡村党支部组织运送白菜、莴笋等农副产品到各部队，为部队送去大米500公斤、清油20公斤、肥猪3头、腊肉1275公斤、甜樱桃1.75万公斤、烧火柴24车。乡党委和乡政府还及时组建青年突击队抢修自来水管道、人畜饮水工程、机耕道等。为最大限度地减少群众损失，乡党委又及时联系玉米等种子1225公斤，组织村民积极开展恢复生产自救活动，抢种玉米、蔬菜4.52公顷。

震后两个月内，甘堡乡党委和乡政府组织人员搭建好过渡安置房792户1584间，共计31680平方米，救灾款物全部如数发放到受灾群众手中，确保了灾区群众有饭吃、有衣穿、有房住。

2008年10月7日，中共理县甘堡乡委员会被中共中央、国务院、中央军委授予“全国抗震救灾英雄集体”荣誉称号。

中共茂县委员会

汶川特大地震发生后，处于地震断裂带的茂县受灾严重，通信中断，茂县县委常委立即向政府广场汇聚。5月12日14时30分，县委在余震中召开了震后第一次常委会，立即成立茂县抗震救灾指挥部，由各位常委分别牵头后勤物资保障、交通电力设施抢险、游客疏散转移、治安稳控、卫生防疫等8个工作小组。14时50分，各个工作小组开始运行，抢救伤员、筹集物资、维持秩序、统计通报情况等各项工作全面展开。15时20分，茂县22名副县级领导带领突击队，紧急奔赴22个乡（镇）进行抗震抢险。

地震发生时，县委书记尼玛木正在成都参加四川省委党校组织的培训。他毅然中断学习，辗转从重庆乘飞机赶至松潘，冒着余震、飞石、塌方的威胁，徒步60余公里回到茂县县城主持全县抗震救灾工作。

5月13日，茂县县委组织县级各部门在政府广场设立露天办公点，干部职工全天候坚守在工作岗位，履行各自职责，接受群众咨询，稳定群众情绪。卫生系统抢救药品、救治伤员；交通系统及时抢修“生命通道”；宣传部门发布通告，通报灾情、抗震救灾政策和避险救灾知识，引导群众正确认识地震，科学防范余震，消除群众恐慌心理；公安干警昼夜巡查，对县城实行24小时巡逻，维护社会治安秩序。各乡镇党委政府、村党支部和村委会都积极组织发动群众搜救伤员，转移被困人员，自救待援；组织基干民兵开展搜救受伤群众、运输救治伤员、转移被困群众、抢修乡村道路、搭建简易住所等工作。全县党员干部在县委领导下，带领基层群众抗灾自救互救。地震发生后，物资极度紧缺，党员从废墟中挖出粮食和腊肉，在路边搭起简易锅灶，为被困游客和外地民工烧水煮饭，无偿提供临时住处。在抢险应急阶段，县委组织救援人员，从废墟中搜救群众25680人，安置14万余人，临时救助3.54万人，安全转移195名危重伤病员、7573名被困游客和上万名流动人员。经过七天七夜奋战，茂县基本抢通了临时通道。

茂县境内大山林立，群众居住分散，余震还在继续，次生灾害频发。针对大规模的救援力量未能到达、大批救灾物资不能及时运入的情况，县委召开全县副科级以上干部大会，部署受灾群众过渡安置工作；组建物资筹备运输工作组，负责救灾物资采购和运输；明确物资“公开、公正、公平、公示”发放原则和“先乡村后城镇”发放办法，将运抵茂县的救灾物资妥善发放到受灾群众手中；制订《茂县受灾群众紧急避险实施方案》，将受地质灾害严重威胁的群众全部转移到安全地带；制订《茂县生产自救工作方案》，采取价格干预、运价补贴等措施，恢复生产经营，保证生活必需品市场供应；将机具设备布置在危险路段随时调用，对危险路段值班守护，确保境内国、省道和沿途县乡道畅通，为救灾物资运输、救援队伍进入和实施阿坝监狱“千里大转移”提供了交通保障。

县委书记尼玛木和县长高加军到一线铜钟电站、白水电站、土门黄金湾堰塞湖检查险情，组织排危除难。县委领导还带领自治州下派干部，到各村组开展普查灾情、清理废墟、卫生防疫、抢修基础设施、发放救灾物资等8项工作。县级各部门组建53个党员服务队，1800余名干部和党员坚持在一线抗震救灾。干部带领群众从废墟中清理出建筑材料，创造出10余种搭建过渡安置房的方法，实现中、小学校全面复课。

茂县县委多次召开专题会议研究灾后恢复重建工作，制订了《动员各方力量推进灾后重建工作的意见》，统一全县干部群众思想，为茂县灾后恢复重建工作指明方向，完成灾后重建总体规划、专项规划及实施方案的编制；在山西省对口援建的帮助下，确定了2008年先期启动恢复重建项目。

2008年10月7日，中共茂县委员会被中共中央、国务院、中央军委授予“全国抗震救灾英雄集体”荣誉称号。

中共松潘县委员会

汶川特大地震使松潘县25个乡（镇）、7万余名群众受灾，其中9个乡（镇）遭受重灾。全县民房、校舍、办公楼受损严重；水、电、路、通信等基础设施严重损坏。

地震发生后，松潘县委书记紧急召开会议，启动抗震救灾应急预案，成立抗震救灾指挥部。会后，4个应急工作组赶赴各片区摸清受灾情况，开展救援工作。由县主要领导牵头，300多名县机关干部组成的10个工作组赶赴出险路段和各乡村，与400多名乡镇、驻村干部一道，全力开展抢险救灾工作。距松潘县城400公里的白羊乡，2600多名群众粮食告急、药品告急。县委安排两名副县长徒步两天两夜赶到白羊乡，组织百余名民兵用3天时间开辟了一条人畜便道，人背马驮为受灾群众送去救命物资；同时，从成都、重庆、兰州等地紧急调运100多吨粮食和其他生活物资，保证市场供应和受灾群众基本生活。

地震后40分钟，松潘县委派出抢险组投入国道213线公路抢通作业。县委领导班子成员全部赶赴抢险一线，和其他县的领导一道，带领500余名干部职工陆续投入平松路、松黑路、茂松路的道路抢修工作。当晚，平松路、松黑路松潘境内段被抢通，小河、镇江片区伤员和上千名滞留游客全部安全转移。国道213线松潘至茂县段是通往茂县、汶川重灾地区的“生命线”，地震后道路损毁，交通中断。5月12日17时，县委、县政府主要领导赶赴国道213线抢险现场，带领抢险队员在老龙湾200多米高的绝壁上奋战六天六夜，终于“啃”出一道口子。18日凌晨，国道213线松潘至茂县县城段全线贯通。

道路疏通后，松潘县境内滞留的上万名中外游客以及九寨沟、平武、茂县、黑水等县滞留游客纷纷取道松潘返回。松潘县委组织工作人员2828人次、车辆1039台次，连续工作五天五夜，妥善安排2.2万余名滞留游客食宿，将他们安全转移，并转送县外危重伤员26名。另有80多名干部连续工作六天五夜，完成茂县沙湾青龙寺39名遇难游客遗体挖掘、搬运、身份确认、亲属联系、火化、骨灰交接等工作。

地震发生后，松潘县藏、羌、回、汉各族干部群众以不同方式参与、支持抢险救灾。公路沿线100多名群众参与道路抢险；18名医护人员徒步跋涉近200公里赶赴茂县、汶川开展救援，成为最早到达茂县的医疗队之一；20名公安干警徒步赶赴茂县抢险救灾；干部群众积极捐款捐物，全县捐款200多万元、捐赠物资折合20多万元，3787名党员交纳“特殊党费”80.5万元；组织车辆100多台次，向北川、茂县被困乡镇紧急运送食品、饮用水110多吨，向茂县、汶川、北川、青川等极重灾县（市）转运650余吨物资。

2008年10月7日，中共松潘县委员会被中共中央、国务院、中央军委授予“全国抗震救灾英雄集体”荣誉称号。

阿坝师范高等专科学校

汶川特大地震中，阿坝师范高等专科学校所在的汶川县威州镇震感强烈，建筑物晃动明显。因学校基础设施都是按照Ⅶ度防震烈度标准修建的，故房屋没有大面积倒塌，没有造成大的师生伤亡。

面对这场突如其来的大灾难，阿坝师专领导及时有效地组织抗震自救。地震发生后几分钟，党委书记景亚新等学校领导就指挥师生员工紧急撤离疏散到学校体育场，并迅速成立抗震救灾指挥部，及时与当地政府取得联系，按照“以人为本、安全第一”的指导思想，组织各系、部师生在安全地带避险，搭建临时防震棚，及时制定供水、供粮、供电、供帐篷和防病、防余震、防洪、防火等保障措施。校领导清点人数，寻找失踪人员，派教师穿越危险地带到县城寻找、登记离校学生，并及时将校内的生活用品抢运出来。为防止学生上楼发生意外，学校发动中层干部、教师和学生干部堵住通往教室、寝室的路口。在风雨交加、余震不断的5月12日晚，全校教师始终和学生在一起，对外籍教师则给予特殊照顾。13日下午，学校组织启用建校时修建的老井供水，动手抢出食堂库房的粮食、物资。

5月14日，在马尔康执行维护社会稳定任务的校长马洪江，冒着生命危险，徒步90公里带伤赶回学校，对抗震救灾工作做进一步部署，重点是保障生活物资供应和防止疫病发生，并成立物资保障组、学生安全稳定组、卫生防疫组、救护组、教工区管理组，由校领导分工负责。在灾后的16天里，校领导和教职人员风餐露宿，始终守护着学生。许多教职人员在亲人下落不明、生死未卜的情况下，仍坚守在抗震救灾的岗位上。学校成立的志愿者队伍协助地方政府转移伤员，卸救灾物资400余吨。学校还组织200多名学生献血，为100多名运输救灾物资的司机提供食宿，为受灾群众和旅客提供生活用品。

5月22—27日，阿坝藏族羌族自治州州委、州政府专门为阿坝师专调度大中型客车200余辆，以“先学生、次教师、后干部”“女生优先”“老弱病残优先”原则，分4批开始长达千里的大转移。至28日凌晨，安全转移5000余名学生、学生家长和教职员工到安全地区。撤离的同时，为维护学校秩序，保护学校财产，学校成立留守处负责留守工作，并组织人员抢救校内的教学设施设备和图书资料。

人员成功疏散后，阿坝师专迅即在位于成都市三环路外的高家庄成立抗震救灾临时指挥部，下设安置安抚及复课、对外联络、综合协调、募捐宣传等4个组，有条不紊地开展复学复课、安抚安置、募捐宣传工作。9月1日，阿坝师专在攀枝花学院成都职业培训基地和西华大学彭州校区正式复学，学校工作重点开始转为灾后重建。

2008年10月，阿坝师范高等专科学校被四川省委、省政府授予“四川省抗震救灾模范集体”称号；10月7日，被中共中央、国务院、中央军委授予“全国抗震救灾英雄集体”荣誉称号。

四川省交通厅公路局

汶川特大地震中，四川灾区公路遭受严重破坏。地震发生两小时后，四川省交通厅公路局召开紧急会议，成立公路抢险保通指挥部，下设工程抢险组、调度协调组、信息组、稳定保障组；同时，将机关全体工作人员按照业务相通、合理搭配原则，配置到各组，保证救灾工作全方位推开，全天候运转。局领导连夜分头赶往重灾地区阿坝、绵阳指导抢险保通，当晚到达都江堰、北川道路抢修的最前沿，现场组织指挥抢通工作。

通往汶川东、西、南、北4个方向的道路，均遭到严重损坏，需要尽快打通。四川省交通厅要求公路局重点负责打通到汶川距离最长的西线。公路局迅速组织精兵强将，调集机械设备，与沿途公路部门从夹金山、小金、理县等地实施分段施工。公路局除要求雅安、阿坝公路系统全力投入外，还协调湖南省对口支援队伍150余人、14台大型机械、28台运输车辆前往增援，及时拓宽道路，清除安全隐患。经过连续3个昼夜的抢修，终于抢通了成都经雅安、宝兴、小金、马尔康、理县到汶川的西线公路。西线打通后的第一周，每天进出汶川的车辆达到1200辆，大量救灾人员、物资得以快速进入，数万群众向外疏散，西线成了名副其实的“生命通道”。

地震发生后，正进行省道303线映秀至日隆公路改建的工作人员，组织施工单位兵分三路，分别负责从邓生往日隆、小金方向，从卧龙往邓生方向，以及往耿达、映秀方向进行道路抢通。经过5天的艰苦作业，终于打通了卧龙通往外界的“生命通道”。通过这条通道或与航空联运的方式，向外转移出近500名滞留人员，其中包括35名外国游客，另有14只大熊猫由此安全转移。

国道213线映秀至汶川段靠近震中，是遭受毁灭性破坏的干线公路之一。路段全长55公里，损毁面达80%。受损最严重的映秀至彻底关18.5公里公路段，集中了几十处大型岩崩、滑坡、泥石流以及堰塞湖等次生地质灾害和上百处路基边坡高危点，总塌方量超过8000万立方米。公路局与设计单位、施工单位反复研究，草拟出《国道213线映秀至汶川公路抢通方案》，按照“科学、安全、快速”原则，确立集中优势兵力联合攻坚的工作思路，提出老虎嘴堰塞湖处置、彻底关钢桥架设两大关键工程的具体措施，牵头组织抢通保通前线指挥部，组织公路局、交通设计院、公路设计院数十名专家和技术人员以及路桥集团等施工单位4200多名施工人员，在四川省国土资源厅、水利厅和抗震救灾部队共同努力下，全力投入抢修工作。

施工过程中，公路局创造出一个又一个奇迹：实施单炮装药30吨的中国公路建设史上第一爆；在老虎嘴堰塞湖侧强行开辟一条便道，解决了映秀至汶川公路抢通第一只“拦路虎”；克服河道宽、水流急、无法在河中建设桥墩的困难，利用抛石填河等办法在彻底关架起钢桥，解决了汶川公路抢通第二只“拦路虎”；在四川省首次使用难度极高的桥梁顶推技术，对沿线3座重达1000多吨桥梁实施了整体复位。公路局总计投入施工机械660余台套，实施了清除坍方、拓宽道路、清理边坡、增设挡防、铺筑路面等一系列工程，仅清除坍方就达230万立方米。9月底，国道213线都江堰至汶川公路全线通车。

地震发生后，公路局迅速组织人员深入灾区全面调查地方公路受灾情况，在最短时间内制订抢通保通方案，提出抢通保通工作的7条基本原则和保通、保畅、保安全的总体目标，建立公路抢修保通日常保通、专项保通、应急保通、交通管理4项工作机制，协助交通厅制定地方公路灾后重建规划，承担首批灾后重建项目的组织实施任务。截至8月底，四川省干线公路除两段外均已抢通，439个乡（镇）的公路抢通438个，2569个行政村的公路抢通2479个，为抗震救灾和灾后重建提供了重要的公路交通保障。

2008年5月，四川省交通厅公路局被人力资源社会保障部、交通运输部授予“交通运输系统抗震救灾英雄集体”称号；7月，被全国总工会授予“抗震救灾重建家园‘工人先锋号’”称号；10月7日，被中共中央、国务院、中央军委授予“全国抗震救灾英雄集体”荣誉称号。

四川省交通厅公路运输管理局

汶川特大地震发生后，四川省交通厅公路运输管理局在通信几乎全部中断、灾情不明的情况下立即启动应急预案。震后一小时，立即在办公楼外的街边召开紧急会议，成立应急运输保障指挥部，同时以最快速度派出两路人马，一路赶往四川省武警总队联系救灾部队运输，另一路奔赴成都市内各大汽车站，以最快速度组织运力。在最短的时间内，四川运管局派出37辆客车，连夜将800多名武警部队官兵送往都江堰等重灾地区，为救援受灾群众赢得了宝贵时间。

5月12日晚，四川运管局向全省各市州运管机构发出紧急征调令，200多辆客车和货车从全省各地向成都火速集结。13日上午，在四川省抗震救灾指挥部统一指挥下，四川运管局对全省抗震救灾运输保障做出全面部署。全局迅速组成12个工作组，分赴省抗震救灾指挥部物资组、卫生组、双流机场、火车成都东站、十陵客运站、成都汽车总站等地，每天24小时不间断地现场组织调度运力，抢运来自全国各地的救援队伍和救灾物资。

抗震救灾期间，四川省道路运输应急保障动员人力之广，调集运力之多，涉及范围之大，运输任务之重，保障难度之高，持续时间之长，均创造了四川乃至全国道路运输应急保障的历史记录。“满足当天、储备明天、准备后天”，是四川运管局为适应救灾运输需求而制定的运力集结和运输组织保障措施。“救灾运输车辆需要多少，就派多少；什么时间要，就什么时间调；救灾人员物资需要送到哪里，只要道路条件许可，就第一时间送到哪里”，是四川运管局向各级指挥部、向灾区群众、向社会公开发布的庄严承诺。为兑现这一承诺，四川省21个市（州）运管处、100多个县（市、区）运管所、数百家专业运输企业、数千名个体车主以及数万名客货车驾驶员，不畏艰险奋战在救灾保运第一线，完成了一次又一次的专项运输任务。

5月12日至8月底，四川运管局累计接到四川抗震救灾指挥部派车指令5000多单次，调集应急客车2223辆，开行3233车次，运送救灾人员和转运受灾群众10余万人；累计调集应急货车6391辆，开行13975车次，运送救灾物资10.2万吨，单日最大用车量达1029辆。四川省各级运输指挥部累计投入应急客车19799辆，运送救灾人员和转移灾区群众约110万人，投入应急货车44982辆、运送救灾物资约44.2万吨，整个过程未发生一起救灾应急运输任务重大延误。

2008年7月，四川省交通厅公路运输管理局被交通运输部授予“全国交通运输行业抗震救灾先进集体”称号；10月7日，被中共中央、国务院、中央军委授予“全国抗震救灾英雄集体”荣誉称号。

四川省人民政府防汛抗旱指挥部办公室

汶川特大地震发生后10分钟，四川省政府防汛抗旱指挥部办公室立即恢复正常工作状态，一面继续坚持防汛24小时值班制，一面全力以赴投入抗震救灾。防汛抗旱指挥办及时架起与水利部、国家防总办公室和各灾区信息传递的桥梁，确保各种信息及时上传下达，使国家防总办公室和四川省抗震救灾指挥部、四川省水利厅抗震救灾指挥部能及时掌握灾情，为指挥部门快速准确决策和下级部门贯彻落实提供了坚强保障。

5月13日，灾区的救援工作因陆路交通阻断而全面告急。23时30分，防汛抗旱指挥办接到四川省抗震救灾指挥部指令，要求紧急组织冲锋舟。防汛抗旱指挥办克服防汛物资仓库中冲锋舟储备不足、无车可运、缺少操舟手等困难，迅速征调39艘冲锋舟和42名操舟手到位，并联系运输车辆，保证冲锋舟在最短时间内运到紫坪铺水库大坝；同时，调度集结在码头的各种抢险队伍，使抢险队伍井然有序开赴灾区一线，顺利开展救援工作。

为保障救灾工作顺利开展，防汛抗旱指挥办向国家防总办公室申请调拨一批帐篷等紧急物资运往灾区。指挥办工作人员连续数昼夜往返于机场接收物资，多次调配帐篷、冲锋舟、汽油、发电机、卫星电话等进入灾区，有力支援了抢险救灾工作。

地震发生后，最具危险性的是各处的堰塞湖。防汛抗旱指挥办人员冒着生命危险摸清基本情况后，通过加强监测建立预警机制，指导地方及时转移疏散群众；采用爆破和疏挖结合，对堰塞湖进行安全科学快速处置；对震损水库和堤防逐处落实行政、技术和监测责任人，指导地方落实避险预案和预警措施；组织3000多人开展除险方案设计，组织1万多人投入排险工作。

在进行抗震救灾工作的同时，防汛抗旱指挥办对职责内的安全保障工作丝毫没有懈怠：认真落实责任，开展防汛督导；全面排查受灾群众安置点，对19处存在安全隐患的安置点进行专项督查；组织防汛避险演练。防汛抗旱指挥办还坚持把防止次生灾害、确保人民群众生命安全作为抗震救灾工作准则，做到震损水库、水电站无一垮坝，震损堤防无一决口，堰塞湖处置无一人伤亡。

2008年10月7日，四川省人民政府防汛抗旱指挥部办公室被中共中央、国务院、中央军委授予“全国抗震救灾英雄集体”荣誉称号。

四川省医学科学院·四川省人民医院

汶川特大地震发生前，四川省人民医院有7000余名门诊病人、2795名住院病人，加上家属共达万人。地震发生时，人们惊慌失措，惊恐地向楼外奔逃，医院一片混乱。情况紧急，医院领导紧急启动突发公共卫生事件应急预案，沉着果断指挥全院干部职工帮助病员有序撤离。不到20分钟，高达18层和23层的两栋住院大楼内的住院病人和门诊病人，均被疏散至地面安全地带。在重症病房，一些医生和护士则不顾个人安危，精心看护着不便搬运的近200个危重病人。在医院手术室，手术医生和护士则一丝不苟地继续完成正在进行中的20余台手术。

5月12日15时30分，受四川省卫生厅委派，四川省人民医院急救中心院前急救部主任曾俊任队长，率第一支医疗救援队赶赴灾区。医疗队辗转都江堰、安县、北川及汶川县映秀镇等地，在余震频发、山体滑坡、飞石滚落、道路阻隔的情况下，在没水、没电、物资极度匮乏的极重灾区，建起一条医疗救助“生命线”。皮肤病防治医疗队乘直升机进入“孤岛”内，冒着40摄氏度的酷热防治皮肤病、救治麻风村伤病员。60天中，医疗队救治伤员1779人，开展手术386台次，进行巡诊5000余人次，转运伤员737人。

从5月12日15时12分起，四川省人民医院开始接收一批又一批来自灾区的伤员。院长李元峰挂帅，与其他院领导组成抗震救灾领导小组。12日当晚，医院就收治伤员697人，其中住院收治321人，仅骨科就完成79台大手术。地震伤员中80%是骨伤，骨科病房告急。医院在两天内紧急建成3个应急病房，并想方设法腾出大量病床。震后不到48小时，入院伤员达1205名，大量伤员在等待手术，形势异常严峻。14日22时，李元峰紧急主持召开领导小组扩大会议研究对策；会后，连夜集中全院外科力量，以骨科为核心组成10个手术组，夜以继日突击手术，许多伤员因手术及时避免了伤情恶化。

5月17日，用直升机转运出汶川等极重灾县（市）的伤员和灾区医疗机构收治的危重伤员，源源不断转入四川省人民医院，医院承担起四川省重危伤员集中收治的艰巨任务。医院打破原科室建制，建立以重症监护为中心、多学科协作联动的医疗模式，并从全院调集各个学科的技术骨干成立危重伤医疗专家组，扩增重症监护病房，将重症伤员全部集中治疗；出台针对挤压综合征、气性坏疽、多器官功能衰竭等多个危重症的治疗方案。医院还与卫生部重症医学救治专家组以及外援医疗队紧密合作，极大提高了重危伤员救治能力，致残率显著降低，院内死亡率仅为0.56%。7月3日，医院又承担四川省地震伤员省级康复中心进行伤员康复治疗的新任务。截至10

月14日，医院共收治重残伤员201人，总治疗量达到2万余人次。全院共救治伤员5901余人，抢救危重伤员1000余人，手术2502台，巡诊5000余人次，转运伤员1500余人。

2008年6月，四川省医学科学院·四川省人民医院被人力资源社会保障部、卫生部授予“卫生系统抗震救灾英雄集体”称号，被全国总工会授予“全国五一劳动奖状”；7月，被全国总工会授予“抗震救灾重建家园‘工人先锋号’”称号；10月7日，被中共中央、国务院、中央军委授予“全国抗震救灾英雄集体”荣誉称号。

四川省骨科医院

汶川特大地震袭来时，四川省骨科医院手术室正对一位患者实施髋臼骨折复位内固定手术。突然间，无影灯、手术台剧烈晃动起来，室内人员双脚无法站稳，柜式空调和饮水机倒地，备用液体从搁板上坠落。主刀医师沉着冷静地说：“大家不要慌，做完手术、救治病人是我们的唯一选择。”没有人退缩逃离，手术像平常一样有条不紊地继续进行，直到顺利完成。

地震发生后，医院立即成立了抗震救灾工作领导小组，第一项工作就是院领导一起奔向病房组织转移病员。因都是骨伤病员，行动不便，震后电梯又不能使用，病员都得从5楼上往下抬，但大家不畏困难，担架不够就用木沙发、长条凳和床垫抬，甚至连病床一起抬下来；可以坐的病员则用单木椅抬，或者抱着、背着下楼。全院300多名职工共搬运病员1200余人次，在院病人无一因余震再次受伤。

在安顿好所有在院病员后，一场更为紧张的救治工作展开了。医教处将全院医护人员立即重新整编、分块运行：住院部为负责在院病员管理，协助灾区伤病员入院后救治；门诊、急诊合署办公，将急诊清创室改建为临时手术间，全面负责灾区伤病员急救；各病区抽调专业医生组成医务组，抽调护理人员组成临时护理单元，成立临时手术室和应急病区，专门收治灾区伤病员。全院医护人员临危不乱，充分发挥治疗骨伤、外伤的专科优势，全力以赴救治伤员，工作紧张而有序。地震当天，应急病区共收治灾区伤员43人，进行急诊手术8台次；门诊、急诊诊治伤员348人次，入院24人次，完成急诊手术16台次。地震发生后的半个月，医院共收治门急诊伤员1692人次，住院伤员151人次，实施手术85台次。

5月13日，医院接到四川省卫生厅应急办公室和四川省中医药管理局通知，灾区软组织损伤群众较多，急需医院内部制剂新伤软膏2万支。如果按照程序办理，从采购各种原辅材料到生产结束，大约需要一个月时间。医院打破常规，从14日开始，经过连续三天三夜的加班加点，至16日，完成2万支新伤软膏的生产，并及时送往阿坝藏族羌族自治州抗震救灾指挥部、德阳市中医院、德阳市中心医院、绵阳市中医院和广元市中医院等地。

奋战在抗战救灾一线的部队官兵，被蚊虫叮咬而出现皮肤红肿、剧烈瘙痒、溃烂等症状。6月3日，四川省中医药管理局布置医院立即为部队生产相关治疗外用药物。接受任务后，医院制剂室立即全力投入“都江堰1号”和“都江堰2号”的生产。为尽快生产出药品支援部队官兵，制剂室全体工作人员不分上下班，连续生产，医院同时号召全院职工到制剂室协助生产，所产药物很快被送到抢险战士手中。

2008年9月，四川省骨科医院被卫生部、食品药品监管局、中医药局、总后卫生部授予“抗震救灾医药卫生先进集体”称号；10月7日，被中共中央、国务院、中央军委授予“全国抗震救灾英雄集体”荣誉称号。

四川公路桥梁建设集团有限公司

汶川特大地震发生后仅数分钟，四川公路桥梁建设集团有限公司领导班子迅速到位，克服通信中断等困难，通过各种方式联系各下属单位以及省内外各地区的在建工程项目，排查工程、人员和财产安全情况，展开灾情信息收集，部署抗震救灾工作；同时，着手准备人员、设备和物资，集中待命，准备随时前往受灾地区进行救灾抢险。5月13日，首批救援队伍在四川路桥集团董事长孙云带领下赶到绵竹市汉旺镇，冒着不断的余震和瓢泼大雨展开救援工作，救出百余名被埋压在废墟中的群众，抢出120余万元现金及其他贵重财物。之后，救援队伍又出动机械设备在崇山峻岭间修整出一条汉旺镇通往清平乡的3公里便道，帮助已被困5天的万余名灾区群众安全转移。

都江堰到映秀镇公路是通往汶川县城最近也是最重要的一条道路，为打通这条“生命线”，给抢救灾区群众赢得宝贵时间，孙云带领下属单位负责人冒着生命危险，徒步到崎岖的毁损道路现场调度指挥，根据情况调整抢险措施，果断拍板抢险方案。

在一处开辟抢险通道的现场，危崖林立，松动的岩石随时可能滚落。四川路桥集团抢险突击队员、机械操作手邓健和石强冒着生命危险，驾驶着挖掘机开辟抢险道路。一块飞石袭来，砸在挖掘机的玻璃上，破碎的玻璃将二人的脸和胳膊划得鲜血淋漓，但他们不顾其他队员的劝阻，抹了抹脸上的鲜血和汗水，继续开辟道路。

抗震救灾期间，四川路桥集团在最短的时间里开赴抗震救灾最前沿，投入抗震救灾抢险一线人员3000余人、各种大型设备600多台（套）、资金2亿余元，成功救出100多名被埋压在废墟中的群众，救助400多名灾区群众和游客，帮助转移灾区群众1万多人，挖掘遗体300多具，翻越堰塞湖，全线抢通水磨至三江的道路，帮助被困在三江乡的5000多名灾区群众和救灾战士解除危机。四川路桥集团总计抢通道路400多公里，加固7座桥梁和12座隧道，成功攻克国道213线映秀至汶川段老虎嘴堰塞湖和彻底关大桥两大“瓶颈”工程，全面抢通国道213线都（江堰）汶（川）路，为打通都江堰至汶川、理县至汶川“生命线”等重要救灾通道发挥了重要作用。与此同时，四川路桥集团先后多次开展“抗震救灾、奉献爱心”募捐和交纳“特殊党费”活动，共募集捐款300多万元，党员交纳“特殊党费”近50万元，其下属公司还向当地抗震救灾指挥部捐赠了价值10万余元的棉被、床单和日用品等。

2008年7月，四川公路桥梁建设集团有限公司被全国总工会授予“抗震救灾重建家园‘工人先锋号’”称号，被交通运输部授予“全国交通运输行业抗震救灾先进集体”称号；10月7日，被中共中央、国务院、中央军委授予“全国抗震救灾英雄集体”荣誉称号。

四川省机场集团有限公司

汶川特大地震发生后，四川省机场集团有限公司总经理潘校军和党委书记杜修明等立即赶赴成都双流机场应急救援中心，部署旅客疏散和运行保障工作。总经理值班室、生产指挥中心相继发出应急救援指令，启动旅客疏散预案，公安局、安检站、候管中心、贵宾中心、商贸中心、机场管理部均启动本单位应急预案。候机楼内旅客和工作人员被疏散到广场，候机楼封闭，廊桥迅速与飞机脱离。5月12日14时49分，双流机场关闭，共影响进港航班169个、出港航班108个。关闭机场过程中，一架飞机复飞，一架飞机在跑道上中断起飞。

面对险境，机场集团领导冒着余震危险，组织人员对候机楼、机坪、跑道、滑行道、助航灯光进行检查和维修，做好重新开放的各项准备。与此同时，为服务好滞留旅客，机场医救中心在航站楼站前广场设立临时救护点，开展医疗救治和咨询。机场公安局抽调警力加强巡逻和警戒，设立临时服务点，做好信息通报和旅客服务工作；旅客疏散时遗留在候机楼内的行李全部得到妥善保管和返还，未发生丢失和误拿现象。

5月12日20时，成都双流机场实施“只出不进”单向开放举措。13日零时23分，双流机场恢复双向开放，空中“救灾生命线”重新开启。由于优先保障急救飞行，航班运输受到影响，5万多名旅客滞留。对此，机场集团一方面与航空公司密切配合，将滞留旅客分别往北京、上海、广州3个方向疏散；另一方面增派警力加强巡逻，维护现场秩序，增加一线服务人员，做好旅客退票、改签、变更等服务。经过60多个小时奋战，使滞留旅客安全离港。

从5月13日开始，运载急救物资、救援人员的飞机大规模飞抵双流机场，飞行架次由日均420架次增加到500架次以上，14日更是达到531架次，创造了双流机场日起降飞机的最高纪录。为解决停机坪不足问题，机场集团临时采取滑行道停放飞机，重新划定机位，紧急启用新货机坪等措施，使89个机位满足同时停放101架飞机的需求。机场货运进港量从平时的日均200吨猛增到2000吨，此后继续增加，18日达到最高峰4031吨，货运部门职工体力严重透支。对此，机场集团从机关、安检备勤人员、消防备勤人员中抽调50名员工支援货运部门，同时联系2300余名高校志愿者到货运站帮忙，赶制74台平板车运送货物，使急救物资以最快速度运往灾区。从20日开始，灾区伤员从机场转运外地医治，机场集团从方案制订、医务人员选配、运输线路安排、环境消毒、疫情防控、担架队配置等进行精心安排，确保伤员转运的平稳、卫生、顺利。

截至6月18日，机场集团共保障救灾飞行1583架次，其中保障来自俄罗斯、阿拉伯联合酋长国等47个国家和地区的急救飞行443架次；伤员急救飞行99架次，运送伤员3773人次；中转国内和国际急救物资35905.18吨，其中捐赠物资9989.82吨。机场指挥引导运输医疗救护车队1242队次，车辆7240台次，为抗震救灾工作做出重要贡献。

2008年7月，四川省机场集团有限公司被全国总工会授予“抗震救灾重建家园‘工人先锋号’”称号，被民航局授予“全国民航抗震救灾先进集体”称号；10月7日，被中共中央、国务院、中央军委授予“全国抗震救灾英雄集体”荣誉称号。

四川电视台

汶川特大地震发生后不到一小时，四川电视台迅速成立地震宣传报道应急指挥部，派出5组记者向极重灾区都江堰、汶川进发，全台节目、技术等各部门做好向社会发布准确信息的各项准备工作，全台8个频道的电视节目没有出现停播事故，避免了因停播可能引发的更大社会恐慌。

5月12日16时15分，四川电视台与中央电视台进行第一次视频连线，并在四川卫视以滚动字幕发布灾情报道。16时30分，四川电视台第4频道进入全直播状态，开始24小时滚动播出“万众一心抗震救灾”直播新闻节目。18时，四川卫视中断常规节目播出，推出第一档汶川震情直播报道。当晚，中央电视台“新闻联播”播出多条四川台记者采制的抗震救灾新闻，把全国人民的心与汶川地震灾情紧紧联系在一起。24时，四川卫视进入抗震救灾全直播状态。至此，四川电视台推出了四川卫视“众志成城抗震救灾”和第4频道“万众一心抗震救灾”两套24小时不间断滚动全直播节目，在全国应对公共突发事件的新闻报道中尚属首次。全台8个频道分为两个频道群并机直播，及时准确、公开透明地报道震情。

四川电视台及时播报了中共中央总书记胡锦涛做出的重要指示和国务院总理温家宝赶赴灾区部署抗震救灾工作的新闻，极大地稳定和鼓舞了人心，成为各级政府、广大群众了解抗震救灾进展的主要渠道。

从5月18日开始，四川卫视在“众志成城抗震救灾”直播节目中推出“抗震救灾英雄谱”“群星灿烂”栏目，先后介绍了300多个抗震救灾中涌现的先进人物、先进集体的典型事迹。“志愿者行动”“真情人生特别节目”等栏目，从不同角度、形式多样地记录了抗震救灾中救援官兵、志愿者、医护人员的大爱无疆和灾区群众坚强不屈的感人故事。

5月30日，经过短短18天的筹备，四川电视台推出《以生命的名义——四川省抗震救灾大型特别节目》，海峡两岸和香港68位著名演艺界人士倾情公益出演，讲述抗震救灾中感天动地的故事，以真实生动的艺术感染力，赢得全国观众的强烈共鸣。6月12日，四川卫视推出地震一个月的特别节目《凝聚民族精神》，全景记录展现在灾难中升华的伟大民族精神，激励中华儿女在灾难中奋起。《大爱无疆》“特别行动”栏目奔赴全国各省（区、市），遍访各地人民无私支援四川的故事，展现中华民族在灾难面前“手足情深、大爱无疆”的崇高品格。此外，四川电视台还推出弘扬中华民族优良品德的访谈节目《重建精神家园——余秋雨访谈》《修复生命的力量——于丹访谈》，记者口述实录体讲述节目《大营救纪实》《记者日记》等专题节目。

地震发生后，四川电视台先后派出记者500余人，动用卫星车3辆、转播车3辆、便携式卫星上行站1套、摄像机849台、非编图文系统327套、录像机596台。在不到两个月的时间里，全台8个频道累计直播抗震救灾节目5237小时，播出抗震救灾新闻报道上万条，在党和政府与人民之间架起一座信息沟通、情感交融、凝聚力量的桥梁。

2008年10月7日，四川电视台被中共中央、国务院、中央军委授予“全国抗震救灾英雄集体”荣誉称号。

甘肃省、陕西省、重庆市、云南省抗震救灾英雄集体

陇南市武都区马街镇姜家山村党支部

汶川特大地震发生后，陇南市武都区马街镇姜家山村党支部一班人充分发挥战斗堡垒作用，积极带领广大党员冲锋在前，沉着应对，疏散群众，迅速抢救受伤人员，连夜搭建临时帐篷、疏通道路，全力开展抗震救灾工作。

村里的党员干部不顾个人安危，在信息中断、余震不断的情况下，带头查灾排险，对人员伤亡和受灾情况进行统计核实，积极做好思想宣传工作，消除群众的恐慌心理，增强抗震救灾、重建家园的信心和决心。村党支部组建了以党员为主的抢险救灾突击队，明确分工，做到责任到人。抗震救灾中，党支部领导班子全力帮助群众搭建帐篷，清理倒塌和拆除危房125户1120间，抢救出被废墟埋压的群众财产折合46万多元。

在道路塌方严重、短期内无法修通的情况下，村党支部及时组织人力开辟便道，保证了救灾物资及时运送；配合供电部门，组织群众及时抢修供电线路，恢复了群众生产生活用电；妥善安排受灾群众生活，对镇政府分配的物资及时评议发放，按照优先保证重灾户、特困户的原则，做到公平、公正、公开。村党支部先后下发救灾帐篷219顶、彩条布7200平方米、面粉12720公斤、被褥237床、枕头207个、瓶装水550件、方便面622箱等，解决受灾群众基本生活用品和临时住所，群众情绪很快得到稳定。

转入过渡安置、恢复重建后，村党支部又带领全村群众克服各种困难，全力开展过渡、重建工作，5月中旬，完成建房统一规划。姜家山村为原址推倒重建村，涉及206户902人，设计户型为每户2层6间砖混结构小楼，建筑面积126平方米，同时规划有村党支部、村委会、卫生所、文化站和中心广场以及街道等公益设施。全村群众储备水泥550吨、砖60万块、沙3000立方米、钢筋62吨，修建400立方米蓄水池一个。年底，受灾群众入住新居。

2008年6月，陇南市武都区马街镇姜家山村党支部被甘肃省委授予“全省抗震救灾先进基层党组织”称号；10月7日，被中共中央、国务院、中央军委授予“全国抗震救灾英雄集体”荣誉称号。

中共文县中庙乡委员会

汶川特大地震发生后，文县中庙乡党委、乡政府立即启动应急预案，全力抗震救灾，迅速展

开危险区群众疏散转移、受伤人员救治、遇难人员善后处理、死者家属安抚、受灾群众生活安置以及排除险情、卫生防疫等工作。

中庙乡党委组织了19个抢险救灾小分队，一路上冒着山体随时会塌方、滑坡和余震不断等危险，置个人生死于不顾，在震后30分钟就赶到各村。面对灾后的惨状和群众期盼的目光，各小分队立即组织群众转移，抢救伤员，排除险情，在2个小时内疏通了全乡交通干道，在24小时内恢复了居民用电和人畜饮水工程，受灾群众生活得到基本保障。

在抗震救灾过程中，乡领导临危不惧，沉着指挥。哪里有困难，哪里就有他们的身影；哪里有险情，哪里就有他们的足迹。乡长杨仲金白天奔波在抢险救灾一线，深入细致地做群众思想工作，看望慰问群众，组织开展抢险救灾、生产自救，晚上又和乡村干部商谈、研究抗震救灾工作。

中庙乡中坪村党支部书记徐国兴，带领全村16名党员一直奋战在救灾抢险的第一线，白天带领群众生产自救，晚上挨家挨户巡查，一个月里没有在家睡一个安稳觉。肖家沟村麒麟寺社5名入党积极分子和15名打工返乡青年组成青年突击队，帮助受灾群众排除险情，清理废墟，哪儿有险情他们就赶到哪儿，埋头苦干，默默奉献，从不叫苦叫累。中庙乡干部自己家中全都受灾，有的家属还受了伤，但大家始终都坚守在工作岗位上。抗震救灾中，全乡共组织群众抢修水渠26公里、水池8个、乡村道路71公里、输电线路57公里，积极组织力量为中小学校搭建临时帐篷153顶，保证了5月23日全乡15所中小学顺利复课。

在救灾物资的发放中，中庙乡党委、乡政府共发放救灾帐篷3960顶、方便面2373箱、瓶装水1230件、面粉56750公斤，始终坚持公开、公正、透明的原则，自觉接受广大干部群众的监督，受到灾区群众一致好评。

转入灾后恢复和重建后，中庙乡党委按照小城镇建设和新农村建设的要求，结合自身实际，完成了全乡19个村的灾后重建规划。6月底，中庙乡启动第一批8个村2011户集中重建点的灾后重建工作；8月中旬，启动第二批11个村1730户的灾后重建工作。全乡以村为单位，完成分散重建户的户型图设计，并逐户进行技术指导，按期拨付灾后重建补助资金，保证工程建设有序进行。8月5日，青川发生6.1级余震，国道212线罗漩沟大桥垮塌，中庙乡党委又组织人力临时修建了长约1.8公里的便道，及时恢复交通，保证了国道212线的畅通。

2008年6月，中共文县中庙乡委员会被甘肃省委授予“全省抗震救灾先进基层党组织”称号；10月7日，被中共中央、国务院、中央军委授予“全国抗震救灾英雄集体”荣誉称号。

中共甘南藏族自治州舟曲县江盘乡委员会

5月12日15时40分，舟曲县江盘乡党委接到姚家楞村、端山村等村房屋倒塌严重、人员伤亡的报告后，立即组织乡民兵应急分队20名队员，冒着余震中山体垮塌、土石滚落的危险，徒步跋涉十几公里，赶赴两个村抢险救灾，对两名伤亡人员家属进行安抚慰问，并用担架将重伤人员抬至县医院进行抢救。乡领导分工负责，迅速组织干部在震后一小时内赶到各村，与村干部一起，逐家逐户调查了解灾情，开展灾情统计，并帮助受灾严重的倒房户和危房户搜寻搬运生活物资，动员他们从危房中转移至安全地带。

乡领导一方面指导群众进行抗震自救工作，同时号召外出务工人员家庭将外出人员召回自救。全乡各学校全部放假，确保师生安全。各村都成立了抢险队和突击队，帮助重灾户进行人员疏散，搬运生活物资，在安全地带搭建临时生活帐篷，使重灾户得到安置。为了给受灾群众营造一个安定的社会环境，乡里还组织抗震救灾抢险队进行治安巡逻，对水、电、路等设施加强监测，并研究制定了相应的应急措施，确保社会稳定。

为了把救灾物资公开、公正、及时发放到受灾户手中，解决受灾群众缺衣、缺口粮的困难，江盘乡党委成立了救灾物资发放分配领导小组，各村还聘用了救灾物资发放社会义务监督员。乡政府制作了救灾物资发放明白卡，将下拨的每批救灾物资及时发放到农户手中，并张榜公布，增强了发放工作的透明度。

江盘乡8个行政村中，有2个村位于临近县城的河川地带，6个村处在半山和高山地带。因辖区内地貌主要为土石结构，地势陡峭，大部分山体被震松，路段塌方，交通严重受阻，群众急需的救灾物资不能及时送到。江盘乡党委充分发挥党员干部的先锋模范作用，组织群众及时对塌方阻塞路段进行抢修。经过4天苦干，5个村的入村道路全部抢通。在重灾村姚家楞村，乡干部和支援抗震救灾的解放军战士一起拆除危房，清理倒塌废墟，然后又投入到灾后重建工作中。

2008年10月7日，中共甘南藏族自治州舟曲县江盘乡委员会被中共中央、国务院、中央军委授予“全国抗震救灾英雄集体”荣誉称号。

甘肃省人民政府应急管理办公室

汶川特大地震使甘肃省10个市（州）、70个县（市、区）严重受灾。甘肃省政府应急管理办公室全体工作人员按照甘肃省委、省政府的部署，在甘肃省抗震救灾总指挥部和省政府办公厅的指挥下，立即安排值班人员分头给陇南、甘南、天水、平凉、庆阳、定西、临夏等市（州）打电话，了解受灾情况后，迅速上报省委、省政府和国务院总值班室。当晚，甘肃省应急办进入紧急工作状态，随时跟踪了解相关市州受灾情况，及时掌握各类救援队伍、救援物资到达灾区和开展救援情况。此后的50多天里，每天坚持24小时随时了解各受灾市州灾情动态，先后编辑40期信息，接收近1200份各类抗震救灾信息，为国务院抗震救灾总指挥部和甘肃省委、省政府领导决策提供了依据。

甘肃省应急办只有7名工作人员，工作任务十分繁重。在大灾面前，全体工作人员以人民利益为重，全身心地投入到抗震救灾工作中，始终24小时坚守在工作岗位上。在抗震救灾斗争中，甘肃省应急办充分发挥了承上启下、联系左右、沟通内外的应急联动机制和应急枢纽作用，为甘肃省委、省政府领导及抗震救灾指挥部提供了受灾情况、抗震动态、预警报告、灾区需求、物资运转、灾后重建等方方面面的资料和信息。甘肃省应急办全体工作人员先后共捐款1900元，交纳“特殊党费”2800元；被甘肃省委授予“全省抗震救灾先进基层党组织”称号后，又将奖励的

5000元捐赠给地震灾区。

2008年10月7日，甘肃省政府应急管理办公室被中共中央、国务院、中央军委授予“全国抗震救灾英雄集体”荣誉称号。

甘肃省交通厅

汶川特大地震发生后，甘肃省交通厅立即启动应急预案，迅速调度全省交通系统干部职工奔赴抢险救灾一线，奋力投入抗震抢险救灾工作。至5月12日19时，国道212线宕昌至武都段、国道316线塌方路段、省道205线江洛镇至武都公路首先被抢通。至16日16时，甘肃灾区公路抢通工作取得了阶段性成果，8条国道和26条省道全部抢通，损坏的农村公路中有33条县道、60条乡道和760条村道被抢通，完成抢通任务的75%。从兰州经临夏通往甘南灾区的国道213线，从兰州经宕昌进入武都、文县灾区的国道212线，从兰州经天水进入徽县、康县的国道316线、省道206线等3条救灾公路全线贯通，为兰州军区救灾部队、甘肃省救援物资车队、医疗救援队等沿着公路运输“生命线”源源不断进入地震灾区创造了条件。

从5月16日开始，甘肃省交通厅把打通通乡、通村公路作为重点，调动地方交通部门一切力量全力抢通农村公路。19日12时，甘肃省军区部队进入徽县嘉陵镇至武都一线，与甘肃省公路局抢修队联合承担其中11个行政村的抢通任务，部队官兵和交通系统的广大职工昼夜奋战，互相配合，共投入机械1.35万台次、人力50万人次。到22日18时，甘肃省受灾地区的农村公路全部被抢通。地震发生以来，甘肃省交通厅先后组织抢险救灾人员75280人次，投入机械设备18008台次，抢通公路19146公里。

在打通陇南交通线最紧张的时刻，根据交通运输部的要求，按照“内保陇南、外援四川”的抢险救灾方针，甘肃省交通厅组织抢险救灾突击队，沿国道213线从北面打通进入四川汶川的道路。5月16日，甘肃省交通厅从甘肃、四川两省交界的郎木寺、青龙桥、罐子沟3个方向进入四川省，帮助当地公路部门抢通了甘肃到四川九寨沟和青川的两条公路；随后又调集技术人员50人、机械设备20余台赶赴茂县灾区，承担了打通松潘至两河口段、飞虹桥至茂县的公路抢通攻坚任务。18日，甘肃省交通厅又组织由18名专业技术人员和机械操作手组成的抢险队赶赴四川，经过昼夜施工，率先打通国道213线松潘至茂县县城的道路，为保证济南军区红军师进入茂县抢险救灾提供了有力的交通保障。随后，甘肃抢险队伍主动担负国道213线叠溪至石大关、飞虹桥至茂县等公路的保通任务，直到6月13日，甘肃省援川公路抢险救灾队伍才在完成各项保通任务后胜利返回。

在抢修公路的同时，甘肃省交通厅还组织开展了运输救助活动；5月16日，派遣20辆大型客车分别从合作和武都前往九寨沟转运受困旅客300余人；19日，又派遣40辆客车，装载5吨面粉和大米，赴马尔康执行救援任务。运输救援车队在将部分救灾物资送交当地交通部门后，立即转赴汶川，顺利转移阿坝师范高等专科学校的650名学生和当地670名受灾群众；27日，组织由35辆货车、79人组成的救灾物资运输车队，完成了运送安徽省支援松潘县的2500顶帐篷的任务。

为确保抗震救灾物资快速送达灾区，甘肃省交通厅安排全省公路收费站从5月13日开始开通抗震救灾专用通道，对所有拉运抗震救灾物资的车辆一律免费通行，先后为1694287辆抢险救灾车辆减免通行费。转入过渡安置、灾后恢复重建后，大批救援物资、人员进入灾区，甘肃省交通厅又专门开辟了3条公路运输大通道，同时储备客货救灾运力12756辆，设置维修救援站点46个。

2008年7月，甘肃省交通厅被交通运输部授予“全国交通运输行业抗震救灾先进集体”称号；10月7日，被中共中央、国务院、中央军委授予“全国抗震救灾英雄集体”荣誉称号。

甘肃省水利厅农村水利处

汶川特大地震发生后第二天，甘肃省水利厅农村水利处立即派员深入灾区现场察看水利工程受损情况。此后相继派出9个工作组，深入受灾的5个市（州）58个县（区）实地调查供水工程受损情况，并采取应急供水措施，保证群众饮水安全。

农村水利处精心研究制订应急供水方案，千方百计恢复供水；对水塔倒塌的供水工程，采用临时从机井直接接供水管或安装管道变频泵的办法解决供水；对水源被塌方所埋的工程和水窖裂缝、已不能蓄水的供水工程，采取从邻近水源用塑料软管临时引水的办法解决供水。管道断裂、漏水的，及时更换管道；机电设备、泵房损坏的，及时更换设备。水利处动员当地干部群众掏挖泉眼，就近找水源，解决暂时饮水困难。当地确实没有水源的，则组织人员和车辆为缺水地区送水。通过采取临时应急措施，受影响的297.83万饮水困难人口中有290万人很快解决了饮水困难。

同时，农村水利处还组织人员对震损工程进行检修，对损毁严重、无法修复的工程进行重建；对部分损坏的工程进行抢修，更换断裂、漏水的供水管道，加固或修复蓄水池、水塔、蓄水窖，使受损工程及时修复。有电的村直接配备变频泵，断电的村社配备柴油机、汽油机，安装水泵，铺设地面管道供水。为确保供水水质不受污染，水利处对水源遭到破坏、水质变化无法直接饮用的村社，配套安装小型一体化净水设备，净化后就近供水；对水源发生变迁的供水工程重新寻找水源，进行水质化验，达到饮用标准后，铺设临时供水管道供水；向灾区群众发放消毒药剂，对不安全的饮用水进行消毒。

农村水利处先后争取到应急供水设施资金3800万元、取水设备300台，帮助灾区购置运水器具，组织人力拉水；及时与有关部门协调，以最快速度把资金下拨到灾区；协调水利部饮水安全中心接受北京、天津、河北等省（市）供水设备厂家捐助的一体化净水设备、二氧化氯发生器等19台套应急供水设备，及时组织送往陇南、甘南灾区，对解决灾区供水发挥了重要作用。

农村水利处按照“一日一报”的工作制度，及时向水利部报告甘肃省农村饮水工程因震受损情况，确保信息及时、准确，完成大量震损工程调查统计汇总工作，为抗震救灾工作部署提供决策依据；依据各市州、各县区农村供水工程实际受损情况，完成震损水利工程核查台账，及时编制了灾后重建规划，为灾后重建奠定了基础。

2008年10月7日，甘肃省水利厅农村水利处被中共中央、国务院、中央军委授予“全国抗震救灾英雄集体”荣誉称号。

甘肃省人民医院

汶川特大地震发生后，甘肃省人民医院立即成立了抗震救灾领导小组，启动救灾应急预案，迅速组建了由普外科、脑系科、骨科、胸外科、麻醉科、消化科和护理等专业人员组成的第一批16人抗震救灾医疗队，于5月12日23时30分乘两辆救护车，带着各种急救药品、器械，作为甘肃省第一支救灾医疗队，奔赴重灾区陇南市武都区开展抗震救灾工作。

医疗队到达灾区后，立即投入到紧张的抢救工作中，接诊、包扎、治疗、护理，帮助搬运伤员并迅速开展手术治疗。在灾区，省人民医院的红色大旗格外醒目。“只想多救一个人，再多救一个人”，这是每个队员的心声。

在派出医疗队的同时，省人民医院还启动了医院远程医疗救助平台，实施24小时远程紧急在线救助行动，通过网络会诊平台，向甘肃省128家网络医院发布《震后紧急救助通知》：请所有网络医院开通网络平台，随时在线，通过网络直报各院收治情况和伤亡人数；所有通过网络进行远程医疗救助伤员的会诊费用一律免收，由省人民医院承担；和陇南、甘南、天水、庆阳、定西等受灾地区进行网上及电话或短信联系，随时进行远程救助。同时，省人民医院成立灾后远程紧急会诊救援领导小组，成员由医院各学科和各科室专家组成。省人民医院远程医疗救援会诊中心坚持24小时值班，全体工作人员以高度的责任感，坚守岗位努力工作，积极与各网络医院进行有效联络，及时了解当地各医院伤亡救治情况，尽最大努力救助伤员。全院职工取消所有休假，24小时待命。增设值班电话，实行24小时值班，及时沟通信息、汇报工作。之后，省人民医院又组建第二批和第三批后续医疗队，广大医务人员踊跃报名，纷纷要求到抗震救灾前线去。全体医务人员还积极向灾区捐款捐物，党员交纳“特殊党费”，奉献爱心支援灾区。省人民医院根据第一批医疗队在抢救伤员工作中发现的特殊需要和存在的困难，及时调配便携式心电监护仪、心电图打印纸、一次性电极、气压止血带、骨蜡、葡萄糖注射液以及移动X光机、急救药品等价值近100万元的医疗设备和药品捐赠给陇南灾区。

在抗震救灾中，省人民医院先后派出3批28名医疗队员到灾区开展工作，历时15天，接诊病人1199人次，开展手术61台次，开展健康教育和心理疏导287人次；向地震灾区捐款捐物100余万元，交纳“特殊党费”10万余元。医疗队有7名队员向党组织递交入党申请书，火线加入中国共产党。

2008年9月，甘肃省人民医院被卫生部、食品药品监管局、中医药局、总后卫生部授予“抗震救灾医药卫生先进集体”称号；10月7日，被中共中央、国务院、中央军委授予“全国抗震救灾英雄集体”荣誉称号。

宝鸡市疾病预防控制中心赴四川抗震救灾防疫队

5月17日，宝鸡市疾病预防控制中心赴川抗震救灾防疫队，奔赴汶川地震极重灾区青川县。

当时，通往青川的大部分道路已损毁，防疫队乘坐两辆防疫车，4名驾驶员轮流驾驶，在崎岖的山路上经过9个小时奔波，到达第一个目的地木鱼镇。一到目的地，队员们顾不上吃晚饭和休息，开始在震裂的场地上搭建帐篷，搭好之后已是午夜；随即组织人员立即将防疫物资送往沙州镇，途中桥梁垮塌，只能乘船前往，到达码头后还要走一公里多的山路，每人肩扛50多公斤重的物资，冒着山上滚石坠落的危险，连夜赶到沙州镇。

木鱼镇和沙州镇是青川县地震灾情严重的两个镇，人员伤亡数量多，房屋倒塌面积大，供水系统破坏严重，原有卫生防疫体系几乎瘫痪。宝鸡防疫队迅速开展工作，组建了由镇、村、组干部分级负责的防疫行政指挥体系和由宝鸡防疫队、卫生院、村组人员组成的防疫技术服务体系。宝鸡防疫队采取理论讲解和现场示范的方式，手把手对卫生院包片人员和村社工作人员进行消杀药品的配制与消杀器械操作技术培训，共为两镇组装喷雾器具45台，培训消杀人员110人次，累计消杀面积140多万平方米；先后对木鱼镇的一些水井、蓄水池、供水站、码头取水点等临时供水点，每天投放漂白粉精片进行消毒处理，实现村社消杀无盲区，确保了两镇无肠道传染病流行。这种快速、科学、规范的新模式，后在陕西省其他赴四川省的防疫队中广泛推广。

为了推动各镇形成消杀高潮，宝鸡防疫队员及时出动，每天背着25公斤重的喷雾器，冒着危房倒塌的危险，对人口居住密集的安置点、倒塌房屋、牲畜尸体、厕所、垃圾场等重点部位开展消杀工作。防疫队员张铮由于工作劳累，体能严重透支，感冒发烧39度，刚打完吊瓶又立即背上喷雾器投入战斗。

在木鱼镇，当地指挥部决定对300余具遇难者遗体进行集中掩埋，由宝鸡防疫队负责技术指导。队长张克俭带领全体队员，在高温下现场指导遗体处理和环境消毒工作，并按技术规范进行掩埋，受到指挥部的好评。

5月26日，卫生部提出“地震灾区传染病进行症状监测日报”的要求，宝鸡防疫队立即与指挥部联系，协调外援医疗队即日启动地震灾区传染病8种症状监测。截至6月17日，宝鸡防疫队累计接诊门诊病例3000余人次，仅发现腹泻症状病例近50例，未发现其他监测传染病。

宝鸡防疫队在做好城镇中心卫生防疫消杀工作的同时，也时刻牵挂着山区灾区群众的饮水、食品、环境卫生安全。他们和当地卫生人员一起担负起“包抓到村、责任到户”的防疫任务，宣传防疫知识，落实防疫措施。震区山大沟深，很多村庄相距10余公里，队员们坚持下乡巡视和处理疫情，把灾后的注意事项、饮水饮食卫生、简易厕所设置与使用、常见疾病防治、消毒杀虫等健康知识教育资料，分发张贴到所有村社和各个居民点，累计分发张贴陕西省卫生厅印制的《震后卫生防病知识宣传墙报》、宝鸡疾控中心印制的《震后饮食卫生、饮水卫生、环境卫生》宣传单12500余份，宣讲和接受咨询近2000人次。

2008年9月，陕西省宝鸡市疾病预防控制中心赴四川抗震救灾防疫队被卫生部、食品药品监管局、中医药局、总后卫生部授予“抗震救灾医药卫生先进集体”称号；10月7日，被中共中央、国务院、中央军委授予“全国抗震救灾英雄集体”荣誉称号。

宁强县广坪镇人民政府

宁强县广坪镇地处大巴山深处，紧邻四川省青川县，在汶川特大地震中，3人遇难，36人受伤，农村道路、水利、通信、电力等基础设施严重受损，全镇15376间房屋不同程度损坏，近6000人无家可归。

地震发生时，广坪镇党委书记万春荣正在镇医院看望病人，突如其来的强烈震感使整个医院乱作一团。万春荣一边大喊“医院所有的男医生赶快转移病人”，一边火速跑进病房，把一位68岁的老人扛在肩上就向医院前广场冲去。在万春荣的紧急组织下，医护人员在最短时间内将11名住院病人转移到了安全地带。5月12日14时33分，万春荣冒险跑进镇中学教学楼，逐个教室搜寻有无受伤的孩子，等到校长明确报告全校师生无一人伤亡后，他才稍稍松了一口气。14时39分，镇领导在中学操场召开紧急会议，迅速成立抗震救灾指挥部，组建14个抗震救灾和抢险突击队，落实了工作职责和24小时值班制度。

会议一结束，镇领导就分头带队赶赴各村查看受灾情况，万春荣带队赶赴距离青川最近的金山寺村。15时5分，他们赶到金山寺村受灾最重的许家沟组，看到一排排民房倒塌，废墟上哭喊声不断。万春荣一个箭步踏上废墟，向在场的乡亲们说：“大家不要怕，只要有党和政府在，再大的灾难都能战胜！”随即组织在场的青壮年，动手为遇难者搭建停尸棚，筹措棺木，并让司机返回镇上通知镇民政办送来2床棉被、100公斤大米、2000元钱安排后事。33岁的女镇长李阳赶赴曹家沟村，在漆黑的夜里手持电筒和镇村干部一道，挨家挨户察看受灾情况。在组织群众转移时，她不慎伤了左脚。同行的干部劝她去包扎一下，但李阳不肯，强忍着疼痛步行11个小时，走遍全村的所有受灾农户。副镇长邱刊带领8名教师，将学生被褥全部搬到操场上，为1300多名中小学生打地铺，让学生安全过夜；然后又与群众一起在中学操场上栽木桩、扛钢管，搭建帐篷，设立了临时医疗救治点，并在短短两小时内将所有住院病人从医院前广场全部转移到临时“住院部”。看着天色渐晚，邱刊掏出自己随身携带的300元钱，买了58个手电筒，发放给中学安置点60岁以上的老人们。余震发生时，广坪镇全体干部一刻也没停，都在有序地组织群众安全撤离，搭建临时帐篷，排除险情，抢修道路及电力、通信、人畜饮水等基础设施。

抗震救灾期间，镇领导班子成员和机关工作人员的家庭都不同程度遭受了损失，有的亲人受伤，有的房屋倒塌，但他们天天扑在救灾抢险第一线，没有休息日，不分白天夜晚，坚守在工作岗位上。在随后不断发生的余震中，广坪镇再也没有出现新的人员伤亡。

2008年10月7日，宁强县广坪镇人民政府被中共中央、国务院、中央军委授予“全国抗震救灾英雄集体”荣誉称号。

中共略阳县白水江镇委员会

汶川特大地震使略阳县白水江镇遭受重创，1人遇难，5人受伤，1427间房屋倒塌，1465间房屋不同程度损坏，1677户6875人受灾。面对突如其来的灾难，白水江镇党委迅速反应，积极展开自救。镇党委、镇政府及时启动预防突发事件应急预案，成立了抗震救灾工作指挥部和查灾救灾工作组。

5月12日14时40分，当余震不断、受灾群众还惊魂未定之时，镇干部已分赴各村查看灾情，组织群众撤离，防止次生灾害发生；同时，迅速自筹资金2万余元，购买蔬菜、粮油，及时发放给受灾严重的农户。为了尽快排除险情，做好安置群众工作，白水江镇党委组建了医疗卫生防疫突击队、抗震救灾法制宣传及慰问突击队、道路交通清障队和抗震救灾排险突击队等20支专业队伍，还组织各村成立由村主任任组长、基干民兵为成员的抗震救灾专业队伍，负责本村排险和救灾工作，确保了抗震救灾各项工作有序进行。

白水江镇党委按照“一名党员、一面旗帜”的要求，在全镇19个党支部中开展了抗震救灾“我为党旗添光彩”活动。全镇干部在抗震救灾期间一律取消休假，实行领导带班和24小时值班制度。镇党委、镇政府除了少数几位值班人员外，其他人全部下到村组，动员群众、组织群众、安置群众。白水江镇党委还要求各机关单位支部和党员帮助农村支部、党员，实行轻灾帮重灾、党员帮群众，全镇形成了100多个帮扶对子。双龙公司党支部书记、董事长杨春征捐资4万余元，并出动机械车辆全力抢修损毁道路。白水江镇党委还向全体党员发出“众志成城、抗震救灾”的倡议，班子成员带头捐款，全镇群众积极响应，有的受灾户主动将发给自己的救灾物资让给受灾更严重的村民；年逾花甲的老人省下子女给自己的看病钱，拄着拐棍到镇上捐款；全镇党员在灾后生活比较困难的情况下，积极交纳“特殊党费”7000元。

在救灾物资的管理和使用上，白水江镇党委严明纪律、严格程序，做到公平、公正、公开，及时将上级划拨和社会各界捐赠的款物全部发放到受灾群众手中。为了抓好灾后重建和恢复生产各项工作，白水江镇党委及时转移工作重心，组织群众奋战“三夏”，确保了夏粮颗粒归仓。

2008年6月，中共略阳县白水江镇委员会被陕西省委授予“全省抗震救灾先进基层党组织”称号；10月7日，被中共中央、国务院、中央军委授予“全国抗震救灾英雄集体”荣誉称号。

陕西电视台抗震救灾特别报道组

汶川特大地震发生后，陕西电视台快速反应，新闻中心立即行动，十多路记者迅速前往陕西省政府应急办公室、省地震局等单位了解最新最权威的信息。地震发生两小时后，陕西电视台“特别报道”就和公众见面了，到5月12日18时共快速滚动播出特别报道4次，发布权威灾情通报和各项紧急应对措施，对社会公众了解情况、安定人心起到重要作用。

5月14日，根据抗震救灾的形势需要，陕西电视台果断决定开办“抗震救灾特别报道”和“抗震救灾特别演播室”栏目，整合新闻中心和都市频道，成立特别报道组，由台长王广群和总编顾令阳直接负责。300多名编辑、记者、技术人员立即奔赴抗震救灾第一线，3台直播车分别开到受灾最严重的宝成铁路109隧道抢险现场和汉中地震灾区。编辑部打破原有的人员分配和工作模式，成立直播栏目组，迅速策划特别报道的版块设置、主要内容，仔细编排撰写串词，修改稿件；同时，火速与灾区各地电视台沟通联系，快速了解确定各地的报道内容，编辑稿件，剪辑消息。接到任务后不到5个小时，特别报道组就成功直播了陕西电视台“抗震救灾特别报道”。

前方编辑、记者和技术人员不顾频繁余震的危险和恶劣的工作环境，哪里有险情就出现在哪里。在宝成铁路109隧道抢险现场，电视台工作人员创造性地采用电话直播连线、卫星现场直播、记者现场报道等多种报道形式，报道抗震救灾的最新情况。5月14—25日的12天时间里，宝成铁路抢险直播报道组在仅有一部“单边传输卫星信号”的技术条件下，在中央电视台直播34次，在中央电视台中文国际频道“中国新闻”直播11次，在东方卫视直播12次。汉中直播组通过现场记者灵活的报道，在中央电视台直播了30多次。

由于大量记者采录的消息都要回传台里编辑，加上地市台每天传来的消息，总编辑部的工作量大大超过往常。为了保证节目高质量播出，10多天时间里，编辑们没有节假日，没有8小时工作的概念，一直加班加点超负荷工作。报道组坚持每天给中央电视台上传片子，仅在中央电视台“新闻联播”节目就播发抗震救灾新闻80条；同时利用现场直播的形式，与中央电视台联手展现陕西抗震救灾的进展情况。凤凰卫视、天津卫视等全国多家媒体也多次通过卫星录制陕西电视台播出的相关信息。在40多天的时间里，特别报道组在中央电视台新闻频道直播达70次，在陕西电视台直播40余场，播发消息近1300条，有力地配合了全国和陕西省的抗震救灾工作。

2008年7月，陕西电视台抗震救灾特别报道组被中宣部、中央外宣办、广电总局、新闻出版总署、中国记协授予“全国抗震救灾宣传报道先进集体”称号；10月7日，被中共中央、国务院、中央军委授予“全国抗震救灾英雄集体”荣誉称号。

重庆市公安局交通警察总队

汶川特大地震发生后的5月19日，重庆市公安局交通警察总队组建了由11名交通民警和5辆警车组成的抗震救灾交警增援队，驰援灾区。

5月21日，通往汶川必经之路的友谊关隧道发生交通堵塞。重庆交警增援队临危受命，迎着暴雨从都江堰市出发，赶赴友谊关排堵。途中遇到泥石流阻断道路，增援队员就下车用双手刨出一条车道继续前行；遇到余震和崖壁脱落的飞石，就冒着被飞石砸中的危险，在乱石中躲闪穿行。增援队员在水流湍急的岷江边、陡峭的山崖旁急行军近10公里，安全抵达友谊关隧道，在随时有可能垮塌的隧道里及时排除堵源。为避免该路段再次堵塞，增援队民警24小时留守，确保抗震救灾“生命线”的畅通。

抢险救灾中，从汶川、茂县、理县等重灾地区救出的受灾群众陆续被送往甘孜藏族自治州的丹巴县，准备由此经二郎山转移至成都。重庆交警增援队承担了从丹巴到二郎山路段的护送任务。必经的瓦斯沟、康定、泸定等路段是当地最为险峻的路段，如遇暴雨和余震，随时都有被塌方压埋的可能。为确保车队安全，每到一处危险路段，民警都冒着遭遇塌方、飞石的危险，徒步察看险情，在确保无异常之后才护送车队快速通过。5月27日，当车队行至瓦斯沟附近时，增援队民警示意车队停下并下车查看险情，刚走了不到10米，突然一方巨石夹杂着泥土和树根呼啸而下直奔大渡河。险情过后，车队继续前行。就这样，交警增援队冒着生命危险，护送车队6次往返于丹巴至二郎山隧道之间，长途行进近3000公里，将5000余名受灾群众安全护送到目的地。

5月25日10时许，正在唐家山堰塞湖执行抢险任务的米-26直升机油料告急，指挥部紧急指令重庆交警增援队护送3辆油罐车，务必于14时前抵达北川羌族自治县擂鼓镇。增援队伍从绵阳出发，冒着余震，沿着从泥石流中重新开辟出来的崎岖狭窄道路，途经5座被强震毁坏得摇摇欲坠的危桥，穿过刚被滚落巨石砸出深坑的沿江路，于13时45分，提前将航空油料护送到指定地点。

在抗震救灾最前线的13个日日夜夜，重庆交警先后安全护送救援物资230余次，转移灾区群众1.5万余人、轻重伤员560余人，完成一、二级警卫任务36次，累计行驶里程1万多公里。其间，出动警力6500余人次，出动警车730余台次，成功护送救灾物资车辆1230余辆次、到渝救治的伤员1993名，全力以赴维护稳定、服务群众，确保了抗震救灾“中转站”和“大后方”的安全畅通，为转运救灾人员及物资开辟了“绿色通道”。

2008年6月，重庆市公安局交通警察总队被重庆市委、市政府授予“重庆市抗震救灾先进集体”称号；10月7日，被中共中央、国务院、中央军委授予“全国抗震救灾英雄集体”荣誉称号。

重庆市支援四川灾区餐饮服务队临时党支部

汶川特大地震发生后，大量灾区群众急需食品。在重庆市委、市政府统一部署下，重庆市商业委员会全力以赴组织了2000多万元的救灾物资，组织捐款近200万元，迅速实施支援四川灾区的“粥棚行动”。

5月15日，重庆市赴四川抗震救灾餐饮服务队22名机关干部，带领万州等5个区（县）商业委员会及重庆市餐饮协会、火锅协会等数十家餐饮企业近300名厨师，星夜兼程赶赴汶川、北川、什邡、安县、都江堰、江油等受灾地区搭建“粥棚”，免费为受灾群众、救灾单位和志愿者供应热菜热饭。党支部书记孙华培临危受命，自始至终战斗在灾区第一线，带领服务队先后辗转2000多公里往返于7个重灾地区的42个服务点，将粥棚建到漩口、映秀等受灾极重地区。

餐饮服务队临时党支部和7个党小组发挥先锋模范作用，做到一名党员就是一面旗帜。服务队员中的党员们把热粥留给受灾群众，把帐篷棉被送给受灾群众，自己却挤在简易的临时大棚中啃方便面。为了保护食品原材料，队员们冒着余震，不顾堰塞湖阻隔和大风暴雨的侵袭，抢运粮食，加固帐篷。为了确保每天几万人就餐，队员们天不亮就开始准备，每天在高温的灶台边连续工作16个小时以上。有66名服务队员递交了入党申请书，12名队员火线加入中国共产党，并在安县晓坝镇餐饮服务队粥棚里举行了庄严的入党宣誓仪式。

“粥棚行动”得到了社会各界和人民群众的广泛赞誉。当一对死里逃生的夫妇吃上可口的饭菜时，忍不住流出感动的热泪；当7天没吃上热菜热饭而断奶的安县千佛镇妇女张莲花吃上热饭有了奶水，又重新哺育婴儿时，3次跪在队员面前对婴儿说：“是重庆的‘爸爸妈妈’救了你！”“粥棚行动”感动着当地居民，越来越多的群众融入为灾区提供热菜热饭的队伍中。截至6月12日，餐饮服务队共在灾区设立服务点42个，每天解决近5万人次的吃饭问题，累计供餐近83万份。

“粥棚行动”在社会上引起了强烈反响。中央电视台、四川电视台等200多家国内外媒体对此进行了报道，盛赞重庆粥棚是“灾区人民的生命大本营”“灾区爱心餐厅”“灾区炊事班”。

2008年6月，重庆市支援四川灾区餐饮服务队临时党支部被重庆市委授予“重庆市抗震救灾先进基层党组织”称号；10月7日，被中共中央、国务院、中央军委授予“全国抗震救灾英雄集体”荣誉称号。

重庆建工集团有限责任公司

汶川特大地震发生后，重庆建工集团有限责任公司紧急召开抗震救灾部署会议，成立抗震救灾领导小组，确定救灾方案，并按照住房城乡建设部及重庆市委、市政府等部门的指示，立即着手调集大型机具设备投入灾区交通抢险工作。

5月14日凌晨，重庆建工集团下属几个分公司在不到3个小时的时间里，从四面八方聚集了126台（套）机具设备，包括大型起重机、重型装载机、挖掘机、推土机、切割机、氧气乙炔切割机、发电机组等；5个小时内，184名队员赶来报到，组成突击队，由具有丰富建筑施工经验的集团总经理张玉昌挂帅，队员包括下属总承包公司总经理李正、城建集团党委书记刘艺、市政交通公司总经理黄政、安装公司副总工程师郭庆元以及桥梁、爆破、结构、道路等方面的工程师和机具操作能手。

5月15日凌晨，重庆建工集团突击队3.5公里长的车队出发，不顾路途艰险，抵达极重灾区青川、安县，成为灾后最先抵达灾区的大型机械队伍之一。安县老城深井房损坏严重，地震后已经停水4天，几万受灾群众等着饮水，大量医疗用水也没有着落。突击队员在10个小时内，用两台吊车吊起直径9米、重达26吨的蝶形井盖，使深井房得以修复。在安县秀水镇，突击队员出动一台吊车和一台挖掘机，仅用30多分钟，便清理了摇摇欲坠、威胁行人安全的广播电视局大楼，并抢救出一名被埋人员。

5月14日至6月12日，重庆建工集团抢险突击队成功营救出4名被埋在废墟中的群众，抢修高危地段道路60多公里，抢修安县老县城物资转运场，为雎水小学排险除墟重建校园，完成40余处灾区群众危房拆除任务，抢出价值100多万元物资。奋战在都江堰的重庆建工集团抗震救灾过渡安置房援建突击队，从6月7日至7月26日，克服材料配件不齐、施工场地条件不具备等种种困难，搭建1.3万多套过渡安置房，总面积21万多平方米，全面完成重庆市下达的援建任务，被当地政府誉为“板房铁军”。

重庆建工集团党委在全体职工中组织开展向灾区捐款、献血活动。截至6月12日，集团工会共收到所属各单位爱心捐款合计161.89万元，党员交纳“特殊党费”16.73万元，工会会员交纳“特殊会费”2.23万元，所属企业捐款2.5万元，员工向灾区捐款16.09万元，共计199.44万元。重庆建工集团投入灾区抢险救灾的资金达2000多万元，853名员工报名参加献血活动，还有10余名员工报名领养、助养灾区孤儿。

2008年6月，重庆建工集团有限责任公司被重庆市委、市政府授予“重庆市抗震救灾先进集体”称号；7月，被全国总工会授予“全国五一劳动奖状”；9月，被住房城乡建设部授予“全国住房城乡建设系统抗震救灾先进集体”称号；10月7日，被中共中央、国务院、中央军委授予“全国抗震救灾英雄集体”荣誉称号。

昭通市民政局

汶川特大地震发生后，云南省昭通市11个县（区）的143个乡（镇）不同程度受灾。震后15分钟，昭通市民政局召开紧急会议，启动《昭通市民政局应对突发性自然灾害工作规程》，立即实行24小时领导带班和干部昼夜轮班制。局长何升灿宣布进入紧急应对状态，全体干部职工分成灾情组、物资组、后勤组、捐赠组，紧张有序地投入抗震救灾工作。副局长姜仕钦立即赶到灾区，迅速获得灾情第一手资料，及时向昭通市委、市政府和云南省民政厅报告灾情。在昭通市民政局统一部署和指挥下，市、县、乡民政系统400余名民政干部深入到每个受灾村寨展开抗震救灾活动。

抗震救灾期间，昭通市民政局紧急向受灾县调运帐篷565顶、救灾棉被4590床、棉衣800件、衣物8527套，发放救灾大米84.9吨、应急资金80万元，对9385户因房屋倒塌和严重致危而无处居住的受灾群众进行妥善安置，及时发放“三无”人员和“三孤”人员（指孤老、孤残、孤儿，下同）救助金，确保灾后社会秩序稳定，确保灾区群众有饭吃、有衣穿、有住所、有干净水喝、有病能医治、孩子有学上。

为及时准确地掌握各地受灾情况，加强对次生灾害的监测预防，昭通市民政局配合市、县（区）抗震救灾指挥部各相关单位，派出313个工作组3279人深入灾区核实灾情，确保灾情信息报送渠道畅通、快捷。由于及时排除险情和加强监测，昭通市没有因次生灾害造成人员伤亡。

昭通市民政局在抗震救灾的同时，还向社会各界发出向灾区捐款捐物的倡议，得到积极响应，全市民政部门共收到捐款2647余万元，接收捐赠衣被1.8万余件。按照轻灾区支援重灾区的原则，先后组织捐赠救灾物资运往四川阿坝等重灾地区，向汶川县捐款86万元。昭通市民政局还及时统计拟重建补助金，纳入重建计划12568户，共需重建补助资金15782万元，实现了民房恢复重建的统一补助标准、统一质量标准、统一资金管理、统一完成时间。

通过昭通市民政局艰苦细致的努力工作，昭通市抗震救灾工作做到了及时启动救灾应急预案、及时转移安置灾区群众、及时安排灾区群众生活、及时抢修公共设施、及时加强灾害监测预报、及时做好灾害核评。

2008年10月7日，昭通市民政局被中共中央、国务院、中央军委授予“全国抗震救灾英雄集体”荣誉称号。

云南省民政厅救灾物资储备中心

汶川特大地震发生后，云南省民政厅救灾物资储备中心迅速反应，向昭通灾区调运救灾帐篷565顶、棉衣被8540床（件、套），发放救灾大米54.9吨。

储备中心在做好本省抗灾救灾工作的同时，按照云南省委、省政府的部署，抽调人员组成4个组，分别负责捐赠活动的现金接收、物资接收、宣传报道和物资紧急调运，积极参与对四川灾区的救援行动。5月13日，向四川灾区紧急调运救灾帐篷1万顶、棉被1万床、衣服1万套。联合云南省商务厅、云南省经济委员会、云南红云集团等单位，紧急采购价值291.64万元的食品、药品、饮用水、帐篷、棉被、棕垫等生活物资运往四川灾区。此外，储备中心还主动与铁路、民航部门联系，将价值339.5万元捐赠物资及时发往四川灾区。东南亚各国的捐赠物资，也通过储备中心迅速运往四川灾区。

储备中心面对数额巨大的救灾物资和资金，严格按照规定办法管理使用。属于定向捐赠的，按捐赠者意愿及时将捐赠款物安排给受赠地区、单位和人员；对非定向的捐赠款物，则根据灾情和灾区的需要，及时与云南省财政厅联合提出分配建议并报经云南省政府同意，严格按其审定方案分配使用。

储备中心工作人员每天要接听近百个捐赠电话，受理上百个单位和个人的救灾捐赠，对每一份捐赠开具收据、填发感谢信和证书，最后做出统计并认真记录款物分配情况；同时还要编辑捐赠救灾款项简报，刊于《云南法制报》上，以接受社会监督。面对繁忙而艰巨的任务，工作人员以高度的责任感和使命感投入工作，加班加点，放弃节假日，倾全体之力投入到物资筹集、调运及救灾捐赠活动中。

截至7月17日14时，云南省共接收社会各界捐款69020.38万元，捐赠物资价值5688.99万元。其中，储备中心直接接收捐款8593.25万元，接收物资价值339.5万元。所有捐赠款物的进出都经过审计部门的审计。审计部门认为，云南省救灾物资储备中心捐赠工作管理严格，手续完备，安排使用及时、规范，没有任何差错。

2008年10月7日，云南省民政厅救灾物资储备中心被中共中央、国务院、中央军委授予“全国抗震救灾英雄集体”荣誉称号。

云南省第三人民医院赴四川抗震救灾医疗队

汶川特大地震发生后，云南省第三人民医院立即组织赴四川抗震救灾医疗队，35名医护人员奔赴抗震救灾一线。为确保救援四川工作有序进行，云南医疗队制订完善了紧急开进方案，并召开医疗队队长会议，在短短5小时内完成出发前的各项准备工作。

医疗队到达四川后，立即投入四川省肿瘤医院候运伤员的救治工作中。面对大量伤员需要救治，医疗队明确提出：“伤员从地震中死里逃生，实属不易；再从重灾区转运到省城医院，又是不易；伤员不能在我们手上出问题，不能在我们手上延误或错误治疗，不能因为我们的失误而遗憾终身。”医疗队负责的病区，伤员绝大部分来自什邡灾区，急需手术，而四川省肿瘤医院手术必需的基础设备不能满足需求。针对这一情况，医疗队发动各位专家，努力为病区伤员的治疗募集了多批手术设备和耗材，为救治工作提供了保障。

在赴四川救援期间，医疗队共收治转运入院伤员3461人次，直接收治住院伤员232人次，医治重病人1020人次；实施各类手术188台次，包括复杂手术88台次、其他手术100台次，麻醉96台次；特殊护理1790人次，急诊留观72人次。医疗队创造性地完成了抗震救灾阶段性任务，受到卫生部抗震救灾前方综合协调组领导和灾区群众的高度赞扬。

2008年10月7日，云南省第三人民医院赴四川抗震救灾医疗队被中共中央、国务院、中央军委授予“全国抗震救灾英雄集体”荣誉称号。

其他省（区、市）抗震救灾英雄集体

北京市接受救灾捐赠事务管理中心

汶川特大地震发生后，北京市接受救灾捐赠事务管理中心立即启动救灾应急机制。5月12日16时，北京捐赠中心成立了抗震救灾捐赠工作领导小组；18时30分，通过北京电视台向全市发出紧急募捐倡议。13日8时，北京捐赠中心向灾区拨付首批善款；14日9时30分，向灾区发出全国第一列省市“支援抗震救灾物资专列”；16日19时，发出全国第一列灾区急需的食品药品专列；6月22日，在灾区建立起全国第一个由捐赠资金援建的永久性节能环保项目——什邡市社会福利中心，让72名“三孤”人员有了安全舒适的家园。

5月13日下午，应社会各界要求，北京捐赠中心紧急组织了多项捐款捐物活动。为方便群众奉献爱心，捐赠中心同时开通4部热线电话，24小时受理捐赠咨询。无论工作日还是节假日，无论刮风还是下雨，也无论白天还是黑夜，坚持全时空接受捐赠服务。北京捐赠中心还派出人员在飞机场、火车站、大使馆、学校、企业、监狱，以及行动不便的老年人、残疾人的家中，广泛接受各界捐赠。灾后数日内，北京市社会捐赠数额每天以7000万～8000万元的速度剧增。截至12月31日，北京市各界捐款捐物累计22.24亿元。

5月13日23时，根据民政部的指示和北京市委、市政府部署，北京捐赠中心为灾区紧急调拨第一批救灾物资。接到命令后，捐赠中心立即成立一支由党员组成的抗震救灾突击队，迅速展开物资抢运工作。工程机械不够用，大家就用肩扛手抬，一个人不行就上两人、三人。经过一整夜奋战，至14日9时30分，饱含首都市民爱心的30万件棉衣、毛衣、棉被，价值2700多万元的救灾物资启运发往四川灾区。在12—31日的20天时间里，北京捐赠中心先后通过铁路向灾区发送救灾物资9列、254车皮，折款2.8亿多元，平均两天一列。5月12日至6月12日，北京捐赠中心全体人员坚守岗位，无一人请假离岗。震后一月之内，北京捐赠中心全体干部职工共加班6300多小时，平均每人每天工作15小时以上。

2008年10月7日，北京市接受救灾捐赠事务管理中心被中共中央、国务院、中央军委授予“全国抗震救灾英雄集体”荣誉称号。

北京市急救中心

汶川特大地震发生后，北京市急救中心接到抗震救灾的指令，连夜启动应急预案，迅速集结了51家医院的73辆救护车、297名队员，组成全国最大的医疗转运队，并在9小时内完成托运车辆、统一标识等工作，携带价值300多万元的近百种救援药品、器械、物资，带着北京人民的重托奔赴灾区。

到达灾区后，北京市急救中心经过14个小时的奔波，将71名伤员从绵阳转到重庆，来不及休整又立即返回绵阳。深夜，全体队员在完全陌生的环境和极其恶劣的路况下，冒着滑坡的危险，克服疲惫、困倦、饥饿等困难，历尽艰辛，又连续作战36个小时，安全转运271名伤员。

在地震灾区，转运队员不畏艰险，为数以千计的伤员检伤分类，精心监护，细心照料，确保转运的伤员无一例出现意外、无一例交叉感染；在车辆保障方面，制定了严格周密的管理规定和安全预案，认真做好路线安排、协调加油、通报路况、车辆检查等工作，确保转运过程中安全无事故。

在灾区的日日夜夜里，北京市急救中心的领导干部始终坚守一线，克服重重困难，发挥了协调指挥作用；全体党员发挥先锋模范作用，勇挑重担带队行驶；临时党支部发挥战斗堡垒作用，20多名队员在前线向党组织递交了入党申请书。全体队员奋力拼搏，在转运的车辆上，年轻的护士连续几个小时跪在担架旁扶着伤员，以避免颠簸造成损伤。绵延4公里的转运车队所到之处，灾区群众走出帐篷热烈鼓掌，激动地喊："首都的医生来了，我们有救了！"

在地震灾区，北京市急救中心转运队14天行程23万公里，转运2836名伤员。当时，北京急救车占地震灾区急救车总数的八分之一，却完成了近三分之一的伤员转运任务，被誉为来自北京的"铁军"。

2008年10月7日，北京市急救中心被中共中央、国务院、中央军委授予"全国抗震救灾英雄集体"荣誉称号。

北京市红十字会999救援队

5月13日，北京市红十字会根据中国红十字会通知，决定成立以副会长孙硕鹏为领队、999急救中心副主任李立兵为队长的北京市红十字会999救援队，奔赴德阳抗震救灾。999急救中心精心挑选了38名医务骨干作为第一批队员，4个小时内，配有先进设备的7辆急救车、1辆多功能饮食供应车准备完毕，救援队整装待发。为确保自我保障、长期作战，999救援队携带了尽可能多的药品、器材和物资。

从北京到绵竹有2200公里，999救援队昼夜兼程，涉险穿过秦岭一个隧道后就进入了灾区，而队员已经一天半没有进食。999救援队夜晚进入广元，断水断电，整个城市漆黑一团，根本无处落脚；凌晨到达绵竹，境况更是惨不忍睹。所有医务人员顾不得饥饿劳累，立即开始为伤员包扎、止血、清创。999救援队被指挥部派到灾情最重的汉旺镇搜救和抢救伤员，汉旺已经满目疮痍，1万多名伤员等待救治。救援队分成几个小组踏上废墟，协同军地救援队搜寻、抢救、转运伤员。在东汽广场，医务人员在狭窄的抢救车内，为7名重伤员成功完成颅外伤处置、静脉缝合、气管插管、静脉通路等复杂的救治程序，平均3分钟就抢救一位伤员，队员虽然已两天没吃饭，两天两夜没合眼，却使21条灾区群众的生命得到延续。

5月16日中午，按照指挥部安排，999救援队与部队战士组成一支突击队，挺进受灾严重的清平乡。17名突击队员手拉手蹬着碎石下到幽深的山谷，行进当中，前方十几米的山坳中突然发生剧烈的山体滑坡，成堆的碎石从天而降，走在前面的部队官兵和从山里脱险出来的十几名老乡顷刻被砸倒在地。突击队员和战士们顾不上碎石仍在下落的危险，冲上去将21名伤员全部抢救出来。

5月17日以后，通往清平乡的空中救援通道打通，999救援队奉命从机场24小时转运伤员，并承担了绵竹市医疗急救点所有伤员分诊和救治任务。同时，999救援队还利用先进的饮食供应车为志愿者、兄弟省市救援队伍和灾区群众昼夜提供饮食保障，每天供餐1000多人次。

999救援队营地设在绵竹新体育场，那里既是医疗救治站，又是群众安置点，1万多人挤在一起，周边没有一处冲水厕所，更不能洗浴。白天高温闷热，夜晚蚊虫叮咬；遇到雨天帐篷漏雨，被褥都浸湿，让人彻夜难眠。同时，余震不断发生。在这样的环境下，队员们坚持工作了20余天。

5月20日开始，北京市红十字会又派出5批救援队90名队员赶赴四川，除继续救治转运伤员外，还展开大规模的心理援助和灾后恢复重建工作。救援队在绵竹、什邡的45天里，共搜救、转运、救治伤员788人，提供饮食供应3万人次，开展心理援助1000余人次，考察确定灾后重建项目20个，涉及资金4亿元。

2008年6月，北京市红十字会999救援队被人力资源社会保障部、中国红十字会授予“红十字系统抗震救灾英雄集体”称号；7月，被中国红十字会授予“抗震救灾先进集体”称号；10月7日，被中共中央、国务院、中央军委授予“全国抗震救灾英雄集体”荣誉称号。

天津市援建四川地震灾区安置房前线指挥部

汶川特大地震发生后，按照中共中央、国务院的决策部署以及住房城乡建设部的要求，天津市组建了援建四川地震灾区安置房前线指挥部，奔赴极重灾区绵竹市，展开援建工作。

5月21日1时，天津市建设管理委员会副主任张顺民带领由施工和设计专家组成的考察组抵达四川。面对满目疮痍的废墟和灾区群众渴望的眼神，考察组当即决定就地转为前线指挥部。经过连续24小时不停顿的选址和复勘，前线指挥部迅速落实了绵竹市孝德镇和汉旺镇两处建设用地，并连夜调集队伍、机械进行场地清除整理，仅用30个小时，第一个过渡安置房项目开工。

为了加强援建工作领导，前线指挥部成立了临时党支部，并以支部名义向参战的每个党员发出倡议，发挥党员的先锋模范作用。党支部率领全体党员和职工代表站在废墟前，面对党旗庄严宣誓：不畏艰难，拼搏奉献，坚决完成任务。部队转业的全体党员干部在鲜红旗帜下齐声高呼：

要以军人百折不挠的大无畏气概，冲锋在前，在援建工程中再立新功。

总指挥张顺民冒着随时可能发生余震和山上石头滚落的危险，每天奔波在各个援建施工点，协调解决建设过程中遇到的矛盾和问题。62岁的常务副总指挥于印其接到命令，强忍严重的腰伤，3天时间连续奔波500公里，落实了133.3公顷建设地块的选址。

援建初期，遇到的最大困难是建筑材料供应不上，前线指挥部积极与德阳、广汉等车站联系，开通新的卸车点。为解决卸车力量不足问题，前线指挥部积极与当地政府和救援部队协调，较好地解决了制约建设速度的大难题。为了以最快速度建好安置房，前线指挥部倒排工期，以每天建设1500套的速度向前冲刺，在援建省市中保持了开工、质量、进度、安全和队伍形象5个第一。为严把安置房建设质量关，前线指挥部在严格落实建设部《地震灾区过渡安置房建设技术导则》的基础上，充分考虑灾区群众的实际需要和生活习惯，使建成的住房受到灾区群众的欢迎。

前线指挥部还主动承担了德阳市760间高考用房的建设任务。为保证考生按时、安全应考，前线指挥部召开动员大会，各集团积极请缨，参建人员夜以继日，提前5天完成高考用房建设。

援建期间，天津市先后调集6000多名参建人员、420台（套）大型设备，投入运输车辆8100台次，经过60天的连续奋战，于7月24日完成总计47430套过渡安置房建设任务，比原计划提前17天。

2008年10月7日，天津市援建四川地震灾区安置房前线指挥部被中共中央、国务院、中央军委授予“全国抗震救灾英雄集体”荣誉称号。

天津市对口支援宁强县和略阳县工作组

6月11日，国务院做出部署，确定天津市对口支援陕西省受灾严重的宁强县和略阳县恢复重建。天津市委、市政府高度重视，17日，中共中央政治局委员、天津市委书记张高丽和市长黄兴国率队赴陕西灾区协商对口支援工作，并与陕西省签订《天津市对口支援陕西省地震灾后恢复重建框架协议》，确立了对口支援的工作目标。根据协议，天津市迅速成立由东丽区、津南区、市纪检委、市发展改革委、市建委、市财政局、市规划局和市合作交流办公室等单位14名干部组成的天津市对口支援宁强县和略阳县震后恢复重建工作组，由东丽区委常委、副区长张传捷，津南区委常委、副区长李树义任领队，于30日奔赴地震灾区一线。

天津恢复重建工作组按照张高丽“要用兄弟般的热情和扎实的工作向党中央交上一份满意的答卷，高起点、高标准、高水平地搞好援建项目建设”的要求，把“五加二、白加黑”（指没有休息日、不分昼夜，下同）的“天津精神”带到灾区，提出“先做汉中人，再做汉中事；依靠汉中人，做好汉中事；为了汉中人，多做汉中事”的口号，发扬不怕吃苦，连续作战的作风，高水平开展援建工作。

抗震救灾期间，天津恢复重建工作组成员始终保持着高昂的斗志、高效的工作作风和严格的纪律。他们冒着山高路险、余震不断和山体滑坡的危险，跑遍了每一个援建项目，提出“大稳定、小调整、不浪费、有效益”的思路，对项目进行了实事求是的调整。张传捷和李树义两位领队带领工作组成员深入村镇，白天现场考察每一个细节，晚上挑灯夜战研究当天遇到的问题。援建期间，恢复重建工作组经历了有强烈震感的余震22次，工作组成员非但没被危险吓倒，反而对灾区人民所经历的磨难感同身受，心与灾区人民连得更紧了。

天津恢复重建工作组坚持“‘硬件’与‘软件’相结合，‘输血’与‘造血’相结合，当前与长远相结合”的原则，让受灾群众不仅“住上好房、更要过上好日子”，并从民生需求出发，高效完成了项目规划工作。学校、医院等295个框架协议内项目和后续项目全部顺利开工建设，11个重点项目基本完成。宁强、略阳两县房屋维修加固户和房屋重建户全部搬入新居，部分民生工程和基础设施项目均如期或提前完工。为扶持宁强、略阳两县产业恢复和发展，恢复重建工作组根据天津、陕西两地产业发展优势，积极推进经济合作，有7家天津企业落户灾区，投资额近10亿元，并落实援建资金13.26亿元。

天津恢复重建工作组联合陕西省有关方面，成立了津陕联合工作组和党支部，起草了10个规范性文件，报送了上百篇信息材料；培训各类人员近5000人次，输出2500余人到津务工，促进了灾区经济社会又好又快发展。

2008年10月7日，天津市对口支援宁强县和略阳县工作组被中共中央、国务院、中央军委授予“全国抗震救灾英雄集体”荣誉称号。

唐山市支援四川抗震救灾医疗卫生队

汶川特大地震发生后，唐山市卫生局快速反应，迅速做出支援地震灾区的决定，5月12日下午制订了应急救援方案，并连夜在全市筛选出最有经验的46名医疗专家，组成唐山市支援四川抗震救灾医疗卫生队。整个医疗队按4套手术班子配备，其中主任医师9名、副主任医师7名；携带B超机、心电图机、呼吸机、小型X光机等多台先进医疗设备和近千件医疗器械及部分药品。14日14时30分，唐山医疗队抵达地震灾区，是河北省最早到达灾区的医疗救援队。

唐山医疗队抵达后，经与当地政府紧急磋商，立即兵分三路，奔赴郫县人民医院、成都市第三人民医院、新都47医院，连夜展开救治工作。新都是成都市的一个区，南距成都市城区15公里，北距绵阳市区、德阳市区和绵竹市区70公里左右。地震发生后，绵阳、德阳等地灾区的伤病员大量涌入新都47医院和新都区人民医院，医疗救治任务繁重，技术力量突显不足。根据成都市卫生局指令，唐山医疗队将力量集中到新都47医院。在灾情面前，全体队员发扬不怕牺牲、不畏艰险，不怕困难、不怕疲劳的连续作战精神，以精湛的技术、高尚的医德救治了大量伤病员，挽救了许多人的生命。唐山医疗队在四川灾区连续奋战18个日日夜夜，经历强余震14次，最高达6.3级。在强烈的余震中，面对楼体剧烈摇晃、楼体结构吱吱作响，医疗队员从容镇定，置生死于度外，或坚守在手术台上，或坚守在病区内，坚持做好每一例手术，从不离开自己的工作岗位。唐山医疗队共做复杂、重大手术106例，清创术210人次，筛查病人800多人次，诊疗6063人次。随着紧急救治工作的缓解，唐山医疗队又主动抽调部分人员组成“流动医院”，携带药品深入当地村寨为灾区群众服务，向灾区农民免费发放价值19.6万元的药品，受到干部群众的普遍欢迎。为支援当地开展救灾工作，唐山医疗队还捐款6万元。

2008年9月，唐山市支援四川抗震救灾医疗卫生队被卫生部、食品药品监管局、中医药局、总后卫生部授予“抗震救灾医药卫生先进集体”称号；10月7日，被中共中央、国务院、中央军委授予“全国抗震救灾英雄集体”荣誉称号。

中太建设集团股份有限公司

5月16日，中太建设集团股份有限公司按照河北省建设厅的统一部署，迅速组建了以5名党员和1名积极分子为主体的9人抢险救灾小分队，携带大型机械设备，随河北省建设救援队，奔赴绵竹市汉旺镇进行抢险救援。

5月23日，按照河北省、廊坊市援建指挥部的要求，中太建设集团承担援建崇州市崇阳镇、怀远镇两个社区安置点1500套过渡安置房的安装任务。中太建设集团迅速成立以董事局主席、党委书记李文健为组长，总裁张明礼为副组长的援建领导小组和前线施工现场指挥部，并指派中太建设集团四川分公司紧急调集多台大型设备和230名技术骨干和突击队员，连夜进场展开过渡安置房安装的基础工作。

5月25日，中共中央总书记胡锦涛到中太建设集团考察抗震救灾工作，为即将奔赴灾区进行过渡安置房援建工作的突击队员壮行，极大地鼓舞了大家的斗志。李文健当即代表公司1.2万名员工向胡锦涛立下“请总书记放心，保证完成任务”的誓言。全体援建队员牢记总书记的嘱托，发扬“特别能吃苦、特别能战斗、特别能奉献”的精神，冒着生命危险连续作战，克服雨季施工环境恶劣、原材料短缺、蚊虫叮咬等重重困难，经过20多个日日夜夜的苦打硬拼，至6月25日，完成1780套过渡安置房装配任务，超额完成河北省下达的1500套援建指标。

7月15日，中太建设集团再次承担起第二期援建平武县平南羌族乡、锁江羌族乡、大印镇、豆叩镇13个安置点728套过渡安置房援建任务。在援建任务点多面广，材料运输更加困难和艰巨，环境条件更加恶劣，而且常常受到余震威胁的情况下，全体援建队员团结拼搏，昼夜奋战，克服重重困难，提前5天保质保量完成平武过渡安置房援建任务。

地震发生后，中太建设集团为灾区人民累计捐款、捐物折合334万元，三进四川，会战绵竹、崇州和平武，进行抢险救灾、过渡安置房建设，用实际行动支援了灾区人民抗震救灾重建家园。

2008年10月7日，中太建设集团股份有限公司被中共中央、国务院、中央军委授予“全国抗震救灾英雄集体”荣誉称号；12月，被全国工商联授予“抗震救灾先进集体”称号。

山西省援川建房太原突击队

汶川特大地震发生后，太原市紧急行动，成立了援川建房太原突击队。5月21日18时，山西省政府下达太原市援助四川地震灾区建设6500套过渡安置房的任务，太原市建设管理委员会主任孙荣琨迅速召集有关人员连夜制订施工方案，编制工程预算，联系相关企业。24小时后，有关安置房的建造方案、技术资料、图纸设计、施工材料等细节一一得到落实，施工人员、大型机械开始向灾区集结，彩钢板企业开始全力生产，为太原市援建工作打下了坚实的基础。23日，援川建房太原突击队正式组建，孙荣琨被任命为副队长。

太原市建设管理委员会副主任姜波担任援川建房现场总指挥。5月22日晚，姜波受命率领15名负责施工、规划、设计、测绘的专业技术人员先行赶赴灾区展开前期工作。23—24日，姜波组织勘察施工场地，安排施工队伍进场，商讨修改设计方案，协调调度施工车辆，沟通联系有关情况。在随后的30多天里，姜波吃住在工地，指挥协调，并创造性地提出多项工程施工的新工艺和施工方法，在援建队伍中得到推广应用。

援川建房太原突击队于5月25日抵达地震灾区，全面启动援川建房工作。为使灾区群众早日住上过渡房，队长要求“援川建房，提前，提前，再提前”，并提出“只用一个月的时间完成全部工程”的目标。在了解有关情况后，队长果断将突破口定在成都市新都区崇义村工地，吃住在工地，随时解决施工中出现的种种问题。当六一儿童节到来之际，“太原崇义小区”顺利交工，让灾区的小朋友在自己的节日看到了新家。

5月25日至6月25日，援川建房太原突击队仅用一个月时间，完成7408间、14.1万平方米过渡安置房建设，提前两个月超额、高质量完成援川建房总任务，创造了平均6分钟就有一间安置房“站立”起来的奇迹。

2008年7月，山西省援川建房太原突击队被全国总工会授予“抗震救灾重建家园‘工人先锋号’”称号、“全国五一劳动奖状”；10月7日，被中共中央、国务院、中央军委授予“全国抗震救灾英雄集体”荣誉称号。

山西省交通厅支援四川灾区公路抢通保通突击队

5月21日，山西省交通厅接上级指示，组建支援四川灾区公路抢通保通突击队，并任命副巡视员郭贵平为总队长，带领突击队赴四川抢险救灾。23日，由山西省交通系统抽调117人组建的突击队携大型设备33台件及后勤保障物资启程赶赴四川，于24日22时到达目的地绵竹市汉旺镇。25日6时，山西抢通保通突击队进入抢险现场。山西抢通保通突击队负责的广济至金花、金花至红白、金花至遵道、汉旺马尾桥至虹岩、汉旺至清平5条乡际公路均在深山沟壑之中，松动的山体使得滑坡、塌方、泥石流、悬石、浮石以及堰塞湖溃堤等危险随时可能发生。经过四昼夜的连续奋战，到28日下午，广济至金花、金花至红白被阻公路全部抢通；汉旺至清平的公路也抢通至“一把刀”堰塞湖坝下，取得阶段性胜利。6月5日，因暴雨与余震，山体滑坡严重，近3万立方米的塌方将公路堵塞，堵塞段约300米，通往红白镇、金花镇及2个矿区、1个水电站、3个旅游景区的公路再次中断，数万群众被困，生活物资运不进去。郭贵平在现场勘察、指挥，数十名突击队员通宵达旦交叉作业，于8日15时将被阻公路再次打通，使一批批救援物资源源不断地运进金花镇和红白镇。

6月12日中午，小岗剑上游堰塞湖因爆破泄洪，高达10多米的水浪卷着泥石和漂浮物，向驻扎在下游5公里处的山西抢通保通突击队营地袭来。面对洪峰，突击队全体队员奋不顾身，尽全力抢救机械设备和抢险物资，近2000万元的设备物资得以保全，但3人受伤，而且本已通畅的汉旺至清平的公路又被冲为5段。16日，郭贵平按照山西省交通厅厅长的命令，带领突击队70余人冒着余震不断、堰塞湖随时可能溃坝的危险，携带大型机械30台（件），开始了艰难的二次抢通。现场没有作业面，突击队员便采取半山爆破开挖、打孔固定钢钎、填塞沙袋土石等办法，于7月13日再次将这条公路打通。

截至7月15日，山西抢通保通突击队在59天里脚踩尖石头、头顶悬石，战酷暑、斗蚊虫、住帐篷，完成了抢险任务，共抢通5条公路计59.6公里，排除险情296处，清理和填筑土石方55.04万立方米，疏通铁路、公路道口2处，帮助当地群众拆房、建房12处，驰援重庆交通抢险突击队抢通公路6.8公里。

2008年7月，山西省交通厅支援四川灾区公路抢通保通突击队被全国总工会授予“抗震救灾重建家园‘工人先锋号’”称号，被交通运输部授予“全国交通运输行业抗震救灾先进集体”称号，被全国总工会授予“全国五一劳动奖状”；10月7日，被中共中央、国务院、中央军委授予“全国抗震救灾英雄集体”荣誉称号。

辽宁省建设厅援川过渡安置房建设前线指挥部

汶川特大地震发生后，辽宁省政府成立援川过渡安置房建设指挥部，辽宁省委常委、常务副省长许卫国任总指挥，省政府副秘书长陈建安、省建设厅党组书记商向东和厅长王正刚任副总指挥。同时，省建设厅成立援川过渡安置房建设前线指挥部，商向东、王正刚任总指挥；前线指挥部下设绵竹现场指挥部，副厅长范越林任现场总指挥。

5月18日晚，住房城乡建设部召开会议部署援建任务后，辽宁省建设厅立即向辽宁省委、省政府汇报，并及时召开会议，就安置房生产厂家、资金来源、技术、人员选派等问题制订了具体工作方案。辽宁省建设厅一方面抽调相关专业技术人员进行房型设计、资金测算等工作，一方面派出范越林等11人奔赴灾区，连夜考察生产厂家，商谈合作事项，并深入极重灾区绵竹市与当地政府对接，进行规划选址，落实建设用地。商向东带领相关人员连续工作4个通宵，以最快的时间拿出了科学、翔实的实施方案，并决定以在四川生产为主、辽宁生产为辅的生产模式，实行“以工代赈”，就地聘用劳动力，投入过渡安置房建设。经过紧张施工，24日3时，辽宁省援建的第一批过渡安置房在绵竹地区安装完毕。

在中央确定由辽宁省对口支援安县后，辽宁省建设厅又迅速转战安县。6月20日，副厅长胡刚到达安县，任安县现场总指挥。胡刚立即与当地有关部门取得联系，就第二期第一阶段安置房的需求类型及数量、项目选址、安置房规划、地基基础砌筑等问题进行磋商。在较短时间内与安县有关部门就上述问题达成共识，并得到安县县委、县政府的认可和支持。之后，指挥部立即成立以规划设计为龙头的板房搭建工作小组，由辽宁省城乡建设规划设计院和辽宁省建筑设计研究院分别负责安置房规划、放线工作和平面布置图、板房基础施工详图、室内地坪定位图、室内给排水、电气工程施工详图的设计工作；同时，成立6个项目管理小组，保证工程的进度和质量，项目组长由辽宁省建设厅机关和直属单位选调专人担任，项目管理小组的监理人员也由辽宁省12个市选派的业务骨干组成，并派专职人员进驻生产厂家，在安置房生产现场监督生产，督促生产进度，对板材质量进行检验检测，严格把关。

6月21日，辽宁省提前4天完成第一期过渡安置房建设任务；7月25日，完成国家下达的第二期第一阶段过渡安置房建设任务；8月10日，完成全部8990套安置房任务，总建筑面积167394平方米，总计93个安置点，其中学校68所、医院20所、居民安置点5个。由于决策科学，指挥有力，节省经费8000余万元，解决短期就业1.56万人次，当地群众增收2400多万元。

2008年7月，辽宁省建设厅援川过渡安置房建设前线指挥部被全国总工会授予“全国五一劳动奖状”；10月7日，被中共中央、国务院、中央军委授予“全国抗震救灾英雄集体”荣誉称号。

辽宁省首批赴四川抗震救灾医疗队

汶川特大地震发生后，辽宁省卫生厅即着手组建抗震救灾医疗队，做好了随时奔赴灾区救援的各项准备工作。5月14日下午，遵照卫生部和辽宁省委、省政府指示，辽宁省卫生厅紧急组建辽宁省首批赴四川抗震救灾医疗队赴灾区开展救援工作。辽宁医疗队是以骨伤科为主，包括胸外、脑外、麻醉、内科、儿科、护理等专业人员组成的队伍，队员来自中国医科大学附属第一医院、盛京医院、辽宁省人民医院、大连医科大学附属第一医院、大连医科大学附属第二医院和沈阳市奉天医院、第一医院、沈洲医院、骨科医院、第四医院，以及大连市中心医院、中山医院、友谊医院等13所三级甲等医院。辽宁医疗队做好了灾区目的地无水、无电、无食品、无住地、无医院、无人接应的准备，配备了足够供给7天的食品、水等生活物资，以及13吨医疗器械、药品、血浆等医疗物资和2台发电机，为野战救援做了充足的物资供给保障。

5月14日16时49分，辽宁医疗队在沈阳桃仙机场集结完毕，辽宁省副省长滕卫平到机场为医疗队送行。18时整，118名医疗队员乘机赶赴地震灾区。总指挥姜潮在飞机上做战前动员和部署，将参加救援的各医疗单位分成6个支队，各支队可构成独立开展手术和治疗的完整单元，并确定了具体的工作原则、工作方针和工作方案。21时10分，专机抵达成都，全体医疗队员把重达13吨的医疗救灾用品很快装上卡车，急赴地震灾区绵阳市。两个小时后，辽宁医疗队分别进驻绵阳市中心医院、绵阳市中医院、绵阳市人民医院和九洲体育馆，开展紧急医疗救援。

5月15日，姜潮等人带领医疗队对所在地进行了不间断走访、调研、慰问，协调当地政府和卫生行政部门，发现问题及时协调解决。在全面了解情况并充分调研的基础上，确立了由辽宁医疗队接管当地医疗机构急诊室和重症病房的“院中院”工作模式，形成由急救抢救到术后重症监护的“绿色通道”，极大提高了抢救效率和成功率。16日13时25分，理县发生5.9级余震。当时，辽宁医疗队正进行4台手术，手术全部顺利完成并取得成功。

5月17日，北川县城第一次“封城”，辽宁医疗队接到了去县城执行现场医疗救援的任务，迅速确定了进入北川的小分队队员名单。15时20分，小分队进入北川，与一支5人的消防救援队伍会合后展开搜救，发现两名震后在深山中走了三天三夜、已严重虚脱且遍体鳞伤的漩坪中学教师。小分队检查两人伤势并简单处理后，迅速将二人送往医院。18日，根据上级统一部署，辽宁医疗队协助绵阳市将术后相对稳定的伤员转运到重庆继续治疗。

救援期间，辽宁医疗队累计接诊伤员5800人，完成会诊查房6400余人次、各类手术107例、清创等各类处置620例，成功抢救了9名被困废墟下72小时和3名被困100小时以上的危重患者，其中包括一名95岁老人，创造了经治伤员无死亡的佳绩，并出色地完成了北川紧急搜救、千里转运伤员等任务。辽宁医疗队队员还为灾区群众捐款3万余元，医疗队向绵阳市各级医院捐助价值220万元的医疗物资。

2008年7月，辽宁省首批赴四川抗震救灾医疗队被全国总工会授予“抗震救灾重建家园‘工人先锋号’”称号；10月7日，被中共中央、国务院、中央军委授予“全国抗震救灾英雄集体”称号。

吉林省公安厅赴四川汶川动中通通信保障组

吉林省公安厅赴四川汶川动中通通信保障组一车3人，配有卫星通信设备，能在行驶中实拍、实录、实传，是现代公安应急通信保障的重要手段。5月19日，车组奉命到震中区域汶川县映秀镇执行任务。在得知通往映秀镇的道路已打通后，车组人员立即随救援部队前往一线；到达后，立即赶到映秀镇漩口中学，将部队救援实况图像实时报送公安部，成为外界了解映秀镇抗灾救援工作的第一手资料，在中央电视台新闻频道连续播出。主要任务完成后，得知国家电网映电总厂废墟中发现一名已被压埋174小时的幸存者，上海市消防总队正在组织救援，车组立即前往报道。3人在现场坚持拍摄5个小时，直到受伤人员被救出。至20日下午返回驻地，车组人员连续奋战了30多个小时。

抗震救灾18天里，吉林通信保障组坚持战斗在抗震救灾一线，共向公安部和前线指挥部报送灾区情况20余次、实况图像3000多分钟，不少实况图像被中央电视台采用，为抗震救灾组织救援、争取支援做出了贡献。

2008年6月，吉林省公安厅赴四川汶川动中通通信保障组被吉林省委、省政府授予“吉林省赴四川地震灾区抢险救援优秀集体”称号；7月，被全国总工会授予“抗震救灾重建家园‘工人先锋号’”称号、“全国五一劳动奖状”；10月7日，被中共中央、国务院、中央军委授予“全国抗震救灾英雄集体”荣誉称号。

吉林省卫生系统赴四川抗震救灾驻华西医院医疗队

5月15日晨，赶赴都江堰市、几乎整夜未眠的吉林省医疗队接到命令，迅速抽调20名医护人员组成赴四川抗震救灾驻华西医院医疗队，开展救治伤员工作。9时30分，吉林医疗队到达四川大学华西医院，立即投入医疗救治工作。由于需手术处理的伤员数量不断增加，此后几天，医疗队员每天至少要工作14个小时以上。队员陈雷是长春市中心医院医生，由于连日的疲劳，在做手术时晕倒在手术室里。

在华西医院重症监护病房，虽然吉林医疗队护士们的作息时间已经排好，但很多护士仍主动放弃休息时间去病区护理病人。在外科重症监护室艰苦环境中，护士们不顾被感染的危险，毫无怨言地护理着感染鲍曼不动杆菌的病人。在完成常规工作之外，她们还对病人进行心理疏导，给病人送去精神上的抚慰。医疗队员们只有一个信念，把爱奉献给灾区人民，让他们过好生命中的每一天。

吉林医疗队共收治灾区伤员180余人，完成65人99例手术；麻醉组麻醉病人140例，护理组配台手术128例，救治的伤员无一例死亡。吉林医疗队精湛的医术、团结协作的精神、雷厉风行的作风和忘我的工作态度，得到了华西医院及全国各地驻华西医院医疗队同行们的高度评价和赞誉。5月24日，国务院总理温家宝、副总理回良玉到成都考察灾情时，看望了吉林省驻华西医院的医疗队员。华西医院骨科主任裴福兴说："吉林医疗队是第一个进入华西医院的医疗队，也是收治伤员最多、手术例数（部位）最多、参加麻醉和护士跟台手术最多、工作量最大的医疗队。"

2008年6月，吉林省卫生系统赴四川抗震救灾驻华西医院医疗队被吉林省委、省政府授予"吉林省赴四川地震灾区抢险救援优秀集体"称号；9月，被卫生部、食品药品监管局、中医药局、总后卫生部授予"抗震救灾医药卫生先进集体"称号；10月7日，被中共中央、国务院、中央军委授予"全国抗震救灾英雄集体"荣誉称号。

大庆庆瑞公司党员抗震救灾突击队

汶川特大地震发生后，大庆庆瑞公司董事长孙利尧立即召集公司班子全体成员召开特别会议，决定在成都就近购买挖掘机、装载机等救援设备，并抽专人奔赴地震灾区抗震救灾。

5月13日，公司5名副总经理和3名入党积极分子组成党员抗震救灾突击队，紧急赶赴四川灾区。到达灾区后，副总经理王平凡带领3名设备操作手立即投入工作，在都江堰市中医院、国家消防研究所家属住宅楼和平义二巷断壁残垣中，挖掘、寻找幸存者及遇难者遗体。经过7天的奋战，突击队共挖掘出27具遇难者遗体。突击队员王琦被当地红十字会编入SOSEQ救援队，投入极重灾区安县千佛镇五福村的抢险救灾工作中，她同所在团队一道救助并转移了2600多名受灾群众。在突击队员深入四川灾区实施救援的同时，公司党总支书记厉耀东带领3名驾驶员，驾驶着装满灾区急需的瓶装水、方便食品和帐篷等物资的大型转运拖车，日夜兼程4000公里增援灾区。

距震中汶川县映秀镇直线距离只有5公里的都江堰市龙池镇，因地震变成了"孤岛"，所有公路都被泥石流和塌方阻断。突击队员克服路面狭窄、山体滑坡、滚石、余震不断等困难，经过45天奋战，终于打通6条通往重灾地区的"生命线"，累计约14公里。其中，通往龙池镇东岳村的公路，成为重灾地区最先打通的道路之一。这条道路的打通，加快了增援抢险队伍的前进速度，保证了救援物资及时运输。突击队打通的路段被全程命名为“大庆路”。突击队在极重灾区安县、什邡、都江堰奋战55个日夜，共投入大型设备4台、资金200多万元，平整过渡安置板房房场2万多平方米，除塞排洪3处，铲运土石方42万立方米。

2008年10月7日，大庆庆瑞公司党员抗震救灾突击队被中共中央、国务院、中央军委授予“全国抗震救灾英雄集体”荣誉称号。

黑龙江省农垦总局抗震救灾指挥部

5月14日，黑龙江省农垦总局党委组建抗震救灾指挥部。指挥部发出紧急通知，号召垦区上下为地震灾区踊跃捐赠。19日上午，指挥部专题研究部署垦区支援灾区抗震救灾工作。会议提出，根据灾区应急需求，结合垦区优势，决定向灾区援助价值1000万元的以2400吨大米为主的食品，并要求将垦区连日募集的1000多万元捐款迅速送达地震灾区。会后，北大荒农业股份有限公司总经理奚河滨立即组织召开协调会，紧急部署向灾区捐助价值1000万元优质大米的相关事宜。19时，北大荒股份有限公司子公司北大荒米业有限公司下达生产发运调拨令，要求三江制米公司、卫星制米厂、迎春制米厂等10家工厂立刻进入战备状态；公司领导要24小时值班，各制米厂须两小时汇报一次生产进度。公司领导兵分两路，一路连夜组织包装物的制版、印刷，一路到有任务的制米厂现场督查。10家米厂22条生产线全部开机，所有参战员工发扬连续作战精神，加班加点生产。

5月20日2时，10多万件印有“北大荒心系灾区”字样的包装物开始印刷；17时，包装物由专车连夜运往各制米厂。三江制米分公司承担了37%的生产任务，总经理吴秀平、制米厂厂长王玉杰始终坚守在生产一线。人员紧张，朝阳制米厂厂长郑洪波就临时当起了力工帮助推车。看到吉祥制米厂人手不够，民营企业福润米业公司派出20多人前去帮忙。用最好的原粮、最先进的设备，为灾区加工出最好的大米，这是垦区自上而下的承诺。北大荒米业有限公司不仅派出了现场质量督查组，还要求生产现场全部封闭，按照出口大米的标准严把质量关。吉祥制米厂将原粮检测由原来的每30分钟检测一次，改变为每15分钟检测一次，并增加化验员力量，由原来的每个班2人增加到4人，每5分钟对成品米检验一次。

5月21日9时，北大荒米业公司生产的大米开始按批次相继运抵对应的6个站台。19时，随着迎春制米厂最后一袋大米完成包装，北大荒米业有限公司比原计划提前一天完成2400吨支援汶川地震灾区优质精米的生产任务，这些大米可以保证16万灾区群众食用一个月。23时45分，2400吨大米全部装运上车，从卫星、建三江站出发的“抢2”“抢4”次列车，于22日18时前全部运抵哈尔滨南站，组编成970次专列。23日8时40分，970次专列从哈尔滨南站向四川地震灾区进发，于27日6时17分到达成都车站。

黑龙江省农垦总局抗震救灾指挥部领导带领总局机关干部先后两次捐款，总金额达24.3万元；垦区广大干部职工及家属自发捐款达1661万元，党员交纳“特殊党费”750万元。抗震救灾指挥部组织军事部、工会、团委、农机、农技、建工、设计和卫生等部门，联合组建救灾援建应急力量，投身汶川灾后重建、恢复生产工作；先后派出4名医疗专家赶赴抗震一线参与救灾，还组建了20人的专家医疗队、30人的防疫小分队和由160名志愿者组成的抗震救灾预备队随时待命；按照农业部农垦局倡议要求，迅速开展了针对四川垦区的对口援助工作。

2008年10月7日，黑龙江省农垦总局抗震救灾指挥部被中共中央、国务院、中央军委授予“全国抗震救灾英雄集体”荣誉称号。

上海市援建汶川地震灾区绵阳、陇南过渡安置房现场指挥部

5月20日，住房城乡建设部通过电视电话会议，部署上海市承建绵阳等灾区8万套过渡安置房。当晚，上海市委、市政府指令上海市建设交通工作党委、上海市建设交通委立即成立抗震救灾领导小组，组建上海市援建汶川地震灾区绵阳、陇南过渡安置房现场指挥部，由上海市建设和交通委员会副巡视员、市建管办主任许解良任指挥、临时党委书记。22日凌晨，许解良率先遣队13人乘飞机到达四川。进驻绵阳后，先遣队员马上投入现场踏勘、项目选址和建设材料、施工机械调度，以及安排上海援建队伍入川等工作，通宵拟订工作方案。23日，根据绵阳市委、市政府的部署，上海市和驻上海的建筑企业，包括建工集团、城建集团、绿地建设集团、中建八局、三航局、中铁二十四局、现代设计集团、市政设计总院、建科院等单位派出的设计施工队伍，携带重型施工设备迅速进入绵阳灾区。25日，上海市建设绵阳首批过渡安置房在6个地块、151.8公顷场地开工建设。

5月25日，青川县发生6.4级余震，唐家山堰塞湖发生险情，上海援建安置房指挥部在抓紧组织施工的同时，要求施工队伍做好避险疏散工作。建设过渡安置房地块点多分散，有的是水稻田，有的是高差几米的坡地。参建单位打破常规，“一地一图、一块一议”，“晴天抢基础、雨天抓配套，白天抢工程、晚上抓协调”，往往下午定地，连夜开工，与时间赛跑，6天建起10多米高的混凝土搅拌台，7天建成拥有34间教室的临时学校，10天建成一个完整的街坊，提前超额完成绵阳、陇南灾区过渡安置房建设任务。

6月2日晚，许解良率部分上海援建安置房指挥部成员星夜从绵阳出发，驱车10多个小时，冒着泥石流和山体滑坡的危险，驰行350公里山路，迅即赶到甘肃陇南；到达陇南灾区后，立即与当地政府取得联系，尽快落实建设地块，拟订援建方案。中铁二十四局、中交三航局等援建队伍和现代设计集团、市政设计总院、建科院规划设计人员，在甘肃省分散的331个过渡安置房建设地块上日夜奋战。上海援建安置房指挥部科学指挥，在甘肃援建期间总行程2万多公里，成为名副其实的“流动指挥部”。

上海援建安置房指挥部始终把质量与安全放在首位，保证各道工序严格按技术要求施工，发现质量问题及时督促整改。为使援建工作有章可循，指挥部制订了《关于在甘肃过渡安置房建设工作中进一步加强安全质量管理的通知》《安置房技术建议》《安置房材料、基础施工方面若干

问题的建议》《过渡安置房验收规程》等文件。施工期间没有发生一起伤亡事故，工程全部一次验收通过，施工质量受到建设部驻现场指导组、当地政府有关部门的好评。

5月22日至7月24日，上海市援建安置房指挥部组织、协调、指挥1.3万余名建设者，高标准、高质量、高速度完成四川、甘肃两省356个地块共计58663套过渡安置房的建设任务。

2008年10月7日，上海市援建汶川地震灾区绵阳、陇南过渡安置房现场指挥部被中共中央、国务院、中央军委授予“全国抗震救灾英雄集体”荣誉称号。

复旦大学附属华山医院中德红十字会野战医院

汶川特大地震发生后，都江堰市原有的24家市属医疗机构、17家驻市及民营医疗机构，有3家房屋倒塌、22家严重受损，致使地震中受伤的灾区群众被从废墟中救出后，一时得不到救治。灾情引起国际社会的关注，德国红十字会捐赠了一套价值73.2万欧元的医疗装备，准备运往灾区筹建野战医院。中国红十字会总会及卫生部立刻委派中国红十字会直属的华山医院与德国11位医疗技术专家合作，在都江堰市建立首家国际援助的医院——中德红十字会野战医院。

5月22日17时，接受任务后，华山医院不到两小时即组建了40人的华山医疗救援队；12个小时后，由副院长黄峰平带领，乘飞机赶赴成都，又转乘大巴于23日傍晚到达都江堰。黄峰平立即与外交部、都江堰市政府、红十字会相关部门人员及德国专家进行汇报和协商，并在空地上召开“野战会议”，决定统一设立项目运营、医疗、护理、行政总务4个小组，尽快把医院建好。

11位德国医疗技术专家，40位来自复旦大学附属华山医院、复旦大学附属妇产科医院、复旦大学附属儿科医院的医疗队员，100多位都江堰市人民医院的医务人员和各地赶来的抗震救灾志愿者，齐心协力将25个巨大的帆布帐篷矗立起来。短短52小时，在原本空无一物的4600平方米选址上，建起拥有120张床位，外科、内科、儿科、妇产科、药房、手术室、产房、放射科、检验科俱全的医院，成为中国灾荒史上在灾区建成的第一家具有国际水准的野战医院，也是德国红十字会搭建过的最大、最高级别的野战医院。华山医院副院长黄峰平任野战医院院长。

最初，当地医务人员没有到位，队员们白天救治数百名病员，早晚察看住院伤患者，半夜乘救护车出诊。随着就诊人数日益增多，华山医院副院长邹和建提出把“以病人为中心”的国际医院标准理念用于野战医院的管理。在同当地医院协商后，将大门一分为二，一个入口、一个出口，便于病人转送；预检处用一条线分隔为二，提高了效率；清创室从外科帐篷后挪位，减少交叉感染。医院还制定出上级医生查房、护理查房、传染病登记、留观卡管理、留观病例记录、病区护理管理、门诊急诊开诊时间、出具转院证明、死亡证明、救护车转运原则、院感管理、病例卡管理流程、媒体采访参观、手术室管理等制度和规定，用于特殊时期规范医务行为。

野战医院在余震不断的情况下，克服帐篷里高达50多摄氏度的气温，以及帐外大雨、帐内小雨积水过膝等困难，从建成初的每天200多就诊人次，突破到每天1000多人次，其中不仅有来自都江堰市的伤病员，还有来自绵阳、德阳及北川、安县、绵竹等灾区的伤病员。

一位孕妇羊水破了要在野战医院生产，医院马上准备一个母婴同室的病房。素不相识的病人、家属也都关注着小生命在大灾之年的诞生。德国麻醉师托马斯给孩子取了个英文名叫ERU，即紧急反应组织（Emergency Response Union）的简称。缺少血源，队员们就自觉地在手术室门口排起长队，随时准备义务献血。5月31日10时37分，一个重达3650克的男婴平安降生，孩子父亲给他取名为“方中德”，用这种特殊的方式表达对中德野战医院和华山医院医疗队的感激。

从5月23日出发筹建，到8月25日撤回，3个多月里，华山医院先后派出5批共121名医疗队员，由院领导黄峰平等分批率领，实施医疗救助。队员们在每天完成繁重的医疗救治工作的同时，主动承担帮助当地医务人员恢复重建医院的工作，引入JCI先进的国际医院标准流程，对当地医务人员进行专业培训，并建立相关的制度，促进当地医院重建工作步入正轨。华山医院还接受中国红十字会的任务，派遣5名检验、制剂、设备动力专家与奥地利、西班牙的救援队员共同开展水处理工作，为确保大灾之后无大疫做出了贡献。上海市是都江堰市灾后重建的对口支援单位，为了配合做好重建工作，野战医院特别为上海援建人员开辟就医“绿色通道”，开展义诊，并送上生活用品和药品，使他们能够更好地帮助都江堰人民重建家园。

震后3个月里，中德野战医院共救治各类伤员7.2万人次，被都江堰人民称为“生命驿站”，医务人员被称为“生命的守护神”。中共中央政治局委员、上海市委书记俞正声和市长韩正、副市长沈晓明，中国红十字会会长彭珮云、常务副会长江亦曼，卫生部部长陈竺等，以及德国外长施泰因、红十字会与红新月会国际联合会主席德尔·托罗等都对医院工作给予了高度评价。

2008年9月，复旦大学附属华山医院中德红十字会野战医院被卫生部、食品药品监管局、中医药局、总后卫生部授予“抗震救灾医药卫生先进集体”称号；10月7日，被中共中央、国务院、中央军委授予“全国抗震救灾英雄集体”荣誉称号。

江苏省赴四川抗震救灾医疗卫生救援队

汶川特大地震发生后，江苏省卫生系统立即启动应急机制，主动向卫生部请缨，参加灾区医疗救援，并成立以江苏省卫生厅副厅长胡晓抒为总队长的江苏省赴四川抗震救灾医疗卫生救援队。经卫生部批准后，江苏医疗队于5月13日下午抵达四川，成为第一批受卫生部指派到达地震灾区的外省医疗队，建立了灾区第一个水质检测战地实验室，在重灾地区设立了第一个固定医疗点。

由于灾区道路遭到严重破坏，有些伤员在转运到医院时已失去了救治的机会。江苏医疗队果断决定打破常规，把救治关口前移，以便争分夺秒抢救生命。由以党员医生、护士为骨干的小分队，背负十数公斤重的药品和器械，紧紧跟在救援大部队身后，临危涉险到极重灾区实施救治。正是由于医疗点靠前再靠前，江苏医疗队迅速将相关医院伤员的死亡率从10%下降到3%，创造了一个个医疗奇迹。一名被埋117个小时的昏迷男子经过江苏医疗队现场急救恢复了生命体征，一名53岁的妇女经过江苏医疗队24小时不间断救护挽回了生命，一名伤情危重的产妇经过江苏医疗队精心手术保住了双腿。在灾区奋战的50多个日日夜夜中，江苏医疗队共实施手术2000多台次，在绵阳市各医院救治伤病员6000余名。

为实现大灾之后无大疫，江苏医疗队把医疗队员和防疫队员混合编队，一组在急救点救治病人，另一组进村入户开展巡回医疗和防疫工作，并广泛宣传、发动群众参与。这一做法被总结为“平通经验”，在灾区推广。截至7月，医疗队实施防疫消毒面积共达790平方公里，确保了一方的公共卫生安全。

不断发生的山体滑坡和崩塌，对于从平原地区去的救护车司机而言，转运伤员的困难前所未见。党员周广益送4名重伤员到江油市医院，当车行驶到一处山崖时，只听见山体发出震耳欲聋的轰鸣声，前后方都有山石滚落，停下来、退回去都不行。危急关头，周广益加大油门猛冲过去，再回望来时道路，已经消失。在一个月的时间里，救护车队安全转运伤员1600多人，没有出现一次事故。

江苏医疗队受到了当地政府和群众的高度赞扬。胡锦涛、李克强、回良玉等中央领导同志在四川灾区考察指导工作时，都先后看望和慰问了江苏医疗队。

2008年7月，江苏省赴四川抗震救灾医疗卫生救援队被全国总工会授予“抗震救灾重建家园‘工人先锋号’”称号；10月7日，被中共中央、国务院、中央军委授予“全国抗震救灾英雄集体”荣誉称号。

江苏省阿珂姆野营用品有限公司

汶川特大地震发生后，四川地震灾区急需帐篷100万顶，而中央救灾储备库的库存远远不够。为此，民政部向全国所有帐篷生产企业下达立即生产90万顶帐篷的动员令。阿珂姆野营用品有限公司董事长李宏来毫不犹豫地承接了12万顶帐篷的生产任务，工期是5月19日至6月20日。

地震发生当晚，阿珂姆公司紧急调集全部库存帐篷用于救灾，李宏来一边主动跟四川方面联系，一边组织装货发车。当得知通往灾区道路不通后，又改从贵州省贵阳市绕路，日夜兼程，赶在5月15日将第一批8000顶帐篷运到灾区。

5月22日，中共中央总书记胡锦涛召集浙江、江苏两省领导和主要帐篷企业负责人部署救灾工作。李宏来作为唯一的生产企业代表，向胡锦涛立下军令状：“请总书记放心，我们将以最快速度、尽最大努力，不论遇到什么困难，一定向灾区人民如期交付12万顶帐篷！”

12万顶救灾帐篷，是阿珂姆公司正常年份6个月的产量，至少需要480万米牛津布，需要2500人在限定时间内不间断地在生产线上操作。阿珂姆公司紧急通报国外客户，取得国外客户的谅解和同意后，取消总价值500万美元的国外订单，延迟交付6000万元的国外订单，服装、睡袋、背包、帐篷四大生产车间52条生产线、6000名工人进入24小时火线生产状态。厂区里，下料、裁剪、缝制、质检、包装，流水线飞速运转，员工们只有一个心愿：把帐篷尽快生产出来，送到灾区去。裁剪车间，一卷卷牛津布料被摊开、铺平、裁剪，厂长许寿红再三叮嘱："防水、抗压测试不能有丝毫马虎，要保证帐篷的质量。"

扬州市领导多次为救灾帐篷生产进行专题协调、现场办公。邗江区、维扬区机关干部、公安干警、民兵预备役人员、各界群众，以志愿者的身份参加义务劳动。在各方支持和配合下，阿珂姆公司最后一批救灾帐篷于6月18日全部下线并通过检验，于19日18时全部发往灾区。

2008年7月，阿珂姆野营用品有限公司被江苏省委、省政府授予"江苏省支援抗震救灾先进集体"称号，被全国总工会授予"抗震救灾重建家园'工人先锋号'"称号；10月7日，被中共中央、国务院、中央军委授予"全国抗震救灾英雄集体"荣誉称号。

浙江省建设厅援建四川广元过渡安置房施工现场指挥部

在抗震救灾第二阶段，根据国务院的部署和浙江省委、省政府的命令，浙江省建设厅负责组织援建广元灾区一批过渡安置房。5月20日刚受领任务，浙江省建设厅即召开会议进行紧急动员布置，由厅长张苗根挂帅，成立援建工作领导小组和援建四川广元过渡安置房施工现场指挥部。

5月20日，浙江省建设厅领导和现场指挥部指挥、省建筑业管理局局长张奕随浙江省政府考察团，先行赴广元市实地考察，与受援地进行对接。21日，指挥部又会同浙江省经贸委等部门组织省内40余家活动板房生产企业召开座谈会，了解产能情况，解决存在问题，紧急动员广大企业开足马力加快生产。25日，首批过渡安置房材料从绍兴启运。26日，首批1500多名援建施工人员在副厅长樊剑平带领下赶赴广元。27日，浙江省援建广元过渡安置房开工仪式在广元市南河体育场工地举行，标志着浙江省援建工作全面展开。

从5月27日开始，经过75家建筑企业6900多名施工人员历时72天的艰苦奋战，到8月6日，浙江省在广元市四县三区477个援建点，建设完成54590套过渡安置房及配套设施，总建筑面积约120万平方米，提前超额完成国务院下达给浙江省5.4万套过渡安置房及配套设施的建设任务，成为全国完成过渡安置房数量最多的省份之一，为广元灾区近4万户家庭15万名受灾群众提供了安置用房。

在72个日日夜夜里，浙江省建设厅领导班子和指挥部全体工作人员全力以赴，厅党组副书记、副厅长谈月明和5位厅领导先后赴广元一线指挥援建，带领广大援建人员不畏艰险，协调解决援建过程中碰到的各种困难和问题，强力推进援建工作。副厅级纪检员段苏明在援建一线一干就是39天。其他厅领导在后方24小时轮流值班，为援建工作提供强有力的后方保障。

援建一线的指挥部其他成员也不分工作日和休息天，几乎每天都要工作近20个小时。援建分指挥部指挥长、浙江省建设投资集团副总经理陈天民已年近六旬，身体多病，仍主动请战赴广元参加援建工作。他肩背一大包药品七进青川，一次晕倒在工地，醒来后大家都劝他休息，但他仍坚守在施工现场。

在后方负责联系协调工作的浙江省建设厅其他人员，发扬“五加二、白加黑”的工作精神，每天工作14小时以上，会同厅办公室、设计处、计财处等业务处室，积极做好信息数据报送、过渡安置房建设材料生产组织、援建计划和补助资金下达等各方面工作，为前方按时按质按量完成援建任务提供了有力保障。

2008年10月7日，浙江省建设厅援建四川广元过渡安置房施工现场指挥部被中共中央、国务院、中央军委授予“全国抗震救灾英雄集体”荣誉称号。

浙江省抗震救灾医疗防疫救援队

5月12日，正在北京开会的浙江省卫生厅厅长杨敬，获悉汶川发生特大地震的消息后，连夜乘飞机赶回杭州召开会议，紧急部署抗震救灾工作，迅速在全省卫生系统全面动员，从各级卫生行政部门和医疗卫生单位抽调人员，组建了浙江省首批抗震救灾医疗防疫救援队，为赴川开展抗震救灾工作赢得了宝贵的时间。

5月14日上午，首批浙江医疗队兵分两路，一路94名救援队员，由浙江省卫生厅副厅长马伟杭带领奔赴成都；另一路于同日下午由浙江省卫生厅副厅长张平带领50辆救护车日夜兼程，跨越6个省（市），行程2600公里，历时36个小时到达四川灾区。

浙江医疗队到达灾区后，立即投入战斗。首批浙江医疗队中的浙江省人民医院王天华等7名神经外科医生在到达江油市中医院后，连续奋战20多个小时，抢救了50余名颅脑外伤病人。在灾区的日日夜夜里，经常有医生累倒在工作岗位上，救援队员只有“救人要紧”一个信念，宁可自己多吃苦、多受累，也不让人民群众多一份生命危险。随后的一个多月时间里，浙江医疗队先后分19批，共派遣了1196名救援队员，源源不断地赶往江油、平武、青川。医疗队共救治伤病员1.56万人，其中重症患者253人，完成手术170台，还及时向浙江省转送1020名伤病员。

当时灾区气温不断升高，极易引起传染病的流行，卫生防疫工作面临巨大的压力。浙江医疗队为了迅速开展工作，冒着余震，每人背着几十公斤重的救援物资，穿过不断有碎石滚落的塌方地区，有时甚至手脚并用赶往当地。队长夏时畅每天带领队员5时起床，身背几十公斤重的消毒器械和药水，走遍了当地的村庄和灾区群众安置点，做好饮用水源、垃圾场、公共厕所、掩埋处等重点部位的消毒杀虫工作，每天工作近16小时。

灾区卫生环境受到严重破坏，疾病预防、食品安全、饮水安全等方面的隐患十分突出。浙江医疗队还认真进行卫生防病宣传教育，向灾区群众普及卫生防病基本知识，增强群众的自我保护意识；普及健康教育6万余人次，发放健康教育资料10万余份。卫生防疫队还及时开展防疫工作，消杀面积达1280多万平方米。

灾区无数人失去亲人，痛不欲生，心理创伤十分严重。浙江医疗队配备的精神心理医生较多，由心理医生组成心理干预队，由刘立群、赵国秋带领，在灾区做了大量的精神疾患治疗、心理干预和心理疏导等工作，共开展心理治疗2万余人次。浙江医疗队开展医疗救治、卫生防疫和心理干预联合行动，效果良好，被卫生部作为成功经验加以推广，成为全国应急救援的样板。

2008年6月，浙江省抗震救灾医疗防疫救援队被人力资源社会保障部、卫生部授予“卫生系统抗震救灾英雄集体”称号；10月7日，被中共中央、国务院、中央军委授予“全国抗震救灾英雄集体”荣誉称号。

合肥市建设委员会

5月21日，安徽省合肥市援建四川地震灾区过渡安置房工作领导小组成立，确定安徽鸿路钢结构（集团）股份有限公司、安徽新鸿伟钢结构有限公司、安徽伟宏钢结构有限公司、合肥建工钢结构彩板有限责任公司、合肥瑶海轻型建材有限责任公司5个厂家为援建企业。23日，首批250套安置房由合肥启运。

5月24日，合肥市建设委员会副主任纪开学率领施工企业抵达都江堰；同日，安徽省援建灾区过渡安置房建设前线指挥部合肥工作站成立，合肥市建设委员会副主任章斌负责安置房生产和运输。5家援建企业24小时生产，市建设委员会5名质检人员进驻企业，从原材料厚度、重量方面严格把关，跟踪产品质量，同时邀请市质监局派员进厂监督。每日22时，市建设委员会主任张长淮都要召开安置房生产调度会，协调原材料采购储备、质量监控、产品运输、后勤保障等工作。

在灾区，合肥援建人员连日奔波在灌口、石羊、中兴、柳街等镇实地踏勘，依情况协调安置房建设点位。援建环境异常艰苦，为了抢时间赶进度，援建人员小雨大干，大雨小干，不下雨拚命干。针对都江堰灾区多雨的气候环境，援建指挥部特意调整设计，增设了0.7米的檐口。为保障安置房强固，墙体板材使用双层0.4毫米厚彩钢板，内夹75毫米厚聚苯塑料，顶棚塑料厚度120毫米，聚苯塑料密度为每立方米12～15公斤，塑钢门窗使用的是国家免检产品，提高了抗风防雨标准，且增强了保温功能。为保证校舍抗震性和结构安全，过渡校舍还特别使用了轻钢结构，建造成本比一般活动板房提高约80%。

6月13日，安徽省援建的59所学校中第一个“交钥匙”的石羊镇皂角小学正式交付使用。一位学生在黑板上写道：“因为有爱，一切都在。”17日，86名安装技师和23名专业技术人员乘飞机赶往灾区增援，确保按时开学。为抢速度，鸿路钢结构（集团）股份有限公司集中投入500多人，短短10天，即建成一座占地8公顷，包括50余座平房、167间教室，厨房、宿舍、操场一应俱全的“活动板房学校”——塔中联合学校，都江堰市政府将其易名为皖川中心学校，以志纪念。23日上午，中央电视台直播了在皖川中心学校举行的都江堰市中小学复课仪式。

5月23日至7月12日，合肥援建队伍完成安装过渡校舍73009平方米（折合4056套），分布在都江堰市周边26个点，共32所；完成活动板房117389平方米（折合7430套），分布在都江堰市周边16个点。

合肥市先后有1.5万人参加四川灾区援建，高峰时人数达到1823人。有29人递交了入党申请书，其中9人被批准加入中国共产党。7月23日，安徽省援建的过渡安置房和校舍全部移交都江堰市。

2008年9月，合肥市建设委员会被住房城乡建设部授予“全国住房城乡建设系统抗震救灾先进集体”称号；10月7日，被中共中央、国务院、中央军委授予“全国抗震救灾英雄集体”荣誉称号。

安徽省卫生厅卫生监督所

汶川特大地震发生后，安徽省卫生厅卫生监督所当夜召开会议，研究应对措施，启动应急预案。5月19日20时，接到组织队伍支援灾区的命令后，卫生监督所连夜完成车辆、物资、应急器材及业务骨干的调配，组成以卫生监督所人员为主，所长杨志平、副所长孙玉东为正、副总队长的40人的安徽卫生监督工作队，携9辆应急车，于20日启程奔赴极重灾区茂县。

由于震区道路不通，安徽卫生监督工作队绕道雅安、马尔康，日夜兼程急行军4天半，行程中仅休息16个小时，途中翻越3座4000米以上高山，夜间冒险穿越多处地震塌方地段，克服跑掉车轮、跑爆车胎、车辆被飞石撞击、队员出现严重高原反应等险情，急行军2600公里，于5月24日深夜到达茂县。

到达指定地点后，安徽卫生监督工作队迅即与当地抗震救灾指挥部取得联系，于次日凌晨全面展开工作。卫生监督工作队研究制订了周密的工作方案，先后在茂县县城和13个乡（镇）进行震后卫生状况调查，组织开展食品卫生、饮水卫生、传染病防治、现场快速检测、防疫消毒知识培训和健康教育等一系列工作，并创新工作思路和方法，通过群众易于理解、容易掌握的儿歌、顺口溜等方式，宣传普及有关卫生防病知识。

根据抗震救灾工作进展和存在问题，安徽卫生监督工作队多次向上级提供资料翔实可靠、办法切实可行的决策参考意见，被卫生部抗震救灾指挥部和当地政府采纳。针对茂县地震灾区群众居住条件简陋，灾区群众和救灾人员身体疲劳、抵抗力下降，饮食摊点多、规模小、饮食卫生设施差等情况，经过预警预测，安徽卫生监督工作队在阿坝藏族羌族自治州灾区各县中，率先开展食品卫生专项整治行动，监督建立茂县灾后第一个符合基本卫生要求的集中饮食摊点。

安徽卫生监督工作队在茂县工作了42天，是安徽省各支抗震救灾医疗防疫队中在川时间最长的工作队。有时候为到达一个村民组，工作队要徒步翻越海拔3000米以上的高山。在异常艰苦和危险的条件下，工作队完成了乡、村和村民组的卫生防病全覆盖，排除食品、饮水和传染病存在的隐患30多起，指导消毒2000人次，入户检查宣传2365户1.45万余人；检测水样476份、食品及食品原料219份，卫生监督受益人口4万余人，取得了大灾之后无大疫的阶段性胜利。抗震救灾期间，安徽卫生监督工作队工作区域内未发生食物中毒、饮水污染、传染病暴发等突发公共卫生事件。安徽卫生监督工作队还对当地卫生监督人员进行业务培训，帮助当地建立全县食品卫生档案。

2008年9月，安徽省卫生厅卫生监督所被卫生部、食品药品监管局、中医药局、总后卫生部授予“抗震救灾医药卫生先进集体”称号；10月7日，被中共中央、国务院、中央军委授予“全国抗震救灾英雄集体”荣誉称号。

福建省援建四川灾区过渡安置房工程建设现场指挥部

福建省负责对口援建的彭州市在地震中受损严重，全市房屋倒塌622066间，有12万受灾群众需要重建永久性住房。福建省授命省建设厅负责组建援建四川灾区过渡安置房工程建设现场指挥部，省经贸委、交通厅、民政厅负责省内板房材料生产、长途运输及入川人员后勤保障等工作。福建省建设厅组成以总工程师周武进为总指挥的27人现场指挥部，于5月21日奔赴灾区现场，迅速展开板房援建规划选址、设计、材料运输、施工、安装、质量监督、后勤保障等工作，共调集48家福建建筑安装企业7000多名员工进入四川援建。

援建初期，工作千头万绪，福建援建现场指挥部的中枢作用尤为关键。总指挥周武进带领现场指挥部各部门负责人，冒着余震、暴雨、山体滑坡等危险，辗转于12个镇的62个援建现场实地踏勘，提出规划设计思路，建立起高效运转的指挥协调机制和各项工作制度。对于板房建设，他非常重视以人为本和环境保护，反复强调选点上要保证居住安全，保护树木，保护耕地，质量上要严格执行标准，向省领导提出增设遮阳网、雨棚、室内分隔布帘等人性化设施，以提升灾区群众临时过渡时期生活质量，得到各方高度评价。

福建援建现场指挥部主动联系当地政府部门，确定了彭州市丽春镇、桂花镇、新兴镇、通济镇、白鹿镇等援建点。指挥部人员深入每个施工现场，组织筹措基本生活物资，协调有关部门，解决福建入川援建人员生活物资的运输问题，为援建工作的顺利开展打好基础。

福建援建现场指挥部在制订和实施安置房建设计划时，因地制宜、科学设计、灵活调度，为任务提前完成奠定基础；在组织施工力量过程中，要求施工企业聘用当地群众，以工代赈参与建设，增加当地群众收入，提升受灾群众重建家园的信心。福建省施工单位聘用当地群众超过3000人，累计用工超过30万个工日，当地群众增加收入4000多万元。

福建援建现场指挥部工程建设部部长叶德传发挥专业特长，会同指挥部各部门负责人认真研究，提出在将需要复耕的农田里建设的板房室内地面混凝土改为砂土，平整后铺上砖块，以节约保护耕地，被采纳使用后成为福建省活动房建设的一大亮点。这种做法得到国土资源部副部长汪民和四川省、成都市领导的充分肯定并要求推广。

面对余震、山体滑坡和交通受阻、缺水缺电等困难，福建援建现场指挥部团结拼搏，攻坚克难，无私无畏，经过两个月的连续作战，提前20天完成搭建36522套（国家下达任务为36500套）、总建筑面积74.86万平方米板房的艰巨任务，使福建省成为最早完成板房建设任务的省市之一。

2008年10月7日，福建省援建四川灾区过渡安置房工程建设现场指挥部被中共中央、国务院、中央军委授予“全国抗震救灾英雄集体”荣誉称号；11月，被福建省委、省政府授予“福建省抗震救灾先进集体”称号。

福建省赴四川抗震救灾医疗卫生救援队

汶川特大地震发生后，福建省卫生厅贯彻福建省委、省政府的指示，先后派出9批532名医疗卫生人员，组成由副厅长陈秋立任总队长的福建省赴四川抗震救灾医疗卫生救援队，携带30多吨救灾药品和医疗器械、10台救援车辆，昼夜兼程，赶赴灾区第一线开展救援工作。

5月16日，首批由160名医护人员组成的福建医疗队抵达四川灾区后，陈秋立同有关人员立即和当地卫生部门取得联系，了解灾情，制订工作方案，组织开展伤病员救治。当日14时，福建医疗队就开始了第一台抢救手术。在极重灾区都江堰市救援中，了解到滨河社区灾区群众临时安置点没有医疗点，安置群众无法及时得到有效医疗卫生服务，福建医疗队便主动向当地指挥部请求并得到批准，在滨河社区设立医疗点，就近为群众提供公共卫生服务。

5月21日，福建医疗队卫生防疫监督分队受命赴汶川开展救援。由于道路中断，20名卫生防疫监督队员绕道800公里，翻越夹金山、梦笔山两座海拔4000多米的雪山，历经多次余震、滚石和山体滑坡，冒着暴雨、寒冷和高原反应，风餐露宿，历时3天抵达汶川。

救援初期，福建医疗队卫生防疫监督分队进驻江油，克服没有交通工具的困难，驻扎在乡村一线灾区。十几个人挤在一顶帐篷里打地铺，渴了喝凉水，饿了啃方便面，背着数十公斤重的消毒药品、器械，顶着烈日行走几十里山路，挨家挨户、逐个帐篷地开展巡诊、消杀和防疫工作。在艰苦的环境中，卫生防疫监督分队按救灾指挥部要求，巡诊、消杀、防疫工作覆盖江油市的25个乡（镇）。6月1日，驻扎在江油市雁门镇的救援队在前往一个刚开通道路的偏远山村开展卫生防疫工作途中，由于山体滑坡发生车祸，致使5人受伤。3日，中共中央政治局常委李长春在四川大学华西医院看望慰问地震伤员和受伤的防疫队员时，紧握着受伤队员的手，叮嘱他们安心治疗，养好身体，继续为抗震救灾服务。

救援期间，福建医疗队累计接诊、救治伤病员30498人次，其中重伤员837人次；开展手术593台次；转运伤员1355人次；实施灾后心理危机干预725人次；消杀处理安置点5844个、垃圾点19659个次、临时厕所151115个次、饮用水点187271个次，消杀面积累计687.78万平方米；发放各种宣传材料19064份，进行健康宣传教育140882人次。

2008年9月，福建省赴四川抗震救灾医疗卫生救援队被卫生部、食品药品监管局、中医药局、总后卫生部授予“抗震救灾医药卫生先进集体”称号；10月7日，被中共中央、国务院、中央军委授予“全国抗震救灾英雄集体”荣誉称号；11月，被福建省委、省政府授予“福建省抗震救灾先进集体”称号。

江西省建设厅

汶川特大地震发生后，江西省委、省政府快速反应，成立了支援灾区共建家园领导小组，并由江西省建设厅全面负责彭州等地过渡安置房援建工作；现场成立了指挥部，实行统一指挥、统一调度、统一实施、统一监督，由厅长陈俊卿和副厅长吴昌平常驻灾区一线指挥，其他6位厅领导及全厅三分之二的干部都投入到一线参与援建。

在援建灾区的65天里，许多工程技术管理人员不畏艰险，天天在震坏的山路上和时间赛跑，日夜奋战，很多工作人员甚至没有回过一次家。陈俊卿克服家里老人生病、妻子做手术等困难，坚持奋战在彭州、小金一线达60天，每天与指挥部的工作人员一道深入施工现场，研究规划设计，检查板房质量，调控现场进度，有针对性地处理现场用地用水问题，并提出3种地基形式和2种施工工艺。陈俊卿还率钟宪明、徐晶等不顾高原反应与工人们一起抢建小金县“板房学校”，保证了小金县的考生按时参加高考。当地政府赠送了两面锦旗，称赞江西省建设厅“保高考搭建板房、献真情大爱无疆”。吴昌平因患荨麻疹，高烧39度，一连7天边输液边指挥战斗，情况紧急时常常拔下针头就赶赴现场。女建筑师胡松感冒发烧39.5度，仍一边输液一边画设计图。没有电，督导组组长易刚开着车灯照明，与工人一起夜战。现场指挥部80%以上的工作人员出现血压升高、体质下降现象。

为节约土地，援建人员利用地震毁损材料，就地收购红砖、道板，采取“一毡一沙一砖”方式分层铺垫室内地坪。在确保消防安全的前提下，适当缩小板房间距，提高容积率，利用较少土地安置了较多的灾区群众；同时积极与当地政府共建、与军队共建、与百姓共建，形成联手共建家园的合力。这些做法得到了住房城乡建设部的大力推广。

为把好板房质量关、造价关，江西省建设厅联合江西省国资委派出驻厂督导组，监督板材生产质量，并组成12个现场督查组，负责施工现场督查，建立验收责任制，确保建设标准。为控制建房成本，抽调10多位长期从事工程预决算的专业人员，实行严格的经费制度，严格控制各项费用开支，从而保证了江西省成为全国23个援建省份中工程质量最好的省份之一。

至7月25日，江西省援建的985个安置点、3.273万套板房提前15天完成。彭州市通济镇花溪村民自发在板房小区为江西援建者立功德碑，彭州市隆丰镇金山社区、隆丰场社区也被当地居民更名为“井冈山社区”“庐山社区”。江西援建人员陈俊卿、吴昌平、钱勇、蔡勇，被彭州市政府授予“彭州市民”称号。

2008年9月，江西省建设厅被住房城乡建设部授予“全国住房和城乡建设系统抗震救灾先进集体”称号；10月7日，被中共中央、国务院、中央军委授予“全国抗震救灾英雄集体”荣誉称号。

江西省卫生厅抗震救灾第一批医疗队

5月14日凌晨1时，江西省卫生厅接到卫生部指令，要求江西医疗队当日赶到四川开展救援。接到指令后，厅长李利迅速组织调度，组建了由副厅长关晏民为队长的江西省卫生厅抗震救灾第一批医疗队，14日上午火速赶至省城集结，当日22时许赶到广元。之后，又分成3支应急医疗分队迅速赶赴受灾严重的广元市区、青川县木鱼镇和关庄镇开展医疗救援工作。

被分配到广元市直属医院的17名医疗队员，5月14日晚到达医院后，立即开始救治工作。驻广元市第三医院的江西省人民医院医疗小分队，救治的伤病员没有发生一例误诊，没有出现一例院内死亡；驻守广元市第二人民医院的南昌大学第二附属医院外科主任吴凯，连续36个小时完成15台手术，处置软组织挫伤及无法手术的患者80余例。

5月25日，南昌大学第一附属医院骨科主任医师马勇和几名医疗队员正在手术，余震突然袭来，手术室无影灯被震得摇摇晃晃，吊瓶被碰得“哐哐”作响。马勇和几名医务人员沉着冷静，一面用身体抵着病人，防止病人从床上滚落下来，一面把患者伤口用无菌棉垫保护起来，在场的6名医疗队员没有一个离开岗位，直到手术顺利完成，事后才知当时发生的是6.4级余震。当地很多病人知道此事后，都慕名前去求治。抗震救灾期间，在余震不断的情况下，医疗小分队共完成156台手术。

被分配到青川县的85名队员经过5个小时的急行军，于5月15日凌晨赶到青川，成为四川省外最早抵达青川的医疗救援队之一。之后，按照青川县卫生救援指挥部安排，85名队员15分钟内分成6支小分队，其中4支赶赴埋压学生最多的木鱼镇初级中学实施紧急救援。木鱼镇初级中学所有房屋完全倒塌，灾情非常严重。当天下午，国务院总理温家宝到木鱼镇中学看望江西医疗队员，要求大家尽最大努力救治每一位伤员。

观音店乡位于青川大山深处，与甘肃交界，山高路远，蜿蜒曲折，多处塌方，青川县抗震救灾指挥部也不了解里面的情况，医疗队员要进去，必须冒极大风险。5月18日，医疗队乘坐面包车前往，途中遭遇巨大险情，被迫返回。稍事休息后，医疗小分队第二次奔赴观音店乡，途中又遇上余震，车子底盘的钢板连同刹车管被一并震断，小分队再次折回。尔后，医疗小分队向广元市抗震救灾指挥部请求调去一部越野车第三次向观音店乡出发，一小时后又遇道路阻断，队员们只得另辟蹊径，从河床上涉水前进，终于抵达目的地。观音店乡居民激动不已，因为之前那里从未有医疗队到过。小分队到达当日，即接诊伤病人员100多人。

第一批医疗队在广元市和青川县的15个日日夜夜里，共救治伤病员11158人次，其中成功抢救危重病人366人，手术355人，转运伤员557人，巡诊灾区群众19984人次。

2008年9月，江西省卫生厅抗震救灾第一批医疗队被卫生部、食品药品监管局、中医药局、总后卫生部授予“抗震救灾医药卫生先进集体”称号；10月7日，被中共中央、国务院、中央军委授予“全国抗震救灾英雄集体”荣誉称号。

烟台市疾病预防控制中心抗震救灾卫生防疫队

5月20日，山东省烟台市疾病预防控制中心派出由环境卫生、食品卫生、传染病防治、消毒消杀等10名专业骨干组成的首批卫生防疫队，携带价值18万多元的消杀药品和器械，克服巨石坠落、山体滑坡不断等困难，深夜冒雨进驻灾情严重的北川羌族自治县陈家坝乡。防疫队员穿着密不透风的防化服，顶着酷暑，对所有应该消杀的区域进行全方位的防疫处理。防疫队配合救援部队和当地政府，先后对陈家坝乡驻地及周边村庄废墟下埋压的43具遇难者遗体进行了消毒处理。

针对灾区群众临时安置点位置狭长、灾区群众密集、卫生条件差、防疫形势异常严峻的情况，防疫队员深入开展健康教育，面对面向灾区群众宣讲粪便、垃圾、污水处理方法及饮食、饮水等卫生防病知识，及时发放《震后防疫小知识》等宣传材料，增强了灾区群众自我保健和防病意识。与此同时，建起7个临时厕所和垃圾处理点，及时实施垃圾焚烧、掩埋和消毒，每天早晚各一次对灾区群众安置点进行全面消毒杀虫，防止虫媒传染病的发生。

防疫队不但重视灾区的防疫工作，而且非常关注灾区群众的生活。防疫队宿营地上游20多公里就是唐家山堰塞湖，附近有四川省最大的生猪养殖基地。当队员们得知存栏的2万多头生猪急需转移后，不顾随时可能发生溃坝的威胁，主动请缨，冒雨连夜进行消毒防疫和死猪处理，配合救援部队顺利完成生猪转移任务。

针对灾区卫生防疫体系几近瘫痪的现实，防疫队从普及震后卫生防疫知识、消除灾区群众对疾病的恐慌和不安入手，逐步恢复和重建当地的健康教育、疫情监测和预防接种等网络。防疫队还想方设法，举办了10多期防疫知识培训班，培训了一批卫生宣传员和防病业务骨干，组建起了村级防疫队伍，为灾区人民留下了一支永不离开的防疫队。此外，防疫队根据灾区群众集中安置的状况，探索建立了“乡—村—帐篷”三级疫情报告网络，实行疫情日报告、即时报告等制度，形成比较完善的疾病报告体系，被当地政府和乡卫生院的同行们称之为“陈家坝模式”。利用这种简单有效的方式，防疫队能迅速有效地掌握疫情，开展流行病学调查，并先后及时处置了3起传染病疑似疫情。随着灾区群众搬进活动板房，防疫队指导当地逐步恢复了常规的疫情报告网络。在预防接种方面，防疫队在漩坪、白坭两乡开展深入的调查研究，向当地政府和卫生部门提出了《关于对漩坪、白坭两乡适龄儿童进行疫苗接种的工作建议》，制订了震后儿童免疫接种具体方案。在当地卫生院的配合下，防疫队利用冰箱、冰排等简易设施，因陋就简建起了应急冷链，恢复了两乡的疫苗接种工作。

地震发生后，烟台市疾控中心先后派出36名专业技术骨干奔赴北川一线，累计完成消杀面积729.3万平方米，卫生宣传和健康教育4.8万人次，培训卫生骨干900余人次，开展流行病学调查8000余人次，发放宣传材料6万余份。

2008年9月，烟台市疾病预防控制中心抗震救灾卫生防疫队被山东省委、省政府授予“山东省抗震救灾英雄集体”称号，被卫生部、食品药品监管局、中医药局、总后卫生部授予“抗震救灾医药卫生先进集体”称号；10月7日，被中共中央、国务院、中央军委授予“全国抗震救灾英雄集体”荣誉称号。

莒县农民救灾志愿队

汶川特大地震发生当晚，山东莒县农民刘中明、刘光波、刘中富、刘中停、刘中彩、刘守华、刘守秋、刘守欣、刘守贵、刘光瑞等10人自发组成莒县农民救灾志愿队，立即赶赴灾区抗震救灾。考虑到前往四川的火车不通，雇车又太贵，几个人决定自驾农用三轮车前往。第二天，他们凑齐3000元钱，置备38件瓶装水、50箱方便面、8把铁锹、2把铁镐和药品、被褥等。

5月14日1时许，这支年龄最大60岁、最小29岁的志愿者队伍出发了。为尽快赶到四川，几个人轮流开车，困了就在后车厢打个盹，饿了就吃口煎饼，渴了就喝点凉水，沿途历经许多盘山路、陡弯和悬崖峭壁，日夜兼程，经过四天三夜的颠簸，行程3000多公里，终于在17日到达广元灾区。

到达灾区后，刘中明等人及时与当地救灾部门取得联系，强烈要求到受灾最严重的地方去，当被告知一些地方无法进入时，才决定在广元就地展开救援。之后，几个人又赶到安县，根据安县抗震救灾指挥部的安排，赶往黄土镇开展救援。救灾志愿队重活累活抢着干，刚搭好帐篷，又帮着卸救灾物资，一刻也不闲着。

在安县永安镇的北川受灾群众安置点，刘中明等人每天3时就起床，清扫垃圾和整理要分发的食物，22时才吃晚饭。有运物资的车来，他们总是跑在最前面，抢着搬运救灾物资；下雨了，又忙着给帐篷挖导水槽。看到他们疲惫的身影，周围群众都劝他们休息一会，他们只是重复一句话：“我们是农民，有的是力气！”刘中明等人的事迹被网友报道到天涯网站后，记者们纷纷前去采访，都被他们以“别耽误我们干活”为由谢绝。莒县农民救灾志愿队在灾区夜以继日，连续奋战18天，共搭建帐篷300余顶，铺红砖15万余块，搬运物资近百吨。尽管手磨破了皮，人也明显消瘦了，但他们没有丝毫怨言。

为让更多的灾区群众住进帐篷，他们几个人睡在三轮车上。看到救助站没有热水，受灾群众吃了十几天的冷食，他们和一些志愿者凑钱买来燃气灶具，给受灾群众烧热水。刚到灾区时，他们把随身携带的50箱方便面、38件瓶装水全部捐给了灾区群众。为不给灾区添加负担，他们一改在家早晚喝热粥、日常喝热水的习惯，坚持干吃方便面、喝瓶装水。一些受灾群众看着心疼，拿着面包和牛奶送给他们，却被一一谢绝。回到莒县后，为了帮助灾区孩子早日恢复上课，他们又将莒县县委、县政府发给的6000元慰问金，全部捐献给了自己亲手搭建的安县黄土镇“帐篷学校”，再次表达对灾区人民的爱心，用最朴实无华的行动塑造了新时期中国农民无私奉献、乐于助人的良好形象。

2008年9月，莒县农民救灾志愿队被山东省委、省政府授予“山东省抗震救灾英雄集体”称号；10月7日，被中共中央、国务院、中央军委授予“全国抗震救灾英雄集体”荣誉称号。

河南省交通厅赴四川公路抢通保通突击队

为落实河南省委、省政府关于认真做好赴川抗震救灾工作的指示精神，5月23日，河南省交通厅赴四川公路抢通保通突击队携带大型机械设备，以最快速度到达绵阳。

5月24日晨，河南保通突击队火速奔赴安县、江油，根据当地道路受灾的实际情况，立即成立了道路勘察设计、桥梁检测、山区道路抢通保通、活动板房建设、道路抢通保通等5个突击分队，全面打响了赴川道路抢通保通战役。全体突击队员冒着余震不断、山石滚落的危险，顶着40多摄氏度的高温，一边用机械设备紧张施工，一边人拉肩扛，用风镐打、撬杠撬，为抢通道路争取时间。装载机、挖掘机等机械设备经常在不足4米宽的山路上施工，前后轮距离悬崖边仅几十厘米，稍有不慎就可能机毁人亡，但突击队员没有退缩，始终英勇奋战在抗震救灾第一线。

河南省援川前线指挥部副指挥长、河南省交通厅援川前线指挥长、省交通厅副厅长李和平，带头战斗在抗震救灾最前线，面对大量繁重的任务，每天都工作到深夜，双眼熬得通红。赴川后，由于水土不服一直肠胃不好，但他一直坚持带病现场指挥工作，母亲生病也顾不上回家探望。工程组组长刘闯一次突发高烧，为了不耽误工作，把工程车当移动病床，一边输液一边工作。桥梁检测突击队队长李强关节剧烈疼痛也不肯休息，每天依然背着仪器带领队友爬上桥墩进行检测。

在干部的先锋模范作用带动下，队员们不畏艰险，克难攻坚。队员张红举在奔赴灾区的途中得知妻子受伤，但他以大局为重，仍然跟随突击队赶赴绵阳。队员庆胜利一直不知疲倦地奋战在施工一线，6月25日，当所有队友都为打通道路而庆贺时，却看到庆胜利泪流满面，直到此时，同事们才知道庆胜利78岁的老母亲已于10天前去世。为了早日抢通灾区道路，庆胜利硬是把悲伤深深埋在心里，像往常一样毅然坚持在抢通保通工作中。

6月2日，河南保通突击队提前一周完成安县17个乡（镇）32个灾区群众安置点进场公路的抢通保通工作；8日，提前10天打通江油市雁门镇至六合乡的“生命通道”；25日，全面打通江油市文胜乡安顺村至六合乡25公里山区道路，完成援川道路抢通保通任务。河南保通突击队还首创全国交通系统援川抢通保通安全抢险责任机制，各队负责人签订安全生产责任书，缴纳保证金，层层落实安全责任，实现安全生产“零事故”，确保了突击队员的生命安全。

2008年7月，河南交通厅赴四川公路抢通保通突击队被全国总工会授予“抗震救灾重建家园‘工人先锋号’”称号；10月7日，被中共中央、国务院、中央军委授予“全国抗震救灾英雄集体”荣誉称号。

河南省抗震救灾卫生防疫监督救援总队

汶川特大地震发生后，河南省卫生厅立即启动应急医疗救援机制，于5月12日当晚组织了由省直和郑州市的医疗、防疫人员组成的河南省抗震救灾卫生防疫监督救援总队，向卫生部申请参加抗震救援。

河南卫生救援队根据卫生部统一调度，于5月14日进入灾区。16日中午，220名队员和52辆救护车直奔汶川。由于余震不断，一路上遭遇多次塌方、泥石流，在理县通往汶川的道路大面积中断、大队无法通行的情况下，决定选派76名队员、16辆救护车组成突击队，冒死向汶川进发，终于在18日20时30分到达汶川。76名突击队员立即分成3个小分队，分赴汶川县克枯乡卫生院、威州镇姜维城安置点和七盘沟社区开展工作，其余144名队员接受理县救灾指挥部统一安排，就地展开救援工作。

5月15日，河南卫生救援队防疫小分队进入北川，立即开始了北川县城西半部地区的卫生防疫工作，对遗体、停尸地点进行消毒，杀灭蚊蝇，控制传染病的传播。防疫队员身着密不透气的防护服，背着十几公斤重的喷雾器，没有时间概念，只要天不黑，就不停下手中的工作。直到北川县城封城，小分队负责的区域在内的全北川县城均没有发生传染病疫情。17日，队员们配合抢救出两名十六七岁的男孩。当天，队员们对刚被挖掘出来的遗体消毒后准备掩埋；临掩埋前，又细致检查每一具遗体，发现其中一个还有生命体征，立即通知医疗队进行抢救，及时挽救了一条生命。

5月23日，当得知北川县城东北30公里外的禹里乡道路不通，还没有一支救援队伍赶去时，河南卫生救援队防疫小分队立即向北川羌族自治县抗震救灾指挥部请战。26日，9名队员被空运到禹里乡。禹里乡地处深山区，面积300平方公里，90%房屋倒塌，非常危险。队员们每天要走近3个小时，才能到达工作地点。连日超强度的工作，一些队员裸露的胳膊上晒起了成片的水泡，出满皮疹；有的队员因感冒发热，或因中暑、低血糖，晕倒在救灾第一线。

为发挥党组织的领导核心作用和党员的先锋模范作用，河南卫生救援队成立了临时党委。全体党员写下了保证书，身先士卒，率先垂范。许多队员积极申请入党，其中有40多位队员被批准火线加入中国共产党。

队员中有曾经参加过唐山地震救灾的老医务工作者，有一同参战的夫妻、兄弟，有的队员小孩还未满月，有的新婚不到两个星期，有的家人身患重病。尽管灾区生活异常艰苦，但队员们无一人叫苦，他们或自搭帐篷住在潮湿的野外，或干脆住在车上。进入灾区后，队员们没有条件喝热水，有时就用瓶装凉水泡方便面。为了保证持续开展救援，队员们省吃省喝，每天自觉限量饮水进食，但见到灾区群众缺少饮食时，都主动拿出自己备用的水和食物送给灾区群众。救援期间，河南卫生救援队有队员800多人、车辆160多台，随队支援药品器械价值500多万元，顶着滑坡、滚石、塌方等危险，辗转900公里，率先挺进震中汶川，先后转战汶川、北川、理县、安县、资阳、成都等地震灾区，救治了大批伤病员，开展了艰苦的卫生防疫和监督工作。队员们还积极为灾区捐款捐物。

2008年6月，河南省抗震救灾卫生防疫监督救援总队被人力资源社会保障部、卫生部授予“卫生系统抗震救灾英雄集体”称号；7月，被全国总工会授予“全国五一劳动奖状”；10月7日，被中共中央、国务院、中央军委授予“全国抗震救灾英雄集体”荣誉称号。

湖北省水文应急抢测突击队

5月17日，根据水利部要求，12名有着丰富勘测经验的基层勘测业务领导和水文技术骨干组成湖北省水文应急抢测突击队，并建立临时党支部，于22日奉命驰援四川灾区。23日，由周先华等4名队员组成的湖北水文抢测一队飞赴四川。29日，由罗峻等4名队员组成的湖北水文抢测二队抵达灾区。抢测一队被分配在绵阳工作组，抢测二队被分配在德阳工作组。

5月23日，湖北水文抢测一队直接赶赴绵阳进行唐家山堰塞湖断面踏勘与布设工作。经过外业测验和后期验算论证，唐家山堰塞湖堰体内拦蓄了近1亿立方米水，湖内水位逼近堰塞坝体顶，高出绵阳市区近300米，解决唐家山堰塞湖问题成为迫在眉睫的头等大事。25日，抢测一队和水利部水文专业组部分成员一道从绵阳出发，逆河而上，进行勘测工作。加测河道横断面以供洪水演算分析，为在唐家山与绵阳市之间增设水文监测断面查勘选址，经过多处实地查勘比较，最后确定增设通口水文监测断面。

5月30日，水文抢测一队接到测量马鞍石堰塞湖的任务。马鞍石位于平武县境内，距一队在绵阳的驻地200多公里。由于交通不便，加上环境极其险恶，指挥部曾试图派直升机前去监测，数次未果。水文抢测一队决定驱车前往。汽车在盘山公路上缓慢行驶，一面是悬崖，一面滑坡不断，200多公里的路程用时近11个小时；抵达中转站之后，队员们又徒步翻越两座高山，再坐冲锋舟到达指定地点。31日晨，队员们在水库上游查勘到一处较为理想的施测入库流量的断面，施测到整个堰体形状和特征，包括湖长、堰塞体宽、堰高等第一手外业测量资料。

6月2日，水文抢测二队接受任务，尽快查清什邡市石亭江上红松、燕子岩、马槽滩下游、马槽滩中游、马槽滩上游、木瓜坪等6个堰塞湖的具体情况，以制定相应对策。德阳市抗震救灾指挥部要求水文抢测二队务必在当日20时前完成对一把刀、红松两处堰塞湖的断面水位、流量、水量等情况的实地勘测，以协助指挥部制订排险方案。同日晨，水文抢测二队与三峡水文局、成都水务局的8名工作人员历经两个多小时，艰难完成对一把刀堰塞湖堰体的测量之后，未做停歇又转往什邡市红白镇，及时完成了红松堰塞湖基勘测工作。

6月3日晨，指挥部要求水文抢测二队必须在当日16时完成对整个红松堰塞湖坝顶地形的测量，为下一步进行堰体拆除提供技术依据。此时中铁二局正组织大型机械对坍塌下来的山体进行清障作业，大量山石不断滚入河中，对测量队员的人身安全构成严重威胁。当测量工作进行到一半时，一块约10吨重的巨石在挖掘机的推力下到达坝顶边缘，队员黄兴阶在最后一刻抱着观测设备跑离陡坡；巨石滚入河谷后，黄兴阶又迅速回到了自己的岗位。

6月8日，水文抢测二队开始对石亭江上游红松、燕子岩、马槽滩下游、马槽滩中游、马槽滩上游、木瓜坪等6个堰塞湖堰体测量、水文监测与调查。木瓜坪堰塞湖位于岳家山山脚下，因为距离市区远，救援难度大，地震发生后还没有一支队伍到达这里。冒着余震不断的危险，队员们迅速架设仪器设备，测量工作有序进行，最终完成对6个堰塞湖的测量任务。指挥部得知抢测队进入木瓜坪堰塞湖10多个小时还没有撤回的情况后，十分担心，立即联系附近的武警官兵前往接应，保证了抢测队队员安全返回。

在灾区20多天的工作中，湖北水文两支抢测小分队出色完成了德阳、绵阳、广元等地震灾区的唐家山、马鞍石、一把刀、红松、木瓜坪等堰塞湖及沉抗水库的实地勘察和水文监测，创造了“工作范围最广、投入队员最多、工作时间最长、最后撤离灾区”的全国省际水文部门抗震救灾4个“之最”，为当地政府提供了大量的堰塞湖实测资料，这些资料为后期堰塞湖治理、拆除提供了翔实可靠的依据。根据湖北水文抢测队对10个堰塞湖的监测资料及危险程度的判断，当地抗震救灾指挥部门先后及时处理了7个堰塞湖，为减少、避免因地震引发堰塞湖洪涝次生灾害发挥了重要作用。

2008年7月，湖北省水文应急抢测突击队被全国总工会授予“抗震救灾重建家园‘工人先锋号’”称号，被水利部授予“全国水利抗震救灾先锋”称号；10月7日，被中共中央、国务院、中央军委授予“全国抗震救灾英雄集体”荣誉称号。

湖北省医疗卫生防疫队

汶川特大地震发生后，湖北省卫生厅迅速成立支援抗震救灾工作领导小组，组建湖北省医疗卫生防疫队，下设医疗救援队、救护车队、卫生防疫队、卫生监督队，由省卫生厅厅长焦红任队长，奔赴四川省13个受灾县（市）开展抗震救灾工作。

5月14日20时，5支湖北医疗队携带帐篷30顶及必备药品、手术器械等总价值50余万元的物资抵达成都，15日16时到达极重灾区什邡市。

到达什邡市后，湖北医疗队分成两部分协助当地医院开展医疗救治工作，同时争分夺秒搭建帐篷，在简易帐篷里设立临时医疗救治中心，因地制宜地制订各种紧急医疗救护制度，形成完善的救护体系，很快投入救治工作。湖北医疗队冒着余震，每天平均开展手术20台次。5月17日晚，一名在废墟中埋了124小时的重伤员被湖北医疗队成功救治。18日，面对140名从深山中抢救出来的病人，为提高转运分诊速度，湖北医疗队采取车上分诊的办法，根据病人病情严重程度、伤口情况，在车上区分急救等级，然后转送到相应医院，重症患者则直接送到四川大学华西医院进行抢救。虽然工作十分辛苦，但他们欣慰地说：“为每一个受伤的生命全力以赴，是我们的天职。”

湖北医疗队在绵竹市的救护车队出车1000多台次，连续开展紧急医疗救援500小时，转送伤患者1500人到贵阳、重庆、长沙、武汉、遵义等地，其中危重伤患者331人；转送部队官兵、医务人员2000多人进山进村。

为确保大灾之后无疫病流行，5月15日，湖北省第一支由12名队员组成的卫生防疫队从武汉出发，于17日到达四川，后历时12个小时徒步走到汶川映秀，深入废墟、山寨和村庄，或实施防疫，或测报疫情。在灾区映秀、安县、汉源，湖北医疗队800多名卫生防疫队员身着厚重的防护服，戴着口罩、防护镜和橡胶手套，进村入户，喷洒大浓度消毒药剂，对震区进行彻底消毒，为确保“大灾之后无大疫”做出了贡献。

6月29日，中共中央政治局常委、中央书记处书记、国家副主席习近平在映秀镇考察抗震救灾工作时，面对奋战在抗震救灾一线的湖北医疗队，连声称赞道：“你们辛苦了，谢谢你们！”

5月14日至8月26日，湖北省卫生厅共派出抗震救灾医疗卫生防疫队1017人、车辆144台，队员们的足迹遍布汶川县映秀镇、绵竹、什邡、安县、崇州、汉源等地；现场救治伤员3000人，组织转运伤病员1500人次，消杀面积1962万平方米，监测水样1282份，处理垃圾130吨，心理干预10038人次，开展食品卫生监督检查和指导6000余次，支援救灾设备物资价值1367万元。

2008年9月，湖北省医疗卫生防疫队被卫生部、食品药品监管局、中医药局、总后卫生部授予“抗震救灾医药卫生先进集体”称号；10月7日，被中共中央、国务院、中央军委授予“全国抗震救灾英雄集体”荣誉称号。

湖南省交通厅抗震救灾抢险队

汶川特大地震发生后，湖南省交通厅迅速抽调150名技术骨干组成救灾抢险队伍，并成立11人专家小组赶赴灾区评估受损公路桥梁；调拨机械设备28台、帐篷200顶随救灾抢险队伍开赴灾区，调拨价值200万元战备钢桥及专用设备移交四川，向四川省捐赠价值450万元的公路抢通保通机械设备10台套；组织捐款献爱心，厅机关和厅直单位干部职工踊跃捐款503万元人民币、6400美元。

湖南交通厅抗震救灾抢险队由交通厅副厅长寇小兵带领，于5月15日出发，一路克服山体塌方、高原缺氧、大雾及雨雪天气等困难，翻越海拔4000米以上的夹金山和梦笔山，长途跋涉3000多公里，于19日到达理县灾区；在挺进途中，先后抢通被泥石流阻断的省道210线两处路段。抢险队到达理县后，随即投入到国道317线古尔沟镇经理县至汶川80公里路段的抢险保通工作。在塌方最严重的红叶、薛城、克枯路段，队员们在余震不断、塌方和泥石流频发等极其危险的环境下，将抢修路段视为救灾的“生命线”，以每天10公里的速度推进。经过近两个月的抢险，抢险队累计清理塌方35万立方米，降坡拉直和改线11处、约600米，填补路面坑洞5000多平方米，清理疏通水沟5000多米，爆破作业清理路面滑坡巨石8处，投入抢险资金1500多万元，使国道317线理县至汶川80公里路段畅通、理县毕棚沟33公里道路恢复通行。

湖南省交通厅交通技术专家小组，负责德阳、绵阳、广元等灾区国道212线宝轮至沙州公路与省道105线广元段等重要国省干线公路、桥梁灾害评估及抢修方案的制订。专家组冒着余震、滑坡等各种危险，先后对10座重要桥梁、垮塌和路基沉陷路段进行现场勘察，提出抢修抢通方案，并启动了大桥和隧道、路基和边坡的震后检测、安全评估和加固处置工作，为及时恢复灾区交通，保证救灾人员、物资的运输安全，保障灾区人民生活及灾后重建做出了贡献。

2008年7月，湖南省交通厅抗震救灾抢险队被全国总工会授予“抗震救灾重建家园‘工人先锋号’”称号；10月7日，被中共中央、国务院、中央军委授予“全国抗震救灾英雄集体”荣誉称号。

长沙中联重工科技发展股份有限公司

长沙中联重工科技发展股份有限公司在5月12日地震发生当天，便迅速成立了抗震救援办公室，部署、指挥救灾工作，并组织24小时值班，保障抗震救灾工作顺利开展。当天，得到总部指令的驻川分公司主动向四川省政府请缨，同时迅速联系当地用户回租了10台起重机，招募20多名机手，组成抗震救灾先遣分队，奔赴极重灾区北川羌族自治县。在北川中学的抢救中，中联重科的大中吨位起重机发挥了关键作用，并一直坚守到搜救的最后阶段，救出北川中学被埋学生、教师200多人。

5月13日，中联重科长沙总部迅速调集29台大型工程机械设备和70多名操作机手、技术人员，组成抗震救灾突击队，昼夜兼程，于15日中午抵达成都。因成都经都江堰前往汶川的道路损毁殆尽，四川省抗震救灾指挥部指派中联重科抗震救灾突击队绕道900公里，途经险峻的南、北川藏线和大渡河谷，重走当年红军长征时走过的最为艰险的路段进入理县、汶川。中联重科突击队员们驾驶着单车自重40多吨的大型装备，沿着当时救援震中汶川唯一的、时断时续的脆弱的“生命线”，冒着余震带来的滚石、塌方、滑坡，历经了生与死考验，于16日14时进入理县县城，17日15时30分抵达汶川县城，随即展开废墟清理、道路清障、紧急吊装、居民点供水、城区免疫等救援作业。在中联重科突击队完成任务奉命撤离时，汶川县抗震救灾指挥部赠送了一面锦旗，写着“衷心感谢继军队之后首支抵达汶川抗震救灾的中联重科勇士们”。中联重科先后捐赠工程设备29台、折合2076万元，捐款800万元，党员交纳“特殊党费”36.823万元。公司救灾总投入超过3000万元。

2008年10月7日，长沙中联重工科技发展股份有限公司被中共中央、国务院、中央军委授予“全国抗震救灾英雄集体”荣誉称号。

南方医科大学附属南方医院

汶川特大地震发生后，南方医科大学附属南方医院紧急召开抗震救灾专题会议，成立了抗震救灾工作领导小组，并选派经验丰富的 9 名医护人员参加广东省第一批抗震救灾医疗队，队员们主动请缨到最危险、最艰苦的地方工作。

冒着生命危险连夜徒步10余公里，南方医院参加广东省第一批抗震救灾医疗队的队员们抵达汶川县映秀镇后，立即建立起能接纳200多名伤员的医疗救援点，并冒着余震到偏远村寨巡诊。在后方，南方医院共收治了8批次共53名灾区伤员，其中重病员8人；先后实施中等以上手术41台（次）、小手术30余台（次）、血液透析22例（次）。每一位伤员的治疗方案都由各科最优秀的专家经过认真会诊后制订，全院共14个专业科室、近百名医护人员参加救治工作。医院先后派出专家教授9人次赴省内兄弟医院指导救治工作，接收兄弟医院转来的3名重伤员。

医院参加广东省第一批抗震救灾医疗队的队员，还及时为伤病员进行心理评估和心理治疗，并动员院内四川籍员工组成“乡友义工队”，结对帮助伤病员；聘请川菜师傅配制饭菜；为每个病人购买了手机、电话卡，安装了4部免费的“亲情电话”；邀请小学教师给灾区小伤员授课；组织广州一日游、珠江夜游等活动。

地震发生后，南方医院先后选派3批共15名医护人员和1台救护车奔赴灾区一线，接收地震灾区伤病员53名，全院员工捐款91万元，党员交纳“特殊党费”30余万元，捐赠衣被3000多件（套）、药品价值20万元。南方医院医务人员参加的广东省第一批抗震救灾医疗队，是全国第一支到达汶川县水磨镇的医疗队；南方医院是广东省最早向广东省卫生厅请求参战的医院，是广东省第一批收治四川地震伤病员的医院，也是广东省第一个建立“地震伤员康复出院基本信息档案”的医院。

2008年9月，南方医科大学附属南方医院被卫生部、食品药品监管局、中医药局、总后卫生部授予“抗震救灾医药卫生先进集体”称号；10月7日，被中共中央、国务院、中央军委授予“全国抗震救灾英雄集体”荣誉称号。

广东省人民医院

汶川特大地震发生后，广东省人民医院立刻成立救灾领导小组，9个小时内组建首支8人救灾医疗队。5月13日晚，医疗队携带120箱救灾物品，并入广东省医疗队连夜奔赴灾区。15日5时，医疗队员“抢”坐冲锋舟，从紫坪铺水库逆流而上至阿坝铝厂旁码头下船后，徒步肩扛几十公斤重的药箱，冒着山上不断往下砸的滚石，手脚并用，在岷江沿岸滑坡和乱石堆间艰难攀爬6公里多，历时约4个小时赶至目的地。到达汶川县映秀镇后，医疗队克服余震不断、缺水断粮、体力严重透支等困难，立即实施救援，并分派队员在映秀3个自然村巡回医疗，挨个帐篷送医送药。随后，医院先后从1000多名报名者中分8批选派34名包括骨外科、胸外科、脑外科、肝胆外科、胃肠外科、整形外科、妇科、感染科、心内科、检验科、心理科、康复科等20多个分科的医务人员，奔赴汶川地震一线，共救治伤病员5000余人，其中重伤员500余人。

6月初，救灾一线转入重建阶段。医院副院长耿庆山组织广东医疗队的医疗专家自己动手装病床，搭设备，坚持“边规划、边建设、边医疗”，用“广东速度、省医效率”，10天内建成灾后当地首家战地医院。战地医院占地面积2000平方米，6月10日竣工后，24小时为灾区提供医疗服务。医院作为广东和映秀人民友好团结患难与共的结晶，被命名为“粤秀友好医院”。

在后方，医院全力救治灾区伤病员。5月20日开始，医院成立专门救治小组和四川籍护理小组，腾出骨科两个病区，集中最优质医疗力量，抽调各个专科的名专家，对伤病员进行会诊治疗。医院组织医务人员，经常连夜到机场接伤病员，连夜抢时间做急诊手术。为让伤病员能够感受到家的温馨，医院组织志愿者陪护，播放专场电影，为灾区小朋友庆六一、过生日。一个多月后，61名伤病员陆续出院返回家乡。此外，医院职工捐款45万元，1000多名党员交纳“特殊党费”31万元。

2008年9月，广东省人民医院被卫生部、食品药品监管局、中医药局、总后卫生部授予“抗震救灾医药卫生先进集体”称号；10月7日，被中共中央、国务院、中央军委授予“全国抗震救灾英雄集体”荣誉称号。

内蒙古自治区交通厅支援四川地震灾区公路抢通保通队

5月24日下午，内蒙古自治区交通厅接到交通运输部的命令，支援黑水县乡村公路抢通保通任务，当即启动应急预案，连夜召开紧急会议，紧急抽调126名专业技术人员组建了内蒙古自治区交通厅支援四川地震灾区公路抢通保通队，由副厅长周杰担任总指挥，自治区公路路政执法监察总队总队长范忠担任现场抢通保通队队长，调遣工程机械和车辆60台（套）做好救援准备。

5月25日上午，内蒙古自治区交通厅召开视频会议，动员部署抢通保通各项工作。会后，以队长范忠一行3人组成的先遣队立即前往灾区。自治区交通厅抗震救灾公路抢通保通队于26日9时出发，30日晚到达黑水县木苏乡徐古村。与此同时，周杰一行5人于26日出发，28日提前抵达成都与四川交通厅接洽援助事宜，29日抵达黑水县实地踏勘灾区公路损毁现场，部署抢通保通工作。黑水县公路多属险峻山路，坡陡弯急，道路狭窄，一边是刀劈斧削的悬崖，一边是深不见底的深渊，农村公路“Z”字线形和回头曲线比比皆是，现场作业环境异常危险。30日一大早，自治区交通厅抢通保通指挥部召开会议，部署抢修工作。当天下午，7条乡村公路的抢通保通工作同时展开，累计清理泥石流和塌方600余立方米，为抢通保通顺利进行开了一个好头。

随着抢通工作的深入，经验不断积累，队里制订了“现场八项注意”，有效地保证了抢通保通工作快速安全推进。经过全体队员连续突击，累计抢通52条乡村公路509公里，打通行政村50个，清理公路阻断点900余个、土石方22万余立方米，累计投入1000余万元，直接覆盖人口2万余人，占黑水县总人口的三分之一，完成了黑水公路抢通保通任务。公路抢通保通队临时党支部还组织队员为乡亲们捐款捐物，其中仅二分队就捐款7600元，捐物折价近15万元；有的队员还自愿捐助8名藏族失学儿童，帮助她们复学；利用休息时间帮助当地老乡抢收小麦等；自治区交通厅捐赠总价值达260万元的6台自卸车和2台挖掘机。公路抢通保通队全体队员克服重重困难，抢通保通工作快速有序推进，受阻的乡村公路逐渐减少，有效保障了当地运送救灾物资车辆安全快速通过，保障了及时救援和物资运送。

2008年10月7日，内蒙古自治区交通厅支援四川地震灾区公路抢通保通队被中共中央、国务院、中央军委授予“全国抗震救灾英雄集体”荣誉称号。

广西抗震救灾防病工作队

汶川特大地震发生后，广西壮族自治区卫生厅立即成立了援助灾区抗震救灾工作领导小组，迅速抽调广西医疗机构、疾病预防控制机构以及卫生监督机构的医疗卫生人员，组成广西抗震救灾防病工作队，由分管厅领导率队赶赴四川参加医疗和卫生防疫救援工作。从5月18日开始，广西抗震救灾防病工作队先后派出5批工作队10支分队280人入川。他们之中有医院感染控制专家、疾病预防控制专家，也有卫生监督专业人员。防病工作队反应迅速，准备充分，共驾驶包括冷藏车、快速检测车在内的49辆车，携带喷雾器31台、检测仪器70件、消毒药品17吨，以及帐篷、炊具等生活用品，分别抵达成都市区的5家医院和江油、都江堰等重灾地区，迅速开展相关防病防疫工作。

广西防病工作队入川后，制订了6项制度、9项纪律，以保证救灾防病工作顺利进行。每批工作队均成立了临时党支部，党员发挥了先锋模范作用，带动其他队员，以昂扬的斗志、顽强的拼搏精神完成对各村、各学校、各安置点的多次防病工作覆盖。临时党支部先后吸收47名表现突出的入党积极分子为中共预备党员。

广西防病工作队制订实施了多项卫生防疫技术措施，并创造性地提出卫生防疫要“村村覆盖，校校覆盖，点点（安置点）覆盖”，以及“传染病疫情监测到位、生活饮用水水质监测到位、消毒杀虫药品到位、救灾防病技术培训到位、卫生防病知识宣传到位”的“三覆盖”、“五到位”目标。防病工作队提出的《关于加强完善村村覆盖的建议》《关于加强复课学校防病工作的建议》，得到卫生部驻江油市救灾防病指挥部和江油市抗震救灾指挥部的认可，被推广到各地。5月27日12时，防病工作队高质量地完成了所负责区域卫生防疫工作村村覆盖的任务。工作队根据灾区实际，制作了在矿泉水瓶上扎小洞的简易自动加氯消毒装置，提高了农村地区饮用水消毒的效率与合格率；还利用一次性输液器的控制阀调节消毒剂的剂量，设计出简单实用的应急定量消毒设施。经检测，使用这些消毒方法消毒的水源，末梢水余氯含量全部达标。

广西防病工作队经过43个日夜奋战，先后消毒杀虫面积80余万平方米，消毒水井206口、厕所296座；检查灾区群众安置点1382个、自炊点13447个、食品店1069家、食堂201个、集中式供水点669个、分散式供水点693个、安置供水点441个；开展水质检测1756份；检查指导垃圾处理场616个；采集食品、水样、蔬菜残留农药检测1236份。食品、生活饮用水、传染病防治卫生监督覆盖率达100％；生活饮用水现场快速检测合格率由最初的58.8%上升到100%。至交接任务时止，所负责的5所医院没有发生一起院内感染事件，所负责区域没有发生一起食物中毒、生活饮用水污染或重大传染病疫情等突发公共卫生事件。

6月28日下午，中共中央政治局常委、中央书记处书记、国家副主席习近平到都江堰市龙池镇考察工作时，对广西防病工作队的工作给予了充分肯定。

2008年9月，广西抗震救灾防病工作队被卫生部、食品药品监管局、中医药局、总后卫生部授予“抗震救灾医药卫生先进集体”称号；10月7日，被中共中央、国务院、中央军委授予“全国抗震救灾先进集体”荣誉称号。

海南航空股份有限公司签派控制中心

海南航空股份有限公司签派控制中心是海航集团生产运行的中枢指挥单位。汶川特大地震发生后，海航集团立即启动应急预案，宣布集团各航空运输企业的全部运力随时待命，并对涉及抗震救灾的物资、人员运输等保障任务，无条件地迅速落实，全力优先保障。

5月13日晨，签派控制中心陆续接到海南省政府和中国民航局指令，要求临时增加海口到成都的抢险救灾运输任务，并安排一架飞机承担洛阳到成都间3个来回的运兵任务。由于时间紧、任务重，签派控制中心带班主任对当日值班人员进行了明确分工，专程安排一架飞机执行运兵任务，另安排一架飞机执行海南省政府救援队的运输任务。

5月14日3时，海南省政府又临时要求海航增加海口—成都的运输任务，运送救灾人员。从航班计划申请、人员组织到资料准备，签派控制中心不到3个小时一切准备完毕。7时13分，紧急运输飞机从海口美兰机场起飞。

在完成海口—成都飞行任务的同时，签派控制中心还紧张而有序地做好临时增加的西安—九寨沟运输飞行的准备，疏散滞留的旅客。对超长的值勤时间和巨大的工作负荷，签派控制中心值班人员没有怨言，对能为灾区人民多做点事感到欣慰。

根据灾区需要，签派控制中心采取调整大机型方式，优先保障救灾航班，确保救灾人员和物资及时到达抗震救灾前线，有效支援了救灾工作。抗震救灾期间，共执行抗震救灾航班254班，总飞行时间655小时，运送救灾物资1100余吨、救灾人员4200人次。

2008年7月，海南航空股份有限公司签派控制中心被民航局授予“全国民航抗震救灾先进集体”称号；10月7日，被中共中央、国务院、中央军委授予“全国抗震救灾英雄集体”荣誉称号。

贵州省支援四川抗震救灾医疗卫生救援队

汶川特大地震发生后，按照卫生部和贵州省委、省政府的部署，贵州省卫生厅紧急动员和调度全省医疗卫生系统力量，迅速成立了支援四川抗震救灾工作领导小组，组建了贵州省支援四川抗震救灾医疗卫生救援队，奔赴灾区开展医疗救治工作。

贵州省支援四川抗震救灾医疗卫生救援队到达极重灾区彭州市后，立即投入到医疗救治工作中。贵州援川抗震救灾疾控人员整合了彭州市通济镇外援所有防病队伍，实行划片包干每日进村工作制度，将灾后防病的落脚点定位在村、组、户。队员们不怕苦、不怕累，尽全力救治受伤群众。贵州省人民医院骨科主任李波到达灾区后，左膝关节炎发作，疼痛剧烈，肿胀明显，连走路都受到了影响，但他硬是咬紧牙关坚持为灾区伤员手术。遵义医学院附属医院肖烨、刘佳轮流举着吊瓶抱着一名发烧的一岁多的小孩，从绵竹伤员集中地护送到眉山，行程200公里，被誉为“战地临时妈妈”。遵义医院医护人员冒着生命危险巡诊，数次穿梭于山体滑坡的崇山峻岭中，为灾区群众送医、送药、送食品。

贵州省第二批疾控人员到达彭州市后，对白鹿镇100多个临时安置点开展了快速调查评估，对100多个临时安置点进行彻底的应急消杀，并协助当地政府建立了村级防疫队伍，制订《彭州市白鹿镇地震灾后疾病监测与疫情处置工作方案》，规范疾病监测和突发公共卫生事件现场处置工作程序，帮助建立疫情报告系统，确保了“大灾之后无大疫”。

从5月13日至7月3日，贵州省赶赴四川灾区的医务人员235人，共救治伤病员4833人次，其中轻伤4251人次、重伤582人次；卫生防疫人员累计赴川416人次，卫生监督人员累计赴川106人次，消杀面积累计3711858平方米，卫生宣教累计148799人次，心理干预累计26930人次，食品卫生监督服务累计873点，饮用水卫生监督服务累计7320点。

5月23日下午，国务院总理温家宝到彭州市通济镇思文社区考察，随行的卫生部党组书记高强与贵州省卫生救援队队员交谈。在了解一线卫生防疫人员的工作情况后，高强说：“你们的做法完全符合卫生部的要求，希望继续努力。”

2008年9月，贵州省支援四川抗震救灾医疗卫生救援队被卫生部、食品药品监管局、中医药局、总后卫生部授予“抗震救灾医药卫生先进集体”称号；10月7日，被中共中央、国务院、中央军委授予“全国抗震救灾英雄集体”荣誉称号。

青海省工程救援队

汶川特大地震发生后，按照住房城乡建设部的要求，经青海省委、省政府批准，5月20日，来自11家单位的187名人员、46台机械设备，在短短的一天半时间里紧急调集，由青海省建设厅牵头组建了青海省工程救援队，由青海省建设厅党委书记于从乐带队，连夜出征赶赴地震灾区茂县。经过1000多公里的强行军，青海省工程救援队以最快速度抵达茂县境内。

按照阿坝藏族羌族自治州救灾指挥部的统一部署，青海省工程救援队随即投入公路抢险工作。经过顽强苦战，打通了国道213线茂县叠溪镇至两河口34公里、国道213线通向天龙湖电站公路3.5公里、叠溪镇通往松坪沟乡公路29公里，及龙池村、烧碳沟村、桃花村、野鸡坪、石大关村、拴马村、巴竹村等6个村通村道路70公里，共计136.5公里，清理土石方约15万立方米。

5月25日下午，青海省工程救援队各分队正在抢险施工，强余震发生了，山体垮塌，飞石不断，给施工造成严重影响。青海省工程救援队克服余震频发、山体滑坡等险情，战胜水土不服、居食无定、气候恶劣多变等困难，日夜不停地辗转奋战在国道213线、天龙湖电站及各通乡通村道路上。

在抢险救灾时期，根据茂县政府提出援建部分活动板房的请求，青海省工程救援队指挥部及时指定青海省内企业生产活动板房，以确保该县两所学校按时复课，此举得到青海省委、省政府的充分肯定。

2008年7月，青海省工程救援队被全国总工会授予“抗震救灾重建家园‘工人先锋号’”称号；8月，被青海省委、省政府授予“抗震救灾集体贡献奖”；10月7日，被中共中央、国务院、中央军委授予“全国抗震救灾英雄集体”荣誉称号。

新疆维吾尔自治区团委、青联支援抗震救灾工作青年服务队

5月27日，新疆维吾尔自治区团委、自治区青联与新疆阿达姆国际贸易有限公司组成的支援抗震救灾工作青年服务队，在自治区团委副书记、自治区青联主席艾尼瓦尔·阿不都热合曼的带领下，赴绵竹开展志愿服务工作。青年服务队由维吾尔、汉、乌孜别克3个民族的11名青年组成，其中有5名新疆厨师。在短短的3天时间内，青年服务队组织筹备了约30万元的物资，其中做抓饭用的锅、羊肉、胡萝卜、清油等专门调用冷藏车存放、运输。在9天的志愿服务期间，服务

队在绵竹市剑南镇、玉泉镇和什邡市洛水镇等地，让灾区群众2.5万人次吃上抓饭和馕等新疆特色饭菜。

每天一大早，青年服务队员们就开始准备中午的抓饭。由于每天都要为2500多人提供抓饭，工作量非常大，仅切的肉和胡萝卜就上百公斤。队员们有的劈柴手上磨起了泡，有的切菜手掌被刀把磨出了血，有的挑水肩上出现了瘀肿，但是没有一个人喊累叫苦。在剑南镇，做饭的地方距离水源比较远，青年服务队员每天一早就到一公里外的地方取水。大家只有一个念头：更加努力地工作，帮助灾区人民赢得抗震救灾的胜利，重建美好家园。

地震发生后，灾区很多老人、孤残人员、哺乳期的妇女和儿童无人照看，由于每天排队打饭的人多，青年服务队专门为他们准备了饭菜，由队员们送到他们手中，让他们不出帐篷不排队也能吃上新疆抓饭。

青年服务队员们还为灾区的回族群众专门送去从新疆带去的大米、清油、面粉、牛羊肉以及做好的抓饭，当地回族群众激动地说："地震毁了我们的房子，夺走了我们亲人的生命。你们的到来让我们感到了温暖，祖国各族人民团结如一家，我们一定会战胜困难！"

青年服务队员们与当地群众水乳交融，很快打成一片。每天到了晚上，孩子们就聚集在服务队的帐篷前，服务队的小伙子们给他们讲新疆的故事。在服务活动结束时，当地群众帮队员们整理行装，排成长队欢送青年服务队。

2008年10月7日，新疆维吾尔自治区团委、青联支援抗震救灾工作青年服务队被中共中央、国务院、中央军委授予"全国抗震救灾英雄集体"荣誉称号。

中央直属机关抗震救灾英雄集体

中共中央组织部组织局

汶川特大地震发生后，中组部组织局响应中共中央、国务院号召，按照中共中央政治局委员、中央书记处书记、中组部部长李源潮和部务会的部署和要求，全力以赴投入支援和服务抗震救灾工作。5月12日下午，局长傅思和立即传达了李源潮关于做好支援和服务抗震救灾工作的有关指示，迅速成立组织局支援和服务抗震救灾工作小组，连夜下发通知，要求地震灾区党委组织部门在党委领导下，立即动员和组织广大基层党组织和党员投入抗震救灾工作。随后落实部务会决定，紧急给灾区下拨600万元代中央管理的党费支援灾区抗震救灾，及时把中共中央的关怀和温暖送达灾区。

截至7月底，组织局共代中组部起草下发有关抗震救灾文件16份，上报中共中央、国务院的报告和请示4份，报送部领导的请示件150多件；先后派出4批得力干部，深入灾区了解情况、发现典型，指导和督促各级党委组织部门抓好支援和服务抗震救灾各项工作的落实。直接向灾区赠送党旗1.7万多面、党徽15万多枚；指导地震灾区广大基层党组织组建各类党员抢险队、党员突击队等，在抢险队、医疗队等组织中建立临时党组织900多个，完善、重建966个受损的基层党组织，在抗震救灾第一线表现突出的优秀分子中培养入党积极分子30678人，发展党员14567名，有71013人提交入党申请。

地震发生后，各地党员来信来电要求以交纳“特殊党费”的方式支援抗震救灾，组织局会同部机关其他部门成立了抗震救灾“特殊党费”受理办公室，开通抗震救灾“特殊党费”咨询服务专用电话，设立“特殊党费”收款接待处。胡锦涛等中央领导同志带头交纳“特殊党费”，全国各地党组织和广大党员纷纷响应。从5月18日至7月底，组织局共受理6.1万多笔“特殊党费”，接听咨询服务电话1.1万多个，接待到部交纳“特殊党费”的党员1500多人次，发放1000元以上“特殊党费”收据240多万份。全国4550多万名党员共交纳“特殊党费”97.3亿元。按照李源潮和部务会要求，组织局采取请各省（区、市）组织部门征求党员意见和在网上广泛征求网民意见等多种形式，征求对“特殊党费”的使用意见，确保“特殊党费”用出救灾效益、用出政治效益。

经中央领导同志同意，中组部分期分批组织表彰了54个“先进基层党组织”和65名“优秀党员”。

在服务抗震救灾工作中，组织局全体党员干部按照“讲党性、重品行、作表率”的要求，局长身先士卒，局务会成员切实负起责任，全局工作人员视后方如前线，始终以高度的政治责任感，全身心投入支援和服务抗震救灾工作，不怕疲劳、连续作战、忘我工作，用自己的实际行动展示了中组部干部“为党和国家工作大局服务，为党员、干部和各类人才服务，为人民群众服务，让全党满意，让人民群众满意”的良好形象。

2008年10月7日，中共中央组织部组织局被中共中央、国务院、中央军委授予“全国抗震救灾英雄集体”荣誉称号。

中共中央宣传部新闻局

汶川特大地震发生后，中宣部新闻局根据中央统一部署，按照中央领导同志的指示，在中宣部部务会议的直接领导下，立即启动突发事件新闻宣传报道应急机制，实行24小时值班制度。局长胡孝汉在第一时间随国务院总理温家宝的专机奔赴四川灾区，直接参与国务院抗震救灾前线指挥部宣传组相关工作，落实抗震救灾重要决策，组织协调宣传报道各项工作。在北京的工作人员连夜制订《关于做好四川等地抗震救灾宣传报道的方案》，筹备组织了5月13日上午的全国抗震救灾宣传报道视频会议。

从5月12日起，新闻局先后派出12人次前往灾区一线和前方指挥部工作，到达17个受灾县（市、区），克服工作、生活中的重重困难，冒着生命危险，多次组织记者乘坐直升机或汽车深入危险艰苦地段采访，使新闻单位发回大量真实准确生动鲜活的报道；组织协调新闻媒体开展现场直播和连续报道，及时充分报道灾情信息和救援进展；推出《抗震救灾英雄谱》《抗震救灾英雄少年谱》等专栏，热情报道抗震救灾感人事迹。

新闻局工作人员在四川灾区一线坚守岗位，承担多位中央领导同志考察灾区、指挥抗震救灾的报道工作，如现场组织了中共中央总书记胡锦涛深夜打电话询问唐家山堰塞湖险情，国务院总理温家宝4次赴灾区考察灾情、慰问群众、指挥抗震救灾，温家宝与联合国秘书长潘基文在汶川县映秀镇会见中外记者，国务院副总理李克强在北川县城废墟默哀，青川县109位穆斯林群众委托国务院副总理回良玉向胡锦涛转交感谢信等报道。

前方指挥部的工作人员还组织指挥中央新闻单位前方记者和灾区新闻单位的采访活动；会同中央外宣办、外交部、四川省先后为450多名境外记者采访提供服务，组织3次外国记者的集体采访，为境外媒体及时准确报道灾情做好组织服务工作；协助四川省组织好每天例行新闻发布会，及时向国内外媒体提供最新信息。与此同时，在后方工作的工作人员坚守岗位，统筹协调新闻单位报道，加强国内社会舆情和境外舆情收集，及时制订宣传报道方案，提出报道建议，编发了大量工作专报和舆情专报，为抗震救灾总指挥部和中央领导决策提供重要参考信息。

在抗震救灾等几大重大报道战役中，新闻局形成了“及时准确、公开透明、有序开放、有效管理、正确引导”的20字方针，为建立突发事件应急报道新体制新机制积累了实战经验。

抗震救灾新闻宣传工作，做到了导向正确、主题突出、基调鲜明、及时准确，为夺取抗震救灾伟大胜利营造了良好舆论氛围，提供了有力的舆论支持。胡锦涛、温家宝、李长春、李克强、回良玉、刘云山等中央领导同志对抗震救灾宣传报道工作给予充分肯定，社会各界和国外媒体都给予高度赞誉。

2008年7月，中共中央宣传部新闻局被全国总工会授予“全国五一劳动奖状”；10月7日，被中共中央、国务院、中央军委授予“全国抗震救灾英雄集体”荣誉称号。

人民日报驻四川记者站

汶川特大地震发生后，人民日报驻四川记者站在站长郑德刚带领下，克服通信中断、交通阻塞、信息不通、硬件设施落后以及办公室被损毁等困难，在最短时间内成立起有4名记者、4名办公室工作人员以及8名人民网四川视窗编辑人员参加的抗震救灾报道组，实行全站总动员，动用一切可以动用的设备、车辆、人员，实行24小时值班制度。地震发生不到一天，记者站全部记者在北京总社成立报道组之前，已全部进入重灾地区进行采访，并在当天向北京发回消息。

全站记者受命于危难之中，临危不惧，忠实履行党报记者使命，为抗震救灾提供舆论支持。人民日报社在成都成立抗震救灾前线报道指挥部后，郑德刚作为副总指挥，白天在灾区采访、到各个指挥部协调采访事宜，晚上回来写稿，深夜与指挥部其他同志研究第二天的报道任务、分派记者前往各地，20多天里每天凌晨才休息，每天睡眠不足5个小时。在忠实履行副总指挥职责的同时，还采写了大量新闻稿件，不少新闻稿件得到人民日报社及中宣部前线新闻中心和四川省委、省政府的高度评价。采编室主任刘裕国按照前线指挥部的要求，始终坚守在北川、安县、平武、青川等重灾地区，夜以继日地战斗在抗震救灾的第一线，10多天甚至连衣服也无暇换洗，短短20天里写稿100多篇，采写稿件数量居全部参加报道人员的第一位，受到采访地及报社的高度评价。记者站记者梁小琴克服身体虚弱多病的困难，始终工作在重灾地区成都，每天准确无误地把各类信息发送北京总社。记者魏贺始终坚持在德阳及周边的什邡、绵竹等极重灾县（市）第一线采访，克服重重困难，出色地履行着新闻工作者的职责。

为了给前方采访记者提供可靠的保障，记者站后勤行政人员和人民网四川工作人员全力以赴昼夜工作，有的工作人员几天几夜不能睡觉，很多有孩子的把孩子送回老家，始终坚守着职责，为前方记者提供优质服务。

2008年7月，人民日报驻四川记者站被全国总工会授予“抗震救灾重建家园‘工人先锋号’”称号、“全国五一劳动奖状”；10月7日，被中共中央、国务院、中央军委授予“全国抗震救灾英雄集体”荣誉称号。

团中央青年志愿者行动指导中心

根据中共中央、国务院关于抗震救灾工作的总体部署，在共青团中央书记处领导下，共青团中央青年志愿者行动指导中心迅速行动，有力有序有效地组织动员以青年为主体的全国广大志愿者投身抗震救灾；同时，按照团中央书记处要求，承担团中央抗震救灾工作联合办公室日常联络协调工作。

5月13日，指导中心即协调22个省（区、市）团委派遣700名医疗卫生和心理康复志愿者到灾区开展为期一个月的志愿服务；6月底，联合有关部门向地震灾区派遣2100名大学生志愿者开展为期一年的灾后恢复重建志愿服务；7月初，组织派遣589支全国大学生文化、科技、卫生“三下乡”志愿者服务团队近1万名大学生志愿者，利用暑期赴灾区开展为期一个月的支教、支医、支农和心理调适等志愿服务；广泛动员青年志愿者，共有491.4万名志愿者在各地参与各种形式的抗震救灾志愿服务工作，其中35岁以下青年占志愿者总人数的77%。通过发布倡议、加强协调等方式，指导中心引导社会各界志愿者有序奔赴灾区，指导各地青年志愿者就近就便开展志愿服务活动，形成社会各界广泛参与、青年为主体、专业与非专业相结合、本地服务与赴灾区服务相呼应的抗震救灾志愿服务工作局面。

指导中心还协调各地各有关单位开展募捐活动，截至7月初，共募集捐款11.2亿元，筹集物资价值5.5亿元，其中广大团员自觉交纳“特殊团费”1280万元；协调中国青少年发展基金会等单位启动“希望工程紧急救灾劝募行动”，在重灾地区修建51所过渡性活动板房“抗震希望学校”，总面积13万平方米，可容纳11万名受灾学生就学；从各地团干部中选拔101名科级干部，派往59个地震受灾县担任为期半年的团委副书记，加强灾区基层团组织建设。青年志愿者行动指导中心还从震后第二天起向灾区陆续派出4批次计56人次干部。

地震发生后，指导中心逐步建立了全团对口支援、灾区志愿服务统筹协调、款物管理使用、日常联络和信息报送、青少年思想动态舆情分析等制度，提出了共青团服务灾后恢复重建工作计划；健全志愿者应急救援长效机制，于8月初联合公安部等13个部委启动了中国消防志愿者行动，并以此为带动，逐步组建一支覆盖全国省、市、县、乡的专业性辅助抢险救灾志愿者队伍，探索建立党政领导、共青团承办、全社会参与、青年为主体的志愿者应急救援长效机制；健全宣传教育机制，对抗震救灾志愿服务先进集体、个人进行表彰，并把抗震救灾先进典型的宣传教育纳入全国青少年思想政治教育工作总体规划。

2008年10月7日，团中央青年志愿者行动指导中心被中共中央、国务院、中央军委授予“全国抗震救灾英雄集体”荣誉称号。

中央电视台新闻节目中心

汶川特大地震发生后22分钟，中央电视台新闻频道即在5月12日14时50分播发了字幕新闻；32分钟后，新闻频道在15时整点新闻中以头条播出震情；52分钟后，新闻频道打破正常编排，推出覆盖全天的灾情直播特别节目；2个多小时后，新闻频道报道组出发赶赴灾区，其中一路报道组跟随国务院总理温家宝前往灾区，待飞机降落成都太平寺机场后，立即通过提前等候在停机坪上的卫星转播车，在“新闻联播”中播出温家宝在专机上发表的重要讲话，“新闻联播”为此特地延长了10分钟。13日，新闻频道每逢半点滚动播出“中共中央政治局常委会召开会议全面部署当前抗震救灾工作，中共中央总书记胡锦涛主持会议”，累计播发200余条次，及时传达了中央声音，同时创下时政电视新闻播出频次密集之最。

震后50小时内，新闻中心在四川都江堰、什邡、绵竹、北川、青川、平武，以及甘肃文县、陕西宁强等地快速布点，建立了5个大本营和40余个机动报道组，先后投入53部各系统直播设备，形成覆盖4万平方公里的实时直播网络。北京总演播室以全新的组织架构，首次搭建了全开放式直播平台，直播时长近千小时。其间，新闻节目中心前方投入410余人次，多数人有过与死亡擦肩而过的经历。新闻中心还在前线成立了中央新闻单位第一个基层党组织，有11名一线报道人员递交了入党申请书，其中5人火线入党。

抗震救灾报道期间，新闻频道关注人群扩大了6倍，创频道开播5年来的新高。113个国家和地区的298家电视机构引用中国中央电视台抗震救灾新闻报道。美联社、路透社、美国有线电视新闻网、英国广播公司、日本广播协会等转引报道时表示，中国电视新闻是世界舆论获取信息的主渠道，并认为“大量外媒对中国救援速度积极正面评价，与中国中央电视台第一时间推出24小时电视直播节目密不可分”。

动态跟进抗震救灾工作进展的同时，5月18日，新闻节目中心参与制作推出“爱的奉献”大型募捐活动，现场募集善款超过15亿元；22日起，推出6集抗震救灾特别节目《震撼——汶川大地震纪实》；6月11日起推出40余期纪录片《铭记》，27日、30日参与推出“抗震救灾英雄少年”与“向祖国报告”大型专题晚会。

5月18日前，全国23家地方卫视主动并机中央电视台新闻频道；19—21日全国哀悼日期间，中央电视台26个开路和付费频道以及上百家地方电视台同步并机新闻频道，时间之久、规模之大，在中国电视史上史无前例。此间，“中国加油”“四川加油”“汶川加油”响彻中国大地。国外媒体评价说：“从电视中强烈地感受到了中国人在灾难中崛起的精神力量。”

2008年7月，中央电视台新闻节目中心被中宣部、中央外宣办、广电总局、新闻出版总署、中国记协授予“全国抗震救灾宣传报道先进集体”称号，被全国总工会授予“全国五一劳动奖状”，被中国红十字会授予“抗震救灾特别支持奖”；10月7日，被中共中央、国务院、中央军委授予“全国抗震救灾英雄集体”荣誉称号。

中央人民广播电台中国之声

5月12日14时28分，汶川特大地震发生。中国之声15时3分在节目中插播地震消息；15时30分播出对中国地震局相关人士的采访；19时，特别直播《汶川紧急救援》推出；19时15分，刚飞抵成都的记者通过连线直播了国务院总理温家宝关于灾区震情的讲话。在震中汶川信息中断、音讯全无的情况下，中国之声记者随救援部队挺进映秀，并通过海事卫星电话发出了汶川灾情报道。

5月12日后的22天，特别直播《汶川紧急救援》24小时不间断播出，为受灾群众沟通了信息，给灾区送去了全国人民的慰问，为党和政府的救援部署提供了及时的决策参考。中国之声记者第一个报道中共中央总书记胡锦涛慰问灾区干部群众；第一个报道国务院总理温家宝在飞机上部署抗震救灾工作；第一个直播救援队营救幸存者的全过程。18日，中国之声记者搭乘12架直升机和运输机，直飞12个交通断绝的乡（镇），开展空中救援直播行动。在《汶川紧急救援》中，中国之声还进行了不少开创性的尝试。在灾区手机及电视信号中断、与外界隔绝的时候，中国之声开通了广播的通讯联络功能。记者跟随救援部队走进与世隔绝的乡镇，采访救灾的指挥者，了解情况，了解需求，并通过海事卫星电话传达出来，既向全国听众报道了灾区情况，也为国家救灾指挥提供了决策参考。深入灾区的记者还带出大量的“平安纸条”和“寻亲纸条”，将这些信息在中国之声滚动播出，帮助1000多名灾区群众与家人取得了联系。地震发生第三天，中国之声就联络权威的心理专家，为灾区群众提供疏导情绪缓解压力的具体方法。之后，又在灾区开设了大型心理干预直播，让受灾群众向心理专家面对面提出问题。震后48小时后，中国之声还连续组织了7场线下公益活动，向灾区群众传达了全国人民对灾区的关注，给予灾区群众以精神的力量。《汶川紧急救援》累计连线灾区干部群众3100多人次，所有报道均为独家播发，为党和政府的救援工作提供了大量第一手信息。《汶川紧急救援》受到社会各界的好评，节目播出期间，收听率和市场占有率分别增长了129.66%和141.46%。

地震发生后，作为中央人民广播电台主频率的中国之声立即启动应急报道机制，并以广幅覆盖、及时沟通、快捷报道，为抗震救灾提供了强大的政令通道、信息支撑和精神动力，凸显了广播不可替代的作用。中国之声关于汶川救援的报道获得了中央领导同志的高度肯定。中共中央总书记胡锦涛指示中央军委向一线救灾部队配发17万台收音机；国务院总理温家宝指示抓紧恢复灾区广播、电视，特别是广播；中共中央政治局常委李长春高度评价了中国之声在抗震救灾中发挥的突出作用；中共中央政治局委员、中央书记处书记、中宣部部长刘云山也称赞中国之声的报道准确、及时。

2008年7月，中央人民广播电台中国之声被中宣部、中央外宣办、广电总局、新闻出版总署、中国记协授予“全国抗震救灾宣传报道先进集体”称号；10月7日，被中共中央、国务院、中央军委授予“全国抗震救灾英雄集体”荣誉称号。

新华通讯社抗震救灾报道前方指挥部

汶川地震发生后，新华社立即启动突发事件报道应急机制。社党组果断决策，在四川灾区成立抗震救灾报道前方指挥部。这是新华社首次在重大突发事件报道中设立前方指挥部。

前方指挥部成立正值地震刚刚发生，通信、交通全部中断，余震不断。在恶劣的工作环境中，前方指挥部全体人员置个人安危于不顾，团结一心、奋力拼搏，夜以继日、连续作战。从搭建办公场地、安装通信发稿设备、提供后勤服务保障，到研究策划报道选题、审发重点稿件，事无巨细，件件落实。前方指挥部在抗震救灾报道最艰难、最关键的阶段，发挥了战斗堡垒作用。对到灾区参加抗震救灾报道的新华社记者来说，前方指挥部就像一面旗帜，指引着战斗的方向。

地震发生后的10多个小时里，新华社陆续从总社和解放军分社、四川分社、陕西分社等调动数十人，兵分16路向汶川及受灾严重的茂县、理县、北川、绵阳市区、绵竹、都江堰等地进发。前方指挥部根据社党组部署和总社报道领导小组的具体安排，对前往灾区的采编和技术人员合理指挥调度。当得知汶川、理县、茂县等灾区新华社记者仍未进入时，前方指挥部迅速调集精兵强将，通过乘坐直升机、冲锋舟、徒步行军等方式向这些地区突进。经过多方努力，新华社记者于5月14日10时30分乘军用直升机空降汶川，于15日14时30分绕道近700公里后抵达理县境内，于16日11时30分空降至茂县，成为国内外媒体中第一批到达这些万众瞩目的重灾地区的新闻记者。随后，前方指挥部又排查了87个乡（镇）级“盲点”，确定43个重点乡（镇），派记者全面进入。震后最初的10天里，前方指挥部共向四川各灾区派出了114路211人次的记者。

5月下旬，唐家山堰塞湖抢险成为抗震救灾工作的重中之重，前方指挥部在5月23日深夜开会，火速派出20多名文字、摄影和音像记者，兵分五路进军唐家山及外围的各关键点。在唐家山堰塞湖抢险的各个重要节点，新华社记者用手中的电脑、相机、摄像机记录了历史性的时刻。在抢险部队撤走之后，新华社记者仍同监测人员一起留守坝顶，成为最后离开唐家山的人。

在需要号召力和凝聚力的关键时刻，前方指挥部与总社编辑部密切协作，策划推出了一批立意高远、内涵深刻、写作精良的重点报道。《惊天动地战汶川——写在军队和武警部队抗震救灾向纵深推进之际》《永远和人民在一起——献给顽强奋战在抗震救灾最前线的中国共产党人》《万众一心，托起生命的希望——献给英勇抗击汶川地震灾害的中国人民》《明天，太阳照常升起——献给汶川灾区的父老乡亲》等重点稿件得到中央领导同志的表扬，在海内外引起热烈反响。

2008年10月7日，新华通讯社抗震救灾报道前方指挥部被中共中央、国务院、中央军委授予“全国抗震救灾英雄集体”荣誉称号。

新华通讯社四川分社

在地震刚刚发生、大楼还在剧烈摇晃、人们惊恐逃生的那一刻，四川分社记者就抓起相机、拿起电话抢发稿件。地震发生6分钟后，他们向总社传出照片，总社迅即向全世界发出汶川地震第一张现场新闻照片。同时，分社多名记者在成都市区交通阻塞的情况下跑步前往四川省地震局、成都各大医院展开采访报道。

四川分社党组及时启动应急报道机制，派出多路报道小分队，冒着余震和滚石、大雨，以最快的速度向重灾地区挺进。哪里灾情最重，分社记者就往哪里冲，第一时间向全世界发出都江堰、绵竹、北川、平武、什邡、理县、茂县及汶川映秀等重灾地区的现场图文报道。

从5月12日下午开始，四川分社组织精兵强将，冒着生命危险向震中汶川发起了6次冲锋。当日15时许，3名记者轻装上路进汶川，在都（江堰）汶（川）公路上遇到山体滑坡，就近转入都江堰受灾现场报道。随后，四川分社又派出5名记者携带海事卫星电话等装备，试图徒步翻越都汶路大滑坡段突进汶川，因天黑雨大而折返。当晚，分社再次派出3名记者绕道绵阳从“东线”进汶川，也因公路大面积损毁而被阻在北川。次日晨，分社组织3名“敢死队员”从都汶公路徒步，继而又从紫坪铺水库水路进汶川，均未成功。14日，4名“敢死队员”背负沉重的设备从水路进入汶川境内，在滑坡体和泥石流中徒步跋涉5个多小时后终于到达映秀镇，向世界发出了震源地的第一条现场新闻。同时，另一路4名记者从“西线”绕行600多公里山路进汶川，遇阻后在理县展开报道。

在抗震救灾报道中，四川分社的新闻工作者发扬新华社的光荣传统，表现出了高度的责任感、使命感和革命英雄主义精神。分社派出的每一路记者，都是冒着生命危险前进，在余震摇晃中工作，在风餐露宿中坚持。侯大伟、谢佼等记者在半尺深的稀泥和飞石不断的塌方滑坡体上，连走带爬数小时进入映秀；在理县报道的肖林等3名记者两次从强余震中死里逃生；陈燮、冯昌勇等突进北川的5名记者，在现场发稿时周围山石不断滚落；记者刘大江在彭州灾区采访时摔断手臂，打上夹板后用一只手继续工作；连日超负荷工作的驾驶员们，为防止打瞌睡把自己的大腿掐出一片片紫色。

在长达58天的应急报道期间，四川分社行政后勤和营销人员坚守岗位，忘我工作，克服重重困难，为近400人的新华社抗震救灾前方报道工作提供了一流的后勤保障服务。同时，四川分社还派人奔赴各个灾区，在余震摇晃中爬上高楼为受灾新闻单位检修卫星接收设备，确保了中共中央、国务院的声音及时准确传递到灾区。

2008年6月，新华通讯社四川分社被新华社授予“新华社抗震救灾报道工作先进集体”称号；7月，被中宣部、中央外宣办、广电总局、新闻出版总署、中国记协授予“全国抗震救灾宣传报道先进集体”称号；10月7日，被中共中央、国务院、中央军委授予“全国抗震救灾英雄集体”荣誉称号。

中国民主建国会中央委员会中华思源工程扶贫基金会

汶川特大地震发生后，中国民主建国会中央委员会即发出“携手同心、众志成城、力助灾区、帮扶灾区群众”的号召。中华思源工程扶贫基金会立即行动起来，投入到抗震救灾工作中。

地震发生当晚，基金会即与中央电视台等媒体研究联合开展抗震救灾募捐活动。5月13日，与北京青年报社联合发起抗震救灾“重建家园”活动；14日，与红十字基金会、中华慈善总会和中央电视台联合举办“同一首歌”大型文艺赈灾演出；15日、17日，与新浪网联合开展“重返校园”和对灾区儿童进行心理救助活动；19日，组织人员将应急电源运到抗震指挥部；20日，将可满足近6000人饮水的军用空投液囊发送到救灾最前线；24日，在全国发起扶助灾区孤寡女性“爱心火炬计划”行动。

“灾区人民的需求就是我们的责任”，基金会分别向四川省、甘肃省、陕西省捐款1000万元、200万元、100万元，全部用于灾区学生重返校园，使灾区再次响起琅琅读书声。为使灾区人民看到北京奥运会盛况，基金会联合艾德蒙海外股份有限公司艾德蒙科技发起“思源·AOC彩虹计划”，驱车往返万余公里，经历5次大的余震，克服山体滑坡、路况复杂等重重困难，艰难跋涉，为四川灾区建设了200个观看奥运会的电视点，使数万灾区人民能够同全国人民一道观看北京奥运盛况，受到灾区人民的交口称赞。

基金会全体工作人员为了灾区民众的安危，忘我工作。在抗震救灾任务最艰巨的一个月中，每人每天平均工作15小时，组织募捐、联系爱心企业、组织赈灾物资发运……抗震救灾期间，基金会共接受捐赠款物折价5504.05万元，实际到账款物4438.47万元，全部转交灾区，并向灾区群众发放了76761册书籍。基金会还投入数百万元资金建立卫生院，为灾区重建做出新贡献。

2008年10月7日，中国民主建国会中央委员会中华思源工程扶贫基金会被中共中央、国务院、中央军委授予“全国抗震救灾英雄集体”荣誉称号。

全国工商联、中国光彩事业促进会光彩数字电影抗灾爱心宣传队

汶川特大地震发生后，数百万受灾群众特别是在灾难中失去父母的儿童，迫切需要及早地心理干预。为帮助灾区群众尽快调整心理，重建心灵家园，光彩数字电影院线和世纪东方电影院线主动向全国工商联请缨，于5月27日成立了全国工商联、中国光彩事业促进会光彩数字电影抗灾爱心宣传队，当天赶赴灾区。

光彩数字电影抗灾爱心宣传队发起人卢谊逊，在四川成立了光彩志愿者指挥中心，四川省许多民营企业和地方农村放映队也纷纷以志愿者身份积极参与，形成一支以光彩数字电影院线和世纪东方电影院线为主体，来自工商联和国内外的108位志愿者组成的，拥有163个流动放映队的志愿者团队。在灾区两个月的放映活动中，共投入35台数字电影服务器和15套数字电影全套设备，为数百个灾区乡镇放映电影近7000场。光彩数字电影抗灾爱心宣传队的志愿者们每天克服余震不断、山高路险、连日降雨、山体滑坡等重重困难，背负着沉重的影视器材，自带干粮，披星戴月，往返于崇山峻岭中，活跃在废墟瓦砾旁、“帐篷学校”中，在灾区群众安置点和救灾部队的临时军营搭建临时放映点。不管条件有多么艰难，志愿者们总是恪守原则，坚决不给灾区添加任何麻烦和负担。光彩数字电影抗灾爱心宣传队为灾区群众和救灾人员带去了全国人民和各级政府、社会各界的关怀和支持，带去了救灾工作的最新进展信息，营造了灾后重建和卫生防疫知识，送去了心理辅导与减灾专题节目以及轻喜剧、欢快娱乐性电影大片，给灾区群众营造了一段段放松紧张、恐惧心理的轻松时光，更带给他们继续生活、重建家园的勇气。放映队每天结束工作时，都已是次日凌晨，饥肠辘辘的放映队志愿者们睡不了几个小时，又奔波在去下一个放映点的路上。光彩数字电影抗灾爱心宣传队的行动受到灾区人民、救灾部队的热烈欢迎。每次放映结束后，人们仍不愿离开，不停地询问宣传队何时再来。

两个月的放映活动结束后，宣传队又于8月重返灾区，创建“光彩大篷车队”，继续在受灾严重的28个市、县的灾区群众安置点为广大受灾群众免费放映以“灾区重建心灵家园和扶贫教育”为主要内容的电影，共约1000场。

2008年10月7日，全国工商联、中国光彩事业促进会光彩数字电影抗灾爱心宣传队被中共中央、国务院、中央军委授予“全国抗震救灾英雄集体”荣誉称号。

中央国家机关抗震救灾英雄集体

国务院办公厅国务院应急管理办公室

国务院应急管理办公室又称国务院总值班室，为国务院办公厅内设机构，负责国务院总值班、协助国务院领导同志应对处置重特大突发事件和组织开展应急预案体系建设等工作，履行值守应急、信息汇总和综合协调职责，发挥运转枢纽作用。汶川特大地震发生后，按照国务院抗震救灾总指挥部的统一部署，国务院办公厅承担总指挥部运转协调等职能，国务院应急办负责承办具体工作。

在接到汶川特大地震发生报告后，国务院应急办立即向国务院领导同志报送了信息，并在第一时间启动了办内重大突发事件应急响应联动机制，全办人员不分处室，全员投入抗震救灾工作。

灾情就是命令。地震发生后，国务院应急办迅即向四川、甘肃、陕西等地和地震局等有关部门了解震情灾情，力求为国务院领导同志部署抗震救灾提供全面准确的信息；立即安排4名工作人员随国务院领导同志紧急赶赴灾区，办理会议服务，整理会议纪要，起草工作报告。国务院抗震救灾前方指挥部成立后，国务院应急办克服人手紧缺的现实困难，统筹调配力量，在5个多月时间里，始终保持4～6人在灾区一线，实行前后方互动，确保联系畅通，保障前方指挥部日常运转，全办每名工作人员均经受了灾区考验；共在灾区前方组织承办或协办中央领导同志主持召开前方指挥部有关会议15次，起草呈报中共中央、国务院的报告18件，领导讲话、会议纪要等50余篇，各类专报信息100余件，并每天随领导在灾区一线抗灾救灾，承担了大量服务工作，多次受到领导表扬。

抗震救灾期间，国务院应急办抽调10人集中到应急值守平台办公，全力保障总指挥部与各有关方面24小时联络通畅。据不完全统计，震后一个月时间内，应急值守平台最多时一天接听处理各方面来电1000多次。尤其是地震初期，在四川正常通信受阻的情况下，值班人员通过各种方式与前方随行人员联系，保证了与灾区前方的联络沟通。针对抗震救灾期间各地方、各部门上报国务院的信息量多面广、纷繁复杂的情况，国务院应急办认真做好信息综合汇总工作，抽调力量组成工作专班，对每件信息快速研判、删繁就简，共编辑综合《抗震救灾专报》657期，确保向领导及时全面准确地报告抗震救灾重要情况。

为及时将总指挥部的决策部署和领导指示、批示传达给有关方面，国务院应急办每次在总指挥部会议和国务院领导同志主持召开的专题会议结束后，立即连夜起草会议纪要，并根据会议要求，起草、批报、印发有关文件，累计承办有关会议20余次，起草、印发总指挥部会议纪要等各类文件30余份；同时，对领导重要指示批示迅速传达，并跟踪了解有关工作进展情况，累计办理领导各类批示文件1500余件，紧要时期日均办理100余件。为确保领导决策迅速落实，国务院应急办与国务院办公厅相关业务司局紧密配合，加强对总指挥部会议议定事项和领导指示批示的督察督办力度。对有关地区、部门和单位报送的请示，或需要紧急协调事项，应急办急事急办，积极协调各个方面，及时提出办理意见供领导决策参考，有力地推动了抗震救灾工作的开展。

国务院应急办还承担了震情灾情数据统计等有关工作。每天从总指挥部的9个工作组、国务院10余个部门和各受灾省份，收集地震造成的死亡人数、倒塌房屋数量、牲畜损失、基础设施损毁、余震、救灾人员数量、救灾资金安排、救援物资调运、捐赠情况等上百项指标，在两个小时内完成汇总整理和分析评估工作，形成总指挥部权威发布数据，供国新办和中央电视台公开发布。

灾难面前，国务院应急办全体工作人员发扬特别能吃苦、特别能战斗的精神，连续作战；随国务院总理温家宝第一时间赶赴四川震区的工作人员，白天冒着生命危险深入灾区查看现场，晚上不顾疲倦彻夜坚守，做好会议服务，起草文件，平均每天睡眠不足3个小时。一些工作人员顾不上仍在地震灾区的亲人的安危，顾不上照顾家中卧病在床的老人、初产的爱人、高考在即的孩子，连续多日奋战在工作岗位上。大家怀着强烈的责任感和使命感，团结协作，忘我工作，全力以赴，组成了坚强的战斗集体，经受了锻炼和考验。

2008年10月7日，国务院办公厅国务院应急管理办公室被中共中央、国务院、中央军委授予“全国抗震救灾英雄集体”荣誉称号。

外交部赴四川灾区前线救援工作组

汶川特大地震发生后，中共中央于5月15日做出同意接受外国救援队到华协助救灾工作的重大决策。这是中华人民共和国成立以来，中国首次大规模接受国际救援队到华协助救灾。为有效协调和接待外国救援队赴灾区救灾活动，外交部于同日晚决定，成立由外事管理司副司长温振顺为组长，共16人组成的外交部赴四川灾区前线救援工作组，连夜奔赴地震灾区前线。

工作组在成都设立办公室，架起了灾区与外交部以及国际社会沟通的桥梁。在灾情刚刚发生、内外沟通不畅的关键时刻，工作组全体成员牢记“时间就是生命”“信息就是生命”，克服重重困难，不惧余震，不怕疲劳，连续奋战，每天都报回大量很有价值的第一手信息，为中央和外交部党委及时、准确决策提供了有力支持。在成都10天内，工作组共报回信息专报18篇，最多一天报回3篇。

工作组贯彻落实中央有关指示，指导协调地方做好抗震救灾涉外工作，协调外国救援队搜救和接受国际援助物资等事宜，并转达了灾区急需帐篷、防疫药品等信息。工作组还与四川省救灾指挥部等有关各方保持密切沟通，及时搜集、汇总上报各支外国救援队搜救进展情况，转达外交部、中国地震局领导的指示，协调解决搜救活动中出现的问题，对紧急情况的现场决策提出重要咨询意见，并主动协助媒体采访报道国际救援情况。

工作组中的12名成员分别随同俄罗斯、日本、韩国和新加坡救援队赴青川、北川等多个极重灾县（市）施救。他们在大小余震不断的情况下驱车长途奔赴救援地点，在遍布石块、钢筋和碎玻璃的废墟上忙前忙后，既联络又协调，既翻译又搜救，既坚持原则又灵活务实。在后勤补给非常有限的条件下，工作组成员默默忍受饥渴，承担着超负荷的工作压力，只能每天在汽车中或露天睡两三个小时。

在俄罗斯救援队对都江堰市一幢楼房进行搜救时，工作组及时研究，提出建议，协调各方，最后俄罗斯救援队成功营救出一名被埋压127个小时的妇女，在国内外产生了广泛的积极影响。

工作队员陈明煌等随外国救援队开展危楼搜救过程中，尽管外方表示他们可以留在外面，但为保证楼内外的中外救援人员更好地沟通，他们毫不犹豫地冒着生命危险一次次爬进危楼，展现了新一代青年外交干部不怕牺牲、高度负责的精神风貌。日本救援队挖出一对母女的遗体后，准备按传统做法进行简短默哀，不让记者拍摄。经验丰富的参赞李文亮敏锐地感觉到这是让中日民众加深了解的好契机。经反复协调，精心安排，日方最终同意让记者拍摄默哀场景，相关报道在国内外产生了积极影响。

周冬梅是工作组中唯一的女性，在做好本职工作的同时，还主动做起了工作组的“保健医生”和“后勤主管”，为保障工作组人员的健康、安全而尽心尽力。这位“80后”女外交官顽强地坚守在救灾一线岗位上，把不时袭来的余震称为“免费足底按摩”，用乐观的心态感染着周围的人。

在工作组的积极协调和全力协助下，4个国家的救援队积极施救，5月16—23日，共营救出幸存者1名，挖掘出遇难者遗体52具。

国际援救行动受到国内外高度关注，中共中央、国务院和四川省的领导分别看望或会见了4个国家的救援队。工作组大量艰苦细致的工作为“救灾外交”积累了宝贵经验，加深了国际社会对汶川特大地震灾区的了解和同情，争取了国际社会的灾后重建援助资金。

2008年10月7日，外交部赴四川灾区前线救援工作组被中共中央、国务院、中央军委授予“全国抗震救灾英雄集体”荣誉称号。

国家发展和改革委员会经济运行调节局

汶川特大地震发生后，发展改革委经济运行调节局负责应急物资保障的组织协调，在抗震救灾最关键、最紧张时刻，运行局全体工作人员夜以继日、攻坚克难、不顾疲劳，切实落实委党组部署，及时向灾区提供抢救生命必需的物资和医药用品，调运抗震救灾和生产生活必需的煤、电、油等重要物资，确保抗震救灾应急物资调得快、运得进、用得上。

震后仅一个半小时，运行局领导班子即召开紧急动员会议，研究部署灾区应急物资和煤电油运保障工作，要求把抗震救灾应急物资保障工作作为重中之重，全局进入应急状态：全力以赴做好医药等急需物资保障，要在准确掌握储备情况的基础上，随时做好调用准备，满足灾区急需；认真履行职责，搞好煤电油运保障协调，迅速与受灾地区和有关部门联系，及时了解抗震救灾的应急需求，衔接落实好货源，组织协调好调运；对可能出现的更大范围、更多品种、更多数量的需求早做准备，以高度负责的态度，全面做好抗震救灾应急物资保障工作；对灾区急需、国家储备以外的药品和其他急需的器械、装备，要积极帮助需求方落实好货源及运输。

5月12日晚，运行局组织对各储备单位的中央储备目录内抗震救灾所需药品品种、数量等进行分类汇总。13日上午，接到四川省急需的药品清单后，运行局立即对储备目录中所包含品种的发货、接货和运力进行安排，当晚首批药品即发往成都，对不在储备目录内的品种也同时联系落实了货源。接到四川省、甘肃省请求解决急需药品后续请求后，运行局对其中属中央储备目录的百余种药品，及时足量安排调拨；超出现有储备数量的，安排有关单位紧急采购，同时组织企业紧急生产，其中的1亿支注射器，就紧急组织了15家企业加班生产。

参与抢险救援的解放军官兵进入灾区后，急需救援工具和装备。运行局积极组织寻找货源，几名工作人员人手一部电话，逐个企业联系，挨个品种确认，以最直接的方式高效组织救援工具和机械设备资源。前线急需的11万把铁镐，先在河北唐山和山东临沂找到镐头，再从邻近省市寻配镐把，最后到配套装车起运，仅用了一天时间。

为及时将抗震救灾急需的煤炭、石油等物资运进灾区，地震发生后，运行局立即启动动态监测机制，加强与灾区经济运行调节部门联系，通过综合协调调度，最大限度地满足抗震救灾需要；为解决震后四川省电煤供应紧张问题，协调陕西省、贵州省和神华集团积极采取措施，确保四川江油、金堂、广安等主力电厂电煤供应，协调铁路部门保证每天从甘肃华亭、神华和陕西各增发一列车发电用煤，每三天从贵州增发二列；为解决灾区临时供电问题，协调国家电网从湖南、河南、重庆调集188台柴油发电机，相继于5月14日、15日运抵四川；针对灾区救灾飞机、车辆用油量激增的情况，协调中国石油向四川省、陕西省、甘肃省增加成品油投放26.75万吨；为确保唐家山堰塞湖排险工程顺利进行，组织有关方面紧急解决了抢险用油问题，配合相关方面制订了兰州—成都—重庆成品油管道应对泄洪方案。为确保抗震救灾急需的药品和物资能够迅速运抵灾区，运行局加大了对运输的协调力度；协调中国民航局和有关航空公司运输移动通信设备和气象监测设备，其中包机1个架次；安排运输中央储备医药用品包机12个架次，非包机运输17个批次；协调铁道部安排88个车皮的医药用品从江西南昌以及山东等地运往灾区；协调中海物流4辆集装箱卡车直接从大连运输药品到兰州。

运行局充分发挥协同作战的优势，与各方面高效合作，共同做好抗震救灾应急物资保障等工作。抗震救灾过程中，运行局帮助民政部门协调落实了防雨布及帐篷紧急生产能力；向外交部提供了希望国外支持和援助的物资中英文目录，连夜发往中国驻外使馆；紧急联系总参作战部和国家物资储备局，衔接落实开通道路和堰塞湖排险所需炸药；联系总参安排突击力量救助转移中国华能太平驿水电站被困的111名工作人员和群众；联系总参陆航局、水利部等单位，落实直升机参与监测灾区水库和水电站有关事宜；为核工业集团紧急协调提供碗扣式脚手架等。

抗震救灾期间，运行局共协调中央医药储备单位向灾区提供了价值近4亿元、重1500余吨的医药用品，组织协调向灾区提供各类工程机械设备和车辆940多台（辆）、器械工具13.54万件。

2008年10月7日，国家发展和改革委员会经济运行调节局被中共中央、国务院、中央军委授予“全国抗震救灾英雄集体”荣誉称号。

教育部发展规划司

汶川特大地震发生后，根据教育部党组的部署，5月19日下午，教育部副部长袁贵仁率领由发展规划司、财务司、高校学生司等有关司局负责人组成的工作组，赶赴灾区第一线，实地调查研究灾区的受灾情况，指导教育系统灾后重建和学生安置工作。

地震发生的当天下午，教育部发展规划司成立了以司党支部为核心的抗震救灾工作组，建立了24小时值班、灾情汇总、信息共享以及统一指挥、分工协作等工作机制，明确了有关处室的职责。党支部书记韩进要求全司党员干部把抗震救灾工作作为当前最重要、最紧迫的任务，其他业务工作必须主动服从和服务于这一特殊使命，全力以赴，共克时艰，坚决打好抗震救灾这场硬仗。

面对突如其来的灾难，教育部发展规划司的党员干部与灾区人民心连心、同呼吸、共命运，哪里有需要就往哪里冲，不辞辛苦，连续奋战。领导干部身先士卒，靠前指挥，深入抗震救灾第一线，掌握一手材料，后方的工作人员通宵达旦对基础数据进行整理分析；地震发生初期，实施零报告制度，及时汇总上报震损和救灾情况，为国务院领导了解灾情动态和科学决策提供了翔实数据。有的工作人员因连续高强度工作累病了，但仍以完成救灾任务为己任，始终坚守工作岗位。

地震发生时，正值学校上课期间，为保证灾区学生按时复学、复课，教育部发展规划司每一个党员干部夜以继日、忘我工作，在大量实地调研、数据分析的基础上，迅速测算灾区学校所需的活动板房数量以及灾后校园重建资金，紧急编制灾区教育系统重建规划，制订校舍建设标准，部署校舍安全隐患排查，组织灾区受损校舍安全鉴定；调动社会各方力量，研究制订《汶川地震灾后学校恢复重建规划》《汶川地震灾后新建学校规划建筑设计导则》《汶川地震灾后新建学校规划建筑设计推荐方案图集》，为如期实现国务院领导提出的尽早复学复课的目标，为整个灾区生产、生活逐步恢复做出了贡献。

2008年10月7日，教育部发展规划司被中共中央、国务院、中央军委授予“全国抗震救灾英雄集体”荣誉称号。

四川大学华西医院

汶川特大地震发生后，四川大学华西医院立即进入应急状态，作为危重伤员的救治中心，通过多部门协作、统一指挥、建立科学救治流程、实施多学科交叉协作和医生跟着伤员走的救治模式，有效保障了医疗救治质量。医院共接诊伤员2779人，住院治疗1907人，其中重伤员1153人；完成各类救治手术1457台；住院伤员死亡30例，死亡率仅为1.57%。

在医疗救援过程中，华西医院以管理、技术与服务资源为依托，充分发挥了部管医院的骨干支撑和引领作用。面对大量伤员，医院搭建协作平台，汇聚来自国内外的骨科、重症监护、麻醉科、肾内科、院内感染管理、心理、康复等方面专家参与医疗救援，先后有来自北京、吉林、天津、上海、广东、江苏及香港、台湾等地医疗队与日本医疗队，共计490余人编入华西医院战斗序列投入救治工作。华西医院发挥技术优势，连线灾区快速建立远程放射影像诊断系统，对580余名伤员进行远程诊断和抢救指导；将伤员救治流程、感染防控举措等知识、经验与灾区一线医疗机构沟通、共享，指导各级医疗机构提升救治水平；与灾区医疗机构建立重症伤员转诊机制，有效提升危重伤员救治率；率先启动灾后心理危机干预行动，组织7个分队100余名心理卫生专家奔赴灾区一线实施心理危机干预援助；加强信息沟通，对伤情评估、分级救治与转诊、开放性创伤感染防控、危重伤员监测与转送等事宜，适时向省、市政府提出专业工作建议；设立抗震救灾省外医疗队后勤物资供应中心，在自有物资储备中紧急调拨价值980万元的药品、材料、器械、设备，保障了灾区前线20多支省外医疗队的救援需求，同时调拨自有储备物资器材，及时支援灾区一线医疗机构。

作为省级定点康复基地，华西医院积极开展伤员康复医疗服务，持续开展灾区心理危机干预服务，并担负起全省康复技术与心理危机干预技术的培训指导工作。面对灾后重建的艰巨任务，华西医院依托资源优势，多方整合社会力量，从规划研究到具体项目实施，积极参与汶川、青川、北川、绵竹、都江堰等极重灾县（市）医疗卫生服务体系的重建，组织多批药材、药品支援灾区，并开始实施面向灾区12个县的远程医学平台建设，为灾区免费部署华西医院远程医学系统，实现了优势资源面向灾区转移应用，促进了灾区医疗服务质量持续提升。

5月24日，国务院总理温家宝到华西医院看望伤员，在慰问医务人员时说：“你们做了大量工作，最多的时候医院收治伤员2000多名，而且救治率很高，这就表明华西医院不仅有崇高的道德，而且有精湛的技术。”

2008年6月，四川大学华西医院被人力资源社会保障部、卫生部授予“卫生系统抗震救灾英雄集体”称号；7月，被全国总工会授予“抗震救灾重建家园‘工人先锋号’”称号、“全国五一劳动奖状”；9月，被教育部授予“教育系统抗震救灾先进集体”称号；10月7日，被中共中央、国务院、中央军委授予“全国抗震救灾英雄集体”荣誉称号。

民政部救灾司

汶川特大地震发生后，根据震级及以往严重破坏性地震危害程度，民政部救灾司领导意识到灾情严重，提出启动应急响应的建议。经民政部部长批准，5月12日14时40分启动了国家自然灾害应急救助二级响应，并取消人员休假、出差，设立紧急救援、物资保障、救灾捐赠等5个组，实行24小时值班。

5月12日15时30分，民政部即派出以救灾司人员为主体的紧急救援组赶赴灾区，因成都双流机场暂时关闭，飞机改飞重庆。救援组13日零时30分到达重庆后，连夜赶赴四川灾区。一路余震不停，交通瘫痪，工作组冒着生命危险，克服重重困难，徒步跋涉，于13日晨辗转到达北川、都江堰等极重灾县（市）一线，及时传回了最直观的灾情。司长王振耀主动放弃出国培训的机会，15日随国务院抗震救灾总指挥部四川前方指挥部群众生活组的领导，深入到汶川、平武、绵竹、彭州等极重灾县（市），走进安置受灾群众的帐篷，倾听受灾群众的呼声，了解灾情和灾区需求，为安置灾区群众决策提供了第一手资料。

为安置好灾区群众，救灾司物资保障组向中央救灾物资储备库和地方储备库发出调运帐篷的命令，震后一小时即从西安运出首批2000顶救灾帐篷。5月12日晚，民政部与财政部紧急向灾区下拨7亿元应急资金，随后又增拨3.2亿元。到14日，全国库存20万顶救灾帐篷全部调出，同时调出棉衣棉被各40万件、应急灯10万只，迅速送往灾区。根据救灾需要，18日，民政部与财政部又向四川等灾区下拨临时救助专项资金30亿元。19日，国务院抗震救灾总指挥部决定紧急采购90万顶救灾帐篷、2500吨篷布，并要求一个月内完成所有生产和发货任务。面对救灾历史上第一次大规模紧急采购任务，物资保障组夜以继日地开展工作，短短7天，电话联系上万次，函件来往6000余件，用坏了两部传真机，最终从全国100多家企业中挑选出75家并签订了采购合同。6月1日，得知河北一家帐篷钢架企业生产进度跟不上，救灾司立即派人赶往这家企业，与当地政府商量解决了该企业生产中的困难。最终90万顶帐篷的生产运输任务提前一天完成，灾区出现了大大小小的“帐篷城”，灾区群众临时住所得到初步解决。

为了从政策制度上解决灾区群众的安置问题，救灾司领导和综合组工作人员认真汇总分析灾情及灾区需求的数据，积极协商有关部门拟订了汶川地震灾区临时生活救助、解决临时住所、接收地震灾区伤病人员、救助安置“三孤”人员的政策和指导意见，以及农村住房恢复重建规划、社会福利设施重建规划以及防灾减灾规划等。一个多月里，共拟订各种文件300多份，对及时安置灾区群众及灾区恢复重建给予了有力的工作指导和政策支持。

5月13日，救灾捐赠组协调开通了爱心捐赠渠道；14日，发电组织开展全国支援汶川地震灾区的救灾捐赠活动。工作人员精心核对国内外每一笔捐款，汇总统计各地各有关部门数据，协调各方面快速解决国内外捐赠中的新情况、新问题，解答热线电话。一个多月里，民政部共接收捐款19多亿元，开具收据8万多份，先后接收160多个国家和地区共300多批物资，协调国内各省市捐赠折价60多亿元物资的运输；经过严密组织，强化各项工作，基本实现了捐赠款物管理的有序和规范。

抗震救灾期间，救灾司20名党员踏踏实实地工作，默默无闻地奉献。地震灾区一线人员，准确把握灾区救助形势，冒着余震的危险深入严重受灾点与群众沟通，发现政策需求并及时向上级汇报。后方人员在震后的10多天里，平均每天睡眠不足3个小时，困了就在椅子上打个盹，饿了就泡包方便面，顾大家忘小家。全司工作人员忘我工作，确保了抗震救灾各项任务的完成。

2008年10月7日，民政部救灾司被中共中央、国务院、中央军委授予“全国抗震救灾英雄集体”荣誉称号。

司法部监狱管理局

汶川特大地震发生当晚，司法部监狱管理局立即组建了抗震救灾应急指挥办公室，落实人员、落实任务、落实责任，统筹指挥抗震救灾工作。坚持每天局领导带班和双人24小时值班制度，指定专人保持与四川等灾区监狱系统的密切联系，确保信息通信畅通无阻，应急处置及时高效；同时，连夜派出由局领导带队的3个工作组到四川省，冒着余震危险，深入灾区监狱一线慰问警察职工，稳定服刑人员情绪，协助指导抗震救灾、监管安全和维护社会稳定工作，协调解决困难问题。

地震发生后，司法部监狱管理局紧急协调铁道部、武警总部，把从北京调往四川途中的89名服刑人员，妥善安置在郑州附近的监狱，避免了意外事故的发生。为确保监狱的安全稳定，针对地震发生后7万余名服刑人员在露天住宿的问题，司法部监狱管理局及时下发了加强受灾监狱露天住宿服刑人员管理和加强狱内侦查、教育改造、生活卫生和值班备勤等工作的紧急通知。司法部监狱管理局还协调指导四川等灾区监狱系统将万余名服刑人员转移、调动到安全地区关押；协调解决了四川受灾监狱武警看押警力不足的问题；为参加抗震救灾的司法行政干警办理了人身意外保险；组织精干业务人员组成心理干预和咨询小组，赴灾区监狱系统做好警察职工和服刑人员的心理咨询和心理危机干预工作。司法部监狱管理局还全力提供财力物力支持，为灾区监狱系统紧急筹措了340万元应急资金，筹集调运了2500顶帐篷、大量喷雾器和消毒灭菌药品。司法部监狱管理局积极争取国家各部门的支持，将四川等灾区监狱系统恢复重建工作纳入国家规划。

抗震救灾期间，司法部监狱管理局注重发挥基层党组织的战斗堡垒和党员的先锋模范作用，采取多种措施，鼓励全体监狱人民警察和职工积极参与、全力支持抗震救灾工作，及时下发了河南省监狱管理局紧急妥善安置89名服刑人员的表彰通报，利用新闻媒体广泛宣传监狱系统抗震救灾工作先进事迹。

在灾害面前，司法部监狱管理局机关全体工作人员表现出了很强的战斗力、凝聚力。由于任务紧急、工作要求高，很多工作人员经常加班加点工作到深夜，周六、周日也坚守在工作岗位上，有的工作人员带病坚持工作。局领导身先士卒，不顾个人安危，多次率领工作人员深入地震灾区检查指导工作，有的甚至遇到山体滑坡的危险。局机关党员干部积极交纳“特殊党费”，踊跃为灾区捐款8万余元。

抗震救灾期间，司法部监狱管理局按照司法部党组的部署要求，紧急动员，立即行动，全力以赴投入抗震救灾工作，充分发挥职能作用，确保了抗震救灾期间四川、陕西、甘肃等灾区监狱系统的安全稳定，没有发生一起服刑人员脱逃、爆狱、重大狱内案件和疫情。

2008年9月，司法部监狱管理局被司法部授予“全国司法行政系统抗震救灾工作先进集体”称号；10月7日，被中共中央、国务院、中央军委授予“全国抗震救灾英雄集体”荣誉称号。

人力资源和社会保障部抗震救灾领导小组办公室

汶川特大地震发生后，人力资源社会保障部立即进入应急工作状态，成立以部长为组长的抗震救灾工作领导小组及其办公室，办公室由就业、社会保障、人才、信息化建设等业务相关司局和综合部门组成。办公室成立后，迅速组织各成员单位专题研究确定抗震救灾工作中的职责任务和工作安排。

为保证抗震救灾各项工作的顺利开展，领导小组办公室建立了有效的工作机制和工作程序，实行24小时值班制度，保持24小时联络畅通；确定了定期会议制度，组织各成员单位及时研究解决抗震救灾工作中出现的新情况、新问题；建立了信息沟通机制，加强与灾区各地及有关部门的联系，及时掌握了解情况，上传下达；对重点工作加强了调度。

领导小组办公室成员先后多次深入重灾地区调研，研究分析突出问题，并在此基础上与灾区工作人员一起提出了一系列政策建议，包括以扩大就业援助、扩大公益性岗位、组织对口支援为重点，千方百计稳定就业局势；提供资金支持，尽快兑现职工的工伤保险待遇，按时足额支付其他各项社会保险待遇；稳定职工队伍，解决好灾后停产半停产企业职工的劳动关系和生活保障问题。

领导小组办公室在深入调研的基础上，积极主动协调相关部门，制订针对性政策措施，解决灾区实际困难；会同财政等部门先后制定政策文件，大力开发公益性就业岗位，重点做好就业困难人员的就业工作，明确了职业培训、交通费补助和社会保险补贴3项扶持政策，帮扶受灾地区劳动者就地就业和转移就业，有效缓解灾区就业压力；两次组织召开视频会议，贯彻落实中共中央、国务院关于就业援助的决策部署；召开对口援助座谈会，指导各地按照对口支援的总体安排，建立对口就业援助的有效工作机制，督促援助计划落实。截至2009年11月底，北京市等20个省（市）支援地通过落实三期协议，共向灾区提供有效岗位信息161.6万个，直接帮助灾区劳动者实现就业18.3万人。针对灾区社会保险基金增支和减收的双重压力，领导小组积极协调财政等部门研究制定政策，对灾区补助资金进行倾斜，进一步完善工作机制，推动和指导灾区兑现伤亡职工工伤保险待遇，保证职工基本医疗保险待遇，确保基本养老金发放；会同教育部、公安部等17个部门开展23批次表彰，共表彰90个抗震救灾英雄集体和129名抗震救灾英雄；根据灾区对人才的实际需求，及时为灾区补充公务员和事业单位工作人员；先后统筹安排2700余名灾区技工学校学生转移到15个省（市）103个技校免费就读；会同有关方面积极研究制订做好灾区劳动关系调处、企业职工安置、农民工工作和“三支一扶”（支农、支教、支医和扶贫）大学生工作等方面的相关政策和工作措施。

为查清灾情，做好灾后重建规划编制工作，领导小组办公室组成10余人的工作组深入重灾地区，核查就业和社会保险服务机构、乡镇劳动保障所（站）、技工学校损毁情况，通过实地测算、认真研究，制订了就业和社会保障公共服务设施灾后重建方案，确定了突出重点、适度超前、分类指导、创新发展的原则和建立健全覆盖城乡的就业和社会保障公共服务网络的目标，计划3年完成全毁设施的重建，并使各项服务功能达到或超过灾前水平，科学合理地编制了重建设施规划。

抗震救灾期间，领导小组办公室先后协调下发了《关于全国人力资源和社会保障系统支持地震灾区做好抗震救灾工作的通知》等9个通知，对做好灾区就业援助等工作进行专项部署；同时号召部机关全体干部职工和部属单位踊跃捐款，共计捐款215.3万元，党员交纳“特殊党费”152.8万元。

2008年10月7日，人力资源和社会保障部抗震救灾工作领导小组办公室被中共中央、国务院、中央军委授予“全国抗震救灾英雄集体”荣誉称号。

交通运输部公路司

汶川特大地震发生后，交通运输部公路司立即动员和组织干部职工，争分夺秒，积极协调全国交通运输系统，全力做好公路抢通保通和运输保障工作。公路司承担了道路抢通和运输保障两项艰巨任务，负责与国务院应急办及相关部门的联系、沟通，全程参加国务院抗震救灾总指挥部基础设施组及前方指挥部工作，直接指导、协调和服务灾区公路抢通及运输保障工作，组织、协调跨省救援。为确保抗震救灾工作组织协调有力有序有效，公路司建立了24小时应急值守制度、每日两次信息报送制度、每日例会和视频协调会议制度，并把全司发动起来，取消休假和不必要的出差、出国等活动，打破处室界限，全司资源统一调配，根据需要随时重组，一切服从一线抗震救灾需要。

公路司紧急下发《关于紧急应对并做好四川汶川地震抗灾救灾工作紧急通知》等30多份文件，对抢通、保通、保运、保安全工作提出具体、明确要求，提出从成都、兰州、西安3个方向往重灾地区的3条救灾物资运输主通道方案，为整个抗震救灾工作的转折和突破奠定了基础；科学做出“多头并进、水陆并举、中间开花、两边夹击”的抢通战略，采取换人不停机、多个作业面同时展开、24小时不间断的方式，争分夺秒抢通救灾“生命线”，抢通效率一下提高了5倍。通向重灾地区的干线公路打通后，公路司又紧急组织甘肃省、湖南省等12个省（区、市）交通系统的力量，组成抢通保通突击队，用最短的时间、最快速度赶赴灾区指定路段，全力发起以抢通灾区乡镇公路为重点的总攻。公路司还及时组织全国交通系统和大型交通企业开展向地震灾区捐赠机械活动，共为四川、甘肃两省捐赠262台设备，有效缓解了灾区一线抢通保通机械设备短缺问题。截至6月10日，全国交通系统累计投入应急运力4.2万辆，运输救灾物资68.5万吨，抢运救灾人员和灾区群众61.5万人，共减免救灾物资运输车辆通行费达5.86亿元，有力地支持了抗震救灾工作快速、有序进行。

公路司广大干部职工克服各种困难，冒着余震，顶着落石，纷纷赶赴抢险救灾一线。副司长徐亚华5月13日第一时间进入灾区，带领四川省交通厅和武警部队抢通队伍，于15日晚打通“西线”（国道317线理县到汶川），开辟了通往震中汶川的第一条“生命线”。副司长李华15日带领甘肃省交通厅抢通救援队，从兰州出发，行程1000多公里，边抢通，边行军，于17日21时打通“北线”（国道213线甘肃境内至茂县）。司长戴东昌5月底至6月中旬在灾区工作14天，在危险的山区行程超过3000公里，冒着余震和落石危险，协调指导公路保通、抢通工作，带领专家对公路灾毁情况进行全面评估。公路司39人中，先后有22人、计26人次、累计213人天在灾区一线工作，其中在灾区工作10天以上的有9人。

2008年7月，交通运输部公路司被交通运输部授予“全国交通运输行业抗震救灾先进集体”称号；10月7日，被中共中央、国务院、中央军委授予“全国抗震救灾英雄集体”荣誉称号。

成都铁路局绵阳车务段

汶川特大地震发生后，成都铁路局绵阳车务段全段职工家属遇难14人、重伤3人、轻伤61人，全段受灾职工家属达80%以上；强震造成全段44个车站不同程度受损，其中22个车站被严重损毁，汉旺等7个站站房全部倒塌，全段生产用房倒塌3.86万平方米，严重损毁、无法维修、需拆除重建的2.22万平方米，受损需加固的4.18万平方米。

地震发生5分钟后，车务段领导班子紧急集合，站在机关院内召开会议，部署抗震救灾工作，成立由车务段主要领导任指挥长的抗震救灾应急指挥部，组建了现场工作组、应急指挥组、后勤工作组，明确了职责、任务。班子成员分别赶赴一线组织指挥抗震救灾工作。冒着余震危险，工作人员从危楼内接通5部应急铁路电话。段长向全德、段党委书记刘存明分别用电话与各站通话，询问灾情，要求全力救助职工、家属，确保行车安全，绝不能因地震发生次生事故；向全段连续下达3道段长命令，要求各级干部坚守工作岗位，加强区间和站内停留车防溜、巡视和危险品管理等工作。与此同时，车务段干部职工果断呼停正在运行的12列旅客列车、21列货物列车，并对旅客列车进行有效的安全防护，通过汽车转移旅客3000多人。东坝等车站职工主动拿出“救命粮”，为800余名滞留深山小站的旅客送去食品、饮料和御寒衣物，保证了旅客有饭吃、有干净水喝、不受冻。江油、绵阳、德阳等火车站及时启动应急预案，安全疏散2000余名候车旅客，做到无一名旅客和职工伤亡。在遭受毁灭性破坏的汉旺车站，干部职工不怕危险，从废墟中安全转移830桶黄磷、2200桶甲酸等危险化学品，防止了次生灾害及事故的发生。

震后第二天，救灾物资开始源源不断地从全国各地汇集到该段管内的各个车站。“我们既是受灾者，更是救灾者，必须保证救灾物资运输。”车务段向全段发出了抢运救灾物资战斗动员令。为了确保快卸快运，每个重点站都有段领导在场负责指挥，协调解决卸车问题。各个货运站特事特办，并加强与地方政府联系，疏通货场，腾出专用货位，确保救灾物资随到、随卸、随走。截至6月10日，全段共抢运救灾物资9037车，及时把救灾物资送到灾区群众手中。

开行伤病员专列和灾区学生异地复学专列，体现了中共中央、国务院对灾区群众的亲切关怀，此项工作责任重大，必须确保万无一失。段党政领导认真研究，制订工作预案，联系地方政府，与相关部门召开协调会，反复研究每道运输程序，做到缜密细致。车务段提前组织人员实地查看转运伤病人员和学生进站站台地形及专用通道，将任务具体细化到每名干部职工，确保在列车停靠的短暂时间内高效有序地做好各项工作。截至6月中旬，车务段共开行伤病员专列12列，其中绵阳6列、德阳5列、江油 1 列，转运伤病员3401人、医务人员1207人、陪同家属2710人。

在全力服务抗震救灾大局的同时，车务段积极开展生产自救。面对严重灾情，在成都铁路局有关部门和单位增援下，全段火速开展被埋压职工家属搜救工作，成功救出被埋压职工家属17名，找到14名遇难人员遗体并妥善掩埋；搭建帐篷846顶，并在铁道部、成都铁路局和地方政府帮助下，搭建板房351间，其中生活用187间、生产用164间；走访慰问2000余名职工家属，对52户房屋倒塌、121户危房职工、500余户加固房职工进行了慰问，发放慰问金80余万元，对88名因灾受困职工子女、223名困难职工进行了救助，发放救助款41万元，受灾职工群众的实际困难得到切实解决。全段1250名党员踊跃交纳“特殊党费”11万余元，职工捐款3.2万元。

2008年10月7日，成都铁路局绵阳车务段被中共中央、国务院、中央军委授予“全国抗震救灾英雄集体”荣誉称号。

水利部黄河水利委员会抗震救灾工程抢险队

汶川特大地震发生后，按照水利部抗震救灾指挥部的统一部署，黄河水利委员会抗震救灾工程抢险队火速集结。抢险队由24个工作组814人组成，其中有5支机动抢险队、1支水质监测队、3个水库除险方案编制组、3个堤坝隐患探测组，共计741人，携带200余台大型设备赴四川参加抗震抢险救灾，主要负责水库、堤防抢险、水质监测、水库应急除险加固方案编制、堤坝隐患探测等抗震救灾抢险和防止次生灾害工作；其余12个工作组73人赴甘肃、陕西支援水利工程抗震抢险救灾，主要负责水利抗震救灾协调指导、震损水库普查、堤坝隐患探测、水库除险加固方案编制、滑坡体处理、淤地坝查险等工作。这是黄委历史上规模最大、人数最多、集结速度最快、救灾投入最多的一次流域外抢险救援行动。

地震后一个月内，奔赴一线的全体抢险队员视时间如生命，奋不顾身，顽强拼搏，保质保量完成了水利部抗震救灾指挥部交给的各项任务：完成9座水库、2条河流的应急除险任务，开挖、填筑、拆除土石方近13万立方米；对19座水库进行隐患探测，完成了上万米的测线；编制完成72座震损水库的应急除险加固方案；完成244个饮用水区的水质监测任务，上报监测数据2517个，保障了四川灾区10个县（市）的饮水安全；对略阳县凤凰山130万立方米滑坡体进行查勘评估；救灾投入达1850万元。

由黄委所属防汛机动抢险队精锐队员和地质、抢险、水文、通信、医疗防疫等专家组成的5支机动抢险队共计576人，携带200余台大型设备，分赴广元、德阳等灾区，全力支援抗震救灾抢险。全体队员冒着疫情、余震、泥石流等危险，克服蚊虫叮咬、酷暑、暴雨、生活艰苦等困难，先后完成灯煌、渔儿沟、新油房、丰产、困牛山、民乐、马尾河、联合、陈家湾等9座水库应急除险和石亭江、绵远河部分河段河道整治任务，防止了溃坝等险情的发生，保障了数十万群众和工矿企业的安全。此外，各机动抢险队还积极帮助当地群众恢复生产、重建家园，积极为灾区群众平整安置点场地、抢护道路、修建桥梁、开展驻地医疗防疫。

水质监测队先后承担了都江堰、彭州、安县、郫县、什邡、崇州、宝兴、汉源、小金、大邑等10个县（市）的水质应急监测任务，行程近万里，完成244个水质点采样，向水利部抗震救灾前线领导小组和四川省抗震救灾指挥部上报水质数据2517个，出色地完成了灾区生活饮用水应急监测任务，为灾区群众喝上干净水、放心水提供了保障。

被派往四川的3个水库除险方案编制组，在暴雨频发、余震不断的恶劣条件下，克服资料匮乏等重重困难，3天内完成全部外业查勘，依靠查勘过程中简单测量得到的数据，出色地完成了梓潼、江油两地42座震损水库应急除险加固方案编制任务，受到水利部现场设计指导专家组的充分肯定和高度评价。分赴甘肃、陕西震区的2个水库除险方案编制组，完成黄江流域30座震损水库的现场查勘和资料分析，提出震损应急除险加固工作指导意见，编制典型高危震损水库应急除险方案设计范本，为地方水利部门进行高危水库应急除险加固设计工作提供了有力的技术指导。

堤坝隐患探测组利用具有国际领先水平的分布式智能堤坝隐患综合探测仪，对四川、甘肃、陕西三省震损水库大坝、堤防隐患进行探测普查，完成19座水库大坝查险及滑坡体探测任务，完成测线92条，累计测线长度11436米，为水库除险方案编制提供了科学依据。

2008年6月，水利部黄河水利委员会抗震救灾工程抢险队被人力资源社会保障部、水利部授予“水利系统抗震救灾英雄集体”称号；7月，被全国总工会授予“抗震救灾重建家园‘工人先锋号’”称号，被水利部授予“全国水利抗震救灾先进集体”称号；10月7日，被中共中央、国务院、中央军委授予“全国抗震救灾英雄集体”荣誉称号。

商务部市场运行调节司

汶川特大地震发生后，商务部迅速成立抗震救灾应急领导小组，下设综合协调组、物资供应组、国际援助接受组、新闻宣传组及资金保障组5个分组。市场运行调节司作为物资供应组牵头司局，主要负责监测灾区市场供需情况，保障生活必需品及应急救灾物资的组织供应工作。

5月12日下午，运行调节司立即启动对灾区及全国市场的动态监测工作。灾情发生后，根据部领导要求，司领导立即对灾区市场调查工作进行了部署，主要通过城乡市场信息服务体系对四川、甘肃、重庆、陕西、云南等地市场供应情况进行了解，并对生活必需品和救援物资的需求情况进行调查。根据调查结果，调控处、茧丝绸处连夜展开了包括蜡烛、手电筒、电池、方便面、饼干、面包在内的多种应急物品的货源组织工作。运行调节司的工作人员连夜对货源生产厂家进行了确认。至12日当晚，商务部已与上海、天津、河南等省（市）商务主管部门紧急联系，落实第一批蜡烛、手电筒、电池、方便面、饼干、面包、火腿肠、瓶装水等应急救灾物资，随时可运往地震灾区。

为完成好抗震救灾任务，运行调节司王北鹰、徐息和、朱小良、王斌、张豫军、陈平、黄旭锋、丁书旺等8名党员先后赶赴灾区考察当地市场供应情况，运送救灾物资。黄旭锋不顾个人安危前往余震频繁的受灾地区运送帐篷，没有住处，当晚夜宿街头，没有任何怨言。留守在北京的工作人员也为抗震救灾工作贡献着自己的力量。司领导王北鹰带病坚持在物资调运第一线，副巡视员王斌在5月15日晚前往北京大红门货运站指导小包装奶的安全启运。曲英、孟英、刘虎成等克服家庭种种困难，义无反顾为物资保障工作加班加点。为更加及时准确地了解灾区市场价格及供应情况，统筹非灾区物资组织及调运工作，调节司平均每天向全国拨打200多次电话。

抗震救灾期间，运行调节司共向受灾地区组织调运了饮用水5592万瓶、方便面348万桶、饼干308吨、液态奶400吨、火腿肠60吨、奶粉47吨、铁锹1万把、镐7260把、撬棍5659把、千斤顶1000个、葫芦吊75个、油桶1万个、手套100万双、口罩100万只、马灯21万支、手电筒21.1万只、电池64万节、蜡烛320万支、帐篷41912顶，向灾区投放中央储备肉8708吨，调运蔬菜11956.7吨。

2008年10月7日，商务部市场运行调节司被中共中央、国务院、中央军委授予“全国抗震救灾英雄集体”荣誉称号。

中国国家话剧院《坚守》剧组

汶川特大地震发生后，很多文艺工作者希望利用文艺形式反映伟大的抗震救灾斗争，塑造生动感人的艺术形象，发挥文艺的宣传教育作用。5月25日晨，中国国家话剧院副院长、导演王晓鹰便带领火速组建的剧院主创班子——青年导演王剑男，演员侯岩松、杨静，舞台设计严文龙等，乘首班飞机赶赴四川地震灾区一线。剧组一行冒着频繁发生的余震，赶往都江堰市的聚源中学、向峨乡、虹口乡等受灾严重地区深入生活、积累创作素材。导演与成都的编剧王爱飞、谢莉只用了两天时间就完成剧本的初步修改，严文龙连夜确定了舞台美术设计方案，回到北京后在国家话剧院用最快时间启动制景，而导演和主要演员则在成都与成都话剧院的同行们一起从28日开始排练。全剧组高负荷运转，一边加工剧本，一边进行角色创作和舞台艺术处理，每天从上午一直工作到午夜甚至凌晨。

由中国国家话剧院、成都艺术剧院联合出品，四川省委宣传部、成都市委宣传部、中国戏剧家协会、中国国家话剧院、成都市文化局联合主办的话剧《坚守》，是全国第一部表现汶川特大地震抗震救灾题材的文艺作品。在真人真事的基础上，以丰富的手段再现了地震带来的巨大灾难，刻画了基层干部和受灾群众的动人形象，颂扬了人们坚守职责、坚守良知、坚守信念、坚守生命的崇高品质。“在坚守中磨炼、在坚守中成长”这句“导演的话”，成了此次创作的主题语。

侯岩松饰演男主角林道根，剧中有他大量的独白和形体动作。在排练中，他的腰伤和膝伤时时发作，但他一直咬牙挺住，最终由于体力不支晕倒在排练场里；清醒后，他又坚持上台继续排练。青年演员杨静饰演一位乡村女教师，投入了大量的情感在角色的创作中，在排练的短短十几天里多次哭成泪人。有些段落，导演为了戏剧效果，提醒她不要总是流泪，她却抑制不住。事后她说，她的泪是为了这片土地。

成都市话剧团的演员们在工作中也是夜以继日，许多演员已经内退，但在接到通知后第一时间加入剧组。许多老演员抱病工作，甚至有人是带着针管到排练场，在排练间歇自己给自己注射。

从在成都的第一天排练，到在北京海淀剧院的第一次彩排，只有短短17天时间。中国国家话剧院的舞台美术队伍在周涛、孙亚男的带领下，仅用8天时间就制作出了以旋转废墟为主体形象的大型舞台布景。6月15日晚，《坚守》在海淀剧院进行首场演出，演出中观众不断报以热烈的掌声。许多观众表示，“感动”“震撼”，“这个戏不仅仅是在做宣传，更重要的是用艺术创作来给更多的人一次深刻的心灵震撼”。

6月以后，《坚守》剧组先后在北京、天津、重庆、贵阳、昆明、南宁、柳州、长沙、武汉、西安、郑州、合肥、上海、杭州等地演出，总计演出85场。

2008年10月7日，中国国家话剧院《坚守》剧组被中共中央、国务院、中央军委授予“全国抗震救灾英雄集体”荣誉称号。

中国疾病预防控制中心

汶川特大地震发生后，中国疾病预防控制中心紧急动员，研究部署各项应对准备工作，立刻组建了赴灾区的防疫应急队，当天就向卫生部请战。中国疾控中心各直属单位、各部门密切合作，快速反应，在短时间内迅速完成前两批应急队伍集结、装备及后勤保障工作。

紧急状态下，中国疾控中心应急队队员义无反顾地投入到抗震救灾前线，克服难以想象的困难，在极其艰苦的条件下开展了卓有成效的工作。疾控中心正在阿坝藏族羌族自治州挂职政府副秘书长的李黎，地震发生后不到两小时就迅速组成医疗防疫队，置生死于度外，在山垮路塌、余震频发的情况下，徒步48小时近100公里进入震中汶川灾区。

中国疾控中心应急队充分发挥自身技术和人才优势，结合灾区实际为北川城区是否采用飞机进行大面积喷洒消毒处理、灾区人群应急疫苗接种等多项重大决策提供了有力的技术支撑；应急研制了手机应急报告系统替代损毁的系统，在震后第十天开始恢复疫情报告，这种在灾区应急开展症状监测，在国际上也是一次新的尝试，受到国内外同行的高度称赞。疾控中心应急队积极实施现场卫生学评价和传染病控制，启动"百万防疫宣传资料送灾区行动"，编印传单、海报、折页、手册等抗震救灾防病大众宣传材料670万份，指导开展了地震灾区强化免疫和专病防控等技术工作，创造条件在重灾地区建立起多个"帐篷实验室"，为灾区防病工作提供实验室技术保障。疾控中心应急队与有关单位联合组织为灾区26个受灾县（市）疾控中心公共卫生检测实验室捐赠价值约249万元的仪器设备及耗材；疾控中心职工为灾区捐献40余万元，1187名党员交纳"特殊党费"60余万元。

中国疾控中心党组织注重积极发挥作用，在抗震救灾防病应急阶段，疾控中心共有70名队员在一线积极要求加入中国共产党，经中心党委批准发展了26名党员。

5月14日至10月29日，中国疾控中心向14个重灾县派出19批610人次的应急队伍，其中党员、高级职称、研究生学历人员均超过一半，投入经费946万元、车辆6台，采购救援物资45454件。

抗震救灾期间，中国疾控中心的抗震救灾队伍是四川省外最先抵达灾区的卫生防疫队之一，人员数量最多，高级专家比例最高，在卫生应急救援队伍中坚守时间最长，疾控队伍在灾区分布最广。

2008年6月，中国疾病预防控制中心被人力资源社会保障部、卫生部授予"卫生系统抗震救灾英雄集体"称号；7月，被全国总工会授予"抗震救灾重建家园'工人先锋号'"称号；10月7日，被中共中央、国务院、中央军委授予"全国抗震救灾英雄集体"荣誉称号。

国务院国有资产监督管理委员会业绩考核局

汶川特大地震发生后，国资委明确业绩考核局承担中央企业抗震救灾综合协调工作。业绩考核局按照国资委领导的指示，立即启动应急预案，迅速投入抗震救灾工作。从5月12日16时开始，业绩考核局领导、各处负责人和安全生产处全体人员按职责分工，迅速实施应急响应。业绩考核局实行24小时轮流值守制度，每天由局领导带班，随时了解、掌握中央企业受灾和救灾动态，到6月9日，参加夜间值班和周末值班的达120多人次。

为保证各级抗震救灾指挥机构准确掌握中央企业受灾情况和支援抗震救灾工作，及时做出正确的决策，业绩考核局加强中央企业抗震救灾信息的报送和汇总工作，及时收集中央企业抗震救灾信息，统计中央企业职工及家属的伤亡情况，编制抗震救灾简报。截至6月12日，共编制抗震救灾简报74期，报国务院抗震救灾总指挥部紧急专报11个，为各级抗震救灾指挥机构提供了重要决策依据。

为组织力量对重点受灾企业进行救援，业绩考核局积极组织协调中央企业及有关部门支援抢险救灾工作。紧急协调中央企业派出救援人员和设备驰援东汽，呼吁抗震救灾总指挥部和军队救援中国化工清平磷矿矿工及中国华电太平驿电站员工，协调落实了东方电气集团、中冶集团、兵器装备集团、中国水电受灾职工临时安置房问题，汇报并督促解决渔子溪水电站大坝漏水险情，协调解决灾区安置房急需彩涂板、聚苯乙烯的生产供应、灾区受损厂房鉴定等难题。

在全力做好中央企业抗震救灾工作的同时，业绩考核局还千方百计挖掘资源，支持全社会的抗震救灾工作，动员20户中央企业的下属单位，紧急调集936台（套）工程设备，按照国务院抗震救灾总指挥部的调遣，组织轻工、建材、医药、食品等行业的中央企业，加班加点做好物资保障，组织有关专家和技术队伍，为抗震救灾提供信息支持和技术援助，协调解决了国家地震灾害紧急救援队人员休整事宜。

国资委在调查研究的基础上，全面梳理中央企业生产恢复过程中面临的困难，就财政资金支持、国有资本预算安排、税收政策、信贷政策、基础设施重建、原材料供应、职工安置等问题向国务院提出建议。

2008年10月7日，国务院国有资产监督管理委员会业绩考核局被中共中央、国务院、中央军委授予“全国抗震救灾英雄集体”荣誉称号。

国家质量监督检验检疫总局特种设备安全监察局

汶川特大地震发生后，质检总局特种设备安全监察局接到灾区一个又一个告急信息：都江堰灵岩寺索道受损，13名台湾游客被困高空轿厢；什邡市一台100立方米液氨储罐泄漏；四川省广播电视塔的工作电梯严重受损……

灾情就是命令，质检总局紧急发出《关于做好抗震、抢险、救灾工作的紧急通知》，要求灾区质量技术监督部门立即开展特种设备安全检查，停止使用电梯和客运索道。5月13日，由特种设备安全监察局副局长武津生带领的工作组紧急赶赴灾区，与四川省质量技术监督系统的工作人员一起，克服道路不通、通信中断、余震频发、食品和饮用水严重缺乏等各种危险和困难，先后深入成都、德阳、绵阳等市（州）的极重灾区，掌握了整个灾区特种设备受损的第一手情况：成都、德阳、绵阳、广安、雅安、阿坝6个市（州）地震灾区，受损的特种设备高达20918台，占总数的42.7%。

按照常规，质检部门只负责排查和检测特种设备受损和安全情况，提出整改要求，设备修复由企业自行负责。但是，面对危机四伏、满目疮痍的地震灾区，面对急需帮助的灾区群众，质检总局5月21日决定，在大灾面前要打破常规，勇挑重担，7天内完成对灾区所有受损特种设备的检验和修复。

7个昼夜168个小时要检验修复20918台设备，困难可想而知。特种设备安全监察局在2小时内制订了抢修会战方案，3小时后向17个省（市）质量技术监督局发出了赶赴四川的指令，10小时后由特种设备安全监察局副局长宋继红率领的第二支工作组抵达四川地震灾区，16小时后第一支援川的抢修工作队抵达，30小时后17支2882人的援川抢修队在成都集结完毕，奔赴灾区。

7个昼夜，抢修队员们每天的工作强度是平常的10多倍。饿了，吃口自带的干粮；渴了，喝口自带的瓶装水；累了，只能席地而卧。抢修队员每天工作12～18小时，平均睡眠不足5小时。

特种设备安全监察局黄华强家中有父亲和岳母两位癌症病人，在大会战最紧迫的7天里，他义无反顾地奋战在四川抗震救灾大会战的一线。大连质量技术监督局的钟金城家乡就在绵阳，在参加此次特种设备紧急检验抢修过程中，他自始至终也没能回去看父母一眼。他说："我是来救灾的，不是来探亲的。在这里，我和父母已经很近了，我可以感受到他们，我的心和他们一起在同灾害做斗争。"5月25日发生强余震，正在德阳市电梯井内抢修的江苏省特种设备安全监督检验研究院徐蓉、孙浩波，在十分危险的情况下，果断打开电梯门，将成都电梯公司抢修人员安宇推出井道，把安全让给别人，将危险留给自己。

2008年10月7日，国家质量监督检验检疫总局特种设备安全监察局被中共中央、国务院、中央军委授予"全国抗震救灾英雄集体"荣誉称号。

中国地震局国家地震灾害紧急救援队

汶川特大地震发生后两小时，中国地震局国家地震灾害紧急救援队按照中共中央、国务院的指示，全队人员和装备物资迅速集结出征，于5月12日22时40分抵达成都太平寺机场，开始了历时15天、216小时、连续作业超过120小时的生死救援。

面对无情的灾难，救援队在国务院抗震救灾总指挥部和国务院总理温家宝的指挥下执行救援任务。在都江堰市新建小学救援现场，温家宝对救援队做出"你们这支专业化救援队伍在这场严峻的抗震救灾斗争中一定要发挥专业化队伍的重要作用，发扬不怕困难的精神，科学施救，能多救几个就尽量多救几个""你们干得很出色，感谢你们，一定要将孩子安全地救出来"的重要指示。按照温家宝的指示精神，救援队始终把战胜灾难的坚强意志与科学救援理念结合起来，坚持安全和医疗贯穿救援全过程。在东汽，救援队面对的几乎是一个"救援绝境"，楼板层层叠压相互交错，三面危楼摇摇欲坠，正对着一条大水沟，一旦出现紧急情况，没有任何退路。救援队采用科学设计搜救路线、人机结合、建立防护通道等方法分步实施，充分利用吊车建立"A"字形稳定支撑，利用钢管建立安全防护通道，两次强余震中，幸存者和救援队员均未受到二次伤害。经过5个多小时的紧张救援，东汽6位重要专家脱险。在营救肢体被压埋的幸存者时，救援队员先对肢体进行止血处理，有效地预防了挤压综合征导致的严重后果。心理安抚工作也在营救期间不间断开展，对于一些被压埋时间较长或体质虚弱的幸存者，救援队员及时进行医疗干预，为成功营救提供了重要保障。

在空降映秀救援的日子里，队员们携带了救援装备、医疗器材、搜救犬和充足的犬粮，带得最少的是自己的食物，即便这样，他们仍然把自带的水和干粮送给有需要的群众，宁愿自己勒紧裤腰带。在地震救援的黄金72小时后，救援队面临的环境越来越恶劣，有7名队员出现大面积皮疹，但救援队仍坚持只要有一线希望就付出百倍努力，又救出10位幸存者，其中包括在被称作"震后死城"的北川救出被压埋长达164小时的李明翠老人。

随着幸存者生命体征变弱，搜索难度加大，救援队充分发挥搜救犬和营救技术优势，协助其他救灾队伍搜索确认10名幸存者被埋压位置，营救出13名被压埋超过80小时的幸存者。救援队的出色表现得到中共中央、国务院与灾区各级政府的充分肯定和灾区群众的高度赞扬。被救女教师董晓红的哥哥从电视上得知妹妹获救的消息后，不顾山体滑坡和泥石流的危险，翻山越岭，历时6个小时赶到救援队营地，长跪在队员们面前热泪盈眶地说："感谢共产党，感谢救援队。有共产党就有饭吃，有你们就有命啊！"

在地震灾区的15天里，救援队马不停蹄地转战在都江堰市区、汉旺镇、映秀镇、北川县城4个城镇的48个作业点，营救出幸存者49人，清理遇难者遗体1080具，协助指导其他救援队营救幸存者12人，帮助其他救援队伍搜索定位36人，帮助武警四川省总队挖出枪支76支、匕首35把。

2008年6月，中国地震局国家地震灾害紧急救援队被人力资源社会保障部、地震局授予"地震系统抗震救灾英雄集体"称号；7月，被全国总工会授予"抗震救灾重建家园'工人先锋号'"称号；10月7日，被中共中央、国务院、中央军委授予"全国抗震救灾英雄集体"荣誉称号。

中国人寿保险股份有限公司什邡市支公司

汶川特大地震发生后，中国人寿保险股份有限公司什邡市支公司迅速成立了抗震救灾指挥部，于5月12日20时紧急召开会议，安排部署抗震救灾工作。公司决定由公司副经理刘来理任队长，成立由12名公司员工、营销伙伴、党员干部组成的抗震抢险突击队，挺进重灾乡镇抢险救灾；组织志愿者服务队，担负什邡体育场灾区群众安置点的服务管理工作；设立快速理赔服务通道，特事特办，为受灾遇难客户及时进行现场赔付。

5月13日晨，12名突击队员踏上前往洛水、红白、龙居、湔氐、蓥华、八角等灾区的险恶征程。公司个人保险部经理张兴旺、团体保险部副经理丁显志挺进的目标是距什邡市区47公里、最远的山区乡镇红白镇。他们忍着悲痛，立即抢救受伤群众，搬运遇难者遗体，登记伤亡人数……由于两人没有水和食物，紧张工作5个小时以后，已经没有一丝力气，只能相互搀扶着。公司副经理、抗震抢险突击队队长刘来理，连续6天带领勇士们艰苦奋战在重灾区一线，一直坚持干搬运砖头瓦砾、转运遇难者遗体等最苦、最累、最有传染风险的工作，并现场登记伤亡人数，现场拍摄图片资料，为什邡市政府抗震救灾指挥部做出正确决策提供了大量有价值的材料，为公司日后理赔工作搜集提供了第一手资料。

5月13日上午，公司主动向什邡市抗震救灾指挥部请缨，承担了具体负责体育场灾区群众安置点服务管理的工作任务。随即公司组织由综合管理部、团体保险中介部和个人保险收展部的30余名内勤及业务伙伴组成的志愿者服务队，奔赴安置点开展工作。同日，安置在体育场的重灾区群众有300余人，到14日已达近600人。面对几百人的一日三餐、救灾物资发放、卫生防疫等复杂局面，公司报经什邡市委组织部批准，迅速把受灾群众中的党员召集在一起，成立了安置点临时党支部。衣袖上戴着"党员服务队"红袖套的志愿者服务队队员在安置点忙里忙外，把党和政府的温暖送给受灾群众。

在安置期前5天，公司指派吴丹、吴昌怀、周红等10多名志愿者，每天凌晨4时就起床为灾区群众熬稀饭，准备可口小菜，确保灾区群众一日三餐吃得饱。5月15日，志愿者搭起了供自己办公的第一个帐篷，醒目地贴上红十字标志，建起临时医疗点，尤其注重做好安置点食品卫生和环境卫生工作。

地震发生后，什邡市死伤人员中有许多是中小学生，做好理赔工作非常重要。在人手紧、工作量大的情况下，公司遵照特事特办的理赔原则，从5月13日开始，在重灾地区设立了22个现场理赔点，理赔组人员每天冒着余震和塌方的危险，背着数十万元现金，一路颠簸前往灾区，遇到车不能去的地方，大家就提着现金徒步前行，克服困难上门赔付。

抗震救灾期间，公司按照“特事特办”的原则，为灾区群众受理理赔事宜。湔氐镇一名男子到公司为遇难孩子办理理赔，但没有任何证明材料。4名与他同村的客户表示愿意签字留影为他作证，公司迅速为这名男子办理了现金赔付。洛水镇洛城小学六年级学生张人川不幸遇难，可很多天过去了却一直没人领取理赔金。得知遇难学生的父亲是八角镇派出所所长张贤德，从地震发生后一直坚守在八角镇抗震救灾前线，没有回洛水家乡去抢救儿子，更没考虑理赔的事情，公司理赔人员一路艰辛找到张贤德，将理赔款送到他手中。什邡市红白林业站站长卫永强在地震中不幸遇难，他生前在什邡公司投保了10万元“国寿鸿丰两全保险”，赔付金额达到31万余元，但受益人吴某在成都的女儿家中，公司派人一早驱车去成都将吴某接到公司接受赔付；赔付完毕，再用车将其送回成都。

红白保险所业务员鄢学兰在地震中脑颅骨折，被转移到成都军区总医院做了开颅手术。鄢学兰千方百计说服院方破例让她提前出院，第二天就头缠纱布绷带、戴着帽子回到红白镇去寻找客户。她说：“红白镇的情况我最熟，我必须回去办理才放心。”南泉镇保险服务所业务员杨琴，核实到一位客户的孩子在红白幼儿园遇难，便天天寻找这位不幸的母亲，终于在第六天打听到了她的下落。

2008年7月，中国人寿保险股份有限公司什邡市支公司被全国总工会授予“抗震救灾重建家园‘工人先锋号’”称号；10月7日，被中共中央、国务院、中央军委授予“全国抗震救灾英雄集体”荣誉称号。

国家电力监管委员会四川抗震救灾保电工作指挥部

汶川特大地震发生后，电监会主席王旭东立即召开紧急会议，启动电力应急机制，要求有关电力监管机构和电力企业迅速进入应急状态；同时，委派副主席史玉波带领工作组于5月12日连夜赶赴四川，传达中共中央、国务院对电力抗震救灾工作的指示，指导四川电网抢修和恢复工作。

为了加强组织领导和协调工作，按照电监会党组和王旭东的要求，在四川省成立了电监会四川抗震救灾保电工作指挥部，史玉波任指挥长；同时成立临时党支部，史玉波担任临时党支部书记。抗震救灾期间，王旭东亦赶赴四川抗震救灾一线，指导抗震救灾工作。

地震造成岷江流域和嘉陵江流域的72座水电站大坝多处出现险情，直接威胁着成都平原和岷江下游流域数千万人民的生命财产安全，险情十万火急。作为国务院抗震救灾总指挥部水利组成员单位，保电工作指挥部勇挑重担，承担起受灾水电站大坝排险任务。保电工作指挥部坚持“安全、科学、快速”的排险原则，与电监会大坝安全监察中心的专家多次在天气条件不利情况下，紧急完成岷江流域上游10座水电站大坝的空中航拍观察；全天候跟踪岷江上游星罗棋布的水电站大坝，实施24小时监控。保电工作指挥部成员还多次搭乘邱光华机组及所属部队的直升机参加排险工作，并多次遭遇飞机被迫返航等危险情况。至5月31日，通过保电工作指挥部的组织、协调和督促，成功完成了对72座水电站大坝的逐一排查以及对有重大险情水电站大坝的排险任务，及时、有效地避免了次生灾害的发生，排除震后大坝溃坝隐患，确保了成都平原和人民群众的安全。

保电工作指挥部与灾区电力部门夜以继日组织指挥，受灾严重的5个市（州）24个县（市、区）中，除北川县城拟规划重建外，国家电网供电县（市、区）于6月1日全部恢复供电；586个乡（镇）中，仅青川县2个乡因堰塞湖原因未恢复供电，其余乡镇于28日全部恢复供电。

强震造成灾区重要用户供电全停，如果不及时恢复供电，灾区将面临重大险情。此时，在东汽，地震造成厂房倒塌、员工被埋，同样急需救援应急电源；当地供水设备也因为无电停运，居民生活面临困难。关键时刻，保电工作指挥部紧急协调四川电网公司，落实紧急抢险方案，及时调集1075千瓦发电车和柴油发电机支援东汽等重要用户，调集312台柴油发电机解决当地供水设备运转问题。

为解决新建灾区群众集居点供电问题，保电工作指挥部借社会之力，率先在抗震救灾中开展对口支援，成功从社会上募集到3000万元捐赠物资，帮助受灾严重的平武、青川两县解决灾区群众集居点供电，支援50多个电力企业和9个县的电力设施恢复重建，保障了生活用电、救援用电以及电力恢复重建工作。

2008年10月7日，国家电力监管委员会四川抗震救灾保电工作指挥部被中共中央、国务院、中央军委授予“全国抗震救灾英雄集体”荣誉称号；11月，被电监会授予“电监会系统抗震救灾保电工作先进集体”称号。

中国残疾人联合会康复部

汶川特大地震致使37万多人受伤，许多人因脊柱脊髓损伤、骨关节损伤、颅脑损伤和心理创伤等原因致残。中共中央、国务院领导高度重视地震伤残人员的康复工作，多次做出指示，强调要最大限度地提高康复治疗效果、努力减轻残疾程度，尽最大努力降低因震致残率。康复工作成为地震伤残人员救治工作的一项紧迫而重要的内容。在中国残联党组、理事会领导下，中国残联康复部带领全国各级残联康复工作者承担起震后伤员康复工作的重任。

地震发生后，中国残联康复部及时与卫生部、民政部等有关部门密切合作，共同召开工作协调会议和电视电话会议，部署工作，联合下发《地震伤员康复指导规范》《关于做好四川汶川地震转送伤员医疗救治和康复工作的通知》等6个文件，指导各地开展康复工作。

根据抗震救灾需要和卫生部统一安排，5月21—29日，中国残联组派了新中国成立以来第一支国家级康复医疗队，深入四川灾区为广大地震伤员提供康复服务。医疗队共诊治伤员1214人，建立康复病历253份，培训医护人员及家属2133人次，配发辅助器具1899件，捐赠医疗用品价值14万元，捐赠物资42箱。在部分地震灾区伤员转至20个省（市）接受治疗后，中国残联康复部协调各级残联为各地接收的地震伤员提供了及时有效的专业化康复服务。据统计，四川省及20个接收伤员省（市）共为6186名地震伤员开展康复训练，为2315人装配假肢、矫形器，配发辅助器具8625件。

为使地震截肢者尽早安装假肢，中国残联康复部及时协调中国残疾人辅助器具中心，为残疾伤员配发辅助器具和安装假肢等，多次组织国内专家赴灾区对截肢者进行评估，提供技术指导；积极协调李嘉诚基金会，为因震缺肢者免费安装假肢，并为有需要者发放轮椅；为残疾伤员装配假肢510例、矫形器599例，配发轮椅1504辆。

中国残联康复部帮助四川省做好恢复康复服务体系重建工作，积极争取社会资源和国内外合作项目，初步形成以四川省八一康复中心为龙头，市、县级康复服务中心为骨干，社区为基础的残疾人康复服务网络。此外，中国残联康复部还采取多种形式开展了大量的人才培养工作。为普及康复医疗专业技术知识，中国残联康复部组织专家编写了一套11本的地震伤残康复知识系列丛书，并紧急印制7万余册发往灾区，受益人数达10万余人；在灾区，共举办培训班12期，培训570余人次；与四川大学等高校共同开展康复人才培养合作项目，建立了4个康复人才培养基地，为四川省培养和输送康复医疗和康复管理专业技术人员。

2008年10月7日，中国残疾人联合会康复部被中共中央、国务院、中央军委授予“全国抗震救灾英雄集体”荣誉称号。

中国红十字会总会赈济救护部

汶川特大地震发生后，中国红十字会总会赈济救护部人员不畏艰难，恪尽职守，舍小家顾大家，有力、有序、有效地开展了人道救助工作。中国红十字会在四川灾区设立驻四川抗震救灾前方指挥部，总会赈济救护部副部长张淑爱和总会应急工作办公室主任、赈济救护部副部长王平，先后到前方指挥部指导当地各级红十字会开展救灾和灾后重建工作，及时组织协调了6支医疗救援队和2支心理救援队的派出工作。抗震救灾初期，面对中国红十字会总会与四川省红十字会联络不通、信息不畅的情况，赈灾救护部及时向总会提出建议，抽调总会及地方分会的骨干力量，向四川灾区派出工作组，通畅红十字会救灾物资的发放渠道，也极大增强了四川省红十字会的应对能力。为引进国际先进的救灾技术、装备和理念，增强抗震救灾能力，总会赈济救护部及时提出建议，引入国际紧急反应组织应急队。通过各方努力，国外医疗救援力量包括来自德国、俄罗斯、日本、意大利的医疗队陆续抵达灾区，这也是中国第一次如此大规模地引进国外医疗队伍参与灾后救援工作，其中设立在极重灾区都江堰市的德国红十字会支持的120张床位的野战医院，为7.2万人次受灾群众提供了医疗救治服务。此外，赈灾救护部还引进了紧急供水、公共卫生、基础营地等紧急反应组织应急队，为灾区群众提供了洁净安全的饮用水、便捷卫生的临时厕所，在灾区开展了卫生防疫工作。

中国红十字会总会赈济救护部全体人员全面落实关于灾后恢复重建的方针政策，坚持科学规划、分步实施、尊重规律，贯彻统筹兼顾、分类指导，立足当前、着眼长远的原则，一切从实际出发，争取最大效益和最好效果，将住房、乡镇卫生院和学校的永久性建筑作为重建的重点，到一个个县、乡、村、实地勘察现场，逐一调研，落实合同。截至10月底，中国红十字会已分别与四川省、甘肃省、陕西省签订了援助灾后重建项目备忘录或协议书；援助四川、甘肃、陕西三省灾后恢复重建项目资金18.9亿元，还援建39467户民房、329所学校、344所卫生院、831个卫生站、97个村民活动室、1个集镇饮水工程和1个备灾仓库。其中，援助四川省资金11.8亿元，还在成都、绵阳、德阳、阿坝、雅安、广元等市（州）援建16417户民房、196所学校、190所卫生院、631个卫生站、30个村民活动室，总金额达25亿元；援助甘肃省资金3.1亿元，还在陇南、甘南、天水等市（州）援建9806户民房、65所学校、79所卫生院、68个卫生站、66个村民活动室、1个备灾中心，总金额达5.63亿元；援助陕西省资金4亿元，还在汉中、安康、宝鸡三市援建13244户民房、68所学校、75所卫生院、132个卫生站、1个村民活动室、1个集镇饮水工程。总会赈济救护部积极推进后续援建项目的申报和审核工作，并对已确定项目进行进度跟踪和质量监督。

2008年10月7日，中国红十字会总会赈济救护部被中共中央、国务院、中央军委授予“全国抗震救灾英雄集体”荣誉称号。

中国银行四川省分行

汶川特大地震使中国银行四川省分行辖内15个市（州）分行均不同程度受到影响，460个机构中有237个受灾，其中35个机构受损严重。尤其是辖属都江堰支行、绵竹支行遭到重创，办公大楼垮塌。什邡支行、安县支行、江油支行以及省分行培训中心受损严重；地震造成都江堰、绵竹两支行35名员工以及13名客户被埋压。

为战胜这场重大自然灾害，四川省分行利用全辖网点实时监控系统，迅速准确锁定受灾部位；党委全体成员靠前指挥，分别赶赴重灾现场，成立救灾指挥部；基层班子立即组织展开现场自救；协调武警、消防等专业施救人员及大型施工设备赶赴现场施救。中国银行总行抗震救灾领导小组也做出部署，统一组织协调全行各方面力量投入抗震救灾。

参与灾区现场抢救的领导和员工，冒着恶劣环境和生命危险，夜以继日进行现场抢救，最终绵竹支行重灾现场用了100个小时、都江堰支行重灾现场用了140小时，全面完成现场抢救工作，成功救出被压埋客户6人、员工15人，抢救成功率达到42%。中央军委领导对绵竹支行及时组织抢救，给予了高度评价。《金融时报》《德阳日报》《中行职工报》分别突出宣传报道了绵竹支行抗震救灾的典型事迹。

四川省分行积极履行支持全省抗震救灾、社会稳定的责任，最大限度满足全省震后应急金融需求。地震当天，除都江堰支行、绵竹支行外，各级机构员工均冒着余震危险，安全结束当日营业；地震次日，全省下辖71%的机构对外照常营业，夜间网点全部打亮灯光；震后第三天，全省下辖460个营业性机构中已有427家机构对外正常营业，自动柜员机开机率达到94%，开办业务品种、业务交易量都恢复到震前水平。在受灾最严重的都江堰、绵竹两地，所在支行克服重重困难，5月16日、19日第一家设施齐备、功能齐全的“帐篷银行”“流动银行”分别开门营业。

四川省分行还启动了“赈灾捐款汇款绿色通道”和“海外捐款绿色通道”，有8家分支行开立22个抗震救灾捐款账户，先后免费汇划本外币折合人民币22亿元，及时有效地保障参加抗震救灾部队、单位的需求；积极开通抗震救灾“绿色授信通道”，向重点企业发放本外币公司贷款84.87亿元，重点支持了东电集团、攀钢集团、拉法基水泥、二滩公司、国电大渡河公司、川航、四川高速公路等抗震救灾重点客户。

在抗震自救的同时，四川省分行从中国银行捐赠的援助资金中，定向支援成都、德阳、绵阳、阿坝、广元、雅安等市（州）政府的抗震救灾。在四川省分行党委举行的“抗震救灾、众志成城、重建家园”向地震灾区捐款爱心活动中，全行员工积极响应，短短两天内踊跃捐款140余万元，党员交纳“特殊党费”59万余元，捐物1.6万多件。抗震救灾期间，四川省分行及时为东电公司、攀钢集团、四川电力公司等11户重点企业捐款145万元，为受灾较重的东汽捐赠价值数百万元的救灾物资，企业客户深受感动。为支持同样受灾的兄弟分行，省分行党委决定用全行员工的爱心捐款，向中国银行重庆分行、陕西分行、甘肃分行等受灾分行共捐款110万元，向受灾的四川银监局捐款24万元。

2008年6月，中国银行四川省分行被银监会授予“全国银行业系统抗震救灾先进集体”称号；7月，被全国总工会授予“抗震救灾重建家园‘工人先锋号’”称号；10月7日，被中共中央、国务院、中央军委授予“全国抗震救灾英雄集体”荣誉称号；10月，被四川省委、省政府授予“四川省抗震救灾先进集体”称号。

中国民用航空局西南地区空中交通管理局

中国民航局西南地区空中交通管理局担负着西南地区民航空域内所有航班的指挥任务。地震发生时，正是成都空域飞行的繁忙时刻。机场内的最高建筑、相当于22层楼高的塔台突然剧烈晃动，监视器从屋顶猛砸下来。危急时刻，所有管制员一手抓住指挥台，一手紧握话筒，指挥即将落地的飞机迅速复飞、旅客从候机楼往外撤。局领导冒着塔毁人亡的危险以最快的速度往上冲，带领大家坚守岗位，直到空中飞机全部安全疏散。

地震后通信中断，地面交通受阻，中央要求必须确保天路畅通。民航西南空管局克服设备严重损坏等重重困难，保证了中央领导同志专机和大量救援飞机迅速进入灾区。震后10分钟，设备保障人员抢出应急设备，架起临时电台。震后2小时，开始执行国务院总理温家宝专机的保障任务。震后7小时，对空指挥能力全面恢复，大量救灾飞机开始繁忙起降。

因震灾严重，抢运救灾人员、物资、伤员以及积压旅客任务繁重，保障专机飞行、航班飞行、救灾飞行的任务急剧上升，流量超大，机群复杂，任务多变。民航西南空管局精心组织，科学指挥，紧密协调，指挥飞机大联动，成都机场创下日起降527架次的纪录，远远超过地震前的工作量。抗震救灾期间，共保障运输飞行航班8235架次、救灾飞行2808架次，运送救灾物资3.51万吨、出港旅客45.2万人次、部队官兵近5万人，转运伤员3495人。地震中，民航西南空管局多名职工家属遇难或家里房屋垮塌，但没有一个人离开自己的岗位。民航西南空管局干部职工还向灾区捐款185万元。

民航西南空管局所发挥的关键作用及其优异表现，得到当地政府、救灾部队官兵和媒体的高度赞扬。6月3日，国务院副总理张德江考察西南民航空管局时指出：实践证明，民航系统是能经受住考验的，民航队伍是一支能打硬仗、靠得住的队伍。

2008年5月，中国民用航空局西南地区空中交通管理局被人力资源社会保障部、交通运输部授予“交通运输系统抗震救灾英雄集体”称号；7月，被民航局授予“全国民航抗震救灾先进集体”称号；10月7日，被中共中央、国务院、中央军委授予“全国抗震救灾英雄集体”荣誉称号。

中国货运邮政航空有限责任公司

汶川特大地震发生后，中国货运邮政航空有限责任公司领导立即召开紧急会议布置救灾工作，全面启动抢险救灾应急预案。

5月13日8时30分，总经理关荣顺接到上级运输抗震救灾物资的紧急通知，及时向中国邮政集团公司党组书记兼总经理刘安东汇报。刘安东要求邮政航积极调配运力，在确保安全的情况下，随时为抗震救灾提供可靠的运力保障。10时30分，邮政航收到中国红十字会要求紧急运输6个救生箱的任务；11时10分收到中国联通紧急运送14吨卫星通信设备的任务。救灾运输任务接踵而至，邮政航立即成立以副总经理杨建国为总指挥的领导小组，迅速召开临时会议部署工作。杨建国坐镇北京首都机场，现场指挥紧急运输工作。

5月13日14时43分，邮政航第一架救灾航班8Y9049号满载着10余吨救灾物资从上海浦东机场起飞，将上海市支援四川地震灾区的药品、食品、照明物品等救灾物资紧急运往灾区。20时5分，邮政航8Y9011航班从北京首都机场起飞，装载有卫星通信、救生舱及中国邮政集团公司支援灾区的帐篷共计14.5吨。20时57分，邮政航8Y9040航班从南京禄口机场起飞，机上装载有南京市政府、中国邮政集团公司支援灾区的13.7吨抗震救灾物资。14日4时4分，邮政航8Y9001航班从天津滨海机场起飞，装载有中国邮政集团公司支援灾区的8吨帐篷。

作为震后第一个到达成都双流机场的民航救灾货运航班，邮政航运送去了灾区急需的通信设备、救生应急设备以及帐篷、食品等救灾物资。5月14日晚，邮政航接到中国民航局通知，要求出动运–8飞机运输应急救灾食品。邮政航立即紧急调集两架运–8飞机赶赴桂林，关荣顺随机前往现场指挥。15日4时许，运–8飞机降落在桂林两江机场，迅速将第一批救灾压缩食品运抵灾区。此后的两天时间，邮政航工作人员不怕苦不怕累，昼夜不停，积极协调装机队，保证在飞机落地后最短时间内再次起飞赶赴灾区。由于受桂林天气的影响，飞机的最大业载只有12.5吨，但为了能够多救一名受灾群众，多送一袋食品，邮政航飞行员每次都将救灾物资的总重控制在不影响飞行安全的临界点上，使得每个架次的业载都在12吨以上。在桂林奋战的45个小时里，一共接送8个班次的邮政航救援航班，运送8120箱压缩食品，累计总重量达到101.5吨。

5月17—18日，邮政航共执行3架次从北京飞往成都的包机，分别运送340套帐篷、100箱发电机。19日上午，邮政航再次接到指示执行北京至成都包机，运送11.4吨滑坡裂缝报警器及地质灾害宣传册。随后，邮政航又执行多个架次的运输任务。20日，天津至成都包机运送1000条棉被、50套帐篷；21日，北京至绵阳包机运送199箱防护服、100箱手套、140箱泡腾片；23日，北京至成都包机运送了大量救灾药品。

从5月13日14时43分开始，邮政航先后有9架飞机投入抗震救灾工作。至26日9时，已将28班救灾物资运往灾区，共计258吨。在紧急运送救灾物资的同时，邮政航党办、工会、团委积极组织5次捐款活动，向地震灾区群众募捐70余万元。

2008年10月7日，中国货运邮政航空有限责任公司被中共中央、国务院、中央军委授予“全国抗震救灾英雄集体”荣誉称号。

国务院国资委管理的中央企业抗震救灾英雄集体

中国石油天然气集团公司四川销售公司

汶川特大地震发生后，中国石油四川销售公司有6个二级单位、18个片区（县域销售单位）和6000多名员工、近2万名家属受灾，22座油库和751座加油站遭受不同程度损毁。地震造成宝成铁路中断，兰州—成都—重庆的成品油管道紧急停输，南充炼油化工总厂紧急停产，致使四川销售公司成品油库存供应量仅能维持5天。面对油品危机，四川销售公司即刻成立抗震救灾总指挥部，总经理姚志强任总指挥，胡兴东任副总指挥，迅速组织各单位紧急供油，24小时内在非重灾区调运油品2万余吨，组织抢险队员200余人向重灾区集结。

震后30分钟，极重灾区绵竹迎宾、北川曲山、什邡土塘3座加油站在废墟中开始为救援东汽、北川中学和蓥华化工厂提供抢险用油。震后1小时，都江堰高科、聚源加油站恢复供应，为聚源中学抢险送油到现场。震后2小时，成都市区194座加油站全部恢复供油。震后3小时，22座受损油库全部恢复运行，重灾地区351座加油站恢复供油。

在通往汶川的南、北、东3个方向的道路尚未打通的情况下，四川销售公司紧急抽调160名员工，集结50辆移动加油车和239辆油罐车，成立抗震救灾前线突击队；沿西线经雅安、小金，翻越夹金山，绕道马尔康，跋涉800公里到达汶川，为沿途加油站和车辆补充油料900多吨；在北川为空降兵和水电工程部队供油186吨；在青川随济南军区“铁军”部队突进震中地带，成为首批到达的抢险队伍之一。在唐家山堰塞湖抢险中，四川销售公司每天调集30吨柴油，由直升机空运到抢险现场，并抽调50名员工组成送油突击队随时待命。

截至5月31日，四川销售公司共出动2000余车次，行程数万公里，为救援部队现场供油2600多吨，为救灾车辆暂缓收费加油1.5万吨，做到了救援力量在哪里，油品就供应到哪里。

2008年7月，中国石油天然气集团公司四川销售公司被国资委授予“2008年抗震救灾先进集体”称号；10月7日，被中共中央、国务院、中央军委授予“全国抗震救灾英雄集体”荣誉称号。

中国华电集团公司四川宝珠寺水力发电厂

汶川特大地震使中国华电四川宝珠寺水力发电厂严重受损。震后10分钟，宝珠寺水电厂成立了抗震救灾领导小组和指挥部，率先组织技术人员设法恢复机组运行；震后2个小时，宝珠寺电站厂恢复用电；震后2个半小时，2号机并网调压带负荷，成为重灾地区并网电厂中事故停机后第一台开启的机组，为川北电网支援抗震救灾赢得了宝贵时间；震后4小时，紫兰坝电站恢复厂用电；震后5小时，2号机空载运行；震后6个半小时，1号机空载运行；震后7小时，宝珠寺电站3号机组并网带负荷，恢复向电网送电。至此，两电站电力生产基本恢复。

5月12日，在理县红叶二级电站大坝闸首，在地震造成闸首厂用电源消失的紧急情况下，宝珠寺水电厂杂谷脑项目部迅速果断启动闸首柴油发电机，提起冲沙闸门、泄洪闸门，避免了水漫大坝淹没上游红叶一级电站的危险，保障了沿河居民的生命财产安全。

5月14日，应位于都江堰市的紫坪铺电厂求援，宝珠寺水电厂派出5人高压试验抢修小组前往抢修。应广元电业局请求，宝珠寺水电厂通过厂用电直接向电站所在地广元市利州区三堆变电站供电。随后，应三堆镇政府请求，通过厂用电向承担抢险重任的三堆镇医院和水厂送电。

5月15日，宝珠寺水电厂员工成功抢修出红叶二级电站3号机组，使该电站恢复厂用电，为下一步恢复生产奠定基础。在赴青川陆路交通因地震中断的情况下，宝珠寺水电厂“宝电号”巡库船运送中央和地方有关人员前往青川灾区，其后又4次派出“宝电号”工作船运送救灾队伍赶赴青川。为配合中国测绘科学研究院调研青川地震灾情，宝珠寺水电厂组织职工为其工作设备搭接了临时电源；为食物、饮用水匮乏的广元市利州区宝轮镇、三堆镇等地受灾群众提供遮雨篷布、饮用水和食品等。17日，再应广元电业局请求，宝珠寺水电厂采用多开机、倒换厂用电的特殊运行方式，向整个三堆镇供电，保证了该镇救灾用电。

在保障供电的同时，宝珠寺水电厂有序开展抢修工作；6月15日完成紫兰坝电站3号机组检查性大修，并顺利完成重达560吨的发电机转子回装工作，以及开关站高空作业和运行机组维护消缺等多项工作；7月7日2时，完成宝珠寺电站1号机组扩大性大修。其间，宝珠寺水电厂先后4次组织抢修队，沿西线经雅安、泸定、丹巴、金川、马尔康，奔赴重灾区四川华电杂谷脑水电开发有限责任公司红叶二级电站、薛城电站进行抢修。

2008年7月，中国华电集团公司四川宝珠寺水力发电厂被国资委授予“2008年抗震救灾先进集体”称号，被全国总工会授予“抗震救灾重建家园‘工人先锋号’”称号；10月7日，被中共中央、国务院、中央军委授予“全国抗震救灾英雄集体”荣誉称号。

中国移动通信集团公司四川有限公司

汶川特大地震致使四川移动通信基础设施损毁严重，公司3429个移动通信基站受损中断，8700多公里通信光缆受损，261处局房严重垮塌，661个营业厅无法正常营业，直接经济损失超过34.8亿元。地震刚过两分钟，中国移动四川有限公司立即召开董事会成员和各部门紧急会议，成立抢险指挥部，部署多项应急措施，随即派出抢险队伍奔赴灾区，紧急调派全部15辆应急通信车，力保重要部门通信。

5月12日20时，指挥部连夜成立特别通信抢通突击队，通过空降方式挺进重灾地区，力争重灾地区通信尽快恢复。13日凌晨，首批8名突击队员携带卫星电话，搭乘军用飞机空降至与世隔绝的平武、青川、汶川县映秀镇和卧龙镇等地，帮助当地政府及时打通了对外联系。此后，公司先后派出青年突击队28组182人，携带卫星电话、卫星基站、发电机等，分49架次机降到重灾县、重灾乡和唐家山堰塞湖抢险工地等地，通过空降设备建成25个应急基站，以最快速度解决重灾地区通信问题，实现灾区较大范围通信。

5月13日，因灾中断的3429个基站恢复1371个；14日，累计恢复1959个基站；15日，累计恢复1998个基站；16日，累计恢复2437个基站，突击队于晚间深入重灾地区偏远的70个乡（镇）；17日，率先完成所有21个受灾县城移动通信网络覆盖；22日，全面抢通重灾地区8个县70个乡（镇）通信，率先完成工业和信息化部下达的抢通70个乡（镇）通信的艰巨任务，占总任务量的近70%；22日晚，突击队随部队挺进重灾地区边远村寨。6月21日，最后6名空降突击队员返回成都，空降突击队在重灾地区坚守了40天。

唐家山堰塞湖排险是抗震救灾的重点抢险任务。5月26日至6月7日，公司先后派出突击队员31人次，5次机降唐家山，在堰塞湖坝上开通2个卫星基站、3辆应急通信车，并长期驻守，直到泄洪成功，成功保障了堰塞湖泄洪抢险指挥通信畅通。

抗震救灾期间，四川公司在245个灾区群众集中安置点设置服务点433个，为省市抗震救灾指挥部发布抗震救灾短信6.9亿条；开通免费寻亲和震后心理咨询热线，帮助受灾群众成功寻找到亲人32170人，提供心理咨询928人；开展就业援助，为灾区群众3500余人解决就业问题。

2008年7月，中国移动通信集团四川有限公司被国资委授予“2008年抗震救灾先进集体”称号；10月7日，被中共中央、国务院、中央军委授予“全国抗震救灾英雄集体”荣誉称号。

中国东方电气集团公司东方汽轮机有限公司叶片分厂

汶川特大地震发生后，位于绵竹市汉旺镇的东方汽轮机有限公司叶片分厂办公楼和部分厂房倒塌，数十名员工被埋在废墟下。刚从废墟中爬出来的厂长陈军，立刻组织成立了200余人的抗震抢险队，开展分厂自救和抢险工作。

地震发生后的最初几天，是抢险自救最艰苦的时候。缺少抢险工具设备，外界救援力量还没有到达，叶片分厂靠自救小组奋力抢险，没有专业工具，甚至只能用双手刨挖救人。叶片分厂还组织被困职工家属亲情喊话，鼓励被困人员咬紧牙关坚持等待救援，为专业队伍救援赢得了宝贵的时间。抢险人员在余震不断的情况下，在随时都有倒塌可能的危楼中、废墟上坚持工作，奋勇抢救。至5月13日下午，叶片分厂自救小队共救出7名幸存人员。15日晚，大楼废墟里又传来微弱的呼救声。抢险队队员迅速钻进随时可能垮塌的危险废墟，凭借手电筒微弱的光线凿孔挖掘，历时4个多小时，成功救出一名被困80多个小时的工程师。在全力组织抢险救人的同时，叶片分厂成立了临时办公室，启动了抢救物资和恢复生产工作，力求把灾害的损失减少到最低限度。从20日开始，叶片分厂每天都组织百余名职工，全面开展对技术资料、机器设备、在制品及叶片制造关键程序等的抢救工作。

截至6月初，叶片分厂共抢救出成品叶片18万支左右、在制品14万支左右，价值5亿元；抢救出设备70余台，价值约2亿元；抢救出工装价值约4000万元，近20台设备得到抢修。

2008年6月，中国东方电气集团公司东方汽轮机有限公司叶片分厂被人力资源社会保障部、国资委授予“中央企业抗震救灾英雄集体”称号；10月7日，被中共中央、国务院、中央军委授予“全国抗震救灾英雄集体”荣誉称号。

中国航空集团公司中国国际航空股份有限公司西南分公司飞行部

汶川特大地震发生后，成都双流机场空管雷达受损、机场关闭。中国航空集团公司中国国际航空股份有限公司西南分公司飞行部紧急启动应急响应程序，制订《飞行部“5·12”抗震救灾安全飞行措施》，领导干部和各应急岗位人员迅速到位，在通信中断的情况下，搭建临时调度平台，通过指挥运行中心和签派同正在飞行的机组取得联系，安排进港航班返航或备降，确保人机安全。为使机场早日具备恢复通航条件，飞行部组织铺设电信线路和应急指挥电台，快速恢复应急指挥系统和通信联络；同时加强营区、办公大楼和机组出勤楼的安全保卫力度，保障生产安全。

地震发生后，成都双流机场承担着大量救灾物资和人员进出四川灾区的任务，飞行频繁、飞机类型多，重要和临时性飞行任务增多，带来较大飞行安全隐患。针对这一特殊情况，国航西南分公司飞行部制订安全措施，坚持24小时值班；根据抗震救灾实际情况，科学配备机组力量，选派经验丰富的机组、配备双机长飞行；制订地面通信设备突然失效处置预案；航管部门加强签派放行航路走向的临时调整，严格进行交叉检查，确保特殊时期的飞行安全和抢险人员、赈灾物资的紧急运送。由于措施得力，自5月12日至6月3日，国航西南分公司飞行部共执行救灾飞行189班次，运送救灾物资1125.52吨；执行航班总量2278班次，运送旅客出港114634人次。

2008年7月，中国航空集团公司中国国际航空股份有限公司西南分公司飞行部被国资委授予“2008年抗震救灾先进集体”称号；10月7日，被中共中央、国务院、中央军委授予“全国抗震救灾英雄集体”荣誉称号。

中国南方航空集团公司中国南方航空股份有限公司珠海直升机分公司入川抗震救灾机队飞行班组

汶川特大地震发生后的5月14日，南航珠海直升机分公司派7名飞行员组成南航股份有限公司珠海直升机分公司入川抗震救灾机队飞行班组，驾驶3架S76型直升机飞抵广汉机场，于16日投入抗震救灾工作。

珠海抗震救灾飞行班组在海拔2000～3000米的山区进行救援。由于灾区导航通讯基础设施受到严重破坏，飞机要在狭窄陡峭山沟里穿行，技术要求高，危险系数大，飞行员面临着极大的心理考验。面对困难，飞行班组充分发挥集体智慧，凭着十几年海上救援练就的飞行技能和本领，对山区天气、地形线路、机型调配、发动机功率、载量控制、机组搭配、绞车运作等都做了精心准备，迅速开展了一系列救援工作。

珠海抗震救灾飞行班组先后完成从广汉机场飞往绵竹市清平伐木场，搭载海军陆战队侦察小组完成空中勘察任务；在海拔2500多米的什邡市红白镇山区悬索作业，救出5名被困战士和1名志愿者；将1名受困196小时的伤员从绵竹抢运到成都；在绵竹市天池乡楠木沟和汉旺镇临时起降点之间接力绞索作业，救出12名受灾群众；在天池楠木沟深山悬索作业，救出1名被困老人；运送水利专家考察堰塞湖，带工程技术人员在二坪和汉旺绞索作业运送人员，成功完成爆炸物处理任务；两机编队在灾区超低空飞行，投放大量救灾物资等任务。飞行班组克服重重困难，共计飞行108小时16分，出动142架次，运送各类灾区急需物资近6吨，运送救灾受灾人员338人，其中悬索作业救起25人，创造了单机平均飞行36小时的纪录。

2008年7月，中国南方航空集团公司中国南方航空股份有限公司珠海直升机分公司入川抗震救灾机队飞行班组被国资委授予“2008年抗震救灾先进集体”称号，被全国总工会授予“抗震救灾重建家园‘工人先锋号’”称号；10月7日，被中共中央、国务院、中央军委授予“全国抗震救灾英雄集体”荣誉称号。

中国化工集团公司德阳昊华清平磷矿有限公司

中国化工德阳昊华清平磷矿有限公司位于四川省工业重镇德阳市北端龙门山中段大山深处，是全国四大磷矿之一。汶川特大地震使清平磷矿近200幢厂房和职工住房毁损，上百人遇难或失踪。

5月12日14时33分，地震发生后5分钟，清平磷矿总经理向平宣布成立抗震自救指挥部，任总指挥长，副总经理胡良才、何南江及总工程师罗鸿、副调研员杨万昌任副指挥长；下设4个组，即抢险救援组、医疗救护组、安置后勤组和治安保卫组，分别负责搜救被困人员、紧急疏散人员及后勤保障、治安保卫等重点自救工作。

5月12日14时40分，按照指挥部部署，救援人员分成三路。第一路由向平、胡良才带队，到矿区机关和家属区进行救援；第二路由何南江负责，到各个生产工区进行搜救；第三路由罗鸿率领，到辅助单位实施救援。分秒之间，一名3岁儿童被从倒塌的平房里救出，一名职工被从宿舍楼里救出。14时43分，得知老办公楼废墟中有呼救声，正在指挥的向平等人火速赶到，小心翼翼地一点点扒开堆积有两米厚的断裂预制板和砖头，经两个小时努力，终于将工程技术人员左海军救出。7号楼原本是座4单元建筑，地震后两侧垮塌，中间突兀而立，岌岌可危，已有3人在地震中遇难，一位70多岁老奶奶被困于3楼。向平指挥救援人员将一辆货车发动起来靠近墙边，再在车上架上木梯，艰难将老人救出。路边医院在地震中垮塌，滑落进距地面约三四十米的河坝中，两名医务人员被甩下河，埋于废墟中，随时有生命危险。抢险人员冒险系着绳子坠下去，将两人救出。抢险人员靠双手和简易工具，救出78名职工及家属。13日14时，副总经理胡良才带领有关人员将从废墟中挖掘出来的17具遗体予以安葬。

清平磷矿共有生产工区22个，地震当日有900余人在井下作业，因大地震突然发生，工人全部被困。强震之后，余震不断，最强余震达到6级；震后山体滑坡，公路堵塞。5月12日14时40分，何南江带领生产工区救援组几名成员组成搜救小组，冒雨向山上挺进。他们一路冒着山石滚落的危险，跨过一个个堵路的岩石，步行10余公里，艰难达到工区，当天搜救出799名被困职工。三根杉片区距总部最远，有104人被困井下。当夜，因天黑雨大，山体滑坡严重，救援人员一时难以到达，遂在中途用手电、电瓶照明灯，用灯语和山上联系，每隔半小时联系一次，鼓励山上人员增强信心。13日凌晨，雨更大，山上滚石雷动，救援人员遂调整方案，改从井下施救，至21时，将104名被困人员全部救出。至此，清平磷矿被困的904名矿工，除一人因地震造成垮塌当场遇难外，其余均安全脱险。

地震发生后，出差在外的清平磷矿党委副书记黄伟贤得知公司遭受重创，心急如焚，于5月13日晚乘飞机火速返回。当得知山上大部分被困职工和家属及伤者吃、住、医药都严重短缺时，他一边组织人员向北京总部报告，一边向绵竹市政府和救援部队求助，请求部队空投支援。15日2时30分至3时，根据总参应急办公室命令，空军出动一架伊尔-76飞机，两次为清平磷矿紧急投送了8吨应急物资。15日和16日，因矿区道路毁损严重，加上通信中断，停水停电，缺少医药和食品，在清平磷矿指挥部指挥下，职工和附近村民3000余人扶老携幼，抬着地震受伤人员，经10多个小时的艰难跋涉，安全转移。

5月17日，依照德阳市公安局“确保民用爆炸物品不流失、不炸响、不被盗”要求，留守矿山的总工程师罗鸿和保卫处长等有关人员，对库存蜂桶岩总库和7个分库的火工产品进行销毁，共销毁炸药18353公斤、雷管138603支、导火索53142.5米、塑料导爆管18710米，未发生一起安全事故。

2008年6月，中国化工集团公司德阳昊华清平磷矿有限公司被人力资源社会保障部、国资委授予“中央企业抗震救灾英雄集体”称号；10月7日，被中共中央、国务院、中央军委授予“全国抗震救灾英雄集体”荣誉称号。

中国铁路工程总公司中铁二局集团有限公司

汶川特大地震发生两小时后，中铁二局集团有限公司接到国资委救援指令，立即组织所属的德阳四公司抢险人员50余人、设备12台，由公司副总经理龙援青带队，前往受灾严重的东汽抢险救援。抢险队员于5月12日22时抵达，经过连续8个小时的奋战，先后在东汽焊接分厂、一分厂、东汽中学、家属区等数十个抢险点救出被困人员62人，挖掘清理遇难者遗体163具。

5月12日下午，中铁二局组织抢险突击队赴都江堰参加抢险。当日22时，首支130多人的抢险突击队抵达都江堰。13日6时40分，从废墟中救出第一位幸存者。至20日，中铁二局在都江堰灾区共投入抢险人员360人、各类大型救援设备48台（套），先后从都江堰中国银行办公楼、市中药公司、水生动物防疫站及部分营业场所的废墟中救出被困人员11人，挖掘清理出遇难者遗体60具。

5月16日，应四川省政府要求，中铁二局组织280人的抢险队伍，经过48小时急行军，于18日12时抵达汶川。此后，抢修队伍展开抢救当地群众财产行动，并成功架设两条通信线路，确保了汶川县下庄电厂电力的正常调度，保证了汶川县唯一的电源。与此同时，中铁二局还派出抢险救灾队参加了汶川县水电站的修复工作。中铁二局另有抢险队投入公路抢修，仅用46小时抢通彭白公路，用48小时抢通广岳铁路穿心店大桥，提前完成宝成铁路涪江大桥加固任务，打通国道213线等多条通往重灾地区的“生命通道”50余公里，为抗震救灾争取了宝贵的时间。

在汶川特大地震抢险救灾中，中铁二局先后组织5640多名职工，组成26支抢险队，调动大型设备889台，奔赴都江堰、汶川等8个重灾地区20多个受灾点，以及宝成铁路、广岳铁路等受到严重毁损的铁路线，全力以赴投入抢险救灾。

2008年10月7日，中国铁路工程总公司中铁二局集团有限公司被中共中央、国务院、中央军委授予“全国抗震救灾英雄集体”荣誉称号。

中国铁道建筑总公司中铁第一勘察设计院集团有限公司宝成铁路109隧道抢险队

汶川特大地震使宝成铁路109隧道附近山体坍塌，巨石砸垮隧道出口20余米棚洞，约2万立方米坍塌体埋压洞口路基。正在隧道内行驶的21043次货运列车撞上巨石，致使机车和部分车辆脱轨，车上装载的530吨航空燃油在隧道内起火燃烧，连接中国西北与西南的铁路大动脉行车中断，进入四川的抢险救灾队伍和各种救灾物资受阻，情况万分危急。

5月12日18时30分，中铁第一勘察设计院集团有限公司接到铁道部抗震抢险救灾命令，迅速组建了由副院长刘培硕任总指挥的宝成铁路109隧道抢险队。51名抢险队员于13日1时30分抵达抢险现场，在余震不断、滑坡滚石、燃烧的油罐车随时可能爆炸的险恶环境中进行现场踏勘。查明隧道险情后，前方抢险队与后方总部机关整体联动，共同研究抢险方案，仅用2天时间就针对隧道恢复、边坡治理、河道疏通等提出10余种整治方案，3天完成“一隧两桥双跨嘉陵江”的新线改建方案，为隧道抢险加固赢得宝贵时间，得到铁道部领导和专家的高度肯定。

在隧道火灾抢险、清理受损车辆过程中，技术人员冒着生命危险，先后20余次进入隧道察看受损情况，获得了宝贵的第一手资料，从而进一步优化完善了隧道恢复加固方案，确保抢险工作万无一失。在隧道修复加固施工中，抢险队现场技术人员与施工单位密切配合、通力合作，仅用48小时就完成隧道初期紧急修复加固任务，为宝成铁路这条抗震救灾“生命线”提前一天恢复通车做出突出贡献。5月24日9时53分，中断行车12天的宝成铁路恢复通车。中共中央总书记胡锦涛向全体抢险救灾人员表示亲切慰问和崇高敬意，国务院副总理张德江接见了抢险救灾人员。

2008年10月7日，中国铁道建筑总公司中铁第一勘察设计院集团有限公司宝成铁路109隧道抢险队被中共中央、国务院、中央军委授予“全国抗震救灾英雄集体”荣誉称号。

中国水利水电建设集团公司第十工程局医院

中国水电集团第十工程局医院地处都江堰市中心，汶川特大地震使医院医疗设备设施严重受损。

5月12日，十局医院有住院病人268人，其中病情危重者42人。地震发生时，有的病人在输液，有的在输血，有的在进行血液透析治疗，还有一位直肠癌病人正在接受手术。当时整栋大楼摇晃、颠簸非常剧烈，墙壁和屋顶上的泥块不停砸下。面对突发灾难，病人、家属不由得惊慌失措。各病区正在上班的医务人员临危不惧，疏散病员，手术室内正在为病人做直肠癌根治术的医生们则用自己的身体保护着病人，血液透析室医务人员果断为病人下机。

震后5分钟，十局医院领导迅速集结，并紧急启动突发事件应急预案。全院281名医务人员迅速投入到快速营救、转移和疏散病员的战斗中。短短10分钟内，十局医院268位住院病人被安全疏散到内科楼与外科楼之间的大坝，42个无法行走的危重病人被一一抬下楼、背下楼，全院无病人受伤及死亡事件发生。

震后8分钟，第一名地震伤员被送到十局医院，紧接着源源不断地有伤员被送来，大部分是四肢骨折、躯干受伤、颅脑损伤，有的已经停止呼吸。十局医院前面的空地上密密麻麻摆满了伤者和遇难者。在十局医院领导的统一指挥下，医务人员在医院门诊大楼临街空地上建立起临时医疗救助点。为在有限的时间内规范、有序、有效地抢救更多生命，十局医院“临床专家小组”迅速制订出医疗救助方案，组织医务人员抢救受伤群众。药剂、设备、后勤物资部门人员则冒险冲进已被垮塌物覆盖的库房，砸开变形的库房门，从中抢出大量的急救药品和设备物资。地震发生当天，十局医院共收治伤员666人，其中610名重伤者经处理后，被及时转送成都。5月13—16日，十局医院共救护都江堰市危重伤员816人。

5月12日15时，十局医院组织了18人的医疗小组奔赴新建小学，在没有任何救援工具和装备的情况下，一边向废墟中的幸存者喊话，一边用手艰难挖掘，每救出一个孩子，马上进行生命体征评估、清理呼吸道，进行人工呼吸、胸外心脏按压以及清创、包扎、止血等。13日4时，大雨滂沱，医务人员仍在雨水和血水中艰难救援，与武警官兵共同努力，从废墟中营救并紧急救治小学生56人。10时，国务院总理温家宝抵达现场，对十局医院医务人员不怕牺牲、勇于奉献的精神予以高度赞扬。

5月13日晨，当闻知都江堰市虹口乡、汶川县主要交通干线被飞石和泥石流完全阻断，被困在山区缺医少药的受灾群众急需救援时，十局医院决定派遣医疗队前往救援。3批医疗队队员冒着大雨忍着饥饿，每个人背着重达30多公斤重的药品，冒着脚下是悬崖峭壁、头上不时有飞落石块的危险，手脚并用攀爬5个多小时，以最快时间到达阿坝铝厂。医疗救援队一路上都在救援，每到一处，他们带给老百姓的不仅是药品和救援，还有消毒、遗体处理、防疫等知识，以及活下去的信心和勇气。

十局医院在自身严重遭灾的情况下，承担起医疗卫生单位的社会责任，积极创造条件为灾区群众诊治伤病，投入数百万元在都江堰市设立了8个医疗点和1个街头巡回医疗队，免费为群众诊治伤病、发放药品等，疾病预防控制队每天对灾区群众生活点、人群居住点等进行消毒，进行灾后疾病预防知识宣传教育活动。截至8月31日，十局医院共免费收治门诊病人35320人、住院病人971人，血液透析158人次，开展手术375台；坚持每日熬制中药大锅汤，发放25345人次。

2008年6月，中国水利水电建设集团公司第十工程局医院被人力资源社会保障部、国资委授予“中央企业抗震救灾英雄集体”称号；10月7日，被中共中央、国务院、中央军委授予“全国抗震救灾英雄集体”荣誉称号。

公安系统抗震救灾英雄集体

四川省公安消防总队

四川省公安消防总队是公安消防部队最早投入汶川特大地震抢险救援和全程救援的力量之一。汶川特大地震发生后，四川消防总队立即成立了抗震救灾指挥部，先后调集全省21个支队和总队医院、教导大队官兵4527人，携带大量抢险救援器材，奔赴都江堰、绵竹、什邡、北川、青川等极重灾县（市）的学校、医院、居民小区、商场等埋压群众集中的场所实施救援。

四川消防总队很多官兵家在地震灾区，有的亲人遇难，有的亲人生死不明。面对突降的灾难，他们放弃牵挂，含泪忍悲，全力以赴投入抗震救灾斗争。参战官兵发扬不怕牺牲、不怕吃苦的战斗作风，发挥抢险救援经验、技能和器材装备优势，战斗在一个个救援现场，冒着余震危险攀危楼、打通道，不放弃每一个角落，争分夺秒抢救群众生命。

5月12日晚，四川消防总队绵阳市支队救援突击队紧急突进北川县城实施救援。在北川中学救援现场，绵阳消防特勤中队指导员朱平、代理排长肖显辉及驾驶员郭喜庭3人救援小组发现一名被困学生，双腿被倒塌的房屋大梁死死压住。3人立即进行分工救援，身材较小的肖显辉负责打开通道，体能较好的郭喜庭负责排除险情，救援经验丰富的朱平负责现场指挥和警戒。为保住那名学生的双腿，他们一边破拆一边细心保护，经过3个多小时的奋战，终于将这名学生成功救出。救援小组3个人连续三天三夜没有休息，用液压钳等破拆救援工具，先后打通19条生命救援通道，救出生还者50人，被官兵誉为“钢铁三人组”。

5月13日7时30分，四川消防总队成都市支队救援官兵紧急赶到都江堰灵岩寺风景区。景区观光索道上的吊厢里有13名游客被困17多个小时，这些游客因受到惊吓，心理接近崩溃。有的吊厢离地面50多米，下面是悬崖峭壁深沟巨壑，救援工作非常困难和危险。救援经验丰富的特勤队队员常卫树主动请缨，按照救援方案徒手爬上倾斜变形的塔架，利用小滑轮，在敷满黄油的钢索上，一寸一寸地向吊厢艰难挪动，终于到达第一个吊厢，然后利用缓降器连续救出6个人。此时，另一个吊厢中的一名游客经受不住持续的惊吓，突然推开厢门径直跳了下去，被困游客立即骚动起来，紧张不安情绪进一步扩散，形势非常紧迫。官兵们立即加快救援步伐，经过14个小时惊心动魄的营救，成功救出包括10名台湾同胞在内的12名被困游客。

抗震救灾期间，四川消防总队组织官兵从建筑坍塌废墟中救出被埋压群众1300人，挖掘清理遇难者遗体5447具，转移和解救群众22033人。6月初，总队陆续从全省15个受灾相对较轻地区和非灾区及总队机关，抽调一批官兵充实到重灾地区消防执勤点工作，在灾区安置点设置公安消防执勤站（点）42个、消防警务室202个，配置消防官兵756人、消防车53辆、各类灭火器83162具，全力护卫灾区消防安全。

2008年7月，四川省公安消防总队被公安部授予“全国公安系统抗震救灾先进集体”称号；10月7日，被中共中央、国务院、中央军委授予“全国抗震救灾英雄集体”荣誉称号。

四川省公安消防总队成都市支队

汶川特大地震发生后，四川省公安消防总队成都市支队党委迅速做出“一级战备、全力救人”的战斗部署，组织全支队力量紧急抢险救援。震后5分钟，成都消防支队都江堰中队抢险救援班救出第一名被埋压者；震后8分钟，成都消防支队温江中队救出5名被埋压群众；震后10分钟，依托消防特勤二中队建立的省地震救援队向震中汶川挺进；震后不到1小时，成都消防支队46个大队、中队和10个政府专职消防队的1400余名官兵赶到了都江堰、彭州等极重灾区。

都江堰灾区是成都消防支队抗震救灾的主战场。5月13日19时许，支队长孙国利带领救援队赶到都江堰观景路47号，组织展开对被埋压、已有8个月身孕的张晓燕的救援。张晓燕所住的6层居民楼垂直塌陷，一、二层已经被彻底压扁，张晓燕被困在一个仅40厘米宽的夹缝里。经过现场侦察，唯一的救人办法就是把横梁切开一个缺口，打开“生命通道”。成都消防支队紧急调来一台氧焊切割机，官兵们用氧焊高温使水泥急剧膨胀，再浇上冷水迅速降温，通过热胀冷缩，一层层剥落水泥，一根根剪断钢筋。看到救援艰难，张晓燕告诉救援人员：“我自己能不能救出去不要紧，求求你们，一定要想办法保住我的孩子。”同样身为母亲的支队长孙国利强忍泪水，给张晓燕鼓劲：“有我们在，一定让你们母子都活着出来！”经过20多小时的轮番作战，硕大的横梁被切开了一道一米宽的口子，成都消防支队官兵成功救出被埋压51小时的张晓燕，并保住了其腹中胎儿。

在都江堰市新建小学的救援现场，成都消防支队特勤三中队代理排长刘亚光发现了一名被困在建筑废墟两米下的小女孩。要救出小女孩，只能顺着缝隙用液压扩张器将残渣扩开。刘亚光和战友用尽一切办法，扩张开了一个人的通道，就再也无法扩张。狭小的空间，救援人员下不去小女孩就上不来。刘亚光想到平时的深井救人训练，让战友将自己倒吊着，在狭窄的缝隙里慢慢靠近小女孩，给小女孩套上保险绳，在队友的配合下慢慢往上拉。经过两个小时的努力，成都消防支队官兵成功将小女孩救出。

成都消防支队参战官兵80%来自四川，其中60%以上来自重灾地区，有不少官兵的亲人失踪或被埋，有的受了重伤，有的家中房屋垮塌，但没有一名官兵向组织提要求。支队士官陈琳，妹妹在老家什邡遇难。他强忍悲痛，坚持战斗在都江堰抗震救灾第一线。五中队指导员叶熙正在什邡休假，准备婚礼。地震发生后，他决定推迟婚礼，安慰好未婚妻和父母，紧急赶到都江堰与支队救援队伍会合，全力投入抢险救人战斗。

抗震救灾中，成都消防支队组织参战官兵连续奋战10余个昼夜，共从废墟、危楼中营救出被埋、被困人员981人，挖掘清理遇难者遗体1785具，成功疏散群众13252人。不少网民在网上留言盛赞成都消防支队参战官兵，成都市民在一栋高层建筑上挂起了“向成都消防官兵致敬”“临危不乱、英雄本色”的巨幅标语。

2008年10月7日，四川省公安消防总队成都市支队被中共中央、国务院、中央军委授予“全国抗震救灾英雄集体”荣誉称号。

四川省成都市公安局特警支队

汶川特大地震发生后，成都市公安局特警支队快速反应，立即集结150余名警力组成突击队，全力以赴投入抗震救灾战斗。

5月13日下午，按照成都市公安局的命令，成都特警支队组织128名警力赶到都江堰市区受灾最严重的新建小学救援现场，在废墟中寻找幸存者。尽管通过专业仪器没有捕捉到任何生命迹象，但每个队员都坚持只要有百分之零点一的希望，就付出百分之百的努力。成都特警支队128名队员在大雨中一天一夜不眠不休，冒着余震带来的危险，忍着刺鼻的尸臭，从瓦砾、泥土和断裂的钢筋中用手刨出了107名遇难学生和4名教师的遗体。挖掘过程中，特警队员饿了就吃一点饼干，累了就地打个盹，衣服被雨水淋透，300余双特警手套全部被磨坏，手指磨出血泡，部分队员手背都已渗血。经过全体队员的共同努力，没有一具遇难者遗体被遗漏和损坏。

5月14日晨，按照成都市公安局的命令，成都特警支队派遣13名特警组成先遣突击队，前往重灾区崇州市鸡冠山查探灾情，为后援部队探路。由于通信和道路几乎全部中断，先遣突击队用镰刀和丛林刀在原始森林中为后援部队砍出一条救援路，并蹚过6公里长、水深齐膝、随时可能垮塌的涵洞，最终在14日下午带领后援部队到达位于大山深处的竹根村和岩峰村，及时将1200多名群众被困、一座水电站大坝出现闸门挤压变形的险情信息紧急报告给当地指挥部，为救援工作创造了条件。

在竹根村，突击队遇到12名被困的成都游客，除一名年仅5岁的小女孩外，其余都是60岁以上的老人。5月15日晨，突击队经过8个小时的生死救援，一路开山辟路、翻山越岭，冒着生命危险将被困老人和孩子一一背过悬崖、河流，于当天下午将他们救出鸡冠山，安全送回家中。

在救灾任务结束后，成都特警支队按照市公安局抗震救灾指挥部总体部署，每天派出50～100名警力，长期驻扎在都江堰灾区维护灾区治安秩序和社会稳定，协助开展灾后重建等工作。成都特警支队的队员们克服各种困难，共抢运和协助发放食品、药品、帐篷、衣物等各类救灾物资30余吨，协助有关部门转移、安置受灾群众2000余名。

2008年7月，四川省成都市公安局特警支队被公安部授予“全国公安系统抗震救灾先进集体”称号；10月7日，被中共中央、国务院、中央军委授予“全国抗震救灾英雄集体”荣誉称号。

四川省绵阳市公安局巡特警支队

汶川特大地震发生时，正在机关大楼办公的绵阳市公安局巡特警支队副支队长邓正春立即组织机关人员冲出大楼，并迅速启动处置突发公共事件应急预案。面对频频传来楼房倒塌、人员遇险被困、供水和供气管道多处爆裂等险情，邓正春做出“全警动员全力救人”的战前动员，立即率领支队机关和特警大队民警投入抗震救灾工作中。6个巡逻大队按照支队部署，迅速对街区大街小巷进行“地毯式”搜索，及时疏散人群，搜救被困人员，排查各类险情。

5月12日14时30分，绵阳市游仙区魏城小学教学楼过道和部分教室垮塌、千余名师生被困、部分师生被埋的重大险情传来，巡特警支队火速抽调精干警力驱车赶到现场，由于没有大型机械和专业救援工具，民警们只好用断木头掏瓦砾，用手搬墙砖，用肩扛水泥块，尽管嗓子喊哑了，双手流血了，衣服被汗水渗透了，仍全然不顾，只想争分夺秒搜寻被埋师生。经过12个小时的营救，被困师生被成功转移，2名重伤学生被救，15具遇难学生遗体从废墟中挖出。地震当日，巡特警支队民警先后将4万多名市民疏导到安全地带，将医院、证券中心、超市及学校的2329名伤病员转移到7个室外医疗救护点，及时排除各种险情352次，抢救受伤群众813人，挖掘和抬送遇难群众遗体33具。

北川县城被地震夷为平地，众多被埋群众亟待救援，许多伤病员急需救治，大批受灾群众必须转移。5月13日凌晨，巡特警支队紧急抽调特警组成首支成建制的公安特警救援队，冒着频频发生的余震，紧急奔赴北川。在距北川县城3公里处，崩塌的巨石将唯一道路完全堵塞，救援特警每人背负近40公斤重的给养和救灾物资，冒着倾盆大雨和不断坠落的巨石，在泥泞的乱石堆中徒步强行军一个多小时，艰难挺进北川县城。特警队员奋不顾身投入抢险工作，及时从北川县城转移群众8000多名，救出幸存者208名，搜寻并搬运遇难者遗体79具。

5月12—15日，绵阳城区10多万市民涌至河堤、广场等空旷地带露宿避灾，各大医院伤员急增，北川、安县、平武等极重灾县（市）4万多名受灾群众亦纷纷转移到绵阳市区，社会治安形势异常严峻，巡逻防控压力持续加大。巡特警支队迅速确立以“打击趁灾盗抢、预防邪教宣传、防范群体哄抢、保障抢险救援”为重点的工作思路，组织警力对城区主要街道、党政机关、民航机场、金融部门、大型商场、市民避灾聚集区、灾区群众临时安置点、救援物资仓库等145个重点部位实行24小时巡逻防控。不论是骄阳似火的正午，还是暴雨如注的深夜，处处都有特警们的身影。在九洲体育馆、南河体育中心等灾区群众安置点，巡特警支队民警在认真做好场内安全巡逻、调解矛盾纠纷、防范打击盗抢违法犯罪行为的同时，主动协助绵阳市抗震救灾指挥部做好受灾群众的接纳安置、物资发放、搭建救助帐篷、抬运受伤灾区群众等工作，并及时向受灾群众宣传党和政府对地震灾情的高度关注、对受灾群众的高度关心和抗震救灾的坚定决心，最大限度稳定了民心，保证了救灾安置工作正常有序进行。

5月13日至7月底，在组织特警赴北川开展打击趁灾盗窃专项整治行动中，巡特警支队民警在危楼和废墟旁昼夜监守，风餐露宿，先后查处趁灾违法犯罪案件56起，抓获违法犯罪嫌疑人71人，为灾区群众挽回经济损失42万余元。在唐家山堰塞湖泄洪处置期间，巡特警支队先后出动警力1600人次，连续15个昼夜奋战在转移安置、防火防疫防盗的第一线，疏散撤离群众4.6万人，排查搜救1200余人，排除各类事故隐患39次，确保了城区21平方公里撤离地带和4个万人安置点的安全。

2008年10月7日，四川省绵阳市公安局巡特警支队被中共中央、国务院、中央军委授予“全国抗震救灾英雄集体”荣誉称号。

甘肃省公安消防总队天水市支队特勤中队

汶川特大地震发生后，宝成铁路成为运送抗震救灾增援力量和各种救援物资的重要通道。但地震引发宝成铁路徽县嘉陵江畔的109隧道山体大面积塌方，正穿行于隧道中的21043次货运列车，刚出隧道北口就撞上山石脱轨起火，列车拖载的12节油罐装有530吨航空燃油和50吨润滑油，被堵在隧道里起火燃烧。

险情就是命令，甘肃省公安消防总队天水市支队特勤中队派出16名官兵和2台消防车，连夜急行军400多公里到达徽县嘉陵镇。但在距109隧道1公里处，由于山体塌方、道路被阻断无法靠近，他们立即跳下消防车加入到清除塌方、开通道路的队伍中。没有铁锹，特勤中队官兵手搬肩扛，战斗服磨破、手指头划破也全然不顾，终于成功打通了道路。

5月14日13时，天水消防特勤中队官兵到达109隧道火灾现场，承担起从隧道通风口向隧道内注水冷却的任务。109隧道位于嘉陵江畔陡峭的半山腰上，余震不断、山体坍塌，落石纷飞、坡陡难行，且通风口受长时间高温烘烤，随时有坍塌的危险，抢险人员的生命安全受到严重威胁。面对险境和艰巨的任务，特勤中队官兵没有退缩，副中队长王洪超、四班长汪世鹏、二班长樊国元挺身而出，冒着不断滚落的碎石，每人手提两盘水带，从河床向隧道棚洞口架设水带干线。汪世鹏爬到半坡时，左小腿被碎石击中滑落坡底；樊国元快到隧道棚洞口时，被一阵浓烟呛倒。队员们跌倒了，就忍痛爬起来继续投入战斗，先后反复4次，终于成功将600多米的两路水带架设到隧道棚洞口。隧道内大火熊熊燃烧，通风口喷出的热浪让3个人喘不过气、睁不开眼，水带刚抛进去就被烧断，水流无法注入。王洪超一边指挥消防车加压，一边让队员找准时机，齐心协力将带有压力的水带抛入通风口，终于完成注水冷却的任务。

5月18日，现场指挥部命令天水特勤中队深入隧道内部消灭明火，强行冷却油罐车。隧道内烟雾弥漫，热浪袭人，能见度极差。王洪超带领15名特勤队员分两组轮番上阵，用水打湿衣服，用嘴咬住湿毛巾，一手提水带一手摸着墙，深一脚浅一脚地进入隧道。隧道的洞顶、洞壁不时有水泥块砸向头盔，火星四溅。面对瞬息万变的险境，队员们无所畏惧，顶着高温炙烤，一点一点艰难地将水枪阵地向前推进。经过200多个小时的高强度注水，隧道内明火被消灭，12个油罐罐体温度降了下来。队员们又开始协助铁路职工将车头、两节饲料车和一节严重变形的油罐车拖出隧道进行喷水冷却，保证了铁路维修施工的顺利进行。

2008年7月，甘肃省公安消防总队天水市支队特勤中队被公安部授予“全国公安系统抗震救灾先进集体”称号；10月7日，被中共中央、国务院、中央军委授予“全国抗震救灾英雄集体”荣誉称号。

陕西省西安市公安局特警支队

5月30日，陕西省西安市公安局特警支队206名民警按照公安部的统一部署，赶赴四川地震重灾地区广元市区和青川县维护灾区治安，服务灾区群众。6月1日，一场暴雨袭来，西安特警支队营区的所有帐篷进水，民警们的衣物、生活用品全部被水浸泡。正在街头巡逻的特警支队民警顾不上自救，全部投入到救助灾区群众的工作中，冒雨为受灾群众重新搭建被风雨摧毁、刮倒的帐篷。

广元市救助站收留了200多名重灾地区的孩子，为了抚慰孩子受伤的心灵，帮助他们重新树立生活的信心，西安特警支队民警与孩子们共度六一儿童节，对孩子们进行心理辅导，购买学习书籍帮他们辅导功课。看到一位76岁的残疾老人带着两个孙子生活孤苦，西安特警支队民警帮助她搭建帐篷料理家务，送医、送药、送米、送油。在灾区考生延期高考期间，执勤民警挨家走访考生食宿地和考点周边的娱乐场所、建筑工地，要求在每天22时以后不得有大的声音。高考当日天降大雨，西安特警支队民警自备多把雨伞和应急车辆，全力为考生创造良好的考试条件。

青川县救灾物资管理站是全国各地运往青川救灾物资的囤积、发放点，执勤民警帐篷前车来车往十分嘈杂，晴天像蒸笼，雨天又很潮湿，西安特警支队民警们每天只能在零点以后才可以休息，分为前、后半夜执勤的两班民警平均每天只能睡3个半小时。大多数民警都曾因工作劳累生病，但没有一个人要求休息。在特警队员的日夜守护下，救灾物资管理站秩序井然，杜绝了偷盗、冒领救灾物资的现象。在青川县人民银行被埋金库的挖掘过程中，发生较强余震，西安特警冒着被瓦砾、石块砸伤的危险，始终坚守岗位，帮助工作人员挖掘、搬运，确保6000多万元现金安全挖出并转移。

西安特警支队党支部还在灾区开展了“为民服务四个一”主题活动，即每个支队领导联系一个受灾区县，每个大队联系一个警民帮扶点，每个中队联系一个帮扶对象，每个民警为群众做一件好事。民警在走访灾区群众时发现晓坝社55岁的黄翠玲家的过渡房搭了一半就无力再搭了。经了解，黄翠玲的儿子在部队抗震救灾，老伴得癌症在成都住院，家里还有一个患病的婆婆。得知这一情况，特警队员第二天就赶到她家，替她搭好了过渡房。位于晓坝社里的青川县中医院医药设备贮存仓库排水沟多年未清理，雨季即将到来，仓库很可能被淹。民警们得知后赶到晓坝社，将20米长、一人深的排水沟重新疏通，仅淤泥就清理出近100辆架子车。他们的行动得到人民群众的赞扬，群众纷纷自发为他们送水、食物、蔬菜等，警民关系十分融洽。

西安特警支队在四川灾区期间，共出动警力8101人次、车辆635辆次；盘查可疑人员18013人、车辆5692辆；抓获违法犯罪嫌疑人20人；担负守护重点目标任务151起，疏导交通任务178次，协助处置突发事件7起；担负大型活动安保任务3次、警卫任务4次；调解纠纷322起，为民服务366次。

2008年8月，陕西省西安市公安局特警支队被公安部记集体一等功；10月7日，被中共中央、国务院、中央军委授予“全国抗震救灾英雄集体”荣誉称号。

陕西省公安消防总队宝鸡市支队特勤中队

汶川特大地震发生后，陕西省公安消防总队宝鸡市支队特勤中队出动22名官兵、5台消防车，参与宝成铁路109隧道火灾扑救，为提前7天打通救灾交通大动脉发挥了重要作用。

109隧道位于徽县嘉陵江畔陡峭的半山腰上，地震引发隧道山体大面积塌方，正穿行于109隧道的21043次货运列车刚出隧道北口就撞上山石脱轨起火。列车拖载的10余节油罐装有530吨航空燃油和50吨润滑油，被堵在隧道里起火燃烧。5月13日7时50分，宝鸡消防特勤中队官兵紧急赶到抢险现场，根据指挥部命令，担任最为危险的火情侦察任务。面对猛烈燃烧、高温烘烤和随时有爆炸危险的复杂环境，中队长查长安、特勤班长李海乐先后5次深入燃烧的隧道内部，由远及近、由外到内，对隧道内的情况进行了细致侦察。为更准确地了解情况，李海乐冒险爬上灼热的棚洞顶部侦察，获得事故现场大量的宝贵信息，为指挥部调整部署抢险方案提供了重要依据。

5月14日15时30分，指挥部发出了注水冷却和灭火总攻令，宝鸡消防特勤中队官兵战斗在最前沿。指导员张小成在火灾现场奋战4个昼夜，组织侦检、灭火和供水，每天在乱石滩和超过50度的山坡之间往返20多次，双脚严重扭伤，走路十分困难，但他仍不下火线，坚持战斗。战斗员张家强隐瞒自己拉肚子和感冒的病情，连续战斗九天九夜，在复杂地形上铺设水带2000多米。

在宝成铁路109隧道抢险工作中，宝鸡消防特勤中队官兵共完成阶段性火情侦察5次，深入隧道进行火情侦察22次、检测35次，累计铺设水带12公里，持续供水8000多吨，参加大小灭火战斗137次，协助铁路职工将12节油罐车、1节润滑油罐车和7节饲料车、麦芽棚车拖出隧道进行喷水冷却，保证了铁路维修施工的顺利进行。

2008年10月7日，陕西省公安消防总队宝鸡市支队特勤中队被中共中央、国务院、中央军委授予“全国抗震救灾英雄集体”荣誉称号。

重庆市公安消防总队赴四川抗震救灾救援大队

汶川特大地震发生两个小时后，重庆市公安消防总队奉命组建赴川抗震救灾救援大队。救援大队分4个突击队：第一突击队由副总队长李明才、副政委徐烛带领，挺进北川救援；第二突击队由副总队长高正超、詹寿旺和政治部主任袁明清带领，赴都江堰、平武救援；第三突击队由高新区支队支队长李寅旺带领，赴汶川县城救援；第四突击队在重庆总队机关集结，全力做好抗震救灾官兵和物资中转联络、协调工作。

5月13日19时30分，第一突击队抵达北川中学救援。女学生张思琪被压在5层教学楼的最底层，救援难度很大。救援官兵不怕困难，使用剪扩器、无齿锯、液压顶杆等救援设备，剪断钢筋，切割大梁。4个小时后，一个两米多深的漏斗形通道挖成。战士胡定华钻进通道，取下安全帽戴在张思琪头上。正当胡定华抱起张思琪、废墟上面4名战友合力往上拉时，余震突然发生，通道里的碎石砖块纷纷砸落在他身上。大家赶紧扒开废墟，把胡定华从通道中刨了出来。胡定华不顾危险又爬进通道，向张思琪伸出了双手。张思琪噙着泪说：“叔叔，太危险，别管我了，去救我的同学媛媛和小雯吧，她们伤得比我重。”胡定华鼻子一酸说：“我们都要救，一个都不会放弃。”情急之下，胡定华让战友抓紧自己的双脚，用倒挂金钩的姿势，头手朝下进入通道，紧紧抓住张思琪的双腋一点一点向上拉，终于将其救出。当天夜里，其他17名学生也都相继被救出。

5月15日，第二突击队一组救援人员在都江堰市五金公司职工家属楼救援时遇到了难题。五金公司职工张晓平被埋将近3天，先后有6支救援队伍施救都没有成功。张晓平被压在一座6层楼房的一层，身上堆积的废墟高达6米，两侧危墙摇摇欲坠，10多块预制件悬在空中，残存楼体随时会整体垮塌。到场的建筑专家反复评估认为，救援成功系数接近于零。万州区支队支队长王林刚没有放弃，带领战士们奋力施救，三天三夜没下火线，先后用了4套方案，克服一个又一个难题，历经72个小时，终于将被困129个小时的张晓平救出。

5月14日上午，第三突击队战士、长寿区支队列兵朱春霖和战友抬着伤员向救治点奔去，突然听到一个熟悉的声音在喊他，急忙扭头一看，正是他时刻牵挂的父母。朱春霖父母满面尘土浑身伤痕，正和逃离出来的学生们走在一起。朱春霖一把抱住父母，大难之后的重逢感动了在场的所有人。此次灾难中，朱春霖失去了舅舅、舅妈、表妹等4位亲人。在与父母短暂聚首后，朱春霖继续投入战斗，转战多个救援现场，成功搜救出8名被埋压群众。

第四突击队负责全国公安消防部队支援四川抗震救灾的中转工作，先后组织警力1592人次，筹集被装、器材、医药、饮食等各类物资119批次，接转湖南、贵州、浙江、广东、河南、海南等总队抗震救灾人员15批次1566人。

抢险救援期间，大队一线官兵冒着余震危险，克服道路不通、缺水少粮、通信不畅等重重困难，抢救被埋压人员1516人，其中生还42人；转移受灾群众4620人，救治伤员2199人。

2008年7月，重庆市公安消防总队赴川抗震救灾救援大队被公安部授予“全国公安系统抗震救灾先进集体”称号；10月7日，被中共中央、国务院、中央军委授予“全国抗震救灾英雄集体”荣誉称号。

重庆市公安局特警总队

汶川特大地震发生后，按照公安部命令，重庆市公安局火速组织特警总队235名民警，紧急行进400余公里，到达灾情极为严重的北川救灾。到达目的地后，特警们顾不上长途跋涉的劳累饥饿，冒着随时可能发生余震的危险，迅速投入救援。在缺乏专业救援工具的情况下，民警们徒手挖掘，先后在废墟中抢救出12名幸存者，其中在北川新县城城区茅坝小学、曲山幼儿园废墟中，救出5名幸存人员。在救助3岁女孩张小雨时，由于现场能见度较低，女孩被埋较深，救援工作十分困难，只能用周围的木质残片支撑危险区域，徒手将压在女孩身上的砖石一块块挪去。民警们不顾自身安危，经过近5个小时的紧急施救，终于将女孩救出。

5月13日21时，民警们发现刚从灾区撤离的一所希望小学的86名师生在路边被大雨淋透全身，又冷又饿，就主动下车让师生上车休息，并将本已严重缺乏的干粮和水让给师生们，而民警们却冒着大雨，浑身淋透，在路边守护到次日凌晨5时。重庆特警在全力搜救幸存者的同时，还积极开展救助伤员、转移受灾群众等工作。18日，重庆特警接到群众求助，得知曲山镇东溪沟村8组一位老人在地震中受伤，因山体滑坡道路艰险，被困6天无法转移。总队得知这一情况后，迅速组织15名警力，翻山越岭徒步行进10余公里到达目的地，又经过7个多小时的“生命接力”，将老人从深山中背送至救治点。

为了抗震救灾，一些重庆特警做出了无私的奉献。七支队政委黄宗元85岁高龄的父亲病重住院，但他以大局为重，毅然赴四川救灾。5月16日，得知父亲病故的噩耗后，他强忍悲痛，打电话委托家人料理后事，自己坚持战斗在救灾一线。勤务训练指导科副科长陶庆斌的儿子连续发高烧，陶庆斌在家人的支持下赶赴灾区，协助总队领导认真做好勤务的组织实施，同战友们一起从废墟中搜救幸存者、救助伤员、转移灾区群众、维护灾区治安稳定。一支队一大队副大队长廖代宝妻子怀孕刚5个月，接到命令后电话告知妻子并委托父母照顾，即与战友们火速赶到灾区，始终奋战在救灾第一线，出色地完成了带队侦察灾情的任务，及时发现了唐家山堰塞湖重大险情。

因连续作战和受当地恶劣环境影响，重庆特警总队共有95名民警不同程度患病，但他们却始终坚守一线，最后上级只能强令其中6名病情最严重的民警回重庆住院治疗。因救灾工作表现突出，经组织考察，9名民警在救灾前线光荣加入了中国共产党。

2008年6月，重庆市公安局特警总队被人力资源社会保障部、公安部授予“公安系统抗震救灾英雄集体”称号；7月，被全国总工会授予“全国五一劳动奖状”；10月7日，被中共中央、国务院、中央军委授予“全国抗震救灾英雄集体”荣誉称号。

云南省公安边防总队抗震救灾医疗抢险队

5月13日凌晨，云南省公安边防总队接到上级命令，紧急组建医疗抢险队奔赴四川地震灾区执行救援任务。时间就是生命，仅仅24个小时，总队136名医疗队员、保障装备及17吨药品器材全部准备就绪。得知组队赴灾区救灾的消息，总队医院医生罗成富结束休假赶回部队要求参战；刚刚休完产假的护士苏爱红留下6个月大的女儿奔向战场。

5月14日8时30分，医疗队乘包机飞往成都，落地后立即向汶川灾区开进。当晚赶到都江堰市紫坪铺时，因前方道路阻断不能前行，医疗队便就地展开受伤群众搜救工作，当晚收治受伤群众28人。15日下午，112名队员尽可能多地携带医疗器械和药品，冒着余震不断、道路坍塌、泥石流随时可能发生的危险，徒步跋涉9个多小时，抵达汶川县漩口镇，迅速建起野战医院，展开医疗救护工作。30名救护队员冒着大雨和余震，爬进摇摇欲坠的漩口医院，从废墟中刨出一批垫褥、棉被和药品，为救治病人创造条件。

野战医院里，全体人员争分夺秒超负荷工作，全力医治救助受伤群众。一名妇女先兆流产，医生石云川迅速组织担架，和战友们一起把她抬到10公里外条件较好的医院，保住了妇女和孩子的生命。医生李明松和贾建刚带领18名卫生员用担架把120余名受伤较重的群众，抬到5公里外的医院治疗。在当地老百姓的眼里，野战医院的担架队就是灾区群众生命的希望。

医疗队副队长、云南省公安边防总队医院院长陈本善上山采集中草药，为灾区群众2300余人防病治病，参加救治伤病员800多人，在灾区被誉为“神医”。地震严重破坏了水源，漩口镇附近7个自然村、2000余名群众没有干净水喝。陈本善带领官兵冒着余震翻山越岭寻找水源，并用竹子当水管，连续奋战8个多小时，从5公里外引来救命水。

5月16日，医疗队巡回医疗小组赶到漩口镇最偏远的圣音寺村。群众震后第一次见到救援部队，很多老人激动地流下了眼泪。离别时，村支书焦主勤在麻醉科主任冉景华的笔记本上庄严地盖上了村委会的印章。他说：“没有别的送给你们，盖个印留给你们做纪念吧，你们永远是我们的亲人。"

漩口镇白花小学在地震中死亡8人、重伤12人，学校停课。医疗队把自用的12顶军用帐篷全部捐给学校，在废墟上建起一所"帐篷小学"，并为学生上了震后的第一节心理疏导课。

抗震救灾任务转入第二阶段后，当地群众最担心医疗队撤走，通过各种方式进行挽留。漩口抗震救灾指挥部指挥长和镇长专程赶到医疗队驻地，请求救护队在漩口多驻一段时间。漩口医院在门前的废墟上立下了野战医院纪事碑，驻地抗震救灾指挥部和地方群众赠送了14面锦旗。

在漩口镇的24个日日夜夜，医疗抢险队共派出救护小分队60组927人次，救治群众8200多人次，发放药品价值87万余元，投放消毒药品4.6吨，防疫消毒面积160多万平方米，处理危险物品27吨，清运垃圾60多吨，架设、修理饮水管道2000余米，为群众搭建帐篷202顶，运送和发放救灾物资80多吨。

2008年7月，云南省公安边防总队抗震救灾医疗抢险队被公安部授予"抗震救灾英雄群体"称号；10月7日，被中共中央、国务院、中央军委授予"全国抗震救灾英雄集体"荣誉称号。

河北省石家庄市公安局特警支队

5月16日，石家庄市公安局特警支队接到命令，立即挺进极重灾区汶川县三江乡进行救援。行进途中，山顶的石块不断坠落，仅有20厘米宽的山路泥泞难行，稍有不慎就会跌落悬崖。队员们不顾危险，每人身负40余公斤重的装备物资，翻越两座海拔2000多米的山峰，徒步行进百余公里；风餐露宿，每天平均休息时间不到5个小时，终于克服重重困难，在规定时间之前赶到三江乡，并立即开展救灾救助。

5月19日，刚刚从三江乡撤出的石家庄特警支队队员顾不上休息，立即在驻地周围就近开展救助工作。一户受灾群众家住楼上，楼体损毁严重，楼梯、墙壁均出现近20厘米宽的裂缝，加之当地余震频发，情况非常危险。看到受灾群众期盼的眼神，特警队员二话不说，进入危楼，抢运基本生活物品和重要财物。正在此时，余震再次发生，整个楼体摇摇欲坠。女主人看到仍在忙碌的特警队员们，眼泪止不住淌下来。她挡在队员们身前，死死拉住队员们的胳膊，恳求队员们："不要去了，太危险了。你们是人民的儿子，也是父母的儿子，你们不远千里来帮助我们，你们的父母也在担心、牵挂着你们，不能让你们冒着生命危险上去了，求求你们，不要上去了！"

看到驻地都江堰周围的孩子因校舍损毁不能上学时，石家庄特警支队开始筹划创建"帐篷学校"。支队征求公安部前线指挥部和当地教育部门的意见后，特警队员踊跃捐款8000余元，购置了必备的教学用具和日常物品，并从驻地挑选较大的帐篷作为教室，选调文化素质较高、有教学经验的民警在勤务之余为孩子们上课。6月10日，石家庄特警"心连心帐篷学校"正式开课，26名震后失学的孩子走进了特警队员们精心布置的教室。由于组织得力，孩子们都非常愿意到"帐篷学校”学习。一位孩子家长的话代表了全体孩子家长的心声：“地震发生之后，孩子们没有学上，这是我们家长最头痛的事。感谢石家庄特警开办了‘帐篷学校’，给孩子们创造了继续学习的机会。”

2008年7月，河北省石家庄市公安局特警支队被公安部授予“全国公安系统抗震救灾先进集体”称号；8月，被公安部记集体一等功；10月7日，被中共中央、国务院、中央军委授予“全国抗震救灾英雄集体”荣誉称号。

山西省公安消防总队赴四川抗震救灾救援大队

汶川特大地震发生后，山西省公安消防总队赴四川抗震救灾救援大队乘专机于5月14日5时抵达绵阳，随即赶往安县千佛镇执行救援任务。8时30分，当山西消防救援队行进至距千佛镇约20公里处时，道路被泥石流冲毁，全队官兵下车徒步负重前进。途中，从脱险群众那里了解到，千佛镇近万名群众和一些外地游客被困，情况危急。通往千佛镇的唯一一条山路，因山体滑坡已被封堵，救援人员要通过十分困难。山西消防救援队当机立断，决定由高绍钰、郭铜俊等36名官兵组成突击队，先期进入灾区了解灾情，恢复通信。

5月14日15时30分，山西消防救援队突击队出发。在翻越海拔约2800米的平梁埂山时，队员们不得不在陡峭的山坡上攀爬行进。快到山顶时，一处长约30米、坡度达80度的峭壁横亘在面前，两侧都是深谷。突击队员们冒着生命危险搭起人梯，先护送一名队员到达峭壁顶部，然后由这名队员放下救生绳，搭建成绳桥，帮助其他队员依次攀登通过。23时30分，突击队翻越了平梁埂山，于15日7时进入千佛镇，迅速恢复了与外界的通信联系，及时向大队报告了灾情。

5月15日晚，山西消防救援队进入千佛镇并与突击队会合。根据灾情，大队决定由高绍钰带领部分官兵组织受灾群众向山外转移，其余人员就地展开搜救。16日8时，第一批老、弱、伤、病、孕等近千名群众向山外出发，当到达平梁埂山山顶时，发现救援队铺设的绳索通道已被泥石流冲毁，群众无路下山。山西消防救援队官兵一方面分头做好群众的思想工作，防止因情绪激动造成拥挤、踩伤；一方面冒着山体滑坡和余震的危险，架设绳索，开挖道路，补修梯磴，加固了原有的绳索通道。经过3个多小时的努力，山西消防救援队终于铺设了一条新的绳索通道。16日17时30分，包括3名孕妇、13名骨折伤员和500余名老人、儿童在内的2000余名群众，被山西消防救援队安全转移到目的地。抗震救灾期间，山西消防救援队官兵英勇顽强、敢打敢拼，转移疏散群众5000余人，营救伤员42人，救出被埋压群众47人，挖掘清理遇难者遗体59具，搬运救灾物资30余吨，排除险情23处。山西消防救援队在崇山峻岭中，打通北川经茶坪的疏散路线，使得北川南部和千佛镇14个村庄、3万余人有了逃生的路线。

2008年7月，山西省公安消防总队赴四川抗震救灾救援大队被公安部授予“全国公安系统抗震救灾先进集体”称号；10月7日，被中共中央、国务院、中央军委授予“全国抗震救灾英雄集体”荣誉称号。

辽宁省公安消防总队赴四川抗震救灾救援大队

5月13日12时，辽宁省公安消防总队赴四川抗震救灾救援大队第一批救援队到达绵阳，立即赶赴北川。14日早晨，辽宁消防救援队在一个损毁严重的农贸市场的屋角处，发现一名女孩及其遇难的父母。一堵厚厚的墙壁平移四五米，压在两个大人身上，而小女孩的腿又被压在大人身下，不能移动。辽宁消防救援队立即分成两个攻坚组，利用切割、撑顶、扩张等不同工具，全力展开营救。经过奋力抢救，成功救出小女孩。这位被救出的小女孩，就是国务院总理温家宝为之让路、全国人民为之感动的3岁小女孩宋馨懿。15日上午，辽宁消防救援队首次尝试用绳索搭起生命的"天桥"，将被困在危楼里67个小时的72岁老人左树青救出。在北川，第一批救援队共救出30名生还者。

在第二批救援队中有一名叫郎猛的队员，地震发生时正陪未婚妻在商场里挑选结婚戒指，婚期定在5月17日。郎猛得知地震消息后，毅然决定推迟婚期，随第二批400多名战友奔赴四川灾区。然而，倔强的新娘坚持不改婚期。她说："如期举行婚礼这是我们的约定，我要用婚礼免去郎猛的牵挂，让他在地震灾区安心救人。"17日，没有新郎的婚礼如期举行，青川县抗震救灾指挥部利用刚刚开通的救灾指挥专线，让一对新人通过网络视频见面。婚礼给郎猛极大鼓舞，他与10名战友连续奋战6个昼夜，在大型机械不足、装备短缺的情况下，用双手在废墟中扒出遇难群众遗体16具，抢出现金70余万元、电视机等贵重物品价值50余万元。

第三批救援队中有入伍不到半年的新兵。5月15日到达绵阳后，官兵们立即赶往极重灾区平武县南坝镇救援。17日早晨，在得知19公里外的豆叩镇1000多名受灾群众被困、已断水断粮的消息后，官兵们主动请命，每人背负15公斤物资向豆叩镇进发。路上不断有飞石滚落，脚下是悬崖峭壁、滔滔江水，路面最窄的地方只有十几厘米宽，官兵们紧贴崖壁，两手攀扶着突出的岩石，脚尖站在断裂的路上，一步一步往前走。行进途中，17岁的战士刘悦手臂被石头划破了，19岁的战士王亮腿脚被碎石划出一道道血痕，但没有一人动用背包里运送给灾区群众的药水和绷带。经过近3个小时的艰难跋涉，他们终于到达豆叩镇，把救命粮和救命药送到被困群众手中。

2008年7月，辽宁省公安消防总队赴四川抗震救灾救援大队被公安部授予"全国公安系统抗震救灾先进集体"称号，被全国总工会授予"抗震救灾重建家园'工人先锋号'"称号；10月7日，被中共中央、国务院、中央军委授予"全国抗震救灾英雄集体"荣誉称号。

吉林省长春市公安局特警支队

汶川特大地震发生后，吉林省长春市公安局特警支队千里驰援灾区，先后转战于都江堰、汶川县水磨镇和三江乡、绵阳等地开展救援。5月15日，特警队员每人背负40多公斤重的食品和救援装备，徒步从都江堰向汶川县水磨镇急行开进。沿途道路完全被毁，交通中断，一侧是陡壁山崖，一侧是深谷中的岷江，凶险异常，队员们只得贴着山边行进。经过961米长的友谊隧道时，隧道内部已半面塌陷，道路崎岖，路面部分开裂，洞里漆黑一片，加之余震不断，隧道随时都有可能垮塌，又由于隧道内严重缺氧，不时有队员昏倒。但队员们咬紧牙关，靠着手电筒的微弱光亮，相互提醒相互搀扶着摸索前行，终于通过了这道鬼门关。经过连续9小时的急行军，长春特警支队率先进入水磨镇展开救援。

水磨镇信用社是一栋3层小楼，已倒塌一半，仅有营业室墙体上的一个豁口可以进出。信用社内存有大量现金、存单及电脑存储资料等贵重物品。支队长于勇带领4名特警队员，冒着随时可能发生余震的巨大危险，从豁口处小心进入。因空间过于狭窄，无法使用工具，队员们就徒手挖，不少人手指磨得鲜血直流。从瓦砾中挖出的保险柜因豁口小无法抬出，特警队支队长于勇就让信用社工作人员在豁口处作见证，打开保险柜，将染有特警队员鲜血的500多万元现金、108本存单（折）和电脑主机等重要物品迅速运送出来。在继续抢救其他物品时，一次强余震突然袭来，房顶“咔咔”作响，队员们急速撤退，随着“轰”的一声巨响，楼房完全倒塌。

5月16日，三江乡和外界仍然没有任何联系，成为汶川县最后一个救援盲区。9时，于勇精选40名特警和消防队员组成突击队，向三江乡方向挺进。由于沿途都是悬崖峭壁，队员们有的用锹镐挖出脚窝登山，有的拽住枝藤爬行。艰苦的急行军使很多人脚上都磨出了血泡，所有人的体力透支几近极限。特警队员沿途翻越3座大山，成功躲避2次山体滑坡，途经断崖、泥石流、陡坡等20余处危险地段，行程30余公里，历经7个小时，于16时许抵达三江乡。三江乡因地震伤亡多人，4000余名群众聚集在中心小学院内，每天每人只有一两米熬粥，缺粮断药。长春特警支队突击队员将携带的全部食品和药品发给群众，立即抢救伤员，抢挖粮食，并及时报告指挥部。指挥部紧急调度救援人员，次日即为三江乡送去2500公斤粮食和必要的药品。

抗震救灾期间，长春特警支队共救助被埋压人员和伤员436人，挖掘出现金500多万元及大量有价证券，抓获违法犯罪嫌疑人51人。

2008年6月，吉林省长春市公安局特警支队被人力资源社会保障部、公安部授予“公安系统抗震救灾英雄集体”称号；7月，被全国总工会授予“全国五一劳动奖状”；10月7日，被中共中央、国务院、中央军委授予“全国抗震救灾英雄集体”荣誉称号。

黑龙江省公安消防总队赴四川抗震救灾救援大队

汶川特大地震发生后，黑龙江省公安消防总队赴四川抗震救灾救援大队抵达灾区后分为3个突击队：第一突击队由副总队长梁明带领140名队员，徒步赴汶川县水磨镇、三江乡救援；第二突击队由副政委崔军带领146名队员，徒步赴汶川县漩口镇救援；第三突击队由副总队长林铁刚带领，分两路进入北川县城和北川中学坍塌现场救援。

梁明带领第一突击队抵达汶川县水磨镇、三江乡实施救援。在三江乡，黑龙江消防救援队冒着山上飞石、泥石流等危险，帮助灾区群众抢出粮食、生活物资，搭建临时住所，稳定群众情绪。在北川救援现场，林铁刚率领官兵进入北川中学、农贸市场坍塌建筑物内，在余震频发的情况下，艰苦救援，搜救、转移群众184名。在漩口镇，崔军带领救援队先后转战白花电站、水泥厂、阿坝铝厂等5个救援现场，连续奋战50多个小时，救出8名被埋压人员。

5月19日1时30分，救援官兵接到当地指挥部报警，漩口镇卫生院附近1600桶、约32吨过氧乙酸发生泄漏，全镇弥漫着强烈的刺激性气味，当地群众极度惶恐。崔军带领救援队赶到现场，马上实施警戒，组织群众有序疏散。总队副参谋长崔晓昆一直靠前指挥，带领救援官兵克服装备不足等困难，历时4小时30分，将1600桶过氧乙酸转移至安全地带，并完成对泄漏点实施堵漏和对泄露的过氧乙酸溶液进行稀释的工作。在整个抢险过程中，80%的抢险救援队员出现眼痛、咳嗽等症状，有15名官兵手足出现轻度灼伤。崔晓昆双脚在泄露的液体里浸泡了4个多小时，被严重灼伤。

抗震救灾期间，黑龙江消防救援队共转移受灾群众1320人，救助伤员34人，搜救被埋压人员193人，运输救援物资85吨，抢出居民粮食1.2吨和价值30万元的生活用品，拆除危房48栋。

2008年7月，黑龙江省公安消防总队赴四川抗震救灾救援大队被公安部授予“全国公安系统抗震救灾先进集体”称号，被全国总工会授予“抗震救灾重建家园‘工人先锋号’”称号；10月7日，被中共中央、国务院、中央军委授予“全国抗震救灾英雄集体”荣誉称号。

黑龙江省哈尔滨市公安局特警支队

汶川特大地震发生后，黑龙江省哈尔滨市公安局特警支队先后组织了两批计400余名警力，横跨4000余公里，从东北到西南参加抗震抢险救灾工作。

参与抗震救灾的哈尔滨特警支队第一批200名特警队员进入四川后，立即向汶川县三江乡挺进。虽然因山路被毁举步维艰，每人还要背负30多公斤的物资，但队员们不畏艰险，舍生忘死，于5月16日下午到达三江乡政府所在地。在当地群众引领下，队员们迅速赶到三江乡唯一一个灾区群众安置点——三江乡中心小学。在三江乡救援期间，特警官兵共转移群众1020名，救护伤员、病人824人，救出遇险人员4名，清理出遇难者遗体2具，保卫、守护重点目标3处，运送救援物资4000余公斤，参与巡逻堵卡600余人次，帮助群众抢出粮食5000余公斤，抢出价值8万余元的生活用品，捐赠帐篷24顶、睡袋210个，捐款18556.8元。同时，哈尔滨特警支队官兵还在断水、断电、通信中断的北川县城，面对唐家山堰塞湖溃坝的威胁，坚守七天七夜，维护治安秩序，协助卫生防疫，疏散群众，直到最后一名灾区群众安全撤离。哈尔滨特警支队第二批赴川队员200名，携带各种车辆24台，历时五天四夜到达成都市预定区域。

抗震救灾期间，哈尔滨特警支队共出动警力24530人次、车辆1819台次，配合成都市公安局金牛、成华、站前分局以及都江堰市公安局联勤，共完成大型警务活动8起，执行警卫任务5起，参与重点部位守护101次，疏导交通任务1990次。哈尔滨特警支队还积极为灾区群众解决实际困难，共调解各种纠纷762起，向灾区群众捐款捐物折合7.8万余元。

2008年6月，黑龙江省哈尔滨市公安局特警支队被人力资源社会保障部、公安部授予“公安系统抗震救灾英雄集体”称号；7月，被全国总工会授予“抗震救灾重建家园‘工人先锋号’”称号、“全国五一劳动奖状”；10月7日，被中共中央、国务院、中央军委授予“全国抗震救灾英雄集体”荣誉称号。

上海市公安消防总队赴四川抗震救灾救援大队

汶川特大地震发生后，5月13日23时，上海市公安消防总队赴四川抗震救灾救援大队官兵抵达都江堰，立即分为3支突击力量：一支由22名特勤官兵组成先遣突击队，乘直升机空降震中汶川县映秀镇救援；一支由308名官兵组成突击队徒步跋涉挺进映秀镇；一支由后勤、医疗人员组成的救援小组在绵竹市区和汉旺镇展开医疗救助行动。

5月14日17时41分，上海消防救援队先遣突击队空降映秀镇，迅速投入救援，从映秀小学的废墟中救出7人，其中李秋曼是先遣突击队在映秀镇救出的第一个幸存者。15日14时30分，上海消防救援队突击队300多名官兵冒着余震不断、山体滑坡的危险，经过17小时、70余公里的艰难跋涉，抵达映秀镇。50多岁的总队长陈飞不顾路途劳累，迅速召集相关负责人会商救援方案，及时成立了战地指挥部，建立通信指挥体系，确保救援工作科学、迅速、有效。救援队先遣突击队全体官兵，肩扛手刨一刻不停，连续作战八天八夜，搜救被埋群众23人，挖掘清理遇难者遗体335具，救治伤员167人，协助处理遇难者遗体110具。后勤医疗小组利用携带的7种140余件医疗器械以及大量药品，全力做好伤病群众的防病治病和灾区的防疫工作。

5月17日上午，上海消防救援队先遣突击队在国家电网映电总厂的废墟中搜寻时，发现第四层楼板中间有生命体征。为了不伤及被埋的幸存者，队员们用手刨挖、搬运混凝土块，有的战士手套磨破，手指血肉模糊，也全然不顾；有的战士因饥饿而头晕目眩，仍坚持背运石块。挖了近3个小时后，队员遇到一个重大阻碍：一根承载几十吨重废墟的支撑柱挡在面前，稍有不慎，就有可能再次发生坍塌。队员们更加小心翼翼，一点一点清理幸存者周围的碎块，经过10个小时的艰难救援，将被深埋达124小时的蒋雨航救出。

5月20日凌晨，上海消防救援队先遣突击队全力救援被深埋的马元江。在只能容纳一人的通道中，特勤队员周庆阳和王永强轮番上阵，开挖“生命通道”。就在一步步接近马元江时，一根硕大的横梁挡在了面前。两人采取“迂回”办法，经过4次迂回，打通近10米的通道，终于接近马元江，而此时两人已连续作战近16小时。其间，曾遭遇一次6级强余震，但他们毫不畏惧，始终没有舍弃幸存者，和兄弟部队一起终于救出被困长达179小时的马元江。

2008年7月，上海市公安消防总队赴四川抗震救灾救援大队被公安部授予“全国公安系统抗震救灾先进集体”称号；10月7日，被中共中央、国务院、中央军委授予“全国抗震救灾英雄集体”荣誉称号。

江苏省公安消防总队赴四川抗震救灾救援大队

汶川特大地震发生后的第二天，江苏省公安消防总队赴四川抗震救灾救援大队首批救援力量在车辆无法通行的情况下，携带沉重的救援器材强行军7个小时，徒步挺进北川。5月14日13时许，在北川曲山幼儿园救援现场，官兵们突然听到废墟下传出一个小女孩微弱的儿歌声："两只老虎跑得快，跑得快。"救援官兵立刻赶了过去。小女孩见有人来救她，就说道："叔叔，我叫任思雨，我唱歌就不会觉得疼了。"队员们一听，心如刀绞，立即争分夺秒展开救援。队员们奋力用无齿锯切割钢筋，用扩张器、液压顶杆一点点打开"生命通道"。为保护好孩子，战士们用身体挡住飞溅的混凝土，用双手刨开石头瓦砾，手扒出了血无人喊痛，肩磨出了泡无人停止。16时45分，任思雨被安全救出；随后，又有16名孩子被陆续救出。

5月14日凌晨，江苏消防救援队第二批救援力量赶赴什邡救援。16日，队员们探测到一栋建筑的二层有被埋压群众，立即利用机动链锯、金属切割机配合大型吊机，从三层平台位置清理大件倒塌物。之后，排长徐波在前，战士李德强在后，开始在废墟内挖掘救援通道。17时12分，救援人员接触到被困者刘德云。刘德云的左腿被横梁压住，两名救援队员使用液压撑杆、大小扩张器、千斤顶施救，仍无法将其左腿取出。看到刘德云左腿已坏死，在听取医生并征求本人及家属意见后，徐波果断地在洞内对其实施了截肢手术；16日18时30分，将埋压100多个小时的刘德云救出。

5月15日凌晨，第三批救援力量飞抵北川与首批救援力量会合。大队对所有救援人员实行战斗编组，将北川新城和老城区划为7个战斗区域，迅速展开生命大营救。16日晚，江苏消防救援队在一栋垮塌的7层居民楼二层发现北川羌族自治县社会保障局局长熊吉才。队员们采用垂直下探救人方案，利用凿岩机打穿层层楼板。正当救援取得重大突破时，突然传来上游堰塞湖可能溃坝、全城人员必须紧急撤离的消息。熊吉才的女儿熊臬闻讯急得大哭，江苏省公安消防总队总队长牛跃光对她说："你放心，我们一定不会让你成为孤儿！"牛跃光带领一个小分队继续营救熊吉才，到17日19时30分，被困125小时的熊吉才终于被救出。

在灾区的14个昼夜，江苏消防救援队抢救被埋压群众39人，营救被困人员534人，救助伤员784人，疏散转移群众3200余人，挖掘遇难者遗体352具，为受灾群众送医送药606户、1580余人。

2008年7月，江苏省公安消防总队赴四川抗震救灾救援大队被公安部授予"全国公安系统抗震救灾先进集体"称号，被江苏省委、省政府授予"江苏省支援抗震救灾先进集体"称号；10月7日，被中共中央、国务院、中央军委授予"全国抗震救灾英雄集体"荣誉称号。

江苏省南京市公安局特警支队

5月13日至7月19日，根据公安部指示精神，南京市公安局特警支队紧急启动应急预案，先后调集两批402名民警组成抗震救灾队，星夜兼程赴川执行灾区救援、维护社会治安稳定等任务。

5月15日下午，按照公安部抗震救灾前线指挥部调遣，南京特警支队队员人均携带3天干粮和必需的抢险装备近40公斤，跋山涉水徒步行军10个小时，穿越40多公里山路，奋勇挺进汶川县漩口镇。在汶川县施救期间，南京特警支队连续10天转战于漩口镇瓦窑村、赵家坪村、安子坪村、国道213线寿江大桥段等受灾严重的村庄和路段，全力以赴投入抢险救援工作。在瓦窑村等地，南京特警支队发现村中有多处裂纹较深、摇摇欲坠的危房，对群众生命安全造成严重威胁，且据居民反映，房内有灾区群众的粮食、药品等生活必需品。为保障群众的生命安全和生活需要，特警支队不顾房屋随时可能坍塌的危险，手搬肩扛，齐心协力把混凝土板抬下，并将危房推倒，把一大批药品、粮食等物资抢运出来。

5月17日，南京特警支队抵达赵家坪村，准备帮助群众运送救灾物资时，发现位于山腰的赵家坪村随时可能发生大面积山体滑坡，险情十分明显。经请示指挥部，南京特警支队立即挨家挨户上门动员，组织群众转移。转移途中，队员们抱着儿童，背起老人，遇到悬崖、裂缝带等危险路段，就手拉手组成人墙站在路边，保护群众安全通过。至当日19时，将352名村民及重要生活物资全部转移到安全地带。当夜，一场倾盆大雨造成山体大面积滑坡和泥石流，埋压了赵家坪村绝大多数村民房屋，村民们因撤离及时没有任何伤亡。

5月19日上午，南京特警支队在汶川县寿江大桥清理受阻道路时，一位从安子坪村脱险的村民反映，他们村受灾严重，村里通往外界的道路全被封堵，村民即将断粮。南京特警支队立即组织18名民警，背上100公斤大米及一些食品，赶往安子坪村救援。安子坪村海拔1100米，沿路有两处被泥石流阻断，南京特警支队绕道负重登山，一路艰难跋涉到达村里，把食物分发给村民，还帮助村民搭了5个防震棚，解决了受困村民的燃眉之急。

抗震救灾期间，南京特警支队共安全转移遇险灾区群众352人，救助伤员和提供医疗服务800余人，检查排除房屋、道路险情80余处，看护重点目标19处，清理受阻道路约1000米，从废墟中抢运出各种物资1235件，抢运装卸救灾物资80吨，看护救灾物资40吨；出动警力542人次，对灾区5家重点企业、国道213线漩口镇危险路段以及灾区群众聚集区执行巡逻任务；先后出动警力302人次，执行中央领导同志考察灾区警卫任务。

2008年7月，江苏省南京市公安局特警支队被全国总工会授予“抗震救灾重建家园‘工人先锋号’”称号，被公安部授予“全国公安系统抗震救灾先进集体”称号；8月，被公安部记集体一等功；10月7日，被中共中央、国务院、中央军委授予“全国抗震救灾英雄集体”荣誉称号。

山东省公安消防总队赴四川抗震救灾救援大队

山东省公安消防总队赴四川抗震救灾救援大队先后参加了都江堰、汶川县映秀镇、安县、彭州等地的救援工作。

5月13日18时25分，山东消防救援队第一批救援官兵53人抵达都江堰，立即兵分两路开展救援。一路由魏成福、孔庆岭等13名官兵组成，与成都市消防支队官兵一起，冒着山体滑坡、天黑路滑等危险，攀爬至青城山灵岩寺，协助将被困的12名游客从观光索道缆车上救下。另一路官兵在都江堰市城区救援，19时许，于兴波等7名官兵发现一名孕妇和一名老人被困在一个倒塌楼房内不到40厘米高的空间内，立即与成都市消防支队官兵密切配合，在挖掘机、电动破拆工具无法使用的情况下，想尽一切办法，用凿子凿、用电钻钻、用氧焊枪烧、用冷水浇。虽然多次发生余震，整个危楼摇摇欲坠，但救援队员始终没有停下。经过艰苦努力，官兵终于打开救援通道，将被困50多个小时的孕妇及其母亲救出。

5月14日8时，山东消防救援队第二批403名官兵抵达都江堰，分成两支突击队。第一突击队冒雨强行军21小时向震中映秀挺进，于15日15时抵达。到达后，官兵们立即投入国家电网映电总厂、映秀小学等现场营救，连续奋战80多个小时，成功救出28名被困群众。士官李晓改在救援两名被埋压群众时，5次倒立进入通道实施作业，身上多处被断裂的钢筋划伤，经过4个多小时的努力，将两名被困群众救出。第二突击队经过一夜的急行军，于15日上午到达海拔1600余米的彭州市小鱼洞镇董坪村，连续作战72小时，从废墟中解救出群众16人，转移被困山顶的群众100多名。

5月15日凌晨，山东消防救援队第三批救援力量315名官兵抵达安县。在向海拔2700米的董家山挺进途中，山顶不断有碎石滑落，许多官兵受伤，但他们全然不顾，终于找到了被困深山中的群众。救援官兵利用腰斧劈出简易的下山台阶，用随身携带的安全绳结成绳索扶手，在悬崖绝壁上开辟出一条“生命通道”，将2780名被困群众安全转移。

抗震救灾期间，全体官兵发扬“一不怕苦、二不怕死”的战斗精神，冒着余震攀危楼、钻险洞、不放弃，连续作战八天八夜，共救出被埋压人员130人，转移被困人员2800余人。

2008年7月，山东省公安消防总队赴四川抗震救灾救援大队被全国总工会授予“抗震救灾重建家园‘工人先锋号’”称号，被公安部授予“全国公安系统抗震救灾先进集体”称号；9月，被山东省委、省政府授予“山东省抗震救灾英雄集体”称号；10月7日，被中共中央、国务院、中央军委授予“全国抗震救灾英雄集体”荣誉称号。

河南省公安消防总队赴四川抗震救灾救援大队

汶川特大地震发生后，河南省公安消防总队赴四川抗震救灾救援大队第一梯队在四川什邡蓥峰实业有限公司、宏达化工厂开展救援。

5月14日上午，救援人员在什邡蓥峰实业公司救援现场发现一名被困者。由于施救空间狭小，特勤大队副大队长李隆和特勤二中队代理排长夏竞等，利用千斤顶、切割机进行了3个多小时的轮流作业，成功救出被困者何春涛。下午，经过河南消防救援队近4个小时的努力，救出宏达化工厂2名女工，后又救出3名生还者。在抢救职工戴军勇时，由于埋压位置深，被困者左腿被水泥大梁卡住，家属强烈要求截肢以保全其性命。现场指挥人员在科学判断的基础上，表示将尽全力保障伤者生命，并设法保全伤者的左腿。救援人员用木头顶住随时可能倒塌的墙体，身材瘦小的管晨齐、李明伟、孙家权、吴明星等爬进狭小空间，轮流作业，昼夜奋战，历时23个小时，将戴军勇安全救出。

公安部抗震救灾前线指挥部发出生命大营救的总攻令后，河南消防救援队3个梯队的官兵昼夜奋战，不放过每一个角落，不放弃每一个生命。5月17日7时30分，根据反复探测，救援队确定蓥峰实业公司综合楼废墟底层有一名被困人员。河南消防救援队特勤大队副大队长李隆立即带领陈小平、张永军、王洪浩、喻志远等官兵利用钢钎、弧氧切割机等工具，对建筑残体强行破拆，并徒手掏挖狭小的通道，对被困者不停喊话安慰，利用塑料软管从缝隙处输送牛奶、饮用水。队员们双手虎口被震裂出血，身体多处被划伤刺破，但没有一人停歇。18时15分，被埋压124小时的卞刚芬被救出。

河南消防救援队救援小组组长姚红卫的父亲32年前作为工程兵参加了唐山大地震的抗震救灾，此次姚红卫也参加了汶川特大地震抗震救灾。姚红卫带领支队20名特勤官兵奔赴绵竹市汉旺镇，连续奋战10多天，先后从废墟中清理出遇难群众遗体11具，找到15万余元现金、30余万元存折和一些贵重物品，交给当地政府。

抗震救灾期间，河南消防救援队共派出409名官兵，先后共营救出遇险群众10人，挖掘清理遇难者遗体184具，救助受灾群众377人，找回银行存折和现金价值580余万元。

2008年7月，河南省公安消防总队赴四川抗震救灾救援大队被公安部授予“全国公安系统抗震救灾先进集体”称号；10月7日，被中共中央、国务院、中央军委授予“全国抗震救灾英雄集体”荣誉称号。

河南省郑州市公安局特警支队

汶川特大地震发生后，郑州市公安局特警支队按照上级命令，迅速成立由206名特警队员组成的抗震救灾工作队，于5月13日深夜紧急赶赴四川抗震救灾第一线。

5月15日12时，郑州特警支队奉命前往汶川县漩口镇。因山石塌方、山体滑坡，通往漩口镇的道路被彻底损毁，30公里的路途只能徒步而行。全体队员不顾道路崎岖，冒着余震不断的危险奋勇前行。在穿越一个隧道时，突然发生余震，整个隧道被山体挤压，发出巨大的响声，水泥块不断向下掉落。郑州特警支队队员们相互掩护，迅速冲出了隧道。到达漩口镇后，队员们发现，因陆路交通严重受阻，漩口镇的临时码头一时间成了汶川灾区群众的“生命渡口”，每天都会挤满几千名甚至上万名等待撤离的受灾群众，而载人冲锋舟每次只能带走10个人。为组织群众有序转运，郑州特警支队队员们找来3根竹竿，插在河滩上，树起“两道门”，一道门按照灾区伤残群众和老、孕、妇、童的顺序登船，一道门供其他人排队候船。慌乱的灾区群众随即秩序井然，分批次顺利登上冲锋艇。当看到冲锋舟因满载人员“吃水”较深而难以驶离时，郑州特警支队队员们又毫不犹豫地跳进冰凉刺骨的岷江中，将冲锋舟推进深水区。一天下来，队员们要下水推舟30余次，确保了这条“水上生命线”的正常运转。

5月18日1时许，郑州特警支队接到通知，营地旁一辆装载32吨过氧乙酸的货车发生泄漏，而附近驻扎着两个医疗队、几个城市的特警队员和消防官兵共2000余人，一旦发生爆炸后果不堪设想。郑州特警支队队员们不顾连日的疲惫，立即进入战斗状态，在没有防毒面具、胶皮手套等防护工具的情况下，与消防官兵一起，分成3个梯队轮流上阵，一边挑来凉水给消毒液降温，一边对每桶过氧乙酸进行检查。经过近5个小时的连续工作，成功排除了险情，32吨过氧乙酸被安全转移，无一人受到伤害。

6月1日，郑州特警支队坚守在唐家山堰塞湖泄洪江油淹没区，负责保护群众安全撤离到安置区，而队员们也将成为泄洪时的最后撤离者。7日1时许，突降大雨，堰塞湖水位不断上涨，危险一步步逼来。危急时刻，特警队加大了巡逻密度，且不顾危险与当地民警一起参与救援，转移受困群众，确保泄洪前淹没区内没有一名群众滞留。特警队员们顽强拼搏、无私无畏的精神深深感动了灾区的群众，与当地群众结下了深厚的感情，特警队员自发捐款5万余元表达对受灾乡亲们的心意。

2008年6月，河南省郑州市公安局特警支队被人力资源社会保障部、公安部授予“公安系统抗震救灾英雄集体”称号；7月，被全国总工会授予“全国五一劳动奖状”；10月7日，被中共中央、国务院、中央军委授予“全国抗震救灾英雄集体”荣誉称号。

广东省深圳市公安局特警支队

汶川特大地震发生后，广东省深圳市公安局特警支队于5月13日至7月31日，先后两赴四川地震灾区救灾。

5月14日，深圳特警支队挺进什邡市红白镇途中遇到公路塌方，在无法驱车进入的情况下，副支队长傅建文、副主任赵建水带领二大队全体民警，徒步10余公里赶到红白镇中心小学校区搜救生还者。全体民警在3次较强的余震中冒险展开搜救，采用绳拉手挖的方法，发现并挖掘出遇难者遗体4具。在灾区期间，队员们克服了环境恶劣、条件简陋等困难，努力搜救被困群众，累计救助灾区群众1351人，救出生还者1人，挖掘遇难者遗体60具。

深圳特警支队负责警戒的封控区域，是汶川县映秀镇受灾最严重的地区，封控区执勤点环境恶劣。在晴天，来往的施工车辆频繁，尘土飞扬，队员们执勤时穿的黑色执勤服很快就变成了灰色；雨天则泥泞不堪，行走困难。但无论周围环境如何恶劣，深圳特警支队队员们执勤上岗始终保持警姿端正，警容严整，严格检查过往车辆。卡点执勤民警还利用休息时间，为卡点附近的村民砍柴、收割庄稼、浇灌菜地、清扫马路，凡是民警们遇到村民们求助，都尽全力帮助。

7月3日13时55分，映秀镇1号水源点执勤卡点旁边的山体突然发生滑坡，从山坡上滚落的巨石和泥土几秒钟内冲出近30米远，深圳特警支队一部警用摩托车及执勤点帐篷瞬间被埋，水源点停放的一部军用卡车被部分埋压。深圳特警支队执勤民警临危不惧，成功将一名到水源点取水的老人救出。

为解决灾区群众遇到的生活困难，深圳特警支队赴川特警临时党委提出：“在灾区人民面前不说‘不’字，在当地党委政府和公安机关面前不说‘难’字。”他们积极开展走访慰问活动，在走村串户调查安全隐患的同时，注意了解和掌握孤寡老人、断奶孤儿、贫困伤残家庭情况。抗震救灾期间，深圳特警支队给映秀镇中小学生捐赠校服200余套价值2.4万元；举行

“心连心、献爱心”活动，给绵虒小学捐赠现金1.25万元和一批价值8000元的书籍、书包、文具。

抗震救灾期间，深圳特警支队完成了人员搜救、高危污染区封控、“生命线”交通疏导、重要目标警戒、治安巡逻、政要警卫等任务。

2008年6月，广东省深圳市公安局特警支队被人力资源社会保障部、公安部授予“公安系统抗震救灾英雄集体”称号；7月，被全国总工会授予“全国五一劳动奖状”，被广东省委、省政府授予“广东省抗震救灾先进集体”称号；10月7日，被中共中央、国务院、中央军委授予“全国抗震救灾英雄集体”荣誉称号。

宁夏回族自治区银川市公安局特警支队

汶川特大地震发生后，宁夏回族自治区银川市公安局特警支队进入四川地震灾区一直坚守在什邡市的蓥华镇、八角镇和红白镇，执行维护灾区治安、开展抢险救灾、服务灾区群众、帮助灾后重建等任务。6月10日晚，暴雨倾盆，银川特警支队队员们得知雪门寺和高桥村两个居民点的受灾群众都在冒雨加固帐篷后，立即带上工具冲到居民点，冒着瓢泼大雨加固帐篷、搬运物资、深挖排水沟。在近5个小时的抢险中，银川特警支队队员们帮助群众维修加固帐篷130多顶，搬运物资900余件。11日2时，队员们拖着疲惫的身躯回到营地时，却发现营地的积水已有半米多深，被子、褥子、衣服、鞋子等物品早已泡在水中，根本无法休息。

7月14日22时，电闪雷鸣风雨交加，正在绵竹市金花镇石亭江大桥检查点执勤的银川特警支队队员感到脚下大地剧烈地颤抖起来，原来是山顶落下的巨石将一辆农用车掀入4米多深的沟中，车头已被砸扁，司机脸上血肉模糊，由于痛苦而剧烈地抽搐着，左大臂也严重变形。“快，救人！”随着喊声，队员许立军迎着暴雨和落石第一个冲了上去，紧跟着，几名队员也冲了上去。此时，暴雨夹杂着滚落的碎石不停地落在特警队员的身旁和脚下，情急之下，银川特警支队队员们抱起受伤司机，一边用手扒着湿滑的泥石向沟边爬，一边用身体护住伤员，冒着飞滚的乱石，拼尽全力将伤员抬出深沟送往医院。

在灾区的两个多月，银川特警支队共出动警力6501人次、车辆1281台次，抓获违法犯罪嫌疑人13人，处置突发性事件10起，疏散、转移群众3285余人，捐款捐物折价近2万元。

2008年7月，宁夏回族自治区银川市公安局特警支队被全国总工会授予“抗震救灾重建家园‘工人先锋号’”称号；8月，被公安部记集体一等功；10月7日，被中共中央、国务院、中央军委授予“全国抗震救灾英雄集体”荣誉称号。

公安部抗震救灾前线指挥部指挥组

公安部抗震救灾前线指挥部指挥组，主要负责全国公安消防部队抗震救灾的组织指挥工作。

汶川特大地震发生后，公安部应急救援机制全面启动，抗震救灾前线指挥部及指挥组迅速成立。5月12日16时20分，公安部指挥组命令重庆等九省（市）公安消防总队做好增援准备。17时20分，向全国公安消防部队印发《公安消防部队地震救援跨区域应急预案》；灾害发生24小时内，两次从全国紧急调集公安消防特勤队员6000余名乘坐包机驰援一线。15日凌晨，公安部指挥组再次急调2000余名公安消防特勤队员增援灾区；至11时，13434名公安消防特勤队员、646辆消防抢险救援车、62条搜救犬，以及近20万件（套）搜寻、救生、破拆、撑顶、照明、防护等抢险救援特种器材，全部投入救灾战斗。汶川地震抗震救灾紧急驰援，调集警力之多、涉及范围之广、集结速度之快，在中国公安消防历史上均属首次。

5月13日上午，公安部指挥组组长郭铁男飞抵四川灾区，深入一线指挥公安消防部队救援战斗。他带领指挥组深入成都、都江堰、绵竹市汉旺镇等重灾地区，冒着余震不断、山体滑坡、建筑物随时可能倒塌的危险，一面组织抢救生命，一面了解前线情况。面对复杂、严峻的灾情，郭铁男凭着30多年参与抢险救援的实践经验，凭着对灾害现场情况的准确了解和判断，与指挥组人员研究提出了“抢占先机、就地展开、由近及远、梯次推进”16字作战行动原则，确定了“发挥专业优势，科学施救，用最快速度，最大限度地抢救生命”的战斗目标，并划分了5个救援任务区分区作战。

5月13—14日，公安消防救援力量投入到灾情最严重的德阳、广元、绵阳、阿坝等市（州）的9个县（市），以人员密集的学校、医院、居民楼、商贸市场等建筑物坍塌场所为重点，全力搜救被埋压群众，共从废墟中救出生还者1118人，转移和解救群众43105人。当得知汶川县映秀镇尚无专业救援力量时，指挥组立即把上海、安徽、四川公安消防特勤人员组成突击队，携带生命探测仪、液压切割机、照明设施等设备，由陆航团3架直升机空运到映秀镇，成为进入该区域的第一批专业救援力量；随后又调集800名公安消防特警徒步挺进映秀，与首批到达的队伍会合编队，全力抢救群众生命。

黄金救援时间72小时过后，公安部抗震救灾前线指挥部下达了抢救生命的总攻令。公安部指挥组指挥消防特勤人员运用多种生命探测设备和搜救犬，克服一切困难，对生存者实施地毯式搜寻，当天就搜救出被埋压人员264人，挖掘清理遇难者遗体1263具；同时，指挥消防官兵进村入户，扩大搜救范围，不放弃每一个生命的救援机会。5月20日前，消防专业力量全部进入受灾最严重的汶川、什邡、北川、青川等9个县（市）及所属32个乡（镇）126个村寨，创造了一个又一个生命救援的奇迹。如江西公安消防救援队在汶川县映秀镇救出被深埋146小时的沈佩云，山东公安消防救援队在国家电网映电总厂救出被深埋150小时的虞锦华，云南公安消防救援队在绵竹市汉旺镇挖出被深埋165小时的王华珍，上海公安消防救援队从建筑物坍塌废墟中救出被埋压179小时的马元江。

抗震救灾期间，公安部指挥组坚决贯彻落实中共中央、国务院和公安部的战略部署，从全国27个省（区、市）紧急调集13434名公安消防专业人员，投入到成都、德阳、绵阳、广元、阿坝等地震灾区抗震救灾，指挥全体参战官兵争分夺秒、科学施救，共抢救被埋压人员1701人，挖掘清理遇难者遗体6399具，解救转移被困群众51730人，并确保部队在各项救援行动中无一人牺牲。

2008年7月，公安部抗震救灾前线指挥部指挥组被公安部授予“全国公安系统抗震救灾先进集体”称号；10月7日，被中共中央、国务院、中央军委授予“全国抗震救灾英雄集体”荣誉称号。

四川省公安边防总队

汶川特大地震发生后，四川省公安边防总队提出“一切为了灾区、一切服从抗震、一切保障前线”的口号，全警动员，全力以赴做好机场安检服务和抗震救灾保障工作。

地震发生时，正值成都双流机场出入境检查的高峰，候检大厅严重受损，与外界通信全部中断，旅客慌作一团。四川省公安边防总队立即启动应急预案，安抚候机旅客，加开检查通道，引导旅客有序疏散、快速通关；同时，安排双倍警力，加强卡口巡视和查缉布控，防止漏检漏查和敌对势力、不法分子利用地震浑水摸鱼。

地震发生后，国际社会和香港、澳门、台湾纷纷派出搜救、医护人员到四川抢险救灾。为保证救援人员和救灾物资及时到达地震灾区，四川省公安边防总队坚持前移关口，简化手续，提高效率，特事特办，调整执勤警力，提前预报预检，登机办理手续。对来不及办理签证的搜救、医护人员，都尽可能在最短时间内办理临时入境、停留许可，全力保证救援人员和物资顺利抵达灾区。从5月12日至6月8日，四川省公安边防总队共检查出入境航班513架次、旅客28255人次，未发生一起旅客意外安全事故，未发生一起勤务差错事故，确保了口岸安全稳定，维护了国家主权和形象。5月13日至6月8日，四川省公安边防总队共检查来自30个国家和地区的救援包机320架次，为国际（地区）搜救人员和医护人员3200余人次提供快速通行服务，确保了抗震救灾空中“绿色通道”畅通无阻，受到联合国秘书长潘基文及国际救援人员的赞扬。

抗震救灾中，四川省公安边防总队还承担了为4支公安边防部队医疗队共600余名官兵提供后勤支援的重任。面对人少车少、物资紧缺、通信不畅、交通中断等诸多困难，四川省公安边防总队想尽一切办法、用尽一切力量，千方百计协调省市抗震救灾指挥部和地方运输、医疗等部门，为救灾部队租、调各类卡车、客车，采购运送食品、饮水、被装等生活物资和各类药品、器械。特别是5月13日、14日，总队调集大小车辆70多台、派出11名干部担任向导和联络员，将先后到达成都的600余名救援官兵和10余吨给养、装备和药品及时安全送到都江堰市紫坪铺镇、绵竹市汉旺镇、汶川县漩口镇等地，保证救灾部队快速进入极重灾区一线。总队长李维际、副总队长何进等冒着余震、塌方、泥石流等危险，7次往返汶川漩口、三江、映秀和绵竹汉旺、安县等极重灾区，跟踪搞好后勤保障，切实做到救援部队走到哪里、后勤保障就跟进到哪里，确保奋战在一线的抢险救援官兵始终保持旺盛的体力和战斗力。

地震发生后，四川省公安边防总队驻扎在灾区的部队也遭受到严重的地震灾害。尽管自身受灾，总队官兵还是积极为地震灾区捐款4.2万余元，为绵阳市红十字会捐赠价值8万余元的药品，为安县灾区群众协调解决帐篷50顶。

2008年12月6日，四川省公安边防总队被国务院、中央军委记二等功。

中国人民解放军抗震救灾英雄集体

沈阳军区北川野战医院

沈阳军区北川野战医院是奉总部、军区命令，以沈阳军区总医院及所属第463医院为主，抽调123人组成医疗、防疫和心理救援分队，到极重灾区北川羌族自治县后开设的野战医院，在沈阳军区总医院副政委王凤辉带领下，参加抗震救灾。

汶川特大地震发生后，沈阳军区总医院600多名医护人员纷纷请战参加抗震救灾。5月16日深夜接到抽调组建命令后，医院党委两个半小时内完成抽调组建任务，第二天清早就乘专机奔赴四川灾区。全体医疗队员喊出了“早一秒到达灾区、受伤群众就多一分生的希望，早一秒展开救治、受伤群众就少一分死的威胁”的口号，不顾山路阻断和余震威胁奋勇挺进，不顾连续两昼夜机动数千公里的劳累连夜安装医疗设备。19日1时许，北川野战医院开始收治伤病员。

由于北川医疗系统完全瘫痪，为方便灾区人民就医，野战医院组成集医疗救治、心理救援、宣传教育为一体的应急分队，开展巡回医疗服务。为争分夺秒治病救人，应急分队前往4个安置点设置就医点，派出值班队员近百人次，就地诊疗5600余人次，转送医院诊疗1200余人次。5月19日凌晨，当得知被困在矿井中100多个小时的赖元平等人急需血浆时，医院血站迅速送去救命的血浆。29日，北川羌族自治县抗震救灾指挥部存放的消毒剂遇到雨水产生大量刺激性有毒气体，现场抢险的大批武警官兵中毒，医院反应迅速、救治及时，洗消伤员60人，收住院29人，紧急手术15例，使16名重度中毒官兵脱离生命危险。6月13日，一辆载有自贡市应急民兵分队3连30多人的大客车翻入山沟，多人受伤，副政委王凤辉和野战医院院长杨金宝带领救护人员赶赴现场抢救，使19名重伤员全部脱离生命危险。

7月21日，医院73名医疗队员奉命回撤，其他50名骨干力量依然留守。留守的医务人员在做好当地群众医疗卫生工作的同时，对北川羌族自治县人民医院、擂鼓镇卫生所实施全面重建帮扶和技术帮带；组织各专业高职称、高学历专家组成技术帮带专家组，通过专题讲座、教学查房、手术示教等方式带教灾区医务人员100多人，帮助规范医疗护理制度20余份；还深入村卫生所开展帮建工作，组织专家与卫生所医生共同出诊，协调药品器材，帮建配套设备，使7所县、乡镇医疗卫生机构救治服务功能得到迅速恢复。

在震区的94天中，沈阳军区北川野战医院共诊治病人25044人次，巡诊7617人次，心理服务3977人次，实施各类手术1508例，输液治疗2229人次，心理咨询与干预治疗3805人次，开展卫生防病宣传1.41万人次，做到了零差错、零感染、零死亡。卫生部部长陈竺到医院检查工作时评价说：“沈阳军区北川野战医院是北川县唯一的一所野战医院，位置最靠前，最关键，也最艰苦，充分体现了军队特别能吃苦、特别能战斗的精神，起到了重要的战略支撑作用。”

2008年9月，沈阳军区北川野战医院被卫生部、食品药品监管局、中医药局、总后卫生部授予“抗震救灾医药卫生先进集体”称号；10月7日，被中共中央、国务院、中央军委授予“全国抗震救灾英雄集体”荣誉称号。

第二五五医院

5月16日16时，解放军第255医院遵照上级命令，组织医院野战医疗所迅速集结，仅用10个小时就完成了抽调组建动员、物资筹措和编组装载。17日上午，162名官兵集结完毕，携带46台套装备，奔赴四川灾区抗震救灾。到达绵竹灾区后仅用90分钟就完成了野战方舱医院的快速开设，当天接诊救治436人。急诊科医生程如峰在接诊帐篷内连续工作15个小时，耳朵被听诊器磨出了疖肿。护理组的39名护士每人负责80名伤病员的护理，每天从方舱到病区往返上百趟，累得腿脚出现水肿。放射组张仕平、杜巍、张晓明3名技师每天要为上百名伤员拍照透视，按规定每检查一个病人后，必须离开放射舱20秒钟以减少辐射，以免造成放射线对身体的伤害，但为了不耽误病人治疗，没有一个人愿意离开。连续10多个小时坚持在放射舱的技师张仕平，因受X线辐射过量，白细胞从8500下降到4800，头疼呕吐，仍然坚守岗位。重症监护组只有6名医生护士，人少无法替换，他们寸步不离地守在重伤员的床前。

5月20日14时，空降兵救援队救出被困在山洞里196小时的矿工赖元平。赖元平被紧急送到野战医疗所时，双眼紧闭，脉搏每分钟只有50次，血压降到70/40毫米汞柱，肾功能严重衰竭，右后脑被石头砸开的一条5厘米长的伤口已经化脓，身体瘦得只剩一把骨头。医护人员以最快速度确定了最佳救治方案，马上给赖元平输血、输液、给氧、清创。夜里赖元平高烧39度，守候的护士一遍遍用酒精给他擦洗身体降温。经过一天一夜的紧张抢救，赖元平终于恢复了正常的呼吸、心跳。待各项生命体征趋于平稳，医务人员又紧急与军区总医院等6家军内医院专家远程会诊，实施巩固性治疗。在抢救赖元平的同时，医院又接收了两名“特别”病人。绵竹市公安局警察赵刚和姜明全在地震发生后，辗转八天八夜，历尽千辛万苦，把500多名被困深山的群众带到安全地带后，分别因患有糖尿病和严重的心脏病，倒在地上昏迷不醒。医护人员全力抢救了三天三夜，终于使两位病人转危为安。

5月25日，家住兴隆镇川木村的临产孕妇韩静，由于胎儿脐带绕颈两周被送到野战医疗所。医护人员在野战方舱内为她做剖腹产手术，26日9时56分，随着一声响亮的啼哭，一个新生命在灾区的方舱医院里诞生。

抗震救灾期间，野战医疗所接诊各类患者27359人次、巡诊18600余人次，开展卫生防疫1507万平方米；实施手术1106台，无一例感染，成功率达到100%。野战医疗所党委还主动建议并协助当地政府在灾区率先建成一所床位800张、日门诊量达2500～3000人次的军民共建抗震救灾医院，邀请2003年抗击“非典”期间任北京小汤山医院院长的第二军医大学校长张雁灵到绵竹介绍小汤山医院建设经验，为灾区人民留下了一座“不走的抗震医院”。

2008年9月，第255医院被卫生部、食品药品监管局、中医药局、总后卫生部授予“抗震救灾医药卫生先进集体”称号；10月7日，被中共中央、国务院、中央军委授予“全国抗震救灾英雄集体”荣誉称号。

68212部队

汶川特大地震发生后，解放军68212部队部队长叶大斌、前后任政委张学文和杨岳辉组织2102名官兵参加抗震救灾。

5月13日，部队直属工兵连接到抢通嘉陵江河道堰塞体的命令后，66名官兵火速奔赴救灾现场。该连组成“党员攻坚队”“士官突击队”轮流连续作业，经过八天八夜连续奋战，共打炮眼3000多个、爆破山石2万余立方米，在坚硬的石堆上开辟了一条长175米、宽16米、深3米的导流渠，嘉陵江险情被成功排除。

5月22日，刚刚抢通嘉陵江河道的工兵连官兵，来不及休息又投入到宝成铁路109隧道的抢险。官兵们用肩膀扛进400多吨抢修隧道急需的水泥和沙石，从7时开始，一干就是整整12个小时。23日23时，离上级限定的通车时间仅剩10个小时，隧道里的废渣还堆积如山。指挥部焦急万分，又把清理废渣的任务交给工兵连。在连续22个小时的艰苦奋战中，工兵连官兵已累得筋疲力尽，但没有一个人肯停下来休息。24日7时，官兵们终于清除了通车前的最后障碍，共抢运水泥3000袋、清理垃圾2500袋。9时53分，中断行车283小时的宝成铁路终于全线贯通。

文县范坝乡，因道路阻塞一度成为“孤岛”。部队派出一支95人的救援小分队，携带食物和药品，沿着陡峭的山路向范坝乡开进。经过一整天的艰难行军，小分队终于到达与外界隔绝80多个小时的范坝乡，及时报告了“孤岛”的灾情。6月8日19时38分，陇南市武都区五库乡遭遇60年不遇的特大泥石流。面对突如其来的灾难，部队炮兵营高炮连87名官兵及时展开了一场生死大营救。经过5个多小时的奋战，终于将25名学生和6名群众转移到安全地带。

5月16日，部队长叶大斌带领3营部分官兵在文县中庙乡清理危房时，看到即将参加高考的学生由于学校教学楼倒塌无法上课。部队领导商量，立即安排90多名战士住上卡车，挤出8顶帐篷，办起灾区“帐篷学校”。在兰州军区的支持下，部队随后又陆续在10个乡（镇）办起13所“帐篷学校”，帮助5121名学生重新回到课堂，并选派12名大学生干部辅导学生，为学生免费提供一日三餐，为学生检查身体，进行心理疏导。

执行抗震救灾任务期间，部队还在文县建设了4个灾后安置示范村，使灾区很快恢复了生产生活秩序，被当地政府和群众亲切地誉为“爱民村”“幸福村”。

转入“进村入户”阶段后，部队组织4个营党委、13个分队党支部与任务区乡党委、村党支部广泛开展“联建共促”活动，主动帮扶群众；搜救群众8316户，救治伤病员5986人，拆除危房5万余间，抢出粮食30.1万公斤，收割庄稼106.92公顷，疏通乡村公路270余条413.5公里，为群众进行机械操作、科学种养等实用技术培训226场次，向灾区捐款35280.8元。

2008年10月7日，68212部队被中共中央、国务院、中央军委授予“全国抗震救灾英雄集体”荣誉称号。

68202部队25分队

汶川特大地震发生后，解放军68202部队25分队分队长张建新、教导员成雪峰组织297名官兵参加抗震救灾。

5月13日10时30分，分队先遣队随部队指挥部迅速向陇南灾区开进。24小时的行军途中，官兵们只吃了一顿饭，但没有一人叫苦叫累。部队行进至徽县，接到甘肃省抗震救灾总指挥部命令，分队先遣队兵分两路，一路奔向徽县境内的宝成铁路109隧道，一路奔向文县碧口镇。14日，赶赴文县的分队从成县出发，沿国道212线向文县急行军。380公里的路程，遇到600多次塌方，官兵们迅速清理76处山体滑坡路段、1100立方米土石方后，终于提前赶到文县碧口镇。当时碧口镇到范坝乡路段出现重大滑坡，道路阻断，范坝乡已成为“孤岛”。15日，分队出动由9名官兵和3台机械、1辆自卸车组成的道路抢修小分队，前往范坝乡抢修受阻路段。官兵们连续奋战54小时，清除塌方路段80多处、土石1.5万多立方米，解救被困车辆100余辆，转移被困人员300多人。此后，这支道路抢修小分队又连续奋战8个昼夜，成功打通碧口镇、范坝乡至文县，尖山乡至口头坝乡，文县至铁楼乡3条交通要道。在前后20多天的道路抢修战斗中，这支小分队先后连通10多个乡（镇）、30多个村庄，抢修被毁路段650多处、113公里，清理土石2.6万余立方米，为后续部队顺利进入灾区提供了有利条件。

地震后，宝成铁路109隧道徽县嘉陵江段山体垮塌，江水被堵，形成一个回水长度约4公里、蓄水量达100万立方米的堰塞湖，严重影响国道316线通行、109隧道抢通和上下游人民群众生命财产安全。中共中央政治局委员、国务院副总理张德江等先后赴现场查看，要求在6月15日前务必实现疏通嘉陵江堰塞湖、抢通109隧道的“两通”目标。分队受领任务后，在爆破专家、解放军理工大学教授齐世福和教员徐全军的指导下，克服各种困难，冒着山体滚石随时可能落下的危险，对堵塞堰塞湖的巨石实施打孔、装药、连线、起爆，共消耗炸药2300公斤、导爆管雷管3672枚、电雷管58枚、火雷管292枚、导爆管7160米、导火索85米，实施大剂量爆破32次，完成4.3万立方米石块的爆破任务，提前8天完成疏通嘉陵江堰塞湖任务。在连续奋战的26个日日夜夜里，官兵们表现出了顽强的战斗作风，6名官兵荣立三等功，4名战士火线入党。

抗震救灾期间，分队还为920余户村民拆除危房2100余间，抢修道路130余公里，清除塌方土石6.5万余立方米，装卸拉运砖块40余万块，从废墟中抢出粮食6万余公斤，搬运救灾物资24吨，搭设制式简易帐篷290余顶、板房30余座，办了2所“帐篷学校”，帮助15名高三学生、60名初三学生和150名小学生解决了复课问题，资助贫困学生9人，捐款2455元，帮助3万多名群众恢复正常的生产生活秩序。

2008年10月7日，68202部队25分队被中共中央、国务院、中央军委授予“全国抗震救灾英雄集体”荣誉称号。

68206部队59分队

汶川特大地震发生后，解放军68206部队59分队分队长刘广玉、教导员简亭组织362名官兵参加抗震救灾。

5月17日，接到赴舟曲县执行抗震救灾任务命令后，分队边准备边动员、边机动边部署，迅速出动兵力，连续行军14个小时，昼夜兼程挺进340公里，连夜赶到舟曲。第二天天刚亮，全营就兵分三路开赴八楞乡、南峪乡、江盘乡3个救灾点。

在汶川地震中，分队有17名官兵的家庭不同程度受灾，有3人与家人失去联系，但没有一人提出回家探望，没有一人因此影响执行任务，始终顽强奋战在抗震救灾第一线。分队7连98名官兵叫响“向灾情抗争、与时间赛跑、为生命加油”的口号，连续机动5小时后，又徒步急行军4小时，以最快速度到达距舟曲县城最远的八楞乡，派出11个勘察小组，先后到6个乡37个村，访问村民1625户4230人，详细了解人畜伤亡、房屋倒塌、设施损坏等受灾情况。分队9连的任务点是位于海拔2000多米山顶上的江盘乡姚家楞村，70多户人家挤在不足3000平方米的山坳里，房屋纵横交错，震后塌陷严重，清理废墟任务十分艰巨。分队干部身先士卒，用箩筐把废墟一筐一筐背到村外，人人从头到脚、浑身上下都是泥土。

分队官兵克服吃饭难、休息难等困难，经受住了余震不断、滚石不断的严峻考验，先后出动兵力11760人次，转移群众1904人，拆除危房2544间，搬运木材78940根，清理废墟26450立方米，疏通道路40公里，防疫消毒15万平方米，帮助农户修复受损农机具160多件（部）、抢运粮食10余万公斤、抢收小麦1.98公顷、播种秋季作物3.63公顷，清理搬运肥料1400公斤。

在受灾的藏区，分队与地方开展了“促进民族团结进步，促进社会安全稳定，军民共建藏乡灾后新秩序”为主题的军民“双促共建”活动。分队制订了《抗震救灾群众纪律十不准》，教育官兵严格遵守群众纪律和藏区风俗习惯；组成政策宣传小分队，深入群众中宣传党的政策，坚定重建家园的信心；与地方联合设立3个临时治安点，派出6名联防员，深入进行法制宣传，组织治安联防；搭建制式帐篷387顶，简易帐篷492顶，安置受灾群众1900多人，看望慰问“三孤”人员、军烈属和困难家庭147户，为特困户捐款2600元，送去米、面、油等生活用品850公斤，协助地方政府搬运、发放各类救灾物资5万余件；配合舟曲县教育局对四乡九村校舍进行修复，在八楞乡林家山村和冷水泉村、曲告纳乡茶坪村、峰迭乡嘴上村、江盘乡端山村搭建5所“帐篷小学”，为学生捐赠书包和学习用具，派出10名大学生官兵担任课外辅导员；投资30万余元，为八楞乡、大峪乡分别铺设饮水管道7.8公里和4公里，在八楞乡林家山修建了“幸福泉”饮水工程，解决了林家山村195户、925人的吃水问题。

2008年10月7日，68206部队59分队被中共中央、国务院、中央军委授予“全国抗震救灾英雄集体”荣誉称号。

68310部队35分队

汶川特大地震发生后，解放军68310部队35分队分队长樊轶、指导员宋克全组织53名官兵参加抗震救灾。

地震引发宝成铁路109隧道山体坍塌，一列有12节油罐车和28节货车厢的火车被撞后堵在隧道内起火燃烧，宝成线救灾运输的大动脉被迫中断，灾情十万火急。

5月13日凌晨，分队接到命令到达救援现场。指挥部决定首先采取人工作业、封堵绝氧的方法灭火。樊轶带领3名士官沿着山体滑坡面向上攀爬，扑向烟气喷涌、气温高达170多摄氏度的隧道中部通风孔，其他官兵紧随其后。头顶不断有沙土滑落，已经松动的巨石悬在半空摇摇欲坠，大家不顾个人安危，迅速展开作业。一件件用江水浸泡过的棉被，从150多米以下的江边传递上来，塞进了通风孔。当封堵第六个通风孔时，洞内不远处突然一声巨响，一股油烟喷射而出。指挥部命令撤退，作业被迫中止。专家紧急商讨了十几分钟，仍然苦无良策。“不能再等了”，分队官兵急切请求继续作业。指挥部领导思考再三，同意了分队官兵的请求，继续抢救灭火。作业越到后面，通风孔离地面越高，封堵难度越大。梯子不断加长，人站在上面左右摇晃；余震随时可能发生，爆炸可能再次袭来，官兵们全然不顾，快速不停地传递数十公斤重的湿棉被，争分夺秒地实施封堵。由于天气炎热，水洒到身上直冒热气，大家体力消耗很大。官兵们摔倒了再爬起来，裤腿、衣袖蹭破了，鲜血直往外冒，仍然顽强地战斗。经过4个小时的奋战，连续传递140多床棉被，最终将一个个一米见方的通风孔堵死。接着，官兵们又迅速赶往隧道北口，和其他分队一起转运沙袋，砌墙封堵。14日早晨，隧道口的明火熄灭，初战告捷。

指挥部决定向隧道内注水降温，并紧急研究内部清运方案。由于洞内塌方情况不明、温度不明、可燃气体浓度不明，无法确定具体作业方案，抢险再次受阻。不得已，指挥部决定采取最危险但最快捷的方案，即派人进入隧道，查明情况。分队党支部主动请缨，官兵们纷纷强烈要求进洞。最后，党支部决定由分队长樊轶带士官、党员刘才华进入隧道。隧道内碎石遍地，烟雾弥漫，用手电筒照明只能看两三米远。越往里走塌方越严重，行进空间越狭小，烟气越来越浓，温度也越来越高。走过第14节车体后，列车下出现明火，油罐被烤得乌黑发亮，通体散发着巨大的热量，携带的各种仪器都开始报警。到第16节车体，前方已经被塌方完全堵死。樊轶简要报告了情况，奉命回撤。

由于准确掌握了隧道内的险情，5月17日，内部作业全面展开。分队每两个小时在隧道南、中、北3段各进行一次有毒气体含量检测，先后出动侦检人员676人次，进洞勘察100多次，测得大量数据，为抢险指挥部科学决策提供了准确依据。24日，经过官兵艰苦决战和多方共同努力，中断283小时的宝成铁路提前一周通车。

2008年10月7日，68310部队35分队被中共中央、国务院、中央军委授予“全国抗震救灾英雄集体”荣誉称号。

68089部队

汶川特大地震发生后，解放军68089部队部队长王森、教导员褚建华组织80名官兵参加抗震救灾。

5月15日，部队接到上级命令，要求火速赶赴宝成铁路109隧道执行抢险救灾任务。部队以最快速度抽调80名官兵，在部队长王森带领下，连夜向抢险一线开进。由于山体滑坡、道路垮塌、落石下坠等险情，一路上车队行驶异常困难。20多名战士由于长时间的连续颠簸，严重晕车和呕吐，各吃几粒晕车药后继续咬牙坚持。官兵们昼夜兼程，于16日6时40分准时到达109隧道。

爆炸引起的大火将隧道附近山上树木烧得面目全非，隧道内不断冒出的滚滚浓烟弥漫在山间。此时此刻，隧道内装有约530吨燃油的12节油罐车像重磅炸弹，随时可能发生爆炸。部队的任务主要是向隧道内温度高达170多摄氏度的油罐实施紧急注水降温。部队长王森迅速组织人员研究制订抢险方案，将80名官兵划分为若干突击小组，由党员和干部担任组长，采用肩扛手抬、人推绳拉的方法，历时4个小时，将重达32吨的管线、10台泵机组全部搬运、架设到109隧道棚洞指定地域。

面对隧道内随时可能发生爆炸的危险，全体党员叫响“哪里最危险就冲向哪里、哪里最艰苦就战斗在哪里”的口号。士官、党员付高文担任突击组组长，带头向布满浓烟和灼人高温的隧道内冲去，探寻架设管线的路径。突击队分成两组，携带管线和配件通过冰凉刺骨的嘉陵江水爬到棚洞顶部，连接管线4.6公里，架设6个注水点。江边10台泵机组启动后，隧道南口的火情得到了有效控制。

由于隧道南口需要实施爆破作业，6条管线必须全部改道，从隧道北口进行注水降温作业。隧道北口江面狭窄水流湍急，河床两岸坡度较大，6条管线要想从江面通过困难非常大。由于现场没有专业的水上漂浮装置，王森在对地形进行仔细勘察和研究后果断做出决定，搭建人工浮桥，管线依次通过江面。一声令下，36名官兵争先恐后跳进冰冷刺骨的嘉陵江中，手拉手、肩并肩，咬着牙，一根一根、一米一米艰难地向河对岸输送管线。一级士官周天在开进途中就严重晕车和呕吐，加上几天来高强度连续作业，身体已经极度疲惫，但仍主动要求加入突击队，抢先跳入江中。一到水中，周天就开始发抖，嘴唇发青，每前进一步都十分艰难，但他丝毫没有退缩。作业区域最深处的水可漫过下颚，每到此时，水中的官兵就被江水冲得左右摇摆。为了增大浮力和减小阻力，官兵们踮着脚尖倾斜着身体，将冰冷的管线扛在肩上，双手紧紧抓住管线慢慢向对岸移动。经过3个小时艰苦努力，6条管线在隧道北口架设成功，保证了后续向隧道注水降温工作顺利展开。

官兵们连续战斗三天两夜，铺设管线9.8公里，向109隧道注水60余小时、1.5万立方米，完成宝成铁路109隧道抢险任务。

2008年10月7日，68089部队被中共中央、国务院、中央军委授予“全国抗震救灾英雄集体”荣誉称号。

71622部队

汶川特大地震发生后，解放军71622部队部队长唐岩峰、政委彭玉斌组织3559名官兵参加抗震救灾。

地震发生时，部队大部分兵力正在野外驻训，最远的两个分队距离部队驻地220公里。唐岩峰命令各驻训点负责人迅速收拢人员、整理物资。5月13日1时，部队接到上级执行救灾的命令后，仅用5个小时即完成集结准备。在机动途中，部队又从沿途军供站补充了各种物资器材。14日23时10分，部队3559名官兵、236台各型车辆陆续抵达灾区彭州市龙门山镇。官兵们放下背囊，打着手电展开夜间搜救。在方向不明、地形不熟的情况下，他们把老百姓的求救声作为主攻方向，哪里有幸存者就冲向哪里。在19个小时内，官兵们共救出幸存者49人，转移被困群众131人，救治伤病群众278人。

连续奋战一天一夜后，根据当地政府提供的情况，部队采取“兵力化整为零、任务化整为零、保障化整为零”和“小群多路、分片展开、人机结合”的方法，将兵力划分成40多个战斗小组，一边组织党员突击队开路，判明灾情，一边全线拉开，逐点逐面搜救。5月16日，在被困群众最多的九峰山区62个点上，部队同时展开大搜救行动，当天搜救出幸存者17人。紧接着，部队分成3个梯次向回龙沟进发，在海拔1900多米的山上救出4名奄奄一息的老人，安全转移了被困峡谷的15名群众，官兵们连续两天两夜没有合眼。

按照上级统一部署，部队在龙门山镇15个行政村和3个社区展开逐村逐户搜救，对受伤群众及时进行救治，帮助老乡挖掘废墟下的财物，为灾区群众做饭送饭。遇到衣食困难的群众，官兵们将自己的干粮和钱捐献给他们。其间，官兵们没有喝群众一口水、抽群众一支烟。

转入“进村入户”搜救阶段后，部队制订出具体的包镇、包村、包组、包户措施，在当地开办了“帐篷小学”和“希望课堂”，为灾区孩子购买了价值10余万元的学习用品；在救灾任务区道路沿线设立了4个便民服务点，为附近的灾区群众提供饮食、维修服务；为困难户、重灾户送去价值20多万元的食品、物资；为灾区群众搭建板房1115间、帐篷5707顶、简易住所6700余间。

部队领导在救灾中率先垂范，既当指挥员，又当战斗员。在银厂沟大搜救中，唐岩峰不顾余震、山体滑坡等危险，带领官兵爬过200多米泥石流地段，越过5公里山体滑坡地段，历时7个小时，抢救出8位幸存者。彭玉斌的家在地震中2间房屋倒塌、3名亲人受伤住院，救灾任务区离家只有100公里，在指挥部队抗震救灾的73天时间里，没回家看望过一次。

部队完成灾情严重、险情复杂的2个镇的抢险救援和6个镇的灾后重建任务，先后抢救幸存者

78人，挖掘、掩埋遇难者遗体301具，救治伤病群众11854人，转移受灾群众6538人。

2008年10月7日，71622部队被中共中央、国务院、中央军委授予“全国抗震救灾英雄集体”荣誉称号。

71622部队47分队

汶川特大地震发生后，解放军71622部队47分队分队长唐青春、教导员蒋德刚组织239名官兵参加抗震救灾。

5月13日8时，分队随部队第一梯队踏上开赴四川灾区的列车。在列车上，分队党委研究制订了多种救援方案，并成立了党员突击队。15日凌晨到达彭州市龙门山镇后，奔波了两天一夜的官兵们一下车就开始救援。唐青春带领两个连的兵力，迅速对附近街道和三合坪铜矿家属区实施搜救，从废墟内救出3名幸存者，挖掘、掩埋遇难者遗体19具。教导员蒋德刚带领一个连的兵力，冒着悬崖随时可能坠落的危险，驾驶挖掘机、推土机、铲车在龙门山上紧急疏通了11.5公里被泥石流冲毁的道路，为被困山中的灾区群众打开了一条“生命通道”。

5月15日14时，分队接到群众报告，东林寺附近有10多名建筑工人被埋压在一家饭店倒塌的房子里。分队立刻赶到现场，一栋2层楼房几乎完全倒塌，3根断了半截的柱子支撑着裂成3块的楼板摇摇欲坠。官兵们冒着楼板随时可能坍塌的危险，经历5次余震，奋战整整7个小时，最终救出2名幸存者，挖出13具遗体。

5月22日，分队接到宝山村村委会求援，村里的液化气供应点有几十个装满液化气的气罐被埋，连日高温，非常危险。唐青春闻讯后立即带领官兵赶往排险，一边紧急转移疏散附近的300多名群众，一边冒着液化气罐随时可能爆炸的危险，在倒塌的房屋上掏出一个洞，钻进去将液化气罐一个一个搬出来。排险中，唐青春的右手被钢筋划伤鲜血直流，他全然不顾。经过13个小时的紧急排险，83个液化气罐被安全转移。

救灾进入“进村入户”阶段后，分队充分发挥专业技术特长，夜以继日地为灾区抢修道路，清理废墟。宝山村受灾群众临时安置点内有一座30多米高的烟囱，地震中局部严重错位，威胁到附近安置群众的生命财产安全。士官于海龙主动请缨，带领3名战友进行反复测量和精确计算，最终采取定向爆破的方式成功排除了这一隐患。

在完成抗震救灾任务的同时，分队官兵捐款1.4万余元，慰问孤寡老人和89户困难群众。分队严格遵守群众纪律，将清理出的145万余元现金及价值300多万元的金银首饰，全部交还给物主或当地政府。分队还坚持为龙门山镇白水河社区1000余名群众送水70余天，风雨无阻。6月23日，白水河社区的千余名群众联名写信为分队请功。

抗震救灾期间，分队共救出幸存者18人，挖掘、掩埋遇难者遗体50具，疏通道路18.6公里，清理废墟13.7万立方米，转移物资635吨，搭建帐篷215顶、简易房屋82间。

2008年10月7日，71622部队47分队被中共中央、国务院、中央军委授予“全国抗震救灾英雄集体”荣誉称号。

71622部队64分队

汶川特大地震发生后，解放军71622部队64分队分队长李修洋、指导员范超幸组织63名官兵参加抗震救灾。

5月14日23时20分，分队到达彭州市龙门山镇宝山村。李修洋随即组织官兵携带工具，打着手电筒往山里冲去。分队把群众的求救声当作主攻方向，把身上带的干粮和水都送给了一路上解救出来的老乡。他们连续奋战15个小时，从废墟里解救出4名幸存者，转移受困群众60多人。

到达灾区第二天，在上级组织的“千人九峰大搜救”中，分队作为“尖刀”，直插“死亡之谷”的银厂沟纵深。由于地震震垮了进山道路，致使分队行进异常艰难。他们一会儿在不断滚落石块的山体上爬行，一会儿在峡谷底部前行，一会儿又涉水过河，历时7个多小时，越过滑坡险段3公里，经历两次5级以上余震，行进11.5公里，终于到达银厂沟最南端的无人区燕子岩窝，并迅速向上级报告了沟内的受灾情况。

5月17日7时，在三河村一座几乎倒塌的楼房内，官兵们发现一名被困长达113小时、奄奄一息的老人。当时余震频繁发生，楼房的横梁摇摇欲坠，代理排长彭参军一把拉开准备进去救援的战士，抢先钻进了危房。在战友们的共同努力下，经过3个多小时的紧张解救，终于成功将这名被倒塌衣柜压着的老人救出，并送到5公里外的医疗救护所救治。

救灾转入“救灾入户”阶段后，分队官兵积极投入灾后重建工作中。先后为彭州市小鱼洞镇太子村和草坝村的受灾群众搭建临时简易住房400多间，搬运各类物资200余吨。为了尽快修通草坝村和君山村通往新兴镇的桥梁，官兵们冒着生命危险，在齐腰深的河水里整整干了一天，修通长达520米的铁索桥，解决了900多名被困群众的出行问题。分队还积极做好受灾群众的思想工作，成立由党员、干部、思想工作骨干和心理咨询员组成的宣传小组，帮助受灾群众树立战胜困难的信心，开展生产自救活动，赢得了灾区人民的赞誉。

分队在70多天的抗震救灾斗争中，不畏艰险，连续作战，共抢救幸存者8人，挖掘出遇难者遗体27具，转移受灾群众173人，疏通道路7公里，清理废墟960立方米，协助地方运送救灾物资8.2吨。

2008年10月7日，71622部队64分队被中共中央、国务院、中央军委授予“全国抗震救灾英雄集体”荣誉称号。

71897部队63分队

汶川特大地震发生后，解放军71897部队63分队分队长亓春、指导员王成威组织78名官兵参加抗震救灾。

5月15日凌晨，分队刚到达彭州灾区便接到群众报告：彭州市白鹿镇三河店村有10多名老人被困在海拔2800米的龙门山深处，急需救助。亓春、王成威迅速带领46名官兵组成的突击队，徒步行军20余公里赶至三河店村。官兵们认真搜寻每一个角落，共找到16名老人。为了将老人尽快转移出去，分队用竹竿、编织袋制成9副简易担架，抬着老人向山下转移。当行至一处20多米高、几乎直上直下的陡坡时，亓春把老人抱在怀里，用背包带绑住，以自己的身体当滑板，让战士拉着背包带慢慢往下滑，其他战士纷纷效仿。山石、树根、竹枝在官兵们的背上、腿上划出一道道口子，沙土嵌进了肉里，但没有一个叫苦叫累的。经过15个小时的艰苦奋战，分队官兵终将16位老人安全转移。

分队负责救灾的白鹿镇与汶川仅一山之隔，是彭州市的重灾地区，救灾任务重，危险性大。5月18日，分队接到赶往天台山搜救村民杨庭俊妻子的任务。亓春和王成威迅速带领22名突击队员，冒着余震频发和石块不断滚落的危险，在没有路的密林中开辟通道；经过6个小时跋涉，赶到海拔1600多米的救援点。救援中，代理排长陆伟的右脚被钢钉扎破，鲜血直流，袜子和鞋子都被染红了，战友们劝他休息，但他仍然坚持战斗。16时15分，官兵们终于在废墟下找到杨庭俊妻子的遗体。

抗震救灾期间，分队官兵轻伤不下火线，小病咬牙坚持，穿的迷彩服一次次湿透，加上蚊虫叮咬，许多官兵患上皮肤病。士官高亚楠全身上下6处大面积溃烂，又痒又疼，分队安排他休息，但他仍坚持战斗。

5月28日晚，分队接到平整8000平方米简易房地基任务。官兵们放下饭碗，立即赶往3公里外的水观村投入紧张施工。二班长李良平的手磨破了，简单包扎后继续投入战斗；战士王鹏恩的铁锹把断了，就用迷彩服当箩筐运土。官兵们一直干到第二天8时完成任务才返回。在一次清理学校废墟中，分队官兵连续奋战36小时，共拆除危房80多间，清理废墟40多卡车，挖地基土方1000多立方米，完成清理废墟任务，确保了灾区学生按时复课。

抗震救灾期间，分队10名四川籍战士家中不同程度受灾，有的家就在执行任务地点的附近，但没有一人要求回家看看。战士李青松得知家里房屋倒塌、父亲受伤的消息后，向家乡方向深深鞠了个躬，转身就投入抗震救灾之中。5月19日中午，分队执行完任务返回途中，几十名村民在红花村村口围住分队官兵，硬要把熟鸡蛋、方便面、火腿肠等食品塞到官兵手里，官兵们坚决不收，但村民们坚决不答应。最终，指导员王成威代表分队象征性地收下一个鸡蛋，分队全体官兵集体向老乡敬军礼告别。

2008年10月7日，71897部队63分队被中共中央、国务院、中央军委授予“全国抗震救灾英雄集体”荣誉称号。

71897部队96分队

汶川特大地震发生后，解放军71897部队96分队分队长聂仁政、政治协理员袁耀辉组织142名官兵参加抗震救灾。

分队接到执行抗震救灾的命令后，官兵们克服各种困难投入到抗震救灾中。正在外地学习的聂仁政接到救灾的电话后连夜乘火车赶回部队，并迅速组织救灾的各项准备工作；士官雷可可休假回家还没到家，一下火车就买了归队的车票；三级士官杨立军接到命令时，妻子就要分娩，没等看上孩子一眼便返回了部队。

5月17日，分队官兵在彭州市新兴镇阳平村拆除一栋10米高的危楼时，聂仁政嗅到液化气味，立即命令官兵撤离现场。他带两名班长进入楼内查探情况，原来是两个被砸扁的液化气罐出现泄露，便用棉被包住液化气罐，小心翼翼地抬出危楼。刚走出危楼，突发的余震将3层楼房顶的铁梁震落，砸到原来存放液化气罐的水泥地板上，一场可能发生的火灾得以避免。

5月25日，新兴镇马鞍山山体出现30厘米宽的裂缝，威胁着马鞍山上君山村村民的安全。已连续奋战一天的官兵，连夜赶赴山上实施救援。3个村民小组分散居住在7个山头上，不仅山高林密、坡陡谷深，而且以老人小孩居多，救援难度极大。救援队分成7个小组，对每个山头展开拉网式搜救。救援中，他们针对山间羊肠小道坡陡路滑、山道裂缝较多的情况，摸索出“背篼法”“索链法”“接替法”等救援方法，提高了救援的效率。经过4个多小时、20多趟往返，于次日凌晨将47户156名受困群众安全转移至毛家湾。

6月12日，彭州灾区下起大雨，河水猛涨。河上唯一连通新兴镇与通济镇的铁索桥在地震中只剩下几根铁索，几名刚放学的学生被困在岸边急得大哭，河对岸的家长也急得直喊，正在抢修桥梁的分队官兵见状非常着急。中队长郭建儒突然想到可用身体横在桥上当桥板，让孩子们踩着过河。他一声令下，自己第一个趴在铁索上，其他战士也纷纷效仿。他们手紧紧拉在一起，脚紧紧勾在一起，在滂沱大雨中迅速架起一座特殊的“人桥”，保护小学生安全过河。这一举动，让对面焦急观望的父母感动不已。18日，中央电视台、凤凰卫视、四川卫视等媒体对此事作了报道，在全国引起强烈反响。

5月17日，为及时清除阳平村鲟鱼养殖基地池塘内的死鱼，官兵们跳入臭气熏天的鱼塘，捞出死鱼2000余公斤，进行深埋处理，避免了疫情发生。6月7日，袁耀辉带领70名官兵前往新兴镇搭建板房，连续奋战18个小时，许多官兵的手和脸被板房材料划出了血，只是简单处理一下又继续战斗，最终赶在暴雨来临之前，完成搭建130间板房的任务。

分队在新兴镇8个村和1个社区的抗震救灾中，先后转移群众678人，协建板房2600余套，搭建简易房150余套。

2008年10月7日，71897部队96分队被中共中央、国务院、中央军委授予“全国抗震救灾英雄集体”荣誉称号。

71872部队

汶川特大地震发生后，解放军71872部队部队长王树文、政委万幼文组织582名官兵参加抗震救灾。

5月20日，部队接到彭州市政府紧急求援，丹景山镇东河村的两座水库出现裂缝，情况危急，急需排险。险情就是命令，王树文立即通过电台命令正在附近执行任务的该部56名官兵火速前往排险。虽然已两天两夜没有休息，但为保护危在旦夕的群众生命财产安全，官兵们仍马不停蹄地奔袭10多公里赶到目的地。为防止余震、强降雨引发大坝垮塌、山体滑坡等次生灾害发生，部队争分夺秒转移群众。在随时可能塌方、滑坡的山崖间连续奋战6个多小时，抢救重伤群众3人，安全转移260名群众，全部进行了妥善安置。

青川县关庄镇至马公乡道路是上级明确要求尽快打通的12条道路之一，也是恢复灾区交通的"咽喉要道"。部队受领任务后，全体官兵只有一个共同信念，就是尽快打通这条"生命通道"。在长达4公里的尖嘴子段，3座高山滑坡将道路深埋，余震造成的塌方不时发生。面对险情，没有一名官兵退缩。他们采取超常规战法，以挖掘机突前、推土机紧跟、装载机收尾的协作联动方式，连续作业19个小时，成功啃下这块"硬骨头"。接着，他们又先后完成"白草丫村会战""石坝乡S型迂回战""红光乡对掘战"等多个急难险重任务，29天完成专家预测需5个月才能完成任务，被当地群众称赞为"难不倒的突击队"。

7月7日，部队第三次转场至广元市朝天区排危除险，每天连续工作长达16小时，在近100天的时间里，开挖、回填土石210万立方米，削低山体断裂面340米，排除了嘉陵江、宝成铁路被堵被毁的重大隐患。四级士官帝好领在高达45摄氏度的驾驶室里，创下连续作业18个小时不下机、一次掘进500米的纪录。部队由4人组成的爆破小分队，成功实施爆破500余次，消耗炸药50吨，爆破土石80万立方米，其中有两人耳膜被震裂，仍坚持战斗，一直到完成爆破任务。

在160天的抗震救灾中，部队先后转战彭州市、青川县和广元市朝天区，完成彭州市12个镇113个村（社区）受灾群众的搜救安置工作，抢通青川县52公里的"生命通道"，排除朝天区清风山塌方210万立方米。

2008年6月，71872部队党委被总政治部表彰为"抗震救灾先进旅团党委"；10月7日，被中共中央、国务院、中央军委授予"全国抗震救灾英雄集体"荣誉称号。

71988部队56分队

汶川特大地震发生后，解放军71988部队56分队分队长叶建国、教导员辛剑组织97名官兵参加抗震救灾。

5月30日8时，分队从什邡市蓥华镇、八角镇防疫消毒返回，不顾通宵奋战的疲惫，派出3台淋浴车组成"爱心服务队"，开赴绵竹市汉旺镇受灾群众安置点，为孩子们过好六一儿童节送上一份特殊的节日礼物——帮全镇的儿童洗澡，让孩子们干干净净、开开心心地过节。乡亲们非常感动，560名的孩子们更是高兴得合不拢嘴。

6月3日，什邡市疾控中心求助，宏达磷粉厂发现一具遇难者遗体，急需挖掘处置。指导员司贤军带领4名骨干紧急赶赴现场，遇难者被4块水泥楼板压着，上方是一个倒塌的重达20多吨的作业罐，遗体挖掘工作异常艰难。遇难者家属要求保持遗体完整，官兵们就用双手一点一点地抠挖沙石砖块。防护服内温度高达45摄氏度，官兵们体能消耗极大。50分钟后，救助官兵将遗体完整地从废墟中清理出来。

6月5日15时20分，分队执行消毒任务返回宿营地，绵竹市汉旺镇香山村支部书记拦车求助：汉旺上游堰塞湖实施排险泄洪，天气预报第二天有暴雨，必须尽快转移安置泄洪区内的300多户村民。辛剑一边向上级报告，一边组织分队向香山村开进。此时，官兵们已经7个多小时没有吃饭和休息，身体极度疲惫。他们简单吃点干粮后就投入战斗，经过8个小时奋战，搭建帐篷300顶，转移安置群众1200人。

绵竹华丰磷化厂是一家新加坡独资企业，震后厂内4个提炼塔出现垮塌，导致车间20余吨黄磷滞留精制锅炉内，雨水冲刷出的泥磷和散落在地面的磷粉遇到空气就自燃，不时散发出冲天火光和滚滚浓烟，周围群众十分恐慌。此处，磷化厂就建在绵远河边，垮塌的黄磷提炼塔距离河岸不到50米，绵远河上游已形成的7个堰塞湖随时可能发生险情，20余吨黄磷一旦被冲入绵远河，进入下游的沱江、长江，后果不堪设想。此事引起了四川省、德阳市领导的高度关注，把黄磷排险列为重点督办的救灾项目。6月22日，56分队奉命执行排险任务。他们充分利用淋浴车的加热、加压功能，将水烧热至85摄氏度以上，然后向5米高的黄磷提炼塔注水，采取热融、水封的办法，一点点将黄磷转移到储磷罐中。分队官兵身穿厚重的防护服，顶着40摄氏度以上高温，连续作业，每天从7时干到18时。经过5天艰苦奋战，排除黄磷自燃险情11次，回收黄磷24.1吨，成功排除重大隐患。

汉旺镇新泉村、蓥华镇麻柳坪等5个偏远村寨，危房废墟下压埋动物腐尸较多，蚊蝇虫蛆滋生泛滥。因道路被损毁，大型消毒装备无法进入，防疫形势严峻。分队主动向上级请缨，派出50人的洗消队，翻山越岭前往灾区群众安置点，进村入户展开防疫消毒。为防止大量使用消杀剂造成次生灾害，他们尽量选用较为环保的消毒剂，在跟进补消时只对重点部位进行消杀，禁止滥消滥杀，有效防止了消杀剂对环境的污染。

在抗震救灾中，分队挖掘、掩埋遇难者遗体4具，搭建帐篷701顶，保障群众生活用水132吨，帮助群众抢收、抢种粮食8.58余公顷，防疫消毒77万平方米。

2008年10月7日，71988部队56分队被中共中央、国务院、中央军委授予“全国抗震救灾英雄集体”荣誉称号。

71282部队

汶川特大地震发生后，解放军71282部队部队长杨剑、政委刘法峰组织10396名官兵参加抗震救灾。

5月12日15时10分，杨剑接到赴四川灾区抗震救灾预先号令后，与其他领导迅速组织部队收拢，准备抢险物资，展开装备检修。199名探亲休假官兵提前归队，已确定转业的69名干部主动请缨参战，9名士兵考生毅然放弃报考军校机会；干部陈艳华自费2800元从家乡湖北省石首市坐出租车返回部队，带领分队赴四川地震灾区救灾。

5月13日4时30分，副部队长闫玉川率领330名官兵和30台车辆装备，担任济南军区抗震救灾先遣队，在震情不明、路况不明和余震不断发生的情况下，从部队驻地出发，实施摩托化机动，困了嚼辣椒、吃大蒜，昼夜兼程向灾区挺进，途径3个省行程达1360公里，历时24小时40分，于14日5时10分到达彭州市，比原计划提前了10多个小时，成为济南军区第一支到达灾区的先头部队。

5月14日8时，杨剑率领3000名官兵从都江堰市紫坪铺镇出发，沿都汶峡谷徒步向汶川方向开进，经历13处泥石流、20多处塌方滑坡、15次余震，于20时抵达汶川县映秀镇，迅速向上级报告了大峡谷内的灾情。所属的71117部队编成3个摩托化梯队，从都江堰向西绕道雅安、马尔康，翻越终年积雪的夹金山、梦笔山，迂回780公里奔赴汶川，为大规模实施震中救援行动开辟了一条新的“生命通道”。阿坝藏族羌族自治州委书记侍俊说：“当年红军开辟了北上抗日的通道，如今红军的传人为汶川人民蹚出了生命的通道，历史将永远记住铁军官兵做出的贡献。”

在抗震救灾斗争中，部队先后实施银杏、桃关“孤岛”万人大营救，转移、安置被困群众9800多人，成功组织七盘沟炸药库排险，紧急转移汶川县姜维城临时安置点3万群众。刘法峰率领官兵连续奋战九昼夜，组织部队拉网搜索直升机失事区域1200平方公里，排除27个疑似点，还完成了抢救文化遗产、百车千里运送板房等重大任务。

部队在参加都江堰、汶川、理县、茂县等地的抗震救灾中，共出动各型装备912台，抢救幸存者74人，挖掘出并掩埋遗体2294具，抢救遇险群众2577人，转移受困群众10.9万人，为群众看病27万人次，运送救灾物资16.1万吨，抢修维护道路2640公里，搭设帐篷4.3万顶，搭建活动板房3.5万间，援建学校37所，清理废墟378万立方米，洗消面积146平方公里。部队24个单位和34名个人受到军区以上表彰奖励，涌现出被中央军委授予“抗震救灾英雄战士”荣誉称号的武文斌烈士、一等功臣柳德占烈士等先进典型。

2008年10月7日，71282部队被中共中央、国务院、中央军委授予“全国抗震救灾英雄集体”荣誉称号。

71702部队65分队

汶川特大地震发生后，解放军71702部队65分队分队长曹建民、教导员刘存志组织282名官兵参加抗震救灾。

接到抗震救灾命令后，分队官兵乘飞机于5月14日凌晨到达成都，22时挺进至汶川展开救灾行动。16日，以分队为主力的300名突击队员，冒着可能被飞石砸伤和滑入岷江的危险，翻越崇山峻岭，历时12个小时，闯出“死亡峡谷”，到达汶川县银杏乡。银杏乡有5个行政村18个小组5850人，震后伤亡700余人，大部分房屋坍塌，断路、断水、断粮、断通信，成为一座“孤岛”。分队针对银杏乡区域面大、住户分散、地形复杂的特点，组建了由分队主官、党员骨干和医疗人员组成的5个抢救小分队。他们跨越岷江，通过13处滑坡，往返30多公里，先后架设2公里长的输水管线，使灾区群众喝上了放心水；抢修一座严重扭曲的铁索桥，为过往群众打开通往汶川的必经之路。

地震后的银杏乡小学校舍坍塌，200多名师生挤在一间四面漏风的烂棚子里，每天只能吃上两顿稀粥，不少学生情绪极不稳定。在当时给养缺少的情况下，分队官兵每人主动拿出一份干粮优先保障师生，使学生吃上了灾后第一顿饱饭。官兵们搭起8顶帐篷，从废墟里挖出学习用具，成立“铁军小学”，对学生开展心理疏导，稳定了孩子们的情绪，学校恢复了琅琅的读书声。

分队不放弃任何一线希望，逐山逐寨逐户进行拉网式搜救。5月21日，连长钟超正率领官兵执行任务时，发现一名受重伤群众趴在一块岩石上。14名突击队员用树枝和背包带做成一副担架，连跪带爬通过30米陡坡、两处400米长的滑坡路段，历经5个多小时的奋战，把这名群众救出峡谷。

5月18日，分队官兵在排查灾情时发现，距银杏乡一处灾区群众临时安置点约40米处有两车60吨的电石，随时有可能遇水爆炸，严重威胁着群众的生命安全。分队迅速组成25人的突击队，在曹建民的带领下冒险销毁电石，经过8个小时的连续作业，将60吨电石全部销毁，消除了重大安全隐患。

5月20日，分队官兵在“进村入户”搜救中发现，因多次余震和连日下雨，沙坪关村后山体严重滑坡，滞留的140名群众生命随时受到严重威胁。分队党委果断决定，迅速组织群众转移。由于大部分群众是老人和孩子，多数不愿意离开自己的家。官兵们耐心劝说，并搀扶、抬背老人、小孩、伤病群众有序通过一个个危险地段，到达安全地带。

6月9日16时许，分队接到上级“紧急救援在野牛沟迷失方向的外地民工”的命令后，曹建民率领官兵迅即出动，翻越3座海拔2000米的大山，越过5处泥石流，历经10个多小时，营救出14名被困群众。

分队在抗震救灾一线连续奋战88天，先后抢救受伤群众22人，转移安置群众132人，运送各类救灾物资4.1吨，搭建帐篷86顶、简易安置房96间，抢出粮食4000公斤，挖出现金、存折和贵重物品价值36.45万元，清理废墟10万立方米，抢修道路30余公里。

2008年10月7日，71702部队65分队被中共中央、国务院、中央军委授予“全国抗震救灾英雄集体”荣誉称号。

71332部队66分队

汶川特大地震发生后，解放军71332部队66分队分队长朱卫华、指导员张雄飞组织81名官兵参加抗震救灾。

5月13日5时，作为济南军区抗震救灾先遣队，分队81名官兵从驻地紧急出动，连续行军25小时、机动1200余公里，于14日6时到达都江堰市后，官兵每人背负30多公斤重的救灾物资，徒步向极重灾区汶川县挺进。一路上，他们帮助灾区群众通过危险地段，鼓励灾区群众树立信心坚持到底。15日11时，分队官兵提前12小时到达震中映秀镇，立即展开搜救。面对余震频繁发生、房屋随时坍塌的危险，官兵们义无反顾地钻进严重倾斜的房屋里，用镐挖、用锹铲、用手刨、用肩扛，有的划破了手臂，有的磨破了手指，有的磕伤了膝盖，有的碰破了头，却无一人退缩，经过

3个多小时的奋战，成功救出两名幸存者。

5月16日8时，分队由映秀镇北上，穿越都汶峡谷，转战“孤岛”桃关。那是一个“死亡之谷”，从都汶峡谷逃出来的灾区群众不断劝阻官兵不要进去。危险面前，指导员张雄飞带领19名党员组成突击队，爬峭壁、滑铁索、钻隧道，与外界完全失去联系3天后，于18日19时到达银杏乡桃关村，成为第一支走进“死亡之谷”的分队。

救灾转入“进村入户”阶段后，分队党支部主动与当地村党支部组建联合党支部，采取“排包村、班包组、党员帮助重灾户”的方法，深入每户群众，宣讲卫生防疫知识，进行心理疏导；在安全地带为受灾群众搭起简易住房和救灾帐篷；在瓦砾废墟中为受灾群众清理出贵重物品和生活用具；在损坏的道路上加班加点抢通；在村头寨尾打扫卫生，消毒防疫；在夜深人静时同民兵一起巡逻值勤。震后的汶川县绵虒镇板子沟村5组所在的岭岗，山路坍塌，河水暴涨，村民只能靠攀绳上下、蹚河过往，直到6月1日仍有32户人家无法转移。分队长朱卫华得知情况后，找村委会协商解决办法，并带领军地联合救援队冒着生命危险，连续奋战10个小时，在急流上搭建了5座便桥，在峭壁上开辟了一条6公里长的“生命通道”，将山上群众全部安全转移。当官兵们得知村民每天只能喝上两顿稀米粥时，毫不犹豫地把自己的干粮都留了下来。一位96岁羌族老人紧紧握住朱卫华的手，含着热泪说：“红军又来了，我们有救了。”

在抗震救灾中，分队先后抢运重伤群众26人，解救被困群众1600多人，进行心理疏导140人次，拆除危房257间，搭建帐篷548顶、简易房466间，运送粮食3000公斤，抢卸救灾物资220多吨，捐款6700余元。

2008年10月7日，71332部队66分队被中共中央、国务院、中央军委授予“全国抗震救灾英雄集体”荣誉称号。

71566部队66分队

汶川特大地震发生后，解放军71566部队66分队分队长程磊、指导员王武胜组织30名官兵参加抗震救灾。

听到部队将赴灾区执行任务的消息，刚休假3天正在医院照顾妻子和不满一岁女儿的王武胜，连夜坐出租车返回分队，迅速召开支委会，研究部署有关事项。

分队到达地震灾区后，官兵们得知都江堰市虹口乡还没有救援人员进入，主动请战前去救援。绵竹籍战士邹昌伟、黄伟在家乡受灾、亲人生死不明的情况下写下血书请战，坚决要求到抗震救灾一线去。当时进出道路被山体塌方的土石埋压无法通行，两位战士利用熟悉当地语言的优势，找到老乡了解情况，在老乡的指引下，冒着余震找到一条已经多年没人走的山路，于5月16日8时15分进入虹口乡。当地群众看见子弟兵来了，感动得热泪盈眶。

分队官兵立即在废墟中展开搜救。虹口乡有亚洲最大的三文鱼养殖基地，因地震地裂下陷，鱼池里的水全部流失，数十吨鱼死亡腐烂，如不及时清理，将会严重污染白沙河和岷江，影响成都市民生活水源。分队得知这一情况后，不顾翻山越岭的劳累，跳进鱼塘进行清理，在没膝深的污泥里连续奋战26个小时，将死鱼全部清除并予以掩埋，解除了饮用水被污染的危险。当群众得知官兵一口热饭都没吃时，纷纷送去鸡蛋和稀饭。清理完鱼塘后，天色已晚，分队官兵拿出自己的雨衣铺在地上，就地休息。

灾区内学校由于遭到地震破坏，几百名孩子无法上学。救灾转入“进村入户”阶段，为解决灾区小学生上学问题，分队官兵把自己的帐篷腾出来当课堂，从废墟中捡出2万余块砖，铺设在每个帐篷下面，避免下雨时雨水渗入。官兵们到附近遭受破坏的校舍抢挖桌椅120张、黑板5块、教科书240册以及圆规、三角板、粉笔等教学器材。经过连续3天的奋战，官兵建成虹口乡“铁军帐篷学校”，解决了200多名学生的上学难题。分队挑选出10名文化基础好的官兵担任学校的课外辅导员，向学生传授铁军歌曲、铁军谣、军体拳等，受到师生们的欢迎。

2008年10月7日，71566部队66分队被中共中央、国务院、中央军委授予“全国抗震救灾英雄集体”荣誉称号。

71117部队52分队

汶川特大地震发生后，解放军71117部队52分队分队长常正峰组织126名官兵参加抗震救灾。

地震发生时，分队正在两个野外驻训点训练。5月12日23时10分，上级命令分队参加抗震救灾，野外驻训人员立即返回分队。

5月14日21时，分队经过昼夜急行军到达都江堰市玉堂镇，立即投入战斗。分队先后在都江堰、汶川、理县灾区执行救灾任务，在点多线长、承担任务重、安全隐患多的情况下，分队官兵争先恐后向党支部递交请战书。分队100名官兵作为部队的抢险救灾突击队，在部队参谋长的率领下，冒着山体滑坡不断、飞石和塌方频繁等危险，经雅安、宝兴、马尔康绕道800公里，翻越两座雪山，仅用24个小时到达理县。

刚到理县，突发强余震，理县至汶川通道再次被堵。为及时营救被困群众，分队官兵冒着生命危险，不顾山高路险、余震频发，徒步挺进汶川，从17时至次日2时，急行军50公里到达汶川实施救援，打通理县至汶川运送救灾物资的“生命通道”，为后续部队进入汶川开展救援工作创造了条件。

转入“进村入户”搜救阶段，分队驻扎在海拔2300米的牛脑寨。因山体崩塌道路被毁，8公里长的崎岖陡峭山路是执行任务的唯一通道。刚进入村寨时，山寨缺水断粮，官兵每天往返3次到县城帮助受灾群众搬运物资，每次需要3个多小时，常常深夜才能到达山顶。

5月25日，部队接到阿坝藏族羌族自治州政府的求援后，迅速组织62名官兵组成“铁军抢险救灾突击队”，冒雨赶赴离汶川县城约8公里的七盘山炸药库实施紧急抢险。炸药库建在大峡谷中，库内存放炸药52吨、雷管11万枚、导火索3万米、导爆索36万米，设施毁坏严重。为了不让周围灾区数千名群众再次受到伤害，官兵们奋战至28日17时，完成转运、排险任务。

抗震救灾期间，分队官兵不畏艰险，先后营救被困群众129人，抢救重伤群众和中毒少女各1人，转移价值500万元医疗设备，搬运搭建帐篷1770顶，清理废墟4092立方米，消毒面积6800平方米，拆除危房86间，抢收抢种庄稼7.9公顷，搬运粮食12.1万公斤，搬运活动板房1500吨，搭建活动板房2678间，打通堵塞道路13公里，建“铁军帐篷小学”1所。

2008年10月7日，71117部队52分队被中共中央、国务院、中央军委授予“全国抗震救灾英雄集体”荣誉称号。

71781部队73分队

汶川特大地震发生后，解放军71781部队73分队分队长刘同新、指导员刘慧超组织81名官兵参加抗震救灾。

地震发生时，刘同新与未婚妻正在家乡紧张地筹备婚事，再过3天就要举办婚礼了。5月12日22时分队接到救灾的命令后，刘同新说服未婚妻推迟婚礼，从300多公里外的家乡坐出租车返回部队。正在家休假的9名官兵主动放弃休假全部归队，分队12名家在重灾地区的四川籍战士也都纷纷要求参加抗震救灾。

5月15日10时，分队在汶川县映秀镇执行搜救任务时，发现一名妇女被困在倒塌的楼房里。他们用双手从断裂的水泥板和破碎的玻璃碴中抠出一个小洞，战士安乐钻入洞内实施抢救。由于被困者的脚卡在水泥板缝隙里，官兵们多次施救均未成功。幸存者的父亲既感激又焦急地说：“实在不行就把她的脚锯了吧，保住生命要紧。”官兵们一番紧急研究后决定，派人带一把刀片进去，试着把幸存者穿的鞋划破，最终成功救出那名被困妇女。

映秀镇农业银行楼房在地震中倒塌，分队受领挖掘搜寻任务，官兵们连续奋战5个小时，挖寻出一批现金、存折、银行卡等贵重物品。此项任务结束不到5分钟，分队又接到挖掘映秀镇派出所保险柜的命令，接着奋战5个小时，挖寻出手枪、子弹和雷管。分队还完成了清理映秀镇信用社的任务，清理出现金12万元、支票3本和价值万元的摄像机1部。

5月17日，58名群众被困在上河坝山上，生活困难，受伤群众缺医少药。分队迅速组织16名党员组成突击队前往营救，支委士官井斌第一个站出来请战。绵竹籍战士罗盖中家里楼房倒塌，价值30余万元的商品被毁，他强忍悲痛坚决要求参加突击队。因山体滑坡，道路完全被滚落的巨石阻断，突击队员只能沿着五六十度的山坡斜面前进。脚下是岷江急流，头上不时飞落石块，面对险情，16名党员每人背着25公斤重的给养物资，两天一夜行程30余公里，成功救出58名被困群众，使23名受伤群众得到有效治疗。

转入“进村入户”搜救阶段，分队深入海拔2000米以上的5个高山村寨，帮助65家农户搬迁，转移受困群众527人，搬运物资10余吨；在恢复重建阶段，帮助映秀镇装卸活动板房材料33车，搭建帐篷423顶、板房146间，清理废墟垃圾10余吨，整修道路1800米，防疫消毒1.3万平方米，挖掘、铺设给水管道1000米，栽树300多棵，植草600余平方米。分队抗震救灾的先进事迹，被中央和地方多家新闻媒体报道。

2008年10月7日，71781部队73分队被中共中央、国务院、中央军委授予“全国抗震救灾英雄集体”荣誉称号。

71282部队97分队

汶川特大地震发生后，解放军71282部队97分队分队长员波、教导员李永芳组织285名官兵参加抗震救灾。

5月13日4时30分，分队官兵随部队奔赴四川灾区。16日14时，分队官兵在部队政委刘法峰、政治部主任黄晓健带领下，对都江堰市区进行拉网式搜救。官兵们手拿铁锹、铁镐，一边开路，一边用生命探测仪寻找幸存者。当行进至石油街居民区时，生命探测仪显示一幢楼内有微弱生命。这幢坍塌楼房的断裂楼板仅靠几根钢筋连着，随时都有坠落的危险。现场指挥的刘法峰考虑到情况紧急复杂，上楼搜救随时可能有生命危险，于是大声喊道："是独生子女的请举手。"285名官兵没有一人举手。"不是独生子女的请举手。"官兵们纷纷举起了手。"入伍两年以上的共产党员请举手。"官兵们又一次齐刷刷地举起了手。在场的凤凰卫视记者陈鲁豫看到这种场景，感动得哭了。刘法峰果断指挥部队组成多个突击队，从上至下清理废墟。由于情况特殊，作业不便，官兵们只好徒手作业，手套磨破了、双手磨烂了也全然不顾。官兵们在滚滚的烟尘和刺鼻的消毒水气味中，持续搜救7个多小时，连一口水都顾不上喝，直至任务完成。事后，陈鲁豫采访刘法峰："285名官兵中有一半是独生子女，但他们为什么都不举手呢？"刘法峰回答："因为他们是铁军士兵。不管是战争年代，还是和平时期，铁军始终有一种不怕艰难困苦、不怕流血牺牲的精神。"

5月20日2时，分队接到都江堰市粮食局求援电话：崇义镇粮库是都江堰灾区群众粮食中转站，有一批救灾物资需要紧急转移。分队长员波紧急带领60名突击队员火速赶往粮库，一边组织警戒一边组织转移，随后分队全体官兵赶到，展开了攻坚战。截至撤离，分队共转运救灾粮31480余吨，平均每天完成300吨装卸粮食任务。官兵们的肩膀磨破了也无任何怨言。

为了让灾区孩子在六一儿童节住进安全、整洁的新校舍，分队285名官兵加入到建筑工人队伍中现学现做，掌握了活动板房的搭建技术。经过四昼夜连续奋战，终于在六一儿童节前让孩子们搬进了新校舍。

抗震救灾期间，分队先后帮助灾区群众整修危房378间，协助爆破危塔4座，平整场地6.89万平方米，搭建帐篷989顶，搭建活动板房1200套，搬运建筑材料1.24万吨，清理废墟230处，清运垃圾3300吨，清理沟渠6910米，抢收抢种庄稼65.3公顷。

2008年10月7日，71282部队97分队被中共中央、国务院、中央军委授予"全国抗震救灾英雄集体"荣誉称号。

71643部队66分队

汶川特大地震发生后，解放军71643部队66分队分队长于万华、指导员李五英组织79名官兵参加抗震救灾。

5月14日14时，接到赴汶川灾区救灾命令后，分队官兵组成摩托化机动先遣分队日夜兼程向灾区挺进，15日12时到达广元。随后经过5个小时的强行军，分队进入极重灾区青川县大坝乡南溪村，迅速展开搜救工作。

5月16日凌晨，于万华带领突击队搜救至南溪小学路口时，听到村民呼救：一位村民挖粮食时因发生余震被倒塌的房子埋住，突击队员迅速冲了上去。官兵们小心翼翼地将椽梁、砖瓦搬开，经过半个小时紧张奋战，将这名群众救了出来。李五英带领的突击队在土地垭搜救时，发现一位老大娘被砖瓦砸伤，立即让卫生员进行简单救治，并制作了一副简易担架，迅速把老人送到山下救护站。

南溪村通往山外的公路多处被山体滑坡阻断，多数受灾群众缺少粮食，为抢运救命粮，分队党支部决定立即抢修道路。官兵们顶风冒雨，经过5天艰苦奋战，打通了20余公里的山路。分队把仅剩的两袋米和一袋面粉送到老乡家里；官兵们又把随身携带的干粮都送给灾区群众，饿了就挖山上的野竹笋、抓河里的螃蟹充饥。

5月18日和21日，接连下了两场大雨，加上余震频发，导致南溪山山体断裂缝增大，土地垭连续发生3次大的山体滑坡，村民们的生命财产安全受到严重威胁。分队党支部迅速向上级报告情况，建议立即转移南溪村村民。经地质专家现地勘察会商，市政府采纳了分队的建议，使村民们及时转移。

5月25日16时21分，青川县发生6.4级强余震。19时，分队接到上级紧急命令，要求在6月1日前务必将南溪村村民转移至大坝乡石垭子。副分队长孙广峰、副指导员张卫东带领部分官兵经过一夜连续奋战，在指定的临时安置点搭建起35顶帐篷。在党支部带领下，分队官兵连续奋战四昼夜，分6批将南溪村113户484名村民全部转移至石垭子，班长陈威、钟名招硬是将两位行动不便的老人一路背到石垭子。六一儿童节到来时，官兵们主动捐款，给全村21名小学生购买学习用品和衣服，并表演文艺节目，使孩子们过了一个快乐难忘的节日。

抗震救灾期间，分队先后从废墟中搜救出5名幸存者，挖出遇难者遗体3具，救护转送受伤群众18人，搭建简易帐篷105顶、制式帐篷78顶，抢修道路38公里，抢挖粮食10余吨，抢收粮食4公顷，抢运粮食208吨，开展卫生防疫2500户（次）。

2008年10月7日，71643部队66分队被中共中央、国务院、中央军委授予“全国抗震救灾英雄集体”荣誉称号。

71620部队

汶川特大地震发生后，解放军71620部队部队长季陵、政委杨友斌组织2280名官兵参加抗震救灾。部队奉命被紧急空运至成都双流机场，迅即转乘汽车开进极重灾区青川县，从奉命出征到进入救灾任务区，仅用了16个小时45分。

5月15日，季陵带领800余名官兵翻山涉水，于9时30分到达青川县木鱼镇。就在此前15分钟，国务院总理温家宝在木鱼镇考察时对受灾群众说：“我们的大部队马上就要来了，请乡亲们放心！”部队以实际行动，实现了总理对人民的承诺。

木鱼镇很多楼房倒塌，一些群众围在废墟前，撕心裂肺地哭喊。季陵带领官兵在废墟上展开了一场抢救生命的战斗，手被磨烂了，指甲被抠掉了，没有一个人停下来。经过3个多小时的奋战，部队官兵将被埋压近79个小时的13岁男孩何磊救了出来。接着，他们继续争分夺秒地抢救，成功救出被压埋的6名幸存者。

5月16日9时30分，代理排长潘明旺进村搜救时，看见一位老人正从危房里向外搬粮食，赶紧跑过去帮忙。此时，突发强余震，眼看摇摇欲坠的房梁就要砸向老人，他冲过去把老人推出门外，自己却被坠落的木梁砸中，右踝骨骨折。他强忍剧痛，带领全排将受伤的3名群众送到14公里外的医疗救护点。

5月18日上午，杨友斌带领200多名官兵徒步7个小时到达青川县房石镇，看到很多受伤的群众，便迅速用竹子、床单、背包绳做成30副简易担架，将受伤的群众送往前进乡救护站。由于山高坡陡行走艰难，上坡时前面的人跪着，中间的人弓着，后面的人将担架举过头顶；下坡时前头的人举着，中间的人蹲着，后面的人坐在地上慢慢向下挪。官兵们膝盖跪烂了，肩膀磨破了，渗出的血与衣服凝结在一起，每挪一步，伤口就钻心地疼，但没有一个叫苦叫累的。

进入灾后重建阶段，部队积极帮助灾区群众重建家园。针对一些灾区群众流露出的恐惧、焦虑、悲观等心理，他们开办“灾区群众夜校”，成立宣讲队到各村巡回宣讲53场，进行心理疏导，听众达3.6万余人次，稳定了受灾群众的情绪。部队把恢复灾区基层组织功能作为灾后重建的重点，采取党支部包村、党小组包组、党员包特困户的方法，与39个村党支部结成帮扶对子，以增强村级党支部的凝聚力和战斗力。部队还投入10余万元，开办“猛虎爱心学校”8所、“猛虎爱心敬老院”4个，搭建“军民连心桥”7座，受到灾区政府和人民群众的赞誉。

部队先后在青川县、广元市朝天区执行救灾任务，共抢救出33名幸存者，运送出525名重伤员，转移被困和受伤群众11402人，医治受伤群众19720人，抢运粮食423吨，搭设帐篷7926顶，搭建活动板房、永久性住房1.1万余间。当地群众用各种方式答谢子弟兵：全村男女老少背着157捆柴火，步行近20公里，送到部队驻地；村民把从废墟中挖出来的被面拿出来，在上面写下心里话送给部队表达谢意。

2008年10月7日，71620部队被中共中央、国务院、中央军委授予“全国抗震救灾英雄集体”荣誉称号。

71697部队55分队

汶川特大地震发生后，解放军71697部队55分队分队长王立松、指导员李源组织92名官兵参加抗震救灾。

地震发生后，竹园至青川县城的山路是青川通往外界的唯一“生命通道”。因余震不断、山体滑坡，道路经常受阻，造成一边是堆积如山的救灾物资，一边是青川县20余万受灾群众缺粮少药。5月25日16时21分，分队的运输车队冒着大雨行驶至酒家垭路段时，突然发生6.4级余震，顿时地晃山摇，整个山谷弥漫着灰尘，道路一侧山体发生滑坡，首车前方7米处突然坠落一块直径约4米的巨石，山上碎石不断滚落下来砸到车上。坐在首车的王立松立即命令停车，迅速跳下车判明情况，随后带车第一个通过危险地段，再站在危险处充当警示标志，镇定地指挥车辆通过。就在王立松刚离开的一刹那，一块直径2米的巨石直落下来，砸在他刚才站立的地方。

5月30日，分队奉命从竹园坝货场向关庄镇运送物资。车队行至距关庄镇10公里处，道路因落石堵塞难以通过，王立松心急如焚，迅速带领司机每人背起20多公斤重的物资徒步向关庄前进。一路上，散落的山石不时砸过来，行走极其危险，历经两个小时艰难跋涉，分队终于把500公斤的急需物资送达关庄镇接收点。

分队官兵在运送物资中，严格遵守纪律，做到不喝一口生命水，不吃一口救命粮。5月26日，为第二天早上能早点装货出发，分队干部与地方政府协商，决定在竹园货站休息。劳累了一天的司机又饿又渴，而货场里堆放着瓶装水、饮料、饼干、方便面等食品，但战士们只喝自己水壶带的白开水，只吃挎包里装的压缩饼干。第二天中午车队到达木鱼镇，战士们准备吃干粮时，看到路边几个孩子眼里充满着渴望，就主动把自己的干粮和水送给孩子们。每次翻越琵琶山，因为坡陡、路窄、弯急，需要经常制动，从而造成轮毂严重发热。为降低刹车片温度，避免刹车失灵，战士们把本来就不够喝的自带水浇到发烫的轮毂上，行车安全得到了保证，战士们的嘴唇却干裂了。

抗震救灾期间，分队共出动车辆700余台次，昼夜奋战12天，行程4.74万公里，向青川县各乡镇运送救灾物资1万余吨。

2008年10月7日，71697部队55分队被中共中央、国务院、中央军委授予“全国抗震救灾英雄集体”荣誉称号。

71677部队57分队

汶川特大地震发生后，解放军71677部队57分队分队长郭哲丰、指导员李士锋组织94名官兵参加抗震救灾。

5月12日，分队官兵从电视上得知汶川发生地震，纷纷向党支部递交要求参加抗震救灾的请战书，11名正在休假的官兵主动与分队联系，要求参加救灾。地震灾难导致青川县红光乡、石坝乡、马公乡的交通、通信、电力全部中断，受灾群众被困在大山深处，其中石坝乡的八一村和五一村已经断粮几天，受灾群众急需救援。20日晚上，分队受领了向红光乡、石坝乡、马公乡运送救灾物资的任务。21日4时30分，分队官兵每人背着35公斤重的救灾物资向大山深处迈进。郭哲丰带着党员突击队走在队伍最前面，遇阻开路；李士锋紧跟在队伍后面，不时给官兵们鼓劲加油。他们以班为单位结成互助组，相互帮扶着走过每个危险地段，先后翻越海拔1400米以上的高山10座，蹚过水流湍急的河流4条，经过8个多小时的强行军，行程50多公里，终于把首批救灾物资送到了灾区群众手中。

由于连日劳累，部分官兵体力严重透支。在一次运送救灾粮途中，战士许占军身体坚持不住了向深谷滑去。紧急中，他一把抓住山间一棵小树，另一只手拽着背囊不放。排长朱安明大喊："快扔下背囊！"但他仍死死抓住不肯放下。战友们把他拉上来后埋怨他："你不要命了。"许占军说："背囊里装的是灾区的救命粮，好不容易运到这里，说什么我也不能扔掉。"

6月6日，分队在运送物资途中突遇狂风暴雨，山上落石不断，随时有发生塌方和泥石流的危险，官兵们没有一个退缩。他们用雨衣盖住救灾物资，手抓着树枝背贴着峭壁，一步一步地往前挪。官兵的手被荆棘扎破了，胳膊被岩石划伤了，硬是凭着一股拼劲和顽强的战斗作风，将物资按时送到灾区群众手中。村民董明国紧紧握住郭哲丰的手说："我们的老命可以不要，你们这些年轻娃娃可不能冒这样的险啊。"

在徒步背运救灾物资的20多天里，分队官兵的衣服全都磨破了，脚掌上打起了血泡，30余名战士严重烂裆，50余名战士双肩红肿溃烂，但没有一人叫苦叫累，没有一人在困难面前退缩。分队干部考虑到40岁的六级士官赵宗刚双膝半月板损伤，安排他留守看管物资。他说："我是党员，是来抗震救灾的，不是来养病的，哪怕能为灾区群众背一瓶水、一斤粮，我心里也踏实。"

抗震救灾期间，分队为灾区群众运送粮食、药品、医疗器械、发电设备等各类物资20余类50余吨，运送受伤群众14人，转移群众300余人。

2008年10月7日，71677部队57分队被中共中央、国务院、中央军委授予"全国抗震救灾英雄集体"荣誉称号。

71336部队93分队

汶川特大地震发生后，解放军71336部队93分队分队长周波、教导员徐经飞组织213名官兵参加抗震救灾。

5月14日17时，分队接到上级命令，紧急奔赴青川县执行抗震救灾任务。22日13时，分队迅速机动到木鱼中学，展开了搭建"猛虎爱心学校"战斗，一直奋战至次日4时。此时，木鱼镇党委书记向部队求援，请求转移木鱼中学遇难学生遗体，周波立即向上级报告了情况。4时55分，周波、徐经飞分别带领官兵执行转移遗体的突击任务。由于木鱼中学遇难学生遗体掩埋较浅，加之天气炎热，部分遗体已经腐烂。分队官兵组成多个突击小组，不顾腐烂遗体散发出的异味，冒着被感染的危险，顶着巨大的心理压力，对遗体进行挖掘、搬运和掩埋，经过12个小时的连续奋战，先后挖掘和重新掩埋遗体156具，防止了重大疫情发生。

5月24日，分队奉命为青川县文管所抢救文物。由于地震造成房屋受损倾斜，徐经飞将门打开后，上面的砖土立刻落下一大片，随行的人员以为房屋要倒塌，迅速向楼外跑，而全体官兵无一退缩，先后抢救出国家一级文物1件、二级文物8件、三级文物94件，并将文物安全转移。

6月13日18时30分，分队同时接到青川县瓦砾乡上河村109名群众求援和庙子村妇女马洪秀突然晕倒急需部队救援的请求。分队长与教导员研究决定，命令正在开饭的连队紧急出动，由周波带领部分官兵赴上河村实施救援，其他官兵准备临时病房，徐经飞带领军医孙克理、卫生员常青华对晕倒妇女进行抢救，为其输液至23时28分，并将其安全送回家中。

5月17日至6月10日，分队担负乔庄镇“进村入户”搜救任务。乔庄镇位于青川县城郊区，经济比较富裕，此次地震财产损失严重。20日，分队在清理青川县山珍市场居民楼时，清理出一盒价值16万元的金银首饰和35块银圆，经认真登记核实，如数交还给了物主，物主非常感动。灾区群众为了表达谢意，多次给分队官兵送慰问品，均被官兵们婉言谢绝。

抗震救灾期间，分队先后为灾区群众搭建帐篷740顶、简易房230间，抢救物资34吨，运输物资40余台次，转移灾区群众330余户，转移和掩埋遇难者遗体156具，抢修坍塌路段35公里，清理土石10万立方米，抢救国家文物360件，抢种秧苗4公顷，搭建“猛虎爱心学校”1所，为群众看病送药1000余人次。

2008年10月7日，71336部队93分队被中共中央、国务院、中央军委授予“全国抗震救灾英雄集体”荣誉称号。

71407部队71分队

汶川特大地震发生后，解放军71407部队71分队分队长袁富华、代理教导员李红波组织394名官兵参加抗震救灾。

5月13日，接到抗震救灾的预先号令后，分队正在休假的15名官兵迅速返回部队。战士李稳主动放弃参加军校招生考试机会，坚决要求随队出征救灾。15日，分队到达青川县后，奉命到石坝乡执行搜救任务。青川到石坝的道路因地震被阻塞，袁富华带领党员突击队在前面开路，李红波组织部队快速跟进，先后翻越高差500米以上、坡度70度以上的大山11座，蹚过7条河流，硬是在没有路的高山峻岭中，以最快速度到达石坝乡展开搜救。2连6班在石坝乡中心村执行搜救任务时，从房屋废墟中营救出一名因余震被埋四天四夜的老人邓莲秀。他们与团卫生队密切配合，及时将生命垂危的村民杨华安全转移到161医院。官兵们连续奋战五昼夜，从废墟中救出幸存者45人，运送重伤群众37人，挽救重危病人33人，救治受伤群众123人，转移群众2000余人，运送救灾物资40余吨。五一村一位参加过边境自卫反击战的老兵，翻过几座高山给分队送去一篮鸡蛋。老兵说：“这是我的心意，你们一定要收下，不然我就给你们跪下了。”在老乡的强烈要求下，李红波收下鸡蛋，给了这位老乡100元钱。21日晚突降大雨，由于山高路险给养输送困难，村民缺水少粮十分饥饿，官兵把仅有的干粮全部送给灾区群众，自己却披着雨衣忍饥挨冻过了一夜。

5月25日，因连降大雨，东河口堰塞湖水位暴涨，上级命令该分队紧急转移关庄镇2000余名群众。袁富华、李红波带领256名官兵和50辆运输车迅速赶到指定地点。转移途中突遇6.4级强余震，山体滑坡，部分路段阻塞。他们强行通过多处山体滑坡、泥石流频发的路段，历时12小时将灾区群众安全顺利转移至剑阁县普安驾校。6月6日，接到上级命令，要求将苏河乡樟河村、三凤村1500多名群众当天转移到马鹿乡。在天降大雨、时间紧急、任务重的情况下，分队全体官兵立即出动，一路急行军赶到樟河村、三凤村，进行地毯式搜寻，一天没有吃一顿饭，将1500名灾区群众安全转移到目的地。

在灾后重建阶段，分队想方设法为灾区人民做好事、办实事、解难题。分队官兵走遍7个村寨1328户人家，帮助搭建帐篷2487顶、窝棚514间，安置1123户，抢收小麦68公顷，抢挖粮食1.5吨，清理废墟1万立方米。5月28日，分队在“进村入户”搜救中，救出8名孤寡老人。为了妥善安置老人的生活起居，分队主动与苏河乡政府联系，共同成立“爱心敬老院”，每天派出人员为孤寡老人送水送饭。军内外多家新闻媒体对分队的事迹作了报道。

2008年10月7日，71407部队71分队被中共中央、国务院、中央军委授予“全国抗震救灾英雄集体”荣誉称号。

71352部队73分队

汶川特大地震发生后，解放军71352部队73分队分队长汪松柏、指导员李爱军组织76名官兵参加抗震救灾。

5月15日15时，分队经过两天急行军到达青川县大院回族乡。由于道路阻断，乡所在地食品、饮用水和药品十分短缺。分队立即抢修道路，连续奋战18小时，硬是凭着双手疏通了道路，排危20处，抢救物资价值5万余元。

5月18日，分队对锁家沟和花果村进行入户搜救，发现有两名受伤群众被困山中，其中一位受伤群众马金莲被山体滑坡的石块砸伤，造成腿部粉碎性骨折，已被困6天，生命危在旦夕。李爱军当机立断，带领7名党员制作了一副简易担架，翻山越岭行进30余公里，将受伤的马金莲抬出险境，使其得到治疗。分队还抢出粮食2600余公斤、腊肉600余公斤，帮助一个面粉加工厂实施了搬迁。

6月17日，分队由大院回族乡转移至乔庄镇，帮助浙江勤业建工集团等3个单位搭建活动板房。官兵们加班加点，共搭建1764套活动板房，修筑青川尖子角河堤3公里。

在抗震救灾中，分队官兵充分发挥自身专业特长，成立了卫生防疫组，冒着高温酷暑，坚持每天早、中、晚对大院回族乡场镇所有主干道、居民区和灾区群众安置点进行消毒，累计道路消毒500余公里，开设3个淋浴点，保障灾区群众淋浴1.5万人次，解决了人民群众生存需要的急难问题。

在历时67天的抗震救灾中，分队官兵团结战斗，先后完成了紧急救援、查明灾情、排危解难、运送物资、卫生防疫等任务。战士黄忠良身患疾病，不顾分队领导的劝阻始终坚持战斗，肚子痛了蹲一会儿，稍好一点儿再次投入救灾，终因劳累过度引发十二指肠出血，晕倒在尖角子河大堤上。三台籍班长王庠，家里财产在地震中受到损失，父亲受重伤，他没有向组织提出任何要求，坚持随分队执行任务，并不顾个人安危，冒着余震冲进危楼，成功将村民廖勤被困在2楼的女儿救出。

抗震救灾期间，分队先后进村入户750人次，救助群众765人，装卸救灾物资61吨，抢修道路10余公里，搭建帐篷103顶、简易房68间，防疫消毒11万平方米，清除垃圾174立方米，抢收小麦

1.9公顷，抢种水稻1.7公顷。

2008年10月7日，71352部队73分队被中共中央、国务院、中央军委授予“全国抗震救灾英雄集体”荣誉称号。

71366部队86分队

汶川特大地震发生后，解放军71366部队86分队分队长张剑锋、指导员姜旭明组织87名官兵参加抗震救灾。

作为应急力量，分队先后23次执行抢运物资、搜救群众等急难险重任务。5月17日11时50分，分队刚到达平武县古城镇，就奉命到30公里外的木座藏族乡救援36名被困游客。张剑锋带领官兵紧急出发。沿途上，山体滑坡滚下的巨石把道路堵死，陡峭的高山上不时有崩石坠落，官兵们相互用背包绳绑着，匍匐着一步一步往前挪。他们翻过一座海拔3100多米的高山，经过一处晃晃悠悠的吊桥，当激流奔涌的涪江横在官兵面前时，张剑锋尚未下达渡江命令，战士吴小科、韩五代已经跳入江中奋力游向对岸。官兵们凭着无畏勇气，徒步行军30公里赶到救援地点，将被困在一片废墟里的36名游客全部安全转移出来。

5月19日一夜大雨，造成木座藏族乡水沟村通往部队医疗救助站的公路出现4处山体滑坡，10多名刚被搜救出来的受伤群众亟待救治。官兵们闻讯携带镐锹，火速赶往排险清障。全体官兵镐、锹、手、足并用，锹折了就用手刨，手指破了就用拳头和双脚，在近6个小时紧张作业中，又遇天降大雨，情势更加危险，山石滚落达40余次。“艰难面前有3连、3连面前无困难”的口号再次叫响，分队官兵硬是在险象环生的条件下，把滑坡道路全部疏通。

在“进村入户”搜救过程中，分队发现学校的房屋因地震受到严重破坏，官兵们看在眼里急在心里，决定建立“帐篷学校”。分队支部一班人带头捐出自己的帐篷，掏出身上仅有的钱物。张剑锋一次捐出500元，带领全分队官兵在木座藏族乡建起平武县第一所“帐篷学校”。12岁的藏族小姑娘嘎哩波是小学六年级学生，官兵们把她的家人和其他藏族群众从困境中营救出来，转移到临时救助站，并送去粮食、蔬菜等生活用品，自己却舍不得喝一口“救命水”，此番场景，深深印刻在了小姑娘的脑海里。嘎哩波从废墟中找出画笔，画了13幅抗震救灾画送给分队。中央军委有关领导从《解放军报》上看到小姑娘嘎哩波的画后深受感动，特地写信慰问“帐篷学校”师生。“放心、信任、温暖”是分队官兵留给当地藏族群众最深的印象。

2008年10月7日，71366部队86分队被中共中央、国务院、中央军委授予“全国抗震救灾英雄集体”荣誉称号。

71892部队78分队

汶川特大地震发生后，解放军71892部队78分队分队长王宇坚、指导员高春荣组织46名官兵参加抗震救灾。

5月23日，分队组成党员突击队，奉命向已经断粮4天的平武县响岩镇前峰村送粮。前锋村位于距响岩镇8公里、海拔1460米的半山腰上，山高路陡，一路不时有飞石滚落。突击队员们肩扛几十斤粮食，沿着被阻断的山路，冒着山体滑坡、塌方滚石的危险，直奔目的地。高春荣因体力透支，累倒在路上。途中发生余震，几块巨大的落石砸在队员前方几米处，士官杨才能的腿被碎石砸伤，仍坚持战斗。突击队员们一边走一边清理落石，终于在当日14时将粮食送到村里受灾群众家中。

5月24日，分队官兵为受灾群众拆除危房时，余震突然发生。战士李阳木已跑到安全地带，当他发现危房里还有3名群众时，又义无反顾地跑回去，救出危房里的群众，他的肩部却被落下的木头砸伤。

平通镇至平武县城的省级公路，是大山深处各村庄受灾群众的唯一出入之路，每天上千辆抗震救灾车辆从此通过。由于地震影响，途中要经过的清漪江大桥已变成危桥，车辆通行十分危险。为尽早疏通道路，保证救灾物资能够及时运抵受灾群众手中，必须在塌陷桥面上重新架设一座钢架桥。6月2日，分队到南坝拉修桥材料，从响岩到南坝来回不到20公里的道路平时开车只需15分钟，可那天却走了2个小时。一路上，遇到4处山体滑坡、3处道路改道，稍有不慎就有可能发生危险。在返回途中，因一辆地方车辆发生故障停在一山体滑坡处，直到22时道路才被疏通。为了不耽误第二天的施工进度，分队连夜卸材料。3日清晨，分队官兵又赶往架桥地点，吃住在架桥现场，在云南省交通厅技术人员的现场指导下，连续奋战两天两夜，成功搭建起一座川北地区最大的钢架桥，被人民群众亲切地称为“铁骑连心桥”。

在“进村入户”搜救阶段，分队官兵走遍每一座大山、问到每一户村民、帮助每一个受难群众。村民陈某家住在海拔2000多米的李家山山顶上，妻子在地震中遇难，父亲右手残疾，陈某自己在地震中精神受到刺激。高春荣了解到这一情况后，决定对他进行心理疏导。李家山山高路陡，一个来回至少要走5个多小时，高春荣带着战士一次又一次登门到陈家，帮他清理危房，收割庄稼，打扫卫生，始终没有放弃。真心赢得信任，行动换取真情，当他们第六次赶到陈家时，这个40多岁的汉子禁不住流下了眼泪，默默地和战士们一起干活。随后的日子，官兵们一次次同他谈心交心，帮他树立生活的信心和战胜灾难的勇气，这位羌族汉子逐渐恢复了生活的信心。

2008年10月7日，71892部队78分队被中共中央、国务院、中央军委授予“全国抗震救灾英雄集体”荣誉称号。

71998部队

汶川特大地震发生后，解放军71998部队部队长牛斌、政委曾刚组织1608名官兵参加抗震救灾。

5月14日23时和15日3时，部队分为两个梯队分别由牛斌、曾刚率领奔赴四川灾区。16日15

时，第一梯队到达绵阳灾区后，摩托化行军赶赴北川。机动途中，又接到挺进茂县执行救灾的命令。由于地震造成山体塌方，通往茂县的公路被彻底毁坏，只有从北川羌族自治县擂鼓镇穿越原始森林翻山越岭才能到达茂县，部队下决心就是鬼门关也要闯过去。17时30分，牛斌指挥部队就地留下被褥和车辆，带上救灾工具和干粮，轻装前进。前进中遇到泥泞路滑，拉起背包带一个一个通过；遇到荆棘灌木，刀砍脚踩开出新路；遇到山涧溪流，找来断木搭起便桥；遇到危险地段，打信号弹示警照明。部队冒雨翻越了5座海拔3000米以上、坡度均在60度以上的高山，历经200多处滑坡险情，遭遇20多次余震，经过42小时艰难行军，徒步210多公里到达目的地。20日8时，部队得知茂县洼底乡柳坪水电站色尔古工地一批工人被困，牛斌迅速带领96名官兵跑步前往救援，攀崖进入洞内，将受困7天的91名水电工人和2名重伤人员成功救出。

5月17日，到达北川的第二梯队官兵在政委曾刚和参谋长殷毅峰的带领下，承担了擂鼓镇20多个行政村的“进村入户”搜救任务，将被困的1200多名群众和80多名重伤群众成功营救出山。22日12时10分，在北川执行搜救任务的第二梯队接到支援茂县救灾命令后，616名官兵徒步行军48小时到达茂县。战士吕世龙行军途中右腿腓骨骨折，仍坚持走完40多公里山路，跟随部队到达茂县，被军区首长称为“新时期的钢铁战士”。

部队担负茂县受灾严重、海拔多在3000米以上的永和、维城等17个乡（镇）抗震救灾任务，先后完成维城乡巨石排险、洼底乡水电站抢修、永和乡群众大转移等急难险重任务，挖掘出并掩埋遗体52具，搜救群众500多人，转移群众14536人，医治受伤群众10332人，开设8个救助站，救助群众38866人次，搭建帐篷10481顶、过渡房9089间，搭建“帐篷学校”30所，接纳学生6429名，装卸各类救灾物资35002吨，抢收抢种庄稼74公顷，抢通道路295公里，抢修水电站12座，洗消2136万平方米，清理废墟42.1万立方米。

部队担负茂县96%以上救灾物资的装卸转运任务，组成20支高原背篓队往各村寨送粮；组织高原运输队先后6次辗转黑水、马尔康等13个县（市），翻越夹金山、梦笔山等雪山，往返一趟2000多公里，为茂县运送救灾物资900多吨。副部队长孔令华带领305名官兵为安县安昌镇、北川羌族自治县擂鼓镇灾区群众抢收庄稼，搭建板房和临时救助点。

2008年10月7日，71998部队被中共中央、国务院、中央军委授予“全国抗震救灾英雄集体”荣誉称号。

71309部队75分队

汶川特大地震发生后，解放军71309部队75分队分队长张鹏霄、代理教导员刘挺组织197名官兵参加抗震救灾。

地震发生后，分队全体官兵纷纷写下抗震救灾请战书。分队党委根据上级要求，迅速做好抗震救灾的各项准备工作，修订完善了抗震救灾方案，购置补充铁锹100把、铁镐60把、铁锤60把、电锯102把、铁丝80公斤、绳索1300余米等物资。为拉得出、走得动、搜得到、救得好，分队先后6次组织官兵学习非战争军事行动、搜救抢救互救、防病防疫等知识，保证官兵能够科学实施搜救。

5月17日11时30分，分队接到上级命令，迅速出动75名官兵，冒着雷雨天气和余震频发、山体滑坡的危险，徒步向极重灾区平武县平南羌族乡挺进45公里，于23时到达，打通了一条南坝镇至平南羌族乡峡谷的“生命线”。第二天天刚亮，分队按照编组成立8个搜救小组，连续奋战36小时，对平南羌族乡5个村613户进行了第一次大搜救，搜救出受伤群众4人，成功转移群众600余人，搭建帐篷60余顶，清除20余公里道路11个堵塞处。18日，分队成立党员突击队，深入极重灾区北川羌族自治县陈家坝乡执行搜救任务，挖掘出并掩埋遇难者遗体10具，救助受困群众260人。

5月20日，转入“进村入户”搜救阶段，分队由坝子乡转移到“孤岛”水观乡执行任务。按照“边进村入户、边进行搜救、边帮民转移、边帮难解困”的要求，分队开展了“查灾情、查险情、察民情、帮民困”活动，要求官兵做到“走到、看到、问到、查到，灾情清、民情清、潜在的险情清、帮扶的方法清，不漏一户、不少一人”。分队共走访群众958户，解决群众困难1234件，查出和排除安全隐患463起。

分队积极帮助灾区群众恢复正常生产生活秩序，为灾区群众抢修木桥37座，修补沼气池20余个，帮助一个木耳生产基地恢复生产。在雷电较多的地方，安装简易避雷针23个，有效预防了次生灾害的发生。由于灾区道路被破坏，群众日常生活困难，分队成立医疗巡诊组、摩托修理组、电器修理组、理发组、科技培训组和心理疏导组等，积极开展便民服务活动，为灾区人民群众排忧解难。

2008年10月7日，71309部队75分队被中共中央、国务院、中央军委授予“全国抗震救灾英雄集体”荣誉称号。

71811部队52分队

汶川特大地震发生后，解放军71811部队52分队分队长万传志、教导员喻斌组织130名官兵参加抗震救灾。

5月16日13时，分队接到赴安县千佛镇执行侦察任务的命令后，立即成立了一支由17名官兵组成的侦察小分队，在万传志的带领下，克服种种困难，翻越6座海拔2000米以上的大山，往返60余公里，从危房中救出灾区群众40余人，安全转移受灾群众100余人，清理危房50余间。

5月22日，分队接到赴平武县水观乡执行救助灾区群众的任务后，迅速组织由60名官兵组成的“敢死队”，在喻斌的带领下，冒着余震危险，在泥石流阻断的山路上艰难跋涉11个小时才到达目的地。看到灾区人民缺少粮食，他们便将携带的干粮送给灾区群众。官兵们饿了吃口方便面，困了就在树林中稍作休息。分队主动与地方政府协调，发动受灾群众展开自救互救。为了搜寻空投下来的救灾物资，分队从早到晚穿梭在海拔2000米以上的崇山峻岭之中，搜寻到空投帐篷、食品、药品等物资300余件（套），帮助灾区群众搭建帐篷80余顶，抢收抢种庄稼2.6公顷，疏通道路15公里，架设浮桥2座，开辟停机坪1处，协助电力部门抢修线路125公里，为偏僻的乡村灾区群众送粮送药12次，转移受困群众1200余人。

在“进村入户”搜救中，分队明确责任分工，迅速展开清理废墟、灾后重建工作。在平武县南坝镇清理废墟、搭建活动板房中，官兵发扬特别能吃苦、特别能战斗的侦察兵优良传统，清运废墟1000余车，清理房屋300间，在废墟上为受灾群众搭建起新的房子。7月4日，分队接到上级命令，装侦连全体官兵在一边是悬崖峭壁、一边是沟谷深壑的半山腰上，顶着烈日酷暑，冒着山体滑坡的危险，连续奋战22天，攻克天险5处，修复道路10公里，铺设自来水管道3公里，成功打通南坝镇万余居民饮水“生命线”。

地震摧毁了檬子树村学校，38名学生不能上学。看着孩子们企盼读书的眼神，分队指导员王青松建议为村里建一所“希望小学”，并组织官兵们开展向灾区学生献爱心送温暖活动。没有课桌，就从学校废墟中挖出桌子修理后使用；没有凳子，战士们把所带的凳子让出来，不够就用木条搭成简易凳子。分队官兵奋战两天，建成一所能容纳300名学生的“铁骑爱民学校”，并在六一儿童节那天正式开学复课。

2008年10月7日，71811部队52分队被中共中央、国务院、中央军委授予“全国抗震救灾英雄集体”荣誉称号。

71426部队94分队

汶川特大地震发生后，解放军71426部队94分队分队长张本华、指导员李顺新组织48名官兵参加抗震救灾。

接到抗震救灾命令后，分队仅用两个小时就做好了出发准备，随部队昼夜摩托化行军奔赴灾区。5月17日到达平武县后，他们克服通信不畅、道路中断、路途艰险等困难，翻山越岭进入震中“孤岛”豆叩镇，徒步往返物资中转站与各乡镇之间20余次约600公里，运送各类物资70余吨。5名战士因天气炎热烂裆、12名战士脚底磨出血泡、23名官兵肩膀被背包带勒得红肿，却无人叫苦叫累。什邡籍军械员华伟，得知家中受灾母亲被砸伤的消息后，顾不上回家看一眼，与战友们冒雨给受灾群众搬运“救命粮”，烈日下两次晕倒在搬运现场。在物资转运站，官兵们发扬连续作战精神，每天工作长达16个小时，最多时一天装卸物资多达500余吨。有一次装卸水泥，战士们的皮肤被水泥烧蚀红肿，口鼻吸入粉尘咳出黑痰，迷彩服被汗水湿透，水泥结痂沾满全身，先后有7人中暑晕倒，但没有一人退缩。

分队官兵宁可挨饥饿、受雨淋，也绝不占用救灾物资。5月20日中午，分队官兵头顶烈日，冒着近40摄氏度的高温，装卸4000箱瓶装水。物资站的工作人员看到官兵们非常辛苦，执意要给他们瓶装水喝，被官兵们婉言谢绝。29日4时天降暴雨，分队40名官兵顾不上穿雨衣就冲进雨中。二排长徐文科带领10名战士撑开雨布遮盖救灾物资，其他人迅速抢运露天放置的500多箱食品、药品，连续紧张奋战了3个小时。6月9日傍晚，为了赶在大雨来临前让受灾群众住进板房，官兵们刚送完粮就连夜搭建板房，一直奋战到凌晨3时，共搭建活动板房1000平方米，使300余名受灾群众得到及时妥善安置。

6月21日，分队接到再次赴泗耳藏族乡实施救助的命令后，官兵们每人扛着30公斤重的物资，翻越5座海拔2600米的高山，穿越黑熊毒蛇出没、蚂蟥成群的原始森林，冒险通过8公里沼泽地带，按时到达泗耳灾区。在藏乡期间，官兵们竭尽全力救助受灾藏族群众，加紧整修了通往乡里的一条长达37公里的便道，疏通河道120米，巡诊医治藏族群众47人，开办灾区“帐篷小学”，建起供群众磨面使用的水磨，帮助受灾群众恢复生产自救。5月27日，得知药材种养大户格若塔家6万株天麻急需施药，他们连续作业两天两夜，按藏胞要求将每株药材都用塑料碗扣住，防止农药伤及幼苗，确保了藏族群众的利益。

抗震救灾期间，分队先后向灾区群众运送粮食13吨，装卸物资7000吨，搭建仓库3000平方米，铺设路面1.3万平方米。

2008年10月7日，71426部队94分队被中共中央、国务院、中央军委授予“全国抗震救灾英雄集体”荣誉称号。

71426部队84分队

汶川特大地震发生后，解放军71426部队84分队分队长于建水、教导员武升组织270名官兵参加抗震救灾。

5月16日下午，分队官兵不顾长途行军的劳累和天气酷热，一到灾区就立即投入抗震救灾中。接到赴平武县豆叩镇实施搜救命令后，分队200名官兵绕行30多公里山路，在沿途山体松动、山坡陡峭、随时可能被毒蛇咬伤的情况下，徒步翻越3座高山，穿越500米落石区、1公里严重塌方路段、2处山体滑坡和1座被震裂的危桥。在通过一处险要滑坡地段时，分队长于建水始终走在队伍的最前面，官兵们脸贴巨石、重心前倾、手抠石缝，沿着山崖边一尺宽的小路通过，面对危险没有一人退缩。分队连续徒步行军5个多小时，到达大山深处的受灾乡镇展开搜救。

5月18日，3连连长张辉带领官兵在翻越一座海拔2300米的高山实施搜救时，发现山腰处有一名妇女被困在山体滑坡处，官兵们冒着可能再次发生山体滑坡的危险，用背包带接成一条长绳作为安全带，将这名被困妇女成功解救。28日，3连副连长翟光垚在豆叩镇“进村入户”搜救时得知，海拔1800米的松柏村63岁老人杨朝英因余震严重摔伤，生命垂危，立即带领救援小分队，在村主任樊长旭的引导下，沿着仅有30厘米宽的山间小道，一路攀爬一个小时赶到老人家中。在为老人做了简单包扎固定后，小分队用8条腰带、2根竹竿制成简易担架，将左大腿骨折、左手严重挫伤的老人抬下山，并送上前往豆叩镇卫生院的救护车，为抢救老人生命赢得了宝贵的时间。6月7日，排长陈文军带领10名突击队员，不顾山高路滑、余震频发、山石滚落等危险，自做简易担架，将一名即将临产的孕妇火速抬到4公里外山下的镇卫生院，保障了母子俩的生命安全。

分队官兵在排除险情、转移受困群众的同时，积极投入灾区重建工作，转移受灾群众1290人，后送伤员65人，转运分发物资180多吨，清理废墟5000余立方米，疏通道路30公里，搭建帐篷

200多顶，抢收抢种庄稼66.67公顷，冲洗消毒4000平方米。

得知豆叩镇有4名孤儿因家境贫寒辍学在家的情况后，分队官兵主动为灾区失学儿童捐款10060余元；分队干部还分别与一名孤儿结成对子，负责他们的生活学习费用，直到4名孤儿完成学业；分队搭建起两所“帐篷学校”，抽调文化水平高的干部为灾区初中生、高中生集中补课辅导。

为解决香菇种植户的燃眉之急，分队及时协调一台3千瓦发电机供受灾群众使用，并派出人员爬到海拔1800米的山上，接通输水管道，挽回群众经济损失万元。

抗震救灾期间，官兵们始终守纪如铁，秋毫无犯，先后拾到现金、存折、手机、钻戒等物品，价值20多万元，全部交还给失主。

2008年10月7日，71426部队84分队被中共中央、国务院、中央军委授予“全国抗震救灾英雄集体”荣誉称号。

71521部队64分队

汶川特大地震发生后，解放军71521部队64分队分队长杨武超、教导员段学军组织139名官兵参加抗震救灾。

地震发生后，分队党委立即向上级党委递交了抗震救灾请战书，到达青川县骑马乡后，迅速展开搜救工作。针对骑马乡山高路险、人员居住分散、搜救难度大的特点，分队官兵分为两个搜救组，分别由杨武超、段学军带领，进行拉网式搜救。5月20日12时30分，他们在倒塌的房子里发现年近七旬的老两口。周子汉老人腿部被砸伤，行走困难；老伴中风多年，卧病在床，两位老人已经被困在倒塌的房子里8天了。杨武超组织官兵冲进危房迅速清理废墟，将两位老人抱了出来。20名官兵组成护送小组，一边联系120救护车，一边轮流将两位老人背至山下。23日，官兵们在大山深处大树村一座濒临倒塌的危房内，救出下半身浮肿流脓的85岁老人龙长友，翻越两座海拔2400多米的高山，将老人送到广元市人民医院救治。

国务院公布《汶川地震灾后恢复重建条例》后，段学军组织官兵认真学习条例内容，编写出了《〈汶川地震灾后恢复重建条例〉学习问答》的小册子进行广泛宣传。他们搜集灾区群众开展自救的典型事例，自编自演文艺节目，采取群众喜闻乐见的快板、歌曲等表演形式进行宣传，使受灾群众熟悉条例内容，增强了灾后重建的信心，受到中宣部领导的肯定。

6月12日，分队得知骑马乡信用社即将恢复营业，需要安保人员押运100万元现金，乃主动派出8名官兵协助押运，维护正常营业秩序。养殖香菇、木耳是骑马乡的支柱产业，由于地震影响，全乡3.8吨香菇、3.5吨木耳无法正常销售，严重影响着民众灾后生产自救。分队发动官兵想方设法联系收购商，有的通过互联网发布信息，有的请亲朋好友帮忙，通过官兵们积极行动，有多家收购商联系订购。官兵们还联系红十字会志愿者到骑马乡义务巡诊，送医送药；借助互联网为灾区的婴儿捐奶粉，为妇女捐卫生用品，为学生捐学习物品；组建“帐篷小学”，安排高学历干部为灾区学生上课辅导。

抗震救灾期间，分队先后搜救被困群众2人，运送重伤群众5人，转移受灾群众334人，抢运物资89吨，疏通道路2690米，清理废墟250立方米，防疫洗消195万平方米，抢收小麦等农作物4公顷。分队抗震救灾的先进事迹，被中国人民广播电台、《光明日报》等多家媒体报道。

2008年10月7日，71521部队64分队被中共中央、国务院、中央军委授予“全国抗震救灾英雄集体”荣誉称号。

71521部队55分队

汶川特大地震发生后，解放军71521部队55分队分队长赵光磊、指导员王旭组织54名官兵参加抗震救灾。

分队奉命进驻青川县观音店乡执行救灾任务。观音店乡是青川县最偏远的乡镇之一，唯一一条道路因山体多处滑坡被阻断，震后第六天仍无法通行。为尽快掌握观音店乡受灾情况，打通与外界的联系，赵光磊带领16名党员突击队，翻越5座海拔1500米以上的高山，步行30公里到达乡政府，向乡政府和受灾群众传达了上级有关抗震救灾精神，并组织人员于5月19日凌晨打通了通往观音店乡的“生命通道”。

5月25日11时，王旭带领5人小分队在观音村2组排查时，发现山上的危房内有3位老人，年龄最大的杨清桃老人已91岁。由于山高路险，加上他们行动不便，已经被困13天。为把老人们安全转移出去，官兵们用攀登绳在绝壁上拉起一道绳梯，采取人背、绳拉、手抬的方式，奋战5个多小时，将3位老人安全转移到山下。在官兵们抬着老人去乡里的路上，余震发生，从山下远远望去，老人们居住的危房倒塌了。老人流着泪说：“没有你们这帮娃子，我们这把老骨头就埋在那里头了。”

5月25日16时21分，青川县发生6.4级余震，为及时掌握地震损害情况，分队主动要求到全乡山最高、最偏远的董家、余坝、青竹3个村执行搜救任务。全分队组成12个搜救小组，冒着随时可能发生余震、滑坡和滚石的危险，先后从山上转移受困群众73人。18时10分，村民何万翠在余震中被滚石砸伤，大量出血，病情危急。赵光磊、何海峰闻讯后，带着5名党员突击队员冒雨上山，将何万翠抬到山下。途中，赵光磊不慎被山石绊倒，阑尾炎手术刀口迸裂。他强忍剧痛，一直把何万翠送往广元市的医院。医生说：“如果晚送半个小时，生命就保不住了。”

为减少次生灾害，分队发挥侦察兵的专业特长，组成6个地质勘察小组，对观音店乡20余座山体进行全面勘察，整理出104处危险地带的参数，为灾后重建工作提供了有价值的参考。为解决观音村集中居民点饮水问题，赵光磊、王旭带领40名官兵，对附近两座山的3个水源点进行勘察，利用柴刀、钢钎和铁镐在山石中开挖引水槽，将1吨多重的输水管道背到山顶，经过7小时艰苦奋战，把山泉水从1300多米的山上引到居民点，解决了350多名群众的饮水问题。

分队在青川县执行抗震救灾任务中，先后转移安置群众572人，抢救重伤群众8人，抢运粮食

300吨，排除塌方、滑坡等险情48处，抢修道路129公里，搭建帐篷517顶。

2008年10月7日，71521部队55分队被中共中央、国务院、中央军委授予“全国抗震救灾英雄集体”荣誉称号。

71687部队82分队

汶川特大地震发生后，解放军71687部队82分队分队长张忠旺、教导员陈迎辉组织32名官兵参加抗震救灾。

地震发生后，北川、平武、青川、安县等极重灾县（市）由于山体滑坡，交通和通信中断，急重伤员亟待转移救治，被困群众急需水、食品、帐篷等生活物资。面对繁重的救灾任务，执行任务的机组人员始终保持了敢打硬仗的精神，上级命令什么时候起飞就什么时候起飞，命令飞向哪里就坚决飞向哪里。

5月15日，分队到达成都邛崃机场，张忠旺带领机组连夜准备。次日6时，驾机飞向高山峡谷侦察天气，勘察地形；10时，又飞赴安县千佛镇投送物资，搜救受伤群众。转场至绵阳机场后，万春林机组降落不到半小时就紧急起飞，执行搜救6名被困群众的任务。机组从5时30分进场到20时退场，当日连续飞行4架次、11个小时，创下分队当日连续飞行时间最长的纪录。

5月23日8时，分队接到指挥部命令，飞赴平武县泗耳藏族乡运送通信设备、发电机和3名专业技术人员。为了尽快建立通信联络，冯跃军、金文武机组于8时30分从绵阳机场紧急起飞执行任务。航线上云雾缭绕，高压线纵横交错，气流变化无常，直升机在山谷中顺着山势“蛇行”，经过40分钟的艰难飞行，直升机终于到达预定地域的着陆点泗耳藏族乡一个峡谷的河滩上，将人员和物资安全运到目的地，使指挥部与灾区的通信联络得以重建。

5月27日，王涛机组紧急起飞向北川羌族自治县小坝乡、桃龙藏族乡运送物资。在小坝降落卸下部分物资后，聚集在机降点的16名被困3天的受灾群众，需要转移到安全地域。此时，机上还有半吨物资，如果让这些群众登机，直升机将达到最大载重量，在高山峡谷中飞行，在下一个狭小的起降点着陆将有很大的风险。面对群众期盼的眼神，机组报告指挥部同意后，毅然搭乘16名灾区群众及时安全转移。

6月6日，绵阳灾区普降大雨，唐家山堰塞湖排险进入攻坚阶段，分队担负向唐家山堰塞湖抢险部队运送物资和救灾人员等任务。为了把急需物资送到堰塞湖坝，张忠旺率机组冒雨起飞，飞抵唐家山空域时，能见度不到800米，峡谷两边的峭壁和树木伸手可及，飞行环境十分恶劣。为便于观察周围地形、避开障碍物，他们打开驾驶舱两边窗口，风、雨直往驾驶舱里灌，打到脸上很疼，最终凭着精湛的飞行技术和过硬的心理素质，安全降落到堰塞湖坝上。在唐家山堰塞湖排险中，分队共出动直升机90架次，安全飞行75小时30分，运送水利专家、武警官兵950人次，运送物资41吨，确保了唐家山堰塞湖排险工程的顺利实施。

分队9个机组先后出动直升机377架次，安全飞行310小时11分，航迹遍布北川、青川、平武、安县4个县的53个乡（镇），转移受灾被困群众、急重伤员、专家、武警官兵、工程技术人员等715人，空运空投帐篷、食品、药品、油料、炸药等各类物资184余吨。

2008年10月7日，71687部队82分队被中共中央、国务院、中央军委授予“全国抗震救灾英雄集体”荣誉称号。

71901部队54分队

汶川特大地震发生后，解放军71901部队54分队副分队长张文涛、张选集组织50名官兵参加抗震救灾。

5月15日7时，分队随部队飞赴汶川地震灾区执行救灾任务。18日，分队执行保障3架直升机赴安县千佛镇抢运伤员任务。千佛镇位于高山峡谷之中，地震使当地桥断路毁、遍地瓦砾，许多重伤员生命垂危，亟待转移救治。直升机着陆后，分队迅速组织伤员、老人、小孩和妇女登机。当一位妇女把受伤的婴儿举向舱门时绊了一下，眼看孩子就要跌落下去，战士阮丕显飞身冲过去一把抱住孩子，自己的腰却重重地磕在舱门上。

与此同时，分队执行保障的另两架直升机赴安县高川乡的深山密林中，搜救已被困六天六夜的33名专家。直升机经过40多分钟艰难飞行，终于发现了被困专家。由于山体滑坡的乱石和被震倒的高压线交织在一起，直升机难以降落。当直升机下降至距地面两米高时，机械师盛贤华毅然跳出机舱，顶着强大气流引导直升机降落。在一块不足30平方米的空地上，直升机艰难着陆，33名专家被安全转移。国务院抗震救灾总指挥部为此专门打电话，向机组表示谢意。

5月21日5时10分，分队接到命令，保障97700机组运送水利部抗震救灾专家组14名专家飞赴唐家山堰塞湖现场勘察、测量分析水情。唐家山堰塞湖坝体上，乱石断木交错，直升机降落难度很大，机组人员密切配合，果断实施直升机单轮着地。一位专家刚跳出机舱，直升机突然被一股气流吹离坝体，后面的一名专家眼看就要跌落下去，被机械师穆永厚一把抱住才避免了一场事故的发生。直升机再次接地时，穆永厚率先跳出机舱，让专家们踩着自己的肩膀着地。此次任务，水利专家们掌握了唐家山堰塞湖第一手资料，为成功排除险情奠定了基础。

唐家山堰塞湖险情不断加重，堰塞湖上游淹没区几个乡镇的数万名群众急需转移，由于承担运送任务的20多艘冲锋舟油料用尽，指挥部决定火速空运“救命油”，分队临危受命。高温的机舱装载汽油桶十分危险，官兵们密切注视机械仪表，用身体死死顶住汽油桶，防止油桶滚动、侧翻，机组人员浑身上下被磕得青一块紫一块，没有一句怨言。

在救援工作最紧张的时候，一架直升机发动机突然出现渗油，急需抢修。由于发动机位于直升机机体上方，只能悬空维修。没有吊装设备，21名人员就用肩膀当托架，硬是把700多公斤的发动机托在空中。经过50分钟的紧张抢修，直升机又重新投入到了救灾行动中。

抗震救灾期间，分队先后转战绵阳市区、北川、青川、安县等7个县（市、区）27个乡（镇），安全飞行205架次348小时50分，运送专家211人，转移群众964人，抢救伤员149人，运送救灾物资186.5吨，为俄罗斯米—26直升机勘察空中通道、开辟空中航线，保障国产直—八A直升机首次实施高原山区救援飞行，做出了重要贡献。

2008年10月7日，71901部队54分队被中共中央、国务院、中央军委授予“全国抗震救灾英雄集体”荣誉称号。

71777部队80分队

汶川特大地震发生后，解放军71777部队80分队分队长王晓天、教导员李先杰组织37名官兵参加抗震救灾。

5月19日，分队奉命赴青川县、平武县执行运送通信装备和培训通信骨干任务，官兵们纷纷请缨。分队只好采取连夜比武的办法，挑选出身体素质好、专业技术精的8名人员执行任务。他们冒着余震塌方、山体滑坡、巨石滚落的危险，跑遍12个团以上部队，运送万余种通信装备部件。由于任务需要，指挥机构组织转移，官兵们不怕疲劳连续作战。肖龙带领5名官兵，从5时连续奋战到19时，共为32顶帐篷安装电话40部、电灯50个、电源插排50个，架设通信线路10公里、光缆1400米、照明线路1000米。排长林朝营、二级士官穆海涛带领台站，为某师解决了老式核心网手机与机动式系统不兼容的问题；战士陈涛携带一套卫星便携站，伴随军区首长保障通信，出色完成了任务，受到军区首长称赞。

在抗震救灾中，分队干部既当指挥员，又当战斗员。在参加邱光华机组失事直升机搜救行动中，分队6名干部每人背25公斤重的装备物资，凌晨4时出发，沿着崎岖山路攀登，3小时内在海拔1574米的云华山山顶建立了搜救失事直升机通信联络系统。

抗震救灾期间，分队为灾区群众搭建帐篷73顶，卸载板材20余车，修理家用电器700余部，环境消毒6万平方米，清洗车辆5060台次，帮助群众复印各种资料2000余份，受到灾区群众的一致好评。6月18日下午，分队13名官兵冒雨为都江堰市泰欣爱心亲子战地幼儿园搬卸板房型材，幼儿园专门送去了食品，被官兵们婉言谢绝。分队官兵在抗震救灾中勇于牺牲奉献，战士刘效波的爷爷、奶奶先后去世，他始终战斗在救灾一线；战士刘辉的父亲患肺癌重病在床，直到临终也没有见到儿子一面；连长姜磊新婚不久主动放弃休假，义无反顾地奔赴救灾一线。

抗震救灾期间，分队共铺设光缆2.4公里，架设通信线30公里；所有台站共值机91天，保障电话、传真10万余份，收发报文4300余份，CDMA加强至装甲某师64天，工作680余小时，保障通话7.6万余次，排除手机故障46起。针对抗震救灾部队地处山区、点多面广、通信保障难度大的特点，采取“分、兼、派、送”等办法，确保了军区指挥机关与各救灾部队的通信联络。为帮助一线官兵特别是非通信专业人员能在最短时间内掌握新装备使用方法，分队组织业务骨干编写出《抗震救灾通信新装备使用手册》，及时印发各部队，保障部队实施“进村入户”搜救的通信需要。分队的先进事迹被新华社、人民网、新华网等媒体报道。

2008年10月7日，71777部队80分队被中共中央、国务院、中央军委授予“全国抗震救灾英雄集体”荣誉称号。

72495部队野战方舱医院

汶川特大地震发生后，72495部队野战方舱医院院长常晓国、政委杨庆盅组织162名医务人员参加抗震救灾。

5月17日3时30分出发，医院人员连续行军28个小时1200多公里，提前13个小时到达四川灾区。医院到达绵阳后，立即开始救治受伤群众。42名驾驶员组成担架队，每次抬送受伤群众都是一路小跑，许多人手和脚磨出了血泡，没有一人叫苦叫累。来自北川的李福珍老人，在废墟中埋了3天后被救出，多处骨折，呼吸衰竭，腰部以下溃烂。经过医务人员紧急手术后，护理人员每天给她全身擦洗；老人大便干结，护士李海燕就用手掏；护士们还把自己的毛巾被做成6个褥疮垫，给老人轮流使用。

为最大限度地救治重伤群众，医院科学组织救治力量，同时展开4台手术，先后花费40余万元购置急需的专科器械和专用固定材料。在救灾的3个月里，医院实施远程会诊3次，实施腰椎骨折切开复位手术等高难度手术50例，并成功实施一例断离6个小时后的手指再植术，为45名危重病人实施重症监护，其中年龄最大的89岁、最小的仅6岁。

5月23日下午，平武县卫生局紧急求援，平武县大山里有多名重伤群众需要紧急转运。郭树军、吴国选、孟东亮、杨利岩、王燕、荆宁6名党员组成突击队连夜赶赴平武。当时余震频发路况险恶，有的队员临行前写了遗书。经过21小时的艰难行进，突击队终于在次日3时30分接回6位危重伤群众。

唐家山堰塞湖告急，下游数十万群众被集体疏散。医院根据上级命令，将工作重点转移到21个群众疏散点的防疫工作上，每个防疫点负责上千名群众的卫生防疫工作。官兵们顶着烈日酷暑，每天对每一顶帐篷、每一片地域进行消毒，一直坚持了15天，没有一个叫苦叫累的。6月6日上午，国务院总理温家宝在唐家山堰塞湖疏散居民安置点亲切接见了医院部分医疗队员，对他们的工作给予了高度评价。

唐家山堰塞湖险情缓解后，医护人员又深入到乡村和部队，冒着酷暑巡诊送药，为一线的官兵们体检，还到绵阳市游仙区4所社区医院进行帮带工作；先后编发防疫手册2万册，散发宣传单4万多张，广播卫生防疫知识300多次，开展卫生防疫常识讲座70多场次，组织操作、示范和讲座11次，协助指导诊断、治疗、手术3000余人次；组织6名博士为绵阳市游仙区翻译了地震受灾及重建方案20余份4万字的英文资料，为争取联合国援建资金发挥了重要作用。

野战医疗方舱首次投入实战，医院组织人员总结经验，撰写文章70多篇，多项研究成果受到总部有关部门肯定，有的填补了专业空白，为野战医疗方舱的实战化应用提供了第一手资料。抗震救灾期间，野战医院承担了北川、平武、安县、江油等县（市）伤病员的收治工作。医院人员先后巡诊52561人次，实施手术209例，其中危重病人50人次，防疫消毒788.4万平方米。

2008年10月7日，72495部队野战方舱医院被中共中央、国务院、中央军委授予“全国抗震救灾英雄集体”荣誉称号。

第八十五医院四一一临床部医疗队

汶川特大地震发生后，解放军第85医院411临床部医疗队，是为赴四川抗震救灾而由临床部人员抽调组建而成的，分为两个小分队共64人，负责人为临床部主任周春。

地震发生两小时后，411临床部在外探亲休假的医务人员接到动员集结令后迅速归队，临床部党委和医务人员纷纷递交请战书。5月14日凌晨受领任务后，两支由业务骨干组成的64人医疗队迅速组建，198台（件）医疗专用装备、70类药品和86类耗材、给养单元炊具和个人携行物资，均按照等级战备要求，两小时内全部准备就绪。18时30分，医疗队飞抵成都，连夜向汶川开进。当时山崩路陷桥断，车辆无法进入，他们冒险乘冲锋舟从水路出击未能成功，被困于都江堰市紫坪铺镇。待通往汶川县水磨镇的“生命通道”稍能通行后，医疗队立即前行，历经4个多小时生死考验，终于在15日20时到达汶川县水磨镇。

到达水磨镇后，医疗队快速开设基地式救治中心，立即展开手术。腰背部皮肤大面积肿胀、随时有可能导致败血症死亡的藏族老人毛跃珍，被废墟埋压多时、怀孕8个多月的彝族妇女英卓，被倒塌砖墙压伤、全身无法动弹并局部糜烂、出现感染性休克的李翠花，地震受伤后没有得到及时处理、伤口感染严重并休克的杨勇……就在菜市场的水泥案板上，医疗队员硬是把一个个生命从鬼门关里拉了回来。也是在这一张张水泥案板上，医护人员和衣睡了近90天，身上长出了虱子，被咬得长满了疙瘩。

5月19日，队员们顺着江边的山路，冒着乱石随时滚落的危险，在碎石、泥泞中手脚并用，进入大山深处的映秀镇黄家村。90岁高龄的黄子清老人看到医疗队送医、送药、送食物，激动地一个劲儿地念叨“救苦救难的活菩萨来了”。被称为“孤岛”的银杏乡急需医务人员，8人医疗突击小分队在空中险情不断的情况下机降进驻。补给线中断，没有洗漱用水，男队员全部理成了光头。突击队员一天只喝两餐稀粥，靠着一双双脚板翻山越岭巡诊救治，被群众亲切地称为“铁脚光头医疗队”。队员们翻过一座海拔2000米的“死亡之山”，穿过长1925米的皂角湾隧道，一步一步往前挪到“无医区”的东界脑村。村民们看到这几个“天降神兵”时都愣住了，村民梁桂霞惊讶地说：“太了不得了，我们山里人都不敢走的路，你们是咋进来的？”就是这段往返近10公里、需行进6个小时的“死亡之旅”，队员们整整走了4趟，直到受灾群众全部转移。

5月14日至8月13日，医疗队在灾区的92天救援中，先后派出146批673人次的医疗小分队，徒步深入30个村（组），累计行程约2000公里山路，为灾区群众和救灾官兵提供医疗救治、心理干预和卫生防疫服务，诊治15719人次，组织体检1326人次，开展卫生防疫宣传教育12次，发放宣传资料4500册，开展大手术12例、中小手术805例，发放药品价值100万余元，被誉为“震中人民生命的保护神”。

2008年9月，第85医院411临床部医疗队被卫生部、食品药品监管局、中医药局、总后卫生部授予“抗震救灾医药卫生先进集体”称号；10月7日，被中共中央、国务院、中央军委授予“全国抗震救灾英雄集体”荣誉称号。

广州军区武汉总医院抗震救灾医疗队

广州军区武汉总医院抗震救灾医疗队是总医院奉命抽调组建的临时性单位，负责人为广州军区武汉总医院院长、主任医师浦金辉，全队112名医务及保障人员参加抗震救灾。

5月13日1时24分，武汉总医院奉命组建抗震救灾医疗队。医院党委迅速启动应急预案，紧急抽调组建了3个分队，当天深夜便抵达极重灾区什邡市洛水镇。医疗队不顾行军疲劳，主动与伴随保障的空降兵某部联系，受领任务，完成编组，迅速展开拯救生命的战斗，当天即救治、转运危重伤员156人。

5月16日深夜，医疗队员和空降兵某部在红白镇中学办公楼废墟内发现生命迹象，伤员李克成被卡在楼梯中间，双腿被垮塌的水泥板压住，呈现严重脱水状态，生命垂危。院长浦金辉带领卢绮萍、陈忠庆等专家紧急营救，成功将李克成救出并连夜护送至成都后方医院。

5月17日上午，什邡市蓥华镇化工厂一栋危楼里发现生命迹象，副院长刘幼英立即带领杨铭、熊楚梅等专家赶赴现场。副主任医师杨铭几次冒着生命危险爬进仅容一人的通道，将生理盐水送到被埋女工卞刚芬手中，经过近10小时的艰辛努力，将被埋废墟下124小时的卞刚芬救出。之后，医疗队又连续抢救被埋、被困196小时的赖元平等4名矿工和被困216小时的崔昌会。

在抗震救灾前期通信中断、食宿困难的恶劣环境中，医疗队员连续3天嚼方便面、啃压缩饼干，10多天没洗过澡换过衣服，每天最多睡四五个小时，有时只能穿着雨衣在地上露宿，还时常面临余震、山体滑坡和洪灾等危险，全体队员没有一人叫苦叫累，始终保持高昂士气。专家组王启全、秦尚振、黄尚珍、许桦林等11位老专家一直冲锋在前，为其他医务人员树立了榜样。为进入到每一个受灾村，队员们每天要翻山越岭，在几乎没有路的地方步行几个小时。到达目的地后，顾不上休息就马上对受伤群众展开救治。专家们不惧艰辛，不顾虚脱和呕吐，没有一个退却、掉队。在绵竹市汉旺镇的一个偏远村子里，一位受伤群众还没等主任黄尚珍给他检查，就热泪盈眶地说："这么多老专家冒死赶这么远的路来救我们，说明党和人民子弟兵没有忘记我们这些山沟里的老百姓！"

在灾区的70天里，医疗队与空降兵某部官兵在什邡市、绵竹市、中江县的14个乡（镇）并肩作战，先后派出1000多批次医疗小组，参与了龙门山脉大营救、"生命孤岛"大转移等200多次重大搜救行动，巡诊群众和官兵85646人次，救治群众23708人，抢救重伤员1166人，实施手术396台，从废墟中挖掘抢救伤员13人，伴随保障的部队官兵没有发生流行病、传染病和疫情，没有严重伤亡事故，没有非战斗性减员，受到当地政府、群众和部队官兵的充分肯定和高度赞誉。5月18日，中央军委主席胡锦涛在什邡看望抗震救灾官兵时，武汉总医院院长、抗震救灾医疗队队长浦金辉受到亲切接见。

2008年9月，广州军区武汉总医院抗震救灾医疗队被卫生部、食品药品监管局、中医药局、总后卫生部授予"抗震救灾医药卫生先进集体"称号；10月7日，被中共中央、国务院、中央军委授予"全国抗震救灾英雄集体"荣誉称号。

77126部队

汶川特大地震发生后，解放军77126部队负责人王凯、余永洪组织10904名官兵参加抗震救灾。

5月12日，部队正在外驻训，感受到地震的强烈冲击后，部队党委立即启动应急预案；在接到上级救灾命令10分钟后，就兵分五路火速向都江堰、北川、绵竹、汶川、茂县等极重灾县（市）突进。面对山体滑坡、道路塌陷、频发泥石流等险境，7名党委常委身先士卒，带领官兵采取公路输送、水路输送和徒步强行军相结合的方式向灾区挺进。震后7小时左右，部队首先进入都江堰；10小时左右，突入北川县城；16小时左右，到达绵竹；13日13时30分，所属某分部到达震中汶川映秀。14日9时，部队进入茂县开展救援，为抢险救人赢了得宝贵时间。

抢险救援中，全体官兵冒着余震频发、危房随时可能倒塌的危险，采取棍撬、锹挖、手扒等方式，在最佳救助时间内，营救幸存者1009名。在都江堰灾区，官兵赶到房屋坍塌最严重、埋压人员最多的聚源中学、向峨中学和中医院展开救援；在北川，官兵赶到北川中学、曲山小学、曲山幼儿园展开救援；在绵竹，组织突击队四进龙宝坪救援；在映秀，部队水陆并进，迅速赶到漩口中学、映秀小学和幼儿园进行救援；在茂县，官兵徒步强行军，到达与外界隔绝43小时的“孤岛”，挖掘幸存者，后送伤员。在都江堰市区、北川县城、映秀镇、绵竹龙宝坪等8次生命大营救中，官兵昼夜奋战，后送伤病员8664人，清理掩埋遇难者遗体9020具，转移受困群众88506人。

受领支援某兄弟部队打通都江堰至映秀“生命线”任务后，广大官兵面对滚石不断、山体塌方等危险，连续奋战47个小时，提前打通阿坝铝厂至映秀5公里的陆路通道。都江堰至汶川的国道213线因地震山体移位，大量巨石堆积，部队组织兵力，昼夜在岷江上对壅塞体实施爆破，对危险路段进行排险，经过38天顽强奋战，打通了老虎嘴“卡脖子”地段。茂县铜钟、黄公坪水库出现重大险情后，部队长王凯指挥官兵冒死泅渡，运送排险设备，冒险实施爆破，成功泄洪，确保了造价上亿元的水库大坝免受损坏，保障了下游数万灾区群众的生命财产安全。

在“进村入户”搜救阶段，部队官兵深入6个县（市）、48个乡（镇）、207个村寨，逐村逐户进行拉网式搜救，开展解困、排险、通路、安居、防疫等工作；先后抢修道路328.84公里，运送救灾物资15909.8吨，搭设帐篷11839顶，搭建活动板房9560间，防疫洗消75740万平方米。

2008年10月7日，77126部队被中共中央、国务院、中央军委授予“全国抗震救灾英雄集体”荣誉称号。

77133部队88分队

汶川特大地震发生后，解放军77133部队88分队负责人陈俊、郑宇组织58名官兵参加抗震救灾。

5月13日19时，茂县南新镇铜钟水库因地震导致泄洪闸关闭，洪水漫堤，严重危及汶川等下游地区人民群众的生命财产安全。分队主动请战，组成爆破突击队，于当日20时18分出发，在山高路险、余震不断、飞石滚落的险境中摸黑前行，连续翻越海拔3500米以上高山7座，历时18小时，行程108公里，按时到达南新镇救灾一线。在铜钟水库，突击队员冒着随时被急流漩涡冲走的危险，带着作业工具，以泅渡方式护送3名工程技术人员到达电站水闸控制室，架设700米长电缆4条，成功提闸泄洪，确保了造价上亿元的水库大坝免受损坏，保护了下游数万灾区群众生命财产安全。

5月19日2时许，东兴乡黄公坪电站因地震引起大面积山体滑坡，泥石流沿着涪江支流土木河涌向300多米长、10多米宽、20多米深的黄公坪水库，在坝前形成两个堰塞湖，直接威胁着下游村庄乃至北川县城的安全。分队官兵携带24公斤炸药，急行军52公里奔赴电站排险。突击队员充分发挥技术优势，精心测算药量，将适量的防水炸药绑在树干上，冒险登上堤坝，将绑上炸药的树杆插进堤坝闸门内侧，经过5次蚕食性爆破，成功炸开堤坝闸门，排除了重大险情。中央电视台、东方电视台等新闻媒体作了报道。

随后，分队又奉命完成维城乡巨石排爆任务。地震造成维城乡中村山两块重达100吨的山体巨石滑落山腰摇摇欲坠，直接威胁到山下学校、乡政府、小型电站以及35户群众生命安全。分队组织24名突击队员对巨石的位置、大小、可能掉落的路线作了8次勘查和计算，在巨石可能滑落的路线上挖掘减速沟渠，在重点建筑物前堆砌挡墙，成功爆破了巨石。

2008年10月7日，77133部队88分队被中共中央、国务院、中央军委授予“全国抗震救灾英雄集体”荣誉称号。

77136部队50分队

汶川特大地震发生后，解放军77136部队50分队分队长赵飞、教导员袁志明组织165人参加抗震救灾。

地震发生后，分队接到赴北川紧急救援命令。全体官兵克服困难，连续机动5小时，行进350公里，于5月13日凌晨到达灾区，迅即在北川县城展开救援。分队成立了6支党员突击队、28个应急救援小组，分区划片迅速突进北川的新老城区，仅13日一天，就从废墟中解救出被埋群众96人，转运重伤病员260人，安全疏散受灾群众4000余人。在曲山幼儿园解救“敬礼娃娃”郎铮时，分队干部身先士卒靠前指挥，带头钻进废墟冒死救援，广大官兵用绳拉、镐刨、钎撬、手抠等办法，经过半小时的拼命救援，成功将其救出，在看到小郎铮艰难地举手敬礼时，在场官兵都流下了激动的泪水。

5月17日，分队冒着危楼随时坍塌的危险，在北川羌族自治县交通局的废墟中救出支撑了120余小时的小女孩沈涵。在北川紧急救援行动中，分队共解救出被埋生还者217人，运送重伤病员603人，安全疏散群众2.1万余人，挖掘搬运遇难者遗体456具。“敬礼娃娃”郎铮、“废墟上的希望”杨帆、“地震中最柔情的微笑”盛于峰等感动全中国的照片，都是在分队救援行动中拍摄到的。

5月18日凌晨，分队不顾在北川县城鏖战6天的疲惫，组织132名官兵，每人背负30公斤重的物资，跋山涉水徒步强行军34小时，紧急进驻交通中断、救援力量缺乏、急需生活物资的陈家坝、桂溪、贯岭、都坝4个乡32个村。当得知贯岭乡、都坝乡村民粮食短缺、32户灾区群众准备外出避难时，分队官兵用肩扛人抬的方式，翻越两座山梁近一公里的滑坡路段，及时将8吨军粮送到受灾群众手中。

在“进村入户”搜救阶段，分队共走访了1720户人家，帮助受灾群众装卸、搬运物资2496吨，排除、修复危房753间，抢修道路80余公里，清理废墟4210余立方米，抢收抢种庄稼4公顷，修复桥梁5座，消毒346户，疏通自来水管道4.5公里，搭建砖房3间，帮助一个酒厂恢复生产。

7月28日，分队转战茂县后，立即参加了突击搭建活动板房大会战，经过24小时不间断换班作业，搭建活动板房1286间，使受灾群众尽快住进了板房。

2008年10月7日，77136部队50分队被中共中央、国务院、中央军委授予“全国抗震救灾英雄集体”荣誉称号。

77146部队56分队

汶川特大地震发生后，解放军77146部队56分队负责人王新宇、张顺利组织278名官兵参加抗震救灾。

地震发生当天，分队火速奔赴灾区，在都江堰市聚源中学展开救援，经过连续奋战，成功从废墟中抢救出幸存者3名，挖掘出遇难者遗体64具。受地震影响，都江堰至映秀陆上交通完全瘫痪，大批救灾物资无法前运，伤病员不能迅速转移，震中映秀镇成为与世隔绝的“孤岛”。从5月14日起，分队官兵不畏艰险，同兄弟部队一起连续奋战四昼夜，顺利将阿坝铝厂至映秀的路段打通，为后续救援部队和救灾物资及时运抵震中地区开辟出一条“生命通道”。

5月18日开始，分队转为承担映秀灾区的卫生防疫任务。官兵严格按程序清理遇难者遗体，建立了3个消毒站，坚持每天对灾区群众安置点、映秀镇及附近村庄进行不少于2次的全面消毒，对4处水源进行不间断监测，累计消毒面积387平方公里，对厕所、垃圾站等重点区域消毒均在千次以上；清理垃圾80余吨，消毒车辆37274辆次、人员48539人次，消毒处理遇难者遗体743具，有效消除了映秀灾区的疫情隐患。

抢险救灾过程中，分队官兵严格遵守纪律。5月19—26日，在挖掘遇难者遗体时，共清理出现金1500余元及金银首饰、笔记本电脑等贵重物品，全部如数上交，受到当地政府和群众赞扬。

7月中旬，分队奉命担负“决战老虎嘴、抢通都汶路”排危除险任务。150名官兵在平均高度500米、坡度80度的悬崖上，顶烈日冒余震，清除路上滚石和塌方。彻底关路段作业区域异常艰险，许多地段无法站立，官兵只能用保险绳垂吊在半空中清理悬石危岩。经过一个月连续奋战，分队累计清除危岩土石20458立方米，提前10天于8月20日完成任务，确保了都汶路全线畅通。

在灾区重建工作中，分队为灾区群众搭建帐篷836顶，建简易厕所15个、垃圾站20个，搬运各种物资60吨，掩埋处理死亡牲畜87头，下乡送药3.5吨，装卸板房167车次，植树280余棵，铺栽草皮1500平方米。

2008年10月7日，77146部队56分队被中共中央、国务院、中央军委授予“全国抗震救灾英雄集体”荣誉称号。

77156部队56分队

汶川特大地震发生后，解放军77156部队56分队负责人梁隆健、刘兵组织397名官兵参加抗震救灾。

地震发生后，分队先后组成水上抢险分队、道路抢修分队和爆破分队，开赴都江堰市紫坪铺水库、安县和映秀镇执行抗震救灾任务。班长颜建刚在余震不停、险情多发的情况下，冷静驾驶冲锋舟，谨慎绕过水面大量漂浮物，冲过飞石不断的塌方水域，及时将部队和地方领导安全顺利地运送到映秀镇，用生命开辟了一条长约30公里、进入核心灾区的水上“生命线”。二级士官林强在得知弟弟因车祸死亡的噩耗后，没有向组织提出离开救灾一线处理家事的要求，仍然顶烈日冒酷暑，每天驾驶挖掘机施工10多个小时，抢修道路，拆除危房，清理河道。

分队干部坚持以身作则，率先垂范。救灾中，带头驾舟救人、站在废墟上洗消、清理道路塌方的都是分队干部。修理所所长张元誉在组织映秀片区危房爆破中，冒着危房随时可能垮塌的巨大风险，始终战斗在一线，组织爆破分队爆破危房24栋。道桥工程师陈伟，在打通墩秀公路的施工现场，冒着高温酷暑和山石滚落的危险，始终站在塌方地段现场指挥抢险施工，由于长时间站立，手脚发软，回撤时已无法正常走路。

在抗震救灾中，分队累计出动兵力5500余人次、机械车辆1350余台次、冲锋舟1380余艘次，消耗炸药1.177万公斤、雷管1350枚；累计运送救灾人员5100余人、记者1100余人次、灾区群众7500余人，运送重伤员720余人，输送各类物资610余吨，爆破拆除危房27幢，机械拆除危房52幢，抢修道路35公里，清理废墟4.5万余立方米，平整场地1.2万余平方米，清理河道土石1.15万余立方米，防疫消毒58.9万余平方米，搭建活动板房87套、“帐篷学校”1所，捐款2万余元，抢救财产30余万元。

2008年10月7日，77156部队56分队被中共中央、国务院、中央军委授予“全国抗震救灾英雄集体”荣誉称号。

77105部队

汶川特大地震发生后，解放军77105部队负责人王健、伍智勇组织1729名官兵参加抗震救灾。

部队奉命到达灾区后，立刻展开救援。5月14日始，组织官兵昼夜奋战，成功开设80吨漕渡门桥4座。官兵们克服水面漂浮物多、山上坠石不断、河道狭窄等困难，驾驶汽艇牵引漕渡门桥，及时将8台大型机械设备、3000余名救灾人员和260余吨救灾物资运送到震中地区，并将5000

余名受灾群众安全转移出来，在紫坪铺水库至阿坝铝厂30公里间开辟出一条水上“生命线”。

根据上级命令，部队官兵突破塌方和泥石流路段17处约3公里，其中大面积塌方地段6处约1.5公里，开挖土石8万余立方米，清理淤泥4万余立方米，爆破巨石4000余立方米，经过47小时艰苦努力，于5月17日傍晚，提前2小时打通了阿坝铝厂至映秀镇陆路通道，又成功开辟出一条陆上“生命线”。

在国道213线距映秀镇约4公里的“老虎嘴”地段，地震造成岷江左岸山体右移、崩塌，近70万立方米的巨大花岗岩壅塞体堵塞河道，上游形成堰塞湖，两侧形成绝壁，成为打通都江堰至汶川公路的“卡脖子”路段。啃下“老虎嘴”，是抢通都汶路的关键。7月3日，部队受领在“老虎嘴”上游开设漕渡门桥、爆破壅塞体、开辟道路任务后，官兵每天都在乱石嶙峋、危机四伏的“老虎嘴”壅塞体水上和爆破场超负荷工作12个小时以上，中暑、划伤、摔倒、落水时有发生，始终无一人退缩。经过连续30多天的奋战，采取“多面作业、多点开花、全线攻坚”的方式，钻孔5629个，使用炸药12吨，爆破壅塞体20万立方米，漕渡机械车辆500余台、物资1000余吨、人员1.2万余人，成功开凿出路基和一条便道。

5月20—30日，部队官兵冒着余震不断、危楼随时可能倒塌的危险，穿梭于受损楼房内外作业，爆破危楼15栋、面积6万多平方米，促进了映秀镇灾后重建工作；5月31日至6月6日，消耗炸药1100余公斤，爆破和清运土石8700余立方米，成功排除三江乡马腰杠堰塞湖险情；6月19—24日，采取挖爆结合、逐步引流的方法，消耗炸药320公斤，爆破岩石1100立方米，成功疏通三江乡龙竹村堰塞湖；6月初开始，采取半挖半填、迂回掘进、人工整修的方法，连续奋战21天，爆破和开挖土石8000余立方米、清除淤泥2000余立方米，抢通映秀镇至渔子溪、黄家村和三江乡至水磨镇共计27.5公里的道路3条；深入乡镇、村寨为群众排忧解难，成功排除漩口、水磨、太平驿3座电站险情，平整场地3.6万余平方米，搭建板房216间，打捞水面漂浮物2500余立方米，清理遇难者遗体38具。

2008年10月7日，77105部队被中共中央、国务院、中央军委授予“全国抗震救灾英雄集体”荣誉称号。

77113部队96分队

汶川特大地震发生后，解放军77113部队96分队负责人朱理清组织62名官兵参加抗震救灾。

5月12日15时45分，按照上级统一部署，分队紧急出动40名官兵，赶赴彭州市隆丰镇幼儿园抢险救人。官兵们冒着房屋随时可能垮塌的危险，在救灾工具缺乏的情况下，采取手挖肩扛、逐步排查、逐步推进等方式，对埋压在废墟下的师生进行营救，连续奋战8小时，及时转移被困师生257名，简易治疗并送诊伤员32名，挖掘遇难学生遗体3具。

地震发生后，龙门山镇丁家坝退管站受损严重，重要档案材料急需抢救。分队接到上级命令后，立即出动30名官兵，在废墟下抢救户口档案5100份、人事档案1470份、退休人员档案1380份、下岗职工档案862份、文书档案8050份、劳资档案490份、工伤档案167份、死亡档案360份。

储水量290万立方米的西河水库，堤坝因地震出现一米多宽裂缝，随时可能决堤，严重威胁着下游2万余名群众的生命财产安全。接到上级救援命令后，分队出动60名官兵，迅速赶到危险地段，经过8个小时的紧张抢修，完成堵口固堤任务，排除了重大隐患。

抗震救灾期间，分队先后出动官兵730人次，向彭州市的白水河、磁峰、小鱼洞等重灾地区运送物资60余吨，及时将生活、医疗物品送到灾区群众手中。

受领帮助灾区重建任务后，该分队组建“送温暖、献爱心”活动小组，先后10次到驻地灾区安置点开展心理疏导、法律咨询、电器修理和理发等便民助民服务；坚持每天出动60名官兵到彭州支援灾后重建，完成打扫街道、清理损坏房屋、清运废墟垃圾、搭建活动板房等多项任务。

分队的先进事迹被中央电视台、四川卫视等媒体报道，被《战旗报》《光明日报》刊载。

2008年10月7日，77113部队96分队被中共中央、国务院、中央军委授予“全国抗震救灾英雄集体”荣誉称号。

77115部队98分队

汶川特大地震发生后，解放军77115部队98分队分队长王炫淋、指导员徐小帆组织94名官兵参加抗震救灾。

在营救都江堰市向峨乡中学被困师生时，分队长和指导员冲锋在前，带领46名官兵冲入废墟，不顾余震和坍塌危险，连续奋战30余小时，救出幸存学生5人，挖掘出遇难者遗体124具。在“进村入户”搜救阶段，徐小帆冒险进入红火村5组，耐心劝解一位守着倒塌房屋不愿离开的孤寡老人，最终将老人转移到安全地方。

在分队执行抗震救灾任务的72天里，官兵先后深入6个村庄、1个社区、48个组搜救被困群众，行程累计500余公里，给受灾群众送去温暖和希望。5月17日，分队官兵冒着余震不断、塌方随时可能发生的危险，翻山越岭，肩扛背驮，赶到受灾严重、与外界中断联系的红火村，为灾区群众送去食品、药品等急需物资，将90余户危险地段群众转移出来，查清该村受灾的具体情况，为后续救援奠定了基础。25日19时，得知77岁的半瘫老人钱继华住在随时可能塌方的山顶无人照顾，班长张锡超带领14人组成的救援小分队，不顾天黑雨大，冒险翻越已塌方的高山，顺着山路连夜徒步20多公里，用担架将老人抬下山，并安全转移至向峨乡卫生院。5月31日至6月3日，分队官兵冒着酷暑搭建向峨乡“帐篷学校”，共搭设帐篷8顶，铺路100余米，美化环境800平方米，还搭建了校门和旗杆，建起乒乓球台和羽毛球场，广大师生和学生家长深受感动。

抢险救灾中，分队官兵始终把人民群众利益放在首位，严格遵守群众纪律，不喝群众一口水，不吃群众一口饭，不拿群众一针一线。分队执行搜救失事直升机的紧急任务时，在深山两天两夜，宁愿忍受饥渴也不用群众的方便面、瓶装水，宁愿在山上受冻也不到群众家里休息。

2008年10月7日，77115部队98分队被中共中央、国务院、中央军委授予“全国抗震救灾英雄集体”荣誉称号。

77123部队87分队

汶川特大地震发生后，解放军77123部队87分队负责人李旭、胡泉组织122名官兵参加抗震救灾。

地震发生后，分队启动应急预案，立即收拢所属人员组建党团员突击队，做好了遂行任务的各种准备。受地震影响，分队所在部队所有通信线路中断，为保障野外抗震救灾指挥所的通信畅通，5月12日14时35分，分队选派17名官兵两次冒着房屋垮塌的危险，进入程控机房和网络信息中心调试设备，连接线路，抢修受损的通信装备，在震后40分钟内架设被复线路12公里，开通10部军线电话，4小时内完成损坏机房设备及部分通信线路的快速开通。接到保障上级抗震救灾指挥通信的指示后，分队通信执行台站迅速使用各类电台，在最短时间内加入上级抗震救灾指挥网。

5月15日，分队奔赴安县晓坝镇执行救灾任务。20时，接到上级“迅速赶到茶坪、高川，探明灾情，拯救群众”的命令，分队官兵冒着余震频发、山体滑坡、泥石流不断的危险，冒雨翻越海拔2300多米的大水井梁子山脉，历经13小时、51公里的艰难跋涉，抵达安县千佛镇实施救援，先后搜救出群众28人，申请直升机转移58名重伤病员、60多名轻伤病人与老人，4次疏通、加固茶坪至晓坝的唯一山路，使得5000余名受困群众通过这条山路安全撤离。

5月17日，分队组成10人突击小分队，历经8小时的长途跋涉到达千佛山，为多日粒米未进的部分被困群众送去2箱药品和8箱干粮。19—20日，分队采用斗车推、担架抬、官兵轮流背等办法，将老望沟村高位瘫痪病人唐正举和宝藏村年过七旬、体弱多病的李大厚、马从秀夫妇送上直升机。24日，分队官兵通过12个小时的艰难背运，将万佛村2组82岁的患病老人张兴珍、乡卫生院双腿残疾的杜医生，安全转移至晓坝灾区群众安置点。分队官兵来不及休息调整，又立即投入到安县沸水镇的灾后重建工作中。整个救援中，全体官兵严格落实各项指示规定，对在废墟中清理出的钱物，及时登记造册并积极归还。

在灾后重建中，分队累计搬运、装卸物资360余吨，搭建帐篷157顶，搭设简易房25间，拆除危房182间。分队撤离时，驻地3万多名群众自发赶来送行。

2008年10月7日，77123部队87分队被中共中央、国务院、中央军委授予“全国抗震救灾英雄集体”荣誉称号。

77118部队70分队

汶川特大地震发生后，解放军77118部队70分队负责人黎登贵、胡春组织67名官兵参加抗震救灾。

分队接到抗震救灾命令后，立即出发奔赴汶川救灾。摩托化行进至理县古尔沟受阻后，迅速组建突击队徒步向汶川挺进，并冒着发生余震、飞石和泥石流的危险，往返于汶川、绵虒、映秀等灾区200余公里的救灾路上，先后抢救、转移伤员120多人，掩埋遇难者遗体360多具，勘查受损电站8座，开辟临时停机坪和投放点27处，安全转移被困群众700多人，运送粮食、药品20余吨。在映秀镇期间，分队还担任了联合国秘书长潘基文、全国人大常委会委员长吴邦国、国务院总理温家宝等考察的警卫任务。

5月18日，按照上级指示，分队挑选唐正辉、姚宝宝等5名骨干参加耿达救援10人小分队，前往“孤岛”耿达乡水界牌电站勘察灾情，搜救受困群众。小分队冒着余震危险，翻越海拔近3000米的渔子溪山脉，沿桃子坪、上木江坪行进，跨过黄粱沟，经7个多小时的艰难行军，于12时27分到达水界牌电站。小分队艰难进入被水淹没大半的电站隧道40米深处机房，搜救出重伤员4人、电站职工4人，并及时将灾情报告给指挥部。随后分队又不顾疲劳连续奋战，开辟直升机机降场，成功将6名重伤员安全转移。

5月31日，某陆航团直升机因救灾失事，分队奉命连夜出动，从绵虒镇向银杏乡展开地毯式搜索，再次穿越汶川县城到映秀镇的“生死线”；连续奋战10多天，在荒无人烟、野兽毒蛇出没的深山峡谷中，翻越海拔3000米以上的高山5座，通过断崖10余处，清理遇难者遗体13具。

在“进村入户”搜救阶段，分队对汶川县城区进行了大面积卫生清理，向救济点转运粮食2000公斤。在绵虒镇，分队转移重伤员58人，抢运药品、医疗器械和贵重物品3车。在银杏乡，分队组成徒步送粮队，每人负重30多公斤，历时3个多小时，将粮食及时送到灾区群众手中。在福堂坝村、沙坪关村、下银杏村、一碗水村、兴文坪村等地，分队开辟简易直升机停机坪5个，搜救重伤员80余人，转移小学生120人，转移行动不便的群众240人，转运救灾物资50吨、牲畜18头，抢收油菜、白菜、土豆1.2公顷，搭建帐篷48顶，抢修便道9公里。分队为绵虒中学和小学转移电脑65台、电视机21台及大量公共财产，转移副食品批发店货物13吨，清理街道2000米，清理垃圾45吨，搭建救灾帐篷200顶。

2008年10月7日，77118部队70分队被中共中央、国务院、中央军委授予“全国抗震救灾英雄集体”荣誉称号。

77283部队

汶川特大地震发生后，解放军77283部队部队长曲新勇、政委高伟组织8075名官兵参加抗震救灾。

5月12日23时30分，地震发生9小时后，部队接到开赴灾区抗震救灾的命令，在预有准备的基础上快速装载，于13日零时30分出发，采取摩托化行军与铁路输送相结合的方式，39个小时远程机动1700公里，全部到达灾区。

抵达灾区后，部队迅速展开救援行动，先后从废墟中抢救出幸存者423人，医治受伤群众2.79万余人。在“进村入户”搜救中，部队组织了429个小分队共6800余名官兵，冒着余震和泥石流频发等危险徒步行军，进入64个乡（镇）、327个村庄实施“拉网式”搜救，转移疏散被困群众1.35万余人，成功营救出13名中科院专家。

在抢险救援中，部队长曲新勇率先冒死徒步进入北川县城勘察灾情，组织官兵10余次钻入废墟，救出3岁女童罗梦夕等17名幸存者。政委高伟不顾余震频发、道路塌方、山体滑坡等危险，连续三天两夜奔波1200余公里，跑遍该部救灾一线的每个点位，深入一线指挥救援行动。47名领导干部靠前指挥，率先垂范，激励官兵发扬特有的“决死精神”和“老山精神”，完成了北川大营救、天池和高川大转移、决战唐家山堰塞湖、涪江铁路大桥排险、抢救北川羌族绝版历史档案和北川吉娜羌寨示范村农房建设等重大任务，部队下属的5个单位受到成都军区联指通报表彰。

部队广大官兵发扬艰苦奋斗、连续作战精神，坚守在地震灾区禹里、漩坪、青片等12个“孤岛”，帮建基层党组织89个，防疫洗消5006.5万平方米，清理废墟92573立方米，运送、装卸物资133345余吨，搭建帐篷、活动板房28483顶（间），援建北川八一幼儿园和临时学校15所，挖掘抢救北川羌族历史档案7万余份，全力参与猫儿石等羌寨示范村农房建设，涌现出“钢铁战士”严情勇和“舍亲人救学生好战士”董亮等一批先进典型。

2008年10月7日，77283部队被中共中央、国务院、中央军委授予“全国抗震救灾英雄集体”荣誉称号。

77289部队56分队

汶川特大地震发生后，解放军77289部队56分队负责人邓声群、赵玄组织56名官兵参加抗震救灾。

分队于5月12日23时受领命令，全体官兵迅速集结，60分钟完成各项准备；14日3时，经过27个小时1300余公里的长途机动，提前到达指定集结地域，火速进入受灾严重的北川羌族自治县陈家坝乡实施救援。部队发挥专业优势，每班一个小组，分头指导其他分队进行搜寻救援工作，同日与其他分队一起从废墟中救出幸存者19人。

5月15日2时55分，分队奉命到达北川中学救援。官兵们连续奋战，在过了“救援黄金时间72小时”的情况下，不放弃任何一线生机，从北川县城废墟中救出8名幸存者。分队先后在北川成功救出幸存者14人，协助其他救援人员救出幸存者20人，转移重伤员200多人，疏散受困群众4000多人。

5月17日，分队开始承担所属部队17个救灾点位的物资接力补给和医疗分队护送任务。官兵们克服暴雨雷电、山高路陡、山体滑坡、余震不断等种种险情，徒步行进2000多公里，经历大小山体滑坡130余次、坍塌路段203公里、“鲤鱼背”山脊危险路段50多公里、堰塞湖水路450多公里，累计人力运送各类物资23.4吨，成功护送10支医疗分队、178名（次）水利专家和记者进入各救灾点位。

在灾后重建中，分队官兵帮助灾区群众运送建材2145吨，搭建活动板房812间，爆破拆除危房887间，清理废墟1524立方米，铺设管道2540米，维修房屋108间，铺设电缆35公里，疏通道路52公里，清理搬运贵重物品500多件，清理上交现金78561元，平整建设用地1.68万平方米，抢救羌族历史档案451袋3万余份。

2008年10月7日，77289部队56分队被中共中央、国务院、中央军委授予“全国抗震救灾英雄集体”荣誉称号。

77293部队73分队

汶川特大地震发生后，解放军77293部队73分队负责人李建文组织79名官兵参加抗震救灾。

地震发生后，分队官兵迅速完成收拢集结和物资装载，千里大机动紧急驰援极重灾区平武县。5月17日，官兵们冒着余震不断的危险，在灾情严重的付石沟，先后为12户村民抢出粮食5000多公斤、生活急需物资3000余件。19日，副分队长罗马良带领6人营救小分队，冒着生命危险，克服艰难险阻，历时21小时成功解救出被困皮桃山悬崖之上八天八夜的86岁老人杜玉连。

5月27日，分队冒雨赶到已成为“孤岛”的水观乡，发现有1000余名群众被困在平溪海子、天鹅海子等4个堰塞湖周边地区，情况十分危急，75名官兵当即展开千人百里大转移。为避免出现意外，在悬崖峭壁边，官兵手拉手当护栏，让群众放心通过；在飞石滚落处，官兵用身体做屏障，保护群众安全；在沟壑路段，官兵用肩膀搭人梯，让群众踩着过；老人、小孩走不动了，官兵就背着走，或用简易担架抬，使受灾群众全部及时转移到安全地带。

随着降雨量加大，马鞍石、天鹅海子等4个堰塞湖频频告急，分队官兵主动请缨运送泄洪所需器材装备，仅6月12日一天，就翻越13座高山，运送海事卫星接收器1台、水泵60台、电线120捆、皮管80捆、炸药600多箱，转移群众1500余人，确保了马鞍石堰塞湖按时排险泄洪。

震后，水观乡各学校校舍严重受损，299名小学生无法正常上学。分队主动与地方党委政府协调，就地取材，军民共同办起“老山小学”和“老山一小”两所“帐篷学校”，还选派文化程度较高的官兵担任教员，让灾区孩子重新走进了课堂。分队发扬“老山猛虎连”优良传统，坚守重灾地区87天，为抢救人民生命财产和帮助灾区恢复重建做出了突出贡献。

2008年10月7日，77293部队73分队被中共中央、国务院、中央军委授予“全国抗震救灾英雄集体”荣誉称号。

77296部队75分队

汶川特大地震发生后，解放军77296部队75分队负责人欧黎明、胡锐组织283名官兵参加抗震救灾。

地震发生后，分队按照上级指示，快速机动到地震灾区。5月14日下午，部队抵达安县雎水镇后，接到迅速进入高川乡执行救灾任务的命令。此时，高川乡已成为“孤岛”，外界通向高川乡唯一的公路已被损毁，通信全部中断，6000多名群众生死不明，受灾情况一无所知。要进入高川，唯一的办法是步行山路，通过雎水至柿子园8公里高危路段进行搜救。此时余震不断飞石滚落，山体随时可能滑坡。面对险情，分队官兵没有一人退缩，决心誓死救援高川被困受灾群众。

分队将官兵编为30余个小组，每5～7人为一组，在8公里“死亡线”上连续奋战近40小时，抢救伤员61人，其中重伤员8人，转移受灾群众1543人。

5月15日，由于公路被山体压埋，转移群众只能翻越海拔1800多米、坡度近70度的天台山，分队再次主动请缨担任先遣队。为迅速开辟通道，官兵使用铲子、砍刀等简易工具，逢林开路，遇水搭桥，历经66个小时，连续翻越多个山头，搭建30多米长的简易浮桥4座，在天台山上开辟了一条56公里长的“生命通道”，使300余名伤员得到及时救治，4500余名受灾群众得以安全疏散。

在完成开辟“生命通道”任务后，官兵们顾不上调整休息，担负了二进高川“进村入户”搜救任务。分队组成党员和共青团员突击队，深入到高川乡7个行政村，挨家挨户进行地毯式搜救。累了靠在树上打个盹，渴了喝口山泉水，饿了啃口压缩干粮，在极度疲劳、余震不断的情况下，分队历时两天两夜，搜救出老弱病残者53人，并做通了不愿离乡群众的思想工作。分队干部李江带领分队官兵，在一段约1000米长、最大坡度达80多度的险要山路上，抬送伤员50余次，肩和脚磨得发紫化脓，仍咬牙坚持，终于把全部伤病员抬到安全地带。

分队作为部队的先遣队和突击队，四进高川乡营救群众，进村入户开展恢复重建，高标准完成各项急难险重任务的事迹，先后被中央电视台、四川电视台、上海东方卫视等多家媒体报道。

2008年10月7日，77296部队75分队被中共中央、国务院、中央军委授予“全国抗震救灾英雄集体”荣誉称号。

77298部队

汶川特大地震发生后，解放军77298部队负责人周洪许、曾祥明组织1148名官兵参加抗震救灾。

5月12日23时，部队接到上级命令，周洪许立刻召集各所属单位军政主官部署任务，90分钟后完成机动准备。经过27小时急行军，部队机动1400余公里抵达指定任务区。

5月14日14时，部队刚刚抵达绵竹市汉旺镇，当地受灾群众听信水库发生险情传言、纷纷逃离，情况十分紧急。部队党委决定立即组织官兵逆流而上，冲向水库险情地段迅速抢救被困人员，转移当地群众，排除可能发生的险情，及时稳定人心。15日下午，得知中科院一些专家被困，周洪许立即带领突击队火速展开救援。突击队开路劈树，就地取材制作简易救护工具，成功营救出被困96小时的13名专家。为救援清平乡、天池乡、金花镇的受灾群众，在余震频发、交通中断、缺水少粮、山高林密的情况下，部队组织官兵昼夜徒步强行军，成功抢救群众347人，护送转移被困群众5000余人；部队救出初生的“龙凤胎”事迹被媒体报道后，社会反响强烈。20日，接到卸载救灾物资任务，全体官兵不分昼夜连续奋战，先后卸载板材、帐篷等物资1672车皮、4万余吨。

抗震救灾中，部队党委及时总结推广救援经验。救人阶段，部队针对余震频发险情不断的实际，推广了经过危险地段要“一听、二看、拉大距离、快速通过”；护送灾区群众要“化整为零、分片包干，分段设点、接力转运，集中兵力、规模转移”；恢复生产阶段，及时摸索了搭设帐篷要“便于管理、便于生活、便于防疫”，“避开危险建筑、避开泥石流地段”；清理废墟要“村干部到位、户主到位、分队干部到位”。部队研究制订了“八个严禁”和“八个严防”的规定，广泛开展了“一两分钟报平安、三五分钟小谈心、七八分钟小教育”等活动，激励了部队斗志，保持了部队安全稳定。部队涌现出“舍亲人救学生好战士”董亮等一批先进典型。

2008年10月7日，77298部队被中共中央、国务院、中央军委授予“全国抗震救灾英雄集体”荣誉称号。

77299部队61分队

汶川特大地震发生后，解放军77299部队61分队负责人孙兴周、王建平组织93名官兵参加抗震救灾。

分队随部队紧急驰援地震灾区，刚到达青川县就奉命挺进重灾区曲河乡进行救援。全体官兵冒着余震不断、泥石流和山体滑坡随时可能发生的危险，翻过6座大山，强行通过10余个山体滑坡地段，从5月15日2时到13时，急行军60余公里，以最快速度到达曲河乡展开救援。在一天一夜的救援中，克服没有专业救援工具的困难，用铲挖、用镐刨、用手扒，先后从废墟中救出10名幸存者。为抢救6名身受重伤的群众，48名官兵展开担架接力，徒步40余公里将伤员抬出大山，使6名伤员得到及时救治脱离危险。在抗震救灾中，分队先后从废墟中救出13名群众，掩埋21具遇难者遗体，抢运出粮食数十吨，转移群众近千人。

进驻曲河乡双龙村后，分队主动与村党支部协调，成立军地抗震救灾联合临时党支部，组织领导抗震救灾工作；成立军地联合党员突击队和宣传队，帮助群众开展抗灾自救，宣传党和政府抗震救灾的决策部署，增强广大灾区人民群众战胜困难、抗灾自救的信心和决心。5月25日，青川发生6.4级余震，造成多处山体滑坡，严重威胁着人民群众的生命财产安全，必须对全村596名群众进行转移。分队迅速组织党员和骨干，与地方党员干部一起，对不愿转移的群众进行耐心细致的劝说，终于及时完成转移工作。

在房石镇，为帮助人民群众尽快恢复生活秩序，分队自筹资金，建起400平方米的“便民帐篷超市”，中央电视台对此进行了现场报道。在曲河乡，分队指导员带着10名战士先后翻过10余座大山，强行通过数十处山体滑坡地带，背着帐篷和生活用品看望了25位孤残老人，送去急需的生活用品。分队全体官兵还协助群众抢收抢种，共帮助抢收麦子4公顷、插秧1.3公顷。

恢复重建阶段，分队先后为灾区人民群众搭建帐篷2000余顶，建设临时过渡用房500余套，建设永久性住房10间，搬运石棉瓦近4000张，转运其他救灾物资300余吨。

2008年10月7日，77299部队61分队被中共中央、国务院、中央军委授予“全国抗震救灾英雄集体”荣誉称号。

77283部队67分队

汶川特大地震发生后，解放军77283部队67分队负责人钱志伟、李光文组织110名官兵参加抗震救灾。

分队进入灾区后，承担的首要任务是确保对外通信联络畅通，保障灾区信息能及时准确地传送到本级抗震救灾指挥部。分队以最快的速度组织架设大功率电台，建立24小时值班制度，迅速、准确地完成对上对下联络3200余次，确保了部队指挥通信畅通。对于上级下发的海事卫星电话、北斗卫星通信系统等无线联络装备，分队召集通信骨干研究使用和故障排除方法，及时向机关和部队派出技术人员，确保新式通信装备发挥功效，形成战斗力。

在保障通信联络顺畅的同时，分队在北川县城展开救援。虽然余震频发，但官兵们全然不顾，冒险进入废墟搜寻，在断壁残垣中呼喊，先后成功救出幸存者5人，挖掘出遇难者遗体13具，搬运清理遇难者遗体208具。

在接到疏散唐家山堰塞湖下游群众任务后，分队官兵不顾自身安危，克服重重困难连续作战，在泄洪区内9个村庄开展救援两个多月，转移群众400余人，转运救灾物资280吨，帮助灾区群众恢复生产生活。在堰塞湖泄洪后，分队主动请缨担负泄洪区清理工作，连续奋战10余天，出动560余人次，掩埋泄洪区海光村养殖场200余头死猪，消毒泄洪区6500平方米，完成各类清理工作。

为帮助灾区群众尽快恢复生产生活，分队官兵视灾区为家乡，把群众当亲人，先后为灾区群众搭建帐篷400余顶，清理废墟70余吨，拆除危房60间，疏通公路17公里，清理砖瓦10万余块，帮助抢收抢种庄稼近10公顷。分队党支部还派出5名支委分别到海光、海元、陈家坝等乡村，协助健全基层组织，协助灾区群众恢复生产。

2008年10月7日，77283部队67分队被中共中央、国务院、中央军委授予“全国抗震救灾英雄集体”荣誉称号。

77223部队85分队

汶川特大地震发生后，解放军77223部队85分队负责人都宁组织240名官兵参加抗震救灾。

接到抗震救灾命令后，分队党委连夜召开会议研究部署工作，以最快的速度把上级的决策指示传达到所属每名官兵。由于动员深入，分队接到要求去抗震救灾一线的请战书200余份。针对救灾任务点多、线长、面广的实际，分队将干部、党员和骨干分配至各点位，安排在最前沿。

指导员张军的妻子即将临产，但他服从组织安排，毅然奔赴灾区，全身心投入到抗震救灾中。连长邓斌的老家在湖南衡阳，家中房屋被连日大雨冲毁，当他看到灾区众多无家可归的群众需要救援时，默默地把家中困难埋在了心底。

在党员干部的带领下，分队官兵顽强奋战，先后拆除震后危房上千间，转移粮食72580公斤、大件物资5023件、牲畜134头、家禽126只，掩埋死亡家禽5.8万余只，搭建帐篷150顶，帮助学校搭建简易房约1400平方米，装卸物资1020吨、帐篷5300顶，挖避雷沟62米；配合地方群众挖深井1口，卸载板房材料300套，清理道路5200米、水沟1335米、废墟98立方米；为遇难者家属搭建临时板房10处，在武都灾区群众安置点和二号立交安置点平整场地7.74万平方米；协助发放物资约150吨、食品5700箱、日用品1.3万套、救灾款800万元，发放各种宣传品2.35万份，配制混凝土135立方米，回填土方110立方米；配合建设局建化粪池1座，出动50人担负绵竹市4个水厂、1个取水点的安全保卫工作，保障了10万绵竹市民饮用水安全，高标准完成抗震救灾任务。

转入“进村入户”搜救阶段，分队及时调整兵力，组成14个小组进入村庄，帮助受灾群众拆除危房、危墙、水塔等高危建筑。在排危过程中，官兵们尽可能地抢出粮食和重要财物；同时，严格遵守群众纪律，不接受群众的任何馈赠，不给灾区群众增加负担。对清理出的财物，官兵不私藏、不挪用，逐级上交；群众送去鸡蛋、水果，都被官兵们婉言谢绝。分队严明的纪律，受到当地政府和群众的赞扬。

分队先后转战绵竹市齐天、什地、剑南等6个镇，完成了应急排险、清理废墟、转运物资等急难险重任务。在抗震救灾一线，分队既是抢险队，又是宣传队，及时将党和政府的关怀传达给灾区群众。

2008年10月7日，77223部队85分队被中共中央、国务院、中央军委授予“全国抗震救灾英雄集体”荣誉称号。

77225部队60分队

汶川特大地震发生后，解放军77225部队60分队负责人张宗礼、周涛组织262名官兵参加抗震救灾。

5月16日，分队赴江油市六合乡檬针村和敬元乡松藩村石洞山执行救援任务，先后经过32处塌方滑坡和地裂路段，翻越4座大山，爬过乱石堆，攀越几十米高的悬崖，两次躲避余震造成的滚石，成功解救被困8天的66名灾区群众。17日，得知枫顺乡90%的房屋和道路损毁、电力和通信中断、群众缺粮少药无帐篷的消息后，分队官兵徒步背运8吨物资，翻越2座海拔超过1600米的大山，途经11处滑坡地带，将物资一件不少地送到群众手中，成为震后首支进入该乡的救援力量。18日，驻敬元乡突击队接到上级命令，要求立即急行军30多公里赶到小石村，解救受山体滑坡威胁的135名群众。突击队艰难跋涉6个多小时到达小石村，耐心说服13名故土难离的老人，又用竹子绑成简易担架，抬着3名半身不遂和4名年近八旬的老人赶路，连续奋战18个小时，将135名受困群众安全转移到安置点。

抢险救援中，官兵们不畏艰险，克服路基多处开裂、下沉等困难，规避险情数十次，向雁门镇一带8个乡（镇）运送了2240余吨救灾物资，把党和政府的关怀及时送到受灾群众手中。在“进村入户”搜救阶段，分队共拆除危房882间，清除废墟1164立方米，疏通山路53.1公里，修通水渠24公里，抢收抢种庄稼23.3公顷，搭建帐篷窝棚2795顶、活动板房2871间，还加固了5座水库大堤，帮助2个镇恢复了供水供电，集中力量疏通了马角镇交通主干道，为进入江油市东北部灾区打通了道路。

针对雁门镇上万名灾区群众生活安置和秩序维护难度大的实际，分队进驻该镇开展便民服务工作，成立了“爱心服务队”，把爱心服务队的电话号码做成标牌树立在最显眼的地方，便于群众联系。驻枫顺乡突击队为了不给群众添麻烦，坚持在荒野露宿3天，靠熬稀饭充饥，多次退回村民送去的腊肉、蔬菜等物品。分队还集中力量帮助乡镇敬老院和学校搭建帐篷和板房，向马角镇幼儿园赠送了学习用品。

抗震救灾期间，分队负责江油市灾情最重的8个乡（镇）68个行政村抗震救灾工作，出色完成了上级交给的各项任务。

2008年10月7日，77225部队60分队被中共中央、国务院、中央军委授予“全国抗震救灾英雄集体”荣誉称号。

77226部队70分队

汶川特大地震发生后，解放军77226部队70分队分队长谭冶夫、教导员朱明洪组织394名官兵参加抗震救灾。

5月12日21时，分队接到救灾命令，立即启动应急预案，紧急召回在外人员，准备救灾物资器材，编配抗震救灾小组和突击队，昼夜兼程，千里驰援四川灾区。35小时后，分队按预定计划抵达北川灾区展开营救行动。17日，转入“进村入户”搜救阶段后，分队立即组织280名官兵进驻4个乡（镇）、78个行政村，深入细致地做好各项工作。

5月25日，唐家山堰塞湖险情告急，下游几十万群众生命财产安全受到威胁，国务院抗震救灾总指挥部决定采用爆破办法将堰塞湖水泄入下游河道，分队主动要求担当运送爆破炸药任务。分队长谭冶夫带领200多名突击队员在悬石危崖、荆棘丛生中排险开路，为大部队顺利挺进做好标记。教导员朱明洪带领10名党员组成尖刀班，背负270枚雷管跟进，冒着余震频发的危险，连夜急行军6个多小时，把炸药安全运送到堰塞湖坝顶。

6月13日，灾区突降特大暴雨，震后松散的苏保河堤随时可能发生溃塌。为了下游30多万群众生命财产安全，分队全体官兵背运沙袋加固堤岸，奋战一个通宵，终于在天亮前构筑起一道防护堤。

在安县永安镇元门救助站，分队280名官兵连续奋战五昼夜，搭建650余间过渡板房，让2000余名灾区群众住进房子。官兵们还帮助永安镇小学教学点搭建20间“帐篷学校”，自发捐款3400余元，为学生购买文具400余套。抗震救灾期间，分队共转移受灾群众1586人，搭建帐篷及简易房2299顶（间），拆除危房1922间，搬运发放物资1202吨，抢出粮食798.4吨，清理废墟4607立方米，抢收小麦6.4公顷。

2008年10月7日，77226部队70分队被中共中央、国务院、中央军委授予“全国抗震救灾英雄集体”荣誉称号。

77208部队66分队

汶川特大地震发生后，解放军77208部队66分队分队长陈洪骥组织93名官兵参加抗震救灾。

地震发生后，分队急行千里到达灾区，5月14日到达北川县城后即刻受领任务，开始救援工作。15日，官兵在废墟中发现一名女孩全身是血，一名战士用手试试，发现她还在慢慢地呼吸，惊呼“她还活着，她还活着”，分队官兵随即展开营救。女孩的一条腿被一块断裂的预制板压着，动弹不得，处境十分危险，稍有不慎就有可能引起坍塌，造成二次伤害。官兵在统一指挥下搬开所有的障碍，在女孩左腿截肢后将其抬出废墟。后来得知，这名女孩名叫李月，她从小最大的愿望就是跳芭蕾，这就是后来广为人知的“芭蕾女孩”。在陈洪骥的指挥下，分队还成功营救了12名幸存者，其中有曲山小学10名学生。被救人员中年龄最大的81岁，被困时间最长的127小时。

6月6日，上级命令分队派出精干力量赶赴唐家山堰塞湖坝体，执行导流槽漂浮物爆破任务。分队发挥专业工程队优势，紧急抽调44人组成爆破分队，在专家指导下，对泄洪通道实施了17次精确大当量爆破，为唐家山堰塞湖成功排险做出了贡献。随后，分队担负了支援山东省交通厅修建北川羌族自治县都坝乡至白坭乡公路中的岩石层爆破任务。由于岩石层地质结构特殊，导致进展缓慢。官兵们针对岩石结构的特点，研究如何增强爆破效果，经过32天的艰苦奋战，爆破土石4070立方米，攻克了箭河垭“卡脖子”险要路段，援助地方建筑路队提前15天全线贯通了都坝至白坭道路。

转入支援灾后重建阶段，分队被上级编入大型装备机动清墟突击队，在江油市青莲镇地区执行拆除危房、清理废墟、加固河堤等任务；先后拆除危房684间，清理废墟4000余立方米，修筑加固河堤1455米，作业土石14.23万余立方米，修筑道路11309米，充分展现了官兵不畏艰难、连续作战、敢打硬仗的良好作风。

2008年10月7日，77208部队66分队被中共中央、国务院、中央军委授予“全国抗震救灾英雄集体”荣誉称号。

77216部队72分队

汶川特大地震发生后，解放军77216部队72分队负责人刘玉春组织79名官兵参加抗震救灾。

由于地震的破坏，成都通往陕西、甘肃的一些重要铁路桥梁和输油管道严重受损。分队临危受命，到达灾区后立刻紧急前往兰州—成都—重庆石油输送管道、宝成线铁路大桥和青莲大桥执行保护任务。分队认真研究，针对不同紧急情况制订了3套“一管两桥”救援方案。全体官兵在余震不断、随时可能发生危险的情况下，坚守岗位，昼夜值勤，加强巡视，完成了任务。

唐家山堰塞湖出现险情，分队发挥舟桥部队的专长，根据上级预案，设计了抗洪抢险应急方案和堰塞湖漂浮物打捞方案，组织官兵反复演练，确保发生紧急情况时能万无一失。官兵们冒着频发余震和堰塞湖可能溃坝的危险，转移下游群众850人，全线铺开，连续守卡，执勤四昼夜，耐心劝阻转移群众回流，全力维护人民群众生命安全。

5月17日，分队成立抢修、抢收、抢通、抢险、清污5个便民服务队，深入村庄农户，竭力为灾区群众办实事、办好事、解难事。在灾后重建阶段，分队先后出动官兵3000余人次、车辆120台次，进入2个乡（镇）4个行政村15个点位，帮助群众抢收抢种庄稼4公顷多。分队在堰塞湖周边修筑防洪大堤500余米。在法华村永久性住房建设试点施工中，分队官兵帮助建筑工地清理废墟1200余吨，搬运砖头20余万块，拆除危房30余间，平整场地约9000平方米，开挖地基2500余立方米，保护4个文物景点，铺设雨布约2000平方米，搭建帐篷270顶、活动板房200余套，搬运救灾物资1000余吨。

进入主汛期后，为防止大灾后出现大涝，上级命令分队担负四川北部方向的抗洪抢险任务。分队进行了舟桥装卸载、浮桥架设、转移受灾人员等强化训练。7月28日，分队奉命配合绵阳市政府和江油市政府，采取任务区移位、缩减实距和临机设置科目的方法，在70分钟内，安全顺利地对解救被困人员、疏散转移群众、浮桥架设与通载4个科目，进行军地联合防汛抗洪应急综合演练，进一步统一了军地联合防大汛思想，强化了抗震救灾与抗洪抢险同步推进的意识，探索了军地联防联训的方法路子。

2008年10月7日，77216部队72分队被中共中央、国务院、中央军委授予“全国抗震救灾英雄集体”荣誉称号。

77221部队65分队

汶川特大地震发生后，解放军77221部队65分队负责人王相国、段齐斌组织154名官兵参加抗震救灾。

在地震灾区执行任务中，分队针对消毒防疫点多、线长、面广的实际，注重发挥基层党组织的作用，重点抓好整体协调和控制，动员全体官兵克服困难，积极做好消毒防疫工作。分队20余名干部、80多名党员编成10个党小组，分配到各任务组中，加强对完成任务情况的监控和协调。在洗消防疫、掩埋动物尸体、转移化学物品时，党员干部带头冲上前，充分发挥了模范带头作用。

分队合理调配人员，将所属人员分成3个小组，对极重灾区北川、汶川、茂县等地进行防疫消毒。第一小组作为先遣队进入北川县城，对县城重要目标北川中学、北川茶厂、妇幼保健站至北川大酒店一线近100万平方米的地段进行消毒防疫。战士们冒着危房倒塌的危险，细致地将消毒液按要求喷洒在地面和树上，不放过任何一个角落。第二小组进驻汶川县城，参加了县城及附近10余个乡（镇）消毒防疫任务；尔后，配合军事医学科学院的专家，对汶川防疫工作进行科学评估，提供客观的数据和情况。第三小组单独在茂县执行任务，重点对阿坝监狱、茂县县城及11个乡（镇）进行消毒防疫，并对当地群众做好防病防疫知识的宣传工作。分队先后出动兵力1300余人次、车辆120余台次，使用消毒剂14吨，对80万平方米的道路、街区、城区进行了反复消毒，对出入北川县城3万多人次人员、6000余台次的车辆进行消毒，对1500余具腐烂遗体进行消毒处理，有效地从源头上防止了疫情。

在做好重灾地区消毒防疫工作的同时，分队要求各任务小组主动在重要路段开设人员、车辆洗消站，对过往人员、车辆进行消毒处理。共开设3个固定洗消点，洗消人员5万多人次、车辆2万台次，消毒废墟400余万平方米、道路100余公里。分队利用防化专业分队特长，7次协助当地疾病预防控制中心转移处理化学危险品40余吨。分队还充分发挥专业水车功能，主动为附近部队、灾区群众服务，将水车开到各固定点位，先后提供卫勤淋浴保障2万人次。

2008年10月7日，77221部队65分队被中共中央、国务院、中央军委授予“全国抗震救灾英雄集体”荣誉称号。

77116部队62分队

汶川特大地震发生后，解放军77116部队62分队负责人郭斌、向守友组织28名官兵参加抗震救灾。

接到任务后，分队官兵全部进入机舱转入待飞状态，震后不到两小时，奉命出动机组，运送成都军区和四川省领导赴都江堰等重灾地区查看灾情，并拍摄了大量图片和影像资料，为指挥部正确决策提供了可靠依据。分队根据任务实际，合理调配机组，最大限度发挥各类人员的潜能，成立了以飞行技术精湛、驾驶作风过硬的特级和一级飞行员为机长的5个骨干机组，自始至终奋战在抗震救灾主战场。针对其他兄弟陆航部队初到西南战区、不熟悉灾区地理环境和气象条件、难以执行复杂地区飞行任务的实际，分队长主动请战，赴彭山机场等地担负风险高、责任大的带飞带教任务。在近半个月的带飞带教中，分队坚持复杂地形首先飞、危险地区率先闯、恶劣气候先升空、急难任务自己担，为兄弟部队培养了20多名能遂行灾区复杂情况飞行任务的飞行员。

分队飞行任务区域地貌复杂，江流湍急，悬崖陡峭。根据任务特点，分队迎难而上，先后开辟了通往汶川、北川、青川、唐家山堰塞湖、平武等灾区的新航线8条。在执行唐家山堰塞湖排险任务时，分队官兵凭借科学的组织，过硬的飞行技术，克服了降落地点险峻、场地狭窄的困难，一次次将雷管、炸药、汽油等危险物资运到坝顶，为决战唐家山堰塞湖起到了重要作用。邱光华是分队最年长的飞行员，飞行经验丰富，技术精湛，每次执行任务总是抢在最前面。5月31日14时30分，邱光华机组奉命执行任务途中，由于气流瞬时突变，失事在深山密林峡谷之中，机组人员全部牺牲。

在执行抗震救灾任务中，分队共飞行580架次、628小时36分，运送物资257吨，转移伤员及被困群众859人。分队还完成了多次专机保障任务，先后安全运送联合国秘书长潘基文，以及到灾区考察指导救灾工作的中央领导同志。

2008年10月7日，77116部队62分队被中共中央、国务院、中央军委授予“全国抗震救灾英雄集体”荣誉称号。

第四十二医院医疗队

汶川特大地震发生后，解放军第42医院医疗队负责人冉剑波组织59名医务人员参加抗震救灾。

地震发生后不到一小时，医院就迅速抽调60名医护人员、2台救护车、2台运输车、1台远程会诊车和1台炊事车完成集结，并将30多种医疗器材和100多类急救药品装车完毕。5月13日3时，第一医疗队冒着倾盆大雨奔赴极重灾区北川羌族自治县。第二医疗队向映秀机动途中因道路中断，临时改为空运。受直升机机舱空间限制，为救治更多灾区伤员，医疗队队员只携带少量食品，腾出空间和重量，尽可能多地装载药品和医疗器械。抵达灾区后，医疗队搭建帐篷、搬运药品、建立野战手术室，认真做好每台手术，认真对待每名伤员，确保每一位前去就诊的伤员都能得到及时有效救治。由于伤员数量多，救治任务重，医疗队发扬不怕疲劳、连续作战的作风，默默坚守在工作岗位，有的医护人员连续工作70多个小时。

随着任务转换，医疗队迅速组建车载式流动医疗所，克服途中艰难险阻，进村入户防病治病。因路途远、道路险，随身所带干粮常常不够吃，医疗队员忍饥挨饿，坚持为灾区群众巡诊巡治。汗水浸湿了衣服，没有人叫苦喊累；在余震不断的废墟上来回奔波，没有人退缩半步。医疗队以卡车为流动医疗所平台，携带药品和物资，深入汶川驻地附近7个村组和驻军部队，深入每一顶帐篷、每一户家庭，对每一位受伤人员进行跟踪随访，处置伤情，发放药品，宣传防疫知识，开展心理疏导，稳定了灾区群众。

抗震救灾期间，医疗队发挥敢打硬仗的作风，以良好的医德、娴熟的技术，救治伤员7571名，为灾区群众、任务部队巡诊、送医送药12356人次。

2008年9月，第42医院医疗队被卫生部、食品药品监管局、中医药局、总后卫生部授予“抗震救灾医药卫生先进集体”称号；10月7日，被中共中央、国务院、中央军委授予“全国抗震救灾英雄集体”荣誉称号。

第三二四医院医疗队

汶川特大地震发生后，解放军第324医院医疗队负责人董民组织60名医务人员参加抗震救灾。

地震发生后，医院立即启动抢险救灾应急预案，在两小时内迅速完成应急救灾卫勤保障方案的制订、各类医疗物资的准备和专业医护人员抽调组建。5月12日晚，接到抗震救灾医疗队出发的命令后，第一医疗队共27名队员火速奔赴灾区，冒着随时可能发生余震、山体滑坡、泥石流的危险，不顾疲劳，星夜兼程，机动600余公里，于13日22时30分到达极重灾区什邡市洛水镇。在驻地化工厂垮塌后液氨泄漏、余震不断的危急情况下，医疗队坚持把抢救人民群众生命放在首位，科学施救，连续奋战，采取有效措施，迅速制止了液氨泄漏扩散。

第二医疗队在接到命令24小时内，快速机动到指定地域与保障部队会合。到达灾区后，医疗队面对道路险峻、山体滑坡以及可能溃坝的唐家山堰塞湖，顶着严重的尸腐味，将生死置之度外，一边迅速展开野战医疗，一边搜索救治伤员，抢救了一批伤病员的生命。

两支医疗队在抗震救灾中，除实施灾区伤员紧急救治任务外，还担负4000余名抢险救灾部队官兵的卫勤保障任务。为保证救灾部队官兵身体健康，他们坚持每晚对各帐篷巡诊，每天对营区消毒两次，餐前组织官兵用消毒液泡手，主动安排心理卫生专家开展心理专题讲座，进行心理干预和疏导，缓解官兵长时间高度紧张所带来的精神压力，实现医疗服务“全方位、零死角”。

医疗队累计接诊军地伤病员4359人次，收治92人次，手术470例，巡诊19320人次，消毒10余万人次，行程8000余公里。

2008年9月，第324医院医疗队被卫生部、食品药品监管局、中医药局、总后卫生部授予“抗震救灾医药卫生先进集体”称号；10月7日，被中共中央、国务院、中央军委授予“全国抗震救灾英雄集体”荣誉称号。

78525部队

汶川特大地震发生后，解放军78525部队负责人田源、艾为组织1132名官兵参加抗震救灾。

地震发生后，部队20分钟即完成人员、装备和营房的安全巡查，迅速召开紧急会议并转入一级战备，为迅速奔赴救灾一线赢取了时间。5月13日14时受领救灾任务后，部队闻令而动，连续7个小时快速突击，将兄弟部队7000多名官兵从成都转运到青川、北川和平武等极重灾县（市）。

抗震救灾中，部队既要运送人员物资，又要担负搬运、炊事、防疫和特种装备操作等特殊任务；既要转战城镇，又要深入乡村。单日保障最多时达40多个点，战线覆盖全部重灾地区。部队科学使用兵力，确保每个任务方向都有前进指挥组跟进指挥，每个分散的点上都有加强力量，将运输线延伸到了14个极重灾和重灾县（市）及下辖的87个乡（镇）。

接到向理县、茂县等重灾地区抢运活动板房1.2万余套重大专项运输任务后，部队领导及时将兵力分成突击、快运和后续梯队，既增强完成任务的连续性，又有效提高部队的应变能力。经过百天连续奋战，出动车辆10503台次、人员26937人次，安全行驶485.66万公里，运送抗震救灾官兵、伤员和灾区群众7528名，承运医疗队19支，运送救灾物资器材62567吨。创造了单车日出勤最高达6次，日最高行驶里程超过900公里，日最长行驶时间20小时，单兵日最高搬运物资20吨，日饮食保障近800人、2000多餐次的纪录。

抗震救灾期间，部队官兵在家庭受灾、亲属受伤和与亲人失去联系的情况下，舍小家顾大家，坚持战斗在抗震救灾一线。全体官兵不畏艰险连续奋战，将一批批救灾部队和一车车救灾物资迅速、安全地送达灾区，在10多万平方公里的地震灾区筑起了一条又一条钢铁运输线。

2008年10月7日，78525部队被中共中央、国务院、中央军委授予“全国抗震救灾英雄集体”荣誉称号。

成都军区总医院抗震救灾医疗队

汶川特大地震发生后，解放军成都军区总医院抗震救灾医疗队负责人高国民组织51名医务人员参加抗震救灾。

5月12日16时40分，医院抽调22名业务骨干组建抗震救灾医疗队，在高国民的带领下，医疗队携带18类79个品种的医疗器械和药品到达都江堰灾区，在都江堰市人民医院坍塌现场展开救治，救治伤员40余名。当晚，又转移到受灾严重的聚源中学，冒雨救出36名师生。初二学生马龙被大梁压住左腿，3名医护人员爬进废墟，一边为其输液，一边用手挖掘废墟，历经10个小时将马龙救出。随后，医疗队在都江堰连续奋战72小时，从废墟中救出98名伤员。16日，医疗队历时11小时，驱车500余公里，赶赴极重灾区青川县，先后在乐安寺、前进等6个乡（镇），搜索救治伤员。6月10日，医疗队筹集价值100余万元的药品器材及物资，与乐安寺乡卫生院建立了军民共建卫生院，为灾区群众留下了一支“不走的医疗队”。

5月12日14时35分，地震发生后仅7分钟，医院就开始接收地震伤员。随后，120急救车、公交车、志愿者私家车及医院派出的救护车陆续不断从彭州、什邡、都江堰、绵竹等灾区送来大批伤员；12日当晚，医院就收治地震伤员450余人。在地震后近300个小时的时间里，医院9个手术组采取换人不停手术的方式，昼夜不间断地同时展开手术，实施手术1282台次，其中大手术516台次。被埋104小时的映秀镇高速公路收费员袁艺、被埋108小时的什邡市红白镇中学炊事员李克成、被埋146小时的映秀镇公路稽查员沈佩云等60余名危重伤员，先后出现地震挤压综合征，医院创造性地采用最先进的连续血滤技术，使他们恢复了脏器功能，创造了生命救治奇迹。地震中被埋150小时的映秀水电站职工虞锦华，从废墟中获救转至医院时，双腿截肢面高度腐烂，必须再次高位截肢，专家组经过反复论证和精心设计手术方案，为其多保留10厘米左腿，使其康复后能安装假肢站立。绵竹矿工赖元平被困196小时救出送到医院时，全身多处伤口溃烂，左脑出现巨大血肿，左眼瞳孔放大，生命垂危，医院组织专家实施了长达7个半小时的手术，成功清除其颅内巨大血肿，挽救了赖元平的生命。

截至6月24日，医院共接诊地震伤员5665人，收治住院伤员1201人。医疗队先后接诊、后送伤员105名，手术36台次，巡诊驻地群众及救灾部队官兵5300余人次，向7000人次宣讲灾区卫生防疫知识。

2008年10月7日，成都军区总医院抗震救灾医疗队被中共中央、国务院、中央军委授予“全国抗震救灾英雄集体”荣誉称号。

成都军区昆明总医院抗震救灾医疗队

汶川特大地震发生后，解放军成都军区昆明总医院抗震救灾医疗队负责人史云政组织104名医务人员参加抗震救灾。

地震发生后，医院迅速组建了两个抗震救灾医疗队。北川方向，由政委史云政和副院长毛屏负责；绵竹方向，由副院长张步振和唐斌负责。5月13日晚，医疗队奉命开赴极重灾区北川羌族自治县、绵竹市。到达指定地域后，医疗队迅速搭建帐篷，开始24小时不间断救治，同时联手救援部队展开对被困人员的搜救。

在“进村入户”搜救中，医疗队除留少部分人继续在废墟中寻找幸存者外，其余人员分成若干搜救小组，带着医疗设备和少许生活用品，随搜救部队进村入户，主动承担了北川偏远的小坝、片口两个乡的搜救任务。医疗队先后派出150多批次的医疗小分队和救援官兵一起进村入户。他们将自身的生命安危置之度外，行程数千公里，最远的要徒步行走四五天，最近的也要几个小时，翻越了上百个山坡，遭遇过上百次危险。

5月27日，救灾指挥部将驻北川的所有医疗队进行整合，划分为4个责任区，昆明总医院抗震救灾医疗队牵头负责第四责任区。在灾区一线，医疗队为救援官兵检查治疗6000余人次，出色地完成了救灾卫勤保障任务。

2008年6月，成都军区昆明总医院抗震救灾医疗队被全国妇联授予“全国三八红旗集体”称号；9月，被卫生部、食品药品监管局、中医药局、总后卫生部授予“抗震救灾医药卫生先进集体”称号；10月7日，被中共中央、国务院、中央军委授予“全国抗震救灾英雄集体”荣誉称号。

78638部队50分队

汶川特大地震发生后，解放军78638部队50分队负责人孟学超组织55名官兵参加抗震救灾。

5月12日14时20分，分队官兵集合完毕，正准备进入维修车间进行装备维修操作训练，突然山摇地动，营区周边的一间间民房瞬间变为废墟。灾情就是命令，分队负责人果断决定部队就地就近展开救援。30分钟后，3支救援突击小分队分别赶到什邡市师古镇中心小学、龙居中心小学、湔氐中学展开救援。经过官兵52小时全力施救，从废墟中抢救出30名被埋师生，挖掘出48具遇难者遗体。

三级士官陈宏家住什邡，地震无情地夺去了他的妻儿等6名亲人的生命，可直到部队完成搜救阶段任务，他才回到已变成废墟的家中简单处理了亲人的后事。一级士官王鹏的父亲在营救群众中，因余震导致废墟塌方不幸遇难。王鹏强忍失去父亲的悲痛，始终随部队战斗在抢险救灾一线，直到部队回撤时才回家在父亲的坟上送上一束鲜花。

震后的什邡市电力、交通、通信全部中断，各类救援装备奇缺。分队充分发挥自身技术装备优势，地震当天下午就紧急向什邡市人民医院支援13顶帐篷，搭建起临时医院；出动1台移动电站、3台发电机和8套照明设备，为医院救治伤员提供了及时的电力保障，使医院在震后3个半小时就能展开手术。

分队出动13台车辆和工程机械，组建工程突击队，连续奋战18个昼夜，抢通蓥华镇毛公桥至天宝村8公里“生命通道”；抽调技术骨干组建装备技术支援队，奔赴都江堰、彭州、平武、安县等地，对济南军区某部实施装备伴随保障，先后抢修装备60余台次，为救灾部队提供了快速高效的技术维修保障。

在帮助群众重建家园阶段，分队先后出动官兵2830人次、车辆285台次，在什邡市赈灾物资中心奋战63个昼夜，装卸转运救灾物资1670吨；协助什邡市人民医院维护秩序，接转伤员2100余人；为受灾群众搭建帐篷151顶，抢收抢种农作物0.4公顷，疏通水渠1530米，清运废墟8756立方米，拆除危房1033间，平整场地2.4万平方米，防化洗消3060平方米，抢修木耳大棚3400平方米，抢摘木耳10.2吨，整理菌种18.5万包，为灾区群众挽回经济损失近百万元。

2008年10月7日，78638部队50分队被中共中央、国务院、中央军委授予“全国抗震救灾英雄集体”荣誉称号。

78098部队60分队

汶川特大地震发生后，解放军78098部队60分队分队长郑强、指导员何晨光组织56名官兵参加抗震救灾。

地震发生后，正在执行野外训练保障任务的分队官兵迅速集合紧急出动，边开进边动员，快速机动40公里，震后仅两个半小时就赶到都江堰市新建小学展开救援。

分队官兵不顾频频余震，在随时可能发生二次坍塌的新建小学教学楼废墟中，手刨肩扛，争分夺秒抢救被埋学生。没有千斤顶，就靠手撑起“生命通道”；没有生命探测仪，就趴在废墟中，把头钻进断梁缝隙探寻生命。许多战士双手被钢筋和碎石划出血来，都全然不顾。郑强发现一名幸存学生被压在两块预制板深处，为防止二次坍塌危及生命，他只身一人钻入两米多深的废墟缝隙中，边为被埋压学生唱歌鼓劲，边用双手刨挖碎砖块，终于营救出这名学生。何晨光第一个冲上新建小学楼体废墟查看险情，制订救援方案，组织官兵仅用15分钟就在废墟中掏出一条6米长的“生命通道”，为营救幸存者创造了便利条件。经过20小时冒雨奋战，分队官兵抢救被埋幸存学生11名，挖掘出遇难者遗体36具。官兵们还群策群力，总结并采取了“见人先保头、遇阻多掏洞、救人缓用劲”的办法，加快了搜救速度。

分队转战绵竹市汉旺镇，顾不上休整，主动向上级请领最急最重任务。在受领配合东汽一分厂转移机器设备的任务后，面对厂房危墙多、悬坠物多、距离崩塌山体较近的险情，分队周密制订抢运方案，科学编组人员，全力投入到抢运任务中。经过9个昼夜连续作业，分队为东汽一分厂转移办公设备、机械工具等数十万件，价值上千万元。其中，清理出高档数码相机、手机、办公电脑上百台，进口机械加工刀具万余件，未发生一次丢失情况，东汽一分厂领导专门致信部队首长为分队请功。

在“进村入户”搜救阶段，分队抽出人员组成两个农村工作队，深入汉旺地区农村，发动群众生产自救，先后帮助建立村民生产生活自救组织5个，帮助搭建帐篷86顶，拆除危房250余间，抢收粮食5000余公斤，挽回直接经济损失70余万元。分队还派出干部骨干调解各类群众纠纷10余起，劝抚安慰受灾群众数千人。

2008年10月7日，78098部队60分队被中共中央、国务院、中央军委授予“全国抗震救灾英雄集体”荣誉称号。

78108部队70分队

汶川特大地震发生后，解放军78108部队70分队负责人钟何武、王俊峰组织167名官兵参加抗震救灾。

分队兵分两路，迅速奔赴军区机关和极重灾区彭州市磁峰镇，克服重重困难，担负了构建军区抗震救灾指挥所通信枢纽、抢救人民群众生命财产、恢复灾后重建等重要任务。第一梯队于5月12日17时出发，完成军区应急指挥所搭建任务，建立了无线电台、卫星站、移动通信系统等通信手段，确保军区抗震救灾工作顺利展开。第二梯队采取摩托化行进、徒步行军等方式开进百余公里，到达磁峰镇，迅速展开抢险救援。

磁峰镇地处地震中心的龙门山断裂带上，灾情严重，全镇80％以上的房屋完全倒塌，99％以上的房屋受损。分队将人员调整为搜救、群工、保障3个小组。搜救组带领“党员突击队”、“青年突击队”迅速奔向镇中小学、医院和农贸市场展开救援。群工组深入到各农家院所，动员组织当地群众一起进行自救互救。保障组迅速搭建起5个临时救助点，负责安置、转移妇女、儿童和伤员。

抢险救援中，分队共抢救出被埋压群众34人，清理出现金67万多元，搬运出电脑家电等1630余台（件）；为学校教师、学生搭建帐篷346顶、临时校舍1200平方米；安全转移和安置灾区群众7620余人；抢救出卫生院重要医疗设备和物品200余件，搭建临时医院1所，确保了2300余名受伤群众得到及时救治。此外，分队还搬运发放救灾物资1000余吨，排除险情160余处，抢通电力线路15公里、道路33.5公里。

在“进村入户”搜救阶段，分队组织官兵进入3个自然村和1个社区的800余户人家进行逐户搜救，先后对100多万平方米的住房和公共区域进行卫生防疫，帮助受灾群众收割小麦、油菜4公顷，插秧2.6公顷，拆除危房312间，搭建活动板房和简易住房270余间，设立心理咨询点3个。分队党员和干部带头开展防灾救灾知识讲授和心理安抚工作，听众近万人，增强了灾区群众抗震自救的信心。分队与当地政府一起编写《抗震救灾要讯》，及时通报救灾情况，稳定群众思想，凝聚党心民心，密切军政军民关系。任务间隙，分队广泛开展以共建“爱心食堂”、送“医疗温馨卡”、组织“手拉手军民共建支部”为主要内容的主题党团日活动，帮助群众解决困难。部队回撤时，灾区人民依依不舍，上万名群众自发前来送别。

2008年10月7日，78108部队70分队被中共中央、国务院、中央军委授予“全国抗震救灾英雄集体”荣誉称号。

78086部队110分队

汶川特大地震发生后，解放军78086部队110分队负责人余影、王俊峰组织133名官兵参加抗震救灾。

地震发生后，震区通信中断，道路受阻，处在大山深处的都江堰市虹口乡成为“孤岛”。5月12日15时，副分队长王希华带领25名官兵冒着生命危险，强行军8公里赶赴虹口学校抢救被埋学生。由于教学楼部分垮塌，有6名学生被埋在废墟中生死未卜。官兵们冲进废墟，冒雨奋战，手刨肩扛，紧急施救，成功解救出4名幸存学生。正在检查通信线路的分队长余影，在道路不通的情况下，徒步6小时赶回部队，在路上先后救出3名幸存者，帮助转移5名受灾群众。

5月12日23时，分队组织7个抢险搜救突击队，分别深入虹口乡7个自然村展开救援。官兵们在余震频发、山体坍塌、道路阻断的情况下，徒步跋涉16小时，行进120余公里，救出幸存者3人，转移群众138人，其中一名临产孕妇在官兵的及时救助下母子平安无恙。抗震救灾中，分队先后救出幸存者10人，挖掘遇难者遗体13具，解救转移被困群众178人，医治巡诊受灾群众839人，发放救灾物资4吨，搭建帐篷72顶，实施消毒16万平方米。

转入“进村入户”搜救阶段后，分队官兵迅速转入恢复灾区通信联络、抢通道路、治安维稳、恢复生产和安置群众等工作中，及时组成了医疗、抢险、应急、心理疏导、治安巡逻等小分队，协助地方政府组织救助群众、抢运物资、搭建帐篷、分发食品、消毒防疫。为消除群众心理恐慌，保持社会稳定，政策宣传小分队和抚慰疏导分队，运用宣传标语、灾区广播、谈心安抚等方式，积极宣传党和政府的救灾政策。为防止余震和次生灾害，分队组建巡逻分队24小时为受灾群众巡逻站岗，和当地乡政府一起制订安全措施，确保了救灾工作顺利进行。分队还为受灾群众捐款3万多元，赠送农业科技光盘200余张、书籍2000余册、化肥5.5吨。为帮助建设受灾群众安置点，腾出营区0.8公顷，搭建板房40多间，抢修疏通道路8公里，铺设输水管道2.5公里，清理废墟0.8万立方米，拆除危房18间。为安置点捐赠了卫星电视接收器、电视机、发电机等设备，利用抢救出来的影像设备为受灾群众放映电影10余场次。

分队还按照上级指示，组织转移通信设备，抢修光缆线路，敷设光缆9000多米，运送机器22台，在临时搭建的帐篷内开通设备，及时恢复通信联络，先后为灾区283名群众联系上外地的亲人，为救灾部队提供了畅通的通信保障。

2008年10月7日，78086部队110分队被中共中央、国务院、中央军委授予“全国抗震救灾英雄集体”荣誉称号。

四川省北川羌族自治县人民武装部

汶川特大地震发生后，北川羌族自治县人武部部长罗登华、政委钟良军组织11名官兵参加抗震救灾。

地震当天，武装部正组织100余名民兵集训。为了提高民兵的快速反应能力，每次操课都以紧急集合的哨作为上课的通知。5月12日下午，军事科参谋黄安华站在操场上让值班员吹响集合操课哨后，有十几个反应迅速的民兵跑了出来，随后强烈地震发生了，站在操场上的十几个民兵紧紧抱成一团，才没有被巨大气浪抛出去。地震中，武装部办公楼、民兵训练基地、武器仓库和家属楼全部坍塌，包括正在集训的民兵在内，共有38人遇难、37人失踪、63人受伤。

剧烈的震动刚过，黄安华迅速组织民兵展开营救，陆续救出30多个民兵和干部职工。钟良军左腿膝盖粉碎性骨折，头部血流不止，仍趴在废墟上指挥抢救伤员，直至被抬上担架。从废墟中艰难爬出的副部长谭潇，带领幸存的干部、职工和民兵，一边借着微弱的手电光实施搜救，一边同暂时无法救出的被困者交流，鼓励他们等待救援。后勤科科长王龙国身负重伤，仍坚持抢救被困人员，直到晕倒。职工郑植耀，全家6位亲人遇难，自己获救后，来不及包扎伤口，在废墟中来回不停地转移伤员，背出受伤群众11人，直到被送进医院。

当时，罗登华正在去成都参加学习的路上，大地震后迅速返回北川，连夜带领民兵应急分队在残垣断壁中搜救幸存者。5月12日当夜，仅武装部幸存的干部职工和民兵就从废墟中救出42人，转移运送伤员380多人。

除了自救和救人，幸存人员还以最快速度将武装部的全部枪支弹药和密码传真机转移到安全地方，确保了重要物资安全。之后，幸存人员充分发挥熟悉地形的优势，主动当向导，带领救灾部队寻找银行、学校等重要目标；同时，积极协助地方政府安抚获救和失去亲人的群众。

由于武装部干部职工多数是本地人，基本上是家家受灾、人人有难，幸存的干部职工除了身上衣服外一无所有，但除牺牲和重伤住院者之外，没有一个人离开，都一直坚持奋战在抗震救灾第一线。

一个月的时间里，武装部动员组织北川民兵转移受灾群众5600余人，运送生活物资20余万件；组织民兵为救援部队当向导，协助救援部队1200余人完成“进村入户”搜救任务；建起了北川第一个受灾群众临时安置村，为当地受灾儿童搭建起“兴川希望小学”，解决了120名儿童临时上学的问题。

2008年10月7日，四川省北川羌族自治县人民武装部被中共中央、国务院、中央军委授予“全国抗震救灾英雄集体”荣誉称号。

77367部队

汶川特大地震发生后，解放军77367部队负责人蔡华、焦亨建组织273名官兵参加抗震救灾。

部队官兵受领赴震中汶川执行抗震救灾任务后，迅速向汶川开进。到达理县古尔沟时，因地震导致地形地貌发生巨变，公路严重受损，交通中断。为争取时间，全体官兵立即徒步开进，一路上冒着余震不断、飞石乱滚的危险，徒步行军20余小时，行程90余公里。到达汶川县城后，为争分夺秒抢救生命，全体官兵忍住饥饿和疲劳，迅速查看灾情，组织划分区域，编成救灾小组，立即展开营救。在最短时间内解救出被压埋群众151名，及时疏散转移受灾群众800余名。

5月31日，执行抗震救灾任务的一架军用直升机失事，部队官兵发挥熟悉地形、语言相通的优势，主动请缨参加搜救失事直升机任务。根据搜救区域地形分成3个搜寻小组，冒着山势陡峭、余震不断、随时有泥石流和山体滑坡等危险，在平均海拔2000米以上的赵公山山脉展开拉网式搜寻，连续奋战十天九夜，从峡谷到山顶，从河流到森林，翻越10余座高山，搜寻面积达50余平方公里。官兵们饿了啃一口压缩干粮，渴了喝一口山泉水，有的战士因过度疲劳身体虚脱，稍作调整又投入搜寻工作。当某部发现失事直升机残骸后，官兵们迅速同当地民兵一道，穿过深山丛林，爬过悬崖峭壁，冒着生命危险快速赶到直升机失事地点，完成英烈遗体的搜寻、消毒、装载任务，并排除千难万险，将英烈遗体安全运送下山。

转入“进村入户”搜救和灾后重建阶段后，部队全体官兵协助地方政府和受灾群众全面开展灾后重建。在汶川和映秀等重灾地区，帮助援建单位平整板房场地5000余平方米，帮助受灾群众搭设简易住房3300平方米，拆除危房24间，清理垃圾20吨，防疫消毒1200平方米，搬运和装卸物资250余吨，整修公路25公里，清理土石3000余立方米，从废墟中挖出生活物资1000余件、粮食5000余公斤。部队分组进入汶川县威州镇茨里村和秉里村后，帮助群众抢收樱桃2吨，铺设各类管线2000多米。

2008年10月7日，77367部队被中共中央、国务院、中央军委授予“全国抗震救灾英雄集体”荣誉称号。

92057部队30分队

汶川特大地震发生后，解放军92057部队30分队分队长徐子红、教导员欧阳建国组织官兵参加抗震救灾。

接到抗震救灾命令后，分队党委快速反应，向全体官兵发出战斗动员，用最短时间完成出发前的一切准备。

分队抵达极重灾区绵竹市汉旺镇，官兵们不顾43小时长时间强行军的疲劳，立即投入到人员搜救中。东汽中学4层高的教学楼在地震中严重损毁，大部分从顶层一塌到底，200多名师生被埋在废墟之下。由80名党员、干部组成的突击队赶到后，在救援难度大、生存希望极为渺茫的情况下，官兵们没有放弃。面对倒塌的楼板，盘根错节的房梁，交缠在一起的钢筋与混凝土，他们放弃使用机械，小心地用手刨。有的扒得双手血肉模糊，有的被震掉的砖头砸伤，大家都全然不顾，连续奋战26个小时，挖掘出遇难者遗体14具。

灾后重建中，官兵们充分发挥工兵专业优势，修道路、炸巨石、通河道。红岩煤矿是绵竹市居民生活和工业生产用煤的主要来源，而唯一的运输线马红公路在地震中完全被毁。由46人组成的道路抢修突击队，人停机不停，昼夜奋战，经过25天的艰苦努力，战胜崩塌、滑坡、泥石流、滚石等险情32处，清理土石29万立方米，反复3次打通了全线18.55公里的盘山道路，被德阳市政府称为震后开通的第一条通往山区的道路。在汉旺镇楠木沟路段悬石排险中，由30名技术骨干组成爆破突击队，徒手爬上300多米陡坡，利用安全绳悬降到巨石上，成功清除危险悬石3000多立方米，为地方工程队和武警水电部队进山施工开辟了安全通道。

地震导致山体滑坡，滚落的巨石将小岗剑上游堰塞湖泄洪河道封死，成为泄洪的巨大障碍。分队爆破突击队顶着上游3个堰塞湖可能溃坝的危险，在水中连续奋战两周，水上爆破、水下爆破并用，成功粉碎6块千吨巨石，疏通河道，保障了下游数万群众的生命财产安全。城镇高危建筑危及群众安全，分队充分发挥工程机械分队的突击作用，严密组织，科学施工，成功拆除188处危及公共安全的高危建筑，消除了灾区群众身边的安全隐患。

东北镇双胜村灌溉水渠因地震严重堵塞，上游来水将在4小时内到达，如果不及时疏通500米的水道，不但刚插的80公顷秧苗将被淹死，还有可能因渠道堵塞形成内涝。为不让灾区群众再受劫难，分队派遣40名官兵跑步赶赴现场，用镐刨、用锹挖、用手扒，经过近4个小时的连续奋战，终于在上游来水到达之前挖通了水渠，受到村民的一致称赞。

分队还组织防化兵力组成消杀防疫突击队，开设2个定点洗消站，采取整体拉网式消毒、重点部位地毯式清除的方法，连续奋战45天，共出动兵力1675人次，动用车辆116台次，车辆行程累计达17188公里，喷洒消毒液102吨，防疫消毒1184万平方米，出色完成了3个镇24个行政村（居委会）和8个宗教场所的消毒防疫任务。

2008年6月，92057部队30分队党委被中组部授予“抗震救灾先进基层党组织”称号；10月7日，被中共中央、国务院、中央军委授予“全国抗震救灾英雄集体”荣誉称号；10月，被海军授予“抗震救灾尖兵营”荣誉称号。

92352部队

汶川特大地震发生后，解放军92352部队部队长严林剑组织56名官兵参加抗震救灾。

5月17日，绵竹市天池乡楠木沟村受灾群众被困，92352部队临危受命，由56名官兵组成的突击营救分队，立即出征营救。在余震不断、外无向导、内无信息的情况下，官兵置生死于度外，多次穿越死亡峡谷，遭遇20多次余震塌方，通过40多处险要地段，泅渡龙王庙300米寒冷水域，攀上连接两座山峰的10米高桥，乘橡皮舟过河，借助攀登绳翻山越岭，用竹子和废旧轮胎制作简易竹筏，采取抱、背、扛、顶、抬、渡等方式，连续奋战39小时，徒步行军100多公里，成功解救转移出包括18名重伤员、12名孤寡老人在内的142名群众。

5月20日，北川羌族自治县漩坪乡大水湾山体大面积塌方，形成的堰塞湖水位急速上涨，滞留的21名伤员和老人已被困八天八夜，情况十分紧急。26名官兵紧急受命，分空中、地面两路对漩坪乡实施救援。在直升机无法降落的情况下，5名官兵毅然悬跳，开辟机降场后迅速展开侦察搜救，成功将21名受困群众送上直升机。6月12日小岗剑上游堰塞湖泄洪，官兵们紧急出动，冒着生命危险涉水疾驰绵竹市汉旺镇河心岛，不到10分钟即抵达现场，及时营救转移出14名被困人员。

地震导致绵竹市遵道镇太平水库大坝多处出现裂缝，如果不及时打开位于水库10多米深处的卧管式放水口，下游的数千村民和万亩良田就有被淹的危险。部队再次临危受命，蛙人突击队火速赶赴现场，详细勘察地形，摸清水库情况，在确定不适合轻潜作业的情况下，两栖蛙人仍冒着被障碍物缠住、被管涌吸走、被放水口吸住的危险，潜入水温仅有10摄氏度的水底，连续奋战两个小时，成功打开放水口，排除了险情。

小岗剑上游堰塞湖泄洪后，金鱼嘴至一把刀道路严重损坏，对汉旺、清平受灾群众的救援受到极大影响，情况紧急。接到抢通道路的命令后，部队毅然立下5天时间完成任务的军令状，迅速组成党员突击队、团员突击队，明确责任分工。在余震频繁、作业平台随时可能坍塌的情况下，一边清理路面垃圾，一边打桩固定路基，一边扛沙袋填坑，各项工作紧密衔接，快速转换。仅用4天时间，装运、夯实沙袋1.5万多个，填补缺口800多米，提前一天抢通了道路。

为了尽快恢复绵竹市天池乡、清平乡与外界中断了40多天的通信，63名侦察队员团结协作，顽强拼搏，每人负重30多公斤，跋山涉水徒步行军80多公里，翻越4座海拔1300米以上的高山，两次穿过5公里长的塌方隧道，连续奋战38小时，运送、铺设了天池至清平15公里长的通信光缆。

2008年7月，92352部队被成都军区联指表彰为“抗震救灾先进单位”，并荣立集体一等功；10月7日，被中共中央、国务院、中央军委授予“全国抗震救灾英雄集体”荣誉称号。

91099部队65分队

汶川特大地震发生后，解放军91099部队65分队总经济师陈正涛组织28名官兵参加抗震救灾。

震后，高危建筑危及灾区群众生命财产安全，91099部队65分队28名官兵充分发挥工程部队优势特长，合理使用大型工程机械，冒着建筑物随时可能倒塌的危险，严密组织，科学施工，成功拆除绵竹市东北镇和西南镇高危房屋112栋22910平方米、绵竹市川润化工厂液氨车间等城区高危房屋和宗教场所高危房屋20栋3970平方米，排除东北镇联合村烟囱、绵竹市畜牧局幼儿园等9座高危建筑物险情40处。

在尊重当地民俗和宗教禁忌的基础上，分队奋力排除了祥符寺、严仙观等6处宗教场所险情39处，抢救佛经200册、珍贵文物92件；为广化禅院吊运高6米、重7吨的千手观音1座。在接到绵竹市档案局办公楼受损严重、珍贵档案资料急需抢救转移的任务后，分队立即勘测险情，研究排险方案，组织官兵连续奋战3个小时，抢救出1.6万余册珍贵资料，并依法进行转送移交，其经验被总参谋部档案局推广。

武都村至红岩煤矿道路在地震中损毁极为严重，此段道路对绵竹灾区能源供应、恢复生产有着极为重要的作用。分队官兵临危受命，迅速组织抢修力量，抽调两台推土机，突破山体塌方、泥石流等重重险阻，以及施工中余震不断、山石滚落的严重威胁，连续奋战25天，恢复了红岩煤矿12公里路段的通行能力。

东北镇上峰坡塘、红刺藤、双卧龙等3座水库震损严重，难以安全度汛。分队官兵主动请战，连续战斗7天，铺设泄洪槽管道15条，装填沙袋6400包，回填土方400立方米，修补堤坝裂缝400米，完成险情排除及堤坝加固，保护了下游889户2400多名群众的生命财产安全。

在“进村入户”搜救阶段，分队参与拆除危房616户1827间，拆除小水塔15个，搭建防震棚和过渡房213户，清理水渠673米，搭建木耳棚16个，运送伤病员813人次。

汉旺镇武都村过渡安置房主要用于安置绵竹市受灾最重的汉旺镇、天池乡、清平乡的受灾群众，场地平整工期紧，任务重。分队受领平整场地任务后，不顾长途奔袭劳累，迅速组织精干力量，不分昼夜，连续奋战28天，平整场地8.08万平方米、推土5100立方米、装运沙石1000立方米；此外，还为板桥镇康宁工业园等4处过渡安置房工地平整场地1.37万平方米，为海军援建天河中心小学平整场地1万平方米、挖水沟420米、吊运设备30吨，为灾区群众安置和学生复课做出了贡献。

为确保灾后无大疫，分队出动装载机、自卸车等机械车辆，清理东北镇35处废墟7720平方米，清理生活垃圾80立方米；与兄弟部队一起转战什邡市师古镇，昼夜奋战，清理师古镇云西中学垃圾7300立方米，用3天半时间完成原计划7天才能完成的任务，切断了疫情传播的源头。

2008年10月7日，91099部队65分队被中共中央、国务院、中央军委授予“全国抗震救灾英雄集体”荣誉称号。

海军总医院冯理达抗震救灾医疗队

海军总医院冯理达抗震救灾医疗队由3支医疗队、1支野战防疫队和1支心理救援队共141名官兵组成，由海军总医院副院长、副主任医师钱阳明带队。

5月13日22时，医疗队到达绵阳市中心医院后，面对门诊大厅挤满的近千名危重伤员，队员们顾不上休整，迅速搭起简易帐篷，逐个查看病员伤情，快速分检，紧急手术。为尽量降低受伤群众的术后感染率和致残率，医疗队在余震频发的情况下，主动重启了外科楼11楼的手术室，并在手术室成功实施震后第一例双下肢清创手术。至14日12时，医疗队全体队员连续奋战14个小时，抢救危重伤员78人，完成手术54例，用精湛的医术和拼搏的干劲赢得了救治伤员的黄金时间。

为及时抢救生命，医疗队主动向绵阳市抗震救灾指挥部请战，前往当时道路尚未打通的极重灾区北川羌族自治县执行医疗救援。5月15日凌晨，全体人员携带卫生帐篷、手术器械和急救药品，冒着余震不断、山体滑坡的危险，在乱石泥泞中向北川徒步挺进，硬是靠肩挑手提将一个成建制的野战救护所“背”进了北川县城。15—17日，医疗队累计出动医疗小分队30余批次，现场成功抢救伤病员109人。队员何勍冒着余震危险在废墟中为女孩李月成功实施截肢手术的事迹，激发了官兵为抗震救灾再立新功的热情。16日，中共中央总书记胡锦涛在北川中学废墟前接见救灾部队部分官兵，绵阳市副市长左代富向胡锦涛汇报说：“这次救灾海军立了大功，他们刚刚在废墟上紧急实施了3例截肢手术，保住了群众生命。”

医疗队撤出北川县城后，迅速转入绵阳市中心医院继续展开救治工作，并接管了医院的外三病区。其间，医疗队与英国利兹医院、绵阳市中心医院等医院的医生联合进行3例骨科手术，均取得成功。在唐家山堰塞湖泄洪区群众的疏散工作中，医疗队主动承担起绵阳市游仙区5个临时安置点和1个临时救治医院的救治工作，以及该地富乐山公园5万多名疏散群众的居住环境消毒和疾病监控任务。5月19—27日，医疗队还4次向重庆、昆明、广州等地远距离转运伤员709名，所有伤员在途中均未发生意外。

医疗队还先后派出8支防疫小分队深入到彭州市龙门山镇山区、都江堰市聚源镇等极重灾区开展卫生防疫，并在银厂沟开设了医疗救护点。队员们冒着余震、塌方、山体滑坡等随时可能发生的危险，承受着巨大的心理压力，坚持为当地受灾群众和救灾官兵送医送药，诊治疾病，连续工作长达11天，并主动协助救灾部队挖掘、消毒、处理遇难者遗体42具。

在参加抗震救灾的70多天里，医疗队辗转绵阳、北川、绵竹、什邡、彭州、江油等重灾地区开展救治工作，冒着余震危险开展手术145台，救治伤员490人。在抢险救人的同时，医疗队充分发挥技术优势，抽调业务骨干深入驻地周边各受损严重的医院，以专题讲座、示范性手术、教学查房等多种形式进行技术帮扶，培训地方医务人员，为灾区留下了一支“不走的医疗队”。

2008年9月，海军总医院冯理达抗震救灾医疗队被卫生部、食品药品监管局、中医药局、总后卫生部授予“抗震救灾医药卫生先进集体”称号；10月7日，被中共中央、国务院、中央军委授予“全国抗震救灾英雄集体”荣誉称号。

95655部队53分队

汶川特大地震发生后，解放军95655部队53分队分队长杨光带领两个直升机机组24名官兵参加抗震救灾，主要担负汶川、北川、青川、都江堰、茂县、理县、绵竹、彭州等9个重灾地区空中救援和专机保障任务。

5月14日9时30分，杨光、郝士勇两个机组紧急飞往成都太平寺机场后，立即执行到映秀镇空投物资、抢运伤员任务。映秀镇地处深山峡谷之中，地势险要。“为了灾区人民的安危，再险的航线，我们都要去飞。”机组人员将生死置之度外，破解“峡谷飞行”“规避高压线”“双机小编队”“小速度掠地”“盘旋着陆”等难题。11时48分，满载救命物资的直升机飞抵映秀镇安全降落。当天飞行4架次，向映秀镇运送救灾物资5.1吨，转运出伤员38名。15日，彭州指挥部通报：银厂沟68名重伤群众因交通中断无法及时运出救治，病情恶化，情况危急。中央军委首长指示立即派出直升机，全力实施空中救援。接到命令，分队两个机组载着医护人员紧急起飞，迅速飞越崇山峻岭，成功在银厂沟选择空地着陆，及时将68名重伤群众全部转运出来。19日，都江堰市虹口乡大山深处的廖叶坪村告急，一些村民被困山中，已经断粮断水好几天，被困村民年龄最大的81岁，紧急派出的地面救援分队受阻，请求直升机支援。郝士勇机组领受任务后，迅即飞往灾区。廖叶坪村三面环山，一面是悬崖，山坡又很陡峭，唯一可能降落的地方，只有村边一小块高低不平的菜地。机组成员密切协同，精心操纵飞机，以左轮单轮接地方式着陆，成功救出25名被困群众。

5月21日，接到理县抗震救灾指挥部紧急求助，杨光机组顾不上连续大强度飞行的劳累，驾机紧急飞赴理县木碗寨，成功营救出一名颈椎受伤、半身瘫痪的藏族临产孕妇。飞机降落的时候，当地藏族、羌族群众激动地跪在飞机前齐声高呼：“感谢共产党，感谢胡主席，感谢解放军！”

地震发生后，党政军各级领导多次乘坐直升机，前往灾区查看灾情和指挥救灾。在环境复杂、气候多变的灾区执行直升机专机任务，对机组人员的胆识和飞行技术，无疑都是一个严峻的考验。6月5日，杨光机组执行运送国务院总理温家宝赴唐家山堰塞湖考察灾情任务。当时，唐家山堰塞湖水位持续上涨，蓄水高达2.4亿多立方米，成为悬在下游百万人民头顶的一把利剑，一时间吸引了全世界的目光。直升机飞临堰塞湖上空，不料风向突然发生变化，直升机无法按原计划着陆。杨光果断决定反方向着陆，机组全体成员一丝不苟，密切协同，将直升机稳稳地降落在大坝上，为温家宝及时了解掌握灾情、进行决策部署，做出了贡献。

分队先后飞行195架次292小时，安全完成党和国家领导人专机52架次，运送伤员131人、工作组及救灾人员681人、外国游客6人，转移被困群众56人，运送物资59.4吨。

分队在抗震救灾中的出色表现，受到社会各界的高度评价，群众称赞他们是“开辟生命通道的空中之鹰”。温家宝乘坐直升机考察后与机组人员亲切合影，并称赞：“你们是一支英雄的飞行部队，向你们表示感谢和敬意！”

2008年10月7日，95655部队53分队被中共中央、国务院、中央军委授予“全国抗震救灾英雄集体”荣誉称号。

95118部队

汶川特大地震发生后，解放军95118部队部队长胡纪峰、政委曹东坡组织496名官兵参加抗震救灾，主要担负人员和物资空中运送任务。

地震发生后，部队迅速启动紧急空运预案，提前70分钟完成一等战备转进。5月12日15时56分，刘军和邱德甫两个机组从湖北腾空而起，最先将首批抗震救灾专家和救灾物资运抵灾区。抗震救灾空运期间，执行任务的机组平均每天在机场17个小时，最长的连续35个小时没有离开飞机，有的在飞行途中又接到新的任务。13日，部队共出动5个机组，飞行47个架次，总航程5.76万公里，空运物资340吨，创下单日飞行架次最多、航程最长、投送物资最多的纪录。胡纪峰带队执行任务，连续飞行五天四夜；曹东坡24小时坚守作战值班室，组织官兵做好服务保障；全体官兵纷纷请战，7名临近退休的飞行人员主动请缨，26名官兵主动放弃休假，36名家庭受灾官兵始终战斗在一线。

震后，飞行员谢昌强与在四川读书的女儿失去联系，他顾不得女儿安危，来不及安慰妻子，毅然驾机升空执行任务。5月17日，丁毅机组已连续三昼夜执行任务，在上级要求他们立即返部休整的情况下，又执行了一趟由广东至成都空运30吨帐篷的任务。

地震造成道路被毁，许多城镇成了“孤岛”。5月14日，谢昌强机组奉命执行向重灾地区空降伞兵任务。空降点茂县四周环山，要想实施精确空投，保证空降人员安全，必须尽最大可能降低高度。机组人员沉着冷静，密切协同，成功、准确、安全地将15名伞兵空降至预定地区。15日2时，已连续3天执行空运空投任务的邱德甫机组，又担负起对绵竹市清平乡实施下半夜空投任务。清平地区地形复杂，多数村庄在半山腰或山脚下，而且时值凌晨，能见度很差，在没有气象标志、没有空投标志、没有地面引导的极限条件下实施空投危险性极大。邱德甫机组临危不惧，立即准备航线资料，细致测算风向风速。2时22分，他们沿着唯一一条由东至西、紧贴山峰的航线直飞空投区，只见空投区云层厚积，地标被遮盖。为确保空投的准确性，面对气流颠簸、撞山、结冰等危险，机组成员不断互相提醒，严密把关，缓慢将高度降至海拔5100米，在距地面真实高度仅有1000米时，果断将5吨物资全部准确投向了目的地，实现了中国航空运输史上在海拔5100米高度、夜间云上，且无地面引导、无地面标识、无气象资料的“三无”条件下实施空投的一次突破。成都军区抗震救灾指挥部表扬他们“没有辜负党和人民的重托”，灾区人民称赞他们是“架设天桥的使者”。

抗震救灾期间，部队先后出动飞机397架次，飞行743小时3分，航迹遍布18个省（区、市），总航程46.33万公里，空运人员7286名、物资1986.1吨，空降伞兵25名，空投救灾物资727.87吨6104件，实现了在高原峡谷地带极限条件下实施空投的突破。

2008年5月，95118部队被总参谋部、总政治部、总后勤部、总装备部表彰为“抗震救灾先进单位”；10月7日，被中共中央、国务院、中央军委授予“全国抗震救灾英雄集体”荣誉称号。

95961部队71分队

汶川特大地震发生后，解放军95961部队71分队在师长高军带领下，先后出动飞机368架次、兵力368人次，主要担负接送胡锦涛、温家宝等中央领导同志赴灾区专机以及运送救灾重点人员和物资任务。

5月12日15时12分，地震发生后仅44分钟，分队就接到送国务院总理温家宝赴四川灾区指挥抗震救灾紧急专机任务。4025地勤组火速进场，加油、通电、试车、检查、准备备份器材。3个小时前接温家宝从河南返京的4025飞行机组，同时投入紧急任务准备。16时44分，专机飞向灾区。飞行途中，得知成都双流机场已关闭，降落场不确定，机组迅即对绵阳、江北、邛崃、温江、太平寺等成都方向的所有机场进行再次准备。此时，总理随行工作人员突然焦急地向机组询问："能否与地面直接通话？刚刚成立的全国抗震救灾指挥部，急需向有关部门传达各项命令部署。"恰在这时，高军从电波中听到分队付润杰机组已进入北京空军管制区，当即指示付润杰机组"抄收紧急重要电报，落地后立即发出"，使得抗震救灾的第一份重要电报及时发出。

紧接着，专机飞临西安管制区上空，机组又紧急联系空军西安航管中心，向他们口述传达抗震救灾指挥部发给中国地震局，要求立即成立抗震救灾办公室和监测预报工作组，迅速了解各省灾情的第二份紧急指示；发给中央电视台，要求速派卫星转播车到震源汶川的第三份紧急指示；发给中央电视台，要求联系四川电视台，随时插播重要新闻的第四份紧急指示。

进入成都空中管制区后，机组又按照抗震救灾指挥部指示，联系成都空军航管部门，紧急抄收并迅速转达给四川电视台，要求立即派电视转播卫星设备到达太平寺机场，给总参作战部应急办，了解部队出动情况和再准备救援队伍的第五份、第六份紧急指示。此刻，预定降落的成都双流机场因受损严重无法降落，机组及时果断联系成都军区空军航管部门，得知成都太平寺机场跑道完好、保障条件良好的情况后，迅速向总理报告，按总理决定在太平寺机场降落。在查验机场助航设备工作状况确有把握后，机组精心沉稳操纵，19时7分，总理专机在太平寺机场安全着地。动员全国一切力量全力以赴抗震救灾的号令，当晚就在中央电视台"新闻联播"节目中发出。高军机组的临机灵活处置，为全国总动员赢得了宝贵时间。

5月14日10时50分，分队付润杰机组在已连续完成多次抗震救灾空运任务情况下，又主动请缨再次执行运送120名医疗救援人员紧急赶赴灾区的任务。当时，一场雷雨正向机场逼近，调度和气象部门要求机组10分钟内必须起飞。雷雨在北，机组果断向南起飞，赶在雷雨到来前飞离机场，为使医疗救援人员早一刻到达灾区赢得了时间。返回北京途中，机组又接指令改飞武汉方向。降落后，经过反复计算精确核准，机组大胆采取减少载油量的方法，一次性将123名救援人员和大量物资全部及时送往灾区。从13日6时执行空运任务之后，机组30多个小时内飞行6架次，只休息了不到5个小时。

分队在抗震救灾行动中，安全飞行213小时，运送救灾人员2647人次、物资52吨，确保了绝对安全、万无一失。

2008年10月7日，95961部队71分队被中共中央、国务院、中央军委授予“全国抗震救灾英雄集体”荣誉称号。

94672部队李刚机组

汶川特大地震发生后，解放军94672部队李刚机组在机长李刚带领下，副驾驶韩继东、领航员吴建颖、飞行员戴军等9人参加抗震救灾，主要担负中央领导同志专机、伤员运送、群众转移及物资运送等任务。

5月13日6时35分，李刚机组受命紧急飞往灾区，连续飞行10余小时刚刚抵达成都太平寺机场，又接到立即赶赴大龙潭地区运送药品、带回重伤员的紧急命令。大龙潭地形复杂，山谷宽度只有数百米，两侧悬崖陡峭，稍不留神就会造成难以挽回的损失。机组集中精力准备并按时起飞，进入第一道山谷前进没多久，一道山梁横在眼前，受飞机升限的影响无法翻越，只能返回。再从另外一条山谷进入，只见浓雾急剧升腾，前方能见度迅速下降，机组只能再次返回。灾情就是命令，时间就是生命。李刚、韩继东、吴建颖又选择从第三道山谷进入，终于在崇山峻岭间开辟了一条“抢救生命的空中航线”，为后续救援飞机顺利进入节约了大量时间。

5月14日，李刚机组飞往大龙潭接运伤员途中，天气突然变化。机组在天已黄昏、能见度不足一公里的情况下，成功接回18名伤员，为及时救治赢得了宝贵时间。15日13时，在执行任务返航途中，李刚机组接到指挥中心命令：银厂沟一批重伤员急需转移后方医治，请速前往。机组迅速调整航向，直奔目的地。13时55分，直升机到达银厂沟，10余名官兵抬着4名躺在简易担架上的受伤群众上了飞机，几乎把货舱填满。“还可以再上几个！”机长李刚坐在驾驶舱里，指挥机组人员重新调整担架摆放位置，又将3名伤员抬上机舱。看到货舱里再也没有空间，李刚便打开驾驶舱玻璃冲着人群大声呼喊：“乡亲们，再等一下，我们马上再回来！”说完，驾驶直升机朝太平寺机场疾速飞去。16时30分，机组又赶回银厂沟，并运去1.5吨急救物资。为了能运出更多的受伤群众，机组合理利用机舱空间，躺、坐、立并用，一次运出14名受伤群众。18时28分，放心不下剩余的18名伤员，机组主动向指挥部请战再飞一个架次，又一次飞降银厂沟，一天就营救出39名急需治疗的受伤群众。18日，机组在解救受困136小时的王大妈时，一并带回13名伤员。中午到清平乡抢救伤员时，看到受困灾区群众特别多，抢救出一批伤员送到玉泉镇后，李刚一看油量，对大家说：“燃油还够，我们再飞一趟。”请示报告后，他们带上药品和食品再次赶赴清平乡，运回23名伤员。

抗震救灾期间，特别是在5月14—17日抢救生命最关键的日子里，李刚机组每天飞行都在6小时以上，克服许多难以想象的困难，完成了指挥部交给的各项任务。在兄弟部队直升机执行救灾任务失事后，正在执行专机任务的李刚对机组人员强调，在任何时候，都要确保飞行安全。及时稳定了大家的情绪，保证了后续任务的顺利完成。

在抗震救灾中，李刚机组深入汶川县映秀镇、漩口镇及绵竹市、彭州市等极重灾区，三闯险象环生的陌生峡谷，开辟了进出大龙潭“孤岛”航线；先后执行任务119架次，飞行102小时34

分，转移受灾群众100余人次，抢运重伤员39名，运送急需药品、食品等30余吨，完成温家宝等多位中央领导同志的专机任务。

2008年10月7日，94672部队李刚机组被中共中央、国务院、中央军委授予“全国抗震救灾英雄集体”荣誉称号。

95985部队

汶川特大地震发生后，解放军95985部队部队长徐勤全、政委李伟强组织1500名官兵参加抗震救灾，主要担负极重灾区什邡市蓥华镇的学校、企业、村镇等的救援任务。

5月13日零时30分，部队接到紧急出动命令，官兵们6个小时便完成一切出动准备，长途飞行直奔灾区，进入什邡市蓥华镇7个村、1个社区、2家企业、2所学校展开营救。蓥华中学教学楼全部倒塌，多名师生被埋在废墟中，3营216名官兵冒着楼房随时可能坍塌的危险，连续奋战两个多小时，在雨水和泥泞中营救、转移56名师生，挖出38具遇难者遗体。

5月15日14时5分，5连62名官兵搜索到一座倒塌的职工宿舍楼时，隐约听到废墟中有微弱的呼救声。初步判定幸存者被困在一层，面对纵横交错的水泥板和随时可能倒塌的危房，官兵们争分夺秒地展开营救，没有机械设备，就用肩扛、用手搬，一点一点向里掘进。16日2时，营长孙念安透过石板缝隙看到了幸存者的头部；投送水和面包后，官兵们加快救援速度，终于在18时30分将幸存者刘德云救出。

由于地震破坏，蓥峰实业有限公司化学车间存放液氨、硫酸的储存罐和反应釜破裂，出现3处有毒气体泄漏，如不及时控制，将会危及方圆5公里内人员的生命安全，周边生态环境也将受到严重破坏。5月16日10时，徐勤全迅速组成突击队，在工厂技术员的引导下，顶着刺眼的粉尘和刺鼻的气味，从4个方向突进车间，用铁锹铲，用铁镐刨，用双手搬，在找准泄露位置并测出流量大小后，徐勤全及时制订处置方案，指挥突击队员扛来近百袋生石灰对罐体漏缝进行堵塞，率领安猛、侯胜超等5名党员，冒着极大危险对管道、阀门等部位进行捆绑加固，及时排除了险情。

部队执行抗震救灾任务的1500名官兵中，家在灾区和亲人遇难的有83人。5连绵竹籍战士毛建父母受伤、祖父遇难，但他一直随队战斗，第一个报名参加了党员突击队，在多次抢险行动中发挥了骨干作用。正在家中休假的3营伞训主任向永鹏，顾不上安顿家人和清理家中震塌的房屋，在部队到达灾区当天就赶去会合，含泪向部队领导请战：“我是一名军人，我必须归队救灾。”炮营4连战士罗伟受领任务时才知道，自己要去的救灾点就是他家所在的瓦窑村。连队干部多次“逼”他回家料理一下，他只回去10分钟安慰受伤的父母就赶紧归队。

在“进村入户”救援阶段，部队采取“营进村、连进组、班进户”的方式，对蓥华镇6042户进行了拉网式排查，先后解救群众113人。5月18日上午，得知石门村麻柳坪尚有110余人受困山中时，部队“常胜模范连”和炮兵营4连125名官兵组成突击队，负重徒步急行军16公里，穿越塌方37处，3小时后抵达位于海拔1400米山顶的麻柳坪，为被困群众送去药品和瓶装水，及时将被困群众营救了出来。

部队先后转战蓥华镇灾情严重的学校、企业、社区和村寨等12个重灾地区，从废墟中抢救幸存者9人，转移重伤群众25人，挖出遇难者遗体198具，运送食物和药品等救灾物资1000多吨，清理废墟5万余立方米，搭建帐篷200余顶，抢修公路8公里，疏通道路20条。

2008年5月，95985部队被总参谋部、总政治部、总后勤部、总装备部表彰为“抗震救灾先进单位”；6月，被成都军区联指表彰为“抗震救灾先进单位”；10月7日，被中共中央、国务院、中央军委授予“全国抗震救灾英雄集体”荣誉称号。

95982部队56分队

汶川特大地震发生后，解放军95982部队56分队分队长杨士强、教导员张金灿组织337名官兵参加抗震救灾，主要担负极重灾区平武县南坝镇搜救和架设涪江160米低水桥等救援任务。

5月13日18时30分，分队到达南坝镇，一边迅速了解灾情，一边冒着大雨在危房内展开搜救。6连伞训长黎雄带领10人小分队搜索到一间斜倒的民房时，听到里面传出微弱的呼救声。安排好其他人员观察情况，黎雄冒险冲进去勘察。了解到幸存者的大致位置后，黎雄又和李宏伟等3名骨干一起进去，用双手扒开废墟，用肩扛起犬牙交错的水泥板，用锹把钢筋拗断，经过两个多小时的紧张营救，成功将被压埋30小时的74岁老人郑清山救出。南坝镇大营救一直进行了两天一夜，先后从废墟中成功救出幸存者13人；用竹竿、木板和背包带制成简易担架，从山上向8公里外的医疗救助点转运重伤员69人。

地震后的南坝镇，进出仅靠涪江上一条只能乘载15人的小船摆渡，镇里7000多名受灾群众缺医少食，外面救援人员和物资进不去。5月16日12时，分队主动请战架设低水桥。上级同意后，官兵们凭借每人一把伞刀一双手，在废墟里扒钢管、找铁丝，在危房里拆木板、装石袋，上山砍竹竿、伐圆木，投入紧张的建桥备料中。30公斤重的石袋，4连七班长赵海军每次扛两包，抢上肩膀就跑，直到扭伤了腰累得晕倒在路上。架桥过程中，官兵们白天顶烈日，早晚战水寒，困了裹着湿衣服在岸边打个盹，饿了就啃几口干粮充饥，渴了就捧起江水润润嗓子，许多战士上岸后才发现自己的双脚早被泡肿了，但谁也没有怨言。架设最后两个桥墩时，水量急剧增加，流速达10多米每秒，预制板投入水中，一下子就被冲走，装满数十个石袋的铁笼刚一推下，立刻就被冲离桥基。关键时刻，杨士强带领120名水性好的官兵，分成6个组跳入水中，手挽手、肩并肩地组成人墙，阻挡湍急的江水。岸边的官兵用钢管、扣件和铁丝编成长5米、宽3米、高4米的铁笼，投入水中快速投填石袋，经过5个多小时激战，终于垒起最后两个桥墩。经过五昼夜连续奋战，20日16时35分，分队官兵与友邻单位一起攻克160米宽的涪江天险，成功架设起一座低水桥，打通了南坝镇抗震救灾的“生命通道”，被灾区群众亲切地称为“救命桥”和“连心桥”。

5月22日7时，分队又接到迅速到水观乡观凤村救援被困群众的命令。顾不上连续作战的疲劳，立即抽调精干力量组成突击队，迅速向观凤村行进。一路上，大家克服身体疲劳、路途遥远、山陡路险等困难，翻越海拔1500米以上大山5座，急行军12个小时，及时赶到观凤村，成功解救被困群众167人，其中60岁以上老人38人、伤病员12人。

抗震救灾期间，分队先后从废墟中抢救幸存者13人，解救转移受灾群众7625人，运送食物和药品等救灾物资1000多吨，灾区群众称赞分队是“一支人人都是英雄的部队”。分队的感人事迹被中央人民广播电台、《解放军报》等媒体专题报道。

2008年10月7日，95982部队56分队被中共中央、国务院、中央军委授予“全国抗震救灾英雄集体”荣誉称号。

95936部队56分队

汶川特大地震发生后，解放军95936部队56分队分队长郭金龙、指导员汪国志组织53名官兵参加抗震救灾，主要担负极重灾区绵竹市清平乡、玉泉镇、体育场安置点等救援任务。

5月12日23时，分队接到抗震救灾预先号令后，迅速布置工作，快速收拢人员，全分队官兵都向党支部递交了请战书和决心书。15日零时40分，分队随部队到达绵竹。5时30分，分队接到向清平乡紧急运送急救药品和急需食品的命令，全分队官兵人均负重35公斤，立即向大山深处的清平乡挺进。郭金龙带领8名党员组成突击队在前面开路，一次余震袭来，山体出现大面积坍塌，一块足球般大小的石块向上等兵杨文俊飞来，机灵的他头一缩，石块砸在了背囊上。人躲过了一劫，背囊里的部分针剂却被砸烂，药液泡得背部十分难受，他仍咬牙坚持到把药品送到目的地。在距清平乡约5公里处，强烈的地震使山体移位，两座山之间形成一处高200多米、坡度近60度的陡峰，把路完全堵死。分队官兵迎难而上，时而匍匐爬行，时而分组用背包带组织攀爬，历经千难万险，终于在当天19时到达清平乡政府。此时的清平乡依然险情频频，有大量被困群众需要往外转移，分队干部当即与乡抗震救灾指挥部交换意见，决定利用返回之机护送138名急需转移的受困群众出山。护送途中，余震不断，不少地方发生山体滑坡，进来时的道路已面目全非。为了群众的安全，全体官兵保护着受困群众，小心翼翼向前行进，直至16日12时，才将138名群众安全护送到救助点。

5月18日，分队又转战玉泉镇直升机临时起降点，执行转运伤员、装卸救灾物资和警戒等任务。每一个架次，官兵们都火速奔向机舱门，一边用自己的身体保护伤员，一边尽可能快地装卸物资；连续作战126小时，转运伤员70人，转运受困群众176人，装卸救灾物资100多吨。

5月25日，分队进入体育场安置点执行任务。面对污水遍地、杂草丛生的安置点，官兵们放下背包，立即开始除杂草、挖水沟、平场地、搭帐篷。烈日当头，官兵们身上衣服湿了晒干又被汗湿，温猛、王方见、陈程等累得先后晕倒在地，二班长王伟带领战士赶搭帐篷，手受伤后肿得像茄子，也不停歇片刻。分队连续苦战72小时，紧急搭建帐篷500顶，使3000多名群众得到安置。为了使灾区人民树立重建家园的信心，分队党支部广泛开展“学人民、爱人民、为人民”活动，深入宣传党的方针政策，进行心理疏导和慰藉，与清平小学举办联欢会，向灾区学生赠送文具、书包等学习用品，举行“祖国在我心中”升国旗仪式，开办“空降之声”广播教学生唱军歌。此外，分队帮助北京仁爱基金会、吴天祥基金会等志愿者组织搭建临时学校，帮助江苏建工集团搬运活动板房6000平方米、建材140多吨。在安置点的每一个角落，总能看到分队官兵忙碌的身影。中央电视台、《解放军报》等新闻媒体报道了他们的事迹。

2008年10月7日，95936部队56分队被中共中央、国务院、中央军委授予“全国抗震救灾英雄集体”荣誉称号。

95816部队54分队

汶川特大地震发生后，解放军95816部队54分队分队长刘利华、指导员陈柯组织127名官兵参加抗震救灾，主要担负极重灾区绵竹市汉旺镇的救援任务。

5月15日5时，分队刚刚到达绵竹就接到上级命令：汉旺镇东汽中学近200名师生被埋，火速搜救。官兵们立即奔赴现场，党员干部带领80多名新战士，奋不顾身地冲进随时可能垮塌的危楼，手刨肩扛，争分夺秒实施抢救。余震袭来，他们迅速撤出，大地平静后又迅即冲进去。手掌划破了，指甲扒掉了，没有一个人停歇片刻。渴了就喝口水，饿了就啃口干粮，然后继续投入战斗，经过三天三夜奋战，至18日10时35分，完成东汽中学搜救清理任务，救出4名幸存者，挖掘出遇难者遗体123具。

5月22日凌晨，汉旺镇泉兴村白溪口组有11位老人和6名受伤群众被困深山，请求紧急救援。据气象预报当天有中到大雨，受困群众的处境十分危险。在师、团领导带领下，分队40名党员骨干组成敢死队，火速向深山挺进。由于山体大面积塌方，进山的公路全部阻断。为了抢时间，他们选择最近但也最危险的一条山路前进，艰难攀爬10多公里，一到白溪口就立即展开搜救行动，很快找到靠雨水和从废墟下挖出几升米维系生命的17名受困群众。进山难，出山更难。官兵们3人一组，轮流背老人和伤员下山，历经9个多小时艰难跋涉，翻越3座山头，将17名受灾群众转移到安全地带。

在“进村入户”救援阶段，分队在汉旺镇泉兴村、牛鼻村、新开村先后排查2349户，转移受困群众120人，从废墟中抢出粮食1万多公斤，衣物、炊具、农机具等9640多件，搭建简易帐篷361顶，运送水和干粮2452箱。在牛鼻村小学，排长李振伟带领的小分队不顾房屋随时倒塌的危险，耐心细致地搜寻每一个角落，将危房中的教学物品一一清理出来。绵竹籍战士冯国超，看着自家新盖的楼房成为废墟，仍坚持随部队行动，三过家门而不入。又一次路过村庄时，领导和战友都劝他回家看看。当他走到村东头谢兴琼家时，谢兴琼看见军人就急切地喊：“解放军同志，快来帮忙。全家人的口粮、衣物、铺盖，全埋在里面了。”冯国超一边向连指挥组报告，协调挖掘机前去支援，一边带着战友加紧清理废墟，连续奋战3个多小时，挖出谢兴琼家的全部粮食和衣物，还帮他搭起一顶简易帐篷。

抗震救灾期间，分队解救幸存者4人，转移受困群众238人，搭建帐篷600余顶。分队官兵不怕牺牲的精神和勇敢的战斗作风，受到当地群众的高度赞扬，当地政府和群众称赞他们是“汉旺钟楼下永远飘扬的红军旗帜”。中央电视台及《解放军报》《战旗报》等媒体报道了他们的事迹。

2008年6月，95816部队54分队党支部被中组部授予“抗震救灾先进基层党组织”称号；10月7日，95816部队54分队被中共中央、国务院、中央军委授予“全国抗震救灾英雄集体”荣誉称号。

95942部队

汶川特大地震发生后，解放军95942部队部队长杨杰、政委司家安组织4600名官兵参加抗震救灾，主要担负什邡、绵竹两市受灾最严重的7个乡（镇）的救援任务。

5月12日23时，部队接到参加抗震救灾命令，经空中机动和摩托化开进，于13日13时抵达什邡、绵竹，成为首批整建制抵达四川地震灾区的外区部队。从抗震救灾指挥部受领任务后，兵分七路，奔赴什邡、绵竹两市受灾最严重的 7 个乡（镇）。

在杨杰带领下，步兵团600多名官兵率先赶到什邡市洛水镇小学。看见学校的4层教学楼全部坍塌，160多名师生被埋压在废墟里，杨杰指着废墟向官兵们大声发出命令："我们是黄继光的传人，哪怕牺牲自己的生命，也要尽快把师生们救出来！"官兵们立即冲向废墟展开搜救。没有大型机械，官兵就利用折断的钢筋、木板，找不到工具的就用手刨。"黄继光班"班长彭江林双手刨得血肉模糊，指甲撕裂掉了一半，也没有停歇。官兵们一个个奋勇当先，争分夺秒地抢救遇险师生，经过一昼夜连续奋战，从废墟中抢救出12名幸存学生，挖掘出多具遇难者遗体。

司家安带领摩步团800多名官兵顶着余震，在乱石峭壁中攀爬12小时，抵达位于深山峡谷、平均海拔3000多米的绵竹市清平乡，与成都军区某部携手营救出15名中科院专家，挖出遇难者遗体30具，安全转移被困群众5000多名。炮兵团380多名官兵冒着余震和泥石流的威胁，经过10个多小时艰难跋涉进入绵竹市天池乡，抢救伤病员173人。在转移群众途中，余震突然袭来，司令部参谋祝红杰眼见滚落的大石块砸向一个被吓得愣住的小女孩，便一个箭步冲上去扑倒孩子。小女孩只受了点轻伤，祝红杰的左腿关节股骨被砸骨折，小腿腓骨严重骨裂，但他仍毫不退缩，拖着残腿一瘸一拐地咬牙坚持，直至把群众转移到安全地带。

5月17日17时，摩步团官兵正在清平乡转移被困群众，突然接到一名幸运逃生的群众报告："小木岭那边还有几百名矿工，已被困深山6天，请你们赶紧救援！"强烈地震造成山体滑坡，山路堵塞，唯一的办法就是从清平乡至小木岭打通一条营救通道。由于暴雨，清平乡上方的堰塞湖水位正以每天4～5米的速度暴涨，严重威胁着受困矿工的生命安全，营救工作异常艰难。该部队连夜研究制订方案，组织摩步团150名官兵火速前往营救，经过三天两夜连续奋战，通过一条"生命天梯"，将756名受困群众全部解救出来。

在"进村入户"救援阶段，部队先后派出25支小分队，深入村庄、深山、厂矿、旅游景点等可能有人员存活的地方，全方位展开拉网式立体搜救，成功搜救出54名被困群众，其中包括一名高烧产妇和一名出生仅10天的男婴。

抗震救灾期间，部队继承发扬上甘岭和黄继光精神，共从废墟中抢救幸存者77人，在深山峡谷中搜救受灾群众1674人，由危境中转移被困群众13665人，搜挖出并掩埋遇难者遗体1195具，转运物资8880.3吨，空投物资1285吨，出色完成了各项任务。

当地群众亲切地称赞他们为"上甘岭的后代""黄继光的传人"。所属部队中，2个单位荣立集体一等功，4个单位荣立集体二等功，10个单位荣立集体三等功。

2008年10月7日，95942部队被中共中央、国务院、中央军委授予“全国抗震救灾英雄集体”荣誉称号。

95944部队61分队

汶川特大地震发生后，解放军95944部队61分队分队长张同春、教导员宋宝莹组织349名官兵参加抗震救灾，主要担负极重灾区什邡市红白镇救援任务。

5月12日23时，分队接到参加抗震救灾命令，分队党委紧急动员，全分队官兵迅速集结。13日13时抵达灾区后，分队冒着余震不断、山体塌方、桥梁震毁的危险，强行军6个多小时，于20时30分到达已与外界阻隔30多个小时的什邡市红白镇。进入红白中心小学救灾现场，看到学校3层高的教学楼已全部坍塌，官兵们个个心如刀割，立即扑上去展开营救，有锹的用锹，有镐的用镐，没工具的就用双手，连续奋战一整夜，从废墟中救出3名幸存小学生。

5月14日下午，分队接到救灾指挥部命令：紧急赶赴金河磷矿实施救援。8连连长方从生、指导员崔新武主动请领任务，带领89名官兵，冒着余震后不断泻落的石木尘土，沿着崎岖峡谷徒步3个半小时赶到后，兵分三路展开长达18个小时的奋力抢救，共收拢矿工、村民和游客114人，搜救重伤员2名，挖掘掩埋遇难者遗体6具。15日，在崔新武的组织下，官兵们抬着重伤员，扶着群众，背着行李，开始艰难返回。他们采取绳拉肩扛、头顶胸堵、用膝盖跪着走、用臀部慢慢挪的方法，在悬崖峭壁上艰难行进5个小时，将114名群众、2名重伤员和800万元现金安全护送到红白镇。

5月16日22时30分，在红白中学家属楼执行搜救任务的8连和机炮连官兵发现了一名幸存者。由于担心机械施工伤害到幸存者，官兵们全程手工作业，把一块块巨大的预制板、上百公斤的水泥块小心翼翼地搬开，将被埋在废墟里长达108小时的厨师李克成救出。

5月17日16时，根据探险小分队报告，红白镇“欢乐谷”内仍有部分游客被困，具体人数和所处位置不详。张同春迅速带领7连50名官兵和2名军医组成深山突击队，第四次进山搜救。为防不测，战士们在雨衣里写下自己的姓名、部队代号和家中父母联系方式，迎着风顶着雨艰难搜索前行，经过三天两夜的艰苦努力，从欢乐谷中搜寻到7名老人和2名重伤游客。返回途中，张同春又派出排长贾利带领小分队前往刺竹坪，将8名被困群众、1名高烧产妇和出生仅10天的男婴送上直升机。

5月19日早上，9连连长刘宝刚、指导员胡辉带领一支小分队搜索至金河电站，得知前面大山里还困着14个人，立即前往营救。当官兵们艰难跋涉21小时、浑身泥水出现在被困职工面前时，职工们激动地大声呼喊：“解放军来了，我们有救了！”正当把他们往救援直升机上送时，一名职工突然说：“山那边还有个妇女，受了重伤不能行走。”到那里还要翻两座大山，职工又说：“那里太危险，别去了，她也许已经死了。”刘宝刚果断下令：“只要还有一线生的希望，就要把她活着带出来！”刘宝刚带领小分队走了6个小时山路，终于把被困216小时、腰椎和胳膊严重骨折的崔昌会成功解救出来。

抗震救灾期间，分队先后救出幸存者16人，紧急转运重伤员65人，解救被困群众340人，疏导受困群众451人，挖掘掩埋遇难者遗体300多具，为灾区群众搭建各类帐篷815顶、活动板房820套、过渡简易房700间，抢修输电线路、电站、通信光缆、给水管道98公里，清理上交财物1000多万元。

2008年10月7日，95944部队61分队被中共中央、国务院、中央军委授予“全国抗震救灾英雄集体”荣誉称号。

95969部队61分队

汶川特大地震发生后，解放军95969部队61分队分队长龚伟强、教导员宋志林组织396名官兵参加抗震救灾，主要担负极重灾区绵竹市清平乡救援任务。

分队担负立即开赴绵竹市清平乡的先遣任务，当天就与成都军区某部携手，营救出15名中科院专家；在黑洞崖附近峡谷中，营救出16名受困群众，其中有3名重伤员。就在分队准备实施大规模救援时，突发余震造成山体滑坡，救援通道被堵死，救援行动一度陷入困境。当时，德阳林场和磷矿厂的近千名职工已被困6天，生命安全受到严重威胁。5月17日17时，分队从被救矿工口中得知：在清平乡至小木岭方向约5公里处的大梁子山上，有一条引水隧道可以打通一条营救通道。经现场勘查，大梁子山位于清平乡小木岭发电厂背后，海拔1620米；隧道处于大梁子山的中上部，海拔1540米；隧道口位于高达100米、近90度的绝壁上，右侧是陡峭的悬崖，左侧是滚石不断的塌方山体。分队决定选派精干人员组成敢死队，攀爬至洞口进行侦察、引导，与救援队分段接力转移群众。龚伟强和宋志林发动战士找来被地震震断的废弃电缆、空投物资的捆绑带，将树干截成50厘米的小段，打着手电，连夜用电缆和树干编制了一条100多米的软梯。18日，作训股长吴雪冰带领5名战士组成“敢死队”，向引水隧道进发。在余震不断、山石滚落、没有任何安全措施的情况下，班长刘彬第一个徒手攀登到岩壁上，甩下绳子，接应敢死队队员攀登上去架设软梯。战士李华南将受重伤群众与自己捆在一起，冒着生命危险先后背下7名重伤员。随着“生命天梯”的开通，分队就地设立指挥所，成立临时休整点、医疗救护点、临时补给点和临时安置点，建立担架队，调整兵力，分段接力转运重伤员，做好热饭供矿工充饥。为确保全天候施救，他们还准备了发电机、电线、灯泡等照明器材，靠着人拉肩扛将电通到岩壁下。经过150名官兵三天两夜的连续奋战，成功救出756名被困群众。

大批群众转移和大部队下山后，应当地政府和群众请求，特功8连又主动承担起坚守清平乡救援的重任。在指导员谢博的带领下，全连官兵面对余震频发、塌方不断、堰塞湖威胁以及基本生活保障供应不足的恶劣条件，冒死坚守清平乡83天。在食物和水供应不上的时候，饿了就吃野菜，渴了就喝雨水，坚持全天候巡逻保护群众财物；全力捕杀患病禽畜3600多只，有效防止了疫情扩散；继续搜救转移幸存者15人；冒险为爆破堰塞湖输送炸药3.6吨。

在“进村入户”救援阶段，分队党委迅速调整部署，按照“依靠政府、发动群众”的思路，建立进村入户情况统计表，逐村逐户排查，先后拆除危房1532间，防疫消毒20万平方米，抢救财物价值约100万元，抢收庄稼4.7公顷，高标准完成了援建“三孤”福利中心任务。

抗震救灾期间，分队成功救助被困群众2885人，抢救伤员35人，挖掘掩埋遇难者遗体75具，清理废墟1700多户，搭建临时安置房1700多间，疏通泄洪河道10多公里。

2008年10月7日，95969部队61分队被中共中央、国务院、中央军委授予“全国抗震救灾英雄集体”荣誉称号。

95963部队55分队

汶川特大地震发生后，解放军95963部队55分队分队长舒元俊、教导员王超群组织112名官兵参加抗震救灾，主要担负绵竹市、什邡市5个重灾乡（镇）的救援任务。

5月28日上午，分队110人赴绵竹市8号、11号建设工地执行活动板材卸载任务。这时，共有50多台运输车不停地向工地转运板材，车辆多、密度大、进出道路窄，卸载稍慢一点就会造成车队拥堵，影响建房速度。王超群简短动员后，分工一个班负责一台车，迅速展开卸载大竞赛。官兵们劲头十足，每10分钟就卸完一辆车。天下起了大雨，大伙儿继续战斗。许多官兵十分疲劳困倦，稍有间隙，往板材上一靠就睡着了，但一听到“开始卸车”口令，就又立刻弹了起来。2连新战士黄伟右小臂被划开一道长5厘米、深1厘米的伤口，缝了8针，仍然不下火线。为了加快速度，官兵们注意总结改进卸载方法，极大地提高了工作效率。截至6月2日，官兵们连续奋战六天五夜，卸载板材2688车近1万吨，搭建起板房120多间。

分队在“进村入户”搜救中发现，武都村等一些偏远山村救济粮和补助款有时难以及时送到，受灾群众的吃饭问题非常紧迫。得知一家酒厂有数百吨酿酒粮被埋在废墟中，就与地方政府协商挖出酿酒粮接济缺粮户。获得同意后，6月6日上午，分队赶到酒厂挖粮食，近百名职工也自发加入进来，于14时许完成废墟表层清理。酿酒粮刚露出头，突然一阵狂风大作，天空乌云密布，一场大雨即将来临。官兵们飞快地用双手刨开石块尘渣，每刨出一袋粮食，扛起就向外飞奔，双手刨出了血、两肩磨破了皮，谁也不肯停下来，更没人顾得上包扎。一位老婆婆拽住舒元俊哽咽着说：“首长，让孩子们歇一会儿吧，我们的粮食够吃了。”舒元俊回答：“没事的，大妈放心吧，马上就完。”说完，转身又冲进了废墟。就这样，官兵们一鼓作气，刚将百余吨粮食全部刨出转移完毕，瓢泼大雨便倾盆而至。看到乡亲们分到粮食后的喜悦情景，官兵们脸上露出了欣慰的笑容。

随着“进村入户”搜救继续深入，分队官兵又承担起帮群众搬家的任务。7月6日，得知白溪河村仍有24户群众，因种种原因不愿搬进安置点。此时，雨季已经来临，绵远河上游的堰塞湖水位上涨，滑坡、泥石流随时可能发生，把这部分群众转移安置到板房去迫在眉睫。分队当即安排几名干部和四川籍战士组成工作组，挨家挨户耐心做说服疏导工作，还给他们送去生活急需品。杨大妈一家不太愿意搬，王超群就给老人做工作，并带杨大妈参观“爱心小区”，让她亲眼看看小区里的水电、学校、医院、市场等设施，终于做通了她的工作。为了帮杨大妈转移老伴，官兵们在担架上铺上厚厚的被褥，安排6名官兵顶着高温，徒步10多公里，将老人送到了“爱心小区”新家。其他不愿搬迁的群众深受感动：“你们为我们吃这么大的苦，我们也心疼啊。不要再来动员了，我们今天就搬。”

分队连续奋战90多个日夜，先后转战绵竹市天池、汉旺、拱星和什邡市蓥华等5个重灾乡（镇），拆除危房500多间，卸载板材2688车近1万吨，转移安置群众2000多人，帮助搭建活动板房1000多间，抢救国宝级文物5件。

2008年10月7日，95963部队55分队被中共中央、国务院、中央军委授予“全国抗震救灾英雄集体”荣誉称号。

95848部队52分队

汶川特大地震发生后，解放军95848部队52分队分队长李磊、指导员曹加楼组织35名官兵参加抗震救灾，主要担负茂县、松潘、绵竹、什邡等重灾地区的空降侦察、空投引导、特种搜救和灾后重建等任务。

地震发生时，曹加楼在江苏老家刚刚举行完婚礼，接到分队准备执行抗震救灾任务的紧急通知后，他当即告别新婚妻子连夜赶回部队。4名战士家在灾区，却没有一个人提出回家探望的要求，人人都向党支部递交了请战书，始终坚持奋战在抗震救灾一线。5月18日12时，分队35名官兵飞抵成都双流机场，背包未卸，粒米未进，李磊就主动要求利用等车间隙，帮助机场卸载救灾物资。两小时里，全分队卸载物资20多吨。21日上午，由6名官兵组成的搜救小分队，从直升机上发现多名群众被困在一块不到30平方米的山脊上，由于直升机无法降落，官兵们就冒着生命危险，从80米垂直高度滑降至山脊旁一个不足20平方米的小水泥房房顶，仅用15分钟就将7名被困群众救上机舱。有两名无法动弹的重伤群众在山脊下高约80米处的悬崖边等待救援，战士李强、孔旭东迅速固定好下滑绳，沿绳索滑至重伤群众身旁，分别将伤者紧紧固定在自己身上，往旋停的直升机上吊升，由于螺旋桨高速转动，山上不时有碎石滑落，打在头盔上嘭嘭作响，李强、孔旭东就将头盔戴在受伤群众头上，把自己暴露在飞石之下。经过近半个小时努力，9名受困群众全部成功获救。因直升机载荷超限，4名队员主动请求尽快运送受困群众撤离，自己留下继续对周边地区进行搜索。当晚的中央电视台“新闻联播”节目报道了此次成功营救。

6月2日，分队官兵刚刚结束14天的野外搜救任务，就接到奔赴赵公山地区搜救邱光华机组失事直升机的任务，分队立即挑选13名官兵，组成特种搜救小分队向赵公山进发。在搜救过程中，连降暴雨，最高温度不超过10摄氏度，搜救队员们只随身携带了一天的干粮，每天都在寒冷饥饿中度过，时刻都有遭遇余震的危险。晚上宿营时，找不到安全地域，只能在宽不足15米，两边都是峭壁的山脊上过夜。虽然困难重重，但队员们仍坚持对赵公山周围10余平方公里的地域进行地毯式搜索，有时前进100米就需要一个多小时。有的可疑点在悬崖下面，情况不明，队员们就冒着生命危险，用攀登绳滑下去仔细寻找，5个昼夜先后排除12个可疑点，为指挥部做出决策提供了重要依据，被成都军区联指表彰为“搜救赵公山失事直升机先进单位”。

在灾后重建阶段，分队负责德阳市旌阳区孝泉镇拆除危房的任务，最多时一天拆除13栋楼房。在施工过程中，李磊了解到一批救灾粮食急需卸载，便发动分队官兵主动承担了卸载分发任务。30名官兵经过3天连续奋战，卸载粮食300多吨，有效缓解了绵竹市、什邡市近万名受灾群众的粮食供应紧张局面。

抗震救灾期间，分队在崇山峻岭中连续奋战40余天，先后转战茂县、松潘、绵竹、什邡等地，营救受困群众58人，转移安置灾区群众1349人，折叠投物伞2000多具，拆除危房50多栋，搬运瓦片近10万片，清理建筑垃圾50多吨，卸载各类救灾物资400多吨，搭建活动板房600多套。

2008年10月7日，95848部队52分队被中共中央、国务院、中央军委授予“全国抗震救灾英雄集体”荣誉称号。

95829部队73分队

汶川特大地震发生后，解放军95829部队73分队分队长李军、指导员闫潇组织45名官兵参加抗震救灾，主要担负极重灾区什邡市蓥华镇、绵竹市汉旺镇等地次生化学危害处理、防疫消毒和清理遗体等任务。

5月16日8时，分队刚到灾区，在背包未卸、粒米未进的情况下，受命赶到什邡市蓥峰复合肥厂处理氨气泄露问题。地震过后，复合肥厂的厂房和存储设备受损严重，多处大量有毒刺鼻化学物质泄漏，整个厂区被厚厚的有毒烟雾笼罩，附近未及时撤离的群众已不同程度出现皮肤发痒发红、咳嗽、呼吸困难等症状，下风方向数公里外人员无法在暴露条件下正常呼吸。听着化学探测器发出的一连串急促警报，李军带着化验员马红星、周文立即穿好防护服，带头深入厂区进行勘察，很快查明厂区一层有一个盐酸罐体明显倾斜、两个盐酸罐体的顶部被震掉。依据经验判断，估计二层还有大量液氨泄露，但楼体倾斜已超过15度，楼梯已全部坍塌，只有几根从对面楼层延伸出来的管道与二层平台相对接，进入二层只能利用这根管道通过。李刚率先爬上管道，贴着管道壁一步一步往前挪，还不时躲避危楼上掉下的石块，短短20米的距离花了近10分钟。大家相继爬上二层后，果然发现一个液氨反应炉炉体扭曲变形，输送管道裂开一个拳头大的口子，液氨正“嗤嗤”地往外泄露。他们迅速关闭所有阀门，再用生石灰对泄漏物质进行中和处理，经过五六个小时连续奋战，险情终于被排除。

5月24日7时25分，分队赶到汉旺镇天池煤矿搜寻挖掘化学危险品，尽管全分队已连续高强度工作近20个小时，但没有一人叫苦叫累。为防止打破容器造成化学品扩散，大家毅然舍弃镐锹等工具，用手在废墟中刨挖。化验员马红星负责对每一个疑似化学危险品试剂瓶进行鉴定登记，一蹲就是几个小时，终因劳累过度昏倒在地。为了找到所有化学危险品，全分队官兵找遍了每一个洞穴，翻开过每一片瓦砾，历经两天艰苦努力，搜寻挖掘出剧毒化学危险品，彻底消除了天池煤矿的安全隐患。

6月1日12时30分，分队接到命令：在2日10时前，赶到绵竹市金花镇龙宝坪村城墙岩磷矿，对矿场中高度腐烂的遗体进行消毒和火化处理。李军立即带领12名突击队员出发了，每人背着30多公斤重的背囊，经过20小时强行军，提前两小时到达目的地。由于遗体已经高度腐烂，有的甚至已残缺不全，被成群的苍蝇包围着，蛆虫到处乱爬，空气中弥漫着强烈的尸臭。为能最大限度地保持遗体完整，他们认真清理每一具残骸，仔细寻找遇难者的每一件遗物，在法医拍照取样后，严格按照程序对遗体进行处理，随后对现场进行彻底消毒。中午骄阳似火，队员们穿着密不透风的防护服，戴着防毒面具，体表温度达到40多度，谁也没停下休息一会。整整3个半小时，官兵们没有沾一口水，没有歇一分钟，按要求完成了4公里路段上8具高度腐烂遗体的处理任务。脱下防护服时，大伙儿全身都湿透了，鞋筒里积了3厘米深的汗水。在场法医动情地说："没想到你们连处理遗体这么认真，不愧是人民的子弟兵。"

抗震救灾期间，分队官兵不畏艰险不怕疲劳，先后处理高度腐烂遗体8具，搜寻挖掘出剧毒化学品1300克、其他化学危险品156瓶，防疫消毒850万平方米。

2008年10月7日，95829部队73分队被中共中央、国务院、中央军委授予"全国抗震救灾英雄集体"荣誉称号。

95431部队

汶川特大地震发生后，解放军95431部队部队长刘启奎、教导员严学良组织252名官兵参加抗震救灾，主要担负极重灾区绵竹市汉旺镇、九龙镇等9个重灾乡（镇）的救援任务。

地震发生后，部队在通信中断的情况下，立即启动应急预案。5月12日15时30分，刘启奎、严学良带领官兵一边请示报告，一边急行军投入抗震救灾。16时30分抵达救灾现场，部队首先对学校和幼儿园实施重点救援，并将仅有的一台吊车派到施救难度最大、被埋儿童较多的遵道幼儿园。官兵们用铁锹铲、双手刨、肩膀扛，争分夺秒地抢救生命。4连士官杨兴波不顾废墟随时可能垮塌的危险，毅然钻进仅容一人爬入的小洞，用手刨挪砖石，全身伤痕累累，十指鲜血淋漓，在钢筋水泥中清理出一条3米多长的"生命通道"，成功把5名孩子救出。在震后最宝贵的17个小时内，部队救出82名幸存者，转移群众305人，清理遇难者遗体318具。

随后，部队主动向绵竹市抗震救灾指挥部请缨，担负起绵竹市体育场集中安置点生活保障任务。绵竹市体育场安置点共有7000余名受灾群众和1000余名医务人员、志愿者，最多时人数超过1万人。部队克服野战炊事车和炊事员少、市区水电供应中断、部队连续奋战极度疲劳等困难，全力投入灾区群众生活保障，在每天消耗8.5吨开水、1.5吨大米、1吨蔬菜、300多公斤猪肉，开一顿饭平均要用两个小时以上时间的情况下，来回穿梭运水，冒着危险筹粮，千方百计购菜。炊事班副班长王庆龙由于长时间超负荷工作，累倒在工作台前，战友们要轮换他下去休息，他却一步也不肯离开岗位。数千人同吃一锅饭，饮食安全非同一般，他们严格把住原料供给、原料存放、食品制作、食品供应"四个关口"，全程跟踪，严密监控。从5月16日至7月20日，部队累计为61万余人次提供饮食和饮水保障，未发生任何饮食安全问题。

地震后体育场安置点建起大型"帐篷医院"，护理人员严重缺乏，部队派出40余名官兵参与护理，每天平均护理伤病员150人次。官兵们不怕脏不怕累，为伤员擦洗身体、剪指甲，细心照料伤病员。一连排长钟瀚锋坚持照顾71岁的黄前秀老人，每天给老人喂药喂饭，擦洗身体，扶老人上厕所，乐得老人逢人便夸："这些解放军娃，比我亲儿子还亲哟！"官兵视受伤群众如亲人，累计护理伤病员2200多人，被受灾群众亲切地称为"穿着迷彩服的白衣天使"。

部队在“进村入户”搜救和灾后重建工作中，先后为灾区架设电线2.13万米，埋设电杆56根，吊装变压设施32吨，安装电表60个、配电箱4个，搭设避雷网150套，挖掘接地沟1420米，埋设接地桩382根。绵竹市委书记、市抗震救灾总指挥蒋国华感慨地说：“这个部队总是在最需要的时候出现在最需要的地方，在绵竹市抗震救灾中发挥的作用不可替代，我要代表绵竹市50万人民为他们请功。”

抗震救灾期间，部队先后从废墟中营救包括70名学生在内的82名幸存者，转移被困群众305人，清理遇难者遗体318具，护理伤病员2200多人，为61万余人次提供饮食、饮水保障。

2008年6月，95431部队党委被总政治部表彰为“抗震救灾先进基层党组织”；10月7日，被中共中央、国务院、中央军委授予“全国抗震救灾英雄集体”荣誉称号。

95806部队21分队

汶川特大地震发生后，解放军95806部队21分队副站长宋乃宏带领29名官兵参加抗震救灾，主要担负对通往灾区的陆路交通、江河水路线以及因山体滑坡造成交通阻隔的偏远山区、受灾严重的人口密集区和堰塞湖、水库库区等“两线三区”的震情监测任务。

地震发生后，分队全体人员立即进入应急状态，分析抗震救灾形势，研究方案，积极挑选第一批任务机组人员待命执行任务。5月13日7时9分，在上级下达抢险救灾监测任务后，站党委迅速反应，立即进行部署，选派由副站长宋乃宏、老英模杜义宏，飞行中队长魏巍，照相主任黄长生等飞行、机务和战勤人员，组成第一任务机组，部队同时转入二等战备状态。

震后的灾区余震不断，阴雨绵绵、浓雾密布，加之地势险要、重峦叠嶂，飞行安全受到极大的威胁。作为领队兼机长的宋乃宏认真筹划、精心指挥，积极克服低云、降水及强烈扰流颠簸等复杂气象带来的困难，不顾个人生命安危，累计飞行34架次103小时25分，实施监测面积15.9万平方公里，获取大量地震灾区图像信息资料。

首批机组开赴灾区时，分队长于龙还在东北执行任务，闻知部队担负抗震救灾任务后，立即对机组进行动员：“往日‘歇人不歇马’，这次咱人马都不能歇，最大限度赶进度，早日奔赴灾区！”机组提前一周完成任务后赶回部队，赶赴灾区。

沿都江堰往西、往北，岷江峡谷犬牙交错，漩口、映秀、汶川、理县、茂县依次排列在峡谷之中。飞机下方山体滑坡，河流淤塞改道，垮塌的房屋历历在目，城内广场、街道密密麻麻，避震的人群仿佛就在眼前。执行侦照任务的照相人员，一次次擦掉沉痛的眼泪，深情拍摄下一张张受灾图片。黄长生、李辉从飞机一起飞就寸步不离操作间，为避免上厕所耽误工作，每天只喝半瓶水，长时间半跪在设备旁进行操作，一干就是两三个小时，常常累得直不起身来。负责全程跟踪保障的刘彬、王继松等机务人员，更是战高温斗酷暑，以高昂的热情和顽强的意志保持高质量的工作状态，保证了飞机完好率、出勤率均达100%，保证了抢险救灾监测任务完成。

杜义宏是边境自卫反击战中功绩显赫的老英雄，出发前岳父病危卧床，他避开妻子含泪的双眼，首批驾机赶往灾区，飞行密度之大，飞行空域之复杂，使他无暇多问家事。爱人深明大义，为了不影响他执行任务，直到完成任务驾机归建，才把老人已经辞世的噩耗告诉他。副大队长牛树波女儿2007年高考落榜，牛树波下决心一定要陪女儿一起完成2008年高考的最后冲刺，但面对地震灾害，牛树波又一次食言。魏巍爱人在为灾区的孩子们排练节目时因操劳过度昏厥现场，7个月大的孩子由于照顾不够高烧39度。为了不让魏巍分心，她只好给父母打电话，请老人过来帮助照顾孩子。

在抗震救灾的38个昼夜里，分队共出动飞机143架次，飞行402小时55分，完成灾区航拍15.9万平方公里，为抗震救灾做出了特殊贡献。

2008年10月7日，95806部队21分队被中共中央、国务院、中央军委授予“全国抗震救灾英雄集体”荣誉称号。

95788部队

汶川特大地震发生后，解放军95788部队负责人田立、梁险峰、褚安泰组织539名官兵参加抗震救灾，主要担负抗震救灾飞行保障和救灾物资保管转运等任务。

5月12日16时8分，接到保障国务院总理温家宝专机降落的命令，部队长田立飞快冲向位于5楼的飞行管制室，组织人员紧急研究制订指挥引导预案。突然，一阵强烈的余震袭来，房屋剧烈晃动，几块天花板掉了下来。田立坚定地说：“保障专机要紧，就是死也要牺牲在岗位上！”为保证专机指挥引导不间断，飞行管制室主任黄为迅速将人员分成两组，自己带一组坚守5楼指挥室，另一组持无线电超短波电台在楼下空地待命。通信营官兵在两小时内就完成了指挥部通信枢纽的架设。19时7分，总理专机安全着地。随后，首批运送国家地震灾害紧急救援队184名救援队员和专用设备的两架大型运输机也先后抵达。

从5月13日开始，来自全国各地的15种机型飞机频繁进出机场，10天时间保障飞行635架次，是平时的20多倍。面对史无前例的飞行大保障，官兵们每天要增加以往5～8人的工作量，不分昼夜连续奋战。油车班8名司机给飞机加油2300余吨，13名充氧车和电源车司机出动2500余台次，半个月的工作量相当于平时的一年半。警场连负责飞机警卫、飞行执勤、营区警戒和物资看管，全连官兵连轴转，执勤战士三班岗，每天只能休息两三个小时，先后有两人累得晕倒在岗位上。战士胡克贵为不在执勤时打瞌睡，就用大头针扎自己的大腿。助理员卢军每天指挥调度进出场站各类车辆近千台次，累计行走1500多公里，磨破4双军鞋，双脚打满血泡，仍然一瘸一拐地坚持工作。部队组织了50人装卸突击队，每天工作10多个小时，任务最重的一天装卸物资800多吨。战士黎正聪左脚被铁钉扎进约两厘米，他拔出钉子，忍着剧痛继续战斗。

来自祖国四面八方的救援物资，每天都源源不断地汇集到这支部队。为了确保救灾物资安全和快捷运送，部队协调公安部门，开辟救灾物资运送专用通道，在各路口设立引导哨，组织安检站15名警卫官兵不分昼夜在7个现场对所有进入机场人员、车辆、物资实施检查，对运送物资全程跟踪监督。5月18日凌晨，狂风大作，大雨滂沱，15名警卫官兵用身体扑在遮盖物资的篷布上半个小时，任由风吹雨打绝不退缩，保证救灾物资不被雨淋。

随着救灾工作的展开和推进，进驻营区的兄弟部队官兵比平时多出5倍。部队党委以大局为重，想方设法为兄弟部队创造良好的工作、生活条件。他们组织所属官兵打地铺、睡帐篷，腾出1300多个床位，保证兄弟部队救灾人员住宿。37名炊事人员每天除两三个小时睡眠外，轮番上岗，在服务上优先飞行人员、优先兄弟部队、优先指挥部，保证飞行人员随时都能吃到热菜热饭。炊事班长唐世坤，家里房屋在地震中全部倒塌，仍然连续72小时坚守在炊事岗位，直至累倒在灶台边。

抗震救灾期间，部队保障救灾飞行1349架次，空运空投物资1900余吨，运送救灾人员3900余人次，转运伤员100余人，装卸物资5000多吨。

2008年6月，95788部队党委被总政治部表彰为“抗震救灾先进旅团党委”；10月7日，95788部队被中共中央、国务院、中央军委授予“全国抗震救灾英雄集体”荣誉称号。

95784部队54分队

汶川特大地震发生后，解放军95784部队54分队分队长关朝、教导员赵斌组织145名官兵参加抗震救灾，主要担负极重灾区彭州市救援任务。

5月13日6时，分队接到命令后立即启动应急预案，经4个小时摩托化行军，于中午到达小鱼洞大桥。此时，大桥已被震垮，余震不断，大雨滂沱，乱石飞滚，官兵们毅然下车涉水过河，强行军10余公里赶到龙门山镇银厂沟。沿途到处都是惊慌失措的被困群众和成片倒塌的废墟，看到官兵们出现，群众激动地高呼：“解放军来了，我们有救了！”分队领导一边沿途分兵救援，一边带队向银厂沟推进，尽量扩大搜救范围。道路中断了就从几十米深的沟底绕行，饿了渴了就和着雨水啃几口方便面，没有工具就用肩扛、用手刨，没有担架就砍竹木现扎。经过6个多小时的紧张救援，当天下午就救出生还者2人，转运重伤员24人，转移受灾群众427人。

5月14日，为尽快将伤员后送，分队领导决定将伤员集中到柏果坪的一片开阔地。由于天降大雨道路中断，沟内几乎无路可走，震前几公里的山路，现在需要爬坡下沟绕行十几公里。官兵们用背包绳、腰带将重伤员固定在自制担架上，6人抬6人扶，其余的人负责开路和接应传递，运送1名重伤员往往需要20名官兵。经过4个多小时拼搏，分队成功将30余名重伤员送上救护车，并安全转移被困群众200余人。

5月14日18时，赵斌带领30余名官兵执行搜救任务，在东林寺附近一座严重倒塌的房屋中发现两名被埋群众。大家用铁锹铲，用双手掏，轮番上阵，直至次日2时30分才将两名被困群众营救出来。15日19时，关朝带领突击队赶往大龙潭执行搜救任务，途经银峰山庄废墟时，发现一名被埋长达76个多小时的老人，官兵用双手艰难挖掘7个小时，终于将这位70多岁的老人救出。10时许，赵斌带领12人小分队在银厂沟响水洞地区搜救时，突然听到微弱的呼救声。他们立即停下来仔细寻找，发现声音是从一栋几乎倒挂在沟壁的3层小楼里传出来的。此楼背临深沟而建，震后整体向后倾倒约120度，前面立柱完全断裂，仅靠后面立柱里已经裸露在外的几根钢筋牵引和一些树木、石头支撑，随时都有坠落沟底的危险。学兵张世鹏挺身而出，提出自己个子小体重轻，可以利用小楼上方的树枝，用绳子把自己吊进屋内救人。时间紧迫，他们迅速从附近废墟中找来一段电缆线，系在张世鹏的腰部，再从树枝上绕过去，由五六名官兵把张世鹏从窗户轻轻吊进小楼。只见张世鹏趴在不停摇晃的墙体上一点一点清除障碍，艰难地接近被困者，挪开挤压在伤者身上的重物后，小心翼翼地将他往上拖，经过4个多小时的努力，成功将被困71小时的军旅作家李西闽救出。

分队是以“90后”通信学兵为主体组成的抗震救灾突击队，先后从废墟中救出被埋群众4人，疏散转移群众300余人，挖掘掩埋遇难者遗体12具，清理财物217万余元、珍贵文物42件，搭建临时安置房16间，防疫消毒17万平方米。

分队在银厂沟转移重伤员王兰时，天下着瓢泼大雨，当行至距白水河大桥约500米处时，由于山体严重滑坡，公路被埋压，一个高约40米、约60度的陡坡成为转移伤员的唯一通道。陡坡经过一天一夜的雨水浸泡，泥泞难行，几百名官兵搭成“人梯”，组成一条“生命通道”，举着双手传递担架。战士们冒着余震的危险，轮流托举着被固定在简易担架上的王兰，直至其平安脱险的这个经典时刻，被成都军区空军专职摄影记者刘应华定格下来，命名为《众志成城托举生命》，成为汶川特大地震抗震救灾历史性经典瞬间。

2008年10月7日，95784部队54分队被中共中央、国务院、中央军委授予“全国抗震救灾英雄集体”荣誉称号。

95338部队第四施工大队

汶川特大地震发生后，解放军95338部队第四施工大队大队长吴和盛、政委刘东豪组织78名官兵参加抗震救灾，主要担负彭州市龙门山镇危房拆除、废墟清理、场地平整、道路抢修以及村民简易过渡安置房搭建等救援任务。

6月2日，部队接到命令：立即赴彭州市龙门山镇抗震救灾，部队党委连夜决定成立以第四施工大队为主体的抗震救灾突击队奔赴灾区。消息传出，官兵们奋勇争先，人人递交请战书要求参加抗震救灾。家在广元的三级士官刘洪家里的房屋被震塌了，领导和战友们要他回家去看看。刘洪说：“四川就是我的家，灾区人民就是我的亲人，父母会理解我的。”正营职干部曹攀3月份就已被批准转业，但当他听说部队要赴川抗震救灾，毅然放下找工作的个人私事，主动参加抗震救灾。许多转业退伍官兵给部队领导打电话发短信，强烈要求随部队救灾。仅用20个小时，大队就完成从全国3个省8个市的施工队伍中集结人员、抽调装备等工作，兵分两路，火速从广州、长沙两地向灾区进发。

6月6日，在吴和盛带领下，突击队第一批官兵抵达彭州灾区，迅速向龙门山镇挺进，连夜冒雨帮助灾区群众安家，开辟道路。在进入三沟村任务区时，通过白水河的道路被切断，官兵们立即投入战斗，迅速抢修出一条长1050米、宽8米的白水河临时道路，保证了各类救援物资和大型机械设备顺利抵达救援地。在紧张的抗震救灾现场，家在灾区的士官刘洪，已批准转业干部曹攀，还有秦新荣、刘帮海、徐仕新、刘演刚等退伍老兵，和其他战友一起清理废墟、平整场地、搭建板房，始终奋战在第一线。

受汶川地震影响，龙门山镇中心幼儿园房屋全部倒塌，设施全部损毁，153名幼儿无处入园入托，镇上12名孤寡老人分居于临时帐篷中，生活极为不便。吴和盛、刘东豪和官兵们看在眼里，急在心头，决定自筹资金，援建蓝天幼儿园和敬老院各一所。参与修建过很多新建机场的总工程师黄庆国，既当指挥员又做施工员，不时拿起铲子动手垒砖砌墙。几名研究生和大学生干部，也都当起了施工员，或帮村民砸钢筋，或搭建帐篷、板房，或搅拌混凝土，人人忙得满头大汗。负责水电的三级士官周扬芝，因过度劳累栽倒在幼儿园工地，清醒后他抹抹满脸泥土说出的第一句话竟是："真不好意思，给大家丢脸了！"正是凭借这种"永远不能倒下"的信念，在重灾地区执行救援任务的55天里，第四大队的突击队员并肩作战，军民携手攻坚，完成上级交给的各项抗震救灾任务。

抗震救灾期间，大队完成道路抢修1050米，拆除危房40750平方米，清理废墟4.92万立方米，清理钢筋164吨，平整安置房场地7.96万平方米，转运土石1.25万立方米，修复铁索吊桥一架，设立便民服务"五点一站"，援建幼儿园、敬老院各一所。

2008年10月7日，95338部队第四施工大队被中共中央、国务院、中央军委授予"全国抗震救灾英雄集体"荣誉称号。

95538部队第一施工大队

汶川特大地震发生后，解放军95538部队第一施工大队在部队长曹定国率领下，由大队长马远飞、教导员向晓军带领100名官兵参加抗震救灾，主要担负极重灾区彭州市龙门山镇救援任务。

地震发生6个小时后，大队接到上级命令，立即抽调11名官兵组成先遣突击小分队，携带8台机械装备开赴彭州展开紧急抢险。5月13日2时，突击小分队到达小鱼洞大桥。此时大桥已经垮塌，从小鱼洞镇至银厂沟40公里的道路完全被泥石流阻隔，突击小分队立即展开道路抢修，冒着大雨，在余震不断的情况下连续奋战4小时，筑起一座通车便桥。接着他们又连续清理几十处路障，快速推进10公里，于当日19时30分打通进入龙门山镇的道路，为救援部队进入开辟了通途。

通往银厂沟的路段，全线80多处大面积塌方，其中3处工程量都在20万立方米以上，靠搬石挖路三天三夜也干不完。官兵们机智绕开塌方区重新开辟新路，在大队后续力量的支援下，一天之内越过了"卡脖子"工程，打通了道路。谢家店子的大塌方路段，地震把原来的道路埋在十几米深泥石下，右侧是几十米高的悬崖，左侧是70度以上的近百米高滑坡体，稍有震动，就会有滚落的巨石砸下深沟。面对如此险情，16名技术骨干组成党员突击队，三级士官曹祖珍第一个冲了上去，小心翼翼地操作挖掘机，先将山体一层层剥落，将坡度适当降低，然后再挖掘道路，逐步向前推进。为了节省时间，曹祖珍一刻不停地进行操作，连续工作16个小时。施工展开后，不断的余震和挖掘机工作时的振动，不时将松动的岩石震落，乱石横飞，泥流滚动，7天下来，所有挖掘机玻璃全被砸烂，操作手暴露在危险中，但大家毫不畏惧，凭着精湛的技艺和过硬的胆识，连续施工，在5月20日全线打通小鱼洞至小龙潭的40公里“生命通道”，还紧急抢修了2个直升机临时降落场。

抗震救灾工作转入恢复重建阶段后，大队迅即投入到危房拆除、废墟清理、受灾群众安置点场地平整、活动板房搭建等工作中。震后11天，大队为彭州市龙门山镇九年制学校建成一座钢架活动板房校舍，973名学生正式复课；5月29日，帮助龙门山镇政府新建起530平方米的钢架板房办公区；6月2日，承建的灾区第一座钢架“板房医院”诞生；7月6日，修建的白水河汽车站正式交付使用；7月23日，提前7天完成1700间受灾群众安置板房搭建任务。

7月21日20时30分，宝山村三合坪突然出现泥石流滑坡险情，大队立即启动应急预案，紧急出动20名官兵，携带5台机械装备赶赴灾情发生地，经过近3个小时的紧张作业，疏散被困群众200余人，成功控制险情。官兵们还疏通排洪渠2000余米，清理淤泥4万余立方米，抢通道路2000米，消除了次生灾害对当地群众的威胁。

抗震救灾期间，大队充分发挥装备优势，勇当开路先锋，在长达100天的抗震救灾斗争中，共抢通道路40公里，挖掘掩埋遇难者遗体36具，拆除危房1296栋46.9万平方米，清理废墟74万立方米，平整临时安置点场地37万平方米，帮助驻地周边群众搭建安置房16间，抢建直升机备降场2座，搭建活动板房1700间。

2008年10月7日，95538部队第一施工大队被中共中央、国务院、中央军委授予“全国抗震救灾英雄集体”荣誉称号。

空军总医院抗震救灾医疗队

汶川特大地震发生后，空军总医院抗震救灾医疗队在院长马中立的指挥和带领下，126名队员组成4支医疗应急分队奔赴地震灾区，执行医疗救援和卫生防疫任务。

5月14日，医疗队首批3支医疗应急分队90人向重灾地区挺进。为尽快赶到汶川，医疗队冒着余震威胁，克服温差大、高原反应强烈、卫生条件差等困难，翻越海拔4000多米的夹金山、梦笔山山口，迂回900多公里，于18日16时冒雨到达汶川县绵虒镇羌锋村，连夜建起一所抗震救灾联合医院。药学部主管药师张华带着药械保障队员，克服极度疲劳和体力透支，将携行的600多种药品分类摆放到位。骨科副主任尚咏带领几名外科医生，顾不上吃饭和休息，迅速对所有收治的伤病员进行检伤分类。在实施紧张抢救的同时，医疗队积极向上级反映协调，及时组成由陆军航空兵、地方医疗部门联合后送的接力链条，将23名重伤员迅速转运后方医院治疗。

沙坪关村是位于映秀镇和汶川县城之间的一个山区农村，由于公路被完全摧毁，村庄成了“孤岛”。得知地震后还没有人进去过，大量伤员急需救治的情况后，医疗队临时党委当即决定组建党员突击队，立即进村抢救。5月20日，天刚蒙蒙亮，5名突击队员在医务部主任黄美良带领下，背负20多公斤重的药品，沿着崎岖不平的山路，翻过7座大山，穿过4座有坍塌危险的隧道，两次单索飞渡岷江，终于赶到沙坪关村。由于缺医少药，受伤群众中有14人出现严重感染。随身携带的生理盐水用完了，突击队就用瓶装水临时调制，精心为伤员清洗创伤包扎伤口。3岁孤儿贾秀英两条大腿内侧伤口严重感染化脓，队员们就用雨衣遮挡，冒雨展开紧急手术。为赶上后送飞机，队员们争分夺秒连续工作30多个小时，现场救治伤员79名，后送重伤员14名。

转入防疫阶段后，医疗队抽调51名队员组成防疫小组，在搞好集中培训的基础上，逐村展开卫生防疫工作。副主任医师何晓锋曾经是一位白血病患者，10年前做过骨髓移植手术，但他带领防疫组人员每天穿着严实的防护服，冒着高温酷暑，不停地配制洗消液组织消毒。紧急避险行动展开后，医疗队迅速做出部署，在沿途18公里路段设立5个紧急避险医疗点和2个流动巡诊点，开展医疗、防疫、心理和卫生宣传教育工作，为安置区群众提供了健康服务。他们还及时增派皮肤病专家蔡瑞康、心理科主任董燕等专业医务人员，适时解决救灾部队官兵皮肤病高发、心理健康咨询等问题。73岁的蔡瑞康，成为活跃在抗震救灾一线年龄最大的医疗队员。

抗震救灾期间，医疗队先后辗转于都江堰市紫坪铺水库大坝、龙池镇谢家坪寨、汶川县绵虒镇、阿坝师范高等专科学校4个任务地域，连续奋战69个昼夜，完成紧急救治2919人次，开展手术260例次，收治重伤员106人，后送危重病人73人，深入19个村寨巡诊2151户11687人次，门诊诊治4133人次，注射甲肝疫苗2277人，完成防疫消毒53.54万平方米，发放防疫宣传资料9652份。皮肤病防治专家组巡诊部队1.8万余人，诊治各类皮肤病近千例，心理服务专家组开展心理疏导8389人次。

2008年9月，空军总医院抗震救灾医疗队被卫生部、食品药品监管局、中医药局、总后卫生部授予“抗震救灾医药卫生先进集体”称号；10月7日，被中共中央、国务院、中央军委授予“全国抗震救灾英雄集体”荣誉称号。

95666部队83分队

汶川特大地震发生后，解放军95666部队83分队分队长程晓东、教导员邓东海组织60名官兵参加抗震救灾，主要担负极重灾区北川羌族自治县和彭州市地面救援和防疫消毒任务。

分队成立两支小分队，分赴北川县城、彭州市龙门山镇等地。5月13日，赴极重灾区彭州片小分队在邓东海的带领下，随救援部队到达龙门山镇，迅即搜救幸存者，转移疏散被困群众，先后从废墟中救出伤员6名，转运重伤员9名，转移受灾群众600多人。19日以后，分队工作重点转向挖掘、消毒、掩埋遇难者遗体，在白水河大桥至银厂沟沿线，大龙潭、小龙潭、大鱼洞和小鱼洞及驻地周边居民安置点等地开展消毒防疫和卫生宣传工作。由于道路塌方，官兵们背着25公斤重的消毒装备，每天步行30多公里，挨家挨户进行消毒。小分队官兵参战102天，直至8月21日完成任务回撤归建。

赴极重灾区北川片小分队在程晓东的带领下，于5月17日到达指定责任区，适时制订“卡点、治线、控面”的防疫消毒思路，采取机械作业和人工作业相结合、投放干粉与调制洗消液相结合、单兵作业与车组作业相结合、重点洗消与普遍洗消相结合的“四结合”消毒方法，严格消毒防疫。官兵们身穿防化服，肩背沉重的消毒器材和消毒液，克服对腐烂遗体的恐惧，在烈日暴晒下对废墟进行一遍又一遍的消毒，每天都要作业到深夜。25日下午，程晓东带领喷洒组在北川县城夏禹街执行防疫任务时，又一次余震袭来，街道两边的危房剧烈摇晃，建筑物“咔咔”作响，山上的巨石不断向下滚落。程晓东迅速带领车组向安全地域撤退，突然一声巨响，靠近作业点旁的一栋危楼倒塌，几根钢筋水泥柱正好倒在作业的路上，激起浓浓尘烟。26日8时，三级士官阿木康国带领淋浴一组前往江油市枫顺乡执行任务。当汽车在崎岖的山路上缓慢爬行时，阿木康国发现左侧山坡上一处大面积山体正在下滑，他两手抓紧方向盘，加速向前冲去，车子刚刚冲过，越滑越快的山体怒吼着倾泻而下，瞬间湮没了道路，大量巨石坠入三四十米深的河谷。北川小分队出生入死、战险斗难，在北川县城、北川中学、任家坪、擂鼓镇等重点防疫地域顽强奋战70天，作业区域遍布北川、安县、江油等重灾地区，共出动洗消车辆350余台次，累计行程2万多公里，完成道路消毒60余公里、废墟消毒200余万平方米、建筑物消毒80余栋，地面防疫300余万平方米，保障人员洗消1.2万余人次，为确保大灾之后无大疫做出了贡献。

抗震救灾期间，分队从废墟中救出伤员6名，转运重伤员9名，转移受灾群众600多人，挖掘掩埋遇难者遗体14具，为群众搭建帐篷18顶、活动板房800余平方米，搬运救灾物资400余吨，拆除危房15间，清理废墟垃圾500余吨，防疫消毒面积累计500余万平方米，消毒车辆2.1万余台次、人员5万余人次。

2008年10月7日，95666部队83分队被中共中央、国务院、中央军委授予“全国抗震救灾英雄集体”荣誉称号。

96512部队

汶川特大地震发生后，解放军96512部队负责人郭中定、黄金坡组织462名官兵参加抗震救灾。

5月14日9时接到奔赴灾区命令后，部队长郭中定立即带领462名官兵，携带160台（套）各种工程机械装备，机动800公里，于15日赶到北川县城外的任家坪，是第一支到达极重灾区北川羌族自治县的机械化工程部队。

到达后，部队立即受领了抢修通往北川县城“生命通道”的任务，在地方多家路桥公司反复尝试都没有进展的情况下，仅用12小时就打通了这条“生命通道”，使各种救援力量、救援物资得以进入县城。5月16日始，部队承担了快速抢通省道105线北川县城通往陈家坝乡的19.5公里路段任务，解决了上万名受困群众安全转移的难题。5月30日至9月16日，部队又全力抢通北川至茂县公路擂（鼓）禹（里）段63公里道路，为6万多名灾区群众恢复生产生活创造了条件。在抢通这些“生命通道”“战略通道”“物资通道”中，部队科学制订方案，合理安排力量，把人员编成爆破、测量、挖掘等7个小组，运用国际领先的结构位移检测系统和挖坑移石、钢网压边等实用技术，采取多点突击、平行作业等方法，攻克“老虎嘴”。

在完成抢修道路任务后，部队又成功排除了老鹰岩堰塞湖险情。在北川羌族自治县擂鼓镇受灾最严重的柳林村，建起灾后板房村和板房卫生院，安置受灾群众54户173人和伤员258人；先后深入擂鼓镇街道社区、柳林村等5个乡村开展帮建党支部工作，逐步使当地党组织得到恢复，为灾区重建奠定了坚实的组织基础。

在历时100多天的抗震救灾斗争中，部队官兵发扬“特别能吃苦、特别能战斗、特别能奉献”精神，攻克一个个难关，涌现出许多感人事迹。在堰塞湖排险任务中，大型机械无法进入，战士们就靠肩挑背扛，每人负重几十公斤，每天往返30余趟，肩膀被压成青紫色，磨出血泡，小腿被石块划伤，只做简单包扎后又继续投入战斗，终于把几百吨炸药和小型机工具运上140多米高的坝顶。每当有急难险重任务时，党员干部总是走在最前头，身体力行作表率。党员杨靖宇技术精、作风硬，在每一次破障排险任务中总是开着挖掘机打头阵，被称为“神挖”；部队主力回撤时，他又主动留下参加灾后重建。党员杨岳华是解放军理工大学的毕业实习生，在救灾一线再三向学校打电话申请延期归队，用抗震救灾的实际行动书写着特殊的毕业论文。

2008年10月7日，96512部队被中共中央、国务院、中央军委授予“全国抗震救灾英雄集体”荣誉称号。

96542部队70分队

汶川特大地震发生后，解放军96542部队70分队负责人熊钊组织85名官兵参加抗震救灾。

5月15日21时，根据上级预先号令，分队迅速启动应急预案，成立抗震救灾突击队，3个小时完成各项准备工作，奔赴绵竹灾区。正在南充老家休假的分队长熊钊，连夜租车赶往绵竹灾区，与分队官兵会合后，立即受领抢通汉旺镇电力“生命线”的重任。地震后，汉旺镇成为一片废墟，长长的街道两旁，摆放着许多遇难者遗体，电网全部被破坏，用柴油发电机供电的电压非常不稳，两个临时医疗中心无法手术，也不能连夜展开搜救。熊钊带领分队官兵，充分发挥技术优势，科学组织救援。在抢修作业中，他们穿梭于断壁残垣之间，在散发着臭味的垃圾堆上挥锹抡镐，开槽挖沟，敷设电缆；挪开路灯下一具具腐烂的遇难者遗体，逐个巡查线路，排除故障。正在三台老家休假的电气专业骨干、五级士官谭和平直接赶向绵竹，看到自己部队正在抢修作业的工程应急保障车后，将背包一扔就带领16名战友投入电力抢修之中。他们仅用6个小时就抢通了汉旺镇双向路灯和临时供电线路，为连夜搜救东汽中学和汉旺镇卫生院两座废墟下的700多条生命赢得宝贵时间，为两所临时医疗中心抢救1000多名重伤员创造了条件。

5月17日晨，分队受领前往九龙镇玉泉村关门山搜救6名被困老人的任务。25名党员组成突击队，带着干粮奔赴九龙深山，爬坡攀岩，徒步翻越6座海拔1600多米的大山，找到了6位老人。看到一群“泥人”站在面前，78岁的胡老太太热泪盈眶。下山时，官兵们格外小心，过塌方斜坡时用背包带做安全绳相互串在一起，轮流背着老人们下山；遇到悬崖峭壁就搭成人梯，把老人搁抱在怀里护住他们，手拉安全绳一寸寸往下滑，经过8个小时努力，成功救出了被困五天五夜的6名老人。

在援建齐天镇河兴村时，分队官兵发扬连续作战、不怕疲劳的作风，经过三天四夜奋战，搭建活动板房3200平方米，为灾区建起了设施配套的过渡安置示范点——河兴新村。进入恢复重建阶段，分队担负了绵竹市水电气主管线的紧急抢修抢建任务。官兵们充分发挥专业精通、技术密集、装备精良的优势，采取多头并进、小分队作业等方式，先后转战17个乡村50多个点位，铺设直径400毫米的供水主管20多公里，安装天然气管道40多公里，架设线杆18根，安装变压器18台，在不到半个月的时间里，抢通绵竹市的水电气主干网，解决了20多万群众灾后生活的燃眉之急。

2008年10月7日，96542部队70分队被中共中央、国务院、中央军委授予“全国抗震救灾英雄集体”荣誉称号。

第五三七医院抗震救灾医疗救护队

汶川特大地震发生后，解放军第537医院抗震救灾医疗救护队负责人高宗科组织85名医务人员参加抗震救灾。

5月14日下午，接到赴灾区救灾命令后，医疗救护队仅用了两个多小时就准备、集结完毕，经过20个小时急行军赶到北川，当天就开始收治从废墟中救出的伤员。

为确保大灾之后无大疫，医疗救护队防疫小组人员每天背着30多公斤重的消毒液和器械，轮番奋战在灾区的废墟、帐篷和灾区群众安置点。许多队员两肩磨破了，皮肤过敏起疹了，脚上打着血泡，但无一人退缩。他们绕行170多公里，首次对陈家坝乡施行卫生防疫，主动对当地居民的水井、厨房、餐具以及厕所、垃圾点进行消毒。救护队还结合实际编发了《震后防疫防病小常识》和《抗震救灾卫生小常识》，制订了抗震救灾官兵防疫规定，有效增强了官兵和灾区群众的防护意识。

为了让灾区的孩子重返课堂，救护队在完成繁重的医疗、防疫任务的同时，想方设法创办了“第537医院爱心帐篷学校”。他们腾出部分帐篷，购买了学习用品，抽调医务人员担任老师，于6月1日为学龄前儿童和小学至初中共63名学生举行开学仪式。这是安县高川乡灾区群众安置点的第一个临时学校。

由于安县高川乡卫生院在地震中损毁，受灾群众看病非常困难。医疗救护队主动与当地政府沟通，建立了高川乡“长缨卫生院”，援助了部分帐篷和价值20余万元的医疗设备、药品，派出8名技术骨干协助开展工作，不仅较快解决了当地群众看病难的问题，而且培养出一批业务骨干，为当地留下一支不走的医疗救护队。

从5月14日受命奔赴灾区到7月22日回撤归建，医疗救护队在北川共抢救从废墟中挖出的重伤员9人、其他伤员112人，消毒处理遇难者遗体8具；在安县巡诊6759人次，接诊伤病员3367人次，开展手术49例，为群众健康查体750人次；洗消人员6516人次，防疫消毒143万平方米，印发卫生防疫防病手册、资料5种1万多份，先后161次为12950人上了卫生宣教课，为140多人做了心理疏导。

2008年10月7日，第537医院抗震救灾医疗救护队被中共中央、国务院、中央军委授予“全国抗震救灾英雄集体”荣誉称号。

61139部队应急办公室

汶川特大地震发生后的5月12日14时40分，解放军61139部队应急办公室收到中国地震局发布的专项信息，主任田义祥迅即向军委、总参首长报告情况，同时组织应急办人员展开相关工作：一边进一步与地震局和成都军区作战部核实信息，并要求四川省军区派人了解灾区情况，一边做好调动部队的有关准备。接到上级命令后，应急办立即通知北京军区某集团军工兵团做好赴灾区救援各项准备；通知空军准备运输机运送国家地震灾害紧急救援队赴灾区；通知兰州、济南军区预做准备，制订大规模用兵方案；向总参请示动用某集团军工兵团赴灾区执行救援任务；组织起草“坚决贯彻胡主席重要指示，迅速展开抗震救援工作”电报指示；组织北京军区、空军完成某集团军工兵团赴川执行抗震救灾任务各项准备；协调中国地震局派出专家队伍随某集团军工兵团一同赴川；向解放军报社、中央电视台7套“军事报道”栏目通报军队启动应急响应和组织部队参加抗震救灾情况。这一系列举措，在短短的10分钟内快速完成。

5月16日23时，田义祥接到上级命令，要求立即协调3架直升机将有关专家和设备运送到位于绵阳的某研究机构驻地。田义祥立即与有关单位协商，对机组情况、专家搭乘地点、设备重量和长度、天气情况等每个细节、每个环节都考虑周到和落实到位，并要求将执行情况及时反馈，直到第二天专家和设备平安到达现场，他心里才踏实下来。

副主任宋建新在地震发生后不到两个小时，随国务院总理温家宝和总参首长奔赴灾区一线检查指导抗震救灾工作，持续两个多月。就在他走后的第五天，久病在床的80多岁老岳母突发脑溢血，被送进医院重症监护室，几天昏迷不醒。宋建新的妻子是北京一所学校的负责人，平时工作很忙，但为了不影响宋建新的工作，每天奔波在学校、医院和家庭之间，妻子因劳累过度也病倒了。这些情况是宋建新在两个多月后才知道。

参谋刘洪昌在成都参加国务院抗震救灾总指挥部四川前方指挥部工作期间，及时组织技术单位搜集和绘制航拍、卫星照片，直接保障前方指挥部的指挥决策。国务院副总理回良玉给予了高度评价：“看到这个，我们在组织工作时就有了依据。”参谋王晓杰的父亲已经77岁了，心脏刚做了5个搭桥手术后到北京复查，王晓杰只能让刚到北京不久的妻子请假陪老父亲去医院检查。

应急办全体人员连续数天昼夜坚守指挥岗位，贯彻中共中央、国务院、中央军委和中共中央总书记胡锦涛关于抗震救灾的战略部署，与国家各部委和解放军四总部保持不间断的联系，通报情况，核实信息，确保向军委、总部首长报告的有关情况和向部队下达的命令指示准确无误；先后拟制电报指示26份，上报要讯、电话报告稿70余份，为军委和总部首长以及国家有关部门提供专题材料40余份，调动军队和武警部队共14.6万兵力投入抗震救灾。

2008年10月7日，61139部队应急办公室被中共中央、国务院、中央军委授予“全国抗震救灾英雄集体”荣誉称号。

总参第五十七研究所抗震救灾突击队

汶川特大地震发生后，总参第五十七研究所抗震救灾突击队队长何晓清、副队长程凯组织19名官兵参加抗震救灾。

地震发生时，都江堰市聚源中学18个正在上课的教学班师生几乎全部被压埋。研究所都江堰营区抗震救灾临时指挥部5月12日16时30分接到救援任务后，由研究所基地管理处处长何晓清、八处四室主任程凯担任正副队长的19名党员组成的救援突击队，仅用30多分钟就赶到现场，是到达现场的第一支有组织的救援部队。聚源中学场景惨烈，沾满鲜血和尘土的书包、课本散落四处，空气中弥漫着浓烈的血腥味，废墟里传出孩子们求救的呻吟声。冒着强余震的危险，突击队在没有任何工具的情况下，立即分成3个救援小组，手刨肩扛，迅速展开救援。大家从未见过这样的灾难场面，心如刀绞，眼含热泪，用自己的双手在废墟中翻腾寻找，每个人的双手都伤痕累累、血肉模糊，有的官兵手指被钢筋和碎玻璃磨破了皮、刮掉了肉，鲜血淋漓却毫无痛觉，大家心头只有一个念头，争取每一秒时间，多救一个孩子的生命。在废墟中，突击队员发现露出的一只小手生命迹象明显，迅速搬开垮塌的水泥预制板，只见下面压着几个奄奄一息的孩子。队员们不顾头顶上摇摇欲坠的楼板，手刨、肩扛、人抬，把一个个血肉模糊的孩子抱了出来。

余震持续不断，垮塌后的教学楼阳台靠几根钢筋连着挂在半空中，不时有碎石从上面落下，旁边是随时可能倒塌的4层楼房。在何晓清的带领下，队员们冒着生命危险，强忍悲痛仔细搜救。一次余震突袭，大家正准备撤退时，突然听到微弱的呼救声，何晓清迅速带领队员往发出声音的地方挖掘，刨出了一名身受重伤的学生。在现场前期灰尘高扬、后期大雨倾盆的恶劣条件下，突击队员们尽管手掌、手指多处受伤，依然毫不放弃，克服心理障碍，突破身体极限，连续奋战10多个小时，先后与其他救援部队一起搜救出50余名师生，挖掘清理出遇难者遗体80多具。突击队中有5名队员家在重灾地区，与家里中断联系，但他们顾不上父母妻儿，坚持战斗。副队长程凯当时正高烧39.5度，仍毅然带领突击队奔赴救灾战场。队员石明家住北川，地震后整个村子都被埋压了，父母音信全无；第二天清晨从援救地返回营区，听说营区避难群众多、食堂人手不够，石明主动申请去帮厨。在都江堰营区恢复重建中，突击队员们打头阵当先锋，在垮塌围墙处架设铁丝网2000米，搭建帐篷30余顶，参与完成100余台加工设备和厂房供电线路测试、调校，检查生产加工设备190余台，通电试验加工设备120余台，重新铺设电缆300余米，为全面恢复科研生产奠定了基础。

2008年10月7日，总参第五十七研究所抗震救灾突击队被中共中央、国务院、中央军委授予“全国抗震救灾英雄集体”荣誉称号。

解放军理工大学专家抢险队

汶川特大地震发生后，解放军理工大学组建了由40名专家和技术人员组成的专家抢险队，理工大学工程兵工程学院院长刘建永担任队长，王辉东、赵毅、唐勇担任副队长。

在宝成铁路109隧道抢险战斗中，爆破专家齐世福和徐全军抵达灾区后，连夜勘察现场，拟制爆破作业方案。在抢险过程中，两位专家既当指挥员又当战斗员，指导部队实施爆破作业，主动参加打孔、装药和布线，成功指导实施爆破作业30余次，使用炸药2000余公斤，爆破土石4万余立方米，完成嘉陵江河道疏通任务，为宝成铁路109隧道顺利通车做出了贡献。

地震后形成了105个堰塞湖，其中最大、最危险的唐家山堰塞湖库容量达近2.5亿立方米，比其他堰塞湖总库容量还大，一旦溃坝，洪水将吞没绵阳市区等下游城市。专家抢险队主动请缨，提出了唐家山堰塞体爆破方案评估的4点意见，得到水利部部长陈雷、长江水利委员会主任蔡其华的充分肯定。6月6日，专家抢险队进入唐家山堰塞湖，组织指挥爆破粉碎上游漂浮物，加深加宽爆破导流槽，使泄洪量由最初的20立方米/秒增至80立方米/秒。9日下午，在爆破导流槽出水口的阻水巨石时，爆破专家谭雪刚、杨智旭等腰系麻绳，冒着落入急流的危险，20分钟装填TNT炸药34公斤。爆破后使泄洪槽水流量由80立方米/秒提升到6000立方米/秒，大大加快了唐家山抢险泄洪的进程。总参谋部领导对专家抢险队发挥的重要作用给予充分肯定。水利部领导称赞专家抢险队“组织有力、排险及时”，并赠送了锦旗。专家抢险队在老鹰岩堰塞湖抢险战斗中，创建了通过药量控制的裸露控制爆破法，大大提高了作业速度，保证了施工安全，推进了老鹰岩堰塞湖排险工作的顺利完成，确保了重要目标和人民生命安全。地震灾区留下大量水塔、烟囱等高危建筑物，唐勇、谭灵等10多位爆破专家成功实施74次高危建筑物的爆破排险。

太平驿水电站闸门在震后全部关闭，库水漫顶，严重威胁着下游人民生命财产安全。专家抢险队中的爆破专家蔡金贤与道桥专家赵启林、胡业平起草了《太平驿水电站爆破排险方案》等3份指导方案，指导并协助施工单位修复和调整闸门控制机构，将所有闸门成功开启并锁定。抢险队防护工程专家谭跃虎还制订了崇州市土桥沟滑坡险情抢险预案，庞有师、陈明宏、樊军、梁建军完成青川县关庄、红光、石坝、马公等几个乡（镇）之间道路勘察设计任务，为某集团军道路抢通提供了科学、可靠的技术依据。专家抢险队被地方政府和人民群众称作“排险突击队”“科技抗震尖兵”。

2008年10月7日，解放军理工大学专家抢险队被中共中央、国务院、中央军委授予“全国抗震救灾英雄集体”荣誉称号。

第三军医大学抗震救灾医疗队

汶川特大地震发生后，第三军医大学组建了抗震救灾医疗队，由23支医疗、卫生防疫、心理救援分队组成，共523人，校长王登高、副校长赵先柱、副政委张朝宁分别担任3个方向的总指挥。

汶川特大地震发生后，第三军医大学立即启动突发事件应急机制，在到校调研指导工作的总后勤部政委孙大发直接指挥下，当即成立抗震救灾领导小组，迅速向全校发出抗震救灾动员令，及时做出抽调组建卫勤分队赶赴灾区的决策部署。在做好本校抗震救灾和参加驻地重庆市医疗救援工作的同时，震后两小时就迅速完成第一批医疗队员抽调组建和物资调集，5月12日23时，第一医疗队在副校长赵先柱率领下星夜赶赴德阳灾区。

5月13日凌晨，由39名专家教授和护理人员组成的第一医疗队到达德阳后，迅速展开伤病员救治工作。7时，中央电视台直播连线赵先柱，了解灾区伤病员情况，向世界传达了灾情。22时，第二批医疗队在校长王登高率领下，连夜冒雨赶赴灾区，在都江堰受阻后，男队员每人负重50多公斤、女队员每人负重30公斤，徒步赶往震中映秀；先后有10余人被空投至交通、通信完全断绝的耿达、卧龙等“孤岛”村寨，克服重重困难，奋力抢救灾区伤员。

5月14日9时，副政委张朝宁率领第三批医疗队员，绕道800多公里，途经夹金山、梦笔山、理县等余震不断的危险地段，到达极重灾区汶川。开进途中，在医疗队被大面积山体滑坡隔成4段、相互联络完全中断的情况下，第六医疗队队长孙汉军临危不惧，一边指挥现场群众和部队官兵转移避险，一边组织医疗队员在临时帐篷里用6支手电筒照明，跪在地上为4名重伤员实施手术。在前3天救人的黄金时段，第三军医大学接连抽调组建7支医疗队，紧急奔赴德阳、映秀、汶川和理县等重灾地区；在防疫最关键的时刻，连续派出5批15支卫生防疫队，开赴北川、理县，同时及时派出心理救援分队和物资保障分队赶赴灾区投入抗震救灾。在灾区重建最需要的时候，医疗队分别与德阳市、汶川县和理县的人民医院签订援建合建协议，启动映秀“爱民医院”建设，帮助灾区恢复医疗功能。中央军委领导在新华社动态清样上批示：“第三军医大学医护人员临危不惧抢救伤员的感人事迹再次证明，我们的白衣战士同样是不怕牺牲、英勇果敢的战斗员。”

抗震救灾期间，医疗队深入重灾地区救治伤病员22327人次，收治伤病员3368人，开展手术916台次，后送伤员1769人，并从废墟中抢救41名危重伤员，其中被埋压100小时以上的9人；发放卫生防疫和心理辅导手册1.6万余册、防病知识传单6万份，开展健康教育1.5万余人次，集中辅导群众及官兵3500余人，个别辅导灾区群众和伤病员1200余人。

2008年9月，第三军医大学抗震救灾医疗队被卫生部、食品药品监管局、中医药局、总后卫生部授予“抗震救灾医药卫生先进集体”称号；10月7日，被中共中央、国务院、中央军委授予“全国抗震救灾英雄集体”荣誉称号。

军事医学科学院抗震救灾卫生防疫救援队

汶川特大地震发生后，军事医学科学院成立了以科研专家和技术骨干为主体的抗震救灾卫生防疫救援队，由科技部部长王玉民担任队长，共178人参加抗震救灾。

地震发生后，军事医学科学院党委迅速启动应急机制。院长孙建中、政委边兆明紧急召集党委会和专家会研商对策，积极向总后勤部党委请缨参战，抽调精兵强将组成卫生防疫救援队，携带专业车辆和运输车辆10台、装备器材7种300台（套）、防疫药品12种7吨，分7批奔赴灾区。5月14日，由队长王玉民、副队长高祀忠带队一部，前往震中映秀地区执行防疫任务；21日，由副院长、中科院院士贺福初带队另一部，绕行800多公里，昼夜兼程紧急驰援已成“孤岛”的汶川威（州）绵（虒）地区，全面担负起牵头负责汶川全县卫生防疫的重任。

救援队开进至距映秀5公里处时，道路被山体滑坡完全阻断，山上落石不断，脚下岷江汹涌。救援队没有等待，更没有退缩，一面派出尖刀组涉险探路求援，一面组织队员背负装备和药品，翻高山、过险滩、攀危岩、避落石，硬是闯过了这道“鬼门关”，成为第一支装备齐全到达重灾地区的防疫队伍。

进入映秀时，遇难者遗体已经开始腐烂，气味难闻，防疫形势异常严峻。队员们顾不上休整，立即展开遗体处理、流行病学调查、水源水质监测、环境卫生整治等工作，对映秀小学等23个掩埋遗体较多的重点区域展开拉网式消杀作业，经过连续13天不间断作业，共清理遇难者遗体665具，迅速消除尸臭，控制蚊蝇滋生，扭转了卫生防疫的严峻局势。

救援队坚持科学防疫、依法防疫、重点防疫的思路，按照“军地结合、专群结合、点面结合、防治结合”的工作原则，积极推进防疫工作由应急向常态过渡，整合军地42支防疫队伍，派出小分队深入偏远乡镇，把防疫工作覆盖到每个集中安置点和边远村寨，有效保障了群众的健康。救援队狠抓专业人员和骨干培训，并向阿坝藏族羌族自治州和汶川县疾控中心捐赠价值170多万元的装备和药品，促进了乡、村、组三级卫生防疫网络的恢复和重建，为灾区留下一支“不走的防疫队”。救援队发挥专家优势，向国家和军地部门提出建议69条，有的直接呈报中央办公厅，为防疫工作有力有序有效开展起到重要作用。

救援队队员、军事兽医研究所所长高宏伟不顾身患癌症，与院士夏咸柱等18名人兽共患病专家一起，指导完成了17个县（市）、180多个村寨的人兽共患病防疫工作。在病痛发作时，高宏伟就悄悄吃上几片止痛药，从不在大家面前吭一声。队员张利军、贾雷立，在参加举国关注的搜救失事直升机任务中，徒步翻越两座海拔3000米以上的高山和两处悬崖，在没有任何保护措施的情况下，置个人安危于不顾，两次带头下悬崖作业，出色地完成了“接英雄回家”的重任，运回遇难者遗体。

抗震救灾期间，救援队完成了地震灾区的卫生防疫、流行病学调查、水源水质监测等任务，赢得了“防疫铁军”的赞誉。

2008年10月7日，军事医学科学院抗震救灾卫生防疫救援队被中共中央、国务院、中央军委授予“全国抗震救灾英雄集体”荣誉称号。

63831部队51分队

汶川特大地震发生后，解放军63831部队51分队分队长王军、教导员王凯组织158名官兵和职工参加抗震救灾。

面对突如其来的特大地震灾害，全分队158名官兵和职工迅速投入抗震救灾。震后不到10分钟，分队将42台车辆全部从危险的车库中转移到安全地带；震后不到15分钟，从余震不断的办公楼通信机房抢运出通信设备，接通电话线，确保所在部队及时与上级取得联系；震后不到30分钟，派出车辆紧急转运驻地受伤群众20余人。5月12日15时19分，分队派车运送医疗小分队奔赴北川羌族自治县擂鼓镇执行抢险任务。18时30分，分队成立由23名官兵、3辆车组成的突击抢险队，由王军带队，赶赴擂鼓镇营救被困群众，转移运送重伤群众70余人。此后，分队又派出抢险小分队，深入余震不断的安县秀水镇、迎新乡等重灾地区执行救援任务。

5月12日晚，分队胡江成、申兵临危受命，驾驶应急保障车辆连夜奔赴双流、北川、平武等灾区执行任务。在21天的抢险征途中，他们驾车行驶7050多公里，运送救援物资180余吨，每天只睡3个多小时、只吃两顿饭，有时因为把口粮送给了受灾群众，一天只能吃上一顿饭。为了解决驻地受灾群众饮水问题，从13日开始，四级士官向凯顶着车内近40摄氏度的高温，多次往返于驻地、永安镇和绵阳市区之间接水、送水，每天工作长达12小时。经过23天的连续奋战，他为地方受灾群众运送饮用水400余吨，保障了近3万名受灾群众在最困难时期的生活用水。25日下午，向凯在送水途中不慎撞伤头部，导致脑震荡并伴有恶心呕吐现象。在被送往医院治疗时，向凯还焦急地说："就给我简单开点药，老百姓还等着我送水呢！"驻地永安镇政府、人民深受感动，专门撰写《生命之泉在这里转接》事迹材料上报安县县委。6月5日，分队30名官兵奉命前往绵阳市游仙区小枧沟镇执行疏散群众任务，连续工作六天七夜，先后疏散群众6200余人。

6月5日22时许，突降暴雨，驻地河道被滚石堵塞，部队油库受到洪水威胁。分队组织60余名官兵紧急出动，奋战一个多小时，装填沙袋530袋，维修和加固围墙360余米，确保了油库安全。17日18时40分，永安救助站存放有8个50升、9个20升液化气罐的厨房突然失火，救助站内340多名受灾群众以及大量救灾物资的安全受到严重威胁。火情就是命令，分队立即派出由84名官兵、3台消防车组成的应急抢险分队，一边灭火、一边抢运液化气罐。当时，已有3个50升、4个20升的液化气罐出现泄漏，1个50升的气罐喷射火苗，随时都有可能爆炸。官兵们毫不犹豫地抱着温度很高的气罐，跳进消防池为气罐降温。经过一个多小时奋战，火情被完全控制，避免了重大事故发生。

抗震救灾期间，分队共出动抗震救灾小分队19批次、718人次，车辆1020台次，行程5万公里，运输救灾物资1100余吨、人员8900余人，转移受灾群众532人，疏散受唐家山堰塞湖威胁的群众6200余人，完成公差勤务3100余人次。

2008年10月7日，63831部队51分队被中共中央、国务院、中央军委授予"全国抗震救灾英雄集体"荣誉称号。

第五二〇医院

汶川特大地震发生后，解放军第520医院院长王普杰、政委何章德组织300余名医务人员参加抗震救灾。

地震发生后，医院立即启动应急预案，开通抢救"绿色通道"，向灾区派出2辆救护车，成立3个医疗应急小组。短短一两个小时，为300多名伤员进行清创缝合及包扎固定手术，实施了20余台开颅清除血肿、剖腹探察等大中手术。5月12日15时，医院得知安县晓坝镇受灾严重，大量受伤群众急需救治的消息，迅速派遣由副院长余帆带队的6人医疗救护小分队，冒着余震频发、山体滑坡、随时都可能车毁人亡的危险，火速奔赴受灾一线，在余震中连续奋战20多个小时，现场救治了64名伤员。

5月13日凌晨，绵阳市抗震救灾指挥部指定第520医院为收治北川伤员定点医院。500多名轻重伤员陆续送进医院，手术一台接着一台，搭建在草坪上的露天手术台和帐篷手术室昼夜运转。12名外科医生和6名妇产科医生，面对余震频发、大雨不断、设施简陋等重重困难，在8张手术台间来回奔忙，为100多名危重伤员进行了手术，一干就是两天两夜。

5月16日夜里，安县千佛镇一位临产孕妇在地震中死里逃生，艰难跋涉50多公里赶到医院求救。当时，孕妇的羊水已经破裂，下身满是血污，情况十分危急。妇儿科立即为她实施剖腹产手术，经过两个多小时的努力，使母子转危为安。北川中学的刘诗雨在废墟中被埋压了47个小时，送到医院时颅内出血，昏迷不醒，生命垂危。医院迅速组织专家会诊，制订抢救方案，实施开颅手术，及时清除了血肿，把刘诗雨从死亡线上拉了回来。被埋压83小时的朱春燕、96小时的蒲虹学、108小时的谢先瑶、164小时的李明翠等7名特重伤员，也先后在医院接受后续救治。

医院院长王普杰高烧39度，连续坚守72小时，组织医护力量，调度伤员病房，协调急用物资。地震发生时，妇产科主治医师李春梅正带着4名医护人员做剖腹产手术，顷刻间手术灯全部熄灭，玻璃窗噼啪作响，手术器械被震落一地，天花板摇摇欲坠。危难之际，李春梅立刻扑在产妇身上，用瘦弱的身躯挡住了震落的大块墙皮，保护了产妇还没来得及缝合的伤口。已经转业的干部苏纯洁得知地震灾情后，自驾车两天两夜从湖北荆门赶回部队，不顾长途奔波的疲劳，当晚就投入抢救危重病人的手术。正在休假的外科护士长胡玥，地震发生后把惊吓过度的孩子托付给婆婆，在通信和交通中断的情况下徒步一个多小时赶回医院，夜以继日坚守岗位，直至晕倒在病床边。53岁的内科副主任医师李富贵，脚跟骨粉碎性骨折未愈，主动要求负责伤员分诊和重症伤员监护，每天频繁往返于各病区。家住平武的内科护士严瑶，6名亲人遇难，她强忍悲痛，义无反顾地投入到护理病人、抬担架、运物资等工作中。

在震后7天时间里，医院共收治受伤群众1621人，实施手术861台，抢救危重病人386人，安全转运伤员497人，及时向灾区派出6支医疗救护队，被当地百姓称为受灾群众的“生命守护神”。

2008年9月，第520医院被卫生部、食品药品监管局、中医药局、总后卫生部授予“抗震救灾医药卫生先进集体”称号；10月7日，被中共中央、国务院、中央军委授予“全国抗震救灾英雄集体”荣誉称号。

77116部队

汶川特大地震发生后，解放军77116部队负责人余志荣、张晓峰组织1125名官兵参加抗震救灾。

地震发生后3分钟，部队立即启动应急预案，迅速集中人员，编配机组，制订航线，完成紧急出动准备，各飞行要素在机场集结待命，部队进入应急抢险状态；同时，成立抗震救灾指挥组和抗震自救指挥组，一边组织官兵检查装备受损情况，将直升机全部转移至安全地域，一边加强同上级和地方有关部门联系，收集情况分析灾情，与各方救灾力量共同研究飞行路线，布置飞行任务，发挥单个飞行架次最大效益，争取救灾的宝贵时间。部队按照上级指示迅速出动两架直升机，克服能见度低、山区地形地貌复杂等困难，飞赴都江堰灾区勘察，率先架起了灾区与外界的“空中桥梁”，带回第一手灾情资料，为救灾指挥部决策提供了重要依据。

5月13日，部队向与外界失去联系的青川、平武两个极重灾县紧急空运通信设备和发电机，及时架起两地与外界联系的应急通道。14日，部队官兵克服风大雨急等恶劣天气的影响，勇闯“死亡线”，飞赴震中汶川，打通了救助灾区群众的空中通道。16日18时，一架直升机飞赴安县千佛镇紧急转运危重伤员，为抢时间一次性将受伤群众转运出去，机组成员不顾连续飞行7个多小时的疲劳，赶在天黑前及时运出12名危重伤员，为抢救生命赢得了宝贵时间。

在执行抗震救灾任务中，面临着飞行强度大、气象条件差、地形地貌复杂、导航标志难识别等困难和挑战。部队科学制订飞行计划，采用以老带新、新老搭配的办法确保飞行安全，抽组技术最好的飞行人员完成任务重大、地域和航线复杂的飞行。截至6月9日，部队共飞行1848架次1542小时23分，出色地完成了国务院总理温家宝、联合国秘书长潘基文等7次专机保障任务，完成了军地领导60次考察灾情等重要飞行任务，多次载运有关专家勘测唐家山堰塞湖、苦竹坝、紫坪铺水库等重要目标，抢运危重伤员1126人，运送药品、食品、帐篷、通信器材、医疗设备等救灾物资共计619.1吨，运送医疗人员、新闻记者、各类救灾专家、部队官兵2619人，转运被困人员2171人，其中中科院专家17人、台湾同胞15人、外籍游客75人。

抢险救灾过程中，部队官兵主动担负了传递平安信的任务，帮助受灾群众联系亲人，并将不能联系的字条转交电视、广播等媒体进行滚动播报，先后让1000多名群众及时收到亲人的平安信，得知了亲属的音讯。

2008年6月，77116部队被中央军委授予“抗震救灾英雄陆航团”荣誉称号。

96542部队

汶川特大地震发生后，解放军96542部队负责人王洪、王庆先组织308名官兵参加抗震救灾。

地震发生后，部队官兵纷纷请战，休假人员自觉返回部队。装饰专业骨干、四级士官龚海波，委托岳父母照顾患重病的孩子，毅然随队转进灾区。在南充休假的分队长熊钊，含泪将70多岁偏瘫在床的父亲转出危房，做简单安置后，凌晨租车赶往绵竹与部队会合。从老家三台奔向绵竹灾区的电气专业骨干、五级士官谭和平赶到汉旺时，看到部队正在抢修作业的工程应急保障车，将背包一扔就带领16名官兵展开电力抢修。通信班战士王连在老家江油连续三天三夜组织自救、转移群众、分发食品，归队前组织民兵为乡亲们熬好粥，然后冒着余震不断、山石滚落的危险，翻山抄近路赶到部队救灾地域。

从5月15日1时起，部队抗震救灾的4个梯队通过空运、公路转运等方式，昼夜兼程奔赴极重灾区绵竹市。抵达灾区后，官兵们立即展开救援，冒着余震不断的危险，冲进摇摇欲坠的电力大楼，经过4个小时奋战，使得汉旺镇临时供电的30箱漏电保护器顺利脱险。为确保汉旺镇医疗手术和夜间救人用电，官兵连续作战，仅用6个小时就抢通了汉旺镇17公里应急供电线路。为确保救灾物资第一时间送到灾区群众手中，部队多路开进遵道、东北等6个乡（镇），连夜突击完成200余吨救灾物资的卸载任务。

5月17日晨，得知绵竹市九龙镇玉泉村仍有6名老人被困关门山中，部队立即派出25名党员组成突击队进山搜救。突击队徒步翻越6座海拔1600多米的大山，克服各种困难，救出被困五天五夜的6名老人。

地震发生后，绵竹市城区供水主管线多处爆裂，供水系统瘫痪。部队充分发挥自己的专业优势，组成技术骨干突击队，克服管线走向复杂、材料设备不全、施工电压不稳等困难，科学调整工序，合理组织施工。在东汽职业中学门口，一个管道三通口由于作业空间小无法开口，三级士官苏延涛通过计算估测弧度，平分管径，用钢卷尺圈弧下料，切割对接。经过72小时连续奋战，全部管路接通，一次试压成功，解决了3个居民区、6个灾区群众安置点近10万人生活用水。

部队官兵与灾害斗争，与时间赛跑：36小时搭设帐篷1380顶，建起灾区紧急安置示范点；96小时突击捐建河兴村，建起灾区过渡安置示范点；12小时援建遵道小学，建起灾区抗震希望小学；40小时搭建设施配套的紫岩小学，建起绵竹市第一所复课学校；15天突击建设绵竹市第二职业中学，建起绵竹灾区一座规模型中学。他们为灾后重建昼夜奋战，深夜奔赴5个乡（镇），卸载救灾物资200余吨；转战56个点位，架设各类缆线10多公里，恢复了17个乡（镇）的受损电网，安装大口径管道万余米，抢通市政供气、供水主管网，保证了数万灾区群众的供水和用气。

2009年5月，96542部队被中央军委记集体一等功。

77208部队

汶川特大地震发生后，解放军77208部队负责人袁运剑、王良斌组织636名官兵参加抗震救灾。

5月12日下午，部队紧急救援队昼夜兼程，火速奔赴极重灾区北川羌族自治县，进入北川中学进行救援。官兵们冒着废墟随时坍塌的危险，争分夺秒抢救生命，先后从废墟中救出13名幸存者。

5月25日，部队受命紧急出动105名官兵奔赴唐家山堰塞湖，执行爆破排险任务。针对唐家山堰塞湖抢险时间紧、水文复杂、作业危险大的实际，他们采取小当量控制爆破清除大型漂浮物、大当量松散爆破加快泄洪速度、加大装药剂量摧毁巨型障碍物的方法进行作业，共实施了8次小当量的控制爆破、6次大当量的松散爆破，消耗TNT炸药400公斤，成功爆破水中障碍物约50立方米。6月9日，在堰塞湖导流槽入口和出口处，成功地实施了两次50公斤大当量松散爆破，对唐家山堰塞湖成功泄洪排险起到重要作用。

5月30日，部队受命担负北川至平武110公里道路的抢通任务。在抢通道路长、机械运送难、完成时限紧的情况下，采取人工、机械、爆破相结合的办法，双向齐头并进，多点平行展开，全面打响道路抢通攻坚战。经过全体官兵30天艰苦奋战，提前完成110公里的道路抢通和新修任务，全线贯通了北川至平武的通乡公路，结束了两个民族自治乡不通公路的历史。

6月15日，应山东省交通厅请求，部队出动53人，奋战32天，协助山东省泰安市交通局，实施都坝乡至白坭乡道路抢修中的爆破任务，一举突破了箭河垭等3处“卡脖子”险要路段，为都坝至白坭道路全线贯通做出了突出贡献。其间，部队长袁运剑的父亲病逝，他顾全大局，强忍悲痛，坚守岗位。政委王良斌坚持靠前指挥，在急难险重任务面前，发挥政治工作的服务保证作用，有力鼓舞士气，确保了抗震救灾任务的完成。

2009年5月，77208部队被中央军委记集体一等功。

92057部队

汶川特大地震发生后，解放军92057部队组织2603名官兵和206台各式车辆参加抗震救灾。

到达极重灾区绵竹市汉旺镇后，官兵不顾两天两夜长途奔袭的疲劳，迅即投入东汽中学和天池煤矿的人员搜救中。许多官兵连续奋战20多个小时，有的双手扒得血肉模糊，有的被震落的砖头砸伤，仍继续坚持战斗。接到赴清平乡、天池乡紧急营救受困群众任务后，部队立即抽调56名侦察兵组成突击营救分队，在余震不断、既无向导又无信息的情况下，徒步行军100多公里，通过40多处险要地段，遭遇20多次余震塌方危险，连续奋战39小时，解救转移出142名受困群众。

北川羌族自治县漩坪乡大水湾山体大面积塌方，形成的堰塞湖水位以每小时12厘米的速度急速上涨，滞留的21名伤员和老人已被困八天八夜，情况十分紧急。突击队员临危受命，分空中、地面两路实施救援，在直升机无法降落的情况下，5名官兵毅然悬跳，迅速在“孤岛”中展开搜救，成功将受困群众送上直升机。小岗剑堰塞湖泄洪，官兵冒着生命危险涉水进入汉旺镇河心岛，营救出14名被困人员。

在抢修道路中，工兵分队先后战胜50多次塌方和泥石流灾害，打通武都村至红岩煤矿18.55公里的能源通道。为恢复通信，63名官兵连续奋战38小时，人均负重30多公斤，跋山涉水，徒步行军80多公里，2次穿过5公里的塌方隧道，运送、铺设天池至清平15公里的通信光缆，使与外界隔绝40多天的天池乡、清平乡恢复通信。

在“进村入户”救援阶段，官兵采取拉网式排查、拉网式救助的方法，对绵竹市、什邡市60个行政村、社区和居委会69219户居民进行入户排查，做到了不漏一户、不漏一人。为解决东北镇2304名小学生的复学问题，官兵起早贪黑，紧张施工，连续奋战，仅用6天时间就在一片废墟上建成天河中心小学。为8个行政村、社区清理卫生死角，确保灾后无疫情发生。

抗震救灾期间，部队共出动兵力839批96890人次、车辆7442台次，进村入户8.05万人次，共解救、转移和救治被困群众4641人，运送、装卸物资31642吨，抢收粮食143.8吨，平整过渡房建设场地23.52万多平方米，搭建帐篷、过渡房14084顶（间），抢修道路168.6公里，拆除危房13746间，清理水渠77340米、废墟25120立方米，转运大件物品9380件，抢救珍贵档案文史资料720余份，防疫消毒5904.4万平方米。

2009年5月，92057部队被中央军委记集体二等功。

63839部队

解放军63839部队是汶川特大地震中受损严重的单位之一，6人罹难、1人失踪，148栋建筑物中有145栋全部垮塌或严重破坏，28座大型设备中有24座不同程度受损。面对巨大灾难，部队党委团结带领全体官兵职工，全力抗震救灾，全力救助地方，全力恢复建设。

地震发生时，部队官兵职工正在照常工作，突然身边的建筑物剧烈摇摆，骇人声音从大地深处传来。部队领导徐翔与王方友立即意识到地震了，迅速指挥官兵和职工撤离，并做出清点人数赶快组织救人、关气断电避免新的险情、布置警戒确保设备安全等3项决定。震后10分钟，部队即成立应急领导小组，指挥部队抗震救灾；在短短的十几分钟内，指挥整个厂区的396名官兵全部撤到安全地带；得知家属区灾情严重，有2栋楼房完全解体、6名人员被埋的情况后，立即组织4支突击队，紧急调运大型挖掘机展开救援。经过28小时的连续奋战，6名被埋人员全被找到，但均已不幸遇难。

地震发生时，一项试验正准备进行，数百个氢气瓶和氧气瓶的阀门都处于开启状态，一旦泄漏，随时可能发生大爆炸。应急领导小组立即指定邓和平、从京伟等5名熟悉设备人员组成排险分队进入厂房，沉着冷静地关掉全部气瓶，确保了试验设备和厂区安全。地震后，水、电、气全部中断，基本生活用品严重缺乏。部队组建了临时营地，确保全体官兵职工和家属有饭吃、有干净水喝、有衣穿、有地方住，并全面开展卫生防疫工作，确保大灾之后无疫情。

部队周围出现大面积山体滑坡，对营区造成严重威胁。王方友先后3次爬上山头检查山体情况，给沿途群众送去慰问品，由于劳累过度肾结石病复发，疼痛难忍也顾不上治疗。徐翔两次冒着余震危险到肖家桥堰塞湖检查险情。窦金华为了高质量完成厂区板房建设任务，冒着烈日酷暑，每天坚守一线，直至病倒在工地上。石卫波寻找亲人时，与兄弟部队一起救出北川中学10余名师生，又步行几十公里到当地应急指挥部报告灾情。杨清甫地震时正带着4名新战士进行驾驶训练，发现一名双腿被滚石砸断的孕妇后，立即冒着余震危险，爬山坡、越乱石，将孕妇送到救治点，随后又组织30余名受困群众冒雨转移。

在震后的一个多月里，部队先后抢救驻地群众10多名，为驻地群众捐赠帐篷108顶、塑料布10件800公斤；为驻地学校捐赠书包、文具150套，现金1万元，向北川羌族自治县小坝小学捐赠桌椅250套；帮助驻地群众抢出粮食1000余公斤，援助驻地关心村3万元用于基础设施建设。

2009年5月，63839部队被中央军委记集体三等功。

95900部队

汶川特大地震发生后，解放军95900部队负责人牛七伟、陈辉组织4585名官兵参加抗震救灾，主要担负什邡、绵竹、绵阳三市受灾最严重的12个乡（镇）的救援任务。

5月13日零时30分，部队接到上级命令，当即分5个梯队飞抵灾区。17时30分，陈辉带领780名官兵急行军5个小时180公里，到达极重灾区平武县南坝镇，立即在3栋楼房坍塌、数百名师生被埋的南坝镇中心小学展开救援。官兵们冒着大雨，打着手电，连续奋战一夜，从废墟中救出幸存者12名，挖出遇难者遗体158具，其后又渡过涪江，徒步行军8公里，把滞留在南坝镇的442名重伤员全部转移出来。此时的南坝镇进出仍靠涪江上一条只能乘载15人的小船摆渡，镇内约有7000多名群众缺医少食，外面大批救援人员和物资进不去，情况非常危急。16日，部队主动请战架设低水桥，800余名官兵经过五昼夜的连续奋战，砍伐竹竿5000多根，装填石袋6万多个，填压水泥板300多块，推填土方2000多立方米，架通160米长的涪江低水桥，打通了外面通往南坝镇抗震救灾的“生命线”。

5月15日，绵竹一家磷厂生产黄磷的沉淀池有害物质外溢，严重威胁着绵竹市水源安全。某炮团立即派出两个营兵力，历经7个小时，用水泥、沙土筑起长460米的防护堤坝，成功排除险情。随后，135名官兵又受命向受灾最严重的清平乡紧急运送药品、食物，身患癌症的士官钟旺和大家一样负重35公斤在前带路，强行军9个小时把物资送到灾区。

5月16日，什邡市蓥峰化工厂存放液氨的储存罐和存放硫酸、氯化钾的反应釜破裂，“常胜模范连”和防化分队120名官兵组成突击队，冒着被有毒气体毒害和厂房倒塌的危险，及时用石灰堵塞密合罐体、捆绑加固管道，堵住了有毒气体外漏。

5月18日上午，中共中央总书记胡锦涛考察什邡市蓥峰实业公司受灾现场，得知石门村麻柳坪尚有110余人受困山中时，立即指示空军派兵解救。10时45分，在空军部队领导率领下，牛七伟带领从“常胜模范连”和炮兵营4连抽调的125名官兵组成的突击队，携带群众急需的物资，克服山体坍塌、坡陡路险等多种障碍，徒步急行军16公里，于当天12时34分赶到海拔1400米的麻柳坪，组织官兵搜救失踪人员，将3名年龄分别为94岁、90岁和84岁的受伤老人抬下山治疗；同时，派一个团连夜分赴3个物资仓库，及时将群众急需的20顶帐篷和近40吨食品、药品运送到蓥华镇，天亮时全部背运上山，解决了受困群众的燃眉之急。

抢险救援阶段，部队先后搜救出幸存者37人，转送伤员1450人，解救被困群众6096人，排除黄磷泄漏等重大险情15处，装卸转运物资2.3万吨，空投物资8200多件1000多吨。过渡安置、恢复重建阶段，部队平整场地5.4万平方米，清理废墟20余万立方米，疏通道路67条共230余公里，搭建帐篷、简易房、板房7569顶（间），对218户遇难学生和1875名幸存儿童家庭逐个走访慰问，帮助什邡市禾丰镇搭建51个板房教室。

2009年5月，95900部队被中央军委记集体三等功。

78038部队

汶川特大地震发生后，解放军78038部队负责人马雄、马占魁组织2827名官兵参加抗震救灾。

地震发生后10分钟，部队立即启动应急预案，拟制保障计划，编组保障分队，做好全面投入抗震救灾的各项准备。所属各部队迅速收拢人员，在搞好自救的同时，筹备物资器材，积极做好遂行应急支援保障任务的相关工作。震后4小时，部队奉命完成了从第452医院抽派急救人员奔赴都江堰市聚源中学、中医院抢救地震伤病员，对军区抗震救灾前进指挥所实施综合保障，给都江堰灾区送去200吨食品及急需物资，将国家地震灾害紧急救援队送抵都江堰，对灾区部队、群众实施油料、军需、营材、药材等物资保障任务。震后36小时内，部队快速集结了9支野战医疗队，及时抽组4个野战兵站，采取多种机动方式火速奔赴一线，成为在汶川县映秀镇、北川中学、什邡市洛水镇、理县第一个展开医疗救治的军队医疗队。他们不顾疲劳，连续作战，仅头3天就抢救伤员1785名，开展野战手术276台，后送伤员466名，门诊2907人次。

随着任务转换，各医疗队先后出动76支医疗小组，以徒步行进、空中输送等方式，跟随搜救部队“进村入户”，救治受困群众，巡医问诊，及时到达责任区的每一个乡村，共救治重伤员60余名，巡诊2800余名，发放“健康卡”近万张。第42医院野战医疗队派出的医疗小组，在没有后勤补给的情况下，挺进“孤岛”映秀镇、银杏乡展开救治。部队所属15个基地仓库，连续高强度收发抗震救灾物资，一些仓库震后5天的收发量相当于平时全年的收发量，3所后方医院收治伤病员的数量成倍增加，重要科室每天手术量为平时的二三倍。

汶川地震80％的重灾地区在部队保障区域内，涉及5个责任区，其承担的任务达到整个抗震救灾保障总量的60％以上，保障专业覆盖率达95％，保障实力涵盖陆、海、空、二炮诸军（兵）种部队共计10万余人。部队紧密结合任务需要，科学统筹力量，合理调配物资，精确组织实施，全体官兵连续奋战100多个日夜，为任务部队提供了持续、高效、优质的服务保障。

抗震救灾期间，部队累计出动人员1.3万余人次，动用车辆4000余台次，运送物资3.3万余吨，救治伤员2万余人，收发被装1000万余件（套）、给养1万余吨、油料3.4万余吨、药材57万余件、营材13万余件（套）、地爆物资约190吨、各类装备3万余台（套）。

2009年5月，78038部队被中央军委记集体三等功。

78098部队

汶川特大地震发生后，解放军78098部队负责人傅世佩、杨懿组织1200名官兵参加抗震救灾。地震发生后，部队官兵奔赴崇州、都江堰、什邡、绵竹4个重灾地区展开救援。

5月12日14时50分，机关和直属队120名官兵紧急开赴崇州市怀远镇中学救援。14时55分，驻什邡市师古镇二大队300余名官兵徒步火速赶往民主中心小学救援。16时40分，300余名官兵紧急开赴都江堰市新建小学、中医院等8个重灾点展开救援，及时稳定受灾群众。同时，部队迅速收拢野外驻训部队，组建救灾后续梯队。在接到开赴什邡、绵竹方向执行抗震救灾任务的命令后，基地官兵克服雨天路滑、余震不断、交通受阻等困难，以百公里的时速强行开进，比预定时间提前30分钟到达任务点，为抢救生命赢得了宝贵时间。

5月13日2时18分，二分队130余名官兵在向什邡市蓥华镇开进，途中突遇山体滑坡，飞石不时从山上坠落。面对险情，分队干部打着仅有的4支手电，带领官兵弃车突进，手拉手强行通过，及时赶到蓥华镇中学展开救援。在都江堰新建小学，90余名官兵在没有大型工程机械的情况下，靠手刨肩扛，连续奋战40多个小时，从废墟中救出26名幸存学生。在汉旺中心小学，官兵们冒着频频余震，站在吊车吊钩上悬垂进入摇摇欲坠的教学楼顶层，用双手搬开水泥板，抢救出5名幸存学生。

在灾后重建中，部队执行什邡市2.2万多名受灾群众安置任务，为受灾群众搭建临时板房200余间，派出26支农村工作队深入都江堰、什邡、绵竹、崇州4个市的56个村组宣传、发动群众生产自救，帮助村民建立自救互救组97个。在时间紧迫、安置任务重的情况下，官兵们把自己住的帐篷让给受灾群众，自己睡在路边。

抢险救灾中，部队先后承担了崇州市怀远镇中学、都江堰市新建小学、什邡市民主小学及绵竹市汉旺中心小学、东汽中学、汉旺中心医院等30余处任务点的救援任务，从废墟中抢救出幸存者110人，挖掘清理掩埋遇难者遗体810具，转移受灾群众2425人，协助地方政府安置受灾群众2.2万余人，筹建2所“帐篷学校”，搬运救灾物资9890余吨，为群众搭建帐篷2114顶，抢收粮食10余万公斤，拆除危房1603栋，爆破水塔、工业烟囱等高危建筑31座，清理废墟7800多立方米，抢修道路17公里，帮助东汽抢救出涉密技术资料及存储载体3500余份（件），转运机器及办公设备价值30多亿元。

2009年5月，78098部队被中央军委记集体三等功。

中国人民武装警察部队抗震救灾英雄集体

武警8691部队

汶川特大地震发生后，武警8691部队部队长俞登法、政委何振进组织1126名官兵参加抗震救灾。

地震发生后，部队官兵闻令而动，千里驰援地震灾区。5月16日，部队经过52小时长途机动抵达震中汶川，迅速投入到紧张的抗震救灾战斗中。俞登法带领314名官兵，冒着余震不断、山体滑坡、飞石滚落等危险，火速赶赴距震中映秀仅6公里的汶川县漩口镇。副部队长齐天明带领200多名突击队员，在道路受阻、通信中断的恶劣条件下，连夜翻山越岭艰难跋涉，徒步强行军7小时挺进三江乡。抢险救灾过程中，官兵们并肩战斗，搬废墟、清瓦砾、抬伤员，在供给保障困难的情况下，不怕牺牲、不怕疲劳，连续奋战51个小时，饿了吃口干粮、渴了喝口凉水，从危房废墟中成功营救3人，顺利转移受困群众600余人，帮助抢救贵重物资价值近100万元，拆除危房20余间。部队成立的“天路运输队”，负责向三江、漩口方向的救灾部队输送食品和药品，每次要翻越12座高山，横穿塌方、飞石路段120余处，徒步穿越荆棘路段70余公里，战士们人均负重25公斤左右，许多人脚上磨出了血泡，没有一人叫苦叫累，确保了一线救援部队充足的给养供应。

部队在执行救灾任务期间，专门制定下发了《抗震救灾群众工作十项纪律规定》，确保部队始终做到解困不添难、亲民不扰民、履职不负民。执行任务初期，部队战线长，后勤补给难，但官兵们始终坚持做到不吃灾区群众一粒粮食、不给地方群众增添一点负担。部队补给到位后，他们又广泛开展每天节约二两粮食活动，用于赈济当地灾区群众，得到人民群众发自内心的称赞。

部队每到一地，都主动与当地政府取得联系，请领任务，全力救助群众，维护社会稳定，保障灾后恢复重建。部队制作了便民求助联系卡，在灾区广泛发放，让灾区群众有了困难能够随时找得到部队。整个救灾行动中，部队接受群众救助电话352个，接待上门求助群众223人，救助伤员452人，抢救贵重物品1465件，为群众义诊1000余人次，搭设帐篷2310顶，抢修道路50余公里，清理废墟1450立方米，抢运救灾物资1200余吨，拆除危房1920间，帮助19个自然村97户灾区群众家庭抢收抢种油菜、小麦和水稻等20公顷。他们还注重把做好群众思想工作与解决实际困难结合起来，先后对440户有亲人遇难的家庭进行走访慰问，发放慰问金和物资计30余万元，帮助灾区群众尽快走出心理阴影，树立起开始新生活的信心和勇气。《人民武警报》《成都晚报》《都江堰信息报》等新闻媒体相继对该部队亲民、爱民、助民、安民的做法进行了全面报道。

5月16—27日，部队先后担负汶川县漩口镇、三江乡，都江堰市胥家镇、向峨乡等极重灾区抢救伤员、疏散群众、抢修道路、搬运物资、恢复生产、灾后重建、安抚民众、维持秩序等8类22项任务。

2008年9月，武警8691部队被武警部队记集体二等功；10月7日，被中共中央、国务院、中央军委授予“全国抗震救灾英雄集体”荣誉称号。

武警8692部队79分队

汶川特大地震发生后，武警8692部队79分队分队长李振、教导员钱小毛组织278名官兵参加抗震救灾。

5月15日深夜，分队经过近50个小时的长途机动刚抵达都江堰，便接到向受灾严重的汶川县映秀镇运送食品和医疗物品的任务。来不及做任何休整，李振和钱小毛便率领150名官兵火速赶往指定地域。当时通往映秀镇的公路已严重损毁，无法通行。分队党委简短商议后，决定兵分两路，一路由李振带领50名党员和士官组成的突击队，分乘3艘冲锋舟由岷江逆流而上；一路由钱小毛带领，沿河道峡谷徒步开进。此时正值深夜，余震频发，飞石不断。官兵们抱着“早一分到达，灾区群众就多一分希望”的信念，披荆斩棘、艰难跋涉，于16日5时抵达距映秀镇5公里的简易码头。他们迅速抢修毁坏设施，开辟物资装卸点，为后续大规模输送物资打开了通道。16日上午，分队官兵们将第一批救灾物资送到映秀灾区群众手中。整个执行任务期间，分队官兵以水上舟艇输送、陆路徒步背扛、山路接力传递等方式，向映秀、水磨、白花等重灾地区运送食品和医疗药品20余批次80余吨，被灾区人民誉为“震不垮的生命通道”。

为不让灾区群众因食物药品短缺而挨饿受伤，官兵们请领救灾物资时都说着同样一句话：“再多装一点，乡亲们需要！”每次徒步运送物资，每名官兵负重都在30公斤以上，虽然肩上扛的大多是各类食品和瓶装水，但再渴、再饿、再累，途中没有一名官兵动过运送的一袋食品和一瓶水。他们一路输送物资，一路抢救伤员、转移被困群众。5月16日下午，分队官兵在返回途中，路遇受困于国道317线一段塌方路段的150多名灾区群众。一边是高山，不时有碎石滚落；一边是危崖，岷江水翻滚而下。灾区群众的安危就是无声的命令，80余名官兵迅速冲了过去，背起老人、抱起孩子、搀扶着伤员，趁着碎石滚落间隙，组织群众迅速安全通过。

地震发生时，8连连长刘和正正在家筹备订于5月25日举办的婚礼。接到命令后，他主动推迟婚期，连夜乘飞机从老家郑州赶回部队。7连指导员袁有桂，父亲肺癌晚期准备动手术，他默默退掉回家的车票，义无反顾地与战士们一起踏上抗震救灾的征程。整个抗震救灾期间，全分队有148名官兵主动递交了请战书，有8人主动放弃休假，有4名官兵的亲人在地震中遇难，6名官兵家庭受灾，但他们舍小家顾大家，始终坚守在抗震救灾的第一线。

抗震救灾期间，分队官兵共转移和营救受困群众4000余人，运送各类物资6万多件合计80余吨，维护抢修道路20余公里，搭建临时住房2000余间，清理废墟60余处，清理遇难者遗体28具，向灾区捐款3万余元。

2008年5月，武警8692部队79分队被武警部队表彰为“抗震救灾先进单位”，并荣立集体一等功；10月7日，被中共中央、国务院、中央军委授予“全国抗震救灾英雄集体”荣誉称号。

武警8741部队

汶川特大地震发生后，武警8741部队部队长王忠、政委罗德礼组织860名官兵参加抗震救灾。

5月12日14时45分，王忠、罗德礼分别召集驻阿坝、马尔康的全体干部紧急会议，安排部署抗震救灾工作，紧急采购抗震救灾物资，并积极向上级党委请战。16时，接到上级救灾命令后，部队迅速从藏区驻训和留守部队中抽调兵力分三路向极重灾区汶川、茂县紧急挺进。由罗德礼带领一部从马尔康出发向汶川挺进，由王忠、副部队长刘洪伟各带领一部从阿坝、红原向茂县方向挺进。23时，前往汶川救灾的部队行进至理县古尔沟时，由于道路塌方车队行进受阻，罗德礼迅速指挥官兵冒雨徒步开进。官兵们在夜黑、路滑、两边山崖随时有塌方落石的危险情况下，靠着微弱的手电光，深一脚浅一脚地摸索前进。为了防止出现群死群伤情况，部队拉大距离，分成若干小组，在复杂路段分组快速通过。由于塌方严重，好几处路段路面全部被埋，官兵沿着斜坡侧着身体，一手撑地一手抓住岩石，慢慢向前移动。许多官兵鞋磨破了，脚上打起了血泡，但没有一人叫苦叫累。阿坝、红原救灾部队行进至茂县叠溪海子受阻后，王忠立即命令部队成两个梯队，边严密勘察，边徒步开进，边实施救援。各路官兵都及时到达重灾地区，为抢救人民群众生命赢得了时间。

到达灾区后，官兵们冒着强烈的余震和随时可能出现山体滑坡、遭受泥石流袭击的危险，翻山越岭，蹚河溜索，以最快速度分赴15个乡（镇）、48个村寨抗震救灾。5月15日，作训股长鲁丕东带领18人的小分队到达汶川县雁门乡萝卜寨村，面对废墟和因失去亲人而痛哭的村民，官兵们来不及休息就立即投入战斗。救灾小分队在给养物资短缺、生活条件极差的条件下，不顾危险、不顾疲劳、不顾饥饿，坚持近一周时间，想方设法搜寻生还者，并将遇难者遗体全部挖出、妥善掩埋，被当地群众称为“活菩萨”。进山采药的雁门乡月里村村民赵小荣受伤被困在绝壁之上，友邻部队和村民3次前往救援均告失败。19日，6连连长邵兴海带领3名战士，冒着生命危险，往返步行16个小时，成功将赵小荣救出。部队开展“进村入户”搜救后，为及时解救被困偏远山区的群众，官兵们在深山峡谷间冒风雨、避飞石、抗余震，历尽千辛万苦，打通“生命通道”30余公里，将救灾物资及时送到村寨，并安全转移被困群众3000余人。

在历时92天的抗震救灾战斗中，部队救治伤员1387人，挖掘掩埋遇难者遗体311具，转运安置群众8535人，运送救灾物资300余吨，搭建帐篷2513顶、过渡性安置房2620平方米，疏通道路33公里，转移搬运炸药15吨、雷管9吨，排除各种险情39起，抢挖粮食12吨，抢种水稻2公顷多，协助医疗队防疫消毒6万余平方米，援建“帐篷小学”1所，捐款9万余元。

2008年9月，武警8741部队被武警部队记集体二等功；10月7日，被中共中央、国务院、中央军委授予“全国抗震救灾英雄集体”荣誉称号。

武警8740部队80分队

汶川特大地震发生后，武警8740部队80分队分队长唐顺国、教导员宋斌组织135名官兵参加抗震救灾。

唐顺国带领在马尔康执行驻训任务的47名官兵，随部队第一梯队向极重灾区汶川县挺进。5月13日1时，当车队行至理县古尔沟时，通往汶川的公路因山体塌方严重堵塞，部队临时决定弃车徒步挺进。一路上，官兵们不惧山路崎岖、大雨滂沱、道路塌方、山体滑坡等艰险，跨越100多个道路裂缝，翻越30多个塌方碎石堆，在危崖险道间徒步强行军21小时，艰难跋涉92公里，于23时15分率先到达汶川县城救援，涌现出一批先进典型，“十朵金花”中的周秋蘋、杨帆、梁艺潇等就是其中的代表。分队南充驻地的88名官兵在教导员宋斌的带领下，于同日6时在都江堰市向峨乡投入抗震救灾。

部队到达灾区后，官兵们不顾疲劳立即投入救援。汶川方向的官兵在龙溪乡实施救援，唐顺国发现龙溪乡中心小学后侧山体开裂2公里，随时可能垮塌，立即指挥官兵紧急行动，连续奋战4小时，将1000余名群众和学生转移至临时安置点。5月17日6时，距阿尔村4公里处发生山体滑坡，严重威胁着当地一炸药库安全。无线电连排长车毅立即带领20名战士疏散附近群众和矿工，迅速转移炸药2.5吨，派出兵力看守炸药库存放的2388枚雷管、4000米导火索、1896公斤炸药，避免了重大事故发生。

在都江堰市向峨乡救援的分队官兵，在废墟中全力搜寻挖掘，仅5月13日就抢救出被埋压学生4名。乡政府办公楼完全坍塌，救援难度极大，官兵们冒雨连续奋战8小时，救出副乡长易大东，中央电视台、四川电视台报道了官兵英勇救人的事迹。18日，部队转赴汶川县映秀镇开展救援，坚守42天。在抗震救灾阶段，分队营救出6名幸存者，抢救伤员65人，转移受灾群众4000余人，抢挖粮油6.5吨，抢救牲畜426头，抢出家用电器2000余件，搭建帐篷103顶，清理接通水源9处，搬运救灾物资120余吨，抢修道路30公里、通信电缆10余公里。

在灾后重建阶段，分队官兵协助地方政府，积极帮助灾区群众解决实际困难，先后出动兵力376人次开展爱民助民活动，逐户走访650余名受灾群众，给35名老人送去生活用品，帮助修建储水设施，改善居住环境，安装照明设施。驻龙溪乡的救援分队，在自我保障困难的情况下，抽调技术过硬的炊事人员组成后勤保障组，主动承担县工作组、乡政府、金川医疗队、受伤住院人员等240余人的生活保障。驻映秀官兵在物资十分匮乏的情况下，为过往灾区群众、志愿者提供热食2591人次，救助灾区群众价值3000余元的食品，想方设法为邻近灾区群众平整安置场地7660平方米，开挖排水沟110米，搭设帐篷259顶，搭建晒衣架300米，架设照明线路3000米，防疫消毒12.65万平方米，清理垃圾129.8吨，协助云南玉溪烟草公司安全转移价值450万元的香烟。营修理所8名战士发挥自身特长，设立便民家电维修点，修理电视机78台。

2008年10月7日，武警8740部队80分队被中共中央、国务院、中央军委授予“全国抗震救灾英雄集体”荣誉称号。

武警8742部队51分队

汶川特大地震发生后，武警8742部队51分分队长邓世平、指导员冯洋健组织62名官兵参加抗震救灾。

5月13日2时分队接到紧急出动命令，62名官兵迅速随团队从阿坝县城出发，经红原、松潘，昼夜兼程，行进570余公里，紧急赶赴极重灾区茂县抗震救灾。部队行进至距茂县县城80公里的松坪沟时，前方因山体滑坡造成道路中断，分队主动请缨，作为先遣队徒步向茂县开进。指导员冯洋健带领党员突击队走在队伍最前面，一边观察情况，一边指挥官兵疏通道路。为抢通一处坍塌路段，代理排长向一峰和战士李翰系上保险绳，带上十字镐和铁锹，冒着山体塌方和摔下山崖的危险，硬是从半山腰开凿出一条长约50米的便道。一路上，官兵避飞石、忍饥饿、战疲劳，闯过50余处塌方地段，于15日10时抵达茂县，将沿途道路状况和受灾情况及时报告上级，为后续部队安全进入灾区救援提供了重要信息。

到达地震灾区后，分队官兵不顾饥饿疲劳，立即投入生死营救中。5月15日11时许，官兵们背着粮食药品，冒着生命危险，翻山越岭进入海拔3700米的茂县石大关乡桃花寨。一名男孩在倒塌的房屋中呼救，冯洋健火速带领官兵奋力救援，用铁锹铲土，用木棍撬墙，用手扒瓦砾。经过近一个小时的艰苦奋战，终于可看见废墟下的男孩，孩子的父母已经遇难，男孩被一根倒塌的木梁紧紧压住不能动弹。突然余震袭来，一根悬在残壁上的椽木被震动得左右晃动。“危险！”排长孙亚军大喊一声扑过去，用自己的身体护住男孩。椽木落在孙亚军的背上，划开一条约5厘米长的口子，鲜血染红了后背，但孙亚军忍着疼痛，继续与战友们并肩奋战，终于将男孩救出。

5月26日，分队官兵在茂县黑虎乡救援时，发现白秀珍老人在地震中失去了亲人，住房完全垮塌，住在用树枝支起的简易窝棚里，已经断水断粮。官兵们赶紧把老人接到部队帐篷里悉心照料，将老人家里被埋的粮食、生活用品从废墟中挖出来，用自带的油布帮老人搭建了一间简易住房，给老人送去大米、食用油和被子，并自发为老人捐款1200元。

在抗震救灾战斗中，分队官兵心系灾区，舍小家顾大家。冯洋健岳父去世，妻子生病住院，但他忍着悲痛始终战斗在救灾一线。战士毛凤波家住都江堰，父亲早逝，地震灾难又夺走了他6位亲人的生命，母亲重伤住院，家中房屋全部垮塌，连队为他请假让他回家探望，但被他含泪拒绝了。

分队官兵在灾区连续奋战30余天，成功解救受困群众500余人，转移安置4200余人，挖出遇难者遗体5具，抢运各类物资30余吨，抢修道路35.4公里，排除危房327间，为孤寡老人捐款2800余元，向学校捐助学习用品78件，搭建简易活动房屋300余间，帮助抢收抢种庄稼37公顷。

2008年9月，武警8742部队51分队被武警部队记集体一等功；10月7日，被中共中央、国务院、中央军委授予“全国抗震救灾英雄集体”荣誉称号。

武警8651部队10分队

汶川特大地震发生后，武警8651部队10分队分队长龙志雄、教导员马文昌组织317名官兵参加抗震救灾。

5月13日3时，接到上级向汶川紧急救援命令，分队立即收拢人员，在分队长和教导员的带领下，星夜兼程向汶川方向机动。一路上，面对余震不断、山体滑坡、道路受阻、机动困难的恶劣条件，分队坚持边开进边清除路障。龙志雄、马文昌身先士卒，党员率先垂范，战士们互相勉励，克服从高海拔地区到低海拔地区身体上的极度不适，先后翻越6座海拔4000米以上的雪山，通过50余处山体滑坡路段、100余处落石路段，艰难行军753公里，于16日11时按时到达汶川。分队在自身保障有限的情况下，坚持边开进、边展开救援，先后向灾区群众发放方便食品10余箱、瓶装水20余件，以及价值500余元的药品，救治伤员10人，组织转移群众100余人。

5月17日开始“进村入户”救援后，分队遵照上级“争分夺秒，千方百计到最困难的地方去救人”的要求，主动担负汶川县草坡、银杏、耿达3个乡的救援任务。在道路不通、位置偏远、地形复杂的情况下，为最大限度地搬运救灾物资，干部分片包干负责，官兵们只携带简单的生活用具，每人背负25公斤大米，冒着道路受阻、飞石不断的危险，穿越“死亡谷”，横越悬江铁索，按时到达救援地域。官兵们放下粮食和药品，没来得及喘口气就立即投入逐村、逐组、逐户搜救行动。3连和通信连在到达草坡乡后，接命令迅速向耿达乡机动，徒步行军70余公里，翻越5座大山，以顽强的作风克服了距离远、道路险、次生灾害难预防、生活供给难保障等实际困难，按时到达震后6天无救援人员进入的耿达乡，成功解救出上木江萍水电站12名工程师，转移受困群众50余人，排查100多户人家，挖出遇难者遗体5具，搬运救灾物资10余吨，清理塌方路段500余米，清理2座水电站沙石30余吨，清理危房30余间，搭建帐篷50余顶，消毒面积1.5万余平方米。

在抗震救灾战斗中，分队有4名官兵家庭受灾，但他们把家园被毁、亲人失散的痛楚深埋在心底，顽强奋战在抗震救灾一线。官兵们自发组织“心连心情系灾区、手牵手共渡难关”捐赠活动，累计捐款4235元、捐衣物261件。分队共解救被困群众104人，转移疏散受灾群众182人，搬运遇难者遗体20余具，抢修道路10余公里，搭建帐篷507顶、简易房7间，拆除危房80间，清理废墟9000立方米，消毒3万平方米，帮收帮种5.3公顷，挖掘出现金及贵重物品价值100万余元。

2008年5月，武警8651部队10分队被武警部队表彰为“抗震救灾先进单位”；10月7日，被中共中央、国务院、中央军委授予“全国抗震救灾英雄集体”荣誉称号。

武警四川省总队直属支队

汶川大地震发生后，武警四川省总队直属支队支队长唐泽勇、政委简永松组织506名官兵参加抗震救灾。

地震发生后，支队接到上级命令，迅速组织官兵分两路奔赴灾区参加抗震救灾。一路260名官兵，于5月12日赶赴都江堰；另一路246名官兵，于13日长途开进380公里急赴北川。由于重灾地区大多地处大山深处，一些村镇四面环山，进出灾区的公路损毁严重，加之许多路段依山临江，频繁余震过后，山体滑坡、道路塌方、泥石流等险情接连不断。官兵到达灾区后，在物资保障匮乏、人员极度疲惫的情况下，组成16支抗震救灾党（团）员突击队，迅速投入抢险救灾。各级干部以身作则，迎难而上，哪里最危险就冲向哪里。一中队中队长刘镭在北川救援中，不顾频发的余震和房屋随时垮塌的危险，冲入废墟搜救群众，肩部、肘部、腿部多处受伤，成功营救出96岁高龄的秦珍秀老人。一大队教导员滕建明患有严重前列腺炎，经常疼痛难忍，始终奋战在救灾一线。为尽快进村入户救援群众，滕建明主动请战，带领20名官兵克服余震不断、山体滑坡、道路阻断等艰险和困难，连续翻越4座海拔2200米以上的大山；随身携带的饮水和干粮用光了，就喝溪水吃野果，提前18小时到达目的地，并利用卫星电话向前指发回准确信息，为后续部队大规模施救赢得了宝贵时间。

由于公路运输受阻，汶川县银杏小学253名师生震后断粮已三天，支队抗震救灾分队接到指挥部命令，迅速组织30名官兵向学校运送食品物资。运送过程中，道路中断，余震不断，巨大的山体滑坡声响震耳，不断有大小碎石掉下。30名官兵从6时到17时，跋山涉水，匍匐攀岩，相互扶持，经受苦与累、生与死的考验，把食品物资安全运送到银杏小学师生手中。

地震发生后，水上冲锋舟分队携带装备紧急奔赴紫坪铺水库，克服水文情况不熟悉、视野不开阔等不利条件，于5月13日6时30分打通了紫坪铺至映秀的水上“生命线”。在此后的5天里，4名冲锋舟驾驶员夜以继日，驾驶冲锋舟往返于紫坪铺与映秀之间，先后从震中接送、转移群众800余名，转运大量物资，打捞遇难者遗体300余具。

在严重灾难面前，支队全体官兵舍生忘死，勇往直前，忠实履行了武警部队的职责使命。支队15名官兵直系亲属病故，108人家庭受灾，他们均能舍小家顾大家。在抗震救灾战斗中，支队出动官兵506人、车辆300多台次，从废墟中营救幸存者62人，清理遇难者遗体1500余具，运送伤员5400余人，搭建帐篷620余顶，为灾区群众收割小麦8公顷，搬运各种救灾物资603吨，押运映秀镇银行现金496万元、支票和存折价值4078万元，受到地方党委、政府和人民群众的高度赞扬。

2008年10月7日，武警四川省总队直属支队被中共中央、国务院、中央军委授予“全国抗震救灾英雄集体”荣誉称号。

武警四川省总队绵阳市支队

汶川特大地震发生后，武警四川省总队绵阳市支队支队长刘昌建、政委徐超组织1313名官兵参加抗震救灾。

5月12日15时，徐超率领100名官兵向北川进发，当行至距北川县城20公里处时突发强余震，公路旁山体发生大面积塌方，山石倾泻而下，道路瞬间被损毁殆尽。面对险象环生、危机四伏的恶劣环境，官兵们毫不畏惧、毫不退缩，采取小群快进的办法，利用塌方间隙，以班为单位快速穿越而过，4次躲过塌方和滑坡，冒死赶到北川县城，迅即投入救援战斗。

刘昌建率领60名官兵开赴平武县途中，被泥石流阻断了前进道路，官兵们心急如焚。刘昌建毅然决定，不惜一切代价，徒步全速挺进。此时大雨瓢泼，余震不断，坠石翻滚，在生死考验面前，党员干部冲锋在前，带领官兵经过10多个小时迂回前行，抵达平武县城，迅即展开抢险救援。

5月13日，进入北川的一中队、警通中队、教导队200名官兵，不顾余震频发、滚石不断、楼房不时垮塌的危险，赶赴北川中学营救师生。没有专业救援工具，官兵们就用手刨、绳拉、肩扛，搬开残垣断壁，清除砖块楼板。有的手被磨破、脚被砸伤，简单包扎后又接着干；有的双膝跪肿、肩膀磨破，全然不顾。经过30多个小时连续奋战，官兵营救被困学生和群众154人，紧急转运危重伤员61人，挖出遇难者遗体58具。得知北川县城的桥梁被震塌、1000多名受灾群众被困、大量伤员危在旦夕的情况后，救援官兵顾不上休息，快速奔向现场，奋不顾身跳入激流，用血肉之躯架起“生命之桥”，让群众踩着官兵肩膀过河转移。

5月19日，唐家山堰塞湖告急，支队主动请缨担负向山顶运送抢险物资的重任。官兵们克服天气炎热、余震不断、身体极度疲劳等种种困难，肩挑背扛沉重的抢险物资，翻越高山，攀缘峭壁，以最快速度将5吨物资运送到唐家山堰塞湖泄洪点，为成功排险赢得了先机。

支队许多官兵的家就在灾区，21名官兵的亲属遇难，67名干部家属受伤，46名干部家庭房屋倒塌，28名官兵家中财产遭到重大损失，但官兵们都能舍小家顾大家，奉献人间大爱。警通中队通信班班长陆苇痛失9名亲人，但始终坚守在自己的工作岗位上，确保了救灾指挥通信联络畅通。

抗震救灾期间，支队共投入兵力1313人、车辆1200余台次，从废墟中救出幸存者205人，运送伤员1000余人，救治伤员820余人，转移群众7300余人，搬运遗体300余具，搬运、发放救灾物资1700余吨，捐款7万余元。在北川看守所被夷为平地，平武、安县、江油、梓潼、三台等看守所严重受损的情况下，支队官兵牢记职责，坚守岗位，没有让一名在押人员脱逃，没有丢失一枪一弹，并成功营救、安全转移在押人员306人。

2008年9月，武警四川省总队绵阳市支队被武警部队记集体二等功；10月7日，被中共中央、国务院、中央军委授予“全国抗震救灾英雄集体”荣誉称号。

武警四川省总队绵阳市支队北川羌族自治县中队

汶川特大地震发生后，武警四川省总队绵阳市支队北川羌族自治县中队中队长赵德清、指导员钱永存组织33名官兵参加抗震救灾。

地震发生时，中队副指导员贾达国正带领14名战士在北川县委礼堂参加庆祝五四青年节暨青年创业大赛颁奖表彰会。突然，县委礼堂发生剧烈晃动；瞬间，礼堂的天花板、屋顶开始垮塌；顿时，会场内乱成一团，呼救声、尖叫声响成一片。见此情景，贾达国和官兵们迅速协助周围人员从不同出口有序撤离。当官兵们撤出礼堂时，礼堂和旁边的县委办公楼轰然倒塌。贾达国迅速将战士们分成观察组、抢救组，第一时间投入到抢救与会者的行动中。他们用肩扛、用手扒，一块块地搬开被困者身上的砖头、水泥板，手磨破了皮，裂开了口，鲜血直流，没有一个人顾上包扎。15名官兵先后从县委礼堂救出200多名与会者，从办公楼救出4名干部。一名当地青年用摄像机录下了官兵们奋不顾身、舍生忘死抢救群众的英雄壮举，被中央电视台反复播放，在全国引起强烈反响。

与此同时，在赵德清、钱永存的带领下，中队其他官兵在营区附近展开了紧张的救援行动，在没有任何救援工具的情况下，官兵们用双手扒废墟抠砖石，手掌磨烂了，指甲脱落了，双膝跪肿了，没有一人停下来，成功地从营区附近的废墟中营救出包括4名儿童在内的23名受伤人员，疏散被困群众和学生200余名。

地震发生时，正在北川看守所执勤的中队领班员李伟和哨兵刘洋、熊毅不忘职责，坚守岗位。领班员一边指挥哨兵严密监控逃出监房的13名在押人员，一边与幸免于难的看守所两名值班干警一道抢救出4名被困在押人员，并迅速转移到中队营区控制起来。被救出的在押人员纷纷跪在3名战士面前，泪流满面地说："我一定好好改造。""如果有来生，下辈子我一定要当好人。"

5月17日，指挥部命令支队派出尖刀分队向距北川县城最远的片口乡开进，务必于19日12时前到达并报告灾情。中队官兵再次担负重任，克服道路被毁、气候恶劣、险象环生等重重困难，昼夜兼程，随身携带的干粮饮水没有了，就吃野果喝山水，脚扭伤了、腿摔破了，简单处理后继续前进，翻越4座海拔2500米以上的大山，爬过20多处塌方，在体力严重透支情况下提前18个小时到达目的地，并利用卫星电话向前指发回第一手资料，为前指科学决策做出积极贡献。

参加抗震救灾的33名中队官兵，把个人生死置之度外，出色完成了各项任务，先后抓获犯罪嫌疑人60余人，从废墟中抢救出256名被困人员，救治伤员40余人，运送伤员140余人，安全转移和疏散群众3000余人，搬运救灾物资30余吨。他们的事迹被中央电视台、东方卫视、凤凰卫视等40多家媒体专题报道，得到社会各界的广泛赞誉。

2008年9月，武警四川省总队绵阳市支队北川羌族自治县中队被武警部队授予"抗震救灾英雄中队"荣誉称号；10月7日，被中共中央、国务院、中央军委授予"全国抗震救灾英雄集体"荣誉称号。

武警四川省总队广元市支队青川县中队

汶川特大地震发生后，武警四川省总队广元市支队青川县中队中队长陈波、指导员王友军组织34名官兵参加抗震救灾。

地震发生后，青川县通信完全中断，在与上级失去联系的紧急情况下，中队3名干部迅速分工，组织官兵火速投入抗震救灾战斗。地处青川县城的山珍农贸市场在地震中全面坍塌，群众生死未卜，陈波带领19名官兵持钢钎铁锹，急行1.5公里赶赴现场立即展开施救。在市场左侧楼道间，一名青年男子被困在垮塌的水泥预制板下，上面压着一根巨大的横梁，横梁虽已断裂但钢筋还死死相连。班长曹建飞了解情况后，快速跑到附近的五金商店抱来钢锯、撬杠和千斤顶，党员杨廷伟接过钢锯就向裸露的钢筋开锯。时间一分一秒地过去，钢筋一根一根断开，当第三根钢筋被锯断时，杨廷伟的右手虎口已裂开一条口子，鲜血顺着锯柄往下流，跪在地上的双膝也扎满沙砾，但他全然不顾。当最后一块水泥板被顶起时，班长王伟透过缝隙看到被困青年头部受伤血流不止，担心落下的尘土污染伤口，就将自己身上的背心脱下撕成两块，从缝隙中挤进去，帮其包扎伤口后，将这个青年成功救出。官兵们有工具的用工具，没工具的用手抠，经过两个小时艰苦奋战，挽救了21条生命。

5月12日18时10分，官兵翻山越岭15公里赶到灾情严重的木鱼镇初级中学。没有专业工具，就凭眼睛看、耳朵听；没有救援设备，就靠肩扛、手刨、人抬；用手刨出砖头、碎石3吨多，指甲抠翻了，双膝磨破了，手臂酸肿麻木连衣扣都解不开，却没有一人停下来。经过连续76小时奋战，营救出幸存学生53名，抢运重伤群众182人。14日下午，杨廷伟等3名官兵不顾余震频发，在废墟中奋战3个多小时，清理砖石4吨多，将被困50小时30分钟的初一女学生何翠清救出。

抗震救灾期间，中队营救被困群众112人，清理遇难者遗体268具，拆除危残建筑43处，装卸救灾物资4600吨，清运废墟6500余吨，搭建帐篷714顶，修整道路205公里，为灾区群众安置点铺设输水管道9000余米，护送救灾款、保险金4100万元，制止盗窃行为5起，完成堰塞湖和山体裂缝观察警戒3次。

2008年5月，武警四川省总队广元市支队青川县中队被武警部队表彰为“抗震救灾先进单位”，并荣立集体一等功；10月7日，被中共中央、国务院、中央军委授予“全国抗震救灾英雄集体”荣誉称号。

武警四川省总队德阳市支队一中队

汶川特大地震发生后，武警四川省总队德阳市支队一中队中队长黄福、指导员冉硕组织85名官兵参加抗震救灾。

地震发生后，接到支队命令，一中队作为支队抗震救灾第一梯队火速赶赴极重灾区什邡、绵竹实施紧急救援。在中国银行绵竹支行的废墟里，班长陈磊听到一个凄惨微弱的呼救声，他迅速用手扒开残垣断壁，发现被埋在水泥板下的一名男子已奄奄一息。为防止废墟再次垮塌伤害被困男子，陈磊和战友一边挖洞，一边用千斤顶支撑洞口横梁，小心翼翼地向受困男子靠近。5月12日21时59分，终于将其救出。

5月12日22时50分，一名群众跑来向中队官兵求救，一座居民楼垮塌，3名群众被埋在废墟中。副中队长陈超迅速带领10名战士，经过4个小时奋战，将2名幸存群众成功救出。13日17时10分，什邡市洛水中学垮塌的废墟下发现3名被困学生，官兵们在没有专业救援工具的情况下，靠双手成功解救出被困学生。14日，在绵竹市汉旺镇抗震救灾中，得知一居民楼内有一名被困群众，官兵迅速前往营救。由于被困人员在3层楼上，战士万守均灵活利用吊车到达3楼，经过3个小时紧张施救，将受困群众救出。绵竹市清平乡一些村民被困在楠木沟，由于缺少食物和药品，有的受伤村民面临生命危险。18日5时24分，中队接到上级命令，7名官兵立即赶往素有"死亡谷"之称的楠木沟，冒着塌方、滑坡和泥石流随时可能发生的危险，经过7个多小时的艰难跋涉和紧急救援，将23名群众安全转移至汉旺镇。

在全力搜救被困群众的同时，中队每天派出20人的巡逻小分队，昼夜对街道和重要路口进行巡逻。5月15日3时，巡逻官兵发现一名形迹可疑的男子，遂下车盘问。男子见了武警官兵转身便跑，巡逻官兵反应迅速，成功将其抓获，从他身上搜出现金5万元、金项链10多条以及21部手机，当即将其扭送公安机关。20—24日，官兵深入到汉旺镇牛鼻村、莹法村、香山村等8个村组，主动为受灾群众送去10余吨大米、面粉、食用油、食品等价值6万余元的物资，搭建帐篷300余顶，抢收小麦2.6公顷、油菜2000余公斤；同时，充分发挥地震知识宣传小组作用，印发宣传提纲1万余份，为灾区群众讲解地震知识和开展心理疏导工作，缓解灾区群众心理压力，并完成押送10箱金条和3000万元救灾抚恤金的任务。

6月8—12日，受地震灾害影响，两山合拢形成绵竹小岗剑和一把刀堰塞湖。为排除险情，中队迅速抽调30名官兵，组建了一支水上运输分队，通过冲锋舟运送水电部队爆破专家和爆破设备。全体官兵克服重重困难，舍生忘死，经过多日的紧张工作，两处堰塞湖坝体被成功爆破。

抗震救灾期间，中队官兵先后从废墟中救出19名幸存者，运送伤员630人，清理遇难者遗体256具，搬运各种救灾物资30余吨，完成了中央领导同志考察灾区的8次一级警卫和6次二级警卫任务。

2008年5月，武警四川省总队德阳市支队一中队被武警部队表彰为"抗震救灾先进单位"；10月7日，被中共中央、国务院、中央军委授予"全国抗震救灾英雄集体"荣誉称号。

武警四川省总队宜宾市支队一中队

汶川特大地震发生后，武警四川省总队宜宾市支队一中队中队长谢泽元、指导员方毅组织70

名官兵参加抗震救灾。

地震发生后，中队官兵奉命奔赴北川执行抗震救灾任务，经过15小时摩托化开进到达北川县城。官兵们自觉把抢救群众生命放在首位，顾不上休整，立即投入到灾情严重、搜救艰难的北川中学、北川幼儿园和县工商局救援现场。他们抗余震、忍饥饿、冒大雨，在生死考验面前，宁可流血牺牲，绝不畏缩不前。绝大部分官兵鞋被刺穿、腿被磕肿、手被划破，但无一人退下火线，时刻保持高昂的士气。5月15日，通往北川县城老城区的公路因山体滑坡阻断，各类救援机械设备无法进入。中队作为突击队，冒着大雨和不停的余震，仅凭一根绳索滑过陡峭的山道，进入老城区搜救群众。在72小时黄金救援期内，官兵们每天只吃一顿饭，睡眠不足3小时，仅凭一双手和铁铲等简易救援工具，搜救幸存者12人，清理遇难者遗体297具，转移伤员148人，疏散群众3260余人，搬运救灾物资10余吨。

为尽快进村入户救援，中队官兵主动请战，迅速向乡镇开进送粮。看到灾区群众食品短缺、饮水困难、缺医少药的情景，官兵们宁可忍饥挨饿、风餐露宿，也不动运送的一瓶水和一块面包，不住一顶帐篷，主动让食于民、让水于民、让医于民。第一次送粮就是到被称为“生死线”的禹里乡，官兵人均背负粮食30余公斤，攀悬岩，爬陡坡，越高山，冒着生命危险，经过12个多小时，行程70余公里，将第一批救命粮送到灾区群众手中。在“进村入户”救援阶段，中队官兵先后3次向乡镇运送干粮、药品共6.2吨。特别是5月20—22日，连续3天走村串户运送粮油、饮水、药品等救灾物资达5吨多，解决了受灾群众的燃眉之急。

在恢复重建阶段，中队卸载生活用品40余车310余吨，清理街道3500余平方米，拆除危房12幢，搭建帐篷79顶，帮助群众收割小麦3公顷、油菜1.8公顷，插秧1.5公顷，清理排水渠586米，受到灾区群众高度赞誉，真正践行了“红旗连”爱民助民当模范的铮铮誓言。

2008年5月，武警四川省总队宜宾市支队一中队被武警部队表彰为“抗震救灾先进单位”，并荣立集体三等功；10月7日，被中共中央、国务院、中央军委授予“全国抗震救灾英雄集体”荣誉称号。

武警四川省总队阿坝藏族羌族自治州支队六中队

汶川特大地震发生后，武警四川省总队阿坝藏族羌族自治州支队六中队中队长赵成建、指导员姚敏组织48名官兵参加抗震救灾。

突如其来的地震，使汶川县映秀镇几乎被夷为平地。当时正在映秀、卧龙等任务点执勤的官兵，在天摇地动的危急关头奋不顾身，展开自救互救行动。队部哨兵李建华在警报器断电的情况下，迅速用鹅卵石敲击脸盆报警；值班员徐畅立即吹响紧急集合哨，大声指挥官兵撤离；指导员姚敏瞬间冲出房门向楼下跑去，当看到紧随其后的通信员被地震波掀翻在地时，毅然转身返回将通信员推出。13名战士刚刚撤出，营房主体建筑就轰然倒塌，而来不及撤离的姚敏被埋在营房废墟中。当他被战士奋力救出后，说的第一句话就是：“大家都出来了吗？有没有人负伤？”二台山变电总站执勤点的官兵，在赵成建的组织下，迅速撤离到营区后侧的空旷地带，在营房全部垮塌、变压器相继爆炸的情况下，7名官兵无一伤亡；距队部最远的耿达执勤点，副指导员王宇组织7名战士打破营房2楼后窗玻璃，跳到松软的沙地里，手拉手围成一圈趴在地上抗击强大的地震波，成功避险。

强震刚过，赵成建就率执勤点4名党员和骨干，冒着余震和飞石，以最快速度赶赴渔子溪执勤点，赤脚在乱石堆中往返3次，历时5个多小时，将受伤被困的4名战友从乱石堆中挖出，转移到安全地带。国家电网映电总厂洞口执勤点班长胡志强在清点人数时发现还有战士被困，来不及包扎头上流血的伤口，顾不得山上随时滚落的飞石，带领3名战士搬开堵住洞口的树木、石块，刨开泥土，成功救出3名战友。耿达执勤点哨兵张永光被山上滚落的飞石击中，掉入河中，战士刘飞、蒋欢见状，抓住断开的吊桥钢绳，奋不顾身地跳进湍急的河水中，硬是把张永光救了上来。由于中队官兵全力自救，41名官兵成功避险。

刚刚脱离险境的官兵在战友牺牲、多人受伤的情况下没有被险境和困难吓倒，他们化悲痛为力量，从废墟上勇敢地站立起来，迅速投入抗震救灾。队里除留下一名战士看守弹药库、两名战士照料受伤战友外，其余官兵冒着山体崩塌、房屋垮塌的危险，迅速赶赴映秀镇老街村、电厂等群众最集中、灾情最严重的地方抢救生命。没有工具，大家就靠双手扒砖块、抬盖板、清废墟，有的手掌被钢筋戳破，有的大腿被预制板砸伤，却没有一人退缩。官兵们先后从废墟中营救出41名被埋群众，救治重伤群众130余人，解救被困群众7人，收留受灾群众1100余人，转移受灾群众510余人，搬运遇难者遗体23具，从废墟中挖出大米2500多公斤，搭建帐篷46顶，搬运物资400多吨。特别是耿达执勤点副班长肖中波，翻越3座大山迂回200余公里外出报信求援，向救灾部队提供准确信息，被武警部队表彰为“抗震救灾先进个人”。

2008年5月，武警四川省总队阿坝藏族羌族自治州支队六中队被武警部队表彰为“抗震救灾先进单位”；9月，被武警部队授予“抗震救灾英雄中队”荣誉称号；10月7日，被中共中央、国务院、中央军委授予“全国抗震救灾英雄集体”荣誉称号。

武警四川省森林总队阿坝藏族羌族自治州支队汶川大队

汶川特大地震发生后，武警四川省森林总队阿坝藏族羌族自治州支队汶川大队大队长高立民、教导员张洪旗组织98名官兵参加抗震救灾。

地震发生后，汶川县损失惨重。汶川大队官兵成功避险后，立刻奔赴抗震救灾第一线。5月12日14时40分，高立民带领50名官兵编成3个组，进入营区附近郭竹铺村救人，抢救出幸存者3人，将26名被困群众转移至安全地带。16时11分，中队长高吉勇带领两个班翻越塌方路段，赶到雁门乡解救出阿坝师范高等专科学校北校区和雁门中心小学共计1500余名学生。16时52分，在汶川大队蹲点的支队后勤处助理员李健带8名战士在汶川县城西，沿国道213线，深入下庄等村寨搜寻8公里，营救群众460人。19时20分，李健又带领6人到汶川县民政局从库房内抢运出民用救灾帐篷47顶。正在卧龙中队调研的总队长张京科指挥57名官兵分三路，赶赴卧龙镇、耿达乡和熊猫研究中心，开展搜救群众、抢救熊猫、抢运物资等工作，并带领30名官兵进入卧龙中国保护大熊猫研究中心，抢运大熊猫4只和幼仔14只到安全地带。在汶川大队蹲点的支队长崔贵恩带领卧龙中队20

名官兵进入卧龙镇，抢救幸存者2人，转移群众150余人。17时23分，教导员张洪旗带领7名战士到卧龙镇炸药库抢运出炸药480余公斤，成功实施了红花树水库爆破排险，防止了红花树地区堰塞湖的形成。19时，卧龙中队出动4名官兵到卧龙镇小学组织转移学生50余名、受灾群众415人。

5月13日，汶川大队20名官兵分3组在汶川县城巡逻，担负银行、超市、粮库、水库等重要部位警卫和县城抢险任务；10时30分，出动10名官兵，赴受灾严重的双江门、草坡乡一带查看灾情，在七盘沟将12名台胞游客解救出危险地域。转入“进村入户”救援后，汶川大队担负了汶川县城周边8个乡（镇）的卫生防疫工作，官兵们为地方群众讲解卫生专题知识5次。卧龙中国保护大熊猫研究中心的4只大熊猫受地震惊吓窜入森林，官兵们冒着频发的余震和山体滑坡的危险，深入原始森林搜寻，分别于16日和26日找回丢失的大熊猫。

5月14日，根据卧龙地区抗震救灾指挥部指示，大队出动8名官兵投入抢挖卧龙加油站的任务，加油站后面的山体大面积塌方，官兵们冒着生命危险，抢出柴油20吨、90号汽油40万升。15日7时30分，13名官兵组成赴耿达乡救灾突击队，徒步12小时53分钟到达受灾严重的“孤岛”耿达乡，及时搭建起临时医疗卫生棚、临时住宿棚，清理出临时直升机停机场。17日，耿达乡沙湾电站水位上涨超过警戒线，4名官兵克服种种困难艰难地爬到堤坝上，用时近3个小时排除险情，成功提闸泄洪。

抗震救灾期间，汶川大队抢救幸存者8人，转移受灾群众1.2万余人，清理遇难者遗体83具，挖掘出现金290余万元、各种票据3万余张，抢出粮食及食品1万余公斤，阻止抢劫、闹事等事件100余起。

2008年5月，武警四川省森林总队阿坝藏族羌族自治州支队汶川大队被武警部队表彰为“抗震救灾先进单位”；10月7日，被中共中央、国务院、中央军委授予“全国抗震救灾英雄集体”荣誉称号。

武警重庆市总队医院赴茂县抗震救灾医疗队

武警重庆市总队医院赴茂县抗震救灾医疗队，由武警重庆市总队医院副院长刘筑负责带队，医务人员19人，主要担负茂县地震灾区的医疗救援和卫生防疫任务。

地震发生后，武警重庆市总队医院接到上级抗震救灾命令后，迅速抽调19名医护骨干组成医疗队，由刘筑带领随部队第一时间奔赴茂县参加抗震救灾。5月13日凌晨，医疗队开进茂县叠溪镇时，发现因道路塌方造成地方两辆汽车被埋，车上乘客多人遇难。全体医护人员立即实施救援，冒着山体随时可能再次垮塌的危险，精心搬运和清理遇难者遗体39具，并成功救出一名幸存者。清理完遗体后，救灾指挥部命令部队徒步向茂县开进。此地离茂县县城还有70多公里，交通中断，大雨倾盆，前方情况不明。“拖延一分钟，受灾群众将少一份生存的希望。”医疗队长刘筑果断决定医疗队随大部队一同前往。在风雨交加、余震频繁、山体垮塌的情况下，全体医护人员与生命赛跑，与地震抗争，特别是吴秀琳、陈芳等4名女医务人员，冒着生命危险，紧跟大部队长途跋涉。医疗队历时13小时，徒步行军70余公里，于14日18时抵达茂县县城。

面对众多受伤待治群众，医疗队员忘记了饥饿和疲劳，就地开设医疗救护所，紧急救治伤员。在茂县7个集中收治伤员的外科帐篷里，80多名高危伤员急需救治。刘筑立即向茂县卫生局局长左蜀桓请战，带领9名医护人员火速投入伤员抢救中。由于缺少基本医疗器材，他们就冲进已经摇摇欲坠的县医院手术室，抢运出监护设备和手术器械，48小时内做了76台手术。由于长时间实施手术，刘筑几次差点晕倒在手术台边，医生郎中兵痛风病复发，可他们咬牙坚持，直至所有伤员都得到救治处理。随后，全体医护人员不辞辛劳，迅速在茂县凤仪镇临时安置点搭设临时救治点，先后收治伤病员1000余人。

为让偏远村寨的受伤群众得到及时救治，医疗队周雄、曹明、张祖列、蔡俊4名医生在黄金救援时间72小时内，进驻茂县灾情严重的渭门乡、沟口乡、飞虹乡、黑虎乡展开救援。沟口乡刁林村40户村民住在海拔4000多米的山顶上，通往村子的唯一道路大部分被塌方压埋，182名村民缺衣少食，有病无医。蔡俊和战士们一道，顺着悬崖峭壁，冒着生命危险，经过4个多小时艰难跋涉赶到村子，先后救治伤员50余人。大岐山村一名怀孕7个月的妇女被倒塌的墙体砸伤，右胫腓骨骨折并出现胎膜早破，危及两条生命。外科医生周雄迅速对其骨折部位进行包扎固定，又同3名战士一起连续攀爬5个小时，徒步翻越15公里崎岖山路，将孕妇安全转移到茂县人民医院。

抗震救灾期间，医疗队抢救高危伤员80余人，救治伤员1900余人，累计巡诊1.8万余人次、消毒2250万平方米。

2008年6月，武警重庆市总队医院赴茂县抗震救灾医疗队被重庆市委、市政府授予“抗震救灾先进集体”称号；10月7日，被中共中央、国务院、中央军委授予“全国抗震救灾英雄集体”荣誉称号。

武警陕西省总队医院赴汉中抗震救灾医疗队

武警陕西省总队医院赴汉中抗震救灾医疗队，由武警陕西省总队医院副院长张华带队，医务人员39人，主要担负汉中地震灾区的医疗救援和卫生防疫任务。

5月20日上午，抗震救灾医疗队受领任务后，39名医务人员顾不上与家人道别，在张华带领下，立即带上必备的医疗器械和药品，昼夜兼程，于21日12时15分到达受灾严重的宁强县广坪镇。医疗队刚一下车，就有一名孕妇前来求救。孕妇郭欣荣预产期已超过7天，羊水浑浊破裂，胎儿脐绕颈，随时可能窒息。妇产科主治医师逯蕾检查后，决定立即实施剖腹产手术。“群众生命高于一切，只要有一线希望，就要做百分之百的努力。”逯蕾对其他队员说道。医疗队迅速制订手术方案，搭建帐篷，消毒器械，由9名队员参与的一场生命争夺战在手术台上展开。22日2时20分，随着“哇”的一声啼哭，一名男婴平安降生。第二天，郭欣荣家人给医疗队送去“抗震救灾、军民情深”的锦旗，并为孩子起名“赵震武”，以表达对武警官兵的感激之情。

在赶往青川县姚渡镇的救援路上，医疗队途经青原村时，济南军区某部官兵正在此地抢修坍塌道路。看到连日奋战的官兵们极度疲劳，身上到处都是蚊虫叮咬的红包，医疗队为他们精心治疗并进行心理疏导，有效缓解了官兵的心理压力。医疗队还对帐篷进行了细心的防疫消毒，临走前还留下治疗皮肤病、感冒、胃肠疾病、外伤和驱蚊的药物。

为保证大灾之后无大疫，医疗队防疫人员在战线长、面积广、伤情多、病种杂、防疫难的情况下，每天背着30多公斤重的喷雾器，一边宣讲卫生防疫知识，对灾区群众的吃、住、行、用各个环节进行防疫指导，一边对生活垃圾、厕所、水沟、帐篷集中点等处进行喷洒消毒，消灭蝇、虫等疫病传播媒介，保证不留一处死角，不留一片盲区。

5月26日7时，宁强县金山寺徐家沟村10多名村民出现头晕、呕吐、腹泻等症状，正在金山寺巡诊的医疗队火速赶往徐家沟村，组织力量展开救治。针对灾区群众震后的恐惧和焦虑心理进行疏导，医疗队详细讲解卫生常识，对居住区和水源进行检验消毒防疫，挨家逐户发放消炎杀菌防暑等药品，及时有效地防范了病情蔓延，村民们亲切地称医疗队官兵是“穿着军装的村干部”。

抗震救灾战期间，39名白衣战士在20多天里，转战广坪镇、青木川镇、姚渡镇、燕子砭镇，巡诊18个村组，救治受灾群众2600余人次，开展手术410余例，防疫消毒35万余平方米，发放药品器材价值近10万元，为灾区群众进行心理疏导，印发了大量卫生防病宣传单，为夺取抗震救灾全面胜利做出了积极贡献。中央电视台、陕西电视台、陕西人民广播电台等多家媒体，相继对医疗队进行了专访和报道。

2008年10月7日，武警陕西省总队医院赴汉中抗震救灾医疗队被中共中央、国务院、中央军委授予“全国抗震救灾英雄集体”荣誉称号。

武警甘肃省总队三支队五中队

汶川特大地震发生后，武警甘肃省总队三支队五中队中队长张小平、指导员张亚斌组织94名官兵参加抗震救灾。

地震发生后，按照甘肃省委、省政府和总队党委的指示命令，在省地震局领导的带领下，五中队官兵连续摩托化行军33小时，克服路途遥远、道路崎岖、保障困难等种种困难，行程2200公里，按时抵达青川县沙州镇。5月17日，五中队接到指挥部紧急通知，位于沙州镇白云街的一家电气焊接铺内，几十个氧气瓶、乙炔瓶和液化气罐被压在倒塌的房屋中，如发生意外引起爆炸，后果将不堪设想。由于余震不断，排险工作危险重重，就在两名队员刚刚将钢丝绳固定在楼板上时，强余震发生了，两名队员迅速撤出，所有人员都为他们捏了一把汗。官兵们经过一个多小时奋战，楼板和砖块被清除，氧气瓶露了出来。由于从2楼塌下来的一块楼板和席梦思床垫死死地卡在中间，氧气瓶还是取不出来，官兵们只好用切割器、液压剪清理压在上面的楼板和床垫。为防止切割时产生的火花引起爆炸，他们一边用水浇一边小心切割，凭着丰富的经验，艰难排除了险情。

受地震影响，通往沙州镇的唯一通道白水大桥严重受损，车辆无法通行，来自全国各地的救援物资只能靠人力由桥南搬到桥北。5月20日中午，五中队奉命冒雨赶赴白水桥搬运救灾物资。面对形状各异、大小不等、轻重不一的几十吨救灾物资，官兵们一人背、两人抬、三人扛，快速卸载搬运。在420米长的大桥上往返30多趟，经过连续13个小时奋战，将救灾物资全部搬运完毕。

中队转战四川青川、甘肃文县的3个乡（镇）、32个村庄，拆除危房、排除险情227处，在青川县姚渡信用社等废墟中挖出现金135.53万元、黄金10公斤、粮食33吨及价值20余万元的贵重物品，搭建帐篷513顶，搬运救灾物资355吨，清理废墟2500立方米、易燃易爆品41件，抢收小麦1.3公顷，转移安置受灾群众3500余人，派出警戒巡逻兵力335人次。中队的抗震救灾事迹，先后被中央电视台、中央人民广播电台、《解放军报》《中国青年报》《人民武警报》《甘肃日报》、甘肃省电视台等多家新闻媒体报道。

2008年5月，武警甘肃省总队三支队五中队被武警部队表彰为“抗震救灾先进单位”，并荣立集体一等功；10月7日，被中共中央、国务院、中央军委授予“全国抗震救灾英雄集体”荣誉称号。

武警交通直属工程部第一工程处三中队

汶川特大地震发生后，武警交通直属工程部第一工程处三中队中队长刘健、指导员陈宗双组织75名官兵参加抗震救灾。

地震发生后，根据上级命令，武警交通直属工程部第一工程处以三中队为主体组成抗震救灾突击队，在武警交通指挥部的领导下，前往四川担负省道303线卧龙至耿达段震毁公路抢通任务。5月19日，突击队在武警交通直属工程部副政委兼政治部主任梁雄和第一工程处副主任何川的带领下，从重庆出发，经渝遂、成南、成雅高速公路、国道213线，从雅安经芦山、宝兴、小金，翻越两座海拔4000米以上的雪山，于21日下午到达位于卧龙国家级自然保护区的中国保护大熊猫研究中心。

5月22日上午，三中队完成勘察工地、拟订施工方案等工作，12时开始抢通作业。官兵们叫响“不惜用生命抢通生命通道”的誓言，主动承担急难险重任务，英勇顽强，科学组织，严密施工，快速推进，连续奋战6天半，成功抢通省道303线卧龙至耿达震毁公路，比原计划提前了9天。当日13时，突击队到达耿达乡时，受到当地群众的热烈欢迎，突击队向被困半月之久的受灾群众捐赠了一车急需物资和2.2万元现金。

5月23日，进驻卧龙的抗震救灾突击队帮助中国保护大熊猫研究中心转运6只大熊猫。25日，突击队两名战士发现失踪的怀孕大熊猫茜茜，协助中国保护大熊猫研究中心组织营救失败。26日，突击队官兵冒着瓢泼大雨，穿越滑坡密林，经过7小时艰辛跋涉搜救大熊猫茜茜，于当日19时将其运回2号馆舍。5月22日至6月4日，突击队战胜连降暴雨、时有余震及塌方飞石等险情，清理山体大塌方28处、飞石区3处、堰塞湖5处、泥石流9处等45处较大危险地带，为“孤岛”耿达乡4000多名群众开辟出一条“生命通道”，为卧龙大熊猫保护区建立保护通道起到了重要作用。6月5—28日，突击队在上级抢通方案未下、待命休整的情况下，积极保通省道303线卧龙至耿达段24天，主动帮助受灾群众平整灾后房屋重建用地1.89万平方米，帮助耿达乡政府排除泥石流、河流淤塞等险情数十次，慰问和帮助“五保户”、遇难群众家庭12户。中央电视台、新华社、中国新闻社、中央人民广播电台、人民网、《中国交通报》《人民武警报》等新闻媒体，报道了突击队抢通公路、搜救大熊猫的事迹。

2008年10月7日，武警交通直属工程部第一工程处三中队被中共中央、国务院、中央军委授予“全国抗震救灾英雄集体”荣誉称号。

武警交通第一总队三支队六中队

汶川特大地震发生后，武警交通第一总队三支队六中队队长张公良、指导员刘伟组织40名官兵参加抗震救灾。

震后，国道213线都江堰通往震中汶川的公路中断，救援部队和救灾物资无法运进，正在参与重庆市重点工程建设任务的六中队官兵主动请缨。5月13日凌晨4时，中队受领任务后，立即组织40名官兵连夜从重庆向四川灾区紧急开进，担负都江堰至映秀、映秀至耿达等道路的抢通任务。

5月14日18时，在都江堰至映秀道路距友谊隧道3公里处，中队抢通作业遭遇第一块“硬骨头”——一个因山体滑坡形成的160米长扇形堆积体。当时，滑坡松散体在大雨的作用下形成数万立方米的泥石流不停下滑，并不断有飞石夹杂其中滚落，此时天色渐黑，情况万分危急。中队长张公良带着强光手电筒靠前指挥，挖掘机操作手顽强地向前清出供机械通过的便道，工程师文茂指挥其他挖掘机紧跟在后，清理泥石流和滚落的石块，加宽路面。在余震不断的危险情况下，中队官兵顽强拼搏，连续作战，填平条条沟壑，推开块块巨石，经过3小时奋战，突破了第一道险关。在距友谊隧道17公里处，官兵们遇到了第二道险关——通往漩口镇的一座大桥桥头150米处，一段40米高的挡墙被山体冲垮30多米，半边路基被损毁，一棵直径超过1米的大树横亘在另一半路基上，阻断了车辆的通行。为加快抢通进度，张公良立即命令采用两头同时作业的办法清理塌方体和石头。在清理最后5米长的塌方体时，突然发生强余震，大桥左右摆动幅度超过1米，并嘎吱作响，山上的石头滚滚而下，尘土腾空而起。张公良不顾扑面而来的尘土，沉着冷静，果断指挥，成功排除了第二处险情。经过7个小时的全力推进，部队在距阿坝铝厂近3公里处遇到了第三个险情——老路路基有20米被泥石流全部冲毁，右边是岷江和悬崖，左边是垂直的峭壁，巨石在余震的作用下随时有可能坠落。面对危险，官兵们临危不惧，采取步步为营的办法，多方位部署安全哨，用推土机把塌方体和滚落的石头往路基豁口里填充，经过5个多小时的连续作业，成功打通了通往映秀镇的道路。在抢通都江堰至映秀“生命线”的战斗中，中队40名官兵，人人负伤，连续奋战42个小时，抢通45公里的路段。

根据上级命令，中队随即又转战映秀至耿达路段，担负道路抢通任务。官兵克服体力消耗大、机械受损严重、道路险要、险情不断等不利因素，经过7个小时奋战，打通了通往灾区中心的“生命通道”。完成抢通任务后，中队官兵又主动参与了抢救被困人员、转运救灾物资、搬运遇难人员遗体、帮助驻地平整搭建板房的场地、进行卫生防疫消毒等工作。

抗震救灾期间，六中队官兵共转运伤员1000余人，转运救灾物资50多吨，清理遇难者遗体

500多具，挖出保险箱2个、现金20多万元，平整场地2.6万多平方米，清理废墟3万多立方米，护送专家到震中勘察情况35人次，多次受到军地领导和灾区群众的称赞。

2008年9月，武警交通第一总队三支队六中队被武警部队记集体一等功；10月7日，被中共中央、国务院、中央军委授予“全国抗震救灾英雄集体”荣誉称号。

武警水电第一总队四支队六中队

汶川特大地震发生后，武警水电第一总队四支队六中队中队长王维伟、指导员刘朝勇组织98名官兵参加抗震救灾。

地震发生后，六中队驻地汉源县受灾严重，中队两名主官在组织官兵成功避险后，果断组织人员和设备，仅用20分钟就投入到县城抗震救灾中。在前期紧急救援阶段，中队官兵连续奋战，先后从废墟中营救群众23人，转移安置群众9000余人，排除险情130余处，清理废墟150余吨，抢通严重毁损道路8公里，协助公安部门转移服刑人员150人。中队还为受灾群众捐款9.6万余元。

5月18日下午，接到向唐家山集结的紧急命令后，中队98名官兵携带43台套设备立即开进，提前4小时抵达指定地域。决战唐家山堰塞湖战斗打响后，4名官兵被空降到唐家山，负责监测堰塞湖水情。为提供翔实数据资料，他们每天冒着滚石坠落、山体滑坡、毒蛇出没等危险，24小时不间断地采集水文、地质等数据样本。其间，受暴雨、大雾等恶劣气象影响，空运给养中断，他们就靠挖野菜、摘野果、嚼草根、舔露水维持生命和体力。凭着必胜的信念和顽强的作风，4名官兵冒死监测水情319期，为指挥部制订抢险方案提供了科学参数，被水利部专家组誉为“唐家山四勇士”。场地平整组21名战士在4天内徒手开辟临时停机坪3个，平整生活居住区场地1700平方米，搭设30平方米的帐篷16顶，为后续部队和设备的进驻提供了基本保障。负责设备吊装的15名战士，组成“吊装突击队”。巨型米-26直升机靠近地面时，螺旋桨刮起的风力和气浪相当于强台风，气流卷起的沙石打在身上就是一道血口，有的战士耳膜穿孔，听力受损；悬吊在空中不停摇摆的钢缆随时可能伤人，战士们每一次都冒死冲到机腹下为空运设备挂钩、摘钩。原计划每小时吊装1次，“吊装敢死队”实际每小时完成4次。正常挂钩和卸钩速度为5分钟一台，“吊装敢死队”实现了2分钟一台，并且安全吊装率达100%。吊装队员在8天时间里共完成作业189次，吊装设备45台套、油料物资230多吨，为堰塞湖抢险赢得了战机。

在唐家山堰塞湖奋战的日日夜夜，面对随时可能遭受溃坝、泥石流、山体滑坡的生死考验，46名推、挖、装操作手和10名自卸车驾驶员坚持高强度作业，昼夜两班倒，饿了啃口干粮，困了吃瓣大蒜，渴了喝口冷水，始终做到人歇机不停。自卸车驾驶员陈平的老家离唐家山不到3公里，他无暇照顾在地震中腿部被砸骨折的父亲，始终奋战在抢险一线；推土机操作手江明聪突发急性肠炎，强忍腹部疼痛不下机，直至虚脱在操作室里。官兵们凭着精湛的施工技能，经过六天六夜的艰苦鏖战，比计划工期提前5天完工，超额完成了抢险方案确定的目标。再战唐家山过程中，官兵们连续奋战86小时，在堰塞体左岸成功开辟一条分流渠。6月10日15时15分，堰塞湖泄洪的最大洪峰顺利通过绵阳，人民群众无一伤亡，抢险排险取得决定性胜利。

2008年9月，武警水电第一总队四支队六中队被武警部队授予“抗震救灾英雄中队”荣誉称号；10月7日，被中共中央、国务院、中央军委授予“全国抗震救灾英雄集体”荣誉称号。

武警水电第三总队

汶川特大地震发生后，武警水电第三总队总队长林友汉、政委程跃进组织1154名官兵参加抗震救灾。

地震发生后，总队立即启动抗震救灾应急预案，迅速下达了战斗动员令。受领任务后，总队在6个小时内调集千余名官兵、近百台机械设备，向汶川、北川、都江堰等7个极重灾县（市）紧急开进。5月13日凌晨，率先到达什邡市蓥华中学的总队150名官兵立即展开救援行动。此时余震不断，残垣断壁中不时传出被困师生的呼救声，情况十分危急。在机械设备无法作业的情况下，官兵们用手扒、用肩顶，在大雨中连续奋战35个小时，从废墟下营救出18名幸存者。与此同时，战斗在德阳、绵阳、阿坝等灾区的总队官兵，舍生忘死奋力抢救群众生命。总队官兵连续奋战五天五夜，转战灾区5所中小学、2座化工厂、87处居民楼，从废墟中抢救出46名幸存者，安全转移灾区群众5.3万余人。

地震使通往汶川县城的3条公路全部中断，城区内数万群众生死不明，抢通道路十万火急。总队迅速组织距离汶川最近的理县狮子坪项目部150名官兵、22台大型机械设备，立即投入理县至汶川公路抢通战斗。由于余震不断，不时有巨石从山上滚落，七八米宽的道路被塌方湮没，震开的裂缝最大的有两米宽，加上山高崖险，大雨不停，给抢通工作造成极大困难。但官兵们面对困难毫不退缩，冒着生命危险，开动推土机、装载机、挖掘机紧急施工，连续奋战75个小时，清理山体塌方300多处，挖运和回填土石13万余立方米，于5月15日打通理县至汶川的救灾通道。

15公里长的紫（坪铺）龙（池）公路上，上千立方米的山体滑坡堆积体有10处，一半以上的路段沉陷损毁，抢通道路刻不容缓。总队组织40名重型机械操作手、12台机械设备，争分夺秒展开抢通战斗。经过13个小时艰苦奋战，一条长3公里的羊肠小道渐渐拓宽，紫龙公路终于被抢通。官兵们发扬英勇顽强、连续作战的作风，先后抢通连接8个县（市）的9条、累计241公里的“生命通道”，为运送救援物资、营救被困群众赢得了宝贵时间。

地震灾害使北川、青川及德阳等灾区形成了多个堰塞湖，任何一个堰塞湖溃坝，都将给灾区人民造成巨大损失。危急关头，总队奉命执行堰塞湖排险任务。5月21日，总队参谋长梁建忠带领17名官兵组成爆破突击队，背负近500公斤炸药，紧急奔赴小岗剑堰塞湖，采用抛投爆破技术，将堰体炸开一条长45米、宽25米、深8米的导流渠，顺利泄洪200万立方米。5月下旬，总队抽调658名精兵强将，投入150多台大型机械设备参加唐家山堰塞湖排险任务。在历时半个月艰苦卓绝的战斗中，总队领导坚守一线、身先士卒；40多名水电专家发挥专业优势，白天采集各种样本资料，晚上挑灯夜战监测水情、分析研究排险方案；200名机械操作手开动挖掘机、推土机，轮班作业，昼夜不停开挖泄洪槽、导流渠；其他官兵三人一组、五人一群，往上万只钢丝笼里装填石料。经过艰苦努力，终于开挖出一条长470米、上宽50米、下宽8米、深13米的泄洪槽，为唐家山堰塞湖顺利泄洪做出重大贡献。总队官兵先后解除19处堰塞湖险情，创造了处理大型堰塞湖的奇迹。

2008年10月7日，武警水电第三总队被中共中央、国务院、中央军委授予“全国抗震救灾英雄集体”荣誉称号。

武警水电第三总队九支队四中队

汶川特大地震发生后，武警水电第三总队九支队四中队是机械施工综合中队，中队长王安军、指导员张小河组织118名官兵参加抗震救灾。

地震使汶川成为与外界隔阻的“孤岛”，打通道路十万火急。震后4小时，中队118名官兵、22台大型机械设备，沿国道317线紧急向汶川方向挺进，全力展开抢通道路战斗。由于余震频发、塌方不断、路面毁损严重，大型机械设备无法整体并列作业。为提高抢通效率，中队确定了“人机整合、多点作业、分段突击、梯次推进”的抢通方案；在75小时昼夜奋战中，先后清理山体塌方300多处，挖运土石12万立方米，回填8500立方米，排除危石数千块，实施孤石爆破解体6处约320立方米，于5月15日21时40分打通马尔康至汶川的第一条“生命通道”。

地震使国道317线路面上到处是滚落的巨石，有的路段裂缝宽达两米，有的路段被泥石流淹没，有的路基荡然无存，抢通作业每推进一步都极为艰难。面对险恶环境，中队官兵心中只有一个念头：早抢通一分钟，早挽救一条命。每当遇到“卡脖子”路段，就开碰头会分析险情，先后10余次修正抢通方案，靠集体智慧攻坚克难。为尽快抢通道路，官兵们采取推、挖、装、运分段作业，人歇机不停。几天里，官兵们没吃上一顿热饭，身子没落过一次床板，冒着被塌方埋压、乱石砸伤的危险，巨石挡道就打孔爆破，大型机械用不上就人抬肩扛，一米一米地向前艰难推进，陆续抢通3条共127公里长的“生命通道”，使大批救援部队和救援物资顺利到达汶川灾区。

抢险救灾战斗中，面对随时可能被塌方压埋、滚石砸伤的生死考验，党员干部自觉组成“尖刀突击队”，戴上醒目的“党员”红袖标，个个舍生忘死，人人奋勇争先，用自身先锋模范作用影响和激励官兵。在抢通桑坪水电站下游路段时，流沙形成的垮塌体十分松软，稍有不慎就会车陷人亡。中队长王安军主动担当挖掘机操作手冲在最前面。一次强余震使部分山体垮塌，差点将人机埋压，尘土还未散去，王安军又开动挖掘机带领官兵继续战斗。党员丁小剑凭借精湛的业务技能，主动请缨担当开路先锋。他长时间在闷热的驾驶室操作，臀部皮肤磨破了，裆部出现溃烂，伤口因天气炎热化脓，但他默默忍受着伤痛坚持战斗，先后化解重大险情15次。工程师陈汶志家在极重灾区都江堰市，由于通信中断无法与家人取得联系，作为独生子的陈汶志把思念和担心深深埋在心底，不分昼夜地在抢险现场标险点、画图纸、拿方案，全身心地投入抢险战斗。党员范兵的父亲身受重伤，家中财产全部被毁，范兵含泪给母亲打了个安慰电话，继续投入到抢险之中。中队有11名党员家在重灾地区，有的父母妻儿生死不明，有的亲人重伤，有的房屋垮塌，但都强忍巨大悲痛，坚守工作岗位，用实际行动忠实践行着一名党员的神圣诺言。

2008年9月，武警水电第三总队九支队四中队被武警部队授予“抗震救灾英雄中队”荣誉称号；10月7日，被中共中央、国务院、中央军委授予“全国抗震救灾英雄集体”荣誉称号。

武警成都指挥学院学员一大队二队

武警成都指挥学院学员一大队二队队长谢明舜、教导员刘格平组织72名学员参加抗震救灾。

地震发生后，学员二队接到救援命令便紧急赶赴都江堰灾区，立即投入新建小学救援中。经过一夜冒雨奋战，成功营救出被埋压的幸存者14人，清理出数十具遇难者遗体。5月13日凌晨，部队未做任何休整，又受领开赴震中映秀的命令。陆路无法正常行进，二队官兵就冒死通过紫坪铺水库至映秀的水上通道，于14日4时20分到达映秀，将灾情向前指作了汇报，向前指领导提供了可靠的决策依据。

5月21日，谢明舜、刘格平奉命率领22人搜救突击小分队，于8时10分徒步前往耿达、卧龙执行沿途解救和搜救群众任务。余震中，满山乱石飞滚、断木如箭，泥石流奔涌而下，队员们时刻都有被冲落近千米深峡谷之中的危险，但大家一刻也没有忘记自己肩上的使命，继续英勇顽强地搜索前进。沿途营救出重伤员4人，解救出被困群众9名。

5月22日，根据指挥部通报和总队首长的指示，突击队前往耿达方向执行搜救和探路任务。10时左右，队员们爬上海拔3400多米的大阴沟山，当时整个山体已被震松，在长约1000米、高约500米的巨大陡坡上，突兀的石头和歪倒的树木随时可能滚落下来。队员们用铁镐刨出土窝踩脚，拴上背包绳，手持短钢钎插入山体，如壁虎般缓慢小心攀越而上。即将到达山顶时，一块重约1.5吨的巨石横亘在长约5米、宽约20厘米的狭窄山脊上，山脊两边的滑坡一泻而下直达江里，高达800余米，犹如一道鬼门关卡住了必经之路。队员们毫不畏惧，无一退缩，头顶松动巨石，脚临千仞悬崖，凭着坚定的信念和勇敢的精神顺利通过生死关口到达耿达。突击队历时102个小时，翻越10余座大山，跨过20多个冲沟，闯过30余处山体滑坡和泥石流地带，行程150余公里，将沿途解救的17名受困群众转移到安全地带。

抗震救灾期间，学员二队营救幸存者21人，解救重伤员4人，转移伤员189人，搜救被困群众26人，挖掘、搬运、掩埋遇难者遗体68具，搭建帐篷13顶，抢修道路3公里，转运物资3吨，消毒房屋127间，为阿坝藏族羌族自治州烟草局映秀配送中心抢运、转移1.7万余箱重20余吨、价值近2亿元的国有资产，帮助受灾群众挖出现金16万余元。《人民武警报》刊载的《武警成都指挥学院突入耿达、卧龙营救被困群众纪实》，凤凰卫视播出的《六勇士挺进汶川》，以及中央电视台7套播出的《军事纪实——穿越死亡大峡谷》，都对学员二队的英勇事迹给予高度评价。

2008年9月，武警成都指挥学院学员一大队二队被武警部队记集体一等功；10月7日，被中共中央、国务院、中央军委授予“全国抗震救灾英雄集体”荣誉称号。

民兵预备役部队抗震救灾英雄集体

河南省偃师市顾县镇顾县村民兵连

汶川特大地震发生时，河南省偃师市顾县镇顾县村民兵连不少人正在参加贵州铅锌矿厂开工典礼，民兵连连长李玉强迅速把全连23人聚集到一起，商定开赴灾区救援。他们打出一面“河南民兵抗震救灾突击队”大旗，带着50万元现金和12台大型设备，以6万多元的高价租了4辆平板车，连夜奔赴四川灾区。

连队进入灾区时正下大雨，遭遇山体滑坡，滚落的巨石砸翻了给养车，备用食品被冲走。他们丢下被砸翻的车辆继续前进，经过18个小时的艰难跋涉，行程1200多公里，于5月14日20时到达都江堰市聚源镇。民兵连不顾长途奔袭的疲劳，立即投入到紧张的救援中。

5月15日2时，在废墟上开了6个多小时挖掘机的李玉强刚跳下车，一位30多岁的男子跑过来请求救援他被埋的妹妹。那是一栋5层楼房，整栋楼已垮塌一半，另一半也摇摇欲坠。李玉强站在废墟上边喊边找，忽然听到倒塌的楼房内有微弱的敲击声。为防止机械作业造成误伤，他指挥挖掘机手将水泥板一块一块地掀起，小心翼翼地清理碎砖块，直到16日5时，终于把人救了出来。

5月16日，李玉强主动向都江堰抗震救灾指挥部请战，带着工程车队奔向震中映秀镇，加入到济南军区工兵部队打通通向汶川的“生命通道”的战斗中。他们和部队官兵一起，不分昼夜轮流上阵，困了就地休息一会儿，没有一个叫苦叫累。李向阳开着推土机清理一段路障时，突然发生余震，一块大石头飞滚下来，把推土机砸得直摇晃，驾驶室的玻璃被砸碎，他的头和手臂都受伤出血，仍然不肯撤离一线。

民兵连一边开路一边救人，每到一个地方都捐钱捐物，为灾区乡亲买粮买药，给“帐篷小学”的孩子们送书包、文具，把带来的50万元全都捐给灾区。救援期间，他们共抢救出11名幸存者，挖出19具遇难者遗体，抢修了20多公里道路。

2008年10月7日，河南省偃师市顾县镇顾县村民兵连被中共中央、国务院、中央军委授予“全国抗震救灾英雄集体”荣誉称号。

四川雅安陆军预备役步兵团

汶川特大地震发生后，四川雅安陆军预备役步兵团团长伍发建、政委范后雄组织2120人参加抗震救灾。

5月13日3时30分，步兵团奉命冒雨向极重灾区绵竹市开进，连夜奔袭280余公里，8时20分到达绵竹灾区，未作休整立即投入抢救。官兵们饿了啃干粮、渴了喝凉水，冒着余震和塌方的危险全力抢救生命。15时26分，在汉旺镇武都教育中心，步兵1营官兵冲进已严重倾斜、随时可能倒塌的半幢危楼，奋战5个多小时，将被埋一天一夜的女学生陈怡救出。

5月14日，全团出动150名官兵到绵竹华丰磷化厂，冒着被磷烟熏呛窒息的危险，紧急构筑防污染隔离带500余米。15日，范后雄带领140人组成的抢险救灾分队，徒步行军5小时，进入灾情严重的天池乡实施救援。16日，在转移被困群众途中突遭余震，为保护群众，范后雄和步兵1连副指导员周学洪及5名预备役战士受伤。

抢险搜救中，全团官兵共救出被埋人员76人，解救被困人员654名，转移轻重伤员961名，挖出遇难者遗体585具；抢运设备、仪器、进口特种电焊条、车辆配件、电脑等各类物资器材200多吨；为东汽抢救秘密级以上档案资料近3吨，其中绝密和机密级文件300余份；挖出并上交银行现金近600万元，受灾群众的现金、存折、金银首饰、有价证券等价值300余万元。

6月4日2时23分，接到赴汶川执行搜救失事直升机任务的命令后，官兵们连夜奔袭185公里，按时到达映秀镇。在映秀镇周围近百平方公里的高山峡谷中，官兵们靠吃野菜、竹笋、棕树芯充饥，喝雨水解渴，连续七天七夜，200多人不同程度受伤，没有一人叫苦，没有一人退缩。为便于指挥，伍发建不顾个人安危，将指挥所设在距直升机失事地点仅500米的悬崖之上，在四周不断塌方的情况下，连续组织指挥30多个小时，多次险些从绝壁上跌落或被落石砸中。10日6时19分，在映秀镇西北、海拔3100多米的大红崖地区悬崖上，官兵发现失事直升机残骸和机上人员遗体。步兵1营营长贺顺康冲在搜救突击队最前面，第一个下到直升机失事地点，成功确认失事直升机及机上人员。整个搜救行动中，全团139名干部、352名党员始终承担最艰巨的任务，战斗在最危险的地方。

2008年10月7日，四川雅安陆军预备役步兵团被中共中央、国务院、中央军委授予“全国抗震救灾英雄集体”荣誉称号。

重庆陆军预备役高射炮师第三团二营六连

汶川特大地震发生后，上级命令重庆陆军预备役高射炮师三团二营六连前往灾区执行抗震救灾任务。接到命令后，六连立即启动应急预案，迅速收拢集结人员，补充完善救灾物资器材。编组在重庆博赛集团的120名预备役官兵，有的放下手中工作，有的停止个人生意，有的离开重病家人，在两小时内全员集结完毕。5月12日16时30分，连队预任指导员刘桂林带领先遣组共9人先行赶赴灾区，于当日21时30分抵达都江堰。13日15时30分，连队成建制紧急出动，采取摩托化行军方式，千里机动直奔灾区。经过近10个小时的长途行军，连队于14日零时45分抵达极重灾区都江堰市玉堂镇。

位于汶川县漩口镇的阿坝铝厂受灾十分严重，不少职工和群众被埋压在废墟下，通往铝厂的

317国道被毁，当地受灾群众缺水、缺粮、缺药。接到灾情通报和救援命令后，他们迅速组织突击队赶赴漩口实施救援。5月14日7时30分，第一支突击队每人背负15公斤重的水、食品和药品，从都江堰市玉堂镇出发，冒着生命危险向漩口镇进发，途中遭遇9起泥石流、12处塌方、多次余震，经过近9个小时的艰难跋涉，于当日16时抵达铝厂，为当地受灾群众送去了救命的药品和食品，并连夜组织救援。15日，连队第二、第三支救援分队相继到达。因为没有专业救援设备，在清理废墟搜救被困群众过程中，官兵们只能用简易工具挖，用手刨，用肩扛，全连共搜寻挖出被埋压人员24人，抢运重伤员22名、轻伤员200余名，转移疏散受灾群众700余人。

在安置受灾群众和帮助恢复重建工作中，全连官兵发扬连续作战精神，帮助当地受灾群众拆除危房126间，排除险情73处，清理倒塌房屋1700多平方米，运送土石730多车次，抢运食品53箱、药品25箱、物资15吨，搭建帐篷55顶，修建简易房27间。5月22日，6000平方米的钢架活动板房材料运达阿坝铝厂，为了抢时间，全连官兵不分昼夜加班加点平整场地近5000平方米，搭建活动板房1500平方米。救援分队心理辅导人员还深入群众中间，对受灾群众尤其是儿童开展心理疏导，连队还在受灾群众安置点帮助架设了卫星电视接收装置，组织灾区群众收看电视，将党和政府的关怀及时传送给受灾群众。

2008年10月7日，重庆陆军预备役高射炮师第三团二营六连被中共中央、国务院、中央军委授予“全国抗震救灾英雄集体”荣誉称号。

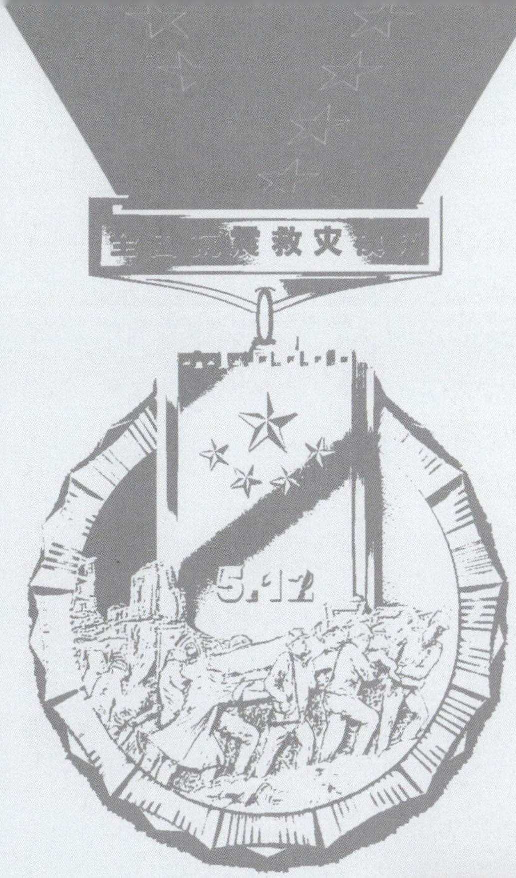

抗震救灾模范

四川省抗震救灾模范

甘肃省、陕西省、重庆市、云南省抗震救灾模范

其他省（区、市）及新疆生产建设兵团抗震救灾模范

中央直属机关抗震救灾模范

中央国家机关抗震救灾模范

国务院国资委管理的中央企业抗震救灾模范

公安系统抗震救灾模范

中国人民解放军抗震救灾模范

中国人民武装警察部队抗震救灾模范

民兵预备役部队抗震救灾模范

抗震救灾模范篇，收录了505名模范人物。其中，10月7日被中共中央、国务院、中央军委表彰的抗震救灾模范人物499名，包括四川省73名，甘肃、陕西、重庆、云南等灾区省（市）26名，其他非灾区省（区、市）和新疆生产建设兵团78名，中央直属机关和中央国家机关40名，国资委管理的中央企业12名，公安消防、特警、边防部队39名，中国人民解放军186名，中国人民武装警察部队37名，民兵与预备役人员8名。此外，还包括被国务院、中央军委记功的个人3名，被中央军委表彰和记功的个人3名。

模范人物中，有各级领导干部，有解放军指战员、武警官兵、公安干警，有工人、农民，有企业负责人，有医生、护士，有教师、学生，还有文艺工作者和新闻工作者等。在危难时刻、紧急关头，他们临危不惧，无私奉献，恪尽职守，团结互助，以坚定的信念、顽强的意志、崇高的精神，与突如其来的巨大灾难进行殊死抗争，践行并升华着伟大的民族精神。这些模范人物，是时代的楷模，是全社会学习的榜样。

四川省抗震救灾模范

蒋　敏

女，羌族，1980年9月出生，四川北川人。中共党员，大学本科学历。彭州市公安局光明路派出所教导员。

汶川特大地震突然来袭，彭州市公安局民警紧急集结，参与抢救伤员，维护秩序，迅速投入到抗震救灾中。14时35分，时任彭州市公安局政工监督室民警的蒋敏作为公安局巡逻小组成员，上街巡逻，查看灾情，救助群众。

蒋敏的家人都在北川，家里的情况怎么样，她十分惦念。5月12日19时10分，查看灾情巡逻回来的蒋敏再次拨了家里的电话，但仍旧无法接通。20时30分，收音机里继续传出地震的统计数据："北川死亡人数7000余人。"蒋敏深深惦念着家人，但还是婉拒了一位老同学邀约她搭便车去北川看看的建议，坚守在工作岗位上。

5月13日下午，舅舅打电话告诉蒋敏，她的爷爷、奶奶、母亲、女儿等10位亲人已经确认死亡。遭受重创的蒋敏选择了坚强，地震发生后的5天里，她一直和民警们忙碌在抗震救灾第一线，维持社会秩序，协助安置源源不断转移来的受灾群众。她想走，但不能走，也不忍心走，强忍住内心剧痛坚守在工作岗位上。看着蒋敏在救灾一线因忙碌而日渐憔悴，领导和同事们都非常担心，领导特意把她调到指挥中心，但第二天她又要求回到了上街巡逻的第一线。

5月16日晚，蒋敏赶到天彭中学。那里安置了4000多名来自龙门山、九峰山的受灾群众。她负责维持秩序，帮助送水送物资，和几位同事为刚到的受灾群众安扎帐篷。对从灾区来的小孩，她总是特别细心呵护，帮他们穿衣盖被子，逗孩子们笑。她想，自己的孩子已经没了，唯一能做的就是实实在在地帮助这些受灾群众。蒋敏说："我的舅舅现在也和他们一样，住在这样的帐篷里面。如果我的母亲、我的女儿还活着，肯定也正被很多人这样地帮助关爱着。这么多家庭和我一样不幸，我感同身受，灾难面前，所有的人都是一家人。"

5月17日凌晨，因连日的劳累和悲伤，蒋敏在临时安置点晕厥过去，现场的民警们急忙把她扶到板凳上。医生检查发现她的血压非常低，把她送到医院输液，但蒋敏一醒过来便马上要求回到安置点去。"我还行，我不能占医院的床位，我也不能停下来。"她挣扎着回到了天彭中学安置点，继续工作。

蒋敏的事迹经媒体广泛报道后，网友们称誉她是"最坚强警花"。国务委员、公安部部长孟建柱在接见蒋敏时说："你失去亲人，却把全部的爱献给灾区人民，你是人民警察的骄傲，我们都是你的亲人。"

2008年5月，蒋敏被人力资源社会保障部、公安部授予"全国公安系统一级英雄模范"称号，被全国妇联授予"全国三八红旗手"称号，被中央纪委、监察部授予"抗震救灾优秀纪检监察干部"称号；6月，被中组部授予"抗震救灾优秀共产党员"称号；7月，被全国总工会授予"全国五一劳动奖章"；10月7日，被中共中央、国务院、中央军委授予"全国抗震救灾模范"荣誉称号。

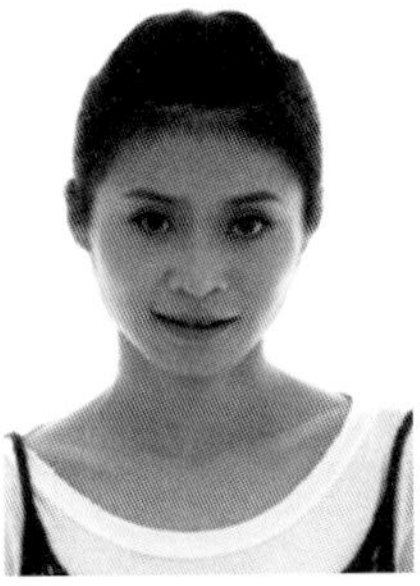

孙　静

女，1975年6月出生，四川成都人。大专学历。成都人民广播电台播音员。

汶川特大地震发生后27分钟，孙静冒着余震不断的危险，强压住内心的紧张，通过无线电波向成都市民播报地震资讯。这是大地震发生之后，成都本地公共媒体发出的关于地震的第一个声音，这个声音在此后的20多个小时里不断响起。16时10分，成都市政府发布第一号公告，全面启动成都市地震应急预案，同时请广大市民支持配合全市抗震救灾工作。孙静和她的同事在接到播出指令后一分钟，就把这个公告发布出去，进一步稳定了人心，稳定了社会秩序。

"有可能你的手机暂时失去了功能，不能联系上家人，不能互报平安，但我们的节目会正常播出，会把音乐提供给你，更会给你提供及时的帮助。"孙静播出此番话后不久，四川音乐学院新都校区的老师打进电话："学校没有一座房子倒塌，所有的老师和学生都非常安全，现在都聚集到操场上。学校也成立了应急指挥部，请各位学生家长完全放心。"一位去幼儿园接孩子的家长也打去电话："所有的孩子都得到了妥善的安置，希望家长不要担心，去接孩子的时候一定不要慌张，要注意安全。"消息迅速广播出去，电话和短信如潮水般涌了进来。

非常时刻，孙静不停地与听众交流，传递着各地的现场信息，分享着他们亲友平安的快乐，鼓励他们冷静面对特大地震灾害，而她自己的家人也一直没有消息，她顾不上联系，也从未在话筒前流露出一丝焦虑。

前方记者陆续发回报道：都江堰市中医院垮塌，都江堰市聚源镇一教学楼垮塌，救灾医疗队进入都江堰重灾地区，灾区缺饮用水、缺食物、缺医药，大量伤员需要转运到市区。灾区的惨状深深刺痛了孙静，她对着话筒大声呼喊道："哪里有瓶装水？哪里有方便面？哪里有医生？谁有5吨卡车？谁有1吨卡车？谁有面包车？谁有挖掘机……"孙静的呼唤很快得到回应："我这里有1000件瓶装水和20名医疗志愿者，但我没有车辆运输。""我有3辆5吨卡车。"成都人民广播电台的直播间，霎时变成了救灾物资、车辆和人员的调度室。孙静向全市8000多名出租车司机发出"一方有难、八方支援"的倡议，恳请各位出租车司机载着物资和志愿者到都江堰市指定地点，再将伤员运回成都市区各个医疗机构。

很快，一幕让所有人震撼的壮观景象出现了：上千辆出租车闪着应急灯，冒着暴雨，风驰电掣般冲向都江堰，积极参与抢救伤员、抢运物资。在后来的抗震救灾新闻发布会上，四川省副省长李成云哽咽着向出租车司机们表达了谢意。

2008年6月，孙静被全国妇联授予“全国三八红旗手”称号；7月，被中宣部、中央外宣办、广电总局、新闻出版总署、中国记协授予“全国抗震救灾宣传报道先进个人”称号；10月7日，被中共中央、国务院、中央军委授予“全国抗震救灾模范”荣誉称号。

梁益建

1964年9月出生，重庆合川人。中共党员，博士研究生学历。成都市第二人民医院骨外科主任、副主任医师。

汶川特大地震发生不久，运送伤员的救护车就呼啸而至。梁益建立即组织骨科病员转移，并在很短时间内搭建起临时病房。在医用物资短缺情况下，梁益建组织已有的人力，对逐渐增多的伤员全力进行救治。地震当晚，梁益建在简陋的临时手术室里实施急诊手术10台，切开清理伤口10余人次，收治的32名伤员都得到了及时治疗。

伤员中有两名都江堰市聚源中学的学生，其中一名女学生左脚被压砸伤，血肉模糊，创面上还混有大量沙石，按照伤情需要截肢。梁益建仔细清洗伤口，觉得女孩的左脚并未完全坏死，于是小心地为其剔除坏死组织，设计皮瓣重新缝合，保住了女孩的左脚。另外一名男学生的情况更加严重，左下肢被广泛压砸伤，就诊时肿胀无比，脚背动脉的搏动宛若游丝。为孩子将来生活着想，梁益建没有轻易选择截肢，而是为其做了减张手术，尽最大努力要保住男孩的左脚。但术后第三天男孩出现多处器官衰竭，截肢成为必然。于是梁益建千方百计地保留没有坏死的肌肉，竭尽全力给男孩保住一段下肢，以便日后安装假肢。

5月19日22时，梁益建正在诊治从震中映秀镇送去的伤员，电视台反复播报可能发生6～7级余震的消息，但他毅然决定继续手术。手术过程安静有序，直到次日凌晨3时才结束，梁益建已累得直不起腰来。骨科伤员大量涌入，梁益建抓紧时间巡诊，尽量把每个病员的情况都熟记于心，在短短的10天里，成功实施手术135台。他说：“这些人都是人民子弟兵从废墟中艰难解救出来的，他们生命的接力在飞速地传递。我要用自己手里的一针一线、一刀一剪，紧紧把握和交接好这一棒，争分夺秒地为他们续燃生的希望、新的未来。”

2008年9月，梁益建被卫生部、食品药品监管局、中医药局、总后卫生部授予“抗震救灾医药卫生先进个人”称号；10月7日，被中共中央、国务院、中央军委授予“全国抗震救灾模范”荣誉称号。

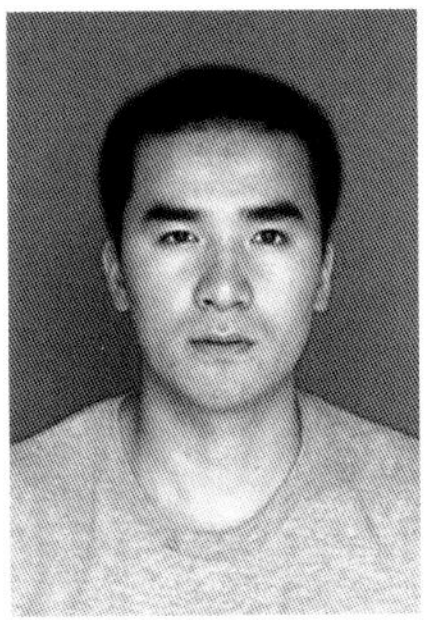

蒙祖海

水族，1986年3月出生，贵州都匀人。中共党员。成都信息工程学院学生。

从5月17日起，蒙祖海在火车成都东站搬运救灾物资。18日，几位江西省的好心人，请成都东站把他们捐赠的几百件瓶装水和几百箱速食面送到灾区。蒙祖海组织大家把那10多吨货物装上车迅速发往灾区，然后继续装运瓶装水、大米、药品、帐篷、棉被、衣物，把180多吨物资发往灾区。

5月19—22日，蒙祖海一直奋战在物资运输点，和其他志愿者一起用实际行动确保灾区“绿色通道”的畅通，累计发送货物近1000吨。蒙祖海一心只想把救灾物资早日送到灾区人民手中，在成都东站，始终工作在最辛苦的地方。他知道自己多辛苦一分钟，灾区人民便多了一分希望。每天他都睡得很晚，睡前还要清点好仓库，安排好第二天的调度。他连续5个日夜坚持工作，没有说过苦与累；和其他志愿者一起，发送药品100多吨。他那种不怕艰苦、不怕疲劳、连续奋战的精神赢得大家一致好评。

5月21日，中共中央政治局常委、中央书记处书记、国家副主席习近平和中共中央政治局常委、国务院副总理李克强到成都东站慰问，对蒙祖海的工作给予了高度评价。

回到学校后，蒙祖海组织成立了成都信息工程学院电子工程系国防生党支部抗震救灾突击队，多次前往机场参加物资搬运和伤员转运的志愿服务。当得知学校组织志愿者去江油灾区时，他又在报名表上填写上自己的名字，顾不上休整，再次踏上征程。

2008年7月，蒙祖海被共青团中央、中国青年志愿者协会授予“抗震救灾优秀志愿者”称号；10月7日，被中共中央、国务院、中央军委授予“全国抗震救灾模范”荣誉称号。

王　晋

1965年3月出生，山西原平人。中共党员，大学本科学历。都江堰市副市长，都江堰市龙池镇党委书记。

汶川特大地震爆发后，都江堰市龙池镇大部分房屋倒塌或严重受损，基础设施大部分被毁，3000人无家可归。面对交通、通信、电力完全中断的恶劣环境，王晋大喊：“大家不要乱，听我指挥，向河滩转移，避开高压线，避开楼房！”在他的组织下，人群迅速镇定下来，有序撤离到河滩空旷地带。随即，王晋紧急召开镇党委会，决定成立由他担任指挥长的应急指挥部。5月12日14时33分，王晋下达“不惜一切代价抢救学生”的第一条指令，接着指派副镇长甯佐昌率领6名机关干部火速奔赴南岳小学，抢救那里的100多名师生，将他们疏散到安全地带；指派副镇长冯尘带领机关女职工，做好河滩地带聚集群众的稳定工作；安排孙远平带领8名机关干部，迅速到机关食堂、商店、小卖部和卫生院收集大米、食品、饮用水、篷布、彩条布和药品，由政府统一安排和调配，确保受灾群众应急救治和生存所需；将机关干部、派出所民警、巡逻队员分为3个组，迅速奔赴各村组织抗震救灾，争分夺秒抢救受困遇险群众。

随后，王晋迅速组建临时医疗救护队；安排工作人员协助受灾群众搭建临时帐篷；将乳制品、营养品集中分发给婴儿、孕妇补充营养，将收集到的食品分批送往安置点；抓好各安置点卫生防疫工作，在远离安置点和水源的地方挖深坑搭建临时简易厕所；禁止群众食用生冷食品；组建治安巡逻队，维护社会秩序；安排工作人员随时监视龙溪河水位，确保在上游出现堰塞湖险情时能及时采取防范措施。王晋率领3000名干部群众，在紧临震中的地方创造了奇迹：除在主震中死亡36人、失踪17人外，未发生一例因次生灾害造成的伤亡事故；直至5月15日应急便道被打通，这个被困近3天的极重灾区乡镇秩序井然，社会稳定，未发生一起盗抢治安案件。

王晋为群众搭建帐篷时，右腿严重受伤。他忍着剧痛，冒着余震频发的危险，一次又一次前往各村查看灾情，妥善安置和安抚受灾群众，安排布置抗震救灾。5月16日，成都市委主要负责人到龙池镇查看灾情时，心疼地命令他立即下山治疗，但他仍坚持工作。直到19日下午在医生发出“再不治，腿就要废了”的最后通牒后，他才前往成都检查伤情。由于错过最佳治疗时机，他右腿的伤势加重，在同事们极力劝说下，他才答应住院治疗。躺在病床上，王晋仍然心系龙池，利用电话指挥全镇抗震救灾，甚至多次“溜”出医院，返回龙池指挥抗震救灾和过渡板房建设。在他与全镇干部职工及援建单位的共同努力下，龙池镇提前完成了过渡板房建设，受灾群众得到妥善安置。事后，有人问起他当时不顾一切地指挥应急处理是怎么想的，他的回答只有两个字：“责任！”

2008年6月，王晋被中组部授予“抗震救灾优秀共产党员”称号；10月7日，被中共中央、国务院、中央军委授予“全国抗震救灾模范”荣誉称号。

刘良志

1976年6月出生，四川都江堰人。大专学历。都江堰市殡仪馆馆长。

汶川特大地震发生后，刘良志立即启动殡仪馆应急预案，将45名员工分为接运、接待、火化、后勤保障、综合协调5个小组，安排所有殡葬车到市内重大伤亡现场接运遗体。

随着遇难者遗体数量的增加，到殡仪馆认领亲人遗体的人也越来越多。为方便群众认领，刘良志安排工作人员将遗体分类，将学生的遗体集中到一个大厅，并为200多具学生遗体进行洗脸和整容，以减轻家长看见时的痛苦。职工们虽然劳累不堪，筋疲力尽，却没有一丝怠慢。他们满含泪水协助遇难者家属辨认、登记、办理手续，用自己的实际行动给逝者以尊重、给生者以安慰。

5月12—15日，殡仪馆全体工作人员在搜寻、搬运、火化大量遗体中度过4个昼夜，所有设施设备连续运转。随后，重庆市江南殡仪馆馆长郭银华带领的20多名殡葬干部职工、贵阳殡仪馆派去的6名殡葬职工、成都市周边殡仪馆派去的人员及车辆和50多名志愿者陆续赶到，迅速投入到这个不为人知的艰苦战场，共同工作。

5月20日传来紧急命令：“紫坪铺水库发现遇难者遗体，必须立即打捞，避免成都地区的水源受到污染。”刘良志立即带领9名工作人员，冒着余震连夜赶到现场，乘坐冲锋舟，在方圆几十平方公里的水域中搜寻。经过两天两夜的搜捞，37具遗体被打捞上岸。截至10月14日，在兄弟单位大力支持下，都江堰市殡仪馆累计出动车辆1500余辆次，投入人力2200余人次，接运、火化遇难者遗体2400余具。

家里的情况怎么样，刘良志一直得不到消息。他强忍着对亲人的思念与担忧，坚守在抗震救灾的特殊战线上，直到5月17日晚才得知妻子在地震中头部严重受伤，已被部队直升机送到四川省人民医院抢救。18日，妻子手术苏醒后，刘良志请假赶到医院见了妻子一面，就又返回工作岗位。

2008年6月，刘良志被人力资源社会保障部、民政部授予“民政系统抗震救灾英雄”称号；10月7日，被中共中央、国务院、中央军委授予“全国抗震救灾模范”荣誉称号。

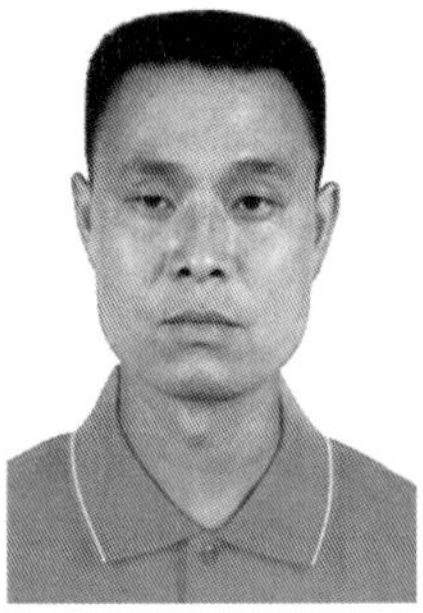

肖明清

1964年8月出生，四川都江堰人。中共党员，大专学历。都江堰市紫坪铺学校龙池校区校长。

汶川特大地震发生时，肖明清正在与震中仅一山之隔的紫坪铺学校龙池校区打印《校园文化建设方案》。听到“轰隆隆”的响声，看到突然晃动的房屋，他立刻意识到地震了，于是迅速组织教师按应急疏散演练方案将学生疏散到操场。此时大地还在颤抖，水泥块和砖头不断往下掉落，肖明清果断安排女教师看护好已疏散到操场上的学生，毅然带领男教师冒着墙壁随时可能倒塌的危险冲入教室，抢救幼儿班的孩子。强烈的余震袭来，震垮了教室山墙，有3名幼儿班孩子被埋压在废墟里。肖明清不顾个人安危，带领教师徒手抢救被埋学生。学生蒋千秋第一个被救出来，肖明清立刻将她抱起往外跑，孩子的鲜血浸透了他的衣服。

在清点师生人数时，一位村民跑来报告：“肖老师，电站的前池（学校后半山腰的蓄水池）爆了，水冲下来了！”肖明清迅速组织师生转移到地势较高的地方。洪水越来越大，从山涧里疯狂奔涌下来，一处处山体不断塌陷，肖明清立即组织教师协同当地政府工作人员转移学生。在护送学生的路上，山体滑坡，飞石如雨，肖明清就在最危险的路段给全体师生鼓劲。有的地段被山石埋压，杂草树木横七竖八地挡住去路，肖明清和其他教师往返数次，将学生带到离校两公里外的安全地带。

天下大雨，肖明清带领教师四处寻找材料为学生们搭建雨篷，寻找食物解决师生的晚饭问题，安排夜晚的安全看护，做好遇难孩子家长的安抚工作。为了让孩子们能吃得饱一点，他和教师们每天只吃一碗稀饭。经过两昼夜精心看护，肖明清领着教师们终于将140多名学生安全地交给学生家长。3天后，他把教师们也安全带出了龙池镇。

2008年7月，肖明清被人力资源社会保障部、教育部授予“教育系统抗震救灾英雄”称号；10月7日，被中共中央、国务院、中央军委授予“全国抗震救灾模范”荣誉称号。

方小方

1951年12月出生，四川成都人。中共党员，大学本科学历。德阳市委书记。

汶川特大地震发生后，方小方立即启动应急预案，成立德阳市抗震救灾指挥部，动员组织德阳驻军、民兵预备役人员、公安民警、武警消防官兵火速赶赴绵竹、什邡，全力抢险救人；同时派出6位市委常委、3位副市长赶赴救灾一线指导抢险救人。随后，方小方紧急召开全市各部门主要负责人会议，发出抗震救灾动员令：全市所有医疗卫生机构全力救治地震伤员；调集全市所有工程机械火速参与救人行动；调拨市内所有物资，保障受灾群众有饭吃、有干净水喝；动员全市所有高校，组织志愿者全力投入抗震救灾；要求全市各级领导干部、党员和共青团员在灾难面前经受考验，发挥先锋模范作用，全力抗震救灾，共渡难关。当晚，方小方赶赴什邡查看灾情。

绵竹市汉旺镇是极重灾区。方小方决定在那里设立指挥部，统一指挥协调汉旺片区（含汉旺镇、清平乡、天池乡、东汽、天池煤矿、清平磷矿、龙蟒集团）抗震救灾。地震后的十多天里，方小方顶烈日冒风雨，多次深入极重灾区绵竹市、什邡市指挥抢险救人。

山体崩塌，道路阻断，绵竹市清平乡小木岭千余群众受困。方小方多次主持召开市指挥部会议，专题研究部署小木岭营救方案，专门成立汉旺、清平、广汉民航飞行学院机场3个前线指挥部。在广汉建立飞行基地，在清平乡建立安全稳定营救基地，并组织空军、炮兵、民航飞行学院等军地力量1000多人翻山越岭深入小木岭实施大营救。

在他的部署和指挥下，通过各方力量的艰苦努力，全市从废墟中救出12477人，累计收治伤员59276人，转移危重病人到省内外医院接受治疗4670名，临时安置受灾群众124万人。

为防止灾后疫情蔓延，方小方多次主持召开指挥部会议研究部署卫生防疫工作，要求不惜一切代价全力保证人民群众的生命安全。全市出动卫生防疫人员40万人次、车辆1.54万台次，累计消杀灭面积10.64亿平方米，确保了全市大灾之后无大疫。

山体滑坡使石亭江和绵远河上游形成多个堰塞湖，一旦决口，后果极其严重。方小方主持召开指挥部会议，分析堰塞湖险情，决定对绵远河上游小岗剑堰塞湖、什邡石亭江上游红松一级电站堰塞湖等实施爆破除险，确保了下游人民群众生命财产安全。全市应急抢险处理115座震损水库，消除67座高危水库溃坝险情，成功避免了次生灾害的发生。

地震发生后，方小方多次主持召开会议研究部署安置受灾群众，并经常深入绵竹、什邡以及其他重灾地区，指导过渡安置房建设。在援建省市无私帮助下，德阳市安装城镇活动板房13.7万套；在各级干部辛勤努力下，帮助农村自建过渡房43.1万间；德阳市在8月10日前全面完成受灾群众过渡安置。

2008年10月7日，方小方被中共中央、国务院、中央军委授予“全国抗震救灾模范”荣誉称号。

刘沧龙

1955年2月出生，四川什邡人。中共党员，硕士研究生学历。四川宏达集团董事局主席。

汶川特大地震发生后，刘沧龙从机场急奔什邡工业基地，赶回受灾的工厂企业。“除了救人，现在什么都不重要”，他要求宏达集团全体党员、团员，争分夺秒抢救被埋在废墟里的员工。他指挥集团员工兵分两路，一路营救集团企业员工，一路火速驰援抢救被埋的学生和群众，抢修受毁山区公路，打通救灾“生命线”。

5月13日1时48分，刘沧龙在震灾现场召开集团党委和董事局成员会议，成立宏达集团抗震救灾指挥部，分设抢险救灾组、后勤保障组、财产核实组、灾后重建组、卫生防疫组，明确职责落实人员，24小时不间断运转，全面开展抗震救灾。

宏达集团位于重灾地区的12家成员企业遭受重创，集团企业有112人在地震中遇难，372人受伤，1800多名员工无家可归，集团经济损失高达7.68亿元，但刘沧龙心系社会，捐款510万元支持抗震救灾。他克服集团缺少铲车、吊车、挖掘机的困难，部署两路人马参与营救学校师生和抢修灾区公路。在灾区缺水少食的情况下，他安排集团企业优先保障抢险部队用餐，坚持每天为受灾群众提供600人次的饭菜；要求集团什化职工医院在开展企业内部医疗救护的同时，在重灾区洛水镇设立红十字医疗救助点，为3000余名受灾群众、志愿者和解放军指战员提供医疗服务。

刘沧龙冒着生命危险，指挥技术人员控制硫酸泄漏、防止液氨爆炸、扑灭硫黄燃烧、转移化肥产品，有效排除潜在的环境污染隐患。经地方抗震救灾指挥部批准，他组织干部员工冒着余震危险，历经8小时苦战，从摇摇欲坠的炸药库中转移并销毁炸药1.4吨、电雷管9000余支、导火索497米，排除重大安全隐患。

刘沧龙说，集团是员工温暖的家。5月22日，他部署集团工会掀起爱心捐助活动，并召开集团会议研究受灾员工和遇难员工家属慰问办法，要求各企业及时开展善后处理和慰问工作，做好困难救助、震后防疫、心理疏导、危房鉴定、废墟清理、设备维修、灾后重建等工作。

抢险救灾的同时，刘沧龙率领灾后重建组深入车间厂房查看设备和房屋受损情况，制订维修加固方案。他提出，宏达的灾后重建不是简单的重复建设，而是要以灾后重建为突破口，抓产业结构调整和技术升级，促进产品结构和质量的优化。至9月底，集团各受灾企业全部恢复生产，产能基本达到震前水平。

2008年10月7日，刘沧龙被中共中央、国务院、中央军委授予“全国抗震救灾模范”荣誉称号。

李汝良

1976年3月出生，四川资阳人。中共党员，大学本科学历。广汉市委政法委员会维护稳定工作领导小组办公室副主任。

5月15日零时，中国民航直升机抗震救灾指挥部紧急成立，中国民航飞行学院的广汉机场成为救援大本营。全国各民航公司10余个机型的34架直升机迅速集结广汉，这是中国民航征用直升机数量最多、速度最快的一次救援行动。

作为机场所在地，广汉市委、市政府组织全市力量鼎力相助。当日上午，由市委常委、市政法委书记唐前进和市委维稳办副主任李汝良等成立飞行协调组，进驻民航直升机抗震救灾指挥部，负责实施飞行救援行动时民航与地方的沟通协调。

李汝良深感责任重大，顾不得年迈的父母和生病住院的妻子，全天候、满负荷工作。他每天积极与广汉、绵竹、什邡各市及德阳市、四川省抗震救灾指挥部和军队方面协调联系，收集有关情报，组织调度救灾物资和落实执行任务的技术人员及专家，与民航直升机抗震救灾指挥部共同研究商定空投救灾物资、空中救援的飞行任务和计划，确保每天的救援快速有效。

5月17日，李汝良接到消息，绵竹市清平乡有800余名受灾群众和部队官兵被困，亟待救援。由于受伤被困人员众多，他立即与民航直升机抗震救灾指挥部协调，决定动用运载能力最强的米-26直升机进行救援。20日，李汝良跟随直升机飞抵清平乡政府，协调紧急平整直升机降落点，扫清障碍。当日下午，米-26直升机两次飞往清平乡实施援救，成功救出受灾群众230多人。

5月18日后，专业攀登绳、救生衣、救生船、发电机等物资需紧急运往灾区。李汝良联系相关部门，积极协调，保证救援行动及时有效地开展。21日，在绵竹山区执行抢险任务的冲锋舟、卫星接收车用油告急，如不及时补给，救援行动将不得已而中止。李汝良立即与民航直升机抗震救灾指挥部协调，组织人力物力，从消防器材和人员、阻燃措施、防静电容器上周密考虑，缜密安排，确保飞行安全万无一失；组织多次飞行，安全运送汽油700多公斤、炸药30余吨，有力地保证了堰塞湖排险成功。

从5月15日至7月10日，李汝良坚守抗震救灾一线，协助中国民航直升机抗震救灾指挥部对绵竹清平、天池，什邡红白、木瓜坪，安县高川，北川开坪、禹里等30余个山区地形复杂的受灾点，执行1000余次飞行救援；为受灾地区运送水、粮食等救灾物资和爆破用品、通信器材、汽油等特殊救援物资共计770.6吨；运送专业技术人员和救援人员793人；解救被困伤员、群众2411人；转运现金300万元和一大批政府、银行重要资料。

2008年10月7日，李汝良被中共中央、国务院、中央军委授予“全国抗震救灾模范”荣誉称号。

何明俊

1963年5月出生，重庆城口人。中共党员，大学本科学历。什邡市委书记。

汶川特大地震发生后，各方消息紧急传来，何明俊迅速向德阳市主要领导汇报什邡灾情，立即召集什邡市领导班子研究部署，紧急启动抢险救灾应急预案，成立什邡市抗震救灾指挥部，组建抢险救援、医疗救护、交通通信、综合协调、后勤保障、社会稳定、物资接收、震情监测、信息宣传等9个工作组，指派什邡市级领导带队分赴各灾区乡镇核查灾情和指挥抢险救灾。他还要求全市各级领导、市级部门和党员干部立即赶赴受灾现场，全力以赴抢险救援，短短半个小时就安排部署好各项工作，使抢险救援工作迅速有序开展。

得知极重灾区大量群众被埋、众多震区群众被困，何明俊心急如焚。他冒着余震和山岩崩塌的危险，赶赴重灾区红白、蓥华、八角、洛水、湔氐等镇查看灾情、慰问群众，紧急组织协调和指挥各方力量抢险救人；赶往医疗救治点，看望受伤群众和医护工作者。何明俊要求什邡市各部门和各级党政干部，"要把救人作为压倒一切的任务，必须不惜一切，全力抢救被埋人员和抢运受伤群众"。看到临时搭建的医疗救治点难以遮风避雨，何明俊要求紧急将伤员转移至什邡中学高中部体育馆内；看到因交通受阻伤员和群众不能及时转运救治，他立即向上级请求直升机增援。什邡市组织突击队、搜救组，深入边远山村、高山峡谷，搜救抢运伤员和群众。短短10天时间，全市从废墟中救出3700余名群众，将3万余名困群众转移到安全地点，使8000余名伤员得到及时救治。

何明俊深入受灾群众安置点，了解受灾群众生活，指示各负责单位全力保障受灾群众的基本生活，确保群众有饭吃，有衣穿，有干净水喝，有安全场所住，生病能得到及时治疗。邻近县市3000余名受灾群众到什邡避灾，何明俊特别指示安置组一定要给予同样的关心和照顾，让他们在失去小家后能感受到国家大家庭的温暖。

何明俊安排什邡市级领导带队，驻镇进村包片指导，帮助受灾农户加快建设过渡房。他自己也走村入户广泛听取群众意见，总结出经济适用型过渡房搭建方式，并迅速在什邡全市推广。至7月底，什邡市19.36万间农户过渡房建成，受灾农户实现100%过渡安置。

何明俊关心前去救援的部队官兵和干部群众。他冒酷暑顶风雨，多次越险奔赴重灾地区，看望慰问部队官兵和干部群众，叮嘱他们保重身体保持体能，打好抗震救灾持久战，要求后勤保障组全力保证前线所需，提供一切必要的保障服务。

2008年10月7日，何明俊被中共中央、国务院、中央军委授予"全国抗震救灾模范"荣誉称号。

陈　健

1973年12月出生，四川什邡人。大专学历。什邡市红白镇卫生院院长。

汶川特大地震发生时，陈健正在什邡市里参加护士节活动。突然大地震动，房屋摇晃，通信中断，陈健与40公里外的红白镇卫生院失去联系。他焦急万分，当即驱车返回红白镇。车行至洛水镇时，附近的化工厂因液氨泄漏，一切车辆与人员禁止通行。看到不断有伤员被抬到洛水镇卫生院，他立即掉转车头加入到运送、抢救伤员的行列。车辆放行时，他不顾余震危险迅速向红白镇奔去。余震不时发生，道路被巨石阻断，车辆无法通行，他不顾滚石危险，徒步攀越，赶回红白镇。

地震后的红白镇支离破碎，卫生院已被夷为平地。陈健立即组织人员抢救医疗药品，并与同事一道对伤员实施救治。从倒塌的卫生院库房中刨出的药物用尽了，伤员仍在源源不断地运来，他冒着危险赶到什邡市卫生局报告灾情并请求支援，又背着急救药品赶回红白镇卫生院继续开展救援工作。地震中红白镇遭受了毁灭性破坏，医疗救治和疾病防控任务尤为艰巨。他唯一的信念是全力工作，绝不放弃任何机会，营救每一个生命。

为让家住深山的受伤群众都能得到救治，陈健将卫生院16名职工分成几个小分队上山巡诊，送医送药。红白镇有6个行政村、38个村民小组，村民居住分散，户与户之间距离远，巡诊一户伤员要走一个多小时。为方便巡诊，陈健为医务人员准备了背包和手提药箱，以便随身携带日常生活用品。在艰苦的条件下，巡诊队每天诊治病人达100余人，被当地百姓亲切地称为“背包医院”。

2008年9月，陈健被卫生部、食品药品监管局、中医药局、总后卫生部授予“抗震救灾医药卫生先进个人”称号；10月7日，被中共中央、国务院、中央军委授予“全国抗震救灾模范”荣誉称号。

蒋国华

1956年8月出生，四川简阳人。中共党员，大学本科学历。绵竹市委书记。

汶川特大地震发生后，蒋国华立即向市委、市政府领导发出指令：查看灾情，收集信息，组织救人。他使用公安应急对讲机多次向上级报告灾情：绵竹灾情严重，需要药品，需要大型抢救机械，需要成建制的部队，越多越好，越快越好。

地震发生当天，蒋国华召集班子成员紧急部署抢险救灾方案，成立抗震救灾指挥部及各个工作组，明确抢救、求援、稳定、物资、纪律、信息6个方面工作重点。全市干部群众与部队官兵、各方救援队伍不畏艰险，协同作战，从废墟下救出上万人，收治伤员6万余人，转治重伤员近2000人。

在城区及平原地区开展抢险救灾时，清平、天池、金花3个山区乡（镇）却毫无音讯。蒋国华多次派出小分队冒着余震和山体塌方的危险，进入深山探明灾情。他向上级请求直升机支援，空投物资，给被困群众等待救援争取时间。他协调部队采取空运和步行方式，带上冲锋舟、救生衣、长绳，大规模挺进“死亡谷”实施救援。在救援行动中，蒋国华分析险情，准确发出一道道命令，坚守指挥岗位达七天七夜，直到把数万名被困被埋群众解救出来。

地震使绵竹市50余万人无家可归，蒋国华紧急请求上级给予物资支援，组织、调集救灾物资送到各个乡镇，解决受灾群众的吃喝问题，同时在城区和受灾严重乡镇安置点设置40多个临时供餐点。他还通过组织求援、购买等多种方式筹集帐篷，缓解群众临时安置困难的问题。在他的组织指挥和各方支援下，建成7万多套安置板房、14万户农村过渡安置房和一批“板房学校”“板房医院”，解决了绵竹市受灾群众过渡性安置问题。

抢救生命工作刚告一段落，蒋国华立即组织全市数千名干部深入城市、农村了解群众受灾情况，宣传政策，安抚群众，解决具体困难。他带领市委、市政府领导到乡村查看灾情，到安置点的帐篷里看望受灾群众。在短短两个月时间里，他走访了上千户受灾群众，走遍全市所有的乡镇、社区，把党和政府对群众的关怀落到实处。

地震造成绵竹市几百名学生遇难，学生家长极度悲恸，安抚人心和化解矛盾的工作异常艰巨。蒋国华担任工作组组长，组织26个涉校工作小组，动员3000余名领导机关及基层干部，采取“一对一”“几对一”方式，深入遇难学生家庭，耐心听取家长诉求，耐心解释和宣传相关法规和政策，及时解决遇难学生家长在生产、生活中的困难。

为确保灾后不发生疫情，蒋国华组织专家牵头，全方位开展疫情防控。他主持召开全市卫生防疫工作会，完善组织机构，分片包干，明确责任。全市累计消毒9.7亿平方米，确保无疫情发生。

当蒋国华了解到紫岩山有滑坡危险时，及时与东汽负责人研究汉旺地区避灾方案。他听取水利局关于堰塞湖情况汇报，并到柏林水库和汉旺青龙村实地查看灾情，研究堰塞湖排洪方案和措施排查隐患，确保沿河群众的生命财产安全。

2008年10月7日，蒋国华被中共中央、国务院、中央军委授予“全国抗震救灾模范”荣誉称号。

杨占彪

1966年7月出生，重庆人。中共党员，大学本科学历。绵竹市公安局交通警察大队副大队长。

汶川特大地震发生时，正在家中看书的杨占彪在一阵剧烈的晃动中摔倒在地，他立即穿上警服冲出家门。路上人群慌乱，交通堵塞，杨占彪赶到绵竹市人民医院门前的十字路口，和4名值勤干警一起疏导交通。

5月12日15时，杨占彪听说汉旺镇大量房屋垮塌，立刻想到在东汽中学上学的儿子，但眼前严重拥堵的交通让他无法离开。17时左右，交通基本恢复正常，杨占彪赶到学校，只见5层教学楼已垮塌成一片废墟。他爬上废墟，听到“救命”的呼救声从不远处传来，立即跑过去用手在废墟中刨开一个洞，一个孩子的头出现在洞口，那个孩子竟然是其儿子的同班同学。杨占彪从他口中得知，儿子和几个同学都在下面，都还活着。杨占彪赶紧找来4瓶水，从洞口送下去，鼓励他们一定要坚持。一个小时后，吊车赶来，杨占彪和救援人员一起救出了儿子的同学。此时，一阵微弱的歌声从废墟下传出，杨占彪知道，那是孩子们在给自己打气。杨占彪大声对废墟中的孩子们说：“不要再唱了，你们要保持体力，耐心等待，我们一定会把你们救出来！”余震不时袭来，天又下起了大雨，杨占彪和救援人员一直在废墟里实施抢救，战斗到第二天中午。他听陆续赶到的学生家长说，绵竹城区通往汉旺的道路拥堵，救援队伍上不来。杨占彪陷入两难境地：自己的孩子还在废墟中，而抢救生命的通道需要疏通。最终他毅然返回工作岗位，组织警力全力疏通绵竹通往汉旺的道路。

5月14日下午，妻子在电话里说，孩子的遗体找到了。杨占彪赶到学校，看到儿子沾满尘土的遗体，忍不住失声痛哭。他掩埋儿子后，又忍着巨大的悲痛返回工作岗位，继续参加抢险救援工作。

2008年6月，杨占彪被人力资源社会保障部、公安部授予“公安系统抗震救灾英雄”称号；7月，被全国总工会授予“全国五一劳动奖章”；10月7日，被中共中央、国务院、中央军委授予“全国抗震救灾模范”荣誉称号。

杨守芬

1951年7月出生，四川绵竹人。中共党员。绵竹市清平乡政府综合治理办公室副主任。

地震发生后，由于通信中断、道路堵塞，清平乡与外界失去了联系。乡党委书记谭焱决定派杨守芬立即下山向绵竹市委、市政府报告灾情，请求救援。

5月12日15时，杨守芬一行出发了。由于马尾河上游形成了堰塞湖，他们只能沿着河道，踏着嶙峋的岩石艰难前行。刚走到肖林坡，强余震袭来，山体塌方，泥石流倾泻下来，杨守芬一行立刻躲到一块巨石后面避险。

滚落的山石不断砸在身后的石头上，发出巨大的响声，十几分钟后，泥石流才慢慢停止。杨守芬知道前面的路更加危险，但作为一名党员，自己没有任何理由退却。他们继续冒着危险前进，经过8个多小时艰难跋涉，终于带着一身疲惫和累累伤痕走出大山，将清平乡灾情及时报告给绵竹市领导。

交通断绝，救援部队和救灾物资进不来，眼看自救的食物已快耗尽，清平乡党委、乡政府决定再次派人下山请求救援。“下山的路，我熟悉！”刚刚从绵竹回来的杨守芬又主动站出来，请求赴外求援。5月15日7时30分，杨守芬带着乡党委书记的亲笔信毅然踏上下山的路。

杨守芬再一次将清平乡的灾情和交通情况向绵竹市抗震救灾指挥部做了汇报，同时领受了立即转移受灾群众的命令。他不顾饥饿和连续奔波的辛劳，背上药品和方便面，徒步返回清平，及时传达了市抗震救灾指挥部的命令。乡党委、乡政府迅速制订了转移方案。

5月18日，杨守芬护送8名妇女和2名孩子向山外转移，数次避过山体滑坡。堰塞湖淹没了道路，杨守芬举起一名小孩，咬紧牙关慢慢地淌过齐腰深的湖水。几番来回，汗水从他额头上滚滚往下落，同行的人感动得流下了眼泪。19日，杨守芬带领70人的应急救援部队徒步返回清平乡。

杨守芬虽然十分惦念山外亲人的安危，但山里未被转移的受灾群众牢牢拴住了他的心。他每天忙于接收和发放空投物资、转移受灾群众，顾不上回家看一眼。直到5月27日，乡党委、乡政府派他到受灾群众安置点工作，杨守芬才见到了劫后余生的家人。

2008年10月7日，杨守芬被中共中央、国务院、中央军委授予“全国抗震救灾模范”荣誉称号。

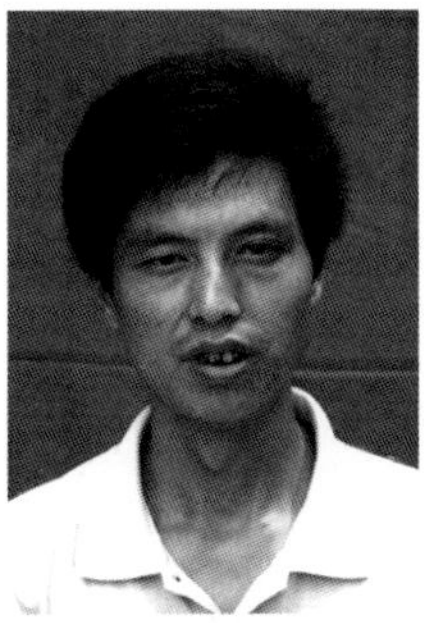

刘　勇

1968年4月出生，四川绵竹人。中共预备党员，大专学历。绵竹市汉旺镇武都小学教师。

汶川特大地震发生后，武都小学教师迅即组织学生朝教学楼旁边的空地上疏散。只听“轰隆”一声巨响，一至四年级的教学楼坍塌下来，五至六年级和幼儿园的教学楼也摇摇欲坠。

刘勇一边向学生大喊“快跑”，一边率领教学楼一层的学生冒着滚滚烟尘冲出来。地震还没有停止，逃出来的学生惊魂未定站立不稳，刘勇提醒学生紧紧抱住树干以防摔倒。看见学生站在学校后面的人工湖堤上，刘勇意识到余震还会再来，湖堤有可能被震垮。“堤坝危险，快往梨园跑，那里安全”，他大声指挥学生迅速撤向安全地带。

当刘勇返身冲向烟尘弥漫的教学楼时，教学楼已成一片废墟，一些孩子被埋在废墟下。他顾不得余震危险，立即和同事们一起抢救学生。大家用手刨开水泥块、烂砖瓦，搬开断裂的预制板，把一个个受伤的学生从废墟里抱出来，转移到草地上。十指抠出了血，身上被尖利的钢筋、水泥块划伤，他们全然不顾，仍舍生忘死地抢救学生。

学生家长和附近的乡亲、村干部赶来了，救援速度加快了。没有大型工具和器械，无法营救深埋的孩子，一些人去找大型机械。此时，刘勇听到五年级（2）班几个学生在楼上哭喊呼救。他大声喊道：“朝里站，我马上来。”这幢楼虽然没有全垮，但两侧的楼梯已塌陷，楼梯的护栏也垮掉了。此时，余震还在继续，震碎的建筑物石块纷纷散落。忽然，他发现有根电缆线垂挂在倒塌的楼层之间。确认电线无电后，他朝楼上的学生大声喊道：“顺着电线滑下来！”在刘勇和其他老师的共同努力下，几个学生平安获救。

绝不放弃一个孩子。刘勇和救援人员不停地呼喊学生名字，寻找幸存学生的踪迹。他找来钢钎凿开楼梯，在坍塌的废墟上挖洞，尽可能为幸存的学生通风通气，为后续营救创造条件。

5月12日16时，3楼上五年级的学生撤离完毕，刘勇却没有发现自己的女儿。妻子打来电话问“女儿到底怎样了”，他无法回答。他对着废墟一遍遍呼喊女儿的名字，却始终听不到回应。附近电站的工程队派出50多名身强力壮的工人，带着挖掘机和装载机前来支援。大家仔细搜索，不放过任何一点希望。突然，听到了微弱的回应，但垮塌现场无法使用挖掘机，大家只能用双手不停地搬、挖、刨，20余人合力抬起一块巨大的水泥板，刘勇终于看到了自己的女儿：她的头被挤压在膝盖上，整个身体缩成一团，左腿已经被压扁了。刘勇抱着一息尚存的女儿，心如刀绞。医生虽全力抢救，最终还是没能挽回她的生命。刘勇救出了很多学生，却永远失去了自己的女儿。

2008年6月，刘勇被人力资源社会保障部、教育部授予“教育系统抗震救灾英雄”称号；10月7日，被中共中央、国务院、中央军委授予“全国抗震救灾模范”荣誉称号。

江　涛

1974年12月出生，四川中江人。中共党员，大学本科学历。中江县永太镇党委书记。

汶川特大地震发生后，江涛立即启动应急预案，组织应急小分队紧急排查受灾情况和疏散群众。安排好工作后，江涛迅速组织人员就近开展搜救。工作人员急报，双凤小学教学楼坍塌埋有学生，江涛立即奔至双凤小学。“把附近的党员干部叫过来，先救人！”江涛组织数十名干部、教师和群众展开生死营救。余震不断，教学楼上的半截预制板在空中摇晃随时可能掉下。江涛与救援人员冒着生命危险，徒手刨废渣、拣砖块，用钢钎小心敲断预制板，用虎钳剪断钢筋，拼命加快救援速度，全然不顾抠扒砖块时手指磨出的鲜血，两小时后3名学生相继被救出来。

5月13日，江涛带领镇干部赶往富平村5社慰问地震遇难者家属，送去大米、菜油、猪肉和现金。为确保2000余名场镇居民避震期间生命安全和生活安稳，江涛协调解决安置场所，组织购买和搭建避灾帐篷，购买煤炉和纯净水，解决场镇居民的生活问题。

5月19日晚，中江县抗震救灾指挥部预报将有强余震。江涛快速组织全镇人员疏散，一位90岁老人不肯离去。江涛到老人家中劝说，和同事们一起把老人送到镇中学操场上的临时避震点；当晚他又赶到明星村，动员6户不肯离家避震的村民搬出住房，做完疏散工作已是次日凌晨。

抗震救灾期间，江涛组织镇干部建立抢险救灾、查危排危、社会治安等7个工作小组，实行领导包片、党员干部包组责任制，在临时办公帐篷坚持24小时轮流值班。他还组织干部群众搭建起570余处抗震简易篷，通过多种途径解决好群众吃住等生活问题，确保群众生活安稳和社会稳定。

5月25日，江涛仅用一天时间便完成双凤小学重建选址征地，争取到四川建设发展股份有限公司80万元捐赠资金。6月7日，中江县灾后第一所标准化抗震小学——双凤小学建设奠基仪式隆重举行。

为帮助群众灾后重建，江涛带领镇干部走村串户，解决问题，做好受灾群众思想工作，帮助群众树立重建美好新家园的信心；仅用3个月时间，完成加固危房2160户，清理建筑垃圾13万余立方米，重建农房开工1651户。

2008年10月7日，江涛被中共中央、国务院、中央军委授予“全国抗震救灾模范”荣誉称号。

莫畏强

1969年1月出生，四川营山人。中共党员，大学本科学历。罗江县略坪镇党委书记。

地震发生时，莫畏强正在场镇检查移民房加固进度，只见远处房屋轰然倒塌，近处房屋摇摇欲坠。“不好，地震了，快救人！”他一面呼叫附近群众迅速撤离建筑物，一面火速赶回镇政府，想把地震消息报告给上级，但通信中断，略坪镇与外界失去了联系。

莫畏强安排驻村干部下村入户，了解人员伤亡情况，组织群众躲避余震，并立即赶往略坪中小学、镇卫生院、敬老院、车站等人员密集地了解情况，当确认学校、医院和敬老院无人员伤亡后，才舒了一口气。

至5月12日17时，各村人员伤亡情况初步汇总，略坪镇有3人在地震中遇难，30人受伤。莫畏强安排人员将抢救出的8名伤者送往医院救治，同时组织人员开展慰问，并赶往遇难者家里抚慰罹难人员家属，安排专人为伤员家庭搭建帐篷。

莫畏强安排各村成立治安巡防队开展夜间巡逻，确保群众生命财产安全。为保障重灾户的基本生活，特别是房屋倒塌户的吃住问题，莫畏强走遍略坪镇各村，安排村组干部落实责任和积极发动群众扶贫帮困。

略坪镇是罗江县重灾区之一，全镇5600间房屋倒塌，4.92万间房屋成为危房，水、电、气、路、通信设施受到严重损毁，全镇直接经济损失达7亿元。抢险救灾中，莫畏强组织解决14747名受灾群众的生产生活，研究制定2548户倒房户灾后重建规划，开展灾区安全巡逻和灾区防疫工作，组织群众积极开展生产自救，组织调运4吨农用机油，确保震后“双抢”顺利开展。整整3个月，莫畏强没有回过一次家。

2008年10月7日，莫畏强被中共中央、国务院、中央军委授予“全国抗震救灾模范”荣誉称号。

王绵生

1953年11月出生，湖南衡阳人。中共党员，大学本科学历。绵阳市建设局局长。

汶川特大地震发生时，王绵生正组织召开局务会议。他立即指挥职工和群众，疏散到楼下安全地带。第一波强震结束仅仅10多分钟，王绵生便召集党组成员分成4个组，对全城公用建筑进行检查，指导防护避震，严防天然气泄漏等次生灾害发生。

地震发生后，北川县城几乎被夷为平地，巨量的山体塌方严重堵塞了进出北川的道路，人员和物资无法进入实施救援。王绵生受命组织大型机械，火速打通救援“生命线”。此时通信中断，他跑遍城区所有施工工地，调集到7台装载机、挖掘机。

5月12日23时，王绵生带领抢险队员和工程机械急驰北川。山路崎岖，余震不断，跌落的山石随时会导致车毁人亡。王绵生同机师形影不离，冒着生命危险一节节疏通被堵道路。半边桥被称为“死亡路段”，一边是高山滑坡，一边是悬崖河谷，桥面已被巨石砸开几个大窟窿，随时都有垮塌的危险。“拼命也要把路打通”，王绵生带领抢险队经过一夜拼死奋战，到13日5时，麻柳湾、半边桥、任家坪到北川中学的救援道路全线抢通，救援人员和重型机械随后开进北川救人。为保证这条“生命线”的畅通，接下来的几天里，王绵生和抢险队员们几乎没有合过眼。

在前方抢险救人的同时，王绵生还牵挂着后方在室外避险的群众。地震大难加上唐家山堰塞湖次生灾害，绵阳城区露天避灾群众近百万人。王绵生要求“群众疏散到哪里，服务就要紧跟到哪里”，组织安排搭帐篷，拉电线，安水管，建临时厕所……昼夜奔忙，八方协调，把群众过渡安置的问题一个个解决掉。经过昼夜紧急抢修，震后不到30个小时，绵阳城区主要干道路灯恢复照明，水、气恢复供应，城市公交正常营运。为了让群众尽快回到家中正常生活，5月14日，王绵生及时组织房管、规划、设计、检测等部门的大批工程技术人员，对城区房屋进行拉网式检查；同时组成3个小组对全城的桥梁、学校、医院、河堤、电信大楼等市政公用建筑进行检测，使其尽快恢复运行。

5月21日，王绵生又担负起艰巨的北川羌族自治县曲山镇、擂鼓镇上万群众回乡安置工作任务。擂鼓镇重建及群众安置工作受到住房城乡建设部、四川省住房和城乡建设厅高度评价，中央电视台综合频道也作了专题报道。“一定要让绵阳灾后更加美丽”，这是王绵生在党组会上的铮铮誓言。至6月中旬，仅一个月的时间，多条道路复工开建，城市照明、绿化恢复至震前水平，绵阳市75条公交线路全部恢复正常营运，城区的环境卫生治理完成。绵阳城市迅速恢复了往日的整洁、方便。

2008年10月7日，王绵生被中共中央、国务院、中央军委授予“全国抗震救灾模范”荣誉称号。

唐训海

1974年10月出生，四川遂宁人。中共党员，大学本科学历。绵阳市水文水资源勘测局副局长，高级工程师。

汶川特大地震发生后，为防范堰塞湖次生灾害，四川省水文局迅速调集全省水文骨干，组成6个水文突击队，唐训海既是突击队员，又是绵阳市水利工作组副组长。

5月14—15日，唐训海和水文突击队员踏遍都江堰、德阳、绵阳、广元等地10余处堰塞湖。当时北川唐家山堰塞湖蓄水1亿多立方米，而且仍在以每天700多万立方米的速度增加，严重威胁着下游绵阳、遂宁等地几百万人民群众的生命财产安全。17日，唐训海所在的突击队接到奔赴唐家山堰塞湖的命令。为了迅速掌握第一手资料，尽快排除悬在绵阳、遂宁人民头上的

“炸弹”，唐训海和队员们背着干粮、水和简单的测验设备，沿着陡峭、崎岖的山路攀行。一路上，余震不断，滑坡、泥石流、塌方频频发生，飞石夹杂着尘土不停地滚落，随时威胁着他们的生命安全。经过20多个小时艰难跋涉，他和队员们冒着生命危险到达唐家山堰塞湖，顾不上休息立即投入到紧张的测量工作中。他们头顶烈日，脚踏着不断抖动的大地，一步三晃地掮着测量仪查看地形、架设仪器。经过一番艰苦工作，唐训海和队员们成功收集到唐家山堰塞湖第一手资料。

要精确掌握唐家山堰塞湖水文数据，必须在其上游安装自动水文测报仪。地震后连续几天雨雾天气，飞机无法起飞降落。危险在增加，险情不等人。5月24日17时许，唐训海和队员们每人负重十几公斤仪器设备，徒步向目的地挺进。25日，唐训海和队员们在悬崖、陡坡上冒着飞石、余震爬过40余处塌方，终于在当日下午到达目的地；18时，第一组精确数据传回唐家山堰塞湖应急处理指挥部。

6月2日晨，水利部部长陈雷在应急处理指挥部召开紧急会议，要求唐训海上坝对坝体进行实地观测，并迅速拿出科学数据及时汇报。唐训海接受任务后，当日下午又乘坐直升机踏上唐家山堰塞湖，和同事一起开始了为期11天的艰苦工作。他们每天反复穿行在一根根水尺和一台台自动测报仪之间，全天候监控着水位变化。发生余震时和下雨天，唐训海更是寸步不离仪器。

6月5日，在唐家山堰塞湖上，唐训海被破格吸收为中共预备党员。领导看着他熬红的双眼、疲惫的身子，动员他们撤离。唐训海毅然说：“我是党员，我要坚持到最后，我们能坚持到最后！”10日凌晨，唐家山堰塞湖终于按照原定计划成功泄流。当水冲过导流渠时，唐训海知道，水文人最关键的时刻到了，水文数据必须快速测报出去。唐训海和两位同事拿着测量仪，站在危险的泄洪槽边争分夺秒抢测数据，第一组数据出去了，第二组、第三组……11时30分，过流达到顶峰；随后，流量逐渐减小。17时，坝前水位终于降到722米，险情成功排除。

2008年6月，唐训海被人力资源社会保障部、水利部授予“水利系统抗震救灾英雄”称号，被水利部授予“全国水利抗震救灾先进个人”称号；10月7日，被中共中央、国务院、中央军委授予“全国抗震救灾模范”荣誉称号。

谭春蓉

女，1964年2月出生，重庆人。中共党员，大专学历。绵阳市涪城区城北街道铁牛街社区党支部书记、居民委员会主任。

汶川特大地震发生后，谭春蓉紧急召集社区干部、党员，迅速进行分工。5月12日14时35分，谭春蓉在铁牛广场不断聚集的人群中一遍遍大喊：“我是铁牛街社区党支部书记谭春蓉，请大家尽量待在原地，不要惊慌，照顾好孩子和老人，有什么需要尽管跟我说。”人群渐渐安静下来，几个年轻人主动上前，与社区干部一起维持现场秩序。一名干部报告：泗王庙28号附近一根燃气主管道因地震发生爆裂。谭春蓉立即组织社区干部赶赴现场，冒着随时可能发生爆炸和中毒的危险，组织附近群众紧急疏散；划出危险区域，设置警示标志，防止过路群众误入；及时与巡警二大队、燃气集团联系，在公安人员和专业抢险人员到达之前，有效控制现场，避免了人员伤亡。16时50分，谭春蓉详细地向街道办事处报告了社区受灾情况。她组织社区干部、党员和现场召集的志愿者，分散到人群当中，宣传政策，安抚居民情绪。天色渐渐暗下来，谭春蓉巡回到辖区各单位、小区查看人员受伤和房屋受损情况，与门卫和保安仔细排查是否仍有群众滞留家中，并反复叮嘱门卫、保安坚守工作岗位，全力保障好群众财产安全。傍晚，谭春蓉再次深入两万余名群众露宿的铁牛广场、滨江河堤等人员密集区域，带领社区干部彻夜坚守。深夜气温骤降，谭春蓉主动开放社区爱心超市，为衣着单薄的群众发放救急衣物。

5月13日，谭春蓉组织社区干部联系3家饭馆，为上千名受灾群众提供免费饭菜；接着又办起社区便民服务点，及时发布政府公告，免费提供常备药物和开水，组织志愿者，接受群众捐款捐物。她将80余名志愿者与社区党员服务队统一分组，带头拾捡垃圾，组织社区干部、党员组成社区巡逻队，保障群众安全。14日，谭春蓉组织人员将救灾物资分类清点、登记，并召开社区居民代表会议，通过救灾物资分配方案，发放救灾物资。

2008年10月7日，谭春蓉被中共中央、国务院、中央军委授予“全国抗震救灾模范”荣誉称号。

王　健

羌族，1966年7月出生，四川绵阳人。中共党员，大学本科学历。绵阳市游仙区街子乡党委书记。

汶川特大地震来袭时，正在高庙村研究工作的王健迅速带领村干部安全疏散200余名附近群众，立即通知金花水库下游群众转移，安排人员密切监控堤坝变化。

5月12日14时50分，王健飞快赶回场镇。场镇已是满目疮痍，卫生院垮塌，多人伤亡；乡小学教学楼岌岌可危，地面出现断裂、喷砂浆等异常现象，群众四处奔跑。王健立即安排人员将600余名刚跑出教学楼的师生转移到地势较高的磨盘山，将千余名场镇居民集中到空旷的乡政府广场，组织医生抢出器械、药品，迅速成立临时医疗点。15时40分，在垮塌的房屋边，王健主持召开震后第一次机关干部会，对抢险救灾工作进行安排部署。随后，他带领全体机关干部，分赴各村社查看灾情，逐户看望慰问房屋倒塌农户，妥善安排群众食宿。

从5月13日起，王健相继得知在北川的妹妹等16位亲人或遇难或下落不明。王健心如刀割，同事都劝他回家乡看看，但都被他婉拒了。震前不到半月，王健才做了胆囊切除手术，他没有在家休养，连日的奔波劳累，伤口剧烈疼痛。他强忍病痛，每天走村串户，安置群众。为保证受灾群众短时间内有安全住所，王健组织乡村干部迅速展开过渡安置房搭建工作，每天冒着酷暑，深入村社指导规划、协调用地，督促进度，解决建设中的难题。6月20日，全乡5000余名受灾群众在游仙区住进能遮风挡雨的过渡安置房。为解决学生复课和病人看病问题，王健组织人员全力配合援建方施工。10—22日，街子乡“板房卫生院”和“板房学校”建成并投入使用。

7月初，王健组织街子乡开展永久性住房建设。为解决规划、资金、建材、工匠等难题，王健提出农房重建“八统一”的思路，即统一集中规划、统一农房户型、统一购买建材、统一介绍施工队伍、统一平整场地、统一组织资金、统一基础设施建设、统一进度质量，实行目标责任细化、三人包户帮扶、党员包户建房以及强化群众监督等制度。9月7日，四川省省长蒋巨峰率领100多名全省农房建设现场会参会人员到街子乡参观。10月1日，第一批农房在岳家村集中安置点建成，10户农户喜迁新居。11月15日，国务院总理温家宝到街子乡岳家村考察农房重建工作。

2008年10月7日，王健被中共中央、国务院、中央军委授予“全国抗震救灾模范”荣誉称号。

张德溥

1963年10月出生，四川绵阳人。中共党员，硕士研究生学历。江油市公安局党委书记、局长。

汶川特大地震发生后，江油市公安局办公楼变成危楼。张德溥从乾元派出所检查工作途中赶回公安局，迅速组织局党委成员和各部门负责人开会，成立江油市公安局抗震救灾临时指挥部，启动突发事件应急处置预案。

为争分夺秒抢救生命，张德溥迅速做出部署：以巡警大队、消防大队和各派出所为主，全警动员全警参与，立即开展对学校、商场等人员密集场所和其他遇险人员的救援工作；以交警为主，全警上路执勤，对街面避险群众和车辆进行疏导，防止秩序失控；以各派出所为主，抽派民警对金融网点、大型商场、李白纪念馆文物等重点目标进行保护，防止盗抢。5月12—13日，江油市公安局民警在张德溥带领下，先后从废墟中救出群众1704人，运送伤员2400余人，帮助600余名群众找到失散家人。

在全力抢险的同时，张德溥带领全局民警，严打“涉灾”违法犯罪，严打“两抢一盗”（抢劫、抢夺、盗窃）；交警履行综合职能，对城区主干道实行严控严管，对街面纠纷和案件及时化解查处；巡警配合维持社会秩序的部队官兵对偏僻街巷、尚未通电的地区实施不间断巡逻；加大对重要机关、金融机构、文物保管场所等要害部位安全防范；派出所集中精力对单位和成建制的小区加强治安巡逻防控；同时加强治安知识的宣传，提高人民群众自防意识和单位内保工作水平。

5月21日至6月10日，张德溥一直在唐家山堰塞湖泄洪区五镇二乡来回穿梭，与参加疏散转移工作的350余名民警一起顶烈日、冒大雨、忍虫咬，逐村宣传，挨家挨户搜索，一点一点落实，成功撤离青莲、九岭、香水等乡（镇）的39个村、8个社区共47101人。张德溥在堰塞湖泄洪疏散撤离工作中提出的“搜、守、救”三字工作法被推广到整个泄洪撤离区。

在抢险救灾中，张德溥始终与一线民警站在一起。在连续20天的唐家山堰塞湖泄洪疏散转移工作中，夜以继日的超负荷工作使张德溥体力严重透支，但他咬牙坚持，确保了唐家山堰塞湖泄洪期间江油泄洪区无人员伤亡。

2008年10月7日，张德溥被中共中央、国务院、中央军委授予“全国抗震救灾模范”荣誉称号。

赖大东

1978年9月出生，四川三台人。中共党员，大学本科学历。三台县公安局刑警大队技术室主任。

5月13日2时30分，正在三台县体育馆组织安顿受灾群众的赖大东接到紧急通知，要求迅速备齐法医工作需要的勘验箱、物证采集等设备，前往极重灾区北川羌族自治县开展抗震救灾。已经连续战斗12个小时的赖大东，顾不上回家收拾行李，只给妻子打了一个电话，便火速赶回办公室准备器材。7时15分，三台县公安局成立以赖大东为组长、其他11名业务骨干为成员的抗震救灾小分队，对遇难者遗体进行法医检验和提取DNA检材，为正在建立的地震遇难人员身份识别DNA数据库做准备，以便日后其亲属能够准确找到遗体位置。

5月13日11时12分，赖大东带领工作组到达北川中学，指挥部通知前方道路已经阻断。无法进入北川县城，工作组就地开展生死救援。看到北川中学受损最严重的一栋教学楼已经完全塌毁，有的楼由5层变成了3层，未垮塌的楼房也是千疮百孔东倒西歪，操场上摆放着一具具遇难者遗体，赖大东立即组织战友们冒着大雨为遇难者遗体拍照，做身份鉴定，然后对遗体进行清洗、清理、编号，并提取检材、填表。

5月14日11时16分，赖大东接到指令，立即带领工作组徒步赶赴北川县城开展救援工作。17日15时26分，已连续战斗了5天的赖大东在进入北川一座倒塌的房屋内抬罹难者遗体时，由于长时间在高温环境下高强度工作，体力严重透支，昏倒在地，不慎划破手指，但他仅仅进行简单消毒和包扎，又匆匆投入到工作中。在遗体高度腐烂、很容易感染致命病菌情况下，组织上要求他撤离。赖大东坚持说：“我是一名人民警察，没有完成任务我决不能走。”随着救援工作的展开，越来越多的遇难者遗体被挖掘出来，工作组承担的检验遗体任务十分艰巨。隔离服、雨靴和橡胶手套密不透气，汗水、雨水浸透了衣服，但赖大东没有叫一声苦喊一声累，强忍着刺鼻的恶臭，俯下身子进行测量、记录、拍照、提取、鉴定等工作。13—23日，赖大东和他带领的工作组不分昼夜，克服疲劳，先后检验罹难者遗体300余具。他们在特殊的工作岗位上，为抗震救灾做出了特殊的贡献。

2008年7月，赖大东被公安部授予“全国公安系统抗震救灾先进个人”称号；10月7日，被中共中央、国务院、中央军委授予“全国抗震救灾模范”荣誉称号。

李彦华

女，1974年12月生，四川梓潼人。大专学历。梓潼县马鸣乡小学教师。

5月12日中午，阳坪小学学生在教室里午睡。李彦华与其他几位老师在办公室值班，守护着午休的学生。突然，随着一阵“隆隆”之声，大地开始不停地颤抖起来。李彦华感觉到楼板在晃动，接着晃动越来越剧烈，她脱口大吼：“快，地震了！”教师们纷纷冲出办公室，奔向各自的教室。

李彦华飞奔向她任教班级所在的第二层最右边的教室，边跑边大喊：“快，孩子们，地震了……快到楼下去！”惊醒的孩子开始往外跑，但仍有几个学生还在熟睡，李彦华飞奔过去将他们摇醒。此时，墙壁与天花板上已有水泥块掉落，楼房抖动得越来越厉害。李彦华拉着学生冲出教室，保护学生一个个安全撤离，清点学生人数。此刻，楼房开始从中间断裂，砖块不停地往下掉。突然，李彦华发现本班9岁女生龚小芬还在教室里，她赶紧跑回教室，拉着龚小芬连拖带拽往外闯。当李彦华最后离开教室跑到阳台上时，发现四年级学生仍拥堵在教学楼中间的楼道上。她立即冲到楼道口用手分开学生，让他们迅速疏散，77名学生安全撤出了教学楼。

大地还在颤抖，不时听见楼板断裂的声音。当李彦华把最后一名学生转移到安全之地后，三年级教室“轰”的一声倒塌了。从李彦华感觉到地震到教室倒塌，前后只有两分钟，孩子们被安全疏散。余震还在继续，教师们集中学生清点人数，204名，一个也不少。因为通信中断，李彦华又主动要求搭乘摩托车去县教体局汇报灾情。大地震中，李彦华完全忘记了自己的安危，面对空前的灾难，用爱创造了奇迹。

2008年10月7日，李彦华被中共中央、国务院、中央军委授予“全国抗震救灾模范”荣誉称号。

任安瑞

1967年4月出生，四川盐亭人。中共党员，大专学历。盐亭县富驿镇努力村党支部书记。

汶川特大地震发生时，任安瑞正在鱼塘喂鱼。大地剧烈震动，鱼塘的水翻滚起来，他立刻往附近学校跑去。5月12日14时45分，他帮助学校将村办新星幼儿园和雄关小学的660名师生全部转移到安全地带，无一人伤亡。任安瑞随即组织23名在家的党员干部组成8个小组，到全村8个组查看灾情，安抚群众。18时许，30多户、100多名受灾群众来到他家里，反映他们的房子被震垮了无法居住。他立即拿出以前承包工程剩下的130米篷布、23张简易床，搭起临时防震棚让受灾群众暂时居住。

5月13日，任安瑞又拿出1万多元钱，买了36床被子、23张竹席、1台发电机以及电视卫星接收器等物品，让受灾群众有了一个像样的临时住所。受灾群众激动地连声道谢，他回答说："在大灾大难面前，这是一名党员、基层干部的应尽之责。"了解到极重灾区的灾情后，任安瑞心急如焚。安排好村上事务，14日5时许，他驾车装上价值4000多元的药品和2000多元的食品，紧急向北川县城驶去。由于当时不许民用车进城，他同来自重庆的10多名志愿者徒步进入北川县城，参加救人、转移伤员等工作，不吃不喝干到15日中午。

5月17日1时，任安瑞与富驿镇志愿者一起驾驶13辆汽车，运送群众捐赠的救灾物资赶到安县雎水镇。听说安县高川乡还有数千名群众下落不明，他心情非常沉重。按照救援部队抗震救灾指挥部安排，任安瑞和另外27名志愿者负责运送药品、食物、饮用水等物资到高川乡。他们每人背负30公斤物资，翻山越岭艰难爬行。任安瑞在荆棘丛中边探路边开路，到处都是悬崖峭壁，根本找不到路，平时只需要2个小时的山路，他们爬了4个小时还只爬到半山腰。余震不断发生，山石不时滚落，任安瑞和一起前行的解放军战士不断鼓励同伴，并分担他们背负的物资。当日21时许，他们终于赶到高川乡，随即展开救援。

过渡安置、灾后重建任务十分繁重，面对满目疮痍的家乡，面对乡亲们期待的眼神，任安瑞放弃承包的工程，把全部精力投入重建工作中。有的村民家庭困难，没有重建资金，任安瑞就主动借给启动资金；有的村民长期在外务工，家里缺乏劳动力，任安瑞就组织民兵和党员成立义务服务队，帮助他们挖地基、搬沙石、运砖头。全村的受灾群众很快就建起了自己新的家园。

2008年10月7日，任安瑞被中共中央、国务院、中央军委授予"全国抗震救灾模范"荣誉称号。

林　川

羌族，1963年11月出生，四川北川人。中共党员，大专学历。北川羌族自治县文化旅游局党组书记、局长。

汶川特大地震发生时，林川刚从单位返回家中取公文包。猛烈的摇晃使他站立不稳，一瞬间外墙向他倾轧过来，林川眼前一黑就晕了过去。醒来时，他发现自己被压在废墟里，脚不能动弹，左肩传来阵阵剧痛。林川忍着疼痛用右手把压在身上的砖块一点一点拨开，从缝隙里爬出来。在从阳台滑到楼外一家屋顶时，听见楼内有人呼救，他毫不犹豫，冒着余震危险再次爬上危楼，一口气连拖带拽救出了8个人。

下楼后，林川立刻向县文化旅游局奔去。往日熟悉的办公大楼已不复存在，5层的大楼全部倒塌。林川拍拍幸存下来职工的肩膀，忍痛下令："大家不要惊慌，先去救人！"此时，有幸存者从曲山小学东区焦急地跑过来说："快到曲山小学去，那边有许多学生被埋在教学楼里。"他立刻和副局长林继忠带领职工和附近的群众前往营救。

5月12日17时15分，正在曲山小学救援的林川得到消息，在林业局工作的妻子被人从废墟中救了出来。他很想去看妻子一眼，说两句安慰的话，但最终只是托人转告妻子，自己很平安，让她不用担心。一转身，他又到县城主要街道查看灾情。17时50分，他看到禹龙大桥已经垮塌，湔江河水已经断流，意识到北川县城有可能遭受洪灾。他马上组织人力将茅坝油库一带300多人和北川大酒店门前400多人，转移到县政府广场上。18时20分，林川在县政府的废墟旁找到正在维持秩序的县长经大忠。向县长汇报完险情之后，林川立刻按县长指示前往绵阳市政府报告情况。林川报告的湔江河水断流、唐家山形成堰塞湖灾情，为上级领导正确及时地做出抗震抢险决策提供了依据。

林川拖着疲惫的身躯急匆匆赶回北川中学，投入抢救北川中学学生的战斗。救援大部队到来后，林川作为抢险救人突击队队员，在被夷为平地的县城废墟里与解放军战士并肩作战，开展搜救工作，5月15日，将深埋在废墟中3天的县图书馆馆长李春营救出来。到19日上午，林川协助从废墟中救出32人，转移被困群众2000多人。来不及喘口气，林川又参加了省、市旅游局联合救援行动，乘坐直升机进入小寨子沟景区，安全转移疏散中外游客300多人。

5月28日，林川赶回县指挥部汇报救灾工作后，前往医院探望住院治疗的妻子，才得知家里6位亲人遇难的消息。30日，林川再次奔赴青片、坝底等乡（镇），指导基层党组织建设，组织村社及小寨子沟景区开展生产自救、重建家园。

2008年10月7日，林川被中共中央、国务院、中央军委授予“全国抗震救灾模范”荣誉称号。

赵海清

羌族，1972年3月出生，四川北川人。中共党员，大学本科学历。北川羌族自治县陈家坝乡党委书记。

汶川特大地震突然袭来，陈家坝乡房屋垮塌，山体滑坡。震后10分钟，赵海清组织幸存乡干部，成立陈家坝乡抗震救灾临时指挥部，自己担任指挥长。赵海清组织干部到学校抢救学生，到各村查看灾情，将逃生的乡民集合在乡场镇几块相对安全的空地上，派人到江油、绵阳报告灾情，争取外援。陈家坝乡与外界通信中断，赵海清组建了以党员干部、团员青年为骨干的抢险施救、治安维护、医疗救护、后勤保障、安置联络5支队伍开展自救。

地震发生当晚，余震不断，暴雨如注，哭喊声响成一片。“乡亲们，大家不要怕，这次地震县城灾情比我们更严重，交通、水、电、通信全部中断。我们必须先行自救。”赵海清的话使群众的情绪渐渐稳定下来。他规定由自救队统一分配抢出来的食品和饮用水，并优先分发给老人和孩子。

余震不断，滑坡在继续。5月13日早上，赵清海部署将车辆集中起来，把受灾群众转移到相对安全的江油，安排教师带着学生先转移，再将伤员送往医院。14日，赵海清到绵阳市抗震救灾指挥部汇报灾情，北川县城来的人告诉他，他的妻子已从废墟里救出来，身负重伤，正在绵阳抢救，他的父母、儿子、侄儿等6位亲人遇难。他听后，泪流满面，双膝跪地对着北川县城方向磕了3个头，又继续投入救援。在抢险救援阶段，赵海清带领全乡党员干部和群众冒着余震危险，掏挖出被废墟压埋群众67人，抢救运送受伤人员2100余人，挖出食品药品10余箱，疏散转移受灾群众1.2万余人。

2008年10月7日，赵海清被中共中央、国务院、中央军委授予“全国抗震救灾模范”荣誉称号。

王　黎

1956年5月出生，四川三台人。中共党员，研究生学历。安县县委书记。

汶川特大地震发生后，安县县委紧急启动重大灾情应急预案，成立以王黎为指挥长的抗震救灾指挥部，下设5个工作组。当晚王黎回机关后立即召开指挥部紧急会议，并将5个组调整为由副县级以上领导牵头的抢险救灾、医疗救助、后勤保障、综合协调、宣传报道、维稳等11个工作组。所有班子成员分别带队负责一组工作，限时到达指定岗位，并发布“告全县人民的一封信”，实行能源物资配额制。在地震发生后的36个小时内，王黎不停地奔波，到过9个乡（镇）、12个救助点，召开15次紧急会议，4次冒着生命危险到通往高川乡、千佛镇的塌方路段指挥抢险。

面对成为“孤岛”的高川乡和千佛镇，王黎要求两名县委常委组织突击队，从5月14日凌晨开始展开救援。当救援部队赶到后，他又20余次奔赴塌方险段，与部队领导研究部署营救方案。19日，千佛镇、高川乡2万余名被困群众全部顺利转移至集中安置点，550余名伤员被成功营救。

地震后，安县近30万人需要安置。王黎组织人员在7天内，建立起192个临时安置点，集中安置受灾群众28.23万人。各集中安置点在3天内让受灾群众吃上热饭，洗上热水澡。所有安置点都建立了临时党组织，恢复乡（镇）村管理建制，带领群众开展防疫、救治和治安工作。8月25日，集中安置点的受灾群众全部搬进板房生活。

面对因地震形成的27个堰塞湖，尤其是高危险情的肖家桥堰塞湖，在余震和山体滑坡时有发生的情况下，王黎先后10次登上堰塞湖坝顶，与工程技术人员现场研究制订除险方案。6月6日，王黎在肖家桥堰塞湖坝顶现场指挥泄洪。至25日，安县27个堰塞湖全都安全排险。

王黎时刻关注教学、医疗秩序和道路的恢复。至8月20日，安县建成“板房学校”120所，50余所医疗机构恢复服务，826公里主要县、乡损毁公路基本抢通，20个乡（镇）的电力、通信、广播电视、供气、供水基本恢复。

为了尽快恢复生产，王黎在3个月内到55个规模以上企业和各大景区，实地调研和指导产业恢复重建。截至10月1日，安县382户民营、中小企业，有337户恢复生产；除千佛山景区外，县内各旅游景点全部恢复营业。在王黎的带领下，安县取得抢险救援安置的阶段性胜利，实现抢险救援安置向灾后恢复重建的平稳过渡。

2008年10月7日，王黎被中共中央、国务院、中央军委授予“全国抗震救灾模范”荣誉称号。

王正斌

1973年2月出生，四川蓬溪人。中共党员，大学本科学历。平武县南坝镇镇长。

汶川特大地震发生时，王正斌正在南坝镇政府楼上办公。突然间，办公楼剧烈摇晃，地板上下颠簸，四周墙壁发出阵阵吱嘎声，王正斌站立不稳，下意识地扑向墙角。转瞬间，烟尘飞扬，四周一片黑暗，大楼坍塌了，王正斌被埋在废墟下。

废墟外的阵阵呼喊声，让王正斌清醒过来。5月12日17时，浑身是伤的王正斌被干部群众从废墟下刨了出来。他看到镇政府办公大楼已坍塌成一堆废墟，临街政务中心的3层楼房歪斜，几幢宿舍楼也歪歪倒倒；镇政府四周楼房完全垮塌，整个南坝镇满目疮痍，到处是哭喊声和呼救声。

想到镇上还有许多急需救援的群众和学生，王正斌抬腿就想走，却感觉左脚无法行动。低头一看，才发现左脚有两道长长的口子，因失血较多而麻木。同事们要找医生给他包扎伤口，他却着急地说："我的腿还没断，大家赶快去救人。哪里的灾情最严重，就赶紧去哪里救人！"然后他顾不得处理伤口，随手接过一根别人递过来的木棍，在同事的搀扶下一瘸一拐地投入组织安置和施救工作中。

南坝小学两幢教学楼完全倒塌，数百名师生被埋在废墟里，前去救人的干部、群众和学生家长正拼命地用手刨着、挖着，王正斌随即加入到抢救队伍之中。没有钢钎、绳子等救援工具，救人效率和效果十分有限。听说古龙村村民何伟有台挖掘机，王正斌立即叫人去联系。很快，何伟驾驶着自家的工程车赶到废墟前参加救援。由于组织有方、措施得力，全镇共抢救伤员1.1万人，转移重伤员849人，抢出被埋粮食1000余吨。

完成搜救任务后，王正斌又组织干部群众投入堰塞湖排险、道路抢险、废墟清理、消杀防疫等工作中。他靠前指挥，制订撤离方案，检查落实每一个细节，确保堰塞湖排险零伤亡。由于连日奔波，转运重伤员过河时又添新伤，王正斌的腿肿得更加厉害，武警部队军医给他清创时，佩服地称他为"铁镇长"。

王正斌组织人员在全镇设置9个安置点，安置包括水观乡在内的受灾群众11461人；成立临时党组织和管委会，下设服务、消毒、抢险、安保等队；搭建过渡房1655套，有序开展学生复课、受灾群众就医、卫生防疫、治安维稳、农房重建、城镇规划、农村基础设施建设等重点工作。

2008年10月7日，王正斌被中共中央、国务院、中央军委授予"全国抗震救灾模范"荣誉称号。

罗 强

1963年10月出生，重庆人。中共党员，博士研究生学历。广元市委书记。

汶川特大地震发生后，刚任广元市委书记的罗强立即启动应急抢险预案，部署抗震救灾工作；5月12日15时，成立由他任指挥长的抗震救灾指挥部，组建组织协调、医疗救护等六大工作系统，成立人员搜救、伤员救治等15个工作组，火速开展抗震救灾。15时30分，罗强深入广元市城区灾情最严重的袁家坝片区查看灾情，指挥抢险救人。从17时至13日4时30分，罗强先后到接收伤员较多的医院及疏散人员安置点看望慰问群众。13日19时，罗强向广元市广大干部、群众发表广播讲话，明确提出把抗震救灾作为当前最大的政治任务和中心工作，并向全市各级党组织和党员干部发出“一个支部就是一个堡垒、一名党员就是一面旗帜”的紧急动员令。与此同时，落实有关单位紧急收集广元市灾情，向四川省委、省政府报告，向媒体通报，并组织抢修通信、电力、供水等设施。震后7小时恢复广元中心城区供电，抢通城区和全市大部分地区通信，两天恢复青川县城供电和局部通信。青川县通信和道路中断，灾情不明，罗强果断决策，委派市长马华等4名市领导率领4支应急抢险队，从南北水陆两路赶赴青川，指导抗震救灾。同时，罗强抽调精兵强将，震后22小时抢通了到青川县城的交通“生命线”。21时，罗强主持召开广元市委常委会研究抗震救灾工作。会议提出，要一手抓抢险救人，一手抓受灾群众安置，全力确保受灾群众有饭吃、有衣穿、有干净水喝、有基本医疗、有临时住所；要实现守住一个底线，不出现大的疫情、不饿死一个受灾群众；实现受灾群众安置、防疫、群众工作3个全覆盖。广元市率先在四川省推行“政府主导、群众主体、社会协同”三位一体的受灾群众安置模式。

从5月14日开始，在紧急安排部署全市抗震救灾工作后，已两天两夜没合眼的罗强又率队深入青川、剑阁、朝天等县（区），组织指挥抢险救灾。部队、医疗队、民兵、志愿者、干部组成的数万救援队伍，全面进入地震灾区街道和村社，快速展开生死大营救，从废墟和困境中搜救出3274人。罗强坚持哪里有险情就冲到哪里，在紧急抢险阶段的第一个月，行程万余公里，走遍全市7个县（区）重灾乡镇，先后13次、16天到极重灾区青川县指挥抗震救灾。

罗强多次到石板沟堰塞湖现场踏勘，冒着生命危险走进青川县的最后一个“地震孤岛”马公乡，实地查看和研究处置乔庄狮子梁地质大裂缝。特别是在处置石板沟堰塞湖的工作中，多次会同专家会商排险方案，组织指挥群众转移。通过采取自然溢流、人工泄流等代价最小的办法，先后对石板沟堰塞湖坝体进行17次爆破，并于6月4日18时有效排除、7月8日彻底排除险情，确保了下游15万群众生命财产安全。

5月15日，国务院总理温家宝在查看广元灾情时评价：“广元是重灾区，工作抓得不错。”8月31日，温家宝再次至广元考察，充分肯定广元的抗震救灾和恢复重建工作，盛赞广元群众“出自己的力、流自己的汗、自己的事情自己干”，“有手有脚有条命、天大的困难能战胜”所体现的自强不息、艰苦奋斗精神。新华社、《人民日报》和中央电视台等新闻媒体，把英雄的广元人民誉为“震不垮的广元人”。

2008年10月7日，罗强被中共中央、国务院、中央军委授予“全国抗震救灾模范”荣誉称号。

陈代平

1963年8月出生，四川遂宁人。中共党员，大学本科学历。广元市交通局总工程师。

汶川特大地震发生后，陈代平沉着冷静地组织同事疏散后，最牵挂的是嘉陵江大桥施工工地的安危。他迅速赶往施工现场，当证实大桥和工人一切平安后，一颗悬着的心才终于落地。

做完嘉陵江大桥善后工作，陈代平又冒着强余震的威胁，查看了广元灾区进出道路和桥梁受损情况。在检查皇泽大桥时，天已暗黑，他不顾个人安危，爬上拱圈一处一处地检查。晚上，陈代平向广元市抗震救灾总指挥部做出“在管制情况下市城区进出口道路运行安全”的技术保证。

得知青川县与外界的交通全部中断，青川南、北两条交通“生命线”公路严重损毁的消息后，陈代平顾不得休息，又连夜赶往广巴高速公路工地组织抢险机械，连夜运送到通往青川南线公路抢险现场。途中，陈代平头顶矿灯下车探路，山上飞落的石块险些砸在他身上，但他毫无畏惧地指挥施工机械前进。当把抢险设备交给前线指挥长时，穿着衬衣的他才感到山区深夜的寒冷。

青川灾区北线公路抢通工作推进到干溪河大桥时，大桥桥台侧墙严重外倾，桥面开裂，抢险设备运行受阻。陈代平临危受命，凭着多年技术工作经验，经仔细勘察和检测计算，果断做出限速单边通行15吨以下车辆的决定，为5个“孤岛”乡（镇）和数万群众救援工作赢得了宝贵时间。

青川北线的公路大桥急需检测和制订维修加固方案，为准确掌握受损情况，陈代平一行爬山乘船绕道而行，往返200多公里，终于查清桥梁的受损情况。经过通宵达旦计算分析，5月16日晨，陈代平将桥梁维修加固方案交到广元市交通局抗震救灾指挥部。指挥部迅速制订沿线桥梁的管制和加固方案，确保了抢险工作的顺利进行。

在抗震救灾的日日夜夜里，陈代平一直奋战在公路抢通保通的第一线，经历了多次险情，每天工作近20个小时。

2008年10月7日，陈代平被中共中央、国务院、中央军委授予“全国抗震救灾模范”荣誉称号。

文笃敏

1952年7月出生，四川苍溪人。中共党员。苍溪县运山镇小学教师。

汶川特大地震发生时，运山镇小学的小学班和幼儿班32名学生正在午休，文笃敏守护着熟睡的孩子们。突然间，地板震动，窗户也“嘶嘶”作响，文笃敏立刻向学生大喊：“地震了，同学们快向外跑！”

幼儿班和一年级的学生中，小的年仅2岁多，大的也才7岁，刚从熟睡中惊醒，不知所措。文笃敏急了，快步冲进幼儿班，双手各抓起一个孩子，一边组织学生迅速、有序跑出教室，一边高喊："快跟我跑，楼房要垮了，快！快！"从2楼跑到操场，文笃敏放下手中的孩子，又迅速跑回教室，再抓起两个孩子往外冲。这时，楼房开始摇动起来，屋架吱吱作响，文笃敏提着两名孩子脚步踉跄地往楼下冲。当文笃敏第三次返回2楼时，房顶的瓦片纷纷落下，砖墙开始垮塌下坠，碎砖烂瓦不时砸在他的身上。文笃敏奔跑中踩上了屋顶掉下的断椽角钉，他一把握住断椽，往外一扯，扯出一根10厘米的铁钉，脚底鲜血直流，但一心想着救学生的文笃敏顾不得锥心刺骨般的疼痛，以顽强的毅力继续抢救学生。

当文笃敏第四次上楼、把躲在桌子下的最后两名学生抱到操场时，"哗啦啦"一声巨响，两间教室垮塌下来。过度的紧张和劳累，文笃敏休克在操场上，学生们围上来，赶去的村民对他进行抢救。他苏醒过来后的第一句话是："孩子们呢，他们怎么样？"当得知只有两位孩子受轻伤时，他露出了欣慰的笑容。简单包扎伤口后，文笃敏又急忙与学生家长联系，请家长接回自己的孩子。17时10分，当所有的学生都被家长接走后，他才回家查看自己家里的震损情况。

5月13日一早，文笃敏顾不得自家受损的房屋，又到学校察看校舍状况，奔波在佛门、龙井两村，逐户走访学生家庭。有位家长感动地说："文老师，你自己受了伤，也应该休息一天嘛。"文笃敏回答："你们把孩子交给了我，保护他们就是我的职责。"15日起，文笃敏在龙井村和佛门村帐篷里设立两个临时教室，并制订了详细的授课计划，在两个村轮流上课，琅琅的读书声在两个"帐篷教室"里响起。

2008年10月7日，文笃敏被中共中央、国务院、中央军委授予"全国抗震救灾模范"荣誉称号。

张皓良

1963年5月出生，四川旺苍人。中共党员，大学本科学历。旺苍县规划和建设局党委书记、局长。

汶川特大地震发生后，张皓良迅速赶到旺苍县规划和建设局机关大楼前，一边稳定机关干部情绪，一边安排部署，组织干部职工迅速全力投入抗灾抢险。

5月12日15时，张皓良参加旺苍县抗震救灾指挥部紧急会议。他接到"不惜一切代价抢通县城区水网气网"的指令后，随即组织了百余人的应急抢险队，连夜奋战，修复供水供气主管破损300余处，复原移位的机器设备20多台，清除管网沿线垮塌土石10余万立方米。14日7时，旺苍县城供水基本恢复。15日12时，旺苍县城供气恢复正常。

5月13日，旺苍县抗震救灾指挥部决定用临时救灾棚安置灾区群众。张皓良接到任务后，立即组织人员连夜制订方案，选定搭建场地，调集施工队伍，协调材料，仅一天多时间就搭建临时救灾棚500余个，并迅速接通了水电。张皓良又组织城管执法人员协助公安干警24小时维持秩序，安排环卫清扫人员轮班保洁和收运垃圾。张皓良召开规划和建设局党委扩大会，成立近30人的应急排查组，立即展开震后房屋建筑隐患排查，设置专门接待室、公布专用热线电话，专人24小时轮流值班，接待市民来人来电。为解决技术力量不足、工作量大的矛盾，他及时向省、市主管部门请求紧急援助。16日，成都、武汉等地专家10多人陆续到达旺苍指导帮助排查工作。到5月底，旺苍县排查房屋建筑总数1600多幢，面积180万平方米。

5月18日，张皓良主持制定《关于灾后农村过渡周转房建设的指导意见》。24日，他率领50余名工人，在木门镇盐井村建成过渡周转房8套，安置灾区群众26人。旺苍县自建过渡房现场会在该村召开后，灾后各乡镇农村过渡周转房建设全面铺开。26日，县城及各乡镇72个集中过渡安置点选定后，张皓良组织300多名建筑施工人员、50多台机械设备、50多辆卡车奔赴各安置点平整场地，协助援建全部单位搭建活动板房。至8月6日，两批2905套活动板房全部搭建完成，提前完成旺苍县活动板房建设任务，受灾群众得到妥善安置。

6月21日，旺苍县农村灾后永久性住房建设现场会在张华镇岐山村召开。会后，旺苍县规划和建设局将《旺苍县“5·12”灾后重建民房建设通用图集》及时送到灾区群众手中，并现场选定灾后农村永久性住房集中安置点229个。

2008年10月7日，张皓良被中共中央、国务院、中央军委授予“全国抗震救灾模范”荣誉称号。

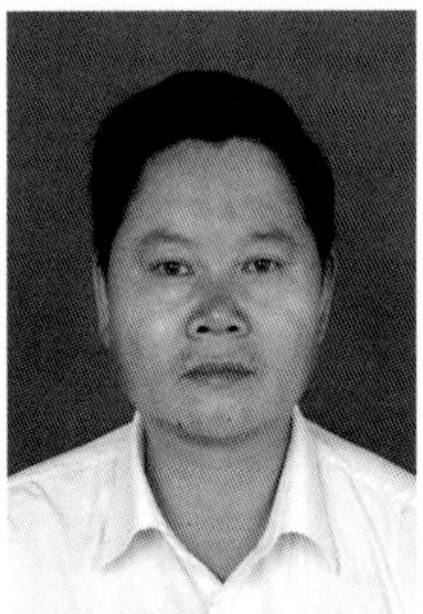

何茂生

1968年3月出生，四川青川人。中共党员。剑阁县上寺乡桅杆村党支部书记。

汶川特大地震发生后，何茂生带领桅杆村党支部、村委会紧急行动，立即投入到抢救伤员、安置群众等抗震救灾中。村民赵金成双腿被砸伤，血流不止，何茂生及时赶到，并掏出随身带的500元钱安排人员迅速护送他去医院。村道公路被堵塞，30余名受伤村民急需救治，何茂生马上联系装载机，组织群众疏通公路，确保伤员被迅速送到医院救治。

5月12日15时，在桅杆村村委会办公地，何茂生和全村42名党员面对党旗宣誓：“不等不靠，全力抗灾！”何茂生带领党员干部以组为单位抗震救灾，全村实行“统一点名、统一食宿、统一行动、统一消毒、统一看电视”管理，重点照顾老弱病残户。发现9组最偏远，在海拔1500米的山区。13日，何茂生不顾余震危险爬上山，发现9组已是一片废墟。见到何茂生，村民们感动地说：“我们以为没得指望，要死在垮塌的房子里，没想到有干部来管我们。”

5月20日至6月18日，何茂生组织群众搭建过渡房310间，解决了村民临时居住问题。在灾后重建工作中，何茂生在8组统一进行安置小区建设，成立业主委员会。他主动外出联系，购买了大批建筑材料。截至10月，桅杆村动工修建141户永久性住房，购房1户。

地震后，在十分困难的情况下，何茂生还组织领导全村党员干部及村民出资120余万元，出劳动力1700个，于8月30日前完成桅杆村5.1公里通村公路铺沥青路面任务；出资2万元，出劳动力200个，完成桅杆村铁路沿线、沿河公路的基础整治，为沿河公路路面硬化打下基础。

2008年10月7日，何茂生被中共中央、国务院、中央军委授予“全国抗震救灾模范”荣誉称号。

霍俊明

1967年7月出生，四川三台人。中共党员，大专学历。青川县马鹿乡中心小学校长。

汶川特大地震发生时，霍俊明正走到学生住宿楼下，地下一阵“嗡嗡”声传来，紧接着大地颤动。他立即大喊：“地震，快跑！”在教师们的协助下，485名孩子全部从5层的住宿楼迅速撤到楼下空地。此时，教室里还有335名学生，霍俊明又不顾一切地冲向教学区。此时去教学区的通道已被废墟堵塞，整个校园到处是残垣断壁，当霍俊明赶到操场时，10多名教师已把学生带到操场围在中间。霍俊明急问：“教室里还有学生吗？”一位男教师跑过来说：“学生都抢出来了！”“赶紧清点人数，一个都不能少。”他组织几位男教师在废墟中继续搜寻。

余震仍在继续，霍俊明果断命令“赶快组织转移”，同老师们一起将学生全部转移到安全地带。16时，霍俊明组织成立了抗震救灾指挥所，组织9个小组奔赴各村小学校查灾救灾，用各种通信工具报告灾情。19时，最后一个查灾小组安全返回，全乡校舍尽毁，但近1400名师生无一伤亡。霍俊明庆幸：多亏平时扎实开展安全应急演练，认真落实各项安全保障措施。5月13日，霍俊明组织教师搭建简易帐篷，从废墟中掏挖出食品，并从自己摇摇欲坠的房里搬出粮食，在废墟中建起集体食堂。

5月14日，霍俊明的父亲到学校告诉他，家里的房屋垮塌了。“我不能离开岗位”，霍俊明含泪送走老人。从14日开始，霍俊明组织马鹿小学的孩子们走上公路、街头，举起纸牌横幅，向救援部队表示谢恩之情——“你们辛苦了”“感谢解放军叔叔”“灾区儿童感谢您”。

一个星期后，霍俊明开始思考如何让孩子们早日回到课堂。6月6日，在广东东莞“名可名”教育集团资助下，第一批异地复课的孩子由他护送飞往东莞。从东莞返回后，霍俊明和同事们没日没夜地战斗在抗震一线，排除险情，抢救财物，转运分发救灾物资，搭建临时帐篷，规划板房，平整土地，安装课桌、床铺。8月1日，学校如期复课。经霍俊明多方奔走，重建了图书室、阅览室，重建学校鼓号队和管乐队。他说：“我们要让学生一个不少地回到校园，快乐地学习，健康地成长。”在地震中，霍俊明和他的集体以马鹿小学“最轻伤情报告”，创造了塌而不伤的奇迹。

2008年10月7日，霍俊明被中共中央、国务院、中央军委授予“全国抗震救灾模范”荣誉称号。

李树林

1969年9月出生，四川青川人。中共党员，大学本科学历。青川县木鱼镇党委书记。

汶川特大地震发生时，李树林正在青川县城参加会议。在与其他参会人员一起被疏散到青川中学体育场后，又参加了青川县委、县政府召开的抗震救灾紧急会议。14时50分紧急会议结束，李树林顾不上去寻找在县城的妻儿，便与镇长刘强拦下一辆摩托车向木鱼镇奔去。15时30分，他们冒着山上滚石和山体滑坡的危险赶到木鱼镇，随即成立以他为指挥长的木鱼镇抗震救灾指挥部，将120名干部群众组成应急抢险、医疗救援、卫生防疫等工作组，火速投入救援。

得知木鱼中学有大量学生被埋，李树林迅速赶到学校，组织干部群众和师生展开营救。通信网络被毁无法与外界联系，他一边派人到木鱼砖厂调运机械，一边派人向青川县委请求支援，一边指挥群众在废墟中寻找生存者。至16时45分，木鱼砖厂、上马砂石厂5台装载机陆续开到救援现场，他指挥在废墟中搜救伤者。压在幸存者身上的预制板被一块块吊开，被埋学生陆续被抬出废墟。

几百名伤员没有医疗器械和药品救治，李树林毅然下令，党员突击队跟随医生冲进医院危房，抢出急需的器械和药品，使421名伤员得到及时救治。地震造成群众缺衣、缺吃、缺喝，需要立即将救灾物资发放下去。李树林迅速成立木鱼镇救灾物资发放组、救灾物资发放督察组和维稳工作组，将救灾物资及时安全地发放到群众手中，确保了社会稳定。在李树林的领导和指挥下，木鱼镇干部群众连续奋战四天四夜，从废墟中成功救出896人，转移群众7841人。

在地震发生后的两个月里，李树林每天工作近20个小时。他和木鱼镇党委、镇政府领导班子忘我工作，带领木鱼镇党员干部群众共同努力，木鱼镇的抗震救灾工作取得重大阶段性胜利。震后两个月内，木鱼镇过渡房、活动板房全部搭建完成，灾区群众得到妥善安置；供水、供电等基础设施全部恢复正常；川珍实业有限公司和两个砖瓦厂迅速恢复正常运转；全镇食用菌、大棚蔬菜开始正常生产，解决435人的就业问题；动员群众互帮互助，抢收抢种农作物，确保粮食不减收。

2008年10月7日，李树林被中共中央、国务院、中央军委授予“全国抗震救灾模范”荣誉称号。

王明华

1964年9月出生，四川西充人。中共党员，大专学历。广元市利州区河西街道办事处副主任。

汶川特大地震发生当晚，兼任街道人武部部长的王明华接到抢险救援的命令，迅速集结民兵抢险队员20人，于5月13日凌晨前往青川县乔庄镇抗震救灾。13日5时，当汽车行至青川县七佛乡时，由于大面积山体滑坡、道路阻断，汽车无法继续前行。为快速到达青川县城，王明华带领队员们冒着滑坡和滚石等重重危险，沿着崎岖山路徒步向乔庄镇继续行进，于11时赶到青川县城，立即投入搜救山珍市场幸存群众的行动中。在没有搜救工具的情况下，王明华他们用手刨、用肩扛，一直搜救到14日1时。

灾情严重，房屋垮塌，公路阻断，人员伤亡严重。王明华对队员们说："罕见的灾难发生了，考验我们的时候到了。"余震频频发生，危险时刻存在，王明华不顾危险，克服困难，每天从早到晚，始终奋战在抗震救灾第一线。王明华患有严重的糖尿病，医生一再告诫他要注意休息，他却在抗震抢险第一线坚持了6个昼夜，在抢险现场晕倒3次，每次醒来后都不顾医生和同事的劝告，又毅然投入到紧张的抢险战斗中去。王明华带领民兵抢险队安全转移受灾群众300余人，挖出现金40余万元、金银首饰10余件，逐项作好登记后，统一上交当地政府。

2008年10月7日，王明华被中共中央、国务院、中央军委授予"全国抗震救灾模范"荣誉称号。

翟广生

1976年3月出生，四川广元人。中共党员，大学本科学历。广元市元坝区红岩镇党委书记。

汶川特大地震发生后，翟广生立即成立红岩镇抗灾指挥部，自己任指挥长，不到20分钟内，将整个场镇630余人全部撤到安全地带，其中有学生293名。突然有人大喊："住院部有3位老人还没有出来！"翟广生马上带人穿过随时可能倒塌的楼房巷道救人。3位老人正抱成一团，靠在住院部前的大树下。救援队刚刚把3位老人背出来，身后的住院部大楼便轰然倒塌了。

红岩镇场镇630多人、农村5979人无家可归，翟广生一边组织受灾群众奋力抗灾自救，一边奔走呼吁，请求各级政府及社会各界的援助。当红岩镇的受灾群众得到临时安置后，灾后重建成为紧迫的任务。5月28日，翟广生冒雨指挥对场镇各单位严重危房进行拆除。在浙江省宁波市的援建下，184套活动板房经过20余天紧张建设如期完成。翟广生和许多镇干部一样，在地震发生后，一直没有离开过工作岗位。家中房屋成为严重危房，他没有回去看过一眼，他只是给弟弟带了句话："我没有时间，请你一定把咱爸照顾好。"

浙江卫视记者到红岩镇采访时这样评价："没有来到红岩，不会想到偏远的红岩灾情这么重，不会想到红岩这么大的灾情中无一伤亡，不会想到红岩群众抗灾自救这么乐观和坚定。正如外界媒体评价的那样，从救灾中可以看出，中国不仅有一流的领导，还有一流的抢救队伍，更有一流的受灾群众。"

2008年7月，翟广生被四川省委授予"抗震救灾优秀党员"称号；10月7日，被中共中央、国务院、中央军委授予"全国抗震救灾模范"荣誉称号。

赵家贵

1962年3月出生，四川广元人。中共党员，大专学历。广元市朝天区卫生局局长。

5月12日下午，赵家贵赶往朝天区羊木中心卫生院途中，突然山摇地动，汶川特大地震爆发了。赵家贵不顾余震不断的危险，火速赶回朝天区，指挥朝天区人民医院工作人员紧急转移200多名住院病人以及药品、设备设施。震后不到一小时，赵家贵便组织在城区设置7个临时医疗救治点收治伤员。随后，他召开紧急会议，安排部署卫生系统抗震救灾工作。

地震初期，停水、停电、缺少帐篷，临时医疗救治点对危重病人、手术病人实施救治困难重重。5月13日5时，赵家贵赶往广元市卫生局，争取到5顶帐篷后迅速返回朝天区，在城区搭建了简陋“手术室”，确保地震伤病员得到及时救治。几天内，赵家贵跑遍朝天区30个医疗卫生单位，了解灾情、指导救灾。各医疗卫生单位救治应急资金紧缺，赵家贵多渠道筹集资金20余万元下拨到基层卫生院。在朝天区卫生系统干部职工共同努力下，成功救治地震伤员2726人，无一例死亡。

为防止大规模疫情发生，赵家贵将卫生防疫作为最重要最紧迫的任务。他千方百计争取到125万元防疫经费，购买大量消毒药品和消毒器械，在朝天区建立起城区、乡、村、组四级卫生防疫网络。全区成立220个卫生防疫工作队，落实卫生防疫人员1476人，重点开展水质监测、口服药、预防接种等各项防疫工作，确保大灾之后无大疫。

在两个多月的救灾物资发放中，赵家贵坚持“重灾重点安排、轻灾一般安排、无灾不得安排”和“收有数量、发有审批、领有签名”的原则，将价值2081万元的救灾物资公平、公正、及时地发放到受灾群众手中，没有发生一起违规违纪事件，赢得了广大干部群众的赞誉。

由于顾不上照看家人，赵家贵将已76岁高龄的母亲送回家乡委托邻居照顾。在灾难面前，赵家贵顾大家舍小家，把时间和精力投入到抗震救灾医疗防疫工作上。

2008年9月，赵家贵被卫生部、食品药品监管局、中医药局、总后卫生部授予“抗震救灾医药卫生先进个人”称号；10月7日，被中共中央、国务院、中央军委授予“全国抗震救灾模范”荣誉称号。

涂　军

1977年12月出生，四川大邑人。中共预备党员，大学本科学历。雅安市公安局交通警察支队民警。

5月12日下午，正在午休的涂军被地震惊醒，他抓起警服冲出房屋，立刻赶往工作地点国道318线多营段。雅安市雨城区多营路段已经被躲灾的群众堵断，来往车辆高声鸣笛堵在一起。涂军和同事首先对管辖的10公里路段进行排查，在确定沿途无人受伤后，他调转车头回到国道318线与高速公路多营出口交接处，组织实施交通管制，禁止大货车进入城区，减少城区交通压力。

5月13日19时，汉源县看守所转移在押人员，涂军立即冒雨对管辖路段进行安全排查。从高速公路路口到多营镇的1.5公里路段，曾经多次发生塌方和泥石流。涂军冒着大雨对这些路段进行定点与流动巡逻，一直工作到14日凌晨。

5月15日，通往汶川的唯一通道——省道210线夹金山段抢通，集结在都江堰的大批救援机械、物资和救援人员开始转道雅安，大批灾区群众也分别从国道318线和省道210线紧急撤离，西线“生命通道”聚焦全国人民的目光。涂军所在的执勤路段成为必经之路，每天车流如织。16日晚，一个由100多辆救护车组成的救援车队从雅安向汶川进发。看到排成长队的救护车辆，涂军逐个上前询问，为其提供帮助。一些需要加汽油，一些需要加柴油，涂军等人立即指挥车辆排队进入加油站。同时，涂军联系当地群众，为救援队提供开水，让救援人员吃上了热乎乎的方便面，喝上了热茶。次日凌晨，救援队继续前行。涂军尽管非常疲劳，但为使救援队尽快到达汶川灾区，仍驾驶警车将车队带到天全县境内，交付给下一路段的执勤人员。

5月18日11时许，涂军巡逻至国道318线雨城区和芦山县交界处时，发现一辆汽车上竟然挤了18个人，个个面色苍白。涂军迅速向中队长汇报，为这18位灾区群众提供食品、饮用水、药品等救助，并联系客运车辆帮助转运。截至6月2日，涂军执勤路段共有1.3万余辆车进入汶川，1.2万余辆车从灾区出来，转移34批近1.4万余名灾区群众，未发生一起重特大交通事故。交警直属二大队多营中队中队长陈直说：“他就是钉在‘生命线’上的一颗螺丝钉。”

2008年10月7日，涂军被中共中央、国务院、中央军委授予“全国抗震救灾模范”荣誉称号。

周　船

1978年5月出生，四川名山人。中共党员，大学本科学历。雅安市雨城区党委办公室副主任。

汶川特大地震发生当晚，上级任命周船担任雅安陆军预备役步兵团步兵第一营代理教导员，带领420余名预备役人员紧急开赴前线抗震救灾。接到命令后，周船顾不上与家人告别，带领预备役官兵于5月13日凌晨赶到绵竹市，执行抢险救灾任务。

按照指挥部要求，周船迅速组织多个突击分队分赴汉旺、九龙、遵道等重灾镇抢险救援。周船和有关人员制订和实施营救方案，在没有重型机械和专业工具的情况下，根据各个救援地点的具体任务和实际情况，尽可能利用预备役人员的技术特长，有针对性地组织开展营救工作，最大限度发挥救援作用。救援人员充分利用简易机械和工具，用铁棒撬，用手刨，从废墟中救出被困群众17人，挖出遇难者遗体300多具。

天池、清平两个山区乡一直中断了与外界的联系，急需救援。接到任务后，周船迅速组织80人的突击队前往救援。一路上道路垮塌、山体滑坡、河水上涨，突击队员临危不惧，每人背负近30公斤重的食品、药品、帐篷等急需物资，没有一人叫苦叫累，也没有一人掉队。

参加抗震救灾的直升机不幸失事后，周船率队于6月4日凌晨出动，星夜兼程，赶赴汶川县映秀镇参加搜寻。他先后3次带领党员突击小分队，在高山无人区进行地毯式搜索，并担负后勤物资保障任务。突击队员不畏艰险，努力克服山体塌方、自然环境恶劣、食品不足、体力不支等重重困难，在岷江两岸近200平方公里的崇山峻岭中连续奋战，终于找到直升机残骸和遇难人员，完成失事直升机搜寻任务，受到中共中央和中央军委领导的高度赞扬。

2008年10月7日，周船被中共中央、国务院、中央军委授予“全国抗震救灾模范”荣誉称号。

胡济均

1971年5月出生，四川天全人。中共党员，硕士研究生学历。天全县交通局局长。

汶川特大地震发生后，天全县多处传来报告：路面断裂，路基沉陷，桥梁、隧道受损，山体塌方；国道318线天全段险情不断，四处告急，道路交通一度中断。胡济均迅速启动应急预案，成立交通局抗震救灾指挥部，调集人员、车辆和机具，冒着塌方和飞石的危险奔赴受灾现场。当天，抢修国道318线塌方点18处，清理塌方4万多立方米，使318线于当日20时恢复畅通。

受余震和天气影响，国道318线天全段先后发生塌方310余次，多处地段飞石不断。哪里有险情，哪里就有胡济均的身影。在巡查道路保畅通的过程中，面对飞石和随时塌方的威胁，胡济均毫无畏惧，一直战斗在危险地段，坚持在一线办公。在他的带动下，全局党员干部勇敢地冲在抗灾抢修保通第一线。抗震救灾期间，天全县交通系统共出动交通巡查服务车600余辆次、道路机具500余台次，清理塌方11万立方米，救援受阻车80余辆次，疏散受阻旅客400余人，保障3.6万余辆抗震救灾车辆顺利过境。

5月12日，接到上级转运灾区群众命令后，胡济均随即调配运管、稽征、路政、养路段、车站等单位人力、物力，成立县交通局地震受灾人员转运工作领导小组，做好阿坝师范高等专科学校师生和部分受灾群众转运工作。5月20日至6月2日，他们昼夜奋战在车站、公路等转运现场，调度客车351辆次，安全转运受灾群众29批次10544人。

按照四川省和雅安市统一部署，天全县组织力量到重灾地区救援，胡济均带领全局干部职工克服困难，做好运力组织工作。5月12日19时，精心挑选的11辆客运车满载着预备役官兵和民兵应急分队队员紧急开赴绵竹、什邡等极重灾县（市），成为全省最早到达灾区的救灾车队之一。到达灾区后，11名客运驾驶员立刻投入抗震救灾工作中。

地震发生后，胡济均率领工程技术人员，积极争取项目支持，将总投资16371万元的灾后重建项目纳入重建总规划中。在灾后重建项目实施过程中，他推行党委委员联系项目责任制、技术人员跟踪服务制、重点项目督察制，保证了项目建设的进度、质量和安全。

2008年10月7日，胡济均被中共中央、国务院、中央军委授予“全国抗震救灾模范”荣誉称号。

杨承一

1957年6月出生，四川资中人。中共党员，大学本科学历。雅安市委常委、雅安市副市长、汉源县委书记。

汶川特大地震发生时，正在成都准备向四川省政府汇报工作的杨承一，凭着自己多年在山区工作的经验，断定汉源受灾了，便立刻掉转车头赶返汉源。返回的路上，杨承一不顾沿途石头滚落的危险，不停地催促司机加快车速。“伤亡情况如何？群众安排得是否妥当？一定要在一线，一定要把多救助一个生命放在第一位。”一路上，已经8小时没进一粒米、没喝一口水的杨承一不停地提醒着自己。

回到汉源，杨承一部署组织搜救抢险、医疗救治、搭建灾区群众临时住棚、后勤保障、值班分工，安排12个工作组进入老城各重灾区域。在受灾现场，杨承一手拿话筒，用沙哑的声音对广大受灾群众说：“各位父老乡亲，县委、县政府来帮你们了，别慌，冷静，一切都会过去的，相信我们，也相信你们，只要人在，啥子都会有的。”在县财政局老宿舍的废墟上，杨承一俯下身子不停地安慰被埋在钢筋水泥中的72岁老人李桂英：“老人家，不要怕，你要保存体力，我们正在组织人员救您。”7个小时后，老人被救出。

傍晚时分，暴雨将至，杨承一立即赶往正在紧急搭建棚子的新区广场。他焦急地对干部说：“要快，多组织人员搭建，不能让老百姓在雨中过夜。”5月12日20时，2300余处临时雨棚搭建完成，3万多名灾区群众住进棚子。与此同时，被埋人员不断获救，战地医院迅速运转，伤员全部住进医院，电力、通信及时被抢通，食品、衣被及时发放给受灾群众。晚上，杨承一下达了“死”命令：“3万多名受灾群众长时间挤在雨篷里不是办法，必须集中解决他们的临时住所和保证不饿肚子。”上万顶救灾帐篷紧急调运汉源，他带领各级干部白天黑夜连轴转。至15日，县城3万多名灾区群众陆续住进在新区集中搭建的救灾帐篷，乡镇的灾区群众也都得到临时妥善安置。

在救灾过程中，杨承一要求：“要加快对老城区的排危抢险工作，及时恢复县城生产、生活、教学秩序。用最短的时间完成集中安置点的基础设施，保障受灾群众生活所需。”灾后38小时内搭建了78间临时防震教室，灾后第五天，全县高三和部分初三学生复课。震后不到一周，金融、商贸、餐饮、卫生等行业基本满足了群众的生活需求，流动便民店已摆到了帐篷外。灾区治安良好，物价稳定，受灾群众情绪平稳。

2008年10月7日，杨承一被中共中央、国务院、中央军委授予“全国抗震救灾模范”荣誉称号。

汪良元

1958年11月出生，四川渠县人。中共党员，大专学历。石棉县民政局局长。

汶川特大地震来袭，汪良元迅速组织全局职工有序从楼房撤离到世纪广场。到达安全区域后，他立即召集班子成员开会，研究抗震救灾，启动地震救灾预案，决定将全局职工分成灾情信息收集组、物资保障组、灾后安置组和灾害抢险组等工作组，全力投入抗震救灾。强烈的地震使石棉县的通信设施遭到严重破坏，通信不畅。汪良元迅速将全局职工分组安排到各乡镇，千方百计收集灾情，从5月12日下午到13日上午，将全县初步灾情基本统计完，他却一直没有合过眼。

5月12—13日，汪良元组织全局职工紧急转移安置受灾群众6250人。当得知学校校舍严重受损、许多住校生无处住宿时，汪良元连夜组织人员将县里库存的48顶帐篷全部送到学校，并组织职工指导帐篷搭建，确保536名住校学生有地方住。他要求救济组想办法去敬老院掌握情况，得到敬老院老人们安全的消息后，他才放下心来。当了解到农户房屋倒塌、受灾群众食宿困难时，他组织物资保障组迅速采购粮食和彩条布，及时送到受灾群众手中，确保受灾群众食宿不受影响。获悉邻县汉源受灾严重、死亡人员较多，他及时安排县殡仪馆支援，并组织物资支援汉源。19日24时，从攀枝花来的一批救灾物资需要卸车，他带领全局职工搬运，一直忙到20日4时。刚刚搬运结束，他接到紧急通知到成都开会，顾不上休息，又出发了。

地震发生后，汪良元积极向石棉县委、县政府建议出台石棉县农房恢复重建有关政策，并草拟文件初稿提交县委、县政府。5月19日，石棉县制定了《石棉县人民政府关于“5·12”地震灾后农村房屋恢复重建的实施意见》，对推进石棉县灾后农房恢复重建工作起到积极作用。

6月18日20时58分，石棉县发生4.4级余震，汪良元立即终止会议。简短的工作安排后，汪良元迅速赶往震中安顺彝族乡麂子坪村。当车辆行驶至安顺彝族乡新场村时，道路已被滚落的山石完全阻断，他立即弃车跑步前往。23时许到达麂子坪，他迅速和乡村干部一道组织救援，疏散群众，搭建临时住处，核查灾情。到19日4时救援和灾情核查工作基本结束，他又返回局里汇总全县灾情，研究灾后安置工作。

2008年10月7日，汪良元被中共中央、国务院、中央军委授予“全国抗震救灾模范”荣誉称号。

侍 俊

1962年1月出生，江苏盐城人。中共党员，硕士研究生学历。阿坝藏族羌族自治州委书记。

汶川特大地震发生后，正在成都开会的侍俊立即驱车赶往汶川县。车过都江堰市，得知前往汶川的道路已完全中断，他便尝试经德阳、北川、江油、平武进入阿坝。绕行10余个小时，仍未成功，侍俊又赶往设在都江堰市的四川省抗震救灾指挥部。

当天深夜，侍俊决定沿着岷江逆流而上、水陆结合挺进震中映秀镇。他带领9名军队和地方干部，登上冲锋舟立即出发。一块卡车般大的巨石被余震震落，坠落在离冲锋舟不远的江中，巨浪冲击冲锋舟，黄泥和水浪泼在侍俊等人身上；大雨滂沱，两岸山体不断崩塌，冲锋舟在飞石激起的巨浪中颠簸前行。至漩口镇，他们弃舟上岸，冒着大雨、余震和飞石，在乱石和泥泞中艰难前行。步行近4个小时，侍俊等人终于赶到震中映秀镇。

5月13日，一到映秀镇，侍俊就在废墟上成立阿坝藏族羌族自治州抗震救灾指挥部并担任指挥长，立即组织救人，同时与部队联系，请求直升机转运伤员。侍俊带人平整场地，维持秩序，抬伤员上飞机，跑伤了腿，喊哑了嗓子。在他沉着有序的指挥下，映秀镇600余名伤员从废墟中脱险后得到及时救治和转移。侍俊将指挥部设在直升机机场前土沙堆上，没有帐篷，也没有桌椅。10多天里，从清晨到深夜，侍俊拿着对讲机和卫星电话站在沙丘上，指挥全州抗震救灾。抗震救灾前期，物资匮乏，侍俊与受灾群众同甘共苦，整整一个星期没有吃过一顿热饭，也没有躺下来休息过，晚上困了，就坐在被砸坏的汽车里小憩一会儿。他的衣服，打湿了又穿干，穿干了又被打湿。

地震发生后，侍俊要求州里的干部立即到县、县里干部立即到乡、乡里干部立即到村，组织打通通往灾区道路，全力以赴抢救生命。全州共从废墟中救出39094人。

5月16日，侍俊部署指挥防疫工作，确保大灾之后无大疫；引导受灾群众生产自救，让阿坝藏族羌族自治州13.5万名学生陆续安全复课。侍俊冒着余震、飞石、泥石流，绕行几百公里，到阿坝的每个受灾县检查抗震救灾工作。他步行到高半山村寨看望慰问受灾群众，深入村寨、安置点，走村入户，详细了解群众受灾、安置和生活情况，解决群众实际困难，组织带领群众开展抗震救灾和灾后重建。

5月26日，侍俊主持召开阿坝藏族羌族自治州州委常委会，专题研究解决群众过渡安置工作；会后，立即抽调41名州级干部进驻重灾乡镇，抽调348名县级干部、1044名科级及以下干部进驻348个重灾村。6月10日，侍俊主持召开专题会议，超前谋划，全面研究部署灾后重建，并启动编制重点规划工作。至8月1日，阿坝藏族羌族自治州全面完成116599户、412092名受灾群众过渡安置工作。

2008年10月7日，侍俊被中共中央、国务院、中央军委授予“全国抗震救灾模范”荣誉称号。

李　黎

1965年6月出生，山东济南人。中共党员，博士研究生学历。阿坝藏族羌族自治州政府副秘书长（挂职）、中国疾控中心免疫规划中心副主任。

汶川特大地震突然来袭，李黎正在办公室上班。5月12日14时50分，李黎召开阿坝藏族羌族自治州卫生局全体职工和州直属医疗卫生单位负责人会议，要求"15分钟内准备好人员、急救药械和车辆，待命出发"。15时27分，李黎和25人组成的第一批阿坝医疗救援队奉命出发，直奔灾区。车行至理县古尔沟，交通中断，通信中断。李黎要求带上药械，徒步挺进震中汶川。

5月14日17时10分，李黎率第一支医疗队，徒步100多公里，抵达汶川县威州镇。面对药品告急和血液告急状况，李黎带领血站人员直奔阿坝师范高等专科学校，在师生支持下采集血液。急需的A型、B型、O型、AB型血液采集到了，灾后医疗救治压力暂时得到缓解。四川音乐学院成都美术学院学生及游客100余人被困汶川县雁门乡青坡村养蜂场，交通中断，无医、无药、无粮，急需救援。李黎得知信息后，于16日凌晨带领州人民医院、马尔康县中医院、马尔康县妇幼保健院3名医生组成救援小分队，背上急救药械，从茂县南新镇牟托村绕道赶往青坡救援。

到达牟托村时，发现当地村民伤情严重，急救小分队就地展开救治，一直忙到天黑，使40余名伤员包括4名重伤员得到及时救治。5月17日，李黎带领小分队继续向青坡村蜂场挺进。前往河对岸青坡村的必经之路上有两处巨大的滑坡地段，下面河流湍急，上面飞石不断，随行医疗队队员劝李黎留下。李黎说："在这危急时刻，作为一名党员、一名领导干部、一名领队，我必须冲在最前面。只要我们过去了，被困的学生和伤员才会踏实，才会有生的希望。我们早到一刻，被困人员就会多一分希望。"他们冒着飞石，攀爬滑坡地段，终于到达青坡村开展救援，使被困120多个小时的153名学生、游客和当地村民得到救援，其中包括重伤员3名、孕妇2名。救治伤员过程中，山体再次垮塌，返回道路被堵死。队员们一边救治伤员，一边对被困人员进行心理疏导。19日，在部队官兵的帮助下，李黎一行返回指挥部。

汶川县草坡乡灾情严重，大量民房倒塌，伤员众多，药品告急，12名重伤员急需转运。李黎得知消息后，连夜准备急需药械和干粮。5月21日，他不顾连夜救援的辛劳和指挥部领导的一再劝阻，带领12名突击队员驱车到绵虒，背着急需药械、干粮，向草坡突进。在翻越绵丰村山头时，队员们提出留下部分药械，轻装前行。李黎说："不行，宁可扔掉部分干粮，也不能扔下一粒药片，草坡乡的伤病员盼着这批药品。"队员们在他的带领下，攀行11小时翻越3座大山，于19时40分将急需药械送达草坡。

抵达草坡后，李黎立即详细了解灾情，安排布置救援工作。5月22日，12名队员分成4个工作组，每组配备1名医生、2名防疫人员，自带药品、喷雾器和干粮下村，李黎自己也率一个工作组进村入户开展医疗和防疫工作。下午，得知尚有数名由部队从沙排村救出的重伤员滞留在刘家河坝，李黎立即带着刚下飞机的上海东方医院专家赶往刘家河坝救治5名重伤员。直到当天晚上，李黎才通过跟随上海医疗队空降草坡乡的东方电视台的镜头，向北京的领导、家人和朋友报了平安。此时李黎已经在抗震救灾第一线连续工作了11个日日夜夜，也与亲人失去联系11天。

2008年9月，李黎被卫生部、食品药品监管局、中医药局、总后卫生部授予“抗震救灾医药卫生先进个人”称号；10月7日，被中共中央、国务院、中央军委授予“全国抗震救灾模范”荣誉称号。

梁贤龙

藏族，1965年4月出生，四川汶川人。中共党员，大学本科学历。阿坝藏族羌族自治州政府应急管理办公室副主任。

汶川特大地震发生时，梁贤龙刚参加完四川省应急管理工作片区会议返回成都。5月12日15时左右，从收音机中得知汶川发生特大地震的消息，他立刻让驾驶员调转车头，快速向震中汶川疾驰。16时35分，到达国道213线都江堰境内第一个塌方处，梁贤龙徒步进入灾区。23时40分左右，梁贤龙到达汶川县水磨镇，他顾不上长途跋涉的疲惫，马上深入受灾群众集中点，看望受伤人员，安慰死者家属，安排临时救助。随后赶到水磨中学、小学看望师生员工，鼓励大家团结一心，友爱互助，共渡难关。回到临时指挥部，梁贤龙与水磨镇负责人一道对救灾工作做了详细的研究部署，提出人员集中安置，粮食、饮水、药品等生活必需物资集中管理、统一安排，伤员立即就地医治，重点照顾好老人、学生和儿童，做好、做细群众工作，尽快安葬遇难者，注意水流量变化，及时撤离沿河群众等工作要求。他还组织小分队深入各村了解情况，就地组织抗震救灾，同时组织精干人员前往切刀岩查看堰塞湖情况，联络各企业了解灾情和机具情况，抢通至三江方向、寿江大桥方向的道路。当安排好这一切后，已是天色微亮。

梁贤龙70岁的老母亲、妻子、孩子和兄弟姊妹有十几人在汶川，地震发生后一直杳无音讯，他只能把焦急和揪心的痛埋在心里。通信恢复后，他在发给妻子的短信中说：“老婆，你安康吗？我无法与你联系。假如我倒在抗震救灾岗位上，政府会照顾你们的。请你带好儿女，抚育他们长大成人，告诉他们，父亲没有给他们丢脸。如果你不幸遇难或在抗震救灾中牺牲，请你安息，我会照顾好孩子们。”

5月13日，梁贤龙深入水磨、漩口、三江重灾区，慰问受灾群众，组织指挥抗震救灾。16日，他冒着余震、山体滑坡的危险，赶赴四川省抗震救灾指挥部汇报水磨、漩口、三江等地的灾情，为领导决策提供翔实资料。当日深夜，梁贤龙连夜将四川省抗震救灾指挥部调拨的36车粮食、饮用水、药品、帐篷等救灾物资押运到水磨、漩口、三江等地并发放到受灾群众手中，缓解了当地灾后物资匮乏状况。6月26日，他又徒步翻山深入草坡乡金波、码头、两河、足湾等村寨，带去党和政府对受灾群众的关爱之心和关注之情。所至之处，他详细了解受灾情况，慰问受灾群众，与驻乡、驻村干部共商抗震救灾之策。

2008年7月，梁贤龙被四川省委授予“抗震救灾优秀党员领导干部”称号；10月7日，被中共中央、国务院、中央军委授予“全国抗震救灾模范”荣誉称号。

谢益皓

藏族，1971年11月出生，四川小金人。中共预备党员，大专学历。阿坝藏族羌族自治州广播电视中心新闻采访一组组长。

汶川特大地震发生后，正在都江堰休假的谢益皓想尽办法与单位取得联系，决定不惜代价尽快赶到震中汶川县映秀镇。谢益皓顾不上受灾的家人，立即赶到紫坪铺水库大坝，扛起摄像机开始拍摄，真实记录了阿坝藏族羌族自治州领导在强余震下临危不惧、沉着冷静指挥抗震救灾的生动画面。为赶往震中映秀，谢益皓冒着余震乘坐冲锋舟前进。在阿坝铝厂靠岸后，他踩着半尺深的稀泥，在泥石流冲下的山石、泥水中爬行。经过几小时快速行进，终于赶上先期出发的阿坝藏族羌族自治州领导一行。

前进中余震不断，不时有碎石滑落。山体滑坡堵住道路，谢益皓等人艰难穿行在乱石丛中。天黑了，他就生火烤干被雨水湿透的衣服；天亮后，又沿着岷江边走边记录震灾场景。谢益皓和新华社、凤凰卫视5名记者成为第一批到达震中映秀镇的记者，用摄像机记录了让各族群众感动的一个个瞬间；5月14日与阿坝电视台连线，15日与四川电视台连线，16日与中央电视台连线，把映秀的救援情况和有关领导在一线组织抗震救灾的消息传送到阿坝藏族羌族自治州各地和四川省内外。

在前线采访时，最初几天喝不上水、吃不上饭，谢益皓在废墟中不知疲倦地奔跑、采访、拍摄，在救援中搭手帮忙，累得衣服可以拧出水，浑身上下黄泥斑斑，球鞋千疮百孔。在去银杏乡一碗水村时，铁索桥钢绳被震断，谢益皓双手紧拉着残存的钢绳，脚踩着不停晃动的木板边缘慢慢挪过危桥。在采访中，他一次又一次与死亡擦肩而过，不断的余震、随时可能坍塌的废墟都没能让他退缩。在震中灾区坚持工作3个多月，他拍摄的《震中映秀受灾群众看上电视》《部队进入映秀抗震救灾》等10多条消息在中央电视台播出，《胡锦涛总书记来到震中漩口》《温家宝总理视察映秀受灾情况》等近30条消息在四川卫视播出，还为制作《不屈的脊梁——阿坝州抗震救灾纪实》《阿坝州灾情报告》等专题片提供了大量珍贵资料。

2008年10月7日，谢益皓被中共中央、国务院、中央军委授予“全国抗震救灾模范”荣誉称号。

张通荣

藏族，1971年6月出生，四川金川人。中共党员，大学本科学历。汶川县委常委、常务副县长。

汶川特大地震发生时，张通荣快步冲出办公室，与县委书记一道紧急疏散办公楼里的职工。强震发生5分钟后，张通荣迅速集结消防大队、森林警察部队、武警中队和县公安局各队人员，参加抗震救灾。岷江断流险情出现后，张通荣和救援部队一起，组织几万名群众撤离到相对安全的高地——汶川中学后山的姜维城。

地震后，汶川县城与13个乡（镇）的通信中断，出入县城的3条通道全部被滑坡的山体和垮塌的乱石阻断。张通荣与县委书记紧急商议后，立即成立汶川县抗震救灾指挥部，下设13个工作组，他任副指挥长兼物资保障组组长，负责汶川县城抢险救灾和物资保障供应等工作。张通荣接受任务后，对汶川县城内粮油、药品、纯净水等所有物资进行管制，由政府统一调用，对超市、油库、液化气站实行管制。

震后几个小时，张通荣组织人员将食品、雨具、塑料薄膜、彩条布等送往疏散安置点，将搜集到的手电筒、蜡烛发放到群众手中。震后，汶川县城可支配的大米只有10万公斤、水5万瓶，仅够汶川县城使用3天左右。张通荣要求物资保障组一定要做好苦撑20天的准备。饮用水要优先保障老人、伤病员和小孩。

紧张的救灾工作让张通荣无暇顾及家人安危。地震后第三天，他才与妻子、女儿见面。地震发生后的一个月里，张通荣每天只睡三四个小时，尽管有神经性胃痛，但他仍带病坚持工作。从抢险救援转为受灾群众安置后，张通荣先后任雁门安置点建设工作组组长，县城、映秀镇灾后重建指挥长。他组织和指导相关部门认真做好前期规划、征地、平整场地等基础性工作，快速推进活动板房安装建设。张通荣还积极参与筹划、组织、制订安置方案，安排部署紧急避险安置点帐篷搭建、防火安全、排水等工作，组织受次生地质灾害威胁的5万名灾区群众安全转移，有效统筹推进灾后重建工作。

2008年10月7日，张通荣被中共中央、国务院、中央军委授予“全国抗震救灾模范”荣誉称号。

龙德强

藏族，1955年10月出生，四川汶川人。中共党员。汶川县银杏乡沙坪关村党支部书记。

沙坪关村地处离震中映秀仅14公里的岷江河谷地带，背靠悬崖，面对大江。汶川特大地震发生时，沙坪关村在顷刻间被夷为平地，58人死亡，村民们慌忙避险。此时，正在离村7公里外的罗圈湾沟电站检查工作的龙德强顾不得掩埋侄儿的遗体，冒着山石滚落和泥石流危险，在暴雨中艰难前行，连夜赶往村里。

在村口得知与自己共患难30年的妻子和哥嫂遇难的消息后，龙德强不禁失声痛哭。他来到妻子遇难的地方，“扑通”一声跪倒在地洒泪说：“老婆，对不起了！”接着，他站起来，强忍悲痛挥臂高喊：“是党员的站出来，向我看齐，跟我来！”龙德强带领党员干部和民兵，一面扶老携幼转移，一面冒着生命危险，在随时可能倒塌的废墟中尽可能地搜救幸存的群众。在一块巨石背后，他们找到了坐在母亲遗体上的3岁小女孩；在毛家湾公路，他们营救出一名被困游客。5月12日19时左右，全村4个村民小组、500余名群众全部转移到相对安全地带。

地震发生后，沙坪关村境内6公里长的国道213线完全垮塌堵塞，数十辆汽车被埋压或被砸烂，旅客们的喊声、哭声、呼救声不绝于耳，伤员们待救；不远处的彻底关检测站有4名工作人员在地震中遇难。龙德强及时发动60多名党员干部和民兵，冒着垮塌不断、飞石滚落的危险，艰难地搜救幸存者，并机智地利用溜索，将150多名旅客护送到对岸妥善安置。检测站重伤员肖志勇说："当时，我的腿被砸断了，飞石还在不断地滚下，正绝望无助的时候，龙书记他们及时赶来了，从废墟中把我解救出来，并用溜索把我渡过了河，送到了相对安全的地带。"

5月13日，龙德强把村民们转移到一块相对安全的庄稼地里，搭建起临时帐篷。当晚他召集村民开会，研究在交通、通信、电力瘫痪情况下的自救办法，安排民兵昼夜巡逻；组织村民找粮、储水；掩埋遗体，打扫卫生，防止疫情发生。龙德强带头冲进废墟中抢出一台电视机，架起天线，把摩托车汽油收集在一起，利用附近工地上的一台发电机发电。大家看了电视节目后纷纷说："看到部队到灾区救援的消息，我们的胆子终于大起来了。"

要通过国道213线103公里至109公里路段，除了渡河之外别无他法。龙德强带领民兵，连夜在罗圈湾加固一条废弃不用的溜索。指定专人帮助路人渡河。溜索磨细了，面临断裂危险时，他又组织村民搭建一条新的溜索。通过这两条"生命线"，"铁军"某团300名官兵及时北上草坡乡救灾，5000公斤救命粮食按时运抵银杏乡，被困的20多名职工和3名重伤员得以安全转移。截至5月23日，近3000人通过溜索渡河得到救助。

2008年6月，龙德强被中组部授予"抗震救灾优秀共产党员"称号；被人力资源社会保障部、农业部授予"农业系统抗震救灾英雄"称号；10月7日，被中共中央、国务院、中央军委授予"全国抗震救灾模范"荣誉称号。

杨克富

1955年12月出生，四川汶川人。中共党员，大学本科学历。汶川县水磨镇白果坪村党支部书记。

汶川特大地震发生后，杨克富无暇顾及家庭和自家经营的被地震严重损毁的企业，马上组织召开白果坪村党支部委员会和村民委员会会议，研究制订抢险救灾方案，同时安排人员统计各组人数，组织青壮年到各组全力抢救被埋村民，清理可用物资，搭建集体临时帐篷，紧急救助伤员，向外转移重伤员，掩埋遇难村民遗体。杨克富一边组织人员进行抗震救灾，安全转移群众400多名，最大限度避免人员伤亡；一边组织人员进行生产自救，抢收已熟庄稼，尽量减少损失。

地震造成水磨镇公路全部瘫痪，为打通交通"生命线"，杨克富决定抢修损毁道路。5月13日起，杨克富调动各方力量，组织和征用道路抢修所需的挖掘机、装载机、推土机、空压机、运输车等机械设备，组建抢修施工队伍抢修漩口镇至三江乡公路。没有油，他就从自家油库取油，并拿出自己的积蓄补贴给设备被征用的农户。

5月18日，在杨克富的带领下，水磨至三江界碑的通乡公路抢通。在白果坪、白石、高峰、陈家山村4条通村公路抢通后，他又继续组织村民抢通灯草坪、衔凤岩、水磨至三江乡的麻连公路和三江乡龙竹村村道。震后半个月，他组织抢通16条村道共67公里，新修道路近2公里，为及时转送重伤员和运送救灾物资提供了交通条件。

2008年10月7日，杨克富被中共中央、国务院、中央军委授予“全国抗震救灾模范”荣誉称号。

李为仁

羌族，1972年10月出生，四川松潘人。中共党员，大学本科学历。理县副县长。

汶川特大地震发生后，正准备下乡调研的李为仁立即召集理县交通局、公路局、安监局和交警大队等单位，迅速启动交通应急预案，安排查看道路受损情况。

5月12日14时40分，理县县委召开紧急会议，成立交通运输保障工作组，李为仁任组长，负责地震灾害道路抢修。会后，李为仁立即带领理县政府办公室、交通局、公路局、安监局和交警大队的相关人员奔赴抢险第一线，查看国道317线受损情况。李为仁看见道路两旁山体大面积塌方，理县县城周围不到一公里的道路被阻断。由于理县公路局施工机具全部分布在县境内126公里的国道沿线道班，县、局没有一台机具。李为仁带队在县城征用3台民用机具，立即组织人员利用这3台机具迅速向汶川、马尔康两个方向抢修道路。

垮塌土石数量巨大，加上余震和飞石威胁，到16时，施工抢险队伍向两个方向推进不到两公里，而过路群众反映，前面的道路受损更为严重。为了加快道路抢通进度，李为仁在县城铁厂门前再次召开交通运输保障工作组现场会议，决定派出两个抢修公路工作小分队，徒步向汶川、马尔康方向行进，发动沿线各乡镇和各施工队伍的装载机、挖掘机等大型机械投入道路抢通工作。

5月13日6时，路上的行人越来越多，阿坝军分区、武警部队、民兵突击队陆续徒步抵达。李为仁说：“时间就是生命，我们要尽最快速度打通到汶川的道路，让外界的物资尽快运到理县和汶川，抢救更多的伤员。”为了加快抢险速度，他决定派出由理县公路局局长张永健、公路局党组书记刘家建为队长的小分队，徒步向马尔康、汶川两个方向，动员国道沿线工地施工力量参与道路抢修。随后，李为仁将现有的车辆安排在抢通路段转运部队官兵。

5月13日10时，向汶川方向抢险的队伍已抢通至甘堡电站，武警水电部队与向马尔康方向的施工队会合，理县县城至马尔康方向的道路抢通。李为仁立即安排理县抢险施工队伍，对抢通的道路进行拓宽，尽量确保畅通。此时，理县境内投入到国道线抢修的重型机械和车辆达53台，人员达200多人。15时，李为仁带领施工队伍到达蒲溪乡沟口。此段道路受损最严重，长达1公里多的道路全部被塌方掩盖，山体陡峭，飞石不断，他现场指挥，鼓励大家。经过日夜奋战，至15日晚，途径理县的国道317线恢复通行，救援人员和救援物资得以顺利通过，“生命运输线”已可直达汶川。

2008年10月7日，李为仁被中共中央、国务院、中央军委授予“全国抗震救灾模范”荣誉称号。

罗清华

藏族，1963年3月出生，四川理县人。中共党员，大学本科学历。理县交通局局长。

汶川特大地震使理县瞬间成为“孤岛”。罗清华原计划住院作胆结石手术，地震发生后，他顾不上病痛和家人安危，迅即组织理县交通局职工，会同公路、运管等部门人员投入抗震救灾第一线。

5月12日14时50分，罗清华冒着余震、泥石流、滑坡、滚石等威胁，带着人员徒步沿着国道317线查看灾情，发现理县杂谷脑大桥桥头不远处已被巨石和堆积泥土阻断，道路及大桥桥头数辆大小车被砸毁，理县县城至公路局西区200米处被阻，塌方十分严重。罗清华立即回到县城召集人员，调集两台装载机连夜投入抢险。16时30分，罗清华快速赶到理县加油站，要求加油站工作人员控制油量，确保国道317线抢险机具用油。晚上，罗清华带领的抢险队到达理县危关村。看见甘堡乡群众正抬着伤势严重的伤员艰难地淌过泥石流，他立即调集车辆，将伤员送往理县人民医院进行抢救。途中遇到受灾群众，罗清华及时予以关心安慰，帮助解决粮食问题，并鼓励他们进行抗灾自救。

5月13日晚，罗清华带领抢险队到达大塌方路段蒲溪乡沟口，当时挡在路前的是比汽车大的巨石，一旁山体高处还悬着许多危石。他不顾生命危险，站在机械前面指挥，给操作手鼓劲壮胆。余震发生时，满山飞石在机械前后滚落，他沉着地指挥机械后退到安全地带，余震过后再继续前行。滚石不断在身边飞过，手脚也被划伤，罗清华依然坚守岗位。由于抢通任务艰巨，罗清华组织职工紧急就近征用装载机、挖掘机等大型工程机具50余台，分别从米亚罗镇、古尔沟镇、朴头乡、理县县城、薛城镇、木卡乡、通化乡、桃坪乡8个工作面向两头推进。在一处处滑坡地段上，在一处处悬崖下，装载机、挖掘机披着尘烟、顶着飞石轮番作业，快速抢险，人停机不停，昼夜奋战，每天以清除5万余立方米土石的速度艰难推进。

5月15日21时，理县境内国道317线126公里被地震损毁的公路全面贯通，通往震中汶川县的西线“生命通道”终于打通。至27日，罗清华组织带领理县交通局的干部职工指挥清理塌方120余万立方米，抢通国道126公里，抢通县乡村道800余公里，疏散旅客749人次，组织民间应急货运车107辆次，运输货物1070吨。

2008年10月7日，罗清华被中共中央、国务院、中央军委授予“全国抗震救灾模范”荣誉称号。

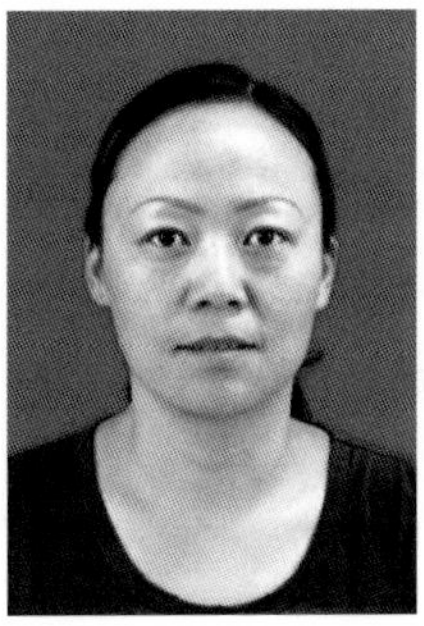

杨　莉

女，藏族，1975年11月出生，四川理县人。中共党员，大学本科学历。理县薛城镇镇长。

汶川特大地震发生后，杨莉急忙跑出办公室赶到学校，向教师们大声说："镇定，大家一定要坚强。我们就是学生们的主心骨，一定要挺住！"随后紧急安排两所学校采取避震措施，再迅速奔回镇上部署抗震救灾。杨莉安排干部职工挨家挨户打招呼，紧急转移群众，统一了沿街商铺、商家的思想：不哄抬物价，所有物资优先供应学校和卫生院。杨莉组织购买10卷彩条布，在停车场上搭建遮雨棚，准备了30床棉絮，薛城镇的中学、小学和临时救助点的遮雨棚也都及时搭建起来。

震后的薛城镇道路阻断，沿途塌方严重，余震不断。"得让县委县政府尽快掌握情况，好作全县工作的下一步打算……消息得马上送出去！"经过认真考虑，她挑选两位党员赶往县城汇报灾情。深夜，杨莉又带着工作人员到较场村，挨家挨户查看临时抗震棚的安全，给受灾群众鼓劲。当晚，杨莉带领干部职工把最安全的地方让给村民和师生们，他们自己则冒着大雨在菜市场简陋的遮阳篷下站了一夜，全身湿透了。

5月13日，抗震救灾工作继续紧张进行。杨莉组织人力、物力接济救援部队官兵2000余人和过路受灾群众；帮助友邻乡镇协调车辆联系转运；为让群众能喝上干净水，每天安排职工往返运水；物资匮乏，她把第一批29顶帐篷全部送给遭灾严重的高半山村；组建6个工作组进村入户，安抚群众稳定人心；发动基干民兵抢修村道；将物资分发优先照顾老、弱、孕、残；保证账目明晰无差错；组织职工搞好卫生防疫。

2008年10月7日，杨莉被中共中央、国务院、中央军委授予"全国抗震救灾模范"荣誉称号。

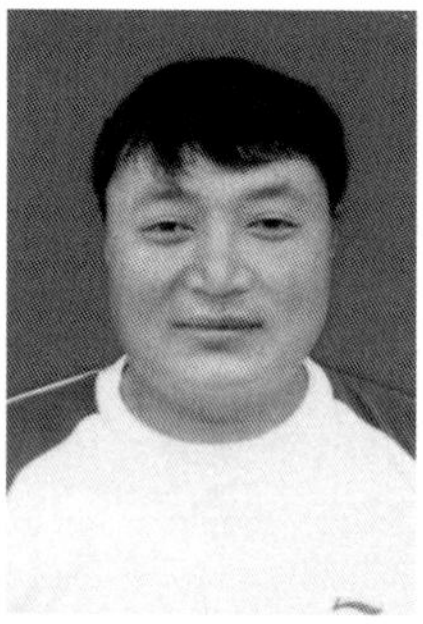

王学康

羌族，1969年1月出生，四川茂县人。中共党员。茂县凤仪镇坪头村党支部书记。

汶川特大地震发生后，坪头、波西、桥头的通信、交通、电力全部中断，与外界失去联系。王学康首先想到3个村民小组560户、1853个村民的生命财产安全，立即了解查看灾情，组织抢救被倒塌房屋困住的村民。在得知坪头村有3名村民遇难，王学康立刻赶往遇难者家中安慰家属，帮助安葬遇难者。波西组一名12岁学生遇难，王学康和村干部一起看望死难者家属，并和村干部分别拿出500元慰问金。

王学康召开村党支部和村民委员会临时扩大会议，成立抢险救灾组、后勤保障组，要求党员、干部、民兵全面投入第一线，配合县、镇抗震救灾指挥部署，集中搜寻空投救灾物资，转运救灾物资。王学康冒着余震不断、山体滑坡、滚石袭击等危险，前往坪头村药沟桥了解沟渠受损情况。王学康说："越是危险的时候，越需要我们党员干部。"

5月13日，王学康和村主任余崇恩带领民兵及村民一起疏通道路。为了解决饮水问题，坪头村决定组成突击队前去挖水。王学康自告奋勇，在场的人也踊跃报名。天下着大雨，余震连连，山上不时有碎石飞落，王学康和突击队员只有一个信念，"一定要把水挖通，那是全村人的生命之源"。他们疏通沟渠，保障了村民的生活用水。

在组织全村自救、灾区群众互救的同时，王学康和余崇恩拿出自己的积蓄，为全村买大米；

将自家所拆房屋的木料全部捐献出来，供村民们搭建房屋使用；将自家的“农家乐”改作抗震救灾救助站。5月13—21日，王学康和民兵、村民救助滞留游客、过路人员等8000余人，接待解放军、武警官兵4000余人，还坚持每日给滞留在茂县的过境驾驶员送饭送水。

每次发放救灾物资，王学康首先召集党员和村干部开会，明确提出：“先救助最困难的村民，党员干部一律放在最后，这是坪头村历史上留下的优良品德，容不得任何人来破坏。”

2008年10月7日，王学康被中共中央、国务院、中央军委授予“全国抗震救灾模范”荣誉称号。

王懋军

藏族，1968年5月出生，四川小金人。中共党员，大学本科学历。茂县凤仪镇宗渠村党支部副书记。

汶川特大地震发生后，茂县损失极为惨重。阿坝藏族羌族自治州财政局下派干部王懋军所驻凤仪镇宗渠村房倒屋塌，供水供电、交通通信、广播电视全部中断。王懋军得知沟内组宗渠电站施工现场34名施工人员生死不明，立即和村主任孟友贵一道组织人员开展搜救。王懋军说：“不管有多大困难，都不能放弃对我们同胞兄弟的救援，更不能抛弃他们。”5月14日，他们救出22名施工人员，立即安排车辆火速将其中的2名重伤员送到县城救护中心救治。同时，王懋军又及时将12名下落不明人员的情况上报茂县抗震救灾指挥部。

在抢险时，王懋军左脚扭伤了，他无暇顾及自己的伤情，一声不吭地继续抗震抢险。村主任孟友贵、党支部委员杨元发现他一瘸一拐行动不便，劝他马上找医生包扎处理。王懋军说：“没事，小问题，坚持一下就好了。”又继续抗震抢险。村干部梁冒义、民兵孟凯在抗震抢险中累倒、受伤住院，村民刘永香震后辛劳过度引起胃出血住院。王懋军赶到医院，拿出600元钱交到他们手上，安慰他们安心养伤养病。一位外乡村民探亲途中被飞石击中，伤势严重，急需转移到县城救治。他立即找来车辆，但车却没油，他马上掏出100多元钱交给驾驶员，大声说：“救人要紧，赶快去加油！”

荞面沟组在地震中遭受严重破坏，山体大面积崩塌，威胁着53户、247人的安全。王懋军不顾劝阻，拄着拐杖毅然前往荞面沟。了解灾情后，他果断安排群众迅速撤离，确定灾情观察员，设立警戒线、警示牌，并立即报告镇指挥部，请专家现场勘测采取防范措施。王懋军冒着余震进村入户，与村民同吃同住同劳动，深入调查了解灾情，耐心做好思想疏导工作，帮助受灾农户积极抗灾自救。在王懋军的带领下，震后第二天就抢通了人畜用水，村民有了放心水喝。

2008年7月，王懋军被四川省委授予“抗震救灾优秀党员”称号；10月7日，被中共中央、国务院、中央军委授予“全国抗震救灾模范”荣誉称号。

周永东

1967年4月出生，四川荣县人。中共党员，大学本科学历。四川农业大学职业技术师范学院党总支办公室主任。

汶川特大地震发生后，周永东立即跑到教学楼前，组织学生向运动场疏散。当学生的情绪基本稳定下来他正准备去看家属时，一名学生向他报告，有3名学生被埋在租住的新华彩印厂家属楼废墟下。周永东当即向学校领导报告，带领几名学生前去营救。他同几名学生跑步赶往彩印厂家属楼废墟现场，仔细观察垮塌房屋的结构及周边的地形环境，不顾余震威胁爬上废墟俯身喊话。根据废墟下一名女生的回应，确定被埋女生位置后，周永东立即组织学生和志愿者展开救援。没有挖掘工具，他们就用手刨开瓦砾和砖块，手磨破了，鲜血直流，也毫不停歇。眼看废墟下的女生就要获救了，不料一根巨大的房梁落下压住预制板两端，救援工作受阻。

正当大家焦急万分之时，周永东的爱人找到他，说：“父亲被埋在水利职业技术学院垮塌的教师宿舍楼下，你赶快去救人啊！”但是，眼下废墟里的3名学生还没救出来，他面临着先救亲人还是先救学生的艰难抉择。他毅然对妻子说：“我一定要先把学生救出来，你先回去想办法，等救出学生后我马上赶过去。”周永东安慰卡在预制板下的学生：“要挺住，一定会把救你出来！”然后飞速跑回学校找来钢钎，和学生们一起砸断预制板，5月12日18时左右，被埋在废墟下的女生终于脱险。女生获救后，周永东安排学生将她抬回学校，自己又爬进废墟搜寻，和前去增援的10余名师生一起，经过两个多小时的艰苦救援，又救出一名男生。此时，天色已晚，还下着小雨，他把学生安顿好后，找了支手电筒，再次跑到被埋学生的废墟上继续寻找。直到深夜，他才匆匆赶去救岳父。埋压其岳父的楼房整体垮塌，没有重型机械根本无法施救。他强忍内心痛苦安慰妻子，又匆匆回到学生们身边，与学校领导、老师和学生志愿者一起卸运、分发救灾物资，搭建遮雨棚。

5月13日下午，周永东接到岳父遇难的消息。他说：“岳父遇难我非常悲痛，但作为一名党员、人民教师，危难当头我必须这样做，相信他老人家在九泉之下也会理解我的。”在随后的日子里，周永东一直坚守在分校抗震救灾工作第一线，搬运救灾物资，分发食品，巡护校园，哪里需要人手，哪里就能见到他的身影。在抗震救灾、复课筹备的一个多月时间里，他没有请过一天假，其间因疲劳过度，患重感冒发烧，仍坚持不肯离开抗震救灾一线。白天，他积极参与学院抗震自救、宣传报道、复课准备等，并主动参加“自救食堂”工作，努力改善大家伙食；夜晚，他参加校园巡护，为学校的安全、稳定做出切实有效的贡献。

2008年9月，周永东被四川省委、省政府授予“全省教育系统抗震救灾模范”称号；10月，被四川省委、省政府授予“四川省抗震救灾模范”称号；10月7日，被中共中央、国务院、中央军委授予“全国抗震救灾模范”荣誉称号。

张幼军

1966年10月出生，四川宜宾人。中共党员，大学本科学历。四川省公安厅交通警察总队侦察员。

汶川特大地震发生后，张幼军主动申请，随车队连夜赶赴震中汶川。车行至都江堰市紫坪铺水库附近，因道路中断无法前进，他立刻投入当地的抗震救灾。

地震后的国道213线都（江堰）汶（川）段危险异常，强余震频发，多处塌方，滚石飞落，随时有泥石流发生。张幼军注意观察滑坡地段，指挥车队和人员前行。在行至一处泥石流滑坡路段时，张幼军和一名救援队员走在最前面观察险情。突然，一块汽车般大小的石头从山顶砸下来，张幼军一把拉住这位队员，扑倒在地，为了保护战友而光荣负伤。

5月12日21时，获悉31名英国游客被困映秀塌方地段、与外界失去通信联络，张幼军只身步行10多公里到达游客被困处，毅然决定组织受困人员立即转移。张幼军忍着饥饿，迎着瓢泼大雨，冒着塌方、飞石和余震不断、随时可能牺牲的危险，克服天黑路险等重重困难，在4名旅游公司工作人员的配合下，与游客们手拉手、臂挽臂，翻山越岭、穿越丛林，步行10余公里，历时10多个小时，终于将31名英国游客救出。游客们拉着张幼军的手激动地说：“是中国警察给了我们第二次生命，谢谢你！”

5月15日深夜，张幼军接到护送日本救援队的紧急命令，立即从抗震救灾第一线立即赶赴成都双流机场。当护送车队行至绕城高速与成（都）绵（阳）高速匝道处，遇4辆运送救灾物资的大卡车发生重大交通事故，交通严重堵塞，车队受阻。面对长达两公里的车龙，张幼军下车冒雨指挥交通、疏通道路，于16日5时30分疏散车辆，绕道将日本救援队送达极重灾区青川县。

5月18日，张幼军担负为汶川县护送医疗队员和运输药品车队开道的任务。在护送途中，张幼军冒着塌方、山体滑坡、余震不断等危险，克服饥饿寒冷和高山缺氧等重重困难，经雅安、宝兴、马尔康、理县，翻越海拔4000多米终年积雪的夹金山，历时30多个小时到达汶川。当车队行进到理县至汶川公路一处峡谷地带时突遇余震，开道警车被飞石击中，车门窗被砸坏，险些车毁人亡。余震过后，张幼军又带领同行与修路工人一起迅速清除塌方，继续向汶川挺进。车队昼夜兼程，于20日2时成功将几十名医护人员和上百吨药品安全送抵汶川。

2008年7月，张幼军被公安部授予“全国公安系统抗震救灾先进个人”称号，并荣立个人一等功；10月7日，被中共中央、国务院、中央军委授予“全国抗震救灾模范”荣誉称号。

佘永清

1956年6月出生，四川彭山人。中共党员，大专学历。四川省公安信息通信中心工程师。

汶川特大地震发生后，佘永清立即返回四川省公安厅图像控制中心，与同事一道迅速启动应急通信保障预案，检查通信设备和网络畅通情况，进入红色预警响应状态。5月12日14时49分，通过公安专线向公安部图像控制中心报告“四川发生强烈地震”，并将成都街面的实况图像报送公安部。

地震发生后，信通处接到厅领导立刻开通卫星通信车的指令。车钥匙放在位于第16层的办公室里，余震不断发生，大楼不时摇晃，佘永清不顾危险冲到楼上将车钥匙取下来，及时开通卫星通信车。

由于地震破坏严重，公安专网通信完全中断，为保证国务院总理温家宝一行在灾区通信畅通，公安部决定派通信保障车组前往一线执行通信保障任务。佘永清主动请求前往，率通信保障人员前往极重灾区都江堰市执行任务，并在5月13日零时4分实现国务委员、公安部部长孟建柱与公安部指挥中心的视频通话，通报灾情。

5月13—16日，佘永清率通信保障车组辗转什邡、绵竹、北川、青川、都江堰、汶川及漩口等地执行通信保障任务，同时坚持近距离拍摄灾情，尽最大可能将道路及沿途实况及时传回公安部和前线指挥部，为物资运输、道路抢修提供重要信息。

5月22日22时30分，佘永清带领通信保障人员经过近6个小时的艰难跋涉，赶到平武县南坝镇，执行为中央电视台对灾区进行连线报道的保障任务。5月25日至6月2日，佘永清带领通信保障人员为中央电视台连线26次，并首次实现在运动中直播。

2008年10月7日，佘永清被中共中央、国务院、中央军委授予“全国抗震救灾模范”荣誉称号。

蒋劲松

1969年11月出生，四川营山人。中共党员，大学本科学历。四川省交通厅公路规划勘察设计研究院高级工程师。

汶川特大地震发生后，蒋劲松主动请战参加国道213线都江堰至映秀公路的现场踏勘。5月14日6时，蒋劲松和4名同事冒着不断的余震，不顾生命安危从都江堰徒步挺进映秀，足足用了14个小时，探明沿线道路和桥梁受损情况；15日上午返回都江堰，立即向交通运输部副部长翁孟勇、四川省副省长王宁、四川省交通厅厅长高烽等汇报调查情况，提出应急抢通方案并被迅速采用。

蒋劲松在都江堰至映秀这段灾区重要“生命线”抢通保通工地坚守了20多天，每天休息时间不足5个小时。5月16日24时，蒋劲松接到中共中央总书记胡锦涛次日要到刚刚抢通的国道213线考察的通知，便逐一到相关工点详细检查，并坚守在最危险的工点，确保了道路的畅通。

5月18日，蒋劲松承担国道213线友谊隧道映秀段应急保通技术保障任务。他冒着生命危险深入桥下调查情况，提出了以铺设“312”公路钢桥方式抢通桥梁的应急方案并被采纳，并于22日晚成功抢通。

蒋劲松深入百花大桥现场详细勘察，提出拆除百花大桥的建议，编写了国道213线1009公里+695米处百花大桥震害调查报告上报交通运输部，得到部专家组认可。根据其建议方案，5月28日，百花大桥成功爆破拆除。

6—8月间，蒋劲松创造性地为多处重大桥梁提出科学合理的抢通应急方案。他带队调查都江堰至汶川高速公路震害，就庙子坪岷江大桥、新房子大桥、映秀岷江大桥等提出灾后重建和处治方案，为都汶高速公路恢复施工提供了有力的技术支持。

为避免唐家山堰塞湖溃坝给绵阳涪江四桥带来影响，蒋劲松全力投入排除绵阳涪江四桥险情工作，参与制订绵阳涪江四桥唐家山堰塞湖溃坝应急预案。唐家山堰塞湖开始泄洪后，他一直坚守在工地，全力配合抢险施工，做好现场服务，确保桥梁安全渡洪。其间，还参与制订抢通彻底关大桥方案，以及为确保施工快速顺利开展的多种技术保障预案。

2008年10月7日，蒋劲松被中共中央、国务院、中央军委授予“全国抗震救灾模范”荣誉称号。

蔡先庆

1975年4月出生，四川宜宾人。中共党员，硕士研究生学历。四川省交通厅交通勘察设计研究院工程师。

汶川特大地震及其引发的滑坡、崩塌等次生灾害，使灾区交通基础设施损毁十分严重。通往重灾地区的道路中断，大量伤员无法得到及时救助，救灾物资无法运往灾区，“生命通道”需要在最短时间内抢通。蔡先庆主动请缨，要求到抗震救灾一线参加道路抢险。

按照交通抗震救灾前线指挥部安排，5月17日至6月4日，设计院负责国道213线紫坪铺水库绕坝公路灰窑坎友谊隧道段的保通方案设计，并现场指导和配合武警交通部队施工。蔡先庆作为抢通保通路基组技术负责人，在滑坡、飞石、泥石流频发的恶劣环境下顽强工作，按照先急后缓、便于施工的原则，与设计院专家组逐一确定现场抢通保通方案，经常加班至深夜。由于抢通速度快，保通措施有效，路段运行良好，保障了救灾物资的抢运。

在映秀至汶川抢通保通攻坚战中，蔡先庆驻扎在震中映秀，每天冒着余震、滑坡、飞石、泥石流等危险，起早贪黑地与其他技术人员逐一对损毁路段各工点进行现场踏勘，及时会同施工单位研究，根据安全、简易、科学的原则，拟订抢通保通方案，绘出设计草图交付施工单位施工。

6月21日，蔡先庆与设计院6名技术人员和专家，从高家山老虎嘴堰塞湖乘坐冲锋舟，至映汶路30公里+200米处上岸，调查前方道路受损情况，制订抢通保通方案。在行至30公里+500米处的麻柳湾时因大塌方遇阻，原公路30米下方的岷江已被塌方体堵塞大半，河床变窄后水流变得异常湍急。地震形成的塌滑体处于不稳定状态，可能继续垮塌。要掌握前方道路损毁情况、制订合理道路抢通方案，技术人员必须迈过这一生死难关。面对飞石不断、山体滑坡和湍急岷江，大家正准备沿塌滑体攀扶前进时，蔡先庆说：“你们先等一等，我先试一试，我年轻，体力好，发生情况撤离快，确定安全后你们再通过。”他一个人爬上坍塌体，双手扶着松散的坡体仔细观察前进。突然边坡出现零星滚石，他意识到这极可能是山体发生大面积次生垮塌的征兆，立刻叫停正准备跟上的同事，自己也调头返回。刚撤离塌滑体，伴随刺耳的岩石碰撞声，滚石、尘土覆盖了整个坡面。随后，大家利用山体坍塌后的短暂稳定，仔细观察选择路线，一小时后成功穿过塌滑体。

作为四川交通勘察设计院青年技术骨干，蔡先庆充分发挥专业特长，为灾区道路抢通保通提供技术支撑。在映秀至汶川抢通保通工作中，根据映秀至汶川山体破碎、沟谷狭窄路段的路基损毁等特点，他多次提出独到的抢通保通措施。在都江堰至映秀简易便道抢通过程中，都（江堰）汶（川）段跨线桥（紫坪铺隧道出口）映秀岸路基高达12～15米的挡墙，在震后出现外倾0.5米和外侧边坡高陡难题，经认真研究，他大胆提出施工方案，保证了挡墙外倾未继续恶化，使路段保持良好运行状态。

2008年10月7日，蔡先庆被中共中央、国务院、中央军委授予“全国抗震救灾模范”荣誉称号。

周武平

1963年1月出生，四川富顺人。中共党员，大学本科学历。四川省水利水电勘测设计研究院副总工程师。

5月12日23时34分，周武平接到上级电话，命令他迅速到四川省水利厅报到。他顾不得妻女安危，立刻跟随水利厅领导连夜赶赴重灾地区，查勘严重威胁灾区人民安危的堰塞湖及病险水库。

5月13日2时30分，周武平随领导进入北川县城。14日4时50分，周武平等赶往安县晓坝镇查勘肖家桥堰塞湖。肖家桥堰塞湖离县城很远，震后山体大面积滑坡，道路损毁，交通中断。他们沿着河道徒步攀行在陡峭的山壁上，到处都是滑坡体，脚下是从山上滚下来的尖利的乱石丛。他们迎难而上，查勘完肖家桥堰塞湖后，又赶至安县睢水镇灌滩堰塞湖和有溃坝危险的五一水库查勘。

勘查苦竹坝下游堰塞湖必须穿越通口河。5月15日，周武平一行赶到通口河北川大桥。北川大桥已部分垮塌断裂，所有桥墩均已严重歪斜，其中一跨已经没有了桥墩，只剩两块悬空的未塌桥面板摇摇欲坠，他们冒险依次通过。周武平刚走到桥中间，余震再次发生，身后一栋大楼轰然倒塌，大桥在“嘎嘎”声中剧烈晃动起来，周武平没有半点迟疑，迅速跑过了危桥。

5月19日，勘察完石板沟堰塞湖后，周武平一行赶回青川县准备第三次勘察东河口和红石河两个堰塞湖。此时突发6.1级余震，顿时地动山摇，山谷里飞沙走石，尘土飞扬。周武平和同事们乘车冲过泥土弥漫的山谷，继续前行。

地震发生后的12个昼夜，周武平等人风餐露宿，其间数次历险，一共勘查了12座堰塞湖、4座震损水库，取得大量第一手资料，为堰塞湖及震损水库科学除险提供了重要依据。在查勘堰塞湖及震损水库后，周武平被派往四川省水利抗震救灾指挥部汇总信息，落实设计、施工、预警预报单位及责任人，审查堰塞湖处理设计方案、草拟批文，每天工作十几个小时。

从7月4日至8月17日，周武平又受命奔赴震中映秀镇，参加抢通抗震救灾“生命线”国道213线都（江堰）汶（川）段指挥部水利厅处置组工作。他勘察现场、布置测绘勘察、研究处置方案、落实措施，对映秀岷江老虎嘴堰塞湖提前成功排险做出了重要贡献。

2008年6月，周武平被水利部授予“全国水利抗震救灾先进个人”称号；10月7日，被中共中央、国务院、中央军委授予“全国抗震救灾模范”荣誉称号。

王　华

1968年7月出生，四川平昌人。中共党员，博士研究生学历。四川省农田水利局副局长。

汶川特大地震造成四川省1997座水库严重受损，其中381座存在高危险情和溃坝风险。这些震损水库，像一把把尖刀悬在水库下游1686万群众头上。

地震发生后半小时，王华迅速召集工程技术人员研究应急处置措施，制定《四川省水利厅关于做好震后水库安全工作的紧急通知》并急传灾区。随后，不顾频繁发生的余震，王华一直坐在摇晃的办公室里值守。

5月12日晚，接到彭州市水库出现险情的紧急求援电话，高速公路已经封闭，王华带领工作组连夜冒雨绕道前行，于深夜抵达出险的彭州西河水库和牌坊沟水库。在抢险现场，王华紧急制订科学抢险方案。随后，又马不停蹄奔赴德阳、绵阳、广元等重灾地区指挥水库抢险。两个多月内，王华足迹遍布30多个重灾县，先后察看100多座震损水库。经过艰苦奋战，1997座震损水库全部应急处置完毕，经受30多场强降雨考验，无一溃坝。

在水库抢险途中，青川县堰塞湖频频告急。王华接到四川省抗震救灾指挥部指令后，半个小时内组建工作队伍，火速赶到青川县处理东河口堰塞湖。东河口山体多处崩塌，很多人被埋压于堰塞体下，情况十分危急。没有道路，王华就手足并用，艰难地在现场勘察，查明东河口两个堰塞湖基本情况，并及时报告给四川省抗震救灾指挥部。

完成任务后天色已晚，在返回途中，王华突然听到几个逃难村民说，在东河口上游3～4公里处一个叫石板沟的地方，可能还有一个更大的堰塞湖，水位正在快速上升，随时可能溃坝。王华一听，顿时紧张起来，带领3人逆着人流前往踏勘。此时堰塞湖水位不断上涨，他们找到一只小船，在漂着动物尸骸的堰塞湖中用手艰难地划行，数次差点被飞石击中，天黑前终于抵达石板沟堰塞湖。

石板沟堰塞湖之大完全出乎预料，处于高危险情。王华一行详细察看周围山体岩石构造，分析堆积物的成分和岩性，观测堰前水位及水量变化。返回途中，天已经全黑，王华和3位同事在漆黑的河谷中摸索前行。当晚，王华及时组织技术人员绘制草图，推测堰塞湖漫顶时间，提出了疏导堰塞湖的初步方案，并立即向四川省抗震救灾指挥部报告，为成功处置该堰塞湖险情赢得了宝贵时间。事后，王华又十上东河口、三上石板沟，为科学处置青川县三大堰塞湖做出突出贡献。

2008年6月，王华被水利部授予“全国水利抗震救灾先进个人”称号；10月7日，被中共中央、国务院、中央军委授予“全国抗震救灾模范”荣誉称号。

肖　宁

1962年10月出生，四川成都人。中共党员，博士研究生学历。四川省疾病预防控制中心寄生虫病预防控制所副所长，研究员。

汶川特大地震发生时，肖宁和同事正在5楼的实验室做实验，房间剧烈晃动，实验器材纷纷倒地，他立刻意识到是地震了。他坚持让同事先走，自己留下排除完隐患后最后一个离开。

5月16日，肖宁作为首批医疗卫生人员，乘直升机紧急赶赴茂县开展救灾防病工作。一大早，他即深入学校和灾区群众安置点调查卫生状况，指导疾病防控技术，帮助重建灾后疾病监测系统。灾区缺乏帐篷和御寒装备，肖宁和队员们就在学校食堂的餐桌下面就地休息。肖宁背着沉重的喷雾器到灾区群众安置点附近垃圾场、厕所和食堂等处进行消毒杀虫工作，保障环境卫生。肖宁参与筹建的灾区首个救灾防疫应急实验室，为传染病监测与防控提供了技术支撑。

5月20日，肖宁被任命为茂县震后疾病防控联合领导小组副组长，负责各应急队与县抗震救灾指挥部之间的工作联络与协调。他冒着余震不断和山体滑坡、崩塌、飞石的危险，深入极重灾区，调查灾情和疾病防控第一手资料；会同军队、地方医疗卫生专家开展“厕所大会战”，对灾区群众安置点厕所状况和需求进行应急调查，及时提出现有厕所卫生整改措施和新建厕所建议，解决灾区群众“上厕难”的问题。他带队调研帐篷集中区内卫生管理状况，动员灾区群众防病自救，筹建了6个卫生管理自治组。

6月10日，肖宁赶赴安县和绵竹市参加灾后重点传染病监测和血吸虫病感染风险评估，设计了《地震灾后血吸虫病感染风险快速评估方案》，在12个受灾极重乡设立监测点，开展血吸虫病防治宣传、感染风险评估以及乙脑、主要肠道传染病的监测工作。肖宁和队员们加班加点对529份灾区群众血样、396份人粪便、84份牲畜野粪进行感染情况检测，对近20万平方米范围钉螺分布、密度和感染情况进行调查，并在每天20—23时进入灾区群众帐篷，采集蚊媒标本，观察安置点虫媒种类和密度变化情况，开展病媒生物监测。

5月16日至7月，肖宁坚守在极重灾区茂县、安县和绵竹市救灾防病一线，累计递交疾病防控建议书6份，完成各类报告和纪要31份，多次完成接送疫苗、抗血清和诊断试剂盒等防疫急需用品。

2008年9月，肖宁被卫生部、食品药品监管局、中医药局、总后卫生部授予“抗震救灾医药卫生先进个人”称号；10月7日，被中共中央、国务院、中央军委授予“全国抗震救灾模范”荣誉称号。

熊　庆

1961年10月出生，重庆梁平人。中共党员，硕士研究生学历。四川省妇幼保健院党支部书记、院长，教授。

汶川特大地震发生时，熊庆迅速从办公室跑到住着新生婴儿的住院大楼七层，指挥医护人员一人抱一个婴儿下楼。随后熊庆立即启动突发事件处置预案，在现场召开干部会，对班子成员和各科室作了分工和部署，要求各级干部和职工“不要慌乱、沉着应对、听从指挥、科学处置”。熊庆不停地穿梭于各个病房和角落，不停地指挥和呼喊，稳定病员和职工情绪，和同事们一起将大楼里的孕产妇和病员全部转移到安全地带。冒着余震的危险，熊庆又回大楼各层检查一遍。在他的指挥和带领下，震后3小时，省妇幼保健院恢复了正常医疗活动。

熊庆巡查病员临时安置点时，发现临时业务用房四壁全是玻璃墙，担心余震震碎玻璃伤及人员，立即组织后勤人员用胶纸把玻璃墙粘上。一位母亲抱着高烧惊厥的患儿前来就诊，熊庆指挥医务人员用椅子搭成抢救台，立即进行救治。他一直守在患儿旁边，直到患儿症状缓解。

得知都江堰、绵竹等地人员伤亡严重，熊庆立即召开会议，组织医疗队参加一线医疗救护。每批医疗队出发时，不管是深夜还是凌晨，熊庆都要把医务人员送上车，并送上嘱咐。他在医院坚守指挥岗位，与所有医务人员并肩作战，两天两夜没合眼。

抗震救灾期间，妇幼保健院共救治灾区伤病员230多人，其中住院治疗60人。熊庆每天到病房看望至院治疗的灾区妇女和儿童，了解她们的需求，安排医院免费提供餐票、奶粉、衣物等。六一儿童节，他买来玩具等礼物，送到病房灾区儿童手上。

医院有多名医护人员家乡在灾区，5月14日，熊庆安排专车将职工李明的父母接到成都。当李明看到年迈的父母时，感动得热泪盈眶。儿科护士古榕的家在绵竹市，地震后家中缺少衣被，熊庆带头为她捐衣被，还派专车专人送到她家中。古榕的父母说：“省妇幼保健院的领导真好。”

熊庆与灾区各妇幼保健机构电话联系，了解受灾情况。得知阿坝藏族羌族自治州妇幼保健院需要产妇和婴儿用品、医用耗材、产包等物资时，熊庆立即组织所需物品送过去。5月29日至7月1日，熊庆先后多次深入都江堰、绵竹、什邡、北川、江油、青川等灾区，开展灾情调查并赠送物资。他说：“地震无情人有情，在灾区人民最需要帮助的时候，我们一定要奉献爱心。”

2008年9月，熊庆被卫生部、食品药品监管局、中医药局、总后卫生部授予“抗震救灾医药卫生先进个人”称号；10月7日，被中共中央、国务院、中央军委授予“全国抗震救灾模范”荣誉称号。

李永春

1972年11月出生，四川大邑人。中共党员，大学本科学历。四川省卫生执法监督总队副支队长。

汶川特大地震发生后，按照四川省卫生厅“哪里有需要，就到哪里去”的要求，李永春和5名卫生监督员组成应急救援卫生监督工作组奔赴汶川救援。

李永春一行从成都绕道马尔康、理县向汶川进发，余震不断袭击，山石不时掉落，车辆在乱石丛中艰难穿行，一路险象环生。5月17日16时，一行人辗转到达理县，立刻深入灾区群众安置点、疾病预防控制中心、医院病房等场所了解情况，向灾区群众宣传科学用水和灾后防疫知识，开展环境消毒、灾后食品卫生监督等工作，同时向省卫生厅发回灾区情况报告。

5月18日，李永春和救援队到达汶川开展工作。白天帐篷内温度高达40摄氏度，夜晚阴冷潮湿，加上任务繁重，到汶川的第三天，他开始发烧、咳嗽，但依然坚持战斗在第一线。

5月27日，李永春奔赴北川开展抗震救灾卫生监督工作。他和同事们爬坡上坎进村入户，及时对县城及周边情况摸底和调查，建立灾后卫生监督基础档案，并多次到北川中学、曲山镇、擂鼓镇等地，指导卫生监督防疫工作。

地震中，李永春大邑老家的房屋毁坏严重，老母亲骨折被转移到福建治疗。李永春忙于抗震救灾工作，没有时间照顾自己的母亲，每念及此，他心里都会有深深的歉意：“我没能照顾因地震受伤的母亲，作为儿子实为不孝，但作为一名卫生监督员，为灾区群众尽到责任，让大地震中幸存下来的群众不再遭受疾病的伤害，是我最大的孝。”

7月5日，母亲回到家乡，李永春周末回家与母亲见了一面。母亲看着又黑又瘦的儿子说：“我在漳州受到了英雄母亲般的待遇。”告别母亲后，他又积极投入青川、平武、江油、什邡等地的抗震救灾中。

2008年9月，李永春被卫生部、食品药品监管局、中医药局、总后卫生部授予“抗震救灾医药卫生先进个人”称号；10月7日，被中共中央、国务院、中央军委授予“全国抗震救灾模范”荣誉称号。

张　虹

女，1955年10月出生，上海人。九三学社社员，大学本科学历。四川省肿瘤医院副院长，主任医师。

汶川特大地震发生时，张虹正准备下楼主持护士节庆祝大会。突然，楼房剧烈摇晃，她马上想到了大地震。当时，医院手术室还有8台手术正在进行，重症监护室有15位危重病人。想到病人和职工的安危，张虹立即向12楼冲去，查看重症监护室情况，布置病人转移，又到13楼手术室，了解全部手术进行的情况，将顺利结束手术的3名病人安全送入重症监护室。对正在进行的5台手术，张虹要求医师完成手术，安全送走最后一个病人后才撤离。

5月12日16时，医院接到四川省卫生厅通知，组织应急救援队奔赴汶川，张虹立即要求带队前往。院长考虑到有900多名在院病人，安排她组织医疗队，做好全院病人的疏散安置和治疗工作，保证医疗安全和医疗质量。她马上通知应急抢险医疗队人员在20分钟内集合和准备，30分钟后医疗队出发。送走医疗队后，张虹继续组织安排全院病人的分区管理、疏散和治疗工作，忙碌到深夜。

5月13日晨，张虹组织医务处、护理部和相关部门人员就医疗救治、医疗质量、医疗安全等工作召开紧急会议，决定启动迎接灾区伤员，建立临时病房的应急预案，以及接收救援物资、药品管理使用的应急预案，并腾空两个病区100张正式床位和300张临时病床，组建了应急后备救援医疗队。

5月16日，医院接到四川省卫生厅通知，什邡灾区有200余名伤员将转入医院救治。她按各项救治流程，安排相关科室建立接收灾区伤员的“绿色通道”。下午，救护车一辆接一辆，有时甚至十几辆同时开进医院急救中心。每到一辆，她与医护人员及志愿者一起上前迅速查看伤情，协助搬运、分诊，紧急抢救伤员。17日，张虹安排前来支援的云南、湖北、广东等省医疗队住下后，抽调医师和护理人员组建了创伤一、二病区，并与医疗队领队一起制订了两个病区的伤员救治方案。15天内，两个病区完成200多台手术，252名灾区伤员无一人继发严重感染，无一人因伤截肢，无一人因震伤救治无效而死亡。张虹经常深入病区，与外省医疗队人员一起安慰伤员、查看伤情和讨论治疗方案，创造条件救治伤员。在一个多月内，医院共接收七八百名伤病员，张虹带医院党办、团委人员，积极与当地街道办事处协调，解决了七八百名伤员、家属和志愿者的吃住问题。

5月19日，传来两日内可能有较强余震的消息，张虹与其他院领导分头安抚伤病员。当日22时再次疏散病人，张虹不顾疲劳和腰伤疼痛，一直忙到深夜。20日凌晨，张虹又到门诊大厅巡视，抢救急危重病人。5月下旬，张虹随院长带领医疗队到安县的北川灾区群众安置点建立医疗站，为1000多名灾区群众的身心健康服务。

2008年9月，张虹被卫生部、食品药品监管局、中医药局、总后卫生部授予“抗震救灾医药卫生先进个人”称号；10月7日，被中共中央、国务院、中央军委授予“全国抗震救灾模范”荣誉称号。

任予锋

1963年4月出生，山西太原人。中共党员，大学本科学历。四川华西集团有限公司四川省工业设备安装公司常务副总经理。

5月13日3时，任予锋独自驾车连夜赶赴北川。6时许，任予锋赶到四川省工业设备安装公司位于安县的施工工地，立即查看人员财产受灾情况。看着倒塌的车间、宿舍和受损的施工产品，他对现场负责人说："我们要积极组织生产生活自救，但北川的灾情更严重，北川更需要我们，必须立即组织专业人员和机具设备到北川抢险！"8时，任予锋带领公司第一批17名救援人员到达北川中学。面对不时发生的余震和随时可能坍塌的危楼，任予锋和救援人员没有畏惧退缩，立即开展救援，用手刨，用撬棍撬，恨不得立即将所有被埋人员都抢救出来。

任予锋毕业于西南交通大学自动控制专业，从事施工技术管理20多年，有丰富的现场施工经验。他对现场房屋倒塌情况进行勘查，分析房屋结构情况、被埋人员分布部位等，根据现场作业环境和条件，组织专业人员和机具设备分工合作。他们先用铲车将倒塌的楼前障碍清除掉，再将现场48吨、25吨、12吨、8吨的4台汽车吊沿着塌楼排开。任予锋安排专业人员指挥吊装，从上向下一层一层地揭开楼板，揭一层搜救一层，再一层一层往外摊开，救援工作有序、有效展开，加快了救援速度，也保证了最大限度地搜寻幸存者。

在救援中，任予锋既是指挥员，又是战斗员。他不顾连夜驾车的疲劳和余震的威胁，在废墟上一边用双手不停地扒拉着破碎的混凝土块，一边满含热泪、饱含深情地安慰废墟中的幸存者："叔叔一定救你们，孩子们坚持住，千万不要睡觉！"他根据救援现场情况的变化，快速地思考着解决的办法。废墟上很多大型混凝土块、大梁被钢筋连着无法搬动，严重影响了救援速度；即使能搬动，也可能因移动造成堆砌物垮塌，给被埋人员造成二次伤害。任予锋立即派人到20多公里外的安县施工现场取来切割工具，同时继续指挥救援人员一字排开站在塌梁上，用接力传输的方法，将剥开的防水层、隔热层、碎混凝土块一块一块地搬掉，以减轻楼板的负荷。

5月13日10时许，一个少年被成功救出，消防官兵、医护人员和周围群众向任予锋他们投来敬佩的目光，认同了抢险队的抢救方案；随后取来气割工具，加快了救援步伐，施救效率大大提高，一个又一个幸存者被从废墟中救出。经过80个小时的奋战和坚守，任予锋和他的队员们与武警、消防官兵配合，从废墟中营救出近70名幸存者。

2008年10月7日，任予锋被中共中央、国务院、中央军委授予"全国抗震救灾模范"荣誉称号。

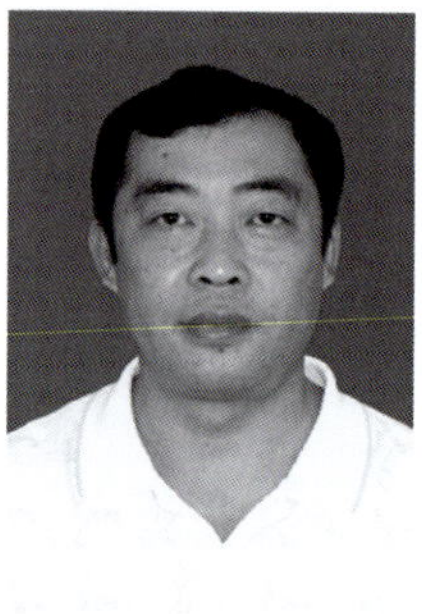

李长江

1967年7月出生，四川泸州人。中共党员，大专学历。四川省泸天化（集团）有限责任公司保卫部消防救护中心主任。

汶川特大地震发生后，李长江作为消防救护中心指挥员，坚守岗位，查看灾情，整整守候一个通宵。5月13日19时，李长江接到国家安全生产应急救援指挥中心下达的任务，经请示公司领导，于20时带领一支由10名消防中心队员组成的专业救援分队，携带专业的剪切和破拆工具，冒着倾盆大雨赶往400多公里之外的什邡市红白镇救援。

5月14日晨，李长江与队员们抵达距红白镇还有20多公里的蓥华镇，险情出现了。滚落的山石将前方的道路阻断，救援车辆无法通行，李长江果断下令立即弃车徒步强行军。他们忘却彻夜未眠的疲惫，冒着余震和塌方危险，扛着沉重的器械在崎岖山路上艰难步行了两个多小时，于10时前赶到红白镇金河磷矿生活区。到达指定地域后，李长江与队员们立即投入到搜寻和抢救被困人员的战斗中。

5月14日12时，在搜索一片残垣断壁时，一个微弱的呼救声从废墟里传出。“注意，前面有人！”队员们立即扩大搜索范围，并向废墟中喊话。3分钟后，李长江借助手中的电筒光束和生命探测仪确定了幸存者的被埋位置，又连续3次冒着墙体再次坍塌的危险，深入危楼观察情况。“队长，那里危险，你不能再进去了！”一名队员将李长江阻拦下来。“听指挥吧，让我去救，我当过兵，比你们有经验。”李长江推开队员，决定在被困者侧面挖坑掏洞进行救援。他多次匍匐进入废墟，刨开幸存者身旁的砖石泥土，和队员们一起经过3个多小时的艰难施救，将那名被埋70多个小时的幸存者救出，并送到医疗站救治。

5月15日，一位被埋者家属跑到救援队请求救他的老伴。李长江带领队员到达指定位置，经生命探测仪多次探测，判明已无幸存者，但家属却坚信其老伴还活着。哪怕仅有百分之一的希望，也不能放弃。他和救援队员用手一点一点地在废墟中挖掘，手套磨破了，手指磨出血，最终搜寻出3具遇难者遗体。

5月17日16时，正在金河磷矿职工住宅楼9号楼指挥搜救的李长江接到求救：在金河磷矿生产区有一位幸存者急需救援。李长江立即带领队员头顶飞石、脚踏泥泞，步行6公里赶赴救援现场。此时，幸存者已在废墟中坚持了120多个小时，每耽误一分钟就多一分危险。救援队于17时赶到现场，18时许即将幸存者周志救出。返回营地途中，得知一位87岁的老婆婆被困在一栋摇摇欲坠的危房中，李长江迅速带领两名队员毫不犹豫地冲进危房救出老人。他们出楼还不到一分钟，一阵余震袭来，危房轰然倒塌。

随后的一周里，李长江与队员们协助绵竹黄磷化工公司、老鱼洞煤矿等单位技术人员制订相应的安全防范措施，平整地面，搭建帐篷。他们还挖掘出现金1.38万元、集邮册6本、存折2个和其他珍贵物品，全部上交。李长江和他带领的抢险救援队在灾区整整战斗了15天。

2008年10月7日，李长江被中共中央、国务院、中央军委授予“全国抗震救灾模范”荣誉称号。

李　洪

1963年5月出生，河南新野人。中共党员，博士研究生学历。四川省紫坪铺开发有限责任公司党委书记、总经理。

汶川特大地震给岷江流域带来一场历史上罕见的巨大灾难。毗邻震中的紫坪铺水利枢纽工程4台机组全部停机，岷江下游供水、通信、道路中断，泄洪洞闸门控制室坍塌，大坝挡水面板开裂，坝顶塌陷，紫坪铺水库大坝及下游人民生命财产安全受到极大威胁。

正在办公的李洪迅速组织员工撤出办公大楼，他意识到地震可能造成机组停机、岷江断流，紧急与公司常务副总经理宋彦刚及电厂技术人员研究，果断决定启动机组空载泄水。地震发生后7分钟，首台机组成功手动启动过流，之后两台机组又相继开启，恢复向下游的临时供水，避免了岷江断流给下游地区带来的严重后果。

5月12日晚至13日，紫坪铺库区普降大雨，水库水位不断上涨，由于启闭机基座震裂，泄洪闸门无法开启，情况十分危急。整个晚上，李洪都密切关注水情，多方联系，检查分析，没有合过眼。他带领抢险队员冒着余震和塌落的砖块，在垮塌的泄洪闸门控制室连续10个小时紧急抢修，终于在13日17时28分顺利开启2号泄洪闸门，库区水位开始下降，水库水位上涨压力逐步减轻。

由于1号泄洪闸门受损严重，要彻底解除大坝风险，就必须尽快修复输电设备。5月13日，在对厂内设备初步排查基础上，李洪组织电厂员工立即投入发电设备抢修。经过五天五夜的全力拼抢，17日17时30分，电站受损设备抢修、检测、试验工作全部完成。19时52分，3台机组相继恢复发电，机组过流能力得到保障，大坝险情彻底解除。

成都通往映秀、汶川的国道213线塌方中断，营救工作严重受阻。为确保紫坪铺水库水上救援通道畅通，李洪以抗震救灾大局为重，果敢承担起社会责任。他组织人员严密监测水情，稳定库区水位；谨慎调度，保障大坝安全，为抗震救灾水上交通畅通创造条件。5月13—17日，从紫坪铺水库水路运送抢险人员、伤员和受灾群众2万余人，转运救灾物资500余吨，运送大型抢险设备70多台。

5月下旬至6月，中央领导同志吴邦国、温家宝、贾庆林、习近平、回良玉先后考察紫坪铺工程抗震救灾情况，对紫坪铺人迎难而上、顽强拼搏的作风和敢于负责、排险保坝的举措给予充分肯定，赞扬紫坪铺工程质量过硬、公司管理过硬、员工队伍过硬。四川省委书记刘奇葆也评价紫坪铺开发公司组织有力、抢险及时、效果显著，称赞李洪和公司领导班子是排危抢险、保坝安民的英雄。

2008年10月7日，李洪被中共中央、国务院、中央军委授予“全国抗震救灾模范”荣誉称号。

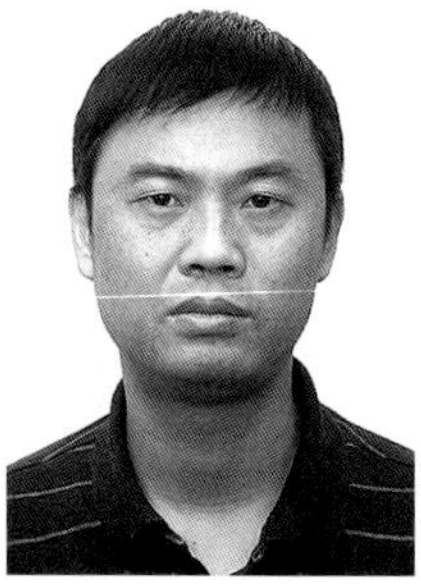

李燕华

1964年1月出生，四川邛崃人。中共党员，硕士研究生学历。四川日报社会新闻部副主任。

汶川特大地震发生前，李燕华正同《四川日报》记者王代林、松涛等在马尔康县采访。地震发生后半小时，李燕华得知震中在汶川，立即带领同事奔赴汶川。

5月12日晚，李燕华一行乘坐的车因塌方被堵在距汶川近100公里的理县古尔沟，他们只好徒步行进。黑夜里下起小雨，周围大山不时滚落巨石，连夜赶路十分危险，他们在一个农家坐到天亮，然后相互鼓励继续上路。13日14时许，李燕华等到达理县，立即分头采访。傍晚，他们依靠县林业防火电台，几经辗转向报社发回震后理县的第一篇消息《阿坝州抗灾救灾工作组昨凌晨抵达理县县城》，向国内外报道了重灾区理县的灾情。

5月14日一早，李燕华一行继续步行向汶川进发。14时左右，他们终于抵达汶川，成为第一批徒步到达汶川县城的记者之一。李燕华和同事立即投入紧张的采访，了解灾情。没有桌子，他便趴在地上赶写文稿；通信受阻，他借用县林业局防火电台，一字一句地喊话，将稿件发到马尔康，再转发到报社。14时许，他们向国内外报道了震中汶川县城的灾情。

5月16日，李燕华报道组采写了《萝卜寨的悲怆与自救》。20日，李燕华在飞石不断的公路上行进10多公里，在山体垮塌现场采访打通"生命线"的武警水电部队九支队，连夜完成通讯《爱和忠诚的力量》。两天时间，他深入采访穿越从映秀到草坡的部队和地方干部，冒着危险徒步行走，亲身感受路途的艰险，完成通讯《死亡之谷的生死穿越》。6月11日，汶川县受次生地质灾害威胁，李燕华连夜采访，发出独家消息，被国内网站大量转载。15日，他辗转两个乡，追踪村民转移过程，发回《汶川紧急转移安置进行时》系列报道。

在震中采访报道的那些日子，生活条件极其艰苦：粮食缺乏，连稀饭都难以饱肚；帐篷短缺，有时甚至到半夜还找不到栖身之所；帐篷里拥挤不堪，闷热潮湿，难以入眠。在震后近100天里，李燕华一直坚守在汶川灾区，每天到乡镇村寨采访，内容涉及人民子弟兵抢险救灾进展、受灾群众安置、灾后重建、灾区交通、干部精神状态、学生复课、都江堰至汶川"生命线"抢修保通等各方面。李燕华和同事发稿100多篇，其中他单独采写30多篇。四川省委宣传部对李燕华采访组给予充分肯定："你们在第一时间传回了汶川遭受地震后的严重灾情，为党和政府及时部署抗震救灾工作赢得了宝贵的时间。"

2008年10月7日，李燕华被中共中央、国务院、中央军委授予"全国抗震救灾模范"荣誉称号。

范红梅

女，1976年3月出生，四川广安人。中共预备党员，大专学历。四川电视台记者。

汶川特大地震发生时，范红梅正在马尔康县采访。当得知震中在汶川时，她毫不犹豫地和采访组向汶川挺进。到达距理县20多公里的红叶电站时，范红梅终于打通台里的电话，立即要求和直播间电话连线，把西进汶川的路况以及地震灾情告诉电视观众。

5月12日夜，范红梅与其他两位同事蜷缩在采访车上，在随时都有被飞石砸中危险的山路上等待了一夜。13日，范红梅返回马尔康，传回第一条离汶川最近的电视画面。中午，范红梅一行又踏上去汶川的路。天黑时，他们到达毕棚沟，因道路完全中断，又被困在塌方的山路上。14日晨，焦急的范红梅再也坐不住了，她说："记者必须在前线，就是走，我们也要走进汶川！"采访组徒步前行，走到理县县城时，发现当地的灾情十分严重，马上投入到采访报道中。

5月15日下午，范红梅等徒步到达与世隔绝几天的震中汶川，向电视台发回汶川灾情报道，并多次与中央电视台连线，让更多人了解汶川的相关情况。之后，范红梅与同事们一直坚持战斗在灾区一线。灾后的汶川，物资极度紧缺，条件异常艰苦，有时中午和晚上只能吃上一碗稀饭、几根咸菜，夜里大家挤在大雨伞撑起的防雨篷下，无法入睡。范红梅身体极度疲惫，生病发烧，但她从没停止工作。范红梅说："我当时心里只有一个念头，客观真实地把汶川的情况告诉给全国的电视观众，让外界早一分钟知道灾情，汶川人民就能少受一分钟苦，少挨一分钟饿。"

在汶川的日子里，范红梅不分昼夜地采访、写稿、连线、传送节目，发回大量反映汶川抢险救灾、受灾群众安置、生产生活保障、卫生防疫、救灾款物有序发放等报道。正是由于她和同事们的努力，使四川电视台滚动直播新闻中不间断地有最新的关于震中汶川抢险救灾情况的报道。范红梅在汶川进行了18天的采访报道，共发回30多条节目，其中《走也要走到汶川去》《走进萝卜寨》《云朵上的村寨》等节目全面真实反映了震后汶川各方面情况，这些节目有数条上传到中央电视台，得到观众的肯定。

在长达18天的采访中，由于艰苦的生活条件和严重的体力透支，范红梅病倒了。电视台派出另一组记者赶赴汶川，换下范红梅。回到成都后，范红梅每天都睡不好，一闭上眼睛，汶川灾区群众的期盼和救援的场面让她思绪万千。范红梅再次向领导申请，第二次走进汶川。这一次20天的汶川之行中，范红梅发回30余条质量很高的新闻节目，包括《桃坪羌寨：美丽与忧伤》《走进牛脑寨村民们的新家》《探访生命孤岛——草坡乡》《草坡修路人》《生命隧道》等深度报道，其中《生命隧道》在中央电视台"新闻联播"中播出。

从汶川出来后，范红梅转战在绵阳、德阳及北川、安县、江油、都江堰、绵竹、什邡等灾区，成为四川电视台抗震救灾新闻稿件用稿量最多的记者之一，同时也是被中央电视台采用深度报道节目最多的地方台记者之一。

6月，在抗震救灾最前线的范红梅向党组织递交了入党申请书。七一建党节，范红梅经四川广电集团直属机关党委批准，火线入党，成为中共预备党员。

2008年7月，范红梅被中宣部、中央外宣办、广电总局、新闻出版总署、中国记协授予"全国抗震救灾宣传报道先进个人"称号；10月7日，被中共中央、国务院、中央军委授予"全国抗震救灾模范"荣誉称号。

甘肃省、陕西省、重庆市、云南省抗震救灾模范

安定文

1959年12月出生，甘肃庆阳人。中共党员，大学本科学历。天水市政府副秘书长。

汶川特大地震发生的第二天，天水市政府成立了援助陇南灾区救灾物资转运领导小组，安定文担任副组长、办公室主任，负责救灾物资转运的组织协调与现场指挥。大量救灾物资运抵天水后，安定文带领办公室工作人员赶赴现场协调，由某企业腾出3个仓库，建立3个储运站，并协调天水火车站开辟了3个卸货站点。

5月15日18时，甘肃省抗震救灾总指挥部要求立即协调兰州军区空军某飞行团在天水执行救灾任务的机组，速派直升机飞赴文县运送急救药品，接运13名危重伤员到天水抢救。当时陇南雷雨交加，飞机无法飞行。安定文当机立断，紧急调用一台运输车，将已准备好的急救药品装车，火速送往重灾区文县。16日3时50分雨停了，安定文立即协调直升机起飞。两小时后，5名生命垂危伤员被空运到天水接受抢救，其他伤员也及时用上了紧急运送去的药品，13名危重伤员全部脱离生命危险。

在抗震救灾最紧张、最困难的十几天，安定文一直奔波在天水火车站、机场和3个物资储运站之间。国家调拨的3500顶帐篷通过火车运抵天水，在甘肃省应急办调配车辆运力不足的情况下，安定文紧急协调从天水、白银、定西等地调用地方车辆，将3500顶帐篷及时送往陇南灾区。因天气突变，原计划通过空运向文县运送物资的直升机不能正常执行任务，但文县中庙乡、尚德镇告急。安定文立即调用6台运输车，将45吨药品、食品等应急救灾物资连夜送往文县。当载有3万多顶帐篷的专列先后抵达天水后，安定文又紧急协调驻天水市的部队、民兵预备役官兵800多人，组织民工200多人，调用运输车辆连夜组织快卸、快装、快运，经过整整57个小时的连续奋战，将3万多顶帐篷全部运往陇南灾区。由于灾情严重，灾区的帐篷即将告罄，甘肃省抗震救灾总指挥部发出指令，要求天水市急调600顶帐篷，连夜送往陇南。安定文立即组织人力、运力把已经分配到天水市各县区的600顶帐篷抽调集中起来，以最快速度装车运往陇南灾区，保证了灾区的急需。

由于连续奋战和不间断的协调指挥，安定文的体力严重透支，先后3次晕倒，但他一刻也没有停歇，始终奋战在转运物资的一线。经他组织协调，由黑龙江、辽宁、吉林、北京等13个省（市）和巴基斯坦、吉尔吉斯斯坦、越南等11个国家运抵天水的1029车皮、143辆运输车共计

53860余吨的救灾物资，先后全部运往陇南等地灾区。

2008年6月，安定文被甘肃省委授予“甘肃省抗震救灾优秀党员”称号；10月7日，被中共中央、国务院、中央军委授予“全国抗震救灾模范”荣誉称号。

苏文义

回族，1964年2月出生，甘肃平凉人。中共党员。平凉市崆峒区大寨回族乡赵塬村党支部书记。

汶川特大地震波及甘肃，平凉市崆峒区大寨回族乡赵塬村受灾严重，共有209户、1015人受灾，510间房屋倒塌。

面对灾难，苏文义和支部成员一道挨家挨户做群众思想工作，动员群众动手清理废墟，施工建房。受灾村民遇到的最主要的困难是缺劳力、少资金。苏文义多次通过乡政府与上级部门联系，积极争取资金，争取安排抗震救灾志愿者到村里帮助清理废墟。苏文义忘我工作，经常一干就是十几个小时，腰疼病发作了，就抓几片止痛药，灌口冷水吞下，继续坚守在清理废墟的现场。强烈的地震，造成穆家洼社整个山体出现大面积裂缝，如再发生余震，41户群众将有被埋的危险。苏文义将严重灾情立即上报乡政府。中国石油兰州化工公司得知险情后，主动为该社援建活动板房，让群众搬离危险区。在穆家洼社，苏文义强忍着腰椎劳损带来的剧烈疼痛，与兰州化工公司施工队员连续奋战几昼夜，完成了17间活动板房的主体工程。穆家洼社整体搬迁过程中，群众抵触情绪较大，多数人不愿意离开祖辈生活的地方。苏文义耐心与村民沟通，搬迁工作最终顺利实施。

穆家洼整社搬迁，苏文义具体负责实施安置点“三通一平”（通水、通电、通路、平整场地）工程。为了能让受灾群众尽早住进安全的活动板房，苏文义顾不上维修自己家里倒塌的房屋和围墙，不分昼夜，一心扑在施工现场。他指挥协调工程施工，在施工现场坚守了五六天，用最快速度为安置点平整出2.34万平方米的场地，协调供电所和水厂，将水、电、路通到了每家每户。

重建工作铺开后，资金缺口很大，经苏文义多方与大寨信用社等信贷机构联系，为每家受灾户争取到贷款3万元。

2008年6月，苏文义被甘肃省委授予“甘肃省抗震救灾优秀党员”称号；10月7日，被中共中央、国务院、中央军委授予“全国抗震救灾模范”荣誉称号。

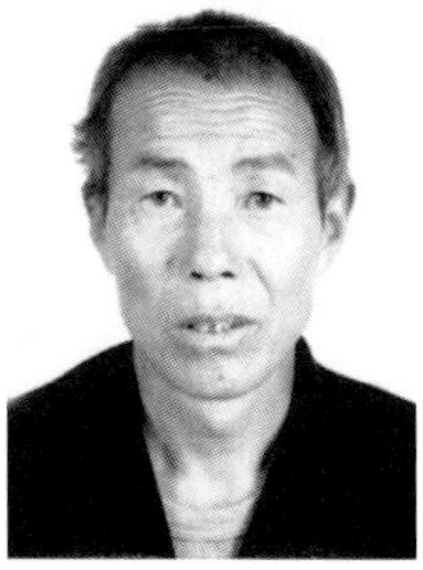

徐进仓

1956年2月出生，甘肃庆城人。庆城县南庄乡丰台村农民。

5月12日，徐进仓从电视上得知汶川特大地震发生，导致房倒屋塌，人员伤亡严重，交通、电力、通信全部瘫痪，他立刻联系同村的几个好友，经过简单商议，决定一起到四川灾区抗震救灾。13日晨，徐进仓和好友们揣着四处借来的7500元现金，瞒着家人，乘车向四川灾区进发。他们冒着余震和山体随时可能滑坡塌方的危险，长途跋涉，几经辗转，于14日16时到达地震灾区北川。

一到北川县城，徐进仓便和几个好友径直赶到北川中学废墟中，撬楼板，挖砖头，搜寻瓦砾下的幸存者，5月14日当晚就从坍塌的楼板下救出两名学生。15日晨，他们几个人又从北川县城的废墟中救出几名幸存者。在救人过程中，徐进仓得知山里灾区还有很多群众受困，于是主动要求进山救人。在山区的48小时里，徐进仓和志愿者们从废墟中救出多名受伤群众。18日，徐进仓和几个伙伴返回北川县城，在北川抗震救灾指挥部指引下，参加了共青团北川县委组织的青年志愿者服务活动，装卸物资，清理垃圾，张贴标语，搭建帐篷，哪里有困难，哪里就有他们忙碌的身影。一连几天，徐进仓鞋底磨破了，手指磨烂了，嘴唇上也结了一层厚厚的血痂，但他没有一句怨言，始终全力以赴参与灾区抢险救援工作。其间，徐进仓和志愿者们受到了国务院总理温家宝和中共中央政治局委员、中组部部长李源潮的亲切接见。

为了筹措生活费用，徐进仓曾中途只身一人返回庆城县，贱卖了家里的12只羊，拿着买主先付的现金和向乡亲们借来的2000多元钱，第二次走进四川，到青川参加救援，一直到6月26日才返回家乡。

在灾区的46个日日夜夜，徐进仓和志愿者们先后辗转北川、广元市区、青川、安县等重灾地区，与其他救援人员一起，从死亡线上救回6条生命，救助群众60多人。徐进仓和志愿者们的爱心义举感动了灾区人民，也引起了许多媒体的关注，四川新闻网、绵阳市电视台、广元市电视台等当地媒体报道了他们的事迹，这支来自甘肃的志愿者队伍被当地群众亲切地称为“老大爷志愿队”。绵阳市永久收藏了徐进仓的一顶安全帽，以记录甘肃庆阳与四川绵阳两地人民的情谊。《甘肃日报》、甘肃省委机关刊物《党的建设》、庆阳市《陇东报》等报刊，整版报道了徐进仓和几位伙伴的事迹，青川县授予他们“荣誉市民”称号。

2008年10月7日，徐进仓被中共中央、国务院、中央军委授予“全国抗震救灾模范”荣誉称号。

徐思俊

1954年6月出生，甘肃武都人。中共党员。陇南市武都区三河镇柏林村党支部书记。

汶川特大地震波及甘肃，正和邻居聊天的徐思俊敏锐地感觉到大地的震动，拉起邻居就往屋外跑。刚跑到院子里，家里的厨房就倒塌了，正房的墙上裂了口子，院门的一面墙也垮了。徐思俊顾不上管自家的情况，急忙跑到大门外向周围的群众大喊：“地震了，赶紧往村前的打麦场上跑！”接着，徐思俊和村上的几名党员挨家挨户清查，紧急组织全村群众向较为安全的打麦场一带转移。在清点人数时，徐思俊发现徐思凯一家人还没有出来，于是不顾余震的危险，急忙赶到徐思凯家。

徐思凯家的房屋已经倒塌，家里人抱着院子里的一棵大树哭作一团。徐思俊赶忙把一家人带出院子，他76岁的老母亲不肯撤离，危急之中，徐思俊强行背起老人就往外跑，刚跨出门槛，余震发生了，大块的瓦片、土块不断往下掉，一块瓦片正好砸在他的右眼上，顿时眼前一片模糊，鲜血直流，但他顾不得伤痛，坚持把老人背到了安全地带，接着又一刻不停带领村上的党员干部挨家挨户排查险情，做村民的思想工作，稳定群众的情绪，号召大家团结起来共渡难关。

村上一些群众的房屋倒塌了，大部分成为危房，一片狼藉。徐思俊拿出身上仅有的300多元钱，为群众购买塑料膜、彩条布，搭建起12处临时住所，按10户一处的标准安置了所有群众。安顿好群众后，徐思俊又马不停蹄赶到三河镇汇报灾情。回来的路上，发现邻村韩根义昏倒在地，徐思俊立即对其进行紧急抢救。十几分钟后韩根义醒了过来，徐思俊又找车将他送到10公里以外的桔柑乡大岸庙村卫生所接受进一步治疗，直到深夜才返回村子。

第二天天刚亮，徐思俊没怎么休息，便又开始带领干部群众抢修公路。经过几昼夜接连不断的奋战，抢通乡村公路3.5公里，疏通所有出行道路，拆除危房210间，排除险情160多处，组织群众搭建帐篷70余顶，并及时将全村群众的财产、食物及生活用品转移到安全地带。

汶川地震致使柏林村附近山体严重滑坡，需要进行整体搬迁。徐思俊同村干部一起制定了全村灾后重建规划。年底，新村建成，全村大部分群众搬进了新房。

2008年6月，徐思俊被甘肃省委授予“甘肃省抗震救灾优秀党员”称号；10月7日，被中共中央、国务院、中央军委授予“全国抗震救灾模范”荣誉称号。

许　伟

1978年5月出生，甘肃文县人。中共党员，大学本科学历。文县范坝初级中学校长。

5月12日下午，文县范坝初级中学300多名学生正在教学楼里上自习，地震突然袭来，大地抖动，山崩地裂。一片慌乱中，学生们冲出教室就往楼下跑，而大楼摇摆越来越厉害，眼看学生在楼道里挤成一团，只要有一个学生被推倒或者晃倒，就会发生严重踩踏事件。许伟关键时刻临危不乱，第一个跑到楼梯口，对着挤成一团的学生高喊：“同学们，不要挤，一个接一个下楼，各年级的教师赶快把学生带到校园中间！”短短几十秒内，学生们安全有序地撤离了操场。许伟最后一个从教学楼冲出来，一块斗大的混凝土块落在他身后一两步远的地方，险些将他砸中。抢险救灾中，许伟指挥若定，全校师生无一伤亡。

范坝乡地区山大沟深，交通不便。大震之后，道路严重毁损，与外面的联系中断，一度成为一座“孤岛”。许伟指挥师生撤离教学楼、转移到开阔场地后，立即意识到与外界联络的重要性，于是准备去抢二层办公室里的电话机。此时余震不断，十分危险。教师们都争着要去，许伟坚定地说："你们谁也别去，我去！"许伟毫不犹豫奋身冲进教学楼，政教处副主任严凤雄也跟着冲上去，二人冒着生命危险，从教学楼里抢出电话机。这部被老师和同学们称为"生命线"的电话机，后来成为范坝乡和外界联系的唯一有线通信工具。通过这部电话机，范坝乡为救援部队准确及时地进入灾区提供了第一手信息，从而为抗震救灾赢得了宝贵时间。

将所有师生疏散到安全地带后，许伟顾不上过问正在德阳灾区的父母和文县碧口镇的女朋友，一心放在学生们的安全和抗震救灾工作上。当他得知学生何彦兴有残疾的母亲一个人在家时，立即带着3名老师火速赶到何彦兴家，将已昏倒在地的何母救出。

地震发生后，许多学生家长赶到学校，看到学生安然无恙，非常感激，都想把学生领回去。许伟心想，余震时有发生，学生走在路上肯定不安全，于是说："家长把学生交给我，我的责任就是让每个学生和老师都安安全全，就是死也要和学生死在一起。现在路上很危险，学校相对安全。我们都是一家人，谁也不能抛下谁不管的！"家长们深受感动，多数家长让学生留了下来。随即，许伟组织师生和赶来的近200名群众，检查修复水管，砍竹子，找材料，搭帐篷，买蜡烛，储备食品和水等必需品，积极开展自救。

2008年6月，许伟被中组部授予"抗震救灾优秀共产党员"称号，被甘肃省委授予"甘肃省抗震救灾优秀党员"称号；8月，被教育部授予"教育系统抗震救灾先进个人"称号；10月7日，被中共中央、国务院、中央军委授予"全国抗震救灾模范"荣誉称号。

石华雄

1965年6月出生，甘肃临潭人。中共党员，大学本科学历。甘南藏族自治州道路运输管理局党组书记、局长。

5月12日下午，地震突如其来，石华雄立即组织职工撤出办公大楼。后得知震中在汶川，考虑到甘南离汶川直线距离只有几百公里，舟曲县更是紧邻阿坝藏族羌族自治州，石华雄当即启动道路运输应急预案，成立运输局抗震救灾领导小组。由于应对措施扎实，灾后前3天，全局安全发放客运班次1082辆次，运送旅客3万人次，道路运输全线畅通。

5月15日下午，接到甘肃省交通厅组织车辆赴九寨沟紧急疏散受困游客的指令，石华雄迅疾行动，两小时内调集62辆客车，并且做好救灾的一切准备。16日上午，石华雄带领由39人和20辆客车组成的救援队，直奔九寨沟实施救援。当晚抵达目的地，石华雄立即和有关方面联系，了解被困旅客情况。天刚发亮，一夜未合眼的石华雄就外出察看被毁道路，勘察地形，确定撤退线路。17日晨，载有130多名受困旅客的救援车队开始返程。撤出九寨沟10余公里后，听说还有17位游客仍被困在川主寺，石华雄立即带领车队折返，至22时多，终于将受困游客全部安全疏散。

连续几日奋战，石华雄的体力严重透支，高烧39度。5月19日下午，他再次接到上级指令：

紧急赴阿坝运送灾区群众，同时又接到运送甘南藏族自治州捐给阿坝灾区群众5万公斤面粉和大米的任务。石华雄带病坚持，迅速集结了40辆客车和92名救援人员，冒着大雨，不顾泥石流随时可能发生的危险，载着救济阿坝灾区群众的面粉和大米，直奔阿坝灾区。

5月20日9时，石华雄等赶到阿坝藏族羌族自治州州政府，卸物资时得知震中汶川尚有大批灾区群众急需疏散转移，便主动要求前去救援。获得批准后，石华雄带领运输救援队经过9个小时的长途奔波到达汶川。22日凌晨，只休息了3个小时的石华雄赶到救援现场，紧急组织伤员登车。天刚亮，救援车队载着1320名灾区群众和学生从汶川撤出。汶川通往外界的道路毁损严重，加上地势险陡，危险丛生。遇到险要处，石华雄便下车探路，果断指挥；遭遇山体滑坡或是泥石流，就抓住稍纵即逝的机会，组织车队迅速通过，避免灾难发生。23日2时左右，救援车队历经19个小时的颠簸，行程400公里，抵达丹巴县。此行，他们除从汶川运送疏散灾区群众外，还承担了沿途500余名滞留人员及帐篷、药品等救援物资的运送任务。

2008年6月，石华雄被甘肃省委授予“甘肃省抗震救灾优秀党员”称号；7月，被交通运输部授予“全国交通运输行业抗震救灾先进个人”称号；10月7日，被中共中央、国务院、中央军委授予“全国抗震救灾模范”荣誉称号。

李建民

1966年9月出生，甘肃民勤人。中共党员，大学本科学历。甘肃省民政厅救灾救济处主任科员。

5月12日，李建民从甘南地区检查危房改造工作返回兰州，刚回到市区，汶川特大地震发生了。李建民顾不上出差的疲劳，迅速赶到甘肃省民政厅，随厅领导一起赶赴灾区，展开抗震救灾紧急抢险和群众转移安置工作。

地震造成山体滑坡和道路阻塞，车辆无法前行。为了查看灾情，李建民长途跋涉，深入到受灾最严重的乡村地区，掌握一线受灾情况。5月13—16日，李建民陪同民政部副部长姜力带领的抗震救灾工作组，深入文县、武都、康县等甘肃省灾情最重的地区查看灾情，检查指导抗震救灾紧急抢险和群众转移安置工作。此次巡查所掌握的一线受灾情况，引起民政部的高度重视。接下来的几日，李建民随同甘肃省副省长陆武成在成县、徽县、武都、康县、文县等地震重灾区排查灾情，组织当地群众转移安置。22—28日，李建民陪同国家减灾中心灾情评估组一行10人，通过现场勘察、航拍、卫星遥感等方式，对文县、武都、康县和舟曲等重灾区损失情况进行了现场评估，为进行国家救助提供了重要依据；28—30日，陪同北京市民政局抗震救灾前线组，对甘肃省受灾地区情况进行考察，建立了与北京市民政、卫生、商务、药监等部门的对口援助和联络关系。在灾区的50多个日日夜夜里，李建民先后深入700多户家庭，了解受灾的具体情况。

为掌握重灾区群众灾后生活的实际情况，李建民冒着余震危险，徒步数十公里，逐村逐户慰问受灾群众，察看群众生活安置情况。5月20日，甘肃省民政厅、财政厅、粮食局下发

《甘肃省地震灾区困难群众临时生活救助办法》。为了把这一惠及受灾困难群众的政策真正落实好，使救灾款物发放工作真正做到公开、公平、公正，5月30日至6月1日，李建民与厅领导一起，首先在康县开展试点工作，摸索出一套成熟有效的评估、公示、申报、审批、发放工作流程，并总结梳理出了“适时调整工作重点，扎实开展政策宣传，成立评议小组，严格规范申报程序，公开透明审批过程，三联单造册发放，强化各界监督检查”的试点经验，在甘肃全省灾区推广。甘肃省抗震救灾工作转入灾后恢复重建后，确定在陇南市、甘南藏族自治州的11个县（区）33个村推进试点工作。李建民负责对舟曲、迭部和文县、武都、康县、成县部分试点村农村居民住房建设的督导检查。他不顾疲惫，带病入户了解情况，为群众排忧解难。

2008年6月，李建民被甘肃省委授予“甘肃省抗震救灾优秀党员”称号；10月7日，被中共中央、国务院、中央军委授予“全国抗震救灾模范”荣誉称号。

任春峰

1958年6月出生，黑龙江双城人。中共党员，大学本科学历。甘肃省建设厅规划处处长。

汶川特大地震发生后第二天，任春峰跟随甘肃省建设厅领导赶赴天水、陇南及甘南等受灾严重地区查看灾情，不顾路途辛苦和余震危险，深入学校、医院、乡村，积极指导灾区群众自救，并配合工程建设专家，迅速开展灾情评估鉴定，为甘肃省委、省政府部署抗震救灾工作提供了决策依据。

随着抗震救灾工作的全面推进和灾后恢复重建工作的展开，5月27日，任春峰又担负起过渡性安置房建设的联络和协调工作，与厅机关及厅下属单位同事一道，联络、协调外省市援建单位对口援建陇南、甘南、天水过渡性安置房的对接工作，由于沟通及时，对接有序，过渡性安置房构件源源不断运抵灾区，以最快速度解决了灾区学生上课、群众就诊、失房群众临时住房问题，确保了受灾群众生产生活的有序和稳定，得到灾区群众好评。

为全面准确掌握灾区灾情，搞好抗震救灾和灾后重建，6月2日，任春峰从陇南市武都区赶赴文县开展地震灾情统计核查工作，率领灾情核查工作组不辞辛苦，辗转文县受灾严重的城关、碧口等乡（镇），查看村庄、学校、医院、公路、电力等行业和单位，按照抽查到点、覆盖到面、全面核查、突出重点的工作计划和目标，根据灾害程度、行业差异、地域差异，全面、细致地进行灾情初步核实，仅5天时间就完成了统计任务。6月7—9日，任春峰向甘肃省灾后重建工作领导小组办公室汇报了文县地震灾情统计核查初步核实结果、工作开展情况以及存在的主要问题，汇报完工作，顾不得回家，又匆匆返回文县，开始地震灾情现场核实及数据核查的后续工作。

2008年6月，任春峰被甘肃省委授予“甘肃省抗震救灾优秀党员”称号；10月7日，被中共中央、国务院、中央军委授予“全国抗震救灾模范”荣誉称号。

满晓林

1955年6月出生，甘肃张掖人。中共党员，大专学历。甘肃省广播电影电视总台（集团）电视新闻中心副主任。

5月12日，正在值班的满晓林得知汶川发生特大地震，甘肃陇南等地受灾严重的信息后，立即和陇南市有关方面联系，获取了地震灾害的相关情况，并在当晚甘肃电视新闻节目中播发。

从地震发生第二天起，作为值班主任的满晓林，承担起了全中心新闻采访安排、稿件审改、节目编排、播出审查等任务。他克服高血压病带来的身体不适，夜以继日地工作，稿件处理量接近平时的10倍，同时还不停地与采访一线进行联系，策划指挥报道工作。

在满晓林和新闻中心全体工作人员的共同努力下，电视新闻报道成了甘肃省各级领导和社会公众掌握了解灾情，积极开展抗震救灾工作的最重要的信息窗口，“甘肃新闻”由原来的20分钟延长到90分钟，其他4档新闻栏目也扩容增播，甘肃卫视全天24小时不间断地滚动播出抗震救灾消息。

抗震救灾工作转入安置受灾群众阶段后，总台委派满晓林赶赴甘肃省受灾最严重的陇南灾区第一线，承担起指挥协调省广播电视总台数十名广播、电视记者一线采访工作的责任，满晓林顾不上卧床不起的老母亲，匆匆赶往陇南灾区。

5月23日晚，满晓林到达目的地后，立即在临时搭建的帐篷里开始工作。在随后的10多天里，满晓林每日都对新闻报道的选题、记者的分布、采访车辆的调度和节目信号的回传等做出详尽周密的安排，并与当地抗震救灾部门保持紧密联系，及时组织采访并发回鼓舞人心的典型而深刻的抗震救灾新闻。从地震发生到6月中旬，满晓林所在的甘肃广电总台电视新闻中心累计播出抗震救灾新闻2000多条、专题40部，电话连线报道300多次，每天的节目量达到300分钟，并向中央电视台提供新闻584条次。

2008年6月，满晓林被甘肃省委授予“甘肃省抗震救灾优秀党员”称号；10月7日，被中共中央、国务院、中央军委授予“全国抗震救灾模范”荣誉称号。

鄢卫平

1968年6月出生，重庆人。中共党员，大学本科学历。甘肃省中医院脊柱骨三科副主任，副主任医师。

汶川特大地震发生后的第二天，鄢卫平主动报名参加抗震救灾医疗救援队，获准后立即和救援队的同事一起，奔赴康县灾区。5月14日1时许，经过15个小时的艰难跋涉，救援队到达康县。灾情比想象的严重得多，受伤的群众躺在临时搭建的简易病房里，透过微弱的灯光，鄢卫平看到伤员痛苦的表情，心情十分沉重。未及休息，鄢卫平就和队友立即投入工作。康县人民医院住院部因地震成了危楼，所有伤员都被安置在简易帐篷里，伤员还在被陆续送来。手术室无法使用，而许多伤员急切地等待着手术，情况刻不容缓。鄢卫平和救援队同事一起动手，在相对安全的门诊楼一层建起了临时手术室，在条件十分恶劣的环境下，凭借精湛的技术和基层工作的经验，开始为重伤员施行手术。鄢卫平先后主刀完成9例骨科大手术，均获成功。有一位重伤员，在转运时被余震震倒的墙体砸伤，致使蛛网膜下腔出血、右股骨粗隆间粉碎性骨折、左肱骨头及外踝颈粉碎性骨折，鄢卫平在消毒条件差、医疗设备少的情况下为其手术，获得成功。伤者骨折对位线良好，内固定可靠结实，伤口无感染，病人恢复很快，鄢卫平受到当地干部群众及患者交口称赞。

住院的伤员以骨科为主，手术大多需要骨科固定耗材，而当地医院根本没有。鄢卫平便积极与兰州的骨科器械公司联系，获得4.3万元的无偿援助，有效解决了骨科耗材缺乏的困难，并为医院后续工作做了短期骨科耗材储备。

2008年6月，鄢卫平被甘肃省委授予“甘肃省抗震救灾优秀党员”称号；9月，被卫生部、食品药品监管局、中医药局、总后卫生部授予“抗震救灾医药卫生先进个人”称号；10月7日，被中共中央、国务院、中央军委授予“全国抗震救灾模范”荣誉称号。

肖绥军

1955年2月出生，湖北大悟人。中共党员，大学本科学历。西安市公安局特警支队支队长。

汶川特大地震发生后，西安市公安局特警支队在确定赴川执行任务人员时，考虑到肖绥军年龄较大，且刚从甘南藏族自治州执行维护社会稳定任务归来，建议他留守西安，但他却执意带队前往四川灾区。

5月30日清晨，肖绥军带领206名西安特警赶赴广元灾区，主要承担广元和青川的巡逻防控、设卡盘查、重点部位守护、大型活动保安、警卫任务及突发事件处置等工作。抵达灾区后，肖绥军主动要求去灾情严重、条件艰苦的青川县。在青川，肖绥军部署每一次任务都要深思熟虑，执行每一次行动都反复斟酌每个细节，力争做到万无一失。在青川工作期间，肖绥军时刻把严格工作纪律和严格队伍管理作为事关长远的大事抓紧抓好，组织相关科室制定了11项规章制度，形成了以制度管人、用制度办事的良好机制。

肖绥军处处以自身良好的作风带动和影响着全体民警，在自己手腕受伤的情况下，缠着绷带，强忍疼痛，坚持工作。他不顾山路难行，随时都有滑坡、塌方、滚石的危险，多次乘车前往青川特警驻地运送给养。在灾区执行任务的52个日夜里，肖绥军带领特警克服各种困难，组织全队共出动警力9181人次、车辆713辆次，盘查可疑人员20059人、车辆6210辆，抓获违法犯罪嫌疑人20人，担负守护重点目标任务171起，疏导交通任务202次，协助处置突发事件7起，担负大型活动安保任务3次、警卫任务5次，调解纠纷338起，出色地完成了维护灾区社会治安的任务。

2008年10月7日，肖绥军被中共中央、国务院、中央军委授予“全国抗震救灾模范”荣誉称号。

牛金华

1969年7月出生，河南郸城人。中共党员，大专学历。宝鸡市公安局巡警支队科员。

汶川特大地震造成宝成铁路109隧道严重坍塌，为尽快打通这条钢铁大动脉，必须租用一些大型挖掘机械。当牛金华得知承担抢险任务的中铁一局五公司提出每天花5000元租赁他家的挖掘机时，主动向市公安局领导提出义务参加109隧道抢险。得到批准后，牛金华当日就开着挖掘机，和叔父、侄儿一起向着200多公里外的109隧道开进。

抢险过程中，山石不断滚落，随时都有被击中的危险。抢险第一天，牛金华正在指挥破石作业，余震发生了，挖掘机上方20米处一块突兀的巨石下方，一些小石块开始不断滚落，并砸到挖掘机上。牛金华赶忙打手势，呼喊着让侄子把挖掘机挪开。瞬间，一块巨石砸在挖掘机移开的地方。危险并没有吓倒牛金华，他继续和叔父、侄儿一起投入抢险工作，经过近一昼夜的努力，终于将隧道一侧的导流渠打通。

5月20日晨，牛金华接到指挥部指令，要求他24小时内完成疏通嘉陵江堰塞湖的任务。为彻底疏通堰塞湖，牛金华摸上爬下勘察地形，指挥机械加深加宽导流渠，加大排水量。在排除109隧道东口一块巨石作业中，由于作业点旁耸立着电气化铁路的电线杆，上面有高压接触网，且每5分钟左右就有一列列车通过，挖掘机施工难度很大。为了安全施工，牛金华冒着生命危险，顾不得碎石随时可能落到身上，用身体当坐标，利用列车运行的间隙，站在机械臂前指挥叔父操作了整整6个小时，终于将险情排除。

为尽快清理河道，某集团军地爆营奉命实施爆破，需用空压机在石缝中打眼，但现场根本没有路。牛金华用挖掘机开出一条通道，协助地爆营成功实施了爆破。在部队指战员搭建舟桥时，挖掘机又成了“清道夫”，清理碎石，铺路引桥。某集团军领导热情地称赞牛金华是“编外的地爆营长”。

由于工作强度大，加上连日未休息，牛金华双脚肿得连鞋子都穿不上；作业过程中，身上多处被飞溅的石子打伤，但他没有退缩，始终坚持战斗在抢险救灾第一线。从5月20日至6月7日，牛金华配合抢险部队，平均每天清理坍塌岩石2000多立方米，共清理土石3万多立方米，及时疏通嘉陵江河道，顺利完成堰塞湖抢险任务。

2008年6月，牛金华被陕西省委授予“全省抗震救灾优秀党员”称号；7月，被公安部授予“全国公安系统抗震救灾先进个人”称号；10月7日，被中共中央、国务院、中央军委授予“全国抗震救灾模范”荣誉称号。

王显勤

1962年12月出生，陕西宁强人。中共党员。宁强县广坪镇金山寺村党支部书记。

汶川特大地震发生时，王显勤正在家里吃饭。突然间地动山摇，王显勤家仅住了34天的新房顷刻间严重错位，成了危房。新修的砖混结构房屋都被毁成这样，村里的老房子可想而知，想到这里，王显勤顾不上安慰惊魂未定的妻子和年迈的母亲，快步跑向附近村民家，察看受灾情况。

地震发生后半小时左右，王显勤得知5组许家沟是全村受灾最严重的组，34户、135人所居的房屋全部倒塌。他迅速指挥黑龙矿业公司老板带领30多名员工和5辆汽车到村里救援，很快从废墟里搜救出5名被埋群众，并立即把伤者送往广坪镇卫生院救治。为防止发生火灾，王显勤又迅速关闭了供电站电源。此后，王显勤一直在许家沟守候了5天，组织群众抢救转移重伤员，料理遇难村民的善后事宜，安抚、慰问遇难者家属，帮助群众搭建帐篷等。为了解决灾后村民的生活应急问题，王显勤冒着生命危险，带领抗震救灾抢险队，从废墟下挖出一些粮食、衣物等生活必需品。在发放救灾物资时，王显勤总是先人后己，他家的帐篷也是在村民都住进帐篷后，最后由群众自发帮忙搭建起来的。

尽管金山寺村受灾严重，3人死亡，4人受伤，但在王显勤的领导和组织下，全村群众基本上有饭吃、有衣穿、有干净水喝、有帐篷住，村民的情绪也较为稳定。

2008年6月，王显勤被陕西省委授予“全省抗震救灾优秀党员”称号；10月7日，被中共中央、国务院、中央军委授予“全国抗震救灾模范”荣誉称号。

王　敏

女，1982年4月出生，陕西宁强人。中共党员，大专学历。宁强县黄坝驿乡中心小学教师。

5月12日下午，黄坝驿学校师生正准备上课，突然大地震发生了，楼梯和阳台出现剧烈震颤，教学楼楼顶的瓦片不住往下掉，20多名一年级学生被吓得慌作一团，大声哭叫。此时，王敏正处在教学楼和宿舍楼之间的空地上。“一定要把孩子救下来”，王敏跌跌撞撞地朝教学楼狂奔而去，几步跑上2楼来到孩子们面前，大声喊道，“别怕，赶紧跟着老师，顺墙角下楼！”在王敏的指挥和保护下，学生们沿着墙角迅速往楼下跑去。

刚把这些学生带到安全地带，王敏回头一看，二层楼梯口还有两个小女孩浑身发抖地缩在楼梯旁。屋顶落下的砖瓦越来越密集，王敏来不及细想，再次冲进教学楼，飞快跑到孩子面前，一手抱住一个，转身就往楼下跑。

跑到一层的楼梯口，眼看就要脱离险境了，突然一大堆瓦片哗啦啦落下来，重重砸在王敏的头上、背上。在倒地的一瞬间，王敏仍下意识地将两个孩子紧紧护在自己怀里，就什么也不知道了。

校长和老师们拼命把浑身是血的王敏救了出来。此时的王敏，额头上皮开肉绽，脸上、头上满是沙子和灰尘，嘴里也全是血和沙子，即刻被送往宁强县医院进行抢救。经过抢救，王敏终于醒过来了。她醒来后开口便问："那俩娃怎么样了？"当得知两个孩子很好，全校学生都已及时撤离到安全地带，全都平安时，她欣慰地笑了。

王敏为救学生身负重伤，美丽的脸庞留下了3处伤口，缝合9针，但人们仍然说，她是大巴山深处最美丽的女教师。

2008年6月，王敏被人力资源社会保障部、教育部授予"全国教育系统抗震救灾英雄"称号，被全国总工会授予"全国五一劳动奖章"，被全国妇联授予"抗震救灾先进个人"称号，被陕西省委授予"全省抗震救灾优秀党员"称号；10月7日，被中共中央、国务院、中央军委授予"全国抗震救灾模范"荣誉称号。

张玉民

1969年8月出生，陕西略阳人。中共党员，大专学历。略阳县军事供应站站长。

汶川特大地震发生时，张玉民正骑着自行车赶往单位上班。突然街道两侧的建筑物开始剧烈摇晃，张玉民立即意识到地震发生了，加速向单位冲去。途经高台小学时，有人在焦急大喊："快救人！"张玉民顾不上多想，扔下车就和大伙一起刨挖砖石救人。当把人刨挖出来时，张玉民发现，被救者竟是自己的妻子。张玉民没有来得及细看妻子几眼，便将妻子托付给几个熟人送往医院抢救，自己则骑上自行车，火速向单位奔去。

赶到单位，张玉民立即组织职工和家属从即将塌陷的楼中撤离。人员全部撤离后，张玉民才得知妻子经抢救无效已经去世。张玉民强忍悲痛，立即投入到抢救转移重要物资的工作中。想到办公室内还有几份重要档案资料，张玉民不顾身边同志的极力劝阻，义无反顾地冲进尘渣仍不断掉落的办公楼，将档案资料抢救出来。

当夜，张玉民在殡仪馆妻子的灵柩旁坐了一夜。当县领导和民政局领导前去慰问时，张玉民没有提出任何要求，只是反复表态，希望尽快投入到抗震救灾工作中去。处理完妻子的后事，张玉民马上投入抗震救灾，负责救灾物资的转运和发放。有的路段被毁不能通行，张玉民硬是和同事肩扛背背，将略阳县急需的食品、水和帐篷调运回来。许多村子房屋倒塌，群众吃住问题无法解决，张玉民就带人把物资送到受灾群众手中。

在抗震救灾期间，张玉民带领军事供应站全体人员，连续奋战23个昼夜，搭建救灾帐篷60余顶，装卸救灾物资20余吨，修复震损水电设施30余处，接待中转军人1600多人，协助转运军用物资50余吨；并在很短的时间里，异地完善了军地接待场地、通信、电力、照明、营养补给、饮供水、食品检疫、疾控消毒等军供一级预案要求设施，为入川抗震救灾部队提供了坚强的后勤保障。

2008年6月，张玉民被中组部授予“抗震救灾优秀共产党员”称号，被人力资源社会保障部、民政部授予“全国民政系统抗震救灾英雄”称号，被陕西省委授予“全省抗震救灾优秀党员”称号；10月7日，被中共中央、国务院、中央军委授予“全国抗震救灾模范”荣誉称号。

白　宁

回族，1965年2月出生，陕西西安人。中共党员，大学本科学历。陕西省人民医院麻醉科副主任。

汶川特大地震发生时，白宁因值夜班轮班休息，正开车送一名学生去车站，车身的突然震颤使他意识到发生了地震，第一个念头就是当天医院有20多台手术要做。没有丝毫犹豫，他立即掉转车头赶往医院。白宁赶到10楼手术室时，几台手术仍在正常进行。他让进修医生和学生立即撤离手术室，自己则认真检查科内氧气通道、电源等设施，坚守在正实施手术的患者身旁，直到手术结束。

地震发生第二天，白宁得知医院要组建赴四川灾区医疗队，主动报名。医疗队组建后，白宁被任命为医疗队临时党支部书记。到达四川灾区后，医疗队被安排在广元市第一人民医院，白宁不顾旅途疲惫，克服重重困难，立即投入医疗救援工作。白宁和其他医疗队员一道，对不断送至的伤员及时治疗，坚持每天连续做手术十余台，还经常利用手术间隙和休息时间，带领医务人员协助志愿者装卸救灾物资、搭建帐篷。

5月19日晚，疲惫不堪的白宁刚准备休息，突然接到上级关于当日午夜可能发生6～7级余震，要求所有队员立即返回医院、帮助伤病员安全撤离病房的通知。在余震随时可能发生的情况下，白宁带领医疗队组织指导志愿者，帮助伤病员及家属有序转移，直至确认所有人员顺利撤离后，才最后一个离开大楼。

转移接治重灾地区伤病员是医疗队主要任务之一。从广元通往重灾地区的道路严重损毁，100多公里的路程往往要走五六个小时，而且伤病员大都在远离县城的乡镇和山村。每次接受接治伤病员的任务后，白宁都冲在前面。在带领5名医护人员去青川县马鹿、大坝两乡接治重伤员途中，山体塌方，山路阻塞，道路断裂，救护车行进艰难，白宁第一个跳下车，挪开乱石，搬来石块修补损毁道路，用了近20个小时，才将伤病员安全接转到广元第一人民医院。

2008年6月，白宁被陕西省委授予“全省抗震救灾优秀党员”称号，被卫生部、食品药品监管局、中医药局、总后卫生部授予“抗震救灾医药卫生先进个人”称号；10月7日，被中共中央、国务院、中央军委授予“全国抗震救灾模范”荣誉称号。

唐　芳

女，1975年4月出生，重庆梁平人。大专学历。重庆市梁平县文化镇中心小学教师。

汶川特大地震发生时，文化镇中心小学受到强烈波及。担任二年级（2）班班主任的唐芳突然感觉到地板在晃动，意识到地震发生了。她马上喊学生快跑，并迅速组织学生疏散。她走在最后面，确定教室里再无学生后才撤离。

当师生们一起奔跑到楼梯口时，身后“轰隆”一声巨响，教学楼两侧轰然倒塌，学校被烟尘笼罩，地面剧烈摇晃。她大声指挥同学们跑向空旷的操场，全班45名学生终于全部安全撤出。事后，学生说，如果不是老师反应快，让他们跑出去，他们早就没命了，是老师救了他们。到达操场后，唐芳一边安慰学生，一边清点人数，忽然发现一年级（2）班学生胡帅头部受伤。她抱着胡帅冲向停在一旁的救护车，送到车上，并一直守候照顾到晚上。

唐芳心系学生安危，临危不惧，机智果断，以人民教师的高度责任感，保护了全班学生的安全。她受到了中共中央政治局委员、国务委员刘延东及教育部部长周济、重庆市市长王鸿举的亲切接见，应邀出席了2008年北京奥运会闭幕式和残奥会的开幕式。

2008年6月，唐芳被人力资源社会保障部、教育部授予“教育系统抗震救灾英雄”称号，被重庆市委、市政府授予“重庆市抗震救灾先进个人”称号；7月，被全国总工会授予“全国五一劳动奖章”；10月7日，被中共中央、国务院、中央军委授予“全国抗震救灾模范”荣誉称号。

刘克佳

1962年12月出生，河南镇平人。中共党员，硕士研究生学历。重庆市卫生局副局长。

汶川特大地震发生后，刘克佳作为重庆市抗震救灾第一批医疗救援队前线总指挥，5月12日晚率领101名医务人员奔赴灾区，13日凌晨到达德阳。面对严重的灾情，他临危不乱，科学调度，合理分配医疗资源，将应急队分成3个组，分赴德阳、绵竹、什邡展开医疗救治工作，并带领一组医务人员赶赴受灾严重的绵竹市，冒着余震的危险，连续奋战，救治伤员1000余人。

5月13日晚，刘克佳主动请战，要求到最艰苦的震中汶川去开展救援工作。14日晨，他带领部分医疗队队员向汶川挺进。11时，救援队赶到都江堰市紫坪铺水库大坝，刘克佳第一个登上冲锋舟，带队向震中挺进。冲锋舟到达汶川县漩口镇时，天色已暗，前面的道路被毁得面目全非，救援队背着沉重的医疗器械与药品，冒着山上滚落的碎石，沿着半山腰崎岖的小路艰难前进；在一些悬崖峭壁地段，大家只能手脚并用爬行过去。15日上午，他带领救援队到达映秀镇。

震中映秀，满目疮痍。刘克佳为灾区带进去了当时仅有的两台喷雾器和消毒杀虫药品。他们在映秀镇开展卫生防疫工作，消杀面积达139.3万平方米，开展健康教育10678人次，心理干预1350人。刘克佳率领医务人员对遗体进行处理和掩埋；带领救援队寻找水源，及时将水样空运送检，为确保近1万名身处震中的官兵、医护人员和当地群众生活饮水安全，发挥了重要作用。驻地没有厕所，环境污染严重，刘克佳带领50多人连日修挖厕所，保障驻地的环境卫生安全。

重庆市紧急接收四川省伤员的救治工作开始后，刘克佳再次主动请战，带领86名医护人员，连续3次从绵阳将664名灾区伤员送往重庆。刘克佳冲在医疗救援工作最前线，受到中共中央政治局常委、中央纪委书记贺国强，重庆市市长王鸿举，卫生部副部长王国强、邵明立的充分肯定。

2008年6月，刘克佳被重庆市委授予“重庆市抗震救灾优秀党员”称号；9月，被卫生部、食品药品监管局、中医药局、总后卫生部授予“抗震救灾医药卫生先进个人”称号；10月7日，被中共中央、国务院、中央军委授予“全国抗震救灾模范”荣誉称号。

江　鸿

1964年1月出生，重庆人。中共党员，大学本科学历。重庆市建设委员会建设工程造价管理总站党支部书记、站长。

汶川特大地震发生后，江鸿临危受命，带领重庆市建设系统抗震救灾前线指挥部骨干队伍，奔赴抗震救灾第一线。

5月21日，江鸿接受负责重庆市支援过渡安置房建设的命令，带病深入6家工厂和5个制板现场，收集第一手资料，完成过渡安置房生产及价格测算，为正确决策提供了重要依据。24日，江鸿不顾疲劳和病痛，带领重庆市建设系统抗震救灾前线指挥部骨干队伍和施工企业负责人，奔赴都江堰、彭州等地7个乡（镇）及105个安置点。他深入灾区，积极与灾区乡镇领导沟通协调，勘察安置房建设点位，组织施工企业负责人解决生产、运输、经费保障等困难。

过渡安置房建设，时间紧、任务重、头绪多，江鸿积极主动地与住房城乡建设部、四川省、成都市及当地政府协调，解决了施工现场的各种保障问题。前往都江堰市虹口乡选点，到都江堰市的胥家镇、天马镇、玉堂镇和彭州市的葛仙山镇等10多个乡（镇），实地勘察、检查施工进度。经过60多天日夜奋战，完成了住房城乡建设部下达的1.85万套共30万平方米板房援建任务，于7月25日前顺利移交给当地政府，让灾区人民住上了安全、舒适的过渡安置房。

2008年6月，江鸿被重庆市委、市政府授予“重庆市抗震救灾先进个人”称号；10月7日，被中共中央、国务院、中央军委授予“全国抗震救灾模范”荣誉称号。

程德宏

1961年5月出生，湖北麻城人。中共党员，硕士研究生学历。重庆市交通委员会基本建设工程质量和安全监督站总工程师。

5月19日6时许，重庆交通公路抢险突击队第一批突击队员向四川灾区开进。刚从国外回来的程德宏作为第一批突击队现场指挥部副总指挥，带领专家组直奔极重灾区绵竹市汉旺镇。17时到达汉旺镇，程德宏在地面潮湿、蚊蝇成群、离抢险现场更近的牛鼻村，带领突击队员抬钢管、搭架子、挖水沟，搭建临时工棚，一直工作到深夜。

5月20日7时，程德宏会同专家察看汉旺镇至清平乡公路，制订了抢险方案。之后，他们冒着山体松动不时滚落巨石及余震的威胁，争分夺秒、奋力拼搏，将本需两天才能抢通的1000米道路，仅用5个小时便完成了。

5月23日，程德宏带领突击队转移至什邡市红白镇，投入红（白镇）银（厂沟）路的抢险施工，同时参加了广（汉）青（牛沱）路现场勘查和抢险方案的制订。程德宏带领专家和突击队队长冒着滑坡、滚石危险，察看山体裂缝、滑坡体及路基毁损情况，突破一个个重要关口，使抢险救灾工作顺利进行。

在广青路一棵树路段抢险遇阻时，程德宏果断提出将挖掘机从峭壁开下河谷、涉水过河、从前方登陆、反向包围施工的方案，并指挥实施。为了论证方案的可行性，他冒险爬悬崖、下深谷，到前方路段勘察，不慎摔倒，来不及拍拍身上的尘土又爬起来继续前进。这一方案的实施使得抢险进程最少提前了5天时间。在抢险的挖掘机被山体滑坡埋压时，程德宏奋力组织救援，使遇险队员死里逃生。在广青路抢险的冲刺阶段，他一天中4次遇险，安全帽被飞石砸裂，身上多处摔伤流血，仍然顽强地坚持在第一线。

随着工程的进展，领导准备换程德宏回重庆，但他表示：“我经过多日现场勘察，对灾情和地质情况已十分了解，熟悉公路抢险施工方法，如果换人，又要有一个熟悉过程，那将耽误时间、贻误战机，我不需要更换，我能够坚持！”他带领突击队于6月3日下午抢通广青路红白镇至木瓜坪村路段，出色完成了任务。

2008年7月，程德宏被交通运输部授予“全国交通运输行业抗震救灾先进个人”称号；10月7日，被中共中央、国务院、中央军委授予“全国抗震救灾模范”荣誉称号。

杨　曦

女，1977年2月出生，重庆人。中共党员，大学本科学历。重庆市广播电视集团（总台）电视新闻中心记者。

汶川特大地震发生后，杨曦多次主动请缨前往地震灾区，记录历史，传递信息。5月13—15日，她前往绵阳、江油和北川；19—22日，又前往成都、都江堰和汶川县漩口镇、映秀镇采访。杨曦在第一线争分夺秒地工作，时刻承受着苦累、疲劳、困倦、饥渴的考验。

5月14日9时，杨曦从江油出发赶往北川，道路被巨石阻断。她决定和搭档一起步行进入北川县城，40公里的山路走了整整10个小时，成为重庆电视台最早步行进入北川的记者。回忆起当时的情景，杨曦说："抵达北川县城那一刻，四周一片寂静，仿佛从来没人居住过，我只听得见自己的脚步声、喘息声和呼啸的风声。我和摄像记者都懵了，根本不知道该拍什么……"

在新闻现场，杨曦与搭档一起用摄像机记录下关于北川的第一手珍贵画面，并积极参加了对北川职业中学学生的营救。在灾区的日日夜夜，杨曦和同事发回各类新闻和直播连线20多条。赶回重庆后，杨曦又克服极度的疲劳，抓紧时间，制作并播出了关于北川之行近10条新闻片，以最快的速度向全国观众传递了"北川受灾严重，但是抢救有序、社会秩序稳定"的重要信息。节目播出后，受到了领导和观众的好评。

2008年6月，杨曦被重庆市委、市政府授予"重庆市抗震救灾先进个人"称号；10月7日，被中共中央、国务院、中央军委授予"全国抗震救灾模范"荣誉称号。

杨德辉

女，1962年10月出生，四川宜宾人。中共党员，大专学历。云南省水富县向家坝镇民政所所长。

汶川特大地震波及水富县向家坝镇14个村（社区）、212个村民小组。地震发生时，正在上班途中的杨德辉接到永安村茶林村民小组王茂玲因灾死亡的消息，顾不得打电话询问自己家里的情况，立即向镇党委汇报，又迅速奔赴现场查看灾情。她冒着余震赶到遇难者家中，妥善处理了后事。

5月13日，杨德辉赶到年逾七旬的村民邹均武家。看到墙倒瓦落一地，家具、粮食全部被埋，她不顾疲劳，和其他干部一道为老人搭建临时帐篷，同时安排人员将粮食和生活用品送到老人手中，老人感动得热泪盈眶。

为了使灾区群众早日搬入新居，她顶烈日、冒酷暑，连续60多天没有休息。她为生活困难的"五保户"送去大米和现金，为建房的困难户协调借款。面对灾区群众的询问，她总是百问不厌，耐心解释。为了方便灾区群众与自己联系，杨德辉将自己的姓名、手机号码贴在办公室门上。群众担心她的身体吃不消，劝她好好休息一下，她却说："你们吃得饱、住得好，这就是我最大的心愿。"80多岁的张家老人逢人就说："还是共产党好啊，现在共产党的好干部对咱老百姓如同亲人一般体谅、关爱，杨二姐（杨德辉）就是共产党的好干部。"

向家坝镇有1206户受灾户被列入恢复重建计划。作为民政所所长、恢复重建办副主任，杨德辉白天深入到各村、组的受灾户家中了解、督促恢复重建工作进度，晚上则连夜整理档案资料，研究部署恢复重建、低保、优抚、贫困群众救助等工作。困难户、重灾户前去求助，她总是热情帮助他们解惑释疑，及时向领导汇报。她负责的6户受灾户恢复重建任务，在8月30日前全部完成。

2008年10月7日，杨德辉被中共中央、国务院、中央军委授予“全国抗震救灾模范”荣誉称号。

王丽芬

女，1960年7月出生，云南昆明人。中共党员，大学本科学历。云南省财政厅社会保障处副调研员。

汶川特大地震发生后，云南省财政厅社保处担负着云南灾区抗震救灾资金保障任务。王丽芬作为具体管理救灾资金的经办人员，坚决贯彻省委、省政府和财政厅党组的各项指示精神，在社保处领导的统一安排部署下，按照“急事急办、特事特办”原则，认真安排并及时拨付抗震救灾资金，全力保障抗震救灾所需，确保救灾工作的顺利开展。

王丽芬高龄的母亲需要照顾，丈夫出差在外，公公生病住院。她白天工作，夜里赶到医院彻夜守护，清晨又投入到救灾工作中。在抗震救灾的一个多月里，王丽芬夜以继日地投入到救灾资金管理工作中。她既坚持抗震救灾不放松，又兼顾其他日常财政社保工作正常进行。她认真研究审核测算抗震救灾资金，提出合理的资金分配方案，及时办理有关资金下达和拨付手续，保证抗震救灾补助资金安排下达对口单位；同时，收集整理云南灾情，及时向财政部上报，为统筹安排部署资金提供了及时、准确、翔实的资料。

王丽芬认真学习中共中央、国务院和云南省委、省政府关于做好抗震救灾工作的有关文件精神，根据财政部的有关要求，结合云南省的实际，联合各有关部门，起草了《关于继续做好抗震救灾工作的紧急通知》，提出云南省贯彻落实中央规定的具体实施意见，确保抗震救灾资金、物资的有效使用。

救灾工作转向恢复重建后，王丽芬在云南省财政厅领导的带领下，于7月7—12日，冒着余震、泥石流随时可能发生的危险，深入昭通市各灾区县，对救灾资金和物资的使用管理情况进行了调研督察。

2008年10月7日，王丽芬被中共中央、国务院、中央军委授予“全国抗震救灾模范”荣誉称号。

刘晋安

1949年10月出生，河北平山人。中共党员，大学本科学历。云南省公路运输管理局局长。

5月13日下午，刘晋安召开全局紧急会议专题研究抗震救灾工作，成立以他为组长的云南省公路运输管理局抗震救灾领导小组。当日，命令云南省道路运输系统进入紧急战备状态。在刘晋安指挥下，云南省道路运输系统迅速准备就绪。14日晨，从大理白族自治州调集10辆大型平板货车，16个小时就将急需的救灾战备钢架桥运抵极重灾区平武县，为尽快打通救灾“生命线”做出了贡献。16日晨，普洱市27辆大型货车按救灾指挥部的统一部署，将满载滇南各族人民爱心的救灾物资运抵昆明，分送灾区。

四川省交通厅抗震救灾运输指挥部在抢运救灾物资时感到运力紧张，5月21日8时30分，向云南省公路运输管理局发去给予500辆5～10吨货车运力支援的求助函。根据云南省交通厅党组的指示，刘晋安紧急召集局领导班子和相关处室负责人会议，果断决策，立即启动云南省道路运输保障应急预案，抽调社会各方面的运输力量，支援四川灾区抢运救灾物资。

刘晋安坚守阵地，调度、指挥车辆救灾，夜以继日，疲惫不堪，两次几乎晕倒在办公室，但仍然坚守岗位调度指挥。云南运输救灾队伍油料、生活花费日需近百万元，救援车队到达成都后，资金拨付难以到位，刘晋安与局领导班子交换意见后，果断决定从单位周转资金中垫支200万元，解决救灾前线保障经费的燃眉之急。

刘晋安指挥云南抗震救灾运输车队车辆，顶着余震，历尽艰险，络绎不绝地前往四川灾区，运送了大量帐篷、药品、食品等救灾物资到绵阳、德阳、广元、阿坝以及汶川、青川、北川、茂县、江油等重灾地区。截至6月2日，云南抗震救灾运输车队累计出动救灾车辆629车次，总行程151万多公里，运送救灾物资4255吨，及时缓解了四川灾区救灾抢运困难，为解决灾区人民生产生活困难和灾区的救援工作做出了积极贡献。这次云南道路运输史上空前的特大救灾行动，创造了“人无一伤、车无一毁”的纪录。

2008年7月，刘晋安被交通运输部授予“全国交通运输行业抗震救灾先进个人”称号；10月7日，被中共中央、国务院、中央军委授予“全国抗震救灾模范”荣誉称号。

李琼芬

女，1967年6月出生，云南建水人。中共党员，大学本科学历。云南省红十字会备灾救灾中心赈济科科长。

汶川特大地震发生后，云南省红十字会备灾救灾中心赈济科担负着接收、储备和发送救灾物资的任务，李琼芬率领科里3名女性工作人员在志愿者的配合下，使物资接收、转运工作有条不紊地进行。

地震发生后，每天捐赠者络绎不绝，李琼芬和同事们连吃饭和睡觉的时间都无法保障。5月16日23时许，李琼芬接上级紧急通知，连夜紧急装载药品准备运往灾区。其时，她和同事们已经连续工作了4天，非常疲劳，但时间就是生命，她立即连夜组织装运救灾物资。由于长时间连续工作，李琼芬体力不支，在搬运药品时摔倒，一个箱子重重地砸在脚上。她一瘸一拐地走到水龙头下，用凉水冲一冲受伤的脚面，又投入到工作中。同事们劝她歇歇，她说：“灾区那么多人连生命都失去了，我这点小伤算不了什么。只要能减轻灾区人民所受的痛苦，我们吃再多的苦、受再多的累都值得。”

5月20日上午，按照云南省红十字会领导的要求，赈济科利用接收、转运物资的间隙，分组到街头、学校、机关、企业、商铺等处进行募捐宣传。多日超时超负荷工作，大家都很疲惫，但李琼芬仍带领同事热情地向社会各界进行募捐宣传，仅一个上午，赈济科4名工作人员就发放募捐呼吁书2000多份，接收企业和商家110万元捐款和价值21万元的捐赠物资。随后，李琼芬又带领同事们投入到紧张忙碌的捐赠物资接收、装运、发送工作中。

5月23日20时许，李琼芬带着一名同事正在清理当天接收的捐赠物资，突然电闪雷鸣，她立刻冲到停车场抢运物资。她和同事及志愿者8个人用肩扛车推，把17吨物资搬运到走廊下并盖好防雨布。瓢泼大雨从天而降，物资没有受到损失。

在李琼芬的带领下，赈济科全体同事夜以继日地奋战，连续一个星期顾不上回家。李琼芬81岁的老母亲生病住院，丈夫出差在外，儿子面临中考，她毅然舍小家、保大家，坚持工作，带领同事克服种种困难，出色完成任务。20多天里，赈济科共接收社会捐赠的301批次、价值4300多万元物资，确保中国红十字会紧急调拨和云南省红十字系统接收的价值5000多万元的物资及时准确地发往地震灾区。赈济科多次受到中国红十字会总会、灾区红十字会和云南省红十字会的好评，并被云南省妇联授予“云南省三八红旗集体”和“巾帼文明岗”称号，云南电视台和《春城晚报》报道了她们的事迹。

2008年10月7日，李琼芬被中共中央、国务院、中央军委授予“全国抗震救灾模范”荣誉称号。

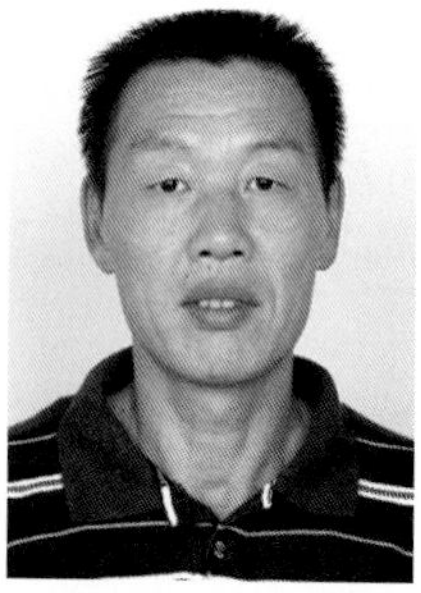

方忠庆

1963年7月出生，浙江萧山人。中共党员，大专学历。云南建工安装股份有限公司第六分公司生产技术科科长、项目经理。

汶川特大地震发生后，云南省建工安装股份有限公司接到援建平武县安置房的任务，方忠庆毅然申请前往一线。接到任务后，他马上开始联系生产厂家，组织生产，并守在生产现场，及时安排物资转运，仅仅两天时间就完成了从联系材料、组织生产到运往灾区施工的前期准备工作，并做到了材料和施工人员一起抵达灾区。

5月26日，云南第一批赴四川援建安置房队伍行进途中，一辆货运车出现故障。云南建工集团马上派遣另外一辆货车迅速赶到现场转运物资。方忠庆第一个站出来搬运货物，在他的带动下，队员们纷纷行动，肩扛手抬，连续奋战8个小时，将22吨货物从故障车上卸下，装上转运车辆。

从5月29日到达施工现场的第一天起，方忠庆带领自己的施工组24小时两班不间断施工。周围帐篷密布，道路不畅通，他们只能靠人工搬运材料。一天紧张工作后准备休息时，他们又接到通知，要将他们帐篷所在位置腾出来让给受灾群众使用。他们马上收拾行李，腾出地方，重新寻找地点搭建帐篷。

援建过程中他们面临着种种困难，物资靠长途运输，建设场地紧缺，余震频频发生，暴风雨袭击，个别没有完工的安置房倒塌。方忠庆带领施工组克服各种困难，争分夺秒奋战在第一线。

方忠庆的妻子患病，生活不能自理，他让儿子请假回家照顾其母亲。领导去看望他的妻子，他妻子坚定地说：“我们全家都支持方忠庆去抗震救灾，家里有什么困难我们能克服。”

在平武县建设安置房期间，方忠庆每天睡眠时间不足三四个小时。他穿梭于各个施工点，查看现场，调整人力，动员大家狠抓安置房的质量和施工进度，哪里最忙哪里就出现他的身影。在他们的努力下，云南省建工安装股份有限公司援建的1500套安置房提前5天完成；7月5日，公司援建的5所小学及配套设施也全部完成。

2008年10月7日，方忠庆被中共中央、国务院、中央军委授予“全国抗震救灾模范”荣誉称号。

其他省（区、市）及新疆生产建设兵团抗震救灾模范

席修明

1955年6月出生，湖北谷城人。大学本科学历。首都医科大学附属复兴医院院长，主任医师。

5月22日，席修明带领由5名专家组成的抢救小组，紧急奔赴四川大学华西医院。作为专家组组长，席修明主要负责对严重骨折、脑外伤、重要器官损伤和局部外伤患者的治疗。为实现高质量的集中管理和治疗，每天7时30分，席修明准时到重症监护室和医疗组一起查房巡视；下午，他和专家们共同查看疑难患者，完善治疗方案。他每天工作长达10余小时，常常忘记吃饭和休息。席修明累计参与救治重症伤员147例。他带领团队，发扬坚定勇敢、沉着冷静、勇挑重担、不怕疲劳、连续作战的作风，艰苦奋战50多个昼夜。

为进一步降低重症伤员的死亡率，席修明在卫生部前方协调组与卫生部电视电话会议上提出集中救治、集中转诊的方案。卫生部采纳了他的意见，将分散在四川各地的重症伤员转移至具备监测与器官功能支持条件的重症监护室集中救治。席修明不顾旅途艰辛，参加了绵阳、德阳、遂宁、雅安等地危重伤员转运，最大限度地提高救治成功率、降低病死率。

“你们做了大量工作，而且救治率很高。”这是5月24日国务院总理温家宝到华西医院看望伤员、慰问医务人员时对专家组的肯定。席修明建立了每周两次成都地区定期巡诊制度，对四川省人民医院、成都市第二人民医院、成都市第三人民医院及成都军区总医院的危重地震伤员进行病例讨论，修正完善治疗计划。在重症抢救组，他和医护人员一同战斗在一线，给病人上呼吸机、插管，连续工作四五个小时。

2008年9月，席修明被卫生部、食品药品监管局、中医药局、总后卫生部授予“抗震救灾医药卫生先进个人”称号，被中国科协授予“中国科协抗震救灾先进个人”称号；10月7日，被中共中央、国务院、中央军委授予“全国抗震救灾模范”荣誉称号。

吕 刚

1964年3月出生，北京人。中共党员，大学本科学历。北京天坛医院神经外科主任医师。

汶川特大地震发生后，吕刚和北京天坛医院7名医护人员随同第一批首都医疗队奔赴灾区。到达四川灾区后，吕刚带领的北京天坛医院医疗小分队被分配到危重伤员较多的绵阳市中心医院。几百平方米的门诊大厅里躺满了从极重灾区北川运送来的重伤员，大部分伤员是骨折和颅脑外伤，伤势非常严重。吕刚深感责任重大，使命艰巨，开始了艰苦的救治工作，并以惊人的毅力和精湛的医术，挽救了一个又一个生命。

他们做的第一例开颅手术刚进行到关键时刻，发生余震。吕刚稳定住大家的情绪，继续有条不紊地清创、止血，直到21时30分手术顺利完成，大家才想起已经一整天没有吃饭。

一位记者在采访时受伤，颅骨碎片戳伤了视神经，失明了。他们实施了6个半小时的视神经减压术，第二天伤员有了光感。他们救治了2个月零7天的婴儿，挽救了患儿的生命；救治被压10米以下长达139个小时的患者，使病人转危为安。

在灾区奋战的日日夜夜里，吕刚和队员们不畏艰险、不怕困难，视伤员为亲人，出色履行医务工作者救死扶伤的职责。作为首都医疗队队员代表，5月16日，吕刚受到中共中央总书记胡锦涛的亲切接见。胡锦涛握着吕刚的手，关切地说：“谢谢你们，你们辛苦了！”吕刚向总书记保证：“我们来自北京，是卫生部派出的第一批医疗队员，我们肩负着首都医务工作者的重托，决不辜负党中央和首都人民对我们的期望，一定全力以赴为灾区人民做好医疗服务工作。”在他的带领下，神经外科小分队在灾区的15天里救治了107名伤员，为其中14名重伤员做了高难度开颅手术，手术做到了零死亡。

2008年9月，吕刚被卫生部、食品药品监管局、中医药局、总后卫生部授予“抗震救灾医药卫生先进个人”称号；10月7日，被中共中央、国务院、中央军委授予“全国抗震救灾模范”荣誉称号。

张树刚

1965年11月出生，北京人。中共党员，大专学历。北京市建设工程安全质量监督总站主任科员。

5月21日，张树刚作为北京先遣组中的一员，赶赴灾区负责援建过渡安置房。张树刚是独生子，84岁的父亲已经瘫痪失语3年多了。后来父亲得知儿子去抗震救灾，颤巍巍地抬起手伸出了大拇指。

张树刚赴灾区的第一站是北川。见到惨烈的灾情，他一路走一路流泪。抵达灾区30小时后，北京援建的安县花荄过渡安置小区动工，张树刚是项目负责人。经过12个昼夜奋战，拥有307套过渡住房，商店、卫生所、上下水、有线电视、净化水设备等设施一应俱全的过渡安置房小区在废墟上挺立起来，成为援建示范区，受到中央领导同志和住房城乡建设部、卫生部、四川省领导的表扬。

6月10日，张树刚和同事们率先打通涪江运输通道，恢复了援建工作。7月20日、25日，江油市两次遭受暴雨袭击，为保护过渡安置房，党员、干部带头跳下齐腰深的水里排洪，张树刚站在最前面。早一天让灾区群众有个家，是援建灾区最紧迫的任务。张树刚发扬特别能吃苦、特别能战斗的精神，冒着余震不断和唐家山堰塞湖可能溃坝的危险，每天工作14个小时以上，平均每天行程400余公里，奔波忙碌在24个乡（镇）、140个安置点，实地勘察近300个建设安置点，为灾区过渡安置房建设做出了突出贡献。

张树刚和同事们共同奋斗，提前16天完成北京援建灾区安置房67805套的任务，创造了“北京速度”；北京市过渡安置房材料损耗率仅为0.09%，创造了“北京质量”；共在江油市安置12万受灾群众，为7万名孩子建设了临时学校。江油市委书记易林紧紧拉着张树刚的手说：“江油87万父老乡亲感谢你们，感谢北京啊。”

2008年10月7日，张树刚被中共中央、国务院、中央军委授予“全国抗震救灾模范”荣誉称号。

刘　卓

1978年2月出生，河北大城人。中共预备党员。天津市河北区环境卫生管理局汽车队工人。

汶川特大地震发生后，刘卓听说单位要向灾区捐献两座环保厕所、一辆洒水车，并准备派人送到灾区的消息，第一个主动报名。单位领导考虑他家有生病的老人和4岁的孩子，让他再想一想。刘卓表示：“困难有，可灾区群众更需要帮助，能为灾区人民做点事，是我的一个心愿。”在家人的支持下，刘卓的申请得到批准。他匆匆回家拿了一些日用品，便与单位4名同事乘“抢”33次列车押运救灾物资奔赴灾区。几个人挤在装满物资的狭小空间里，历经四天三夜，安全护送物资到达什邡。

将洒水车送到灾区后，看到极重灾区什邡市断壁残垣的惨景以及严重缺水的情况，刘卓等人毅然决定留下来投入救灾工作，每天驾驶水车从什邡市区拉着饮用水送到重灾区红白镇。山路崎岖余震不断，刘卓凭着丰富的驾驶经验，冒着山体塌方、乱石纷飞的危险，每天从5时多工作至24时多，每次往返100多公里，一趟一趟往复驾车行驶在悬崖旁狭窄的山路上。刘卓起早贪黑不知疲倦，艰苦奋战18天，运送饮用水480余吨。

刘卓每天忘我工作，忘记了疲劳、忘记了吃饭、忘记了时间，所思所想就是早一点把饮用水运到目的地。他放弃休息，帮助孤寡老弱把几十公斤重的水送到住处，多次把自己的干粮送给灾区群众。在一次送水的路上，刘卓遇到一辆运送救灾物资的汽车起火，随时都有爆炸的危险。刘卓立即赶上前去，用水车上的水帮助灭火。在大家努力下，火被扑灭。新闻记者赶来采访，刘卓只说了句“这是我应该做的”，就继续踏上为灾区群众送水的路途。

在运水途中，刘卓遇到6.4级余震，山上巨石滚落。他注意观察，坚持继续前行，及时把水送到灾区群众手中。由于在抗震救灾中表现突出，他得到了当地相关部门和群众的赞扬。经过天津市市容环卫系统第一批抗震救灾援助队临时党支部批准，刘卓成为一名中共预备党员，实现了他多年的夙愿。

2008年10月7日，刘卓被中共中央、国务院、中央军委授予“全国抗震救灾模范”荣誉称号。

华　勇

1955年1月出生，天津人。中共党员，大专学历。天津市卫生局医政处副处长。

汶川特大地震发生后，华勇主动请缨率队进入四川。领导考虑他年纪大又患有高血压，不同意他去。华勇说：“我是一名党员，在国家有难的关键时刻，一定要到灾区去为人民做点事情。”5月13日凌晨，华勇作为天津首批赴四川医疗队的队长和临时党支部书记，率领52名医疗队员调集十几吨医疗物资，向极重灾区青川县出发。

到达青川灾区后，因道路、电力、信息阻断，医疗队只得先到广元市人民医院和中心医院抢救伤员。大批伤员在帐篷内等待救治，有的伤势非常严重，华勇立即率领队员钻进帐篷手术间，开展手术。帐篷手术间不够用，华勇带领医疗队员冒着余震进入9楼手术室开展手术，挽救了两条生命。在灾区的15天，天津首批医疗队开展手术101例，扩张缝合94例，救治伤员1102人次，下乡巡诊行程计2万余公里。

华勇找到广元市卫生局，要求进入青川救治伤员。5月14日下午，他带着一名队员和120急救车向青川挺进。当时，广元到青川只有一条盘山公路，仅容一车通过，一侧是高山，一侧是悬崖深谷和湍急的河流。他们跟在一辆清理滚落巨石的挖掘机后面，颠簸着艰难前行，华勇头疼欲裂，不断呕吐。到达青川时已是19时多，他立即了解青川伤员情况，在微弱的手电光下巡诊，并将腰椎骨折和内脏损伤的两名重伤员连夜运往广元。15日2时许，他们终于安全抵达医院。竹园镇一位83岁的老人小腿骨折感染，高烧40度。华勇带领医疗队背着她走了几公里的山路，送上急救车转往医院，挽救了她的生命。

华勇担负着青川、绵阳等地医疗队与当地卫生部门的组织协调工作。他向青川县提出保障医疗救援车及时通过的4条建议，均被采纳。华勇把性能最好的车辆送给在绵阳救援的天津医疗队专家；面临余震，他让出帐篷，带头住进危楼；他关心队员的生活，为队员解决困难；降压药吃完了，他没有动用医疗队的药品，而是自己到药店去买。他的模范行为感染了医疗队员，19名队员递交了入党申请书。

2008年6月，华勇被天津市委授予“天津市支援抗震救灾优秀党员”称号；9月，被卫生部、食品药品监管局、中医药局、总后卫生部授予“抗震救灾医药卫生先进个人”称号，被中国科协授予“中国科协抗震救灾先进个人”称号；10月7日，被中共中央、国务院、中央军委授予“全国抗震救灾模范”荣誉称号。

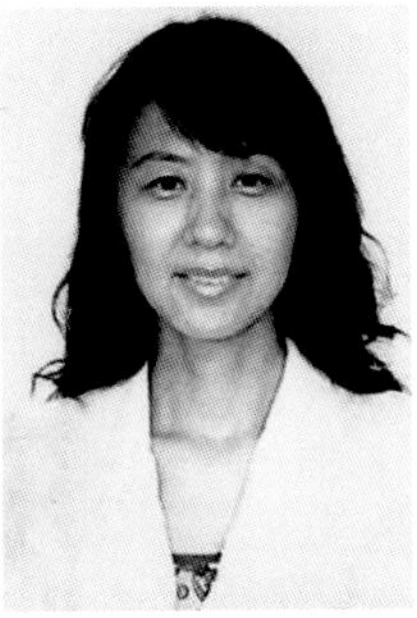

刘冬梅

女，1970年5月出生，河北盐山人。中共党员，大学本科学历。天津日报社健康工作室主任记者。

汶川特大地震发生后，刘冬梅作为天津首批赴抗震救灾一线的记者，先后奔赴绵阳、广元、德阳以及青川、什邡、汶川等受灾严重地区，采访奋战在抗震救灾一线的医务人员、防疫队员、特警、志愿者、援建人员，行程近5000公里。在灾区一线采访的14天里，她不惧危险，深入最前沿，是天津到达灾区最早、到达地点最多的记者。

在地震灾区一线，医疗队员们每天冒着余震，沿着地震中被损坏、并时常塌方的山路，到山村为群众送医送药。刘冬梅坚持随行，深入到最前沿，把抗震救灾勇士们的风采及时报道出来。她每天从早晨开始奔波采访，晚上赶写稿件，并克服各种困难，将稿件及时发回报社，极少在22时以前吃过晚饭。

地震灾区余震不断，青川、汶川等地山区经常发生泥石流和山体滑坡，在一线采访要冒很大风险，刘冬梅从来没有退缩过。在青川，她遇到6.4级强余震。余震刚过，她就不顾危险投入采访，发回最新前线报道。她靠着蜡烛的微弱光线，忍着蚊虫的叮咬赶写稿件，一直在帐篷里工作到午夜。

赴汶川采访更为艰辛，成都直通汶川的道路没有打通，需绕经雅安、芦山、马尔康、理县，行程上千公里。刘冬梅每天都会遇到山体滑坡阻路，翻越道路艰险、海拔超过4000米的雪山夹金山山口时，多次遇到道路塌方。天津防疫队驻地龙溪乡位于深山，震后无法上网发邮件，固定电话、手机也不能使用。为了及时发回报道，刘冬梅写好稿子后，通过防疫队的卫星电话，向天津一句句口述。

到达汶川后，刘冬梅随同男队员组成的防疫小分队，前往海拔2800米的大门村执行防疫任务。山间公路在地震中被毁坏，只能徒步爬山。羊肠小路最陡的地方接近70度，必须手脚并用。她艰苦攀登近4个小时，成为第一个到达那里的女记者。

2008年6月，刘冬梅被天津市委授予“天津市支援抗震救灾优秀党员”称号；10月7日，被中共中央、国务院、中央军委授予“全国抗震救灾模范”荣誉称号；2009年1月，被新闻出版总署授予“全国新闻出版行业抗震救灾先进个人”称号。

张祥青

1969年2月出生，河北丰南人。硕士研究生学历。天津荣程联合钢铁集团有限公司董事长。

张祥青是唐山大地震的幸存者。汶川特大地震发生后，他凭借一贯的关爱之心，向天津市红十字会捐款1000万元。从媒体的报道中，张祥青意识到震情极为严重。5月18日在参加中央电视台“爱的奉献”募捐晚会之前，他和妻子商量，再捐2000万元支援灾区重建学校。在募捐晚会现场，张祥青夫妇听完灾区学生的诉说，进一步了解到都江堰市聚源中学的境况，和旁边落泪的妻子宣布再追加捐款7000万元，帮助灾区人民重建家园，“要建最好的学校，震不垮的学校”。

在张祥青的带动下，荣钢集团的员工们也踊跃捐款。全国各地办事处的员工，有的在当地红十字会捐款，有的把捐款送到公司。据不完全统计，荣钢集团共捐救灾款1.015亿元。

张祥青时刻惦念着那些不幸的地震孤儿。5月20日，他赶赴绵阳等灾区考察，送去帮助和信心，购买了水和食品送到灾区群众安置点。26日，张祥青和妻子又购买了202本国内外著名的励志方面的书籍，在每一本书的扉页写上“做一个真诚上进有爱心的人”，于六一儿童节送给从灾区到天津借读的202位儿童。他还赴陕西宁强和略阳，选定资助项目。

“我经历过大地震，当年是解放军把我从废墟中救出来的，是社会各界的支持帮助成就了我们，才使我们在国家遇难时能承担一份责任尽一份应尽的义务，现在我希望尽自己所能回报社会。”张祥青这样说。他觉得自己只是做了一个中国人应该做的事。

2008年10月7日，张祥青被中共中央、国务院、中央军委授予“全国抗震救灾模范”荣誉称号；12月，被全国工商联授予“全国工商联抗震救灾先进个人”称号。

刘文冰

1974年5月出生，河北张家口人。中共党员，大学本科学历。张家口市公安局巡特警支队三大队大队长。

5月30日，张家口市公安局指派刘文冰带领3名民警支援灾区。当时，刘文冰的父亲患癌症正在住院，但他没有犹豫，将父亲托付给亲友，义无反顾带领3名民警连夜驱车赶赴灾区。他们历时22个小时，行程2100余公里，路上没有一刻休息，到达张家口市援建地都江堰市聚源镇三坝村。刘文冰立即投入工作，走访各援建单位，与当地公安机关取得联系。6月1日，张家口市公安局驻灾区临时派出所在一顶帐篷中正式成立，刘文冰任所长。耀眼的指示牌立在帐篷前，条件虽然简陋，人员只有4个人，但干警们认真负责精神十足。

援建现场条件十分艰苦，有时白天气温高达三十七八摄氏度，帐篷内更是达到五六十摄氏度；有时连续下雨五六天，闷热潮湿，蚊虫成群。刘文冰因水土不服，出现腹泻，身上也起了湿疹，腿上被蚊虫叮咬，密密麻麻全是疙瘩，但仍恪尽职守，毫不松懈。援建现场每天都有大批运送物资的车辆抵达，因三坝村道路崎岖狭窄，指挥疏导交通任务十分繁重。车队白天到达，刘文冰就带领民警不避烈日酷暑，指挥疏导，一干就是十多个小时；车队夜晚到达，几个人一干就是一夜，直到指挥汽车把物资卸完。车队不认识路，刘文冰就驱车50多公里到高速公路路口去接；车队被堵在半路，干警们又前往疏导。连续10多天，刘文冰每天平均休息时间不到3个小时，指挥疏导车辆达580余辆次，确保了所有物资安全运达。

为赶工程进度，指挥部展开了土方回填平整大会战，刘文冰带领民警夜间巡逻，白天则组成突击队，与工人们一起抡锹挥镐。刘文冰患腰肌劳损已很长时间，救灾期间由于辛苦劳作，还要连续巡逻执勤，休息不好，老毛病发作，疼得无法站立。医生诊断为腰肌劳损急性发作，建议他住院治疗，最少休息10天，可刘文冰仅打了两针封闭、输了两天液，又毅然返回工地。

为做好治安防范工作，刘文冰组织各援建单位确定了14名治安联防员，共同做好单位内部的安全防范，还组织民警在三坝村设立警务接待处，在驻地每个帐篷张贴防火、防盗、防事故提示牌，公布了报警电话。援建期间，刘文冰共处理群体性矛盾纠纷4起，为灾区群众提供服务23起，救助危难群众9人。在刘文冰带领下，救灾物资顺畅有序地运抵灾区，工地治安秩序良好，救灾物资和援建工作人员人身安全、财产安全得到有效保障。

2008年10月7日，刘文冰被中共中央、国务院、中央军委授予“全国抗震救灾模范”荣誉称号。

杨翠霞

女，1958年10月出生，河北迁安人。中共党员，大学本科学历。秦皇岛市建设局总工程师。

汶川特大地震发生后，杨翠霞受组织委派，担任秦皇岛市援建过渡安置房现场总指挥。为此，杨翠霞让儿子推迟了已定的婚期，辞别80岁的老母亲，于5月22日启程奔赴四川，负责都江堰市聚源镇9个地点1500套过渡安置房援建任务。进入四川伊始，灾区正全力搜救幸存者和救治伤员，交通、生产、生活秩序均处于应急状态，各省市同时展开板房建设，材料、运输、物资都十分紧张。杨翠霞深入了解受援地情况后，立即在成都地区联系板房生产厂家，着手过渡房规划和建设。

地震使都江堰市聚源镇学校校舍受损严重，200多名师生失去生命，国务院总理温家宝曾两次到聚源镇考察。杨翠霞所带团队，接到的第一项任务就是建设聚源镇中心小学过渡校区。5月29日，施工队接到任务立即进场，但面临着重重困难：地基处理难，车辆入场难，施工组织难。

在杨翠霞的指挥下，施工队连续奋战七天七夜，一期援建任务如期完成。之后，杨翠霞还主动承接了聚源中学过渡校舍援建任务，指挥施工队连续奋战三天三夜，胜利完成任务，所有过渡校舍全部达到“安全、节能、环保、配套全、可回收”的要求。

离开都江堰市聚源镇，杨翠霞带队到达极重灾区之一的平武县平通镇和水晶镇，开始了二期援建任务。平通镇及水晶镇过渡房建设为国务院确定的重点援建工程项目，杨翠霞克服工作难协调、道路不通、通信中断、地块没落实、缺少大型机械、建材涨价难采购等施工难题，克服生活上遇到的种种困难，顽强拼搏一个多月，终于完成1021套过渡安置房援建任务。

在援建四川灾区的日子里，杨翠霞带领的施工队伍率先确定利用当地的生产厂家和施工队伍组织板房生产，降低建设成本近千万元，并为二期援建政策的拟订提供了实例参考；在河北省援建队伍中率先建成10套高标准样板房，其中结合川西气候特点的设计，受到专家好评，住房城乡建设部借此修改了板房建设导则，供全国同行参考借鉴；援建灾区第一个配套齐全、成规模、成建制的聚源镇中心小学率先竣工交接并投入使用；率先与济南军区某装甲团成立援建联合指挥部，提高援建速度，成效明显。6月25日，全国支援四川地震灾区过渡安置房现场会暨二期工作动员会在秦皇岛市援建的聚源镇中心小学过渡校区召开，秦皇岛市的援建工作经验和做法得到推广。

2008年10月7日，杨翠霞被中共中央、国务院、中央军委授予“全国抗震救灾模范”荣誉称号。

吴殿华

1935年8月出生，河北故城人。中共党员，大专学历。冀州市职工医院院长，主任医师。

汶川特大地震发生后，曾参加过1966年邢台地震和1976年唐山大地震医疗救援工作的吴殿华，于5月13日2时开始组织抗震救灾医疗队。9时，吴殿华带领7名医务人员，携带着80多种医疗器械和100多种药品向四川进发，于14日8时50分到达德阳市抗震救灾指挥部，成为到达灾区的河北省第一支民间医疗队。到达灾区后，医疗队员不顾疲劳，顾不上休息，立即投入紧张的抢救工作。

在德阳市第二人民医院伤员抢救中心，吴殿华等人负责两个帐篷病区的80名伤员。灾情比想象中要严重得多，条件也艰苦得多。帐篷内闷热潮湿，脚下泥泞不堪，伤员们都躺在铺着塑料布的草地上，医务人员只能跪在地上为伤员检查伤口。缝合、止血、清创、换药、骨折固定，吴殿华在一个个病人前来回穿梭，汗水浸透了衣服、模糊了双眼。医务人员白天忙了一天，晚上仍要继续忙到凌晨以后才能轮流休息。3天之后，吴殿华下肢肿了，走路一瘸一拐的。又因为住帐篷、吃盒饭、没开水喝，吴殿华的血压、血糖都升高了，而他仅服点药就继续坚持抢救伤员。

有一名伤员因脊椎骨折造成双下肢麻木，小便失禁。吴殿华给这名病员进行了细微的腰椎骨折固定，昼夜精心护理，10天之后病人脱离了危险，下肢也能活动了。伤员家属跪在吴殿华面前哭着说："感谢党和政府的关怀，感谢河北的好心人，你就是我们全家的救命恩人呀。"吴殿华急忙拉起病员家属说："我是医生，又是一名党员，为灾区人民服务是义不容辞的责任。"

随着全国各地医疗队陆续到来，抢救中心工作压力相对缓解，吴殿华又主动向指挥部请战，要求到最艰苦的地方去。经指挥部批准，补充了药品和敷料，吴殿华和医疗队员又驾驶救护车，前往其他重灾乡镇。他们冒着余震危险，先后到过绵竹市汉旺镇、金花镇、红白镇以及什邡市、北川羌族自治县等重灾地区，每到一处，就挨家挨篷地查找伤员，为伤员检查伤口，换药治疗。

5月29日，按照指挥部的命令，吴殿华和队员们从地震灾区撤回。在灾区的日子里，医疗队共筛查会诊伤员500余人，救治重伤员184名，其中106人先后脱离危险，68人转院治疗。7月2日，吴殿华和队员又驾车带着药品和食品，第二次前往德阳市区、绵竹市、什邡市及汉旺镇慰问，为重伤员做检查，并先后转移5名无人照顾的重伤员到冀州市职工医院免费治疗。

2008年9月，吴殿华被卫生部、食品药品监管局、中医药局、总后卫生部授予"抗震救灾医药卫生先进个人"称号；10月7日，被中共中央、国务院、中央军委授予"全国抗震救灾模范"荣誉称号。

朱会宾

1958年10月出生，河北容城人。中共党员，硕士研究生学历。河北省疾病预防控制中心主任，主任医师。

汶川特大地震发生后，朱会宾立即从外地出差途中返回单位，连夜动员医务人员，组织全员培训，紧急筹备药品器械等医疗救援物资，做好了赶赴四川抗震救灾的一切准备，并主动向卫生部、河北省委省政府请缨。经批准后，5月16日，朱会宾带领河北省第一支抗震救灾防疫队，连夜奔赴安县。

到达安县后，朱会宾不顾长途跋涉的劳累，立即带领人员到受灾最重的乡镇调查灾情和疫情，开展卫生防疫工作，并连夜和防疫人员研究、制订了灾区第一个《灾后卫生防疫工作方案》，喊出了"把灾区当故乡，视灾区群众为亲人，做安县人，干分内事，履第一责，保无大疫"的口号。之后，卫生部为整合资源统一部署，任命朱会宾为支援安县的全国19支救灾防疫队、780多人的总指挥。

面对灾区恶劣的自然环境、密集的受灾人群、破碎的防疫体系，朱会宾结合当地实情，创造性地提出"健全一个机制、加强两项建设、突出三个重点（重点人群、重点疾病、重点区域）、落实四项措施、实现五个结合（点面结合、长短结合、防治结合、宣干结合、平战结合）、确保五个目标"的工作思路，率领各省防疫队开展监测、实施消毒、传播知识、疏导心理、恢复卫生防疫体系，做到"乡不漏村、村不漏户、户不漏篷、篷不漏人"，率先实现防疫措施的全覆盖，形成了鲜明的"河北抗震救灾防疫模式"和典型的"安县经验"，受到卫生部的充分肯定。卫生部部长陈竺和党组书记、副部长高强先后3次到安县考察，把河北工作经验称之为"专群结合"的优秀典范，并在全国抗震救灾卫生防疫工作会议上进行推广。

在灾区，朱会宾几乎每天都要连续工作十六七个小时以上，有时甚至几天几夜不休息，往往灾情在哪里，他就出现在哪里；最困难的工作在哪里，他就指挥到哪里。连续的紧张工作，使朱会宾血压居高不下，服用降压药也常常头晕眼花，几次差点栽倒。5月20日，防疫队接到报告，称睢水镇深山沟的河水中有两具遗体需要消毒处理。朱会宾不顾山势险峻、余震频发、河流湍急、山路湿滑，带队徒步上山，对遇难者的遗体及时进行了消毒和掩埋。

在朱会宾带领下，河北省防疫队全体队员顶烈日，战高温，冒余震，攀悬崖，徒步行程6.5万公里，使用消杀药液88万公斤，调查巡诊、症状监测12万人次，进行卫生宣传教育和心理干预17万人次，责任区域内没有发生大规模传染病疫情和突发公共卫生事件，保证了灾区食品和饮水安全，实现了大灾之后无大疫的目标。

2008年9月，朱会宾被卫生部、食品药品监管局、中医药局、总后卫生部授予"抗震救灾医药卫生先进个人"称号；10月7日，被中共中央、国务院、中央军委授予"全国抗震救灾模范"荣誉称号。

陈永生

1957年1月出生，山西灵石人。中共党员。山西汾西矿业（集团）有限责任公司矿山救护大队大队长。

汶川特大地震发生后的第二天，山西汾西矿业公司矿山救护大队接到安全监管总局应急救援中心的一级待命通知。5月14日下午，陈永生带领救护大队奉命紧急出动，赶赴四川灾区。

5月15日21时40分，救护队到达绵竹市汉旺镇，利用挖掘机、吊车、铲车等，清理废墟下的被埋人员，掩埋遇难者遗体，帮助居民搬运粮食等物品。在汉旺镇人民医院后面居民区倒塌的废墟上面，陈永生和队员们一同搬砖石，一同抬楼板，用手刨，用棍撬。在余震不断、危楼随时可能倒塌的情况下，他始终战斗在最前沿。

随后几天，救护队在汉旺镇废墟下找到28名遇难者遗体，随即进行遗体处理工作，装袋、搬运、掩埋……并与其他救援人员一起在天池煤矿家属区成功救出一名被埋165小时的幸存者。5月21日，陈永生带领救护队员帮助汉旺镇金星电器商场，从危楼中搬运电脑、冰箱、冰柜、彩电、空调等电器548台，还帮助村民搬运粮食5000余公斤。

地震发生后，东汽的厂房有三分之二坍塌，一些重要设备和资料随时有被毁灭的危险。5月24日，救护队到东汽帮助设备资料库房转移贵重资料和物品。资料库房共有4层，属于空心楼板结构，受地震影响，楼房倒塌了一半，剩余部分也随时都有倒塌的可能。在陈永生的建议下，厂方借来一台举高车。陈永生第一个上去，从窗户爬进4楼去侦察；在仔细查看房子结构和安全程度后，又挑选3名队员乘坐举高车上去，从里面一包包往外传递，另一部分队员在楼下搬运。经过一个上午不间断的努力，救护队抢运出电子芯片、进口芯片、电子设备560箱，并从第三层抢救出绝密图纸和档案180袋、财务会计资料430包，共为东汽抢救出价值上亿元的国有资产。

2008年8月，陈永生被安全监管总局授予“抗震救灾先进个人”称号；10月7日，被中共中央、国务院、中央军委授予“全国抗震救灾模范”荣誉称号。

罗清宇

1963年10月出生，山西原平人。中共党员，硕士研究生学历。山西省政府副秘书长。

5月26日，罗清宇被山西省委、省政府任命为山西省援川建房前方指挥部总指挥。27日晚，罗清宇带队赶赴四川，把指挥部设在极重灾区都江堰市大观镇。

5月28日，罗清宇带领指挥部人员，冒着频发的余震、滑坡、塌方、泥石流等危险，夜以继日，仅用3天时间，就对下达给山西省的4万套过渡安置房所在地都江堰市10个乡（镇）、180多个安置点位进行了实地踏勘，根据具体灾情以及当地政府和灾区群众的需求，制订出切实可行的援建方案。30日晚，罗清宇在大观镇援建现场指挥部主持召开山西省过渡安置房屋建设紧急动员会，对山西省承建的一期7500套过渡安置房建设任务做出了具体部署。

在灾区的日子里，罗清宇白天奔波于援建现场，晚上开会研究工作，常常风餐露宿，每天睡眠只有两三个小时。对山西援建工程，罗清宇坚持高标准，大到规划选址，小到构件安装上架，都认真审验把关；他严格要求援建队伍，有困难自己想办法，决不给当地政府、群众添麻烦；生活上则十分体恤一线工人，把有限的水留给他们。同时，他强调要做好灾区防疫工作，最大限度地保障灾区人民的生产生活安全。由于指挥得当、措施得力，至6月15日，山西省提前10天完成第一期7500套过渡安置房建设任务。

6月17日，住房城乡建设部下达文件，将山西省援建都江堰市过渡安置房任务由原定的4万套调整为3.7万套，其中3万套的建设点位有变化。针对二期任务援建点多变、无法确定、严重影响工期的问题，罗清宇带领指挥部工作人员克服种种困难，赴都江堰市建设委员会和大观镇、青城山镇、蒲阳镇等10个乡（镇）的180多个拟建点位，连续几天与当地政府一一对接，最终合理确定了3万套过渡安置房的建设点位。在罗清宇的精心组织指挥下，至7月16日，山西省提前25天完成都江堰市10个乡（镇）、93处工地、3.7万余套过渡安置房的建设任务。

2008年10月7日，罗清宇被中共中央、国务院、中央军委授予“全国抗震救灾模范”荣誉称号。

刘 强

1957年11月出生，辽宁大连人。中共党员，博士研究生学历。山西医科大学第一医院副院长，主任医师。

汶川特大地震发生后，刘强主动要求到灾区参加救援。院领导考虑到他已年过五旬，又刚随医疗队从非洲归来，家中80岁老母亲刚刚做完心脏手术，需要服侍，就没有同意他的请求。刘强知道灾区缺少骨科医生，态度坚决，执意要赴灾区执行医疗救援任务，终于得到批准。

5月18日5时30分，刘强所在的医疗队到达目的地平武县响岩镇。在还未来得及固定好的帐篷内，医疗队就接诊了救护车送来的第一位伤员。这是一位70多岁的妇女，腰部受伤，严重脱水。得知老人的孙子、孙女尚在家里危房之中，刘强一边紧急为老人治伤，一边派人到数十公里外将小孩接到老人身边。经过救治，第二天老人脱离危险。

刚到灾区时，余震频发。一次，正在进行一个重要手术，地面突然抖动起来，手术灯在晃动，手术器械在台上跳动，刘强沉着冷静，继续手术，最终顺利完成。刘强不仅要接诊大量伤员，还常常冒着余震和塌方危险，徒步几十公里进入灾区群众安置点巡诊送药。对于重伤人员，他总要精心制订治疗方案，现场指导治疗，确保最佳疗效；对于老人和儿童伤者，他耐心询问病情仔细，仔细检查或实施手术。有一位踝关节严重损伤者觉得无望复原，要求截肢，刘强通过反复诊断，根据多年经验制订治疗方案，并为伤员打上石膏，帮助伤员顺利康复。在刘强带领下，山西医科大学第一医院在响岩镇共巡诊2200余人次，诊治伤病员706人次。

2008年9月，刘强被教育部授予“教育系统抗震救灾先进个人”称号，被卫生部、食品药品监管局、中医药局、总后卫生部授予“抗震救灾医药卫生先进个人”称号；10月7日，被中共中央、国务院、中央军委授予“全国抗震救灾模范”荣誉称号。

韩奎勇

1956年10月出生，辽宁海城人。中共党员，大专学历。辽宁省民政厅救灾救济处处长。

汶川特大地震发生后，韩奎勇带领救灾处全体工作人员按照民政部和辽宁省委、省政府及省民政厅党组的部署，从5月12日20时开始，连续工作40多个小时，紧急调集总重360多吨的5万床棉被、4000顶帐篷，空运至四川灾区。

5月13日，韩奎勇带领全处工作人员协调组织在辽宁全省开展抗震救灾捐赠活动，每天都工作到深夜。为了配合有关部门举办赈灾义演，他带领全处工作人员仅用半天时间就落实了18家企业捐赠，现场捐赠3160万元。为加强对救灾捐赠款物的管理，他先后组织全处工作人员起草了《关于向地震灾区捐款管理使用的规定》《关于加强救灾捐赠监督管理工作的意见》。

从5月12日至6月12日，韩奎勇带领全处工作人员连续奋战一个月，腿站肿了，嗓子喊哑了，眼睛熬红了，累得心脏病发作，仍坚持在一线指挥发运物资。先后为灾区采购、调拨、发运帐篷2.09万顶、棉被褥21万床、衣物22.7万套、篷布5万平方米、大米540吨、食品和饮用水10万多箱、消毒液35吨、药品6985件、雨衣和雨伞1.4万件、救灾工作车23台、推土机20台、挖掘机10台、彩条布280平方米、木工板4万张，加上其他物资，总重量达1万多吨，共装运4架次飞机、154节车皮，完成了民政部和辽宁省委、省政府交付的任务。

5月22日至6月12日，韩奎勇在78岁的母亲患感冒需要照顾、自己因劳累心脏不适的情况下，4次赴安县灾区，冒着余震和滑坡的危险，陪同领导深入到安县10多个乡（镇）和村及许多受灾群众家庭，帮助抢险救灾。辽宁省委宣传部组织新闻单位在辽宁省抗震救灾英雄谱上宣传了韩奎勇在抗震救灾中的突出事迹。由于辽宁省在紧急采购调运物资支援灾区工作中成绩突出，民政部推荐辽宁省在5月24日国务院召开的成都抗震救灾工作会议上介绍了经验。

2008年10月7日，韩奎勇被中共中央、国务院、中央军委授予“全国抗震救灾模范”荣誉称号。

韩树君

1953年8月出生，辽宁岫岩人。中共党员，大学本科学历。辽宁省水利厅副厅长。

汶川特大地震发生后，根据水利部和辽宁省委、省政府的指示，辽宁省水利厅迅速组建赴四川抗震救灾抢险队，成员87人，韩树君任前线总指挥。

5月19日8时30分，韩树君率27名队员从沈阳直飞成都，其他60名队员分别从新疆、湖南、云南、重庆、江西等地赶赴成都；13时20分，抢险队员在成都全部集结完毕；14时，抢险队接受了进入四川后的第一项抢险任务——因震受损发生管涌的中江县建兴水库的应急抢险。韩树君迅速派出先遣队进入建兴水库库区，勘查险情；成立组织机构，明确职责任务，分工合作。经勘查，建兴水库是德阳市46座受损水库中极为严重的一座，坝体发生5处管涌，一旦发生垮坝事故，将对下游4000余人生命安全和数千公顷良田构成严重威胁。

险情就是命令。韩树君立即下令：“抓紧准备抢险物资，连夜开赴工地。”5月19日24时30分，8辆重型装备和2辆载有抢险物资器材的卡车，经过3个小时的艰难行进，抵达建兴水库。韩树君立即组织队员选择营地搭建帐篷，与抢险队领导和专家连夜研究制订抢险方案，分配任务，落实抢险物资和装备，待有关工作就绪，已是20日2时30分了。

5月20日天还没有亮，就下起了倾盆大雨。为了抢时间、赶进度，韩树君和抢险队员们没有休息，就匆匆投入到紧张的抢险施工中。雨在下，库容不断扩大，管涌的速度也不断加快，大坝随时都有垮塌的危险。韩树君召开会议，研究解决方案。经过抢险队的昼夜奋战，22日8时，管涌得到了有效控制，建兴水库抢险任务完成；同日下午，应急抢险工程通过中江县政府及有关部门的完工验收，抢险队首战告捷。

韩树君患有糖尿病，但在抗震救灾前线，他不顾疾病困扰，冲在抗震救灾的最前沿。在抢险救灾的关键时刻，抢险队在施工现场成立了临时党支部，20名党员敢打敢拼，充分发挥党员的先锋模范作用；进入四川后，抢险队先后有11名队员递交了入党申请书，5名队员火线入了党。

5月19日至6月15日，韩树君带领抢险队调查水利工程震损情况，进行勘测设计和除险加固，先后转战3个县（市），完成中江县建兴水库加固、凯江河河道抢修、绵远河德阳城市段4座水闸除险，以及绵竹市双龙、卧龙、上风波、下风波4座水库的应急除险任务，有效预防了灾情的进一步扩大，保护了灾区人民生命财产的安全。韩树君和全体抢险队员代表辽宁省委、省政府将价值近400多万元的抢险设备和办公用品无偿捐赠给安县水务局。

2008年10月7日，韩树君被中共中央、国务院、中央军委授予“全国抗震救灾模范”荣誉称号。

王玉伟

1980年12月出生，辽宁台安人。中共党员，大学本科学历。中国造血干细胞捐献者资料库辽宁省志愿捐献者服务中心副科长。

汶川特大地震发生后，辽宁省红十字会紧急组成救援队前往灾区救援，王玉伟报名参加，连夜整理行囊，赶往四川灾区。到达灾区后，他不顾个人安危，发挥红十字人熟悉救灾、抢险工作的特长，迅速投入到抢险救灾工作中。由于工作积极、表现突出，他被任命为中国红十字会总会抗震救灾前方指挥部总指挥秘书。王玉伟一方面汇总前线信息、研究灾情、起草文件，一方面同当地红十字会沟通协调，联系指挥部在机场、火车站、备灾中心工作组以及都江堰、德阳、阿坝、绵阳、广元、雅安等地灾区一线工作组，及时沟通情况，掌控工作进程和动态。

王玉伟看到成都火车站救灾物资分发缓慢，便及时提出建议，派出红十字专职救灾人员驻守，加强志愿者力量，有效地缓解了救灾物资大量堆积的压力；同时积极协调有关部门和阿拉伯联合酋长国等国驻华大使馆，落实接收境外捐赠的帐篷等国际救援物资。为及时掌握灾情、有效指挥、科学救灾，王玉伟不顾个人安危，冒着泥石流频发和堰塞湖溃坝的威胁，进入极重灾区安县境内，实地考察灾情，并连续奋战十几个小时，为灾区群众搭建帐篷，发放毛毯等救灾物资。他还先后奔赴彭州、绵竹及德阳、绵阳等灾区，协助中国红十字会总会安排国际医疗救援队、接收发放国际救援物资；10多天里转运救灾物资3000多吨，调动车辆600余台次，走访14个乡（镇）、57个村，慰问受灾群众2000多人次，组织志愿者100多人参加救灾工作。

在考察中，王玉伟发现灾区最需要的是帐篷，前线指挥部在听取他的意见后，及时调整了救灾策略。在汇总灾区前线信息时，王玉伟发现德阳市区、绵竹市救灾物资运送量大，志愿者人员告急，立即把消息反馈给辽宁省红十字会，调集辽宁省红十字会志愿者20余人奔赴灾区。志愿者们到达当天，就在德阳火车站卸下116吨的救灾物资。

抗震救灾期间，王玉伟还主动承担起宣传报道工作，经常在夜间撰写新闻稿件。他开通了"辽宁红十字在四川"的工作博客，每天在第一时间把工作情况、抗震救灾信息传递出去。

2008年10月7日，王玉伟被中共中央、国务院、中央军委授予"全国抗震救灾模范"荣誉称号。

王　新

1970年10月出生，辽宁沈阳人。中共党员，大学本科学历。辽宁省交通勘测设计院副总工程师。

汶川特大地震发生后，王新立即找到设计院领导要求到抗震救灾一线。6月初，设计院成立了由王新任组长的抢通规划小组。

震后的安县交通陷于瘫痪。面对严重的灾情，王新提出了"抢通生命线、全力保畅通"的首要目标，带头组成敢死队，深入重灾山区，带领敢死队员克服滑坡、余震、高温等困难，冒着生命危险，展开道路勘察和抢通方案制订工作。王新率领抢通规划组，仅用半个多月时间，便完成山区80多公里的路况损毁调查，制订了抢通保通方案，为安县公路抢通保通提供了强有力的技术支持。

"抢通生命线、全力保畅通"的阶段目标实现后，王新马上带领全体调查检测人员，跋山涉水往返3000多公里，完成1200多公里公路的情况调查，完成26座桥梁和1座隧道的检测工作，制定了统筹合理、内容翔实的交通重建规划报告，得到交通部及省交通厅的高度评价。

完成抢通规划任务后，8月初，王新再次组建援建组奔赴灾区，承担了安县睢水至高川公路勘察设计任务。睢水至高川公路位于龙门山走廊带上，地势陡峭，滑坡、塌方几乎遍及整个路段，汛期暴雨更是增加了勘察的难度和风险。面对恶劣的自然条件，王新总结了"一听（落石源头）、二看（落石方向）、三通过"的避险经验；调查中，归纳了"一问（调查取证）、二勘（地质勘查）、三盯防（防冲刷、防滑坡、防泥石流）"的工作思路。在王新的带领下，项目组全体成员高效运转，于10月底出色地完成睢水至高川公路的勘察设计任务。

四川电视台、《四川日报》《辽沈晚报》等媒体对王新带领的援建组进行了采访报道。面对多方评论与报道，王新说："国家有难，匹夫有责，我没想当什么英雄，如果我做的工作能使灾区早一点恢复祥和与平静，将是我一生最大的快乐和安慰。"

2008年10月7日，王新被中共中央、国务院、中央军委授予"全国抗震救灾模范"荣誉称号。

郭　伟

1956年4月出生，吉林长春人。中共党员，硕士研究生学历。吉林省公安厅信息通信处副处长。

汶川特大地震发生后，公安部派遣吉林省公安厅"动中通"车组赶赴灾区执行通信保障任务。为确保尽快赶到灾区，身为组长的郭伟带领车组人员昼夜兼程，疾驰2000多公里，于5月17日抵达都江堰前线指挥部。郭伟没有休息，就立即请战前往灾区前线，执行受灾最重的阿坝、绵阳等灾区的通信保障任务。

地震灾区盘山道路坎坷难行，且又余震不断，山体滑坡随时可能发生，每次执行任务都要冒着生命危险。在前往汶川县映秀镇执行任务时，政府公告当地可能发生6~7级余震，郭伟义无反顾带头冒着生命危险深入灾区。在青川县执行救援报道任务时，发生6.4级余震，他与死亡威胁擦肩而过。抢险救援需要准确掌握山区道路情况，郭伟不顾个人安危，在随时可能发生山体滑坡的盘山道路上步行拍摄；道路打通后，他总是第一个冲入灾区，带领车组将房屋坍塌、人员伤亡、部队救援等情况拍摄下来并及时报送公安部，为外界了解灾区灾情提供了第一手资料。在得知映秀镇发现一名已被埋压174小时的幸存者，郭伟不顾余震危险，带领车组人员立即赶赴现场，坚持拍摄5个多小时，真实记录了救援的感人场面和生命奇迹，经中央电视台新闻频道播出后，在全国引起了强烈反响。

在执行通信保障任务期间，生活条件异常艰苦，郭伟没有退缩。从北川到平武，从映秀到漩口，郭伟一接到任务就率领“动中通”卫星通信车组奔赴一线，拍摄实况火线报道，哪里发生险情，哪里就有他们的身影。在郭伟的带领下，车组人员在灾区一线奋战18天，向公安部和前线指挥部报送灾情20余次，传送现场实况3000多分钟，许多资料被中央电视台及各大媒体采用。

2008年6月，郭伟被吉林省委、省政府记吉林省赴四川地震灾区抢险救援个人一等功；7月，被公安部授予“全国公安系统抗震救灾先进个人”称号；10月7日，被中共中央、国务院、中央军委授予“全国抗震救灾模范”荣誉称号。

闫　闯

1962年8月出生，吉林大安人。中共党员，大学本科学历。吉林省卫生厅卫生监督所所长，主任医师。

汶川特大地震发生以后，闫闯心急如焚，不顾手术后还没完全康复的身体，毅然奔赴四川地震重灾地区执行卫生防疫任务，任吉林省抗震救灾卫生防疫队副总队长。

5月19日，闫闯带领防疫队员到汶川县三江乡开展卫生防疫工作。去三江乡必须翻山才能到达，由于泥石流和山体滑坡，山路非常危险。天色已晚，山路崎岖，森林茂密，队员们只能手脚并用摸索着前进。走在前面的闫闯，每走几步就用对讲机要求队员们报数，确保人员安全。大家互相照顾，翻过4座海拔2000多米的高山，越过3条河，经过近6个小时的艰难跋涉，于午夜零时左右抵达三江乡。到达三江乡后，闫闯马上了解情况，连夜制订工作计划。

5月20日一早，闫闯和队员们开始紧张地工作，直到中午才结束。当他们决定撤回汶川县水磨镇时，一位村干部拿来从废墟中挖出来的、自己都舍不得吃的腊肉切给他们吃，队员们坚决不吃，村干部急了，队员们只得每人吃了一口。乡亲们的深情厚谊深深感动了队员们。

由于连日疲劳作战，闫闯和队员们体力透支。行进途中，患有心脏病的闫闯服了3次速效救心丸，仍然顽强地带领10名勇士冲在抗震救灾第一线。阿坝藏族羌族自治州政府领导称吉林省防疫队是“铁军”，赞扬闫闯带领的吉林防疫队员是“钢铁战士”。

2008年6月，闫闯被吉林省委、省政府记吉林省赴四川地震灾区抢险救援个人一等功；7月，被全国总工会授予“全国五一劳动奖章”；9月，被卫生部、食品药品监管局、中医药局、总后卫生部授予“抗震救灾医药卫生先进个人”称号；10月7日，被中共中央、国务院、中央军委授予“全国抗震救灾模范”荣誉称号。

朱庆三

1959年10月出生，吉林长春人。中共党员，博士研究生学历。吉林大学中日联谊医院骨科主任，主任医师。

5月15日，朱庆三带领19名医护人员组成的医疗队，奔赴四川大学华西医院协助救治灾区伤员，任吉林省驻华西医院医疗队队长。21日1时，朱庆三与几个队员正在手术，突然麻醉师发现看片灯上的CT片在抖动，药箱也出现异响。“又地震了！”朱庆三与队员没有惊慌，只是相互点头以示鼓励，手术仍有序地进行。

在吉林省驻华西医院医疗队中，最忙碌的人是朱庆三。他每天要带领大家查房、会诊、制订手术方案、参加手术，为医疗队协调工作，接受采访，还要向卫生部、吉林省卫生厅汇报工作情况。困了，在沙发上歇一会儿；饿了，吃两口已经不再温热的盒饭。不分昼夜地紧张工作，他的眼睛熬红了，嗓子嘶哑了。队员们说：“朱庆三总是活跃在最忙碌的地方，总是参加最艰难的手术，总是最后一个回到驻地。”

朱庆三与队友们的工作作风和敬业精神，多次受到华西医院领导和其他医疗队同行的赞扬。华西医院骨科主任裴福兴赞叹说：“吉林医疗队是第一个进入华西医院的医疗队，也是收治伤员最多、手术例数（部位）最多、参加麻醉和护士跟台手术最多、工作量最大的医疗队；是工作态度最积极，对病人最好的医疗队；是整体团队一直坚持到最后的医疗队。”5月24日，国务院总理温家宝再次到灾区考察时到华西医院看望伤员，并代表中共中央、国务院慰问医务人员，朱庆三代表吉林医疗队受到总理的接见。

2008年6月，朱庆三被吉林省委、省政府记吉林省赴四川地震灾区抢险救援个人一等功；9月，被卫生部、食品药品监管局、中医药局、总后卫生部授予“抗震救灾医药卫生先进个人”称号；被中国科协授予“中国科协抗震救灾先进个人”称号；10月7日，被中共中央、国务院、中央军委授予“全国抗震救灾模范”荣誉称号。

李晓阳

1960年5月出生，黑龙江密山人。中共党员，硕士研究生学历。哈尔滨市第一医院副院长。

汶川特大地震发生后，李晓阳请缨要求参加赴川医疗队到四川灾区救援。5月13日，哈尔滨市第一医院成立医疗小分队，李晓阳任队长。17日，黑龙江省卫生厅第二批医疗队准备进入四川，李晓阳被卫生厅任命为黑龙江省赴广元市医疗队队长。由于任务紧急，李晓阳来不及告别父母、妻儿，甚至顾不上回家取几件换洗的衣服，便直奔机场，赶赴灾区。下飞机后，他率医疗队20人连夜冒雨行进5个小时，赶往广元。

5月18日到达广元，医疗队开始了紧张的工作，李晓阳不分昼夜地带领医疗队员查房、会诊、救治病人。19日23时，医疗队接到广元市政府紧急通知，可能发生6～7级的余震。李晓阳立即带领全队疏散病人，搭建帐篷，成立临时病房、临时手术室、临时重症监护室，细心看护重症患者。在广元的3天时间里，李晓阳忘我工作，每天睡眠不足3个小时。

5月25日16时21分，青川县发生里氏6.4级余震。余震发生时，李晓阳和哈尔滨市第一医院普外二科主任医师吴非、麻醉科副主任医师郭振海正在为一名16个月大的幼儿做小肠嵌顿疝手术，为了孩子的生命安全，他们坚持进行手术，直到患儿脱离危险。

5月28日11时，广元市第一人民医院召开各医疗队队长紧急会议，院内还有两个急诊手术需要立即进行，余震随时可能发生，但室外简易手术室尚未建成。李晓阳主动承担腹腔内出血患者的手术，并且决定手术仍在住院大楼手术室进行，挽救了病人的生命。

每次李晓阳外出会诊，都要经过一段险象环生的路段，面对滔滔的嘉陵江和咔咔作响的危险隧道，他在救死扶伤信念的支持下毫不畏惧。

队员们说，医疗队中李晓阳最辛苦，除了每天诊治病人，还要负责全体医疗队员的安全和起居。大家熟睡了，他还要查夜巡视；风雨交加的夜晚，帐篷里灌满了雨水，他带头往外淘水。除了工作、生活，他还关心着医疗队员的政治进步，有3名同志在灾区火线加入中国共产党。

2008年9月，李晓阳被卫生部、食品药品监管局、中医药局、总后卫生部授予“抗震救灾医药卫生先进个人”称号；10月7日，被中共中央、国务院、中央军委授予“全国抗震救灾模范”荣誉称号。

周家代

1960年1月出生，山东日照人。大庆市家代粮油有限公司经理。

汶川特大地震发生后，周家代心情异常沉重，立即召开家庭会议，决定“以最快的速度为灾区群众送去最急需的物资，带上工具救人”。他的想法得到家人，特别是87岁老母亲的支持。他马上维修车辆，全家人一齐动手装上1250公斤大米、1250公斤白面、1250公斤挂面和300桶豆油，又买来铁锹、铁镐、斧子等工具，带上干粮、水和近7万元现金，于5月13日20时驾车连夜奔赴四川地震灾区。

为了早些赶到灾区，周家代和内弟、司机3个人轮班开车，昼夜兼程。驶入灾区后，一路上石块滚落，山体滑坡，险象丛生。5月18日3时多，经过理县米亚罗时天降大雨，余震和泥石流不断，盘山路上异常难行，此时他们已经离家四天五夜，人困马乏。突然，他们遇到一次大的余震，一块块石头砸向公路，他们驾驶着厢式货车拼命向前冲去，但还是被一块石头砸中后车厢。他们丝毫没有停顿，继续向前冲，终于冲出危险路段。

5月18日中午，经过近五天五夜的长途跋涉，他们终于从大庆赶到了极重灾区汶川县，阿坝藏族羌族自治州抗震救灾指挥中心的人们都对他们从祖国北端这么快赶来感到惊讶。州长紧紧拉住周家代的手说："你是东北三省第一个送来救灾物资的，也是全国个体业户第一个到达这里的，我们这里太急需粮食了，你来得太及时了。灾区人民感谢你们，感谢大庆，感谢黑龙江。"

看到灾区惨状，周家代的双眼模糊了。他对汶川县一位副县长说："我们带了救援的工具，我们要去救人。"汶川县的车辆基本上在地震中损坏了，周家代的那辆车就负责每天运送救灾的解放军战士和救灾物资。每天4时，他们准时把解放军战士送到40多公里外的映秀镇和草坡乡，再回到指挥部运送救灾物资，晚上再把战士们接回来。搭帐篷、抬物资、照看老人和孩子，只要能帮上手，他们就去做，每天都忙到22时后才能休息。

5月23日，在即将返回大庆的时候，周家代把所剩的6万多元现金全部捐献给了灾区群众。返回大庆后，周家代仍心系灾区，时刻关注着灾区的情况。6月10日，周家代又带领"大庆铁人志愿队"和"爱心传递志愿队"30余人，第二次赶到汶川，支援灾区重建家园。周家代抗震救灾的义举被中央电视台、四川电视台报道，他被称为"广大个体私营业者的杰出代表""大庆精神、铁人精神的具体实践者""文明市民的典范"。

2008年10月7日，周家代被中共中央、国务院、中央军委授予"全国抗震救灾模范"荣誉称号。

刘凤兰

女，1958年10月出生，黑龙江兰西人。中共党员，大学本科学历。黑龙江省民政厅救灾救济处处长。

5月13日下午，接到民政部救灾救济司向四川地震灾区紧急空运黑龙江省储备的国家救灾帐篷的指令后，刘凤兰紧急协调南航黑龙江分公司，迅速调集一架波音747货机执行飞行任务。三天两夜，刘凤兰几乎没合过眼睛，指挥协调武警黑龙江省总队官兵向机场运送和装载帐篷，5个班次专机共运送10520顶单帐篷至成都。

5月14日，得知四川灾区急需药物，刘凤兰通过多方联系，动员哈药集团有限公司捐赠药品并空运至灾区。哈药集团决定在已捐赠300万元药品的基础上，再次捐赠价值1500万元的抗生素和消化镇痛类药物。15日，刘凤兰被任命为黑龙江省支援四川抗震救灾协调指挥小组办公室主任。16日上午，满载108吨药品的波音747货机飞赴成都。

5月18日，国务院抗震救灾总指挥部群众生活组要求黑龙江省紧急支援甘肃省10万套衣物和10万床棉被。在省救灾物资仓储中心已无储备物资的情况下，刘凤兰协调新闻媒体发布捐赠公告，组织人员动员生产经营厂家捐赠。20日，黑龙江全省捐赠衣物100150套、棉被62923床。同日下午，她与生产厂家签订了紧急加工生产4万床棉被的合同，并派人监督生产。22日上午，棉被全部加工完成，刘凤兰又紧急协调驻军和哈尔滨铁路局装运衣被，于当日20时编成救灾专列向甘肃灾区起运。

6月13日，黑龙江省政府成立援建对接组赴剑阁灾区实地考察。刘凤兰不顾身体不适和疲劳，主动申请赴剑阁对接，并担任对接组联络员。5天时间里，她一边协调对接组有关工作，一边走访了10个乡（镇）、32个村百余家农户，实地查看受灾情况，考察集中定居点、敬老院和救灾仓库选址。每天走访结束后，还同工作组一道研究支援思路，一直工作到深夜。8月18日，她又随黑龙江省民政慰问团，赴剑阁考察援建的普安镇、柳沟镇敬老院规划建设情况，帮助剑阁县民政局解决困难。

10月14日，刘凤兰组织协调黑龙江省为剑阁县捐赠20.85万件棉衣被，并协调质监部门严格检查，不让一件不合格衣被进入灾区；15日，为灾区群众采购了5223床电热毯、150个取暖炉和90吨取暖煤，让居住于过渡房的群众温暖过冬。

2008年10月7日，刘凤兰被中共中央、国务院、中央军委授予“全国抗震救灾模范”荣誉称号。

韩　岩

1962年7月出生，黑龙江哈尔滨人。中共党员，大学本科学历。黑龙江省质量技术监督局办公室主任。

5月16日晚，黑龙江省质监局接到质检总局的紧急部署，调集3台公共安全检测车和16名技术人员，迅速组成局赴四川抗震救灾专家技术服务队。韩岩受局党组重托承担领队任务。临走时，他怕已年过80岁的父母惦记，没让他们知道；独生子在进行高考前的冲刺，他也只是简单嘱托妻子照顾，就毅然踏上了驰援灾区的征程。

韩岩和队员们长途跋涉3800多公里到达四川地震灾区后，冒着余震危险加班加点忘我工作。作为领队，他始终高度负责靠前指挥，既要保证整个服务队人员、仪器设备和车辆出行的安全，又要指挥大家把救灾任务完成好。他既当领队，又当“后勤部长”，每天总是起得最早，睡得最晚。在灾区工作期间，他经常失眠，只好吃两片安眠药顶一顶。

在眉山市，韩岩带领工作队集中对全市在生产的99家食品企业进行抽样检测。对不合格产品生产企业，分析原因提出整改意见；对生产条件较差，很难保证产品质量的企业，建议当地质监局责令其停产整顿，以确保供应灾区的食品安全。在德阳市，韩岩带领工作队深入绵竹、什邡等市及乡镇，不顾余震、山体落石等危险，开展地表水、水源水及各种救灾食品的质量安全检测，顺利完成126批次的检测任务。

韩岩有丰富的质检工作经验。在四川灾区，他既当检测工作的组织者，又当检测技术指导员。在检测任务最急最繁忙的时段，他始终和检测人员一道夜以继日工作，先后抽样检验300多批次食品、饮用水、生活用水，开展了多项指标的检验检测，为当地抗震救灾领导组织决策提供了可靠的依据。经四川省局机关党委批准，服务队成立了临时党支部，韩岩担任支部书记。在他的培养和带动下，通过抗灾一线的实战锤炼，服务队有6名队员火线入了党。

2008年10月7日，韩岩被中共中央、国务院、中央军委授予“全国抗震救灾模范”荣誉称号。

姜亦山

1969年8月出生，黑龙江哈尔滨人。中共党员，大学本科学历。上海市公安局消防总队奉贤支队支队长。

汶川特大地震发生后，姜亦山受命担任上海消防部队赴四川抗震救灾特勤支队救援分队队长。5月14日17时41分，作为第一支先遣突击队，姜亦山带22名队员乘直升机空降进入受灾严重的汶川县映秀镇。

刚一到达，姜亦山立即与当地党委和政府联系，迅速了解情况，组织开展救援工作。由于气候条件恶劣，又缺乏专业救援工具，救援难度极大。姜亦山毫不迟疑，组织先遣队员全力营救幸存者。从第一个被救者李秋曼，到张春梅、三郎洛尔依、许阳等，在与上海市公安局消防总队总队长陈飞率领的徒步行军大部队会合前的20个小时里，在黄金救援时间72小时内，救出7名幸存者。此后，姜亦山又与支队50名官兵鏖战八天八夜，成功营救12名幸存者，挖掘清理出27具遇难者遗体。

5月19日8时，姜亦山等接到映秀镇前线指挥部命令：生命探测仪发现国家电网映秀湾水力发电总厂办公楼的废墟中还有位幸存者，速去救援。姜亦山迅速带人赶到现场，发现救援难度极大：整座楼房立柱倒塌，楼板厚而坚固；整个废墟呈堆积状，稍有震动就会进一步坍塌；被困者深埋10米以下，情况不明。被困者已被埋160余小时，救援需要打开一条通道，但救援空间只能容一人进出，又面临着强余震，作业中各种危险都可能发生。姜亦山安排两名特勤队员拿着风镐、液压钳等设备，轮流进入狭窄的操作空间，打了近10米的通道，持续挖掘十几个小时。21时，救援人员终于触摸到被困者。此时余震突然发生，石块噼里啪啦地砸在消防战士的钢盔上。经过17个小时抢救，20日零时50分，已经被困废墟179小时的马元江被救出，后经医生抢救治疗脱离了危险。

在映秀镇的抢险救援中，抢救高速公路收费员蒋雨航的行动最为惊心动魄。蒋雨航不仅被埋得深，而且东面、西面、南面被几根柱子死死卡住。消防官兵从上面用风镐打碎混凝土，用液压剪剪断钢筋，在废墟中开出一条狭小“生命通道”，只见一根柱子就横亘在前，柱子支撑着边上的几块钢梁，一拆就会全部压下。抢险队员好不容易像蚂蚁搬家似地挪开杂物，离蒋雨航仅一步之遥了，却因有3根柱子挡住去路，无法施救。姜亦山果断决定从结构较为稳固的北面开挖，清除6层楼板后，蒋雨航一只手伸出轻轻摆动几下。消防战士赶紧递上生理盐水，同时安慰和鼓励他。

经反复勘察，姜亦山决定用撬棒扩大两块楼板的间隙，再安排身材瘦小的战士进去救援。很快，一个小个子战士让战友拉住双腿，倒着钻了进去，终于在5月17日18时6分，把蒋雨航救了出来。

在救援现场，不管有无生命迹象，不论救援情况多么复杂，只要还有救援空间，只要灾区群众有要求，姜亦山就指挥战士全力以赴进行搜救，每天要组织指挥8个救援现场搜救约18小时。姜亦山和战友们始终抱着一个信念：只要有幸存者在，就决不放弃。

2008年7月，姜亦山被公安部授予“全国公安系统抗震救灾先进个人”称号；10月7日，被中共中央、国务院、中央军委授予“全国抗震救灾模范”荣誉称号。

范存义

1964年4月出生，山东宁阳人。中共党员，博士研究生学历。上海市第六人民医院院长助理，主任医师。

汶川特大地震发生后，范存义多次要求参加医疗队赴灾区救援。5月13日，医院奉命组建由12名医生、6名护士参加的上海市第六人民医院抗震救灾医疗队，由上海虹桥机场登机飞赴地震灾区，范存义任队长。14日14时30分，医疗队到达成都，按照抗震救灾指挥部命令，进驻凤凰山军用机场，奉命分两批空降汶川县映秀镇。由于飞机限载，范存义要求大家扔下行李，减少食品和饮用水，尽可能带上必备药品和器械轻装登机。

位于震中的映秀镇已成一片废墟，人员伤亡惨重。根据当地救灾指挥部意见，医疗队冒着余震和随时可能发生山体滑坡的危险，与部队、消防官兵一起搜救伤员，对被埋压在废墟中的伤员实施现场救治；并设立医疗点，到群众聚集点巡诊，负责部队及消防官兵医疗保障。

5月16日，山东省公安消防总队发现了埋在水泥板下的国家电网映电总厂女职员虞锦华。为抢救虞锦华，各方协作动用救援力量300多人，现场营救长达56个小时，直到18日才终于将其救出。范存义带领医疗队员加入施救，将头孢拉定胶囊里的药粉兑上水，用吸管让虞锦华吮吸，为其补充营养与水，为抢救赢得了时间。

5月17日上午，武警上海市消防总队队员在废墟下发现生命迹象，正全力施救。范存义带领医疗队制订周密的救治方案，并就地取材，用门板制成担架，用木条做成夹板，用椅子制成输液架，用窗帘做成被单，用纱布作蒙眼布，做好急救准备。持续挖掘10多个小时后，蒋雨航被救出，范存义立刻指挥医疗队员进行现场抢救和全面评估。随后，3名队员跟着担架，轮流高举输液瓶急走10多公里崎岖山路，将蒋雨航护送到医疗点继续治疗，使被埋废墟124小时、滴水未进的蒋雨航成功获救。

因长途跋涉和不间断抢险救人，不少部队与消防官兵严重脱水、中暑、皮肤过敏、外伤感染。范存义带领医疗队员因地制宜，手术器械不够，就用手术刀片和少量消毒液完成清创；消炎药、皮炎药用完，试着将蛇药用水化开涂搽皮疹患处；抗过敏口服药用完了，就把地塞米松针剂稀释后给患者注射，尽力提供医疗保障。

震后灾区水、电、通信、交通和补给等方面条件极其困难。范存义要求党员、团员践行“一不怕苦、二不怕死、连续作战”的精神，并身体力行。映秀镇昼夜温差大，白天帐篷闷热，夜晚冻得瑟瑟发抖，只能背靠背取暖；18名队员与1名随队记者挤在两顶6人标准的帐篷里，每天只睡两三个小时；加上灾后气候无常，暴雨不断，有好几个夜晚，大家醒来才发现已被泡在水中。

在灾区的五天四夜里，上海市第六人民医院抗震救灾医疗队在范存义带领下，面对极其恶劣的生存环境，没有一人畏惧和退缩，始终保持着高昂的斗志。范存义带领医疗队共诊治病人602人次，其中较重病人15例，完成了抗震救灾医疗救治任务。

2008年9月，范存义被卫生部、食品药品监管局、中医药局、总后卫生部授予“抗震救灾医药卫生先进个人”称号；10月7日，被中共中央、国务院、中央军委授予“全国抗震救灾模范”荣誉称号。

何　晓

女，1974年3月出生，四川自贡人。硕士研究生学历。上海文广新闻传媒集团电视新闻中心记者。

汶川特大地震消息发布15分钟后，何晓一行5人启程，于5月13日凌晨抵达重庆，并连夜赶往成都，成为第一批抵达灾区的外省市电视媒体报道队伍之一，何晓也成为上海电视媒体最先奔赴灾区现场的记者之一。

何晓等抵达成都后，立即赶赴抗震救灾前线指挥部所在地都江堰，连续工作42个小时没有休息，抓紧采访、拍摄、报道，并多次在成都、都江堰与上海东方卫视、上海电视台新闻综合频道进行卫星或电话连线，及时报道抢险救灾最新进展和灾区群众生活情况，把灾区的真实场景展现给观众。

5月17日17时许，何晓一行想尽办法争取到搭乘直升机的机会，带着300多公斤重卫星设备进入地震震中汶川县映秀镇，从而使上海文广新闻传媒集团成为国内第一家把卫星设备带入当地的媒体。19时左右，何晓等把上海消防救援队深入灾区救援的素材传送出来；22时左右，何晓在现场进行直播报道，成为第一个在映秀进行卫星连线直播报道的记者，文广新闻传媒集团也由此成为第一家在映秀进行卫星连线直播报道的电视媒体。当天夜里，飞沙走石，天空下起地震后当地最大的一场雨，何晓等4人只有两顶小帐篷，而设备就占去大部分空间，周围山体滑坡，险象环生。她们浑身湿透，一夜不敢睡觉，但天色刚亮，就忘记疲劳、恐惧，又投入到采访报道中。

在地震发生后的两周内，何晓一直坚持在抗震救灾现场，始终保持着紧张的工作状态，每天进行现场连线五六次，先后发回现场报道近30条，其中向中央电视台提供成片7条次、电话连线2次，消息《汶川映秀：慈母千里寻亲目睹儿子被救》，全面深入报道了上海消防救护队在灾区抗震救灾的情况，让上海观众通过电视媒体及时了解到前方的最新救援情况。该消息也获得当年上海广播电视二等奖。

何晓每天6时出去采访，深夜才回到驻地。白天，她忙于拍摄报道；晚上，她还要写稿件、传报道，和后方电视台联系，安排第二天的采访拍摄。在灾区，余震不断，行路途中，到处是塌方、泥石流，到处是堵塞的河道、随时都会倒塌的房屋，严重威胁着记者的生命安全，但何晓毫不退缩，为及时报道灾区情况始终不停地忙碌。没有雨具，她就在雨中进行现场采访报道和卫星连线出镜；没有食物，她就干啃方便面。

何晓是四川人，家就在成都，但在半个多月的采访报道中没有回过一次家，母亲在电视上看到她，才知道她正在四川灾区，母女俩只在电话里互致问候报个平安。在极为恶劣的工作环境中，何晓拍摄了800多分钟的录像资料，真实记录了上海消防救援队在灾区的救援工作和灾区人民抗震救灾的壮举。

2008年10月7日，何晓被中共中央、国务院、中央军委授予“全国抗震救灾模范”荣誉称号。

王晋超

1973年1月出生，山东青岛人。中共党员，大学本科学历。上海维赛特网络系统有限公司网络控制中心副主任，工程师。

汶川特大地震发生后，灾区通信瘫痪，上海维赛特网络系统有限公司接上海市抗震救灾指挥部组建救灾卫星突击队赴四川灾区的命令，王晋超主动报名，受命任突击队队长。5月17日，他率领9名突击队员、2辆卫星通信车，日夜兼程，驰行近2400公里，仅用38个小时就从上海赶到抗震救灾第一线，投入通信恢复和保障工作。

抗震救灾命令要及时通过通信系统发出，灾区人民要听到中央的声音，各项救灾工作要通过通信进行联络，因此瘫痪的通信系统必须尽快恢复。在近一个月里，王晋超先后率队往返成都、德阳、绵阳、阿坝等市（州）灾区20余次，完成9个卫星双向视频会议系统的安装。王晋超任突击队技术总指挥和后勤总协调，白天带领突击队员建天线基座，铺设线路，20时后把当天拍摄的素材传回上海，超负荷工作一天后，只能在卫星车或水泥地上休息。

5月20日，突击队紧急调试设备，确保了上海市抗震救灾应急指挥部与赴川前线人员第一次多方视频会议的成功举行。为保障21日全国民政系统支援汶川特大地震灾区电视电话会顺利召开，已经3天没有休息的王晋超带领两名技术人员连日抢建卫星站，调试卫星信号，至21日15时，完成所有线路的调试。此次会议，收看点覆盖全国31个省（区、市）民政厅（局）机关和852个县，4万多名民政干部收看。通过民政卫星视频会议系统将双主会场信息传输至全国各地，这是中国历史上灾害期间通过专网召开的最大规模的电视电话内部会议。

5月27日，当了解到上海华山医院与德国红十字会共同组建的中德红十字会野战医院，在救治灾区群众时因手机信号时断时续，无法通过网络与上海进行远程会诊时，王晋超按照“灾区需要什么就做什么”的既定方针，指挥突击队员冒着余震威胁和雷电袭击的危险，在暴雨中为中德医院安装了一套2.4米天线的双向视频会议系统。该系统既可较长时间支持前方野战医院与后方华山医院总部进行视频通话在内的通信联络，也可用作远程会诊。

灾区应急救灾保障工作大多紧急，只要接到命令，突击队便立即设法赶到现场。王晋超领导的突击队先后8次为新闻媒体传输电视节目，其中两次是异地卫星连线直播。六一儿童节期间，突击队在都江堰市通过设备调试以及流程演练等近5个小时工作，为上海教育电视台的特别直播节目提供技术支持，给灾区的孩子们送去节日的特殊礼物。

王晋超还与突击队员们一起，为灾区人民设计了一套集影视、宣传、教育等功能于一体的全网络化数字影视远程影视教育系统。系统先在北川羌族自治县擂鼓镇安装，为灾区人民播放了灾后第一部电影。此后，根据灾区临时安置点的需要，突击队又建立22个远程影视教育系统，并采用流动放映车在各安置点间流动播放，播放电影274场次，转播中央电视台“新闻联播”节目和各种科教宣传片、心理辅导片等，每天20时起连播3小时，场均1500人左右，超过4万人次观看。王晋超率领的上海救灾卫星突击队在灾区的行动引起社会关注，中央电视台、四川电视台、陕西电视台、《解放日报》《文汇报》和路透社等中外媒体对其进行了集中报道。

2008年10月7日，王晋超被中央、国务院、中央军委授予“全国抗震救灾模范”荣誉称号。

贾德裕

1954年6月出生，安徽合肥人。中共党员，大专学历。南京市建筑工程局党委书记、局长。

5月21日19时，江苏省建设厅向全省下达抗震救灾过渡安置房建设任务，贾德裕连夜召开紧急会议部署援建工作。局领导班子考虑到贾德裕患有严重的糖尿病，一再要求他留在南京坐镇指挥，但贾德裕说：“我作为一把手，这个时候不上什么时候上？”经过2000公里长途跋涉，贾德裕带领第一批220人援建队员于26日凌晨抵达极重灾区绵竹市。

呈现在援建者眼前的建设工地是一片废墟，满地泥泞。在受灾百姓殷切的目光中，贾德裕撸起袖子坚定地说：“不等不靠，我们自己干！”贾德裕在建筑行业工作近40年，从普通工人干到建工局局长，具有丰富的施工组织经验，曾多次组织指挥大体量公共建筑建设和事故抢险救援。为抢进度，贾德裕在废墟上召开会议明确分工，选址搭建工人营地，找水找火，到绵竹火车站打听材料进场的信息，寻找大型施工机械。为打好开工第一仗，贾德裕每天只睡4个小时。5月29日，南京市援建的居住板房正式开工。当天上午持续大雨，贾德裕身先士卒，当第一车混凝土开进工地时，他指挥卸料。由于连续冒雨指挥，血压急剧升高，但他始终不肯回帐篷休息。援建工程施工期间，贾德裕提出“大雨小干，小雨大干，不下雨拼命干”，这句话很快成为江苏援建工地上最流行的口号。

贾德裕因患糖尿病需要早晚各注射一针胰岛素。由于劳累过度，贾德裕多次在援建工地上出现虚脱，但每次他都叮嘱大家不要将此情况告知后方和他的家人。后方的同志怕他累倒，想办法将他“骗”回南京，可是不到3天，他又重新返回灾区一线，用他自己的话说：“一天不到工地，心里就不踏实。”过渡安置房援建任务出色完成后，南京市领导考虑到贾德裕的身体状况，本不打算安排他参加对口援建工作，但他主动请战，又继续负责援建绵竹市剑南镇全部21个项目建设的指挥协调工作。

截至6月24日，南京市建筑工程局援建大队共建板房9081套，占江苏省援建任务的三分之一。江苏省委书记梁保华握着贾德裕的手说：“南京援建的任务最重、类型最全、施工最复杂，但是南京干得很出色。”住房城乡建设部部长姜伟新在南京市援建现场向贾德裕敬礼，并说：“向您致敬，向您学习！”

2008年7月，贾德裕被江苏省委、省政府授予“江苏省支援抗震救灾先进个人”称号；10月7日，被中共中央、国务院、中央军委授予“全国抗震救灾模范”荣誉称号。

陈光标

1968年7月生，江苏泗洪人。中国致公党党员，硕士研究生学历。江苏黄埔再生资源利用有限公司董事长。

地震发生刚刚两个小时，陈光标即着手组织了由推土机、挖土机、吊车等60辆重型机械设备和120名操作手组成的抢险队，千里驰援直奔四川灾区。

5月13日中午，陈光标率救援人员先行到达都江堰，沿路有大批受灾群众撤离。陈光标不断下车给迎面而来的受灾群众发放救助金，很快将随身携带的20多万元现金发光。14日早晨，陈光标率队徒步进入极重灾区北川羌族自治县，立即展开救援，成为首支抵达地震灾区的民间机械化救灾队伍。

5月14—15日，陈光标率救援人员在北川救援，尽管异常艰难，但一刻也没有停止。16日，陈光标组织人员在德阳市区、绵竹以及东汽救援。17日，到达汶川县映秀镇，陈光标一方面参加救人，一方面指挥工程机械疏导交通。面对危险，陈光标说：“我从来就没有想过我是一个企业家、慈善家，只想到为灾区能做些什么，就多做些什么！”

陈光标在灾区忙碌了54个日日夜夜，几乎走遍了四川灾区每个县和重点乡镇，指挥着机械化救援队，冒着频发余震、泥石流和山体坍塌的危险，参与打通通往北川、汶川和映秀的“生命线”，用推土机推出映秀镇的停机坪，在岷江边修通几公里的道路，为大部队进入灾区救援赢得了宝贵时间。50多天里，救援队抢救被埋压群众131人，掩埋遇难者遗体数千具。在抗震救灾及灾后重建过程中，陈光标累计向灾区捐赠款物过亿元。

2008年7月，陈光标被人力资源社会保障部、共青团中央授予“抗震救灾英雄志愿者”称号，被共青团中央、中国青年志愿者协会授予“中国十大杰出志愿者”称号，被江苏省委、省政府授予“江苏省支援抗震救灾先进个人”称号，被中国红十字会授予“抗震救灾优秀志愿者”称号；10月7日，被中共中央、国务院、中央军委授予“全国抗震救灾模范”荣誉称号；12月，被全国工商联授予“全国工商联抗震救灾先进个人”称号，被致公党中央授予“中国致公党抗震救灾突出贡献奖”。

赵翰林

1945年3月出生，江苏南京人。硕士研究生学历。江苏省人民医院普外科胆道微创专业组组长，主任医师。

5月13日晨，江苏省卫生厅紧急指令江苏省人民医院组建医疗队赶赴四川救援。63岁的普外科专家赵翰林主动向院长请缨："我参加过抗洪救灾等多次医疗救援，经验足，还曾两次前往新疆，年龄和身体都不是问题，请一定派我去。"医院领导被他的诚心和决心打动，破例批准了他的请求。

抵达绵阳后，医疗队安排赵翰林留守相对安全的绵阳，赵翰林"发火"了："这个时候如果我们能到灾区第一线，就能发挥更大的作用，前方还有很多灾区百姓等着我们去救呢。"5月14日下午，得知通往极重灾区平武县平通镇的道路打通了，赵翰林和6名同事立即组成小分队奔赴平通。此时的平通镇几乎一片废墟，无水、无电、无通信，条件十分艰苦。15日2时，医疗队员们刚刚准备休息，救助站来了10多名食物中毒患者。赵翰林和队员们立即起身，从废墟中搬来破旧的门框做成输液架。山区夜间气温低，帐篷里无法容纳下所有患者，赵翰林就找来树枝，生起篝火让病人取暖，烧开水给病人喝。5时，看着所有的病人逐渐好转，赵翰林才回到帐篷休息片刻，然后投入到第二天的工作中。

根据多次参加抢险的经验，赵翰林建议医疗队员和当地医务人员一起，加强平通各地的巡访和防疫教育，并不顾连日劳顿，为防止大灾后瘟疫流行，和巡查队员顶着烈日，每天跑10多公里山路，挨家挨户诊治、巡访。这就是江苏省人民医院医疗小分队首创的"平通经验"，即动静结合、防治结合、军地结合、群专结合。后来，"平通经验"不断得以完善，受到绵阳市抗震救灾指挥部的充分肯定和绵阳市政府的表扬，并在全市推广。在平通的4天时间里，医疗队员们共救治400多位伤员。作为江苏医疗队中年龄最大的队员，赵翰林每天只睡3个多小时，常常忘记吃饭，有时候忙得连口水都来不及喝，他以实际行动深深影响和激励着身边的医疗队员。

5月18日，被替换回绵阳后，赵翰林始终惦念着抢救一线的患者。听说医疗队即将派往北川的名单中没有自己，当晚便向院长发了一条短信："请您别让我在绵阳'闲着'，这会让我终日痛苦不堪度秒如年。请您批准我去前线！"19日，赵翰林再次和队员们紧急奔赴北川抗震救灾第一线。

此时的北川灾情相当危急，抗震救灾指挥部连续两天发布强余震消息，堰塞湖随时有溃坝可能。北川全城戒严，城内满目疮痍，尸臭熏天。在北川的五天四夜里，赵翰林白天和消防官兵一起步入县城，寻找生命的奇迹，而把其他队员留在相对安全的医疗帐篷里。在医疗队里，赵翰林是睡得最晚起得最早的人，像慈父一样照顾着年轻的队员。

2008年7月，赵翰林被江苏省委、省政府授予"江苏省支援抗震救灾先进个人"称号；9月，被卫生部、食品药品监管局、中医药局、总后卫生部授予"抗震救灾医药卫生先进个人"称号；10月7日，被中共中央、国务院、中央军委授予"全国抗震救灾模范"荣誉称号。

王守志

1959年12月出生，吉林长春人。中共党员，大专学历。江苏交通控股有限公司华宇通用航空有限公司副总经理、总飞行师。

在接到中国民航局征用通知后，王守志带领江苏交通控股有限公司华宇通用航空有限公司B7801机组7名工作人员，提前结束四川攀枝花航空护林任务，驾驶直升机于5月15日14时30分紧急飞抵民航广汉机场，成为民航从外地飞赴灾区的首架救灾直升机。到达灾区后，王守志不顾长途飞行疲劳，立即向民航抗震救灾指挥部请战，迅速投入抗震救灾工作，并于当天连续飞行2个架次，向极重灾区绵竹市清平乡运送救灾物资2.7吨，接回灾区伤员26人。

随着救援工作的深入开展，王守志发现灾区地形异常险要，气象条件复杂，飞行空域狭小，加之执行救灾任务的军用和民用直升机数量不断增加，飞行救援难度越来越大。为确保飞行安全，王守志将飞行中观测到的飞行区域道路、山谷、高压线走向等一一做好标记，针对灾区的特殊地理环境及气候情况，反复进行图上作业，对突发情况制订出若干套应急预案，并给机组成员详细讲解飞行特情的处置办法。为了争取第一时间救援，王守志率领机组成员忘我作业，日均飞行8~12个小时；到了晚上，又带领机组人员做好第二天的飞行准备和领航计算。在连续超强度、超负荷飞行作业的情况下，王守志总说自己还有潜力，还可以多飞，总是抢着向民航直升机抗震救灾飞行指挥部要任务。他知道时间就是生命，只要多飞一次，就能为灾区人民多提供一份援助，多送去一份温暖和希望。

5月16日，恶劣的天气和高难度的峡谷飞行，对直升机性能和飞行员体能技能都提出了严峻挑战，是实施救援最困难的一天。王守志和机组人员义无反顾，一心只想着尽可能地多飞几个架次，多运几个伤员，多装一些物资。

5月15日至6月12日，在抗震救灾最繁忙最艰难的28个日日夜夜，王守志带领机组人员驾驶直升机在绵竹、什邡、北川、青川等极重灾县（市）频繁飞行，共执行43架次飞行任务，其中有6个架次几乎是在生死线上飞行，总计运送救灾物资47吨，运送伤员58人，转移群众141人。

2008年7月，王守志被江苏省委、省政府授予“江苏省支援抗震救灾先进个人”称号，被中国民航局授予“全国民航系统抗震救灾先进个人”称号；10月7日，被中共中央、国务院、中央军委授予“全国抗震救灾模范”荣誉称号。

王瀛波

1967年3月生，浙江余姚人。中共党员，大学本科学历。浙江日报社杭州分社社长。

汶川特大地震发生3天后，浙江日报报业集团派出首批由8位记者组成的采访组赴四川地震灾区采访，王瀛波任领队。

5月15—26日，王瀛波任领队的采访组冒着余震、塌方等危险，克服平时难以想象的困难，共从灾区一线发回200多篇报道，向广大读者展示了抗震救灾人员在抗震救灾一线的风采。

作为领队，王瀛波责任更重，工作量更大，表现出了高度的政治责任感和良好的职业素质。在灾区期间，王瀛波每天只睡三五个小时，不断收集报道线索，协调组织采访力量，指导记者采访、写稿，并时刻用手机与报社保持联系。由于灾区通信联络不畅，许多记者的稿子都是通过短信把材料发到王瀛波的手机上，再由他整理编写出来的。

王瀛波还主动深入到最危险的重灾地区采访。5月17日下午，王瀛波和两位记者正在都江堰市采访，获悉蒲阳路一处废墟里存在生命迹象，当即与消防战士一起赶到现场。当时，余震袭来，一旁的危楼摇摇欲坠，不少人纷纷撤离，王瀛波一直坚持在废墟救援现场采访，掌握了第一手的生动材料，含泪及时写下报道《无论你在哪里，我都要找到你》。该报道感动了许多读者，有读者发短信说：看了你们这些报道，让我们更加关切灾区人民，也促使我们加入到为灾区人民捐款的行列。

5月19日，王瀛波带领两名记者赴震中汶川县映秀镇采访。一路上，他们克服山石滚落、山体塌方、汽车爆胎等险情，15时多抵达映秀，而完成采访、从映秀返回都江堰时，已是23时多。为在截稿时间前把稿件发到报社，保证次日见报，王瀛波当即让司机停车，自己坐在马路上，就着昏暗的路灯灯光，打开电脑开始紧张地写稿，用半个多小时，一气呵成，完成了上千字的特写《映秀映象：我们不屈》，并迅速通过无线上网把稿件传到了报社。

在灾区期间，王瀛波独立或以他为主完成的报道达20多篇。他写的一系列感言式的采访随笔，以感人的细节、深情的笔触，引发了广大读者的强烈共鸣，许多读者纷纷向王瀛波发来短信。有读者说：你的这些报道让我们感动得流下了眼泪，又让我们感受到了温暖和力量。远在南京的一位出版界人士看了《亲爱的小孩，明天你不要哭泣》后与王瀛波联系，说这篇文章深深地感染了她，也让她知道了该为灾区人民做些什么。在两天时间里，这位读者与同行一起组织了数千册儿童读物和碟片，捐赠给灾区的孩子。

2008年6月，王瀛波被浙江省委授予“浙江省支援抗震救灾优秀党员”称号；10月7日，被中共中央、国务院、中央军委授予“全国抗震救灾模范”荣誉称号。

马建青

1960年9月出生，浙江绍兴人。中共党员，博士研究生学历。浙江大学教育学院思想政治教育系主任。

汶川特大地震发生后，从事心理咨询、心理健康教育20余年的马建青意识到，心理援助应成为汶川地震医疗救援的重要组成部分，如不能在心理上战胜灾难，即使生命存活了，也是痛苦的存在。5月15日，马建青向浙江省教育厅主动请缨，赴灾区开展心理援助。当天晚上，马建青接到浙江省教育厅指示，马上向全省高校心理健康教育工作者发出倡议，仅用4天时间便组织起60余人的志愿者队伍。鉴于震后心理援助是个全新的课题，马建青迅速联系海内外多位专家，通过各种渠道收集资料，自任主编，组织人员于6月2日前撰写完成《震后心理援助手册》，分发给每位队员。

6月6日，全国第一支由地方政府派出的浙江赴广元支教团奔赴四川。马建青担任支教团团长，兼支教团心理援助队队长。在浙江省教育厅指导下，马建青率领83人的支教团在极重灾区青川等地开展了为期一个月的心理疏导、校舍建设及教学辅导工作。在灾区，马建青每天都工作到深夜，一天只睡四五个小时，为学生做震后心理调节、高考心理辅导，为教师做心理讲座。一次次面对面交流，让师生们“渐渐看到活下去的希望”。马建青又与组员在青川中学广元外国语学院教学部设立“青川·阳光工作室”，每天早、中、晚安排专人值班，让失去父母的孩子在倾诉和泪水中，将压抑许久的悲痛宣泄出来，让阳光重新照进孩子们的心灵。一位同学参加多次辅导后写道：“在灾难面前，我感受到你们的爱。你们把我们心中的希望之火重新点燃，让我倍感温暖。”

晚上，马建青还要与3个队长、14个组长，同浙江省教育厅驻广元工作站、相关处室、当地政府分别联系安排工作。马建青深知队员们的艰辛，他说，心理援助者每天也需要通过彼此倾诉、交流白天的所见所感，清理自己心理上可能的创伤，否则他们也将无法坚持。

马建青还独自承担了《浙江支教团风采》刊物的编辑工作，共计5期12万字。刊物不仅分发各队、各组，而且送达浙江省教育厅领导及各部处。因心理援助是长期的任务，回到杭州后，马建青继续组织人员，对原《震后心理援助手册》进行了多次修改，力求更好地反映当前国内外心理援助的成果，特别是灾区开展心理援助的实践体会和经验。9月，《震后心理援助指南》正式出版，为中国的抗震救灾尤其是心理援助工作提供了难得的资料。

2008年10月7日，马建青被中共中央、国务院、中央军委授予“全国抗震救灾模范”荣誉称号。

赵长军

1971年3月出生，河北乐亭人。中共党员，博士研究生学历。浙江省交通规划设计研究院副院长。

汶川特大地震给广元市造成了极其严重的损失，青川县灾情尤为惨烈。通往青川的道路完全被毁坏，桥梁垮塌，山体多处塌方，巨石滚落。因关系到青川北线5个乡（镇）数万群众的安危，抢通道路，特别是尽快修复桥梁，就是抢通救灾的“生命线”。面对危险与困难，正在广元挂职锻炼、担任广元市政府副秘书长和市交通局副局长的赵长军始终坚持奋战在第一线，每天工作近20小时，心中只有一个目标：要用最快的速度抢通道路桥梁，为抢险救灾赢得宝贵时间。

抢修桥梁期间，赵长军多次在关键时刻果断做出决定。干溪河大桥桥台侧墙严重外倾，桥面开裂，驾驶人员不敢驾驶抢修机械通过，当地交通系统两位高级工程师到现场查看后，认为情况危险随时可能垮塌，无法通行。抢通工作严重受阻，各级领导心急如焚。赵长军通过在现场认真仔细检查，凭着扎实的理论知识和工程经验，做出限载限速可通行的决定，为抢通赢得了时间。青川境内全长350米的白水大桥桥面受损，表面看来并不严重，但赵长军发现大桥腹拱拱顶断裂，判断为危桥，立即要求采取限制一切机动车辆通行的措施，避免了可能造成的桥梁垮塌和人员伤亡。为对白水大桥临时加固，赵长军在组织专家论证的基础上，做出正确决断，并很快投入快速抢修。5月19日14时6分，青川县发生5.4级余震，此时赵长军正与浙江交通架桥突击队一起对白水大桥实施加固，桥面距水面将近30米高，桥体在余震中剧烈晃动，险象环生，但突击队勇士们没有畏惧，继续施工。两天后白水大桥恢复通车，为沙州镇抢险救灾赢得了时间。

5月25日下午，赵长军正在青川观音庙附近检查通乡公路受损情况，遭遇了震中位于青川县的6.4级余震，霎时烟尘弥天，岩石滑落，碎石结结实实地砸在车上。司机赖青回忆说："那时生死已经不顾，生命完全交给了运气。"

9月，第八批"博士服务团"在四川服务到期，赵长军马上就可以回到只有7个月大的儿子和辛苦操劳的妻子身边。但是面对受灾后的广元，想到还有20多座危桥必须拆除重建、上百座的"病"桥急需维修加固，赵长军毅然选择继续留在广元，参加第九批"博士服务团"。

2008年10月7日，赵长军被中共中央、国务院、中央军委授予"全国抗震救灾模范"荣誉称号。

杨宝庆

1968年11月出生，浙江杭州人。硕士研究生学历。浙江泰普森休闲用品有限公司董事长。

汶川特大地震发生时，杨宝庆正在国外考察，从互联网上获悉汶川发生特大地震消息后，预感到灾区灾情严重，便立即结束考察，提前回国。下飞机后，杨宝庆没有回家，而是直奔民政部，捐赠了价值50万元的救灾帐篷和10万元现金，又把民政部下达给自己的帐篷生产任务从3万顶追加至5万顶。5万顶救灾帐篷，光钢材就需要7100吨，面料需要220万平方米，而留给企业采购、运输、生产、检验的时间不足40天。

5月22日，中共中央总书记胡锦涛到泰普森公司考察。总书记的勉励，激励杨宝庆再次主动提出把生产任务增加到8.5万顶，保证6月20日前全部完成。为了不辜负总书记的嘱托，杨宝庆冒着被国外客户巨额索赔的风险，当机立断，与国外客户沟通后推后2000万美元订单的交货时间，开足马力赶制救灾帐篷。白天，所有人都忙着组织生产；深夜，杨宝庆召集管理人员开会，布置任务、分析进度、控制质量，落实安全与后勤保障，解决突发问题。20多天内，杨宝庆吃住在公司，每天休息不到5个小时，眼睛熬得红红的，即使患了感冒也不到医院诊治，吃几片药就又投入工作。在杨宝庆与全体员工共同努力下，终于提前两天完成生产任务。随后，杨宝庆又为中华慈善总会紧急赶制了1万顶救灾帐篷。

9.5万顶救灾帐篷，占浙江省救灾帐篷总任务的三分之一，可安置50万受灾群众，等于为灾区一个县的百姓营造了温馨的家。杨宝庆和他的泰普森公司创造了奇迹，杨宝庆也用自己的实际行动履行了那一句斩钉截铁的誓言："生产报国责无旁贷，抗震救灾义不容辞！"

2008年10月7日，杨宝庆被中共中央、国务院、中央军委授予"全国抗灾救灾模范"荣誉称号；12月，被全国工商联授予"全国工商联抗震救灾先进个人"称号。

马尔健

女，1957年1月出生，安徽合肥人。中共党员，大学本科学历。合肥市疾病预防控制中心党总支书记、主任，主任医师。

5月17日，马尔健接到安徽省卫生厅指令，由合肥市和马鞍山市疾病控制中心、卫生监督所及合肥市精神病院等5个单位，共抽调12名专业技术人员及2名驾驶员，组成安徽省卫生厅抗震救灾第一批卫生防疫队赶赴四川，由她担任队长。接到任务后，马尔健立即率领组员迅速赶赴极重灾区青川县红光乡。

一到灾区，马尔健就主动与当地政府、驻地部队和卫生院有关人员联系，了解相关人文资料，摸清红光乡行政区划、受灾人口、灾区群众安置及灾前、灾后传染病发病等情况，同时安排队员开展现场调查。根据现场灾区群众灾情调查，马尔健在指挥部会议上提出以确保饮用水安全、饮食安全，清理环境和消杀为主，辅之以健康教育、疾病监测的一套完整的卫生防疫方案，并提出立即全面清理外环境和河道，焚烧或掩埋尸体，尽量减少蚊蝇滋生地，避免污染水源；立即在灾区群众点建立3个公共厕所，加大消毒杀虫工作力度；将水源用管道引出，避免出现安全隐患。指挥部采纳了马尔健的意见，当即请求军队协助解决。由于她提出的防疫方案符合灾区现状且容易实施，被安徽省卫生厅作为样板推广应用。

动物尸体消毒处理，是灾区防疫中较重的工作。红光乡震前是长毛兔饲养乡，震后大量死兔和猪、狗、牛等畜禽尸体，严重威胁着灾区群众健康和下游水源安全。马尔健带领队员和救灾官兵，每天冒着高度腐烂动物尸体散发出的难忍恶臭和尸碱中毒的危险，对15公里河道及周边村落进行巡视，寻找死亡的家禽、家畜，进行消毒掩埋或焚烧后掩埋。

因红光乡道路不通，队员们的给养跟不上，没有蔬菜，连续一周吃方便食品，部分队员出现便秘和口腔溃疡。在马尔健指挥下，小分队成立生活自救组，积极开展自救，明确规定不能动用灾区群众的蔬菜和粮食。生活组见山上有野生香椿树，于是将香椿叶采来当蔬菜；夜晚没有电，蚊虫太多，部分队员被叮得"体无完肤"；因水供应紧张，队员们无法洗澡；当地昼夜温差相差近20度，白天烈日炎炎，紫外线特别强，夜晚寒风嗖嗖，只能和衣盖棉被睡觉。在马尔健带领下，卫生防疫队全体队员面对重重困难，始终坚守在抗震救灾第一线。整个救灾期间，红光乡未发生一起疫情和突发公共卫生事件。

2008年9月，马尔健被卫生部、食品药品监管局、中医药局、总后卫生部授予“抗震救灾医药卫生先进个人”称号；10月7日，被中共中央、国务院、中央军委授予“全国抗震救灾模范”荣誉称号。

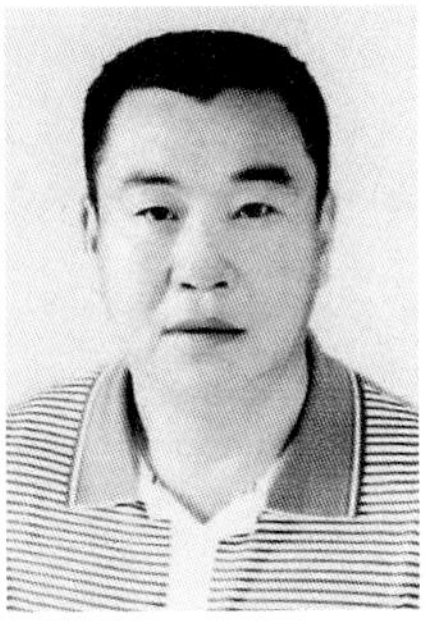

刘兆水

1964年11月出生，安徽怀远人。中共党员，大专学历。安徽省蚌埠市震兴路桥工程有限公司董事长。

汶川特大地震发生后，得知灾区道路中断，抢修急需大型机械设备，刘兆水当即想到自己公司的两台特种挖掘机，特别是“大宇500型”挖掘机，是华东地区少有的大功率挖掘机，能将几十吨重的石头直接移走，正是灾区道路抢险中急需的机械设备。他连夜和3个弟弟商量后，将两台大型挖掘机装上平板汽车奔赴四川灾区。

5月17日零时，历经30多小时长途跋涉，刘兆水兄弟一行到达绵阳，绵阳市抗震救灾指挥部当即派他们赶赴极重灾区北川羌族自治县陈家坝乡。刘兆水从十几岁就开始开山、放炮、打石头，后来又跨入修路建桥行业，对开山破石和修路十分熟悉。刘氏兄弟冒雨赶到陈家坝后，接到的第一项任务就是抢修陈家坝乡到县城的主干道。当时，大雨倾盆，余震不断，不时有泥石流和山体滑坡发生，加上公路坡陡弯急，路面坑洼不平，走了10多公里山路，历经6个小时，他们才艰难地赶到抢险施工现场，时间已经是22时。刘氏兄弟顾不上劳累和饥饿，立即投入到紧张的抢险中，到18日3时许，在被山体滑坡冲垮的一座桥梁旁修出一条500多米长的便道。

便道修通，未及喘息，绵阳市抗震救灾指挥部又下达了第二道命令，让刘氏兄弟打通省道105线曲（山）桂（溪）段。这个路段有一处近1公里长的严重塌方，几十块上百吨甚至上千吨的巨石横卧路中，加之余震和塌方不断，施工难度很大。为了啃掉这块“硬骨头”，刘氏兄弟从有关部门要来雷管和炸药，凭着熟练的技术，对横在路上的巨大岩石进行爆破，到5月19日7时，终于把险路修通。紧接着，第三项重任又落到刘氏兄弟肩上：前方有座桥梁被泥石流全部冲毁，缺口近800米，指挥部要求他们继续向前推进。刘氏兄弟随即夜以继日抢修，在很短时间内，一条新修便道绕过缺口，重新把公路连接上。

随后，刘氏兄弟又承接了一项更危险、更艰巨任务——抢通北川垭都公路。垭都公路是贯岭乡、白坭乡和都坝乡通往外界的唯一通道，由于地震造成山体滑坡，在桂溪乡团结村境内有4公里路段完全损毁，3个乡（镇）1.1万多名群众的“生命线”陷于瘫痪，受灾群众已经被困10余天。刘氏兄弟到现场一看，一边是上千米的高山，一边是一两百米深的悬崖，坍塌的山石把整条路都冲毁了，而且上方的山体已经出现裂缝，若发生余震，会引起山体滑坡和巨石滚落，十分危险。施工机械只能在狭小的地方挪动，操作稍有不慎，就可能机毁人亡。刘兆水考虑到兄弟4人全部离家在外，一旦发生不测，家中妻儿老小还要有人照顾，于是安排四兄弟分成两组轮流作业。5月25日16时21分，刘氏兄弟遇到一次最严峻的生死考验：紧张施工时发生6.4级的余震，山上乱石纷纷滚落，万幸的是没有人受伤。从23日下午到27日中午，经过连续几天的艰难施工、几十次爆破，垭都公路终于全线打通，运送救灾物资的车辆源源不断地进入灾区。

在四川救援的日日夜夜，刘兆水兄弟身处险境，多次濒临生死边缘，抢通道路30公里，开挖土石34万立方米。

2008年10月7日，刘兆水被中共中央、国务院、中央军委授予“全国抗震救灾模范”荣誉称号；12月，被全国工商联授予“全国工商联抗震救灾先进个人”称号。

施立生

1964年6月出生，安徽桐城人。中共党员，大学本科学历。安徽省建设厅建筑安全办公室副调研员。

为临时安置无家可归的灾区群众，安徽省建设厅及时成立了支援四川灾区建设过渡安置房指挥部，施立生被任命为常务副总指挥。5月23日下午，满载安徽省首批270套安置房的19辆大货车，经过两天两夜的长途跋涉，安全抵达都江堰市安置房建设点。

为了高质量高效率完成国务院下达的援建任务，施立生积极协助建设厅领导，与4000多名安徽援建人员一道克服种种困难，争分夺秒抢运材料，夜以继日安装，常常是冒雨作业。作为常务副总指挥，施立生白天驾车奔波在崎岖的山路上，与当地政府有关部门进行安置点选址协调，督查在建安置房进度和质量，晚上又参加安置房建设工作协调会，每天都工作到凌晨。

地震灾区过渡居住区一般只有3～5年的使用期，且人口高度集中、基础设施差。施立生和技术人员一起从细节入手，从灾区自然环境和当地群众生活习惯出发，提出在过渡安置房建设中选用节能、环保的科技新产品、新设备。在安徽省援建的过渡房安置点，一批利用风能和太阳能蓄电的新型路灯被安装到公共区域，活动板房屋顶下还加装了隔热层。为确保工程质量，施立生提出：建筑材料和设计是质量保障的第一关口，验收不合格的工程，必须当天连夜整改。安徽省援建的所有学校，材料标准都按照国家要求的上限执行。安装活动板房用的彩钢夹芯板，全部以达到国家标准厚度的优质钢材为原料，选用优质钢材搭建校舍轻钢框架，门窗使用的是安徽省生产的品牌型材。为确保质量，安徽省建设厅前线指挥部专门调集了10多名专职和兼职质量安全监督员。

至6月15日，安徽省比国家要求的时间提前10天完成首期1万套过渡安置房援建任务，居全国前列，创造了“安徽速度”；26日凌晨，都江堰市刮起了20年罕见的大风，大风掀翻了帐篷，吹倒了树木，但安徽省援建的59所中小学过渡校舍全部安然无恙，彰显了“安徽特色、安徽质量”。

2008年10月7日，施立生被中共中央、国务院、中央军委授予“全国抗震救灾模范”荣誉称号。

奚　源

女，1981年8月出生，安徽合肥人。中共预备党员，大学本科学历。安徽电视台新闻中心记者。

5月19日，安徽省派出首批援川卫生防疫队前往四川灾区，奚源作为安徽电视台首批赴川记者中的唯一一名女记者，随行采访报道。

安徽卫生防疫队驻扎在青川县关庄镇，当地还有很多遇难者遗体没有挖掘出来，疫情随时可能发生，卫生防疫工作相当繁重，而且每天都有余震和山体滑坡发生，并伴有泥石流。防疫队所住帐篷几公里外就是一处堰塞湖，如果溃坝，大水8分钟就能冲过来。奚源一直跟随着安徽卫生防疫队，与队员们同吃同住。为了在灾区轻装上阵，更好地投入采访报道，奚源和摄像仲杰除了必备的摄像机和话筒，行李背包中仅有简单的洗漱工具和衣物。一到灾区，奚源立即投入到了解情况、收集新闻素材和采访工作中，汗水、泥水让裤子变了颜色。

余震不断，信息不畅，为了及时把采访到的新闻传回台里，奚源每天都以最快的速度做完现场采访、出镜和画面的拍摄，之后迅速从青川赶往位于成都或绵阳的传输点。一上车，她就开始写文稿，再通过信号时有时断的手机短信把文稿传回台里，有时就直接用手机写文稿，边写边发。一到目的地，就迅速剪辑画面，并在最短的时间内向台里回传，没有耽误过一次发稿。

5月25日下午，奚源从青川县赶往成都传节目，车行进到金子山附近时，司机突然发现方向盘失控，车子开始不停摇晃，一侧山上不时有石块滚落，有的石块击中了车顶，但他们没有退缩，继续前行。几分钟后从广播中得知，刚才发生的是卫生防疫队入川之后遭遇的一次最强余震，达6.4级。

为了采访和发稿，奚源往往顾不上吃饭和睡觉，基本上没有吃过午餐。每天早上5点多钟出发，夜里十一二点传完画面或结束采访后，还要联系和准备第二天的报道选题。吃不好、睡不好，住帐篷时被毒虫叮咬，奔波多日，脚上打起了血泡……奚源没有放弃和退缩。一次，安徽卫生防疫队要去青川县石坝乡开展防疫工作。得到消息后，奚源和摄像记者不顾疲劳和危险，立刻动身，冒着余震和头顶飞石的险情，赶了50多公里山路，与防疫小分队会合，进行跟踪采访。

在四川期间，奚源陆续在安徽电视台多个新闻栏目播发了《省防疫队今天正式开展工作》《川皖一家亲》《一次特殊的支部会》《新闻特写：让生命之花绚烂绽放》等几十篇稿件，进行了几十次电话连线，并为中央电视台供稿近10篇，为上海东方卫视直播节目做了数次连线播报。她大量及时、生动的现场电视报道，使安徽和全国的观众能够迅速、直观地了解安徽医疗防疫人员全力支援四川人民抗震救灾的情况。在前线采访报道期间，奚源郑重向安徽省抗震救灾前线指挥部临时党支部递交了入党申请书，并被批准为中共预备党员。

2008年10月7日，奚源被中共中央、国务院、中央军委授予“全国抗震救灾模范”荣誉称号。

郭晓平

1970年3月出生，福建厦门人。中共党员，大学本科学历。厦门市建设与管理局主任科员。

汶川特大地震发生后，厦门市承担17070套过渡安置房的援建任务。郭晓平克服家中重重困难毅然赶赴灾区，于6月19日到达彭州，投身过渡安置板房建设。

援建指挥部下设4个工作组，郭晓平主动担任最艰苦最繁重的工程组及协调量最大的综合组两个组的组长。面对水电缺乏、材料缺乏、现场施工条件差、生活条件差等困难，以及适逢雨季的不利因素，郭晓平尽快熟悉情况，制订出材料生产计划，并根据厂家实际生产能力、火车运输能力及现场施工条件，提出了每天生产450套板房，先提供构件再提供板材的科学安排。

为加快进度，郭晓平要求现场合理调配材料，板房材料统一集散，统收统配，地材、商品混凝土提前预订，发电机、柴油等备用设备提前购买进场，还主动帮助镇政府寻找建设用地，主动帮助规划设计。道路不通，就购买建筑废渣填筑施工便道；场地积水，就挖降水沟排水；没有施工用电，就上备用电源。同时精心组织施工，统筹施工进度，合理组织人员，班组交叉作业，板房基础施工进度精确到两个昼夜，板房安装进度精确到一天，水电配套施工进度精确到两小时。板房建设的最后一星期，做到了24小时连续作业、停人不停机，板房安装达到每天600套，最后3天板房水电安装砂浆找平达到每天1000套，创造了奇迹。在确保工程质量达标和现场人员安全的情况下，提前7天全部完成一期板房建设任务。

为使灾区群众尽快搬出又闷又热的帐篷住进板房，郭晓平提出“阶段验收、阶段移交、阶段入住”的办法。6月25日完成2500套板房移交，7月2日实现了入住。随着首期住户入住，郭晓平马上进行回访，了解使用中存在的问题、设计上的缺陷、安全上是否存在隐患等。对于存在的问题，一方面责成施工单位马上整改，一方面为二期建设提供合理的设计依据。

7月18日，厦门市援建任务顺利完成，比住房城乡建设部的要求提前23天，总计建成过渡安置房35万多平方米，安置受灾群众1.3万多户、近4万人。至22日，厦门市负责的12个安置点工程全部竣工并通过验收。

2008年10月7日，郭晓平被中共中央、国务院、中央军委授予“全国抗震救灾模范”荣誉称号；11月，被福建省委、省政府授予“福建省抗震救灾功臣”称号。

王灵岚

1958年5月出生，安徽合肥人。中国民主同盟盟员，硕士研究生学历。福建省疾病预防控制中心主任技师。

5月19—23日，福建省抽调业务骨干组建的12支援川卫生防疫小分队陆续进入江油市，驻扎在8个乡（镇），负责江油市25个乡（镇）的灾后防疫工作。王灵岚任福建省援川卫生防疫队现场队长，负责协调、指挥。

5月20日夜，瓢泼大雨造成驻地帐篷进水，被褥全被浸泡，王灵岚和队员们垫着雨衣度过了一个不眠之夜。天亮后，王灵岚考虑到灾区群众安置点临时厕所可能因大雨造成漫溢，如不及时处理，极有可能造成肠道传染病暴发流行，于是果断调整工作方案，带领队员们对全市灾区群众安置点150多个临时厕所逐个消毒和处理，及时消除了疫情隐患。

唐家山堰塞湖位于江油市上游，泄洪要经过江油市的6个乡（镇），可能影响28个行政村、98个自然村。5月23日，为做好泄洪后淹没区的卫生处理工作，王灵岚带领防疫队部分专家，冒着上游香水乡、含增镇路段山体滑坡等危险，考察了江油市境内约36公里的湔江泄洪区，结合当时当地实际情况，提出泄洪后卫生处理的具体措施，并主笔拟订了《江油市卫生局唐家山堰塞湖泄洪卫生防病应急预案》。

6月1日，福建援川防疫队驻雁门分队工作期间发生车祸，5名队员不幸负伤，王灵岚立即与当地抗震救灾指挥部联系，紧急调集4部救护车，驱车60余公里赶往现场，参与现场救援，因救护及时，伤员脱离了生命危险。在江油救灾防病工作期间，王灵岚和队员们10个人挤一顶帐篷，生活条件极为艰苦，每天睡眠不足5个小时，双肩勒出血印，脚上起了血泡，两眼布满血丝，面容憔悴，声音嘶哑，但没有一名队员退却。在王灵岚带领下，福建卫生防疫队按照卫生部指令，完成了灾后防疫村村覆盖，在消毒杀虫、饮用水和食品卫生、传染病监测与防治、灾后心理干预等方面做出显著成绩，完成了任务，确保了江油市灾后无大疫发生。

8月31日至10月7日，受福建省卫生厅委派，王灵岚第二次赴川，担任彭州市灾后对口援建防疫监督队队长。其间，王灵岚对彭州市疾控体系进行调研和全面评估，制订了《彭州市疾控体系灾后重建三年规划和实施方案》。

2008年9月，王灵岚被卫生部、食品药品监管局、中医药局、总后卫生部授予“抗震救灾先进个人”称号；10月7日，被中共中央、国务院、中央军委授予“全国抗震救灾模范”荣誉称号；11月，被福建省委、省政府授予“福建省抗震救灾功臣”称号，被民盟中央授予“中国民主同盟抗震救灾先进个人”称号。

郑建彬

1982年2月出生，福建平和人。大专学历。福建日报报业集团海峡都市报记者。

汶川特大地震发生当晚，福建日报报业集团紧急部署救灾工作，海峡都市报社编委会全力配合，当即确定郑建彬等4名记者第一时间赶往灾区。翌日晨，郑建彬等背起行囊匆匆上路。因受灾情影响，成都机场封闭，几个人先飞抵重庆，再乘车至成都。他们一下车，即紧张地参与救灾物资沟通与协调，共计筹集13车、总价值120多万元物资。物资送抵绵阳市九洲体育馆，郑建彬等立即组织发放，以最快速度发到受灾群众手中。

郑建彬是第一批抵达灾区采访的福建记者，也是第一批冒着生命危险进入极重灾区北川、汶川和唐家山堰塞湖的福建记者。在一个多月时间里，郑建彬和同事们精诚合作，采写了100多篇各类新闻稿件。这些稿件集中报道了福建救援人员在救灾活动中涌现出的大量可歌可泣、感人至深的事迹。许多是独家报道，其中《福建千万富翁闯灾区》《146个小时生命奇迹新纪录》《拎28万现金徒步进灾区济灾区群众》等报道，被中央电视台、新华社、中新社等20多家中央级媒体或各大门户网站频频转载，特别是关于都江堰市聚源中学的报道《想给每个死难者立传》，在搜狐新闻博客被点击近40万次，跟帖评论达数百条。采写过程中，郑建彬频遭生命威胁，或遇余震，在塌楼前侥幸逃生；或遇滚石，与死亡擦肩而过。有时一天仅吃一顿饭，只靠饼干或方便面充饥。

郑建彬和同事们一边采访，一边充当志愿者。在都江堰市中医院、在聚源中学的废墟上，几个人加入到救援者行列，一次次用木棍撬开倒塌的水泥板、乱石块，挖掘被埋的群众和学生。挺进汶川路上，救下一名多日没有进食的男孩王伟，并帮助他找到失散多日的亲人。

福建省对口支援彭州市方案出台后，郑建彬又是报社第一批被派往极重灾区彭州市报道援建工作的记者，发回了大量独家报道，包括《彭州需要什么我们支持什么》《省长在彭州一日行》等生动感人新闻。此后，郑建彬又数次出入四川灾区，报道灾后重建工作。

2008年10月7日，郑建彬被中共中央、国务院、中央军委授予“全国抗震救灾模范”荣誉称号；11月，被福建省委、省政府授予“福建省抗震救灾功臣”称号。

李小荣

1976年1月出生，江西南昌人。雅致集成房屋股份有限公司福州分公司业务部经理。

汶川特大地震发生后，雅致集成房屋股份有限公司福州分公司承担了8150套援川过渡安置房建设任务。关键时刻，李小荣果断暂停对外营业和原已签订的商业合同的生产，向客户发出解释说明书，连夜组织相关人员对图纸、工艺流程、生产计划及公司资源等进行相应调整和编排，通宵达旦，第二天一大早便下达生产任务，全公司立即投入紧张生产。

为争取第一批援川安置房以最快速度启运，5月21—23日，李小荣连续3天没离开车间。在李小荣带领下，全厂200多位一线生产工人日夜加班，200套安置房生产任务终于完成，于24日启运，该公司也成为福建省首批发运安置房的单位。

首批安置房启运任务完成后，李小荣心里并没有轻松下来。他清醒地认识到自己所肩负任务的艰巨，公司面临着生产能力极端不足的困难：生产场所只有2万多平方米，工人相对缺乏，原材料供应紧张。李小荣不顾疲劳，四处奔波，在当地政府帮助下，生产车间迅速扩大了6000多平方米；临时招聘了100多名工人；赶赴南京、深圳、东莞等地联系原材料供应，从而使公司产能扩大了3倍。

解决了生产问题，为保证任务按时完成，李小荣毅然推迟原定于6月中旬的婚期，主动请缨赴灾区组织安置房安装，并任福州公司赴川前方总指挥，奔走在彭州市白鹿镇、新兴镇、通济镇、桂花镇、丽春镇、红岩镇6个镇19个安置点之间。6月中旬，大批运载安置房等救灾物资的车辆同时抵达灾区，造成公路及场地拥堵，安置房材料无法及时运达安置点。李小荣果断调整方案，利用公路夜间相对宽松的条件，安排运输车辆夜间行驶进场。队员们很担心，因为很多安置点都在半山上，地震造成公路严重损坏，加上余震不断，随时有泥石流或落石造成的危险，夜间视线又不好，车辆弄不好就会翻落山谷。为保证队员安全，李小荣开着小车在前面引路，将危险留给自己。

由于灾情严重，施工现场吃饭没有着落，李小荣和队员们连续吃着方便面，啃着饼干，在滴水的帐篷内和衣休憩，在飘散着腐臭味和消毒液的空气中奔波，有时累得睡着了，连发生四五级余震都不知道。在李小荣的带动下，福州公司分别提前15天完成生产任务和安装任务，创造了在60天内完成8150套安置房建设的骄人业绩，被福建媒体誉为“福州速度”。

2008年10月7日，李小荣被中共中央、国务院、中央军委授予“全国抗震救灾模范”荣誉称号；11月，被福建省委、省政府授予“福建省抗震救灾功臣”称号。

朱和平

1956年12月生，江苏淮安人。中共党员，大学本科学历。江西省民政厅救灾救济处处长。

汶川特大地震发生当天，按照江西省委、省政府以及民政部关于支援地震灾区的有关决策要求和江西省民政厅的统一部署，朱和平立即组织全处人员紧急研究援助方案，部署捐助活动。地震发生后第二天，他就协调省慈善总会和《江西日报》、江西省电视台等省内重要媒体，开通了捐赠热线，公布捐赠账号，24小时接收社会各界和个人捐赠。与此同时，朱和平和同事开始筹集救灾物资，并及时向灾区发送帐篷、棉被、药品、食品等急需用品。5月13日14时，江西省民政厅会同省财政厅，将江西省委、省政府500万元捐赠款汇给四川。此后，在不到一个月时间内，江西省民政厅共向灾区捐赠各类物资共计62节火车皮、价值5000多万元，并按民政部要求，协调各级民政部门，向陕西地震灾区捐赠10万套衣裤和10万床棉被。

为确保捐赠物资数量和质量，朱和平与同事们一道，冒着酷暑，反复奔波于救灾仓库、车站和捐赠单位，不辞辛苦，不厌其烦，一件件点数，一件件验收。在装运物资时间紧急的情况下，他带领处里同事与装卸工人共同搬运，忙得全身衣服被汗水湿透。四川和陕西两省民政厅、小金县政府和民政局先后致电致函，对江西省民政厅快速反应、迅速捐助的行动予以高度评价。

5月22日，江西省民政厅协同有关部门和单位，在江西电视台举行题为“为了我们的兄弟姐妹”大型赈灾义演。为组织好义演，朱和平废寝忘食，每日工作十五六个小时，反复斟酌赈灾义演方案，并主动协调有关部门，广泛动员社会各界伸出援助之手。义演获得成功，筹得款物共计约5.4亿元，创江西省一次性救灾捐赠的历史之最。短短两个多月时间里，江西省民政厅通过各种渠道，共接收社会各界捐款6.05亿元，捐赠物资折价0.78亿元，先后向地震灾区发送棉被13.6万床、衣服11万余套、食品490吨，有力地支援了灾区。

在救灾捐赠工作紧张的日子里，一天，朱和平妻子打电话说，孩子因患急性肠胃出血，必须立即送医院抢救。朱和平稍作犹豫后说：“请你想办法送孩子去医院，我这边有紧急任务，等忙完后，再到医院去。”说完又立即投入到紧张的工作中，直到凌晨才赶到医院，看了孩子一眼又匆匆赶回去继续工作。

在确定江西省对口支援小金县后，朱和平又不顾身患高血压、痛风等疾病，先行前往小金县调查情况。8月上旬，朱和平再次带队翻越海拔4000多米的夹金山山口，到小金县走村串户了解灾情。从小金县回来，他的痛风症状加剧，为了不耽误援建工作，朱和平拄着拐杖一瘸一拐地上班，研究制订小金县灾后重建方案。

2008年10月7日，朱和平被中共中央、国务院、中央军委授予“全国抗震救灾模范”荣誉称号。

钱　勇

1958年2月出生，江西南昌人。中共党员，大学本科学历。江西省建设工程安全质量监督管理局局长，高级工程师。

汶川特大地震发生后，钱勇被任命为江西省支援灾区共建家园现场指挥部工程部部长。他随现场指挥长、江西省建设厅厅长陈俊卿在3天时间里访查由江西省负责援建的彭州市7个镇、600多平方公里土地上的37个安置点。5月27日，钱勇主动要求到距汶川映秀直线距离仅20公里的龙门山区某安置点。钱勇说：“时间不等人，我们早一天探明情况，就可以早一天开工，灾区百姓就能早一天入住。”28日晨，不顾前几天刚发生过6.4级余震、路上已多次出现山体滑坡等险情，他们出发了。路途艰险，40公里的路程，越野车竟开了两个多小时。到达东林寺安置点后，钱勇不顾废墟中散发出的腐臭味和刺鼻的消毒药水味，忍着腰伤引起的疼痛，迅速与有关方面联系了解情况。钱勇因地制宜，将原计划安置170户人家的土地重新调整，合理有效地安置了340户人家，既少占了地，又为东林寺的灾区群众早日住进板房赢得了时间。

地处偏远的鹿坪7社存在着“腾地难、运输难、平地难、用工难”四大难题，钱勇经过深入实际调查研究，制订出切实可行的施工方案，即在板房所占耕地上先铺一层油毛毡，再铺一层沙，最后铺上砖。这样做，砖和沙以后可以回收，土地也不会沙化。这种方法与水泥构筑地面相比，工程造价每平方米可节约26元，安置点搭建板房2万平方米，可节约资金52万元。随后，这种“一毡、一沙、一砖”的做法，被建设部推广。

为解决援建施工人员严重不足问题，钱勇又依靠当地党支部，组织了300余名灾区百姓帮助运送材料，从事力所能及的基础施工，使参建百姓增加了经济收入。此外，钱勇还争取到友邻单位和参与救灾的部队官兵的支持，友邻单位优先调集最好的机械进行场地平整，部队每天派出60名官兵参加板房建设，使鹿坪7社存在的四大难题全部迎刃而解，1000套板房提前25天建成交付。钱勇提出的“发动灾区群众参与建设”“军民共建”模式及保护耕地科学施工的办法，得到彭州市领导的高度评价，称其具有典型示范意义。

2008年10月7日，钱勇被中共中央、国务院、中央军委授予“全国抗震救灾模范”荣誉称号。

颜　春

1962年5月出生，江西九江人。大学本科学历。江西省地矿局水文地质工程大队党委书记，高级工程师。

汶川特大地震发生后，颜春任江西省赴四川地质救灾工作队队长，他顾不上正在住院治病刚刚脱离危险的84岁老母亲，于5月23日踏上了前往四川通江的征程。

通江县地形呈“三山夹两谷”特征，全县73万居民多散居于山体夷平台阶处，住宅周边山坡多有开裂，要想彻底了解滑坡形态、裂缝特征、变形迹象等，只能从山上走到山下，或者从山下爬到山顶进行拉网式排查。

到通江的第二天，颜春就因感冒发起了高烧。他叮嘱负责后勤的工作人员“不要告诉任何人”，自己躲着吃了几片药，就投入到紧张的排险工作第一站西寺水厂。经勘察，他们发现，水厂地面、厂房和民房多处发生长2～5米、宽3～5厘米的裂缝；斜坡变形，稳定性差，汛期持续强降雨极易诱发山体滑坡，潜在滑体60万立方米，威胁100户500余人的生命安全，威胁资产约合4500万元，危害等级为大型。勘察结论受到通江县领导和县国土局高度重视。

为抢时间，颜春决定兵分四路全线出击。4辆越野车同时行驶在崎岖的山路上，每天工作15个小时以上。一天，工作队赶到一个叫簸箕院的村庄，排查一个滑坡隐患点。簸箕院坐落在一个潜在的滑坡体上，有10多户、近80位居民。受地震影响，滑体后缘裂缝断断续续延伸100多米，坡体前缘已局部产生小规模崩滑现象，一些房屋开裂、变形十分明显，滑体前缘坡度较陡，后部相对较平缓，稳定性差。颜春立即召开村民座谈会，从专业角度向村民阐述滑坡危害性，要求村民尽快搬迁，并特别交代了搬迁实施之前应采取的安全防范措施、监测要点、警报方式、撤离路线等，说服村民安全撤离。

在余震不断，大大小小石块不断自山上滚落、险象环生的情况下，颜春总是冲在最前面。10余天里，颜春和队员们跋山涉水踏遍了通江县的山水村寨，掌握了全县地质灾害的第一手资料，完成了49个乡（镇）、4100多平方公里的地质灾害排查任务，排查一般性灾害点170个、重点地质灾害点151个，其中新发现建卡点99个、规划工程治理点45个。

6月14日，工作队又被派往江西省援建的小金县。小金县城东南方向山上出现了一道1.2公里长的裂缝，城里居民中间弥漫着恐慌与不安气氛，流传着小金县城会像北川县城一样被山体滑坡埋压的传言，形势刻不容缓。工作队兵分两路，对县城可能构成威胁的地质灾害隐患点进行重点排查，顶着烈日攀登上海拔3000米以上的悬崖，很快做出小金县城不会被滑坡埋压的结论，悬在小金县几万人民心上的石头落了地。

颜春工作认真细致，排查中不放过每一个地质灾害隐患点，反复调查，反复核实，常常熬到深夜一两点钟，提交的地震地质灾害调查报告，依据充分，观点明确，成为国土资源部地震地质灾害调查报告的范本，也是9支援川地质救灾队伍中唯一一支没有返川修改报告的队伍。

2008年10月，颜春被国土资源部授予“抗震救灾地质灾害应急排查先进个人”称号；10月7日，被中共中央、国务院、中央军委授予“全国抗震救灾模范”荣誉称号。

刘月辉

1964年8月出生，江西宜黄人。中国农工民主党党员，博士研究生学历。南昌大学第二附属医院副院长，主任医师。

汶川特大地震发生后的第二天，刘月辉一大早就向医院领导请战，但由于专业原因未能如愿。5月14日，得知共青团省委招聘青年志愿者赴川救灾的信息，他毅然报名参加，被委任为首批江西青年志愿服务队队长。从15日开始，刘月辉带领医疗筹备工作组，采购了大量医疗器械、药品、消杀药品、器具及队员所需生活用品等及时运往灾区。

5月20日，刘月辉带领36名青年志愿者抵达极重灾区什邡市蓥华镇。当时，天下着大雨，余震不断，到处是废墟，找不到一块空地可安身。好不容易在一个受损不太严重的工厂找到临时宿营地，刘月辉立即指挥全队扎营，自己则在最外面支起帐篷，担负起全组安全保卫工作，彻夜未眠。21日早晨，刘月辉开始勘察蓥华镇地形与环境。嗣后，根据镇政府安排和队员的专业特长，将全队分成防疫、医疗、心理干预和教育4个组，分头开展救灾行动。刘月辉带领医务人员在灾区群众最密集的区域支起帐篷，作为临时医院。几天下来，接诊病人从第一天的100余人发展到每天300余人，成为当地的主要医疗服务点。他还把医疗服务延伸到矿工救灾点，帮助全镇7个村全部恢复了村医务室。在灾区的日子里，刘月辉背着药箱，走遍了蓥华镇所有的帐篷及军营。在开展医疗工作时，刘月辉发现当地防疫任务非常繁重，便立刻召开会议，制定系统的防疫计划。一个多月的救援过程中，在当地政府全力配合下，志愿服务队的防疫工作井然有序，为灾区喷洒消毒水近3.9吨，覆盖地域近20平方公里，全镇无任何疫情发生。

5月22日，刘月辉赶到蓥华中学，当看到孩子们在碎石瓦砾的废墟中跑来跑去寻找书本时，遂决定建一所临时学校，让大灾中的孩子们有学上。在刘月辉的带领下，服务队连夜腾出一间帐篷，写上“江西青年志愿者帐篷希望学校”几个大字。第二天，蓥华镇第一所帐篷希望学校开学了。学生数从30多个陆续增加到300多个，志愿者们根据自己的特长设置临时课程，开设了故事会、趣味数学、音乐、体育等课程。队员们还针对灾区可能出现的疫情，开设了生动实用的防疫知识课，让孩子们掌握防疫的基本知识。

2008年7月，刘月辉被共青团中央、中国青年志愿者协会授予“抗震救灾优秀志愿者”称号；9月，被卫生部、食品药品监管局、中医药局、总后卫生部授予“抗震救灾医药卫生先进个人”称号；10月7日，被中共中央、国务院、中央军委授予“全国抗震救灾模范”荣誉称号；12月，被农工党中央授予“抗震救灾优秀党员”称号。

王迪生

1955年10月出生，山东海阳人。中共党员，大学本科学历。济南市建设委员会副主任。

汶川特大地震发生后，王迪生被济南市委任命为济南市援川建设前方指挥部副总指挥。5月19日，他带领2800余名施工人员组成的山东省援建队伍到达北川。

北川援建场地一片狼藉，废墟拆迁难度大，场地落差高达30米；道路泥泞，施工人员和大型机械难以进场开展工作。王迪生先后从济南8家设计院所调集有关人员，快速高效科学地编制援建方案和安置区整体规划。他坚持高标准、高质量、高速度，努力抓好临时建设和永久建设、板房建设和市政配套、群众居住与生活配置的结合，确保援建项目达到配套齐全、功能完善、生活舒适、环境优美、群众满意的目标。

为让群众在雨季之前住上新板房，王迪生一个企业一个企业地落实计划，加强施工调度。他每天利用中午吃饭时间召开调度会，边吃饭、边调度协调解决各方面的问题，急需解决的问题则连夜召开调度会，通宵作战……共组织28家施工企业、11个突击队，调集25台混凝土搅拌运输车，从60公里外的绵阳运输混凝土3万多立方米；调集78台挖掘机、推土机、压路机，拆除废墟、挖运土方几十万立方米。为确保工程质量，从原材料加工供应至运输及安装实行主要负责人和具体监督人员负责制，实施全程质量监督，把好生产、采购、运输、安装、验收五关，确保工程一次性通过当地政府和山东省前线指挥部的验收。

除建设过渡性安置住房外，援建队伍还配套建设了道路及排水、给水、路灯、燃气等各类专业管线，建设了小区健身广场、街心绿地花园等公共设施，在建筑单体设计上体现羌族文化，注重人性化设计，为村民配备了晾衣架、纱窗、纱门等30多种生活用品，获得灾区群众的一致好评。在王迪生的带领下，济南市提前26天完成6050套板房建设任务，共建成安置片区7个、援建活动板房6078套，得到山东省委、省政府和灾区群众的充分肯定。

王迪生了解到当地临时幼儿园雨后积水，马上组织人员重新选址，搭建起一所安全、舒适的幼儿园。擂鼓镇中小学生上学困难，他及时向济南市委、市政府汇报，将1389名中小学生接到济南就读，并与成都军区某集团军经过20多天的连续奋战在当地建起了一所小学和一所中学。当部队临时医院即将撤出之时，王迪生考虑到当地群众面临就医难的问题，虽然北川羌族自治县医院不在施工计划内，但他主动安排抢建了3000多平方米的“板房医院”。他组织施工单位包队包户，给受灾严重的灾区群众送去粮油等食品。受灾群众没有浴室不能洗澡、如厕困难，他又及时组织人员搭建起临时浴室和厕所。为了让灾区群众迅速恢复正常生活，他组织人员举办了农民工业余学校，让他们积极参加重建，增加收入。

55天里，哪里有危险，哪里的活最难干，哪里就有王迪生的身影。他乘坐的车辆几次被山体滑坡的碎石击中，但他仍驱车奔忙在援建工地上。他年过半百，且患有肠胃病、肾结石和胆囊炎等疾病，加之长时间的超负荷工作，过度劳累，眼睛充血，嘴上起泡，嗓子哑了，身体极为虚弱，几次昏倒在现场，但他依然坚持在艰苦的环境下，与施工人员同吃同住同劳动。

2008年9月，王迪生被山东省委、省政府授予“山东省抗震救灾模范”称号；10月7日，被中共中央、国务院、中央军委授予“全国抗震救灾模范”荣誉称号。

刘兆民

1965年9月出生，山东寿光人。中共党员，大学本科学历。潍坊市路桥工程建设一处副主任。

汶川特大地震发生后，刘兆民主动请缨，参加潍坊市公路局赴四川抗震救灾抢险突击队，并被任命为突击队队长。

5月28日，刘兆民带领抢险队启程，经过几个昼夜艰苦跋涉，行程2000余公里，到达北川灾区后，不顾天气酷热潮湿和余震不断的危险，同前线指挥部人员一起，对负责抢通保通的50公里路段以及都坝河战备钢桥架设位置进行详细查勘，连夜与前线指挥部人员研究抢修措施，制订都坝河战备钢桥架设方案。该路段山体受地震影响，时常有大大小小石块滚下，非常危险，但刘兆民将个人安危置之度外，靠前指挥，带领抢险队员一天内抢通27公里的桂溪—贯岭—都坝道路。

为保证抢险工作万无一失，刘兆民坚持每天对架设战备钢桥的部件一一清点。在运送部件途中余震发生，刘兆民前方50米及身后20米都出现了山体滑坡，泥土夹杂着碎石顺坡而下。面对险境，他及时指挥车辆躲避。余震过后，突击队员将所有构部件及架设工具按时安全地运送到都坝。

架设战备钢桥时，刘兆民吃住在工地，冒着高温烈日，不顾蚊叮虫咬，既当指挥员又当施工员。在刘兆民的带领下，突击队员昼夜奋战，清理障碍500多处，清除土石3万多立方米，人员机械无一损伤，保质保量完成了都坝河战备钢桥架设，取得了道路抢通保通的阶段性胜利。

都坝河战备钢桥架设完成之后，刘兆民带领突击队对50余公里省乡道路进行抢修。云兴村至贯岭一段乡道，山体大面积滑坡，碎石不断滚落，非常危险，但他一直率领大家艰苦奋战，确保道路畅通。之后，他又带领抢险队进入深山，在海拔1700多米的高山上，奋战10多天，克服种种困难，清理土石方1.5万余立方米，打通白坭乡4公里的“生命通道”。

2008年9月，刘兆民被山东省委、省政府授予“山东省抗震救灾模范”称号；10月7日，被中共中央、国务院、中央军委授予“全国抗震救灾模范”荣誉称号。

宫治华

1968年8月出生，山东济宁人。中共党员，大学本科学历。济宁市公安局交警支队四大队科员。

汶川特大地震发生后，宫治华从新闻媒体上看到震后的惨烈情状，带上准备修缮房屋的1.2万元钱，于5月14日请假乘飞机直奔成都。

地震发生后，通往汶川的道路毁损严重，车辆无法通行，宫治华便徒步赶往映秀镇，凭着多年来掌握的野外生存和抢险救灾的丰富经验，躲避着不断发生的山体滑坡、泥石流和塌方，在紫坪铺水库附近和阿坝铝厂附近，先后抢救了两名伤员。5月15日5时，经过16个小时的艰难跋涉，徒步行走50多公里，宫治华终于赶到映秀镇，立即加入到救援队伍中。在没有生命探测仪等救援设备的情况下，宫治华手拿钢钎，一边清理废墟，一边不停地敲打喊话，千方百计寻找生命迹象。他很快发现有人被埋在废墟中，就用钢钎在被困人员隔壁的房间掏出一个45厘米的墙洞，从墙洞钻进去后，再开辟出一条四五米长的救援通道，经过一个多小时的努力，终于将埋在废墟中达65个小时的漩口中学教师胥洋救出。

5月16日，宫治华在国家电网映电总厂抢险救援中，从坍塌的混凝土里发现被两具遗体挤压在中间的女工周榕。宫治华让人拴住自己的腰部和双腿，倒挂着进入4米深的洞中，忍着恶臭将遗体移开，花了近3个小时，用了12根钢锯条，终于将妨碍救援的三角铁锯断。此时，余震在继续，救援的洞口逐渐缩小，将宫治华紧紧夹住。宫治华不顾个人安危，用手紧紧护住周榕头部。余震过后，他用绳子和布单分别将周榕的腰和手捆好，在双臂涂抹了肥皂水，在外面救援人员的帮助下，成功将周榕救出。就在宫治华与周榕离开洞口十几秒后，余震袭来，救援洞口轰然垮塌。

5月16日傍晚，宫治华和其他救援队伍在国家电网映电总厂废墟里一起搜救幸存女工虞锦华。宫治华与其他救援人员先后采取5种不同方案实施营救，均因废墟结构复杂而失败。此时，天气骤变，大雨倾盆，给救援工作造成更大困难。宫治华不畏困难艰险，从受困者左侧两米处上方打洞，探测到受困者所处位置后再横向推进，经过奋战，终于看到虞锦华。此时宫治华身心劳乏已到极限，但他全然不顾，继续挖掘通道。虞锦华双腿被一条约40厘米厚的水泥横梁死死压住，救援难度极大。经过大家共同紧张救援，虞锦华终于被从废墟中成功解救出来，但救援行动仍在继续。

至5月16日21时35分，已有细菌传播，指挥部为避免疫病发生，由防疫人员给宫治华及消防官兵进行全面消毒。19日，宫治华又参与了救援国家电网映电总厂职工马元江的行动。宫治华冒着可能被传染的危险，与另一名志愿者进入通道继续救援。宫治华一直下到5米多深的通道里，见到马元江安慰说："你一定不要泄气，一定要挺住，我们一定会把你救出去。"顺着通道方向，利用窗户的滑道，宫治华倒了6瓶瓶装水进去，虽然马元江不一定能喝到，但至少可以湿润一下空气，为其增添生命活力。午夜时分，通道终于打开。20日零时50分，被困179个小时的马元江被成功救出，而且生命体征平稳，神志清醒，被中外医学专家称为"生命奇迹"。

2008年9月，宫治华被山东省委、省政府授予"山东省抗震救灾模范"称号；10月7日，被中共中央、国务院、中央军委授予"全国抗震救灾模范"荣誉称号。

周东生

1956年7月生，山东日照人。大学本科学历。山东省立医院骨外科主任，主任医师。

汶川特大地震发生后，周东生主动请缨，作为山东省卫生厅第一批医疗队第三队队长，率队于5月13日到达灾区。全体队员不顾饥饿疲劳，立刻全力以赴投入医疗救助工作。14日9—18时，周东升带领队员共抢救伤员85名，其中处于濒危状态伤员25名。伤势最为严重者是一名小学女教师，已被埋压于废墟中51小时，送至时全身泥土，皮肤黏膜青紫，呼叫不应，血压测不到，脉搏很弱，头面部、胸腹部和四肢多发性挤压伤。周东生和队员及时应诊，果断施救，使病人转危为安。

南坝镇是平武县受灾最严重的地区，地震造成公路严重毁损，大批受灾群众及众多伤员未能及时转移。周东生立即组织9名年轻队员组成突击队，轻装简行，徒步向南坝镇挺进。他们冒着余震不断、山体滑坡等危险，经过9个小时强行军，成功翻越坡度80多度的山峰，从平武赶到南坝，成为第一支到达南坝镇的外省医疗队。到达后，医疗队立即在南坝中学设立了救治点，迅速开展医疗施救，并在南坝镇挨家挨户寻访，送医送药，夜以继日，每天平均救治病人80余名。每日辗转救治伤员途中，因山路狭窄崎岖，泥石流造成巨石不断滚落，险情不断。每当遇到这种情况，周东生总是不顾个人安危，下车指挥车辆安全通过后再回到车上。

按照组织安排，周东生于5月26日从四川回到山东。其时，已有40名来自灾区的伤员被安排到山东省立医院接受治疗。周东生不顾疲劳，和全体医护人员为每位病人制订了周密细致的治疗方案，有针对性地进行治疗。在周东生等人精心治疗下，40名伤员于7月31日前全部康复出院。

考虑到国内当时尚没有地震伤诊治方面的参考书，周东生主动总结、整理抗震救灾中积累的地震伤诊治方面的经验，组织各科专家联合编写了《实用地震伤治疗指南》，由山东科技出版社出版发行。

抗震救灾期间，山东省安排全省19家医院承担接收了400名地震灾区伤员。为保证医疗质量，经周东生建议，山东省组建了专家巡诊组。周东生作为组长，带领专家组先后辗转几千公里，分别到青岛、烟台、威海等地救灾病房巡诊，认真检查各医院收治的每位地震伤患者，为伤员救治提供了技术保障。

2008年9月，周东生被卫生部、食品药品监管局、中医药局、总后卫生部授予“抗震救灾医药卫生先进个人”称号，被山东省委、省政府授予“山东省抗震救灾模范”称号，被中国科协授予“中国科协抗震救灾先进个人”称号；10月7日，被中共中央、国务院、中央军委授予“全国抗震救灾模范”荣誉称号。

赵东华

1966年9月出生，河北威县人。大专学历。新乡电视台新闻中心记者。

汶川特大地震发生后，赵东华主动请缨，随陆航某部直升机部队飞赴地震极重灾区，参加抗震救灾和新闻报道工作。

5月15日晨，赵东华到达地震灾区后，立即投入救灾和新闻报道工作。白天，赵东华随解放军官兵一起参加抢险救灾；夜晚，赵东华克服通信不畅、没有车辆保障等困难，每天徒步10公里寻找网吧回传图像信号和稿件，常常是凌晨才休息，两三个小时后，又投入到新一天的战斗中。

地震后，安县千佛镇发生大面积山体滑坡，房屋坍塌、道路被毁，受灾群众在无水无食物的情况下已经被困5天，部分人员受伤严重，已出现严重的体力不支。5月17日上午，赵东华跟随机组执行航拍任务。机组部队官兵在飞行中发现地面的求救信号，直升机在地势险要、气象复杂的情况下，两次冒险在山谷降落，成功将受伤严重者转送至安全地带。赵东华现场耳闻目睹，回来就抓紧撰写稿件。

5月18日中午，陆航机组人员在向地处深山峡谷的平武县泗耳藏族乡输送给养物资途中，发现几名被困群众，机组人员遂将直升机降落在山谷，成功将被困群众解救回绵阳机场。其中，两名被救婴儿全身长出疱疹，生命垂危，跟随机组采访的赵东华与机组人员迅速将患儿护送至当地医院治疗。

5月24日，唐家山堰塞湖险情加剧，情况危急，由解放军和武警官兵组成的排险队伍从空中和地面分两路向唐家山堰塞湖排险一线集结。陆航机组官兵冒着恶劣气象条件，运送水电专家、武警官兵，以及炸药、装填石头的铁丝笼、发电机和食品等到唐家山堰塞湖坝顶。赵东华一直跟随机组采访。

在抗震救灾一线，赵东华跟随陆航某部直升机救援大队救灾飞行20余架次，报道了部队官兵向北川、青川、平武、安县等4个极重灾县的泗耳、禹里、擂鼓、千佛等49个乡（镇）空投运送帐篷、食品、药品和各类救灾器材设备及解救被困群众、运送伤员的事迹。

赵东华采写的《搜救百岁老人演绎生命奇迹》《空中架起与灾区少数民族群众的“连心桥”》《新闻特写：生日的献礼》《陆航某部铸就地震灾区空中“生命线”》《新闻特写：“五分钟临别”》等大量感人的新闻报道，在中央电视台等媒体播出。

赵东华还深入到江油、安县灾区，对灾区的防疫活动、抗震活动板房援建情况进行及时跟踪报道，真实记录援助单位、部队广大官兵与当地群众同心携手，众志成城，共同战胜地震灾害的动人场景。

2008年10月7日，赵东华被中共中央、国务院、中央军委授予“全国抗震救灾模范”荣誉称号。

于东来

1966年9月出生，河南许昌人。许昌市胖东来商贸集团有限公司董事长、总经理。

得知汶川特大地震的消息，于东来即刻召集公司领导成员开会。他说：“做生意不是为了钱，企业有了利润就应该回报社会。现在灾区人民亟须救援，我们回报社会的时候到了。”经于东来倡议，并得到公司主要领导一致同意，5月13日，胖东来商贸集团紧急组建的近200人的救援队伍，带着100万元现金、2000多箱方便面及2000多条被子、帐篷、药品等，由于东来带队，从许昌出发，千里驰援灾区，于14日抵达抗震救灾一线，成为河南省到达灾区最早的一支民间救援队伍。

5月15日，按照当地抗震救灾指挥部指令，救援队到安县晓坝镇开展救援工作。于东来选拔精干人员，组成救援突击队，并随队参加救援。12时许，刚刚救人归来的突击队员们遇到一名从山上跑下来求救的男子。该男子的父亲被倒塌的房子砸伤，急需救助。于东来转身看了看已经浑身湿透、经历了几个小时抢险救援的队员们，一则不是专业救援队伍，没有专业救援经验，再则队员个个都很疲惫，又由于途中把携带的干粮送给了路上的受灾群众，队员们还都饿着肚子，而此时雨越下越大，山路湿滑，余震不断，山石乱飞，贸然进山，随时都会有生命危险。尽管如此，于东来还是毅然决定救人，并迅速从30名突击队员中抽出10人，作为第一组，自己带领，冒险进山救人；其余队员分成两组，负责接应。

于东来率队进山30多分钟后，便和突击队队长周立世失去了联系。周立世用对讲机反复呼叫，于东来那边就是没有回应。周立世心急如焚，遂和一名队员进山寻找。狭窄的山道两侧，滚石、滑坡不断，随时都有被飞石击中的危险。待周立世找到于东来时，他已和队员们把昏迷的老人抬到屋外。由于下雨，抬人用的门板湿滑笨重，老人容易从上面滑落，于东来就让人砍来几根竹子，制成一副担架，把老人固定在担架上。队员分组轮班抬担架，历经4个小时，将老人抬到山下的救助中心。在5天的一线营救中，胖东来集团公司救援队共从废墟中抢救出16名幸存者，协助部队疏散并救助受灾群众5000多名。

回到许昌后，于东来积极呼吁向灾区捐款，呼吁更多的企业站出来，购买更多的医药救急用品支援灾区。于东来说："希望更多有社会责任感的企业，给予灾区人民更多的关爱，并且把这种爱永恒地延续下去。"胖东来集团公司再次为灾区捐助500万元现金及价值100万元的物资。

2008年10月7日，于东来被中共中央、国务院、中央军委授予"全国抗震救灾模范"荣誉称号。

陈士荣

1962年3月出生，河南遂平人。中共党员，大学本科学历。驻马店市公路管理局总工程师。

汶川特大地震发生后，驻马店市公路局紧急组建24人的支援四川抗震救灾公路抢修突击队，赶赴四川重灾区江油市，承担江油市文胜乡至六合乡、石元乡至二郎庙镇的道路抢修及灾区群众安置点场地清理任务，陈士荣任突击队队长。经过30多个小时不间断地长途行驶，5月28日17时，突击队进入江油。未及休息，陈士荣迅速组织突击队员搭建帐篷，安排食宿，并及时与河南省交通厅前线指挥部取得联系。第二天天没亮，他便和突击队员一起，拄着一只木棍，背着一个水壶，肩扛几十公斤重的测量仪器，冒着不断飞落的石块和山体滑坡，到实地察看。行进途中，飞石几次险些击中他的头部，随行人员多次劝阻，但陈士荣依然坚持前行。23时回到帐篷后，他又连夜和技术人员一起，研究制订施工技术方案，安排第二天的工作。

施工现场地理条件非常复杂，道路多处出现塌方和滑坡，坡陡弯急，裂缝和落石随处可见，又因道路泥泞，泥石流不断，多处路段挖了又断，断了再挖，进展十分缓慢。突击队员在悬崖边抢修，在烈日下施工，风雨中推进，每时每刻都面临着生与死的考验。每当遇到险情，陈士荣总是冲在前面，一边用望远镜观察情况，一边和突击队员一起清理机械不能施工地段的碎石和渣土。有时施工现场狭窄，机械设备需要在离崖边不足一米的地方挖掘，多数驾驶员都胆战心惊。每当此时，陈士荣就站在车头上镇定地指挥操作，将安危置之度外，不止一次与死神擦肩而过。

在灾区的30个日日夜夜，陈士荣每天要驱车数百公里，往返于前线指挥部和施工点之间，总行程达1.4万多公里。有时困了就在指挥车上打个盹，饿了就吃点随身携带的方便食品，一个月下来，他瘦了好几公斤。

5月28日至6月27日，突击队打通灾区15公里的"生命线"，新建道路1.5公里，清理碎石土方2.1万余立方米；协助当地政府疏通塌方道路10余公里，清理碎石土3.9万余立方米，同时还平整灾区群众集中安置点场地2万余平方米，协助援建板房400余间。

2009年7月，陈士荣被交通运输部授予"全国交通运输行业抗震救灾先进个人"称号；10月7日，被中共中央、国务院、中央军委授予"全国抗震救灾模范"荣誉称号。

孙 威

1968年9月出生，河南泌阳人。中共党员，大学本科学历。河南省卫生厅疾病预防控制处副调研员。

汶川特大地震发生后，孙威接到出发的紧急通知。其时，他母亲身患压缩性骨折，要人照顾，而弟弟孙定勇也将赴四川参加抗震救灾，但孙威把这些埋在心底，毅然加入河南省抗震救灾卫生防疫监督救援总队，奔赴灾区参加抗震救灾工作。

5月15日13时，河南卫生防疫总队抵达资阳，立即分赴当地5家医院，承担前方转运来的伤员救治工作。当天深夜，孙威陪同河南省卫生厅领导对250多名伤员的救治情况进行询查，回到驻地已是凌晨2时。16日14时30分，根据抗震救灾工作需要，医疗队除10名队员留守资阳市第二人民医院继续救治重伤员外，孙威与其他队员一起奔赴理县、汶川。由于近道不通，需要绕行川藏公路900公里，经马尔康赶赴目的地。因路途艰险，加上前方情况不明，医疗队被迫滞留马尔康。为尽快到达灾区救治伤员，孙威主动请求前去探路。经领导研究同意后，孙威带一辆车在前边探路并随时通报险情，以保证医疗队的行进安全。

由于理县、汶川道路大多一面傍山、一面临河，中间是狭窄的盘山路，不断发生的余震，使道路反复塌方阻断，行进难度极大。孙威不顾强余震及滑坡、塌方的危险坚持在前探路，冒险向理县、汶川进发，途中虽多次遇险，所幸没有人员伤亡。由76名队员组成的医疗队于5月18日14时到达理县，20时30分到达汶川，成为挺进理县、汶川最大的一支外省医疗队。他们在极度恶劣的环境下，为在灾区尽快开展医疗救治争取了时间。

到达灾区后，孙威不顾长途颠簸的极度疲惫，立即与当地政府取得联系，接受救治任务。在随后的10余天时间里，孙威和河南省抗震救灾卫生防疫监督救援总队的队员们一道，在理县上孟、下孟以及汶川的威州等8个乡（镇）开展医疗救治和卫生防病工作。无论是刮风下雨，还是烈日当头，孙威都坚持与大家一起进村入户，积极投身于灾区的医疗救治工作。

2008年10月7日，孙威被中共中央、国务院、中央军委授予“全国抗震救灾模范”荣誉称号。

卢 洲

1975年5月出生，湖北秭归人。中国移动湖北有限公司神农架林区移动公司工人。

汶川特大地震发生后，面对震后灾区处于通信“孤岛”的严峻形势，卢洲等4位网络技术人员主动请缨，驰援灾区。5月19日凌晨，4人抵达成都，被分配到极重灾区绵竹市救灾。

偌大的绵竹城区，到处是残垣断壁，电力供应已全部中断，导致移动通信绝大部分基站无法工作，加之余震不断，随时会有生命危险，但4人临危涉险，与当地工作人员密切配合，全力投入到公用移动通信基站的抢修中。5月19日下午，卢洲赶到绵竹市临时办公点附近的一个基站抢修。基站位于当地保险大楼楼顶，大楼已成危楼，墙体裂缝宽大，已无人敢从楼前走过。卢洲冒着生命危险爬上楼顶，经过两个小时紧张修复，确保了绵竹市临时办公地的通信畅通。随后，卢洲又投入到灾区群众聚居区附近的基站抢修中，连续作业5个昼夜，将4个基站修复。其间，曾发生一次余震，周围群众都劝卢洲赶快撤离，但他仍坚持工作，迅速将油机发上电，检查设备，一切正常后才撤离。

由于抢险任务量大，卢洲每天6时30分起床，经常工作到深夜。有一次，已是21时多，卢洲正在吃泡面，突然接到电话通知，称有紧急任务，他立刻放下碗筷赶去。一个多小时后，任务顺利完成，返回驻地尚未喘口气，又接到新的抢修任务，他顾不上饥肠辘辘，再次出发。那一晚，卢洲一直工作到凌晨才吃饭。

5月28日，卢洲赴成都休整。根据安排，卢洲本该撤离，但他执意请求留下。经领导同意，卢洲再次回到灾区，转战于损毁严重的青川县，克服难以想象的困难，保障了国家一级干线竹园坝基站的通信畅通，同时负责4个重灾镇区通信保障工作。在汶川、绵竹、青川以及映秀等灾区第一线，卢洲连续坚守35个昼夜，抢护恢复基站15个，为震中汶川保持与外界通信发挥了重要作用。

2008年10月7日，卢洲被中共中央、国务院、中央军委授予“全国抗震救灾模范”荣誉称号。

张俊勇

1968年8月出生，湖北红安人。中共党员，博士研究生学历。武汉市建设委员会副主任。

作为武汉市援建汉源县城第一期过渡安置房现场指挥部副指挥长，张俊勇赶到汉源后，不顾身体不适和酷暑炎热，从到达现场的那一刻起，就全身心地投入到援建工作中。白天，他风里来雨里去，奔波于各个安装施工现场；晚上，劳累了一天，照样召开工作例会，研究解决施工中遇到的问题，安排部署第二天的工作，几乎天天都忙到深夜。

汉源县城过渡安置点安排在萝卜岗山上，地块分散，山路崎岖，又正值雨季，道路泥泞，车辆无法通行，导致板房材料无法运往工地。即使是晴天，由于汉源新城建设道路施工，唯一的上山通道堵塞严重，加之用电无法正常保障，设备维修困难，运输力量受限，给施工造成极大困难。

张俊勇一面与汉源县领导积极沟通，取得当地政府的支持，做好施工用电保障，一面督促各施工单位自备发电机，解决施工用电这一燃眉之急。对不易集中安装的安置点，就采取分散施工；车辆无法运上去的地方，就肩扛手提；白天路堵，就晚上装运；雨天不便露天作业，就组织室内项目施工。安置房建设地点海拔达1000多米，加之土质松软，施工不便，严重制约了工程进度。张俊勇主动与施工单位领导、工程技术人员一起分析原因，研究对策，并及时与相关部门联系，调用几十台大型施工机械支援碾压，有效提高了场地平整工作进度，现场安装速度迅速提高，最高达到每天1200套。6月23日，武汉市援建汉源县过渡安置房总数达到10126套，提前两天完成第一阶段1万套过渡安置房的建设任务。

前往汉源检查援建工作的住房城乡建设部副部长陈大卫在施工现场见到张俊勇，见他一身汗水一身泥，又因每天只睡两三个小时容颜憔悴，动情地说："从你们身上看到了国家的希望。都像你们这样工作，党和国家领导就放心了，灾区人民就安心了！"

2008年10月7日，张俊勇被中共中央、国务院、中央军委授予"全国抗震救灾模范"荣誉称号。

卓力格图

蒙古族，1971年6月出生，内蒙古哲里木人。中共党员，博士研究生学历。湖北省地震局应急救援处处长。

5月15日，卓力格图随湖北省地震灾害救援总队赴青川开展救援。16日，卓力格图又随总队从青川转到绵竹汉旺。震后的汉旺镇，水电不通，通信中断。卓力格图顾不得急行军的疲劳，心中只有一个念头：救人，赶快救人！卓力格图忍着现场弥漫的腐臭气味，在摇摇欲坠的建筑物下指导救援队员搜寻幸存者。由于缺乏大型设备，卓力格图和救援队员们只能用双手掏、挖、刨，在废墟和瓦砾中反复搜寻，有的指甲脱落，有的皮肤划伤出血，但他们全然不顾，仍然坚持施救。为提高救援队战斗力，卓力格图请示湖北省地震局抗震救灾指挥部，争取到海事卫星电话和10台剪力气动剪钳等专用救灾设备，极大地改善了救援条件。

5月17日，接到在废墟中可能有幸存者的群众报告，本着决不放弃的原则，卓力格图与救援总队立刻联合俄罗斯国际救援队联合施救，使用搜救犬、生命探测仪，经过几小时的反复搜索，最终没有发现生命迹象。18日，接到上级通知，对一批珍贵科技文献实施紧急抢救。此时余震不断，珍藏科技文献的大楼摇摇欲坠，直接威胁着抢救队员生命。卓力格图与队员一起研究后，提出6项抢险搜救和安全防护措施，指导队员实施紧急抢救。经过5个多小时的努力，14时30分许，3万余份重要档案资料被全部安全转移，救援人员零伤亡。

地震发生时，位于汉旺镇的东汽叶片分厂正组织召开一个有国家级专家和技术人员参加的会议。地震造成办公楼全部垮塌，初步估计被埋压专家有30人左右。卓力格图奉命协助救援队精心制定救援方案，在余震不断、暴雨交加的险境下，救援队官兵科学组织、科学施救，连续奋战36个小时，救出国家级专家6人。

5月19日，为搜索幸存者，妥善处理遇难者遗体，卓力格图与救援队员对东汽进行了一次拉网式搜索，经过对14幢受损建筑物、约13.5万平方米面积的搜索，发现并安全转移了一批危险的化学物品，为避免次生灾害的发生做出了贡献。

5月28日，湖北省地震局赴四川地震现场工作队已完成地震现场阶段性救援工作，之后的主要任务是继续监测余震活动。卓力格图又第一个提出请求，得到准许，继续留在四川灾区现场工作。

2008年10月7日，卓力格图被中共中央、国务院、中央军委授予“全国抗震救灾模范”荣誉称号。

王　俊

女，1978年11月出生，湖北武汉人。中共党员，大学本科学历。湖北省广播电视总台电视卫星频道记者。

汶川特大地震发生后，王俊主动请缨，奔赴抗震救灾一线进行采访报道。5月19日，到达空降兵某部设在极重灾区什邡市的指挥所后，她将视角聚焦到征程危险的救援行动上。当时部队有一个行动，30多架直升机将连续前往已成“孤岛”的绵竹市清平乡展开集中救援行动，必须在24小时之内把受困群众解救出来。此行危机四伏，部队只允许3名记者随军报道。中央电视台记者和《解放军报》记者已经确定，剩下一个名额，国内多家媒体都在争取。从21时开始一直到次日2时，王俊一直与部队方面沟通。部队领导毫不客气地告诉她：“女同志决不允许上机。”虽然知道乘直升机出入山区非常危险，但王俊全然不顾。经过5个多小时的艰难争取，部队领导被王俊的真诚感动了，同意其配合中央台摄像记者作为出镜记者登机。湖北卫视也由此成为全国参与报道此次大型救援行动的地方电视媒体。

此次空中集中救援行动采访中，为了拍摄部队官兵在海拔2000多米的悬崖峭壁上为群众搭建绳梯的援救行动，王俊跟随特种部队抓着一根电缆线，手脚并用爬上了小木岭。就在王俊体力不支坐倒在地的时候，余震发生了。刹那间，地动山摇，巨石飞滚而下，王俊根本站不起来，只能趴在地上，幸好未被滚石砸中。余震未完，王俊就从地上爬起来，拍录下余震中空降兵某部官兵冒险登悬崖钻水洞搜救群众的感人画面。

片子做好后，在传送时又遇上了麻烦。王俊找遍了什邡市所有可能有网线的地方，最后发现全市唯一可以达到传送网速要求的光纤在一栋危房里，房间里全是摔得支离破碎的电脑和空调，墙体上有宽大的裂缝，若有余震袭来，房子随时可能倒塌。为了能把影像及时传回电视台，王俊冒着生命危险，连续5个小时守候着网线，自危房内传回进入灾区后的第一条消息《空中大营救——清平乡千余被困群众成功转移》。

之后，王俊和搭档一起，记录了空降兵某部“十五勇士”安然返程，驳斥了所谓“‘十五勇士’死伤过半”的流言。王俊还用心用情描述了拖着一条残腿在山里爬了七天七夜、爬烂了5条裤子终于获救的残疾大姐等灾区人民勇敢坚强地与地震灾害搏斗的事迹，给观众带来强烈的心灵震撼与感动。

王俊在抗震救灾一线奔波，家中不满5岁的孩子只能由保姆照管。在孩子刚刚1岁的时候，王俊的丈夫被一场车祸夺去生命。作为一个单亲母亲，王俊从未离开过儿子。为了此次赴四川进行抗震救灾报道，王俊强忍离别之苦，在危难时刻只给儿子留下了“宝贝对不起，妈妈永远爱你”的留言。

2008年10月7日，王俊被中共中央、国务院、中央军委授予“全国抗震救灾模范”荣誉称号。

曾晓冠

1967年8月出生，湖南洞口人。中共党员，大学本科学历。湖南省公安厅刑侦总队法医。

5月17日深夜，在外出差的曾晓冠获悉厅机关即将派人赴四川抗震救灾的消息，连夜驱车赶回长沙，不顾自己先后进行过两次大手术，并患有严重的腰椎间盘突出等疾病，主动请缨要求赴四川抗震救灾。经组织批准，曾晓冠随湖南省公安厅抗震救灾突击队行动。昼夜兼程，旅途劳顿，曾晓冠腰疾发作，痛得汗如雨下，但他强忍疼痛一直坚持。

地震灾情严重，北川上游的唐家山堰塞湖随时可能溃坝。烈日下，遇难者遗体散发出的腐臭与强烈的消毒水味弥漫在空气中，令人窒息作呕。恶劣环境下可能催发重大疫情，危及人员生命。作为突击队现场勘查工作组负责人，曾晓冠没有丝毫犹豫、退缩，既当现场勘查指挥员，又当勘查工作参与者。按照公安部工作要求，突击队有条不紊地对遇难者遗体进行清理、消毒、编号、照相、检验和样本提取，先后完成数百具遇难者遗体的勘验。每天勘验工作结束后返回营地，曾晓冠顾不上休息，又连夜将各分队的勘验笔录和提取的生物样本，整理归档妥善保存，并将第二天要用的物品和材料整理分装，为新一轮的现场勘验做好准备。

数十个日夜，各小分队可以定期轮班换岗，但曾晓冠始终不曾停歇，一直坚守在勘验工作的最前线。他先后赶赴北川县城，安县的晓坝、秀水、高川和汶川县的漩口、映秀、耿达等地震灾区，行程千余里，数次遭遇余震和滑坡滚石。连日的劳顿和严重的休息不足，加之腰痛的折磨，他憔悴了许多。

除负责现场勘验工作的指挥，曾晓冠还积极协助突击队总指挥开展工作：强化队伍管理，完善制度建设；积极对外交流，定时与当地抗震救灾指挥部联络沟通，获取最新信息；协调工作安排，做队员心理疏导工作。

2008年7月，曾晓冠被公安部授予“全国公安系统抗震救灾先进个人”称号；10月7日，被中共中央、国务院、中央军委授予“全国抗震救灾模范”荣誉称号。

徐亚平

1966年4月出生，湖南湘阴人。中共党员，大学本科学历。湖南日报社岳阳记者站主任记者。

5月13日晨，在外出差的徐亚平奔回岳阳，在博客上发表《十万火急的问题》和《徐亚平紧急呼吁》等帖子，呼吁社会各界援助灾区。同时，向报社领导请求，作为战地记者奔赴灾区工作。此后，徐亚平又请朋友童童先往灾区了解情况，并密切关注前线消息，在《湖南日报》《长江信息报》、湖南在线、岳阳新闻网等媒体上开展前方连线报道。徐亚平还自觉担当后勤任务，在48小时内紧急筹措了36个品种、价值18万元的一线急需药品。为了尽快投入抗震救灾工作，徐亚平在网上发帖，招募以医务工作者为主体的志愿者，并很快组织起一支医疗救援志愿者队伍，从湖南出发，急行军1500公里抵达成都。

到达成都后，徐亚平整合上海、山西、四川、重庆、江苏等地志愿者，组建了联合志愿队。此后，冒着随时可能发生的余震，带队转战于德阳、绵阳灾区，及安县、北川、什邡、绵竹、都江堰、彭州等极重灾县（市），先后为绵阳高新区受灾群众安置点138名伤员看病送药；深入安县塔水镇、乐兴镇农户开展防疫，张贴《地震灾害后卫生防病知识》，捐献药品，为镇中心医院65名伤员治疗；对绵竹灾区群众安置点的孩子们实施心理干预，教他们唱歌、跳舞，赠送食品；给绵竹市九龙、汉旺两镇以及彭州市龙门山镇灾区群众送帐篷和食品。

由于条件艰苦、任务繁重，徐亚平肩周炎复发，肩背部疼痛难忍，没睡过一宿的安稳觉。他已抱定牺牲的准备，甚至给好友发出了“托孤”的“遗嘱”。岳阳市第二人民医院55岁退休主管护士周玉梅受徐亚平的感召，也马不停蹄追到灾区，加入了岳阳志愿队。

抗震救灾期间，徐亚平白天为灾区群众服务，晚上克服一切困难，以饱蘸激情的笔触，记录了那些营救、互助、关爱与坚强的感人瞬间。每天一个专题，共为《湖南日报》采写战地专栏通讯《亚平在前线》13篇；应约在《岳阳晚报》《洞庭之声》《长江信息报》等发表通讯、散文10余篇，总计5万余字。其《灾难，洗礼我们的灵魂》《牵挂我，就别打我电话》《北川，英雄地站起来了！》等文章，生动展示了四川人民在抗震救灾过程中不屈不挠的鲜活画面，引起了读者的强烈共鸣。

5月22日，湖南省委宣传部、湖南日报报业集团联合向徐亚平发出慰问电，高度肯定徐亚平及其志愿队“以履行职责为已任，不顾安危，克服困难，与灾区人民战斗在一起，为支援抗震救灾做出了积极贡献”。湖南卫视、《湖南日报》、“新闻天地”及岳阳诸媒体报道了徐亚平及其志愿队的感人事迹。

2008年10月7日，徐亚平被中共中央、国务院、中央军委授予“全国抗震救灾模范”荣誉称号。

李康华

1953年7月出生，湖南耒阳人。中共党员，硕士研究生学历。中南大学湘雅医院骨科主任，主任医师。

5月14日，作为第一批赴川医疗专家之一，李康华随湖南省抗震救灾医疗队启程奔赴彭州灾区。为及时救治重症伤病员，李康华和同事连夜赶建了战地医院手术室，并即刻投入医疗救治工作，借着简单的照明灯和手电照明，为4名重伤员实施了手术。15日，李康华和队里的医师又连续工作10多个小时，完成7台较大型的骨外科手术。同日16时，成都市卫生局紧急指令医疗队立即派人去成都市第三人民医院抢救危重伤病员。李康华从手术台上下来，没顾上喝一口水，取下口罩和帽子就一马当先紧急赶赴成都。

从汶川、北川等地震重灾地区抢救出来的伤员，通过直升机或救护车源源不断地送到成都市第三人民医院，大量伤员等着手术治疗。随着救援的深入，第三医院患者越来越多，连地下室都人满为患，成都市卫生局为此发出了气性坏疽病的蓝色预警。作为一名在骨科领域工作了30余年的医务工作者，李康华自然知道问题的严重性。他以高度的责任感，带领助手，和当地医院医务人员一道，对所收治病人的伤口逐个仔细检查，排除一个个疑似病例。在13个昼夜里，李康华共做了61台较大型骨科手术。他负责的伤病员没有发生一例气性坏疽病，保证每位病人都得到了及时有效的治疗。

每台手术下来，李康华就用冷水洗一把脸清醒清醒，吸一支烟提提神，然后再接着干。有时累了，他在手术台上直冒汗，手术室的护士就用纱布给他擦擦汗。李康华已年近六旬，身体也不太好，患有糖尿病，每天需注射胰岛素。为了不影响手术，每次上手术台前，他总是先为自己注射20个单位的胰岛素稳定一下病情。由于超负荷工作，又患上了重感冒，嗓子痛得说不出话来，但他仍抱病工作，争分夺秒，全力以赴救治伤员。他每天都要连续工作十七八个小时，最多的一天做了8台大型手术。

5月24日，李康华所在的医疗队接到护送第二批伤员到湖南医治的任务，由李康华担任转运专家组组长，负责病情鉴定把关，不仅要高效更要安全，绝对不允许伤病员在专列上出现意外。李康华立即与参与转运的医护人员制订了详细的转运工作方案。为了病人能被安全转送到湖南，李康华来回奔跑于17个车厢间，逐个仔细地巡诊查看280多个病人。回到湖南后，李康华作为救治巡察指导专家，往来奔波于收治灾区伤员的10多家医院开展查房、会诊、手术等工作，保证了到湖南医治的伤病员都康复出院。

2008年7月，李康华被全国总工会授予“全国五一劳动奖章”；9月，被卫生部、食品药品监管局、中医药局、总后卫生部授予“抗震救灾医药卫生先进个人”称号；10月7日，被中共中央、国务院、中央军委授予“全国抗震救灾模范”荣誉称号。

李文利

1969年7月出生，湖南常德人。中共党员，大学本科学历。湖南电力公司超高压管理局副局长。

汶川特大地震发生后的第二天，湖南电力公司向超高压局下达驰援德阳电网的命令。李文利担任超高压局援川抗震前线总指挥，紧急集结120多名突击队员，率20多辆抢险车辆，日夜兼程，于5月15日23时抵达德阳灾区。

为早日恢复供电，李文利带领突击队员，通宵达旦进行电网抢修，克服难以想象的困难，战胜艰苦恶劣的环境，于5月28日提前8天完成德阳以及绵竹、广汉等重灾地区共3个220千伏变电站、6个110千伏变电站的电网抢修任务。6月3日，德阳电网抢修竣工仅5天，李文利又接到上级命令，前往茂县进行地方电网恢复重建。李文利带领30多名突击队员，不顾疲劳，一路翻山越岭，绕道川藏公路，冒着余震、滚石、泥石流袭击和堰塞湖可能溃坝的危险，日夜兼程四天四夜，于7日晚到达茂县。

到达茂县后，李文利一边熟悉情况，组织人员进行抢险勘察、制订方案、落实救灾物资，一边会同地方政府、地方电力公司反复协商，想方设法，调动乡村、民兵和部队力量，积极开展物资运送。茂县地处川西北丘状高原山地，受损的电力设施多在山顶，机械车辆无法抵达，李文利便带领抢险队员人抬肩扛，运送抢险物资。沿线随时会突发山体滑坡和塌方，李文利临危涉险，头戴安全帽，总是走在最前面。有时因塌方造成道路堵塞，回不了驻地，李文利就组织队员们就地扎营，睡帐篷吃干粮。经过20天的日夜奋战，茂县电网1个220千伏升压站、1个110千伏变电站和9个35千伏变电站恢复供电。在李文利带领下，超高压局提前15天完成茂县地方电网恢复重建任务。茂县副县长激动地说："你们不愧为电力铁军，茂县羌藏人民永远不会忘记你们！"

李文利所带领的"光头突击队"的先进事迹，受到中央电视台新闻频道、湖南卫视、四川卫视、《国家电网报》等媒体的广泛关注，被多次报道，李文利也被媒体誉为"抢险局长"。

2008年10月7日，李文利被中共中央、国务院、中央军委授予"全国抗震救灾模范"荣誉称号。

谢庆国

1957年2月出生，河北秦皇岛人。中共党员，大专学历。广州市公安局特警支队支队长。

汶川特大地震发生后，根据上级命令，谢庆国带领215名特警队员，千里驰援极重灾区绵竹市。

一到灾区，谢庆国火速派出特警队员赶赴中国银行绵竹支行垮塌现场，执行搜救任务，经过近20个小时的连续奋战，救出2名幸存者，并协助转移了大量银行票据、贵重物品及28箱现金，挖掘出10多具遇难者遗体。由于救灾及时、保护得力，中国银行绵竹支行成为灾区震后第一家恢复营业的金融机构。在绵竹市区和汉旺镇救援期间，谢庆国带领广州特警共参与和协助完成5个废墟现场的挖掘搜救工作，成功抢救生还者2人，处理遇难者遗体16具，转移受灾群众75户150余人。

地震发生后，一些谣言不胫而走，严重扰乱了社会治安。谢庆国充分发挥实战指挥能力，科学合理地进行警力调度，出警次数和警力不断增加，每天平均出警400多人次，每名警员工作十几个小时以上，维护了当地的社会秩序。抢险救灾期间，共出警2500人次，巡逻防控面积达50多平方公里。

在震后物资极其匮乏的情况下，谢庆国告诫特警队员要“带着对灾区群众最深厚的感情”去做疏导工作，要求特警队员们不吃一粒救灾粮，不喝一口救灾水，不拿一件救灾物，将物资支援给灾区政府和群众。在灾区救援的12个日夜，广州特警守护救灾物资1.5万余吨，押运及协助装卸、发放救灾物资5000余吨，没有发生任何事故。

2008年7月，谢庆国被公安部授予“全国公安系统抗震救灾先进个人”称号，被广东省委、省政府授予“广东省抗震救灾先进个人”称号；10月7日，谢庆国被中共中央、国务院、中央军委授予“全国抗震救灾模范”荣誉称号。

李志敏

1966年8月出生，广东江门人。中共党员，硕士研究生学历。广东省水文局佛山分局副局长、总工程师。

汶川特大地震发生后，李志敏心急如焚。特别是出现堰塞湖险情后，他更是时刻关注灾区水情变化，收集了大量灾区水文信息，做好随时赶赴灾区救援的准备。汶川地震发生半个月后，广东省水文局接到组织抗震救灾应急队、奔赴地震灾区进行堰塞湖实地勘察的紧急通知。李志敏当即报名，经过筛选，被任命为第一应急队队长。

5月30日下午，李志敏带领应急队抵达绵阳灾区，立即赶赴被视为震后1号险情的唐家山堰塞湖，负责一线水文测报工作。李志敏带领队员及时收集灾区附近的水文资料，全面掌握当地地理状况，对水文监测站的位置、河宽、河长及坡降等信息做深入的分析，对测量方案进行反复研究讨论，选取最佳方案后，及时向指挥部报告水文动态资料。

为给唐家山堰塞湖大坝泄洪化险提供决策依据，6月3日，李志敏与队员们二上唐家山，进行导流明渠测量和坝体渗流测验。测量现场余震不断，山上时有飞石下落，险象环生。有一次，刚把仪器架好，一块约一吨重的巨石从山上滚下来，落在李志敏身后几米远的地方，他迅速收敛心神，转身投入到忘我的测量工作中。李志敏带领的应急小队带回来一个重要数据：740米高程——唐家山堰塞湖抢险过程中的标志性数据。740米高程，指的是唐家山堰塞湖泄流槽最高点高程，泄洪槽从上游到下游，在纵向上其实是一个龟背形状，中间比两边稍高，要找准这个龟背的最高点并准确测量出来困难相当大。李志敏带领队员背着沉重的仪器，冒着余震的危险，成功测量出导流明渠泄流最高点高程的标志性数据。此次测量结果，为指挥部决策提供了重要依据，指挥部当即对原泄流方案做出紧急调整。根据专家组审查以及数据推算，国务院总理温家宝果断做出"力争三日泄流"的决定。7日7时8分，唐家山堰塞湖导流明渠开始泄流，3天内泄流完毕，创造了世界上处理大型堰塞湖的一大奇迹。堰塞湖导流明渠泄流后，李志敏又三上唐家山，测得泄流后十分珍贵的第一份水文数据。

6月8日，李志敏带领队员赶往北川县城，勘查唐家山堰塞湖下游北川出口断面情况。进入北川县城有一条必经之路——一条光线昏暗、随时可能垮塌的"死亡隧道"，李志敏带头走进因大地震而多处出现裂缝的隧道。头顶不时有泥沙撒落，脚下不时会踢到大块的石头，但他不避艰险，一直走在前头。在他的带领下，所有人都安全通过隧道，并在河面一座断桥上完成了测量任务。

李志敏带领的应急小队完成唐家山堰塞湖勘察工作，为唐家山堰塞湖成功排险做出了贡献。以李志敏为骨干的广东水文抗震救灾应急队，受到温家宝的高度评价。

2008年7月，李志敏被广东省委、省政府授予"广东省抗震救灾先进个人"称号；10月7日，被中共中央、国务院、中央军委授予"全国抗震救灾模范"荣誉称号。

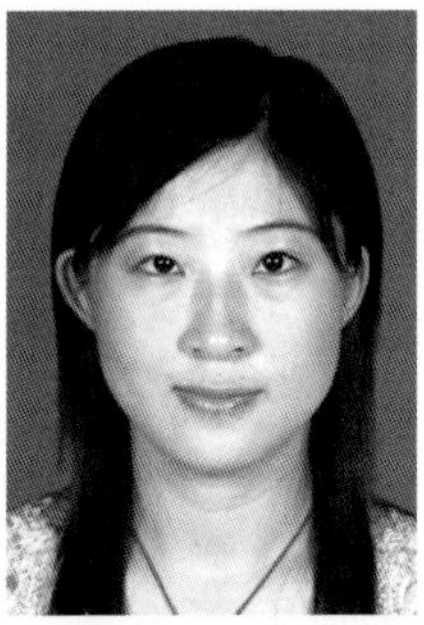

刁冬梅

女，1979年11月出生，辽宁丹东人。中共党员，大学本科学历。中山大学附属第二医院护师。

5月13日，刁冬梅主动向医院递交了请战书，要求到地震灾区实施医疗救援。经领导批准，刁冬梅当晚与第一批广东医疗队员一起登机飞赴成都。

到达成都后，按照当地救灾指挥部安排，医疗队立即起程，奔赴极重灾区绵竹市。到达绵竹后，刁冬梅又直接站到了灾情最严重的救援第一线。每天天刚亮，刁冬梅就带领团队中的护士姐妹整理当日所需的药品和器械，并把所有物品整齐归类，做好记录，以便及时将药品和器械提供给医生，节省救治时间。医疗队巡诊时，刁冬梅则和同事们扛着十余公斤重的大药箱，深入山区搜救受伤乡亲。由于缺乏维生素和过度疲劳，刁冬梅满嘴起了溃疡，每次进食都要忍着剧痛，但她从不叫苦叫累。她说："比起地震中失去生命或亲人的同胞，活着已是幸运。我现在最大的心愿，就是让受难同胞早日康复，让他们战胜悲痛。"

救援一线环境极为艰苦，余震不断，随时可能会发生房屋倒塌、野狗咬人等危险，而且还要忍受动物尸体腐败后散发出的恶臭。刁冬梅毫不畏缩，始终坚持在抗震救灾第一线，先后辗转于汉旺镇、东北镇及群新村等12个镇、50多个村和东汽、东汽小学、东汽中学，护理、救治病人7400余人次。

2008年7月，刁冬梅被广东省委、省政府授予“广东省抗震救灾先进个人”称号；9月，被卫生部、食品药品监管局、中医药局、总后卫生部授予“抗震救灾医药卫生先进个人”称号；10月7日，被中共中央、国务院、中央军委授予“全国抗震救灾模范”荣誉称号。

李　想

1975年7月出生，重庆长寿人。中共党员，硕士研究生学历。广东省中医院骨科主治医师。

5月14日凌晨，作为广东省抗震救灾医疗队第一批队员之一，李想随医疗队抵达成都，而他的家就在成都，回家一趟不过10分钟的路程，况且家中还有年已七旬的父母，但李想无暇顾及，随医疗队火速赶往震中汶川县映秀镇。

地震造成不少道路中断，车过都江堰市后，因交通受阻，李想便肩扛30公斤重的药箱，和队友急行军前进。左边是峭壁，右边是岷江，伴着余震，不断有泥石流从山上滑落，一路上险象环生。到了最难走的地段，只能把药箱顶在头顶，贴着峭壁慢慢摸索，稍有不慎，就会掉下江去。艰难跋涉一天，李想和队友终于赶到映秀镇，从而为灾区实施医疗救治赢得了宝贵的时间。

5月16日中午，映秀镇发生强余震。而此时，李想正站在一幢坍塌的4层楼楼顶上，脚下的废墟在剧烈晃动，四周的瓦砾在“咔咔”作响，随时可能再次坍塌。危急时刻，李想飞身护住废墟中的伤员头部，把随时都可能降临的危险留给了自己。14时30分许，这名伤员被从废墟中抢救出来，但已没有了脉搏。李想凭着娴熟的技术，一分钟内为伤者开通了两条动脉补液通道，为抢救创造了条件。18时多，一位下肢已经发黑肿胀的女青年被抬到医疗点，如不立即送出去手术，会有生命危险，而此时，最后一架直升机已经轰鸣欲飞。李想和队友抄起担架，抬起伤员，奔向500米外的直升机。由于速度过快，李想和队友几乎是跌扑进直升机的机舱，刚刚安置好伤员，飞机便拔地而起。

在映秀镇的半个月里，李想与队友们克服种种困难，在物资极其匮乏的条件下，夜以继日地开展救治工作，与搜救队员一起扒废墟、救伤员，接诊、手术、巡诊。没有X光机，李想就“手摸心会”进行诊治；没有手术室，就“手法整复”治疗；没有石膏，就用小夹板给伤员固定；夹板用完了，就地取材制作小夹板。李想和队友共参与从废墟中抢救伤员11次，成功抢救伤员7次，现场救治伤员425人次，急诊手术12例，向后方转送重伤员252人，巡回医疗2136人次，出色完成了任务。

2008年7月，李想被广东省委、省政府授予“广东省抗震救灾先进个人”称号；9月，被卫生部、食品药品监管局、中医药局、总后卫生部授予“抗震救灾医药卫生先进个人”称号；10月7日，被中共中央、国务院、中央军委授予“全国抗震救灾模范”荣誉称号。

屈志国

1953年4月出生，内蒙古五原人。中共党员，大学本科学历。内蒙古自治区人民医院副院长，主任医师。

汶川特大地震发生后，内蒙古自治区人民医院决定组建一支紧急救援医疗队，并任命屈志国为第一批医疗队队长。5月14日，屈志国刚刚结束对口医疗扶贫工作，就急速返回呼和浩特，连家都没回，甚至连简单的行装都没顾得上带，就带领医疗队携带救灾必备的药品、器械赶赴灾区，于当日抵达成都，未及休息，又立即装卸随机带去的70吨物资。屈志国虽已年逾五旬，但仍和年轻小伙子一样，往往是肩扛一袋大米，手提一箱食品，跑来跑去，衣服早被汗水浸透。

5月15日上午，医疗队到达北川，搭建起第一个医疗救助站。17日，北川又遭遇了一场暴风雨，山体滑坡，泥石流一触即发，上游的唐家山堰塞湖险情严峻，屈志国指挥队员做好应对险情的准备。深夜，医疗队接到抗震救灾指挥部和卫生部的紧急撤离通知，他又带领大家冒着风雨在漆黑的夜色中撤离。

5月18日下午，屈志国带领医疗队再次返回北川，继续开展广泛而深入的医疗救援工作。他们克服饥饿以及北方人不习惯的潮湿天气，走遍了山区的每一个村寨，为村民提供及时的救治。10多天下来，屈志国和他的医疗队共救治受伤者130多人，成功抢救了1名急性喉炎患者和1名生命垂危的患儿，为5名孤儿送药送食，并做好心理抚慰工作。

医疗队把医疗救治延伸到偏僻村寨，经常身背药品、器械，冒着余震和山体滑坡、泥石流等危险，行走在地势险峻的山间，以北川为中心，徒步穿行于10多个乡村，为当地伤员提供了及时的救治。

2008年7月，屈志国被内蒙古自治区党委、自治区政府授予“抗震救灾抢险救援先进个人”称号；9月，被卫生部、食品药品监管局、中医药局、总后卫生部授予“抗震救灾医药卫生先进个人”称号；被中国科协授予“中国科协抗震救灾先进个人”称号；10月7日，被中共中央、国务院、中央军委授予“全国抗震救灾模范”荣誉称号。

严来光

1964年1月出生，广西岑溪人。大学本科学历。广西壮族自治区水利厅技术中心主任。

5月21日21时30分，远在广西壮族自治区灵山县灵东水库工地现场的严来光，接到自治区水利厅电话通知，按照水利部统一部署和安排，要求他即刻赶回南宁，带领两个专家组赶赴绵阳市的三台县、盐亭县，开展地震毁损水库应急除险方案编制。

5月22日1时，严来光回到南宁，不顾疲劳，马上投入各项准备工作中。8时30分，严来光与13名水利专家启程，奔赴四川抗震救灾第一线。贵州、重庆路段山高路险，路况复杂，有的路段因修路，坑洼不平，有的路段塌方严重，下面又是悬崖陡壁。为了全体人员的安全，严来光眼都不敢眨，始终与司机保持密切的交流。一行人风雨兼程，连续驱车1500余公里，于23日18时安全到达绵阳，是较早到达绵阳的水利技术支援队伍之一。

5月23日晚，按照水利部驻绵阳抗震救灾指挥部部署，严来光连夜组织全体人员，研究制订工作计划。在水库现场查勘中，严来光带领全体人员发扬“不怕苦、不怕累、团结协作”的精神，坚持深入到每一座水库现场，了解地震损坏的第一手材料。

5月29日，在查勘盐亭县庙头岩水库时，遇上风雨交加天气。严来光带领工作组踏着泥泞、陡滑的山路，顶着大风登上水库大坝，认真检查大坝的裂缝、变形、渗漏和溢洪道、放水涵管等建筑受损情况，以及应急除险所需材料、价格及施工供电等情况，现场讨论应急除险实施措施。待查勘完水库后，早已一身泥水，但严来光和专家组其他成员全然不顾，继续投入到下一座水库的查勘中。

5月25日下午，青川县发生6.4级余震。27日下午，青川县又发生5.4级余震；同日，宁强县发生5.7级余震，三台县震感较强，在宿舍内能感觉到房屋的强烈摇晃。每次强余震发生时，严来光都指挥大家立即采取避险措施；余震结束后，又马上投入工作。由于专家组工作认真，十分投入，往往小的余震来了大家都未感觉到。

经过12个日夜连续奋战，严来光与专家组其他13位成员，完成了平时需要一个月才能完成的任务。6月4日，专家组提前完成三台、盐亭两县28座有溃坝险情、高危险情的震损水库应急除险全部方案编制。5日，28个方案每套6份如期提交水利部驻绵阳抗震救灾指挥部。所有方案全部通过四川省水利厅、绵阳市水务局审查，编制效率和质量得到了指挥部的充分肯定和高度赞扬。

2008年7月，严来光被水利部授予“全国水利抗震救灾先进个人”称号；10月7日，被中共中央、国务院、中央军委授予“全国抗震救灾模范”荣誉称号。

李英挺

1978年1月出生，海南东方人。中共党员，大学本科学历。海南日报社记者。

5月13日，李英挺跟随海南地震灾害紧急救援队，前往极重灾区北川羌族自治县，是海南省抵达地震灾区的第一位摄影记者。

5月18日，海南省救援队对已被困138个小时的北川羌族自治县人民医院医生唐雄展开救援时，李英挺坚持在废墟中全程跟踪拍摄。当时，余震不断，楼房被震得摇摇欲倒，现场指挥人员命令“快撤”，但救援队员为了救人，置生死于度外，坚守现场作业，最终从废墟中救出唐雄。李英挺拍摄下抢险救援的一幅幅珍贵画面。

灾区路断桥塌，供电停止，通信中断，几乎与世隔绝，根本无法上网传送稿件。李英挺牢记使命，不辞劳苦，步行30多公里，又搭乘救灾物资运输车赶到绵阳，把稿件和图片通过四川地震局在救灾现场工作的卫星直播车，传到中国地震局，再转到海南地震局，最后转到海南日报社，及时向外界传递了海南救援队冒险救人的壮举。以后，中央电视台、凤凰卫视等媒体纷纷报道此事，美国麦克拉奇报业集团网站等国外媒体也纷纷转载，报道这一典型事例，对中国积极救灾的行动大加赞誉。

在灾区采访的日子里，李英挺牢记新闻工作者的神圣职责和使命，与紧急救援队一起踏泥泞，攀山崖，不怕牺牲，哪里有危险就出现在哪里，全力以赴做好抗震救灾宣传报道工作。前后9天时间，拍摄新闻图片近2万张，真实记录并热情讴歌了在抗震救灾中涌现的可歌可泣的英雄事迹和受灾者、救援者的顽强精神。

2008年10月7日，李英挺被中共中央、国务院、中央军委授予“全国抗震救灾模范”荣誉称号。

王长江

1955年5月出生，河南太康人。中共党员，大学本科学历。贵州省王武监狱主任科员。

汶川特大地震发生后，王长江决心到灾区去、到一线去救灾。5月15日，王长江向监狱领导请假，利用公休假奔赴四川抗灾一线。在贵阳至成都的列车上，他通过广播寻找前往灾区的贵州志愿者，组建起一支贵州抗震救灾抢险志愿队，被推举为领队兼队长。16日到达成都后，为增强救援力量，王长江多方联系，与来自重庆红十字会的志愿者队伍整合在一块，王长江任副领队兼救灾前线总指挥。当日22时，由20辆车组成的志愿者车队开往极重灾区什邡市。

5月17日1时30分抵达什邡后，王长江不顾疲劳，前往什邡市抗震救灾指挥部领取救援任务，奉命进入红白镇救援。王长江根据红白镇灾情，把志愿队分为抢险、救援（助）、搬运、消毒防控、埋尸、机动、后勤7个分队。为确保“大灾之后无大疫”，抗震指挥部特别重视灾区消毒，尤其是遗体及掩埋场的消毒，高度腐烂的遗体对掩埋人员的开放性伤口会造成感染，石灰可能烧灼眼睛，这是一项最危险，也是最考验人的工作，王长江带领的志愿队闻讯主动请战。

他们按照医务人员的要求，每人戴上双层口罩、薄胶手套，又在外加戴一双厚厚的帆布手套，身上还穿上一件黄色的塑料雨衣。王长江带头扛起一袋40公斤的石灰前往半山腰的掩埋区，将石灰一把把往成排的新坟上撒。那些天天气又闷又热，穿着防护装，不活动都十分难受，但王长江带领的志愿者没有一个人退缩。汗水湿透了衣服，人人汗流满面，几乎连眼睛都睁不开，却没有人叫苦说累。完成任务后，大家脱去防护装，一身衣服能拧出水来。

在救灾工作中，王长江带领救援志愿队连续作战，冒着余震威胁和坠落悬崖的危险参与各项救灾行动。哪里最苦最难，王长江就带领他的志愿者队伍战斗在哪里。在他的带领指挥下，先后有来自重庆、贵州等13个省（区、市）的120余名志愿者，有组织、有纪律地配合救灾部队参与各项救援行动，先后解救被困群众3人，配合部队官兵抢运伤员，掩埋遇难者遗体180余具，卸载搬运40余车救灾物资约300吨，配合武警成都市支队、深圳特警支队治安执勤10余次，并积极安慰心灵受创伤的灾区群众。

2008年7月，王长江被司法部授予“全国司法行政系统二级英雄模范”称号；10月7日，被中共中央、国务院、中央军委授予“全国抗震救灾模范”荣誉称号。

丹　增

藏族，1955年10月出生，西藏亚东人。中共党员。西藏自治区卫生厅法规与监督处主任科员。

汶川特大地震发生后，西藏自治区卫生厅组建了自治区第一支卫生防疫队。5月24日，丹增刚从海拔5200米的珠峰大本营完成北京奥运圣火珠峰传递活动卫生保障工作归来，得知自己被选拔为抗震救灾队员奔赴汶川参加救援工作时，感到无比自豪。领导问他有什么困难，他说：“作为一名国家和人民多年培养的少数民族医务工作者，在祖国和灾区群众最需要的时候，有责任、有义务积极参与抗震救灾工作，我去，我坚决去！”25日，丹增与队友们日夜兼程奔向四川极重灾区茂县。他们乘车经雅安、马尔康、黑水到茂县，翻越3座海拔4000米以上的高山，穿越了30公里的“死亡线”。经过一天多的颠簸，他们终于在26日到达茂县灾区。

根据茂县抗震救灾指挥部的安排，西藏卫生防疫队负责渭门、沟口、黑虎、飞虹、回龙、白溪等6个乡、33个行政村、16939人的卫生防疫工作。丹增负责渭门乡、沟口乡、黑虎乡的卫生防疫工作。在灾区，丹增白天顶着如火骄阳，不顾悬崖下湍急的河流和山上随时发生滑坡、滚石、泥石流的危险，一路踩踏着摇摇欲坠的山石缓缓前行。他强忍着胃溃疡的反复疼痛，与队员们穿行在灾区，帮助灾区群众寻找水源，早出晚归走村入户，完成每日的卫生防疫工作任务。由于日光性皮炎造成大面积脱皮，丹增和同事们的双腿和双臂布满了皮疹，但他们从不叫苦叫累。夜晚回到营地，不顾疲劳和病痛，丹增与同事们一起制订食品、饮用水卫生安全和传染病防控相关预案，指导当地的防病工作。

在一个多月内，他们开展了疾病监测、健康教育、饮水卫生、食品卫生和环境消杀等工作，完善了当地疫情报告系统；对防疫工作人员进行了培训和应急处理指导，将环境卫生、食品和饮用水卫生消杀工作具体到村、责任到人，确保了灾区人民的饮水卫生。在工作之余，他和队友们积极协助村民清除垃圾，抢收蔬菜。他还与队员们走村串户，踏遍了负责乡镇的所有村寨，对厨房、厕所、垃圾等进行科学选址和规划，对集中式供水水源和供水设施进行水质检查和加氯消毒，对村外环境、厕所、垃圾、灾区群众居住帐篷进行消毒杀虫处理。他们开展食品、饮用水监测和疾病监测入户调查343户，培训防疫人员81人，发放食品卫生及灾后心理健康知识宣传资料近100份，防疫消毒1.5万平方米，看病发药100余人次。

2008年9月，丹增被卫生部、食品药品监管局、中医药局、总后卫生部授予“抗震救灾医药卫生先进个人”称号；10月7日，被中共中央、国务院、中央军委授予“全国抗震救灾模范”荣誉称号。

王晓勤

1957年11月出生，上海人。中共党员，硕士研究生学历。青海省心脑血管病专科医院院长，主任医师。

王晓勤一得到汶川特大地震发生的消息，立刻向青海省卫生厅党组递交请战书，表达了赴灾区抗震救灾的决心。经厅党组研究决定，王晓勤担任救灾车队总指挥。一切准备就绪后，王晓勤带领队员昼夜兼程，急驰1700公里到达青川灾区。

王晓勤担任赴青川抗震救灾医疗队队长。他带领队员们冒着强烈的余震和道路塌方的危险，前往青川县重灾地区关庄镇。到达关庄镇后，王晓勤立即组织队员搭设紧急医疗急救站，并根据队员专长进行合理分工，实施伤病员抢救工作。一连几天，医疗队每天接收伤病员五六百人。因伤员较多，场地不能满足救治需要，王晓勤又组织队员在麦地里支起10多顶帐篷作为临时病房。5月18日21时，一名重伤员生命垂危，急需转院治疗，王晓勤护送伤员前往广元市进行救治。漆黑的夜晚，走在险峭的山路上，其艰险可想而知。转送途中，由于伤势严重，伤者呼吸心跳骤然停止，王晓勤立即为病人实施心肺复苏急救，使伤者脱离险境，最终将病人送到广元市人民医院重症监护室医治。

得知红光乡有大批伤病员急需救治的消息，王晓勤不顾连续超负荷工作的疲惫和队友们的劝说，带领5名队员组成突击小分队，立即赶往红光乡。途中，与运送生活物资的济南军区某师救灾官兵相遇，遂一起并肩行进。经过长途跋涉，他们到达红光乡后，立即投入了紧张的抢救工作。此时，一次强余震发生，又有危房和临时搭建的帐篷倒塌，受伤群众的哭喊声连成一片。王晓勤指挥队员，将伤员从废墟中抢救出来，并立即进行紧急救护处理。在缺乏手术设施和条件的情况下，医疗队按受伤程度将伤员分为特重伤、重伤、次重伤、轻伤等几个等级，受伤较重的立即进行现场救治，其他伤员则实行安全有序的转移。

灾区条件非常简陋，生活十分艰苦。王晓勤带领队员艰苦奋战45个日夜，哪里最艰苦、最危险，哪里就有他的身影。在关庄镇医疗救援期间，暴雨和余震不断，山体滑坡和堰塞湖，随时威胁着伤病员和医疗队员的安全。为稳定队员们情绪，保障队员们生命安全，王晓勤连续几天值班守夜，熬得双眼通红，始终以苦为乐，奋战在抗震救灾最前线。

2008年7月，王晓勤被中国红十字会授予“抗震救灾先进个人”称号；8月，被青海省委、省政府授予“抗震救灾先进个人”称号；9月，被卫生部、食品药品监管局、中医药局、总后卫生部授予“抗震救灾医药卫生先进个人”称号；10月7日，被中共中央、国务院、中央军委授予“全国抗震救灾模范”荣誉称号。

张 波

1962年9月出生，宁夏海原人。中共党员，硕士研究生学历。宁夏回族自治区卫生厅疾病控制处处长。

汶川特大地震发生后，张波作为宁夏医疗卫生防疫救援队防疫分队队长，带领队员经过长达30多个小时昼夜兼程，克服重重困难，于5月15日21时到达极重灾区青川县。

到达任务区后，张波和队员们冒着发生余震和塌方的危险，深入各乡镇，详细察看各灾区居民安置点、医疗诊治点、集中饮用水水源地、尸体临时存放点、垃圾处理场以及临时厕所等场所灾后卫生现状，掌握了存在的主要公共卫生问题等，并针对灾区卫生防疫实际需要，起草了《青川县卫生防疫工作建议实施方案》，从组织领导与协调、相关部门职责、工作目标、技术指标和措施、工作保障及监督考核等方面，提出了切实可行的计划和建议，为青川县灾后卫生防疫奠定了扎实基础，得到当地卫生部门和宁夏救援总队长的肯定和好评。

按照指挥部安排，救援队摸黑在青川县中学扎营。为了不给灾区政府和群众添任何麻烦，除了年龄稍大的入住两个帐篷外，其他队员都在车上休息，紧急救援分队的年轻人甚至露宿广场。在青川的第一顿晚餐因为没有热水，所有的队员只能干嚼方便面。张波说："我们是来救灾救援的，不是来添乱的，不能给灾区群众增加任何负担。"失去公共卫生设施的青川街头随处可见垃圾和粪便，张波和救援队员迅速开展排查，为受伤群众把脉问诊，并对水源、垃圾、厕所、生活垃圾进行消毒处理。

5月21日下午，救援队接到救援任务，张波带人前往灾情比较严重的木鱼镇，对258具遇难者遗体进行消毒掩埋。这是一项特殊而艰巨的任务，对卫生防疫队员的心理是一次严峻的考验。针对遇难者遗体系临时掩埋的实际情况，张波和同事们研究拟订了实施方案，并制定相关保障措施，对全体防疫队员开展消毒及自我防护知识的培训。面对258具面目模糊、已经开始腐烂的尸体，防疫队员们一次次落泪。怀着对生命的无限敬畏，张波和防疫队员们按照技术要求一一对尸体进行消毒，然后掩埋。

石坝乡是卫生防疫任务较为艰巨的一个乡，自地震以来道路塌方，河水淤积，无法进入，救灾物资完全依靠空投和肩扛。5月25日下午，指挥部向宁夏卫生防疫队下达了运送救灾物资任务，张波和两位同事背着物资徒步翻山越岭向石坝乡挺进。由于道路扭曲塌方严重，部分路段下沉形成河道和湖面，根本无法通行，只能从山上爬过去。途中正赶上青川县发生6.4级余震，历经4个多小时艰难跋涉，翻越5座山，他们才到达目的地并开展工作。

针对灾区余震不断、堰塞湖随时可能溃坝，队员随时面临危险，心理压力和精神负担比较重，且大部分农村地区没有通信信号等情况，张波负责制定了相应的安全措施，通过组织交流沟通活动，鼓励大家相互勉励、积极与家人朋友进行电话沟通等措施，缓解心理焦虑和压力。由于措施得当、及时，十几天里，队员们始终保持着健康的身心状态和良好的工作状态。

张波经常往返于驻地和青川县抗震救灾指挥部之间，及时汇报工作，沟通信息，并认真组织实施，抓好卫生防疫任务的落实。他还带领一组防疫人员挨村逐户进行消毒，实施伤员救治及卫生防疫宣传教育工作，使防疫队所负责的5个乡所有村队卫生防疫得到全面覆盖，确保灾后没有出现疫情。

2008年9月，张波被卫生部、食品药品监管局、中医药局、总后卫生部授予“抗震救灾医药卫生先进个人”称号；10月7日，被中共中央、国务院、中央军委授予“全国抗震救灾模范”荣誉称号。

买买提明·日吉甫

维吾尔族，1972年7月出生，新疆墨玉人。中共党员。墨玉县芒来乡布都休克村农民。

5月12日，买买提明·日吉甫从电视上得知汶川特大地震的消息后，彻夜不能眠。他非常难过地对妻子说：“无论是维吾尔族兄弟，还是汉族同胞，我们都是炎黄子孙。我也是父亲，虽然四川离我们很远，但我不能眼睁睁地看着孩子们受难，我一定要到灾区去帮助那些孩子们渡过难关。”他和妻子商量，决定把手头的积蓄全部捐给灾区。

买买提明·日吉甫是2006年初带着妻子和孩子到乌鲁木齐打工的，一家人租住在一栋简易的两层小楼上，25平方米的房子被隔成两间，两张床、一台电视机和一个煤气灶就是他们所有的家当。在乌鲁木齐的2年零4个月里，买买提明·日吉甫和妻子辛辛苦苦一共积攒了1.1万元。虽然钱来得很不容易，但妻子理解和支持他的想法，且悄悄把自己结婚时娘家陪嫁的首饰也全部变卖掉，筹集了4000元钱递到买买提明·日吉甫手中；她还从自己哥哥那里借来1万元钱，也给买买提明·日吉甫当路费。

已经102岁高龄的老父亲日吉甫·吾吉得知小儿子有这个想法时，不但全力支持，还把价值2000元的葡萄干和核桃装了满满6大箱子，通过公交车从墨玉捎到乌鲁木齐，让儿子带给灾区的孩子们。他还在电话里赞扬儿子做得对、做得好。老人说：“我在抗美援朝战争时期，就把家里卖羊毛的银圆捐给了国家，现在四川发生了地震，你到灾区去尽力帮助他们，是天经地义的。”

5月25日下午，买买提明·日吉甫带着1.5万元钱和6大箱干果，乘飞机奔赴灾区。由于道路不通，买买提明·日吉甫冒着余震不断的危险绕道马尔康到达汶川，把1.5万元全部交给了汶川县县长，并把6箱干果捐到汶川县抗震救灾指挥部办公室。由于在语言交流和饮食上有诸多不便，县长希望他早点回家，但买买提明·日吉甫坚持要留下来。他被安排到救灾志愿者队伍里，帮助装卸救灾物资。汶川县团委书记李晓燕说，买买提明·日吉甫给大家留下的印象很深，虽然语言不通，但是他在救灾中一直非常积极主动，是个热心的好小伙。

有人问买买提明·日吉甫：“你把所有的积蓄都捐给了地震灾区，以后日子怎么过啊？”买买提明·日吉甫回答得很干脆：“我的身体很好，可以再挣钱。”

2008年10月7日，买买提明·日吉甫被中共中央、国务院、中央军委授予“全国抗震救灾模范”荣誉称号。

殷泰平

1965年10月出生，山东青岛人。中共党员，硕士研究生学历。新疆生产建设兵团卫生局办公室主任。

汶川特大地震发生后，新疆生产建设兵团卫生局立即做出紧急部署和必要准备，殷泰平配合兵团卫生局领导，连夜紧急调动兵团医疗卫生技术力量，集中兵团医疗、防疫方面一些专业技术骨干，配备应急救护车辆，一直忙到深夜。从5月17日21时得到卫生部批准，到18日上午兵团医疗救援队出发，完成人员和医疗应急物资及车辆等准备，只用了短短的12个小时。

兵团应急医疗卫生救援队兵分两路，一路由殷泰平带领，包括医务人员及满载医疗及救灾物资的车队，日夜兼程穿越千里藏区，攀上海拔3800多米的高原时正赶上暴风雪，医疗队员经受了6个多小时的风雪侵袭，经受住严重的高原反应的考验，历时66个小时，一路临危涉险，长途跋涉近3000公里，终于到达茂县。

在抗震救灾一线，殷泰平任兵团应急医疗卫生救援前线临时指挥部副总指挥。他主动配合前线总指挥，做了大量的组织和协调工作。为确保灾后无大疫，兵团医疗卫生救援队制定了“预防为主、专群结合”的工作方针，明确了“责任区内全覆盖、不留一个空白点”的工作目标，在所服务的6个乡、35个行政村，开展了扎实、有效的医疗卫生救援工作。

为高效、有序地开展救援工作，殷泰平除了配合总指挥安排整个救援队工作外，还经常与卫生部前线指挥部、四川省卫生厅及茂县抗震救灾指挥部等方面沟通和协调，穿梭于指挥部与各小分队之间，协调工作，收集信息，运送给养。其间，还跋山涉水，深入海拔三四千米的高山羌寨，和队员们一起开展医疗救援和卫生防疫工作。至医疗队返疆时，新疆生产建设兵团应急医疗卫生救援队责任区内没有一例疫情发生。

2008年7月，殷泰平被中国红十字会授予“抗震救灾优秀志愿者”称号；9月，被卫生部、食品药品监管局、中医药局、总后卫生部授予“抗震救灾医药卫生先进个人”称号；10月7日，被中共中央、国务院、中央军委授予“全国抗震救灾模范”荣誉称号。

中央直属机关抗震救灾模范

龚达发

1951年12月出生，湖北洪湖人。中共党员，大学本科学历。人民日报社记者部党委书记、主任，高级编辑。

5月12日下午，正在主持记者部例会的龚达发获知汶川特大地震发生的消息，立即专题研究如何开展抗震救灾宣传报道；指派办公室人员克服通信受阻等各种困难，千方百计与人民日报社驻四川记者站取得联系，了解灾区情况，下达报道指令。13日上午，龚达发召开记者部抗震救灾报道工作动员会。他说：“现在国难当头，是党考验每个党员、党的新闻工作者是否忠诚的时候。”会议决定部机关所有人员和记者停止休假和外出，坚守岗位；驻灾区及周边省市记者立即奔赴抗震救灾报道第一线；部机关实行24小时值班制度。

5月14日16时，龚达发被人民日报编委会任命为前线报道总指挥，他立即召集记者部紧急会议，部署报道及后勤保障等工作，18时才回家收拾行李，告别临时到北京的80多岁的父母和妻子，20时即赶赴机场。15日3时到达成都，龚达发连夜召开紧急会议，成立指挥部，将30余名赶赴抗震救灾一线的记者合理调配到汶川、理县、茂县、北川等极重灾县（市）。当日8时，龚达发赶到四川省委宣传部、成都军区接受任务，直到15时才吃午饭。连续半个月，龚达发调遣联络报道策划，凌晨才能休息。龚达发患有严重的高血压，靠降压药和速效救心丸坚持工作。

龚达发曾参加唐山大地震报道，经验丰富，视野开阔。在汶川地震报道中，龚达发强调要始终关注并突出报道各级党组织、党员在灾难面前充分发挥战斗堡垒和先锋模范作用。5月16日在《人民日报》刊出对四川省委书记刘奇葆的专访《不惜一切代价打赢这场硬仗》，并连续组织《四川灾区300万党员践行誓言》《灾难袭来，先救群众》《撑起父老乡亲一片天——记奋战在抗灾第一线的村支书们》《用生命谱写的壮歌——四川基层党组织和广大党员抗震救灾纪实》等报道。他领衔采写的长篇通讯《挺起不屈的脊梁——四川抗击特大地震灾难纪实》，动人心魄，感人肺腑。

龚达发到前线指挥部以后，很快成立临时党支部，担任支部书记。在他带领下，党员在宣传报道中冲锋陷阵，年轻记者、入党积极分子在抗震救灾报道中自觉接受党组织的考验，用实际行动争取火线入党。在灾区，龚达发提议前线记者向灾区捐款，并率先将自己2007年度“范长江新闻奖”的3万元奖金全部捐献给灾区。

2008年6月，龚达发被中组部授予“抗震救灾优秀共产党员”称号；10月7日，被中共中央、国务院、中央军委授予“全国抗震救灾模范”荣誉称号。

唐　宁

1963年7月出生，上海人。中共党员，大学本科学历。人民日报社内参部党支部书记、主任，主任编辑。

5月12日下午，在获知地震消息之后，唐宁立即将电话拨到人民日报社驻四川记者站，在与记者站数次连线不通后，他预感到灾情的严重和形势的严峻，马上召开内参部紧急会议启动应急机制，成立赴灾区报道小组，安排编辑部24小时值班，全部进入临战状态。当晚，唐宁坐镇指挥，组织策划抗震救灾内参报道，制订了全面系统的报道方案。地震发生的最初几天，唐宁每天晚上值夜班，经常熬到凌晨四五点钟。第二天清早，他又出现在白班编辑平台上。他凭着高度的责任感和职业素养，敏锐地意识到震后房屋鉴定工作将直接关系到灾区广大群众的生命财产安全，便迅速组织策划并编发了《四川灾区受损房屋安全评估工作亟待推进》内参，经中央主要领导同志批示后，此项工作在灾区全面展开，为保障受灾群众生命安全，减轻政府负担起到了重要作用。

唐宁以对党和人民的热爱和忠诚，组织带领内参记者，不顾艰难险阻，奋战在抗震救灾第一线，以实际行动推动了救灾工作。他带领内参部6名年轻记者，翻山越岭，克服重重困难，深入都江堰、北川、汶川、青川等重灾地区实地采访。为获得第一手材料，面对余震，唐宁与武警战士一起穿过漏水严重、随时有崩塌危险的隧道，翻过塌方不断的乱石堆，徒步20多公里深入重灾地区，采写了多篇具有重要参考价值的内参。唐宁根据中央指示精神，认真分析灾区情况，组织采写的关于活动板房援建标准亟待统一的内参，受到中央主要领导同志的高度重视，有关部门迅速统一标准，节约建设资金数十亿元。他冒着危险深入北川县城采访防疫情况，采写的《北川防疫存在安全隐患》的内参受到温家宝、李克强等中央领导同志的高度重视和批示。在地震发生后的10余天内，唐宁共采写编发内参稿件203篇，得到胡锦涛、温家宝等12位中央领导同志批示39件（次），受到中央领导同志的高度重视和震区等有关方面的高度赞扬。

唐宁率领内参记者采写的内参，除多次获得中央主要领导同志批示外，多篇公开报道也引起了热烈的社会反响。其中反映灾区党组织大灾中发挥核心作用的内参《房屋虽垮组织不垮》，以《震不垮的乡党委》为题刊登在5月22日《人民日报》一版重要位置上，作为“灾区党旗红”栏目的开篇报道，受到中央领导同志和四川省委的高度赞扬，社会反响热烈。他组织采写的内参《一名党员就是一面旗帜——记广东青年志愿者抗震救灾医疗服务队》，得到王兆国、李源潮、汪洋的高度赞扬和批示。28日，《人民日报》在抗震救灾专版的重要位置上刊登了这篇报道，极大地鼓舞了救灾志愿者，受到社会各界的广泛赞誉。

2008年7月，唐宁被全国总工会授予“全国五一劳动奖章”；10月7日，被中共中央、国务院、中央军委授予“全国抗震救灾模范”荣誉称号。

于文国

1956年11月出生，山东桓台人。中共党员，大专学历。工人日报社摄影部主任，高级记者。

5月12日上午，于文国因病正在医院输液。下午，得知汶川发生特大地震，他立即向报社编辑部要求前往灾区采访。14日10时，于文国抵达成都后，赶往都江堰现场采访。19时49分，他背负着几十公斤重的摄影采访设备爬上紫坪铺水库大坝，徒步向汶川县映秀镇艰难前行。15日10时，从乱石、废墟和悬崖、裂缝中爬过来的于文国，赶到满目疮痍、亟待救援的映秀镇。他在映秀镇摄影采访，连续两夜不睡，一天多没吃没喝，记录下了一个个感人的瞬间。

5月17—22日，于文国冒着接连不断的余震和乱石滚落，在绵竹市汉旺镇、清平乡、天池乡等地，跟随进山救援的解放军官兵，拍摄了《乱石中传递生命》《59岁的职工救援者》《只要还有一线希望就决不放弃》《给死者以最大的尊重》等照片。他还向救援部队建议，帮助灾区群众收割庄稼，进行救灾。

5月23日凌晨，于文国返回北京。他连夜整理出了2.4万字的抗震救灾工作日记和拍摄的2万多张救灾抢险照片。写出《奔赴岗位——一位摄影记者的十天抗震救灾日记》，在《工人日报》和《黄河》杂志上刊登，被多家网站和报纸选登和转载。7月20日，于文国重返灾区，拍摄了《震区百姓泪送子弟兵》。之后，于文国4次重返灾区，带病摄影、采访、追踪报道。

2008年7月，于文国被中宣部、中央外宣办、广电总局、新闻出版总署、中国记协授予“全国抗震救灾宣传报道先进个人”称号，被全国总工会授予“全国五一劳动奖章”；10月7日，于文国被中共中央、国务院、中央军委授予“全国抗震救灾模范”荣誉称号。

张泉灵

女，1973年6月出生，浙江宁波人。大学本科学历。中央电视台新闻节目中心记者。

汶川特大地震发生当天，正在西藏的张泉灵刚刚完成了31天的珠峰火炬登顶报道。她不顾长时间高原工作的疲惫，当日请战获准后即奔赴灾区。抵达都江堰后，张泉灵与同事从下午至第二天凌晨，历时9个小时徒步40多公里，成为第一支到达极重灾区汶川县漩口镇的新闻组。

地震发生后，通向震中汶川的路能不能打通成为全国人民最关注的问题。5月14日，张泉灵沿着汶川方向奔向国道213线，对打通道路的现场做了报道：“几乎半座山塌了下来，路不见了。一边在塌方，一边是临着岷江的悬崖。施工人员艰难上去，奋力作业。”这条报道解开了大家的疑问，人们没有了对道路为何难以疏通的责难，多了一份对抢险艰辛的理解。

5月14日，都江堰市幸福小区发现一名幸存者，救援者经过5个多小时的奋战，成功地救出了这名幸存者。张泉灵在救援成功的现场，用最大的力气呼唤："这欢呼是对生命的礼赞。外面的人不抛弃，里面的人不放弃。救人的是英雄，被救的同样是英雄！"

面对被摧毁的城镇、失去父母的孩子、失去孩子的父母，特别是在发现一群遇难孩子的遗体后，张泉灵失声痛哭。痛哭之后，她努力稳定自己的情绪，提醒自己：坚强一点，只有自己冷静下来，才能把这里的情况客观地告诉外界，才能把整个报道小组辛苦采访到的内容传递出去。每一次出现在镜头前，她是镇定和冷静的，每一次的讲述也是充满感情和真诚的。

5月16日凌晨，张泉灵再次进入漩口镇。天蒙蒙亮的时候，她看到了令人震撼的一幅场景：一个由几根从废墟里捡来的木头蒙上一块塑料布搭成的帐篷，外面整整齐齐放着3块牌子：漩口镇党委、漩口镇人大、漩口镇政府。战士们正在紧张救援，当地乡亲们给部队送去了他们仅有的蔬菜。她在报道中说："灾难降临了，但我们有党在、有政府在、有人民军队在，老百姓就有信心在！"让观众从镜头中深切感受到了基层党组织面对大灾的责任担当，让全世界从镜头中深切感受到了国家的形象和中华民族的力量。17日，在汶川县耿达乡，当张泉灵采访受灾群众问他们需要什么，一位群众回答说要种子。张泉灵饱含感情地评述："种子不就是希望吗？这就是我们那么多人奔赴灾区的原因啊！我就是要把这希望的声音传递出去，让全世界都看到中国人民的伟大与坚强！"

张泉灵和同事们徒步穿越危险丛生的地带，在援救现场连续工作10余个小时，多次遇到余震，遇到险情。在灾区的10余天里，特别是前4天，她休息的时间总共不超过10个小时。她和同事们夜以继日，传回了大量珍贵的画面资料。5月17日深夜，中共中央政治局常委李长春通过电话连线向正在前线采访的张泉灵表达慰问，深情地说："你的嗓子都沙哑了还在报道，我们都很感动！"

地震发生后，张泉灵走遍10多个重灾县（市），连续12天夜以继日地奋战，传递灾情信息，纾解民众情绪。李长春表扬她是"广大新闻工作者的优秀代表"，网民们赞誉她是"震区最美的战地记者"。

2008年6月，张泉灵被全国妇联授予"全国三八红旗手"和"抗震救灾先进个人"称号；7月，被中宣部、中央外宣办、广电总局、新闻出版总署、中国记协授予"全国抗震救灾宣传报道先进个人"称号；10月7日，被中共中央、国务院、中央军委授予"全国抗震救灾模范"荣誉称号。

燕　玺

1982年3月出生，重庆人。中共党员，大学本科学历。中国国际广播电台记者，助理翻译。

5月12日汶川特大地震发生后，中国国际广播电台立即派记者前往灾区报道。刚刚结婚正装修新家的燕玺听到消息毫不犹豫地加入赴四川地震灾区前线记者团，赶赴汶川灾区。

国际台记者在跟踪灾情变化的同时，更多关注灾难救援的国际化和人性化，燕玺把采访重点放在俄罗斯国际救援队。自俄罗斯救援队抵达四川的第一天开始，燕玺就全程跟踪报道俄罗斯救援队的抗震救灾工作。5月17日，燕玺跟随俄罗斯救援队一同赶到都江堰水电十局一栋倒塌的宿舍楼前。他凭借自己的语言优势，现场全程报道了徐荣星老大妈在被埋压近127个小时后被抢救成功生还这一事件。此后几天，燕玺一直跟随俄罗斯救援队转战灾区，冒着余震的危险，采写了大批特点鲜明的报道，生动直观地记录了汶川地震中国际救援队的工作。

5月27日，震区救灾的重点逐渐转向唐家山堰塞湖的排险工作。当时，俄罗斯紧急情况部远东中心支援中国的米—26重型运输直升机飞抵北川，准备向堰塞湖坝顶吊运重型器械以挖通泄洪道。为了让更多的国内外受众了解到唐家山堰塞湖的最新情况，燕玺再次发挥自己的语言优势，作为唯一的中国记者登上俄罗斯米—26直升机，与俄罗斯机组一同执行任务。由于需要手动控制吊装设备、便于观察，直升机的窗户是一直打开着的。机组人员每人都带上了专业抗噪耳机执行任务。当俄罗斯机长列别杰夫提醒燕玺没有多余的抗噪耳机给他使用时，燕玺将自己戴的鸭舌帽两侧的帽檐使劲往下拽了拽，便毫不犹豫地登上了直升机，但一顶小小的鸭舌帽根本抵挡不住巨大的噪音。“那种噪音就像要刺穿你的耳朵一样，非常疼。”燕玺这样回忆道。燕玺没有用手捂住耳朵，而是双手紧握着相机，拍下了一张张极其珍贵的关于唐家山堰塞湖排险以及震后北川县城的航拍照片。下飞机后，由于巨大噪音的刺激，燕玺的听觉一度严重受损，直到第三天，才逐渐恢复正常。在燕玺看来，作为一名记者，这些付出都不算什么，能够发回鲜活的第一手报道才是最重要的。

在俄罗斯救援队完成救援工作后，燕玺随即赶往彭州跟踪报道俄罗斯医疗队情况。俄罗斯医疗队刚刚抵达彭州开展救援时，由于当地俄语翻译紧缺，被送到俄罗斯医疗队的伤员，没办法和他们正常沟通。燕玺主动报名承担起了临时翻译的工作，使伤情严重的群众得到及时救治。在川期间，燕玺采写的大批独家报道、数十次的口播连线，在国内媒体网站上被转载，引起广泛关注。

2008年7月，燕玺被中宣部、中央外宣办、广电总局、新闻出版总署、中国记协授予“全国抗震救灾宣传报道先进个人”称号；10月7日，被中共中央、国务院、中央军委授予“全国抗震救灾模范”荣誉称号。

陈树根

1954年5月出生，河北宣化人。中共党员，大专学历。新华通讯社摄影部社会新闻采访室主任，主任记者。

汶川特大地震发生后，陈树根带着设备器材，以最快的速度赶往成都。在徒步挺进极重灾区汶川县映秀镇过程中，年已54岁的陈树根和年轻记者一样，背着几十公斤重的摄影器材，冒着塌方、泥石流等危险，边行进边拍摄。到达映秀镇后，他又冒着余震，深入倒塌废墟之中、救灾一线，将解放军战士奋不顾身抢救伤员、部队官兵向直升机上运送伤员、医疗队在艰苦环境下想尽办法医治伤员等画面摄入了自己的镜头。

5月14日是陈树根的生日，他正从都江堰向汶川挺进。由于地震造成大面积山体滑坡，通往汶川的公路全面瘫痪，只能乘坐冲锋舟从水路行进30公里后再步行进入映秀镇。陈树根赶到岷江渡口，几经交涉，14时多才挤上冲锋舟。不到一个小时，冲锋舟无法行驶了，停靠在岷江边的一片烂泥旁。他跳下冲锋舟，双脚深深陷进江边的烂泥里，拔出一只脚后，鞋又掉在烂泥里，再从烂泥里把鞋拽出来套在脚上，就这样艰难地行走了500多米。他背着沉重的摄影器材，冒着不断滚落下来的山石，艰难爬行，到17时多才进入映秀镇。

在映秀镇，陈树根抓拍了国家电网映电总厂救援队员王军正在清理救生通道的照片；拍下弃车步行十几个小时赶回家的映秀镇居民刘功平在已变成废墟的家呼唤妻子的画面；拍下在成都中青旅分社工作的藏族青年万千甲自费在成都购买常用药品，再徒步前往映秀镇为受伤的灾区群众发药治伤、奉献爱心的一组照片。

陈树根始终认为，作为新华社的摄影记者，在恶劣和艰苦的条件下，更应始终牢记使命，关键时刻一定要冲在第一线。在前后两次赴地震灾区报道中，陈树根向新华社总社发回了200多张照片。他拍摄的《映秀镇数百名受伤灾区群众安全撤离》及《六旬老人被困164小时后获救生还》等照片，先后被200多家国内媒体采用。此外，他拍摄的一组反映映秀镇抢险救灾军民缺乏干净饮用水的内参照片，受到国家和军队有关部门的高度重视，为此，有关部门决定调多架直升机向映秀镇空运瓶装水。在映秀镇，他还直接参与了抢救被埋群众的行动。

地震发生后的一个月内，陈树根两度赴灾区采访报道。作为第一批深入地震极重灾区汶川县映秀镇的新华社摄影记者和年龄最大的记者，陈树根拖着患有严重糖尿病的身体，克服种种困难，拍摄和发出了大量反映灾区军民抢险救灾的珍贵照片，受到社会各界的好评。

2008年6月，陈树根被新华社授予“抗震救灾报道工作先锋模范”称号；10月7日，被中共中央、国务院、中央军委授予“全国抗震救灾模范”荣誉称号。

李　斌

1972年4月出生，湖南新邵人。中共党员，大学本科学历。新华通讯社国内部中央新闻采访中心主任记者。

汶川特大地震发生后，李斌立即配合领导紧急启动部门应急机制。经过紧张联系，在地震发生20分钟后，新华社发出第一条有地点和震级的快讯。地震发生一小时后，李斌接到领导电话：“马上走，上西郊机场，跟总理去四川！”李斌立刻出发，和摄影记者赶上了即将起飞的专机。

专机起飞不久，国务院总理温家宝主持召开紧急会议，对抗震救灾形势做出基本判断，对工作提出具体要求。5月12日19时7分，专机在成都降落，温家宝一行立即乘车前往灾区。李斌迅速向后方口述快讯。19时21分25秒，新华社快讯“中共中央政治局常委、国务院总理温家宝抵达成都，正赶往地震灾区，指挥抗震救灾工作”发出。19时26分54秒，又一条快讯“温家宝在赶往灾区的专机上说：‘党中央国务院高度重视这次特别重大的地震灾害，成立了以我为总指挥的抗震救灾指挥部，设立救援组、预报监测组等8个工作组。’”发出。22分钟后，第三、第四条快讯式消息发出，将温家宝在专机上做出的部署在第一时间播发，在特殊时期发挥了特殊作用。

赶到都江堰时天已经黑了。温家宝在塑料布搭建的临时指挥部听取汇报并做出部署，冒雨前往聚源中学等地点指挥抢险救灾，慰问受灾群众和救援官兵。李斌紧紧跟随，随时记录，迅速整理成稿，几乎一夜未睡。当天，他和分社记者黎大东一起，共发出4条快讯和《温家宝抵达四川指挥抗震救灾工作》《温家宝总理抵达都江堰市指挥抗震救灾工作》《温家宝主持召开国务院抗震救灾指挥部会议》《温家宝要求今晚12时前打通通往震中灾区的道路》等7条消息，及时、准确地发布了指挥部的部署。

5月12—16日，李斌随温家宝一行辗转灾区8个市、县，和分社记者滚动发稿，播发快讯22条，播发《温家宝看望受灾群众，要求尽快解决地震灾区突出问题》《在灾难中学会坚强——温家宝看望绵阳受灾儿童纪实》等20多条消息和通讯，向全国各地民众传递了国家领导同志对灾情的高度重视、关切以及指示精神，对团结稳定抗震救灾做出了贡献。截至10月，李斌4次随温家宝奔赴灾区，播发了《“再造新北川”——温家宝重返四川重灾区北川考察纪实》等稿件和一系列快讯，展现了党和国家领导人爱护人民、关心人民的形象。李斌还采写了多篇新华时评、记者手记类稿件，参与采写《一切为了震区人民的安危——紧急救援向汶川集结》《众志成城克时艰——全国人民支援抗震救灾全记录》等。

在报道过程中，李斌不畏艰险，攀爬废墟，穿行滑坡路段，见缝插针挤时间，上车写稿、下车采访。他和其他随行记者的报道受到中央领导同志的充分肯定。

2008年7月，李斌被中宣部、中央外宣办、广电总局、新闻出版总署、中国记协授予“全国抗震救灾宣传报道先进个人”称号；10月7日，被中共中央、国务院、中央军委授予“全国抗震救灾模范”荣誉称号。

练玉春

1972年4月出生，四川绵阳人。中共党员，博士研究生学历。光明日报社教育部主任记者。

汶川特大地震发生后，练玉春数次请求前往灾区采访。5月14日10时，他到达成都，15时赶到北川，采访至22时，再连夜工作至次日3时许，第一篇报道《北川，永不忘记》发回报社。

在灾区的4个多月里，练玉春从北川、平武、安县、江油、青川、都江堰、汶川、茂县、绵竹以及映秀、汉旺等地灾区，发回了80余篇报道，见报69篇、图片新闻10余幅，其中《“中国人真坚强”》《充满爱的灾区》《一场生命的跋涉——八位教师和七十一个学生的脱险经历》等稿件，被中央电视台、网络媒体选用。

在采访、写稿的同时，练玉春主动为当地群众和抗震救灾官兵服务。他的采访车经常把受灾群众、执行任务的解放军、警察送到目的地；反映群众困难，协助做思想工作。6月7日15时，练玉春正在采访某师炮兵分队，分队接到赶往机场、前往唐家山堰塞湖执行任务的命令，练玉春果断决定带路。途中，他把头伸出车外，高声提醒邻近车辆让道，带领分队及时赶到机场。18时许，到达炮位的炮兵对堰塞湖泄洪障碍物进行炮击，使堰塞湖顺利泄洪。

练玉春主动联系四川音乐学院师生慰问队，为抗震救灾的5个团2000余名官兵慰问演出。六一儿童节时，练玉春为孩子们送去图书、书包、玩具。他还自费购置球拍、象棋、书刊等文体用品，送到救灾官兵手中。白天，他近距离拍摄抢险现场；晚上，他为战士们送去食品。

一次带队慰问抢险救灾部队官兵时，得知废墟下还有幸存者，练玉春和部队的参谋长、工兵连长赶到现场，冒着生命危险，钻进地下五六米深处的废墟中，连续寻找两三个小时。

2008年7月，练玉春被中宣部、中央外宣办、广电总局、新闻出版总署、中国记协授予“全国抗震救灾宣传报道先进个人”称号；10月7日，被中共中央、国务院、中央军委授予“全国抗震救灾模范”荣誉称号。

钟华林

土家族，1965年3月出生，湖北长阳人。中共党员，大学本科学历。经济日报四川记者站站长。

汶川特大地震发生后，家住成都的钟华林顾不上在地震中扭伤的右腿，也顾不上和亲人联系，迅速开展抗震救灾报道。当时通信几乎瘫痪，他想尽一切办法恢复与报社联系，向报社及时准确地报告了地震情况并接受了报道任务。

5月12日晚，钟华林拖着扭伤的腿了解和采访抗震救灾情况。随后到受灾严重的彭州市小鱼洞镇、都江堰市向峨乡、绵竹市汉旺镇、什邡等地采访。当时，余震不断，钟华林到灾区采访，只得让13岁的女儿一个人留在家里。在都江堰、彭州救援现场，为采访到抢救幸存者的感人细节，他常常在救援现场长时间坚持报道，连水都顾不上喝。

采访中，钟华林高负荷运转，白天在现场采访，晚上快速整理稿件，待把稿件传回报社，常常已是后半夜。饮食、休息极不规律，胃病发作，多次腹泻，他没有退缩，坚持继续工作。钟华林冒着余震、滑坡、塌方、飞石滚落等危险，几次赶赴汶川映秀、安县、绵阳、广元等地，先后采写了反映映秀“帐篷商店”、党员干部带领群众生产自救等稿件，所采写的《四川彭州灾区救援纪实》《师生情深》《党员干部首先上》《争分夺秒抢通公路》《凌晨时分都江堰加紧安装活动板房》《四川：用勤劳的双手播种新的希望》《合力建设新家园》、“来自抗震救灾一线记者亲历”专栏报道《肖亨全上班记》等60多篇新闻报道，受到广大读者的好评。

作为经济日报四川记者站站长，钟华林在亲赴一线采访报道的同时，做好组织协调工作，关心他人安全，为报社编辑部派出的3批10多名记者做好服务工作，组织了5万多字的《“聚焦灾后重建”系列报道》及《坚持科学发展加快恢复重建》系列报道。截至8月30日，钟华林和四川记者站共完成抗灾报道约190篇，配合报社采访组共同完成65篇（幅）。

2008年10月7日，钟华林被中共中央、国务院、中央军委授予“全国抗震救灾模范”荣誉称号。

徐京星

1959年11月出生，江苏苏州人。中共党员，大专学历。中国日报社摄影部副主任，高级记者。

汶川特大地震发生后，徐京星当天即从北京火速赶到四川灾区，冒着大雨和泥泞的道路，想方设法深入抢险救灾的最前沿，成功拍摄到当地受灾群众顽强自救和国家地震灾害紧急救援队从都江堰市聚源中学倒塌的教学楼废墟中营救出第一名女学生的感人场面。

在随后的近20天里，作为《中国日报》汶川地震采访报道前方指挥员，徐京星负责统筹安排《中国日报》在川文字和摄影记者的采访报道工作。在总社编委会领导下，他合理分工，身先士卒，不畏艰险，带领中国日报社记者奋战在最前线，发回了一组组饱含深情的文字稿件和新闻图片，生动描述了灾区群众所经受的苦难，展现了中华民族面对重大灾难，万众一心、众志成城、不畏艰险、战天斗地的伟大精神。

作为报社的优秀党员和新闻业务骨干，在做好现场指挥和协调工作的同时，徐京星冒着余震不断、泥石流和山体滑坡等威胁，拖着采访时摔伤的手臂，背着沉重的摄影器材及发稿设备，跋山涉水，先后深入北川、映秀、青川、什邡、汉旺、唐家山堰塞湖等地采访拍摄，平均每天工作十几个小时，记录了一幕幕抢险救灾的感人画面。徐京星先后在《中国日报》和中国日报网站发表照片150余幅，其中14幅被路透社等海外媒体转载。

为全面、形象地向海内外读者介绍地震灾情，反映党和国家在地震发生后的快速反应和得力措施，展现全国人民在艰苦卓绝的环境中奋力抗灾的感人场景，呼吁国际社会的理解和援助，徐京星还利用各种机会与当地媒体的专业摄影记者、部队宣传干事和业余摄影爱好者广泛联络，征集了大量有关“灾难降临”“生死大营救”“空中生命线”“决战堰塞湖”“天使之爱”等主题的照片。这些照片在报纸和网站发表后，被路透社等国际通讯社广泛转载，产生了积极的宣传报道效果。

在四川地震灾区，徐京星带领《中国日报》记者团队，利用总社安排一线记者轮岗、换岗的间隙，前往灾区群众安置点、救灾物资转运站和医院等地，以志愿者身份参与抗震救灾工作，用自己的汗水和真情为灾区群众做出了力所能及的贡献。

2008年7月，徐京星被中宣部、中央外宣办、广电总局、新闻出版总署、中国记协授予“全国抗震救灾宣传报道先进个人”称号；10月7日，被中共中央、国务院、中央军委授予“全国抗震救灾模范”荣誉称号。

冯骥才

1942年2月出生，浙江宁波人。民进会员，大专学历。中国民主促进会中央委员会副主席、中国文联副主席、天津市文联主席。

汶川特大地震发生时，冯骥才正在国外访问，他立刻打电话给家人，嘱托他们代为捐款10万元。5月18日，他参加“爱的奉献”晚会，捐款1万元。5月下旬，在民进中央的“为了灾区的孩子们——书画义卖捐赠”活动中，他将义卖画作《万壑争流》所得30万元捐献给灾区。

5月20日，冯骥才在《今晚报》上发表文章，呼吁“建立地震博物馆”。21日，新华社发表他的文章《要想到建立汶川地震博物馆》，被众多报刊和网站转载。之后，在国家文物局召开汶川地震遗址博物馆专家座谈会时，他发表了《建立地震博物馆之我见》，引起高度重视。

冯骥才积极投身抢救和保护羌族文化遗产工作，提出“加紧抢救发掘羌族文化刻不容缓”，“我们无论如何，千方百计，都要抢救、保护羌族的文化”等建议，发出了“担当起文化救灾责任”的倡议。6月1日，他牵头组织民进中央、中国民间文艺家协会等单位召开“紧急保护羌族文化遗产座谈会”，联合羌族文化研究专家李绍明等数十位与会专家学者向全国民间文化工作者发出《紧急保护羌族文化遗产倡议书》；组建了“紧急抢救羌族文化专家工作组”，并担任组长。

6月6日，冯骥才提交《关于紧急抢救和保护四川地震灾区民族民间文化的建议》；17—20日，冯骥才率专家团赴北川、绵竹汉旺等羌族聚居地进行羌族文化遗产调研普查，写成7000字的《关于四川汶川地震灾后重建工作中保护羌族文化遗产的建议书》。7月6日，国务院总理温家宝对建议书做出重要批示，要求重视做好羌族文化遗产的保护工作。8月13日，《国家汶川地震灾后恢复重建总体规划》（公开征求意见稿）吸纳了建议书中的建议和意见。

8月，冯骥才组织专家编写《羌族文化去何处——紧急保护羌族文化遗产专家建言录》和《羌族文化学生读本》。9月7日，《羌族文化学生读本》在人民大会堂首发；10日，温家宝对《羌族文化学生读本》批示：“翻阅了一下，觉得很好。你们在保护民族文化遗产上又做了一项有益的工作。”冯骥才民间文化基金会捐款10万元购买《羌族文化学生读本》5000册，捐给灾区学生。

2008年10月7日，冯骥才被中共中央、国务院、中央军委授予“全国抗震救灾模范”荣誉称号。

中央国家机关抗震救灾模范

刘晓光

1966年5月出生，辽宁锦州人。中共党员，博士研究生学历。北京大学第三医院副院长，主任医师。

5月13日，北京市9家大医院的53名医护人员，组建了卫生部首批北京抗震救灾医疗队，刘晓光任副队长，全面负责医疗救治工作。

凭着自己的医院管理经验，在奔赴灾区的飞机上，刘晓光快速建立了由指挥、医疗救治、医疗保障、物资保障、信息支持等系统组成的医疗救治体系，并制定了现场工作、信息沟通上报、卫生防疫、伤病员管理等流程，使医疗队到达灾区后即可立刻有序地开展工作。

医疗队抵达北川后，按当地伤员的病情和数量，刘晓光将医疗队分成5个小分队支援5个接治危重伤员最多的医院；成立专家会诊小组，及时对危重伤员进行会诊，并对特殊情况下的重大选择严格把握。

5月14日下午，刘晓光在北川羌族自治县擂鼓镇设立了医疗点，克服无水、无电、无通信信号等恶劣条件，在灾区最前沿开展救治工作。他顶着酷暑和暴雨，日夜奔波在绵阳、成都指挥部及各医院，协调沟通，指导救治，使危重伤员得到了及时有效救治。刘晓光四进北川，身先士卒探明情况、设站布点，深入山村巡诊，发放卫生宣传材料，做好防疫工作。

刘晓光的42岁生日，是在余震中的手术台上度过的——抢救了一位受伤4天已经休克的妇女。他主刀做了许多复杂的脊柱骨折脱位手术，并传授了先进技术。刘晓光提出救治工作要科学、有序，要保证医疗质量，降低伤残率和死亡率。他每天都要写出简报，向卫生部、北京市卫生局报告第一线的情况，并提出20余项合理化建议，成为后续医疗队派出和物资供给的重要参考。

返回时，刘晓光和队员负责护送近百名伤员进京治疗，沿途精心看护，保证了全体伤员顺利抵京。回北京后第二天，他又率领北医三院专家组，到集中收治灾区伤员的北京市老年医院察看、慰问伤员，并进行了多台手术。

2008年9月，刘晓光被卫生部、食品药品监管局、中医药局、总后卫生部授予“抗震救灾医药卫生先进个人”称号；10月7日，被中共中央、国务院、中央军委授予“全国抗震救灾模范”荣誉称号。

成卫东

1951年10月出生，山东黄县人。中共党员，大学本科学历。民族画报社高级记者。

汶川特大地震发生后，成卫东主动要求到第一线采访。成卫东一行几经辗转抵达北川县城后，奔波在废墟间，记录了地震灾害的惨烈状况，真实反映了解放军、志愿者等抗灾抢险队伍的献身精神。

成卫东带领采访组绕道西线，翻越海拔4000多米的夹金山，抵达理县的桃坪羌寨，深入村寨采访拍摄，还带去了国家民委对灾区羌族同胞的关怀和慰问。5月24日，成卫东抢拍下了国务院总理温家宝在汶川县映秀镇废墟上向新闻工作者挥手致意的珍贵镜头，报道了温家宝与联合国秘书长潘基文考察灾区的情况。

成卫东赴灾区采访的12天里，行程近3000公里，拍摄图片近5000张。采访的稿件和图片在国家民委网站、《民族画报》刊载，还被中央电视台、搜狐网、中国网、《北京周报》等选用，共计图片500余幅，文章2万多字。

2008年10月7日，成卫东被中共中央、国务院、中央军委授予“全国抗震救灾模范”荣誉称号。

王振耀

1954年3月出生，河南鲁山人。中共党员，博士研究生学历。民政部国家减灾中心主任。

汶川特大地震发生后，民政部救灾救济司司长、国家减灾中心主任王振耀主动放弃出国学习机会，果断提出启动国家自然灾害应急响应的建议。经批准，民政部于5月12日15时40分启动国家自然灾害应急预案；与财政部有关部门协商，尽快向灾区下拨应急资金。19时，财政部、民政部紧急向灾区下拨2亿元应急资金，随后又增拨3.2亿元；同时，向中央和地方救灾物资储备库发出调运帐篷的命令。深夜，民政部召开紧急工作会议，任命王振耀为国务院抗震救灾总指挥部群众生活组办公室主任。他筹划抗震救灾和灾区群众生活保障工作，跟踪掌握灾情、物资调度等情况，忙到天亮。

5月13日9时，王振耀主持召开救灾救济司人员和有关专家会议，紧急部署采购救灾帐篷、派出技术工作组到灾区进行灾情评估、开展救灾捐赠等。随后，王振耀主持召开交通、铁道、总参作战部等部门紧急协调会议，通报灾区情况，会商制订行动方案；下午，参加汶川地震新闻发布会，介绍汶川地震灾情、灾区需求以及中国政府为抗震救灾所采取的一系列对策措施。

5月14日8时，王振耀与外交部有关部门协商，协调外国救援队到华救灾事宜。下午，王振耀参加国务院抗震救灾总指挥部紧急工作会议，建议借鉴历来经验，及时披露灾情信息，实行定时、定点、定岗公开发布；通知军队入川沿线所有民政厅（局）的军供站启动军供应急响应，保障十万大军有力投入救灾；立即组织前方工作指挥部，对指挥部人员要求是，级别不是太高、人数不是太多，但要有很强的组织协调能力。这些建议得到国务院领导的高度重视。

5月15日，王振耀随国务院领导到达汶川地震灾区组建前方指挥部。此后的半个月里，他冒着随时可能发生强余震、山体滑坡和崩坍的危险，深入灾区很多乡镇，倾听群众反映，了解灾情和灾区需求，积极指导、协调解决受灾群众安置中存在的困难。

在汶川地震的救援中，为保证全方位、高效率救灾，王振耀建议发扬新中国救灾的优良传统——非灾地区帮助受灾地区，建议将这个做法运用于全国21个省（区、市）对口支援受灾严重的21个县(市、区)。国务院采纳此建议，6月11日，国务院下发文件，建立灾后恢复重建对口支援机制，这对抗震救灾和恢复重建起到了重要作用。

为解决受灾群众生活困难，王振耀同财政部门反复商讨，提出在6—8月，对“三无”救助对象每人每天补助10元钱和0.5公斤成品粮，对“三孤”人员每人每月补助600元钱的政策建议。这一建议得到批准后，共救助受灾困难群众922.44万人。6月11日，王振耀赴四川灾区调研，提出后续援助及帮助灾区农民恢复重建倒损房屋的意见，得到民政部领导认可并上报国务院。

在王振耀领导下，民政部救灾司一个月完成采购90万顶救灾帐篷、2500吨篷布等任务，接收国内外捐款19亿元、160多个国家和地区共300多批物资，迅速运往灾区。

2008年10月7日，王振耀被中共中央、国务院、中央军委授予“全国抗震救灾模范”荣誉称号。

赵鸣骥

1957年10月出生，辽宁盖州人。中共党员，博士研究生学历。财政部农业司司长。

5月13日8时30分，财政部召开抗震救灾工作会议。9时50分，赵鸣骥主持召开司务会议，宣布启动农业司应急响应预案，成立司抗震救灾领导小组，建立抗震救灾联动协作工作机制，要求司内24小时值班，传报信息，提出资金安排建议，拨付救灾资金。下午，赵鸣骥指挥农业司安排拨付了第一笔抗震救灾资金。两周内，农业司拨付抗震救灾资金11批次。在严格审核经费分配方案和资金使用方向的同时，实行“先拨款、后办文”，只要资金请示签报一经部领导批示同意，即通过国库司“绿色通道”拨付资金，特事特办，以最快速度将救灾资金下拨到受灾省市和部门。13—15日，赵鸣骥审定《农业司抗震救灾信息快报》11期，多次主持召开司务会，反复研究抗震救灾支持方案。

5月15日上午，赵鸣骥随国务院领导赶赴四川，连续奋战八天八夜，深入灾区开展救灾调研。在灾区安置点、帐篷里，他询问受灾情况和群众转移安置情况；在医院里，慰问伤员，研究落实救治经费；在田间地头，了解农业生产损失及恢复情况，及时协调安排救灾种子、化肥补助资金；在水利工程震损现场，参加研究工程修复和堰塞湖处理方案；为了防止重大疫情和次生灾害，紧急协调安排动物尸体无害化处理、消毒防疫和堰塞湖治理资金。

为及时掌握灾情，赵鸣骥签发了《关于请及时提供抗震救灾情况信息的紧急通知》，要求有关省市财政厅农业处及时收集、整理和上报灾区农业、林业、水利、气象等方面的灾情。震后18天内，农业司共编发《农业司抗震救灾快报》53期。

赵鸣骥患有高血压和腰椎病。他说："比起灾区群众，我这点病痛太微不足道了。我们要争分夺秒，在最短的时间内，尽最大的努力，为灾区百姓们多做点事。"他带头两次捐款，交纳"特殊党费"。

2008年6月，赵鸣骥被中央国家机关工委授予"中央国家机关抗震救灾优秀党员"称号；10月7日，被中共中央、国务院、中央军委授予"全国抗震救灾模范"荣誉称号。

熊自力

1967年7月出生，四川广安人。中共党员，大学本科学历。国土资源部地质环境司综合处副处长。

5月12日下午，正在武汉出差的熊自力，接到命令赶往四川灾区。13日2时，熊自力带领专家组赶到成都，会同四川省国土资源厅有关专家，组成应急调查先遣工作组立即赶往绵阳。3时20分，熊自力到达绵阳。

5月13日8时，熊自力带领先遣工作组，不顾余震不断及崩塌、滑坡频发，徒步进入北川。一路上，他组织专家开展地质调查，特别关注崩塌、滑坡等地质灾害对救援部队和疏散转移群众的威胁。在进入北川的唯一一条公路上，有一处巨大的滑坡，滑体上部的巨石随时可能滚落。为保障从滑坡体上通过的部队和群众的安全，熊自力当即找到救援部队的负责人，指导部队在滑坡体两端布置警戒哨，密切监测滑坡动态，保证救灾人员不受伤害。熊自力带领先遣工作组先后到达都江堰、汶川、北川、平武、安县、青川等极重灾县（市），指导地方国土资源部门迅速恢复防灾工作体系，迅速投入应急抢险和次生地质灾害防范工作。

5月20日，熊自力回到指挥部，担任前线指挥长、副总督察甘藏春的专业秘书，每天与有关方面联系，及时掌握工作动态和基本情况，协调四川省国土资源厅及时组织12个专家技术组，赴12个重灾县（市），指导开展应急排查和防治工作。他每天编写工作简况，向国务院抗震救灾总指挥部四川前方指挥部报告情况。他坚持在四川工作近两个月，多次临危受命，与专家组一起深入地质灾害危险区，指导排除地质灾害隐患，确保国家重要基础设施免遭地质灾害危害。

2008年6月，熊自力被中央国家机关工委授予"中央国家机关抗震救灾优秀党员"称号；10月7日，被中共中央、国务院、中央军委授予"全国抗震救灾模范"荣誉称号。

王素卿

女，1949年8月出生，山东黄县人。中共党员，大学本科学历。住房城乡建设部建筑市场监管司司长。

汶川特大地震发生后，王素卿提出发挥建筑市场监管司联系建筑施工企业、管理建筑队伍的优势，组织协调建筑施工企业特别是熟悉建筑物拆除、爆破、建筑安全等方面人员进入灾区实施救援。截至5月13日2时许，她组织了20多家企业携带急需的救灾设备，分5批进入灾区参加救援。灾区道路堵塞，大型机械设备无法进入，迫切需要小型切割机，她及时组织调运787台切割机等机具进入灾区，提供了解救被埋群众的最急需工具。13—20日，监管司共组织调集了2181台机具设备支援灾区，并要求各地建设行政主管部门做好1000多万四川籍农民工的安抚工作。

5月22日，国务院将3个月内在重灾地区建造100万套活动板房的任务交给住房城乡建设部。23日下午，王素卿立即组织召开全司党员干部大会进行动员部署，连夜组织研究编制《四川地震灾区活动板房建设现场指导工作方案》。24日早上，王素卿率第一批人员赶赴绵阳、成都、德阳等重灾地区，深入现场，及时发现问题，协调选址、场地平整等工作，保证活动板房建设的顺利进行。5月24日至8月10日，在王素卿的领导下，现场指导组组织召开各类协调会议168次，对366个300套以上的安置点进行巡查，提出整改意见313条，发出整改督办单15件，起草了指导活动板房建设的一系列通知、指导意见和专题报告24份，确保了活动板房建设任务的按期完成。

2008年6月，王素卿被中央国家机关工委授予“中央国家机关抗震救灾优秀党员”称号；9月，被住房城乡建设部授予“住房城乡建设部直属机关抗震救灾先进个人”称号；10月7日，被中共中央、国务院、中央军委授予“全国抗震救灾模范”荣誉称号。

高　广

1973年1月出生，辽宁辽阳人。中共党员，大学本科学历。交通运输部南海第一救助飞行队航空安全部部长、B7125救助直升机机长。

5月14日晚，交通运输部南海第一救助飞行队启动应急救助预案，高广与机组人员连夜准备飞行方案，收集航前资料，制订航线计划，一直忙碌到15日凌晨。

5月15日一早，高广和机组成员驾驶B7125救助直升机赴四川灾区，长途飞行1500公里，于22时40分安全飞抵广汉机场。

5月21日，高广机组正在金河电站救助被困人员，突然接到紧急救援任务：两名电站工人被困附近山谷中，亟待救援。高广立即调转机头，绕过山峰，飞入峡谷搜寻目标。直升机飞了一圈又一圈，终于在峡谷尽头的塌方山体下发现目标，却难以靠近。那是一个救援绝地，三面环山，中间不足30米宽，直升机无法安全转弯调头。高广果敢决定：“飞！退着飞进去！”这是救人的唯一办法。飞机倒退飞行，飞行员完全看不到救助目标，只能根据绞车手的口令操纵直升机，稍有闪失，后果将不堪设想。B7125直升机倒退着，小心翼翼地飞了进去，稳稳地悬停在被困人员上空。

被困人员在山谷深处，周围非常狭窄，在离地45米高的时候，直升机无法再下降。安全的救助高度为5米，而现在的高度是其9倍，这对于绞车手和救生员都是极大的考验，钢缆放得越长就越难以控制。救生员毫不犹豫跃出舱门，随着徐徐放下的钢缆，穿过树丛，落到被困人员附近，快速引导两名被困者套好救生套，绞车手迅速按下上升按钮。机组成员密切配合，以最快速度将两名被困者救上直升机。

在抗震救灾一线，高广和他的机组连续作战，完成了一次又一次救援行动。B7125机组共执行任务30起50架次，运送物资11.85吨，接救人员225人。

2008年6月，高广被人力资源社会保障部、交通运输部授予“交通运输系统抗震救灾英雄”称号；10月7日，被中共中央、国务院、中央军委授予“全国抗震救灾模范”荣誉称号。

柴桦林

1960年6月出生，陕西凤县人。中共党员。西安铁路局略阳工务段马蹄湾桥路车间副主任。

汶川特大地震发生时，柴桦林乘坐的列车急停在白水江站13号桥。他立即下车跑到附近车站询问管内设备情况，得知宝成铁路109隧道内货运列车脱轨起火，便火速赶赴事故现场，成为略阳工务段第一个到达现场的车间干部。

震后的隧道，南口已被烈火和浓烟吞没，北口半座山体垮塌，嘉陵江被拦腰截断。为防止列车中的油罐车爆炸伤及群众，甘肃省徽县政府紧急下达了塌方地段两侧10公里内所有人员撤离的命令。当地群众和最后一趟轨道车撤离时，有人喊他快上车，柴桦林对身边的工友说：“你们走，我留下。”

作为连接西北和西南地区的铁路大动脉，宝成线是通往四川灾区的运输“生命线”，摆在抢险队伍面前最紧迫的任务是进入700多米的隧道内查明情况，为制订抢险方案和后期加固提供依据。“我去，情况我最熟。”柴桦林不顾生命危险，挺身而出。5月13日凌晨，柴桦林进入隧道北口前对工友郑刚说：“我先进去，如果不出来，你再替我。”郑刚一把抱住他说：“你可要活着回来啊！”后来柴桦林说：“我已是48岁的人了，为抢险死不足惜，可郑刚还是个没结婚的年轻人啊。”

顺着手电光柱，柴桦林走进隧道。一道3米多长的裂缝出现在眼前，柴桦林用胳膊夹着手电记在本上。此时余震发生了，柴桦林身子一晃手电落地，眼前霎时一片漆黑；接着“嗵”的一声，一大块混凝土从天而降。余震过后，他在地上摸到手电筒，还好没摔坏。他定神一看，刚才落下的大块混凝土就在眼前，差点砸在头上。再往前探，内壁多处脱落，隧道变形，两侧墙体错位，侧沟盖板上水泥块堆成小山。颠覆的列车东倒西歪，远处不时传来“砰砰”的气体燃烧声，隧道内的温度随之升高，呛得人睁不开眼，列车装载的12节油罐车就像一颗颗定时炸弹，随时可能爆炸。柴桦林加快脚步，探明了隧道内的情况。

5月13日4时，柴桦林从隧道返回汇报情况，并提出排险建议。很快，一个堵洞灭火、注水降温、排风换气、清理车辆的科学抢险方案形成，3000多名铁路职工、解放军和武警消防官兵紧急排险，连续奋战11个昼夜，打通了隧道。

5月24日9时53分，首列救灾物资列车通过109隧道。柴桦林的事迹先后被新华社、《人民日报》等媒体报道，并入选全国抗震救灾先进事迹报告团。

2008年6月，柴桦林被陕西省委授予“全省抗震救灾优秀党员”称号，被人力资源社会保障部、铁道部授予“铁路系统抗震救灾英雄”称号；10月7日，被中共中央、国务院、中央军委授予“全国抗震救灾模范”荣誉称号。

杨启贵

1964年1月出生，湖北宜都人。中共党员，大学本科学历。水利部长江水利委员会长江勘测规划设计研究院总工程师。

5月13日傍晚，杨启贵抵达四川地震灾区，立即冒雨查看了绵阳的沉抗水库。经过实地勘查，杨启贵认为，水库虽受到震损，但短期无溃坝风险，建议不必按溃坝险情处理，在采取措施修复裂缝的同时，保留一定蓄水量以备饮用和灌溉。15日，杨启贵被任命为水利部抗震救灾前方领导小组第二工作组副组长。他多次冒着余震和滑坡、塌方危险，和专家一道翻山越岭实地查勘，提出指导意见。

灾区形成多处堰塞湖，严重威胁下游群众生命安全，其中蓄水量最大、危险程度最高的是唐家山堰塞湖。长江勘测规划设计院与成都勘测设计院共同承担唐家山堰塞坝应急疏通工程方案的制订工作，杨启贵担任此项工作的负责人。5月22日，根据国务院总理温家宝的指示，唐家山堰塞湖应急疏通工程前线指挥部成立，专家们经过反复计算、设计、比选，终于完成工程方案。23日23时许，杨启贵向指挥部正式提交应急疏通工程设计施工方案：在堰塞湖坝体上方开挖一条泄流渠，等水位到达一定高程后会将湖内的水往下游导出，利用水流的夹带能力，逐步冲刷、扩大泄流渠道的断面，从而达到降低坝前水位、减小水头、减少蓄水量、防止突然溃决，最大限度地降低对下游群众造成的影响。

5月26日，疏通工程施工开始。坝顶施工，需要专家现场指导，杨启贵奔赴唐家山堰塞湖坝顶现场值守。尽管工作环境恶劣危险，但在高度的责任感和使命感的驱使下，为保证疏通工程顺利进行，让灾区群众免于第二次浩劫，杨启贵早已将个人生死置之度外。

经过45套重型挖掘机械24小时不间断作业，唐家山堰塞湖应急疏通工程提前完工。至6月1日，挖掘出长475米、开口宽50余米、深13米的泄流渠。6月7日7时8分，泄流渠开始泄流。8日16时，泄流渠流量已达20余立方米每秒，淘刷效果明显，渠尾向下淘刷最深处达10米，上游段淘刷深度也有2米左右，泄流渠已形成陡坡河道。泄流流量的增加速度和泄流渠的溯源冲刷态势，稳步向当初应急处置方案设计的目标发展。

至6月10日中午，泄流量达6500立方米每秒。20时，唐家山堰塞湖坝前水位回落至719.48米，下降到安全水位，除险工作取得决定性胜利，地震次生灾害的一个特大威胁被成功消除。

2008年6月，杨启贵被水利部授予“全国水利抗震救灾先进个人”称号；10月7日，被中共中央、国务院、中央军委授予“全国抗震救灾模范”荣誉称号。

贾幼陵

1947年5月出生，河北盐山人。中共党员，大学本科学历。农业部国家首席兽医师。

汶川特大地震发生后，贾幼陵带领8位专家及时赶往灾区。灾区畜牧兽医部门房屋设备损毁严重，规模化养殖场和农户的畜禽大量死亡并开始腐败变质。贾幼陵当即提出动物尸体无害化处理和消毒工作应在不影响救人的前提下及早动手，避免引起狂犬病、乙型脑炎、炭疽等疾病流行。

贾幼陵带领专家组，会同四川省农业部门研究确定“由外向内、逐步推进”的原则，制订工作方案，并以专家工作组名义向省指挥部提出紧急预警，保证了灾区防疫工作迅即展开。贾幼陵建议并组织专家工作组、四川省畜牧兽医部门、在四川的农业院校、军事医学科学院兽医研究所等部门，组建了10支共388人的联合动物防疫应急分队，先后分3批赴重灾地区市、县，示范带动当地组建3000余支共2万人左右的防疫小分队，带领当地群众展开无害化处理和消毒工作“大会战”。在短短的10多天时间里，无害化处理死亡畜禽2000多万头（只），消毒养殖场户近4万个，消毒面积达13.39亿多平方米，基本完成动物尸体无害化处理和消毒工作。

贾幼陵积极协助解决应急防疫资金6050万元，组织调运大量应急物资，开通“绿色通道”，确保救灾应急物资迅速送达灾区。贾幼陵带领专家工作组研究灾区狂犬病、乙型脑炎、链球菌病、炭疽等人畜共患病紧急免疫工作，制订灾区动物疫病紧急免疫方案，指导灾区开展紧急免疫工作。5月28日，在灾区死亡畜禽无害化处理和消毒工作基本完成后，迅速实现向灾区动物疫病紧急免疫的战略转移。

贾幼陵多次强调，灾区动物疫病紧急免疫“绝对是重要的，是保证‘灾后无大疫’所必不可少的”。作为临时党支部书记，贾幼陵多次冒着余震的危险，深入重灾地区镇村，慰问群众，了解灾情，指导防疫工作。

贾幼陵患有心绞痛病，部领导多次提出让他返回北京。他笑笑说：“我年龄大，但我经验多，留在前线更能发挥作用。”

2008年6月，贾幼陵被中央国家机关工委授予“中央国家机关抗震救灾优秀党员”称号；10月7日，贾幼陵被中共中央、国务院、中央军委授予“全国抗震救灾模范”荣誉称号。

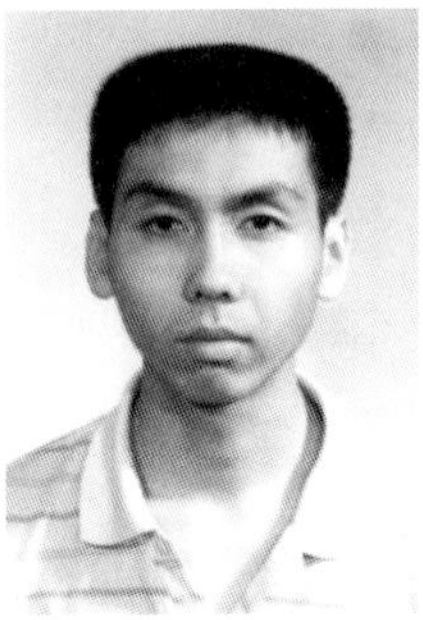

杜　斌

1968年1月出生，北京人。博士研究生学历。中国医学科学院北京协和医院重症监护室主任，主任医师。

汶川特大地震发生后，杜斌积极申请到救灾最前线工作。5月22日，杜斌作为危重病医学专家组成员赶赴成都。到达成都后，杜斌夜以继日救治伤员。他任救治专家组副组长，负责危重病患者的会诊、评估、转运以及治疗决策的制订等工作。他和其他专家共同提出了危重伤员集中收治的原则，并协助四川省卫生厅和医院制订各种细则，协助病员管理。

杜斌还与其他专科医生一起定期到四川省人民医院、成都军区总医院和成都市第三人民医院，对危重伤员查房会诊、手术治疗；为住院医生讲课；制作抢救设备；与伤员交流，关心他们的身心健康。5月22日至7月10日，杜斌在地震灾区奋战了49个日日夜夜。几位伤愈的学生到北京参加2008年残奥会开幕式，杜斌与其他同事一起，陪同学生们参观奥林匹克公园，联系安装假肢，鼓励他们积极面对人生。

2008年9月，杜斌被卫生部、食品药品监管局、中医药局、总后卫生部授予“抗震救灾医药卫生先进个人”称号；10月7日，被中共中央、国务院、中央军委授予“全国抗震救灾模范”荣誉称号。

赵明光

1957年10月出生，四川旺苍人。中共党员，大专学历。中国人民银行广元市中心支行党委书记、行长。

汶川特大地震发生后，面对突如其来的灾难，赵明光迅速疏散职工及家属，召开党委紧急会议，启动应急预案，全面部署广元市人民银行系统抗震救灾工作。

5月12日20时，赵明光得知3个灾区县支行平安，唯独青川县支行杳无音讯，便立即挺身而出赶赴青川。途中因道路塌方，赵明光弃车步行，冒着余震和滚石，徒步40余公里，翻山越岭8个多小时，于13日5时到达青川。

到青川后，赵明光不顾流着鲜血的伤脚，看望慰问青川县金融系统的干部职工及其家属，详细查看和了解灾情，组织抗灾自救，帮助青川县支行解决饮水、吃饭、守护等难题。他向青川县抗震救灾指挥部请求紧急增援支行发行库的保卫力量，使6000多万发行基金得到妥善安全转移，4000多份重要凭证、6000多份开户许可证及各类文书档案、枪支弹药、网络设备得到及时抢救，国家金融财产没有受到毁损，被上级肯定为“不幸中的奇迹”。

赵明光组织恢复人民银行系统的金融服务，开辟救灾资金划拨“绿色通道”，及时将四川省财政厅下拨的救灾资金拨付到位。青川县支行网络中断，他安排人员现场指导，采用手工记账，通过行库往来办理救灾款的划拨。支行发行库损毁，赵明光组织人员采取先由广元市中心支行直接向市级金融机构提供现金，再由各市级金融机构向其县级金融机构提供现金的办法，及时解决现金供应难题；赵明光组织召开市、县金融机构联席会议，协调解决金融服务场地、设施、安全、人员等难题。建成帐篷银行、汽车银行、集装箱银行，维护了灾区金融秩序的稳定。

灾后赵明光组织专题调研，写出关于灾区群众特殊金融政策需求和金融如何支持灾后重建等调查报告。他积极建议，精心筹备，广元市灾后重建项目融资签约暨金融恳谈会签约项目100多个、金额200多亿元，相继推出了农房永久性重建信贷方式、林权贷款抵押方式、小额贷款试点等新举措，得到四川省政府和人民银行成都分行的肯定，并在四川省召开的现场会上作了经验交流。

2008年7月，赵明光被人民银行授予“中国人民银行抗震救灾模范个人”称号；10月7日，被中共中央、国务院、中央军委授予“全国抗震救灾模范”荣誉称号。

程一平

1962年9月出生，安徽凤阳人。中共党员，大学本科学历。审计署驻成都特派员办事处财政审计二处处长。

汶川特大地震发生后，程一平率领工作人员前往有关部门调查，提出如何发挥审计鉴证、警示、促进作用，加强救灾款物监管的工作建议，并迅速完成了对四川省本级救灾款物审计的组织筹办工作。

审计工作中，程一平既当指挥员，又当战斗员，带队对四川省抗震救灾指挥部、民政厅等5个部门进行审计，逐笔核对救灾款物明细账和进出库记录，经过不到一周的艰苦工作，查找出救灾款物统计制度不完善，资金统计相差11亿元，滞拨资金4000万元，物资接收、入库、调配环节脱节，紧缺物资被调往非重灾区等问题，提出14条审计建议，引起了四川省相关部门的重视并积极整改，发挥了审计的建设性作用。

6月，程一平担任四川省抗震救灾审计工作领导小组成员兼办公室主任，并负责综合指导组的工作。他全力当好领导的参谋和助手，带领工作人员连续加班加点，迅速完成由多个单位组成的四川省抗震救灾联合审计组的组织筹备工作，建立了审计组信息沟通机制，积极协助特派员做好四川全省220个审计小组的综合、汇总、协调和指导工作，保证了各个审计单位随时沟通、交流。他编报的18期情况简报，受到国务院领导的高度关注。

程一平多次深入抗震救灾一线，协助纪检组参与对成都市环境监测站、阿坝藏族羌族自治州慈善总会、都江堰市安龙卫生院、工商银行绵阳市涪城区支行等单位弄虚作假、以权谋私侵占救灾资金等典型违规案例的内查外调工作，使包括个别厅级干部在内的相关人员被追究责任，起到了审计的威慑作用。

地震后，程一平家中80岁高龄的老父亲和身患重病的儿子连续几天露宿在外，需要照顾，但为了工作需要，他毅然坚守工作岗位，3天后才回家做了耐心解释，然后又全身心投入到审计工作中，以办公室为家，带病坚持工作，每天都在10个小时以上。

2008年6月，程一平被审计署记一等功；10月7日，被中共中央、国务院、中央军委授予“全国抗震救灾模范”荣誉称号。

李　伟

1956年3月出生，河北唐山人。中共党员，大学本科学历。海关总署监管司副司长。

汶川特大地震发生后，李伟以高度的职业敏感性，启动了通关监管系统应急预案。灾情信息让他心急如焚，他分管应急通关工作，深知肩负的职责，以及保证抢险救灾人员和物资尽快到达灾区的重要性。

5月12日19时40分，李伟跟随总署领导紧急赴国务院参加抗震救灾会议途中，要求有关人员做好协调应急通关的准备。21时40分，监管司制定下发紧急通知，部署做好进口救灾物资以及进境救援队、医疗队和专家及其携带的搜救、医疗设备的快速通关监管任务。研究布置完工作，已是深夜，他还没顾得上吃口饭、喝口水。他说：“现在震区的情况十分严峻，我们要克服困难，为救灾尽最大的努力。”此后，李伟几乎每天都要召开专门会议，随时与外交部等十余个部门热线联系，确保国际救援人员和物资顺利通关。

5月16日23时28分，卫生部紧急通知，从境外购买用于救援的87台血液透析仪要运送灾区。此批设备涉及加工贸易、一般贸易等多种进口方式，并在上海浦东机场、洋山港和上海外高桥保税区3个口岸进口，通关手续的方法也不尽一致，还要协调商务部和质检总局等部门，处理起来难度很大。李伟了解情况后，立即通知上海海关做好应急通关准备，但因是周末深夜，相关企业无法提供税款保金保函，没有凭证海关无法放行设备。17日3时20分，李伟要求上海海关评估医药公司的资信，并积极联系协调有关部门。4时20分，上海海关反馈医药公司资信良好，卫生部致电可以出具保函，有关部门来电表示支持。李伟迅速指示现场海关特事特办立即放行，此时天色已是拂晓。14时，挽救生命的87台血液透析仪运抵灾区。李伟还协调解决了日本“涟”号导弹驱逐舰运送救灾物资、香港救灾队应急通关等问题。

在抗震救灾过程中，李伟24小时待命，只要有情况，即随时协调处理救灾物资和人员进境的工作。5月12日至6月1日，李伟牵头处理民政部、卫生部等部门的救灾物资来函28份，起草下发紧急通知13份，指导全国海关验放俄罗斯等26个国家和地区的国际救援人员和物资共511批、各种救灾物资几十万件。

抗震救灾之时也是北京奥运会安保工作紧张进行之际，海关监管不仅要保证国际救援“生命通道”的畅通，还要守好奥运安保、国家安全和社会稳定的安全线，海关通关监管系统面临着严峻考验。如何保证奥运安保工作的力度和标准不因抗震救灾而放松，在全国为抗震救灾而努力的时候，保持对安全保障的注意力，成为监管司抗震救灾工作的又一个着力点。李伟在积极部署加快验放国际救援物资的同时，有效协助保护了国家安全。

2008年10月7日，李伟被中共中央、国务院、中央军委授予“全国抗震救灾模范”荣誉称号。

蒋海泉

1976年6月出生，四川蓬溪人。中共党员，大学本科学历。四川省北川羌族自治县国家税务局稽查局局长。

汶川特大地震发生的当天下午，蒋海泉到县委参加会议，刚走进县委礼堂，大地剧烈晃动，他被重重地摔倒在地；礼堂的天花板轰然塌下，他被掉落的东西压住动弹不得。过了一会儿，蒋海泉努力从倒塌的房屋中跑了出来，拿出手机给家里和县局办公室联系，却没有任何信号。此时，平时熟悉的街道已面目全非，到处是伤痕累累浑身灰尘的群众，蒋海泉突然听见有人喊“幼儿园被埋了，快去救人”。想到中午他母亲刚送儿子去上幼儿园，他立即向幼儿园冲去。

到了幼儿园附近，蒋海泉看见20来个孩子挤在一处严重倾斜破损的水泥板房顶上，一位20多岁的妇女正焦急地护着孩子们。房顶孤零零地悬在空中，周围是几米宽的深沟。他上前一问才知道那位妇女是幼儿园的教师，她没办法将孩子向安全地带转移。

余震不断，房屋随时有倒塌的危险，蒋海泉连忙组织旁边的人一起拆下几根椽子和木条，在沟上搭成一座小桥，让老师组织孩子排队过来，他们抱着孩子一个一个往外传递。蒋海泉一边组织救人，一边不断大喊着儿子的名字。孩子们一个个被转移出去，他的嗓子也快喊哑了。突然，他看见远处一个小土堆上有一个熟悉的身影，他迅速冲过去抱起儿子，儿子才“哇”的一声哭了出来，双手紧紧地抱住他的脖子。面对废墟中的呼救，他转身把孩子递给身边的教师：“请你帮我把孩子带到安全地带，他叫蒋思程，我去救人。”

在幼儿园倒塌的铁门边，被一块残破墙体压着的一位妇女正在呼救，她身边还压着两个人。蒋海泉叫来几个男同志一起营救。经过30多分钟的努力，将被压妇女救了出来，送到安全地带。之后，蒋海泉又从废墟中救出一位老大爷和一位妇女。

此时，蒋海泉看见前面不远处的废墟上坐着他的母亲，忙扑过去察看她的伤情。母亲背部剧痛但无血迹，蒋海泉想母亲可能无大碍，正考虑怎样把她抬到安全地方，周围很多被震晕的人逐渐清醒过来，呼救声、哭叫声不绝于耳。蒋海泉想救人要紧，便又跑向废墟，先后从废墟中刨出两个大人和两个小孩，为他们包扎伤口。忙碌中，他突然发现先前还坐着的母亲已躺在地上，急忙跑过去察看，母亲眼神散乱，看着儿子无力地说：“海泉啊，你去救别人，咋都不来救我呀？”说完就再也没有醒过来。蒋海泉心如刀绞，泪如雨下。看着身边废墟里无数需要救助的生命，他轻轻为母亲合上眼，在废墟中找到一件衣服盖在母亲身上，转身又投入了抢救的队伍中。

汶川地震使蒋海泉失去了母亲、妻子、妹妹和妹夫4位亲人，但在接下来的几天里，他配合部队和消防官兵，先后救出了被困在县局办公楼废墟下73小时的王新华、被困78小时的李道斌，以及被困104小时的周亚君和朱兰。

2008年10月，蒋海泉被税务总局记一等功；10月7日，被中共中央、国务院、中央军委授予“全国抗震救灾模范”荣誉称号。

李 进

1972年4月出生，四川阆中人。中共党员，大专学历。国家安全生产应急救援指挥中心四川华蓥山广能（集团）公司矿山救护大队中队长。

汶川特大地震发生后，李进根据安全监管总局命令，迅速率领龙滩救护队冒着暴雨向灾区挺进，5月13日17时抵达极重灾区绵竹市汉旺镇。到达指挥部后，李进立即请战。当时，距指挥部20余公里的清平磷矿5000余人生死不明，指挥部决定从广能、芙蓉等救援队伍中抽调22人组成突击队，李进任队长，迅速赶赴清平磷矿，抢救被困群众。

5月14日6时40分，李进带领突击队员冒着瓢泼大雨向清平磷矿挺进。公路被泥石流冲毁，巨大的石块不时从山上滚落挡住去路，队伍行进极为艰难。李进冲在最前面，带领突击队不顾疲劳和饥饿，在险象环生的山上开路前进，数次遭遇险情，经过近9个小时的艰难跋涉，终于在15时15分赶到清平磷矿。随即，李进兵分两组，一组对伤员实施现场救治，另一组了解灾害情况，帮助灾区群众点燃篝火，引导飞机空投物资。

5月15日15时，李进指挥突击队带领第一批500多名群众安全转移到汉旺镇。李进带领的队伍是震后第一支进入清平磷矿的专业救援队伍，及时为指挥部提供了清平灾区的第一手资料，并为后续抢险救援工作和万余名灾区群众的安全撤离开辟了通往山下的“生命通道”。

5月16日晨，根据指挥部的命令，李进带领队员到清平磷矿销售公司办事处搜救5名来自北京的水利专家。销售公司大楼后半部分已经垮塌，前半部分随时都有倒塌的危险，重型机械无法进入。李进和队员们一起，用手刨砖块，用切割机切割钢筋，经过9个多小时的艰苦工作，终于抬出5名水利专家的遗体。死者单位的领导拿出现金表示感谢，被李进和队员们坚决拒绝了。

5月17—23日，李进先后率队对绵竹市安监局家属区、天池煤矿及其家属区等地进行搜救，发现并清理出遇难人员遗体22具、现金6万余元，帮助当地群众抢收小麦500余公斤，并多次冒着生命危险到危房中为群众搬运家电、衣物和食品，帮助灾区群众开展自救。

抗震救灾期间，李进带领龙滩中队不怕牺牲，连续奋战，先后安全疏散遇险人员500多人，救治轻重伤病员100余人次，救出被埋压遇险人员1人，挖掘清理遇难人员遗体40余具，拆除危楼3处，帮助东方电机厂抢运重要装备和物资10卡车。

2008年8月，李进被安全监管总局授予“抗震救灾先进个人”称号；10月7日，被中共中央、国务院、中央军委授予“全国抗震救灾模范”荣誉称号。

肖龙联

1946年10月出生，四川安县人。中共党员，大专学历。中国新闻社四川分社原社长，高级记者。

汶川特大地震发生后，已从中新社四川分社社长岗位上退休的肖龙联决定再上战场，投入抗震救灾的报道中。肖龙联积极配合中新社总社前线指挥部，利用自己情况熟、关系多等优势，做好划分采访片区、联络救灾部队、组织协调等工作，采写拍摄了诸多独家的鲜活新闻和照片。

肖龙联是到达一线的记者中年龄最大的。5月12日当天，他即在前往都江堰途中拍下多幅震情照片。当晚，他接获前方记者电话断续口述，反复斟酌后发出《有灾区群众称，四川地震重灾区北川县城基本夷为平地》稿；后又陆续编发了多篇解放军抗震救灾的重要报道，如《中国军队抢险救灾第一支部队进入震中汶川》《汶川震中映秀镇：将军挥泪指挥抗震救灾》等。

地震初期，他与安县的父母失去了联系，直到第四天才知家乡房屋已震垮，80多岁的父母幸免于难，已外出投靠亲友。老母亲在电话中泣不成声："反正你也退休了嘛，赶快来看看我们。"在上海的女儿也不停地打电话催他过去。父母避难投靠在亲戚家中，他没有时间前往看望。肖龙联明白，为国尽忠、努力工作才是至高无上的孝。

5月17日，肖龙联在江油采访，不顾危险爬上危楼，率先发出《江油六级余震造成七个乡镇百分之九十房屋倒塌》稿件，被8家海外媒体采用。发稿时，门忽然向他砸来，所幸没有受伤。这一天，他又克服重重困难，报道国务院副总理李克强在绵阳看望北川中学学生的场景，10分钟后发出第一张图片和快讯《李克强看望北川中学师生速写：一枝一叶总关情》；图片稿件《最后一次为母亲遮荫》被评为中新网地震期间十大震撼新闻图片之一。

成都军区某陆航团直升机失事后，肖龙联跟踪报道搜救直升机过程。6月1—10日，发出12条消息和通讯，每天将上万军民搜索失事直升机的最新资讯提供给读者。他采写的《有消息称，失事直升机残骸被发现》，由中新网于6月10日9时16分发出。

震后一个多月，肖龙联不顾身患糖尿病、高血压等多种疾病，携带药品，冒着余震、塌方危险坚持在抗震救灾宣传报道第一线，走遍北川、汶川、安县、什邡、都江堰等极重灾县（市），采写的文字稿46条、图片稿45幅被中国新闻社采用，平均每天3条。

2008年7月，肖龙联被中宣部、中央外宣办、广电总局、新闻出版总署、中国记协授予"全国抗震救灾宣传报道先进个人"称号；9月，被侨办授予"全国侨办系统抗震救灾先进个人"称号；10月7日，被中共中央、国务院、中央军委授予"全国抗震救灾模范"荣誉称号。

封松林

1964年4月出生，湖南邵东人。中共党员，博士研究生学历。中科院上海微系统与信息技术研究所所长。

汶川特大地震导致灾区通信设备损毁严重，信息几乎全部中断。封松林首先想到了用上海微系统与信息技术研究所自主研发成功的宽带无线通信技术，为基础设施遭到严重破坏的灾区提供急需的通信保障。

5月13日晚，封松林召集有关科技人员，研讨论证了宽带无线通信系统应用于抗震救灾的可行性。14日上午，封松林主持召开紧急办公会议，成立抗震救灾工作领导小组并担任组长，决定设立抗震救灾专项经费，采购相关救援器材，运用宽带无线通信系统，积极参加抗震救灾。16日晚，上海微系统与信息技术研究所第一批应急通信救援队启程开赴四川地震灾区。

封松林在妻子身患重病的情况下，3次奔赴灾区现场进行指挥。5月17日，封松林带着第二批宽带无线通信设备奔赴重灾地区，与第一批救援队员一起投入设备调试、布设工作，率先在北川县城建立了宽带无线通信网络，为灾区打开了信息通道。18日，救援队又在安县永安镇架设了第二套系统，使灾后的永安镇第一次与外界建立了视频和数据通道。24日，在大山深处的青川县关庄镇和平武县南坝镇，封松林与救援队员们一起，冒着发生余震、滑坡、塌方的危险，快速架起了宽带无线通信网络，实现了后方指挥部对关庄镇和南坝镇抗震一线的实时监控指挥。

唐家山堰塞湖严重威胁着人民群众的生命和财产安全。5月30日晚，封松林一行17人携带必需的设备赶到唐家山堰塞湖。经过几昼夜安装调试，建成了远程宽带无线监控系统。通过在唐家山堰塞湖坝前坝后及堰塞湖至绵阳沿线布设的14个监测点，全天候24小时监控唐家山堰塞湖的水文资料和坝体变化。所提供的视频监控画面实时传输给位于绵阳的指挥中心，还为国家有关部门及相关部省领导提供了50多路远程监测视频信息，为排除唐家山堰塞湖险情提供了实时视频资料。

2008年7月，封松林被中科院抗震救灾工作领导小组授予“中国科学院抗震救灾先进个人”称号；10月7日，被中共中央、国务院、中央军委授予“全国抗震救灾模范”荣誉称号。

王小龙

1977年2月出生，江苏扬州人。中共党员，大学本科学历。重庆市地震监测预报中心副主任。

5月12日15时，王小龙受命带领重庆流动地震监测队，开赴地震灾区进行地震现场监测工作。他来不及准备换洗衣物，来不及跟家人道别，带领3名同事，携带6台流动监测设备，星夜兼程赶到都江堰指挥部，立即被编入到国家现场应急工作队监测组，主要任务是加强灾区的地震监测，帮助灾区恢复地震监测台站，并对余震数据进行分析处理。

5月13日凌晨，王小龙和队友们奉命修复震中附近灵岩寺地震台站。他们背负着沉重的仪器，顶着倾盆大雨在夜幕下的山体上艰难爬行着。一路上，强烈的余震、塌方、滑坡接连不断，在接近山顶的台站时，强余震突然袭来，大地颤动，滚石横飞，但王小龙并没有停下脚步，他机敏地躲闪着滚石，奋力向台站攀爬。在他的带领下，队员们不顾个人安危全力向前，爬行300多米后到达台站，按时完成了修复任务。

为及时准确地向指挥部提供灾区余震信息，王小龙和队友们领命负责在中国地震局现场指挥部架设台网中心，并对每一次余震数据进行监测和分析，通过卫星把灾区重点台站的实时地震数据传送至指挥部。

根据国务院总理温家宝的指示，王小龙率队在灾区开展流动监测台的架设。第一个流动监测台在都江堰市聚源镇迅速架设起来，并于5月15日15时10分成功地将地震监测数据实时传送至北京的中国地震台网中心。16日，王小龙又带领队友们在彭州小鱼洞架设了一个流动监测台。

当进入汶川的西线道路打通后，5月22日王小龙率队取道雅安在宝兴架设了一个流动台，然后又翻越海拔4000米以上的夹金山、梦笔山山口到达小金县日隆镇继续架台。从马尔康前往理县、汶川的道路崎岖难行，大部分路段塌方严重，滚落的巨石和折断的电线杆、树木横在马路中间，汽车行驶在蜿蜒的山路上，不时有碎石滚落，充满了危险。王小龙与队友们于23日晚到达理县县城。由于电力中断，大家用手电筒照明，寻找合适的地点安装太阳能供电系统，调试仪器。24日晚，地震数据被成功地传送到中国地震台网中心，为余震的监测提供了可靠的数据。25日，王小龙和队友们进入汶川县城，修复被地震破坏的台站。27日，他们又在泸定县磨西镇架设一个流动监测台。他们走遍川西大地，行程近万公里，建起了一个又一个流动监测台。

2008年6月，王小龙被人力资源社会保障部、地震局授予“地震系统抗震救灾英雄”称号；10月7日，被中共中央、国务院、中央军委授予“全国抗震救灾模范”荣誉称号。

刘　胜

1969年9月出生，重庆人。中共党员，大专学历。北川羌族自治县气象局局长。

汶川特大地震发生时，北川羌族自治县气象局的办公楼和宿舍楼坍塌，刘胜被埋在废墟之中。他挣扎着从楼房中爬出来，不顾身上的伤痛，拼命朝被困在废墟中的同事奔去。在成功营救出同事后，刘胜在隔壁单位倒塌的楼房中找到了妻子，但妻子已经遇难。刘胜强忍悲痛，将女儿托付给单位职工，决定徒步向上级报告灾情并寻求救援。

连续不断的余震，随时可能继续倒塌的楼房，山上不断滚落的碎石，都没能阻止刘胜寻求支援的信心。“我必须冲出去，早一点将情况报告上级，职工就多一份生存的希望，就可以早点被营救出来。”一路上，刘胜克服重重困难，满身灰尘，满脸鲜血，上衣的胸膛处和裤子早已被乱石撕破，裸露的皮肤上满是鲜血和泥土灰尘，徒步在废墟中走了10公里，终于在5月12日傍晚赶到绵阳市气象局，将北川的灾情及时上报给绵阳市气象局和绵阳市政府。

5月13日凌晨，刘胜带着救援队赶回一片废墟的北川县城，及时组织县气象局职工及家属转移。他将女儿托付给老父亲，强忍着失去亲人的巨大悲痛，全身心投入到繁忙的单位自救和重建工作中。当天，刘胜就在安县恢复了北川气象局临时抗震救灾应急加密气象观测，并通过小黑板发布天气预报，将气象服务材料及时报送市、县指挥部，为抗震救灾做好气象服务保障工作，县气象局成为震后北川最早恢复工作的单位之一。

5月25日，刘胜穿着厚厚的防化服，和同事们在楼房废墟中穿行，在观测场遗址上建起了移动气象站。12时，第一组气象探测数据发向市局、省局和中国气象局，发向抗震救灾第一线。其后，他和同事们每天冒着滑坡、泥石流的威胁，走镇串乡，迅速恢复了全县雨量哨。他们顶着烈日，冒着酷暑，完成了全县活动板房和帐篷的防雷工作。

唐家山堰塞湖排险，刘胜和北川气象工作者全力以赴投入气象保障服务工作中，为唐家山堰塞湖排险的空中飞行、排险泄洪提供了优质气象服务，被中央电视台誉为堰塞湖上的“千里眼”和“顺风耳”。

2008年6月，刘胜被气象局授予“抗震救灾气象服务先进个人”称号；7月，被人力资源社会保障部、气象局授予“气象系统抗震救灾英雄”称号；10月7日，被中共中央、国务院、中央军委授予“全国抗震救灾模范”荣誉称号。

徐建东

1953年7月出生，天津塘沽人。中共党员，大学本科学历。银监会绵阳监管分局党委书记、局长。

地震后，徐建东立即召集紧急会议，成立了绵阳市银监分局抗震救灾应急指挥部，要求各银行业金融机构立即启动应急预案，成立抗震救灾指挥小组。地震当晚，他彻夜未眠，逐一走访了全市8家市级银行业金融机构了解灾情，安排部署救灾工作。

5月13日上午，余震不断，天下着雨，徐建东在帐篷和汽车组成的分局指挥部里，向辖区各银行业金融机构紧急下达了“保人员安全，保财产安全，尽快恢复金融服务”的指令。正确措施和快速行动很快稳定了人心，确保了分局和辖区内各银行机构抗震救灾工作有序推进。

得知北川羌族自治县农村信用合作联社办公楼倒塌，3名分局工作人员和33名联社职工被埋压的消息，徐建东心急如焚。“当前最重要、最紧迫的任务是救人，哪怕有一丝希望，也要尽百分之百的努力。”5月13—18日，徐建东先后组织9批、42人次到现场，救援被埋压在废墟下面的36位职工。他6次冒着不断有滚石滑落、余震引发泥石流、危房坍塌、堰塞湖溃坝等险情，迂回绕道从成堆巨石和瓦砾中艰难步行，辗转赶到北川县联社大楼垮塌现场，指导对被埋人员进行大强度施救。失踪职工的亲属泪流满面地对徐建东说："你们尽了心，为了救他们，你们是在以命赌命啊。"

唐家山堰塞湖随时有溃坝的危险，徐建东及时组织制订分局和银行疏散预案，层层进行撤离宣传动员，让每一位职工熟悉撤离行动路线，并及时安排职工参加撤离演习。6月10日，在接到橙色撤离警报后，徐建东及时组织分局干部职工有序撤离，自己最后一个离开办公地点。地震发生后的20多天里，徐建东始终坚守在指挥一线。

地震发生后的第三天，分局下发《关于坚守岗位全力以赴做好金融支持抗震救灾工作的紧急通知》等4个指导性文件。由于指导及时得当，绵阳银行机构灾后第五天就有60%的网点恢复营业。徐建东走访绵阳城区内和郊县银行业金融机构时，要求银行机构千方百计克服困难，坚持利用"帐篷银行"和"流动银行"的形式，做好"保开门、保营业、保供应、保服务"，为稳定灾区人心、支援抗震救灾工作多做贡献。他边组织抗震救灾边思考灾后重建工作，向四川银监局和当地政府提出了《关于给予绵阳市辖内金融机构灾后重建政策扶持的建议》。

2008年6月，徐建东被银监会授予"全国银行业系统抗震救灾先进个人"称号；10月7日，被中共中央、国务院、中央军委授予"全国抗震救灾模范"荣誉称号。

杨勇平

女，1957年3月出生，山西山阴人。中共党员，大学本科学历。证监会四川监管局党委书记、局长。

汶川特大地震发生时，杨勇平正在办公室研究工作。她立即组织全局人员撤至底楼及地下室坚守工作岗位，迅速组织抗震救灾一线指挥部，带领全局干部职工全力投入抗震救灾。通信中断、交通瘫痪，杨勇平和同事们采取一切手段和方式，了解掌握辖区机构受灾情况，持续不断地将灾情上报证监会机关。她调配全局干部，确保与辖区内各上市公司、证券期货经营机构不间断联系，详细了解灾情。在她的指挥下，四川辖区证券期货行业受损情况被点点滴滴收集起来，并迅速上报证监会机关，为证监会党委统揽全局，科学决策提供了依据。

地震发生当天，为了保证大多数工作人员的安全，杨勇平要求部分工作人员撤离现场。她说："你们先走，如果大楼出现意外，你们作为第二梯队可以继续工作。"整个抗震救灾过程中，她和全局人员没日没夜战斗在一线，顾不上与家人联系，更顾不上年迈患病的老父亲，极度的疲劳使她一度晕倒。5月13日凌晨，余震不断，杨勇平主持召开四川辖区87家证券期货经营机构负责人参加的会议，对做好震后首日交易工作进行部署。当日突发6.1级余震，她和大家撤离到开阔的马路上继续开会，传达中央精神，部署工作，有效地稳定了人心，确保震后交易的平稳运行。13日，全国证券期货市场平稳运行，打破了外国大震或大灾后休市的惯例。

杨勇平根据国务院"一手抓抗震救灾、一手抓经济发展"的精神，沉着冷静，周密部署，对四川证监局在不同阶段的工作重点，做出了一系列清晰明确的安排，合理组织和调配人员力量，确保在抗震救灾的同时，做好辖区市场发展的各项工作。杨勇平还一边指挥抗震救灾工作，一边带领全局人员积极思考特大地震灾害后资本市场发展的应对策略。她多次表示："抗震救灾，我们只打了第一仗，后面的工作绝不能放松！要进一步巩固抗震救灾工作的成果，将灾后重建与日常监管紧密结合，立足长远，促进四川辖区证券期货市场的发展。"

2008年7月，杨勇平被证监会授予"抗震救灾先进个人"称号；10月7日，被中共中央、国务院、中央军委授予"全国抗震救灾模范"荣誉称号。

雷　云

羌族，1966年6月出生，四川汶川人。中共党员，大专学历。人保财险公司阿坝藏族羌族自治州分公司党委书记、总经理。

汶川特大地震发生后，雷云从办公室给各支公司打电话，了解情况。汶川所有通信联系中断，雷云非常担心。他说："不能等，要尽快进入汶川！"对灾后工作周密安排之后，他迅速带领州公司理赔管理部葛振东、马尔康支公司副经理李华平和驾驶员王玉林组成应急小分队，分乘两辆车赶往汶川。

一路上险情不断，尘土飞扬，路面随处可见凌乱的山石，山上不时有碎石飞落。5月12日傍晚，当他们的车辆行驶至离汶川还有90多公里的古尔沟时，前面道路被滑坡的山石阻断。风雨交加，余震阵阵袭来。雷云决定弃车步行，绕过堵塞路面的山石继续深入。他留下驾驶员看守车辆，带领其余两人徒步向理县跋涉，30多公里的路，他们走了整整一天，所幸理县营销部两名员工安然无恙。由于余震不断，他们只能露宿街边，仍坚持查看、了解了理县境内的受灾情况，布置救灾理赔工作。

5月14日一早，雷云召开紧急会议，要求理县营销部在确保自身人身安全的情况下，力争有效地开展救灾工作，设立接报案点，及时统计和收集当地灾情，开展查勘理赔。会后，雷云带领一名理县员工徒步向震中汶川进发。雷云一行到达汶川支公司后，立即组织大家积极自救，抢档案、抢设备，并组织向汶川运送救灾物资。

此后，雷云又带领应急小分队前往极重灾区茂县，指导茂县营销服务部抗震救灾工作，送去省公司援助的帐篷等救灾物资。到达茂县后，他立即与阿坝藏族羌族自治州中等职业技术学校联系，在其操场内搭建帐篷，设置临时办公点及员工临时居住点。

5月17日22时，雷云召开理赔专题会议，传达上级公司关于抗震救灾理赔工作要求和"特事特办、先人后物、优先救助生命"的理赔工作原则，要求大家想方设法从受损的办公楼房中抢出保单，以保单为依据摸清真实数据。针对农村房屋毁损、能繁母猪损失严重的实际情况，雷云指定专人负责与县政府、县畜牧局联系，了解具体损失情况。

截至5月29日，全体人员克服重重困难，共排查689件承保业务，基本完成了对承保客户的排查工作。为让客户及时报案，分公司在《阿坝日报》上刊登了寻找客户的广告；为做到理赔的公开透明，刊登了地震灾害理赔服务监督电话。

6月6日，雷云再次前往汶川，向分管副县长汇报了震后理赔工作以及需要县政府帮助解决的困难，得到县政府的支持。9日，阿坝分公司在汶川举行了能繁母猪赔款兑现会，雷云把7.1万元能繁母猪赔款交给了养殖户代表。

2008年10月7日，雷云被中共中央、国务院、中央军委授予“全国抗震救灾模范”荣誉称号。

吕仕洲

1972年7月出生，四川中江人。中共党员，大学本科学历。中国工商银行四川省分行德阳分行绵竹汉旺支行行长。

5月12日下午，吕仕洲准备从楼上到一层的营业网点看看，刚走到门口，只听得一声闷响，地板强烈抖动起来，几十秒钟之后，旁边的汉旺镇政府大楼垮塌了。想到楼下还有10名员工，并且大多是女员工，吕仕洲迅速向楼下冲去，跑到小院坝时，因强烈震动和房屋垮塌产生的浓浓烟尘让人难辨方向，只能凭着直觉向网点大门奔去。万幸的是，在强震开始后，员工陈亮非常冷静，在断电前的一刹那间，打开了电动双开玻璃门，5名员工和所有客户都跑到了街上。吕仕洲赶到现场，当即清点人数，见当班的员工还差5名，马上组织营救。他和陈亮共同努力，安全地把其他女员工带了出来。

吕仕洲随即安排女员工们在安全地方待命，让保安看好网点大门，组织现场的男员工帮助附近汉旺镇中心幼儿园教师疏散和抢救被困的儿童。他们往返多趟抱出孩子，将孩子们疏散到汉旺镇镇政府前相对安全的空地上。

5月12日15时40分左右，上级支行副行长江勇到网点参与抢险，吕仕洲做了简短汇报。在江勇的带领下，吕仕洲与两名员工一道，冒着生命危险冲进营业室，在没有灯光、粉尘弥漫的营业厅内，快速将所有现金、6个钱箱（装有160多万元现金）及客户留在柜台上的存折和信用卡抢运出来。事后扎账，一分不少。把钱箱和同事们送走后，吕仕洲又回到网点，见附近很多居民受伤，有多名重伤员，便与居民一道疏散转移伤员。吕仕洲为保护国家财产、救援受灾群众，在废墟中坚守岗位整整54个小时。

2008年6月，吕仕洲被银监会授予“全国银行业系统抗震救灾先进个人”称号；10月7日，被中共中央、国务院、中央军委授予“全国抗震救灾模范”荣誉称号。

陈桂全

羌族，1971年8月出生，四川茂县人。中共党员，大学本科学历。中国建设银行阿坝映秀分理处会计主管。

5月12日下午，陈桂全在汶川县城参加业务培训后，准备返回映秀。突然间，地动山摇，巨石飞滚，民房垮塌，客运汽车也被埋压。在余震的间隙，陈桂全立刻前往建设银行汶川支行。支行境况同样触目惊心：办公楼边的山岩严重崩塌，滚落的大石头把运钞车埋在地下，营业室内空无一人，室外空地有几名员工守护着抢运出来的现金等重要物品。他立即加入到支行抗震自救中，将物品和人员撤离到山上的平地。

接下来的两天，陈桂全在参加救援时，四处打听映秀镇的消息。因为通信中断，映秀没有一点消息，不祥的预感不时涌上他的心头，支行领导也非常担心。5月14日，陈桂全主动向支行领导请求：无论多危险也要赶回映秀，去了解映秀分理处的情况。15日早，他参加了汶川县政府组织的突击队，一行31人直奔映秀。一路都是泥石流和塌方，傍晚才到距离县城20公里的绵虒镇。前面道路完全中断，前一批突击队和救援部队仍被堵在绵虒镇。当晚，突击队就地参加救援。

5月16日7时，陈桂全和5名突击队员徒步出发，从绵虒前面的隧洞冲出后，全是塌方。在持续不断的余震中，头顶是山体垮塌、巨石飞落，脚下是悬崖峭壁、江水汹涌，他们拼命地向前跑。12个小时后，他们终于回到了映秀。映秀镇满目疮痍，分理处共有13位同事及亲属遇难，2名员工和2名家属受重伤；他8岁的女儿在小学遇难，爱人多处骨折已转移到成都抢救。

5月17日天刚亮，陈桂全强忍着失去亲人的悲痛，不顾日夜兼程奔波的极度劳累赶到分理处。分理处的4层楼房已坍塌成3层，摇摇欲坠，随时都有可能垮塌。陈桂全奋不顾身地钻进营业室，刨开瓦砾，找到保险柜，抢运出23万元现金及印鉴片、印章等。他想到一定把这一切安全地转移出去，决定徒步奔向都江堰。一路上余震频发，山石滚落，险象环生。3个小时后，陈桂全碰到阿坝分行的救援小组。随后，陈桂全被护送至都江堰，将23万元现金和印鉴等安全送达四川省分行中心金库。

2008年6月，陈桂全被银监会授予“全国银行业系统抗震救灾先进个人”称号；10月7日，被中共中央、国务院、中央军委授予“全国抗震救灾模范”荣誉称号。

陈贤发

1948年10月出生，山东日照人。中共党员，大专学历。中信海洋直升机股份有限公司党委副书记、纪委书记。

汶川特大地震发生后，根据中国民航局的紧急命令，中信海洋直升机股份有限公司组建抗震救灾飞行队奔赴四川灾区。已年届六旬、还有4个月就要退休的陈贤发积极请战，担任公司抗震救灾前线副总指挥，驾机飞赴灾区。在抗震救灾中，陈贤发以高度的责任感、使命感和精湛的飞行技术，带领救援人员多次完成一个个急难险重的飞行任务。无论是投放物资、营救伤员，还是运送炸药、爆破材料等危险品，陈贤发都挺身而出，多次遭遇险情都果断应对化险为夷。

5月17日，陈贤发驾驶B-7962号直升机飞赴德阳西北山区，营救被困数日的灾区群众。飞机进入沟壑纵横的预定区域后，遭遇空中翻滚的气流，由于能见度很低，两侧相邻的悬崖峭壁和蜘蛛网般密布的高压线，导致飞机无法正常降落。陈贤发没有退缩，临时调整航线，凭着过硬的飞行技术和丰富的经验，在遭受重灾的清平乡成功投放了800公斤救援物资，救回了11名受困的重伤员和1名出生才20天的婴儿。

陈贤发的女婿杨佃良也是中信海洋直升机股份有限公司的飞行员。出征前，陈贤发做通女儿的思想工作，支持女婿入川抗震救灾。杨佃良同他一样，勇闯飞行禁区，救助受困灾区群众。

6月11日，陈贤发驾驶B-7960号直升机飞赴什邡，执行运输国家珍稀动物的任务。在穿越深山峡谷时，直升机尾桨突然发生故障。在千钧一发的生死时刻，他沉着、冷静地操纵着剧烈抖动的直升机实施迫降。为了给后续救援飞机留下有利地形，他主动选择了难度更大的迫降地点。飞机触地时，陈贤发及时切断了飞机的电路、油路和液压系统，使得600多磅剩余的航空燃油没有爆炸。与此同时，他果断指挥机上人员迅速撤离，组织抢救飞行资料，直到完成所有善后工作，才最后一个离开机舱。由于他临危不惧、果断处置，保证了机上的解放军、武警官兵等14名乘员的生命安全，创造了直升机尾桨空中故障后在无降落条件的环境中迫降成功的奇迹。

陈贤发战斗在抗震救灾第一线，既是飞行员又是指挥员。无论有没有自己的飞行任务，每天他都最早来到机坪，与执行救援任务的飞行员、机务人员一起研究飞行方案。陈贤发白天飞行几个架次后，晚上顾不得休息，又连夜和指挥部成员一起深入研究各条飞行路线，详细制订各项应急预案，并毫无保留地把自己在每条危险线路上的飞行经验传授给年轻的飞行员。陈贤发每天只休息几小时，被飞行队的同事们称为“不知疲倦的老黄牛”。他还经常与飞行员谈心，深入细致地做好救援人员的思想工作，为大家缓解压力，鼓舞士气，激励斗志，使飞行队伍始终保持了良好的精神状态。

抗震救灾期间，陈贤发驾机飞行41架次，运送重伤员、灾区群众和救灾人员214人，投放各类救灾物资16830公斤。

2008年10月7日，陈贤发被中共中央、国务院、中央军委授予“全国抗震救灾模范”荣誉称号。

何贤雄

1961年11月出生，福建福清人。中共党员，硕士研究生学历。国家粮食局军粮供应服务中心总经济师。

汶川特大地震发生后，国家粮食局连夜召开会议，部署抗震救灾紧急方案，决定何贤雄带领工作组飞赴灾区参与抗震救灾工作。“地震就是命令，军供就是使命”，何贤雄与救灾部队取得联系，积极开展工作，做到“部队战斗在哪里，军粮就供应到哪里”。

在地震灾区，何贤雄带领工作组冒着余震和泥石流、滑坡的危险，克服吃不好、住不好、断电断水的困难，多方协调，衔接军粮供应单位和救灾部队粮食供应关系，努力满足部队副食和日用商品的需求。在英勇的解放军身后，何贤雄带领工作组为前线的将士开辟了一条看不见的“保障线”。

当得知济南军区某“铁军”红军师进入地震灾区，只带有少量野战食品时，他心急如焚，当机立断要求军粮供应站一边主动寻找部队，一边筹备粮食、方便食品，以及肉、蛋、蔬菜等生活必需品，一旦联系上部队，24小时提供全天候军粮供应。为了准备充足的货源，他带领工作组连夜挨家挨户叫醒商店老板，筹备好米面肉菜等日用品，天亮前送到部队手中。“铁军”官兵十分感动，称赞军供站是“铁军”的“铁后勤”。

何贤雄白天带领工作组到现场了解情况、协调解决问题，晚上还要听取各军供站情况汇报，分析汇总情况，每天将灾情和粮食供应情况向国家粮食局报告。什邡军供站办公楼在地震中垮塌，何贤雄与当地的干部职工搭建简易棚作为临时供应点。他鼓励大家顾全大局，坚守岗位，坚定信心，努力克服眼前的困难。连日紧张工作，每天工作到深夜，何贤雄胃病加重，吃几片药后，又奔波在各军供点上。何贤雄在会上说：“十万大军都冲上去了，我们还怕什么？我们要给灾区人民带来战胜困难的信心和力量。”

2008年10月7日，何贤雄被中共中央、国务院、中央军委授予“全国抗震救灾模范”荣誉称号。

罗　格

1955年2月出生，湖南浏阳人。中共党员，大学本科学历。国防科工局系统工程一司司长。

5月12日15时30分，罗格与在四川的航天和军工电子所属单位取得联系，了解受灾情况，协调救灾工作。13日，罗格主持召开专题会议，传达局机关抗震救灾紧急会议精神，进行抗震救灾工作紧急部署和动员。罗格多方联系，协调为灾区提供海事卫星电话、应急通信车和应急通信指挥车等技术支援服务；积极联系民政部国家减灾中心，申请启动了“国际空间与重大灾害国际宪章”；多次与美国、日本等国及欧空局等主要航天机构联系，协调了20多颗卫星对灾区进行不间断观测，为前方抗震救灾工作决策部署及时提供最新资料和技术保障。

为尽快提升航天技术服务国家防灾救灾的能力，罗格精心组织，深入研究，推进航天技术为国家防灾救灾服务。5月15日，他组织召开航天技术如何应对当前地震灾害专题研讨会，研讨如何有效发挥航天技术在地震抢险救灾中的作用；20日，又主持召开专题会议，研究国家重大灾害对航天技术的需求。22—23日，他带领全司人员调研，了解国家防灾救灾空间信息监测预报体系建设进展，探讨后续发展思路，并向国务院专题上报了“加快建设我国灾害预防及减灾救灾空间信息保障体系”的请示，同时启动应急通信卫星、环境减灾雷达成像卫星星座工程立项论证工作。

5月27日，罗格在参加完风云三号卫星发射任务后，连夜从太原卫星发射基地赶往成都，奔赴灾区进行实地考察。在历时10天的考察期间，他带领机关工作组辗转于成都、绵阳等地，行程数千公里，白天勘查、评估，晚上整理受灾军工企业的灾情和损失情况，为后方决策部署救灾和灾后重建工作提供了重要参考。他还现场协调企业科研生产工作，帮助受灾单位快速恢复生产，保障神舟七号各项生产任务，为神舟七号按原计划执行发射任务提供了保障。

抗震救灾期间，罗格先后主持召开了8次专题会议，传达贯彻局领导指示要求，积极协调各方资源，为抗震救灾提供航天技术支援服务。

2008年6月，罗格被中央国家机关工委授予“中央国家机关抗震救灾优秀党员”称号；7月，被工业和信息化部授予“部直属机关‘抗震救灾’优秀党员”称号；10月7日，被中共中央、国务院、中央军委授予“全国抗震救灾模范”荣誉称号。

丁丽霞

女，1962年12月出生，山东胶南人。中共党员，硕士研究生学历。中国药品生物制品检定所党委副书记，研究员。

汶川特大地震发生后，根据国家食品药品监管局抗震救灾工作部署，中国药品生物制品检定所立即成立了由丁丽霞带队的国家食品药品监管局支援四川抗震救灾药品检验专家组。接到指令后，她顾不上年幼的孩子，顾不上出差刚赶回的疲倦，带着确保灾区人民用药安全有效的坚定信念，立即带领专家组奔赴四川灾区一线。

面对情况复杂、任务紧迫、责任重大的灾区药械保障工作，丁丽霞带领专家组不畏艰苦深入一线，指导地方药监、药检系统开展了卓有成效的工作。抵达灾区后，立即带领专家组深入到四川省食品药品检验所、成都市食品药品检验所以及国外捐赠医疗物资临时库房，了解灾区药品情况。面对规模空前的捐赠医药物资，既要满足前线抢险救灾的需要，又要保证灾区人民用药安全。她带领专家组对接收和分发的药品严格把关，当场解决海关和当地食品药品检验所无法辨别的药品说明书以及捐赠药品是否经过注册、是否在分发前需要检验等问题。在成都双流机场库房，空港工作人员对一批捐赠物资束手无策，丁丽霞带领专家组凭借过硬的专业素质，很快辨认出是一批来自乌克兰的催产素。问题得到迅速解决后，空港工作人员由衷地赞叹“真不愧是国家级的专家”。

针对境外捐赠药品、生物制品和医疗器械的积压问题，丁丽霞带领专家组提出了分类处理方案建议，及时报送国家食品药品监管局，并协助当地部门进行分类处理，为理顺灾区药械监管工作关系、保证抗震救灾用药提供了有力的支持，使灾区药械发放工作有序进行。

丁丽霞带领的专家组以敏锐的责任意识和专业的技术水平，在整理某国一批长达50余页的药械捐赠清单时，结合志愿者从货场带回的信息，准确地判断出此批物品可能存在质量隐患，在迅速与当地药监、药检系统及海关、民政等相关部门协调查验后，发现多箱物品混杂、包装破损，应无菌包装的物品直接散落在箱中，根本无法使用。相关部门立即进行了封存，及时避免了此批数量达393箱的问题物品流向灾区。

回北京后，为及时将抗震救灾现场的第一手信息以及在灾区工作中发现的问题和建议上报国务院应急管理办公室，丁丽霞不知疲倦地工作。她提供的信息和建议，为食品药品监管局做出有关决策提供了重要依据。

2008年6月，丁丽霞被全国妇联授予“全国三八红旗手”称号；9月，被卫生部、食品药品监管局、中医药局、总后卫生部授予“抗震救灾医药卫生先进个人”称号；10月7日，被中共中央、国务院、中央军委授予“全国抗震救灾模范”荣誉称号。

国务院国资委管理的中央企业抗震救灾模范

易　逸

1970年9月出生，四川乐山人。大专学历。中核集团中国核动力研究设计院一所49-3室值班长。

易逸所在的反应堆是国内第一座高通量工程试验堆，也是现役最大的中国自行设计、建造，并拥有完全自主知识产权的多功能综合性试验堆，已经安全运行了20余年。

5月12日14时28分，高通量工程试验堆主操控室内，值班人员正聚精会神、有条不紊地工作。易逸监控着整个反应堆的运行情况，指导着其他岗位的工作。突然，传来隆隆的地啸声，主操控室内墙上的钟表猛烈摇晃，嘎嘎作响，监控屏的指针剧烈抖动，天花板传来扭曲声，操纵台上的电话瞬时被甩到地上。厂房外的烟囱大幅度摇摆，地面起伏剧烈颠簸，警鸣声此起彼伏。主控室有人大喊：“地震了！”

易逸大吼一声：“快，马上停堆！”话音未落，他一个箭步冲到操纵台前，迅速果断进行了紧急停堆。反应堆发出紧急停堆声光信号，所有的控制棒快速下落，反应堆顺利停闭。这是反应堆最紧急的时刻，在强震下很多系统可能出现故障，如果不及时停堆，链式核反应还在继续，运行中的反应堆系统处在高温状态下，一旦发生事故，会危及周围环境和群众的生命健康，造成非常严重的后果。

强震在持续，在易逸勇敢行动的感染下，班组其他成员没有一个人夺门而走，反而跑到房间最中心的操纵台前，紧紧盯着仪表上的数据。按照应急程序，易逸是应急现场的代总指挥。他指挥广播通告全体人员启动应急程序，指挥班组其他人员巡视检查系统，同时不断鼓劲：“大家不要慌，保持镇定，地震很快会过去，我们一定要保证堆的安全！”

在易逸的指挥下，应急工作紧张有序地开展，广播在厂区响起：“因突发地震，反应堆手动紧急停闭，各岗位人员必须坚守岗位！必须坚守岗位！反应堆进入应急待命状态。”

随后，核动力院一所核设施应急小组赶到现场指挥，第一副总指挥赵光激动地紧紧握着易逸的手连说“感谢”。环境保护部部长周生贤评价说：“你们所从事的事业是崇高的事业，国家和民族的繁荣富强需要你们。在地震发生时，你们能果敢及时地采取措施，维护核设施的安全，而且是在没有任何经验可以借鉴的情况下做到的，你们同样是我们这个时代最可爱的人。”

2008年7月，易逸被国资委授予“2008年抗震救灾先进个人”称号；10月7日，被中共中央、国务院、中央军委授予“全国抗震救灾模范”荣誉称号。

齐焕清

1967年9月出生，吉林梨树人。中共党员，大专学历。中国航空工业第二集团公司哈尔滨飞机工业集团有限责任公司中国飞龙专业航空公司飞行大队副大队长。

米-26是从俄罗斯租用的直升机，也是国内唯一的一架超重型运输直升机。在抗震救灾中，齐焕清担任米-26机组中方机长。机组共13人，其中俄方4人、中方9人。5月15日，接到紧急救援通知后，齐焕清驾驶米-26立即起飞，经过4000多公里飞行后，于17日抵达广汉飞行学院。

5月20日14时45分，米-26机组接到起飞命令，前往绵竹市清平乡运送物资并营救受灾群众。那里地形复杂，局部气候多变，地面密布高压线，空域内还有其他直升机。齐焕清驾驶着米-26在山沟中穿行，降落的条件非常差，右侧是高压线，左侧是深沟，周围是高大的树木。齐焕清克服困难，成功降落，卸下救灾物资后，又搭载100多名灾区群众返回机场，使那些群众在被困近200小时后脱险。17时30分，他冒雨再飞清平，为堰塞湖附近的官兵运去救生衣和救生圈，外运被困受灾群众。齐焕清和机组人员在雾气重、能见度低的情况下再次完成任务，将100多名灾区群众运出。

唐家山堰塞湖是灾区最大的隐患，一旦溃决，绵阳、江油一带几百万群众以及沿岸不少城市乡村将被淹没。米-26接到指挥部命令，向唐家山吊运大型挖掘机等设备。5月26日9时，米-26起飞，飞往唐家山堰塞湖探查飞行线路。在群山与高压线间穿行，空域情况非常复杂。9时50分，米-26降落在抢险设备集结地北川羌族自治县擂鼓镇。两组跨江高压线横在坝顶两侧，给作业增加了极大困难。齐焕清和地方负责人协商，切断那两组高压线，机组马上开飞。11时4分，米-26成功地吊运起第一台挖掘机，送到唐家山堰塞体坝顶；至17时40分，共运送8台挖掘机、7台推土机，总重量210吨。

5月27日至6月10日，齐焕清和米-26往返于擂鼓镇和唐家山，相继运送第二批15台大型推土机、挖掘机，8个大型集装箱、5个油罐，以及抢险设备、燃油、给养等物资。施工机械燃油告急，吊运的圆柱形油罐没有底座，重心可变，又没有足够强度的防滑挂点。齐焕清立即和机组的俄方人员研究起吊方案，制订各种可能出现的特殊情况处置方案，完成了油罐吊运任务。

6月10日，堰塞湖坝体出现多处裂缝，随时可能出现险情。齐焕清主动请战，将400多名武警官兵全部安全撤离。在灾区的30多天中，齐焕清与机组全体人员安全飞行32小时、59架次，运送人员635人、设备物资547吨，完成了各项任务。

2008年7月，齐焕清被国资委授予“2008年抗震救灾先进个人”称号，被民航局授予“全国民航抗震救灾先进个人”称号；10月7日，被中共中央、国务院、中央军委授予“全国抗震救灾模范”荣誉称号。

杨永钦

1964年7月出生，河南民权人。中共党员，硕士研究生学历。中国石化中原油田普光分公司应急救援中心副主任。

5月13日晚，连续工作了4个多月，回到河南濮阳家里休假还不到10个小时的杨永钦，接到中国石化、四川省安监局发去的赶赴绵竹市汉旺镇抗震救险的紧急命令，立刻通过电话安排部署成立抗震救灾救援队事宜，随即连夜启程，与赶往灾区的队伍会合，于14日9时到达汉旺镇。

杨永钦一到现场就奔向当地抗震救灾指挥部请战，主动承担了汉旺镇中心幼儿园、中心医院、天池煤矿集团和煤矿家属院等人员密集区域的搜救任务。根据救援现场房屋倒塌情况和救援实际需要，杨永钦提出了“一察、二听、三喊、四测、五挖、六救”的救援步骤，总结出上挖法、下挖法、平掏法、支撑法等实战性很强的救援方法。运用这些方法，杨永钦带领救援队，完成了艰巨而危险的搜救任务。

5月14日中午，救援队在废墟中探测出有生命迹象，挖掘出一个救援通道后，发现幸存者被困在二层的楼梯口，两腿被两块水泥板死死夹在中间，头顶被一块木板压住，楼道两边的墙体已经垮塌。杨永钦带领救援队齐心协力，经过20多个小时的连续奋战，成功救出一名被埋69个小时的幸存者。15日下午，他带领队员经过几个小时的紧张救助，成功救出一对被困70多个小时的老年夫妻。

在救援过程中，杨永钦一直承受着体力和心理上的巨大考验，冒着余震不断的危险，顶着令人窒息的气味，带领队员们日夜奋战，在短短10天时间中，共搜救24个工作面，探测223个场点，探出幸存者18人并成功营救出6人，其余12人交给其他救援队组织营救。抢险救灾期间，杨永钦带领队员们搜寻遇难者遗体59具，清障41处，排除危楼9栋，防疫消毒492次。

2008年7月，杨永钦被国资委授予“2008年抗震救灾优秀党员”称号；10月7日，被中共中央、国务院、中央军委授予“全国抗震救灾模范”荣誉称号。

陈学云

1969年9月出生，四川青川人。中共党员，大专学历。国家电网四川省电力公司广元电业局青川供电局党支部书记、工会主席。

在汶川特大地震中，青川县为极重灾区，与外界通信、道路交通完全阻断，电力设施损毁，电力供应中断。陈学云在岳父、岳母和儿子被埋压的情况下，作为青川供电局唯一在家的领导，顾不上过多地考虑亲人的安危，迅速稳定自己的情绪，组织职工家属相互帮助、有序撤离灾害现场，寻找安全地点进行安置。由于组织有序，在此次地震中，青川供电局200多名员工中，只有2名员工受轻伤。

灾区群众安置点急需恢复供电，但青川供电设施基本损毁，无法通过电网供电，陈学云决定通过发电机应急供电。他组织人员架设线路，寻找应急发电设备器材。青川供电局存放发电机的仓库变形，大门无法打开。陈学云和职工一起，冒着余震和房屋垮塌的危险，用斧头将卷帘门砍出一个窟窿，抬出发电机，争分夺秒安装调试。5月12日20时许，青川县临时医疗救助点乔庄小学恢复照明，为医疗救援赢得了宝贵时间。

5月15日，陈学云岳父、岳母、儿子的遗体相继被找到。他忍住泪水，将对逝去亲人的悲痛化为坚强的力量，毅然投身于电力设施抢修和供电恢复工作中。

2008年6月，陈学云被中组部授予“抗震救灾优秀共产党员”称号；10月7日，被中共中央、国务院、中央军委授予“全国抗震救灾模范”荣誉称号。

程　洪

1958年10月出生，四川崇州人。中共党员，大学本科学历。中国华能太平驿水电有限责任公司党委书记、总经理。

5月12日下午，程洪正在太平驿水电厂主持安全生产现场办公会。14时28分，“轰隆”两声闷响，地动山摇，岷江两岸山体塌方，飞石滚滚而下，道路坍陷开裂，电力、通信和交通中断。强震过后，程洪立即让同事们快往楼下跑。他将几十名员工疏散到停车场等相对安全的地方，自己最后一个从楼上跑下来。

地震发生后，昔日熟悉的生产现场已面目全非。全厂220千伏、35千伏、10千伏的输电线路杆塔全部倒塌；电站尾水出口被山体滑坡埋压，岷江干流被截断50米，形成堰塞湖；地下厂房备用柴油发电机房和排风机室被滑坡山体砸毁埋没；国道213线由于山体滑坡造成塌陷、开裂。

程洪组织各部门和各班组迅速清点人数，查看是否有人员受伤，并立即组织现场各部门负责人开会，宣布成立临时抗震救灾指挥部，由他任指挥长，布置工作，统一分配食品、药品。由于分工明确，领导带头，不到半小时，临时防震棚搭建完毕，搜集了备用的防灾用品。

5月13日，天下小雨，余震不断，山体在不断垮塌。程洪决定组织两队分上下游前去探路，准备组织突围。他计划带领4名职工背上安全绳向上游大坝方向进发，了解大坝受损情况和14名员工受灾情况；另一队向下游映秀镇探明情况，但最终由于山体滑坡和泥石流而无法实行。14日晨，山体滑坡和泥石流将电站出水口埋压，阻断了岷江三分之二的河床，上游来水逐渐增加，情形越来越危险。程洪带4人再次向上游的大坝行进，了解大坝人员的情况。他们翻山越岭，经过艰难跋涉，终于到达电站上游的银杏乡兴文坪村，了解到上游的道路更加艰险，无法通行。

5月14日21时，由安全生产部主任带领的一队在映秀镇与中国华能四川公司派出的接应人员会合，用卫星电话报告了电站受灾情况。15日，情况更加紧急。程洪决定，他带领7名职工留在开关站，接应大坝撤离的员工。其余68人马上编组，备好水、食物、安全帽等物品撤离险境。16日下午，程洪和撤离大坝的人员会合，将生产现场房屋、设施设备、车辆做了全面检查清点和必要安全措施，移交给当地村民守护。

5月17日早晨，程洪带领13人撤离，下午抵达映秀镇。程洪立即向正在组织抢险的阿坝藏族羌族自治州州委书记汇报了太平驿电站受灾情况和大坝险情。太平驿电站地震中受困的102人，除1人死亡、3人失踪外，其余98人安全脱险。

2008年6月，程洪被人力资源社会保障部、国资委授予“中央企业抗震救灾英雄”称号；7月，被国资委授予“2008年抗震救灾优秀党员”称号；10月7日，被中共中央、国务院、中央军委授予“全国抗震救灾模范”荣誉称号。

宋吉发

1964年5月出生，四川江油人。中共党员。中国电信四川省长途通信传输局绵阳市平武分局南坝中继站光缆维护员。

汶川特大地震发生时，宋吉发正巡线检查至平通镇牛角垭村。一时间，民房倒塌，道路陷裂，附近的山石不断滑落。宋吉发看到山上的线路电杆不停剧烈摇晃，意识到地震一定毁坏了线路，自己既然在现场，必须就地了解线路毁损情况，向分局及时汇报以便组织抢修。于是，宋吉发立即骑上摩托车在震颤的路上前行，不时停下来巡查和标记线路受损情况。行进几公里后，山体还在滑坡，道路严重受阻，宋吉发只好弃车徒步上山查看。余震不断，不时有飞石崩落，但他仍冒着生命危险进行了4个多小时的巡查，详细了解线路毁损情况并及时报告分局，为通信抢修赢得了宝贵的时间。

5月13日早上，宋吉发返回平武县南坝镇，才得知女儿已经遇难、妻子下落不明。下午，宋吉发得知上级政府下令电信部门紧急抢通已经中断的通信线路。灾情就是命令，宋吉发强忍悲痛和担心，与抢险队员们跋山涉水奔赴障碍地点，担负起抢险队员兼向导的双重职责。16日，仍在救灾现场抢修光缆的宋吉发得知妻子遇难的消息，组织上安排他回家看望母亲和岳父母。途经北川境内，宋吉发发现一处抢通的线路又被山上的飞石击倒在地。他立即下车，不顾飞石危险，徒手攀上电杆，把光缆牢牢固定在电杆上。

到家看望亲人、安排好家中事务后，宋吉发当天便返回抗震救灾前线。看到身边那么多党员不顾疲劳和危险冲锋在前的感人事迹，宋吉发提出了入党请求。根据宋吉发在抗震救灾中的突出表现，5月22日，在甘溪乡抢修光缆现场，党组织批准他加入中国共产党。

2008年6月，宋吉发被人力资源社会保障部、国资委授予“中央企业抗震救灾英雄”称号；10月7日，被中共中央、国务院、中央军委授予“全国抗震救灾模范”荣誉称号。

胡 勇

1974年3月出生，四川合江人。中共党员，大学本科学历。中国联通四川泸州分公司叙永县维护中心主任。

汶川特大地震发生后，灾区通信中断，四川联通立即启动重大灾情紧急预案，抽调业务骨干赴重灾地区抢险。胡勇因熟悉微型地球站（VSAT）卫星通信设备，经验丰富，技术过硬，被紧急派往映秀镇抗震抢险。

5月14日，四川联通下达了空降映秀务必抢通通信的命令。18时，胡勇抵达成都，立刻投入设备准备和检验工作。15日13时30分，胡勇乘直升机抵达映秀。由于微型地球站（VSAT）卫星基站设备约有300公斤重，系统安装需要平坦坚实的地面做基础，灾后的映秀镇到处都是地震后的裂纹，找到一块符合基站安装条件的地面非常艰难，他和同事们只能抱着设备徒步前行；在选定位置后，立刻投入到设备安装和调试工作中。18时，映秀镇首次实现了与外界的通信。

一套微型地球站（VSAT）卫星通信系统可同时接通两部电话。电话开通后，他们把其中一部电话牵移到抗震指挥部，方便其救援调度；另外一部电话则免费提供给受灾群众使用。电话不仅恢复了映秀与外界的通信联系，同时也成为广大受灾群众向家人报平安的“爱心通道”。在映秀的几天里，胡勇连续工作，平均每天休息不到两个小时。

2008年7月，胡勇被国资委授予“2008年抗震救灾优秀党员”称号；10月7日，被中共中央、国务院、中央军委授予“全国抗震救灾模范”荣誉称号。

杨川平

1967年4月出生，上海人。大专学历。宝钢集团上海宝钢设备检修有限公司起重工。

5月21日20时，正在检修现场施工作业的杨川平接到宝钢抗震救灾指挥部关于组织赶赴都江堰灾区援建彩板房的紧急指令后，立刻安排好手头工作，于22日6时带上施工器具赶赴四川灾区。

杨川平一下车就投入工作，每天在现场工作15小时。由于工地缺少机械设备，他和同事们靠肩扛、手抬，把一根根上百公斤的槽钢摆放就位。经过三天三夜的连续奋战，他们完成了5000平方米的大棚基础制作，使翔凤桥灾区群众安置点初具规模。在奋力施工的同时，杨川平还自制了调运槽钢专用的起重吊具，加快了施工进度。

在完成都江堰临时住房的建设任务后，杨川平和同事们接受了劳动强度更大、工期要求更紧的制作防震板房基础以及彭州市隆丰镇安置房底座制作、吊车配合大棚建设等任务。基础架长达24米，吊运难度大，杨川平协调队员，想尽办法完成任务。在杨川平和同事们共同努力下，仅用半个月时间就出色地完成了3500平方米的基础、107幢联体板房基础的建设任务。

2008年7月，杨川平被国资委授予“2008年抗震救灾先进个人”称号；10月7日，被中共中央、国务院、中央军委授予“全国抗震救灾模范”荣誉称号。

陈　跃

1958年8月出生，上海人。中共党员，大专学历。东航工程技术公司上海定检部一车间党支部书记。

汶川特大地震发生后，为快速安全地运送灾区伤员，急需组建一支保障抗震救灾航班的机务突击队。陈跃主动请缨，担任了突击队的领队。

5月21日，突击队接到改装一架A300−600大型货机为“担架飞机”装运伤员的紧急任务。时间紧，任务重，为尽量减少飞行过程中的颠簸对伤员造成二次伤害，陈跃带领突击队员仔细分析飞机的结构特点，反复试验担架固定方案，仅仅10余个小时，拆除固定座椅、安装临时担架，将原有274个座椅的飞机机舱改装为能容纳61副担架的中国民航最大的“空中病房”。

5月25日11时45分，48名伤员陆续抵达成都机场准备登机。就在此时，突击队发现原先安装的担架固定装置与现场担架不匹配。陈跃立即带领大家启动应急预案，在短短40分钟内，更换了所有的担架固定装置。13时，飞机运载伤员顺利起飞。25—31日，陈跃带领突击队共飞行7天25段，运送伤员10班，空中飞行时间52.15小时，值勤时间102小时，飞行37698公里，运送伤员562人。

2008年7月，陈跃被国资委授予“2008年抗震救灾优秀党员”称号；10月7日，被中共中央、国务院、中央军委授予“全国抗震救灾模范”荣誉称号。

刘贵平

1965年10月出生，福建南平人。中共党员，硕士研究生学历。中国建材集团北新建材（集团）有限公司副总经理。

汶川特大地震发生后，中国建材集团决定向东方电气集团提供100套新型抗震房屋。刘贵平主动请缨，于5月15日带领救灾先遣组赶赴地震重灾地区绵竹市汉旺镇，考察当地受灾情况，为搭建快装房做准备。

5月18日，汉旺镇100套板房开始安装。此时，国资委要求中国建材集团再为东方电气集团援建500套快装房，以安置东方电气集团员工及员工家属。刘贵平率领救灾先遣组由汉旺转至德阳，进行房屋安装前的准备工作。21日，完成生产的房屋构件开始运往灾区。6月1日，援建东方电气集团的500套房屋开始施工。当时刘贵平患有急性肠胃炎，但他强忍疼痛，坚持工作，同时对汉旺项目进行技术指导。在他的领导下，汉旺镇100套房屋项目提前5天完成，德阳500套板房项目也于12日顺利完工。

6月24日，刘贵平再次率队前往都江堰灾区，组织实施中国建材集团援建中国水电集团第十工程局建筑面积达1万平方米的职工医院项目。此时，都江堰地区正值雨季，余震不断，选建地点土地平整难度很大，施工条件十分恶劣。11月12日，经过刘贵平和同事们的努力，水电十局医院项目正式竣工并投入运营，成为四川省地震援建项目中最早竣工并恢复营运的医疗卫生服务项目之一。该项目采用轻钢结构体系，质量可靠，经鉴定，可作为永久性建筑。

2008年7月，刘贵平被国资委授予“2008年抗震救灾优秀党员”称号；10月7日，被中共中央、国务院、中央军委授予“全国抗震救灾模范”荣誉称号。

蒲明忠

苗族，1958年8月出生，重庆人。中共党员，大学本科学历。中国航油集团中国航油有限责任公司西南公司副总经理。

汶川特大地震发生后，蒲明忠担任公司抗震救灾指挥部副指挥长、绵阳分指挥部指挥长。

5月21日，进驻绵阳机场的41架军用直升机正式开始对北川、平武、安县等重灾地区执行抗震救灾任务。绵阳供应站4台加油车和8名加油员准时进入机群所在停机坪。蒲明忠坐镇指挥，组织全站人员全力做好抢险救灾航空用油供应，有力地保障了川北空中救援“生命线”的畅通。他与大家一道坚守工作岗位，每天工作16个小时以上。由于长时间紧张工作，他曾一度晕倒在工作岗位上。同事们劝他休息，他却说：“我能挺得住，不影响。加油！”

5月23日，唐家山堰塞湖抢险任务极为紧迫，蒲明忠组织抢险队自带食品、饮用水、药品、工具等前往地震极重灾区北川羌族自治县擂鼓镇，连续10天现场指挥抢险，一直坚守在岗位上，保障了唐家山堰塞湖泄流工程直升机的供油任务。

5月25日，青川县发生6.4级余震。当地震强烈的冲击波袭来时，蒲明忠及时组织大家就地避险，自己却冒着危险坚持工作。

2008年7月，蒲明忠被国资委授予“2008年抗震救灾优秀党员”称号；被民航局授予“全国民航抗震救灾先进个人”称号；10月7日，被中共中央、国务院、中央军委授予“全国抗震救灾模范”荣誉称号。

郑声安

1962年12月出生，安徽安庆人。中共党员，博士研究生学历。水电顾问集团成都勘测设计研究院院长。

岷江流域和涪江流域的许多大中型水电工程基本上都由成都勘测设计研究院设计。汶川特大地震发生后，面对水电工程的安危和可能发生的次生灾害，郑声安及时主动地开展岷江上游电站工程勘察排险工作。

5月12日晚至13日，郑声安先后组织成都勘测设计研究院专家和技术人员前往紫坪铺水库等现场调查震损情况，及时提交紫坪铺水库大坝位移检测分析报告，为抗震救灾指挥部做出正确决策提供了科学依据。在得到有关部门提供的震后航拍图片后，他立即组织人员进行分析，在短短一周时间内，就完成了岷江、涪江流域水电工程短期内是否存在溃坝危险的风险评估；随后，组建3个专家组，对受损电站接受雨季考验以及开展灾后恢复生产和修复工作进行调查和研究，并于6月15日提出了恢复生产、修复工程的具体安排。

为保证唐家山堰塞湖下游人民群众的生命财产安全，郑声安主动参与了唐家山堰塞湖排险，3次登顶唐家山堰塞体，主持研究并提出可行的排险方案，确保了下游人民群众安全。郑声安还组织全院技术专家承担了对唐家湾、一把刀、小岗剑、老鹰岩、罐子铺、肖家桥、孙家院子、老屋基等12个堰塞湖处理方案的研究和设计工作，并对每个堰塞湖都提出了二三个处理方案，成为灾区技术抗震的重要生力军。

2008年7月，郑声安被国资委授予“2008年抗震救灾先进个人”称号；10月7日，被中共中央、国务院、中央军委授予“全国抗震救灾模范”荣誉称号。

公安系统抗震救灾模范

李大军

1972年1月出生，四川开江人。中共党员，大学本科学历。四川省公安消防总队副参谋长。

汶川特大地震发生后，震中汶川道路和通信中断，成为“孤岛”。公安部抗震救灾前线指挥部决定向映秀方向派出侦察突击队。危难时刻，李大军主动请命。5月13日7时，李大军带领3人侦察突击队向震中开进。在观察道路、雨情、水势后，李大军决定首先乘冲锋舟从紫坪铺水库大坝下水，沿岷江逆流而上，再徒步前往汶川。11时，冲锋舟行驶两个小时后到达水库与岷江连接处，由于水流湍急，不时有大块落石从山上滚下，冲锋舟行驶困难。继续行驶到阿坝铝厂附近时，冲锋舟的一只螺旋桨突然被暗礁撞断，熄火后在急流中团团打转。李大军当机立断，弃船上岸徒步前进。此时，暴雨不断，道路泥泞不堪，一脚踩下去淤泥就陷到了膝盖；余震中不断有飞石滚下，稍有不慎就可能跌落深谷，他们不得不手脚并用。18时30分，经过近11个小时的艰难跋涉，李大军带领队员们终于到达汶川县映秀镇。他们探出的这条道路，成为通往震中的第一条“生命线”，后续救援大部队不少就是沿着这条道路进入映秀的。

进入映秀后，他们立即展开侦查。李大军了解到，原来1.2万余人的小镇，地震中只有2300多人生还，其中1000余人伤势严重，还有许多人被废墟埋压，急需救援。情况紧急，需要立即向上级报告。5月14日早晨，一架直升机抵达映秀，李大军随机返回都江堰，向公安部抗震救灾前线指挥部做了详细汇报，随后震中映秀的灾情报告送达国务院抗震救灾总指挥部四川前方指挥部。13时，40个小时没有睡觉、进食的李大军又带领28名特勤队员和9吨左右的专业救援器材乘直升机飞往映秀，所带队伍成为进入映秀的第一支专业救援队伍。

5月15日，来自全国消防部队增援的900多名消防特勤官兵与各方救援力量相继赶到映秀开展救援，李大军主动承担起协调、联络和后勤保障等任务，直到22日下午救援行动结束才最后撤离。至22日，李大军和消防特勤队员共从废墟中营救出41人，其中包括被称为“生命奇迹”、被埋压179个小时的生还者马元江；还挖出遇难者遗体353具。

2008年10月7日，李大军被中共中央、国务院、中央军委授予“全国抗震救灾模范”荣誉称号。

肖　和

1974年11月出生，四川合江人。中共党员，大学本科学历。四川省公安消防总队成都市支队七中队班长。

汶川特大地震发生后，肖和驾驶移动照明车火速奔赴都江堰，负责救援现场照明工作。5月12日晚赶到都江堰市新建小学，当时现场一片漆黑，心急如焚的群众不停地哭喊。肖和仅用3分钟就架起了照明灯，让整个救援现场亮了起来。在确保照明车正常工作后，他立即冲进新建小学废墟中，和战友一起营救被埋压师生。一个小时后，一名夹在预制板之间的男孩被成功解救。

5月13日凌晨，暴雨如注，救援工作难度加剧。“叔叔，救我！”在斜倒的预制板和残楼的缝隙里，一名小女孩因寒冷、疼痛而瑟瑟发抖。肖和见状，立即脱下自己的抢险救援服，为她撑起一个小小的帐篷。怕小女孩“睡着”了，他一边搬运碎块一边不停地和她说话；怕伤着小女孩，肖和用双手小心地一点点抠，手被划出了一道道鲜红的血口子。就这样历时14个小时，肖和终于把女孩救出。在新建小学现场救援的三天两夜里，他没有合过眼，一直在废墟中搜救。

5月14日10时30分，肖和与战友们正在营救另一个小女孩时，突然听到耳边传来一个熟悉而又亲切的声音：“你辛苦了！”肖和抬头一看，是国务院总理温家宝。他赶紧将抱着的水泥块放下，握住总理的手激动地说：“为人民服务，这是我应该做的！”到17时40分，新建小学现场救援工作结束，肖和等17名消防官兵经过50多个小时的不懈努力，从废墟中救出45人，挖出遇难者遗体301具。

5月15日17时，肖和随队转战都江堰市观景路47号救援现场。一栋7层住宅楼地震后变成一堆4米多高的废墟，废墟下面埋着一位60多岁的老大妈。肖和与队员们经过近15个小时的艰苦努力，在废墟里刨出两米多深的救人通道，成功救出老大妈。来不及休息，他又与战友们一起转战米市坝、东伍街、水电十局家属区、华厦广场等救援现场，与战友一起共救出45人，挖掘清理出遇难者遗体269具。

抗震救灾中，从5月12—21日，肖和连续十天十夜奋战在救援现场，受到国务院总理温家宝的亲切接见。

2008年10月7日，肖和被中共中央、国务院、中央军委授予“全国抗震救灾模范”荣誉称号。

郭廷林

1986年3月出生，四川安岳人。共青团员。四川省公安消防总队广元市支队直属中队战士。

5月13日17时，郭廷林作为抗震救灾突击队的一员，紧急奔赴青川灾区。23时，抵达受灾严重的青川县木鱼镇，郭廷林来不及休整立即投入木鱼中学救援。14日凌晨，在木鱼中学教学楼梯口，郭廷林听到微弱的呼救声。他立即调来吊车对现场的水泥预制板、横梁等大型建筑构件进行清理。为避免对被困人员造成二次伤害，郭廷林使用破拆器材对废墟进行挖掘，3时58分，终于看到被困学生马地彰。马地彰整个身体被一条塌落的横梁压住，情况危急。在起重设备将横梁移开后，又发生3次余震，导致已严重损毁的楼房不时掉下坠落物，但郭廷林不顾危险，继续挖掘。5时16分，郭廷林成功将马地彰安全救出。这是救援队抵达现场后营救出的第一名被埋压人员。在现场三天三夜的连续奋战中，郭廷林与战友们协同配合，营救出被困人员36名。

5月17日17时，青川县凯歌肉联厂冷库大型液氨储藏罐发生严重泄漏，郭廷林和战友紧急赶到事故现场处置。他主动请缨，与排长华士强、班长许伟组成侦察小组，先后两次深入现场侦察堵漏，在短短30分钟内将泄漏点堵住，防止事故扩大蔓延，保护了周边群众的生命安全，而郭廷林的双手却因严重冻伤而溃烂。

5月19日，郭廷林随救援突击队奔赴青川县农村信用联社各乡镇营业网点抢救金库现金。在黄坪乡信用社现场，建筑物摇摇欲坠，郭廷林和战友不顾生命危险深入建筑内部，他们用无齿锯切割破拆，打通通道进入金库。在保险柜即将打开的一刹那，5.1级强余震袭来，整个建筑剧烈晃动，他们迅速将金库现金抢救出来。在全县信用联社营业网点，郭廷林和战友共抢救出现金1550余万元、账簿万余册。

在青川，郭廷林连续64个小时奋力抢险，3次晕倒在战斗一线。他坚持不下火线，和战友一道共营救被困人员36名，挖掘清理出遇难者遗体50具，因表现突出，在火线荣立一等功，受到国务院总理温家宝的亲切接见。

2008年7月，郭廷林被公安部授予“抗震救灾尖兵”称号；10月7日，被中共中央、国务院、中央军委授予“全国抗震救灾模范”荣誉称号。

荆利杰

1989年12月出生，河南焦作人。中共预备党员。四川省公安消防总队德阳市支队绵竹市中队战士。

汶川特大地震发生不到半小时，入伍仅5个多月的荆利杰，就随中队赶往绵竹市武都教育中心救援，连续19个小时在废墟中抢救被困群众，没有一刻停息，太累了就蹲在地上、跪在地上刨救，全身多处被尖利的钢筋、碎石、残砖擦伤。他始终坚信，“时间就是生命，多干会儿就能多救一个人”。

5月13日9时30分，近一天滴水未进的荆利杰顺着一个房梁折断后拱成的小洞，爬进废墟救人。由于空间有限，消防特勤器材不能使用，荆利杰就凭一把钢锯锯出一条通道。就在锯最后一根椅子腿时，突然发生强余震，武都教育中心半坍塌的教学楼剧烈晃动，局部发生二次坍塌。当听到洞口外指挥部下达“快撤”命令后，荆利杰全然不顾，继续向洞里爬。战友们发现了这个“不服从命令”的新兵，冲上去拽住荆利杰的双腿，把他硬生生拉了出来，强行架离现场。想到马上就可以救出这名被困女学生了，荆利杰哭着哀求战友：“求求你们让我进去吧，马上就可以把她救出来了，我还可以再救一个……”见此情景，所有人都哭了。余震刚过，荆利杰再次冲进废墟，和战友邓坚一道救出那个小女孩。在一线连续60多个小时的救援中，荆利杰与战友们一道，从废墟中救出幸存者50余人，挖掘清理出遇难者遗体300余具。

5月14日，一篇题为《消防战士跪地而泣：求求你们让我再去救一个》的报道发布后，立即引起了社会各界的广泛关注。一时间，从中央到地方的各大报纸、电视媒体蜂拥而至，多方查找、采访荆利杰，人民网、凤凰网、京华网，搜狐、网易、腾讯等各大网站也竞相报道。《那一刻河南兵感动中国》《跪哭要求再多救一人的消防战士找到——焦作籍战士》《让我再多救一个人》《废墟上那个长跪不起的落泪男儿》等文章相继出现在各大媒体上。

2008年7月，荆利杰被公安部授予“抗震救灾尖兵”称号；10月7日，被中共中央、国务院、中央军委授予“全国抗震救灾模范”荣誉称号。

唐明尧

1963年9月出生，四川广汉人。中共党员，大学本科学历。德阳市公安局巡特警支队支队长。

汶川特大地震发生的当日下午，灾区通信中断。在德阳市公安局抗震救灾指挥部的统一领导下，唐明尧带领特警队员奔赴极重灾区绵竹市、什邡市，在废墟中争分夺秒，连续奋战48小时，没有担架就用肩背、用手抬，抢救受伤群众400余名，抬运遇难者遗体1700多具。同时，唐明尧安排警力紧急赶往德阳市区各大医院，维护医院救护秩序、抬运救护伤员，为伤员疏通“绿色通道”。两天两夜，虽然熬红了双眼，嗓音沙哑，精疲力竭，但他毅然坚守岗位，继续带队全力参与救灾。

地震发生后，为保护群众安全，做好灾区群众转移工作，唐明尧冒着生命危险，带领队员夜以继日地将5000余名受灾群众转移到安全地带。灾区治安防范薄弱，维持稳定的任务异常繁重。他安排队员在医院、油库、指挥部、赈灾援助物资调度中心等重要部位开展24小时巡逻守护，确保绝对安全。针对灾区一度出现“杀人、抢人”“断粮、断水”等谣言，唐明尧带队做好群众安抚和思想疏导工作，宣讲法律法规和自救、互救、减灾等知识，消除了群众恐慌心理和紧张情绪。他还派出队员以案件高发区、受灾群众帐篷区为重点区域，24小时不间断巡逻防控，通宵达旦地维护救灾“生命通道”，确保救灾人员、设备、赈灾物资能顺利进入，伤员能及时送出，群众有序疏散。他认真细致地做好人员、装备、后勤保障等各项工作，并确保20余次警卫保卫任务安全有序、万无一失。

在余震不断、家人最需要照顾的60余天里，唐明尧坚守在救灾一线，高强度、超负荷的工作和恶劣的环境，让这位40多岁的铮铮汉子面黑肌瘦，看上去苍老了许多。在抗震救灾中，唐明尧85岁的老母亲生病住院急需照顾。面对“忠孝不能两全”的两难抉择，他含泪毅然坚守在抗震救灾的岗位上。

2008年10月7日，唐明尧被中共中央、国务院、中央军委授予“全国抗震救灾模范”荣誉称号。

樊坤明

1976年6月出生，四川苍溪人。中共预备党员，大专学历。广元市公安局巡特警支队一大队二中队中队长。

汶川特大地震发生后，正在轮休的樊坤明立即回家换装准备归队。当他匆忙换好警服准备下楼时，突然看见邻居家年近七旬的老两口仍被困在家中。老汉双目失明、行动不便，老伴在旁边哀叹、呻吟。樊坤明冒着楼房垮塌的危险，背起盲人老汉，带着他老伴就往楼下跑，将老两口送到安全地带安顿好。

安顿好两位老人后，樊坤明顾不上寻找妻儿，迅速赶回支队，带领民警沿亲水广场、嘉陵广场、滨河路沿线巡逻防控，通过车载广播向市民及时宣传中央及地方党委和政府抗震救灾的措施和最新灾情，稳定受灾群众情绪，为受灾群众提供力所能及的帮助，并严密控制街面秩序，保护群众的人身、财产安全。他通宵达旦地工作，将饥饿、疲劳置之脑后。

5月13日中午，支队组织人员赴极重灾区青川县抗震救灾，樊坤明主动请缨。到达青川县竹园镇后，他和同事到新竹加油站维护秩序，确保了百余辆到青川县的紧急救援车队顺利加油。16日，他和指挥部其他民警一道，冒着余震不断、山体随时可能滑坡的危险，顶烈日、战高温，在通往青川县城的酒家垭路段巡逻执勤、疏导交通，确保了该路段的畅通，直到17日3时才返回指挥部。

按照指挥部的统一部署，樊坤明带领民警参加城区巡逻防控工作，全力维护城区的社会治安秩序。他带领民警徒步巡逻，深入群众搭建帐篷的区域，排查安全隐患，严防次生灾害发生；及时宣传最新信息，消除谣言，增强了人民群众的安全感；积极出警，及时排忧解难，调解纠纷，为过往人员带路指路。在他当班期间，提供救助10余次，指路带路20余次，调解各类纠纷10余起，找回走失儿童1人。

6月20日，樊坤明随广元市公安局“援青工作队”赶赴青川县公安局，主动要求到最偏远的房石派出所工作。8月4日，他与派出所民警到辖区曲河乡走访中，一举抓获被通缉的犯罪嫌疑人柳某。在支援青川的半年期间，樊坤明与派出所民警并肩战斗，调解纠纷60多起，抓获各类违法犯罪嫌疑人7人。

2008年10月7日，樊坤明被中共中央、国务院、中央军委授予“全国抗震救灾模范”荣誉称号。

王毓弟

1952年10月出生，甘肃皋兰人。中共党员，大学本科学历。兰州市公安局副局长。

5月25日，王毓弟接到公安部急调兰州特警支队赴川执行任务的命令后，强忍刚刚失去父亲的悲痛，不顾自己身患高血压、心脏病、血管硬化等疾病，主动请缨，担任兰州市公安局赴四川前线指挥部临时党委书记、总指挥，带领112名特警千里驰援灾区。

6月4日17时，王毓弟带领特警支队抵达绵竹市汉旺镇，顾不上休息，立即接受指令，组织警力投入战斗。他精心组织，扎实工作，对紧急转移到临时安置点的汉旺镇青龙村、牛鼻村1000余名村民，耐心细致地安抚、疏导，帮助年老体弱、行动不便的灾区群众搬运行李，悉心安排灾区群众生活，有效保障了灾区群众帐篷搭建和安置工作的顺利进行。

6月12日13时8分，汉旺镇绵远河上游堰塞湖泄洪引发洪水，冲毁河堤，严重威胁灾区群众安全。王毓弟立即通报当地党委政府和公安机关，并带领全体特警赶到现场，疏散转移群众、搬运物品。他带头苦干，直至最后一名群众安全撤离后才离开危险地带。险情排除后，王毓弟组织队员对受灾群众进行耐心细致的解释抚慰，消除其恐慌心理。由于行动及时，1400余名群众和150余台车辆被疏散。赴川期间，王毓弟组织带领特警7次紧急转移受洪水、泥石流威胁的群众共7062人次，服务群众几千次。

王毓弟精心选点，科学布警，昼夜封控，确保了重灾封控区财物的安全。他根据群众愿望，协调当地公安机关，分期分批组织668户、2797人次进入封闭管理区回家搬运财物；在重点路口设立7个卡口盘查点，组织流动报警车全天候巡控，设立15个警民联系点，组建6支治安联防巡逻队，编织了严密的治安防控网络。6月18日，他周密部署，果断指挥，一举抓获两名持枪匪徒，缴获手枪1支，消除了重大治安隐患。抗震救灾期间，兰州特警共抓获违法犯罪嫌疑人45名，破案23起，查获赃款赃物47万元。

王毓弟重视队伍管理，以高度的责任心，抓好队伍组建、物资筹措及队伍安全等工作，主持研究制定了《兰州赴川特警工作“十不准”》等14项规章制度，开展争创“双满意”竞赛活动。他经常深入民警帐篷和执勤点，与队员们促膝谈心，从饮食、作息、卫生、防疫等方面入手，强化管理，使队伍始终保持良好的精神状态，确保各项任务的完成。

2008年10月7日，王毓弟被中共中央、国务院、中央军委授予“全国抗震救灾模范”荣誉称号。

胡定华

1979年11月出生，重庆梁平人。中共党员，大专学历。重庆市公安消防总队特勤支队第一中队班长。

5月13日凌晨，胡定华与战友们抵达遭受严重损毁的北川中学，立即展开救援。由于救援难度大，先后有3支救援队伍对一位已被埋压11个小时的女学生施救，但均未成功。胡定华经过侦查发现，女生骨盆以下部位被垮塌的大梁死死压住，动弹不得，上方悬吊的预制板、钢筋摇摇欲坠，严重威胁着女生和营救人员的生命安全。危急时刻，胡定华带着队友用铁钎、腰斧一点一点地将压在女生骨盆四周的水泥敲碎，慢慢扩大救援空间。突然，一次强余震袭来，将废墟震得哗哗作响，胡定华迅速与战友用扩张器顶起大梁，用双手掏空女生周围的砖块和泥土，将她成功营救出来。

救出这名女孩后，胡定华突然听到狭小的废墟中又传出微弱的呼救声，发现废墟中还埋压着两名学生，其中一名男生被铁钉紧紧钉住，丝毫不能动弹。胡定华立即用剪切钳剪断铁钉，慢慢将这名男生营救出来。另一名男生的双脚被课桌紧紧卡住，已处于昏迷状态。由于埋压较深，作业空间狭小，大型救援工具无法使用，胡定华和队友轮番上阵，用腰斧和剪切钳将课桌、钢筋逐一剪断，终于将这名男生救出。

5月13日晚，在营救北川中学学生张思琪时，胡定华冒险钻进通道，抱住张思琪，废墟上面的4名战友合力往上拉。余震突然发生，碎石、砖块像雨点一样砸落在胡定华身上，大家赶紧扒开废墟，把胡定华从通道里刨出来。余震过后，胡定华不顾伤痛和危险，又爬进通道，向张思琪伸出双手。张思琪噙着泪说：“叔叔，太危险，别管我了，去救我的同学媛媛和小雯吧，她们伤得比我重。”胡定华坚定地说：“我们都要救，一个都不会放弃！”他让战友抓紧自己的双脚，头手朝下进入通道，紧紧抓住张思琪的双腋，一点一点向上拉，张思琪终于被救出。当天夜里，张思琪的同学媛媛和小雯等学生也被解救出来。

地震中，胡定华在梁平家乡的房屋被震塌，亲人生死未卜，但他舍小家顾大家，义无反顾地投入到北川的救援中，与战友一道，从废墟中救出17人，疏散群众790人。

2008年7月，胡定华被公安部授予“抗震救灾尖兵”称号；10月7日，被中共中央、国务院、中央军委授予“全国抗震救灾模范”荣誉称号。

刘俊祥

1974年12月出生，河北河间人。中共党员，大专学历。天津市公安消防总队河东支队特勤一队副队长。

汶川特大地震发生后，刘俊祥随天津市公安消防总队抗震救灾救援大队前往安县灾区参加抗震救灾。

5月18日上午，救援大队接到求援，安县桑枣镇老鹰岩大竹九村采石场因地震发生山体滑坡，有15枚雷管和25公斤炸药散落在滑坡山体中，有爆炸危险。刘俊祥接到任务后，带领队员翻山越岭，经过一个多小时的攀爬到达山顶，发现雷管和炸药掉落在悬崖下半山腰处。战友们都争着下去，刘俊祥说："你们都别争了，我是队长，比你们有经验，我下去！"队员们将救援绳拴在树上，刘俊祥顺着绳子下崖寻找。搜寻过程中，石块和泥沙不断在他头顶滚落，稍一分神，就可能坠落悬崖。经过细致搜寻，刘俊祥终于在距悬崖下180米处发现了散落的雷管、炸药，小心翼翼地将雷管和炸药收集起来，再转移到安全地方，排除了重大隐患。

5月20日，救援队进入桑枣镇松林村救灾，发现该村小学被地震完全毁坏，学校的桌椅和学生的书本被埋在废墟下。刘俊祥和战友们冒着断壁残垣随时可能倒塌的危险，寻找被困人员，挖出书包等学习用具，并以最快的速度搭建起7个帐篷教室，在废墟旁建起一所帐篷"希望小学"。

飞鸣禅院寺庙藏有上千册保存400多年的珍贵经书，地震使庙宇及各种文物严重受损。5月22日，刘俊祥带领5名队员，冒着寺庙残垣颓壁随时可能倒塌的危险，10余次进入藏经殿，抢救出散落的经书700余册。

2008年7月，刘俊祥被公安部授予"全国公安系统抗震救灾先进个人"称号；10月7日，被中共中央、国务院、中央军委授予"全国抗震救灾模范"荣誉称号。

梁俊文

1954年5月出生，山西定襄人。中共党员，大专学历。太原市公安局特警支队支队长。

5月25日，接到公安部赴川抗震救灾命令后，梁俊文带领200名特警队员，星夜兼程奔赴灾区。

地震后的都江堰灾区楼房倾颓，道路开裂，断壁残垣，满目疮痍，受灾群众挤住在闷热潮湿的帐篷里。危难时刻，有些犯罪分子丧心病狂地偷抢灾区群众拼着命从废墟中抢救出的一点点财物，还有些犯罪分子冒充搬家公司将整座楼房的财产洗劫一空。面对灾后严峻的治安形势、复杂的工作环境和恶劣的气候条件，梁俊文始终与特警队员们一道，奋战在应急救援、维稳处置、治安防范、疏堵保畅的第一线。

都江堰市气候恶劣，有时大雨夹杂着狂风与冰雹，铺天盖地而至，让人猝不及防；有时细雨连绵十几天，潮湿阴冷。巡逻时，梁俊文发现一处安置点的简易帐篷全被雨水浸透，地面积水达5厘米，帐篷里成了“水帘洞”，百余名灾区群众难以入眠，就带着队员帮助整修临时安置点。他不顾自己腿上有伤，推着几百公斤重的运砖车在泥泞的小路上往返，铺砖加高地面。一名队员含泪说：“一天晚上，我无意间看到梁支队全身都贴满了膏药。他疼得厉害呀，但却从来都不跟大家说，帮助老百姓干起活来，他比谁都卖力。”

在酷热难当、饮用水严重短缺的情况下，他和队员商量，把山西老乡送去的西瓜和解暑品，全部送到当地医护人员和灾区群众手中。在给养有限、后方补给定量供应的情况下，他与全体队员一道，一份饭俩人吃，把省出来的饭送给执勤点附近的灾区群众，一送就是半个月。队员们眼见他一天天消瘦，原以为只是营养跟不上的缘故。后来，大家从队医那里知道了真正的原因。原来，他患有严重的胰腺炎，手术后不久便领命赴四川，不到一个月的时间，就瘦了近15公斤。

7月10日9时50分，一场余震袭来，都江堰市建设路运输公司一座6层高的危楼部分墙体突然坍塌，大楼周围瞬间烟雾弥漫，梁俊文立刻带领几名队员冲进烟尘滚滚的现场进行搜救。几分钟后，他怀抱着一个孩子，用自己的帽子掩着孩子的口鼻跑了出来。

赴四川工作的55个日日夜夜，危急关头，他冲在最前面；在席地而卧的露宿营地，他每天总是第一个起床，最后一个休息，半夜起来为队员们盖被子、打蚊子。他带领200名特警队员，共查获各类案件52起，抓获违法犯罪嫌疑人150名，查获毒品1151克；排除险情，救助病人，搭建帐篷，搬运物资，推拉车辆，捐款捐物价值6万余元。

抗震救灾期间，梁俊文提出了“工作跟着党旗走，服务跟着群众走，爱心跟着黄袖标走”的黄袖标宣言和“只要百姓需要的，就是我们要做的”“留下汗水和泪水，带走世界观和心灵的洗礼；留下工作和奉献，带走凝聚力和战斗力”的行动口号。

2008年10月7日，梁俊文被中共中央、国务院、中央军委授予“全国抗震救灾模范”荣誉称号。

刘 杰

1985年7月出生，四川广元人。中共党员。内蒙古自治区公安消防总队包头市支队四中队班长。

5月14日上午，包头市公安消防支队接到赴四川抗震救灾命令，刘杰立即递交了请战书。当日下午，刘杰突然得到爷爷和弟弟在地震中遇难的噩耗，他无比悲痛，更加渴望赶回家乡营救被困群众。15日上午，刘杰与160余名内蒙古消防官兵跋山涉水，到达平武县南坝镇。

南坝镇的道路被阻，通信中断，刘杰和8名四川籍战友组成“川籍战士尖刀班”抢险救援。灾区群众告诉救援人员，南坝镇中心小学教学楼废墟下可能有幸存者。刘杰不顾教学楼摇摇欲坠、随时可能再次垮塌的危险，冲向危楼进行破拆和清理。其间，多次发生余震，大块砖石坠落，身体被多次砸中，但他毫不退缩，手上磨出了血泡，指甲抠烂了，仍继续挖掘。经过3个多小时的努力，刘杰和尖刀班战友们在厚厚的砖混结构墙体上打开一个缺口，将被困学生救了出来。

5月18日，一线指挥部临时党委批准刘杰火线入党。19日，刘杰与"尖刀班"成员紧急赶往石坎片区搜寻被困群众。刘杰和战友们爬过不断发生滑坡的山体，渡过随时有溃堤危险的文家坝堰塞湖，到达石坎片区。经过仔细搜寻，他们发现18名被困在半山腰的群众。夜幕即将来临，余震不断，刘杰和战友们带领群众紧急转移。转移过程中，他们来时的路已被堰塞湖淹没，要脱离困境只能从堰塞湖旁陡峭的山体上通过。被困群众已经极度疲惫，刘杰意识到不管有多大困难，必须在天黑前把群众带出这片危险区域。为加快行进速度，他冒着生命危险在前面探路。震后的山体土石松动，极易滑坡，他几次险些被滑落的土石冲走，但他毫无惧色，一边探路，一边用随身携带的安全绳制作成简易护栏，方便后面群众通过。经过艰苦努力，刘杰和战友们将被困群众安全护送到了南坝镇。

当了解到刘杰的家距南坝只有30多公里，翻过一座山就能见到家人时，救援队领导安排他回家探亲。他说："我在救别人，兄弟部队的战友也一定在救我的家人，救这里群众就是救我的家人。"

2008年7月，刘杰被公安部授予"抗震救灾尖兵"称号；10月7日，被中共中央、国务院、中央军委授予"全国抗震救灾模范"荣誉称号。

王大伟

1970年3月出生，辽宁法库人。中共党员，大学本科学历。辽宁省公安消防总队司令部战训处副处长。

5月13日12时，王大伟带领50名特勤官兵、10条搜救犬抵达绵阳，随后立即奔赴极重灾区北川羌族自治县。14时15分，王大伟和特勤官兵到达北川中学地震现场，立即开展抢险救援，经过10多个小时的奋力搜救，共救出1名学生，挖掘清理出8具遇难者遗体。

5月14日早晨，两名志愿者告诉王大伟，附近一个农贸市场有一个小女孩被埋压。王大伟迅速赶到被埋压地点，发现一处严重损毁的残垣断壁下埋压着一个二三岁大的小女孩，躬身护卫着女孩的父母已经死去。在与孩子目光相对的瞬间，女孩清澈的目光让王大伟的心再次揪了起来，他发誓"豁出命也要救出她"，可在地震中倒塌移动了四五米的墙壁，死死地压在小女孩的父母身上，女孩的腿脚又被其父母牢牢压住动弹不得，如果处理不慎就会导致墙壁坍塌。王大伟迅速与战友们商定施救方案，决定从小女孩妈妈遗体上方凿出一个凹槽，将遗体抬起把小女孩救出。方案确立后，救援工作立即展开。为了孩子的安全，救援官兵放弃使用大型器械，采用手锤挖凿。十几个救援队员轮番作业，分秒不停。一个半小时后，凹槽被砸开了，小女孩得救了。这个小女孩就是国务院总理温家宝为之让路、各大媒体争相报道的宋馨懿。

在灾区的八天八夜，王大伟带领救援队共搜救被困群众30人，挖掘清理遗体412具，疏散救助遇险群众1960人，在废墟中找回合同、账簿、档案等共计3万余份，组织为灾区捐款2万元。

2008年7月，王大伟被公安部授予“抗震救灾尖兵”称号；10月7日，被中共中央、国务院、中央军委授予“全国抗震救灾模范”荣誉称号。

王 旸

1979年9月出生，辽宁营口人。中共党员，大学本科学历。沈阳市公安局特警支队四大队一中队副中队长。

5月26日，按照公安部紧急调拨特警进入四川的指示，沈阳市公安局特警支队开始组织警力准备入川工作。当时，王旸的孩子刚出生两个月，由于早产孩子出生时只有1.7公斤，并伴有甲状腺发育不全，如不及时治疗可能会影响生长发育，而王旸的妻子患有乳腺炎高烧不退。支队领导劝说王旸留在沈阳，但他婉言谢绝了，坚决要求和战友们一起赴四川救援。他诚恳地对领导说：“作为副中队长，我一定要起到表率作用，不能只顾小家的利益，我要和大家一起到灾区帮助更多的灾区群众。”30日，王旸和战友一起踏上赴四川的征途。

到四川不久，妻子电话告知孩子正在医院治疗，王旸非常焦急和担心，但为了救援灾区群众，他没有向组织提出任何要求。领导了解到这一情况，安排王旸回家，但被他坚决拒绝了。

6月2日14时，王旸赶到极重灾区安县秀水镇，迅速投入到营地建设，搭建营区帐篷、分发物品……从14时一直工作到次日2时多。王旸主动要求到最艰苦的地方，组织决定派他带领两名民警到灾区群众最多的千佛镇灾区群众救助站，与当地公安机关配合，维护安置点内社会治安。千佛镇人员伤亡多，财产损失大，治安状况较差。王旸3人入驻后，每天与当地灾区群众沟通，解决他们的纠纷，组织救灾物资的领取。灾区群众休息后，王旸还要在周边巡逻，保护灾区群众安全。通过不懈努力，救助站没发生一起案件，没有发生哄抢救灾物资等情况。

6月6日，肖家桥堰塞湖泄洪。晓坝镇灾区群众安置点共有受灾群众2600余人，安置点距离泄洪的河道只有一公里，泄洪后水位猛涨，情况十分危急。王旸不顾个人安危，紧急疏散安置点内的群众，打电话请求支援。在转移群众时，几位老人不慎落水，王旸迅速跳入水中将落水群众救起。在泄洪过程中，共安全疏散群众1.5万余人，疏导车辆1600余辆，确保了群众的生命财产安全。

6月29日，王旸积极响应支队前线指挥部“结穷亲戚，帮扶灾区特困党员”的号召，与老党员黄成佑结成帮扶对子，为他捐款，每天还到他的帐篷帮他干活，给他送去常备药品；得知90多岁的孤寡老人余元珍地震中房屋倒塌，财产全部损失，立即为她买去大米、豆油、鸡蛋等生活必需品。

2008年10月7日，王旸被中共中央、国务院、中央军委授予“全国抗震救灾模范”荣誉称号。

邓立刚

1975年2月出生，黑龙江牡丹江人。中共党员，大学本科学历。黑龙江省公安消防总队司令部战训处处长。

汶川特大地震发生后，邓立刚主动请战，赴四川担任黑龙江省公安消防总队北川战区地震抢险救援队副总指挥兼突击队队长。

5月16日8时，突击队在北川倒塌的农贸市场实施救援时，发现楼内有生命迹象。邓立刚冒着建筑物再次坍塌的危险，率先冲进坍塌建筑内侦察和搜救。经反复勘察，队员们终于确定被困者被埋压在一层北侧墙角处几块断裂的水泥板下，现场钢筋水泥纵横交错，施救困难。“先将水泥板移开，再徒手救人！”邓立刚果断下令。为避免使用机械造成楼体坍塌，官兵们轮番上阵，小心翼翼地徒手清理覆盖在水泥楼板上的砖头瓦砾，然后再利用液压千斤顶、起重气垫将楼板慢慢顶起。救援过程中，一块被震落的厚重木板突然砸下，曾经腰部负过伤的邓立刚不顾自身安危，奋力将木板推开，使被困者免受二次重创。历经5小时的艰苦奋战，邓立刚与战友将一名被困96个小时、尚有生命体征的妇女救出。

5月17日7时，救援队在北川中学阶梯教室清理遇难者过程中，邓立刚带领官兵采取“两线作战、破障救灾”“整合力量、集中攻坚”“留有机动、应急救援”等多项针对性战术措施，奋战16个小时，清理出遇难者遗体25具。

在北川灾区8个昼夜的艰苦奋战中，邓立刚带领官兵转移受灾群众720多人，抢救被埋压人员1人，救助伤员16人，挖掘清理遗体183具，抢出粮食3600多公斤、生活用品价值15万余元，拆除危房18幢。

2008年7月，邓立刚被公安部授予“抗震救灾尖兵”“全国公安系统抗震救灾先进个人”称号；10月7日，被中共中央、国务院、中央军委授予“全国抗震救灾模范”荣誉称号。

刘亚民

1950年11月出生，黑龙江哈尔滨人。中共党员，大学本科学历。哈尔滨市公安局巡特警支队支队长。

5月14日2时，哈尔滨市公安局按照公安部和黑龙江省公安厅的紧急通知，迅速调集500名警力赴四川抢险救援。刘亚民主动请缨，坚决要求到四川一线去。考虑到他妻子身体不好，父母均已80多岁，他本人还患有严重的高血压，组织没有同意，但他坚定地表示：“我一定会完成任务！”14时30分，刘亚民带队出发赴四川开展抗震抢险救援工作。

抵达四川后，刘亚民了解到地处汶川县深山区的三江乡受灾严重，通信设施瘫痪，情况不明，至5月16日仍没有救援队伍抵达，便带领民警赶到水磨镇通往三江乡的入口处找到从里面出来人员，详细了解三江乡的状况，向总指挥部请求前往救援。为节约行进时间，刘亚民决定从哈尔滨特警队、消防支队、医疗救护队中各抽调10人成立突击队，由他带领，经过6个多小时的艰难跋涉进入三江乡。抵达后，他立即组织队员对128名受伤群众进行紧急救治，并将队伍分编成8个小组，分赴三江乡9个村庄抢险救援。他指挥救援队员从倒塌的房屋中把居民的衣被、粮食抢运出来，当天抢运出粮食6000公斤，极大地缓解了当地缺粮的情况。在麻柳村看到一名4个月大的女婴没有奶吃，刘亚民和民警立即将携带的牛奶全部捐献出来，连同面包等食物交到孩子母亲的手中，孩子母亲感动得说不出话来。

5月18日，哈尔滨市特警队奉命转战其他地区。他倡议队员临行前为灾区群众捐款捐物，并率先将自己兜里的1352元钱全部捐献出来。在他的带动下，140名队员将带来的18509.6元全部捐给了三江乡受灾群众。

在刘亚民的带领下，哈尔滨特警救援队伍转移群众1020名，救护救援伤员、病人和群众824人，救出遇险人员4名，挖掘出遇难者遗体2具，保卫守护重点目标3处，运送救援物资4000余公斤，参与巡逻600余人次，帮助群众抢出粮食和生活用品，捐赠帐篷24顶、睡袋210个，向灾区群众捐献大量救援工具和食物。

2008年6月，刘亚民被中组部授予“抗震救灾优秀共产党员”称号，被人力资源社会保障部、公安部授予“公安系统抗震救灾英雄”称号；7月，被全国总工会授予“全国五一劳动奖章”；10月7日，被中共中央、国务院、中央军委授予“全国抗震救灾模范”荣誉称号。

周庆阳

1979年7月出生，安徽长丰人。中共党员，大专学历。上海市公安消防总队特勤支队彭浦中队班长。

5月14日下午，周庆阳在汶川县映秀小学发现被埋在废墟下的小女孩李秋曼蜷缩侧卧在不足30厘米的空间内，在她上方是5层坍塌挤压变形的楼梯和巨大的横梁。周庆阳和战友立即展开救援，先后用无齿锯、液压剪扩器、手动冲击钻等救援设备，艰难地清除压在她身上的水泥板。当清除到第四层楼板时，发现一根倒塌的大梁死死压在孩子手臂上，稍微一碰，小女孩就疼得直哭。周庆阳和战友们用自己的肩膀撑起大梁，一寸一寸地抱着小女孩向洞口挪动。经过近5个小时的救援，李秋曼获救。

5月17日上午，周庆阳在映秀镇废墟中搜寻幸存者时，听到从一幢完全倒塌的6层招待所废墟里传出微弱的求救声。周庆阳找准方向，迅速利用风镐和液压剪清除钢筋混凝土，在废墟中挖掘营救通道。废墟下的承重梁阻断了通道，贸然前进势必会引起大面积塌方，先后打通的3条通道均被迫放弃。此时，被困者微弱的呼救声已经消失。指挥部果断决定，从被埋者北面开挖。由于废墟情况复杂，大型机械无法使用，周庆阳和战友们用千斤顶、撬杠、钢丝绳将压在被困者身上的楼板一块块砸碎，然后用手清理被困者周围的碎石。钢筋刺破了手臂，碎石划破了手指，周庆阳全然不觉，连续奋战10个小时，终于将被埋压124小时的蒋雨航救出。

地震发生160小时后，在国家电网映电总厂发现了幸存者马元江。马元江被深埋在10米以下的废墟中，压住他的楼板堆积交织在一起，实施救援作业的空间十分狭小，只能容一个人进出，打通救援通道极其危险。周庆阳不顾危险，拿起风镐、液压钳等救援设备，进入狭窄的操作空间，和战友们用盆、用桶、用双手接力向外运送瓦砾。就在一步步接近马元江时，一根硕大的横梁挡在了面前。周庆阳多次迂回打通近10米长的通道，终于看见并触摸到马元江。此时，余震发生了，石块落下来砸在身上，但周庆阳没有畏惧、退缩，紧紧握着马元江的手，与其他救援人员将被埋压179小时的马元江救出。

在抢险救援中，周庆阳在映秀镇连续奋战八天八夜，救出12名幸存者，配合战友救出11名幸存者、挖掘清理遇难者遗体300余具。

2008年7月，周庆阳被公安部授予“抗震救灾尖兵”称号；10月7日，被中共中央、国务院和中央军委授予“全国抗震救灾模范”称号。

马　兵

1979年10月出生，安徽含山人。中共党员，大学本科学历。江苏省公安消防总队南京市支队特勤大队一中队班长。

汶川特大地震发生后，马兵随地震救援队进入灾区。5月14日上午，马兵扛着35公斤重的救援器材，徒步跋涉10公里山路到达北川县城，迅速赶往已成一片废墟的曲山幼儿园救援。他利用携带的救援装备，在没有大型救援设备的情况下，带头深入废墟，肩扛、手扒，连续奋战6个多小时，从废墟中救出3名被困儿童。

5月14日17时，马兵所带领的搜救小分队对被深埋在废墟里一名叫周虹的妇女实施救援。经过现场勘测，马兵决定采取凿岩机一层一层往下破拆的方法实施救援。为防止发生二次坍塌，凿岩机每破拆一层，他都用手把碎石清理掉，用时13个小时才打通通道，把周虹救出来。在救援被废墟埋压的学生刘畅时，现场医生已经做好双腿截肢手术的准备。出于高度的责任感，马兵经过多次侦察，冒险进入通道，连续奋战12个小时，在刘畅的头部和双腿旁钻了3个直径约40厘米的洞，终于救出被困103小时的刘畅，并保全了他的双腿。

5月15日下午，在一处废墟内发现一名幸存者，马兵不顾连续作战的疲惫，用凿岩机打了一个直径约60厘米的洞，用手刨一条8米长的“生命通道”，接近被埋压的少年小雷。正当马兵用液压顶杆顶开障碍物时，余震发生，周围废墟摇动起来。为了稳定被困人员情绪，马兵鼓励小雷：“坚持住，我不会放弃，一定能把你救出去！”随后，马兵一次次通过狭窄黑暗的通道，清除挤压着小雷的桌椅杂物，历经9个小时，将小雷救出。

在北川奋战的14天里，冒着唐家山堰塞湖溃坝危险，马兵在废墟中抢救幸存群众17人，成为江苏救援大队的“救人状元”。

2008年7月，马兵被公安部授予“抗震救灾尖兵”称号；10月7日，被中共中央、国务院、中央军委授予“全国抗震救灾模范”荣誉称号。

程　本

1979年10月出生，安徽南陵人。中共党员，大专学历。浙江省公安消防总队杭州市支队特勤大队一中队班长。

5月14日下午，浙江省公安消防总队赴四川抗震救灾救援大队进入极重灾区绵竹市。当天20时，程本带领第一救援小组进入中国银行绵竹支行大楼废墟开展搜救。原本7层的大楼已变成一堆高约6米、占地500余平方米的废墟，勘察生命迹象相当困难。23时15分，搜救人员在废墟中发现一处直径约50厘米的空洞。程本带领救援人员用手斧和洋镐配合挖掘，艰难地打开了第一个救援通道。在废墟随时都有塌陷危险的情况下，程本只身三进三出，深入废墟内部找到了遇难者。15日零时35分，程本通过音频生命探测仪仔细搜索，又发现在大梁附近存在微弱的生命迹象。8时8分，程本和战友们经过7个半小时的艰难救援，救出一名被埋压65个小时的群众。

5月21日，程本随救援队深入汉旺镇东汽情报档案馆，承担抢救馆内大量珍贵资料的重任。由于遭地震破坏，7层档案馆的楼面已向后倾斜近1米，3楼以下楼梯全部被毁，承重大梁已有明显断缝，整幢大楼随时可能坍塌。16时，根据指挥部命令，程本和3名队员组成侦察小组，依靠人字梯，艰难进入各楼层进行探察，摸清了大楼的基本情况。22日6时15分，救援队再次进入档案馆。程本带领救援人员身背数十公斤重的绳索、切割机、液压剪等器材，通过登高车上到第五层，转移存放在五层和六层的核心资料。9时4分，第一袋资料被转移到地面安全地带。19时，救援队抢运出3万多卷重要文件和3台大型工程复印机。

2008年7月，程本被公安部授予“全国公安系统抗震救灾先进个人”称号；10月7日，被中共中央、国务院、中央军委授予“全国抗震救灾模范”荣誉称号。

俞　洋

1978年9月出生，浙江杭州人。中共党员，大学本科学历。杭州市公安局特警支队机动一大队二中队副中队长。

2008年初，俞洋正准备和未婚妻举行婚礼，由于南方地区突遭严重冰雪灾害，他参加抗雪救灾，推迟了婚礼。他和未婚妻商定在完成5月18日的奥运火炬传递杭州站安保工作后举行婚礼。汶川特大地震发生后，俞洋在接到奔赴灾区的命令后，立即打电话给未婚妻，再次将婚礼推迟。

5月13日凌晨，俞洋主动请缨，积极报名奔赴四川灾区参加紧急救援。19日，俞洋参加救援队，深入都江堰市虹口乡，为灾区群众运送生活物资。临行前，俞洋悄悄地将背包装了又装、东西塞了再塞，一心想为乡亲们送去更多的生活物资。待他背起沉甸甸的背包时才发现，沉重的物资压得他几乎直不起腰来了。队伍沿着海拔1000多米的崎岖山路前行，山路被地震破坏后更加陡峭难行。俞洋背负着沉重的物资汗流浃背，有时手脚并用向上攀爬。行进中，常常是前面的人刚刚爬过，石块从陡坡上噼啪落下；余震来袭，地动山摇土石俱下，大家只能扑倒在地。俞洋胳膊、腿上被划出一道道血痕，体力消耗巨大，但他深知这些物资是虹口乡亲们的“救命粮”，强忍伤痛和疲惫，奋勇前进。经过10个小时的艰难攀爬，救援队成功穿越16公里的崎岖山路，打通了通往虹口乡的“生命线”。当地老百姓看到他们后，奔走相告：“得救了，得救了，共产党万岁！”

在灾区汶川县水磨镇时，俞洋肩背手拉90余公斤重的救灾物资，长途跋涉48公里，将给养物资运送到灾区群众手中。他冒着余震不断的危险，从一间随时可能倒塌的危房中抢救出重达3吨的物资，并及时将38名受灾群众转移到安全地带。他还带领队员驾驶冲锋舟，在紫坪铺水库打捞遇难者遗体17具。

2008年7月，俞洋被公安部授予“全国公安系统抗震救灾先进个人”称号；10月7日，被中共中央、国务院、中央军委授予“全国抗震救灾模范”荣誉称号。

张朝宁

1959年6月出生，浙江奉化人。中共党员，大学本科学历。宁波市公安局特警支队支队长。

6月2日，在接到公安部第二次赴四川驰援灾区的指令后，张朝宁连夜召集支队干部研究制订赴川行动方案，部署做好人员调集和各类装备物资准备，集结200名警力乘坐12台车辆，行程3000余公里抵达绵竹灾区。出发前，张朝宁对特警队员说：“血浓于水，情重于山。我们能做的，就是为了让灾区人民能够在一个平安的环境里，尽早开始家园的重建，尽快告别废墟，走向重生！”

队伍一到驻地，张朝宁就与特警队员们深入辖区，积极探寻有效的警务工作机制，提出“宁波特警要争创当地公安机关、灾区群众‘双满意特警队’”的工作目标。“他每天冲在工作第一线，给了我们很大压力，也给了我们很大动力。”特警队员们这样评价张朝宁。在赴四川的宁波特警队员中，张朝宁年龄最大，并患有严重的高血压。刚到绵竹时他腹泻不止，血压一度升到临界点，他只是悄悄地吃药。民警们劝他好好休息几天，但他对大家说：“我这都是老毛病了，自己的身体自己清楚，自身事小，人民事大！”就这样，张朝宁始终战斗在第一线，每天坚持工作15个小时以上，晚上还要找队员谈心交流，巡视督察，准备工作计划。

张朝宁时刻把群众的安危冷暖挂在心上。6月16日，张朝宁得知西南镇春溢小学的500多名学生因为校舍严重毁损无法复课，便带领69名民警，在随时可能倒塌的教学楼里连续奋战3个昼夜，抢救出电脑、教科书等教学用品。校长含着热泪紧握住张朝宁的手说：“你们总有一天会离开，可一看到这些东西，我们就会想起你们的。”得知一位老人因没有棉被而冻感冒后，他捐出了自己的被子。短短一个多月时间，他个人捐款1.5万元。在他的带动下，宁波特警累计捐款捐物222.3万元，为灾区群众服务698次，发动后方捐款捐物共计173.8万元。

张朝宁在生活上处处关心同志，想方设法改善民警的住宿和伙食。每天5时不到，他就去菜市场或乡村给他那200人的队伍张罗一天的伙食；有队员过生日了，他会安排给队员送上蛋糕、鲜花和祝福。

张朝宁身体力行，带动宁波特警队员们以饱满的精神、高昂的斗志完成了各项任务。至7月25日队伍归建，他带领队员共出动警力7924人次，查破各类案件46起，抓获违法犯罪嫌疑人105名。

2008年10月7日，张朝宁被中共中央、国务院、中央军委授予“全国抗震救灾模范”荣誉称号。

朱东兵

1978年4月出生，安徽合肥人。中共党员，硕士研究生学历。合肥市公安局特警支队二大队中队长。

5月12日，刚刚忙完岳父丧事的朱东兵接到紧急通知，按照公安部、安徽省公安厅的统一部署，合肥市公安局将组织100名特警队员奔赴灾区抢险救灾。朱东兵立刻报名，深明大义的妻子表示了坚决支持：“你去吧，家里有我！”13日5时，朱东兵和战友们登上赴四川灾区的飞机。

他们的目的地是汶川县漩口镇，但通往镇里的国道213线早已被乱石和泥沙封死。朱东兵和战友们于5月15日12时30分从都江堰出发，奔赴漩口。他们每人身上都背负着40公斤左右的物资，那是为灾区人民准备的瓶装水、方便面、压缩饼干。知道当地早已断水断电，他们还扛了一台重达几十公斤的发电机。山路陡峭崎岖，身边不时有飞石滑落，随时有发生山体塌方的危险。行囊的背带在肩上勒出了深深的血痕，凭借着顽强的意志，在整整行进了12个小时之后，朱东兵和队友们终于在16日零时30分到达漩口镇。

5月16日，天刚蒙蒙亮，朱东兵带领一支抢险救灾突击队，赶赴漩口至都江堰的一段塌方路段，配合当地群众清理崩塌物、泥石流，疏通这条运输“生命线”。施工现场，头上是飞落的碎石，脚下是陡峭的悬崖。经过6个多小时的奋战，顶着巨大威胁，朱有兵和战友们完成了道路抢修任务。

5月18日，他们到水磨镇红福山村进行救援。朱东兵所在的小组徒步行进十几公里，走访近40户人家。他们安抚受灾群众，帮助抢挖生活物资。连日的艰苦作业，朱东兵一直高烧不退，受伤的双脚开始化脓，全身也长满疱疹。但是，他舍不得服用那些队友们好不容易才寻来的消炎药，因为有太多在地震中受伤的孩子需要这些药品。

了解到当地一所小学的很多孩子在地震中成了孤儿，作为大队团支部书记的朱东兵，立即向全体党员和团员民警发出捐款倡议，并带头捐出身上所有的钱。他说：“我一定要争当一名好战士，在国家和同胞危难之时，我应该尽其所能，因为我是一名人民警察。”

2008年10月7日，朱东兵被中共中央、国务院、中央军委授予“全国抗震救灾模范”荣誉称号。

王 斌

1971年3月出生，福建福州人。中共党员，大学本科学历。福建省公安消防总队福州市支队参谋长。

汶川特大地震发生后，王斌连夜召开会议，紧急部署调集人员和搜救、侦检、撑顶、破拆等救援器材设施，并向上级主动请战：“我对抢险救援工作比较熟悉，让我去。”上级批准了他的请求，并委任他为支队赴四川抗震救援队副总指挥，带领195名官兵，携带救援装备紧急奔赴灾区一线。

5月14日下午，经过十几个小时的急行军，王斌带领救援队抵达青川县竹园镇，此时离指定救援地点青川县城还有150多公里，前方道路大面积塌方，车辆无法通行。他下令全体队员徒步行进，克服一切困难尽快进入青川县城。前进路上，每过一处危险地带，他都带领突击队员在前面探路。在通过第三处山体滑坡时，头顶是百米高的峭壁，身旁百米之下就是滚滚江水，山路被乱石埋压，崎岖难行，稍不留神就可能坠落江中。面对险境，王斌一边提醒官兵小心，一边带领突击队在前开路。他的手、脚都被乱石划得伤痕累累、鲜血淋淋，但他全然不顾。经过艰苦努力，他组织官兵搭起了一道绳索扶栏，为队伍前进建起了一条安全通道。

5月15日3时许，王斌带领救援队官兵经过8个多小时的徒步行军，抵达青川县城。他们顾不上连夜奔波的疲劳，立即投入到抗震救灾的战斗中。他们在青川县宾和路汽修厂发现一名被困女工，全身被埋在小山似的建筑废墟中，隐约只能看到她的头发。倒塌的建筑构件杂乱交错，大型机械很容易伤到女工。王斌大喊一声：“大家跟我上，用手工挖，注意被困人员安全。”便迅速拿起工兵铲带头冲上去，一边喊话安慰受伤女工，一边对废墟构件进行固定，一步一步扩大营救通道。经过4个多小时的艰苦奋战，他和战友终于打开一条“生命通道”，将被困女工救出。

5月17日下午，王斌带领官兵在青川县城区搜索危房时，发现一处房屋墙体出现大面积裂缝，房主大妈惦记屋内生活用品，不顾危险冲进危房。突然余震发生，房屋墙体晃动，屋顶瓦片哗哗往下掉。危急关头，王斌不顾自身安危，一个箭步冲进屋内，用手护住大妈的头，快速将陷入极度恐慌中的大妈救出。在大妈和王斌离开危房的一刹那，危房倒塌了。事后，大妈握住王斌的手激动地说：“今天要是没有你们在，我这条老命就没了！”

5月19日，王斌带领救援队转战安县塔水镇。塔水镇第一小学教学楼严重受损，1429名师生虽然安全逃出，但同学们的书包、课本以及学校的教学用品还都在危楼内，学校无法开课。王斌立即带领60名救援突击队员赶到学校。他说：“不要盲目进楼，我先进去侦查一下。”便冒着生命危险进入楼内仔细察看。在详细了解楼内情况后，王斌带领官兵一次次进入废墟，历经4个小时，抢出全部书本和课桌椅。

在抗震救灾的8天时间里，王斌顶烈日冒高温，带领官兵救出被埋群众2名，转移群众600多名，搜寻挖掘出金银首饰和各类物资价值800多万元。

2008年7月，王斌被公安部授予"全国公安系统抗震救灾先进个人"称号；10月7日，被中共中央、国务院、中央军委授予"全国抗震救灾模范"荣誉称号；11月，被福建省委、省政府授予"福建省抗震救灾功臣"称号。

石　凯

1970年10月出生，江西九江人。中共党员，大专学历。江西省公安消防总队九江市支队副参谋长。

5月14日18时，接到挺进汶川的命令，石凯身背40公斤重的救援装备，带领40名救援人员组成"尖刀队"，冒着不时发生的强余震，逆岷江而上，在悬崖峭壁中一条不足40厘米宽的泥泞小路上行军突进，历经15个小时赶到汶川县映秀镇。他不顾饥渴疲劳，带领救援队立即投入到搜救工作中。

5月16日10时9分，石凯带领一组救援人员赶到映秀电厂家属区1号楼。一栋6层的宿舍楼仅剩下残缺不全的3层，呈60度倾斜，摇摇欲坠。职工董凤强已经被埋压90多个小时，亟待救援。经反复观察和分析研究，石凯决定从承重墙上开辟救人通道。残缺的楼层安全系数极低，层叠的断墙楼板时刻威胁着救援人员的生命，但石凯和队员们没有退缩。他们一边开挖救生通道，一边鼓励董凤强坚持下去。时间一分一秒地过去，危险也在悄悄逼近。余震突然发生，残破的危房再次摇动错位。在生死考验面前，石凯选择了坚持，在碎石滚落的烟尘中，他执着地向被困者靠近。经过8个小时的紧张救援，18时5分，他和战友将被困102小时的董凤强救了出来。

公安部抗震救灾前线指挥部发出搜救生命的总攻令后，石凯带领队员们夜以继日地搜救幸存者。5月18日9时30分，他们在映秀镇交通稽查征费所废墟中发现了生命迹象。现场一栋6层楼房全部倒塌，被困者处在废墟的最底层，一侧脸部被埋压。在与国家救援队联合策划救援方案后，石凯带领救援人员一边掏挖碎石，一边做好定点支撑，挖开一条3米深的通道，15时50分，经过近8个小时的艰苦营救，被埋146小时的稽查员沈佩云被成功救出。

赴四川前，石凯没顾得上与家人道别，只是告诉妻子要出差几天，让家人不要牵挂。在灾区的七天七夜里，他连续奋战，直接参与救出被埋压人员19人，其中有2名被困达100个小时以上的幸存者。

2008年7月，石凯被公安部授予"全国公安系统抗震救灾先进个人"称号；10月7日，被中共中央、国务院、中央军委授予"全国抗震救灾模范"荣誉称号。

顾　涛

1975年9月出生，江苏泰兴人。中共党员，大学本科学历。南昌市公安局特警支队一大队一中队中队长。

5月30日下午，按照公安部援川抗震救灾的命令，南昌市公安局特警支队奉命驰援绵阳地震灾区，执行维护灾区社会治安和服务灾区群众任务。顾涛随队出征，并担负驾驶大客车的任务。赴川的道路蜿蜒曲折，险情不断，特别是进入绵阳后，由于余震频发，山石挡道，道路泥泞，给车辆通行造成了极大困难。顾涛忍着肩周炎和腰椎病的疼痛，咬牙坚持驾车1800余公里驶达绵阳灾区。

到达灾区后，顾涛立即带领中队民警巡逻在唐家山堰塞湖疏散群众临时安置点上。得知安置点内的“帐篷学校”即将开学，顾涛带头捐款2000余元，并给学生们送去作业本、铅笔、篮球等文体用品，学生开心的笑容、教师感激的眼神让他格外欣慰。

6月10日上午，唐家山堰塞湖泄洪进入关键时刻，顾涛带领中队民警在撤离区巡逻排查。一名居委会工作人员反映，一中年男子返回家中取生活用品，仍滞留在撤离区内。顾涛立即组织中队民警对撤离区进行拉网式排查，历经4个半小时，终于找到那名男子，安排他安全撤离。

执勤巡逻中，顾涛经常主动帮安置点工作人员将防暑药、瓶装水及食品发放到各个帐篷群众的手中，自己却饥一顿、少一餐，常常强忍着胃痛坚守在一线。顾涛经常晚上用手电筒为帐篷区群众照明，护送群众安全返回帐篷休息；经常掏出随身装的风油精、蚊不叮等防蚊药品为群众涂上，自己被蚊子叮咬，也舍不得用。

6月12日上午，顾涛在帮果农进行生产自救时接到报警求助，九龙村有一居民房屋倒塌，3名群众被压，顾涛火速带领中队民警前往救援。该民房毁坏严重，两层楼完全坍塌下来，3名男子被压在一层废墟内。顾涛毫不犹豫第一个冲进房间，用手翻砖块、挖石头，手破了，腿被钢筋划伤了，但他和同事一刻也未停歇。经过一个多小时的紧张救援，他们终于将3名男子从水泥板下救出。救援结束后，顾涛又拖着疲惫的身体，赶往涪城区龙门镇中脊村，帮助果农抢收抢种，采摘果蔬。

在绵阳的50个日日夜夜中，顾涛带领中队民警冒着生命危险疏散群众，配合当地公安机关开展巡逻守护，维护安置点正常的生活秩序，实现唐家山堰塞湖泄洪“零死亡”的目标。电视台和报社采访他时，他说得最多的一句话就是：“我们都是人民警察，为灾区服务我们义不容辞！”

2008年10月7日，顾涛被中共中央、国务院、中央军委授予“全国抗震救灾模范”荣誉称号。

于兴波

1971年1月出生，山东莱阳人。中共党员，大学本科学历。山东省公安消防总队济南市支队特勤大队副大队长。

汶川特大地震发生后，于兴波主动请战，随山东省公安消防总队第一批救援队飞赴灾区，担任都江堰城区救援分队指挥员。5月13日下午到达后，于兴波立即和队友们投入到853招待所救援战斗中。他冒着余震危险，钻进倒塌建筑物内部，察看建筑结构和被困人员情况，制订救援方案，带领队员用锹、镐、撬棍清理建筑废墟，仅用30分钟就把两名被埋压群众成功救出。当晚，在一座处于半坍塌状态的危楼内，孕妇张小燕已被困30多个小时，身体接近虚脱。在场建筑专家将这栋危楼的安全系数评估为零，认为稍有震动就会发生再次坍塌。面对绝望的被困人员家属，于兴波说：“只要有千分之一的希望，我们就要做一万分的努力！”经过认真研究，于兴波带领战士与成都市消防支队官兵一道，小心翼翼钻进楼板夹缝，挖掘机、电动破拆工具用不上，就用凿子凿，用电钻钻，用撬棍撬，用双手挖，一点一点地向孕妇靠近……救援期间先后发生8次余震，整个危楼摇摇欲坠，但他们始终没有停下。经过22个小时的连续奋战，终于把孕妇救出。

5月15日3时，已连续战斗59个小时未合眼的于兴波和战士们正要换班，一位妇女突然抱住他的腿恳求他："救救我公公、婆婆和弟弟吧，他们还埋在里面。"于兴波没有丝毫犹豫，带领另一批战士投入战斗。于兴波仔细分析建筑结构，指挥救援队员在建筑物底部对被压人员进行撑顶保护，破拆建筑构件，指挥吊车起吊。为防止建筑构件坍塌危及生命，每次破拆和起吊，他都认真察看情况，确定不会破坏建筑物稳定性后再进行操作。经过10个多小时的紧张救援，终于救出被埋压人员1名，挖掘清理出遗体3具。

在连续八昼夜的紧张搜救中，于兴波带领救援分队救出生还者16人，挖掘清理出遇难者遗体37具，疏散转移被困群众300余人。

2008年7月，于兴波被公安部授予"抗震救灾尖兵"称号；10月7日，被中共中央、国务院、中央军委授予"全国抗震救灾模范"荣誉称号。

常宏鸣

1956年7月出生，河北唐山人。中共党员，大学本科学历。山东省济南市公安局特警支队支队长。

5月29日，刚刚完成重要任务还未及休整的常宏鸣，带领200名特警队员跋涉1600余公里，抵达四川灾区，肩负起守护北川的重任。在北川，特警队设置了4个执勤卡点，劝阻无证人员和车辆进入县城，检查出城人员和车辆，引导他们进行消毒，最大限度地预防和减少地震造成的次生灾害。

6月5日，响起防洪橙色警报，唐家山堰塞湖形势危急。连日暴雨形成的汹涌洪水把济南特警执勤队伍沿途必经的安州大桥冲毁，换岗的车队被困。常宏鸣冒着被洪水卷走的危险，徒步穿过随时可能塌陷的大桥，指挥带领65名队员撤离到安全地带。当天23时许，雨越下越大，作为公安部前指的观察哨，济南特警还有5名队员坚守在北川执勤点上，随时面临着生命危险。"要不要把同志们撤下来？任务第一，不能撤，这正是考验我们的时候。"他安排好驻地防险工作后，带领几名突击队员连夜赶到执勤点和同志们并肩作战。那一夜，周围山体发生了3次大规模的滑坡，引发的泥石流呼啸着从常宏鸣和队员们身边冲过，但他们毫无畏惧，在岗位上坚守了一个通宵。

北川羌族自治县曲山镇景家村，地处海拔1200米的深山里，进山道路被山石堵塞，救灾物资一直无法运送进山，村民们每天都要肩扛小背篓，翻山越岭，步行几个小时领取救灾物资。6月12日，常宏鸣和民警翻山越岭，跋涉5公里，为群众送去民警捐赠的2万元现金和急需的帐篷、生活用品以及孩子们的学习用具，帮助孩子们建起"帐篷小学"。他又千方百计筹集柴油、汽油、农药、种子等急需物资，再次送往景家村。村民们满怀喜悦地拉着特警队员的手，反复表达着感谢之情。孩子们也跳起了羌族舞蹈，用最尊贵的礼节感谢济南特警。

6月29日8时，常宏鸣带领队伍赶到北川执勤点，这一天是地震后的第49天，很多家长在祭奠死难的孩子。他马上安排民警买来花圈，全体队员集合整队，向遇难学生敬献花圈，默哀3分钟。同时，迅速将执勤车辆、人员撤出北川中学，方便群众祭奠，现场群众深受感动，都自觉地配合维持现场秩序。

在灾区的55个日日夜夜里，常宏鸣带领特警队员劝阻盘查行人4.5万余人次、车辆1600余台次，疏散群众665人，查获各类案件23起，抓获违法犯罪嫌疑人69名，调解纠纷130起，为群众做好事几千次，捐款捐物总计8万余元。济南特警支队先后被全国总工会授予抗震救灾重建家园“工人先锋号”，被公安部记集体一等功，被公安部抗震救灾前线指挥部授予“灾区群众满意的公安特警队”称号，被山东省委、省政府授予“抗震救灾英雄集体”称号。

2008年7月，常宏鸣被全国总工会授予“全国五一劳动奖章”；10月7日，被中共中央、国务院、中央军委授予“全国抗震救灾模范”荣誉称号。

李　隆

1977年7月出生，河南开封人。中共党员，大学本科学历。河南省公安消防总队郑州市支队特勤大队副大队长。

汶川特大地震发生后，李隆作为河南省消防部队第一梯队成员奔赴前线。5月14日赶到什邡灾区后，李隆带领突击队员先后救出被埋压在废墟下的3名幸存者；16日，成功救出被埋104小时的李青松，次日又发现一名被埋得更深的群众。当时，余震不断，大量楼板、不锈钢架等杂物层层阻隔在救援官兵和被困者之间，建筑残体严重变形，摇摇欲坠。看到现场复杂危险情况，被困者的亲属们哭着劝他们放弃营救。李隆说：“生命高于一切，决不言弃。”他带领两名突击队员爬入楼板缝隙内部，在狭小的空间内，对混凝土横梁实施破拆。救援中连续发生3次余震，被困者上方的楼板逐渐下沉。被困者用微弱的声音告诉李隆：“快走，不要再救了。”李隆一面用软管从缝隙给被困者输送牛奶和饮用水，一面对被困者喊话安慰，大声告诉被困者：“要死咱俩死在一块，要活咱俩一块出去。”狭窄的救援空间里，大的救援工具无法施展，情急之下，李隆大喊：“刀，刀，刀！给我找把切菜的刀！”战友们找来一把锋利的菜刀，李隆用这把菜刀，硬是把压在被困者身上的门板一点一点砍开。18时15分，经过11小时的连续奋战，深埋废墟124小时的蓥峰化工厂职员卞刚芬被成功救出，围观群众和中外记者爆发出经久不息的掌声，几近虚脱的李隆和战友们激动得热泪盈眶。

2008年7月，李隆被公安部授予“抗震救灾尖兵”称号；10月7日，被中共中央、国务院、中央军委授予“全国抗震救灾模范”荣誉称号。

李志强

1975年1月出生，河南郑州人。中共党员，大学本科学历。郑州市公安局特警支队集训大队二中队中队长。

汶川特大地震发生后，李志强立即随队紧急驰援灾区。5月15日，他所在的中队接到命令，要求不惜一切代价赶往汶川县漩口镇实施救援。从都江堰紫坪铺水库大坝至漩口镇唯一的一条公路，地震后变成一条羊肠小道。路边巨石堆积，到处是塌方、山体滑坡，道路被彻底淹埋。李志强带领中队民警，每人背着40多公斤重的救援物资，抬着救援装备，冒着不断的余震和滚落的山石，穿过长达961米已严重变形、漆黑的友谊隧道，急行军38公里，到达漩口镇。

漩口镇陆地交通中断，临时码头成了汶川受灾群众的“生命渡口”，小小的临时码头每天都挤满几千名等待撤离的受灾群众，而冲锋舟每次只能带走10个人。冲锋舟载满人后，船身吃水较深，难以驶离。李志强每次都第一个跳进江里，带领民警将冲锋舟推进深水区；一天下来，他要下水推舟30余次。对受伤者，他则一直护送到都江堰。5天内共转移受灾群众1.1万多人，转运救灾物资4500多箱，确保了“生命渡口”运转畅通和物资安全。

5月19日凌晨，一辆满载32吨过氧乙酸化学品的货车泄漏，现场周围有受灾群众、两个医疗队以及几个城市的特警、巡警队员和消防官兵2000余人，现场弥漫着浓烈刺鼻的气味，处置稍有不慎就有爆炸的危险，一旦发生爆炸，后果将不堪设想。李志强带领中队民警紧急处置，当时没有防护措施，他强忍着巨大的不适，一边疏散群众，一边组织人员迅速稀释化学品浓度并将其转移至安全地带，成功排除险情。

6月1日，唐家山堰塞湖险情日益严重，李志强带领20名民警在一镇二乡的12处执勤点巡察，行程近1000公里，疏散群众5万余人，泄洪时无一群众伤亡。10日，唐家山堰塞湖发布橙色预警。10时50分，李志强突然听到电台里喊道“青莲大桥上有人”，而此时已绝对禁止任何人在桥上停留。他顾不上穿救生衣，立刻赶往青莲大桥。距青莲大桥200米处，就听到洪水的轰鸣声，汹涌的洪水呼啸而过，大桥随时可能垮塌。李志强冒着生命危险冲到桥中央，迅速把停留在桥上的村民拉到安全地带。村民感激地说：“谢谢，多亏了你，要不我就没命了！”

2008年10月7日，李志强被中共中央、国务院、中央军委授予“全国抗震救灾模范”荣誉称号。

万少波

1964年11月出生，湖北崇阳人。中共党员，大学本科学历。湖北省公安消防总队副参谋长。

5月16日晨，万少波带领湖北省公安消防总队114名突击队员，背着食品、水、药品及抢险救援器材，克服沿途滑坡、飞石滚落等危险，经过14

个小时、55公里的强行军，抵达青川县马公乡。他顾不上片刻休息，连夜与马公乡党委负责人和4个村的村长研究疏散转移方案，一夜没合眼。

5月17日6时20分，万少波指挥救援人员分头带领900多名群众，开始向山外转移。遇到危险地段，他就和突击队员们搭好“人梯”、“人墙”，让群众安全通过。行至石坝乡大房村时，万少波发现青年范尚雄在窝棚里哭泣。范尚雄在地震中腰椎严重受伤，腿部骨折，村民转移时因山路陡峭没法带走他。万少波告诉他：“不要悲伤，我们决不放弃你。”突击队就地取材，做了一个简易的担架，再垫上军大衣，用木板将其腰部固定住，抬着范尚雄转移。山高路险，山路的坡度有时达到70度左右，单人行走都非常困难，抬着伤员行走更加困难。万少波和队员们分工合作，有人拿着砍刀在前开路，后面的人轮流抬着伤员往前赶。遇上悬崖，他们就用绳子系在身上，吊到悬崖下，再把担架缓缓传下去。看到队员们冒着生命危险抬着他转移，范尚雄哭着说：“你们不要救我了！”但万少波和队员们不抛弃不放弃，经过3个多小时的艰难跋涉，终于带着900多名群众安全走出山区，并将范尚雄送到医疗点救治。

5月19日，《人民日报》、新华社抗震救灾特刊刊发题为《徒步挺进马公乡单兵负重冲过危险地段》的文章，报道了万少波所带领的突击队不畏艰险成功疏散青川县马公乡974名群众的英勇事迹。

2008年7月，万少波被公安部授予“全国公安系统抗震救灾先进个人”称号；10月7日，被中共中央、国务院、中央军委授予“全国抗震救灾模范”荣誉称号。

杨明建

1957年7月出生，湖北丹江口人。中共党员，大学本科学历。武汉市公安局特警支队政委。

5月13日晚，武汉市公安局接到公安部指令，火速调集公安特警赶赴四川。杨明建闻讯后，向党委要求带队参加抗震救灾。他视灾情如命令，全力投入战前动员准备，迅速集结特警队员，星夜兼程，驰援灾区。

5月15日下午，年过五旬的杨明建，不顾严重的风湿病，与所有特警队员一样，背负35公斤重的装备和补给，冒着余震、泥石流和滑坡危险，徒步挺进汶川县漩口镇。傍晚，队伍行进至友谊隧道口，从隧道里面退出来的司机大喊“千万不要进去，随时可能塌方”。面对这条唯一的通道，杨明建不惧危险，只身走进隧道查看险情。随后命令：“全体队员跟着我，不准讲话，快速通过！”200多人走在900余米长的隧道，只听到刷刷的脚步声。临近隧道出口，杨明建停下脚步，指挥队员快速通过，直至最后一人走出洞口，自己才撤离。16日，露宿山崖下的武汉特警被余震惊醒，杨明建及时组织队员转移，他才最后一个撤离。

5月20日，5万多名灾区群众聚集在什邡市区，大批救灾物资运到了火车站，杨明建带领民警夜以继日奋战在火车站、电台、电视台等8个执勤点以及50余公里的交通“生命线”，嗓子喊哑了，腿脚站麻了，他全然不顾。22日上午，因连日劳累过度，杨明建晕倒在闷热的帐篷内，醒来后又迅速投入战斗。什邡火车站负责人紧紧拉着武汉特警的手说："你们特警队员是坚强的铁人，队伍是坚强的防线！"

什邡市师古镇虎林村小学生廖碧洲亲人在地震中全部遇难，杨明建组织民警捐款3200元，带着学习用品、食品到廖碧洲家里慰问："你的父母不在了，你今后的学习费用就由我们来承担，你就是我们大家的亲妹妹。"抗震救灾结束后，杨明建结合公安民警"大走访"爱民实践活动，将廖碧洲接到武汉，陪她游览长江、参观黄鹤楼，参加武汉市公安局春节文艺晚会，激发她对生活的信心。廖碧洲激动地说："特警叔叔是好人，武汉警察是好人。"

抗震救灾期间，杨明建带领民警出动警力1.2万人次、车辆1700余台次，从废墟中抢救受灾群众10名；抢运和转移伤员75名；抢运救灾物资和粮食；为村民搭建帐篷187顶，修缮、加固房屋，挖排水沟，清理道路；向灾区群众捐赠价值3万余元的医药用品和食品。

2008年7月，杨明建被公安部授予"全国公安系统抗震救灾先进个人"称号；10月7日，被中共中央、国务院、中央军委授予"全国抗震救灾模范"荣誉称号。

蒋爱兵

1978年10月出生，广西灌阳人。中共党员。湖南省公安消防总队长沙市支队特勤中队班长。

5月14日17时，蒋爱兵随救援队星夜兼程赶到都江堰，顾不上休整，立即投入救援。他在胡家巷一座倒塌居民楼中反复搜寻，利用生命探测仪探测，深入断壁残垣呼喊，整整工作一夜，与战友们一道挖掘出8具遇难者遗体。

5月15日中午，救援队接到命令，转战极重灾区平武县南坝镇。蒋爱兵带领特勤队员先后在南坝镇4个作业点搜救。在两天的搜救中，他趴在满是碎石的地上仔细聆听，冒着危险钻到废墟中进行搜寻。17日上午，蒋爱兵受命带领5名人员组成尖刀班前往南坝镇石坎村救助被困6天的群众。当到达石坎村山腰时，他们从几名逃出来的村民处得知，前方一座锰矿厂有两吨多黄色炸药被埋压，散落在附近的山石中，极易发生连环爆炸。为探索安全通道，蒋爱兵带领尖刀班沿着有脚印的地方小心前进，每走一步都做好安全标志，为后续部队做好安全引导。一路上，余震不断，脚下是随时可能坍塌和爆炸的山体，经过8个小时的艰苦跋涉，他们于当日16时到达石坎村。随即，他率领尖刀班深入村寨危房搜寻，与接应部队一起将100多名被困群众和行动不便的伤病人员转移到安全地区。

2008年7月，蒋爱兵被公安部授予"全国公安系统抗震救灾先进个人"称号；10月7日，被中共中央、国务院、中央军委授予"全国抗震救灾模范"荣誉称号。

曾海波

1979年4月出生，湖南宁乡人。中共党员，硕士研究生学历。长沙市公安局特警支队三大队民警。

汶川特大地震发生后，曾海波第一个向大队递交了赴川抗震救灾请战书，要求到最艰苦的地方去。6月5日晨，曾海波与由205名特警组成的抗震救灾突击队出发了。曾海波所在的第三突击大队，主要负责对成都至雅安高速公路路口进行24小时武装查缉。曾海波每次执勤时，头戴钢盔、身穿厚重的防弹衣，背着枪支和警用装备，身上的衣服湿了又干、干了又湿；晚上，脱下防弹衣，执勤服上都是发白的盐渍。在这样艰苦的环境下，曾海波暗暗下定决心：坚守岗位，绝不给不法分子可乘之机。

6月12日21时，曾海波和战友值勤检查时，从出租车上2名可疑男子身上搜出大麻2包、氯胺酮2包、冰毒3包、毒资2万余元、匕首1把，成功将贩毒犯罪嫌疑人抓捕。17日18时，在盘查中，一辆黑色小汽车拒停且试图冲关。曾海波一个箭步冲上去，奋力将车辆拦下，战友们从犯罪嫌疑人身上搜出一把子弹已经上膛的手枪。21时40分，一辆小汽车内的4名男子面对特警的例行盘查，言语粗暴态度傲慢，极不配合，其中一名男子悄悄朝副驾座挪动，试图将手伸向座位下面，曾海波干净利落地按住嫌犯，从副驾驶座位底下搜出了一把仿六四手枪和5发子弹。

曾海波和队友们凭着果敢冷静的头脑和高超的技能，牢牢把守着成雅高速的关口，体现了长沙特警的卫士风采。

2008年10月7日，曾海波被中共中央、国务院、中央军委授予“全国抗震救灾模范”荣誉称号。

罗志勇

1971年7月出生，湖南炎陵人。中共党员，大学本科学历。广东省公安消防总队广州市支队特勤大队大队长。

汶川特大地震发生后，罗志勇随总队第一批救援突击队于5月14日凌晨到达四川灾区，担任突击队指挥员。下午，罗志勇带领突击队在都江堰市城区展开搜救。19时许，突击队发现洋子口电厂家属区废墟中有生命迹象。罗志勇及时调整力量，加强了对搜救点的救援力度。19时30分，突然发生一次大的余震，楼房开始摇晃，大量砖块掉落，再次坍塌的险情进一步加剧。罗志勇从群众口中得知，被困者是一名两岁男童。他立即要求官兵们在搜救过程中不准动用破拆工具，并带头用双手进行挖掘。指甲破损，手指磨出了血，他一声不吭。经过细致挖掘，突击队发现了被压在石板下的男童。经过3个多小时的艰难营救，罗志勇和战友们成功将男童救出。

5月14日下午，搜救队在都江堰市观江街一栋受损严重的4层住宅楼里发现一名被困者，因救援条件有限，先后4次施救均未成功，向上级请求增援。接到命令后，罗志勇带领突击队迅速赶到现场。经反复观察，他提出运用凿洞的方法救人。他冒着生命危险，带领突击队员从被困者旁边挖出一条通道，钻到被困人员身边，慢慢把压在被困者身上的承重墙凿开。至15日15时，将被困者救出。

在公安部抗震救灾前线指挥部发出搜救生命的总攻令后，5月17日15时，罗志勇带领突击队挺进平武县南坝镇石坎村进行救援。到达后，他立即组织转移了石坎村废墟下的3000多公斤炸药。18日9时，罗志勇带领突击队员们转移被困的伤员和群众。在通过一段800米长的陡峭山壁时，他用背包带把受伤群众绑在自己背上行进，在危险路段甚至双腿跪地、手脚并用爬行，及时把被困群众转移到安全地带。

在赴四川救援的195个小时里，罗志勇身先士卒，始终战斗在第一线，组织挖掘倒塌建筑物20多处，抢救被埋压群众12人，清理遇难群众遗体62具，帮助群众搭建简易住宿区100余处，转移受灾群众1200余人。

2008年7月，罗志勇被公安部授予“全国公安系统抗震救灾先进个人”称号；10月7日，被中共中央、国务院、中央军委授予“全国抗震救灾模范”荣誉称号。

谢建立

1982年11月出生，河南濮阳人。中共党员。深圳市公安局特警支队二大队民警。

5月13日，谢建立在接到赴四川抗震救灾命令时，他毅然告别已身怀六甲的妻子，随队赶赴四川参加抗震救灾。

5月14日，谢建立随同二大队步行近3个小时，到达尚未通车的地震极重灾区什邡市红白镇。通过向当地救援人员和群众了解情况，谢建立得知红白镇中心小学受灾情况十分严重，多名师生被埋压在废墟下。谢建立将情况向支队领导汇报后，迅速赶赴红白镇中心小学开展救援。为了尽快抢救出被埋压的群众，他不顾个人安危，冒着接连不断的余震和危楼随时可能倾倒的危险，在没有专业救援工具的情况下，徒手刨扒废墟瓦砾，搬开厚重的石板，在教学楼的废墟中连续奋战近10小时，挖掘出4具遇难学生遗体。

在抗震救灾期间，谢建立在完成勤务工作的同时，还主动承担炊事、营地内务管理等工作，在大队中叫响了“跟我来、跟我上”的口号。5月17日，谢建立接报：在距指挥部20公里的大山深处，什邡金河磷矿员工周志被困，生命垂危。他立即带领3名队员前往接应，急行军3小时后到达救援位置，经过8个多小时的奋力挖掘，终于成功救出被困122个小时的周志。20日，大队接到指挥部命令，选派人员参加直升机索降解救山区被困群众任务。由于被困人员处于深山区，地理、气候条件十分复杂，此次解救任务极具危险性。谢建立主动请缨，并保证坚决完成任务。飞机抵达目的地上空时，天气突然变化，索降任务被迫取消，在为被困人员空投食品后，解救小组返航。

2008年7月，谢建立被公安部授予“全国公安系统抗震救灾先进个人”称号；10月7日，被中共中央、国务院、中央军委授予“全国抗震救灾模范”荣誉称号。

刘运良

1949年10月出生，河南遂平人。中共党员，大学本科学历。广东省公安边防总队深圳边防支队卫生队队长。

5月13日4时，上级命令深圳市公安边防支队立即派出12名医护人员赴四川救灾。刘运良毅然递上请战书。这位年近花甲、曾参加边境自卫反击战、有着40年临床经验的老兵说：“我是一名军医，到灾区救护伤员责无旁贷。再过一年我就退休了，请组织允许我打好军旅生涯的最后一仗。”刘运良的话感动了支队领导，他成为抗震医疗救援队中年龄最大的队员。

5月13日18时，刘运良随救援队赶到极重灾区绵竹市。“人命关天，救人要紧”，刘运良立即带领医疗小分队赶到汉旺镇，冒雨投入救援。夜色中，刘运良带领队员们在汉正街、炭市街等地的废墟中不停地呼喊着、搜寻着。

5月14日6时40分，救援队发现一名男子被压在石块和墙体下。刘运良立即冲上去，拼命用手刨开压在他身上的石块和渣土。为防止被压者被危楼上掉下来的石块砸伤，刘运良将自己的钢盔戴在他头上。被压者右脚被水泥板压住，上方的墙体已经倾斜，随时会再次倒塌。刘运良让战友用千斤顶顶住水泥墙体，用多根木棍支撑墙体，自己则带领队员不停地徒手掏挖被压者腿部下方的泥土。经过7个多小时的努力，终于将被困48小时的被压者成功救出。17时，医疗小分队又发现一名全身都被压在水泥墙下的老人。老人旁边是6米多高的残垣断壁，稍有余震就可能坍塌。当时，有的队员要往前冲，刘运良立即喊道：“让我上，我老了，你们还年轻！”说完，抢先冲了上去，让其他救护队员在周围配合，直到24时才将老人救出。

刘运良率领医疗小分队转战绵竹、都江堰等多个重灾地区，从废墟中抢救出幸存者10人，挖掘清理遇难者遗体63具，救治伤病员86人，巡诊836人，消毒防疫38620多平方米，拆除危房42栋，清理垃圾8吨多。

2008年10月7日，刘运良被中共中央、国务院、中央军委授予“全国抗震救灾模范”荣誉称号。

郑阳武

1980年7月出生，广东潮州人。中共党员。海南省公安消防总队海口市支队特勤大队一中队班长。

汶川特大地震发生后，郑阳武主动报名参加抢险救援，任海南省公安消防总队赴川抗震救灾救援大队突击队侦检组组长。5月13日夜，郑阳武和战友们每人背负30多公斤的救援器材，冒着余震和塌方危险，一路翻山越岭赶往北川救援，14日凌晨到达后，立即分两组展开搜救。

曲山小学4层主教学楼已经塌陷两层，楼体全部开裂，随时有再次坍塌的危险。郑阳武带领侦检组人员不顾危险冲进去，发现两名被埋压女学生。郑阳武一边鼓励被埋小女孩坚持，一边使用电动强力剪、液压救援顶杆、钢筋速断器、液压钳等工具奋力破拆和挖掘，当日中午救出了两名小学生。

救援中，郑阳武只有一个念头：救人，要救更多的人。5月15日5时，郑阳武带领救援组奔赴北川电力公司废墟搜救，发现了被困女工程师易欣，经过两个小时的紧张救援，将她救出。之后，又转战北川县医院宿舍楼废墟，救出受困女医生谢守菊。

公安部抗震救灾前线指挥部发出搜救生命的总攻令后，郑阳武不畏艰难、不怕疲劳，不分昼夜仔细搜索营救被困群众。5月16日上午，郑阳武在北川县城老城区县财政局宿舍救出受困妇女席莉和张艳，下午在北川职业中学救出受困学生牛正喜。17日6时，郑阳武利用生命探测仪在北川县城老城区搜索到被困群众梁万琼，在战友们的共同努力下将她成功救出。8时，他又在北川县医院宿舍搜索到被困医生唐雄，和战友一起连续施救14小时将唐雄救出。

2008年7月，郑阳武被公安部授予“全国公安系统抗震救灾先进个人”称号；10月7日，被中共中央、国务院、中央军委授予“全国抗震救灾模范”荣誉称号。

温黎明

1976年4月出生，江西宁都人。中共党员，大专学历。海口市公安局特警支队技术装备科民警。

汶川特大地震发生后，温黎明主动请缨奔赴抗震救灾第一线。作为支队后勤保障部门的骨干，他通过各种途径查阅相关资料，向支队领导列出赴川工作所需的器材和装备，并积极协同同事在短短几天内就采购了发电机、野战餐车、生命探测仪、折叠床、破拆工具、帐篷等58类价值178万元的装备和物资，为支队赴川做好后勤准备。

5月26日，海口特警支队接到公安部命令，拟于31日赴四川灾区。为让丈夫能够在灾区安心工作，温黎明已经怀孕9个多月的妻子毅然决定提前进行剖腹产。30日，温黎明与手术后的妻子和刚出生的女儿一起待了一个晚上，次日清晨即随队赴四川。

6月2日20时，海口特警到达极重灾区绵竹市。开了两天两夜车的温黎明顾不上休息，立即投入到物资卸车发放、车辆停放、搭建帐篷的工作中去，一直忙到3日4时。6时，温黎明又与后勤保障组的特警们一同测量地形，搭建厨房、洗澡间、厕所，铺设水管，搭设电线，并认真做好医疗保障工作，安排好特警的起居生活，有力地保障了支队营区的正常运转。

6月12日下午，一辆江苏援助绵竹灾区的混凝土搅拌车不慎翻入东北镇双胜村稻田旁一条水沟里，一名受伤人员被死死卡在变形的驾驶室中。由于车辆逐渐下沉，受伤人员随时有被淤泥淹没的危险，海口特警立即前往救援。当时温黎明正在检修车辆，听到这个消息后，主动请战。到达现场后，根据支队领导制订的营救方案，温黎明和一名战友携带着切割机和液压钳，蹚过没膝的淤泥，到汽车驾驶室旁展开营救。半小时后，卡住被困人员的钢筋被切断，温黎明爬进车厢，小心翼翼地将受困人员抱出驾驶室，转移到安全地带。营救过程中，温黎明的手指被钢筋划了一个大口子，鲜血直流，但他强忍疼痛，直至将被困人员救出。

6月30日，支队要进行人员轮换，支队领导和同事都劝温黎明回去照顾妻子和女儿，他拒绝了。他说："虽然我很想念妻子和女儿，但是她们现在有家人照顾，灾区人民正生活在水深火热中，他们更需要我们的帮助。"就这样，温黎明把对妻子和女儿的思念埋在心底，继续全身心投入灾区救援工作之中。

2008年10月7日，温黎明被中共中央、国务院、中央军委授予"全国抗震救灾模范"荣誉称号。

马宝彦

1972年9月出生，陕西绥德人。中共党员，大专学历。西宁市公安局特警支队后勤保障科副科长。

5月底，西宁市公安局特警支队即将赶赴四川灾区，作为后勤保障工作人员的马宝彦全力投入工作，准备各种物资。时间紧、任务重，他顾不得休息，每天工作到深夜。

6月2日，马宝彦随特警支队踏上开赴灾区的征途并承担了驾驶员的工作。由于长时间缺乏休息，曾昏倒在行进途中。医护人员责备他工作起来不要命，马宝彦淡淡一笑："我做这点算啥呀，灾区多少人眼巴巴在盼着我们尽快赶到啊。"经过两天两夜的颠簸跋涉，队伍赶到了什邡市洛水镇。

看见到处是断壁残垣，马宝彦心急如焚。他跳下车指挥队员们搭建帐篷，带领炊事人员支起简易灶台。在灾区，马宝彦与其他3名炊事员肩负着140名队员的伙食保障，每天5时起床，点火、煮稀饭。大家吃早饭的时候，他忙着协调当天的巡逻车辆；队员们上街执勤后，他又忙着准备午饭。执勤队员每次返回营地，总能闻到饭菜的香味。马宝彦总是在大家都吃饱后才吃点剩饭剩菜，有时没有饭了，就泡包方便面。

为保证车辆正常出勤，马宝彦积极同当地政府协调，保证每天的供油；每天组织人员对车辆逐一检查，发现故障，就自己动手修理。

在灾区的两个月里，马宝彦每天工作近20个小时，毫无怨言。他总是说："我能服务好这140人的队伍，这140人的队伍又能服务好多少灾区群众啊，值了！"

2008年10月7日，马宝彦被中共中央、国务院、中央军委授予"全国抗震救灾模范"荣誉称号。

胡顺扬

1986年11月出生，四川北川人。中共党员。宁夏回族自治区公安消防总队银川市支队永宁县中队班长。

汶川特大地震发生后，胡顺扬的家乡北川县城遭受重创，他的母亲在地震中不幸遇难。胡顺扬强忍悲痛，主动请缨参与一线救援。

5月16日上午，胡顺扬和战友们抵达北川羌族自治县陈家坝乡。陈家坝乡在地震中遭到严重损毁，到处是废墟和等待救助的群众。到达后，一名村民前去求援，说他的父亲被埋压，急需救援。胡顺扬和战友们冒着落石和塌方危险，找到现场，很快将他父亲救出。得知山中还有其他被困村民，胡顺扬和战友们继续搜救。在一处公路旁，救援队搜寻到几位被困老人，胡顺扬和战友劝说他们随救援队一起下山，但几位老人坚持不肯，胡顺扬把自己的全部给养留给他们，继续营救其他村民。16时，又接到一位村民求救，称包括4名八九十岁的老人在内的几十位村民被困山中。胡顺扬和救援队立即实施搜救，找到亟待救援的4名老人和38名村民。他们轮流背着老人下山，带领群众安全脱离险境。

5月17日下午，救援队得到消息，距陈家坝乡约16公里处有30多名被困群众需要救助，胡顺扬和战友立即赶往现场。被困的30多名群众多数是上了年纪的老人和伤员，急需转移和救治。胡顺扬和战友们二话不说，背起老人和伤员，带领群众走了16公里山路，把他们转移到安全地带。

5月21日，胡顺扬和战友们一道转战汶川县映秀镇实施救援。胡顺扬挨家挨户搜救被困人员，并劝导那些在摇摇欲坠的房屋下寻找埋压物资的灾区群众离开。在大型机械设备无法进入开展救援的情况下，胡顺扬和战友用破拆器材对钢筋混凝土进行切割，共挖掘出遇难人员遗体50余具。

在连续九天九夜的救援中，胡顺扬充分发挥熟悉当地情况的优势，带领战友们先后从废墟中抢救出17人，转移被困群众170余人。

2008年7月，胡顺扬被公安部授予"抗震救灾尖兵"称号；10月7日，被中共中央、国务院、中央军委授予"全国抗震救灾模范"荣誉称号。

仲　健

1955年10月出生，四川苍溪人。中共党员，研究生学历。四川省公安消防总队政委。

汶川特大地震发生后，仲健主持召开总队党委紧急会议，部署抗震救灾工作，下达了5条作战命令：总队立即成立抗震救灾指挥部，下设6个工作组，统一组织指挥抢险救援；立即调集成都消防特勤大队，由总队司令部参谋长孟应新率领紧急开赴汶川；立即命令全省消防部队进入一级战备，全力以赴投入抗震救灾；立即向全省各支队了解情况，掌握各地受灾情况；迅速将情况报告公安部消防局，争取上级指示和支持。

5月12日17时，根据各灾区消防部队的报告，仲健指挥部队启动跨区域重大灾害事故处置应急预案，调集资阳、遂宁等13个支队和总队教导大队共3000余人，分别赶赴绵阳、德阳地震灾区救援。地震发生后，震中汶川与外界失去联系，仲健焦急万分。为及时了解灾情，他果断命令总队警务处处长李大军带领官兵不惜代价，排除一切困难强行军进入汶川。李大军等不辱使命，冒着余震不断、山体滑坡等危险抵达震中，及时掌握并向上级报告了震中区域受灾情况，为国务院抗震救灾总指挥部四川前方指挥部迅速做出决策提供了宝贵的情报信息。

5月13—17日，仲健夜以继日辗转都江堰、北川、青川等极重灾县（市），在一线组织指挥抢险救援，看望慰问参战消防部队，鼓舞参战消防官兵奋力救援。17日，公安部抗震救灾前线指挥部发出搜救生命的总攻令后，仲健向四川省消防部队参战官兵下达总攻指令，要求只要有一线希望，就决不放弃；只要有一分生还可能，就要付出百倍努力，全警出动，不分前方后方，不论干部战士，团结一心，步调一致，争分夺秒抢救被埋压群众。

在全国消防部队增援力量齐聚四川、保障任务异常艰巨的情况下，仲健又积极协调落实繁重的后勤保障任务，调集车辆1400余台次、特种装备2.7万余件（套），全力保障消防部队1万余人的生活、战斗需求。特别是5月15—17日，在震中映秀参加救援的900余名消防官兵急需后方提供生活、救援物资时，仲健身先士卒，带领总队教导大队等单位200余名官兵，每人背负30公斤物品，徒步强行军10个多小时为一线运送补给，保证了前方救援战斗的顺利进行。

抗震救灾期间，仲健连续奋战10多个昼夜，指挥四川省消防官兵共搜救出被埋压群众6000多人，其中生还者1300多人，挖出遇难者遗体5019具，转移解救被困群众2万多人。

2008年12月，仲健被国务院、中央军委记一等功。

孙国利

女，1956年3月出生，山东蓬莱人。中共党员，大学本科学历。四川省公安消防总队成都市支队支队长。

汶川特大地震发生后，孙国利快速反应，紧急组织召开党委会，启动成都市消防支队突发事件应急处置预案，成立了全勤指挥部，命令全体官兵立即投入抗震救灾。

5月12日14时36分，支队第一支救援队急赴成都市温江区；14时37分，支队特勤二中队急赴震中汶川；14时38分，城区10个中队50余台消防车400余名官兵赶赴80公里外灾情严重的都江堰市。18时15分，孙国利率领支队参谋长高文志等，赶到极重灾区都江堰市指挥抢险救援战斗。面对严重灾情，孙国利结合多年抢险救援经验，提出按照“先近后远、先易后难、先重后轻”的救援思路，集中主要救援力量对学校、医院、商场、居民区垮塌现场展开救援，确定先用生命探测仪和搜救犬进行侦察搜索，发现有生命迹象后再派出兵力和特种装备以及大型机械装备全力施救，先抢救幼、老、孕和生命体征较弱者及处于极度危险中的群众。

在都江堰市观景路47号，孕妇张小燕和她的母亲被埋压在一栋建筑废墟中。这栋6层的居民楼垂直塌陷，一、二层已经被彻底压扁，张小燕母女俩被困在一个40厘米宽的夹缝里。进入夹缝实施救援，难度非常大，操作稍有不慎，就可能导致建筑物再次坍塌。孙国利果断表示：“人命关天，非救不可！”她仔细观察环境，沉着冷静组织消防官兵爬进狭窄的空间实施救援，一点一点地清除障碍。经过整整35个小时的艰苦救援，官兵将张小燕母女俩救出，现场响起了阵阵欢呼声和掌声。

5月17日，部队展开搜救总攻行动，孙国利率领10个搜救小组，携带16台生命探测仪和6只搜救犬，克服极度疲劳，连续两次对都江堰市进行全方位生命大搜救，确保不丢下一条生命。整个抢险救援期间，孙国利率领一线800名消防官兵累计转移群众13252人，救助伤员1228人，营救幸存者981人。

搜救行动结束后，孙国利又将抢险救灾重心转为民事救助，组织成立了为民送水队、抗灾消毒队和财产搜救队等，协助做好灾区重建工作。从地震当日起，孙国利共组织指挥水罐消防车1000余台次，为都江堰灾区断水群众送水6000余吨，并组织官兵对灾害现场进行全面消毒，防止疫情发生。

2008年12月，孙国利被国务院、中央军委记一等功。

田国勇

1962年5月出生，四川南充人。中共党员，大学本科学历。四川省公安消防总队成都市支队政委。

汶川特大地震发生后，田国勇率领支队官兵紧急奔赴极重灾区都江堰市救援。到达灾区后，他按照“确保重点”原则，首先将主要兵力调往学校、医院、宾馆等人员密集场所，最大限度地营救被困群众。为争抢救人先机，田国勇组织参战部队兵分两路展开营救，一路300余人分布在新建小学、向峨中学和中医院等人员集中的救援现场，另一路分布在都江堰市内其他救援点。

突如其来的强烈地震，使都江堰灵岩寺风景区观光索道停止运行，包括11名台胞在内的13名游客被困。5月13日7时30分，田国勇带领19名官兵冒着大雨赶到灵岩寺风景区观光索道现场施救。经勘察发现，分布在索道7个吊箱中的游客大多数是老年人，索道与铁塔之间距离在100米左右，吊箱距地面距离在30~50米不等，游客已在索道上被困17个小时，若不能在当天将他们营救下来，将对游客生命造成极大威胁。田国勇当即决定，采取攀爬索道、用缓降器方式救人。他组织心理素质好、头脑清晰、身体强壮、训练有素的人员，带上施救设施器材，徒手攀爬到索道上，挂好简易滑轮车，系好安全绳、保险绳以及辅助绳索，一步一步地移动到游客所在吊车，用缓降器安全带系上游客，一个一个把他们吊到地面。从7时30分一直到22时，救援部队终于把被困游客救出。

大跨度、长时间的抗震救灾战斗，对公安消防部队的战勤保障是一个严峻挑战。田国勇在灾后立即启动抢险救援战勤保障力量紧急调集预案，建立起一套快速、及时、高效的后勤保障体系，先后紧急协调从北京、深圳及省内各大公司运送、调运切割器材、机动链锯和生命探测仪等物资43类946件，运送抢险救援手套、战斗靴、消防手套、抢险救援服等装备共计21类1.5万余件，调集棉大衣、棉被、褥子等物资2300余件，指挥支队加油车投入油料41吨，为消防部队抢险救援提供了坚实的后勤保障。

2008年12月6日，田国勇被国务院、中央军委记一等功。

中国人民解放军抗震救灾模范

董　刚

1962年12月出生，江西瑞昌人。中共党员，大学本科学历。1976年12月入伍，解放军第201医院院长，大校军衔。

5月13日，作为沈阳军区应急卫勤医疗所和预编卫生营抽调组建的医院院长，董刚第一个向分部党委递交请战书，强烈要求带队赴汶川抗震救灾。在董刚的带领下，全院278名医护人员递交了请战书。16日，医院接到抽调组建医疗队的命令后，不到8个小时就完成了机动、装载等登机前的所有准备。17日，董刚带领医疗队员飞抵成都后，连续行军46个小时，途经包括多处塌方、急转弯和随处可见泥石流、落石、被毁车辆的76公里山路，到达青川后迅速部署展开救治。

抗震救灾期间，董刚担任沈阳军区青川野战医院院长、党委书记和成都军区抗震救灾第五责任区医疗队队长。面对责任区25万灾区群众、2万抗震救灾部队官兵的救治任务，董刚把保障区域划分为2个群众区和1个驻军区，组建了3支巡诊医疗队、3支防疫医疗队和3支应急医疗队，实施方向性区域保障。现场救援中，董刚带头上高山、下山涧，始终冲在最前面。

5月22日，驻茶坝乡某部防化分队260余名官兵身上出现皮疹。接到报告后，董刚带队冒着山体塌方、泥石流等危险，迅速赶到指定地域，及时确诊病情，成功实施治疗。25日下午，青川地区发生6.4级强余震，董刚迅速组成10个护理接诊小组，从容镇定地组织医疗队员冒着余震塌方的危险，及时进入接诊救治状态，立即展开手术和救治，40分钟内接收救治伤病员64名。

转入“进村入户”搜救阶段后，董刚筹备组建了集医疗巡诊、心理干预、文艺演出于一体的“手牵手”小分队，深入青川县乔庄镇、板桥乡、茶坝乡、木鱼镇、沙州镇等19个乡（镇）巡诊慰问；组织对平武县阔达藏族乡、古城镇、旧堡羌族乡集中防疫，指导部队和地方消毒防疫，对当地群众和部队官兵进行防疫知识宣传和防疫技能培训，共培训当地驻军和乡村防疫医疗人员160人，有效保证了防疫地域无疫情发生；组织人员对青川县人民医院和木鱼镇中心卫生院医务人员进行技术培训，投入30余万元的药品和器材进行帮建，为地方医疗机构重建做出了贡献。

在董刚的带领下，医疗队共救治灾区群众和部队官兵43019人次，其中门诊18141人次、巡诊24878人次、手术319例、重症87人次、接生15名，被灾区群众和救援官兵誉为“生命的守护神”。

2008年9月，董刚被沈阳军区记一等功，被卫生部、食品药品监管局、中医药局、总后卫生部授予“抗震救灾医药卫生先进个人”称号；10月7日，被中共中央、国务院、中央军委授予“全国抗震救灾模范”荣誉称号。

胡　军

1981年9月出生，四川郫县人。中共党员，大专学历。1999年12月入伍，解放军65647部队管理处司机班班长。

5月12日17时30分，正在郫县老家休假的胡军在向部队请示续假后，火速赶到郫县人武部，说明自己的现役军人身份，积极要求加入一线抢险队。胡军被编入郫县民兵应急救援队，担任第一突击队队长，于当日21时随救援队进驻极重灾区都江堰市开展搜救工作。

5月15日11时，在都江堰市煤气公司家属区一栋倒塌的楼房废墟现场，吊车正在搬运一根5米多长的水泥横梁，余震突然发生，吊运的水泥横梁掉了下来，一股刺鼻的气味立刻弥漫在空气中。正在清理现场的胡军马上意识到这是有毒气体泄漏。他一边掏出挎包里的毛巾，浇上水系在脸上，一边高喊“大家后撤，熄灭明火”，并迅速冲到横梁下落的地方，用手扒开碎石块，寻找泄漏源。经过近30分钟搜寻，胡军冒着中毒、被炸伤的危险，成功将一个已经被建筑物挤压变形的汽油炉和一个正在泄漏的液化气罐搬运到空旷的安全地带，交由赶来的消防人员处理，有效地保护了现场120多名群众和救援人员的生命安全。

5月18日9时30分，正在走马河边集结待命的胡军突然听到“有人掉进河里了，快救人”的呼叫声，顺着人群手指的方向，胡军发现在上游大约200米处，一个人时隐时现地在水中挣扎。因为连续降雨，湍急的河水里暗流漩涡随处可见，夹带着大量的泥沙、折断的树枝和破碎的家具等杂物快速向下游袭来，而下游不远处就是五斗渠水电站，那里正在开闸泄洪，发电机组正在运转，如果人被冲进水闸里，后果将不堪设想。胡军来不及多想，连迷彩服、胶鞋也顾不上脱，纵身跳下距站立点足有7米落差的水中，游了300多米靠近落水者后，胡军搂住落水者的脖子，使劲往岸边游去。经过近20分钟的奋力抢救，终于将落水者救上岸，而上岸处距下游水电站已不足200米，很多群众都情不自禁地为胡军鼓掌叫好。

在连续奋战中，胡军的右手被钢筋扎入近1厘米，左小腿被楼板角刮掉长达18厘米的一条肉，右脚第三根脚趾趾甲被石块砸掉。为了抢时间，胡军没有停下来休息，硬是忍着疼痛在废墟中奋战了九天九夜，辗转6个坍塌现场，救出8名幸存者，挖出8具遇难者遗体。

胡军的感人事迹受到地方政府、人民群众的高度赞扬，被称赞为“英勇无畏的好战士”。成都市政府、成都警备区抗震救灾指挥部、郫县人武部、郫县民政局专门致函胡军所在部队为他请功。

2008年6月，胡军被所在部队记一等功；10月7日，被中共中央、国务院、中央军委授予“全国抗震救灾模范”荣誉称号。

王洪国

1968年3月出生，湖北随州人。中共党员，大学本科学历。1987年11月入伍，解放军66150部队部队长，上校军衔，兼任国家地震灾害紧急救援队总队长。

汶川特大地震发生后，王洪国带领救援队员紧急赶赴灾区，从5月13日凌晨开始，顾不上长途奔袭的疲劳，连夜冒雨展开救援。

救援队到达都江堰后，国务院总理温家宝点名要求国家地震灾害紧急救援队前往都江堰市新建小学实施救援。救援队在新建小学营救幸存者赵其松、李雨晴、唐新月时，温家宝赶来深情叮嘱：“一定要把孩子救出来，千万要小心，别伤着孩子。”王洪国带领队员迅速清理幸存者周围的杂物，协调地方单位吊车吊起楼板，经过7个小时的连续战斗，终于将3名小学生救出。在绵竹市汉旺镇东汽救援现场，王洪国带领队员在倒塌的中学教室里救出被埋压在废墟深层的11名学生。

在东汽救援时，专家综合楼完全坍塌，进入废墟施救十分危险。王洪国创造性地采取“笼式救援法”，利用现场器材就地制作一个三面封闭、一面开口的“笼屉”状救援器材，为施救队员和幸存者提供一个相对安全的空间。经过62小时连续奋战，共救出幸存者8人，其中包括两名专家。

在都江堰市聚源中学救援被埋在叠压的3层楼板下、双腿被水泥板和砖块死死卡住的女学生高颖时，大的救援设备容易给幸存者造成二次伤害，人工救援又无从下手。有人建议用截肢方式实施救援，王洪国断然拒绝道：“这孩子一生还有很长的路要走啊，只要有一线希望，就要竭尽全力去实现！”在巨大的压力下，王洪国坚持站在救援通道前指挥救援，在关键时刻进入废墟施救。经过10多个小时的艰苦奋战，经历近20次有感余震，高颖终于被成功救出。

在超过“救援黄金时间72小时”后，王洪国始终坚持不放弃、不抛弃，用救援队百分之百的努力，带领队员在搜索过多次的废墟里，一遍又一遍地检测、搜索。在救援黄金时间过后的5天里，他们仍然成功救出9名幸存者，其中就有被困78小时的董晓红、被困101小时的陈晏、被困146小时的沈佩云、被困164小时的李明翠、被困179小时创造“生命奇迹”的马元江。

抗震救灾期间，王洪国带领救援队官兵转战极重灾区都江堰、绵竹、汶川、北川等地的48个作业点，连续奋战18天，成功救出埋压在废墟深处的幸存者49名，挖出遇难者遗体1080具，协助其他救援队确认定位幸存者300多人。

2008年10月7日，王洪国被中共中央、国务院、中央军委授予“全国抗震救灾模范”荣誉称号。

王　昕

女，1980年7月出生，辽宁朝阳人。中共党员，大学本科学历。1998年12月入伍，北京军区总医院急诊科护师，专业技术11级。

汶川特大地震发生后，北京军区总医院根据命令，迅速组建“华益慰抗震救灾医疗队”。王昕在母亲生病无人照看的情况下，主动要求参战，于5月14日随医疗队奔赴灾区抗震救灾。

在向灾区挺进过程中，王昕主动加入突击队，背着20多公斤的药品和食物，冒着生命危险，跋山涉水昼夜兼程，克服重重困难和种种险关，历时10个小时赶到受灾严重的汶川县漩口镇，迅速展开救援；随后，又冒着余震不断、山体滑坡等危险，先后到都江堰市向峨乡和汶川县水磨镇、映秀镇救援。在长时间的奔波中，王昕始终和男官兵一样，没有喊过一声苦，叫过一声累，掉过一次队。经王昕护理过的灾区群众，总是满意地向她竖起大拇指，称赞她是个好护士。王昕还不顾路途遥远，和带队医生进村入户，深入老乡家中巡诊，先后救治受灾群众300多名，受到当地群众的赞扬。

在灾后重建阶段，王昕奉命进驻都江堰市幸福社区医疗点。该医疗点共住有1.2万余名受灾群众，医疗护理工作量非常大。王昕不顾自己连续参与救治后的疲劳，充分发挥个人技术优势，细心热情地指导社区医护人员开展工作，积极进行业务帮教，在很短的时间内，就将自己所熟悉的知识和技术毫无保留地传授给了当地的医护人员，缓解了医疗点的救治压力。在带队医生的指导下，王昕还积极为灾区群众设计建立了家庭健康档案和个人疾病档案，挨家挨户进行健康登记，有问题的就立即通知医生治疗，有效避免了传染病等疾病的发生。王昕还主动加大工作量，上门对50位高血压病人进行血压监测；注意了解灾区群众的心理状况，对他们进行心理疏导和科普宣传，有效缓解了灾区群众的恐惧心理。社区有一位78岁老太太在地震中失去大女儿，她带着智障的小女儿和未成年的外孙，日子过得非常艰难。王昕主动上门为老人一家进行心理疏导，还掏出身上仅有的300元钱，希望能够帮助她们渡过难关。最后通过多方面努力，老人终于恢复了生活的信心，脸上露出了久违的微笑。王昕还对一位家中无人照顾、患有脑血栓后遗症的卧床老人进行生活护理，在她的精心照顾下，老人身体状况有了很大改观，受到社区居民的称赞。

2008年9月，王昕被卫生部、食品药品监管局、中医药局、总后卫生部授予“抗震救灾医药卫生先进个人”称号；10月7日，被中共中央、国务院、中央军委授予“全国抗震救灾模范”荣誉称号。

郑永军

1973年2月出生，河北唐山人。中共党员，硕士研究生学历。1990年12月入伍，解放军第261医院医务处副主任，少校军衔。

汶川特大地震发生后，作为第261医院抗震救灾医疗队副队长的郑永军，想得最多的是如何尽快让受伤群众脱离生命危险。医疗队抵达四川灾区后，在陆路交通受阻的情况下，经请示上级同意后，郑永军毅然带领10名突击队员，乘坐冲锋舟向交通最为困难的汶川县漩口镇开进。水路中断后，郑永军又带领突击队员每人背着20余公斤重的背囊，徒步行进10多公里，进入受灾群众聚集点，迅速建起医疗救援站，抢救受伤群众。

郑永军积极发挥自身的专业优势，勇于为受伤群众排忧解难。5月26日22时左右，汶川县信访局副局长任勇因咽部感染，呈现呼吸困难、浑身发热、寒战、说话困难等症状。经郑永军诊断后，采取穿刺、输液、物理降温等措施实施紧急治疗，并制订专门的治疗方案，使任勇的病情得到有效控制。27日，中共中央政治局常委李长春到映秀镇慰问躺在病床上的任勇时，任勇激动地说：“是北京来的解放军救了我！”在汶川县映秀镇，一位名叫李纯的老人，因小腿被砸伤没有得到及时救治，伤口开始恶化，充血脓肿，郑永军当即决定就地实施切开引流手术。20分钟后手术获得成功，老人恶化的病情得到了有效控制，这也是郑永军第一次把大地当作手术台、第一次双膝跪地实施的手术。抗震救灾期间，郑永军带领医疗队员与死亡对决、与疫情抗衡，先后巡诊受伤群众2800余人、门诊2000余人，出色地完成了医疗救援任务。

抗震救灾中后期，为确保参加抗震救灾官兵的心理健康，摸索心理治疗小分队的救援模式，郑永军主动与医疗队和医院领导沟通协调，充分利用医疗队员中心理专家的医学专业技术优势，通过心理量表测评、心理咨询、集中授课、实施一对一心理干预等途径，在救援部队中开展心理治疗，先后使1200多名官兵从心理上走出了地震的阴影。

在灾区68天里，郑永军始终把加强医疗队的作风建设作为一项重要内容来抓。针对医疗队员与灾区群众接触多、使用群众生产物资多的实际情况，郑永军主动与医疗队其他领导一起研究制订了《群众纪律十不准》《抗震救灾医疗规范》《人员、车辆、医疗器械管理规定》等措施，注重从思想上、制度上、行动上管控好医疗队员的一言一行，努力从一点一滴中树立和维护好解放军医疗队情系灾区、患难与共、严于律己、服务人民的良好形象。

2008年9月，郑永军被卫生部、食品药品监管局、中医药局、总后卫生部授予“抗震救灾医药卫生先进个人”称号；10月7日，被中共中央、国务院、中央军委授予“全国抗震救灾模范”荣誉称号。

范鹏斌

1979年7月出生，陕西周至人。中共党员，大学本科学历。1998年9月入伍，解放军68212部队84分队分队长，上尉军衔。

5月13日11时，接到出动命令后，范鹏斌指挥分队仅用30分钟就完成了应急准备，带领95名官兵随部队迅速赶赴甘肃南部的文县灾区。

在文县碧口镇碧峰村实施救援时，倾斜的危房在突然袭来的余震中倒塌，范鹏斌立即带领8名战士用手、棍子等简单工具，将受困的2名群众救出。经过连续24小时的奋战，碧峰村的730多名受灾群众得到临时安置。当了解到当地不少孩子家中受灾，学习和生活条件非常艰苦时，范鹏斌倡导为11名受灾严重、家庭经济困难的学生办理“爱心存折”，组织党员干部接力帮扶，每月资助50～100元，直到孩子们完成学业。

碧口镇的麦子因为成熟得较早，被称为“甘肃第一镰”。由于受灾群众一直忙于抢救物资和预防余震，无暇顾及田里成熟的小麦，1333公顷成熟的小麦眼看着就要丢在地里。范鹏斌与分队干部商量后，带领分队官兵经过两天的紧张抢收，帮助9户孤寡老人收完麦子。范鹏斌主动和文县中庙乡后渠村党支部联系，协助受灾群众建立临时安置示范村。3天后，第一个崭新的示范村建成，每家都有储藏室、厨房，还为示范村设置了党员活动室、医疗卫生服务点、“三孤”人员救援点、澡堂、厕所等11项配套设施，实现户户通水、通电、通路，被群众和当地政府亲切地誉为“爱民村”“幸福村”。此后十几天里，范鹏斌又带领分队95名官兵走遍受灾严重的8个行政村2100多户，救助群众1万余人，抢修道路20多公里，运送救灾物资40余吨，抢收粮食3万公斤、茶叶800多公斤，抢出群众现金10万余元。

5月17日，分队接到当地政府通报，离碧口镇20多公里的范坝乡由于公路大面积塌方，成为“孤岛”，3万名群众与外界失去联系。范鹏斌带领分队官兵作为先遣队，携带食物和药品，从碧口水库出发，沿着江水逆流而上。船搁浅后，又冒着随时会掉入山崖或被山石砸伤的危险，经过3个多小时的艰难跋涉，赶到与外界隔绝80多个小时的范坝乡。看着村民房屋全部倒塌，生活用品一无所有，范鹏斌立即组织官兵把携带的食物和药品分发给受灾群众。他用卫星电话向上级报告灾情，为指挥部制定后续救援方案提供了依据。

2008年10月7日，范鹏斌被中共中央、国务院、中央军委授予“全国抗震救灾模范”荣誉称号。

陈国雄

1971年8月出生，湖北汉川人。中共党员，大学本科学历。1989年3月入伍，解放军68222部队副部队长，少校军衔。

5月21日接到抗震救灾命令后，陈国雄带领282名官兵和50台各型车辆，驰援康县灾区。部队所属3个分队分布在康县境内跨度达160公里的阳坝镇、长坝镇、寺台乡和迷坝乡4个点位，山高路远，交通困难。为实施有效指挥，陈国雄坚持每天打电话详细了解各点位救灾情况，每两天到各点位查看一遍，指挥排险，和官兵一起搬运木头、拆除危房。部队在外执行任务，生活保障十分重要。陈国雄6次带车行程1300余公里，把米、面、油、蔬菜、肉类送到每个分队。每到一处新任务点，陈国雄首先与地方领导取得联系，带人进村入户调查了解灾情，对每个村的受灾情况、生活状况、思想反映、存在困难做到了如指掌。一次，陈国雄走进王坝乡李家庄村东庄社张成汉家中和老人聊起了家常，令老人惊奇的是，这位从未谋面的部队领导竟对他家的人口、财产损失等情况悉数道来，老人感动得流下了眼泪。

抢险救灾中，陈国雄要求团卫生队坚持每天巡诊。部队到达灾区后巡诊38次，所设固定医疗点接诊1250人次，输液850人次，发放救灾药品价值约2万余元。陈国雄深入多所乡村小学实际考察，带领官兵搭建“帐篷学校”5处，搭建帐篷33顶，解决了1275名学生上课难的问题；还专门指派一名副分队长带领6名炊事员为60名离校30公里以上的毕业班学生按每天10元的标准提供伙食，为每个学校选派2名大学生干部担任校外辅导员。6月8日是端午节，陈国雄派人专程接来王坝乡中心学校54名家庭受灾的住校学生、李家庄社2名“三孤”人员及10户家庭受灾严重的群众，为他们准备了丰盛的饭菜和热腾腾的粽子。陈国雄还组织思想理论骨干成立6个宣传小分队，宣传国家抗震救灾政策和党的富民政策，鼓励群众配合当地政府重建家园。在王坝乡，陈国雄组织部队与地方基层党组织开展“联建共促”活动，从健全组织、明确分工、规范制度入手，开展军地党员结对子、集体学习、体会交流、挂牌上岗等活动，帮助各村党支部提高领导能力。

抗震救灾期间，陈国雄带领抗震救灾官兵清理危房142户658间15万平方米、木料3万余根、房瓦60万余片，新修道路18公里，整修道路15公里，抢救家具750余件、各类车辆28台，转移群众财产价值55万余元，搭建救灾帐篷386顶，为康县3000多名受灾群众提供了生活便利。

2008年10月7日，陈国雄被中共中央、国务院、中央军委授予“全国抗震救灾模范”荣誉称号。

李　愿

1986年4月出生，四川汶川人。中共党员。2006年12月入伍，解放军68222部队84分队班长，上等兵军衔。

汶川特大地震发生后，李愿家中房子全部倒塌，爷爷、奶奶遇难。李愿化悲痛为力量，积极投入抗震救灾，尽力为灾区群众分忧解难，把仅有的1035.8元现金全部捐给灾区。在随分队到康县王坝乡搭建“帐篷学校”时，李愿又拿出部队发放的3000元汶川籍家庭受灾战士慰问金，捐赠给10名家庭困难的学生每人100元，拿出2000元资助2名失学儿童。76岁的长坝镇付坝村村民张步杨夫妇没有子女，地震使家里两间房子成了危房，李愿和战友主动给他们搭建帐篷，每天抽时间去帮他们做家务。张步杨老人由于身体受伤行动不便，李愿帮老人搓背洗头，做饭刷碗，叠被洗衣，用自己的津贴为老人购买生活用品。

在“进村入户”搜救阶段，李愿每天了解村民的受灾情况和思想反映，先后走访受灾家庭137户，用自己的切身经历安慰开导群众，用党和国家的赈灾政策鼓励灾区群众，帮助他们鼓起重新生活的勇气，帮助500多名有思想顾虑的受灾群众树立重建家园的信心。付坝村村民张一棍家的5间房屋在地震中全部倒塌，李愿一有时间就找张一棍谈心，讲党和政府对灾区人民的关心，讲自己的亲身经历，使张一棍重新点燃生活的希望。

5月25日，在长坝镇水草坪村拆除危房时，余震再次袭来，四面危墙东摇西晃，屋顶随时可能垮塌。李愿看到墙角一小男孩被吓得一动不动，便迅速抱起小男孩跑出危房，房顶随即垮塌，小男孩得救。李愿在为山根小学搭建帐篷时突然中暑，战友把他送到卫生队。吃过药，喝了些水，李愿又出现在搭建帐篷的操场上。为了迅速抢通受阻道路，李愿抡大锤、背沙石，一天下来腰酸腿疼，手指发抖。李愿和战友们不顾疲劳连续作战，前后帮助村民拆除危房65户320间，搬运木料上万根，清理瓦片3.6万余片，排除重大险情12次，搭建帐篷200顶，修建道路2000米，抢出家具1200多件，交付挖掘出的现金和存折价值10万元。

6月1日，李愿在康县王坝乡李家庄村驻训点担任安全员，负责营区执勤。10时，中央军委主席胡锦涛来到驻训点考察。得知李愿家就在汶川县映秀镇，胡锦涛和李愿握手后问道：“家里情况怎样？亲人还好吧？”李愿说：“父母平安无事，家中房屋全部倒塌，爷爷奶奶去世，爷爷的遗体至今还未找到。”胡锦涛再次握住李愿的手，语重心长地勉励他：“你在失去亲人的情况下，仍然坚守岗位，展现了一名军人的本色，我为你的成长进步感到高兴！”李愿坚定地回答道：“请主席放心，我会牢记您的嘱托，立足本职，发奋努力，做一名永葆革命本色的合格军人。”

2008年6月，李愿被兰州军区表彰为“抗震救灾先进个人”，荣立二等功；10月7日，被中共中央、国务院、中央军委授予“全国抗震救灾模范”荣誉称号。

孙德凌

1979年6月出生，山东济南人。中共党员。1995年12月入伍，解放军68331部队48分队政治指导员，中尉军衔。

汶川特大地震发生后，孙德凌带领修理保障分队随部队到汉中执行灾后重建任务，主要负责分散在2个县11个点位上执行任务的车辆装备维修保障任务。分队到达灾区后，针对任务区点多线长的情况，孙德凌将分队分成9个维修小组，按任务点划分为11个党小组，按任务区确定了7名责任人，并连夜组织人员在重要路段和任务区开设3个定点维修点、2个巡回维修点和2个随队维修点。第二天天刚亮，孙德凌又带领修理人员深入各任务区，逐车逐机械对油路、电路、刹车和机件等进行检修，直到次日1时，都没顾上吃一口热饭。

6月21日，部队组织拆除郭镇镇梅家院危房时，余震不断，危房随时都有可能倒塌。接到任务后，为帮助群众把地震造成的经济损失降低到最低程度，孙德凌组织分队干部和技术骨干，对每栋危楼（房）进行逐一勘察，反复论证，摸清危房结构、损坏程度、场地条件、进出道路、周边环境等情况，制订科学合理的拆除方案，及时调配人员、机械，配合部队拆除危房。

拆除危房中，孙德凌带着党员突击队冲在最前面，一边喊着号子指挥官兵拆房，一边观察着房屋。忽然，危房剧烈摇摆，大地开始颤动，余震又来了！一根碗口粗的木梁猛地向人群砸了过来。孙德凌将身旁的战士一把推开，木梁划过孙德凌的右臂，又重重地砸在他的脚背上，铁钉刺破胶鞋扎进脚里。指挥部领导要求孙德凌停止工作马上止血检查，可倔强的孙德凌硬说不碍事，坚持留在现场，指挥房屋拆除，部队领导只得让官兵将他硬拖出施工现场。刚过3天，孙德凌又活跃在了施工第一线，拆危房、清垃圾、转运物资、搭设帐篷，随处都能看到他挥动着的小旗，听到他响亮的号子声。

孙德凌带领的分队在执行抢险救灾和灾后重建任务中，共抢修通用车辆39台次、工程机械10台次，维修保养通用车辆450余台次、工程机械30余台次，加工吊钩4套、部件1000余件，拆除危房149间约2682平方米，回收整理瓦片69512余片、砖块1.83万余块，清运建筑垃圾205车约2000立方米，搬运原木4890根、木板814块，转移粮食1.2万公斤，搬运群众生活杂物2267件（套），铺设道路5.4公里，开挖排水沟3160米，协助地方政府搬运、卸载救灾帐篷4000顶，帮助灾区群众清除杂草0.4公顷，开挖地基2850立方米。

2008年10月7日，孙德凌被中共中央、国务院、中央军委授予“全国抗震救灾模范”荣誉称号。

钟建文

1966年5月出生，湖北新洲人。中共党员，大学本科学历。1985年6月入伍，解放军69008部队副参谋长，上校军衔，特级飞行员。

5月14日上午，作为甘肃陇南方向712直升机带队机长，钟建文带领机组人员在参加第一批向陇南灾区运送食品、药品和医疗设备等急需救灾物资任务中，克服飞行环境和气象条件复杂等各种困难，经过一个多小时的艰难飞行，终于到达武都区以东5公里的东江镇。下午，正当712机组成员卸完物资、准备返航时，得知附近有4名抢救出来的伤员脑部和脊柱严重受伤，急需转移治疗。钟建文一边向指挥中心报告，一边组织人员小心翼翼地把4名伤员托上飞机。飞行途中，一名伤员因高空缺氧，生命危在旦夕。要保证伤员生命安全，就必须降低飞行高度，但在山区飞行，高度每下降一米，风险就增大一分。为了挽救伤员的生命，钟建文将飞行高度从3600米一直下降到2600米，终于安全把伤员送到天水医院。

5月17日下午，712机组奉命向文县尚德镇运送救援物资。飞机刚进入山区，气象雷达就显示红色预警，前方出现对流云，而且正在发展之中。转眼间，天色暗淡下来，气流越来越猛，飞行操控越来越难。这种情况下，只有降低飞行高度才能保持稳定状态，但下降速度过快，会使直升机失速，导致发动机停车；下降速度过慢，可能进入对流云，后果不堪设想。危急时刻，飞机前下方出现了一个云洞，钟建文抓住时机，驾机对准缺口猛地俯冲下去，强烈的失重使大家几乎从座位上飘了起来。进入峡谷后，天下起了雨，能见度更低，峡谷两侧山高壁陡，最窄处不足100米，稍有不慎就会撞上山体。直升机紧贴着山体，左右避让，艰难地向前飞行。就这样，直升机穿云破雾，在长长的山谷中飞行，在狭窄的山峰间回转，在强烈的气流中颠簸，将一批又一批救灾物资及时送到灾区。

5月19日，712机组再次担负向文县碧口镇、中庙乡运送物资任务。飞机起飞不久，天气转阴，雾气蒙蒙，能见度仅有500米左右。落点附近的碧口发电站，高压线高低交错，钟建文一点一点修正航向，一米一米向下降落。经过40分钟的空中盘旋，终于在两条相距150米、高差30米的高压线中间划了一道“S”形弧线，擦着高压线成功着陆。

抗震救灾中，钟建文带领机组累计安全飞行98架次、118小时4分钟，运送伤员、医护人员等103人次、物资42吨，以实际行动践行了“不忘人民养育恩、为了人民敢献身”的庄严承诺。

2008年6月，钟建文被兰州军区表彰为“抗震救灾先进个人”；10月7日，被中共中央、国务院、中央军委授予“全国抗震救灾模范”荣誉称号。

韩嵩梅

女，1971年6月出生，陕西富县人。中共党员。1989年3月入伍，解放军第323医院五官科护士长，专业技术10级，文职5级。

5月14日，韩嵩梅接到命令，随医疗队火速赶赴四川灾区执行抗震救灾任务。15日中午，医疗队奉命徒步进入与外界隔绝3天的绵竹市金花镇开展伤员救治和防疫洗消工作。金花镇距医疗队大本营20多公里，都是山路，又赶上雨天，很多路面不是被塌方的土石埋压，就是被泥石流覆盖，行走十分困难，体力消耗极大。准备背囊时，为了尽可能减少负重，韩嵩梅偷偷取出大衣、洗漱用品，连换洗的衣物都留在了大本营，只带上被子、雨披和一天的干粮，空出来的地方全装上药品。到金花镇后，韩嵩梅和队员巡诊时，在废墟里发现一名83岁的老人，便拿出自己的方便面、饼干和水送给老人，并主动承担起照顾老人生活的责任。每天，韩嵩梅提前起床，给老人端水送饭，经常利用休息间隙陪老人聊家常，为老人洗头、洗脚、修剪指甲，直到老人的孙女从外地赶回来。老人孙女看到老人得到很好的照料，拉着韩嵩梅的手，激动得一句话也说不出来。

与医疗队同驻金花镇的另两支部队的2200多名官兵，战斗在抗震救援抢险的最前沿，任务艰巨，环境艰苦，危险性大。韩嵩梅和队员就轮流巡诊，了解官兵患病和受伤情况，及时给他们包扎伤口、更换药包，受到官兵一致好评。

在医疗队驻扎的地区，学校房屋大部分在地震中倒塌，孩子们在地震中有的失去家人，有的终身残疾。看到这种情景，韩嵩梅和队友主动走到孩子们中间，给孩子们讲故事、做游戏、讲卫生知识、做心理疏导，用热情的话语鼓励孩子，尽自己最大的努力消除地震在孩子心中造成的阴影。6月8日，与金花镇仅一河之隔的什邡市红白镇“帐篷小学”复课，韩嵩梅又和3名女队员赶到学校，担当校外辅导员，对幸存的小学生进行心理辅导和卫生知识讲座，深受当地群众的好评。

2008年6月，韩嵩梅被兰州军区表彰为“抗震救灾先进个人”；8月，被共青团中央、全国青联授予“全国五四青年奖章”；9月，被卫生部、食品药品监管局、中医药局、总后卫生部授予“抗震救灾医药卫生先进个人”称号；10月7日，被中共中央、国务院、中央军委授予“全国抗震救灾模范”荣誉称号。

朱望东

1962年5月出生，山西永济人。中共党员，大学本科学历。1986年7月入伍，解放军第451医院医学影像科主治医师，专业技术8级，文职3级。

汶川特大地震发生时，朱望东的母亲已被确诊为淋巴癌晚期，得知医院要组建医疗队赶赴灾区的消息，朱望东没有犹豫，立即找到医院领导，强烈要求参加抗震救灾医疗队。朱望东说：“自古忠孝难两全，我固然是母亲的儿子，但我更是一名党员、一个军人、一个医生。国家遭此大难，一个有血性的军中男儿，就是要冲锋陷阵，牺牲奉献。”朱望东的请求被批准了。他告别母亲，义无反顾地登上了前往灾区的飞机。

到达地震极重灾区彭州市龙门山镇银厂沟后，朱望东和战友顾不得一路奔波的疲惫，冒着频频袭来的余震，不到20分钟就建起了临时野战医院，迅速展开紧急救治。5月22日晚，朱望东的母亲病情突然恶化，虽经全力抢救，还是离开了人世。第451医院院长、政委打电话让朱望东回去见母亲最后一面，另派其他人替换他。当带队的副院长阎自强把院领导的决定告诉朱望东时，他强忍悲痛，跪在一片废墟上，面朝西安方向，给母亲深深地磕了3个头，然后对阎自强说：“眼下灾区洗消防疫任务十分紧迫，我是组长，我有经验，灾区需要我。我已经失去了母亲，我再不能失去拯救更多母亲的机会，在节骨眼上我不能回去，母亲在九泉之下会理解我的。”洗消防疫组主要承担方圆20多公里地域和出入车辆、人员的洗消防疫任务。作为组长，朱望东每天早出晚归，超负荷工作，脚上磨出血泡，回到营地，连鞋袜都脱不下来。抗震救灾期间，朱望东带领队员为灾区3000多户群众进行了防疫指导，消毒房屋帐篷上万间，检测饮水食品53份，处理垃圾场所34个，清除面积超过100平方公里，为确保当地不发生疫情发挥了重要作用。

医疗队营区旁边有一户人家，地震中房屋全部倒塌，只剩下老太太孤身一人。一天傍晚，朱望东看见老人家一个人在废墟旁拾柴做饭，便回到帐篷拿出自己的方便面，到老人身旁陪她吃了一顿饭。朱望东母亲去世后，兰州军区、分部领导机关和医疗队的战友给朱望东捐助了5000元钱。第二天，朱望东便揣上那5000元钱，找到当地政府有关部门，把钱全部捐给了灾区。

2008年6月，朱望东被总政治部表彰为“抗震救灾优秀党员”，被兰州军区表彰为“抗震救灾先进个人”；9月，被卫生部、食品药品监管局、中医药局、总后卫生部授予“抗震救灾医药卫生先进个人”称号；10月7日，被中共中央、国务院、中央军委授予“全国抗震救灾模范”荣誉称号。

庞　军

1964年10月出生，甘肃陇南人。中共党员，大学本科学历。1980年10月入伍，成县人武部部长，上校军衔。

汶川特大地震发生后，成县通信全部中断，无法与外界取得联系，群众的生产和生活设施严重受损，滑坡、塌方随处可见。面对特大灾情，庞军一边组织人武部人员紧急疏散，仔细检查民兵武器装备仓库安全状况，一边会同县委、县政府紧急启动应急预案，迅速组织民兵投入抗震救灾，转移群众、搭建帐篷、维护治安。

5月13日6时30分，在距县城5公里处，一辆中型卡车被塌方的石块埋压，车内人员伤亡不明。7时5分，庞军带领30名民兵应急分队队员火速赶到出事现场组织营救。经过近一个小时的奋战，两名遇险群众获救。

县委分工庞军负责成县受灾最重的镡河、宋坪等乡（镇）35个村的抢险救灾工作。庞军带领人武部机关人员和县直有关单位负责人深入一线查看灾情，走访慰问，及时协调民政局为镡河乡送去200袋大米、200袋面粉、200床被褥、200支手电筒等生活必需物资，稳定了灾区群众情绪。当了解到成县土蒿村部分村民对灾后恢复重建意见不统一的情况后，庞军立即赶往土蒿村深入村社，召开10多次村民会议，耐心细致地做好思想工作，统一了村民的意见。

抛沙镇广化村有一座高约30米的烟囱，地震受损后摇摇欲坠，砖块不时掉落，严重威胁着周围几十户居民及过往行人的生命和财产安全，情况十分危急。庞军带领民兵突击队赶赴现场，将烟囱周围的几十户村民疏散到安全地带，冒着生命危险第一个爬上烟囱进行人工拆除，经过近3个小时的连续奋战，险情被排除。

6月12日，庞军主动请缨成立成县民兵工程机械突击队，带领突击队员，先后在抛沙镇转湾村、黄陈镇苇子沟村等16个村社拆除危房3200多间，清理废墟2万多立方米，平整重建场地37公顷，抢修通村道路28公里，疏通水渠2公里，为重建户运送建筑材料3万多吨，为灾后重建发挥了重要作用。

为了组织抗震救灾工作，庞军顾不上回武都看望遭受地震灾害的父母，始终带领民兵冲在抗震救灾第一线；先后组织民兵5万多人次，动员地方车辆410多台次，救出伤员129人，转移群众6200余人，搬运救灾物资637吨，搭建帐篷和防震棚1700多顶；组织民兵从废墟抢挖被压粮食5万多公斤，抢收小麦和油菜653公顷，打碾粮食2万多公斤，点播黄豆、蔬菜等农作物140公顷，搬运群众财物上万件。

2008年9月，庞军被兰州军区表彰为“民兵预备役部队抗震救灾先进个人”；10月7日，被中共中央、国务院、中央军委授予“全国抗震救灾模范”荣誉称号。

张静龙

1982年8月出生，河南鹤壁人。中共党员，大学本科学历。2000年12月入伍，解放军71622部队41分队班长，二级士官军衔。

汶川特大地震发生后，正在家中休假的张静龙主动给分队打电话，得知部队将奔赴四川灾区抗震救灾的消息，便匆匆告别父母，连夜返回部队。5月14日11时30分，张静龙随部队第二梯队奔赴救灾一线。在列车上，张静龙向分队党支部递交了请战书，坚决要求到最艰苦最危险的地方去。

5月15日凌晨，分队刚到达灾区就奉命前往彭州市九峰山执行搜救任务。张静龙带领全班人员赶到九峰山下洛河桥时接到群众报告：九峰山清凉寺有幸存者，急需救援。张静龙一边向分队报告情况，一边带领战士向清凉寺急行军。到达清凉寺后，只见寺庙大部分已垮塌，剩下的也摇摇欲坠。张静龙迅速组织战士冒着生命危险紧急搜救，经过紧张抢救，将一名被倒塌的横梁和墙体压住不能动弹的群众救出。

在回龙沟生死大营救行动中，张静龙3次找到分队长和指导员，主动要求充当尖刀班班长。在号称“死亡之谷”的回龙沟里，什么样的险情都可能遇到，尤其是走在最前面的尖刀班。张静龙刚进沟口，就被垮塌的天生桥和100多米的深谷挡住去路。张静龙让战友搬去两棵被巨石砸断的树干搭向对岸，然后把攀登绳系在自己腰间让战友们拉着，自己顺着树干向前爬行。当张静龙快挪到对岸时，余震突然发生，他一下子失去平衡，虽然他本能地抱紧树干，但身体却吊在了空中，战友们都惊呆了。余震过后，张静龙调整好呼吸，双脚勾住树干用力翻了上来，又开始爬向对岸。张静龙到对岸后，找来两根树干用绳子绑在一起加宽桥面，指挥战友们一个一个顺利通过。就这样，张静龙带领10名队员深入沟内20余公里，夜宿龙门禅寺，遭遇强余震、山体滑坡等多种险情，最终到达马松岭探明情况，为后续部队进入回龙沟开辟了通道。

6月15日下午，天空突然阴云遍布，一场大雨即将来临。张静龙所带班承包的董坪村7组仍有5户人家住在距离营区10公里外的山坡间，简易房还未完全搭好，群众很可能要淋雨。张静龙迅速向分队长请示前去救援。得到批准后，张静龙带领全班抬着帐篷一路急行军。冒着山体滑坡的危险，他们途中几次摔倒，又爬起来继续前进，终于赶到了村民所在地。看到正躲在残垣断壁下避雨的乡亲们，张静龙马上组织战士搭建帐篷，乡亲们深受感动。

2008年10月7日，张静龙被中共中央、国务院、中央军委授予“全国抗震救灾模范”荣誉称号。

唐青春

1973年1月出生，四川安岳人。中共党员，大学本科学历。1991年12月入伍，解放军71622部队47分队分队长，少校军衔。

5月13日8时，唐青春率领分队官兵携带20余台工程机械车辆，随部队第一梯队向四川地震灾区进发。在列车上，唐青春召集干部和技术骨干学习抗震救灾知识，研究救灾中可能遇到的困难与对策，制订了救援实施方案。

5月15日凌晨，部队一到达彭州灾区，唐青春就立即带着突击队在倒塌的残垣断壁中展开救援。工程机械车辆用不上，唐青春就和战友们用肩顶、用手刨，寻找着一个个生的希望。经过一整天的救援，从废墟中救出3名幸存者，掩埋了十几具遇难者遗体。唐青春和战友们的手指被磨得鲜血淋漓，但没有一人叫苦。

5月16日上午，上级命令该分队派出一个尖刀连去九峰山清凉寺搜救幸存者，政治教导员蒋德刚考虑到唐青春的手指被钢筋划破，便决定自己带队执行任务。唐青春却说："这点小伤不碍事，九峰山山高坡陡，清凉寺又位于险要位置，我是四川人，走山路我有经验。"话音一落就带人出发了。到达清凉寺门口，唐青春看到寺门已经倒塌，只有一个小口，便第一个钻了进去。在一个被横梁和墙体压得严重变形的柜子下，唐青春和战友们救出被困57小时的王敏成老人。

为尽快打通龙门山景区的道路，使大部队进入纵深搜救，上级要求该分队在24小时内把8公里长的道路全部打通。唐青春率领分队官兵充分发挥专业特长，动用9台大型机械，实行人机协同、分班轮流、昼夜连续施工的方法，经过18个小时的连续苦战，疏通受阻的8公里道路和通往回龙沟景区的300米险要路段，提前6个小时完成上级下达的任务。

在帮助团山村新科油化助剂有限公司抢运价值几千万元的设备和化工原料过程中，为防止大量的盐酸、硝酸等化学试剂外泄对周边环境和人员造成污染伤害，唐青春带领防化分队官兵迅速赶到现场排险。强烈的刺激使唐青春的眼角膜炎复发，不住流泪，但他仍坚持战斗。经过连续15小时的奋战，他们终于赶在第二天天亮之前，将90多吨化工原料、400多瓶化学试剂和生产设备安全转移，而此时唐青春的眼睛已肿得胀痛。由于得不到休息，唐青春在抗震救灾现场3次累得昏倒，每次醒来后又立刻投入战斗。

在灾后重建阶段，分队负责龙门山镇白水河社区1400多户倒塌房屋的清理和居民安置转移工作。为解决当地社区1000余名群众饮水困难问题，唐青春与分队官兵一起，每天定点定时把水送到村民家中，风雨无阻，一直坚持了两个多月。

2008年10月7日，唐青春被中共中央、国务院、中央军委授予"全国抗震救灾模范"荣誉称号。

李意政

1979年12月出生，四川北川人。中共党员，大学本科学历。1996年12月入伍，解放军71823部队28分队政治指导员，中尉军衔。

5月12日，已经买好火车票准备回家参加姐姐婚礼的李意政，被广播里传来的家乡发生强烈地震的消息惊呆了。13日凌晨，分队接到抗震救灾的命令后，李意政立即停止休假，随部队奔赴彭州抗震救灾。火车到达成都，李意政与父亲取得联系，知道姐姐和叔叔已经遇难，奶奶、母亲和二姑被砸成重伤住院。

5月15日凌晨，部队到达彭州市龙门山镇。李意政强忍失去亲人的悲痛，带着分队官兵前往九峰山搜救转移群众，当天就在废墟下救出5名幸存者，转移21名被困群众。在救援行动中，每当最危险的时刻，李意政总是第一个冲上去，几次险些被余震震落的楼板砸中。战友们劝他要注意安全，他却说："救出更多的群众就是对亲人最好的告慰！"

部队到达龙门山镇的第二天，李意政考虑到四川籍战士熟悉地形和风俗民情，便组织25名四川籍战士成立了川籍战士突击队，由李意政担任队长，成为抗震救灾的一支尖兵。5月16日上午，李意政带领突击队搜索至九峰村时，河对面一座倒塌的房屋引起他的注意。此时河面铁索桥上的木板所剩无几，要过桥十分困难。李意政组织战友把绳子连接起来拴在腰上，小心翼翼地到了河对岸。在对坍塌房屋进行搜救时，李意政忽然听到一阵微弱的敲击声。他准确判定幸存者的位置，安排4名战士用身体死死顶住墙壁，让2名战士不停地向里面喊话，自己则带着其他战士迅速清理废墟。一小时后，被埋90小时的幸存者被救了出来。在帮助宝山村9组村民转移物品时，一根碗口粗的椽子突然从屋顶掉了下来，战士钟志宇惊得不知所措。危急时刻，李意政猛地冲上前将小钟推开，自己却被重重地砸倒在地。

在"进村入户"搜救中，李意政带领川籍战士突击队，携带砍刀、绳索，在余震不断、道路塌陷、桥梁断裂的河谷间穿行20余公里，历时6个小时，进入银厂沟谷地最深处的燕子岩窝地域组织搜救。行进中，李意政身上多处被岩石、树枝刮伤，竟毫不知觉。

6月5日，李意政带领分队在朝阳村清理废墟时，了解到该村周树金老人双目失明，无儿无女，生活十分困难。李意政想起自己重伤住院的奶奶，禁不住泪流满面。随后他找到村长，签下了赡养老人的协议。

2008年10月7日，李意政被中共中央、国务院、中央军委授予"全国抗震救灾模范"荣誉称号。

夏世富

1959年10月出生，四川蓬溪人。中共党员，大学本科学历。1978年12月入伍，解放军71897部队部队长，大校军衔。

汶川特大地震发生时，夏世富所带的部队分别在8个外训点上训练。接到上级救灾命令仅两个小时，部队第一梯队482名官兵就在他的指挥下装载完毕。到达彭州市白鹿镇灾区后，夏世富顾不上休息，立即带领官兵展开搜救。

5月15日夜，夏世富接到都江堰市向峨乡村民报告，龙竹村道路被毁，300余名群众被困，没有粮食和水，受伤群众得不到治疗。龙竹村虽然不在他所在部队的任务区，但他认为人民群众的生命财产安全是没有界限的，二话没说，立即指挥已奋战了10多个小时的官兵赶赴向峨乡实施救援。夏世富带领官兵在被毁的山路上往返3次，转移受灾群众290多人，运送救灾物资3吨，转移受灾群众财物230余件，出色完成了救援任务。此次跨区营救行动，被《人民日报》、中央电视台、《解放军报》等媒体广泛报道。

为在有限的时间内抢救更多的生命，夏世富到达灾区后，每天只睡两三个小时。5月22日19时，夏世富刚从救灾现场回来，接到地方政府的紧急求援，请求部队赶在大雨之前为思文社区抢搭500顶帐篷。夏世富已连续5天没有睡个囫囵觉了，不顾其他领导的劝说，他再次带领部队赶往思文社区，一直奋战到23日3时，共整修场地4000多平方米，搭设帐篷570顶，使1500多名群众在大雨来临之前有了住处。29日中午，疲惫的夏世富刚躺下休息，指挥部接到彭州市求援电话，请求部队紧急卸载900余套活动板材。夏世富立即起床带领官兵赶往彭州火车站，在雨中奋战4个小时完成了板材卸载任务。

6月5日，夏世富了解到通往龙门村道路旁的悬崖上有几块巨石摇摇欲坠，威胁着路上行人和车辆安全，便组织官兵前往排险。由于附近山体已经松动，使用炸药爆破可能引起新的滑坡，夏世富冒着石头随时可能滚落的危险，带领官兵用棍撬、绳拉、镐刨，排除了安全隐患。

彭州市新兴镇中心学校的两栋教学楼震后成了危房，935名中小学生被迫停课。为了让孩子们早日重返课堂，夏世富指挥官兵利用救灾间隙在学校操场上搭建6顶帐篷，作为孩子们的临时教室；从废墟中刨出课桌椅，维修后继续使用；筹资5000元为孩子们购买了书包、书本、文具等学习用品；挑选5名大学毕业的干部担任课外辅导员，给孩子们提供学习辅导和心理疏导。在该部队官兵的帮助下，700多名学生复课，当地群众把这所“帐篷学校”称为“沙家浜希望学校”。

2008年10月7日，夏世富被中共中央、国务院、中央军委授予“全国抗震救灾模范”荣誉称号。

亓　春

1978年12月出生，山东莱芜人。中共党员，大专学历。1996年12月入伍，解放军71897部队63分队分队长，中尉军衔。

5月13日凌晨，亓春接到参加抗震救灾命令，简单地安顿了一下刚到部队一天、怀孕5个月的妻子，便随部队第一梯队向灾区进发。在开往灾区的火车上，他主持召开军人大会，带头立下生死状。受他的感染，分队官兵都立下生死状，坚定了完成抗震救灾任务的决心和信心。

5月15日晨，分队刚到彭州市白鹿镇，就接到解救被困在海拔2800多米高山上的三河店村16名老人的命令。亓春立即带领突击队，翻越6座高山，找到被困的老人。他组织官兵用竹竿、编织袋、椅子制作成简易担架，抬老人下山。在难以通行的陡坡上，亓春用自己的身体当滑板，托着老人一点点往下滑，胳膊、背部被山石划出几十道伤口。白鹿河上的桥梁被地震震塌，亓春就与战友们一起站在湍急的河水中，用肩膀顶住架在河上的独木桥，让老人从桥上安全通过。经过15个小时的连续奋战，将16名老人成功救出。

5月18日早上，分队接到赶往天台山搜救村民杨庭俊妻子的任务。天台山山高路险林密，救援难度很大。亓春带领22名战士组成突击队，在道路被泥石流堵死难以通行的情况下，带领突击队硬是在荆棘丛生的山上用刀砍出一条通路。经过6个多小时的艰难跋涉，在海拔1600多米的山上找到杨庭俊妻子的遗体。

5月21日，分队帮助白鹿中学抢救物品。学校教学楼严重裂缝，随时可能倒塌，校长担心发生意外几次要放弃，都被亓春劝回。看到亓春和战士们冒着生命危险一趟趟往外搬运物品，师生们被感动得流下了热泪。在亓春的严密组织下，分队将教室内所有贵重教学用品搬出，没有一个人受伤。

6月12日，亓春带领分队官兵帮助天台村群众搭建板房时，天气转阴，一场大雨即将降临，政府拨给天台村的救灾大米急需转入仓库。亓春带领官兵抓紧时间快速搬运，在快搬运完时下起了大雨，他组织大家用自带的雨衣包住大米继续搬运。经过3个小时奋战，官兵们将10多吨大米搬进了仓库。第二天，亓春就病倒了，高烧40度。

抗震救灾期间，亓春带领分队官兵在彭州市白鹿镇灾区担负紧急搜救、拉网排查、灾后重建等任务，搜救群众130余人，挖掘掩埋遗体15具，转移安置群众1700多人，转移贵重物品价值约160万元；挖出现金4万余元、价值20多万元的金银首饰，都如数交还给失主或当地政府，受到灾区政府和群众的称赞。

2008年10月7日，亓春被中共中央、国务院、中央军委授予“全国抗震救灾模范”荣誉称号。

郑雄荣

1978年6月出生，广东阳春人。中共党员，大专学历。1997年12月入伍，解放军71897部队43分队班长，三级士官军衔。

5月16日下午，郑雄荣随分队抢运彭州市通济镇宏元公司职工医院被埋在废墟中的药品。为了保证药品的安全，郑雄荣和战友们采取手刨、肩扛方式，连续奋战12个小时，直到17日凌晨才把药品从废墟中全部抢救出来。抢运中，郑雄荣在废墟中挖出一个保险箱，内有20多万元现金及大量麻醉药品，他及时交还给医院。回到临时驻地，郑雄荣正准备休息，有村民前来求援：距梓栢村6公里的山上有一户村民断粮几天了，急需抢救。郑雄荣报告分队领导后，立即带领本班3名战士前去送粮。他们每人背着40多公斤粮食，连续翻越3座高山，历时5个小时把口粮送到村民家中。郑雄荣回到分队后，因劳累过度、身体脱水而晕倒在地，在医院苏醒后又拔掉输液针头，悄悄返回分队。

得知通济镇花溪村一位村民家的存折被埋在废墟里，郑雄荣利用中午休息时间帮助寻找，几乎把整个废墟翻了一遍。这位村民看着郑雄荣非常劳累，实在不忍心，准备放弃，但郑雄荣却继续翻寻，最终在废墟的角落里找到了存有3681元钱的存折。

在灾后重建阶段，郑雄荣带领战士在通济镇姚家村等灾区搭建房屋。由于之前没有搭建过简易房，大家不知从何下手。“没有搭建过，咱们就自己发明创造。”在郑雄荣的带领下，一座座简易房不但建成了，而且越建越好。为使受灾群众在简易房里住得舒适，郑雄荣便琢磨给简易房搭个吊顶；灾区夏季雨水比较多，简易房里容易潮湿，他又琢磨着用竹子在简易房下面建了一个离地两尺的“地板”；简易房不通风，他就使用竹子编成墙。灾区群众看中郑雄荣搭建的房子样式，纷纷请求郑雄荣帮他们搭建。

5月25日，郑雄荣得知通济镇天生桥村周召芬老人唯一的儿子在地震中遇难，家里种植的0.2

公顷油菜急需收割的情况后，主动带领战士帮助老人收割油菜，还帮助老人建起了过冬的房子。郑雄荣了解到还有很多像周召芬老人这样的家庭分散在方圆十几公里高山上，便利用每次执行任务的机会，把收集到的那些老人或困难家庭的情况标在一幅简易地图上，并标注实施帮助的时间和内容，然后发给全班战士，使大家寻找起来十分方便，对每个困难家庭帮扶的情况也一目了然。这种简易地图被当地群众亲切地称为“爱心地图”。后来这种简易地图在其他抗震救灾部队也得到推广。

抗震救灾期间，郑雄荣先后在彭州市新兴镇、通济镇、军乐镇执行抗震救灾任务，协助转移群众107人，抢运药品价值40万元，搭建简易房36间。

2008年10月7日，郑雄荣被中共中央、国务院、中央军委授予“全国抗震救灾模范”荣誉称号。

李合起

1971年11月出生，河南范县人。中共党员，大专学历。1991年12月入伍，解放军71960部队21分队分队长，少校军衔。

5月15日下午，李合起带领官兵在彭州市通济镇春芽村执行搜救任务。一名妇女请求部队把她家危房里的粮食搬出来，李合起带头进入危房。在抢运粮食过程中，余震突发，房顶上一根碗口粗的木梁被震落砸下来，木梁下方的两名战士却没有察觉。李合起扔掉肩上的粮袋，迅速将两名战士护在自己身下，木梁正好砸在他背上，他当场昏迷，被送到医院。李合起仅在医院治疗了一天，又投入到救灾的战斗中。

5月16日，在白鹿镇北部偏远山村的大搜救中，李合起带领40名官兵组成先遣队，在余震频发、道路被阻、通信不畅的情况下，连续翻越3座海拔2000米以上的险峰，突破有着“鬼门关”之称的玉梁关，为部队开辟了一条救援通道，打通了三河店村与外界的联系，为部队解救12名幸存者和转移240多名被困群众创造了条件。

5月17日，部队接到小鱼洞镇罗原社区群众求援：社区邓家大院汽修厂的乙炔罐和氧气瓶被埋在震塌的厂房下，乙炔开始泄露，随时有爆炸的危险。李合起带领官兵前往排险。为了探明情况，李合起钻进坍塌的废墟中仔细勘察，发现乙炔罐被一堆垮塌的预制板压在下面，靠人力难以移动，随即请示上级派来吊车辅助作业。为防止出现意外，他指挥吊车小心吊起楼板，再指挥大家把乙炔罐搬到安全位置。经过4个小时的紧张作业，87个乙炔罐、氧气瓶被全部安全转移。

李合起早出晚归，走遍了彭州市九峰山的龙定、春芽、崇德、景山等6个行政村。他每次进村都仔细询问受灾情况，每拆一间危房都要把村民的财物从废墟中清理出来，再把防震棚搭建好。在恢复重建阶段，李合起摸索总结出的“干部探路、小股进入、机械在前、快进快出”拆房方法效果明显，被推广到其他救灾部队。

部队宿营地周围毒蛇、毒虫较多，李合起买来驱虫药，在营房周围撒上石灰粉。他认真做好卫生防疫、饮食和住宿安全管理，逐箱、逐盒查看主副食品卫生状况，深入到班、排了解病号情况。军区心理专家在与分队战士谈心时，战士反映说："我们分队的干部是我们战士安全的保护神，每次遇到危险，他们都能舍身保护我们，跟着他们干，再危险的事我们心里都不怕！"

抗震救灾期间，李合起带领分队官兵先后转战于彭州市白鹿镇、小鱼洞镇、通济镇等重灾地区，搜救幸存者4人，挖掘掩埋遇难群众遗体10具，转移安置受困群众1350人。

2008年10月7日，李合起被中共中央、国务院、中央军委授予"全国抗震救灾模范"荣誉称号。

马　磊

1977年11月出生，河南舞钢人。中共党员，硕士研究生学历。2000年7月入伍，解放军71391部队司令部作训股股长，上尉军衔。

5月15日16时，马磊所在部队刚到达极重灾区彭州市，便接到上级要求以最快的速度开通部队指挥网的命令。当时灾区整个通信联络瘫痪，要架的这个指挥网，就是连接救灾部队与受灾群众之间的"生命桥"，马磊深感肩上担子的沉重和责任的重大。凭着过硬的业务素质和丰富的实践经验，马磊及时向部队首长提出架设通信指挥网的具体方案，得到领导同意后，迅速派出6个应急通信分队，携带多种通信装备，赶往小鱼洞、龙门山、白鹿、隆丰等灾情严重地区的一线部队。经过两个多小时奋战，各方向的信号陆续传回，可小鱼洞方向因山高林密阻断了信号。马磊心急如焚，立即带领战士前去处理。在离目的地3公里的地方，一辆故障车堵住了道路。在紧急情况下，他与官兵们卸下通信装备，采用"拆机上山"的方法，就近选择高地架设中继站。马磊背着设备在前面开路，余震突然发生，马磊身体失去重心，连人带设备摔了下去，眼镜被砸碎，膝盖上划出一条20多厘米长的血口子，可装备却被他牢牢抱在怀里完好无损。经过一个小时的生死奋战，马磊带着官兵成功攀上山顶，将设备一次调试成功，部队指挥网实现全面贯通。

5月22日，成都军区联指将彭州地区参加救灾的部队全部划归第二责任区统一指挥，马磊所在部队通信保障的单位由10多个增加到70多个，通信覆盖面积扩大到1400平方公里，任务量增加了5倍，马磊深感肩上的担子更重了。为了完成通信保障任务，马磊向领导建议：打破常规，把车载装备卸下来，分散改装成背负式台站，把电台兵整合出来，加强有线兵力量，这样一个电台可以当作二三个台使用，装备和人员的压力都得到了缓解。这个建议被部队领导采纳。马磊带领10多名官兵连夜架设有线线路400余公里，开通电话133部，将所有保障单位全部加入责任区指挥网，成功实现各级相互之间的联系，大大提高了通信效率。

5月26日22时，天下着大雨，通信线路出现混线故障，马磊立即带着抢险突击队冲向故障点。线杆湿滑无法使用脚套，马磊便和官兵们组成人梯，自己站在最下面。30分钟过去了，当线路成功接通时，马磊的双腿已难以动弹。

在抗震救灾通信保障的日子里，马磊所在部队共开通台站17个，保障各级指挥所先后转移13次，巡线2000多公里，紧急排除故障近百次，收发传真3.9万多页，接转电话1.2万余次，有力地保障了通信的畅通。

2008年10月7日，马磊被中共中央、国务院、中央军委授予“全国抗震救灾模范”荣誉称号。

王树文

1969年7月出生，河南信阳人。中共党员，硕士研究生学历。1988年9月入伍，解放军71872部队部队长，上校军衔。

5月12日，正在组织部队训练的王树文得知汶川发生特大地震的消息，立即命令部队启动重大自然灾害应急预案，迅速做好应急准备工作。14日22时50分，王树文接到上级命令，在一小时内就带领部队火速奔赴四川灾区。

5月16日傍晚，王树文率领救灾部队到达彭州，连夜直奔重灾区龙门山镇银厂沟，不顾山石滚落的危险，全身心投入抢险指挥，连续13个小时，没吃一口饭，没喝一口水，喉咙喊哑了，双手划破了，进驻银厂沟的咽喉要道却比原计划提前一天打通，为后续救援部队顺利进入灾区开展搜救工作赢得了宝贵时间。

5月19日晚，王树文带领小分队在都江堰市向峨乡搜救，一村民反映她的父亲被压在废墟中生死未卜。王树文闻讯后，立即带着战士在随时可能倒塌的房屋内搜救。为了不伤害埋在废墟里的老人，王树文和战士们用双手刨开碎石瓦砾，手指划破了也全然不顾，最终找到了老人的遗体。

“要打就打硬仗，要啃就啃硬骨头！”这是王树文在救灾中说得最多的一句话。6月3日5时，王树文接到成都军区联指命令，带领一个突击队挺进青川，抢通关庄镇至马公乡公路。这条路是中央军委明确要求尽快抢通的12条严重被毁道路之一，曾有专家经过工程勘察后断言：打通这条公路至少需要5个月。面对这个“不可能完成的任务”，王树文没有退却，带着分队长和技术骨干精心研究施工方案，在现场严密组织施工，不时为官兵打气鼓劲。在王树文带领下，突击队先后攻克15个堰塞湖，开挖土石49.3万立方米，奋战29天抢通52公里的“生命通道”。

在160天的抗震救灾战斗中，无数危险与王树文擦肩而过。6月11日11时40分，操作手小雷驾驶新型挖掘机正聚精会神地施工，在他身边指挥的王树文突然发现山体出现滑坡险情，一块巨石向他们砸来。在千钧一发之际，王树文迅速做出判断，大喊一声，令操作手猛踩油门向前冲出一米多，巨石从人和机械之间呼啸而过。王树文安慰小雷后，转身又站在了指挥位置上继续指挥战斗。

抗震救灾期间，王树文始终在一线指挥，危难时刻冲锋在前，带领官兵先后搜救幸存者5人，转移受困群众5500余人，救治受伤群众4300余人次，拆除危房1800余间，搭建帐篷4465顶、板房380间，完成广元市朝天区大中坝工程排险任务。

2008年10月7日，王树文被中共中央、国务院、中央军委授予“全国抗震救灾模范”荣誉称号。

安福喜

1984年9月出生，安徽六安人。中共党员。2002年12月入伍，解放军71988部队62分队班长，二级士官军衔。

汶川特大地震发生后，什邡市蓥华镇宏达磷粉厂的建筑大面积损毁，部分遇难者遗体被埋在废墟下发出难闻的气味。5月26日，安福喜所在防化救援一分队奉命前往执行遗体消毒处理任务。遇难者遗体深埋在砖块混凝土下面，一侧紧靠向内倾斜的危楼，采用挖掘机作业，很容易造成危楼垮塌，直接威胁到救援人员的安全。在认真勘察现场之后，安福喜向分队指挥员建议用人工的办法掏出一条通道。得到指挥员的批准后，安福喜带领5名战友钻到危楼底下，用钢钎和锹镐小心翼翼地刨，将楼板和砖块一点一点地搬开。接近遇难者遗体时，锹镐挥展不开了，就用手挖，胶皮手套磨烂了，手指鲜血淋漓，但他们全然不顾，经过一个多小时的艰苦努力，终于把3具遇难者遗体完整地挖了出来。

6月3日，分队接到群众求援，绵竹市天池乡东北煤矿有3具遇难者遗体急需消毒处理。安福喜奉命带领4人组成防疫突击组，携带消毒器械搭乘直升机前往执行任务。东北煤矿四面环山，地处谷底，直升机只能降落在距离任务点5公里之外的地方。安福喜带领防疫突击组，背负35公斤重的器材，翻越海拔1600米的大山，徒步赶往任务地点。途中遇到余震，碎石不断从山顶滚落，安福喜为抢救因躲避飞石而险些落入山谷的战友，被消毒器里溅出的消毒液灼伤，但他顾不上处理，到达任务地点后立即展开消毒防疫工作。18时，任务完成，但山中突然大雾弥漫，直升机无法进入，突击组不得不夜宿山中。

6月28日，安福喜带领11人的小分队，单独执行麻柳坪方向的消毒任务。队员们背负30多公斤重的器械和消毒液，沿着崎岖的山路，翻越两座海拔1400多米的高山，步行40余公里，对山中120余处住户、90多个厕所和130多处垃圾堆放点进行防疫消毒。任务结束后，安福喜感到背部一阵阵疼痛，脱下防毒衣，才发现背上的迷彩服已被溅出的消毒液烧破，和皮肤粘连在一起，血肉模糊。

7月3日，安福喜奉命执行什邡市蓥华镇安置点防疫消毒任务。由于安置点相对集中，道路狭窄，喷洒车辆无法深入安置点内部，安福喜就带着车组成员，身背消毒液徒步进入，逐个板房进行作业，每天工作10多个小时。由于天气炎热，作业量大，安福喜几次脱水仍坚持战斗。在蓥华镇安置点消毒作业中，安福喜所在车组共出车30余台次，消毒36.8万平方米。

2008年10月7日，安福喜被中共中央、国务院、中央军委授予“全国抗震救灾模范”荣誉称号。

贺国梁

1975年1月出生，山东莱阳人。中共党员，大学本科学历。1994年12月入伍，解放军71988部队64分队政治教导员，少校军衔。

5月22日，贺国梁所在分队接到上级抗震救灾命令，当时分队长李储真和大部分干部因担负大型活动安保任务正在集中封闭训练。贺国梁根据任务要求和单位实际，将剩余95人重新编组，立即展开物资器材准备和针对性训练，做好迅即出动的各项准备。

5月25日，分队到达平武县任务区的当天，贺国梁就带领50名突击队员，人均背负30多公斤食品、药品和消毒器械，翻越海拔2400多米的大山，徒步挺进南坝镇石坎村。沿途多处山体滑坡塌方，裂缝随处可见，有的地段道路宽不足半米，下方就是堰塞湖。贺国梁一直走在队伍的最前面，小心翼翼地探路前行。经过6个多小时的艰难跋涉，终于到达石坎村。贺国梁顾不得休息，迅速组织官兵把食品和药品分发给群众，逐个街巷、逐间房屋进行消毒防疫。

6月24日，在执行任务返回时，一名战士不慎掉进水流湍急的黑水河里。当那名战士被拉上岸时，贺国梁发现他身上有很多细小发亮的颗粒。贺国梁意识到这些颗粒很可能是某种化学元素，应尽快查明情况。贺国梁命令化验员立即取样化验，结果证实了他的判断，河水里含有大量的有毒化学物质——磷。贺国梁立即向上级报告了情况，上级又很快通报给绵阳市环保局。地方政府高度重视，当即派出专家组与部队会商处置方案。贺国梁建议，在相对较窄的河段垒建3道拦水坝，先用物理方法进行沉淀过滤，然后再用化学手段处理。专家组采纳这一方案后，贺国梁主动请领任务，带领80名官兵跳入齐腰深的黑水河中，搬石头，运木料，打地桩，经过连续12个小时的紧张战斗，筑起3道宽1米、长30米的拦河坝，并在河里投放了3吨化学药剂，对河水进行化学处理，避免了一起化学次生灾害的发生。

7月14日，石坎村上方的马鞍石堰塞湖发生险情。贺国梁接到命令，紧急赶赴石坎村10个自然村搜救受灾群众。当时贺国梁正在发高烧，但仍冲在搜救第一线。在营救一名4岁女孩时，受水中杂物阻挡，冲锋舟只能进到距小孩40多米的地方，贺国梁直接跳入水中游向小孩。待将小孩救上冲锋舟，贺国梁已累得几乎虚脱。

7月25日，石坎村的道路抢通后，当地群众纷纷回家，希望见亲人最后一面。在集中掩埋挖出的6具遗体时，有的遇难者家属要求单独掩埋遗体，贺国梁主动走到群众中耐心宣传上级政策规定，最终得到群众的理解，使遗体挖掘掩埋任务得以顺利完成。

2008年7月，贺国梁被济南军区表彰为“优秀党员”；10月7日，被中共中央、国务院、中央军委授予“全国抗震救灾模范”荣誉称号。

杨　剑

1960年12月出生，江西南昌人。中共党员，硕士研究生学历。1976年12月入伍，解放军71282部队部队长，大校军衔。

汶川特大地震发生后，杨剑敏锐地意识到部队将要赴灾区执行救灾任务，便迅速召回正在基层蹲点的部队领导和机关干部，连夜收拢在11个外训点训练的3000名官兵和装备，要求部队迅速做好执行抗震救灾任务的各项准备。

接到上级抗震救灾的命令后，杨剑率领部队5000余名官兵3小时内紧急出动，采取摩托化机动、铁路输送和空中输送的方式，迅速到达极重灾区都江堰市，指挥部队兵分三路立即展开救援，一路在都江堰就地搜救，一路徒步穿越都（江堰）汶（川）大峡谷向理县和汶川挺进，一路绕道马尔康、翻越夹金山向汶川迂回。

杨剑带领3000名官兵组成“铁军突击队”，身背几十公斤重的被褥和干粮，沿着地势险要、滚石不断的山路徒步向汶川突进。在经历13处泥石流、20多处塌方滑坡、15次余震后，于5月14日20时抵达汶川县映秀镇。杨剑既当指挥员又当战斗员，指挥部队搜救幸存者、挖掘掩埋遇难者遗体，尽管因过度劳累、风餐露宿而感冒发烧，但他始终跟进指挥，极大地鼓舞了部队士气。

进入汶川县映秀镇后，杨剑发现灾情十分严重，决定一部分兵力就地展开救援，其余兵力克服地势险要、情况不明、通信中断、补给困难等不利因素，继续向汶川县城方向实施突进。5月15日7时30分，部队1300名官兵采取摩托化机动方式，成建制进入汶川，为大规模实施震中救援行动开辟了一条新的“生命通道”。阿坝藏族羌族自治州委书记侍俊说：“当年红军开辟了北上抗日的通道，如今红军的传人为汶川人民蹚出了生命的通道。”

为解决映秀镇到汶川县城沿途大峡谷中上万名受灾群众的吃、住、医等急需的生存问题，杨剑指挥所属部队抽调800名精干人员担负接力运送任务，先后送去3200箱消毒药品、2700具喷雾器、830顶帐篷、2400公斤大米、5000箱食品，被当地领导和群众称为“震不断的生命保障线”。

抗震救灾期间，杨剑率领部队救出幸存者74人，挖掘掩埋遇难者遗体2292具，运送伤员5085人，医治受灾群众95635人，解救被困群众78184人，运送救灾物资55822吨，抢修道路1661公里，搭设简易房3898间、板房4309间、帐篷27790顶，开办“铁军帐篷学校”22所，使6000多名失学孩子重新走进了课堂。

2008年5月，杨剑被济南军区表彰为“抗震救灾先进个人”；6月，被中组部授予“抗震救灾优秀共产党员”称号；10月7日，被中共中央、国务院、中央军委授予“全国抗震救灾模范”荣誉称号。

刘存志

1972年5月出生，河南郸城人。中共党员，大学本科学历。1989年3月入伍，解放军71702部队65分队政治教导员，少校军衔。

5月14日16时30分，刘存志带领分队官兵在部队编成内担任“铁军突击队”，从都江堰市紫坪铺出发，沿都（江堰）汶（川）峡谷徒步向汶川方向突进，途经多处泥石流、塌方滑坡，4小时后提前到达受灾严重的阿坝铝厂，并立即展开救援。

5月15日，刘存志带领分队官兵向映秀镇以北12公里处的银杏乡挺进。银杏乡场镇地处都江堰至汶川之间的峡谷地区，是都汶之间的交通重镇，地理位置十分重要。银杏乡是汶川县地震中受灾最严重的乡镇之一，全乡90%的房屋倒塌，电力、通信设施全部受损中断，成为与外界隔绝的“孤岛”。

5月16日8时，上级命令分队强行突入银杏乡，快速转移受困群众。刘存志带领突击队员经过

12个小时的艰难跋涉，翻越崇山峻岭，通过13处山体滑坡、1处堰塞湖，冒雨突入银杏乡。

5月17日7时，刘存志带领官兵携带救灾粮600公斤和部分药品从兴文坪出发，沿岷江西岸，经下坪、上坪、皂角湾一线，向清水驿、太平驿方向搜救。到达村里后，刘存志立即与当地村委会取得联系，详细了解受灾情况，随即将分队分成7个小组，分头深入农户家中，实地查看灾情，分发粮食，医治伤员；协调当地村干部，选择安全地带，搭建简易安置棚，集中安置受灾群众。13时，刘存志引导直升机在兴文坪成功起降，转移伤病群众28人。

由于连日降雨，汶川东界老水库水位升高，超过安全水位，需要尽快开闸泄洪。5月29日，刘存志受领太平驿水电站泄洪任务。水闸由6个小门组成，每个门重达十六七吨，震前依靠电力控制，由于地震破坏，现只能靠手动摇闸。闸门轴每转动100圈，闸门口才能上升1厘米。刘存志带领分队“22勇士突击队”，一圈一圈地摇，硬是将水闸提高了60厘米，消除了威胁下游群众生命财产安全的洪灾隐患。刘存志和战友们累得胳膊失去了知觉，手也被磨出了血泡。

刘存志患有肛周囊肿，疼痛难忍，但他依然坚持战斗，每天走村入户往返30多公里，始终与大家奋战在一起。5月17—25日，刘存志带领分队在银杏乡5个村18个组，抢救重伤员4人、轻伤员18人，转移安置群众132人、学生200余人，运送各类救灾物资4.1吨，送医送药100多箱，搭建帐篷86顶，抢出灾区群众粮食4000公斤，帮助群众挖出现金、存折和贵重物品价值36.45万元，搬运木材76立方米，整修道路30余公里。

2008年10月7日，刘存志被中共中央、国务院、中央军委授予“全国抗震救灾模范”荣誉称号。

张红星

1973年10月出生，安徽太和人。中共党员。1991年12月入伍，解放军71332部队65分队分队长，少校军衔。

5月13日5时，作为济南军区的先遣分队，张红星带领分队340名官兵从驻地出发奔赴四川灾区，行程1200余公里，于14日6时到达都江堰，比上级规定的时间提前10小时。随后，张红星又带领分队官兵徒步急行军21小时到达震中汶川县映秀镇，立即组织官兵在废墟中搜救幸存者。在地方救援队的协助下，分队发现一处楼房有生命迹象存在。不顾楼房随时可能坍塌的危险，张红星带头钻进已经严重倾斜的楼内，与战友们用锹、镐在钢筋瓦砾里刨，用棍棒等简易工具撬开上千公斤重的混凝土块，经过两小时奋战，最终救出一名幸存者。

5月16日8时，张红星接到上级命令，带领分队官兵执行打通“孤岛”银杏乡桃关村与外界联系的任务。一路上，他们攀悬崖，过断桥，钻隧洞，历经74小时，行进150余公里赶到桃关村，开辟了一条从陆上进入重灾区的“生命通道”，为上级提供了灾情信息，并搜救出幸存者2人，抢救抢运受伤群众85人，解救被困群众350人，紧急转移群众1800余人，搭建帐篷220顶。

5月下旬的一天，他们在转移沙塘坝群众时突遇强余震，碎石从几十米高的山坡上滚落下来，下面有一位老大爷正在转移。危急关头，张红星边喊边跑，用双臂抱住老人躲闪。碎石擦肩而过，张红星的背部多处被划伤，后脑勺被碰出一道4厘米长的口子，但他强忍疼痛，继续指挥官兵转移群众。

转入“进村入户”搜救阶段，张红星带领分队官兵尽心竭力帮助灾区人民重建家园。5月22日，他带领官兵紧急转移桃关村顺发电石厂500吨电石。当时，乌云密布，一场暴雨将要来临，电石一旦遇水产生易燃易爆的乙炔气体，就会威胁桃关村村民及电石厂工人的生命安全，有毒物质流入岷江还会造成重大水体污染。张红星率分队官兵连续奋战10多个小时，最终将500吨电石安全转移。仅过了半个小时，大雨便倾盆而下。电石厂领导说：“多亏了解放军，要不然后果不堪设想。”

抗震救灾期间，张红星带领分队官兵共搭建帐篷3442顶，修建道路20多公里，拆除危房800多间，从废墟中清出贵重物品2613件，抢收庄稼10公顷，转移受困群众5000多人。

2008年10月7日，张红星被中共中央、国务院、中央军委授予“全国抗震救灾模范”荣誉称号。

陈艳华

1979年10月出生，湖北石首人。中共党员。1997年12月入伍，解放军71566部队72分队分队长，中尉军衔。

汶川特大地震发生时，陈艳华正在家中休假、照顾即将分娩的妻子。得知部队将执行抗震救灾任务的消息后，他自费2700元钱从湖北石首老家乘坐出租车，行程近800公里连夜返回部队。

部队进驻都江堰灾区后，陈艳华主动请缨担任党员突击队队长。5月18日晚，都江堰市青城山镇泰安村村干部向分队反映，山顶上李光新一家还没有救出来。陈艳华向领导请示后，果断实施夜间营救行动。他带领战士携带砍刀和绳索，沿小道向海拔2076米的山顶攀登。由于他们及时赶到，李光新重病的孩子得到及时救助。此后，陈艳华又先后5次带领突击队进山搜救，挖出、掩埋遇难群众遗体20余具。

在抗震救灾中，陈艳华积极帮助受灾群众排忧解难。为搜救一个失踪青年，他不顾关节炎的疼痛，第一个跳进冰凉的白沙河里摸查；为找出被废墟压埋的遗体，他和战士一起清理石板砖头；为抢救泰安村一孤寡老人家的粮食，他第一个戴上钢盔进入摇摇欲坠的危房中，带领两名战士为老人抢出“救命粮”600多公斤。红岩村高大娘的儿媳妇因地震受到惊吓而断奶，当时在都江堰市也买不到奶粉，4个月大的小孩缺少营养，陈艳华便托在成都的战友帮忙购买奶粉，送到高大娘家。在“进村入户”搜救阶段，陈艳华坚持带领官兵免费为受灾群众看病疗伤、发放药品，帮助群众安全转移价值约500万余元的财产，清理废墟100多立方米，搭建帐篷40余顶，搬运粮食和水10多吨。

分队驻地的泰安寺建于唐天宝元年（742年），历史悠久。为免遭余震破坏，寺内许多文物急需转移。5月27日，陈艳华带领分队官兵对泰安古寺文物进行抢救，在安排好警戒和观察员后，他第一个冲进危楼，与官兵一起抢救出唐、明、清时期的经书、字画、大青花瓷瓶等珍贵文物72件，与兄弟单位一起从海拔1500米的山顶，帮助转运佛像等文物123件，在摇摇欲坠的大殿里清理抢救经书5200多卷、古代字画3000余幅，并将青城山上千件文物护送至安全地带。

6月初，在部队开展的“立功创模”活动中，陈艳华因工作成绩突出，被官兵们一致推荐为立功对象，经上级党委研究决定给他记三等功1次。陈艳华从新闻媒体中了解到很多英雄群体和个人的先进事迹后，觉得自己付出太少，达不到立功标准，两次向部队党委递交了退功申请。11日，陈艳华看了全国抗震救灾先进事迹报告会的电视后，又连夜向部队党委递交了退功申请。陈艳华3次主动退功的事在抗震救灾一线部队官兵中引起了强烈反响。

2008年10月7日，陈艳华被中共中央、国务院、中央军委授予“全国抗震救灾模范”荣誉称号。

常正峰

1979年2月出生，河南济源人。中共党员，大学本科学历。1996年12月入伍，解放军71117部队52分队分队长，上尉军衔。

5月15日，常正峰带领100名官兵组成的突击队，冒着山体滑坡不断、飞石塌方频繁等危险，历经艰辛，成功翻越夹金山、梦笔山两座海拔4000米以上的雪山，冒险挺进理县。刚到理县，余震突发，汶（川）理（县）通道再次堵塞。为尽早赶至汶川，常正峰带领突击队，穿越近百处塌方、飞石频发路段，从当日17时至16日2时，急行军近50公里到达汶川，成功打通了救灾物资前运汶川至理县的“生命通道”，为后续部队进入重灾地区提供了第一手资料。

萝卜寨历史悠久，海拔2500多米，是最大的羌族聚集地之一，同时也是著名的旅游景点，震后萝卜寨损失惨重。5月18日6时10分，上级命令常正峰带领突击队前往救助。7时30分，突击队员每人身背15公斤大米开始攀爬山路。10时45分，遇到一段极为艰险的70多度陡坡，下面是1500多米深的悬崖峭壁，旁边是塌方落石。“宁可粉身碎骨也要把大米送到群众手中。”常正峰果断决定由自己和战士李小勇探路，其他人员每三人一组，拉大距离，半个小时后全部通过。经过5个小时行军，全部人员安全抵达萝卜寨。他们运去的900多公斤粮食，缓解了山寨群众的燃眉之急。常正峰带头将身上的干粮和水发放给群众，迅速组织官兵帮助群众整修、搭建帐篷34顶，医治伤病群众42人。

5月21日8时，常正峰接到对汶川县银杏乡桃关村进行紧急救援的命令。通往桃关村的唯一通道绵虒隧道由于地震塌方被堵塞，车辆不能进入，参加搜救的人员只能每人背负25公斤大米徒步行进。过了汶川与草坡道路的交叉口，前方道路被大面积塌方堵死，路毁桥断，无路可走。常正峰没有退缩，带领官兵迅速通过塌方地段。经过近4个小时的急行军，救援分队于11时50分到达桃关村，把背来的1000公斤大米送到群众手中。

分队驻地威州镇牛脑寨，海拔2000多米，震后山体垮塌严重，有的道路出现50厘米宽的裂缝，行走其间非常危险。6月5日21时40分，该寨水井湾组18岁女孩佘科慧因误食农药中毒，生命垂危，急需送到山下救治。接到求援电话后，常正峰率领突击小分队，背着简易担架，15分钟后赶到女孩家。从水井湾到县城需要走4小时的山路，人命关天，必须与时间赛跑。常正峰组织小分队轮流抬送，仅用1小时57分钟就将女孩送到理县医院。经医务人员紧急抢救，佘科慧终于睁开了双眼。事后医生说，如果再晚到10分钟，就没有救活的机会了。

2008年10月7日，常正峰被中共中央、国务院、中央军委授予“全国抗震救灾模范”荣誉称号。

王新华

1972年11月出生，河南泌阳人。中共党员，大学本科学历。1990年3月入伍，解放军71781部队75分队分队长，少校军衔。

5月14日上午，王新华率领60名官兵，不顾山体滑坡、余震频发的危险，扛着“铁军来了”的大旗，在泥泞中蹚路，在乱石中开道，历时9个小时，行程60公里，率先到达汶川县映秀镇。

映秀镇建设银行、农业银行、邮政储蓄所、信用社和派出所在地震中严重受毁，大量钱物和部分枪弹被埋在废墟下。上级命令由王新华指挥分队清理保护这些重要部位。王新华周密布置警戒，组织官兵认真清理挖掘，连续战斗5个小时，先后挖寻出武器弹药和现金52万元、存折27个、银行卡9个、金表1块、银佛1座、映秀镇常住人口户籍登记表5018份、居民身份证201张及档案材料13份。

5月17日上午，一名从汶川县城方向跑来的群众向王新华反映，在距映秀镇6公里的路上有3名群众躺在地上，其中一名被飞石砸伤需要救助。王新华一边向部队值班室报告，一边迅速组织12名官兵跑步前往营救。施救途中，险情不断，王新华不顾个人安危始终走在最前面，经过5个小时奋战，将3名重伤群众和19名被困群众救出。

5月21—31日，王新华带领分队在映秀镇岷江东岸由南至北近两公里的地面废墟中搜寻、挖掘、处理遇难者遗体。他主动协调其他单位，与分队干部昼夜轮流跟班作业，和战士们一起战斗，先后挖掘、搬运、掩埋遇难者遗体151具。

5月31日至6月8日，王新华带领官兵深入高山密林搜索失事直升机，一起顶烈日冒酷暑，风餐露宿八昼夜，找遍了岷江东岸老街村至东界老村以东到无音寺约8平方公里的每个角落，排除14个疑似点。由于长时间行军，他的右小腿因毛细血管破裂形成大面积瘀血肿块。

7月3日晨，映秀镇渔子溪村村民范安全跑到分队驻地，说自己才买了半年的卡车被困在海拔2200米的山上，请求部队帮他把车从山上弄回家。王新华带领官兵组成突击队赶到现场，官兵们连续奋战9个小时将车运送到映秀镇。王新华又联系到修理分队的10名战士，奋战2个小时，将卡车修整好。

抗震救灾期间，王新华带领分队官兵抢运各类物资11吨，清理土石1000余立方米，搭设帐篷1200余顶，挖掘、铺设电缆近30公里，搭建板房50余间，装卸板材120余车，清运垃圾200车，挖掘、铺设50米以上的排水沟9条，铺设地面1000平方米。

2008年10月7日，王新华被中共中央、国务院、中央军委授予“全国抗震救灾模范”荣誉称号。

安　乐

1988年8月出生，河南邓州人。中共党员。2005年12月入伍，解放军71781部队73分队士兵，一级士官军衔。

5月15日10时，安乐和战友在汶川县映秀镇农业银行对面的危楼搜寻时，听到废墟中有敲打声，便俯下身子趴到地面认真听，感觉有微弱的求救声。他和战友们用双手在断裂的水泥板和破碎的玻璃碴中“抠”出一个深1.5米、直径约30厘米的通道，发现了幸存者。被埋压近70个小时的幸存者宋燕梅身体极度虚弱，说了声“快救救我吧”就晕了过去。此时，震后的危楼倾斜15度，在频繁的余震中，不断有水泥块落下，若钻进洞内，楼房倒塌或洞口被堵，后果不堪设想。安乐没有犹豫，嘴里叼着小手电筒，采取头下脚上45度的行走方式，艰难地爬向受困女孩。为确保安全，旁边的战友用背包带系住他的左脚。刚触着被困者，余震再次发生，楼体开始摇晃，他满头都是落下的灰尘，战友们考虑到安全，急忙把他拽了出来。13时5分，安乐不顾个人安危再次钻入洞内，仍未能将宋燕梅救出。14时25分，被困70余小时的宋燕梅已奄奄一息，安乐也满身是灰，成了一个泥人。分队长让安乐休息一下，换个人进去。安乐说：“洞里情况我熟悉，还是我进去！”此时，安乐的肘部、膝部已多处擦伤，他忍着疼痛，又一次爬进洞里。安乐爬到宋燕梅身旁，给她灌了几口水，女孩从昏迷中苏醒过来，惊慌地说：“天怎么这么黑啊，我这是在哪儿？”安乐对她说：“别怕，你没事，很快就会好的。”当安乐要把宋燕梅向外拉时，发现她的双脚被卡死在水泥缝中无法动弹。安乐安慰她说：“你等会儿，我出去拿工具，很快回来。”

宋燕梅的父亲看着奋不顾身的安乐，感激而又焦急地说：“实在不行就把她的脚锯了吧，生命要紧。”安乐建议带刀片进去，把鞋子划开看能否把脚拔出来。安乐再次爬进洞内，突然发生余震，战友们赶紧把他往外拉，但这一次，背包带出来了，却没有安乐的人影。原来，安乐在进洞后，为了救人方便，把背包带解了下来。分队长急了，朝着洞内喊道：“安乐，你不要命了，快出来！”“分队长，你放心，我一定把人救出来，救不出去我就不出来。”15时许，历时5个小时，安乐5次进出洞中，终于将被困女孩托出洞外。宋燕梅成功获救后，她的父亲紧紧握着安乐血迹斑斑的双手，激动地说：“感谢解放军，没有你们，我们这个家就完了！”

进入抗震救灾第二阶段，安乐与战友一道清理搬运遇难者遗体40余具。

2008年6月，安乐火线入党并荣立二等功；10月7日，被中共中央、国务院、中央军委授予“全国抗震救灾模范”荣誉称号。

王　雷

回族，1972年8月出生，河南太康人。中共党员，大学本科学历。1990年12月入伍，解放军71282部队67分队分队长，少校军衔。

5月15日部队到达极重灾区都江堰市，分队受领了为三级指挥机关搭建帐篷任务。王雷与战友们在地形复杂、材料短缺、任务量大、时间紧迫的情况下，克服种种困难，先后出动670余人次，平整场地1000多平方米，手工搬运石料、砖1万多块，在规定时间内搭建帐篷200余顶，修建直升机起降场2处，受到军区首长的好评。

都江堰至汶川的道路震后完全瘫痪，上级命令王雷所在分队协助地方尽快打通“生命线”、挺进映秀。在开进至距映秀镇3公里处的原白花乡时，道路大面积坍塌，路基被2米厚的淤泥覆盖，崖下是湍急的岷江，山上飞石不时滚落下来。王雷驾驶挖掘机冲在最前面，与战友一起奋战12个小时，打通了这条“生命线”。

到达映秀镇后，王雷不顾长途作业的疲劳，立即组织人员搜救灾区群众，先后解救被困群众118人，挖掘处理遇难者遗体197具，搜索并转移炸药等危险品24公斤，为群众找回现金426545元，抢救贵重财物2150余件，全部移交给当地政府和受灾群众。

5月18日，汶川县三江乡告急，因地震造成关闭的水电站闸门无法打开，漫堤的洪水已对水磨镇万余名群众构成严重威胁。当务之急是以最快速度打通水磨镇通往三江乡的通道，把40千瓦发电机和500米电缆运送至大坝，通过供电提闸强行泄洪。王雷受领任务后，带领126名官兵连夜向水磨镇开进。此段山路因地震而严重损毁，连摩托车也无法通行。“就是豁出命来，也要打通这条生死线！”王雷斩钉截铁地说，随即带领官兵开着装载机冲了上去。在他的带动和影响下，官兵们冒着生命危险，连夜奋战，艰难地打通了这条狭窄的“天路”。

6月2日9时，王雷所属地爆分队奉命执行都江堰市崇义镇水塔紧急排险任务。王雷带领突击队在摇摇晃晃的塔身上一点点挪动，打眼安装炸药，“漫长”的30分钟后，几十公斤炸药全部安装完毕。随着一声巨响，压在群众心头长达20天的隐患被解除了。

王雷多次带领官兵在巨石阻碍的盘山公路上执行任务，面对路基不断下陷、土石不断坠落等险境，出动机械500余台次，先后在都江堰市的青城后山、向峨乡、虹口乡等地抢修维护道路850余公里，爆破巨型危石3处、危楼6座，为1.35万名受灾群众解除交通困难，挽回经济损失5000余万元。

2008年10月7日，王雷被中共中央、国务院、中央军委授予“全国抗震救灾模范”荣誉称号。

耿海星

1976年9月出生，河南孟津人。中共党员，大学本科学历。1993年12月入伍，解放军71282部队77分队分队长，少校军衔。

汶川特大地震发生后，正在休假的耿海星告别怀孕9个多月的妻子立即返回部队。为保障百余台车分散到达13个保障点，他现场组织调度车辆启封、加油、编组、出动，提前1小时20分钟完成相关准备工作，为部队紧急出动赢得了宝贵时间。

5月17日17时，耿海星奉命组织10台运输车向震中汶川县映秀镇运送物资。当时通往映秀的道路在余震中不时有巨石滚下，有着15年驾龄、执行过上万次运输任务的耿海星毫不畏惧，带领车队在乱石中穿行。18日凌晨，狂风大作，电闪雷鸣，暴雨倾盆。为防止意外，耿海星组织车队迅速转移到安全地带休整。战士们啃了几口馒头就在驾驶室沉睡过去，而他却冒雨前行探路。见前方的道路已经完全中断，他做出了徒步运输的决定。天刚亮，耿海星第一个背起一筐蔬菜，挥手大喊："跟我走！"历时15个小时，跨过3公里长的坍塌路段，他们终于将救命物资送到映秀灾区人民手里。

余震中，通往都江堰市虹口乡的道路滚石不断，耿海星带领"铁军运输队"连续奋战13天，每天工作15个小时，抢运板材2850套，并帮助修通该乡高原村4.6公里道路。教育部组织成都东软学院学生异地复课，耿海星带领"铁军运输队"出动车辆45台次，连续奋战两天两夜，安全顺利完成1500名师生的转运任务。7月2日至8月5日，耿海星又带领"铁军运输队"，3次翻越雪山，穿越高原，迂回江油、松潘等地千余公里，向汶川、理县、茂县等地区抢运板材，出色地完成了"百车千里"运送任务。

在灾后重建中，耿海星了解到都江堰灾区安置点群众饮水吃饭十分困难，积极向上级请示，组织分队送去净水车、炊事车、主食加工车等装备，在灾区开设"流动饮食供应站"，为3000余名受灾群众提供可口的热饭热菜。得知营地附近部分受灾群众还没有栖身之地，他将帐篷腾出来让给群众，自己住到车上，并组织官兵为群众搭设了部分简易帐篷。在上级的支持下，他组织官兵在玉堂镇搭设"帐篷学校"，挂起"铁军小学"的牌子，从废墟中搜寻来桌凳课本，并带头捐款购置了部分教学用具，再挨家挨户地寻找失散的学生。"帐篷学校"成为灾区孩子守护精神的家园。当地政府特批将"玉堂小学"永久命名为"玉堂铁军小学"，并与分队建立了长期爱心助学关系。

抗震救灾期间，耿海星带领"铁军运输队"在26个重灾乡（镇）安全行驶102万公里，完成各种运输任务6280台次，救助群众1200余户，转移群众5700多人，清理废墟7960余立方米，运送急需物资2.3万余吨。

2008年10月7日，耿海星被中共中央、国务院、中央军委授予"全国抗震救灾模范"荣誉称号。

刘一凡

1981年1月出生，河南民权人。中共党员，大学本科学历。2000年9月入伍，解放军71282部队86分队政治指导员，中尉军衔。

5月16日，当得知都江堰市一坍塌的危楼里还有生命迹象时，刘一凡迅速组织一支30人的突击队，火速赶往现场救援。在余震不断、危楼随时可能坍塌的情况下，他第一个冲进危楼进行营救，分队从当天上午一直奋战到第二天凌晨，最终将伤者抢救出来。

5月18日16时，在下山返回营地途中，刘一凡等7名官兵被3名灾区群众拦住求救：5天前，一对夫妻地震后回家看儿子，在山中迷了路，丈夫不幸遇难，妻子历尽艰难回到家后也病倒了，几个人带着他们的儿子到此寻找其父亲的遗体。虽然此时天色已晚，但刘一凡立即带上6名战士原路返回，重新上山。经过5个多小时的寻找，他们终于帮小孩找到父亲的遗体，转移出来并予以掩埋。

5月19日10时，刘一凡在汶川县水磨镇与三江乡交界处的山上组织搜救排查，发现一条山沟里有35名群众已被困7天，有的身体已十分虚弱。刘一凡立即组织官兵将携带的干粮和水给受困群众，并迅速安排人员转移。经过5个多小时的艰难行进，将35名被困群众安全转移到山下。22日，接到向三江乡运送粮食、蔬菜等物资的任务后，刘一凡迅速带领70名官兵组成紧急运粮队，冒着山体严重滑坡和泥石流危险，翻越3座海拔2300多米的大山，连续行军10个多小时，徒步40多公里，将2200多公斤救命粮及时送到灾区群众安置点。

5月27日，为了尽快恢复灾区“三通”（通水、通电、通路），刘一凡积极请缨，领受抢修水磨镇饮用水管道任务。他带领党员突击队沿着塌方的山路，把700多公斤重的空压机等爆破器材抬到海拔2000多米的山上。在清理蓄水池淤泥时，他第一个带头跳进半封闭缺氧的蓄水池内。经过连续5天奋战，刘一凡带领分队共抢修输水管道4公里，清理蓄水池淤泥300多立方米，解决了水磨镇6000多位村民的吃水难题；同时，还帮助镇政府搭设临时安置简易平板房600多间，安置灾区群众1300余人，抢修平整被毁道路60多公里，疏通排水渠道1000余米，清运垃圾3000余立方米。

转入“进村入户”搜救阶段，刘一凡组织分队官兵先后救助受困群众115人，救治、运送伤病群众342人。在恢复重建期间，他带领分队官兵为灾区群众装卸物资600余吨，转移财产3000余件价值约50余万元，平整场地6000平方米，搭建帐篷220顶。

2008年10月7日，刘一凡被中共中央、国务院、中央军委授予“全国抗震救灾模范”荣誉称号。

杨拯修

1975年12月出生，河南宁陵人。中共党员，大专学历。1993年12月入伍，解放军71643部队副参谋长，少校军衔。

得知汶川特大地震发生的消息，正在回家休假途中的杨拯修立即给部队打电话询问情况，毅然中途下车返回部队。5月14日14时，杨拯修带领200名官兵火速向极重灾区青川县挺进，经过两昼夜连续行军，于16日19时到达青川县桥楼乡，立即投入救援工作。

5月17日6时，桥楼乡党委书记王官强向部队求援：八角村马皇寺山出现多处裂缝，随时可能发生山体滑坡险情，群众生命危在旦夕。杨拯修迅速率领66名官兵组成突击队，火速向八角村赶去。他们蹚过2条齐腰深的河流，攀越3座高山，穿过灌木丛林，于9时到达八角村。八角村位于海拔2000多米的大山上，山势陡峭、荆棘丛生，山上大小裂缝无数，村庄随时都有被山体滑坡吞噬的危险。80多户村民散居住在13个山头上，由于世代居住于此，不少群众非常恋家，故土难离；有的则害怕转移出去没有饭吃、没有地方住，也不愿离开。

为了尽快搜救转移被困群众，杨拯修紧急召集党员骨干研究救援行动方案，决定将救援人员分成8个小组分头搜救，明确安全措施和信号规定，各小组每半小时报告一次情况，确保救援行动不落一处、不漏一人。按照分工，各小组迅速分头行动，逐山逐户展开搜救。杨拯修带领第一组官兵攀爬至“五保户”李正午家时，他正穿着寿衣，紧靠棺材板坐着，表示坚决不离开家。杨拯修上前打开携带的收音机，让他听军民正全力展开救援、救灾物资源源不断送来的消息，尔后拉着战士刘强说：“李大爷，小刘的家就在阿坝，父母爷爷都联系不上，看到你就像看到爷爷，营救您就是营救亲人呀。”在杨拯修的劝说下，李大爷老泪纵横，终于同意下山。

经过十几个小时的搜救，196名村民全部集中到村口，开始向外转移。山高涧深，裂缝纵横，一不小心就会滑下山崖。杨拯修命令官兵用背包带把老人和孩子系在背上，三人一组轮番背驮，小心翼翼地往山下转移。经过10多趟往返，一直奋战到5月18日1时，才将群众全部转移至山下安全地带。几分钟后，发生6.0级余震，山体大面积滑坡，泥石流倾泻而下，八角村瞬间被埋压，但村民们无一伤亡。

抗震救灾期间，杨拯修带领官兵从废墟中救出幸存者4人，救治转送伤病群众2486人，转移被困群众2031人，搭设帐篷804顶，抢修道路55公里，运送救灾物资14吨，为群众抢收抢种农作物13.7公顷。

2008年10月7日，杨拯修被中共中央、国务院、中央军委授予“全国抗震救灾模范”荣誉称号。

潘明旺

1985年5月出生，山东菏泽人。中共党员。2003年12月入伍，解放军71620部队67分队班长，一级士官军衔。

5月12日，潘明旺从电视里看到汶川发生特大地震的消息，当晚向分队党支部递交申请书，坚决要求参加抗震救灾。分队奔赴灾区后，作为代理排长，潘明旺主动请缨担任突击队队长，要求完成最艰苦、最危险的任务。

5月16日9时30分，潘明旺带领本排人员赶到青川县前进乡长坪村，抢救住在山顶处的王开瑞老大爷家的粮食。潘明旺首先进入危房勘查，发现土坯房在地震中毁坏严重，随时都有倒塌的危险。为了安全，他让战友在屋外接应，自己冲进危房搬运粮食。王大爷见此情景，忍不住走进房间要帮一把手。就在此时，余震突发，屋顶一根直径约30厘米的横梁脱落，朝王大爷头部砸下。危急时刻，潘明旺一把将王大爷推出门外。王大爷安全脱险了，潘明旺却被横梁砸中右脚，压埋在掉落的瓦砾中。他紧咬牙关，强忍疼痛，推开木头，艰难站起，一瘸一拐地继续搬运粮食，直至把粮食全部转移到安全地带。

刚转移完粮食，接到战士报告：发现3名重伤群众，急需救治。潘明旺迅速把全排人员分成3个救护小组，用竹竿和迷彩服自制了3副简易担架，抢先抬起重伤群众向山下转移。为争取时间，他们取“捷径”过河，14公里的山路，他们一次也没有休息。为了不让重伤群众浸水伤口感染，潘明旺把担架高举过头顶，仅用两个半小时，就把重伤群众送到前进乡医疗点。一名中年妇女伤势严重，急需送到青川县医院抢救。潘明旺在公路上拦下一辆面包车，将其护送到县城医院。

潘明旺安顿好重伤妇女，已是17时多了。途经清竹江时，发现水位暴涨，一旦溃决，下游的几十户人家将面临被河水淹没的危险。于是，他强忍剧痛，一瘸一拐地找到青川县副县长王志坚，将险情做了详细汇报。

潘明旺返回到分队，右脚已经无法着地，经前进乡救治中心医生诊断，右脚踝严重骨裂。5月17日上午，分队领导打算把潘明旺送到广元市医院治疗，他死活不肯。部队领导打电话劝说后他才勉强同意，被分队送到广元市中心医院。18日上午，他瞒着医院，悄悄坐车回到分队，又出现在救灾一线战场，拄着拐杖忙个不停。因连日里天气炎热，潘明旺的伤口开始发炎，实在无法支撑。20日，他才在分队领导的一再劝说下回到医院。身体躺在病床上，他的心却在救灾现场。当得知部队组织官兵向灾区群众捐助“特殊党费”时，他立即打电话要求捐献当月的全部工资1800元。潘明旺舍己救人的事迹被中央电视台、《四川日报》等10多家新闻媒体宣传报道。

2008年10月7日，潘明旺被中共中央、国务院、中央军委授予“全国抗震救灾模范”荣誉称号。

陈　诚

1981年10月出生，四川什邡人。中共党员。2000年12月入伍，解放军71697部队68分队班长，二级士官军衔。

汶川特大地震发生，大地突然剧烈颤动起来，什邡市沿街的楼房随之晃动。在家休假正在街上办事的陈诚发现一群孩子在商场门口哭喊着挤成一团，他连抱带拉，往返数次，把12个小孩全部转移至安全地带。

地震造成通信中断，陈诚无法与部队联系，便徒步30公里到受灾最重的红白镇，加入志愿者队伍。在向一个救助点转送救灾物资时，陈诚遇到成都军区某部官兵，便加入到这个部队上山搜救被困群众的突击队中。

5月15日4时，突击队接到紧急命令：立即赶赴金花镇龙宝坪实施救援。在通过人称“神仙见了都拐弯”的马槽滩时，上山的道路几乎全是近70度的陡坡，上方是不断滚落的山石，下面是堰塞湖，每前进一步都会有生命危险。陈诚第一个站了出来，背起药箱，和向导徐铭一起直奔险坡。经过8个多小时的艰难跋涉，突击队到达龙宝坪。

龙宝坪被困的88名群众大部分都受了伤，由于救援队力量有限，无法一次将所有人员带出。陈诚自愿留在龙宝坪这座险情四伏的“孤岛”上，组织剩余的42名群众开辟停机坪，等待直升机救援。白天，他带领被困群众整修停机坪；晚上，拖着疲惫的身躯护理13名重伤群众。79岁的岳正秀老人头部受了重伤，颧骨出露，许多群众都认为她没有救了，但陈诚不放弃，对老人进行精心护理，并鼓励她一定要坚持住。老人被转移出来后经医院抢救脱离了危险。

5月17日，前去救援的直升机因场地受限无法降落，只能先投下十几箱食品。盼了一整天的群众开始焦躁不安，有的甚至放声大哭。在陈诚的建议下，受灾群众中的4名党员成立临时党小组，带领群众扩建停机坪，开展自救。为使被困群众更好地团结、凝聚在党组织周围，陈诚从废墟中找到红布，用笔勾勒出镰刀和锤头的图案，制作了一面特殊的党旗，带头在党旗上签下自己的姓名，并把党旗插到龙宝坪最醒目的位置，坚定地说："党旗在，党和政府就在，希望就在！"给受困群众增添了战胜困难的力量。第二天早上，雨停了，直升机终于出现在大家眼前，并顺利降落在停机坪上。陈诚组织大家先把重伤人员运走，直到把所有受困群众转移上飞机，他才最后一个登机。后陈诚的事迹被中央电视台、《人民日报》《解放军报》等几十家媒体作了宣传报道。

2008年10月7日，陈诚被中共中央、国务院、中央军委授予"全国抗震救灾模范"荣誉称号。

程惠松

1984年1月出生，河南新密人。中共党员。2003年12月入伍，解放军71697部队53分队班长，一级士官军衔。

5月20日，在青川灾区，程惠松带领全班抢运救灾粮，整整奋战了一天，直到19时还没来得及吃上一口热饭，仅靠早上每人带的一个馒头挺着。当他们完成任务准备返回时，接到紧急命令：10分钟内赶到火车站卸载救灾帐篷。身心已极度疲惫的程惠松二话没说，立即带领全班战士跑步赶往5公里外的火车站。10多节车皮的救灾帐篷摆在面前，程惠松毫不犹豫，第一个冲了上去。汗水在脸上流淌，迷住了眼睛，他顾不上擦；胳膊被刮破，鲜血浸透了衣服，他顾不上治疗。在场的群众被程惠松的精神感染，自觉加入到卸载的队伍中，大家一直干到23时才完成卸载任务。

5月23日，广元市元坝区人民法院庭长何纯剑、法官胡贵凤驾驶面包车前往竹园镇抗灾救援，途经竹园社区北侧山坡拐角处，因路况不好转弯过急，致使汽车翻滚到道路右侧18米深的沟谷内，何纯剑头部出血，胡贵凤全身多处受伤，脖子被车窗卡住，身体不能动弹，随时都有窒息的危险。沟谷另一侧为一栋6层危楼，墙体已严重开裂，一旦发生余震，后果不堪设想。正在附近执行任务的程惠松听到呼救声，带领3名战士火速赶到事故现场，冒着生命危险，第一个冲下深谷。他用棍棒砸破车窗，拼命撬开车门，双手多处被玻璃和铁皮划破，血流不止，他简单包扎了一下又继续救援，与3名战友仅用10多分钟就将两名受伤人员从严重变形的汽车里救了出来。随后，程惠松从附近群众家中借到竹椅，将两人抬到竹园镇卫生院，使他们得到及时医治，保住了性命。

青川县茅坝乡何家良村在地震中受灾严重，村民房屋倒塌，山体滑坡埋了半个村子，外面的物品运不进去，里面的人很难出来，村子几乎与世隔绝。程惠松随分队翻山越岭，艰难跋涉，进入村子。村民们已经断粮断水两天了，挖出粮食，找到水源，就是救老百姓的命。按照分队分工，程惠松所在班负责在废墟中找粮。在残砖破瓦的废墟上找粮，有时要使用工具，有时要用手刨，程惠松的手套不一会儿就磨破了，手指磨破了皮，渗出血来，他用毛巾裹着手继续干。在程惠松的带动下，战友们硬是从两米多高的废墟堆中挖出一批粮食，使饿了几天的村民终于吃上第一顿饱饭。

抗震救灾中，程惠松带领全班冒着余震危险，为受灾群众搭建帐篷80顶、活动板房20余间，抢运各类物品2000余件，抢收小麦2.67公顷，以实际行动践行了军人的使命。

2008年10月7日，程惠松被中共中央、国务院、中央军委授予“全国抗震救灾模范”荣誉称号。

张先英

1984年3月出生，江苏丰县人。共青团员。2004年12月入伍，解放军71677部队53分队士官，一级士官军衔。

5月28日，张先英随分队到青川县东河口疏通河道。堰塞湖所处位置地势险恶，道路不通，工程机械无法进入，他们只能靠人工作业清理堆积物，打捞、处理浮在湖面的遇难者遗体。16时，顶着烈日奋战了6个多小时的张先英早已疲惫不堪，左脚又不慎被木梁上的铁钉扎伤，但他强忍着钻心的疼痛继续参与清理工作。为防止伤口感染，分队长安排张先英到下游河岸高地担任警戒任务。张先英刚坐下，发现下游河道边有一名群众准备过河。他大声呼喊，让那位村民从上游临时搭建的简易小桥过河，但堰塞湖的泄洪声淹没了他的呼喊声，不明危险的群众走到河边，挽起裤腿，继续往前走，走到河中心就被齐腰深的下泄洪水瞬间卷走，向下游50多米处的另一个堰塞湖冲去。张先英奋不顾身，一头扎入激流中，拼尽全力游到落水群众身边，从背后拦腰将他抱住。由于洪水湍急，激流挟裹着他们向下游冲去，张先英的后背撞在一块突出河面的乱石上，污浊的洪水灌入他的口鼻中。他奋力抱住石头，和这名群众一起被卡在乱石之间。在闻声赶来的战友的帮助下，他终于将这名群众救起。

参加救灾工作前期，张先英一直随分队向红光、石坝两个乡运送物资，保障地方医疗队进驻救援。为确保尽快将物资运到灾区群众手中，每次执行任务他们都要翻越多座大山，行程50多公里，人员体力消耗极大。他每次都主动背最重的物资，还主动帮助体弱的战友背负物资。他先后为群众运送保障物资300多公斤，帮助村民抢救粮食1000多公斤，抢出家具、家电、首饰等各类物品50余件（台），帮助群众搭设8套过渡房，被官兵称为“累不垮的突击队员”。

根据上级安排，张先英负责协助地方防疫部门对关庄镇灾区群众居住点进行防疫消毒。关庄镇兔场是青川县规模较大的一个养殖场，共饲养长毛兔5000多只。地震砸死了3800多只兔子，腐烂的臭味异常浓烈，如不及时处理，很容易形成疫源，引发重大瘟疫流行。6月8日，张先英主动请战，带领本班战士对养殖场进行清理消毒。经过两昼夜突击，他们共清理死兔3800多只，清理消毒场地5000多平方米。10—25日，他每天早、中、晚3个时间段，对方圆3公里的任务区进行消毒。半个月下来，他累计走了450余公里，使用消毒液500余公斤，脚上磨出了血泡，手臂多次被划伤，没有一句怨言，保质保量完成上级交给的任务。

2008年10月7日，张先英被中共中央、国务院、中央军委授予“全国抗震救灾模范”荣誉称号。

王信民

1968年10月出生，江西奉新人。中共党员，硕士研究生学历。1986年9月入伍，解放军71407部队政委，上校军衔。

5月15日，王信民带领党员突击队前往青川县红光乡灾情严重、地势险要的康乐村执行搜救任务。他们翻越11座大山，蹚过6条河流，赶到康乐村，逐屋逐片进行搜救，转移被困群众35名，救出重伤群众5名。当时，天色已黑，从搜救地点到关庄镇救护中心有12公里山路，山高路险，非常难走，而5名重伤群众必须尽快接受治疗。王信民带领官兵用竹子制作简易担架，抬起重伤群众，艰难地向关庄镇行进，经过近2个小时奋战，将5名重伤群众安全送到救护中心。

5月19日，王信民带领官兵在红光乡与石坝乡交界处执行搜救任务时，得知山上一处倒塌的矿井内有生命迹象。王信民立即带领官兵徒步行军10公里赶到现场，随即分组展开搜救。11时10分，他们搜救出被锰矿废墟埋压七昼夜的红光乡陶龙村矿工王春邦。

5月25日12时50分，部队接到上级紧急转移关庄镇2000余名群众至剑阁县的命令，王信民与部队长金宏鹏迅速组织车队出发。16时21分，车队行进至苏河乡乡政府北侧，突发6.4级余震，山体滑坡，道路完全阻断，车上的群众开始不安起来。见此情景，王信民命令指挥组紧急与就近的凉水镇和七佛乡政府联系，协调4台工程机械展开道路抢修，同时冒着被飞石砸伤的危险逐车安慰群众，稳定群众情绪。2个小时后，参加输送的官兵冒着滚石的危险与地方人员一起开辟了一条紧急通道，车队以最快速度顺利通过滑坡路段。26日1时，车队安全到达剑阁县普安镇。由于饥困难耐，车上群众情绪激动，王信民命令官兵把自带的干粮发给群众，把自身携带的雨衣让给群众，组织官兵冒雨逐车慰问群众，做好安抚工作，骚动的人群逐渐平静了下来。

抗震救灾中，王信民带领官兵走遍4个乡（镇）25个村、6335户人家，想方设法帮助灾区群众排忧解难。王信民教育官兵说：“救人，救灾，重在救心！”他提议建立“希望新村——孤儿村”，让在震灾中失去双亲的孤儿重树信心、快乐成长。他与当地政府协商，在关庄镇创办了以“新的家园、新的希望、新的梦想”为主题的“希望新村”，对孩子们进行心理疏导，选派人员保障孩子们的吃住和学习，使孩子们坚强起来、快乐起来。中央电视台、四川卫视等多家媒体对“希望新村”进行了专题报道。

2008年10月7日，王信民被中共中央、国务院、中央军委授予“全国抗震救灾模范”荣誉称号。

陈大超

1980年12月出生，江苏沭阳人。中共党员。1999年12月入伍，解放军71407部队80分队班长，二级士官军衔。

5月16日，陈大超随所在分队赴青川县红光乡执行搜救任务。从分队驻地到红光乡的所有道路全部被堵，必须重新开辟通路。陈大超带领全班战士主动担当开路前锋，在高山峻岭上开辟一条通道。在行进途中，突遇强余震，山体再次滑坡，挡住去路。陈大超临危不乱，果断选择从附近河上通过，带领全班在湍急的河流上搭建起一座“生命之桥”，确保了部队安全快速到达搜救地点。

5月19日，连队正为疏散出来的灾区群众搭建帐篷，陈大超无意间听到一位灾区群众说：“地震前，山上的锰矿有几个矿工在作业，不知道他们下来了没有？”他迅速向分队报告情况，请求带人前去搜救。分队立即成立了党员突击队，由陈大超带队前往搜救。陈大超带领突击队徒步急行军10公里赶到现场，只见所有的矿洞已被乱石和土埋压。他们就一个一个地开掘、喊话，用双手刨挖，手被锋利的石块划出一道道血口。当刨开第17个洞口时，一阵难闻的气味扑面而来。陈大超口含手电筒第一个爬进去，两名突击队员紧随其后，借助微弱的手电灯光，他们在洞口处看到几具已经局部腐烂的遗体。在此情况下，他们仍然没有放弃，没有丝毫的退缩，冒着随时可能发生余震和塌方的危险，不放过任何一线希望，不放过任何一个细节，终于在接连摸了6具冰冷的遗体之后，在离洞口10多米深处的一个侧翻的拖拉机下发现被埋七天七夜已奄奄一息的王春邦。陈大超立即派一名队员返回洞口报告情况，做好急救准备，他在另外一名队员的协助下把王春邦背了出来。

成功解救王春邦10分钟后，余震使矿井又一次塌方，正准备进洞处理遗体的战士邢万辉被山体滑坡落下的土方埋压了半个身体，大家都以为邢万辉已遭遇不幸。在万分危急的关头，陈大超沉着冷静，科学组织营救，使邢万辉脱离了危险。陈大超对生命不抛弃不放弃、英勇抢救矿工的事迹，被中央电视台、凤凰卫视等多家媒体报道。

2008年10月7日，陈大超被中共中央、国务院、中央军委授予“全国抗震救灾模范”荣誉称号。

王军超

1988年3月出生，山东莱阳人。中共预备党员。2006年12月入伍，解放军71407部队73分队副班长。

5月13日一大早，王军超向政治指导员递交了要求参加抗震救灾的申请书。15日，部队到达青川，分队奉命前送救灾物资。王军超主动背最重的物品，负重达35公斤，冲在队伍的前头。当部队行至距目的地6公里处时，班里的新兵张博因体力不支掉队，王军超就把他的背囊扛在自己肩上，一步一步地攀悬崖、爬峭壁，始终没有落后。经过4个多小时的长途跋涉，终于到达目的地，王军超全身湿透，脸色苍白，晕了过去。

5月16日，分队奉命进入石坝乡搜救灾区群众。石坝乡是青川县最偏僻的乡镇之一，山体滑坡造成道路阻塞、通信中断，成为与外界失去联系的“孤岛”。王军超组织12名团员战士组成突击队，自己担任队长，主动向分队请缨担任开路先锋。由于山上植被茂密看不见山体，一不小心就可能掉入山涧，于是，他们每前进一步就做一个标记，步步为营，逐步推进，靠惊人的胆魄和毅力，硬是用砍刀在近70度的山坡上“砍”出了一条弯曲的小道。行进途中，王军超根据地形科学选择路线，使突击队提前一小时到达石坝乡，为搜救伤员赢得宝贵的时间。

5月19日，王军超带领团员突击队到位置偏僻、地势险要的中心村执行搜救任务。在摸排到一座倒塌的房屋时，他听见废墟中有微弱的呻吟声，就迅速将人员分成3组，实施紧急搜救。他们用手抬出一根根木头，搬开一块块土坯，扒开一堆堆瓦砾。在抬一根房梁时，王军超左腿被房梁上的钉子划破一条6厘米长的口子，鲜血直流，染红了裤腿。他没有丝毫停留，继续组织人员奋力抢救，经过1小时10分钟的紧张营救，终于在11时25分救出六旬老人邓莲秀。王军超迅速带人把她抬到山下医疗点抢救，挽回了老人的生命。

5月25日13时，连队受领转移青川县关庄镇2000余名受灾群众的任务。16时21分，转移群众的车队行进至苏河乡政府北侧时，突遇余震，山体滑坡，道路完全阻断。山上碎石不停滑落，砸在车厢上咣咣直响，车上的群众惊恐不安。王军超带领5名心理辅导员冒着被飞石砸中的危险，奔跑在各个车辆之间，逐车进行安抚，群众的情绪得到了控制。车队到达剑阁县普安镇后，看到灾区群众饥困难耐，王军超主动把自带的干粮发给群众，把携带的雨衣让给群众，自己忍饥挨冻过了一夜。

2008年10月7日，王军超被中共中央、国务院、中央军委授予“全国抗震救灾模范”荣誉称号。

胡　飞

1984年4月出生，安徽濉溪人。中共党员。2002年12月入伍，解放军71336部队74分队班长，一级士官军衔。

汶川特大地震发生后，正在老家休假的胡飞敏锐地意识到部队要赶赴灾区执行任务，5月12日晚便订了归队的火车票。赶回分队后，他递交了请战书，随部队赶赴青川县抗震救灾。

5月17日，胡飞带领全班战士冒着余震频发的危险，组织乌龙村群众大转移，上百名被困群众得到安全转移。在帮助灾区群众搬运物品时，他每次都拣最重的物品背，手指划破了，肩膀磨破了，却没有一句怨言。

5月23日，分队奉命前往木鱼中学进行遗体二次掩埋。现场的情况比想象的更加严重，胡飞主动请缨本班担任突击队。他穿着厚厚的防护服，冒着可能被感染的危险，迅速组织本班战士抬起第一具遗体，边干边鼓励大家战胜困难，坚持到底。装抬、封锁、掩埋、消毒，每一道程序都严格细致去做，直到抬完最后一具遗体。在大家的共同努力下，全班共挖掘和掩埋遗体12具。胡飞因体力透支，脸色苍白，昏倒在现场。

胡飞在日记里写道："看到一间间倒塌的房子，一个个流离失所的灾区群众，一张张痛苦的脸，我只有尽快地救助他们，多为灾区做点事，才会感到安心。"5月28日，胡飞带领全班为一位老大爷抢运完粮食，老大爷给全班战士深深鞠了一躬，并拿出一箱刚从救助点领取的瓶装水送给全班战士，以此来表达谢意，被胡飞婉言谢绝了。

转入"进村入户"救援阶段后，6月16日，胡飞得知村里有两位七旬老人，住宿条件简陋，生活极不方便，便及时向分队反映情况，并与战友们一起奋战5个小时，为两位老人搭建了住所。

在救灾中，胡飞积极配合分队做好宣传工作。他出点子办起"抗震之声"快报，制作宣传标语、横幅20余条，用纸板制作出抗震知识宣传挂板21块，边救灾边拍摄抗震救灾照片1000余张，有力地宣传了党的方针政策和解放军的优良传统。在帮助灾区群众重建家园过程中，胡飞积极做好受灾群众的心理安抚工作。5月25—30日，他参加了心理安抚小组，对木鱼村21户遇难学生家长逐户进行心理安抚，主动给遇难家庭捐款，鼓励他们树立生活的信心。

2008年10月7日，胡飞被中共中央、国务院、中央军委授予"全国抗震救灾模范"荣誉称号。

韩光宇

1985年7月出生，河南鲁山人。中共党员。2003年12月入伍，解放军71336部队97分队班长，二级士官军衔。

部队赴四川抗震救灾前，分队考虑到韩光宇腰部受伤，确定韩光宇留守。韩光宇得知这一情况后，主动找到分队干部，强烈要求参加抗震救灾。他说："我的腰痛是不假，可我是党员、是班长，参加抗震救灾是我义不容辞的责任，比起灾区人民，我这点痛算不了什么，请分队批准我的请求吧！"韩光宇向分队党支部递交了请战书，获得批准，随部队赶赴青川灾区抗震救灾。

5月20日，在徒步行军中，韩光宇看见一位老大娘正背着方便面和瓶装水回家，便急忙跑过去接过背篓，搀着老大娘过河、上山。其他战友抢着要背，都被他拒绝了，他一直帮老大娘把东西背到家门口。

5月22日下午，韩光宇所在分队紧急奔赴木鱼中学，担负搭设"帐篷学校"的任务。要求高、时间紧、任务重，韩光宇二话没说，带领本班战士迅速行动，顾不上吃饭和休息，一直干到深夜，完成上级赋予的任务。

5月23日3时，分队接到掩埋学校遇难者遗体的任务。韩光宇找到分队干部说："我是党员，我先上。"并自荐当党员突击队长。在他的带领下，党员突击队先冲了上去。面对腐烂的遗体，大家没有退缩。在党员突击队的感召下，全分队官兵经过15个小时的奋战，共挖掘和掩埋遗体30

余具。

宿营地旁边有一名群众家中房屋倒塌，牲畜被压死。韩光宇带领几名战士，利用休息时间帮助这位老乡清理被压死的牲畜，为他家搭建帐篷，排除险情。救灾中，韩光宇带领本班战士帮助群众搭建帐篷25顶，抢修道路200余米，抢救牲畜30余头、衣物2000余件、粮食3万公斤。好几次老百姓拿出香烟、饮料感谢他，都被他一一谢绝。

地震使大部分农户的房屋倒塌，生产生活用具被埋压，一些人因此而悲观失望，不知所措，失去了生活的希望。韩光宇一面帮助群众抢救财产物资，一面积极向群众宣传中共中央、国务院和全国人民对他们的关心和厚爱，使他们鼓起战胜困难的信心和勇气，积极生产自救，重建美好家园。

2008年10月7日，韩光宇被中共中央、国务院、中央军委授予“全国抗震救灾模范”荣誉称号。

曲国先

1972年10月出生，河南唐河人。中共党员，大学本科学历。1989年3月入伍，解放军71366部队77分队分队长，少校军衔。

5月17日，曲国先带领分队128名官兵千里机动，抵达地处崇山峻岭之中的平武县虎牙藏族乡。官兵们刚放下背包，他便带领大家迅速抄起工具搜救群众。行至虎牙至松潘路段2.3公里处时，接到村民求救：“村民周运武、赵常勇和赵家恒被滑坡的碎石砸伤了，快去救救他们吧！”曲国先当即带领15名战士冲往现场。其时，垮塌的山体还不时往下滚落石头，随时都有滑坡的危险，情况十分危急。他不顾自身的安危，冲进废墟，用杠撬、用手刨。3分钟后，赵家恒、赵常勇被顺利救出；18分钟后，被两吨重巨石压住腿的周运武也被解救出来。

5月18日凌晨，曲国先带领战士到高山堡村搜救时，看到76岁的赵大娘身体虚弱，儿子身有残疾，跟不上转移队伍，就立即带领战士背起母子俩，迅速赶上队伍。

5月21日下午，接到协助阔达藏族乡抗震救灾指挥部卸载100顶帐篷的命令后，曲国先立即率领80名官兵边卸帐篷，边平整场地。4个小时后，100顶救灾帐篷搭设完毕。

5月22日，旧庄村有位叫董兴玉的老人受伤被困山中，曲国先迅速抽调部分官兵前往救人。10时30分，他们到达涪江北侧。连接两岸的只有一根细细的铁索，从铁索上通过十分危险。曲国先推开争先请战的战士，自己系好安全绳，一点一点地向对岸滑去。到达对岸后，他和两名群众一起把老人放在用箩筐制成的吊篮中，用安全绳把老人和自己捆在一起。100多米的河面，他足足用了半个小时，才将老人带回河岸。

5月25日，曲国先得知，因道路多处坍塌，虎牙藏族乡高山堡村已经断粮的17户藏族群众只能以野菜充饥。他连夜拿着笔记本和地图走进乡长杨昌国的帐篷，在地图上画满圈圈点点。他带着翔实的灾情数据，立即带领运粮突击队出发了。行至2800米的断崖处，曲国先被鸡蛋大的石块砸中脊背，疼痛无比。凭着对灾区群众的关爱，他硬是咬着牙，一直坚持到把粮食分发给每一户群众。

5月26日1时30分，接到协助中国移动四川分公司铺设58公里通信光缆的命令后，曲国先立即着手准备物资、动员教育、机动行军、收拢编组、侦查勘测、完善方案，迅速向土城开进、集结。铺设光缆的道路充满艰辛，荆棘丛生，余震不断，毒虫野兽时常出没。曲国先带领8名党员组成"敢死队"冲在队伍的最前方，挥舞铁锹开路。衣服划破了，脸上、胳膊上、腿上划出一道道口子，他依然坚持奋战在第一线。"敢死队"仅用7个小时就完成了原计划3天完成的任务。

2008年10月7日，曲国先被中共中央、国务院、中央军委授予"全国抗震救灾模范"荣誉称号。

曾道亮

羌族，1982年9月出生，四川茂县人。中共党员。2000年12月入伍，解放军71366部队51分队士官，二级士官军衔。

汶川特大地震发生后，分队为老家在震区的曾道亮写了回家探望的报告，团里的准假通知与紧急搬运万顶救灾帐篷的任务几乎同时到达。曾道亮二话没说，把准假通知放进抽屉里，和战友们一起奋战了一通宵，将万顶帐篷装上救灾专列。5月17日，曾道亮随部队到达广元灾区。"这里离家近，你回家看看吧。"分队指导员周昌友关心地对他说。"家里受灾的官兵很多，我不能搞这个特殊。"晚上，曾道亮随队到达平武县土城藏族乡任务点。他心里挂念家人，工作却没受任何影响，带领全排卸物资、搭帐篷，积极搜救群众。

5月23日，曾道亮接到兄嫂遇难的噩耗。他虽然怀念照顾自己上学读书、送自己参军的兄嫂，挂念因房屋震塌被安置在帐篷中的父母，想念近在咫尺却见不到面的新婚妻子，但仍坚持以全副精力投入到抗震救灾中。在"进村入户"搜救中，他发现土城藏族乡毛香村平房组70多岁的张国运夫妇还在危房中，即带领4名战士不顾山体滑坡危险，将两位老人转移到安全地带，并为老人搭建了简易帐篷，帮助做家务，陪他们谈心聊天。看到灾区小学生没有地方上课，他带领战友仅用2个小时就搭建了6顶帐篷。许多学生由于受地震影响，无心读书，于是他带人深入土城藏族乡的9个村，结合自身家庭受灾情况逐户劝说36名学生重返课堂。曾道亮把悲痛转化为抗震救灾的动力，先后参与掩埋遇难者遗体1具，抢救遇险群众10人，装卸救灾物资179吨，疏通道路23公里。

5月29日，部队提前4天完成土城藏族乡至泗耳藏族乡的通信光缆铺设任务。当晚，两个分队因暴雨未能撤下山，第二天撤出又遇到暴雨造成山体滑坡，下山的道路被堵。部队命令警侦分队迅速抽调精干力量组成突击队，打通道路。曾道亮主动请缨带领10名战士前往救助。被堵塞的山路足有100米长，山体上不时有碎石滚落。正当道路即将被打通时，观察员关军令突然大喊："石头滚下来了，快闪开！"曾道亮抬头一看，一块巨石飞速向下滚来，眼看就要砸到列兵林承文。千钧一发之际，他猛地将林承文扑到一旁，就地滚了三四圈；随即一块巨大的石头就狠狠地砸在林承文刚才站立之处。19岁的林承文事后谈起那惊险一幕，总念念不忘代理排长曾道亮的救命之恩。

2008年10月7日，曾道亮被中共中央、国务院、中央军委授予"全国抗震救灾模范"荣誉称号。

牛　斌

1966年12月出生，河南淮阳人。中共党员，大学本科学历。1985年11月入伍，解放军71998部队部队长，上校军衔。

5月14日深夜，奉上级命令，牛斌带领部队1608名官兵开赴四川灾区。16日15时，部队经铁路输送至绵阳，立即采取摩托化急行军方式赶赴北川。机动途中，部队突然接到上级"挺进茂县抗震救灾"的命令。由于地震造成的山体塌方将通往茂县的公路彻底毁坏，无路可行，只能从北川羌族自治县擂鼓镇穿越原始森林翻山到茂县。17日深夜，部队行军至禹里乡深坑子，天下大雨。忽然，大地一阵晃动，余震发生了。一块比卡车还大的巨石滚落到部队前面，把仅有的一条峡谷小路堵死了。牛斌冒着掉入峡谷的危险，第一个爬了上去。在牛斌的带领下，部队冒雨翻越5座海拔3000米以上、坡度均在60度以上的高山，历经200多处滑坡险情，遭遇20多次余震，经过42小时艰难行军，徒步210多公里，成为最先成建制进入茂县的救灾部队之一。

5月20日8时，得知茂县洼底乡柳坪水电站色尔古施工工地350名水电工人因地震塌方被困，牛斌迅速带领坦克2营96名官兵徒步前往救援。他们翻山越岭30多公里，遭遇4次余震、60余处山体滑坡，赶到施工地点，将受困的257名水电工人转移到安全地域。随后，牛斌又冒着余震塌方的危险，带领侦察兵攀崖进入纵深800多米深的2号洞内，将受困7天的91名水电工人和2名重伤人员救出。

5月25日19时，牛斌正在永和乡组织官兵救灾，余震突然发生，两名群众被山体滑坡碎石埋压。他带领130名官兵及时赶到，挖出被埋人员，夜里抬着担架奔跑33公里，将两名重伤群众送到茂县医院，使他们成功获救。

5月29日，牛斌得知向茂县运送救灾物资的车队在城北10公里处遭遇山体滑坡，先头车辆车体倾滑悬于岷江岸边，随时有掉入江中的危险，便带领120名官兵不顾山体滑坡带来的生命危险，前往救援。他指挥官兵转移救灾药品1200余箱，将车辆从险境中拖出，挽回经济损失120余万元。

在茂县抗震救灾期间，牛斌徒步150多公里深入村寨，带领官兵为群众拆除危房，搭建帐篷，即使患了严重感冒，也顾不上休息。进入茂县的前十几天，没有帐篷，没有被褥，只能裹着雨衣与战士背靠背御寒过夜。

牛斌组织指挥高原运输队6次辗转黑水、马尔康、小金等13个县（市），翻越夹金山、梦笔山等雪山，每趟往返2000多公里，为茂县运送救灾物资。当他看到茂县职业中学3名学生连一双完整的鞋子都没有时，就把自己身上仅有的1500元钱全部捐给了他们。

2008年10月7日，牛斌被中共中央、国务院、中央军委授予“全国抗震救灾模范”荣誉称号。

吕世龙

1988年6月出生，山东东营人。中共党员。2007年12月入伍，解放军71998部队91分队士兵。

汶川特大地震发生后，正在外训点执行任务的吕世龙得知分队将参加抗震救灾的消息，就向分队递交了请战书。5月15日2时，吕世龙随部队坐上赴四川抗震救灾的列车。

5月17日8时，吕世龙跟随连队前往北川羌族自治县擂鼓镇陈山村执行搜救任务。陈山村位于海拔2000多米的大山中，因山体滑坡堵死了进村的道路，吕世龙主动请缨担任开路先锋。他和战友们冒着余震、山体滑坡和山顶飞石带来的生命危险，采取镐凿、手扒的方法，连续奋战8个多小时，终于打通一条通往村子的小道。在陈山村转运一位受伤的老人时，吕世龙无微不至地照顾老人。晚上，他把雨衣和毛巾被铺开和老人裹睡在一起；白天转移时，为了减轻老人的伤痛，他把自己的短袖衣服给老人垫敷。

5月22日13时，部队接到赴茂县救灾命令。行军途中，吕世龙除携带20多公斤重的救灾物资外，还主动帮炊事班背野战给养物品。一路上，他的脚上磨起多个血泡，也没有掉队。部队经过一处危险路段时，遭遇山体滑坡，一块飞石砸向行军队伍，吕世龙边跑边提醒战友躲避。他推开前面的战友，自己却滑倒在地。在战友的搀扶下爬起来后，他在路边捡起一根树枝作拐杖，又一步一步跟着部队前行。陡峭不平的山路让他的脚一着地就钻心疼痛。上坡时，他借助几个战友的背包绳爬上去；下坡时，他就干脆坐在地上顺着陡坡滑下来，裤子和腿被石头、树根划破了，鲜血染红了衣服，他没有叫一声苦，拖着伤腿又走了40多公里的山路。路上返乡的灾区群众看到这种情景，都竖起了大拇指。

5月24日中午，吕世龙拄着木棍与战友们到达茂县县城，经过第二军医大学抗震救灾医疗队诊断，他右小腿腓骨骨折。领导安排他住进临时医疗帐篷养伤，他说什么也不肯。经过简单包扎后，他又回到了分队。由于受伤不能随队执行任务，吕世龙就坚持每天到炊事班帮助洗菜做饭。当听说部队在茂县福田中学设立伙食点为高三学生提供伙食保障时，吕世龙主动要求前去保障服务。他每天4时起床做饭，中午利用休息时间帮助分队搭建过渡板房，将自己400元津贴捐给地震中失去父母的两名学生用于购买学习和生活用品。福田中学许多羌族学生看到他拄着拐杖忙碌的身影，纷纷向吕世龙献上羌红表达敬意。

2008年10月7日，吕世龙被中共中央、国务院、中央军委授予“全国抗震救灾模范”荣誉称号。

侯宏力

1973年3月出生，河南林县人。中共党员，大专学历。1991年12月入伍，解放军71892部队88分队政治教导员，少校军衔。

在汶川特大地震抗震救灾中，侯宏力负责的平武县平通镇5个村中，牛飞村受灾严重，有24户房屋被山体滑坡埋压，4个村民小组房屋全部垮塌，800余名村民无家可归。侯宏力兼任牛飞村党支部副书记，夜以继日地为灾区群众忙碌，每天工作时间都在17个小时以上。他冒着余震和塌方的危险，带领分队220名官兵，先后3次到牛飞村所在高山上的村组背运出粮食2万余公斤，为村里搭设帐篷300余顶，抢修道路25公里，清理危房500余间，抢收庄稼1.3公顷，转移受灾群众230余人次，铺设水管400余米。侯宏力还给失去亲人的学生杨莲婷和叶小倩捐款捐物。

6月8日端午节那天，侯宏力带领部分官兵抬着粽子、西瓜等慰问品到村里为群众过节，组织灾区群众到吊桥上抛撒粽子寄托哀思，并为老人理发，与灾区群众一起联欢，跳锅庄舞，激发灾区群众生活的信心。村民路安文17岁的儿子在地震中遇难，妻子董某受到严重打击，口里不时喊着儿子的乳名。侯宏力得知情况后，带领官兵到她家废墟里寻找遗物，找到她儿子一张照片。董某抚摸着儿子的照片哭着说儿子最爱吃糖果，当时没有糖果，侯宏力就带战士跑到两公里外的加油站找来两块糖果。两块糖果成了打开董某内心世界的钥匙，她把糖果给儿子一直供奉在桌子的中央，以后每次都主动和官兵们说话。侯宏力向部队请示，协调两名心理专家为董某等5名失去孩子的村民进行心理治疗。

棉角村有几户人家住在深山里，多数家庭成员年老体弱，因为地震下不了山，很多天没有盐吃。侯宏力了解到这一情况后，带着12名战士冒雨穿过被当地人称为“死亡谷”的地段，走了4个多小时，把50袋食盐送到群众家里。

6月9日晚，天下大雨，担心为牛飞村受灾群众搭建的帐篷漏雨，侯宏力带领5名战士冒雨通过湿滑的吊桥，到村里为群众加固帐篷、疏通排水沟，并帮助卧病在床的张大爷熬药，一直忙到24时。撤离时怕惊动群众，大家脱了雨鞋光着脚走。当他们走上吊桥时，几十束手电筒光照射过来，原来是群众担心官兵过桥的安全，悄悄赶来用手电筒光为官兵照明送行。

侯宏力积极创新思想政治工作方法，在灾区群众中率先开展了“三告诉、三放心”活动，即请把你的困难告诉我，我的帮助你放心；请把你的担忧告诉我，我的服务你放心；请把你的想法告诉我，我的热情你放心。该活动对稳定灾区群众情绪起到积极作用，受到当地政府和群众的欢迎。

2008年10月7日，侯宏力被中共中央、国务院、中央军委授予“全国抗震救灾模范”荣誉称号。

张宏果

1978年12月出生，河南内乡人。中共党员，大专学历。1998年12月入伍，解放军71309部队52分队政治指导员，中尉军衔。

5月12日，正带领部队外训的张宏果获悉汶川特大地震发生的消息后，随即代表分队党支部向部队党委递交了请战书。到达极重灾区平武县，张宏果不顾疲劳，带领分队官兵连续奋战3天，为灾区群众搭建帐篷440顶，将无家可归的2423名受灾群众安置在南坝镇垭头坪救助站，使地震中受伤的86岁老大娘赵生玉和患病不能行走的75岁孤寡老大娘王尾秀得到救助站的及时救助。

张宏果带领官兵采取车拉、肩扛等方式，向山上运送6台炊事车、8个简易灶、9800公斤米面，带领50名炊事人员为群众烧水、做饭、送饭，先后为受灾群众提供熟食和开水8.3万人次，受到当地政府和人民群众的高度赞扬。

为让受灾群众及时听到党中央的声音，树立战胜困难重建家园的信心，张宏果带领3名战士连夜到江油市购买3台电视机、1台发电机和3个卫星天线，开设了3个电视放映点，组织受灾群众观看电视，了解全国人民抗震救灾情况。

张宏果向上级建议，组建了爱民运输队，先后转移疏散受灾群众4000多人。张宏果为分队制订出“一日三清”制度，坚持每天早、中、晚带领官兵对居住区、垃圾池、厕所等地进行消杀，确保了大灾之后无大疫。

张宏果还带领分队官兵帮助救助站周边村庄抢收抢种庄稼。在他的指挥下，分队组成6个抢收抢种小组，采取刀割手拔、人挑肩扛、推车运转等方法，帮助受灾群众抢收小麦、豌豆等农作物23.33公顷，插秧12公顷，整修水渠50余公里。

张宏果组织分队技术骨干成立了修理、理发等5个便民服务队，开展便民服务活动，为受灾群众修理家电617部（件），为3100余人理发，慰问看望特困群众30户，转运粮食80余吨。

为使遭受地震而辍学的孩子尽快复学，张宏果从分队中挑选出14名干部骨干担任辅导员，由他任校长，开展教学工作。学校共接收学生524人，其中10名孤儿、18名单亲学生、8名伤残学生和48名家庭困难学生。他组织官兵进行献爱心活动，捐款8237元，用于购买教具、教材和学习用品。他组织官兵从废墟中找到旧木板300余块，制作成简易桌椅120套；从坍塌的学校中挖出书本500余本，保障了基本的教学需要。他为张春玲、邓瑞、严萍萍3名残疾学生分别捐助500元，还与北京、四川等地医院联系，免费为他们医治。

2008年10月7日，张宏果被中共中央、国务院、中央军委授予“全国抗震救灾模范”荣誉称号。

刘　智

1974年9月出生，河南信阳人。中共党员，大学本科学历。1992年12月入伍，解放军71811部队97分队分队长，少校军衔。

5月18日16时30分，刘智率领部队刚抵达灾区平武县响岩镇，就接到上级命令："派80人组成突击队，徒步挺进坝子乡，天亮之前必须到达！"刘智迅速调整编组。16时45分，由他带领的突击队向坝子乡开进。18时，突击队行进至南坝镇，但南坝镇通向坝子乡的道路已被地震塌方和泥石流毁坏，道路两旁一边是涪江，一边是山崖，山崖不时有落石掉入涪江，刘智指挥突击队冒险快速向坝子乡行进。此时，天色渐渐暗了下来，突击队前方出现100多名群众，正在缓慢前行。刘智迅速调整队伍编组，官兵接过群众携带的东西，扶老携幼，在黑暗中一同前行。遇到危险路段，刘智指挥官兵扶着老乡一起通过；遇到余震，他指挥队伍快速通过可能塌方的路段；遇到有群众体力不支的，他指挥战士上前搀扶。就这样，大家一直坚持着，到达坝子乡时，已是凌晨1时。途中经历3次余震、2次大雨、3处泥石流滑坡点，而整个队伍无一人受伤、无一人掉队。

在"进村入户"搜救中，刘智充分调动和发挥官兵的积极性、创造性，在坝子乡6个行政村中成功解救2名老人，搭建简易房260余间，安置灾区群众1500余人，抢出粮食1.5万余公斤，清理塌方路段20余处，抢修道路约10公里，清理、拆除危房50余间，转移运送救灾物资20余吨。

5月27日，刘智带领官兵赴南坝镇执行清理废墟、搜寻遇难者任务。在清理南坝镇一家饭店时，从遇难者家属口中得知废墟里面有一具遗体。根据遇难者家属的描述，死者在地震发生时正与家人在这家饭店就餐；遇难后，幸存的家人始终没有离去，一直希望能够带死者回家，而时间已过去15天了。搜寻这具遗体任务的难度很大：遗体的位置不确定；要保证遗体的完整性，大型机械使用受限；倒塌的是6层楼房，作业的工作量大；天气湿热，遗体可能高度腐烂，搜索过程中伴随消毒作业。接到任务后，刘智迅速抽调精兵强将，成立了一支遗体搜寻队，自己任队长，指挥搜寻作业。为了尽快找到遗体，刘智带领搜寻队从6时一直干到20时，搜寻队人员轮流替换着休息，其他干部让刘智也休息一会儿，而他始终没有离开指挥岗位。至29日9时，整整搜索两天后，搜寻队终于完整地寻找到遗体。

2008年10月7日，刘智被中共中央、国务院、中央军委授予"全国抗震救灾模范"荣誉称号。

官　军

1979年5月出生，山东烟台人。中共党员，硕士研究生学历。2003年6月入伍，解放军71811部队85分队助理工程师，上尉军衔。

汶川特大地震发生时，官军正在家休假照顾产后的妻子。得知部队将赴四川灾区抗震救灾的消息，他立即乘火车连夜返回了部队。在抗震救灾中，官军担任车辆抢修队队长，带领8名修理工负责部队的车辆装备保障工作。

抗震救灾任务艰巨，车辆动用频繁，任务区平武县境内全是高山峡谷，坡陡弯急，车辆磨损严重，故障率明显升高。官军带领抢修队奋战在抗震一线，昼夜忙个不停。5月19日21时30分，一辆满载救灾物资的运输车在南坝镇附近的盘山路上抛锚。接到命令后，官军带领4名修理工火速前往抢修。故障车停在狭窄泥泞的斜坡路上，车身一侧50厘米处就是悬崖，堵住了10余台救灾车辆。官军与4名修理工正在卸传动轴、分解变速箱、拆离合器盖时，余震突然发生，大地一阵抖动。为尽早完成抢修任务，疏通道路，让所有车辆离开危险地段，官军带头蜷在车下狭小的空间，双手托着几十公斤重的变速箱，油渍一滴滴地掉落在脸上，与汗水混合在一起。大地仍在颤抖，时而有滚落的石块砸在车篷上，时刻威胁着大家的生命安全。一小时后，故障车被修复，运输线又恢复通畅。

5月20日9时，指挥所命令官军带领人员急赴响岩镇大水村搜救一名失踪老人。他不顾疲劳，迅速赶赴大水村执行任务。官军到达村口时发现，原来进村的道路损毁严重，到处是垮塌和滑坡，路两侧是高耸的断崖。经过两小时的艰苦攀爬，他们终于赶到山村。村长指着村后被地震撕裂的大山简单介绍了情况：一名老人上山寻找羊群时可能在山顶遇难。官军果断命令，分两组向大山顶部垮塌处搜索。上山没有路，只能攀爬。两个多小时后，他们到达滑坡处，老人家已被山体滑坡夺去生命。官军带领3名战士，经过4个小时努力，将老人遗体抬到山下安葬。

恢复重建阶段，官军在抢修车辆之余，主动开展便民技术服务。为了扩大修理范围，让更多的群众受益，他专门制作了便民服务卡片，把维修的时间、地点和联系方式都印在上面，发给老乡，方便大家联系。他向部队领导建议，在响岩镇开办灾区实用技能培训班，结合维修车辆，对灾区群众进行技术培训。

在抗震救灾期间，官军带领车辆抢修队巡修、抢修军地故障车辆547台次，保养车辆900余台次，有力保障了抗震救灾车辆的正常行驶，同时还完成搜救群众、运送伤员、抢收粮食、修缮房屋、搭建板房等任务。

2008年10月7日，官军被中共中央、国务院、中央军委授予“全国抗震救灾模范”荣誉称号。

余秋胜

1968年10月出生，江西婺源人。中共党员，硕士研究生学历。1987年9月入伍，解放军71426部队原参谋长，上校军衔。

汶川特大地震发生后，余秋胜带领所属某分队作为先遣队到达灾区平武县。5月17日，余秋胜主动请缨，背着30多公斤重的食品药品，带领突击队向崇山峻岭中的泗耳藏族乡进发。一路上，沼泽密布，毒蛇出没，蚂蟥满地，余秋胜始终冲在前面。19日10时45分，在连续翻越两座海拔2800多米的原始森林后，他带领突击队到达泗耳藏族乡政府所在地茶坊村。

泗耳藏族乡30%的房屋倒塌，400多人断水断粮，160名受困群众需要转移。余秋胜和突击队员在连续行军200多公里、5天没吃一口热饭、每天只睡3个小时的极度疲劳状态下，立即组成6支小分队，全力展开搜救。住在海拔3000米山上的89岁老人李官武，因下身瘫痪行动不便被困。余秋胜迅速带领6名官兵上山救援。由于山陡路滑，担架派不上用场，他和官兵轮流背着老人。行至山腰时，由于青石苔藓太滑，眼看就要跌下深涧，他用膝盖死死顶住前方一块扁石，老人安然无恙，鲜血却浸透了他的迷彩服。

5月21日，由于连降暴雨，泗耳藏族乡3.6万千瓦的星辰水电站拦水坝因山体滑坡造成堵塞，严重威胁着下游藏胞的生命财产安全。在没有机械工具的情况下，余秋胜第一个跳入齐腰深的冰冷山泉水中，带领官兵连续奋战14个小时，用钢钎砸、铁锹挖、背囊运、脸盆端，开挖沙石200立方米，疏通水坝，排除了险情。

5月27日，天下起小雪，气温骤降。余秋胜带领官兵上山救援，来不及撤回宿营地，夜晚就在地上铺上雨衣，和战士相互挤在一起取暖。

由于通往泗耳藏族乡的所有道路全被阻断，物资运输只能靠空投。到达藏乡后，余秋胜因一连几天只吃方便面和野菜，连续一个多星期恶心呕吐，还患上了严重的痔疮，但一直坚持奋战在第一线。在“进村入户”搜救时，余秋胜把身上带的2300元钱全部捐给孤寡老人、失学儿童和生活困难的单亲家庭。在藏乡的30多天里，他带领官兵克服常人难以想象的困难，转战深山峡谷，不漏一户一人，挖掘掩埋遇难者遗体1具，找回失踪人员8人，解救转移被困群众216人，巡诊就医430人次，搭建帐篷130顶，抢运食品药品110多吨。

2008年10月7日，余秋胜被中共中央、国务院、中央军委授予“全国抗震救灾模范”荣誉称号。

于建水

1972年1月出生，山东牟平人。中共党员，大学本科学历。1990年12月入伍，解放军71426部队84分队分队长，少校军衔。

5月14日13时30分，于建水所在分队接到抗震救灾命令。他带领分队一个半小时内完成一切出动准备，3小时后带队开赴灾区，26小时摩托化行军1300公里，到达平武县任务区域后，主动要求到地处偏远、通信中断的大印、豆叩等4个乡（镇）执行抢送救灾物资任务。

5月17日，于建水带领200名官兵组成突击队，冒着余震频发的危险，沿着陡峭的山路，徒步行军30多公里，在右腿被尖石蹭伤的情况下，强忍疼痛，走在队伍前列，坚持7个小时将4000多公斤救灾物资运送到受灾群众手中。四川电视台以《生命保障线上的奇兵》为题对此进行了报道。

进入豆叩镇以后，针对危房遍布、大批群众被困山上的实际情况，于建水组织成立了6支党员突击队，翻山越岭连续奋战，共搜救转移被困群众87人，排除险情121处，疏通道路

25公里，抢运物资180吨，清理废墟5000多立方米，安置群众7200人，抢收抢种庄稼66.67公顷。

5月28日，于建水得知豆叩镇上有4名孤儿因家境贫寒辍学在家，便组织官兵为孤儿捐款10060元，同其他干部分别与4名孤儿结成对子，负责孤儿的生活、学习费用，直到他们完成学业。同时从分队抽调文化水平高的干部为初中、高中毕业班学生集中补课辅导。

6月3日，于建水带领官兵进村入户查危排险，积极与村里干部取得联系，对豆叩镇荣华中心小学、荣华村主要街道和村民房屋进行清理，为村民搭建帐篷36顶，清理危房15间、倒塌围墙200余米。在给养保障困难的情况下，于建水和战士一起啃干粮。镇政府工作人员多次邀请他到指挥部吃饭，群众自发送来腊肉等慰问品，于建水都婉言谢绝了，还将节约下的大米送给生活困难的灾区群众。

6月7日，为解决香菇种植户的燃眉之急，于建水及时协调一台3千瓦的发电机，并派出人员爬到海拔1800米的山上接通输水管道，帮助群众挽回经济损失5万余元。为确保灾区群众和过往车辆的安全，于建水安排在豆叩镇华丰村附近、北侧竹坝村危险滑坡地段设置警戒哨，协助地方成立军警民联防巡逻队，军医和卫生员协助地方卫生防疫机构开展卫生防疫，为灾区群众营造一个安全的生活环境。

6月14日，于建水组织战士在平通镇古坝村清理村民焦云凤、王远良两家倒塌的房屋时，挖出手机1部、小灵通1部、现金2000元，并当场将钱物交还给村民。

2008年10月7日，于建水被中共中央、国务院、中央军委授予“全国抗震救灾模范”荣誉称号。

王成向

1989年3月出生，四川西昌人。共青团员。2007年12月入伍，解放军71426部队91分队士兵。

汶川特大地震使四川籍战士王成向家里房屋倒塌、父亲被砸伤、在北川羌族自治县打工的哥哥失踪。5月14日13时30分，王成向所在部队接到抗震救灾命令，分队党支部考虑到他是新兵，家中受灾失去亲人，便安排他留守。王成向向党支部连续递交了3份请战书，如愿随分队摩托化行军两昼夜到达平武灾区。

5月17日上午，王成向所在分队受领赴泗耳藏族乡执行“进村入户”搜救任务，分队成立了突击队。在挺进泗耳藏族乡途中，先后穿越3片海拔2800米高山中黑熊出没、蚂蟥遍地、毒蛇横行的原始森林。王成向始终走在队伍的最前面，途中，他被火麻刺痒植物沾染，导致面部过敏红肿，脚踝被突兀的尖石刮掉一块肉，险些被沼泽地吞没，仍毫不退缩。在王成向的引领下，突击队仅用5个半小时就徒步走完当地群众要走8个小时的山路。

5月23日，接到搜救被困山里的泗耳藏族乡星辰水电站12名工人的任务后，王成向和战友一起，沿着一边是巨石悬顶的峭壁陡崖、一边是深不见底的悬崖深谷的山路冒死挺进。当队伍登上海拔2300米的梯子崖时，天降大雪。王成向克服缺氧、寒冷、饥饿等困难，一边给大家鼓劲加油，一边帮助战友背给养。在护送被困群众下山时，冰雹袭来，伴有余震，王成向把钢盔戴在群众头上，用身体挡住从山上滚下的碎石和泥土，胳膊被碎石划破，头部被冰雹砸肿也全然不顾。他身背一名腿部受伤的群众，在天黑前与战友一起及时将被困群众全部转移。

在抗震救灾的3个多月中，王成向和分队战友一道，先后挖掘掩埋1名遇难者遗体，帮助搜寻到3名失踪人员，解救转移307名被困藏族群众。在泗耳执行任务中，他把自身携带的干粮全部送给藏族同胞，把身上仅有的160元钱捐给失去亲人的藏族小姑娘卢草妹。为了给家住海拔2300米的梯子崖上的孤寡藏族老人李新秀送粮食和帐篷，王成向在攀爬陡崖时被飞石砸伤，晕倒在地，醒来后用背心缠住头部，不顾战友劝阻，继续坚持为藏族群众背运生活物资。5月29日，气温骤降，天降小雪，王成向将自己的绒衣送给孤儿唐明芝，自己却得了重感冒，高烧40度。在病床前，78岁的老支书格若塔代表全体村民给王成向披上黄色的哈达，表达了藏族人民最尊贵的敬意。王成向在《震中日记》中写道："灾区人民是我的亲人。只要我一天不倒下，就要为群众爬更高的山，背更多的粮！"

2008年10月7日，王成向被中共中央、国务院、中央军委授予"全国抗震救灾模范"荣誉称号。

郑　岩

1979年6月出生，黑龙江延寿人。中共党员，大学本科学历。2003年6月大学毕业后入伍，解放军71521部队60分队政治指导员，中尉军衔。

汶川特大地震发生时，郑岩正在黑龙江省延寿县家里休假。他一天给分队打几次电话，关注部队情况。5月15日1时，他得知部队要到灾区执行任务的消息，急忙给教导员打电话强烈要求随队前往。考虑到部队当天晚上就要出发，并且他妻子正在医院治病，教导员没有同意他的请求。他着急地说："教导员，我是党支部书记，只要我们分队官兵去，我就必须去。上报计划人员没有我，就把我当作一名志愿者随队前往吧。"他向妻子简单作了交代，给母亲打电话让老人家来照顾妻子，便坐上出租车直奔哈尔滨机场。到机场后得知当天没有直达部队驻地的航班，工作人员建议他明天再走，他说："部队马上就要出发了，我一刻也不能在这儿停留。"在机场人员的帮助下，他赶上一架飞往北京的航班。到北京后，未作停留，又匆匆踏上飞往部队驻地的航班，当日23时2分飞机落地后，再匆匆坐出租车赶往部队。从延寿县到部队驻地近3000公里的路程，他没有耽误一点时间，终于及时与分队官兵会合，一起奔赴四川灾区。

到达青川后，郑岩带领分队官兵不分昼夜地抢救生命，转移群众，搭建帐篷，抢收抢种庄稼等。连日的劳累使郑岩两次晕倒，领导和战友们都劝他休息一下。他说："我是党支部书记，是一面旗帜，我不能倒下！"

6月1日下午，郑岩带领官兵为老乡收割小麦返回途中，突然看见山上一放牛的老乡摔倒了。

郑岩冒着山体滑坡的危险，带领两名战士冲了上去，在山脚下一棵松树旁发现了那位放牛老乡。老人满脸是血，人已昏迷。郑岩掏出毛巾为老人做了简单包扎，背起老人就往卫生院跑。山路崎岖泥泞，不时有滚石落下，他左小腿被石头划破，仍坚持在风雨中艰难奔跑了30分钟，终于赶至乡医疗点。老人头顶有道约8厘米长的口子，缝了37针。医生说：“要不是你们及时送到，老人肯定没命了。”

在走村入户帮助灾区恢复重建的过程中，郑岩发现一些孩子情绪低落，便向部队领导提出六一儿童节举办一次联欢会、请全乡的孩子都参加的建议。156名孩子在家人陪同下，欢聚一堂共赏节目，幽默精彩的小品、催人奋进的歌曲，使孩子们重现了久违的笑容。郑岩还拿出1000余元钱为孩子们购买了铅笔、文具盒、笔记本等学习用品。

2008年10月7日，郑岩被中共中央、国务院、中央军委授予“全国抗震救灾模范”荣誉称号。

侯晓鹏

1982年12月出生，河南孟州人。中共党员。2000年12月入伍，解放军71762部队79分队班长，二级士官军衔。

汶川特大地震发生时，侯晓鹏正在部队卫生队治疗腰伤。得知分队要赴四川灾区执行抗震救灾任务，他不顾医生劝阻，坚决要求随队参加救援。

5月17日，部队到达青川县沙州镇，侯晓鹏迅速投入抢救伤员的行动中。23日，沙州镇公路一处20多米长的路段被山体滑坡埋压。作为代理排长，侯晓鹏受领任务后，立即带领全排人员兵分两路，由两头向中间实施清理。工具使不上劲，就用人搬，用手刨，连续奋战4个多小时，终于打通道路。任务完成后，侯晓鹏却因体力透支，晕倒在施工现场。

6月2日，侯晓鹏从附近老百姓处了解到，居住在半山腰的孟凡固老人在躲避大地震时胸部被木头挤伤，由于交通不便买不到药，也不能看医生，一直没有康复，时常疼得睡不着觉。他立刻将情况报告分队，分队派他带两名战士给老人送药。侯晓鹏带着战士李原伟、宋友亮沿着羊肠小道穿过危险的峡谷往山上爬，一路不时遇到从山上滚落下来的石块，他们没有退缩，把药及时送到老人手中。

6月14日，侯晓鹏奉命带官兵冒雨直奔13公里外的一个山村，翻越4个山头，将82户326名群众安全转移。刚转移完群众，村党支部书记来求救：山腰上还有9户人家没有出来。侯晓鹏二话没说，再次冲向山里。一名群众告诉他，最后面有两个老人和一个残疾人。侯晓鹏让4名战士带领大部分群众先走，自己和一名战士继续向山顶跑去。当他们快走到3名群众身边时，泥石流从山上涌来。侯晓鹏和战士冲上去将一位老人和残疾人奋力拉到一旁的高地上，来不及躲避的另一位老人被泥石流冲倒。侯晓鹏将绳子一端拴在树上，一端系在自己腰间，向被泥石流冲倒的老人奔去。刚抓住老人的手，泥石流就把两人一起冲倒。情急之下，侯晓鹏将自己和老人捆在一起，让另外几人将他们从泥浆里拖了出来。

6月15日，侯晓鹏带领官兵在山里排查时，发现山上有一户人家住着两位80多岁的老人，他们的儿女都不在了。两位老人被困在山上已经一个月，仅剩下能维持一两天的粮食。当时天快黑了，看着两位老人，侯晓鹏犯了愁：马上送老人下山，天黑路不好走会有危险；等次日天亮后再走，晚上发生余震更危险。最终，侯晓鹏决定轮流背老人下山。经过3个多小时的努力，他们终于把两位老人转移到安全地带。

2008年10月7日，侯晓鹏被中共中央、国务院、中央军委授予“全国抗震救灾模范”荣誉称号。

武自强

1969年7月出生，山西霍县人。中共党员，大学本科学历。1988年8月入伍，解放军71687部队参谋长，上校军衔。

汶川特大地震发生后，武自强带领机组与高山险谷、恶劣天气比拼，挑战飞行极限，勇闯飞行禁区。

5月18日，武自强所在机组受命到青川县青溪镇投送群众急需物品。当时航路条件复杂，气流变化无常，直升机旋翼有明显的颤抖。到达目的地上空后，直升机两次低空盘旋，才找到一个可能实施机降的着陆点，但着陆点面积很小，仅能容下一架直升机；同时，着陆点的左边是高山峭壁，右边是高大树木，前面是河流险滩，后面是一道道高压线。面对如此险境，他和机组人员精心操纵、密切协同，果敢采取战术着陆的方式，成功实施机降，把药品、食品等急需物资安全送到群众手中。

5月22日，武自强所在部队接到保障中科院专家对唐家山堰塞湖地区实施航空拍摄任务。当日绵阳地区能见度不足800米，唐家山区域云低雾重，不具备飞行条件。但此次航拍将为排险指挥部提供堰塞湖地区的第一手资料，事关整个排险工作的决策。武自强主动请缨担负这一任务，向指挥员申请强行起飞。飞抵堰塞湖上空时，发现云层笼罩着山顶，为了保持适宜航拍高度，他驾机顺着堰塞湖的走势，在云下紧贴云层一个山谷一个山谷地穿行，钻了无数道高压线，经过两个多小时的艰难飞行，协助完成了航拍任务。

唐家山堰塞湖排险关键时期，武自强受命担负空运油料、炸药、雷管等危险物品的任务。空运这些物资对直升机操作要求很高，稍不留意就会造成严重后果。他和机组人员迅速研究了防止炸药、雷管产生摩擦发生危险的技术方案，毅然驾机起飞，将炸药、汽油、雷管等危险品安全准时运送到排险现场。

抗震救灾期间，武自强累计飞行103小时42分，航迹遍及北川、青川、平武、安县等4个极重灾县的12个乡（镇），空运救灾物资38.5吨，运送危重伤员、被困群众及救灾官兵、技术专家等621人。

其间，武自强的母亲病危，老人很想见见儿子。指挥救灾的上级领导得到消息后，让他回去看看老人，但他没有回去。救灾任务结束时，老人已不幸去世，母子俩终未能见上最后一面。有人曾问武自强："领导主动提出让你回家看母亲，你为什么不回去呢？"他说："作为一名军人，我知道在关键时刻应该选择什么。"

2008年10月7日，武自强被中共中央、国务院、中央军委授予"全国抗震救灾模范"荣誉称号。

杨宏阁

1968年12月出生，辽宁法库人。中共党员，大学本科学历。1988年9月入伍，解放军71901部队副部队长，中校军衔。

5月18日，杨宏阁奉命率3个任务机组，直飞极重灾区安县千佛镇，执行运送救灾物资、抢救伤员等任务。该地区山高谷窄，山体陡峭，跨山电线纵横交错，地震中倒塌的房屋、瓦砾遍布山谷，直升机着陆点空间极为有限。杨宏阁仔细观察后，选中谷底的一块平地，操纵直升机以45度的最大坡度机动下降，最终安全着陆。在快速卸载食品、药品及帐篷等救灾物资后，杨宏阁立即组织抢运伤员。至20时，3个机组连续飞行9个架次，成功转移危重伤员85人，运送救灾物资14吨。

5月21日5时10分，杨宏阁率领机组执行运送水利部专家组赴唐家山堰塞湖勘测险情任务。7时30分，直升机从绵阳机场升空，沿安县、北川航线飞往唐家山堰塞湖。首次进入北川地区飞行，飞行区域及降落场环境生疏，地形复杂，能见度差，贴着山谷飞行，需要避开一条条跨谷电线，稍有不慎，后果不堪设想。杨宏阁操纵直升机沿两条高压线间的狭小空间机动下降，距离坝顶30米时才看清堰塞湖坝顶上只有一块约4平方米的三角形地面略为平坦，机降难度很大。8时许，通过几次努力，杨宏阁果断采用单轮着陆的方法，将14名水利专家送到坝顶。10时，杨宏阁再次驾机成功降落在堰塞湖坝上，接回水利专家。

5月22日7时30分，杨宏阁接到保障俄罗斯米—26直升机组勘察吊挂起降场地、试飞进出唐家山堰塞湖航线的命令。8时30分，杨宏阁驾机从绵阳机场紧急起飞，沿安县、永安、擂鼓、北川、唐家山航线，一路搜索前进，以低空、小速度方式往返穿梭于山谷、丛林和高压线之间，经过仔细勘察，在擂鼓镇选定了米—26直升机吊挂场地。随后，杨宏阁又驾机沿擂鼓、北川飞向唐家山，沿途观察、标绘航线两侧山梁和高压电线的走向。在唐家山堰塞湖坝上空标绘时，杨宏阁发现，从北川进来的山梁上有两条高压电线，如果不处理掉，会对外挂货物飞行的米—26直升机造成严重威胁。他立即将情况通报地面指挥员和米—26直升机机组成员，并提出处理高压线的建议，指挥部采纳了他的建议。23日，俄罗斯米—26直升机沿着这条空中通道，把数十吨重的大型机械陆续吊上堰塞湖大坝。

在40多天的抗震救灾战斗中，杨宏阁共安全飞行42架次，转移伤病员和被困群众296人，运送救灾物资46.9吨。

2008年10月7日，杨宏阁被中共中央、国务院、中央军委授予"全国抗震救灾模范"荣誉称号。

李亚东

1957年5月出生，山东即墨人。中共党员，硕士研究生学历。1976年12月入伍，济南军区司令部作战部部长，大校军衔。

5月13日，作为济南军区抗震救灾前进指挥所司令部指挥组组长、第一责任区指挥部指挥组组长，李亚东抵达都江堰灾区后，迅速搜集资料、研判灾情，协调地方部署救灾事项，为军区救灾部队科学用兵和实施有效指挥赢得了主动。面对十万火急的灾情，李亚东提出了摩托化、铁路、空中立体多途运输的建议并被上级采纳，军区所属某先头部队经25小时摩托化行军，向灾区挺进1200余公里，受到中央军委副主席郭伯雄表扬。14日凌晨，李亚东引导部分兵力到达紫坪铺水库大坝，为迅速向映秀穿插争取了时间。在大部队难以正面进入汶川的情况下，李亚东提出绕道翻越夹金山，迂回进入汶川、理县、茂县重灾地区的建议，打通西线地面输送物资的“生命线”。在部队正面挺进重灾地区和营救过程中，李亚东协助领导指挥了千支分队进村入户救援、5万余名群众避险转移、紧急排除炸药库险情、搜救失事直升机等重大行动。特别是在对银杏、桃关附近峡谷被困群众的营救行动中，李亚东沉着冷静，靠前指挥，边报告、边组织、边协调，一次营救受困群众2万余人。

面对组织协调济南军区部队和第一责任区部队救灾行动两副重担，李亚东注意探索特点规律，完善工作机制，细化救灾任务，督导责任落实，促进了军区部队指挥高效顺畅和第一责任区133个不同建制单位形成整体合力。在灾区的93天里，李亚东冒着余震、飞石、疫情等危险，先后16次深入7个灾情严重的县（市），两次摩托化迂回3000余公里，赴汶川、理县、茂县现场调查灾情，组织指挥部队行动。李亚东视灾情如命令，不顾疲劳，不怕辛苦，不畏危险，经常连续高强度工作，确保部队每一次行动都尽可能科学高效。李亚东注意探索总结救灾工作的特点规律，及时组织展开抗震救灾战例选编、抗震救灾行动组织实施等成果的总结和理论研究。李亚东所在指挥组上报的材料有150余篇被总部刊用，有360余篇被成都军区联指刊用。部队从灾区返回不久，李亚东又组织机关和部队撰写成30万余字《抗震救灾战例》、38万余字《抗震救灾行动组织实施》和35万余字的《将士风采录》。

李亚东全程参加了抗震救灾工作，先后组织了千里大机动、峡谷大营救、千村万户大进军、数万群众避险大转移等重大救灾行动。

2008年10月7日，李亚东被中共中央、国务院、中央军委授予“全国抗震救灾模范”荣誉称号。

房　勇

1977年10月出生，山东寿光人。中共党员，大学本科学历。2000年7月入伍，济南军区自动化工作站综合保障室主任，少校军衔。

5月15日，由房勇担任副队长的济南军区“前卫—1号”应急保障分队抵达都江堰灾区，迅速组织建立了军区前进指挥所指挥控制系统，及时联通了军区作战指挥中心。由于震区地面通信中断，只有卫星设备能够上传下达、指挥部队行动，因此，为一线搜救分队配置卫星终端设备的任务迫在眉睫。18日晚上，设备器材刚刚运抵前进指挥所，房勇立即带领技术人员开始工作，按照分配预案，以最快速度建立灾区地图库、修改程序、注册芯片，及时完成50套卫星设备的联机调试。一个不眠之夜后，房勇又马不停蹄地为在都江堰地区执行任务的某部前进指挥所配送设备和培训技术人员。经过36小时的连续奋战，实现了某部前进指挥所对一线部队的实时定位指挥。此时，执行彭州救灾任务的某部前进指挥所急需领取设备，为节约时间，指挥组命令房勇火速将设备送去。顾不上连夜的疲劳和饥饿，房勇立刻赶赴彭州送去卫星终端设备，并与该部队一起安装调试，一干又是8个多小时。当天下午，所有设备调试完毕，军区前进指挥所实现对所属部队和担负穿插迂回搜救任务分队的全方位指挥监控。

5月下旬，救灾部队的指挥控制装备损坏较多，房勇主动请缨参加通信指挥装备巡检巡修工作。当时，余震频发，灾区道路损坏严重，车辆不能通行。房勇背着40多公斤重的维修工具、备品备件和照相摄像器材，翻山越岭，对部队的30多套指挥终端和计算机、打印机进行检修，排除装备隐患60多起。在军区部队千里迂回赴汶川、理县、茂县过程中，房勇自告奋勇，一人携带多种通信指挥装备遂行机动保障任务。当行至大渡河源头的险要地域时，车载指挥设备电源突然失效，向军区前进指挥所汇报情况并尽快修复系统的重任落到房勇肩上。由于山体遮挡，卫星信号不好，房勇手持卫星终端机爬上险峻的山顶寻找最佳信号点，直至找到信号，及时向军区前进指挥所汇报了突发情况。同时，房勇以最快的速度修复系统，并通过车载对讲系统向部队领导汇报了系统修复期间接收信息情况，为确保上级对部队实施有效指挥起到重要作用。

2008年10月7日，房勇被中共中央、国务院、中央军委授予“全国抗震救灾模范”荣誉称号。

王学伦

1958年3月出生，山东滕州人。中共党员，大学本科学历。1976年12月入伍，济南军区政治部新闻电教室主任，大校军衔。

汶川特大地震发生后，王学伦凭着多次参加抢险救灾等重大突发事件报道的经验，预感到济南军区部队很可能参加抗震救灾行动，便立即启动本室突发事件电视新闻宣传预案，聚集人员、准备器材、了解信息。5月13日上午，王学伦利用电话连线形式，将济南军区部队即将开赴抗震救灾一线的消息，通过中央电视台综合频道和新闻频道直播节目予以报道。当天，济南军区万余名官兵从空中、铁路、公路多方向向四川灾区紧急驰援，随部队开进的多路电视报道人员，有传输条件的就传输画面，没有传输条件的就采用电话连线、滚动字幕等形式，在最短时间内将军区部队立体开进的信息及时向媒体和公众发布。

到达灾区后，王学伦针对军区部队跨区行动、没有依托、多点救灾的特点，对抗震救灾初始阶段的电视报道和人员分配进行了精心策划，并带领有关人员围绕抗震救灾的走向和中央电视台报道提示，精心选择报道主题，精心策划每条线索的采访拍摄方案。5月16日，王学伦和同事策划采编的《8000官兵千里驰援彭州科学施救》的新闻，提出了科学救援以及救援行动向山区和农村延伸的问题，对整个抗震救灾指挥具有重要价值。17日，在中央军委主席胡锦涛发出抗震救灾“进村入户”行动命令的当天，王学伦和同事就采编完成了《济南军区组成千支小分队深入山区和农村救援群众》，很快在中央电视台“军事报道”和新闻频道中播出，20日又在中央电视台“新闻联播”播出，成为济南军区抗震救灾官兵响应胡锦涛“进村入户”号召的标志。

在抗震救灾一线的70天里，王学伦全力协调指挥军区电视报道人员按中央精神和媒体的要求进行报道，重点稿件自己采写、编辑，在人员紧张时还扛起摄像机冒着余震和山体滑坡的危险，深入一线采访拍摄，足迹遍布绵阳以及都江堰、汶川、理县、茂县、青川、平武、彭州等8个重灾地区。

7月12日，由于连续两个多月高强度、高负荷工作，以及长时间住在闷热潮湿的帐篷里，王学伦双耳突发性耳聋，什么也听不到。此时，恰逢中央电视台约稿，记者都派出去采访了，王学伦带病扛起摄像机，到彭州龙门山一带采访官兵帮助灾区群众灾后重建的新闻。为了不影响“英雄战士武文斌”的典型宣传，他在医院仅住了3天，就返回救灾一线。23日，王学伦作为全军新闻战线的唯一代表，参加了济南市奥运圣火的传递。

2008年10月7日，王学伦被中共中央、国务院、中央军委授予“全国抗震救灾模范”荣誉称号。

杨　军

羌族，1979年11月出生，四川北川人。中共党员，大专学历。1997年12月入伍，解放军71977部队81分队排长，中尉军衔。

5月12日，杨军与未婚妻正在北川羌族自治县禹里乡水秀村布置新房。地震突然发生，杨军马上拉着未婚妻跑出房间，新房轰然倒塌。此时，山石裹挟着泥土呼啸而下，飞尘遮天蔽日，整个山寨瞬间成为一片废墟；村民们惊恐万分，哭喊声撕心裂肺。面对突如其来的灾难，杨军顾不上家人和自身安危，立即组织抢救受灾群众。

在余震频发、山石横飞的情况下，杨军与村干部一起组织村民分头寻找失踪群众。杨军得知73岁的李加珍老人被埋在倒塌的房屋中，迅速带领几位乡亲挖掘营救。为避免再次伤害，杨军带头放弃使用工具，用手搬移石块、清除瓦砾，双手划破，鲜血直流。在杨军的带领下，仅用10分钟便救出老人。4岁女孩杨丽被卡在横梁和两块大石块之间的空隙里，稍有不慎就会危及生命。杨军迅速指挥村民用绳子、木杠小心翼翼地撬开石头，一点一点地将横梁移开，把小杨丽救了出来。在整个抗震救灾过程中，杨军先后参与抢救群众11次，救出被困群众43名。由于组织有序、搜救及时，水秀村53名被困群众除4名不幸遇难外，其余全部获救。杨军还利用在部队掌握的救护常识和野战生存技能，组织村民展开自救互救，用简易器材搭建临时住所，避免了受灾群众受到更大伤害。

地震发生3天后，部队投下食品等救援物资，因为天气恶劣和地形复杂，有的空投物资被风刮到河里，有的挂在悬崖上、高压电线铁塔上。为了让乡亲们及时得到救援物资，杨军攀峭壁、爬树梢、下河水、上铁塔，冒着生命危险抢回18件救援物资，为村民渡过难关提供了帮助。

5月15日，为避免堰塞湖溃堤和山体滑坡带来的危险，杨军与村干部一起说服故土难离的乡亲们，给老年人准备了拐棍，为伤员制作了简易担架，指派专人照顾妇女儿童，连夜带领全村486名村民转移。出村后约20公里，遇到一段200多米长的塌方地段，山石不时滚下来，身边是深不见底的悬崖。杨军挺身而出，冒着随时可能坠崖的危险，侧着身体，一手抓着石块，一手用锄头在山体上铲出一个个落脚点，一步一步往前挪，为乡亲们蹚出了一条生命之路。在转移乡亲的四天四夜里，杨军来回奔波，先后跋涉160多公里山路，翻过4座大山，带领乡亲们安全转移到绵阳市九洲体育馆安置点。乡亲们流着泪说："是一个兵娃子救了我们全村人。"

2008年7月，杨军被济南军区表彰为"优秀党员"；10月7日，被中共中央、国务院、中央军委授予"全国抗震救灾模范"荣誉称号。

何宏林

1981年11月出生，陕西略阳人。中共党员。2000年12月入伍，济南军区信阳装甲器材仓库勤务队班长，三级士官军衔。

因参加抗击雨雪冰冻灾害和执行装备器材应急保障任务而两次推迟婚期的何宏林，正在筹备定于5月22日的婚礼。当他正和未婚妻在略阳县城拍婚纱照时，地震突然发生了。何宏林大喊一声"地震了，快跑"，迅速组织影楼内人员安全撤离，自己最后一个冲出影楼。

看着慌乱中奔跑、叫喊着的男女老少，看着一座座垮塌倾斜的楼堂店所，何宏林突然意识到作为一名党员应该做点什么。他自觉协助警察维持秩序，安抚群众，照顾伤病员。回到村子，何宏林用筹办婚礼的钱买来彩条布，为群众搭建了5个简易帐篷，安置30多名老人和孩子；第二天，又赶到县民政局报名参加抗震救灾。

何宏林被指定担任军供站临时党支部组织委员，负责组织抗震救灾物资装卸任务。由于连续几天高强度作业，一次他刚扛起一顶帐篷，便一头栽倒在搬运场上，被送到医院救治。醒来后，他拔掉针头又继续投入战斗。

为壮大党支部的力量，何宏林以军供站临时党支部的名义，向县里的退伍老兵发出倡议，使14名退伍老兵和正在探亲休假的现役士兵加入到了临时党支部。何宏林提出在党支部中开展"三率先""四帮扶"活动，即率先靠前指挥、率先排危除险、率先为群众送温暖，思想帮扶、生活帮扶、生产帮扶、心理帮扶，得到大家的积极响应。在略阳县委、县政府和济南军区装备部特意为他举办的"帐篷婚礼"上，何宏林将亲朋好友送的3050元礼金作为"特殊党费"交给了党组织。何宏林的模范行动深深感动了当地群众，村民们说："大灾大难面前，党组织才是我们的主心骨！"

为了发挥党员的先锋模范作用，何宏林提议成立党员突击队，并主动担任突击队队长，哪里最需要、最艰苦、最危险，就战斗在哪里。5月21日，略阳县人武部向党员突击队下达任务，在一周时间内搭建1200顶帐篷以应对余震。何宏林带领突击队员顶着湿热难耐的天气，冒着余震的危险，每天工作14个小时以上，奋战5天完成了任务，比计划提前了两天。

抗震救灾期间，何宏林带领党员突击队，营救转移群众2000多人，搭建帐篷3000余顶，装卸物资100余吨。中共中央政治局委员、中组部部长李源潮接见了何宏林，称赞他是"地震震不垮的共产党人"。何宏林后来参加了济南军区抗震救灾英模事迹报告团作巡回报告，其事迹被中央和地方媒体报道。

2008年10月7日，何宏林被中共中央、国务院、中央军委授予"全国抗震救灾模范"荣誉称号。

张荣伟

1962年12月出生，山东新泰人。中共党员，博士研究生学历。1979年9月入伍，济南军区总医院神经外科副主任，主任医师。

5月12日，做完背部手术刚3天的张荣伟正在家中休息，得知医院即将组织救灾医疗队奔赴地震灾区救灾的消息后，主动请缨到抗震救灾的前线去，并被任命为医疗三分队分队长。13日23时，张荣伟和医疗队员们一起，经过17个小时的长途跋涉，赶到四川灾区。

在临时设立的野战医疗所里，张荣伟组织分队迅速展开工作，至5月14日8时，分队已接受救治76位伤病员，成功实施25例手术。由于当地环境潮湿、天气炎热，衣服被汗水湿透了，张荣伟未愈合的伤口一直浸泡在汗液里。一次护士为他换药，看着那红肿发炎的伤口忍不住问道："张主任，您就不觉得疼吗？"张荣伟笑着说："只要能多救受伤的群众，我疼一点儿没什么。"

地震发生后的前3天，张荣伟平均每天接诊病人300余名，每天只能睡3个小时左右。在狭小闷热的手术帐篷里，他带领战友们全力救治伤员；电力供应不足时，就打着手电筒为伤者做手术。5月15日，张荣伟正在为80岁高龄的童万秀老人缝合伤口，余震突然发生，老人本能地颤抖起来，手术室外一些灾区群众也惊恐地尖叫着躲避。张荣伟镇静自若，一针一线地缝合、消毒，还不停地安抚老人，直至手术顺利结束。

自5月20日起，医疗队的工作重点由救治伤员转为进村入户巡诊和防疫。张荣伟带领22名党员，每人背着25公斤重的医疗器材和食品，在4个半小时里攀爬了17公里山路，进入极重灾区彭州市磁峰镇。在巡诊期间，张荣伟发现55岁的村民沈光茂颈部左侧长有巨大肿块，局部压迫症状明显，病史达37年。经过会诊，张荣伟决定为患者实施手术。6月11日，张荣伟为沈光茂成功切除了重达2.4公斤肿瘤，为患者解除了困扰半辈子的烦恼。张荣伟和他的医疗队受到驻地群众的一致好评，中央电视台新闻节目对他们的事迹进行了报道。

张荣伟积极与磁峰镇政府建立灾情疫情通报制度，将所属14个自然村、1个社区、5000多户群众划分成4个责任片区，开展拉网式进村入户医疗救治，先后为当地群众发放“红十字”联系卡3300余张、《抗震救灾心理干预自助手册》6300余本，为198名高龄、孤寡老人和孕妇建立健康档案，开通就医“绿色通道”。

2008年7月，张荣伟被济南军区表彰为“优秀党员”；9月，被卫生部、食品药品监管局、中医药局、总后卫生部授予“抗震救灾医药卫生先进个人”称号；10月7日，被中共中央、国务院、中央军委授予“全国抗震救灾模范”荣誉称号。

李灿勇

1974年3月出生，山东泰安人。中共党员，大学本科学历。1991年12月入伍，解放军第88医院副院长，中校军衔。

5月26日零时30分，第88医院接到上级关于抽调组建赴四川抗震救灾防疫队的命令。在医院连夜召开的常委会上，李灿勇被任命为抗震救灾防疫队队长。3时，李灿勇和队员们迅速准备了大批防疫器械、药品和物品；8时，李灿勇便和防疫队员们赶往济南机场；16时，李灿勇带领20名队员乘飞机赶往四川。27日7时，防疫队到达极重灾区彭州市。

一到宿营地通济镇，李灿勇便带领队员们背着喷雾器，穿梭在灾区各个临时居住点，开始监控当地疫情，4天时间转战通济、磁峰、隆丰等多个镇近百公里，被当地群众称为“防疫敢死队”。在灾区期间，李灿勇带领防疫队担负11个镇10多万群众、7000多名官兵的防疫任务。防疫队每天天不亮就出发，晚上借着月光赶回临时宿营地，穿梭在深山乡村中，进入每家每户，对厕所、水源和废墟进行药物喷洒消毒，给群众讲解卫生防疫知识，宣传党和国家政策，而他们靠吃压缩干粮充饥，几乎天天都是一身汗、一身泥。李灿勇要求队员们对群众和官兵居住环境、饮食卫生等方面严格检查，不轻易放过任何疑点，先后提出了近百条改善卫生环境和饮食饮水条件的意见和建议，被地方和部队采纳。

抗震救灾期间，李灿勇和队员们克服余震、暴雨、雷电等困难，药物喷洒消毒610多万平方米，检测各种水源1100多处，应急抢救伤病员230多人，负责的辖区内不仅没有出现疫情，而且常见流行病、多发病都比往年有所下降。李灿勇所带防疫队监守的地域属于龙门山地震断裂带，余震不断，队员们多次险些被滚落下来的山石砸中或被雷电击伤。由于天气炎热，李灿勇多次因药物反应和中暑而晕倒，但身体状况稍有好转，便又投入战斗。李灿勇和防疫队的先进事迹在中央电视台、中央人民广播电台“抗震救灾英雄谱”中播出，李灿勇被评为2008年“感动山东”和“感动泰安”年度新闻人物。

2008年7月，李灿勇被成都军区联指表彰为“抗震救灾先进个人”；9月，被卫生部、食品药品监管局、中医药局、总后卫生部授予“抗震救灾医药卫生先进个人”称号；10月7日，被中共中央、国务院、中央军委授予“全国抗震救灾模范”荣誉称号。

冯聪勤

女，1967年8月出生，河南宝丰人。中共党员，大学本科学历。1984年11月入伍，解放军第150医院麻醉科护士长。

冯聪勤的母亲患有冠心病，父亲瘫痪在床。汶川特大地震发生时，看到电视上满目疮痍的灾区和灾区人民悲痛企盼的眼神，冯聪勤主动向医院领导要求去灾区救灾。到达灾区后，她立刻随“铁军”部队官兵一起战斗在都江堰、映秀等重灾地区。一次，在摇摇欲坠的楼板和瓦砾中搜寻幸存者时，由于天气炎热，加上长时间劳累，冯聪勤体力严重透支，从3楼掉到了2楼。在对身体擦伤进行简单处理后，她又投入到搜救工作中。

一天早晨，一名10多岁的女孩跑到医疗队，指着一片早已坍塌的废墟哭着说：“我姐姐就在里面，解放军叔叔、阿姨，快救救我姐姐吧！”看着伤心的孩子，冯聪勤和在场的官兵也禁不住泪水直流。尽管知道孩子的姐姐已经没有生还的可能，但他们还是按着孩子指的方位，小心翼翼地刨挖搜寻，直到中午才挖出了孩子姐姐的遗体。冯聪勤一边对遗体进行妥善处理，一边安慰小女孩，并在随后的日子里多次对小女孩进行心理疏导，帮助她走出心理阴影。

在搜救过程中，冯聪勤发现官兵们戴的线手套接触遗体后很容易被血污浸透，进而引发皮肤和眼睛疾病，便及时向防疫队建议，连夜筹措了2000多副手术专用乳胶手套发到战士手中。由于手套消耗量太大，冯聪勤和队里其他官兵一起，每天晚上都在极度疲惫的情况下，把战士们戴过的手套集中起来消毒、清洗、晾晒，第二天再发给战士们。

抗震救灾初期，灾区供水困难，官兵们无法洗澡、洗衣，许多战士患上湿疹、烂裆等皮肤病。冯聪勤和队友一起清理出一口废弃的压水井，在对井水进行严格消毒处理后，让每天劳累归来的官兵擦洗身子。

6月18日4时45分，英雄战士武文斌因连续作战过度疲劳而牺牲。噩耗传来，冯聪勤的心像撕裂般剧痛。为了让武文斌安详地走好，在她的多次请求下，医疗队安排冯聪勤为武文斌整容。带着对烈士的崇敬，冯聪勤和护士长李丰芹含着热泪，耐心细致地对烈士遗体进行擦洗、换装，并拿出自己的化妆品给烈士化了妆。

78岁的杨奶奶身患重病，老伴在地震中遇难，儿子在外地打工。当冯聪勤和队友们在巡诊中见到老人时，她已精神恍惚卧床不起。冯聪勤就每天到老人家里，给她输液、吸氧、按摩、喂饭、护理，使老人的病情逐渐好转。老人儿子赶回来见老人安然无恙，跪在医疗队员面前流着泪说：“感谢解放军，我一辈子也忘不了解放军的大恩大德！”

2008年9月，冯聪勤被卫生部、食品药品监管局、中医药局、总后卫生部授予“抗震救灾医药卫生先进个人”称号；10月7日，被中共中央、国务院、中央军委授予“全国抗震救灾模范”荣誉称号。

司启富

1960年1月出生，江苏沭阳人。中共党员，大学本科学历。1977年9月入伍，解放军73602部队部队长，大校军衔。

汶川特大地震发生后，司启富一直关注着抗震救灾，及时召开常委会，迅速启动抢险救灾机制，并与空中管制部门沟通协调，备齐抢险物资，遴选任务机组，整装待发。5月15日3时35分，接到执行抗震救灾任务的预先号令后，司启富指挥救灾分队立即展开紧急转场准备，45分钟内完成人员紧急集合、物资器材装载、航线申报等工作。9时9分，他第一个驾机升空，带领机群大编队、跨区域、超强度飞行8小时，行程1510公里，安全到达川北高原。

到达地震灾区后，司启富顾不上休息，又连夜组织大家在图上标绘灾情，熟悉灾区气象、地形、地貌，制订了一系列适合山区复杂地形、气象条件的空中营救方案。5月21日上午，部队接到四川省旅游局紧急求援：188名进入北川小寨子沟的游客已被困9天，大部分是老人，基本生活没有保障，不少人患了病，面临生命危险。司启富果断下令，带头起飞驰援。峡谷两侧山高壁陡，在浓雾中时隐时现。飞行途中，一股强烈的气流袭来，直升机剧烈抖动，司启富指挥机组成员校准航线、稳定高度，安全驶离气流区。经过一个半小时挑战生理、心理、地形、气象等飞行极限的高强度飞行，成功抵达目标区域实施救援。

作为指挥员，司启富头脑里始终绷着安全这根弦。每次飞行前，他都组织大家熟悉地形、地貌，制订详细预案；每次飞行归来，他又不顾疲倦，组织梳理讲评，带领大家着眼任务区域复杂天候、地形特点进行交流研究，改进投送模式，并结合实际制订了“明确机组分工、慢行观察、低进高出、交替照应、留有余地”的“五步飞行法”，增加安全系数。5月31日，司启富驾机带队前往安县执行任务，临近任务区域，强气流携云裹雾扑面而来，机群即将被一片浓云迷雾包围，一秒钟的延迟都可能机毁人亡。在千钧一发之际，司启富当机立断，率队返航，把飞机编队带出了“鬼门关”。

抗震救灾期间，司启富带领官兵完成423个架次、654余小时的飞行任务，在北川、江油等6个县（市）25个乡（镇）投运物资237.8吨，转移人员823名，所率机群被灾区政府和人民群众誉为“生命之鹰”“希望之鹰”。8月，他所在部队被共青团中央授予“中国青年五四奖章集体”称号，并荣立集体二等功。

2008年10月7日，司启富被中共中央、国务院、中央军委授予“全国抗震救灾模范”荣誉称号。

李　波

1965年7月出生，湖南岳阳人。中共党员，大学本科学历。1982年6月入伍，解放军75752部队部队长，上校军衔。

5月15日10时，李波奉命率领9个机组，历经8个多小时的高强度飞行，行程1600多公里，到达四川灾区。执行任务中，李波坚持急难险重任务第一个上，天气不好第一个试航，投送距离远第一个降落，带领机组勇闯“死亡陷阱”，开辟抢救群众的“生命通道”。

5月18日，绵竹市清平乡小木岭电站600多名群众被困在深山峡谷六天六夜，生命危在旦夕。李波主动请战，带领两个机组紧急驰援。救援地域平均海拔近3000米，悬崖峭壁交错纵横，峡谷内能见度不足1000米，最窄处不足500米，转弯最急处达150度，气流紊乱。李波艰难地操纵直升机，在强气流和浓雾中寻找被困群众。电站所在地域山势陡峭，坡度达70度，直升机无法降落，在海拔2900多米的陡坡上又无地悬停，多停一秒就多一分危险。李波小心翼翼调整飞行姿态，将直升机悬停在旋翼离山崖不足5米、机架离地面仅5米的陡坡上，及时为受困群众送去“救命粮”。随后，李波率领机组四进四出“孤岛”小木岭，将伤员和受困群众安全转移出来。

5月22日，在执行向极重灾区北川羌族自治县片口乡投送物资、转移群众任务中，李波带领飞行人员驾机越高山、钻峡谷、穿云雾，长时间在崇山峡谷中穿梭。云底高不够就超低空飞行，降落场条件不具备就悬停空投，最高时在海拔2900米处悬停。受地形限制经常要在山谷中狭小空域使用小面积起降等高难度动作，一趟任务下来往往已是汗透重衫，严重的脱水使李波几次差点虚脱和小腿抽筋。

5月25日，唐家山堰塞湖险情告急。李波率领机组成员转战堰塞湖坝顶，顺着深山峡谷进入，以公路和河流为参照物飞行，一趟趟将急需的给养、油料、器材送到施工人员手中。6月2日，导流明渠主体工程完成后，李波又第一个到坝上接回水利专家和武警水电官兵，保证了人员安全撤离。

抗震救灾中，李波率领9个机组连续奋战70多天，转战绵竹、什邡、北川、平武、安县等极重灾县（市），深入四坪、汉旺、清平、高川、虎牙、青片、片口、泗耳等54个乡（镇），累计安全飞行340架次、515小时49分钟，向偏远山区乡寨、唐家山堰塞湖等地投送帐篷、棉被、食品、药品、油料和各类救灾救生器材设备332.2吨，搜救转运伤员和救灾人员1468人次。其中，李波个人飞行74架次、95小时48分钟，投送物资86.5吨，转运人员368人次。

2008年10月7日，李波被中共中央、国务院、中央军委授予“全国抗震救灾模范”荣誉称号。

王　凯

1962年10月出生，四川眉山人。中共党员，硕士研究生学历。1979年11月入伍，解放军77126部队部队长，大校军衔。

受领抗震救灾命令仅10分钟，王凯就指挥部队兵分五路，火速奔向灾区，并率领装甲部队星夜兼程，于5月13日1时到达北川县城。在组织部队展开救援的同时，王凯冒着生命危险四处查看灾情，于2时48分向上级发出第一封电报，为上级从全局上准确判断灾情、科学部署救援力量提供了重要依据。13—14日，王凯指挥装甲部队从废墟里抢救出幸存者320多人，转移被困群众和伤员3300多人。

5月14日下午，上级命令王凯赶赴汶川县映秀镇指挥部队救灾。因经都江堰到映秀的道路中断，王凯便改乘冲锋舟从水路急速前进。距映秀镇还有10多公里时，冲锋舟亦无法行进，王凯便弃舟步行两个多小时赶到映秀镇。刚到映秀镇，王凯就接到命令：组织所属炮兵部队和配属的工兵部队，于17日18时以前打通都江堰至映秀的“生命线”。时间紧急，任务紧迫，王凯没有多想，马上带领指挥部人员返回塌方处，察看地形，制订施工方案，组织部队迅速投入抢险。兵力不够，王凯就把部队机关和直属队全部派上去。施工现场余震不断，场地狭窄，为抢时间，王凯带领部队冒着石块随时滚落的危险，在塌方区的两端同时展开作业，人员两班倒，昼夜不停地施工，终于在17日傍晚打通了通往映秀镇的道路。

当救灾物资源源不断运往映秀镇后，王凯又带领官兵进村入寨开展救援工作。距映秀镇10多公里的银杏乡，地处大山深处，地震发生后，那里的灾情一直不为外界所知。王凯带领突击队乘直升机机降到该乡，带领官兵走村入户，查看灾情，救助伤员，慰问受灾群众。乡小学因地震停课，290名学生无处上课，王凯就安排官兵搭建“帐篷小学”，又组织战士刨开废墟找出课本。5月19日，灾区的第一所“帐篷小学”开课了。

抗震救灾期间，王凯带领部队在都江堰、北川、绵竹、茂县以及映秀等极重灾区救援，8次组织北川县城、绵竹龙宝坪等地大营救，5次指挥茂县铜钟水库、黄公坪电站等大排险，对48个乡（镇）组织了4轮拉网式救援。7月26日，王凯全面负责茂县任务区工作后，加强统筹指挥，有效整合10支不同建制、不同隶属关系的救援部队，20天内突击搭建活动板房7236套。

2008年10月7日，王凯被中共中央、国务院、中央军委授予“全国抗震救灾模范”荣誉称号。

余禄恒

1974年10月出生，重庆云阳人。中共党员，大专学历。1993年12月入伍，解放军77128部队50分队分队长，少校军衔。

受领抗震救灾任务后，余禄恒迅即召开分队干部大会，部署出动任务，指导下属各分队做好抗震救灾的各项准备工作，按照部队党委的统一部署，迅速带领全分队官兵奔赴抗震救灾第一线。分队行进至距汶川县城17公里处时遭遇余震，余禄恒沉着应对，果断组织官兵徒步奔袭，按时赶到汶川县城。在抗震救灾中，余禄恒积极主动向任务区指挥所请示汇报，加强和地方有关部门的沟通协调，科学部署兵力，带领官兵克服困难，完成上级赋予的各项任务。

抗震救灾期间，余禄恒每天步行往返于12个村寨检查指导工作，随时把工作进展和群众的需要认真记录下来，及时与下属各分队干部商讨解决办法，改进工作。救灾中，余禄恒始终坚持战斗在第一线，既当指挥员又当战斗员，不怕牺牲，不畏艰险，连续作战，用自身的模范行动团结干部，带动战士，鼓舞士气。在挺进汶川途中遭遇余震时，余禄恒第一个背上背包和工具，冒着被飞石砸伤的危险，爬山坡，攀悬崖。在抢救群众财产现场，在铺设自来水管施工现场，在过渡安置房搭建现场，余禄恒头顶烈日，一直坚持在第一线，带领全分队官兵完成各项任务。

抗震救灾期间，余禄恒带领全分队官兵转移受灾群众2734人，挖掘被埋粮食和腊肉近5万公斤、现金67万元，搭设帐篷2300顶，为村民挖掘垃圾坑、厕所72个，架设电杆24根，挖掘自来水管线3.8公里，清理公路9.6公里。

2008年10月7日，余禄恒被中共中央、国务院、中央军委授予“全国抗震救灾模范”荣誉称号。

陈　俊

1974年10月出生，贵州镇远人。中共党员，大学本科学历。1991年12月入伍，解放军77133部队88分队分队长，上尉军衔。

5月13日19时，位于茂县南新镇的铜钟水库因地震停电，泄洪闸门无法打开，库区水位猛涨，随时都有可能溃坝，严重威胁着下游汶川、都江堰等城市和群众的安全。陈俊和分队官兵闻讯后主动请战，临危受命，迅速组成爆破突击队，于当日20时18分出发，在山高路险、余震不断、飞石滚落的险境中摸黑前行。一路上，陈俊一直走在队伍前列，奋力为官兵排险开路，带领官兵连续翻越7座海拔3500米以上的高山，历时18个小时，行进108公里，按时到达茂县南新镇救灾一线，为尽早排除险情赢得了宝贵时间。

经过现场勘察，陈俊果断采取外接电源强行拉起闸门放水的方案，指挥5名突击队员带着作业工具，以泅渡方式护送3名工程技术人员到电站水闸控制室，架设700米长的4条电缆，成功提闸泄洪，确保了造价上亿元的水库大坝免受损坏，保证了下游数万灾区群众的生命财产安全。

茂县东兴乡黄公坪电站因地震引起大面积山体滑坡，泥石流沿着涪江支流土木河涌向300多米长、10多米宽、20多米深的黄公坪水库，在堤坝前形成两个约20米高的堰塞湖，直接威胁下游上百个村庄乃至北川县城的安全。陈俊带领官兵携带24公斤炸药，急行军52公里奔赴电站，深入现场勘察，精心测算药量，组织官兵对堤坝进行5次“蚕食性”爆破，成功炸开堤坝闸门，并引爆堵塞的树木和巨石，顺利排除了险情。

地震造成茂县维城乡中村山两块重约100吨的山体巨石滑落山腰，摇摇欲坠，直接威胁着山下学校、乡政府、小型电站以及35户群众的生命财产安全。陈俊根据上级排除险情的命令，带领24名突击队员先后8次对巨石的位置、大小、可能坠落的路线作了仔细勘察和计算，组织群众沿巨石可能滑落的路线挖掘减速沟渠、在重点建筑物前堆砌挡墙后，成功爆破巨石，有效保护了人民群众的生命财产安全。

2008年10月7日，陈俊被中共中央、国务院、中央军委授予“全国抗震救灾模范”荣誉称号。

白杨民

藏族，1979年9月出生，四川北川人。中共党员，大学本科学历。1998年9月入伍，解放军77136部队司令部作训股参谋，上尉军衔。

5月13日1时，白杨民随部队赶到家乡——极重灾区北川羌族自治县，只见县城到处是残垣断壁，到处是流离失所的人群，到处是遇难者的遗体。白杨民冲进营救队伍大喊："救人，赶快救人，先救眼前的人！"5月13日4时，部队在北川中学教学楼救援时，白杨民的一位老师被救了出来。老师一把抓住白杨民急切地说："你的妹妹和很多师生还在里面，赶快救他们！"听到这个消息，白杨民不停地呼喊着妹妹的名字，也听到了妹妹微弱的回音，顺着声音传来的方向，白杨民发现妹妹被埋压之处，水泥板层层堆叠，纵横交错，没有重型工程机械，手工根本无法施救，只好安慰她："好妹妹，一定要挺住！"说完便离开妹妹，拼命地先救那些容易救的人。就这样，一个个学生得救了，而白杨民的妹妹却因未被及时救出，长眠在那片废墟之下。

距北川中学不到100米的任家坪小学，是白杨民母亲的工作单位。5月13日10时，当白杨民和战友抬着伤员向救治点奔去时，竟然遇到了他想了千万遍的母亲。他再也无法控制自己，冲上去紧紧地抱住母亲。母亲失声痛哭，告诉白杨民他的父亲仍无下落。紧接着，母亲用尽全身力气将白杨民一把推开，大声说："你赶快去救乡亲，一定要多救几个！"白杨民强忍悲痛跑回救援队伍，全体在场官兵都为这一幕所感动，忍不住哭出了声。得知父亲被救出并转移至重庆长寿人民医院后，白杨民谢绝了部队领导让他回去照顾家人的安排，又投入到抗震救灾的战斗中。

5月15日，白杨民在北川大酒店一带执行搜救任务时，听见废墟中的求救声，毫不犹豫地拿起手电筒钻进仅容一人的洞口，拼命用镐刨、用肩扛、用手抠，从废墟中钻进爬出5次，搬出4具遇难者遗体。3个小时后，就在白杨民救出一名幸存者刚爬出废墟不久，一次强余震使危楼彻底坍塌。白杨民见一名妇女双腿被数块水泥板死死卡住，左臂粉碎性骨折，右臂仍死死抱住已经遇难的幼子。他强忍泪水第一个冲进废墟，全身被尖锐的水泥板划得鲜血直流也全然不顾。白杨民和16名战友拼死救援，撬开4块水泥板，将那名妇女救出。

2008年10月7日，白杨民被中共中央、国务院、中央军委授予"全国抗震救灾模范"荣誉称号。

杨卫东

1971年1月出生，山东汶上人。中共党员，大学本科学历。1989年3月入伍，解放军77146部队副参谋长，少校军衔。

汶川特大地震发生前，杨卫东的爷爷刚刚去世。正准备回家奔丧的杨卫东接到抗震救灾命令后，将亲人去世的巨大悲痛默默藏在心里，随部队奔赴四川灾区。

地震灾区通信中断，道路阻塞，灾情不明。杨卫东临危受命，于5月12日22时20分带领21名突击队员，冒着夜黑雨急、余震不断、山体滑坡等危险，从都江堰徒步向震中汶川挺进。官兵极度饥饿和劳累时，杨卫东就鼓励大家："我们早到灾区一分钟，就能多救出一名群众，群众就多一分生还的希望！"挺进途中，杨卫东把个人安危置之度外，带领全体队员手脚并用，抠着石缝和树根前行。13日12时30分，突击队历经10多个小时的生死拼搏，终于到达震中汶川县映秀镇。

抵达映秀后，杨卫东及时向上级报告震中的详细灾情和沿途路况。看着惨不忍睹的废墟和恐慌饥饿的受灾群众，在13个小时粒米未进、滴水未喝的情况下，杨卫东和突击队员将仅存的16包饼干和6瓶水送给受灾群众，全然不顾腿伤的疼痛和长途跋涉的饥饿疲劳，带领官兵一头扎进废墟中搜救幸存者。在后续部队到达前，杨卫东和突击队员在没有大型机械设备和工具的情况下，用双手刨、用棍子撬，从废墟中救出9名幸存者。

抗震救灾中，杨卫东与大家同甘苦、共患难，在急难险重任务面前始终走在前、干在前。搜救幸存者时，杨卫东与大家一起研究最佳方案，既当指挥员又当战斗员，一直坚持在最危险、任务最重的地方；“进村入户”搜救阶段，杨卫东主动请缨，带领官兵深入村寨，主动找熟悉路况的村民带路，挨家挨户搜寻，不放过任何一个角落。抢运伤员和物资时，杨卫东与普通战士一样肩挑背扛；搜救失事直升机时，杨卫东第一个爬上绝壁；都（江堰）汶（川）路排危除险时，杨卫东最后一个撤离，为官兵做出了表率。

抗震救灾期间，杨卫东一直战斗在映秀镇和都江堰灾区，徒步行军累计600余公里，与部队官兵一起救出幸存者80人，处理罹难者遗体965具，转移受灾群众6425名，后送伤员1725名，运送物资2794.2吨，疏通沟渠河道5.2公里，疏通道路59.6公里，平整场地60050平方米，搭设帐篷2187顶，搭设活动板房1026间，搭设简易房892间，拆除危房1576间，抢收粮食270.5吨。

2008年5月，杨卫东被成都军区联指表彰为“抗震救灾先进个人”；6月，被中组部授予“抗震救灾优秀共产党员”称号；10月7日，被中共中央、国务院、中央军委授予“全国抗震救灾模范”荣誉称号。

任占慧

1974年10月出生，四川南部人。中共党员，大学本科学历。1993年8月入伍，解放军77126部队50分队分队长，少校军衔。

汶川特大地震发生后，任占慧立即意识到部队即将奔赴灾区抗震救灾，便迅速组织分队整理装备、编组人员；接到命令后，立即派出3个通信保障分队随部队指挥组奔赴北川、都江堰、绵竹等极重灾县（市），在当地民用通信完全中断的情况下确保了上级命令指示的迅速下达，确保了部队领导对部队的有效指挥。随着部队调整部署和指挥所转移，任占慧科学组织通信力量，3次组织官兵在映秀开设部队基本指挥所通信枢纽，1次在茂县开设部队前进指挥所通信枢纽，带领官兵完成龙宝坪大援救、卧龙大熊猫抢救和失事直升机搜救等通信保障任务，共架设各类通信线路130公里，安装调试各类通信装备85件（套），转接卫星电话6800余个，收发电报681514组，收发传真583份，有效保障了首长对部队实施不间断地指挥。

5月13日8时，在全力保证通信畅通的同时，任占慧带领分队大部分官兵赶到绵竹市九龙镇中心小学搜救被困人员，连续奋战两天两夜，共清理废墟500立方米，搜救幸存者5人，清理遇难者遗体26具，转移受伤群众13人。为保证幸存者生命安全、消除群众恐惧心理，任占慧主动请缨，带领官兵担负了九龙镇灵官楼社区和双同村、白玉村30个村民小组共2399户、5998人、20平方公里范围的卫生防疫任务，在3天内洗消10万平方米，防疫处理遇难者遗体67具，清理白水河段6公里，打捞死亡畜禽1100余头（只）。

任占慧一边组织人员搜救，一边安置受灾群众，指挥和带领官兵想方设法为群众排忧解难。任占慧和分队官兵参与绵竹市体育场灾区群众安置点建设管理工作，5天共搭建帐篷937顶、分发食品135吨。他们还担负九龙镇救灾指挥中心物资转运分发工作，连续奋战四天四夜，分发各类救灾物资1200余吨，及时解决了灾区群众的基本生活问题。在担负九龙镇双同村、白玉村和西南镇飞凫村“进村入户”搜救任务后，任占慧尽最大能力为群众做好事、办实事、解难事，带领官兵先后清理危房112间，转移粮食1.64万余公斤、家电衣物3000余件，清理出存折、现金11.3万元，搭建帐篷1123顶、简易木板房207间，转运成品酒及制酒设备、设施价值500万余元，抢收油菜、小麦0.67公顷，搬卸活动板房板材76车，搭建“帐篷小学”3所，帮助绵竹中学和九龙小学复课搬迁。救灾期间，任占慧被灾区群众亲切地称为“九龙110”“少校村支书”和“编外民政员”。

2008年10月7日，任占慧被中共中央、国务院、中央军委授予“全国抗震救灾模范”荣誉称号。

颜建刚

1985年8月出生，云南永胜人。中共党员。2003年12月入伍，解放军77156部队58分队士兵，一级士官军衔。

5月13日，颜建刚与所在部队水上抢险分队的战友一起，携带4艘冲锋舟和4台操舟机，紧急奔赴都江堰执行抗震救灾任务。

在余震不断、飞石滚落、天降大雨、河道能见度低、水面漂浮物多、水域和周边环境不明的情况下，颜建刚不顾长途行军疲劳，凭借过硬的专业素质，冷静驾驶，谨慎地绕过水面大量漂浮物，快速冲过飞石不断滚落的塌方水域，将军地领导送到震中映秀镇，确保了及时有效的指挥。在最短时间内，他们用生命开辟了一条长约30公里进入震中的水上“生命线”。

为及时把救援人员和物资运进去，把受伤受困群众运出来，震后救援黄金时间72小时显得尤为关键。从都江堰紫坪铺到震中映秀，冲锋舟往返一次需要1小时30分钟。颜建刚每天天不亮就起床检查装备，待能见度达到要求后便立刻出船，直到天黑才停航。他几乎每天收船时都已筋疲力尽，握操纵杆的手一直颤抖，手臂酸痛，脑子里充满发动机的嗡嗡声。尽管这样，当颜建刚看着那些流离失所、失去亲人的群众时，又毫不犹豫地穿上救生衣继续出船，尽可能多地运送人员和物资。

水上通路开通的前几天运输任务最繁重。为不耽误运输时间，颜建刚仅利用停船靠岸补充油料的间隙匆匆吃几口干粮，有时顾不上吃东西就连着运送人员和物资。10多天里，颜建刚和水上抢险队的战友们没有吃上一顿热饭热菜。尽管运送的物资中有很多食品和水，但他们始终坚持“饿了不吃救灾粮、渴了不喝救灾水”。

由于长时间在水上作业，颜建刚手上起了严重的湿疹，脚也被水泡得裂开了口子，但他无怨无悔，每天坚持工作18个小时以上。在紫坪铺水库大坝至漩口之间的水路上，他每天往返10次以上，累计转移受灾群众、救灾官兵、志愿者1400余人，运送救灾物资40余吨，为前方救援部队补给物资20余吨，出色完成了水上运输抢险任务。

2008年10月7日，颜建刚被中共中央、国务院、中央军委授予“全国抗震救灾模范”荣誉称号。

王　健

1969年10月出生，重庆奉节人。中共党员，大学本科学历。1986年10月入伍，解放军77105部队部队长，中校军衔。

汶川特大地震发生后，王健按照救灾命令，立即带领800名官兵、56台车辆连夜行军500多公里，于5月14日到达都江堰灾区，迅速组织官兵在紫坪铺水库架设4个80吨漕渡门桥，打通了水上“生命线”。此后，部队又受领打通阿坝铝厂至震中映秀5公里道路的任务。王健带领骨干反复勘察道路，研究制订了“南北对进、分段推进、昼夜作业”的方案。在余震频发、滚石不断、泥石流袭击、机械随时可能倾侧掉入岷江的情况下，王健带领官兵爆破巨石、清除淤泥、填埋土石，连续奋战47个小时，提前打通这条陆上“生命线”。

抢通“生命线”后，王健所在部队承担了成都军区联指“十项具体工作”中的抢修保通道路、排危除险、安置受灾群众、漕渡运输等急难险重任务。根据任务点多线长、人员分散、组织指挥管控难的实际，王健及时组织成立了爆破作业队、道路抢修保通队、板房搭建队、场地平整队。每项工作展开前，王健都要带领人员深入一线调查研究，科学制订实施方案。5月31日至6月24日，部队爆破疏通汶川县三江乡马腰杠、龙竹村两处堰塞湖。根据堤长坝高、水容量多、两侧山上悬石多、难于发现等实际，王健组织部队在两侧山体设置警戒哨，作业点设立观察员，防范飞石袭击；采取“挖爆结合、先爆后挖、挖宽爆深、以爆助挖、逐步引流”的方法，科学施工。部队作业中，王健借助树木和挖掘机挖斗，在泄洪口两边来回查看官兵打孔装药情况，及时发现和解决问题，保证了排险效果和质量。

都（江堰）汶（川）公路“老虎嘴”处山体崩塌，近70万立方米的巨大花岗岩壅塞体成为抢通道路的“瓶颈”。在军地协同“大决战”中，王健所在部队受领了最艰险的排除壅塞体和漕渡运输任务。面对脚下是近两公里的乱石、头上是滚滚坠落的飞石、一侧是汹涌而下岷江水的险情，王健在部队叫响“打开老虎嘴、拔掉老虎牙”的口号，确定了“两线作业、多点突击”的方案，做好了漕渡和排险的各项准备。7月5日晚，王健带领舟桥分队官兵在近70度的山坡上开辟出“Z”字形进出路线，依靠泛光灯和车灯照明，采取吊卸的方式连夜卸载、架设漕渡门桥，比计划时间提前8个小时展开漕渡作业。7日，爆破壅塞体的攻坚行动全面展开。王健每天早出晚归，过索道、攀巨石，到一线来回查看钻孔装药、敷设线路和安全警戒情况。经过38天的奋战，部队完成了爆破壅塞体、扩宽河道、泄洪排险的任务。

2008年10月7日，王健被中共中央、国务院、中央军委授予“全国抗震救灾模范”荣誉称号。

栾麟毅

1990年4月出生，贵州贵阳人。中共预备党员。2007年12月入伍，解放军77113部队79分队士兵，列兵军衔。

汶川特大地震发生后，什邡市湔氐镇政府求援：湔氐中学、龙居小学垮塌，多名师生被埋废墟，生死未卜。5月12日15时许，栾麟毅随部队应急分队奔赴湔氐中学，紧急救援被埋师生。时间就是生命，栾麟毅第一个冲进废墟。当他摸索到教室深处，隐约听到一阵微弱的呼救声。确定声音来自一道狭缝后，他先稳定住被困学生的情绪，随即用铁锹、镐等工具清理废墟，经过20分钟的努力，终于挖掘出一条宽约50厘米的通道。冒着通道随时可能垮塌的危险，栾麟毅一次次匍匐进入，连续奋战30多个小时，共救出幸存学生12人，挖掘遇难学生遗体9具，协助救治伤员120余人。

在恢复重建阶段，5月21—25日，栾麟毅随部队到驻地农村，顶着烈日酷暑帮助灾区群众拆除危房21间，清运废墟垃圾15吨，搭建临时性活动板房12间。23日，栾麟毅执行任务返回途中，发现附近有部分麦子还未收割，又有下雨迹象，便和战友一道连夜紧张劳作4小时，帮助群众抢收麦子400余公斤。

5月29日开始，栾麟毅又积极加入部队卫生防疫小组，配合第二军医大学防疫医疗分队赴彭州市区、新兴镇等灾区，进行医疗救治、卫生宣传和防疫消毒，共帮助诊治受灾群众260余人，发放卫生防病宣传资料300余份，防疫消毒3万平方米，检测水质3次。6月9日以后，栾麟毅每天随部队奔赴什邡湔氐、九里埂等地，帮助受灾群众抢收木耳菌包8万余个，挽回直接经济损失近8万元。

2008年10月7日，栾麟毅被中共中央、国务院、中央军委授予“全国抗震救灾模范”荣誉称号。

贺才俭

1979年6月出生，贵州赫章人。中共党员，大专学历。1998年12月入伍，解放军77115部队98分队士官，三级士官军衔。

抗震救灾中，贺才俭始终坚持奋战在一线，勇于冲向最危险的地方执行最困难的任务。在都江堰市向峨乡中学营救被困师生过程中，贺才俭连续3天仅休息4个小时。发现一名存活的学生在废墟深处被一堆砖石卡住右腿，贺才俭冒着余震频发、废墟随时可能垮塌的危险，奋不顾身爬进一米多深的废墟中，仅靠双手一点点将砖石抠开，经过一个小时努力，救出这名学生。尔后，贺才俭又和战友一起救出另外两名学生。在挖掘遇难者遗体过程中，贺才俭不顾遗体腐烂恶臭，对挖掘出的26位遇难者遗体进行了认真清理，尽力维护遇难者的尊严。

在干部力量薄弱的情况下，贺才俭大胆管理、主动负责，带领战友担负急难任务。5月17

日，冒着余震滚石的危险，贺才俭带领搜救分队最先深入距离向峨乡政府最远、受灾最严重、与外界联系中断的龙竹村。他们翻山越岭，肩扛背负，为灾区群众送去食品、药品等急需物资，带出该村受灾情况的第一手资料，为后续救援奠定了基础。“进村入户”搜救被困群众时，得知部分村民进山打猎一直未归，下落不明，贺才俭主动请缨带领10人搜救突击队，不顾余震频发、山路泥泞和不断的险情，连续两天在山体滑坡等危险地方搜寻，找遍了所有角落。

贺才俭模范带头遵守规章制度和群众纪律，在带领战友搜寻废墟过程中，清理出现金37597.66元，存单、存折、有价证券25本共68926元，各种银行卡4张，金项链、玉坠等10副，全部如数上交向峨乡政府或归还失主。在“进村入户”搜救中，常有受灾群众给他们送水和食物，贺才俭坚持“宁愿自己饿断肠、不吃灾区群众一粒粮”原则，从来没有喝过群众一口水、吃过群众一口食物，经常自己饿着肚子，却把随身携带的干粮和物品送给家庭特别困难的群众。

2008年10月7日，贺才俭被中共中央、国务院、中央军委授予“全国抗震救灾模范”荣誉称号。

邱　童

1977年10月出生，重庆江津人。中共党员，大学本科学历。2001年9月入伍，解放军77123部队56分队副分队长，上尉军衔。

汶川特大地震发生后，邱童果断启动应急预案，收拢所属人员，组织官兵做好出发准备。接到抗震救灾命令后，邱童率领全分队迅速赶到重灾区江油市展开救援。

5月12日刚到灾区，邱童不顾余震不断、随时可能被飞石夺去生命的危险，3次带领官兵往返于百河大峡谷，从废墟中救出被困游客5人、当地群众6人，挖出遇难者遗体63具。抢险救灾中，邱童绝不放弃任何一名被困群众，带领官兵用双手和铁锹，在北川陈家坝废墟中，刨出一条“生命通道”，抢救出一位90岁高龄的老奶奶。

灾后重建阶段，邱童顾不上休息，带领官兵顶烈日战酷暑，夜以继日地工作在江油几大仓库之间，在江油市903仓库、火车货站、火车东站等处装卸救灾物资6000余吨，为灾区群众搭建帐篷2000余顶，修建简易厕所13个，转移安置避险群众1700人，拆除危房164间，帮助安置病人500余人次。

邱童还带领官兵帮助群众抢收庄稼2.64余公顷，耕地、插秧2公顷，并为一受伤老人捐款4000余元。邱童还努力做好灾区群众的心灵抚慰工作。地震后的第一个六一儿童节，邱童带领官兵看望了江油市马角坝“帐篷小学”的学生，与北川中学师生联合举办了“爱在校园”主题周末活动，帮助学生走出地震阴影，重塑信心。

整个救援过程中，邱童带领官兵树立了部队的良好形象，所在分队被表彰为“抗震救灾先进单位”，中央电视台、《战旗报》《绵阳晚报》、中华新闻网等20余家媒体多次宣传报道。

2008年10月7日，邱童被中共中央、国务院、中央军委授予“全国抗震救灾模范”荣誉称号。

杨 平

1973年2月出生，四川岳池人。中共党员，大专学历。1990年3月入伍，解放军77108部队50分队分队长，少校军衔。

5月13日，杨平奉命率领全分队官兵火速奔赴极重灾区都江堰市区执行紧急搜救任务。在都江堰市幸福小区和石油路居民区两个重灾点，杨平冒着余震的危险带头钻进坍塌的废墟中，与搜救小组一起剪钢筋、扒瓦砾，经过连续70余个小时的紧张作业，抢救出4名生还者，清理出8具遇难者遗体。在初次清理遇难者遗体的过程中，针对年轻战士面对变形和有异味的遗体产生的心理、生理反应，杨平带头清理搬运遗体，鼓舞和带动在场官兵。在指挥都江堰市档案局的抢救任务中，杨平带领突击队抢救各类档案3万余份，转移文物2件，完成抢救任务。

转入“进村入户”搜救阶段后，杨平指挥官兵转战崇州市街子镇和都江堰市大观镇，帮助受灾群众灾后安置与重建。在20多天的战斗中，杨平始终冲在一线，带领官兵爬上屋顶为6户受灾群众捡瓦，为灾区群众清理房屋23间，排除危房51间，搭建帐篷30顶，为群众送水20余吨，疏通道路170米，抢收抢种庄稼2公顷，抢出被埋各类物资10余吨，帮助转移贵重物品100余件，清理垃圾6吨。在大观镇桃园村执行灾后安置任务期间，杨平始终与官兵战斗在一起，同甘共苦，连续作战，组织官兵平整场地3000平方米，搬运物资200余吨，高标准搭建板房60间。

在距震中汶川县映秀镇一山之隔的朱家山任务点，杨平带领16名官兵冒着随时可能出现山体滑坡和泥石流危险，经过10余公里的艰难搬运，把12根重1500多公斤的高压电杆一根根安全送达，帮助朱家山160多人解决了用电问题。杨平在抗震救灾中的先进事迹被中央电视台、四川卫视、浙江卫视、成都电视台、崇州电视台、《战旗报》《华西都市报》《都江堰抗震救灾快报》等多家媒体宣传报道。

2008年10月7日，杨平被中共中央、国务院、中央军委授予“全国抗震救灾模范”荣誉称号。

曲新勇

1962年5月出生，山东烟台人。中共党员，硕士研究生学历。1978年10月入伍，解放军77283部队部队长，大校军衔。

汶川特大地震发生后，曲新勇奉命率领全部队官兵，仅用39个小时机动1700余公里，分别抵达北川、绵竹、安县、平武、青川5个极重灾县（市）救灾。

5月14日23时30分，一到北川县城，曲新勇不顾疲劳，连夜进城勘察地形，部署任务，明确分工，确保部队及时展开救援。在黄金救援时间72小时，曲新勇强忍脚跟被铁钉扎伤的疼痛，率领所属部队和直属分队在北川组织搜救，成功营救出17名幸存者。他还冒着生命危险抵近唐家山等堰塞湖现场勘察，及时向上级报告有关情况和决策建议。在身患重感冒的情况下，他徒步行军10个小时，带领官兵将补给及时送至“孤岛”漩坪、禹里等乡（镇）。

转入“进村入户”搜救阶段后，曲新勇连夜组织429个小分队6800余名官兵徒步强行军，比规定时间提前两天进入64个乡（镇）、327个村庄实施拉网式搜救，转移疏散包括15名中科院院士、专家和龙凤胎吕乌蒙、吕铁军在内的被困群众13.5万余人。

面对部队部署范围广、救灾难度大、任务转换快的复杂局面，曲新勇积极牵头协调北川任务区14支友邻部队，主动加强与地方政府的沟通，科学高效地整合各种救援力量，组织指挥部队出色地完成了北川生命大营救、天池和高川生死大转移、决战唐家山堰塞湖、涪江铁路大桥排险、抢挖北川羌族历史文化档案和机要密码设备、建设猫儿石永久性羌寨示范村、掩埋北川种猪养殖基地动物尸体等重大任务，运送装卸物资133345余吨，搭建帐篷板房28483顶（间），援建北川八一幼儿园等临时学校15所。在任务阶段性转换、友邻部队陆续回撤的情况下，曲新勇坚决执行上级命令指示，加强部队的管理教育，带领部队连续作战长期坚守，最后撤离灾区。

抗震救灾期间，曲新勇20余次深入一线点位检查督导工作，5次主持召开部队安全救灾会议，确保了“万人、千车、百日”救灾斗争的安全。在曲新勇的带领下，部队官兵发扬特有的“决死精神”和“老山精神”，涌现出受到解放军四总部表彰的“抗震救灾先进单位”某部和“钢铁战士”严情勇、“舍亲人救学生好战士”董亮等一大批先进典型，部队下属的团队先后受到成都军区联指的通报表彰。

2008年10月7日，曲新勇被中共中央、国务院、中央军委授予“全国抗震救灾模范”荣誉称号。

邓声群

1976年10月出生，云南镇雄人。中共党员，大专学历。1994年12月入伍，解放军77289部队56分队分队长，上尉军衔。

5月12日23时，分队受领上级紧急出动、救援灾区的命令后，邓声群迅即组织分队官兵在一小时内就完成了人员收拢集结和救援器材装载，在部队编成内千里奔赴极重灾区北川羌族自治县陈家坝乡实施救援。14日刚到灾区，邓声群就带领官兵利用特有装备器材，与兄弟分队并肩战斗，12个小时内救出19名幸存者。

接到上级要求分队转战北川县城的命令后，邓声群组织人员连夜摩托化机动，在北川境内道路中断的情况下，绕道江油、绵阳、安县，于5月15日2时55分到达北川中学。在迅速救出移动公司员工刘辉后，邓声群带领分队官兵连续五天四夜奋战在救援现场，完成人员搜救任务。

在抗震救灾先期救人过程中，邓声群始终以严谨、科学的态度对待每一次搜救，先后摸索总结出分散支撑、两侧切入、底部刨挖、横向扩张、纵向拉动等切实有效的施救办法，为部队实施科学、安全、高效的救援提供了有益的参考和借鉴。震后第五天，在废墟中幸存者生还机会越来越小的情况下，邓声群仍然带领官兵搜救出了幸存者。

转入“进村入户”搜救阶段，分队担负物资接力补给和医疗分队护送任务。5月28日，邓声群带领分队官兵人均携带50公斤重的药品和医疗器械，向“孤岛”漩坪乡和白坭乡紧急输送。在翻越第六座大山时，突遇宽约30厘米、长约20米，两侧临渊的“鲤鱼背”山脊路段，邓声群果断指挥官兵用背包绳作安全索，采取牵引通过的方法安全渡过险关。刚通过漩坪，一条长约800米的山体滑坡下坡路段又挡住了他们的去路。面对下冲时随时可能再次引发滑坡塌方的危险，邓声群一马当先，组织官兵采用分组“Z”字形盘山下坡的方法，间隙地通过该路段，再一次成功避险，提前5个小时将物资送到目的地。执行补给任务期间，邓声群带领分队官兵通过坍塌路段203公里，筏渡堰塞湖水路450公里，累计行程2000多公里，跑遍所在部队的17个任务点位，成功运送各类物资23.4吨，护送医疗分队10支。

抗震救灾中，邓声群不畏艰险，冲锋在前，带领分队官兵从废墟中成功救出幸存者14人，协助其他救援人员救出幸存者20人，被灾区群众亲切地称为废墟场上的“生命保护神”。

2008年10月7日，邓声群被中共中央、国务院、中央军委授予“全国抗震救灾模范”荣誉称号。

李建文

彝族，1977年10月出生，云南红河人。中共党员，大学本科学历。1995年12月入伍，解放军77293部队73分队分队长，上尉军衔。

汶川特大地震发生后，平武县水观乡交通、通信、电力全部中断，水观乡群众的安危牵动着各级领导的心。李建文闻讯后主动向部队党委请战到水观乡解救被困群众。在李建文的带领下，分队官兵克服余震频发、条件艰苦、补给不足等困难，艰难跋涉，到达水观乡。

在水观乡坚守期间，李建文响应中央“进村入户”的号召，带领分队官兵帮助付石沟12户村民从废墟中挖出粮食和生活用品20余吨，拆除危房134间，运送卸载救灾物资1017吨，使全村1800多人生活有了保障；冒着余震不断、山体滑坡、巨石滚落的危险，打通水观乡通往青川县的“生命通道”；架设电线21公里，疏通公路27公里，搭建老山小学2所。

6月11日，接马鞍石堰塞湖观测组通报，湖中发现漂浮的遇难者遗体，请求部队支援。李建文带领打捞小组和防疫人员迅速赶往现场。面对高度溃烂的遗体，李建文第一个跃入水中，带领小分队完成遗体打捞和处理任务。由于多日劳累和长时间淋雨，李建文身患重感冒，持续高烧，声音沙哑，但他始终坚持和官兵战斗在一起，为分队官兵做出了榜样，战士们称赞李建文是“猛虎连长”。

水观乡马鞍石地区因地震形成巨大的堰塞湖，随着连日阴雨，湖水不断上涨，时刻威胁着群众的生命财产安全。6月12日，李建文主动请缨，带领分队官兵克服高温酷暑、山体滑坡、飞石不断等困难，翻越大山13次，行军35公里，奋战20个小时，靠肩扛、背背和手抬，运送海事卫星接收器1台、水泵60台、电线120捆、皮管80捆、炸药600多箱，总重量达34吨，确保了堰塞湖按时泄洪。在水观乡坚守的87天里，李建文身先士卒，严格要求自己，与水观乡群众结下深厚的军民鱼水情谊。

在平武抗震救灾期间，李建文带领分队官兵先后完成水观乡付石沟物资抢运、堰塞湖泄洪、老山小学搭建、青（川）平（武）“生命线”抢修等重大任务，受到成都军区联指通报表彰。

2008年10月7日，李建文被中共中央、国务院、中央军委授予“全国抗震救灾模范”荣誉称号。

严情勇

1988年10月出生，贵州赫章人。中共党员。2006年12月入伍，解放军77296部队55分队士兵，上等兵军衔。

5月14日，严情勇和战友冒着生命危险，昼夜兼程，翻越海拔2800米、最大坡度76度、包括近20座山头的天台山和4条深约1.2米的湍急河流，徒步强行军50多公里，到达安县高川乡救援。

面对悬崖深谷，严情勇主动向分队干部请缨，要求到最陡的危险地段抬运伤员和老人，并且每次都抢占担架承力最大的位置。一次，和同班战友吕学昌护送一位老奶奶下山，严情勇抢着背最陡峭、最危险的路段；战友多次提出换休，他总以大家都辛苦为由坚持不肯换休。在体力严重透支的情况下，严情勇还主动承担补给任务，将两袋重20多公斤的大米送到山顶，并为伤病的战友分担工作。

抢险救灾中，严情勇始终坚持宁可把危险留给自己，也要把安全让给灾区群众的信念。5月16日凌晨，见一名妇女背着一个小男孩焦急地赶往山下，严情勇主动上前询问情况。得知小孩病重，已经连续20个小时运送伤员、十分疲惫的严情勇立即上前背起小孩，摸黑小跑下山。小孩得到及时治疗后，严情勇又返回驻地投入到紧张的救援工作中。在每次护送群众通过危险地段时，严情勇都主动用身体为群众作“安全护栏”。每次翻越陡坡，严情勇都膝盖跪地、双手撑地，防止伤病群众二次受伤。在三天三夜的高川乡大营救中，严情勇共接力运送担架111副。手脚磨破了、膝盖出血了、双肩压肿了，他仍始终奋战在第一线。

在灾情面前，严情勇始终强忍病痛，以钢铁般意志战斗在救援战场。在高川乡最危险的路段，严情勇一天中要连续往返10余趟，从不休息。5月16日23时左右，严情勇下腹部开始剧烈疼痛，但他一声没吭，强忍着疼痛，和战友一起整夜往山上送食物和伤员。17日，严情勇用腰带死死地扎住下腹，忍痛参加救援，腰部勒出一圈深深的红印。18日，在背送一位老奶奶下山时，严情勇突因剧痛难忍晕倒在地，被紧急送往医疗队救治。为严情勇做手术的第二军医大学长征医院教授陈学运说：“小肠及大网膜都进入阴囊，明显充血水肿，囊内积液超过200毫升。我从医30多年，还没有见过这么坚强的人。”严情勇手术后没等完全康复，就又返回部队边养病边参加救灾。严情勇被中央军委首长赞誉为“钢铁战士”。

2008年10月7日，严情勇被中共中央、国务院、中央军委授予“全国抗震救灾模范”荣誉称号。

董　亮

1982年11月出生，四川都江堰人。中共党员。2001年12月入伍，解放军77298部队55分队班长，二级士官军衔。

汶川特大地震发生时，董亮正在老家都江堰市向峨乡探亲。向峨乡受灾严重，董亮家的房屋倒塌，父母避险时被砸伤。董亮简单安置父母后，迅速跑到向峨乡中学寻找妹妹董小艳。向峨乡中学4层教学楼已经全部坍塌，400余名师生几乎全被压埋在废墟里。“早一分钟展开救援，他们就多一份生的希望。”紧急关头，董亮挺身而出，迅速组织学生家长任隆富、王均富等5人成立现场第一支救援队伍，不顾余震威胁，用双手拼命刨开废墟上的砖头瓦砾，冒死抢救学生。经过近两个小时的艰难挖掘，终于救出已经昏迷的学生董晓娟。之后，董亮冒着大雨连续奋战至5月13日4时许，又成功救出赵小凤等4名学生。

长时间的救援工作，使董亮精疲力竭、浑身发软，拿筷子时手都在发抖，但他仍以顽强的毅力坚持奋战。至5月16日10时，又挖出14具遇难学生遗体。当董亮得知妹妹被埋在废墟下因缺氧而窒息遇难时，再也忍不住内心的巨大悲痛，眼泪夺眶而出。

5月18日，董亮向部队简要报告了家庭受灾情况，得知部队正在救灾，便要求归队。部队领导考虑到他妹妹遇难，安排他在家安慰和照顾父母，暂缓归队，但董亮强烈要求回部队参加救援行动。19日晨，董亮含泪告别家乡和亲人，返回部队。当天中午，董亮一到绵竹市汉旺镇部队营地，就立即投入救灾行动，与战友一起进村入户搜救群众，积极参与抢救财产、拆除危房、搭设帐篷、搬运物资等艰巨任务。

抢险救灾中，很多战友在部队开展的火线入党、立功活动中立了功、受了奖，董亮真诚地为战友高兴，始终未提自己在家乡营救学生的事。7月7日，所在部队抗震救灾指挥部收到一封从原驻地转去的署名都江堰市向峨乡人民政府的感谢信，信中称：“你部修理分队二级士官、炊事班长董亮休假期间，带头组织灾区群众，在救灾一线奋战四天三夜，抢救向峨乡中学董晓娟、赵小凤等5名学生，挖出14具遇难学生遗体，对部队培养出这样优秀的战士表示敬意！”至此，董亮休假期间勇救学生的感人事迹才被部队知晓。得知董亮事迹的官兵纷纷表示：“董亮是我们部队的骄傲，我们不仅敬佩他的英勇事迹，更敬重他甘当无名英雄的高尚情怀。”

2008年7月，董亮被77200部队记一等功；10月7日，被中共中央、国务院、中央军委授予“全国抗震救灾模范”荣誉称号。

任亚峰

1977年6月出生，河南汝南人。中共党员，大学本科学历。1995年12月入伍，解放军77299部队66分队分队长，上尉军衔。

5月15日，任亚峰带领分队随部队千里机动到极重灾区青川县三锅乡，不顾长途劳累，迅速到现场勘察，果断定下“生命第一、全力救人”的决心，带领分队全体官兵投入到救人的行动中。

每当听到废墟下传出呼救的声音时，任亚峰总是第一个冲向废墟，千方百计搜寻幸存人员。在缺少专业救援器材的情况下，任亚峰带领官兵用手连挖带刨，连续奋战三天两夜，硬是抢救出了8名被埋压在废墟里的群众。虽然任亚峰和战友们的手指全被磨破，手掌和手臂早已鲜血淋淋，可当他们看见被救出来的群众时，心里总有说不出的高兴。

转入“进村入户”救援阶段后，为提高救援效果，任亚峰把分队分成3个小组，在3个点位上同时展开救援，各点位相距均在5公里以上。任亚峰冒着余震不断、山体滑坡、道路塌方的危险，每天徒步10余公里，多次翻越高差1200余米的柿坪山，深入4个乡（镇）、18个行政村指导各任务点开展救灾工作，共组织分队后送伤病员324人，转移群众1000余人次，装卸救灾物资1629.5吨，洗消166.2万平方米，搭建板房及简易帐篷1000余间（顶），平整场地5045平方米，清理废墟8523立方米，铺设水管2660米，排除险情83处。

5月25日，得知三锅乡柿坪山上还有两位老人被困，任亚峰立即组织党员突击队展开救援。经过4个小时的艰苦跋涉，在山顶找到两位被困13天的老人。任亚峰带领官兵抬送老人下山时，突然发生6.4级余震，大量石块和泥土从山顶滚落下来，任亚峰迅速组织战士围成人墙，将两位老人护在中间，并指挥大家紧急避险，自己却被滚落的石头砸中脚部。他们成功将两位老人转移到安全地带，村民为此送去写着“情系人民显本色、临危不惧真英雄”的锦旗。

抗震救灾期间，任亚峰始终把灾区群众的冷暖放在心上，把帮助灾区群众排忧解难当作最大的光荣。在兼职三锅乡杨柳村党支部副书记期间，任亚峰坚持真心实意地为群众办实事、办好事，教育官兵严格遵守群众纪律，不拿群众一针一线，多次婉拒群众馈赠。在青川县蒿溪回族乡，任亚峰注重搞好军民团结，尊重少数民族宗教信仰。在桥楼乡救灾期间，任亚峰组织分队把5顶宿营帐篷让给无家可归的灾区群众居住，带领分队全体官兵居住在自己搭建的简易帐篷内，此举受到各级领导和当地群众的称赞。

2008年10月7日，任亚峰被中共中央、国务院、中央军委授予“全国抗震救灾模范”荣誉称号。

胡志勇

1975年10月出生，云南禄劝人。中共党员，大学本科学历。1995年12月入伍，解放军77283部队78分队分队长，上尉军衔。

汶川特大地震发生后，胡志勇根据上级命令，带领分队官兵冒着余震不断、山间巨石滚落的危险，于5月14日晚火速赶赴北川县城救援。大型救援设备不能及时到达，胡志勇就指挥官兵用土木工具挖掘。工具折断了，胡志勇就带头用手刨，一天下来，双手早已血肉模糊。在北川县城救援中，胡志勇带领分队官兵抢救出被埋群众4人，转移危重伤员6人，疏散转移受灾群众27人，挖掘并掩埋遇难者遗体4具。

刚完成北川县城抢险救人任务，分队又接到“进村入户”搜救的命令。胡志勇带领分队于5月16日6时冒险奔赴北川羌族自治县白什乡。在白什乡的20多个日日夜夜里，胡志勇带领分队官兵克服各种艰难险阻，跑遍全乡7个行政村25个组，为灾区群众维修房屋38间，拆除危房15幢，搭建简易帐篷27顶，开设救助站1个，抢修道路6.5公里，抢收抢种庄稼0.27公顷，疏散转移群众45人次，搬运分发空投物资18吨，转移灾区群众生产生活物资24吨。分队回撤时，老乡们洒泪为每一名官兵系上了代表羌族最高礼仪的“羌红”。

在灾后重建的两个多月里，一大批工程机械陆续投入重建战斗。胡志勇临危受命，担负机械管理重任，并担任“铁血部队”工程机械突击分队队长。6月中旬至7月初，北川羌族自治县擂鼓镇需要搭建6000套活动板房，而规划用地上全是钢筋混凝土废墟，清理平整任务十分艰巨。胡志勇受领任务后，科学编组操作手，加强工地现场管理，带领机械突击分队，采取人歇机械不歇的轮班作业方式，通宵达旦赶工期，共平整场地3.56万余平方米，清理废墟1.39万余立方米，挖填土方8600余立方米，转运物资建材948吨。

7月6日至8月21日，胡志勇再次带领机械分队，投入更加繁重的北川羌族自治县猫儿石村新农村建设试点工作。此次施工包括废墟清理、场地平整、建材搬运、建筑施工等项目，条件更加艰苦，任务更加繁重。为完成任务，胡志勇把帐篷搬到施工现场，24小时扑在工地上，常常因工作错过吃饭时间，胃病让他疼得说话走路都困难。老乡和战友看着心疼，劝他休息一下，但他总说：“没事儿，一会儿就好，任务第一啊！”机械连续超负荷作业难免出现一些问题，机械工程专业出身的胡志勇就立即前往排除故障；施工过程中有困难，胡志勇也总会想出解决的办法。他最终带领机械操作手用最快速度完成施工任务。

2008年10月7日，胡志勇被中共中央、国务院、中央军委授予“全国抗震救灾模范”荣誉称号。

袁运剑

1965年2月出生，湖南临湘人。中共党员，硕士研究生学历。1982年9月入伍，解放军77208部队部队长，上校军衔。

汶川特大地震发生后，袁运剑根据出动命令，带领官兵昼夜兼程，火速奔赴抗震救灾第一线。部队刚机动到极重灾区北川羌族自治县，袁运剑立即指挥先头分队的41名官兵，进入北川县城投入抢救生命的战斗，带领官兵成功营救出9名小学生和其他幸存者175人，被救人员中年龄最大的81岁，被困时间最长的127小时。

5月30日，为尽快打通北川至平武的“生命线”，袁运剑率领11名官兵，途经7个县40余个乡（镇），行程800余公里，足迹遍布北川20余个乡（镇）的山山水水，硬是在没有道路、险象环生的群山间完成了任务区道路状况现地勘察任务，为全面展开道路施工取得了宝贵的第一手资料。

在施工过程中，袁运剑天天奋战在工地上，与官兵一起研究施工爆破方案，经常一干就到次日凌晨。“大刹割垭”垭口爆破期间，因炸药不足，严重影响了工程进度。袁运剑咬牙背起24公斤重的炸药箱，带领官兵在40多度的陡坡上往返70余趟，硬是靠肩扛手提保证了炸药供给，成功将海拔2000多米的垭口降低20多米，啃下了这块“硬骨头”。

抗震救灾期间，部队在袁运剑的带领下，先后抢通“生命线”110公里，作业土石20万余立方米，清理废墟1.1万余立方米，拆除危房1178间，完成上级交给的各项抗震救灾任务。

由于多日劳累，加上休息时间严重不足，袁运剑两次晕倒在施工现场，经过急救苏醒后稍事休息，又赶赴施工现场靠前指挥，直至道路贯通后才下山治疗。在唐家山堰塞湖紧急排险中，袁运剑针对抢险时间紧、水文地质情况复杂、抢险作业危险大、不确定因素多的实际，部署兵力装备、选定爆破方案，带头研究攻关，指挥爆破组对堰塞湖和导流槽成功实施14次控制性爆破，确保了堰塞湖下游人民群众的生命财产安全。

抗震救灾转入灾后重建、袁运剑的心情稍稍舒缓之时，突然接到父亲病危的电话。袁运剑虽然匆匆赶回湖南老家看望父亲，可心中仍然牵挂着灾区人民，仅在家里停留一天，就含泪告别父亲回到灾区一线，承担起组织指挥的重任。7月14日，经过官兵连续34个昼夜的奋战，马（槽）桃（龙）公路终于贯通。15日晚，袁运剑接到父亲去世的噩耗。他强忍悲痛，坚持组织完第二天上午的马桃新建道路交接仪式后，才匆匆赶回老家为父亲送丧。

2008年10月7日，袁运剑被中共中央、国务院、中央军委授予“全国抗震救灾模范”荣誉称号。

黄梦忠

1976年7月出生，陕西岚皋人。中共党员，大专学历。1994年12月入伍，解放军77223部队56分队分队长，上尉军衔。

汶川特大地震发生时，黄梦忠正在陕西岚皋老家照顾摔伤的母亲。得知四川地震的消息后，黄梦忠立即于5月13日早上乘飞机赶回部队，随部队于15日2时55分到达极重灾区绵竹市。

5月17日晨，绵竹市汉旺镇华丰磷化厂循环水池处泄露起火。黄梦忠主动请缨，带领分队官兵紧急赶赴磷化厂。在令人窒息的高浓度有毒气体中，黄梦忠合理分配兵力，科学组织指挥，带领官兵用数千个编织袋装运沙子100余吨，搬运水泥50余吨，将近4000平方米的储磷池加宽1米、加高1.5米，确保了100余吨黄磷的安全。

5月18日，黄梦忠带领分队官兵途经遵道镇，组织官兵往返20公里，为受灾群众送去粮、油、肉等生活物资，搭建帐篷30余顶。在“进村入户”救援期间，黄梦忠顶烈日、战酷暑、冒风雨，行程200多公里，踏遍任务点的5个乡（镇），带领分队官兵装卸活动板房313车，平整地基2000平方米，铺设天然气管道1417米，挖掘排洪沟2.3公里，协助地方工人搭建活动板房130余间，救助孤寡老人、“五保户”、军烈属、家中有困难的群众100余人次。

5月21日，黄梦忠带领分队正执行剑南春酒厂成品酒抢运任务，突发6.4级强余震，库房随时都有倒塌的危险。面对危险，黄梦忠果断处置，快速组织人员从预定通道撤离，自己最后离开，官兵没有出现任何伤亡。余震过去后，黄梦忠又率先进入库区继续搬运。前后6天，同分队官兵转移剑南春酒厂成品酒近10万件、50吨装成品酒酒罐3个，挽回经济损失近1亿元。

6月5日，在汉旺镇新开村建工集团工地，黄梦忠带领战士和技术工人正搭建板房，突遇强余震，一名在横梁上盖顶的工人手中的活动板突然掉下。此时，战士们正在下面搬运建筑器材，眼看一起事故就要发生。千钧一发之际，黄梦忠冲上去用双手把活动板从战士的头上挡开，成功化解了一次意外事故。战士得救了，可黄梦忠的双手却被锋利的活动板外铁皮划破，鲜血直流。成都军区政委张海阳考察抗震救灾工作时，对黄梦忠和所属官兵的英雄行为给予了充分肯定。

2008年10月7日，黄梦忠被中共中央、国务院、中央军委授予“全国抗震救灾模范”荣誉称号。

唐德才

1976年8月出生，四川中江人。中共党员，大专学历。1994年12月入伍，解放军77223部队74分队士兵，四级士官军衔。

汶川特大地震发生的前一天，唐德才的妻子带着刚满3岁的女儿第一次到部队探亲。地震发生后，部队接到赴四川参加抗震救灾的命令，唐德才顾不得照料妻子和女儿，立即向分队党支部递交了请战书，毅然随队奔赴地震灾区。

5月17日，唐德才随部队机动到极重灾区绵竹市后再次请缨，担任小组长，带领小组在大东社区、拱星镇、富新镇、绵远镇等下属的5个自然村、2个社区执行抗震救灾任务。他们先后为灾区群众抢挖被埋粮食20余吨，搬运电视机170余台、音响70余套、家具80余套，拆除危房800余间计2.2万平方米，搭建救灾帐篷200余顶，搭建临时过渡房38户计700余平方米，搬运、发放救灾物资18吨。

在清理废墟、搜寻遇难群众遗体时，针对新战士容易产生畏难情绪和恐惧紧张心理的情况，唐德才第一个冲上去，不顾扑鼻的恶臭和被细菌感染的危险，赤手作业，用实际行动带动身边的每一个人，带领小组顺利完成清理搜寻任务。

5月底，灾区雨水逐渐增多，富新镇段绵运河洪水泛滥，加之河堤已遭受地震破坏，情况十分危急，唐德才所在分队奉命执行抗洪抢险任务。唐德才和战友不顾劳累，连续搬运装满泥土的编织袋。由于长时间劳累，任务完成后，唐德才累得瘫倒在地。

唐德才在绵竹抗震救灾，而他的家乡中江县也受到地震的破坏，家中的房屋成了危房，父母在家无人照顾。中江县距绵竹市只有50分钟的车程，但唐德才从未向组织提出回家看望的要求，一心一意扑在抗震救灾中。分队干部关心唐德才：“你家也受灾了，准你几天假，回去看一趟吧。”唐德才却说：“我家受灾不是很严重，比起需要帮助的绵竹群众，这儿更需要我。”他始终带领小组坚守在抗震救灾的第一线，积极帮助灾区重建、恢复生产。在抗震救灾期间，唐德才还利用当兵多年积累的经验，主动为灾区群众实施减压、排除干扰的心理疏导，先后前去找他进行心理疏导的灾区群众有100多人。

在参与灾后重建时，唐德才严格遵守群众纪律，热心帮助群众拆除危房、重建新房。在田间地头，唐德才带领小组主动帮助群众恢复生产，抢收抢种庄稼4公顷，并先后为绵竹群众新建房屋10余间。

2008年10月7日，唐德才被中共中央、国务院、中央军委授予“全国抗震救灾模范”荣誉称号。

牛玉新

1983年9月出生，河南宁陵人。中共党员，大学本科学历。2002年9月入伍，解放军77225部队92分队排长，中尉军衔。

部队接到赴四川灾区抗震救灾的命令后，牛玉新第一个递交了加入突击队的请战书。在部队“进村入户”搜救到江油市大康镇旧县村时，牛玉新带领党员突击队，冒着余震危险，仅用5个小时即成功排除20余处险情。特别是在面对14米高的“断腰”水塔时，牛玉新叫响“我是队长，我先上”的口号，冒着生命危险爬到7米高的“断腰”处将险情成功排除。牛玉新还带领突击队连续奋战两昼夜，使旧县村迅速恢复用电供水；每天为全村300多户群众消毒防疫；运送、分发救灾物资180余吨，挖出粮食150多吨，使全村1800多人得到及时救助；徒步20多公里山路，为该村“三孤”群众运送1.5吨食品，足迹遍及村子的每一个家庭。

5月24日11时，牛玉新帮助残疾人先宇顺搬迁搭在危房旁的帐篷时，余震突然发生。“老乡，快撤！”牛玉新边喊边背起双腿残疾的先宇顺往外跑。刚把先宇顺转移到安全地带，他又听到身后传来小孩的哭声。得知先宇顺9岁的侄子先康还在帐篷里，牛玉新返身奔向帐篷，刚把小孩转移出来，随着“轰隆”一声巨响，危房屋顶坍塌，先宇顺和先康原来所住的帐篷被砖块瓦砾和断梁埋压。正当牛玉新与战士冯志伟返回坍塌处继续搜寻时，危房一侧的围墙受余震影响突然垮塌砸向冯志伟。危急关头，牛玉新一个箭步冲上去，猛地一把将冯志伟推开。冯志伟得救了，牛玉新却因躲闪不及，被残垣砸中弹起的断棍刺穿了下颌，造成面部下颌骨折。

牛玉新英勇救人的壮举，在当地群众中引发了强烈反响。牛玉新被紧急送往医院后，数百名群众赶去探望。得知牛玉新的伤被确认为下颌骨粉碎性骨折，群众争相要求留下照顾。第二天，旧县村又有数百名群众到医院探望，138名群众自发联名签字，并按上红手印，向镇党委提交了“感谢胡主席派来救命的解放军，我们要为牛排长请功”的请功状，村党支部书记陈海兵代表全体村民向中央军委主席胡锦涛写了一封热情洋溢的感谢信。

胡锦涛和军委、总部及军区首长先后做出批示，对牛玉新舍身救人的英勇事迹给予褒奖。七一建党节前夕，牛玉新应邀出席在北京中南海怀仁堂举行的全国抗震救灾先进基层党组织、优秀党员代表座谈会，受到胡锦涛的亲切接见，并作为军队的唯一代表，向胡锦涛等党和国家领导人作了题为《我是人民子弟兵、不负人民养育恩》的汇报发言。

2008年6月，牛玉新被中组部授予“抗震救灾优秀共产党员”称号；8月，77200部队给牛玉新记一等功；10月7日，被中共中央、国务院、中央军委授予“全国抗震救灾模范”荣誉称号。

张甫军

1982年2月出生，四川内江人。中共党员。2000年12月入伍，解放军77225部队68分队士官，二级士官军衔。

张甫军是一名汽车驾驶员，2008年4月中旬在一次反恐训练中颈椎错位，因伤势过重，医院下达了病危通知书，后经全力抢救，才脱离了生命危险。

5月14日，张甫军得知部队要开赴灾区抗震救灾的消息，未经医生允许就跑回部队，向分队党支部递交了请战书。分队干部考虑到他身体还没有完全康复，将他定为留守人员。但一向要强的张甫军并没有放弃，再次将请战书递交到分队干部手中。在他的反复恳求下，同时又考虑到分队驾驶员紧缺的实际情况，分队党支部最终同意张甫军随队救灾的请求。

部队到达江油灾区后，分队干部考虑到张甫军的病情，安排他干一些较轻的工作，但张甫军一心想的却是：自己好不容易到了灾区，就一定要争分夺秒地为灾区人民出力。坚决要求参加了党员突击队，和战友一起，不分昼夜搭建帐篷5000余顶，冒着酷暑抢修挖掘煤气和自来水管道1500余米。救灾中，张甫军隐瞒病情，千方百计地利用驾驶间隙参加最危险、最艰巨、最繁重的救灾工作。颈椎痛了，就吃上几片止痛药；实在止不住痛了，就再多吃几片。

5月19日，张甫军坚持跟随党员突击队到达江油市文胜乡白杨村，解救被困在山上的群众。还没等分队安排，张甫军就背起一名老人往山下跑。在长达6公里崎岖不平的山路上，张甫军连续往返6趟。由于极度疲劳，张甫军的颈椎越来越痛，但仍咬着牙告诉自己“不能倒下去”。就这样，张甫军强忍剧痛，背下6名老人后在返回营区的路上昏倒。

5月21日，正在卫生队输液的张甫军，得知部队要为“山村孤岛”龙池村运送粮食，不顾病情，拔下针头就随队出发了。在运粮过程中，张甫军强忍颈椎剧痛，负重40余公斤，徒步往返80多公里，再次累倒，住进部队医院。

5月29日，病情稍有好转，张甫军又跟随分队赶赴绵阳市游仙区，风餐露宿10多天，紧急疏散转移唐家山堰塞湖下游群众。7月2日，张甫军因过度劳累，致使病情恶化，被紧急送往成都军区总医院。经诊断，张甫军的颈椎第6～7节严重错位，神经中枢严重损伤，危及生命。经抢救脱离危险后，医生告诉张甫军，如果再严重一点就会造成下半身瘫痪，将来永远也不能干重体力活。张甫军说：“身为军人，又是党员，到灾区就要全力以赴为人民做事。就算残疾了，我也不后悔。”

2008年10月7日，张甫军被中共中央、国务院、中央军委授予“全国抗震救灾模范”荣誉称号。

李兴峰

1980年1月出生，河南项城人。中共党员，大学本科学历。1998年9月入伍，解放军77226部队68分队政治指导员，上尉军衔。

汶川特大地震发生后，正在探亲的李兴峰主动停止休假，连夜乘飞机赶回部队，随即召开分队党支部委员会和军人大会，启动抢险救灾应急预案，制订完善行动方案，清点整理所需物资，带领官兵全力以赴投入抗震救灾的各项准备工作。随部队赶赴灾区后，李兴峰代表分队官兵向部队党委主动请缨，要求到灾情最严重、驻地条件最差、环境最恶劣的安县安昌镇展开救援。

转入“进村入户”救援阶段后，李兴峰带领官兵深入边远村镇搜救转移伤病群众、抢救群众财产、搭建板房安置灾区群众，共协助地方运送、装卸物资1998吨，扒、挖出粮食618吨、现金6.99万元，搭建帐篷584顶、活动板房1700余套，拆除危房6455间，转移大件物品480件，清理废墟600立方米，收种各类农作物2.4公顷。

李兴峰始终把灾区当战场，紧贴任务、及时跟进、全程服务，积极开展强有力的思想政治工作，利用分队点名、传达文件、圈报阅报等方式，及时组织官兵学习上级的指示精神；利用任务转换、休息间隙，广泛开展小教育、小动员、小竞赛、小讲评活动，见缝插针、化整为零地开展思想政治工作，激发官兵奋勇争先的高昂士气和持续作战的战斗热情；利用横幅、标语等形式，将党和政府的关怀、解放军官兵对灾区人民的承诺以及国家的有关政策向灾区群众宣传讲解，进一步融洽升华军民关系，维护灾区的社会稳定。在执行为唐家山堰塞湖排险紧急运送炸药任务时，李兴峰充分发挥党员突击队和团员突击队作用，广泛开展火线入党、入团和立功受奖活动，极大地调动了官兵的救灾热情，保证分队圆满顺利地完成上级赋予的各项任务。

针对分队任务片区地域广、灾情多样等特点，李兴峰主动协调地方政府，深入灾区群众中帮难解困。他带领官兵在驻地打出“有困难、找六连”的横幅，开通服务热线，设立便民服务站，为群众挖水井、建沟渠，拆除高危水塔，冒雨救助病危群众，冒酷暑抢收抢种庄稼，先后为灾区百姓解决实际困难200余件。分队官兵以不辞辛劳、无私奉献的精神，过硬的作风和良好的形象赢得灾区群众的高度赞誉，被群众亲切地称为“安昌镇上好六连”。

在抗震救灾行动中，分队的先进事迹先后被中央电视台、《中国国防报》等多家军地新闻媒体报道，成都电视台新闻频道以《为了这身绿军装》为题制作了两期专访，“有困难、找六连”的横幅和党员突击队队旗后被中国人民革命军事博物馆收藏。

2008年10月7日，李兴峰被中共中央、国务院、中央军委授予“全国抗震救灾模范”荣誉称号。

龙　热

藏族，1986年6月出生，四川甘孜人。中共党员。2003年12月入伍，解放军77226部队87分队士官，一级士官军衔。

汶川特大地震发生后，龙热随部队第一梯队到达极重灾区安县，立即和战友一起投入到沸水镇的抗震救灾中。沸水镇沸泉酒厂在地震中遭受重大损失，存酒3万余件的库房被损毁，天花板悬于半空摇摇欲坠，高度酒随时可能遇火燃烧引发爆炸。5月20日，龙热奉命带领8名战士组成尖刀班，深入库区摸排情况，引导分队官兵迅速展开抢运。抢运中，酒厂一天花板突然坠落，当时一名新战士就在正下方。危急时刻，龙热眼疾手快推开这名新战士，而自己的左腿却被裸露的钢筋扎伤。简单包扎后，龙热迅速查明情况向分队干部做了详细汇报，又带领战士投入到转移酒厂物资的行动中。经过10个小时的肩扛背驮，龙热和分队官兵转移成品酒2万多件。任务完成后，龙热已累得几乎虚脱。

5月22日，龙热所在分队接到界牌镇石安村村长求救：村里3个村民被困在半山腰，急需救援。龙热主动请缨，带领20名战士上山营救。行动中，突如其来的余震使大家头晕目眩，眼见滚石从天而降，龙热一声大喝：“快闪开！”战友脱险了，龙热却因躲闪不及，肩膀被落石砸伤。龙热强忍着伤痛，和其他战士一道肩扛手抬将受伤的两名老人、一名妇女安全护送下山。见鲜血浸透了他的迷彩服，老乡边抹泪边说：“都是年轻娃儿，哪受得了这个苦啊！”

5月25日，分队接到部队抗震救灾指挥部运送炸药上唐家山堰塞湖的命令。龙热大腿伤口还没愈合，就向分队请战。见分队不同意，龙热凭着一腔热情写了“血书”，坚决要求随分队执行任务。伴随着不断的余震，从集结地到唐家山堰塞湖10余公里的崎岖山路上，龙热和大家一样背负20公斤炸药，一瘸一拐地向上攀行，鲜血再次染透了他的迷彩裤。

抗震救灾中，无论处境多么恶劣、条件多么艰苦、情况多么危险，只要灾区有需要，龙热便闻令而动，毫不退缩。随行的记者问龙热为什么在大腿受伤的情况下还要坚持完成任务，龙热说：“我是一名军人，只要是任务，就要坚决完成，哪怕付出生命。而且我从小生长在藏区，灾区群众都是中华民族的血脉同胞，我只是尽了我应尽的一点责任和义务！”

2008年10月7日，龙热被中共中央、国务院、中央军委授予“全国抗震救灾模范”荣誉称号。

李　虎

1979年8月出生，安徽阜阳人。中共党员，大专学历。1999年12月入伍，解放军77208部队66分队士官，三级士官军衔。

汶川特大地震发生后，李虎随队迅速出动，千里驰援灾区。5月14日16时，救援队到达距北川县城4公里处时交通受阻，队员们冒着余震、塌方和山石滑落的重重危险，在崎岖的山路上徒步急行军两个小时，赶到北川羌族自治县曲山小学实施救援。在余震频发和屋倒墙塌的多重威胁下，面对复杂的救援环境，李虎带领救援骨干，充分发挥地震专业救援队的优势，不畏艰险连续作战，争分夺秒地搜救被困群众，鏖战80余个小时，从废墟深处搜索出23名幸存者，成功救出包括“芭蕾女孩”李月在内的另外13名幸存者，转移遇难群众遗体16具。被救者中，有小学生9名，老人年龄最大的81岁，被困时间最长的127小时。

6月6日，李虎所在分队接到赴唐家山堰塞湖抢险命令，李虎主动要求参加爆破分队，迅速赶赴唐家山堰塞湖坝体执行导流槽漂浮物爆破任务。李虎大胆提出“松散爆破、水流冲刷，控制流量、逐层泄流”的爆破方案，得到军地专家的认可。在具体实施过程中，李虎采取小当量控制爆破、清除大型漂浮物，大当量松散爆破、加快泄洪速度，加大装药剂量、摧毁巨型障碍物的方法，带领爆破小分队成功爆破水中障碍物，为唐家山堰塞湖排险做出了重要贡献。李虎还充分发挥专业特长，操作大型推土机，在土质疏松的坝顶上，连续奋战11个小时，新建了直升机起降场，为排险人员安全撤离提供了可靠保障。

李虎还随队担负了支援山东省交通厅修建北川羌族自治县都坝乡至白坭乡公路的岩石层爆破任务。李虎发挥党员骨干的模范带头作用，带领大家克服作业条件恶劣、施工难度大的困难，经过32天的艰苦奋战，爆破土石4070立方米，攻克了箭河垭、圆包山段等多处“卡脖子”险要路段，为该路段的全线贯通做出突出贡献，赢得了当地政府和群众的高度赞誉。随后，李虎被编入大型装备机动清墟突击队，配置在江油市青莲镇执行灾后重建任务。他与战友一起完成危房拆除、废墟清理、河堤加固等任务，拆除危房211栋684间，清理废墟4000余立方米，修筑加固河堤1455米，作业土石14.23万余立方米，平整场地1600平方米，疏通道路300米，修筑道路530米。

2008年10月7日，李虎被中共中央、国务院、中央军委授予“全国抗震救灾模范”荣誉称号。

尹光勇

1985年11月出生，四川青川人。中共预备党员。2004年12月入伍，解放军77216部队74分队士官，一级士官军衔。

尹光勇的家乡青川县是汶川特大地震的极重灾县（市）之一，他家房屋被毁，父母不幸遇难。回家处理完父母的丧事之后，尹光勇即赶往已到灾区的部队参加抗震救灾。分队干部劝他在家里把事情安排妥当再归队，尹光勇说：“失去双亲是令人伤心的事，但我的悲痛与灾区群众的痛苦相比，我更应该立即赶赴灾区救灾！”归队后顾不上休息，尹光勇很快与战友一起投入到抗震救灾的战斗中。

6月8日，尹光勇所在分队奉命出动部分官兵赶赴唐家山堰塞湖执行打捞漂浮物的任务。考虑到尹光勇刚刚失去亲人，分队没有安排他参加。尹光勇得知消息后，身为副班长的他坚决要求随队执行任务，并在请战书上写道：“灾区人民就是我的父母，我救不了自己的父母，就让我为家乡父老尽份力吧！”分队党支部批准了他的请求。

6月9日上午，清漂队一行7人紧急奔赴唐家山堰塞湖。在天热、人少、任务重的情况下，尹光勇主动要求担任橡皮舟操作手，到湖中心执行打捞任务。唐家山堰塞湖处在大山垭口之间，风紧浪急，水下情况十分复杂，加之大型漂浮物随风四处游动，打捞时稍有不慎就可能舟毁人亡。面对危险，尹光勇临危不惧，沉着应对，在高温酷暑下，一次又一次地前往湖中，将一个又一个大型漂浮物拖向导流渠。经过11个小时的连续奋战，划行20余公里，先后打捞和拆散堰塞湖上大型漂浮物25个；6次驾舟到最危险的导流渠口，配合爆破组对堰塞湖上的漂浮物和导流槽实施爆破。

打捞漂浮物的同时，根据指挥部命令，尹光勇还驾舟载乘四川省文物局两名专家深入堰塞湖腹地，进行文物保护勘察；驾驶橡皮舟协助四川省水文局专家到湖中，一处一处地勘测水文数据。执行任务中，尹光勇总是将专家准确送到目的地，尽力为专家现场勘察提供帮助。

6月9日21时5分，泄洪的流量越来越大，指挥部下达人员全部撤离的命令。就在此时，忽然从湖对岸传来呼救声。此时，堰塞湖泄洪水流越来越急，漂浮物快速涌向导流渠，在湖中操舟已经非常危险，但尹光勇不顾个人安危，迅速驾驶橡皮舟向湖对岸驶去，凭着过硬的操作技术，灵活避开一个个水上障碍，沿着距泄流槽入口处20米的地方划行入湖，成功营救出两名从陈家坝到唐家山堰塞湖导流槽对岸采访的成都商报社记者。

2008年10月7日，尹光勇被中共中央、国务院、中央军委授予“全国抗震救灾模范”荣誉称号。

王小飞

1976年8月出生，江苏徐州人。中共党员，大学本科学历。1994年12月入伍，解放军77221部队65分队副分队长，上尉军衔。

5月18日，突击队到达极重灾区都江堰市，王小飞带领12名突击队员连续工作70多个小时，挖掘、处理遇难者遗体300余具，其中王小飞直接参与挖掘、处理的遇难者遗体20余具。20日在都江堰市建设路51车队宿舍楼挖掘处理遗体时，王小飞冒着生命危险，带领两名战士由吊车吊至40米的高空，连续工作6个小时完成任务，中央电视台对此作了专题报道。

转战汶川后，王小飞带领30名官兵深入现场，先后4次对汶川县卫生局、汶川县疾控中心、阿坝师范高等专科学校发生的大面积过氧乙酸泄露和化学危险品进行处理，与官兵一起处理泄露的过氧乙酸20余吨、剧毒化学危险品180余种10余吨，同时协助地方卫生部门勘察贮存场地，搬运、转移过氧乙酸和其他消毒液50余吨。

5月28日，应阿坝藏族羌族自治州政府的请求，王小飞再次临危受命，带领14名官兵搭载直升机至“生命孤岛”汶川县草坡乡执行消毒防疫任务。在余震不断、食宿困难的情况下，他们每天背负20多公斤重的消毒器材和消毒剂，步行八九个小时深入该乡所属7个自然村消毒防疫，8天中对1万多只死亡家禽进行消毒和深度掩埋。六一儿童节，在王小飞的带领下，突击队员购买礼物到草坡小学为小朋友过节，王小飞将身上仅有的460元钱全部捐献给灾区儿童，并给小朋友分发礼物。完成消毒防疫任务后，阿坝藏族羌族自治州副州长秦大林在《赴草坡乡执行任务报告》上批示："军民鱼水情，患难见真情。15位官兵勇于承担最艰苦的任务，为边远的乡村排忧解难，灾区人民终生难忘！"

分队在茂县执行消毒防疫任务时，为了完成好任务，王小飞每天都提前出发，了解执行任务地点的具体情况，主动与卫生疾控部门协调沟通，充分考虑执行任务过程中的每一个细节，根据实际情况制订详细消毒防疫计划。在执行任务的两个多月时间里，王小飞带领官兵进村入户，将消毒防疫工作向农村的每一个角落延伸。官兵们目的明确、程序清楚、消杀彻底，同时保证了无安全事故，受到当地政府、人民群众和友邻援建单位的一致好评。

2008年10月7日，王小飞被中共中央、国务院、中央军委授予"全国抗震救灾模范"荣誉称号。

梁　晋

1968年10月出生，四川雅安人。中共党员，大学本科学历。1986年8月入伍，解放军77116部队73分队分队长，上校军衔。

汶川特大地震发生时，驻地机场震感强烈。梁晋作为机务分队分队长，敏锐地意识到地震很有可能损坏机库，威胁直升机的安全。在余震不断的情况下，梁晋临危不惧、果断行动，立即召集各中队领导，一边分配工作，一边迅速组织全体官兵抢救和保护直升机，及时将机库内的所有直升机、80多台维护设备和9000多件工具转移到安全地带，保证了全部直升机的完好。第一波地震结束后，梁晋立即召开各中队领导紧急会议，布置开展对直升机和机库及其附属设施的检查工作，为上级领导、机关及时了解掌握震后直升机情况提供了有力依据，也为上级领导使用直升机参加抗震救灾提供了选择的依据。

抗震救灾工作全面展开后，直升机需求数量多、天气变化频繁、飞行保障强度大，机务准备工作异常繁重，难度加大。梁晋凭借从事直升机维护工作近20年的丰富经验和过硬的维护技能，带领全体机务人员，始终以昂扬的斗志奋战在机务工作第一线。面对严重的灾情和繁重的任务，梁晋深感肩上责任重大，不仅经常检查指导各中队任务直升机的维护，而且对任务直升机技术状况直接把关，确保任务机和专机时刻处于良好状态。

针对任务重、时间紧、飞行准备时间短等实际情况，梁晋还向各中队长传授飞机快速检查方法，在保证直升机维护质量的前提下，缩短飞行准备时间，为快出机、多出机、出好机，及时抢运伤员和救灾物资赢得了时间。抗震救灾期间，为了进一步提高直升机的维护质量和出勤率，对于一些平时都由中队组织排除的疑难故障，梁晋整合分队技术资源，组织各中队技术力量集体分析研究，常常工作到深夜，直到故障彻底排除，做到了故障不过夜。

在组织领导机务分队开展外场工作的同时，梁晋还主动担负空中机械保障任务，共飞行141架次87小时52分钟，先后执行了都江堰、北川、青川、汶川、平武、映秀、茂县、理县、卧龙、唐家山等航线，以及联合国秘书长潘基文前往震中映秀、中央军委领导前往一线查看灾情等专机保障任务。

2008年10月7日，梁晋被中共中央、国务院、中央军委授予“全国抗震救灾模范”荣誉称号。

赵金松

1959年7月出生，河南舞钢人。中共党员，硕士研究生学历。1978年3月入伍，成都军区司令部作战部部长，大校军衔。

汶川特大地震发生后，赵金松不顾余震频发、办公楼随时可能倒塌的危险，率领作战部人员2分钟内进入指挥作业位置，迅速了解震情，启动应急预案，并在震后10分钟内向部队下达了预先号令，40分钟内向中央军委上报了第一份震情报告。

救灾之初，面对紧急驰援的救灾部队，赵金松及时向首长提出划分任务区、实施统一指挥、分区救援的建议。成都军区联指成立后，赵金松向首长建议成立指挥中心和协调中心，统一指挥协调空中和地面救援行动；建议军地之间、军种之间互派联络员，以在通信不畅的情况下，有效解决统一行动问题。在四轮“进村入户”搜救工作中，赵金松冒着余震不断、山体滑坡和泥石流的危险，深入各责任区和重灾区调查研究，听取灾区群众和部队对“进村入户”、完成“八项任务”的意见，及时向成都军区联指和司令部首长提出立体进入、先急后缓、逐步拓展、全面推进的建议，得到成都军区联指首长的肯定。

在指挥抗震救灾中，赵金松充分发挥作战部的协调中枢作用，采取灵活多样的手段加强协调，每天要接听上百个电话和处理几十份文件，工作量是平时的十几倍。在力量分散、人员减少的情况下，赵金松果断将现有力量统一编为方向组、综合组、协调组、保障组等指挥协调要素，全力以赴应对复杂局面。截至8月20日，作战部共收发电报1600余份，以成都军区联指及其司令部的名义拟制电报340余份，其中上报中央军委和国务院抗震救灾总指挥部170余份。为加强作战指挥保障，赵金松指导测绘气象部门为抗震救灾部队配发地图15万余幅，喷绘指挥用图1万余幅，开设10个野外机动气象观测点，发布抗震救灾天气水文预报207期。

在积极参与抗震救灾的同时，赵金松带领作战部人员深入开展理论研究攻关，认真研究探索应对多种安全威胁、完成多样化军事任务的特点规律，其成果在《军事学术》等全军性刊物上刊登，7月22日发表在《解放军报》的《努力提高非战争军事行动组织指挥能力》一文，在全军学术界引起反响。

抗震救灾期间，赵金松每天工作18个小时以上，体力严重透支，身体明显消瘦，肩周炎、胃病、颈椎病时常发作。为了能把更多的精力投入到工作上，赵金松坚持吃住在办公室。在他的带动下，作战部全体人员个个埋头苦干，在3个多月的抗震救灾斗争中，始终保持战斗状态，高标准完成各项工作任务。

2008年10月7日，赵金松被中共中央、国务院、中央军委授予“全国抗震救灾模范”荣誉称号。

陶国涛

1982年11月出生，湖北麻城人。中共党员，大学本科学历。2005年6月入伍，解放军78187部队42分队助理讲师，中尉军衔。

汶川特大地震发生后，陶国涛所住宿舍楼受损，第三层整体倒塌。作为代理分队长，陶国涛及时指挥人员疏散，分队无一人伤亡。

5月12日23时30分，陶国涛所在部队接到赶往什邡市蓥华镇抢险救灾的命令。当部队开进距救援点蓥华中学仅一河之隔时，一座地震中严重受损的牌坊式危桥挡住了官兵的去路。已经徒步奔袭5公里多的陶国涛，勇当开路先锋，率先冲过危桥。

5月13日1时20分，部队到达预定地点，迅速展开救援。在连夜抢救生命时，陶国涛两次晕倒被抬下战场，醒来后不顾身体虚弱和领导劝阻，再次冲向救灾一线。没有工具，陶国涛就用双手刨砖渣，指甲抠掉了、膝盖磨破了、手掌磨出血泡，危房掉下的砖块几次从耳边擦过，他全然不顾，一心只想救人，一刻也不停歇，在风雨中坚持三天三夜，从废墟中救出幸存者2人，挖出遇难者遗体11具，搬运掩埋遗体23具。

抢救生命工作基本结束后，陶国涛担负了物资装卸、运输保障等任务，个人累计装卸救灾物资30多吨，搬运救灾物资2吨；带领8名战士两次前往蓥华镇珠嘴山，在崎岖的山路间背着50多公斤重的通信器材，在近5公里的山路往返10多趟，将1500多公斤重的通信设备扛上山顶。行进中，他的胳膊被火麻刺得又红又肿，起了一身疙瘩，可陶国涛强忍疼痛，坚持把所有器材背上山，及时保障了通信畅通。陶国涛还带着12名战士，每人扛着40多公斤重的帐篷、方便面，经过两个多小时的艰难跋涉，将救灾物资送到路断山阻的蓥华镇最高处的竹溪村。途中遭遇余震，背着沉重背包的陶国涛险些掉下山谷。在为受灾群众紧急搭建板房时，一时不慎，铁皮将他的手和胳膊划出六七道口子，陶国涛加戴一双手套又接着干；在卸载一批从俄罗斯运来的帐篷时，每顶帐篷重100多公斤，陶国涛累得满头大汗、精疲力竭，仍不肯休息，和战友们一口气将3卡车100多吨的帐篷在30分钟内全部卸完。

“进村入户”救援中，陶国涛带领战士帮助受灾群众从危房中搬出贵重物品100余件、价值5万余元，抢出粮食500余公斤，抢收油菜1500余公斤，拆除危房40余间，搭建帐篷140余顶，消毒30万余平方米，平整场地400多平方米，安装课桌椅300多套。得知蓥华镇花果山海会堂一名79岁老人被困山顶15天，陶国涛立即带领两名战士翻过陡峭的山坡，将老人救出。

2008年10月7日，陶国涛被中共中央、国务院、中央军委授予“全国抗震救灾模范”荣誉称号。

邓　强

1982年7月出生，四川都江堰人。中共党员，大学本科学历。2005年7月入伍，解放军78108部队63分队副分队长，中尉军衔。

汶川特大地震发生时，恰逢邓强值班。出于职业敏感，邓强立即检查分队受灾情况，组织官兵抢修国防通信线路。当天下午，邓强接到命令，立即赶赴成都北较场，抓紧时间装卸运至灾区的通信设备，以建立通信枢纽，保障成都军区抗震救灾指挥部的通信联络。

5月12日23时，邓强接到姑妈打来的电话，得知家里楼房已经完全倒塌，父母仍然联系不上，但繁重的通信装备转运任务不容他多想。14日，刚从军区返回部队的邓强得知部队即将奔赴极重灾区都江堰市执行抢险救灾任务，毫不犹豫地向组织递交了请战书。到达灾区后，邓强立即投入救灾行动，主动请求带领党员突击队，到灾情最严重、情况最危急的点位上执行任务。邓强执行任务的地方距离他家不到一公里，可邓强以大局为重没回家看一眼，带领小分队一直坚守在一线，用双手刨开一堆堆废渣，用铁锹掘开一块块砖石，奋力营救废墟下的宝贵生命。

在邓强的带领下，党员突击队先后挖掘出遇难者遗体18具，转移灾区群众1000余人，救治伤病员300余人，搭建帐篷267顶，搬运发放救灾物资900余吨，为灾区群众转移粮食18.5吨，抢救价值近80万元的电器、家具2000余件（套），拆除危房100余间，清理道路沟渠16公里，抢通光缆线路4.5公里，抢修电力线路15公里。

在都江堰木机厂救援点执行任务时，邓强离家仅有两条街之隔，但他深知灾情就是命令、时间就是生命，必须全身心投入抗震救灾。5月15日10时，邓强正带领小分队清理废墟中遇难者遗体，姑妈打电话告诉他父亲已经遇难。邓强心里万分难过，但是看到身边忙碌的战友和焦急等候的乡亲，他强忍泪水，把悲痛强压在心底，又挥起手中的铁镐，继续战斗。在一线指挥救灾的部队首长知道此事后，特意安排邓强回家处理父亲后事，但他仍坚持奋战在救灾现场，寻找着每一位被埋压在废墟下的幸存者。

过渡安置阶段，已连续奋战近两个月的邓强又递交了决心书，表示要继续做好灾后重建工作。在邓强的建议下，部队成立了灾后重建党员突击队，由邓强担任队长。7月2日，邓强因天气炎热、过度疲劳昏倒在工地上，被送往医院救治。醒来后，邓强不顾官兵的劝阻，立即返回工地和战友一起奋战。过渡安置期间，党员突击队共为灾区群众搭建活动板房280余间。

2008年10月7日，邓强被中共中央、国务院、中央军委授予“全国抗震救灾模范”荣誉称号。

冯小波

1983年4月出生，重庆南川人。中共党员，大学本科学历。2001年9月入伍，解放军78179部队30分队助理员，中尉军衔。

汶川特大地震发生后，冯小波所在部队的通信、交通全部中断，无法与外界取得联系。冯小波临危不惧，骑着自行车火速奔赴都江堰市区查看灾情。当他于5月12日14时48分到达都江堰市区时，被眼前的惨状所震撼。他顾不上联系家人，了解市区受灾情况后迅速返回部队报告。15时36分，在冯小波的带领下，25名官兵急行军到市区参加抗震救灾。第一个救援点是四川省水利职业技术学院，一进大门，看见教师宿舍楼已经完全倒塌，冯小波刚结婚4天的妻子就在该校当老师，而且就住在楼内，战友们不禁为他担心起来。冯小波拼命克制住自己的情绪，和官兵一起冲上废墟，紧急搜救。在没有大型救援机械的情况下，冯小波和战友一道，硬是用双手刨出3名被困群众，清理出9具遇难者遗体，却始终没有发现妻子。直到13日18时，他妻子遇难的噩耗才被确认。

5月15日8时，料理完妻子的后事，冯小波就回到部队参加救援。在抗震救灾的两个多月中，冯小波和战友一起冒着酷暑，连续奋战，帮助都江堰市政府机关转运办公和生活物资39车，装卸、分发救灾物资400余吨，保证救灾物资及时发放到受灾群众手中。

6月2日，得知失事直升机可能坠毁在赵公山附近，冯小波主动要求加入搜救小分队。他充分发挥熟悉当地地形的优势，积极为搜救提供参考意见，带领搜救人员不顾山体滑坡、山高路滑的危险上山搜救。在了解到部分官兵因家庭受灾心理压力比较大的情况时，冯小波还主动担任心理咨询师，开展心理疏导。冯小波的老家在山区，连续遭受旱灾和冰冻灾害，生活非常困难，按照上级的原则规定，受灾官兵无须交纳“特殊党费”，但他却说：“家里财产虽然没有了，但我还有工资拿嘛！”坚持交纳了“特殊党费”。

在抗震救灾取得阶段性胜利后，部队准备安排冯小波休假，他谢绝了领导的好意。“抗震救灾期间这么多账目还没有处理，这个时候我休假了，其他同志肯定忙不过来。”冯小波在处理好账目、确保无任何差错的同时，还想办法调剂改善官兵的伙食。为确保大灾之后无大疫，冯小波定期组织人员采集水样送到相关部门去化验，加强卫生防疫工作；每天组织卫生防疫人员对营区附近4个安置点义务喷洒消毒药水，消毒近60万平方米，清运生活垃圾20吨，确保了官兵身心健康，无一例疫情发生。

2008年10月7日，冯小波被中共中央、国务院、中央军委授予“全国抗震救灾模范”荣誉称号。

高　霞

彝族，1978年4月出生，贵州大方人。中共党员。1996年12月入伍，解放军78170部队40分队司务长，三级士官军衔。

汶川特大地震发生后，高霞所在分队受灾严重，55栋营房全部被震毁，营区部分地面开裂下沉近2米，8名官兵受伤。在通信完全中断的情况下，为查明执勤点的灾情，高霞主动请缨，冒着危险深入分散的各值勤点调查灾情，收拢搜救执勤人员，先后将4名受伤的执勤人员接回分队紧急消毒和包扎。

高霞刚返回分队，就遇到驻地八角庙村村民梁志群的求救：丈夫外出没有消息，70多岁的母亲被困危房中。高霞再次出发，冲进危房，将老人抱到屋外。分队接到去都江堰市虹口乡虹口学校救援的任务，高霞再次推辞留守分队的安排，和分队人员一道，路断了就翻山，桥断了就蹚水，急行军6公里火速赶到学校，冒着倾盆大雨，克服饥饿、疲劳，手刨肩扛，连续奋战8个多小时，从废墟中解救出2名学生，挖出4具遇难学生遗体。

地震使驻地变成了“孤岛”，给养补给难以为继。高霞迅速带领炊事人员搭建简易帐篷，从坍塌的储藏室里掏出被埋的大米、面粉等生活急需品，抢出鸡、猪等家禽家畜。在村民存粮被埋、生活没有着落的情况下，经请示上级领导，将节余的10余袋大米和面粉、10公斤猪肉、4箱方便面、20箱瓶装水等生活物资送给受灾群众。在八角庙发放救灾物资时，高霞积极请战，顶着烈日，公平、公正地将100余吨救灾物资全部分发到灾区群众手中。在发放救灾物资的同时，高霞还及时将部队印制的《抗震救灾手册》发给灾区群众，宣传党和政府的抗震救灾政策，增强群众战胜地震灾害、恢复重建的信心。

过渡安置阶段，不管运输救灾物资的车辆是白天还是晚上到达附近村子，高霞都主动前去搬运物资，身体经常被板房的铁皮划破，仍全然不顾。为了防止疫情发生，高霞还带领人员定期对附近村子防疫消毒，带头掩埋已腐烂的动物尸体。其间，高霞模范带头，艰苦奋斗，连续奋战近3个月没有休息过一天，带领所属人员加班加点平整场地、垒砌挡土墙、搭建板房，与战友一起开挖、回填土方2000余立方米，修筑挡土墙100余立方米，挖排水沟400米，铺设水泥地面2600余平方米。为赶工程进度，高霞10余次牺牲休息时间，冒着余震塌方的危险和炎热的天气，前往60多公里外的新都、都江堰等地购买水泥、五金建材等物资，确保了1600余平方米活动板房安装任务顺利完成。

2008年10月7日，高霞被中共中央、国务院、中央军委授予“全国抗震救灾模范”荣誉称号。

赵宏彦

白族，1972年10月出生，云南大理人。中共党员，大学本科学历。1992年12月入伍，解放军78376部队副部队长，上尉军衔。

5月16日受领抗震救灾任务后，赵宏彦克服妻子分娩不久和母亲重病住院都需要照顾等家庭困难，毅然奔赴灾区，18日随部队到达绵阳。上级决定在极重灾区青川县组建第五野战兵站，赵宏彦不顾疲劳，主动请战，带领19台运输车随同兵站领导连夜奔赴青川县。

在兵站执行运输任务期间，面对余震不断、强降雨、道路塌方、山体滑坡等严重威胁，赵宏彦总是承担最艰巨、最危险的物资运输任务。他每次出车前都要制订缜密的运输方案，行车中严密组织，带头驾驶车辆。他带领运输队官兵先后奔赴成都、绵阳、平武、平武南坝、青川关庄等15个地方，运输物资1800余吨、油料130余吨，安全行驶9600余公里。5月28日，赵宏彦带领车队执行由乔庄镇至乐安寺乡运送成都军区总医院药品的任务，行车途中遇到余震，道路多处塌方，坠落山石随处可见。面对危险，赵宏彦奋不顾身地冲上去铲开落石和泥土，开辟道路，将救灾药品安全送达，待返回兵站时，已是次日凌晨。

抗震救灾期间，部队干部因任务分工不同而较为分散，在兵站运输队只有一名排长的情况下，赵宏彦以身作则，充分发挥表率作用，保证任务完成的同时，还有针对性地做好官兵的思想工作，想方设法组织官兵开展具有野战特点的战地文化活动，确保执行任务期间官兵的昂扬斗志。赵宏彦严格监督官兵落实兵站的警卫执勤、人员车辆、物资管理等方面的制度规定，确保了抗震救灾期间运输队未发生一起违纪违规事件和人员车辆安全事故。其间，赵宏彦还利用有限的休息时间，带领运输队官兵积极主动帮助附近受灾群众搭建帐篷30余顶、临时安置房5间，收割小麦0.33公顷，资助困难学生1500余元。

抗震救灾期间，赵宏彦的母亲两次病危，兵站领导安排他回大理老家看望母亲，都被他谢绝了。他的回答只有一句话：“灾区任务一样重要。”

2008年10月7日，赵宏彦被中共中央、国务院、中央军委授予“全国抗震救灾模范”荣誉称号。

吴绍平

1978年12月出生，云南昭通人。中共党员，大专学历。1996年12月入伍，解放军78315部队43分队士官，三级士官军衔。

将在年底服役期满面临转业的吴绍平，于汶川特大地震发生前刚接到妻子流产患病的电话，正准备回家照料妻子。地震发生后，得知部队组建后勤保障分队到四川参加抗震救灾的消息，吴绍平顾不上回家照料年迈的父母和生病的妻子，坚决要求到一线执行抗震救灾任务。他毅然写下请战书：“我是军人，更是一名党员，当祖国和人民需要的时候，我们就要冲在前，为人民想在前，为灾区人民尽一份自己的微薄之力。”

5月16日，吴绍平随部队奔赴绵阳灾区执行抗震救灾任务。经过近22小时的颠簸，部队于18日2时到达绵阳，吴绍平被任命为野战兵站炊事班班长，带领5名炊事人员负责200余名官兵的伙食保障。执行任务的3个多月，正值炎热季节，吴绍平发扬不怕苦不怕累、连续作战的精神，每天在灶台前挥汗如雨。他每次炒完菜下来，全身上下都湿透了，衣服上是一片片白色的汗迹，头上全是油珠，有时手臂还被热油烫出一个个水泡。吴绍平从不退缩，从不叫苦，一心一意扑在三尺灶台上，带领炊事班尽力为官兵提供美味可口的饭菜。

针对部队任务繁重和灾区气候炎热的特点，吴绍平科学安排菜谱，努力改善伙食，不仅让官兵吃饱，而且让官兵吃好，保证官兵有充足的体力投入到抗震救灾中，为兵站完成抗震救灾任务提供了有力保障。抗震救灾期间，在保障兵站200余名官兵饮食的同时，吴绍平还带领炊事班保障临时到站1500余人次官兵就餐，受到各级首长和广大官兵的肯定。

2008年10月7日，吴绍平被中共中央、国务院、中央军委授予“全国抗震救灾模范”荣誉称号。

赵　刚

1980年1月出生，四川阆中人。中共党员，大学本科学历。1998年12月入伍，解放军78479部队43分队副分队长，中尉军衔。

汶川特大地震发生后，正在四川阆中老家筹备婚礼的赵刚说服家人，第三次推迟婚期。在无法与部队取得联系的情况下，他积极投入当地的抗震救灾，协助地方部门安置受灾群众，安抚受伤人员，搭建临时帐篷。震后第二天，赵刚毅然泪别患重病住院的母亲，赶回部队，主动请缨带领小分队赶赴什邡第二野战兵站开设野战加油站，为第三责任区德阳、什邡、绵竹、彭州等地区抗震救灾部队提供油料保障。

一到兵站，赵刚就带领野战加油站巡回加油车，采取前出保障和巡回保障相结合的方式，不间断地对什邡市红白镇、绵竹市汉旺镇、彭州市龙门山镇等地部队实施巡回加油，24小时为部队提供油料保障，真正做到了哪里需要油料，哪里就有油料保障人员的身影。为解决部队加油联系困难的问题，赵刚开动脑筋想办法，连夜赶制加油联系卡，逐个走访任务部队，及时把联系卡送到保障对象手中，受到军区首长的充分肯定和各用油单位的广泛好评。在负责抗震救灾油料保障的3个月时间里，赵刚主动作为，靠前保障，顶余震，冒酷暑，战天灾，带领官兵行程4000多公里，为80多个单位送油70余次，夜间保障油料30余次，累计保障油料1200余吨，提供油料装备780件（套），加注车辆1万余台次。

在抗震救灾中，赵刚身先士卒，充分发挥党员干部的先锋模范作用，3个多月如一日地始终坚守在一线。在面对重大危险、重大考验、重大任务时，在胳膊掉皮、手指受伤、高烧不退的情况下，赵刚仍坚持带领加油站官兵每天冒着余震、泥石流、山体塌方等随时可能发生的危险，不顾个人安危，把为任务部队提供及时周到的油料保障作为立足本职做贡献的坚定信念。在送油路上，赵刚饿了就啃点干粮，困了就在车上打个盹。巡回加油时，赵刚白天组织官兵实施油料保障作业，晚上同官兵在加油车旁执勤警戒。赵刚还充分利用保障间隙，积极帮助疏通道路，运送救灾物资，疏散安抚受灾群众，搭建帐篷，拿出自己的工资为受灾群众购买食品。

2008年10月7日，赵刚被中共中央、国务院、中央军委授予“全国抗震救灾模范”荣誉称号。

翟鹏军

1974年5月出生，四川南充人。中共党员，大学本科学历。1991年12月入伍，解放军78526部队54分队政治教导员，少校军衔。

汶川特大地震发生时，翟鹏军正带领车队在外组织装货，回到营区后便迅速启动应急预案，仅用半天时间就完成了思想动员、人员收拢、车况恢复等工作。灾区环境险恶，任务繁重，翟鹏军始终把思想政治工作作为完成任务的首要工作来抓。战士小张家中房屋在地震中倒塌，家人情况不明。针对小张流露出既想到抗震一线去完成任务、又担心家人安危的情况，翟鹏军多次找小张谈心，积极与其家人联系，帮助小张卸下思想包袱。后来小张在执行任务中表现突出，被部队树为抗震救灾先进典型。

刚到灾区时，部队面临余震不断、道路塌方、泥石流频发及官兵连续作战、无热食保障等实际困难，翟鹏军带领官兵迎难而上，没有路就自己修，饿了就吃点干粮喝口水，平均每天连续驾驶16个小时，行迹遍布平武、北川、彭州、都江堰和汶川映秀、都江堰向峨等地，及时将人员和物资运送到抗震救灾第一线。

5月14日，分队从温江机场到10多个点执行任务时，翟鹏军主动请战，带领最多的车辆运送3支医疗队前往最危险的重灾区映秀镇。当时地震发生还不到60个小时，正是余震强烈、道路被毁严重的时刻，绝大部分路面已经看不出原来的路基，道路两边悬石松动，随时都有塌方的危险。翟鹏军一路精心组织车队前行，遇到危险路段靠前指挥，在离映秀镇10公里时遇到山体塌方，前面车辆堵塞，翟鹏军带领战士用铁锹、十字镐挖出一条道路，确保医疗队准时到达。带领官兵到都江堰紫坪铺执行运输任务时，遇到余震大塌方，路面大部被毁，山上不断有飞石落下，车队运行稍有不慎就会车毁人亡。为尽快将物资送到灾区，翟鹏军不畏危险到塌方区观察情况，科学制订通行方案，组织车队在漫天灰尘和飞石中拉大车距冲过飞石路段。

5月15日夜，在运送北京军区总医院医疗队到达都江堰灾区后，看着又饿又累的官兵，翟鹏军第一个拿起工具搭建帐篷，带领官兵连夜帮助开设野战医疗方舱、运送抢救伤员，主动承担伙食、后勤、卫生保障任务，为受灾群众发放药物、热食、瓶装水3000人次。在带领车队经过向峨乡休息时，不少群众自发给官兵送干粮、鸡蛋和水，尽管当时车队的干粮仅够一天消耗，但翟鹏军和官兵还是婉言谢绝了群众的好意。在抗震救灾部队回撤时，翟鹏军又两次带领车队担负平武、彭州部队回撤运送任务。

2008年10月7日，翟鹏军被中共中央、国务院、中央军委授予“全国抗震救灾模范”荣誉称号。

李 海

1977年4月出生，贵州贵阳人。中共党员，大学本科学历。1999年12月入伍，解放军78528部队80分队分队长，中尉军衔。

汶川特大地震发生后，李海所在部队奉命执行抗震救灾运输保障任务。抗震救灾期间，李海带领65名官兵、32辆汽车，负责把救灾物资从都江堰调配中心运往受灾乡镇。针对执行救灾运输任务时派出小车队多、单车多的实际，李海科学组织，合理调度，坚持出车3台以下有一名骨干带队、5台以上有一名干部负责，并定时汇报情况，确保随时掌控在外车辆动态和执行任务情况。

在做好分队安全工作的同时，李海处处以身作则，每天休息时间不足3个小时，有时一连几天吃不到热食，饿了吃压缩饼干，渴了喝瓶装水，体力严重透支，仍坚持战斗在为灾区群众运送急需物资的第一线，为分队官兵做出了表率。在李海的带领下，官兵发扬不怕吃苦、不怕疲劳、连续作战的工作作风，累计出车400余台次，转运物资2000余吨，完成各项运输保障任务，受到都江堰市抗震救灾指挥中心的好评。

分队执行5趟进藏运输任务后，又奉命执行抗震救灾部队回撤的输送任务。李海来不及抖落高原征尘，紧急投入到专项运输任务中，细致拟制运输方案，连夜审定人车搭配计划，深入车场检查车况，组织官兵快速、高效地完成任务转换。7月19日和8月19日，李海带领114名官兵和57辆运输车，两次奔赴绵竹灾区，累计承运回撤的抗震救灾部队官兵535人、各类物资280吨，安全行驶3.4万车公里，做到了人不掉皮、车不掉漆。

2008年10月7日，李海被中共中央、国务院、中央军委授予“全国抗震救灾模范”荣誉称号。

谢绍益

1964年8月出生，四川安县人。中共党员，大学本科学历。1982年10月入伍，解放军78649部队部队长，上校军衔。

汶川特大地震发生后，谢绍益在安县老家房屋倒塌、母亲下落不明的情况下，强压悲痛，带领部队官兵、职工落实各类救灾物资收发和装备器材维修保障任务。

地震发生后，大量抗震救灾物资从四面八方源源不断地发往谢绍益所在部队。为保证所有救灾物资及时收发，谢绍益打破建制分工，组织各类人员，召集到队家属，动员驻地群众，成立300多人的官兵突击队、家属运输队、群众卸载队，全力投入抗震救灾物资收发。5月16日，部队受命接收4个不同方向的物资，而此时官兵已连续奋战了4个昼夜，极度疲劳。为尽快将救命物资发运到一线，谢绍益组织人员采用时间分段、任务分段、兵力分段的“三分法”，合理调配人员，确保了任务按时完成。震后短短一周之内，谢绍益带领官兵上百次往返于火车站、机场和仓库之间，创造了4个小时发放16吨发电设备、一个晚上接收12万把锹镐、7天收发6000余吨装备物资的奇迹。

5月17日，谢绍益率领官兵前往极重灾区北川羌族自治县开设北线装备保障基地，展开装备供应、抢救抢修、工程突击和技术服务。刚到北川的次日2时，成都军区某部两台挖掘机在平武抢通道路时发生故障，请求支援。谢绍益立即带领抢修人员冒着余震、塌方、飞石的危险，历经3个小时奔波，到达现场后迅速排除故障。在执行抗震救灾任务的3个多月里，谢绍益带领官兵不畏艰险，转战各灾区，行程15万余公里，为救灾部队抢救抢修车辆、工程装备1778台（部），巡修保养1.2万余台（部）。

5月26日，在绵竹市汉旺镇执行任务的海军某部急需救援装备器材。谢绍益当时因病正在输液，得知消息后，立即拔掉针头，组织人员迅速将所需物资送到救灾部队。

6月1日，接到搜救失事直升机的命令，谢绍益立即组织官兵携带水上侦察和运输装备赶往紫坪铺水库，每天在水上奋战十几个小时，日晒雨淋，不计安危，连续奋战11天，运送搜救部队官兵上千人，运送各类物资数百吨。

谢绍益执行任务的装备保障基地离家仅10余公里，却顾不上回一次家，在抗震救灾第一线连续奋战3个多月，直至部队回撤。

2008年10月7日，谢绍益被中共中央、国务院、中央军委授予“全国抗震救灾模范”荣誉称号。

雷建成

1974年10月出生，湖南耒阳人。中共党员，硕士研究生学历。1991年12月入伍，解放军78649部队汽车修理所所长，中校军衔。

汶川特大地震发生时，雷建成刚在外执行完任务回到部队，外公不幸去世，母亲病重危在旦夕。雷建成不顾刚在外奔波一个多月的辛劳，把料理外公后事和照顾母亲的重担托付给妻子，5月13日15时，便奉命带队奔赴都江堰市紫坪铺镇，开设抗震救灾装备保障基地。到达紫坪铺镇后，雷建成连夜组织官兵冒雨修建野战仓库和修理所，连续奋战三天两夜，完成基地开设任务。

根据指挥部命令，雷建成担任南线装备保障基地主任。执行任务中，雷建成始终坚持靠前指挥，在一线连续战斗55天，带领基地官兵，冒着余震、泥石流、飞石、道路塌方等危险，行程10万多公里，为各任务部队展开装备供应、抢救抢修、工程突击和信息服务，先后抢救抢修车辆、工程装备1128台（部），巡修保养各类装备6000余台（部），培训装备技术人员526人次，前送救灾装备器材4000余吨。特别是在抢通都（江堰）汶（川）路“生命线”工程大会战中，雷建成带领保障组人员吃住在抢险工地，只要是救援部队和地方救援队需要，不论是白天还是深夜，他们都随时提供保障。

在装备维修保障间隙，雷建成还组织官兵积极为灾区群众服务，共为受灾群众搭建帐篷376

顶，供应伙食3000余人份、生活用水300余吨及大米、猪肉、蔬菜26吨，医治伤病员812人，平整场地4万余平方米，清理废墟5360立方米，防化洗消78万平方米。成都军区《战旗报》、纪检工作动态和四川人民广播电台、四川电视台等军内外媒体对雷建成真情服务人民的事迹进行了报道。

2008年10月7日，雷建成被中共中央、国务院、中央军委授予“全国抗震救灾模范”荣誉称号。

陈　宏

1975年7月出生，贵州平坝人。中共党员。1996年12月入伍，解放军78638部队31分队卫生员，三级士官军衔。

陈宏家安在汶川特大地震极重灾区什邡市红白镇。地震发生后，红白镇变成一片废墟，陈宏无法与家人取得联系。他强压住心中的惦记，主动请战参加救灾突击队。震后30分钟，他便随部队赶到什邡市师古镇中心小学救援现场，和战友一道不顾余震不断、废墟随时可能再次坍塌的危险，用手刨，用锹铲，争分夺秒搜救被埋学生。经过7个多小时的奋战，突击队成功营救出幸存学生2人，现场紧急救护伤员29人。一名男孩被救出后，因胸部受挤压伤导致呼吸困难，生命体征微弱，陈宏不顾男孩嘴里流出的血污和满脸尘土，立即进行人工呼吸，使男孩脱离危险。

5月13日6时，陈宏又随部队前往什邡市龙居中心小学救援被埋师生，救出幸存学生1人，清理遗体4具。执行任务中，陈宏接到岳父辗转托人带去的口信，得知妻子和10个月大的儿子等6名亲人在地震中遇难。部队领导让他回家处理善后，陈宏却含着泪说：“人死不能复生，现在最重要的是挽救更多活着的生命，我是卫生员，这里的伤员更需要我。我的妻儿在天有灵也一定会支持我这样做！”毅然坚持继续参加营救，冒着大雨为38名伤员包扎、输液，一直奋战到14日凌晨。

5月14日下午，什邡市人民医院因地震停电，无法为从灾区转去的重伤员做手术，请求部队紧急支援照明设备和野战帐篷。陈宏主动申请执行此次任务，随后加入医院救护组，协助医生救治伤员；带领6名战友两次冲进已经倾斜开裂的医疗大楼，搬运出10余箱医疗器械；在转运点、手术室、伤员帐篷之间一趟趟往返，连续三天三夜战斗在救护一线，先后救护、转运伤员140余人，协助医生成功为30多名危重伤员施行手术。

5月18日上午，陈宏回到家中处理亲人后事，短暂停留了4个小时就泪别年迈的岳父岳母，火速赶到什邡市救灾物资捐赠中心装卸、转运救灾物资，和39名战友3个小时内搬运饮用水30多吨。完成任务后，陈宏的手已肿得连筷子都拿不起来。

转入“进村入户”搜救阶段后，作为卫生员，陈宏承担了任务区域内的全部卫生防疫任务，共为群众消毒2800多平方米，和战友一起为灾区群众抢收抢种农作物0.17公顷，整理木耳菌包4000余袋，抢修危房1000余平方米。28日，陈宏第四次主动请战，随部队深入北川羌族自治县、安县灾区村寨为受灾群众送医送药、洗消防疫。

2008年6月，陈宏被中组部授予“抗震救灾优秀共产党员”称号；10月7日，被中共中央、国务院、中央军委授予“全国抗震救灾模范”荣誉称号。

高国民

1964年12月出生，江苏常熟人。中共党员，大学本科学历。1982年9月入伍，成都军区总医院副院长，大校军衔。

5月12日15时30分，高国民主动请缨，要求带领医院医疗队赶赴地震灾区救治受灾群众。得到院长、政委同意后，高国民在未与家人取得联系、不知家人安危的情况下，全身心地投入到组建抗震救灾医疗队、筹措物资器材等工作中。15分钟后，高国民带领由22名医护人员组成的医疗队匆匆奔赴灾区前线。16时40分，医疗队赶到都江堰市受灾现场，当晚就在都江堰市人民医院展开救治，3个小时内紧急救治重伤员37人、转送伤员100余人。

得知都江堰市聚源镇中学灾情严重，高国民遂带领医疗队于5月12日21时火速赶到聚源镇中学，冒着大雨连续奋战27个小时。到14日1时，他们从断墙砖块和一根根弯曲钢筋的缝隙中，抢救出被埋师生36人。14日中午，高国民带领医疗队到都江堰市幸福路综合市场，抢救出被深埋近50个小时的55岁居民徐学蓉、56岁居民董晚霞和18岁女孩周娜。

5月16日，高国民受命带领医疗队紧急开赴青川县。经过11个小时的长途跋涉，医疗队于20时30分抵达青川县城。得知青川县城重伤员已经基本被转走，偏远的曲河、房石、红光、关庄等乡（镇）因山体塌方道路中断、受伤群众被困后，高国民主动请求到偏远乡镇一线去救治伤员。17日8时，高国民带领医疗队翻越4座大山，到达乐安寺乡后，顶烈日、忍饥饿，在一片荒郊田野上紧急展开救治，救治伤员154人。

医疗队驻地周围有8个乡（镇），万余户人家散落分布在偏远山区，地震引起的山体大面积塌方阻塞了交通，大量受伤群众滞留。面对艰难局面，高国民毅然决定将医疗队的医护人员分成两个小组，每组背上几十公斤重的设备和药品，翻山越岭，深入房石、红光、三锅等乡（镇）巡诊、救治地震伤员。

卫生防疫阶段，针对当地医护人员缺乏卫生防疫经验的实际情况，高国民带领医疗队走访驻地群众，设立卫生防疫站点，建立军地卫生防疫监督网络，实施分片包干负责制，发动群众定期检查、消毒；至7月3日，医疗队带领当地卫生防疫人员开展防疫消毒86次，防疫面积近40万平方米，覆盖34469人，确保了驻地片区灾后无疫情发生。6月10日，在高国民的组织下，可日接待300人次门（急）诊的军民共建卫生院正式开诊；截至7月底，卫生院共诊治门（急）诊伤病员4965人，开展大小手术271台。

2008年9月，高国民被卫生部、食品药品监管局、中医药局、总后卫生部授予“抗震救灾医药卫生先进个人”称号；10月7日，被中共中央、国务院、中央军委授予“全国抗震救灾模范”荣誉称号。

徐朝霞

女，1973年6月出生，浙江东阳人。中共党员，大学本科学历。1991年9月入伍，成都军区总医院急诊科护士长。

汶川特大地震发生时，正在医院值班的徐朝霞突然感觉到剧烈晃动，她立即意识到是地震，便不顾一切地冲进急诊手术室，安抚正在配合手术的护理人员，直到3位病人手术顺利完成。持续3分钟左右的强烈地震后，接二连三的受伤群众陆续来到医院急诊科就诊，徐朝霞冒着强余震的危险迅速回到科室，以最快速度将科里的平车、液体等急救用品搬到门诊大楼外的空地上，立即和医护人员接诊地震伤员。

按照医院部署，徐朝霞一方面组织科室护理人员采取背、扛、抬、扶等方式，疏散转移在院留观的40余名病人；一方面迅速请领急救设备，在门诊大楼旁边的空旷地面搭建2顶手术帐篷，收拢集结20余辆手术推车，全面开通了接诊地震伤员的“绿色通道”。震后7分钟，临时急诊室便救治了第一个地震伤员。接下来的10多个小时，徐朝霞协助急诊处置地震伤员300余人，实施清创、缝合术260余次。医院旁边的大西南停车场房屋倒塌，徐朝霞带领3名护士与武警战士一起奋不顾身地挖掘废墟，营救出28名被压埋群众，并及时为他们输液、吸氧。

5月13日，得知医院要赶赴抗震救灾一线收治伤员的消息，徐朝霞主动请缨，跟随救援小组乘坐冲锋舟，冒着山体滑坡等危险，转绕7条河流，躲避11次余震，经6个多小时的急行军，赶到震中映秀镇。在映秀的两天两夜里，徐朝霞几乎没有睡过觉，先后抢救治疗伤员30余名。

震后5～7天，徐朝霞每天跟随120急救车前往灾区接收伤员，工作总是抢在前面。医院急诊病房临时设立床位40余个，两个野战帐篷挤满20余名伤员，徐朝霞每天都坚持带着护士查房，给伤员分发水和食物。抗震救灾中，徐朝霞还先后带队到都江堰机场、广汉机场、凤凰山机场、邛崃机场，接诊病人20多批次、近200人。

5月20日，在凤凰山机场接诊地震中被埋150小时的国家电网映电总厂职工虞锦华时，徐朝霞不顾病人双下肢伤口气性坏疽和被感染的危险，精心为病人建立输液通道、清理伤口、吸痰、抽血、取脓液，及时制作病理涂片，有效控制了感染扩散，为病人的下一步治疗赢得了时间。接诊中，徐朝霞一边忙碌，一边耐心地安慰虞锦华，稳定她的情绪。

2008年9月，徐朝霞被卫生部、食品药品监管局、中医药局、总后卫生部授予“抗震救灾医药卫生先进个人”称号；10月7日，被中共中央、国务院、中央军委授予“全国抗震救灾模范”荣誉称号。

卢　豪

1980年6月出生，四川彭山人。中共党员，大学本科学历。2003年6月入伍，成都军区疾病预防控制中心医师。

汶川特大地震发生前，卢豪正在四川大学公共卫生学院攻读卫生毒理学硕士学位，因成绩优秀，刚被学校确定为硕博连读对象。地震发生后，卢豪立即找到学校领导和导师，主动要求中断正在进行的课题研究回部队参加抗震救灾。得到允许后，他迅速赶回单位，向中心党委主动请缨到灾区一线执行卫生防疫任务。

5月13日，卢豪奔赴都江堰市抗震救灾指挥部、向峨乡及驻都江堰部队开展卫生防疫、卫生监督监测、污染源处理、健康教育、检水检毒等工作。

5月18日，卢豪乘坐直升机空降茂县开展防疫工作。卢豪主动承担军地卫生防疫联络员的重责，积极与茂县县委、县政府、县卫生部门、县疾控中心及驻茂县部队等单位取得联系，迅速整合成都军区疾控中心防疫队、沈阳军区疾控中心防疫队、第二军医大学防疫队、某防化部队、中国疾控中心、四川省疾控中心、茂县疾控中心等20余支军地防疫力量，确保了当地和支援的卫生防疫力量的统一协调指挥。同时，他们配合防疫部门明确任务区分及职责范围，建立了畅通的工作协调机制；先后协调组织召开军地专家协调会12次，促进灾区防疫重点问题得到迅速妥善解决，使灾区防疫工作得到及时、有效落实；协助地方建立和完善了县、乡镇、村三级卫生防疫网络，每日互相通报工作进展及疫情监测结果，为当地灾后卫生防疫工作奠定了坚实基础；与茂县卫生局、茂县疾控中心协调安排卫生防疫工作；加班加点撰写文字材料，及时将灾区卫生防疫形势、每日工作情况向总后卫生部、成都军区卫生部、第一责任区茂县任务所等上级单位报告，为上级部门、首长指导茂县卫生防疫提供决策依据。

在茂县执行灾后卫生防疫任务期间，卢豪将自己所学的卫生毒理学理论运用于防疫工作，提出许多科学防疫、防控结合、分段实施的建议和意见。在担负为茂县县城自来水取水点、部队送检水源的水质理化检验工作时，卢豪先后检测水样200余份。除完成自己承担的工作，卢豪还经常到灾区群众临时居住点、部队驻地发放宣传资料，开展健康教育工作。

2008年9月，卢豪被卫生部、食品药品监管局、中医药局、总后卫生部授予“抗震救灾医药卫生先进个人”称号；10月7日，被中共中央、国务院、中央军委授予“全国抗震救灾模范”荣誉称号。

刘永华

1963年11月出生，四川泸州人。中共党员，大学本科学历。1981年10月入伍，新华通讯社解放军分社驻成都军区支社记者，大校军衔。

汶川特大地震发生后，刘永华无暇顾及妻子和孩子的安危，冒着余震和房屋垮塌的危险，以最快的速度冲向成都军区作战指挥室了解灾情，掌握部队出动情况，及时投入宣传报道工作。进入作战室5分钟，他就发出第一条消息《成都军区派兵投入抗震救灾》。此后5天时间里，刘永华每天都在指挥部坚守20多个小时，通宵达旦地采集新闻素材、梳理救灾部队汇集的大量信息，随时写出稿件，5天就发出快讯、消息100多条，及时把救灾进展情况和解放军官兵在抗震救灾中的感人事迹向全国和世界报道。同时，刘永华积极发挥《新华社内参》的特有优势，及时把救灾部队涌现出的先进事迹和救灾中的各种困难向中央和军委首长报告。

5月17日，刘永华搭乘直升机深入极重灾区汶川县城采访，由于云低雾大，气流多变，飞机十分颠簸，平时只需40分钟的飞行，当天飞了2个小时，最后还迫降在半山腰。为了尽快将汶川县的灾情和救援情况报道出去，刘永华扛着摄像机、照相机等器材，冒着余震、塌方、滑坡和飞石等危险，沿着羊肠小道，攀岩越壁，徒步5个小时赶往县城。在穿越一个泥土松散的山坡时，刘永华一脚踩空，顺着山坡滚向百米悬崖，幸好抓住一丛灌木，才幸免于难，但身上被石头碰得青一块紫一块，肘部被划了两道深深的伤口，血流不止。尽管如此，在汶川采访的几天里，刘永华仍然翻山越岭、走村串户，夜以继日地采访、写稿，及时报道部队抢救灾区群众、救治伤员、运送物资等情况。在平武县，地震使道路中断，刘永华步行两天，赶到灾情最重的南坝镇，头顶烈日，同救灾部队一起搜寻，一连几天吃不下饭、睡不着觉，高烧至40度，但他不顾个人安危，瞒着大家，坚持采写了大量感人至深的稿件。在北川羌族自治县，县城已成一片废墟，余震使山上的巨石不断滚落，刘永华在村寨穿行7个昼夜，饿了吃口干粮，渴了喝口路边的溪水，太累了就躺在旷野或靠在树下歇息，几次被救灾官兵误以为是遇难者。

抗震救灾中，刘永华在灾区采访70多天，6次遇险，3次死里逃生，但没有被困难和危险吓倒，采写的20多篇内参稿为中央提供了重要参考，数百篇通稿被国内主流媒体采用，上千篇稿件被都市媒体、网络和美联社、路透社、法新社等通讯社转发。

2008年7月，刘永华被中宣部、中央外宣办、广电总局、新闻出版总署、中国记协授予“全国抗震救灾宣传报道先进个人”称号；10月7日，被中共中央、国务院、中央军委授予“全国抗震救灾模范”荣誉称号。

徐　成

1973年10月出生，四川成都人。中共党员，大学本科学历。1992年9月入伍，成都军区政治部战旗报社编辑，少校军衔。

接到报社赴灾区执行任务的命令，徐成毫不迟疑离开刚刚出生不久的孩子和分娩后急需照顾的妻子，告别地震中摔伤的母亲，震后第二天就深入重灾地区采访。

徐成在抗震救灾一线奋战100多天，30多次进入重灾地区，深入采访20余个抗震救灾基层部队，采写了某红军师、红军师炮兵团、第42医院等典型报道；完成了梁光烈、常万全、吴胜利等中央军委首长和成都军区联指主要首长活动报道14篇；报道了全军抗震救灾军以上干部会议、联指党委会议等会议消息；采写了搜寻失事直升机、抗震救灾部队回撤等部队重大行动消息8篇，共完成抗震救灾各类稿件50余篇，其中《“少校村官”张山》《重建战场的独轮车队》等稿件受到抗震救灾部队官兵好评。

抗震救灾后期，徐成承担了采写报道反映抗震救灾中子弟兵与人民群众血肉相连、共御天灾的任务。他再次深入各重灾地区，跟随部队官兵进村入户，实地采访了上百位救灾官兵和灾区群众，亲身感受军民携手挽救生命而集聚的力量、军民同生死共患难所带来的感动，用饱蘸深情的笔写就了《人民，我敬爱的父老乡亲》长篇通讯，受到读者好评，被收入《军区部队抗震救灾新闻作品集》等书刊。

抗震救灾期间，《战旗报》版面工作量成倍增加。徐成在采访报道任务之余，还承担了大量的版面制作工作，先后负责制作版面40余个，组织、编辑稿件600余篇。徐成对这些发自救灾一线的稿件非常珍视，就像处理自己的稿件一样，精编、精改、精排，尽力使这些由抗震救灾一线官兵采写的、散发着浓浓战斗气息和现场氛围的稿件上版见报，所编稿件真实地反映了三军将士抗震救灾生动而感人的事迹，极大地鼓舞了一线抗震救灾官兵的士气。

2008年10月7日，徐成被中共中央、国务院、中央军委授予“全国抗震救灾模范”荣誉称号。

郑鸣谷

土家族，1977年2月出生，贵州思南人。中共党员，大学本科学历。2001年7月入伍，解放军第44医院肝胆烧伤皮肤外科医师。

5月16日2时，郑鸣谷随医疗队抵达四川地震灾区。指挥部命令医疗队赴震中汶川县映秀镇开设野战救护所。郑鸣谷和医疗队员每人负重30多公斤的药品和医疗器材，徒步从都江堰市向映秀镇开进。一路上，不断的余震、滑坡和滚落的飞石多次阻断道路，郑鸣谷始终坚持和向导一起走在队伍的最前面，一边负责探路，一边负责警戒，经过6个多小时的艰苦跋涉，医疗队终于抵达映秀。为了争取时间，医疗队未作任何休整，立即展开救援。

映秀遇难者较多，由于一些人员存在心理障碍，遗体处理成为一项非常艰巨和重要的工作。郑鸣谷主动请缨，同救援部队官兵一起将一具具遇难者遗体消毒、装袋、深埋，连续奋战三昼夜，处理遇难者遗体600多具。

在随救援部队执行搜救失事直升机任务中，途经水磨镇时，有4名战士不幸从山上跌落摔成重伤。为争取最佳治疗时机，郑鸣谷连续抢救6个多小时，及时对4名战士进行了手术治疗，为预防继发性伤害和后期治疗赢得了宝贵时间，后来4名战士全部康复。6月2日23时，在途经一处峡谷时，郑鸣谷不幸从山上跌落，导致右膝内侧副韧带严重拉伤。在战士搀扶下，郑鸣谷坚持完成了随队卫勤保障任务。

为防止大灾之后发生大的疫情，郑鸣谷积极参加各项防疫工作。坚持每天对营区帐篷内外消毒处理，结合灾区当地实际情况，有针对性地对受灾群众集中安置点的垃圾和厕所进行大规模消毒和灭虫工作，并根据情况适时调整用药浓度和用药品种，有效防止了各类流行病和疫情的发生。为防止过度消毒对环境造成人为次生灾害，从而可能导致病菌耐药性，加重疫情暴发危险，郑鸣谷及时向指挥部和当地卫生防疫机关提出了“灾区非疫区，消杀不等于防疫，应尽快建立起较大规模的标准化厕所和垃圾处理场”的建议，得到当地卫生部门的认可和采纳。

在映秀镇执行抗震救灾卫勤保障任务期间，郑鸣谷同医疗队一道共诊治伤员320余人，深入村社和受灾群众安置点巡诊1100多人次。郑鸣谷还充分利用有限的休息时间，深入救援部队对官兵进行基本卫生知识培训和心理疏导。

2008年10月7日，郑鸣谷被中共中央、国务院、中央军委授予“全国抗震救灾模范”荣誉称号。

张　聪

1960年10月出生，四川会理人。中共党员，硕士研究生学历。1986年9月入伍，第452医院院长，大校军衔。

汶川特大地震发生后，张聪立即启动医院应对突发事件应急预案，成立抗震救灾领导小组并任组长，要求相关科室做好紧急执行任务的各种准备，迅即抽调医院业务骨干成立一支抗震救灾医疗突击队、两支抗震救灾医疗预备队；在震区、震级不明的情况下，指挥成立了院内病人疏散组、紧急手术组、前接伤员组、后送伤员组，现场组织两次紧急疏散，确保了800多名住院病人、200余名急诊病人的安全，实现抢救到位、救治到位、安全到位，没有因地震死伤一个病人；接到上级命令后，及时抽调组建4支医疗队，分赴都江堰、北川、理县以及汶川映秀等重灾地区执行任务。

5月12日晚，医院接到成都市120指挥中心的求助电话，希望医院派出医疗队赴都江堰灾区抢救伤员。张聪坚持特事特办、急事急办，一边命令值班室按照规定向上级请示，一边带领医疗队奔赴一线，在不到3个小时的时间里，从都江堰市人民医院接回危重伤员44人，实施野战手术8台。

在医疗救治中，张聪既当指挥员又当战斗员，尤其是面对风险较高的重大手术，自己主刀。在都江堰灾区救治伤员中，张聪指导医护人员成功实施了脑外伤、肝脾破裂、骨折等手术；与专家一道为伤员李科实施截肢手术，专门为李科设计安装假肢，让李科术后第20天便站了起来，该手术受到卫生部部长陈竺的高度赞誉。本着对伤员负责的精神，张聪在每一次手术前，都要与专家组仔细研究手术方案，以科学、严谨的态度实施手术，尽全力为伤员减轻术后痛苦。张聪还坚持每天带领医护人员逐一查房，了解伤员身体恢复情况；在做好医疗救治的同时，组织医护人员帮助伤员寻找亲人，做好伤员的心理安抚工作。伤员吴雪莉刚被送到医院时神情紧张，张聪坚持每天到吴雪莉病床前，一边查看病情一边安抚。当他发现吴雪莉对“救命恩人”给的帽徽念念不忘时，便把自己的帽徽送给吴雪莉，以此为“突破口”，开导吴雪莉，缓解其紧张情绪。在张聪的耐心劝导下，吴雪莉主动配合医护人员的治疗，逐渐走出心理阴影，身体和心理状况恢复正常。

抗震救灾期间，张聪带领医疗队，转战都江堰、北川、汶川、理县灾区，成功救治3200多人，其中重伤员414人。

2008年9月，张聪被卫生部、食品药品监管局、中医药局、总后卫生部授予“抗震救灾医药卫生先进个人”称号；10月7日，被中共中央、国务院、中央军委授予“全国抗震救灾模范”荣誉称号。

徐　阳

壮族，1966年11月出生，广西桂林人。中共党员，硕士研究生学历。1985年9月入伍，四川省黑水县人武部部长，上校军衔。

汶川特大地震发生后，徐阳迅速组织指挥人武部干部职工和民兵2000余人就地抢修道路、转移群众，进村入户，帮助群众自救互助。5月31日，正在汶川县映秀镇执行抗震救灾任务的黑水县应急民兵连接到搜寻失事直升机的任务。徐阳当即向首长立下军令状：“我们一定要发扬‘敢打硬仗、善打恶仗、能征善战、连续作战’的‘黑水民兵精神’，完成这次直升机搜救任务。”

受领任务后，徐阳带领100名民兵，背着干粮、雨衣，带着地图、手电筒和绳索、砍刀等工具，冒着余震、飞石、野兽袭击、狂风暴雨袭扰和毒蛇蚊虫叮咬等危险，经过塌方、飞石等危险地段100余处，徒步翻越海拔2000米以上的高山30多座，在高山峡谷和原始密林荆棘中，连续搜寻近10天，转战数百公里。

6月10日，直升机失事地点确定后，上级命令黑水民兵应急连负责搬运遇难者遗体任务。徐阳迅速集结各组民兵，连夜机动数十公里，奔赴海拔3100余米、被当地群众称为“鬼见愁”的映秀镇大红崖地区。徐阳仔细观察地形，科学制订计划，率领民兵艰难攀越3个多小时后到达失事现场，在树林、乱石和荆棘中寻找遇难人员遗体。找到全部遇难者遗体后，徐阳首先组织民兵悼念遇难烈士，以烈士的英雄事迹激励民兵完成搬运英烈遗体工作的信心和决心。根据任务分工，徐阳组织民兵采取2人在中间抬、3人在前面拉、3人在后面推的办法，昼夜兼程，艰难穿越近40公里的深山峡谷、断裂带和荆棘地，历时近12个小时，成功将5名遇难机组人员的遗体运抵映秀镇。

在执行搜救任务中，徐阳始终冲在队伍的最前面和最危险的地方，以自身的模范行动激励民兵预备役人员，在广大灾区群众和民兵中树立了一名军队党员领导干部的良好形象。在赵公山一处峭壁搜救时，道路被巨石阻断，徐阳拦住民兵，带头攀岩探路，险些被山石击中。率队通过大红崖时，徐阳奋勇当先，第一个抓住绳子沿着七八十度的悬崖滑下。深夜露宿深山老林时，山风夹着冷雨袭来，篝火一次次被浇灭，徐阳把随身携带的雨衣让给民兵，把干粮分给大家。为了鼓舞士气，徐阳带头组织民兵唱起独具韵味的藏族民歌，和大家相依而坐，直到天亮。搬运烈士遗体时，面对严重变形变味的遗体，徐阳第一个用裸露的双手把两具遇难者遗体装进裹尸袋。徐阳的模范行动感动了全体民兵，民兵们纷纷表示：“部长的行为感染了我们，我们拼死也要完成任务！”

2008年10月7日，徐阳被中共中央、国务院、中央军委授予“全国抗震救灾模范”荣誉称号。

赵玉江

1971年9月出生，四川阆中人。中共党员，大学本科学历。1990年3月入伍，都江堰市人武部后勤科科长，少校军衔。

5月12日16时，赵玉江接到命令，前往市抗震救灾指挥部担当部队联络员。就在此时，赵玉江获知家中房子被震塌，父亲被埋在废墟下面。赵玉江强忍悲痛急速奔向市指挥部，紧急开设联络电话，迅速接通成都军区、四川省军区、成都警备区作战值班室和各救灾部队的电话，引导最先到达的7支部队和民兵等救援力量顺利到达各学校、医院和其他重灾点展开救援。当都江堰市开发区人武部一名干事请示带领民兵前往营救赵玉江的父亲时，赵玉江当即命令：大难当前，必须服从大局，一切按指挥部的命令行事。

当晚，暴雨如注，余震不断。赵玉江的妹妹和母亲一直在埋着赵玉江父亲的废墟前等待他带人去救援。当她们看见一支支队伍经过却都没有停留时，妹妹先后3次赶到指挥部去找赵玉江，并告诉哥哥："妈妈已哭昏过几次了，你要快点！"赵玉江告诉妹妹："现在有那么多学校、医院急需救援，给妈说，再等等，部队很快就到。"20时许，国务院总理温家宝来到都江堰市抗震救灾指挥部，赵玉江奉命引导总理一行前往中医院和聚源中学查看灾情。22时30分，按照指挥部安排，赵玉江带领4名向导指引成都军区某部前往奎光路口、兴隆街、华夏广场和林业医院实施救援。5月13日2时，赵玉江受都江堰市委书记刘俊林指派，前往都江堰与汶川交界处引领武警某部疾驰向峨中学。通往向峨乡的公路因地震损毁严重，部队经过3个多小时的艰难跋涉，到达向峨中学。听着被压在预制板下孩子们的哭喊声，所有人都揪心疼痛。赵玉江同战士一道，用棍棒撬、铁锹铲，用手刨，不到一小时就抢救出12名学生，挖出近30具遗体。紧接着，为协调大型救援装备到向峨救援，赵玉江又急速返回指挥部。13日当天，赵玉江先后带着民兵向导引领12支救灾部队和警备区派出增援的3个县（区）民兵队伍，分赴近40个受灾点实施救援，为抢救受灾群众生命赢得宝贵时间。

5月14日17时，成都市消防支队官兵和志愿者经过15个小时的艰难营救，将赵玉江被埋51个小时的父亲成功救出。赵玉江随急救车赶往四川大学华西医院，将父亲送进手术室后，又立刻乘出租车返回都江堰，回到自己的战斗岗位。在此后的3个多月里，医院连续5次给赵玉江的父亲下达病危通知，后又转到成都军区总医院、广东省中医院，但赵玉江一直战斗在抗震救灾第一线，始终未能前去探望。

2008年10月7日，赵玉江被中共中央、国务院、中央军委授予"全国抗震救灾模范"荣誉称号。

赵　红

1969年12月出生，四川南充人。中共党员，大学本科学历。1986年12月入伍，四川陆军预备役高射炮兵师4团57高炮2营营长，少校军衔。

5月12日17时，赵红接到集结预备役官兵执行抗震救灾任务的命令。

由于通信中断，成都市内交通严重堵塞，为了争取时间，赵红骑着自行车挨家挨户通知预任官兵，两小时内收拢集结官兵145人，于当日20时到达极重灾区都江堰市灌口镇，立即展开救援，共搜救出幸存者13人，转运伤员126人，转移受灾群众2783人，清理掩埋遇难者遗体136具。

5月21日21时，赵红获知灌口镇百花村还有11名群众被困，迅速向都江堰市抗震救灾指挥部报告，并带领22名突击队员背着干粮、水和药品等救灾物品，冒雨艰难在黑夜中徒步行军20余公里，成功解救出被困9天的11名群众。

在担负为虹口乡卫生院运送药品的任务中，赵红带头扛着30多公斤重的药箱，冒着随时滑倒跌下悬崖的危险，匍匐爬行，披荆斩棘，徒步强行军30多公里，从21时一直行走到次日5时多，带领全营官兵将2800余公斤的药品安全送到目的地，及时为受困伤员送去“救命药”。

在执行搜救失事直升机的任务中，赵红带领“敢死队”5次上山，连续4天在野外露营，先后翻越8座海拔2000米以上的大山，行程300余公里。

地震灾害发生时，赵红的父亲身患癌症正住院治疗，曾3次流产的妻子刚刚怀孕，都需要照顾，但赵红带领部队一直战斗在抗震救灾第一线。在帮助灾区群众恢复重建家园过程中，赵红多方协调筹措资金万余元，为15户贫困家庭购买2000公斤大米、100公斤食用油等生活必需品，主动照顾水韵天府安置点87岁孤寡老人杨素清的饮食起居。六一儿童节前夕，赵红组织官兵捐款3000余元，为灌口镇灵岩村、白花村的儿童购置书包和玩具，让灾区孩子过了一个难忘的儿童节；组织官兵帮助都江堰市灌口镇和灵岩山景区恢复植被，修复受损道路，使灵岩山风景区在都江堰景点中率先重新开放。

赵红所在营的预编士兵家都在地震灾区，很多人家中也受了灾。为了保持部队稳定，保证官兵全身心投入抗震救灾，赵红协调编兵街道、单位，组织人员为15名困难官兵家庭抢收抢种庄稼，协调金沙、光华街道办事处到灾区慰问官兵，协调132厂为官兵进行体检和心理疏导，积极帮助官兵解除后顾之忧。赵红坚持按照部队条令条例严格管理部队，经常教育官兵严守救灾纪律，在整个抗震救灾期间，全营工作和生活正规有序，始终保持了安全稳定。

2008年10月7日，赵红被中共中央、国务院、中央军委授予“全国抗震救灾模范”荣誉称号。

范后雄

1963年12月出生，湖北监利人。中共党员，大学本科学历。1980年11月入伍，四川雅安陆军预备役步兵团政委，上校军衔。

5月12日21时30分，雅安陆军预备役步兵团接到赴极重灾区绵竹市参加抗震救灾的命令，范后雄紧急主持召开团党委常委会，研究部署抗震救灾任务。13日3时30分部队集结，范后雄和团长伍发建带领1100名官兵，携带3000多件装备，冒雨向绵竹开进。8时20分到达绵竹，范后雄不顾一夜未眠和长途行军的极度疲劳，按照绵竹市抗震救灾指挥部的命令，迅即组织部队在汉旺、遵道等8个乡（镇）和绵竹市医院、东汽、东汽中学、武都北方小学等18个灾情较重的任务区（点）展开救援，当天即完成3个乡（镇）的搜救任务。

5月14日8时，根据当地受灾群众的求援和市指挥部的安排，范后雄带领一支小分队，徒步急行5小时到达天池乡南侧的老熊沟，组织党员在乱石丛中架起人梯，让被困群众踩着通过，及时解救出1名重伤员和8名被困群众。

位于绵竹市北部龙门山谷的天池乡、清平乡，由于山体大面积滑坡，造成交通阻断，通信中断，灾情不明。5月15日，德阳市抗震救灾汉旺指挥部命令雅安陆军预备役步兵团迅速前往天池、清平灾区探明情况，展开救援。虽然已经连续三天三夜战斗在抗震救灾第一线，连续3天吃干粮、喝瓶装水，范后雄仍主动请缨，带领140名突击队员，人均负重30多公斤救灾物资，于15时从汉旺镇出发，穿过峡谷、陡坡、乱石、溪沟和悬崖，向天池乡艰难挺进。19时30分，突击队到达天池乡政府所在地。由于地势复杂、余震不断、天色已晚，部队无法继续前进，命令部队就地宿营后，范后雄带着侦察组摸黑勘察地形和路线。

位于天池乡上方的堰塞湖水位不断上涨，严重威胁到当地受灾群众和救灾部队官兵的生命安全，指挥部命令突击队组织群众撤离天池。5月16日11时，范后雄组织部队护送100余名受灾群众向峡谷外撤离。11时50分，当队伍撤至距天池乡约5公里的御军门附近时，遭遇强余震，飞石、泥沙从山上飞滚而下。官兵们搀扶着受灾群众在凹凸不平的乱石中奔跑，范后雄看见走在前面的一位老人和一名妇女被飞石击倒，便毫不犹豫地扑向两人身旁的一名小女孩。小女孩安然无恙，范后雄却被飞石击成重伤，口吐鲜血。他双手艰难地撑在石头上，指定司令部预任参谋马运江临时指挥部队撤离至前方收费站重新集结。17时，受灾群众和突击队全体人员全部安全转移到汉旺镇。

2008年10月7日，范后雄被中共中央、国务院、中央军委授予“全国抗震救灾模范”荣誉称号。

贺顺康

1973年5月出生，四川雅安人。中共党员，大学本科学历。1991年12月入伍，四川雅安陆军预备役步兵团1营营长，少校军衔。

6月4日，四川雅安陆军预备役步兵团奉命从绵竹抗震救灾一线转战汶川县映秀镇执行失事直升机搜救任务，贺顺康主动请命担任突击队队长。直升机失事地域位于人迹罕至的原始森林和高山峡谷地区。由于地震造成山体垮塌移位，许多原本可以通行的山路变成绝路。地图上标示的短短一两公里路程，实地行走却往往需要10多个小时。面对头上不停滚落的飞石、脚下深不见底的沟壑等生与死的考验，在七天七夜的搜救过程中，贺顺康始终做到悬崖自己先上、绝壁自己先下、险处自己先过。

6月5日，贺顺康带领一个搜救小分队在小荣华山执行搜救任务，茂密的竹林挡住去路。贺顺康带头一边用砍刀劈竹开路，一边弯着腰低头前行。林子太密，实在砍不动了，他们就趴在地上，从竹林根部的缝隙中手脚并用匍匐爬行。好不容易穿过竹林，一条40多米宽的绝壁又横亘在眼前：一侧是松垮的崖壁，一侧是山体滑坡形成的深渊，可以利用的仅是山崖上突兀的岩石和残留的树根。贺顺康果断决定攀崖通过。攀登绳绑好后，由于崖壁松动，无法确定攀登绳是否稳固。贺顺康把攀登绳系在腰上，对身后的战士说："如果我过去了，你们就跟上来；如果我掉下去了，你们就把绳索重新加固再过去。"在贺顺康的带领下，官兵们一个接一个像壁虎一样紧贴崖壁攀爬前行。尽管走在上面让人头晕目眩、两腿发软，但官兵没有一人临阵退缩。

6月9日，大红崖附近发现一处疑似点，贺顺康带领4名突击队员前往实地察看详情。由于通往大红崖的道路已完全坍塌，途中还要翻越两处悬崖绝壁和一座40余米长的"鲤鱼背"巨岩。在70多度的陡坡上，贺顺康同突击队员拉着攀岩绳步步为营，走一段，拴一截，慢慢向上攀爬，直到傍晚才到达海拔3100多米的大红崖崖顶。此时暴雨袭来，他们无处躲避，只好在两个绝壁间用雨衣遮挡过夜。10日凌晨，贺顺康带领队员继续搜索。6时19分，到达一处近90度的悬崖边，贺顺康抓住树干探身往下观望，在距离山顶300多米的一个斜坡上，发现失事直升机残骸疑似物。贺顺康冒着随时可能掉下悬崖粉身碎骨的危险，系好攀登绳悬垂下滑至疑似物地点，最终确定直升机残骸和机上人员的遗体散落在长100米、宽50米的陡坡区域。6时40分，贺顺康向指挥部报告，发现失事直升机残骸和机组人员遗体。

2008年6月，贺顺康被成都军区联指表彰为"搜寻失事直升机先进个人"；10月7日，被中共中央、国务院、中央军委授予"全国抗震救灾模范"荣誉称号。

严林剑

1976年7月出生，浙江缙云人。中共党员，大专学历。1994年12月入伍，解放军92352部队部队长。

5月18—19日，严林剑带领56名突击队员深入极重灾区绵竹市，两次在内无信息、外无向导的情况下，孤军挺进深山，徒步行军100多公里，连续奋战39小时，成功营救出受困群众142人，其中重伤员18人。在清平乡龙王庙附近地域，严林剑带领5名尖刀班队员，探明了通往清平乡方向道路、河流等自然地理情况，为指挥员决策提供了准确信息，同时带领突击队员成功救出被困群众11人。在翻越通往天池乡政府前面一座严重滑坡的大山时，部分队员因体力透支、心理压力过大产生了畏惧心理。严林剑挺身而出，凭借自身过硬的战斗技能和必胜信心，第一个攀登探摸50多米高崖上的一段长30余米、宽20厘米的绝壁小路，带领队员安全通过。

6月9日晨，由于地震影响，绵竹市遵道镇太平水库大坝出现多处裂缝，一旦发生溃坝，下游的群众将遭遇灭顶之灾。上级命令将水库的18个放水口全部打开。作为一名参加过1998年长江抗洪抢险的老潜水员，严林剑深知任务的艰巨性。到达水库后，严林剑立即跳上橡皮舟查看情况，与队友一起制订下潜方案。4名年轻的潜水员主动请缨，严林剑作为技术指导坐镇橡皮舟，通过信号绳及时将指令传达给潜水员。经过两小时战斗，水库所有的放水口被打开，安全隐患被排除。

小岗剑上游堰塞湖泄洪后，金鱼嘴至一把刀道路严重损坏，极大影响了对汉旺、清平受灾群众的救援，情况紧急。接到抢通道路的命令后，严林剑立下5天时间完成任务的军令状，迅速组成党员突击队、团员突击队，在余震频繁、作业平台随时可能坍塌的情况下，一边清理路面垃圾，一边打桩固定路基，一边扛沙袋填坑，仅用4天时间，装运、夯实沙袋1.5万多个，填补缺口800多米，提前一天抢通了“生命线”。

为了恢复天池乡、清平乡群众已与外界隔绝40多天的通信，严林剑与62名队员团结协作，顽强拼搏，在道路不通、补给困难的情况下，每人负重30多公斤，连续作战38小时，跋山涉水徒步行军80多公里，翻越4座海拔1300米以上的高山，两次穿过5公里长的塌方隧道，运送、铺设了天池至清平15公里长的通信光缆。在“进村入户”救援中，严林剑带领官兵先后搭建过渡房52间、简易帐篷1308顶，拆除危房63间、危墙4354米、水塔7个，巡诊800多人次，医治群众343人，洗消面积1.64万平方米，清理水渠3670米，清理道路3490米，抢出粮食47.9吨。

2008年10月7日，严林剑被中共中央、国务院、中央军委授予“全国抗震救灾模范”荣誉称号。

梁庆才

1965年6月出生，河南光山人。中共党员，大学本科学历。1984年1月入伍，海军政治部人民海军报社新闻电教室主任，海军上校军衔。

5月13日，梁庆才随海军总医院冯理达抗震救灾第一医疗队紧急赶赴灾区。一路上，梁庆才一边多次和中央电视台直播节目连线报道，一边安排部署海军抗震救灾电视新闻的组织、拍摄和画面传送工作。一天之内，中央电视台各频道以不同形式，先后7次报道了海军第一支医疗队飞赴灾区、抢救伤员的消息。随后，梁庆才连续工作34个小时，于14日和海军医疗队员一道紧急从绵阳挺进极重灾区北川。为把进入北川的海军抗震救灾医疗队的电视新闻报道出去，梁庆才冒着余震不断、山体滑坡的危险，只身徒步走出北川，将《海军医疗队挺进北川》《海军医疗队的不眠之夜》等新闻迅速通过电视媒体传给千家万户。

5月16日，梁庆才又随海军陆战队官兵奔赴极重灾区绵竹市汉旺镇，跟进报道海军陆战队官兵的救援行动。17日，绵竹北部山区的天池乡和清平乡方向有大批群众和伤员被困，生死不明，由50名海军陆战队员组成的突击分队紧急前往侦察和搜救。梁庆才不顾连续奋战、身体疲惫和血压居高不下的病情，带领摄制小组随突击队徒步向天池、清平方向挺进。整个救援行动中，梁庆才和海军陆战队员一起，在沿途山体垮塌、山洪横流、余震不断和泥石流肆虐的险恶环境中穿梭，历尽惊险，最终全程拍摄了海军陆战队官兵成功解救出142名孤寡老人和受灾群众的重大新闻，该画面后来被编辑制作成《海军陆战队在地震灾区展开生死大营救》《海军陆战队在天池清平成功解救出142名群众》等新闻，在中央电视台各频道反复插出，并成为海军陆战队员在灾区救援行动中的经典影像。

抗震救灾期间，梁庆才转战绵阳市区、安县、北川、绵竹、汉旺、什邡、都江堰及汶川映秀等多个灾区，组织和参与报道了海军抗震救灾部队抢救生命、直升机救援、“进村入户”、援建学校、打通道路、拆除危房、堰塞湖排险、都江堰探摸、医疗救护、防疫洗消等多场救灾战斗，夜以继日逐一落实电视新闻的拍摄、撰写、编辑、传送、播出等各个环节，相继推出了100多条海军官兵抗震救灾的重要新闻。

2008年5月，梁庆才被总政治部表彰为“全军抗震救灾新闻宣传先进个人”；10月7日，被中共中央、国务院、中央军委授予“全国抗震救灾模范”荣誉称号。

何　勍

1965年3月出生，湖南临湘人。中共党员，大学本科学历。1985年7月入伍，海军总医院骨科副主任，副主任医师。

汶川特大地震发生后，何勍参加了海军总医院冯理达抗震救灾第一医疗队，任外科组组长。5月13日晚，何勍在绵阳市中心医院紧急分诊巡查100多名危重伤员后，发现临时搭建的帐篷因条件简陋，根本无法进行无菌手术。情急之下，他不顾医院领导的善意劝阻，毅然进入医院大楼11楼的手术室开展手术。在无影灯下，面对不断发生的余震和晃动的大楼，何勍和队员没有露出一丝惊恐，更没有停止手术。经过14个小时的连续奋战，到14日12时，何勍与同事共完成专科手术54例，会诊排查危重伤员83人次。

5月14日，在近30个小时连续奋战、体力极度透支的情况下，何勍率领外科组人员冒着余震不断、山体滑坡的危险，冒雨翻越海拔1000多米的高山，徒步急行2公里的泥泞小路，赶到北川县城，展开三天三夜的紧急救治工作。曲山小学坍塌的教学楼里面，断壁残垣下歪斜的水泥板死死压住了10岁女学生李月的左腿，李月身后还有5名被困学生。余震频发，摇摇欲坠的楼板随时可能塌下来夺去4个孩子的生命。何勍接到指挥部命令后，火速赶到现场，爬跪在狭窄的空间里，借着手电筒的灯光、简单的手术器械，小心翼翼地操作。经过10分钟艰难的手术，被埋数十个小时的李月获救了，并为及时解救李月身后其他3名学生打开了“生命通道”。中央电视台、《中国青年报》等多家中央媒体相继对此事进行了专题报道，何勍也应邀参加了在北京首都体育馆举办的“情满汶川、我们在行动”募捐义演晚会，汇报了亲历地震救援工作的人生感悟。

抗震救灾期间，何勍率领外科组医护人员冒着生命危险，辗转两地重灾区，实施手术56例，巡查抢救危重伤员130多人，护送救治伤病员3000多人次，所实施的手术未发生一例并发症、术后死亡。当地抗震救灾指挥部指定何勍为绵阳市中心医院新组建的外科主任以后，为了确保该院60余名骨科重伤员后续治疗等各项救治工作规范有序，何勍建立了医生会诊、危重病人抢救、急诊特殊情况处理等一系列制度规范。在病人不多时，何勍还主动带领医疗队员到九洲体育馆、南河体育场、游仙区社区服务中心等受灾群众聚集地，排查危重伤员，并通过现场手术操作带教示范和业务人员小讲课等方式，对当地医务人员进行业务帮带指导。

2008年9月，何勍被卫生部、食品药品监管局、中医药局、总后卫生部授予“抗震救灾医药卫生先进个人”称号；10月7日，被中共中央、国务院、中央军委授予“全国抗震救灾模范”荣誉称号；10月，荣立一等功。

张 超

1973年9月出生，湖北武汉人。中共党员，博士研究生学历。1991年9月入伍，海军总医院骨科主治医师。

5月13日晚，张超一到绵阳灾区，顾不上长途跋涉的劳顿，连夜在帐篷中完成大中型清创、减压和截肢手术10台次。14日上午，连续手术10余个小时的张超刚下手术台，没来得及吃点东西就随医疗队赶赴极重灾区北川羌族自治县，整整48小时没有离开过救援第一线。

5月15日19时，曲山小学教学楼已经倒塌70多个小时，小学生邱耀被水泥墙壁砸伤后，仍被压在水泥板下无法动弹，右腿已经发黑坏死。面对邱耀身上一层又一层的楼板、石块和巨大的横梁，张超4次钻进教学楼废墟里察看情况。在里面根本无法看清的情况下，他仅凭一只手电筒的光线，躺在狭窄的空间里实施着从医以来最棘手的手术。正在这时余震袭来，石块和灰尘不断往下掉。“危险，快出来！”当大家还在为张超捏着一把汗时，张超已经在几分钟内摸索着完成了邱耀的截肢手术。邱耀获救后，他身后的3名女学生也随之成功获救。

5月16日19时，北川县城的废墟下，一名小伙子已被困 4 天，救援人员想了很多办法都无法将其救出。张超爬进废墟的黑洞里，从窄小的缝隙伸进手去探摸，发觉小伙子身体上下被几具遗体包裹着，双腿并没有直接被楼板夹住，尚有知觉。张超与几名同事紧急会诊，针对小伙子双腿机能良好的情况，提出了抬高水泥板、用救援绳系住小伙子胯部往外拉的救助方案，最终使这名小伙子在保全双腿的情况下成功获救。

5月18—21日，张超主动请缨参加绵阳、江油灾区患者后送工作，3次累计成功将500余名伤员护送至重庆、昆明和广州救治。23日，在为受灾群众巡诊时，看到从英国利兹去的7名国际医疗救援队员由于语言不通无法开展工作，张超就主动给他们当翻译，协调当地卫生机构和医院为他们提供实施医疗救治的场所，并与国际医疗队一起开展手术。

截至5月27日，张超和国际医疗救援队累计实施大型手术10余台次，其中由张超主刀的6次。一次，张超正在青川医院的手术室为一名伤员实施髋关节骨折固定手术，突然发生余震，余震持续了一分多钟，张超和国际医疗救援队的手术助手阿撒为了确保正在实施手术缝合的伤员安全，牢牢抓住手术床，防止伤员从手术台跌落或被落下的器械、物品砸伤，余震一停又迅即实施手术，直到手术完成后才把伤员抬到楼外的安全地带。

2008年9月，张超被卫生部、食品药品监管局、中医药局、总后卫生部授予“抗震救灾医药卫生先进个人”称号；10月7日，被中共中央、国务院、中央军委授予“全国抗震救灾模范”荣誉称号。

葛余金

1956年6月出生，安徽肥东人。中共党员，大学本科学历。1974年12月入伍，解放军95829部队副参谋长，空军大校军衔。

汶川特大地震发生后，葛余金带领司令部机关连夜分析判断情况，及时提出决策建议，迅速拟制空运、空降方案，确定兵力编成和出动序列。领受任务后，迅速组织部队分两批于5月13日深夜赶赴四川灾区。一到灾区，葛余金便冒着余震不断的危险，带领人员深入第三责任区所属绵阳等市、县的13个重灾乡（镇）了解灾情。车进不去，就走着去；困了，就靠在路边眯一会儿。连续5天600余公里行程，葛余金只休息了10个小时，而他所掌握的第一手灾情资料，则为部队党委和领导组织展开救援行动提供了决策依据。救灾行动开始后的前5天，依据葛余金提供的准确详尽信息，所属部队共从废墟中营救出幸存者135人，救治和转运伤员2532人，转移被困群众9126人。

5月19日夜，葛余金刚结束灾情巡查任务，就听到绵竹市清平乡以北约9公里的小木岭有近千名群众被困的消息。他不顾身体的极度疲劳，迅速与有关部门研究制订营救方案。考虑到小木岭地处深山之中，受灾群众早已被饥饿与恐慌所困扰，同时上游的堰塞湖有垮塌泄洪的危险，为了争取时间，葛余金带领部队连夜出发，经过7个小时的长途跋涉，于20日9时到达小木岭，用电缆和树棍架起一道“生命天梯”，营救出被困9天的756名矿工，解救转移受灾群众2000多人。

5月21日，为确保清平乡以北矿区不漏一人，葛余金又奉命组织特种搜救行动。针对少量受伤矿工处于深山峡谷、位置无法确定、气象复杂多变的实际情况，葛余金果断调整营救方案，主动与德阳市抗震救灾指挥部、民航直升机抗震救灾飞行指挥部制订直升机悬停搜救方案，同时依据任务需要精选人员组成特种搜救小分队，并乘直升机指挥搜救工作，10天时间内组织特种搜救小分队出动7批56人50架次，营救被困矿工58人。

震后异常恶劣的自然环境，使被困什邡欢乐谷景区内的国家一级保护动物白狮和白虎，已多日没有正常进食。6月9日，部队接到命令，出动部分人员参加营救白狮和白虎的行动。面对野生动物对营救者的安全威胁，葛余金再一次主动请命，带领小分队实施特殊营救工作。3天时间里，在阴雨大雾、气象多变、余震不断的情况下，葛余金积极协调，精心指挥特种营救小分队开辟机降场，整修道路，假扮狮虎，成功转运受困达一个月之久的两只白狮和一只白虎。

2008年10月7日，葛余金被中共中央、国务院、中央军委授予“全国抗震救灾模范”荣誉称号。

李振波

1960年10月出生，河北魏县人。中共党员，硕士研究生学历。1978年12月入伍，解放军95829部队空降兵研究所所长，高级工程师，空军大校军衔。

5月13日1时，根据指挥部决定，李振波带领100名由侦察、通信、引导专业骨干组成的先遣分队，执行伞降地震重灾区打通空中通道、了解报告灾情的任务。因天气恶劣未能按计划实施首批空降，李振波对照实地反复研究，及时建议组成特种侦察小分队，采取翼伞渗透方式，先行进入茂县灾区，视情指挥大部队空降，被指挥部采纳。14日9时50分，茂县上空云层刚刚露出一丝缝隙。15名伞降队员便登机起飞，11时48分飞临茂县上空。运输机舱门打开后，面对几千米的高空和飕飕的冷风，大家不由倒吸了一口冷气。茂县为高山峡谷地形，境内多座山峰海拔在4000米左右，空气中含氧量只有海平面的一半，这样的地理条件，无异进入了一个“死亡地带”。面对空降“死亡地带”，李振波坚定信心，义无反顾地第一个跳出机舱。

跳出机舱后，李振波和身上的几十公斤重的负载，立即像铅块一样向下坠落。他迅速拉动手拉环，没有反应，主伞没有张开。过了十几秒后，他果断拉动飞伞手柄，甩掉主伞，备份伞打开了，李振波惊出一身冷汗。事后估算，这十几秒自由落体式速度下坠距离至少1200米，如果是正常高度伞降，后果已经不堪设想。刚刚脱离了主伞打不开的危险，李振波又面临空降场的险情：一边是高山峡谷，一边是岷江急流，高压线纵横交错。李振波一面指挥小分队采取“转大圈轻拉棒”方法，尽量缓解缺氧反应，一面选择向一个相对平坦的梯田式果园飞去。临近时才发现，修剪过的树枝非常锋利，直接降下去就会被刺伤；撞在果园边的沟坎或石头上，轻者骨折，重者危及生命。李振波沉着冷静，带领队员们尽量向果园边缘靠拢，14分钟之后他率先着陆，身子重重地撞在树干上，肋骨、手腕都被撞伤，大腿被树杈刮了一条4厘米长的血口子。12时8分，其他14名队员全部安全着陆。经历了10多分钟生死考验的空降特种侦察小分队，在无地面指挥引导、无地面标识、无气象资料的“三无”条件下从海拔4000多米高空成功伞降。

集结完毕，李振波顾不上伤痛和饥渴，带领队员们冒着余震，迅即展开灾情侦察，持续奋战7个昼夜，翻越海拔3000米以上的大山4座，徒步行军220余公里，在沿途7个乡55个村庄侦察灾情，并向上级报告重要灾情38批次，为指挥部正确部署抗震救灾任务提供了可靠依据；沿途开辟直升机起降点12个，引导飞机空投救灾物资28架次，营救和疏散被困群众1348人。

2008年6月，李振波被中组部授予“抗震救灾优秀共产党员”称号；10月7日，被中共中央、国务院、中央军委授予“全国抗震救灾模范”荣誉称号。

殷　远

1979年4月出生，河北辛集人。中共党员。1997年12月入伍，解放军95848部队53分队班长，空军三级士官军衔。

汶川特大地震发生后数小时，汶川、茂县、青川、北川等极重灾县仍无法联系，上级决定组建一支空降小分队，空降震中地区了解报告受灾情况，开辟机降场，打开空中救援通道。殷远得知消息后，立即上交请战书：“我坚决请战到最危险、最艰苦的灾区去，付出我的一切，乃至生命！”分队经过综合考虑，同意了他的请求。

为尽快掌握茂县、汶川的地震灾情，指挥部决定组建翼伞小分队，采取高空进入、低空开伞的方式进入灾区。5月14日10时50分，伞降分队登机起飞。此前，殷远虽然已有600多次跳伞的经验，但从未在高原山区伞降过。茂县地区山高林密，平均海拔3000米以上，可供伞降地域较少。按空降训练规定，在海拔4000米以上实施跳伞，必须携带单兵供氧设备。由于任务紧急，来不及准备单兵供氧设备，殷远在机舱内身负数十公斤装具，头晕乏力。飞机抵达茂县上空后，殷远随15人特种侦察小分队，利用密云之间狭窄缝隙成功伞降，和战友们一起创造了中国空降兵历史上在无地面指挥引导、无地面标识、无气象资料的“三无”条件下从4000多米高空成功实施伞降的先例。

打开伞后，殷远看到灾区复杂的地形，经仔细观察，迅速选定一小块相对平坦的庄稼地为着陆点；降至200米高度时，才发现着陆点根本不是庄稼地，而是高差达四五米的梯田式果园，修剪过的树枝异常锋利。殷远迅速调整降落伞，将自己的身体钻入果树之间的缝隙，用双臂保护住头部落地，不顾手臂、腿部被擦伤，立刻整理装具奔向预定集结点。

伞降成功，从茂县发出的第一条灾情报告很快到达抗震救灾指挥部，救援迅速展开，极大地稳定了灾区群众的情绪。此后，殷远同战友受命徒步向汶川进发侦察报告灾情。行进途中余震不断，道路中断，只能翻山越岭，殷远的脚上打了好几个血泡，依然坚持记录灾情整理上报，为指挥救援提供了准确的信息。在经过茂县铜钟水电站时，殷远发现岷江水已漫坝，随时都有溃坝危险，他和战友们立即向指挥部报告，随后地方政府及时采取措施，保住了水坝安全。在茂县文镇，殷远了解到成都美术学院47名师生以及上百名中外游客被困在泥石流夹击的山谷中，随时有生命危险。火速报告后，他又同战友迅速开辟出两处机降场，准确引导直升机及时赶到解救。在七星关和九顶山景区发现滞留的上百名断粮缺水的游客后，殷远和战友们连夜开辟安全通道，把游客安全护送出山。

2008年10月7日，殷远被中共中央、国务院、中央军委授予“全国抗震救灾模范”荣誉称号。

安　宁

1984年7月出生，河北唐县人。中共党员。2002年12月入伍，解放军95857部队58分队班长，空军二级士官军衔。

5月13日5时30分，安宁奉命与9名通信技术骨干组成应急通信小分队，携带4类34套（件）应急通信设备随部队直飞灾区。16时，接到在极重灾区什邡市开设指挥所的命令，安宁和战友立即在瓢泼大雨中架设天线，布置线路，安装调试设备，迅速建立起短波通信网，保证了指挥所与部队的通信联络。

5月15日5时30分，安宁奉命随救灾部队前往绵竹市清平乡执行勘察灾情和紧急救援任务。位于大山深处的清平乡通向外界的唯一道路，因余震造成的山体滑坡完全堵塞，通信线路全部中断，数千名受困群众急需救援。出发前，战友们为安宁准备好了食物，安宁只拿了3袋伞兵干粮，而把重达30多公斤的4套装备全部背上。经过12个小时艰难跋涉，徒步行军30多公里，他们赶到清平乡，顾不上休息，就立即开设卫星通信网和短波通信网，及时向指挥所报告灾情。

为确保通信装备随时满足救援工作需要，安宁只身在临时架设、被称为“孤岛”的台站上工作，白天连续开机工作18个小时。零时到3时救灾部队就寝后，他又利用这段时间抓紧对各种通信装备进行充电和保养，每天仅休息3个小时5月18日凌晨，突然大风四起，大雨如注，风裹着雨袭来。为防止通信装备被雨淋坏，安宁用随身携带的雨衣包裹电台，自己则暴露在风雨之中。

安宁每天都用卫星通信网和短波通信网两种手段，保证救灾通信畅通，同时还担负着监听任务，承担抄收气象预报、接收上级下达任务命令等繁重工作。由于驻地四周群山环绕，电磁环境复杂，多处金属矿对电磁波吸收影响很大，安宁反复琢磨试验，灵活运用地形地物，最后采用将接收天线架到国旗杆上的办法，利用峡谷之间的缝隙通道，保证了通信网络畅通，确保了灾区情况及时上报和上级命令的及时下达。领导考虑到安宁已连续在清平乡工作了六天六夜，决定调整他的工作。安宁立即向上级表明自己的态度："只要还有一名群众没有转移出去，我就要在这'孤岛'上坚守到最后一刻！"直到6月1日14时30分，部队胜利完成清平乡搜救转移群众任务后，安宁才随队返回指挥所。随后他又主动请战加入"线路抢修突击队"，先后赴红白镇、蓥华镇、洛水镇等重灾区完成调线、布线、抢修设备、架设电缆、铺设光缆等任务，成功修复了两个通信站。

2008年10月7日，安宁被中共中央、国务院、中央军委授予"全国抗震救灾模范"荣誉称号。

孙念安

1970年8月出生，山东巨野人。中共党员。1989年3月入伍，解放军95985部队56分队分队长，空军少校军衔。

5月15日14时5分，孙念安带领62名官兵在什邡市蓥峰实业有限公司一倒塌宿舍楼搜救幸存者，听到废墟中一息微弱的求救声，通过生命探测仪初步判断幸存者在一层，迅即组织营救。面对犬牙交错的水泥板和随时可能倒塌的危房，他带头用手一块一块地搬，一点一点地抠，直到16日2时，才透过石板缝隙看到幸存者的头部。他们一边投送水和面包，一边鼓励幸存者坚持。天色渐渐变亮，幸存者的气息越来越弱，孙念安找到液压棒、扩张机等工具，加快挖掘进度。营救一直进行到16日18时，眼看就要把幸存者救出来了，大家突然发现一块楼板断面死死压住幸存者右脚，伤处已全部变黑坏死。经请示上级、征得本人和家属同意进行截肢手术后，被埋压100小时的幸存者刘德云被营救出来。

5月20日10时，孙念安在仁和村组织搜救时发现一位老太太还留在危房中。原来地震夺走了她老伴、儿子、儿媳和刚上小学二年级的孙子的生命，老人承受不住打击，几天来一直不吃不喝，悲痛欲绝，一再劝说也不愿意离开。孙念安一边做老人的思想工作，一边和战士们认真清理废墟，把埋压在废墟中的衣柜、电视机和鞋子等一一清理出来，整整齐齐地摆放在老人面前，老人脸上才有了一点动容。孙念安及时观察到这一细微变化，从挎包里拿出面包递过去，劝老人吃下，并立即派人帮她代领了帐篷和米、面、油等物品，组织官兵为她搭起帐篷，支起炉灶熬上稀饭，老人感动得泪流满面，最终同意搬离。

5月21日15时35分，孙念安正带领官兵在蓥峰实业有限公司抢险时接到命令，一座燃气站随时可能发生爆炸，必须火速排除险情。孙念安迅速抽调骨干组成党员突击队，携带防毒面具奔赴现场。存放煤气罐的房屋是一幢两层楼房，18个被挤压变形的煤气罐倒在里面，随时都有发生爆炸的危险。孙念安向队员们吩咐：“我钻进去往外搬，宋霖、杨振伟留下接应，其余人员退到安全地带！”说完就从窗户洞隙中钻了进去。在余震不时发生的情况下，经过1小时10分钟的冒险拼搏，18个煤气罐被全部安全运出，孙念安脸颊、手臂、腿部多处被划伤。

孙念安带领分队362名官兵在极重灾区什邡市蓥华镇搜索营救出5名被困群众，挖出167具遇难者遗体，抢运救灾物资800余吨，完成排除黄磷泄露、安全转移变形煤气罐等危险任务。

2008年10月7日，孙念安被中共中央、国务院、中央军委授予“全国抗震救灾模范”荣誉称号。

张孝贤

1978年2月出生，甘肃天水人。中共党员，大专学历。1997年9月入伍，解放军95982部队52分队政治指导员，空军上尉军衔。

张孝贤在家中受灾、父母受伤、妻子分娩的情况下，5月14日6时随部队到达极重灾区什邡市红白镇，带领56名官兵，急行军10多公里到达受灾严重的磷矿厂家属区搜救被埋群众。没有大型机械，张孝贤就带领官兵用手挖，用锹铲，用镐刨，经过两昼夜的紧张搜救，救出幸存者2名，挖出遇难者遗体18具。

5月16日7时30分，得知游客被困欢乐谷，张孝贤主动请缨带队前往搜救。上级批准后，他带领30名突击队员立刻出发，克服山石阻道、通信中断等困难，不顾手被磨出了血，脚打起了泡，身上被利石碰伤、被木桩扎伤，依然坚持行进。13时，当搜救至马朝滩时，余震突发，山体大面积滑坡，大量山石滚落。张孝贤立即命令前面人员进入岩壁明洞紧急避险，后续人员快步退到东侧安全处。由于他指挥得当、处置及时，搜救人员无一伤亡。明洞中的工人得知他们要去欢乐谷，纷纷劝阻：“不要去，里面太危险了！”想到欢乐谷里亟待救助的群众，张孝贤说：“再危险，哪怕是刀山火海，我们也得进去！”简短动员后，他带队继续前进，历经10多次余震，爬过9座严重受损的铁路桥，翻越7座海拔2000米以上的山峰，在乱石深坑中攀行40多公里，终于在当天17时20分到达欢乐谷。进入欢乐谷一坪后，张孝贤带人逐户逐房进行搜索和卫生消毒。在欢乐谷二坪，突击队员们搜救出了5名当地老人和被困80多个小时的成都游客刘某及其两岁半的外孙。刘某被救出后对张孝贤说：“我女儿、女婿还在三坪困着呢！”突击队员又立即赶往三坪，成功搜救出刘某的女儿、女婿和一名当地妇女。其中一位游客伤势严重，小腿右侧已溃烂发炎。张孝贤安排卫生员及时进行救治，然后带领突击队员将10名被困四天四夜的群众护送出山。

在“进村入户”救援中，张孝贤迅速带领官兵深入红白镇受灾最严重的6个自然村，采取“排到社、班到户，逐人逐户全覆盖”方法，冒着余震、滑坡和泥石流等危险，逐户了解受灾群众的生活、安置和抢收抢种情况，逐处检查房屋损毁、水源和卫生防疫情况，先后帮助群众抢救、运送物资20多吨，搭建生活帐篷53顶，并抽调5名骨干组成心理疏导小组，开展“心理重建”活动，走访群众300多户，对60多位受灾群众进行了心理疏导。

2008年10月7日，张孝贤被中共中央、国务院、中央军委授予“全国抗震救灾模范”荣誉称号。

潘　刚

1978年9月出生，山西朔州人。中共党员，大学本科学历。1998年9月入伍，解放军95982部队64分队分队长，空军上尉军衔。

5月13日17时30分，潘刚带领分队137名官兵强行军5个多小时，到达极重灾区平武县南坝镇，立即到受灾最严重的镇中心小学营救被埋师生。没有救援器材，他们就用手刨、用肩扛，打着手电筒连续奋战一整夜，从废墟中抢救出12名幸存学生，挖出158具遇难者遗体。

震后的南坝镇，进出全靠涪江上一条仅能载15人的小船摆渡，外面的物资进不去，里面的群众出不来。5月16日，上级决定在涪江上修建一座简易桥梁，潘刚带领分队官兵主动请战，组织官兵在倒塌房屋中寻找木材和水泥板，去山下搬石块，到山上砍竹子。一天时间砍回竹子3000多根，搬运圆木200多根、水泥板300多块。由于连日降雨，水流湍急，重达40多公斤的石袋一丢到水中，马上就不见了踪影。河床地质复杂，打牢一个桩，要抡上百次重锤。危急关头，潘刚带领30名突击队员跳入冰冷的江水中，用身体堵沙石袋，手挽手支钢管、打钢钎，在水中一干就是5个多小时，虎口震裂了，身体泡肿了，无一人退缩。至20日16时35分，潘刚带领分队和兄弟部队官兵，经过五昼夜艰苦奋战，将一座160多米长的低水桥架设成功，打通南坝镇抗震救灾的“生命通道”。

5月21日7时30分，潘刚所在分队又接到赴南坝镇平旗村解救被困村民的命令，立即带领38名官兵组成突击队，每人背着30公斤物资，在崎岖狭窄、余震频发、落石不断的山路上强行军5个小时。到达目的地后，没有休息，他又立即带领突击队员展开搜救，将128名受困群众一一找到后，迅速组织转移。其间，潘刚把突击队员分成6个小组，用床单将老弱病伤人员固定在战士身上，前面一个战士用绳子拽着，两边各有一人搀扶，后面再由一个人拉稳，一步一挪往山下挪动。潘刚带领突击队员，徒步行军60余公里，越过山体移位地段7处、滑坡地段40处、大山3座，将被困群众全部转移到安置点。

地震使南坝镇凤翅山与文家坝之间形成一个深30米、长1500米、宽300米的堰塞湖，一旦决堤，后果不堪设想。5月24日20时，救灾指挥部向潘刚所在部队发出紧急命令：配合地方工程机械队，连夜在堰塞湖一侧开挖一条600米泄洪通道。潘刚带领60人的应急小分队，于21时20分抵达文家坝堰塞湖，克服夜间视线不清、地形复杂、险情不断等困难，挖土方600多立方米，搬挪倒塌树木100多棵，运送柴油、机油500多升，架设发电线路2000多米，终于在25日10时将堰塞湖成功分流。

2008年10月7日，潘刚被中共中央、国务院、中央军委授予“全国抗震救灾模范”荣誉称号。

钟 旺

1984年4月出生，四川三台人。中共党员。2003年12月入伍，解放军95936部队54分队班长，空军二级士官军衔。

汶川特大地震发生后，钟旺因家中严重受灾、与亲人失去联系，加之身患胃癌，被部队安排留守，但他多次主动请战，最终被批准随部队奔赴绵竹救灾前线。

5月15日5时30分，部队受命抽调135名官兵，向受灾严重的清平乡紧急运送药品和食物。钟旺得知突击队名单没有他时，便急匆匆找到参谋长，以自己“是本地人，情况熟悉，可以带路”等理由要求参加，被批准随队前行。他背起一个装满药品的背囊跑在队伍前列。一路上，钟旺多次出现眩晕情况，浑身被汗水湿透，咬紧牙关坚持到达清平乡。

5月16日上午，突击队组织130余名群众从清平乡向汉旺镇转移，钟旺背着一名6岁男孩一起上路。一次强余震，一块飞石向他头顶上砸来，钟旺急忙把孩子往怀里一揽，迅即一个侧滚。孩子安然无恙，他的后背却被重重砸伤，鲜血渗透了他的迷彩服，但他一直坚持到把群众安全转移到汉旺镇安置点后，才去处理伤口。

5月17日上午，钟旺和战友们一起参加绵竹市土门镇供销社坍塌大楼搜救任务。突然一股浓烈的气味飘来，钟旺不顾个人安危，循味寻去，一眼发现被挖掘机碰松阀门的液化气罐正嗤嗤冒气。钟旺来不及多想，飞快地拧开水壶，用水打湿迷彩服，冲上去把罐口紧紧捂住，拧紧阀门，再将液化气罐转移出去，避免了一场可能发生的爆炸事故。20日，钟旺带领战士在孝德镇清道社区排查时，发现一饭店店主的儿子因女友遇难对生活失去信心，待在濒临倒塌的楼房内欲寻短见，店主夫妇吓得不知所措。钟旺不顾个人安危爬上危楼，用自己身患癌症但仍笑对人生、参加抗震救灾的亲身经历进行开导劝说，终于感化了小伙子，跟他一起走出危楼。

抗震救灾后期，部队领导考虑到钟旺的身体状况，把他调整到灾区群众安置点执行任务。钟旺一边做好执勤工作，一边主动照顾双腿被砸伤的蔡正友老人，每天为老人打水、送饭、洗衣服。看到老人因儿子遇难心情十分悲伤，就经常陪他聊天，帮助蔡大爷疏解丧子的悲痛。

在汉旺镇搜救、清平乡送药、黄磷厂排险等急难险重救灾行动中，钟旺奋勇当先，和战友一起先后抢救伤员38名，转移解救受困群众26人。因病体虚弱、劳累过度，钟旺多次晕倒在救灾现场。

2008年10月7日，钟旺被中共中央、国务院、中央军委授予“全国抗震救灾模范”荣誉称号。

肖玉柱

1971年11月出生，山东兖州人。中共党员，大学本科学历。1989年3月入伍，解放军95900部队81分队分队长，空军少校军衔。

5月13日，分队接到向灾区紧急空投物资的预先号令，肖玉柱组织所属人员进行捆绑包装训练，从捆绑加固到装载投放，一个环节一个环节地练，喉咙喊哑了，手被磨破了，也顾不上休息，先后培训300多人次，捆绑物资的速度由两人一件20多分钟缩短到5分钟。到达灾区后，围绕帐篷杆过长、大米面粉较重、大衣棉被过软等与专用投物系统不配套的问题，肖玉柱与8名骨干从捆绑包装、连接固定到装载投放，紧急攻关破难，实验成熟一项，部队展开一项，及时解决了37种物资捆绑不紧、空中易散、机上难装的问题。肖玉柱在完成骨干培训任务后顾不得休息，又带领战士投入艰巨的装载任务之中，平均每天空投12架次以上，每天往返达20公里。连日超强度工作，肖玉柱的胃病犯了，战友们劝他休息，他仍咬牙坚持。

灾区空投，每次作业高度均在5000米左右，空气稀薄。为了保证物资空投的精确度，肖玉柱每次投放时都顾不上吸氧，致使出现头晕、乏力、胸闷等缺氧症状。5月16日，由于连续投放4个架次物资，肖玉柱的耳膜因气压差过大而出血，并伴有呕吐、两腿无力、浑身发软症状，但依然坚持到任务完成。

5月20日，抗震救灾指挥部要求空降兵部队迅速成立第二支特种小分队，向灾区伞降后担负地面对空引导任务。5000米高空伞降，对跳伞员的体能、技能要求非常高，在无地面引导、无地面标识和无气象资料的条件下，危险系数很高。肖玉柱不顾医生“耳膜可能会终身损坏”的劝告，再次向领导请战。21日14时20分，肖玉柱携带对空指挥和气象观测器材，率领10人空降侦察引导小分队，在松潘县尕力台地区4600米高空成功伞降；降落地面后，迅速与机组人员取得联系，通报气象资料及投放数据，在尕力台奋战70多个小时，克服高原缺氧、低温寒冷等困难，及时准确地把气象资料报给机组，准确引导空投帐篷1100多顶，救灾物资800多件，为灾区人民送去救命粮、救命药等急需物资。

抗震救灾期间，肖玉柱带领引导队官兵及时准确地引导向汶川、理县、茂县、北川等灾区空投物资1100余吨。在开辟松潘县空投场任务中，他带头在550米高度操纵翼伞空降成功，突破了翼伞最低开伞高度1000米的极限。

2008年10月7日，肖玉柱被中共中央、国务院、中央军委授予“全国抗震救灾模范”荣誉称号。

杨云建

1976年3月出生，山西稷山人。中共党员，大学本科学历。1992年12月入伍，解放军95816部队51分队副分队长，空军少校军衔。

5月15日凌晨，部队到达极重灾区绵竹市汉旺镇，杨云建所在分队兵分三路到东汽中学、绵竹市第三人民医院和公安分局抢救被埋人员。当杨云建带领130名官兵赶到东汽中学时，发现学校的两栋4层教学楼已经整体垮塌，废墟足有六七米高，一块块预制板摇摇欲坠。杨云建了解教学楼内部结构后，把官兵分成8组，每两组配合一辆吊车，从4个方向进行清理，快速搜救。16日11时50分，一次强余震袭来，危墙突然倒塌，杨云建急忙把靠近墙边的3名战士推开，自己的头盔被砸了一个坑，右腿擦伤。杨云建顾不上包扎，连续奋战42个小时，与相关专业救援人员一起，从废墟里救出4名幸存者。

5月16日14时，分队在汉旺公安分局家属楼内发现一名幸存者。杨云建见幸存者身上有两块相互支撑着的水泥板，如果贸然移动一块，另一块不仅会因失去支撑迅速压下来，而且会造成旁边一堵倾斜20多度的墙面垮塌，后果不堪设想。他果断命令官兵暂停作业，带领两名党员钻到楼板下面，用千斤顶顶住其中一块，又指挥吊车把危墙上部牢牢稳住，然后用钢索把另一块水泥板紧紧捆绑住，指挥另一台吊车把水泥板吊开，将那名被埋压97个小时的幸存者救出。

“进村入户”搜救阶段，杨云建要求到边远的青龙、牛鼻、泉兴等8个村进行搜救。部分村民散居在海拔超过1500米的山上，而进山道路遭到严重破坏，山上随时可能落石，脚下是100多米深的沟壑，短短几公里路他们走了5个多小时。在随后的10多天里，杨云建带领官兵逐村逐户展开搜救，先后转移安置群众160多人，清理拆除危房433间，抢修山路5.6公里，挖出粮食70多吨、贵重物品1614件以及部分现金、存折等，抢运出家具和农机具16150余件，搭建帐篷3147顶，运送食品、药品和饮用水30多吨，及时把党和政府的温暖送给了灾区群众。

6月13日中午，因上游堰塞湖泄洪造成河水暴涨，绵远河大堤兴隆村段被撕开一道60米长的溃口，严重威胁着下游数万群众的生命财产安全。接到上级封堵溃口的命令后，杨云建与教导员王慧平分头组织官兵火速赶往溃口处搬运沙袋。就在溃口即将合龙时，下起了大雨，杨云建带领全体官兵高唱着《空降兵战歌》冒雨战斗，衣服被淋透了就光背上阵，镐锹挖不动了就用双手刨，经过7个多小时连续奋战，终于在当日20时将决口堵住，排除了险情。

2008年10月7日，杨云建被中共中央、国务院、中央军委授予“全国抗震救灾模范”荣誉称号。

王宝红

1987年3月出生，安徽阜南人。中共党员。2005年12月入伍，解放军95816部队60分队班长，空军一级士官军衔。

5月15日上午，王宝红所在分队奉命到绵竹市汉旺伐木场家属区搜救被困群众。此时，伐木场的4层家属楼整体下陷且向东倾斜20多度，几块水泥板被钢筋挂在半空中，被困群众时刻面临生命危险，情况异常危急。王宝红安排好观察员后，带头进入3楼展开搜救。搜索到一墙角处，听到了轻微的呼救声，王宝红立即报告分队长，并带着战友用铁锹挖了个洞，拿着手电筒、瓶装水向洞里钻去。突然，一阵强余震袭来，砖块纷纷掉落，王宝红仍然继续前进。十几分钟后，看到一个孩子的上半身；再近些，发现一个大人用身体紧紧护着那个孩子，大人已无生命迹象，孩子的一条腿仍被水泥板牢牢卡住。王宝红一边鼓励孩子坚持，一边小心掏出孩子腿下的砖块。看到孩子的腿能动了，王宝红立即撕下自己的上衣包住孩子的伤腿，用力掰开大人的双臂，轻轻拖住孩子一点点往外移，在全班战友的协助下，终于将孩子解救出来。

绵竹市兴隆小学教室在地震中全部垮塌，200多名学生无法上课，家长们十分焦急。5月27

日，王宝红所在分队进驻兴隆镇，协助天津住宅集团搭建“板房学校”。王宝红带领全班战士不分昼夜地装卸板材。由于没有胶皮手套等防护装备，锋利的板材把手指扎伤了，手掌割破了，他们就用肩扛，肩被划伤了再用头顶，晕倒了又爬起来，始终没有一个人停歇下来，王宝红自己更是几个指头被割裂、磨伤后鲜血直流。经过3个昼夜连续奋战，他们在泥泞的工地上协助搭建起50间活动板房，使兴隆小学失学孩子重新走进了课堂。

6月19日下午，分队安排王宝红班到东普村10组一户村民家中拆除危房。王宝红冲在前面、干在险处，带领全班迅速推倒三面危墙。在推最后一面墙时，由于墙体严重断裂，中间部分在向前倒去的同时，顶部却出人意料地反方向倒过来，砸向王宝红身后的两名新战士。眼看着墙体就要砸下来，他一边大喊“闪开”，一边用力将两名战士推开。战士安全了，王宝红却被一块门板绊倒，被落下的墙体压住左腿。剧烈的疼痛使王宝红顿时失去知觉，经医院全力抢救才脱离危险。第二天，20名村民提着鸡蛋和水果到德阳市旌南医院看望王宝红，拉着他的手说：“好娃子，你是因为我们受的伤，我们终生都不会忘记！”

2008年10月7日，王宝红被中共中央、国务院、中央军委授予“全国抗震救灾模范”荣誉称号。

孙红波

1980年12月出生，湖北监利人。中共党员，大专学历。1999年12月入伍，解放军95944部队67分队副分队长，空军中尉军衔。

5月15日，接到受灾群众家属求助后，孙红波立即带领分队官兵，跑步赶到什邡市洛水镇科华水泥厂实施救援。水泥厂10米高的两间厂房完全倒塌，多名职工被压在废墟中，旁边一栋5层高的楼房随时有倒塌的危险。孙红波率先进入废墟，指挥大家用镐挖，用锹铲，没有工具的就用双手刨。经过6个多小时全力奋战，挖出8名遇难者遗体。随后，他又带头清洗遇难者遗体，喷洒消毒药水，行礼后送交地方政府。

5月21日，接中江县求助，孙红波带领分队前往东北镇牟公村加固凯江河堤坝。由于连降大雨，凯江河水位迅速上涨，牟公村段土质松软，时刻有决堤危险。孙红波将全分队官兵分成3组，一组装袋，一组往堤上背，一组加固。为了加快进度，50多公斤重的石袋，有的官兵一背就是两袋。经过连续48小时奋战，分队共转运土石1400余立方米，装填、搬运沙袋7000余袋，高标准完成凯江河堤坝加固任务。

时隔一天，分队又到中江县广福镇清理河道中的障碍物。暴雨将大量被毁的房椽等杂物冲入河中，若不及时清除，就会引起水面上涨，淹没农田。广福镇河段水流湍急，由于挖沙船经常采挖，河底遍布四五米深的沙坑，加之水草杂密，稍不留意就会陷入坑中难以自拔。孙红波带头跳进水里，为防止发生意外，他用长绳系在每个人腰间，把官兵按水性好坏交叉排列，接力把障碍物往岸上送。由于长时间浸泡，很多官兵原先的伤口裂开了，引来大批蚂蟥，腾不出手驱除，就只能任其叮咬。孙红波上岸后，发现身上居然叮着6只蚂蟥。就这样，孙红波带领分队官兵用7天时间，清理河道1650米，保证了河道畅通。其后，他还带领分队完成中江县高考板房搭建、光明市场救火等多项任务。

抗震救灾期间，孙红波带领分队官兵先后转战什邡市洛水镇和红白镇、中江县，搜救转移群众419人，协助掩埋遇难者遗体108具，清理危房728间，抢运财物价值450万余元，搭建帐篷512顶，安装活动板房27580平方米，所在分队荣立集体一等功。

2008年10月7日，孙红波被中共中央、国务院、中央军委授予“全国抗震救灾模范”荣誉称号。

孙向东

1968年9月出生，湖北安陆人。中共党员，硕士研究生学历。1986年11月入伍，解放军95969部队部队长，空军上校军衔。

5月14日，孙向东奉命带领官兵奔赴与外界失去联系的绵竹市清平乡，与成都军区某部携手营救出13名中科院专家，安全转移被困群众5000多名。

5月17日，孙向东和战友们正在清平乡转移被困群众时，突然接到一名群众求助：小木岭那边还有几百名矿工，已被困深山5天，请求赶紧营救。强烈地震造成山路堵塞，唯一的办法是从附近大梁子山上的引水隧道里打通一条营救通道。由于暴雨，清平乡上游堰塞湖水位每天以4～5米的速度暴涨，严重威胁着矿工的生命安全。孙向东立即带领150名搜救队员，用自制木筏穿越水流湍急的峡谷，直奔引水隧道。到达目的地后他们发现，引水隧道处于大梁子山的中上部，海拔1540米，隧道口位于高100米、近90度斜坡的岩壁上，左侧是滚石不断的塌方山体，右侧是陡峭的悬崖峭壁，只有岩壁上一些残留的短钢筋头可以利用。孙向东连夜组织部队将空投捆绑带连接在一起作为保护绳，用震断的电缆、树干编制了一条100多米长的软梯。

5月18日天刚亮，已连续发烧几天的孙向东带领由作训股长吴雪冰、班长刘彬等5人组成的“敢死队”，肩扛软梯，从余震频繁、山石滚落的山涧，登上岩壁。孙向东由于高烧身体虚弱，几次差点摔下去。大家请他休息一会儿，孙向东说道：“这里地势险要，救援工作危险性大，我是指挥员，不到前面去，我不放心！”说完再次使出全身力气继续攀爬。战士们在孙向东的带领下，很快搭出一条被受困群众誉为“生命天梯”的通道。

由于“生命天梯”陡直狭窄，一次只能通过一个人，等待的人群便焦急地往洞口拥，随时可能掉下峭壁。孙向东一边指挥洞内的官兵维持好秩序，一边把瓶装水和干粮一一递给洞内群众，安慰鼓励大伙团结互助，保持秩序，配合部队救援。经过三天两夜连续奋战，孙向东带领指挥救援官兵，将被困小木岭的756名群众全部救出。

抗震救灾中，孙向东坚决执行上级命令指示，身先士卒，靠前指挥，带领官兵共抢救幸存者38人，搜救转移被困群众1.24万多人，挖掘掩埋遇难者遗体175具，转运发放物资2170吨，拆除危房2082间，搭建活动板房2160余套，清理废墟1.29万多立方米，疏通道路132公里。

2008年10月7日，孙向东被中共中央、国务院、中央军委授予“全国抗震救灾模范”荣誉称号。

刘　彬

1981年4月出生，四川南部人。中共党员。1999年12月入伍，解放军95969部队62分队班长，空军三级士官军衔。

5月13日，在家乡受灾、家人音讯全无的情况下，刘彬毅然随部队向绵竹市清平乡挺进，解救被困群众。山陡路滑，部分道路已经被泥石流埋压，分队决定成立尖刀班，为大部队开路。刘彬立即向分队长李晓峰主动请缨："我是老兵，熟悉山路，我去。"并咬破手指写下血书请战。分队同意了刘彬的请求，任命他为尖刀班班长。刘彬带领 9 名尖刀班队员，每人背负35公斤重的救援物资，攀越10座海拔2000米以上的高山，强行军40多公里，历时6个小时，引导部队挺进清平乡。

5月17日，刘彬听说小木岭方向有几百名矿工被困，主动请求前往救援。刘彬率先乘着自制木筏，穿越水深流急的堰塞湖，靠砍刀开路，用绳索攀爬，直奔大梁子山上的引水隧道。到达隧道口后，他发现现场条件对救援极其不利：隧道口位于高100米、近90度斜坡的岩壁上，左侧是滚石不断的塌方山体，右侧是陡峭笔直的深谷悬崖，只有岩壁上一些残留的短钢筋头可以利用。要实施援救，必须爬上隧道口架设"天梯"。部队长孙向东要求"就是豁出命，也要把群众救出来"，刘彬再次挺身而出："首长，我从小在山区长大，这个任务就交给我吧，我保证坚决完成！"孙向东同意后，刘彬在没有任何安全保障的情况下，开始攀爬近乎垂直的岩壁。刘彬一手抓住岩壁上的钢筋头，一手抠进岩壁裂缝，一只脚尖踩住仅露出石面几厘米的钢筋头，另一只脚尖挤进容不下半个脚板的岩缝，像壁虎一样向上攀爬。爬了不到5米，突然一阵余震袭来，岩壁上方的小石块雨点般落下，一颗沙子飞进他的眼睛，他差点仰跌下去。稍事调整后，他又继续往上攀登。在距隧道口大约5米的地方，石壁向外隆起成反斜面，没钢筋头作支撑了。刘彬发现右上方一根垂落的电缆，腾出右手试了试，可以承受他的重量，便右手反挽电缆，左手抠紧岩缝，短短的5米绝壁，足足耗了10多分钟。就在体力即将耗尽之际，洞口出现在眼前，刘彬奋力一跃，爬了上去。刘彬迅速马上固定好捆绑带往下放，接应5名敢死队员相继爬上来，架设起被待救群众誉为"生命天梯"的百米软梯。经过三天两夜连续奋战，刘彬和战友们通过这条"救命梯"，先后将756名受困群众全部解救出来。

2008年10月7日，刘彬被中共中央、国务院、中央军委授予"全国抗震救灾模范"荣誉称号。

祝红杰

1976年6月出生，河南虞城人。中共党员，大学本科学历。1995年12月入伍，95963部队司令部作训股参谋，空军上尉军衔。

5月12日，祝红杰正准备第二天请假陪父亲做手术，传来了汶川特大地震的消息。祝红杰判断部队即将出动，于是把准备请假的话咽了回去，开始了解震区地形和气候特征，根据媒体报道收集分析受灾情况，拟制出4种输送方式、6种行动预案。预先号令下达后，祝红杰又积极与上级协调请领物资、分发装备、下达通知，直到13日9时，才注意到手机上有弟弟的七八个未接电话和短信。祝红杰给弟弟发去一条短信："灾区群众更需要我们，请你代我照顾；转告父亲，儿子对不起他老人家。"

5月15日7时许，祝红杰随部队赶赴绵竹市天池乡实施救援。天池乡地处深山密林之中，仅有的一条进山道路，已被崩塌的山石和泥石流摧毁。随行向导劝阻他们："大震之后又是大雨，泥石流和滚石太多，再往前走太危险！"祝红杰说："这次行动虽说危机四伏，更是十万火急。停止前进，我们没有危险了，但受困群众就更危险了。作为黄继光的传人，我们豁出命去，也要继续前进！"说罢，他赶到队伍前面，引导部队急行军6个小时及时抵达天池乡政府。

5月16日11时，部队长张建云、副部队长魏勇分别带领两个救援小组搜救出127名群众。但此时山体滑坡造成河流阻断，堰塞湖水位迅速上涨，受灾群众随时都有被淹的危险，部队领导决定立即护送群众转移。13时30分行进至鱼家嘴收费站附近，余震袭来，山体发生大面积滑坡，祝红杰组织群众紧急避险。就在大批群众快要疏散到安全地带时，祝红杰突然发现离自己不远处一个三四岁的小女孩被吓得不敢动弹，山坡上一块石头正飞滚而下砸向她。他抱起小女孩往回跑，仍没躲过飞石，左腿膝盖被砸得鲜血直流，怀中的小女孩仅被石子轻微擦伤。战友们返身准备抢救，他大喊一声："不要过来，这里太危险，转移群众要紧！"然后匍匐爬出危险地域，拖着伤腿坚持了4个多小时，直到所有群众安全转移。被送往医院后，祝红杰被诊断为左腿膝关节股骨粉碎性骨折、小腿腓骨严重骨裂，可能终身残疾，他却毫无悔意地说："能用一条腿换得受灾群众的生命安全，值！"

2008年10月7日，祝红杰被中共中央、国务院、中央军委授予"全国抗震救灾模范"荣誉称号。

黄　辉

1982年1月出生，安徽濉溪人。中共党员，大学本科学历。2000年9月入伍，解放军95942部队74分队分队长，空军上尉军衔。

5月25日，黄辉带领分队30名官兵刚从绵竹市清平乡深山执行任务归来，接到上级指示，又紧急赶赴汉旺镇邮政支局进行救援。震后的邮政大厅严重损坏，价值数十万元的物资被埋在废墟里。黄辉安排其他人负责接应，自己冒着危险钻进库房往外搬运物资。此时，突然发生6.4级强余震，邮政局领导担心官兵人身安全，一再劝他们停止抢运，但黄辉不顾余震威胁，再次带领官兵冲进危楼，抢运已被废墟埋压的自动取款机等贵重物品。经过40分钟紧张作业，他们抢出现金17.5万元，邮资票品、电脑、自动取款机等贵重物品800多公斤，价值45.6万余元。

5月28日，黄辉奉命带领特种搜救小组奔赴城墙岩山区。巨大的滑坡体从山顶倾泻而下，摧毁了道路，堵塞了河流，形成大大小小的堰塞湖，行动非常困难。第二天，黄辉决定向西推进，刚刚出发就下起大雨，搜救队员被淋得浑身湿透，道路湿滑无比，泥石流和山体垮塌危险加剧，继续前进将面临更大困难。黄辉对队员们说："受难的群众正等着我们，下再大的雨，冒再大的险，我们也要继续前进，绝不能后退！"9时27分，搜救小组艰难地搜索至2003号工地时，在一个工棚里找到一对已被困16天的受伤矿工夫妇。妻子刘代蓉见到搜救队员，激动得哭倒在地："不是解放军，我们就饿死在这深山野林里了！"因天气原因，直升机无法前去接应，黄辉把夫妻俩安置在一辆废弃的汽车里，把身上的干粮全部送给他们，自己和队员们饿着肚子守了一夜。第二天送夫妻俩上直升机时，黄辉考虑到二人生活困难，又把自己身上仅有的300元钱塞进刘代蓉的口袋。

6月17日，受地方政府委托和上级委派，黄辉带领10名官兵会同地质、水利专家，对绵远河上游楠木沟、一把刀堰塞湖进行勘察。陡峭的一把刀断崖又陡又滑，他们在乱石丛中行进3个小时，终于把专家组人员和仪器装备安全护送上山。黄辉不顾疲劳，又带着大家转战楠木沟，利用就便器材捆扎木筏，探测堰塞湖水情；勘察结束后，考虑到专家体力透支，无法由原路返回，决定沿水路就近返回。黄辉撑着木筏，在天色已晚、急流阻路的情况下，在500多米的湖面上来回往返4趟，护送专家安全出山。21时许，当黄辉和战友满身泥水出现在绵竹市市长面前时，市长感动地紧握着黄辉的手说："解放军同志辛苦了。没有你们的帮助，我们无法完成这样艰险的任务！"

2008年10月7日，黄辉被中共中央、国务院、中央军委授予"全国抗震救灾模范"荣誉称号。

杨　光

1970年10月出生，黑龙江绥化人。中共党员，大学本科学历。1989年9月入伍，解放军95655部队53分队分队长，空军中校军衔。

5月12日下午，杨光驾驶直升机正在训练。无线电传来指挥员命令："停止训练，立即返航！"飞机着陆后，上级紧急传达汶川地震通报，启动应急机制，随时做好飞赴灾区抗震救灾的准备。

5月13日，空中水平能见度只有500米左右，杨光带领机组进行飞行准备，等待上级命令。14日9时16分，两架直升机紧急飞往成都。飞机一降落，杨光就受领了到汶川县映秀镇执行空投物资、抢运伤员的任务。在降落点没有任何指挥、气象、通信保障的情况下，杨光组织机组立即起飞。为保证空投物资的完好率，杨光大胆决定实施机降，返回时再带上伤员。映秀处于峡谷地带，几乎没有可利用的机降场地，纵横的电线就像一颗颗炸弹，稍有不慎后果不堪设想。经过多次盘旋观察，飞机于11时48分降落映秀镇。已与外界失去联系46小时的受灾群众挥舞着双手从四面八方跑来，当他们把完好无损的救灾物资送到受灾群众手中时，群众抱住机组人员失声痛哭。将12名重伤员用门板抬上直升机火速返回成都，来不及休息，杨光又带领机组第二次飞返映秀镇，接回26名伤员。

5月15日，成都军区空军彭州抗震救灾部队紧急救援的68名重伤群众，因公路交通中断无法运出救治，情况危急。接到全力实施空中救援的命令后，杨光带领两个机组紧急起飞。在气象条件恶劣的情况下，操纵飞机避开障碍，根据地面指示找到机降点，将68名危重伤员转运出去。

抗震救灾空投、空运紧张时期，杨光和机组成员每天都工作14个小时以上，最多的一天飞了10小时42分。6月5日，杨光执行国务院总理温家宝赴唐家山堰塞湖查看灾情的专机任务。这是他第二次执行总理专机任务，杨光深知此次飞行的重要性。当飞临唐家山堰塞湖上空时风向突变，飞机无法按原计划着陆。为尽快把温家宝和随机的水利专家送上坝体实地查看灾情，杨光果断决定实施反方向着陆，飞机一次性稳稳降落在坝体上。

抗震救灾期间，杨光带领机组航迹遍布汶川、青川、北川、理县、都江堰、绵竹、彭州等9个重灾地区，飞行105架次157小时16分，其中执行专机和重要任务飞行75架次，运送伤员71人，空运救灾物资30.5吨。温家宝乘坐杨光驾驶的飞机考察灾区后称赞："你们是一支英雄的飞行部队，向你们表示感谢和敬意。"

2008年7月，杨光被总政治部表彰为"抗震救灾优秀党员"；10月7日，被中共中央、国务院、中央军委授予"全国抗震救灾模范"荣誉称号。

陈　钢

1964年10月出生，山东高青人。中共党员，大学本科学历。1981年7月入伍，解放军95092部队部队长，特级飞行员，空军上校军衔。

5月13日8时28分，陈钢驾机奔赴灾区。进入四川空中走廊，能见度不足1.5公里，云底高仅150米，成都市区高楼林立，这意味着飞机出云后也许距离高楼还不足50米。陈钢命令副驾驶保持好飞机状态，自己凭借多年积累的飞行经验，调整控制油门，按照仪表数据精细修正偏差。领航员报告："过近台，高度85，速度230。"但依然看不见跑道的影子。陈钢知道如果数到"16"时还看不见跑道，就只能复飞了。"……13、14、15"，跑道终于出现在视线里。"速度220，接地！"飞机一次穿云着陆成功。一小时后，他们再次紧急起飞，投入后续救灾的空运任务。至21时，陈钢带领机群辗转成都、绵阳等地，将1500余名救援人员、30多吨物资器材运送到灾区，个人飞行时间长达9小时47分，返回部队时已是22时。下了飞机，顾不上吃饭休息，陈钢又直奔塔台组织指挥。

5月14日17时51分，陈钢机组在刚执行完空运救援人员任务后再次接到命令，将一批帐篷运到灾区。他立即组织人员装货。11吨货物，他们仅用一小时就装载完毕。飞抵机场后，陈钢又主动带领机组成员卸货，等到返回部队时，已是翌日清晨。

5月17日，部队又接到赴灾区执行空投物资的任务。这是陈钢所驾机型第一次在4000米高空实施二级投物伞实投。空投区域云量大，怎样寻找目标、能不能准确投送、如何保证安全、如何防止与其他飞机危险接近等一系列难题，摆在了陈钢面前。他知道此次任务非同一般，坚定地说："我是部队长，我第一个上！"在装载空投物资的间隙，陈钢组织机组人员开展难题攻关，制订出保障措施，为安全有效实施空投奠定了坚实基础。16时20分，飞机到达空投区域，领航员全神贯注盯着荧光屏，陈钢稳稳地操纵驾驶杆，随着一声声命令，一包包空投物资准确投向预定地点，一举创造了该型飞机云中和云上空投的先例。

抗震救灾期间，陈钢带领部队官兵紧急出征，完成紧急空运、灾区空投、物资输送等任务，飞行486架次，空运空投261架次，飞行总时间1086小时50分，空运人员2562人、物资1068吨，空投物资507吨、3719件。其中，陈钢个人飞行39架次78小时4分，空运人员267人，空运空投物资130.7吨。

2008年10月7日，陈钢被中共中央、国务院、中央军委授予"全国抗震救灾模范"荣誉称号。

邱德甫

1959年1月出生，广东徐闻人。中共党员，大专学历。1977年8月入伍，解放军95118部队51分队飞行员，空军大校军衔。

汶川特大地震发生后，邱德甫主动请缨，迅速整理成都地区军民航空资料，针对任务特点，筛选航线。5月12日15时56分，邱德甫机组接到出动命令，半小时完成飞行准备驾机升空，奔赴北京南苑机场空运中国国际救援队人员和相关物资设备。从14日开始，邱德甫带领机组每天平均飞行4个架次，连续4天平均在场时间20个小时。

5月15日2时，已连续3天执行救灾空运任务的邱德甫机组，又受命执行向绵竹市清平乡紧急空投救灾物资的任务。清平乡四周环山，平均海拔3000米，很多村庄在半山腰或山脚下，空投难度非常大。灾区已经断水断粮3天，邱德甫和机组人员抵达空投地区上空时云层厚积，地标被完全遮盖。飞机接近云层高度5300米时已有轻微的结冰现象，飞行员眼前还是一片漆黑，再下降高度就有可能发生危险，但飞行高度越低，空投就越准确。邱德甫果断决定继续降低飞行高度，依靠机上导航设备和定位系统，下降至海拔5100米，在距地面实际高度仅有1000米左右情况下，准确地将物资投向灾区，实现国内航空运输史上在海拔5100米高度和夜间、无气象资料、无地面标识、无地面引导空投的一次突破。

在执行空投救灾物资任务中，邱德甫还及时向指挥部提出合理化建议。他发现飞机在同方向空投时，受地形地貌影响，容易相互发生冲突；运输机与直升机同时空投时，在时间、区域上划分不明确，相互协调不合理，经常有直升机在运输机下方作业，为确保直升机安全，运输机只能在空中盘旋。对此，邱德甫组织机组人员经过反复论证，向指挥部提出3条建议：执行空投任务时，运输机划分不同区域空投，尽量不要安排同方向、同时间实施；制订计划要充分考虑到各机型性能特点，在空投时间、空投区域上协调到位，尽量避免相互影响；任务机组要更多地了解空域和航线上其他飞机活动情况。建议提出后，立即被指挥部采纳，空投效率明显提高。

抗震救灾期间，邱德甫带领机组飞行99小时4分，航迹遍布13个省（区、市），总航程63544公里，空运人员726名、物资175.6吨，空投物资233.4吨。

2008年10月7日，邱德甫被中共中央、国务院、中央军委授予“全国抗震救灾模范”荣誉称号。

张肇荣

1965年1月出生，四川广安人。中共党员，大学本科学历。1981年10月入伍，解放军95786部队部队长，空军上校军衔。

5月12日，张肇荣率领41人小分队到阿坝雷达站执行任务，行至距理县县城3公里的日底村时突遇大地震。张肇荣指挥部队迅速赶往附近的两个藏、羌村寨抗震救灾，把村寨及路过的560多名受困群众转移到安全地带。随后，张肇荣组织小分队经过5个多小时奋战，徒手打通了进城道路，成为震后最早到达理县的救灾部队之一，沿途抢救出26名受伤群众。

5月12日16时许，张肇荣派人赶赴理县抗震救灾指挥部请领任务。震后的理县通信中断、交通瘫痪。报告灾情、争取外面救援成为当务之急。13日15时30分，张肇荣用阿坝藏族羌族自治州护林防火指挥部的短波电台，领受了建立指挥点和选择空投点的任务。随后，张肇荣带领官兵奔袭数十公里山路，紧急选定3个空投点，引导救援物资源源不断地空投到灾区。15日，在接收空投物资时，由于风向突变，不少伞包被吹到高山峭壁上。张肇荣迅速抽调20名党员组成党员突击队，分成3个小组，抓着灌木丛向峭壁攀爬，将空投物资从高山峭壁上全部收回。

转入“进村入户”搜救阶段后，张肇荣带领小分队夜以继日、逐村逐户对县城附近的藏羌村寨展开全面搜救。在一颗印村搜救时，张肇荣带领25名党员组成的突击队，冒着被泥石流吞噬的危险，成功营救出被困的50多名群众。张肇荣还针对藏族同胞急需解决的困难，向上级报告了详尽的救助方案。很快，4架直升机紧急运来26顶帐篷、200条棉被、400套衣服。

5月22日，张肇荣从理县抗震救灾指挥部得知，甘堡藏寨一座嘉绒藏族民间博物馆垮塌，部分文物被埋。他主动请缨前去抢救，一位名叫阿格尔的妇女流着泪说：“这里的东西再宝贵，也没有生命重要，我们不能让孩子们冒这么大的险！”想到抢救藏族历史文物的重要意义，张肇荣义无反顾地带领官兵冲进博物馆挖掘抢救文物。当官兵们捧着千手观音等12件文物返回安全地带时，数百名群众齐声欢呼。张肇荣所带领的小分队被灾区群众和媒体誉为“42条硬汉”，《人民日报》、中央电视台、《光明日报》等数十家媒体报道了他们在藏区救灾的事迹。

抗震救灾期间，张肇荣带领部队引导接收129吨空投物资，深入46个藏族和羌族村寨、791户人家，转移解救群众681人，运送伤病员50人，解决了980多名群众的饮水问题。

2008年6月，张肇荣被中组部授予“抗震救灾优秀共产党员”称号；10月7日，被中共中央、国务院、中央军委授予“全国抗震救灾模范”荣誉称号。

游　森

1980年11月出生，重庆大足人。中共党员。1998年12月入伍，解放军95636部队52分队士官，空军三级士官军衔。

汶川特大地震发生的当晚，游森收到妻子发来的短信："都江堰家中楼房完全坍塌，母亲下落不明。"虽然部队驻地距都江堰仅一小时路程，但游森深知此刻部队将面临救灾任务，就毅然留下，与战友们一起原地等待奔赴救灾前线。

5月13日晨，游森随部队紧急奔赴都江堰实施救援。13日、14日两天，游森和战友们在废墟上连续奋战近40小时，将6名幸存者从废墟中救出。救援期间，他听到群众反映：景中路房屋倒塌严重，很多人被埋在废墟之下。游森心中一惊：那不是岳父母家所住的地方吗？游森很想冲过去搜救自己的亲人，但他更清楚，自己是一名军人，必须舍小家顾大家，以服从命令为天职。游森强压悲痛，始终没停下手中的工具，更未提出回家救亲人的请求。15日8时，他所在分队受命到景中路搜救，游森才见到了妻子和岳父。"妈妈还在里面"，妻子见到他后顿时失声痛哭，部队领导和战友们这才知道游森的家在这里，亲人还埋在废墟下，于是大家奋不顾身地扑上去搜救。恰在此时，一名群众跑过来求救，说旁边另一处废墟中发现幸存者。考虑到岳母存活的可能性已比较小，游森含泪劝阻正在搜救的战友，让大家先去救幸存者，并且带头跑了过去，还没等分队长下令，就一头钻进废墟。经过3个多小时拼搏，终于营救出一位被埋压3天的女性幸存者，游森则因体力严重透支，一下子瘫倒在地。11时许，战友们挖掘出已经遇难的游森岳母遗体，游森再也难掩心中的悲伤，抱住岳母的遗体放声痛哭。

5月17日，游森和战友们经过一天的奋战，为灾区群众搭建起537顶帐篷。20日，部队领导"命令"游森给家里人送点食物和生活必需品。路过一个安置点时，看到等待救助的儿童和老人，游森将食物和生活用品悄悄发给了他们。

5月22日，党员突击队调查群众受灾情况，发现73岁的肖伯群夫妇无儿无女，3间平房在地震中完全倒塌，全靠乡亲接济度日，生活非常困难。游森和战友们立即为老人搭建了一间临时帐篷，又抢救出部分衣物和生活用品送去。临走前，他还留下随身带的所有干粮和仅有的200多元钱。

2008年10月7日，游森被中共中央、国务院、中央军委授予"全国抗震救灾模范"荣誉称号。

邓　浩

1976年9月出生，湖南邵阳人。中共党员，大学本科学历。1995年9月入伍，解放军95517部队部队长，空军少校军衔。

汶川特大地震发生后，在无法与上级取得联系的情况下，邓浩临危不乱，立即启动应急预案，一边确保人员和武器装备的安全，一边命令各分队迅速做好抗震救灾准备。5月12日16时30分，邓浩边行动，边报告，带领由73人组成的应急分队紧急出动，在交通瘫痪的情况下，跑步奔赴都江堰城区，于18时40分抵达都江堰市幸福大道，成为最早进入极重灾区都江堰市展开救援的部队之一。面对着三四层楼高的废墟和重达几吨甚至十几吨的钢筋混凝土块，邓浩带领官兵，在没有专业营救工具的情况下，通过喊话确定幸存者位置后，第一个冲向废墟，用手挖，用肩扛，奋力进行营救。在邓浩带动下，部队官兵十几个人一组，肩扛手抬，许多战士双手磨破、指甲抠脱血流不止，但没有一个顾及伤痛、停下歇息。经过32个小时连续奋战，邓浩带领分队官兵从废墟中救出幸存者25名，挖掘遇难者遗体32具，清理上交现金5万余元、保险柜1个。

5月14日3时，邓浩率部队受命进驻都江堰抗震救灾物资集散中心，担负救灾物资接收、保管和分发任务。他带领官兵发扬不怕疲劳、连续作战的精神，每天24小时坚守岗位，确保了赈灾物资及时送达受灾群众手中。由于装卸物资的时间常常不能确定，有时是清晨，有时在深夜，他们每天只能间断休息两三个小时。在刚进入物资集散中心的前半个月，他们每天需要装卸物资800余吨，每名官兵平均近5吨。18日2时，劳累了一天的官兵们刚刚入睡，30多辆重型卡车拉着7000顶帐篷到了。官兵们都已极度疲惫，但见邓浩已经冲了上去，没有任何动员，都自觉地加入到卸装帐篷的队伍里。不到两小时，所有帐篷卸载完成。

赈灾物资的保管、分发和警戒保卫工作十分敏感。邓浩以高度的政治责任感，研究制定了《抗震救灾物资管理规定》《救灾物资运送发放措施》等制度，要求全部队官兵从维护党和政府形象的高度，模范遵守群众纪律。物资中心有堆积如山的食品和生活必需品，官兵们经常通宵达旦地装卸物资，却顾不上吃饭；无论多么渴、多么饿，都决不动一滴水、一口粮。在整个抗震救灾中，部队没有发生一起违反群众纪律的问题，受到当地政府和群众赞扬。

2008年10月7日，邓浩被中共中央、国务院、中央军委授予“全国抗震救灾模范”荣誉称号。

陈光耀

1967年9月出生，四川青川人。中共党员，大学本科学历。1984年10月入伍，解放军95437部队66分队分队长，主治医师，空军中校军衔。

地震发生时，休假中的陈光耀正在午睡。突然大地轰鸣，陈光耀顾不上安慰惊魂未定的妻儿，赶忙救护群众，撕下自己的衣服为伤员包扎，组织大家将伤员往空旷地带转移。意识到大地震后一定会有大救援，陈光耀将妻儿托付给朋友，花1800元包了一辆出租车，于5月13日1时赶回部队请缨参战。8时，陈光耀随部队首批265名先遣队，紧急赶赴彭州执行救援任务。13时，陈光耀随先遣队到达彭州市龙门山镇，和大家一起徒步向受灾最严重的银厂沟挺进。部队领导考虑到陈光耀连续赶路已很疲惫，让他暂时留守龙门山镇“大本营”。陈光耀恳切地说：“我是一名医生，我的岗位应该在前方。”说罢就冲到了队伍的最前面，在通往银厂沟的路上，先后救治了13名受伤群众。在攀越一处坡度约60度的山崖时，陈光耀的手被划破鲜血直流，考虑到药品紧缺，他只在衣服上蹭蹭止血。

5月14日，先遣队推进到东临寺村时，到处是残垣断壁和遇难者遗体，废墟里不时传来痛苦的呻吟。每救出一名幸存者，陈光耀都立刻上前仔细检查伤情，就地救治。在随后50多小时的奋战中，他先后救治40多名受伤群众，自己只休息了不到两个小时。

先遣队撤回后，陈光耀没有休息，采购了喷雾器和一些消毒药品，于5月16日随第二梯队回到救灾一线。为防止瘟疫发生，陈光耀不辞辛苦，带领卫生员一边撒生石灰，一边喷洒消毒液，不间断地对官兵饮水、食品和生活环境及时进行消毒；利用部队行进、休整的间隙，宣传疾病预防知识，对个别参加搬运、掩埋遗体后出现厌食、失眠、焦虑、紧张等症状的官兵进行心理疏导。

就在陈光耀全身心救治伤员和开展防疫工作时，从青川老家传来噩耗：老家房屋倒塌，嫂子和侄子、怀孕的侄媳遇难。同事打来电话，换他回去料理一下家事，他说："家里的事，有政府帮助解决，这里的群众需要我！"

抗震救灾期间，陈光耀带领分队先后搜救被困群众300余人，医治转移伤员400余人，掩埋遇难群众遗体9具。

2008年10月7日，陈光耀被中共中央、国务院、中央军委授予"全国抗震救灾模范"荣誉称号。

屈　辙

1967年3月出生，吉林九台人。中共党员，硕士研究生学历。1986年9月入伍，解放军93882部队第二施工大队大队长，空军专业技术上校军衔。

5月25日，屈辙担任部队抗震救灾分队队长，带队执行支援灾后重建任务。5个小时就组织108名官兵和39台机械车辆向灾区进发。车辆刚驶出营区，青川县发生6.4级余震，屈辙只给家人打电话交代了一下，毅然带队继续向四川灾区前进。顶着不断出现的余震，冒着瓢泼大雨，经过近40个小时1000余公里连续行军，施工大队比上级要求时间提前一天到达极重灾区什邡市红白镇。

在红白镇1000户临时安置板房地基平整碾压任务中，屈辙带领干部骨干以平均每天6000平方米的速度推进，提前3天完成任务。面对频繁的余震和随时可能垮塌的危楼，屈辙总是率先进入废墟现场，带领骨干制订最佳排危、清墟方案，组织官兵将危楼破除、清走。什邡市通往红白镇的唯一盘山公路广青路是国务院总理温家宝特别关注的一条"生命线"，经常被泥石流和塌方阻断。屈辙说："我们是工程部队，被塌方困住是我们的耻辱！"为保证这条"生命线"畅通无阻，屈辙决定成立广青路抢通保通突击小分队，先后20多次紧急出动，进入危石耸立的塌方路段，打通道路。

在灾区执行任务期间，屈辙的妻儿一直住在操场上临时搭建的帐篷里，但他从没为此分过心，始终全身心投入支援红白镇灾后重建任务之中。屈辙患有严重的胃病，高强度的救灾工作使他病情加重。在红白村3组和4组废墟清理中，他带领部队冒雨挑灯夜战，当晚清理废墟2000余立方米，提前一天完成了第一阶段任务，第二天却因过度劳累而晕倒在地。

7月5日11时左右，分队接到镇政府求援电话：在红白镇金河磷矿职工家属楼废墟发现遇难者，请求支援挖掘。屈辙立即带领官兵赶到现场。此时遗体已高度腐烂，挖掘人员随时都有被感染的可能。屈辙冒着风险靠前指挥，组织官兵连续奋战6小时，完整挖掘出两具遇难者遗体。

在灾区的日子里，屈辙主动带领官兵为红白村修筑了一条320米长的“爱心路”，把从废墟中挖出的价值20余万元的财物如数交给物主。抗震救灾分队被当地政府和群众誉为“红白突击队”。

抗震救灾期间，屈辙带领部队抗震救灾小分队，深入极重灾区什邡市红白镇奋战58天，先后完成过渡安置房场地平整、废墟清理、广青公路抢通、甘家窝排险、遇难者遗体挖掘等任务，拆除危房4000余间，清理废墟20余万立方米，平整场地14万平方米，抢通修筑道路16公里。

2008年10月7日，屈辙被中共中央、国务院、中央军委授予“全国抗震救灾模范”荣誉称号。

冯新立

1972年5月出生，陕西蓝田人。中共党员，大专学历。1990年12月入伍，解放军95746部队60分队技术员，空军少校军衔。

5月13日凌晨，冯新立随部队赶赴彭州市龙门山镇参加抗震救灾，申请加入党员突击队。震后的龙门山镇银厂沟，所有村庄和多家宾馆垮塌，道路被山体滑坡埋压，大雨倾盆，余震不断，数千群众被困在一处80多米高的山坡上。冯新立与战友们迅速展开营救，当天紧急转移伤员和受困群众150多人。

5月15日14时30分，冯新立受命带领9名战士组成“敢死队”，跟随3名当地向导，深入回龙沟腹地搜救被困群众。进沟的通道已被山石堵塞，冯新立鼓励大家：“只有进入险境，才能救出危难群众。首长和群众在等着我们的好消息，我们一定要坚决完成任务！”17时左右，他们到达天生桥度假村，突然身后传来一声巨响，转身一看，刚才经过的地方已被山体滑坡埋压，大家惊出一身冷汗。18时50分，冯新立带领队员们抵达龙门禅院，找到两名满身泥土、腿脚受伤的妇女和一名老僧。僧人一把拉住他的手，一边哭泣一边说：“这几天做梦都想着解放军能来救我，我白天生烟晚上生火，终于把你们等来了！”16日一早，大家一路背扶，将3名被困人员救出回龙沟。

5月19日8时，冯新立再次受命，带领10人“敢死队”再进回龙沟纵深地，执行人员搜救和灾情侦察任务。由于余震和雨水的侵袭，沟内地形地貌发生较大变化，行进更加艰难。接近梯子沟时，刚翻过的一条沟，眨眼间就被垮塌的山体填平，激起的尘烟持续了几分钟，如果迟过20秒，后果不堪设想。面对危险，冯新立毅然带领“敢死队”继续冒死突进。20日10时，他们忍住饥饿，拖着疲惫的身体，到指定位置等待空投食物、饮用水和皮划艇。由于天气原因，3次空投均未成功；直到16时左右，空投终于成功。但因为地形复杂，只找到少量饼干，皮划艇因被投到峭壁上无法拿到，他们只好再一次撤回龙门禅院休整待命。傍晚时分，天开始下雨，并伴随着余震，滑落石块相互撞击和山体垮塌的声音，使队员们几乎一夜未眠。21日凌晨，接到指挥部回撤命令，确认沟内再也没有生还者后，冯新立才带领队员强忍饥饿，经过4个多小时的攀爬返回驻地。

2008年10月7日，冯新立被中共中央、国务院、中央军委授予“全国抗震救灾模范”荣誉称号。

范振成

1981年10月出生，河北行唐人。中共党员。1999年12月入伍，解放军95605部队83分队班长，空军三级士官军衔。

汶川特大地震发生后，范振成被成都军区作战部气象中心紧急抽调到理县担任野外气象观测员。理县地处高原，地形复杂，气候多变。为了给救灾飞行提供精确的气象数据，领受现场观测气象任务后，范振成把观测点设在离机降场30米左右、海拔2200米的半山上。他用树枝和条纹编织布搭起一个简陋帐篷，并把带来的仪器设备安装调试好，建成临时“气象台”。

进驻观测点的第二天，范振成发现，机降点上空出现一片内部有强烈对流运动的积雨云。此时，一架救援直升机已经从成都起飞，如果上报建议取消飞行任务，满载救援物资的直升机就要提前返航；如果按计划飞行，一旦积雨云不能消散，将直接危及直升机的安全。范振成一手扶着观测仪，注视积雨云的动向，一手举着卫星电话，不停地向指挥部报告天气实况。20分钟后，积雨云向东移动，机降点上空出现短时安全通道，范振成立即报告，15分钟后直升机完成任务顺利返回成都。

最初的十几天，来往理县的救灾飞行十分频繁，观测天气的任务十分繁重，范振成一天只能睡三四个小时。5月20日，暴雨如注，执行救灾任务的直升机急需通过理县上空，范振成必须每半小时报告一次天气实况。范振成站在暴雨中不停地拨打电话，报完最后一条气象信息后便一头栽倒在雨地里。凌晨2时左右，当地武装部派人将范振成送进医院，经全力抢救才脱离生命危险。醒来后趁医护人员不注意，他又“溜”回观测点，咬牙坚守在观测岗位。

观测点设在荒无人烟的半山上，步行到县城至少要半个多小时，后勤给养非常困难，范振成曾靠随身带的8块压缩饼干和8瓶水坚持了11天。在观测点设立后的40多天里，范振成没洗过一次澡，没吃过一顿热饭，没喝过一口热水，严重缺乏营养，双手大面积脱皮，嘴里长满血泡。日晒风吹雨淋，范振成住的帐篷没过几天就变得千疮百孔，到处爬满虫子。被褥和衣服常常湿了又干，干了又湿。野外昼夜温差极大，几个星期下来，范振成的双腿开始发麻肿痛，全身长满疙瘩。就是在如此恶劣的条件下，范振成一直坚持了82天，先后进行了1085次正半点观测和200多次不定时观测，安全保障直升机机降86架次、运输机空投8架次、途经理县上空飞机飞行110余架次，完成各项气象保障任务。

2008年10月7日，范振成被中共中央、国务院、中央军委授予“全国抗震救灾模范”荣誉称号。

蔡伟素

1964年1月出生，河南固始人。中共党员，硕士研究生学历。1981年10月入伍，成都军区空军后勤部副部长，空军大校军衔。

5月13日6时，蔡伟素接到带领部队赴彭州抗震救灾的命令，来不及回家就出发了。10时，部队到达白水河畔，前往龙门山镇的小鱼洞大桥已经坍塌，1800余名官兵和66台车辆被阻。成都军区空军副司令员、彭州抗震救灾前线指挥部指挥长林杰，带领蔡伟素一面与地方领导协商勘察修建临时便道，把60多辆汽车调往前线运送伤员，一面组织部队向震中地区突进。经过20多个小时的连续奋战，当天转移受灾群众6000多人，运送伤员600多人。

5月14日晨，蔡伟素与550名官兵向银厂沟前进。在翻越谢家店子村时，蔡伟素滑落后脚踢在石头上，脚趾当场出血，但他仍咬牙坚持前行。到达银厂沟后，蔡伟素和官兵们转移群众2000余人，并从废墟中救出68名重伤群众。在通信中断的情况下，为请求空中支援，蔡伟素连夜冒雨赶了40多公里山路前往指挥部，向正在指挥部考察的中央军委首长汇报灾情，然后返回银厂沟，确定了2个直升机机降点。当直升机载着最后一批伤员凌空的一刻，已两天一夜没有合眼的蔡伟素脱下剧烈疼痛的右脚的鞋子，发现右脚4个趾甲盖已全脱落了。在黄金救援时间72小时内，蔡伟素强忍剧痛，三进银厂沟，艰难跋涉200多公里，在银厂沟组织了5次拉网式搜救。

地震后，小龙潭地区与世隔绝。5月21日9时，蔡伟素和30名敢死队员突进小龙潭，搜寻幸存者。此时，蔡伟素受伤的脚趾已经溃烂，但他依旧淌着溪水，踏着利石，与官兵们一道沿着山涧曲折前行。强烈的余震又一次袭来，几块巨石滚落下来，砸在他们刚刚经过的路上。蔡伟素说：“虽然没有发现幸存者，但如果我们不来，就无法给灾区人民一个交代！”

担任成都军区空军彭州抗震救灾前线指挥部副指挥长的蔡伟素，对责任区情况了如指掌。他积极为灾后重建工作建言献策，抓督促落实，组织带领部队先后搭建帐篷1044顶、活动板房1.93万平方米，援建了龙门山镇九年制“板房学校”、行政中心、公立医院、长途车站、幼儿园、敬老院、师生公寓、商贸中心等8个项目。彭州市政府授予蔡伟素“荣誉市民”，并聘请他为灾后重建顾问。中央和地方20多家媒体报道了蔡伟素的事迹。

2008年10月7日，蔡伟素被中共中央、国务院、中央军委授予“全国抗震救灾模范”荣誉称号。

王　君

女，1957年8月出生，辽宁锦州人。中共党员，大学本科学历。1982年2月入伍，解放军95666部队85分队高级工程师，空军大校军衔。

汶川特大地震发生后，成都地区组织了新中国成立以来最大规模的空运和空投，成都周边半径60公里范围内的8个军民用机场，聚集了来自空军航空兵、海军航空兵、陆军航空兵、民航以及国际救援组织的各型飞机近200架，日救灾飞行量最高达500多架次，飞行密度是平时的25倍，信息流量是平时的34倍。作为指挥自动化保障技术骨干的王君坚持24小时值班，每天都对指挥信息系统中的50多套席位、中心服务器、网络设备、智能通信机席位终端等进行仔细检查维护，及时对影响指挥信息系统可靠性的薄弱环节进行分析，排除设备出现的各类故障，拟订了《指挥信息系统抢代通方案》，保证系统始终处于安全运行状态，为指挥员实施救灾飞行指挥提供了有力的技术支持；还先后紧急修复各种终端故障434次，参与保障专机114架次、重要任务232架次、抗震救灾飞行4412架次、其他飞行1675架次。

5月31日，成都军区陆航团执行抗震救灾任务的直升机失事后，王君凭着平时积累的过硬专业技术理论，想到通过成都双流机场航管雷达信号，应该能判断出直升机失事的最后航迹点。在每天完成大量空运空投通信保障任务的同时，她主动收集有关资料，深夜独自一人在指挥所反复推演直升机失事前留下的短短两分钟航迹，以点连线，最终准确找出了失事直升机最后的航迹点，并于6月8日下午向军区空军首长报告，为失事直升机准确定位发挥了决定性的作用。为表彰她的功绩，总部奖励她10万元，王君却义无反顾地把奖金全部捐给了灾区。

10月7日，中央军委主席胡锦涛在接见参加全国抗震救灾表彰大会代表时，握着王君的手说："谢谢你，你在关键时刻发挥了重要作用！"中央军委领导在成都战区调研时，专门接见王君，再次肯定了她为搜救失事直升机表现出的大局意识、科学态度和认真负责的工作精神。中央军委有关领导在反映她事迹的材料上批示："王君表现出的大局观念、责任意识、科学精神和严谨作风值得赞扬和宣传。推进部队建设科学发展，完成好各项任务，需要大批像王君同志这样的优秀科技干部。"

2008年10月7日，王君被中共中央、国务院、中央军委授予"全国抗震救灾模范"荣誉称号。

易开红

1976年2月出生，四川蓬溪人。中共党员，大学本科学历。1993年12月入伍，解放军95486部队85分队士官，空军四级士官军衔。

5月13日凌晨，易开红随成都军区空军副司令员林杰率领的1800名官兵，赶赴地震极重灾区彭州市龙门山镇银厂沟参加抗震救灾。在危情四伏的灾区来回奔波，易开红的两个脚掌打满了血泡，左脚踝也严重扭伤。他抓紧一切机会采访拍照，足迹踏遍了方圆10多平方公里的重灾地区银厂沟，拍摄了大量第一手图片资料；稍有空隙，就和官兵们一起投入紧张的救援行动。14日，易开红又主动请缨，随空军某部500余名官兵组成的先遣队，前往银厂沟大龙潭营救被困群众；徒步8个多小时抵达大龙潭后，与战友一道连续奋战到深夜，依靠铁锹等简陋工具，从废墟中抢救出6名重伤群众。

5月15日上午，易开红乘直升机护送被毒马蜂蜇伤、生命垂危的战友陈凯返回成都急救。飞机着陆后，刚把陈凯背上急救车，一大群记者就围住他，急切地打听银厂沟内受灾和官兵救援情况。易开红强忍极度的饥渴和身体的疲惫开始讲述，突然晕倒在地不省人事，被紧急送往四川大学华西医院，深度昏迷近20个小时后，经全力抢救才脱离生命危险。苏醒后仅治疗休息了两天，17日8时，医生刚刚给他做完灌肠，易开红就不顾家人和战友的劝阻，毅然返回灾区。易开红晕倒在机场的情景，被网民评选为“最让人热泪盈眶的5个地震瞬间”之一。

重返灾区后，易开红不顾自身安危，先后参与拍摄了《5月21日九峰山搜救被困群众》《7月14日打通谢家店子到银厂沟被泥石流阻断道路》《70多岁老人被困196小时后在海拔3700米九峰山上被营救》等重要新闻照片。

随着灾后重建工作的深入展开，易开红积极协助成都军区空军彭州抗震救灾前指政工组开展工作，策划了“军民同心、爱满家园”主题宣传活动，在中央电视台、凤凰卫视、四川卫视抗震救灾直播报道节目中，及时对部队援建灾区第一所板房小学和开展“进村入户”搜救情况进行了专题报道。

抗震救灾期间，易开红始终战斗在抗震救灾宣传报道第一线，拍摄下3000多张新闻照片和10多个小时的录像资料，真实记录了灾区受损情况和官兵救灾画面，先后在中央电视台、凤凰卫视、《解放军报》《空军报》等军地媒体发稿200余篇，制作播出了《第一堂课》《上阵父子兵》《进军银厂沟》《生死大营救》等电视新闻专题节目。

2008年5月，易开红被总政治部表彰为“抗震救灾展开救援阶段新闻宣传先进个人”；10月7日，被中共中央、国务院、中央军委授予“全国抗震救灾模范”荣誉称号。

黄　卫

1969年8月出生，重庆沙坪坝人。中共党员，大学本科学历。1987年12月入伍，解放军95486部队80分队无线电工程师，空军少校军衔。

5月23日，在唐家山堰塞湖抢险关键时刻，黄卫接到上级“火速赶往唐家山堰塞湖大坝执行通信保障任务”的命令。此时，黄卫刚从汶川县映秀镇执行完通信保障任务返回家中，与生病的妻子见面还不到一个小时。他与另外4名工作人员迅速启程，每人背负30多公斤重的通信和气象装备器材，翻越两座海拔2000多米的高山。18时10分，战士刘汝光脚下一滑，整个人往山下滑去。黄卫一把抓住他的腰带，大喊其他人趴在原地不动；经过10分钟顽强营救，才将刘汝光拉上来。天黑后，黄卫带领4名战士靠着一支手电筒照明继续艰难行进。有一段山路宽度不足一米，两旁都是悬崖峭壁，稍有不慎就会掉下悬崖。黄卫命令大家原地待命，他自己只身背着装备先攀爬过去；到达安全地段后，再将随身携带的绳子系在一棵大树上，引导其他战士爬过去。至25日4时30分，他和战友们历经11小时20分钟的艰难跋涉，到达唐家山堰塞湖坝体。他们立即架设装备，通过激光测云仪对气象指标进行观测分析，一小时后就将第一批实时气象数据发回抗震救灾指挥所。又过了一小时，运送技术人员和救灾物资的直升机就降落在唐家山堰塞湖坝体上。

从5月25日起，黄卫带领的保障小组每天从4时30分开始工作，每半小时上报一次气象资料，20时才停止工作。空运到的物资有限，前3天每人每天只有一瓶水和一块面包，连续7天没有吃过一点蔬菜、没有洗过一把脸。由于白天超负荷工作，晚上又冷又潮难以入睡，黄卫身上长满湿疹。仅有的一件迷彩背心，在汗水和雨水的反复浸泡下，早已变得硬邦邦的，穿在身上像针扎一样难受，但他全然不顾，仍全身心投入保障任务。

5月27日，卫星装备不慎掉到40余米深的悬崖下，黄卫不顾危险，带领2名战士摸索着一步一步爬到沟底，硬是用背包带将20多公斤重的装备捆在背上，手脚并用攀爬背回，紧急检修调试后又投入使用。在参与唐家山堰塞湖抢险通信和气象保障的11天里，面对堰塞体随时可能溃坝的危险和缺少食品、饮用水等各种困难，黄卫带领保障小组先后上传气象资料200余份，保障抢险飞行300余架次，准确率达100%。

2008年7月，黄卫被成都军区联指表彰为“执行唐家山堰塞湖抢险先进个人”；10月7日，被中共中央、国务院、中央军委授予“全国抗震救灾模范”荣誉称号。

廖　军

1975年2月出生，四川都江堰人。中共党员，大学本科学历。1994年8月入伍，成都军区空军司令部领航处参谋，空军少校军衔。

廖军家住极重灾区都江堰市，在与父母和亲属失去联系的情况下，主动请求并坚持战斗在抗震救灾第一线。

5月13日晨，廖军随部队组织的救援队到都江堰市执行抗震救灾任务。到达都江堰后，部队接到群众报告：工农兵街有4栋楼房大面积倒塌，不少群众被埋，急需救援。廖军立即带领150名官兵赶到现场，分头在4个倒塌点同时展开救援。为救出被深埋在6层楼底的女孩贾正娇，廖军先后3次前往都江堰市抗震救灾指挥部请求大型救援设备和地震专家支援，并4次修改营救方案。经过两天一夜36个多小时的连续奋战，他们终于将贾正娇和另外一名被埋群众救出。

5月15日，廖军受命与通信部门派出的5名官兵一起，在都江堰地区开设指挥引导补盲点，解决经都江堰到灾区的直升机通信指挥联络不畅、飞行矛盾突出问题。经认真分析和实地考察，他们决定选择地形较为空旷、地势相对较高的紫坪铺水库大坝建立“都江堰一号”对空指挥台，对经都江堰进入汶川、理县、茂县等灾区执行救灾任务的直升机进行指挥引导。飞行最密集时，10分钟内竟有16架次进出紫坪铺水库上空。而且，这条航线上河谷与山顶高差达3000多米，很多时候能见度不足一公里。为避免相撞事故，廖军经过仔细分析研究，采取预先调配的方法，按照“低进高出、各自靠右”的原则，在飞机进山时就明确从汶川、卧龙、三江和虹口等4个不同方向返回的高度，有效避免了飞机相对同高度危险情况出现，确保了飞行安全。廖军在飞行指挥中运用的直升机在山区峡谷飞行采取“低进高出、各自靠右”原则，被作为安全规定在灾区执行救灾任务的直升机飞行中推广。

紫坪铺水库大坝地处山区峡谷，昼夜温差很大，白天气温高达40摄氏度，夜间低至10摄氏度，蚊虫特别多。廖军和战友们昼夜工作在闷热的指挥车上，晚上也只能在大坝上休息一会儿。

引导补盲组只有他一名指挥引导人员，每天都要从5时一直工作到24时以后才能休息。从5月15日至6月7日，他坚守紫坪铺水库大坝24天，指挥引导救灾飞行1034架次，保障了这条“生命航线”的畅通。

2008年10月7日，廖军被中共中央、国务院、中央军委授予“全国抗震救灾模范”荣誉称号。

孙积滨

1965年11月出生，河北石家庄人。中共党员，大学本科学历。1984年6月入伍，空军司令部作战部处长，空军上校军衔。

汶川特大地震发生后，孙积滨一方面主动和总参作战部测绘局、国土资源部沟通联系，一方面制订使用空军航测机对灾情进行紧急航空摄影的方案。

在空军首长具体指挥下，孙积滨最大限度地协调空军航测力量，增派4架航测机，投入大面积灾情普查，率先上报唐家山、南坝、石板沟、肖家桥、小岗剑电站上游、干河口堰塞湖重大险情报告；险情专题解译结果迅速发往国家防总、水利部、武警总部、交通部、农业部等部委和四川、甘肃、陕西等省省政府。

孙积滨组织指挥机关测勤分队全力保障部队抗震救灾所需地图，先后向总参谋部请领1000余套灾区大比例尺地形图，组织北京图库分拣灾区万余张纸质航空图紧急调运救灾前指，标绘空军救灾部队兵力部署图、地震灾区堰塞湖位置分布图、救灾情况进展图200余幅，累计发放各种用图近1.3万张，保障了空军、陆航和公安部警用直升机的飞行和地面部队“进村入户”搜救对地图的需求。

空降兵部队受令进驻灾区后，孙积滨紧急协调总部向空降兵前线救灾部队调配北斗卫星导航定位设备，并确保官兵手中的北斗用户机处于正常工作状态。空降兵15勇士就是携带这一装备，在既无地面标识和气象资料，又无地面指挥引导的情况下，纵身跃入4999米高空云隙，成功实施伞降的。孙积滨还会同总参和地方有关部门，在短短48小时内，组织完成空军参加抗震救灾的飞机、机场、指挥机构北斗导航定位系统加装，让先进科技手段在救灾中发挥了特殊作用。

抗震救灾期间，孙积滨全力投入灾区航拍、专机保障、物资投送、地图供管和兵力部署等任务，先后组织航测飞行21个场次46架次164小时24分，实现对汶川地震重灾区龙门山断裂带300余公里长、120余公里宽区域的航空影像全覆盖，源源不断地获取重要影像信息，为国家和军队有关部门及时判明灾情提供了有力保障，为开展次生地质灾害及其隐患的调查、排查以及灾后重建等工作提供了重要支持。

2008年10月7日，孙积滨被中共中央、国务院、中央军委授予“全国抗震救灾模范”荣誉称号。

孟万良

1975年3月出生，陕西三原人。中共党员，大学本科学历。1992年8月入伍，空军航空管制中心参谋，空军中校军衔。

5月14日晚，孟万良受领任务，15日凌晨奔赴岗位。到达指挥所后，复杂的情形摆在了孟万良的面前：成都周边机场已经集结了空军、陆航、成都军区和民航的各型飞机200余架，救灾飞行日高峰达524架次，是平日飞行量的20多倍。此外，灾区地形复杂，天气多变，地域狭窄，空投和机降区域集中在4条山沟、3个进出山口，高空有航拍航测，中空有空运空投，低空有机降救援，还时有重要任务飞行，空中管制形势十分严峻。

当大批伤员急需运出灾区、大量的救援物资急需送抵灾区、飞行计划申请像雪片般飞至时，孟万良时刻提醒自己，决不能因为自己工作不周，给人民增加新的损失。针对严峻而复杂的空域形势，他建议并参与研究制定了4项紧急安全措施，建议调整部署陆航41架直升机到绵阳机场，并采取直升机低高度进入、高高度飞出，各自向右偏飞的办法，减少穿插和对空指挥上的矛盾；集中运送物资时，采用按机群、成建制的办法，使一条山沟同时放行20余架直升机，创造性地发挥出航空管制的巨大作用。

5月20日，灾区又发生余震，由于航空管制的不可中断性，孟万良必须无条件坚守岗位。此刻空中还有几十架飞机在执行任务，大批的救援飞行正等待实施。孟万良观察好遇到“万一”时的逃生通道和自救办法，便毅然坚守在岗位上。23日，唐家山堰塞湖出现重大险情，威胁着几十万人的生命安全。为落实中共中央、国务院、中央军委确保唐家山堰塞湖胜利排险的指示，孟万良积极参与研究制定临时管制措施，在最短时间内划设临时飞行管制区，开辟“空中绿色通道”。仅26日一天，抢险直升机飞行就达83架次，为成功排险、及时撤离下游群众赢得了宝贵时间。为确保党政军领导考察灾区专机和重要任务飞行安全，孟万良认真分析灾区地形地貌特点，了解掌握灾区机场和临时起降点的飞行条件、天气情况和组织保障能力，研究制订了《直升机执行专机、重要任务有关规定》，确保了专机、重要任务飞行的绝对安全。

抗震救灾期间，孟万良在担负空中管制任务的45个日日夜夜里，积极建议并参与研究制定紧急安全措施，适时制定临时管制措施，划设临时飞行管制区，开辟“空中绿色通道”，完成新中国救灾史上最为困难地域、最为复杂空情、出动飞机最多的空中大救援空中管制任务。

2008年10月7日，孟万良被中共中央、国务院、中央军委授予“全国抗震救灾模范”荣誉称号。

孙焕冬

1970年1月出生，安徽怀远人。中共党员，大学本科学历。1990年3月入伍，空军后勤部卫生防疫队卫生监督科主任。

5月16日，孙焕冬带领空军抗震救灾防疫分队第一小组到达绵竹市汉旺镇。强烈的地震导致地质结构破坏、供水设施受损，垃圾、粪便骤增，水源受污染，生活饮用水严重短缺。孙焕冬立即带领小组成员赶往责任区调查走访，实地勘查，深入安置点和部队食堂快速检测，逐一查明情况，提出处理措施。19日傍晚，孙焕冬在对某供水站进行卫生指导时，发现该供水站为提高产水量，未启动反渗漏处理系统，立即告诫水站负责人该水源已受到污染，不能减少必要的处理环节。次日再对这个供水站复查时，该负责人拿着培养检测结果说："我们昨天没有按程序处理的水，真不合格。多亏及时指导，否则犯下大错了。"孙焕冬听罢，十分欣慰地说："今天，我又给你们带来了水质消毒剂和余氯检测试剂。在过滤后的水中，每吨加进两片消毒剂片及时检测，就能保证饮用水卫生。"此后，水站坚持按照这个方法处理水源，日产水量达200余吨，保证了周边3万余人的饮用水安全。

5月20日9时，孙焕冬接到川东石化救援队打来的电话，得知绵竹医院住院部发现遇难者遗体。他们迅速赶到现场察看，发现住院楼西侧已完全坍塌，东侧也已严重倾斜，上面还悬挂着几块断裂的水泥预制板，而要到达现场，必须穿过已"散架"的楼群。孙焕冬率先走过去查明情况，发现一位遇难者遗体被卡在坍塌楼群的连接处。面对已经变形的遗体，孙焕冬首先想到的是对逝者的尊重，严格按规定程序进行相关操作。正在消毒时，孙焕冬突然觉得废墟晃动起来，同时看见许多群众朝马路中央跑，意识到又发生余震了。撤出后稍事停顿，孙焕冬与队员们一起找来床单、褥子，再次钻进去用床单将遗体覆盖严实，再翻到褥子上包裹结实，爬、走、坐并用，将遗体搬运出废墟。

作为防疫小组组长，孙焕冬带领所属分队成员先后在绵竹市汉旺镇、什邡市洛水镇和蓥华镇等12个乡（镇）、15支抗震救灾部队、近百个任务点，开展卫生监督监测、媒介生物控制、卫生知识宣传和专业技能培训工作，检测各类样品1823份，处理水源（供水点）786个，消毒防疫420余万平方米，处理遗体60余具，建立疾病监测点22个，培训卫生防疫骨干394名。

2008年9月，孙焕冬被卫生部、食品药品监管局、中医药局、总后卫生部授予"抗震救灾医药卫生先进个人"称号；10月7日，被中共中央、国务院、中央军委授予"全国抗震救灾模范"荣誉称号。

杨靖宇

1977年9月出生，云南曲靖人。中共党员。1996年12月入伍，96512部队93分队班长，三级士官军衔。

汶川特大地震发生后，得知部队要组织救援队前往灾区，杨靖宇主动要求参加救援队。有的战友说："你马上要转业了，还争着去干吗？"杨靖宇说："在一天岗尽一天责，正因为我将要脱下军装了，就更应该去，我要为我的军旅生涯画一个圆满的句号。"

5月15日，杨靖宇随部队到达四川灾区，立即参加了打通进入北川县城3.5公里路段的任务。此时通往北川县城的唯一一条公路被巨石堵死，数万名救援人员和大量救灾物资被迫滞留城外。

杨靖宇主动请战，带领党员突击队，不顾余震不断、山体滑坡、山石滚落等危险，第一个驾驶着挖掘机冲了上去，几次躲过山上滚落下来的石块，沉着冷静地驾驶着挖掘机一米一米地向前推进。杨靖宇顾不上吃饭喝水，利用现场地形迂回改道、埋石填土，清除路面一块块重达几十吨的巨石，顺利通过跨度近6米、深达2米多的断裂带，仅用12小时就打通“生命通道”，为大批救援部队迅速开进北川县城展开救援赢得了宝贵时间。

5月17日，部队受领了北川县城至陈家坝乡道路抢修任务，杨靖宇又是第一个驾驶着挖掘机进入现场。由于长时间高强度施工，杨靖宇腰肌劳损复发，但他始终强忍病痛坚持工作。经过24小时的艰苦奋战，抢通了塌方地段，转移出万余名被困群众。随后，杨靖宇又参加了擂鼓镇至禹里乡63公里道路的抢修任务。由于余震和恶劣天气引发地质灾害，此段路修了又塌、塌了又修，杨靖宇始终坚守在施工第一线，终于全线抢通该段道路。

5月28日，部队接到建设红星爱民新村和红星卫生院的任务，杨靖宇又加入到搭建活动板房的队伍中。他和180名战友顶风冒雨平整场地、搭建板房，连续奋战数个昼夜，手上磨出血泡，满身泥泞，衣服结出厚厚的汗渍，身上多处因暴晒而掉皮。短短五六天时间，一个建筑面积约1300平方米、有48间房屋、可容纳全村200名灾区群众居住，并建有村委会、活动室、健身场和浴池等配套设施的崭新村庄便矗立在废墟之上。

在参加抗震救灾和灾后重建的半年时间里，杨靖宇几乎没有睡过一个囫囵觉，没有好好吃过一顿饭，累计挖掘土石方约5万立方米，为抗震救灾做出了重要贡献。

2008年10月7日，杨靖宇被中共中央、国务院、中央军委授予“全国抗震救灾模范”荣誉称号。

雷加飞

1982年10月出生，四川江油人。中共党员，大专学历。2002年12月入伍，解放军96514部队92分队排长，少尉军衔。

5月12日下午，地震突然发生，正在江油老家休假的雷加飞立刻飞奔到附近一所乡村小学参加救援，组织群众进行有序自救，和其他人员一起，在瓦砾里挖，在钢筋水泥碎块中刨，冒着余震救出18名学生。随后，顾不上家中受灾，雷加飞主动加入到武警江油市中队组织的救援队伍中，连续3天与武警官兵一起抢救幸存者、搬运伤员、安抚群众、维护治安，先后救出3名幸存者，转移50余名受灾群众。

5月15日，雷加飞得知自己所在的部队已开赴极重灾区北川羌族自治县，决定提前归队前往北川参加抗震救灾。路上，他一边搜寻幸存者，把自己所带的食品和水全部分发给受灾群众，一边寻找部队。

5月16日赶到北川与部队会合后，雷加飞立即投入艰苦的救援战斗中。他不顾个人安危，冒着余震频发的危险，带领12人搜救小组钻废墟、爬危楼，仔细搜寻，发现并营救出两名幸存者。

5月17日，雷加飞和助理员郑平东带领搜救小组前往绵竹市九龙镇执行道路抢修任务。有村民反映，附近清泉村有6名群众被困悬崖上，已经断粮5天了。由于随时可能发生山体大面积滑坡，几名群众处境非常危险，雷加飞带领9名战士立即前去救援。他把战士们分成3个组，两组爬上山顶拉绳索连接山上山下，一组在山下接应。有一名老人腿脚不便，雷加飞就用背包绳把她绑在自己身上，一步一滑地走下来。经过5个多小时救援，6名群众成功获救。

5月19日，部队奉命挖掘北川历史档案资料，雷加飞负责现场机械操作指挥。楼顶的缺口打开后，他第一个带领人员钻进档案室，和战友先后抢救出2.5万余份珍贵档案资料。22日，雷加飞随部队转战安县雎水镇，参加打通“生命通道”墩（青）秀（水）公路的任务。他带领爆破组，勇闯“老虎嘴”，担负排险重任，每天身负10多公斤重的麻绳，肩扛20多公斤重的风钻，攀悬崖，斗巨石，一人3天打了800多个钻孔，双手磨出了血泡。在十几天时间里，雷加飞带领人员爆破巨石4000多立方米，排除险情数百次，终于拔掉“老虎牙”。在恢复重建工作中，他带领人员拆除危房50余间，修缮卫生院1所，搭建幼儿园2个，平整场地8万余平方米。

2008年10月7日，雷加飞被中共中央、国务院、中央军委授予“全国抗震救灾模范”荣誉称号。

廖炳生

1956年12月出生，江西峡江人。中共党员，大学本科学历。1974年12月入伍，解放军96531部队部队长，大校军衔。

汶川特大地震发生后，廖炳生凭着一名应急工程保障部队指挥官独有的政治敏锐性，第一时间向部队发出预先号令，动员全体官兵做好赴四川抗震救灾的一切准备，并启动应急预案，紧急采购切割、顶升、扩张以及微型内窥镜等抢险专业装备。5月13日，由11名技术专家和1356名专业技术骨干组成的抗震救援队集结完毕，75台车辆和特种装备、6600件（套）机具整装待发。14日接到开赴灾区的命令后，部队在最短时间内以空中和陆地机动转进的方式，从5个省（区）14个点位连夜赶赴绵竹、北川救灾第一线。

5月15日，廖炳生带领部队组建的9个电力抢修队，采取一边立杆、一边架线、一边敷缆、一边抢修台区的办法，同时在9个乡（镇）展开会战。7个小时后，绵竹市2个伤病员救治中心恢复供电；16个小时后，9个乡（镇）和1个食品加工厂全部恢复供电。

5月17日，绵竹市领导打来求援电话：“汉旺镇的水源已被污染，需要从绵竹市向汉旺镇铺设一条4公里长的输水管道，你们能否尽快接通这条生命之源？”廖炳生将有关情况做了分析后，答复市领导：“24小时之内，保证让汉旺镇的受灾群众喝上从新管道送去的水！”经过一昼夜的紧张施工，一条野战条件下的输水管道顺利通向汉旺镇。18日中午，汉旺镇受灾群众用上了安全放心的饮用水。

5月17日1时许，得知在绵竹市九龙镇海拔1700多米的关门山上有6位行动不便的老人被困、生死不明，廖炳生指令参谋长带领50人组成的救援队上山救人。此时通往山里的道路全部受阻，还随时可能发生山石滑落和泥石流，救援队冒着生命危险，奋战8个小时，终于将6位老人转移到山下。

抗震救灾期间，廖炳生指挥和带领部队先后在绵竹、北川和江油等重灾地区，搜救被困群众49人，挖掘北川农村信用联社金库现金640万元和大量银行票据凭证，清理废墟28.04万立方米，拆除危房5.1万平方米，进村入户安抚受灾群众2.3万人；紧急搭建帐篷3187顶、活动板房2.5万平方米，捐建一村、一校、一院，解决了3.7万受灾群众安居、5600多名孩子上学和2.9万群众就医问题；全面抢通绵竹市供水、供电、供气、通信和广播电视主干管网596.3公里，解决了40万群众生活生产用电、25万多群众用水用气、27万多个用户的通信问题，让30多万群众看上了北京奥运会电视直播。

2008年10月7日，廖炳生被中共中央、国务院、中央军委授予“全国抗震救灾模范”荣誉称号。

张玉良

1968年3月出生，山东兖州人。中共党员，大学本科学历。1987年11月入伍，解放军96544部队部队长，中校军衔。

汶川特大地震发生时，张玉良的妻子正在驻地医院接受手术治疗。张玉良敏锐意识到部队很有可能执行抗灾救援任务，没等妻子出手术室，便赶回营区，迅速启动应急预案，短短一天内便筹集到1337件装备机具和3吨多后勤保障物资。5月14日晚接到开赴灾区的命令，张玉良把孩子托付给邻居，来不及看望病房中的妻子，就登上了飞赴灾区的飞机。

5月15日，部队到达极重灾区北川羌族自治县，连续两天未合眼的张玉良立即带领部队投入救援之中。他和战友们不顾个人安危，先后救出3名幸存者。在北川职业中学搜救中，由于学生宿舍楼一层完全坍塌，楼房已整体倾斜30度，加之强余震不时发生，砖头石块不断飞落，危险随时可能出现。当听到废墟下传来一名男孩的轻微呼救声时，张玉良第一个冲了上去。这名叫杨冰冰的学生已经被埋78个小时，身体非常虚弱。张玉良一边鼓励他坚定信心，一边与战士一起用双手挖刨废渣，双手磨得鲜血淋漓，速度却没有丝毫放缓。经过5个多小时的艰苦奋战，终于将杨冰冰从废墟中营救出来。

5月16日，部队开始在北川农村信用联社紧急搜救。北川信用联社8层高的大楼里有60多人被埋，由于已过了72小时救援黄金时间，救出生还者的可能性越来越小，遇难者遗体有的已经腐烂变形。张玉良坚持带领大家一直挖到一层的金库，搬运出6名遇难者遗体。受唐家山堰塞湖可能溃坝的威胁，北川县城封城，搜救人员撤离，张玉良和官兵们强烈要求再延长一天，争取挖出一层金库里的8个保险库。官兵们开来推土机、挖掘机，架起切割机、液压钳，人工作业与机械作业同步展开，张玉良负责对挖掘出的财产逐一登记造册。至18时，金库中的640余万元现金和笔记本电脑等物品被挖掘出来，随即分毫不差地移交给了地方。

在执行绵竹市剑南镇茂泉村社区大型帐篷搭建、汉旺镇凌法小学捐建等任务中，张玉良带领官兵高标准搭设帐篷90顶，敷设供水管路1400余米，清理完200多立方米的废墟，搭建起690平方米的活动板房，确保了灾区群众的妥善安置和学校的顺利复课。在恢复重建阶段，张玉良带领官兵完成绵竹市“四通”（水通、电通、路通、通信通）基础设施重建任务，保障了18个灾区群众安置区的生活、工作需求，解决了20多万受灾群众的供水、供气、供电等基本生活难题。

2008年10月7日，张玉良被中共中央、国务院、中央军委授予“全国抗震救灾模范”荣誉称号。

田东江

裕固族，1973年12月出生，甘肃酒泉人。中共党员，大学本科学历。1996年7月入伍，第二炮兵司令部工程部工程处副处长，中校军衔。

5月13日，二炮部队接到抗震救灾命令，田东江主动请战，于14日随二炮第一批工程救援部队进入四川灾区。部队到达灾区时已是深夜，面对灾情不明、余震不断、道路不通等重重困难，田东江随现场指挥组连夜徒步进入北川县城勘察灾情，立即组织部队重点对北川农村信用联社、农业银行、国税局和职业高中等4个点位进行搜救，先后救出被埋群众14人。田东江冒着建筑物随时可能崩塌的危险，一边和现场指挥员制订救援方案，一边组织安全警戒、联系医疗救护。15日，在北川职业中学宿舍楼严重倾斜、余震不断中随时可能坍塌的情况下，田东江带领9名官兵从废墟下救出杨冰冰等3名被困学生。

田东江积极会同专家和技术人员，连夜制订救援方案，指导二炮工程部队连续奋战12小时，打通进入北川县城的“生命通道”，为抢救被困群众生命赢得了宝贵时间；此后，又转战多个救灾关键点位，冒着余震、滑坡、塌方、滚石随时都有可能发生的危险，对抢通道路和堰塞湖险情进行勘察，并组织指导工程部队先后打通北川县城至陈家坝乡的“援救通道”、睢水镇“战略通道”和北茂公路擂禹段的“重建通道”；同时，集中二炮工程救援部队主力，排除老鹰岩高危堰塞湖险情，确保了国家战略设施和近6万群众的生命财产安全。

作为现场指挥组成员，田东江每次执行重大抢险任务前，都深入现场实地勘察，对每一处滑坡、塌方、受损桥涵都仔细查看，认真研究论证，科学制订方案，全面筹划救援行动；对兵力调配、施工组织、技术保障、后装需求、安全防护等逐一细化，牢牢把握住了战地工程指挥的主动权。

田东江平均每天休息不到4个小时，救援的关键时期，常常两三个昼夜都不能合眼。在老鹰岩堰塞湖，田东江带头在两侧山体塌方、滚石不断，随时可能出现洪水暴发、堰塞体溃决的险恶环境中，绘制施工作业图。在老虎嘴天堑，田东江多次穿越乱石林立的滑坡崩塌体，顶着酷暑，冒着大雨，反复踏勘。在擂禹公路段，田东江穿越北川废墟，翻越坡陡路险、野兽出没的龙尾山，勘察抢建路段。

2008年10月7日，田东江被中共中央、国务院、中央军委授予“全国抗震救灾模范”荣誉称号。

刘全斌

1978年7月出生，河南西华人。中共党员，大学本科学历。2002年7月入伍，解放军96615部队卫生监督科主治医师。

汶川特大地震发生后，刘全斌毅然要求参加应急救援防疫分队。5月16日，他作为应急救援防疫队员，随部队赶到极重灾区北川县城。

刘全斌带领防疫突击队，在废墟里喷洒消毒液2000多公斤，防疫消毒10万平方米，为500多名搜救官兵进行体表消毒，完成了北川搜救、老鹰岩排险、擂禹公路抢通等重大任务的伴随卫生防疫保障工作，并深入高川乡、陈家坝乡、小坝乡等灾区开展卫生防疫工作。刘全斌作为侦检组长，检测水质264份、食品143份，对450多个（次）饮食保障点进行了饮食卫生监督，为灾区培训防疫骨干31名，参与消毒处理遇难者遗体26具；深埋消毒、无害化处理死亡禽畜180头（只）；完成部队营区和多处灾区群众安置点的环境消杀和疾病监控工作，累计消杀面积达100多万平方米。

某工程部队在擂禹公路抢通施工时，得知路边教室里埋有两具遇难者遗体。为准确探明遗体位置，必须有人先行进入随时有可能倒塌的教学楼探测。刘全斌穿戴好防护服，背着喷雾器首先钻进危楼里。一个小时后，他在一层楼道中间和二层的一间教室内找到遗体，并带领其他队员进行装殓、消毒。

5月30日，刘全斌带领突击队深入90多公里外的安县高川乡开展防疫工作。一路上，他总是走在危险的收尾位置。在通过一个塌方区时，小分队刚刚通过5分钟，就发生强余震，已经发生过一次塌方的半个山坡顺势而下，他们刚走过的地方顷刻间荡然无存。

6月7日，刘全斌受命带领一支4人防疫分队，空降到老鹰岩排险现场，进行防疫保障。他们每日徒步往返近15公里，沿路掩埋死亡畜禽、清洁水源。5天的伴随保障中，累计消毒、掩埋死亡畜禽38头，消杀面积达4万多平方米，为施工部队开辟了一条卫生安全通道。

在对北川抗震救灾部队开展饮食饮水与环境卫生监督工作中，刘全斌坚持每日对部队饮食饮水卫生进行检查和检测，先后检测食品和水样409份，有效保证了救灾部队官兵的饮食饮水卫生安全，所保障部队未发生一例食物中毒和饮水安全事件。

抗震救灾期间，刘全斌老家遭受龙卷风、冰雹和强降雨等恶劣天气灾害，家中0.33公顷麦子绝收，2间房屋损坏，价值1万多元的树木损毁，直接经济损失2万多元，但他仅给家里打电话问候了一声，依然坚守在抗震救灾现场。

2008年9月，刘全斌被卫生部、食品药品监管局、中医药局、总后卫生部授予“抗震救灾医药卫生先进个人”称号；10月7日，被中共中央、国务院、中央军委授予“全国抗震救灾模范”荣誉称号。

田义祥

1960年10月出生，天津蓟县人。中共党员，硕士研究生学历。1976年12月入伍，解放军61683部队主任，大校军衔。

汶川特大地震发生后12分钟，田义祥从中国地震局得到震情信息，以最快速度组织应急办向中央军委、总参谋部首长报告。1分钟后，田义祥即向北京军区某集团军工兵团和空军下达预先号令，使这支抗震救灾专业力量在国务院总理温家宝赶到灾区2小时后就赶赴都江堰展开救援；2分钟后，向国家地震灾害紧急救援队发出做好紧急出动的第一道指令；5分钟后，要求成都军区进一步核实地震灾情；10分钟后，预告空军准备动用运输机；20分钟后，向四总部发出通报，迅速启动应急指挥机制；1小时15分钟后，预告济南军区、兰州军区做好调动大部队入川抗震救灾准备；一个半小时内，组织拟制了大规模用兵方案。

田义祥先后20余次直接与国家有关部门、军区和省军区领导、部队一线指挥员联系，获取灾情消息和部队第一手信息，为军队抗震救灾领导机构科学决策和指挥提供可靠依据。5月12日15时17分，田义祥与正在四川省军区司令部值班室值班的副参谋长向怀树紧急通电话，询问灾区情况，当得知交通中断、通信中断时，立即要求向怀树乘车到灾区一线了解灾情，随时报告沿线情况。

地震后的三天两夜，田义祥没睡过一次觉，不间断了解和上报情况、协调各方工作，每天接打上百个电话。5月14日中午，由于劳累过度，田义祥差点摔倒在楼梯口。16日23时，田义祥接到上级命令，要求立即协调3架直升机，将有关专家和特种设备输送到绵阳。田义祥立即与有关单位协商，将每个细节都考虑周到、落实到位。第二天，专家和设备平安到达现场。

震后两个多月里，田义祥吃住在办公室，每天工作到后半夜，有时通宵达旦。其间，田义祥的母亲患重病住院治疗，他让妻子到医院陪护老人，自己则一如既往地战斗在工作岗位上，直到抗震救灾工作取得重大阶段性胜利才去医院看望母亲。

在抗震救灾的组织指挥中，田义祥组织起草指示电报20余份，承办兵力调动10余万人，上报要讯、电话报告稿70余份，为中央军委和总部首长以及国家有关部门提供专题材料40余份；先后两次保障军委首长考察甘肃和四川地震灾区，看望慰问救灾部队。

2008年9月，田义祥荣立二等功；10月7日，被中共中央、国务院、中央军委授予“全国抗震救灾模范”荣誉称号。

翟　宁

1979年12月出生，黑龙江肇东人。中共党员，大学本科学历。1997年8月入伍，解放军61486部队助理研究员，技术11级，上尉军衔。

5月18日，翟宁跟随部队保障小分队到达成都，马上制作打印了一些具有代表性的灾区情况资料，并于当天下午带着这些资料直奔国务院抗震救灾总指挥部四川前方指挥部，汇报有关情况。当时，国务院副总理、国务院抗震救灾总指挥部副总指挥回良玉正召集国务院各部委领导开会，翟宁等人在会议室门口等了3个多小时。回良玉一行从会场出来得知他们的来意后，当即听取他们的现场汇报。翟宁把所带资料摊在地板上，向回良玉一一介绍了汶川、北川等极重灾县（市）的受损情况。在听取汇报后，回良玉指示国家有关部门一定要利用好这批珍贵资料。

随后几天，翟宁与小分队成员一道，不分昼夜地制作了包括地震受灾区域分布、堰塞湖、道路桥梁损毁等重要信息的多份资料，保障国家防总、水利部、交通部、成都军区联指等单位的资料需求，为抗震救灾中领导和专家的指挥决策提供了重要依据。

经过十几个不眠之夜的连续奋战，小分队完成了既定任务，返回部队驻地。就在返营的第二天，翟宁又接到参加搜寻失事直升机的任务。翟宁二话没说，背起还没来得及打开的行李重返成都。为了获取最直接的情况，指挥部决定派人上直升机执行搜寻任务。当时，直升机失事的阴霾还重重地笼罩在大家的心头，而且灾区的天气十分恶劣，雷雨不断，指挥部决定一次只派一个人上直升机。得知这一情况，翟宁马上找到指挥部领导，要求第一个上飞机。在前往机场的路上，为了不让妻子担心，翟宁没把上直升机执行任务的事告诉她，只是发了几个短信，嘱咐她注意安全。虽然由于特殊原因，最后没有登上直升机执行任务，但翟宁顾大义、舍生死的无畏抉择已经向人民交出了一份合格答卷。

2008年10月7日，翟宁被中共中央、国务院、中央军委授予“全国抗震救灾模范”荣誉称号。

李明明

1985年8月出生，四川青川人。中共党员。2002年12月入伍，总参谋部通信训练基地教练连班长。

5月12日下午，正在青川老家休假的李明明突然感到楼体强烈晃动，立即拉着母亲和姐姐冲下楼撤到安全地带，随后又返回危楼组织楼上百余人撤到安全地带。途经质监局楼下，李明明看见一个人满头是血在瓦砾堆中挣扎，便迅速把人刨出来背到县中医院，见中医院已完全垮塌，又背到县医院，县医院也是断壁残垣，他只好把伤者送到乔庄小学操场的临时医疗点，然后赶回县医院帮助抢救员和药品器械。从县医院出来，李明明想回家穿上军装再投入抢险救援，途中看到几名武警官兵正在运送受伤群众，为了能够救助更多的人，李明明找到带队的上尉警官说：“我是一名战士，让我一起参加救援吧。从现在起，我就是你的兵！”上尉被李明明的真诚与无畏所感动，答应了他的请求。

面对余震不断、房倒屋塌的危险，李明明与16名武警青川县中队官兵，抱着“多争取一分钟时间就可能多救一条生命”的信念，全身心投入救援。他们首先赶到青川县山珍市场，那里的4层楼房已变成废墟，循着呼救声，挖开堆积如山的碎石砖块，救出10多名被困群众。吊车到达后，因无法靠近废墟，李明明与官兵就用双手清出一条50多米的通道，帮助40多名被困群众脱离险境。17时左右，接到青川县公安局紧急通知：木鱼镇中学宿舍楼坍塌，数百名午休的学生被埋，火速前往救援。李明明与武警战友冒险赶往木鱼镇，一路上，余震引发的山体滑坡、飞石与泥石流多次与他们擦肩而过。当他们赶到木鱼镇中学时，那里已是一片废墟，几百名学生被埋在地下。“解放军叔叔！”循着呼声，李明明一眼看见在扭曲的床架中夹着一名学生。正要冲上前去，却一脚踏上虚架的木板，石块和砖头迎面砸来，李明明迅速用手遮住眼睛。站稳后，他双手扳起钢架，聪明的学生一缩身体挣扎着爬了出来。“下面还有人！”学生告诉李明明。透过窗孔，依稀可看到石砾下压着的校服。李明明迅速搬移石块，很快，鲜血把白手套染成了红色，指尖传来钻心的疼痛。李明明强忍疼痛，救出了被困在里面的4名初一学生。

经过数日艰苦奋战，李明明和武警青川县中队抗震救灾分队救出幸存者91人，挖出遇难者遗体307具。青川县委书记和广元军分区领导了解到李明明的情况后，高度赞扬他的模范行动。中央电视台、《解放军报》《中国青年报》以及人民网、新华网等军内外各大媒体也广泛宣传了李明明的先进事迹。

2008年10月7日，李明明被中共中央、国务院、中央军委授予“全国抗震救灾模范”荣誉称号。

蔡有固

1964年11月出生，湖南益阳人。中共党员，大学本科学历。1981年6月入伍，解放军61267部队部队长，特级飞行员，上校军衔。

汶川特大地震发生后，蔡有固立即启动紧急出动预案，在党委会上对部队可能担负的抗震救灾任务进行了分析研究，对各项准备工作作了周密部署，制订了抗震救灾方案。5月15日2时，蔡有固接到赴四川抗震救灾的命令后，带领机关人员连夜制订直升机转场出动方案，任务分队7个机组仅用两个小时就完成了出动前的最后准备。随后历时11个小时，行程1700多公里，迅速到达四川抗震救灾第一线。

5月17日8时50分，蔡有固接到紧急通知，立即前往北川羌族自治县小坝乡运送物资，救援重伤员。前往救援的地区在2600多米深的大峡谷里，要在无指挥、无地标、无航线的不利情况下飞行。面对生与死的考验，蔡有固凭着高超的飞行技能，带领任务机组一次次穿越“死亡之谷”，成功打通飞往重灾地区汶川、北川、绵竹、平武、松潘等20多个县（市）和乡（镇）的空中航线，顺利完成指挥部交给的投送通信器材、食品、饮用水、药品和空运危重伤员以及被困群众的任务。

5月18日，蔡有固驾机前往什邡市青牛坨，救出2名伤口严重感染的游客和7名被困群众。20日，为解救北川小坝乡8名病情恶化的危重伤员，蔡有固在不具备飞行气象条件的情况下，毅然冒雨驾机前往。为了及时抢运9名被困在悬崖险坡七昼夜的危重伤员和年迈老人，蔡有固冒着直升机随时可能侧翻的危险，单轮悬空作业，为及时救治伤员和被困群众争得了主动。

每次飞行前，蔡有固都会把手机交给部队政治处主任刘光武，说：“老弟，我的儿子就拜托你了。”然后翻开航图，打开GPS定位系统，用红笔在纸上重重地画上一个又一个圈，向机组成员标示最危险的地域。

在四川灾区救援的日日夜夜里，蔡有固带领抗震救灾分队共飞行134架次、241小时28分钟，投送物资84.6吨，运送伤员、被困群众319人。蔡有固带领任务分队7个机组不畏艰险，一次次穿越“死亡之谷”开展救援。有记者问蔡有固执行任务的地点，蔡有固说：“哪里最需要直升机，我们就出现在哪里；哪里最危险，我们就冲向哪里！”

北京卫视、通州电视台以及《解放军报》《中国青年报》、中国新闻网、新浪网等诸多新闻媒体，都对蔡有固的事迹进行了宣传和报道。

2008年10月7日，蔡有固被中共中央、国务院、中央军委授予“全国抗震救灾模范”荣誉称号。

齐世福

1956年8月出生，山东诸城人。中共党员，硕士研究生学历。1976年2月入伍，解放军理工大学工程兵工程学院野战工程系地雷爆破教研室副教授，大校军衔。

受汶川特大地震影响，徽县嘉陵镇境内宝成铁路109隧道上方山体突然崩塌，约12万立方米土石堵塞嘉陵江河道，造成水深约6～9米、蓄水量100万立方米的堰塞湖，导致宝成铁路中断，并对1.2公里沿江道路通行、109隧道抢险作业和嘉陵江上下游人民群众生命财产安全构成严重威胁。5月16日，齐世福接到赴灾区抗震救灾的命令后，迅速赶往109隧道抢险现场，执行嘉陵江堰塞湖抢险疏通任务。

齐世福根据堰塞湖的特点和险情，采用定向控制爆破技术，快速为堰塞湖开辟了泄洪槽，使爆破危害效应得到很好控制，避免了因爆破可能引起的山体再次滑塌等次生危害，确保了109隧道抢修现场大量机械、设备和众多施工人员的安全。抢险中，齐世福不断探索堰塞湖爆破清障技术，指导兰州军区某红军师成功爆破34次，耗用炸药2000余公斤，爆破土石4万余立方米，确保了嘉陵江河道疏通工程作业的快速推进。齐世福还对参战官兵进行钻孔和装药技术培训，在抢险现场进行作业示范，边指导抢险，边培训爆破、打孔作业手，为部队培养了55名技术骨干，使参战官兵的作业速度提高了三四倍。中央军委有关领导接见参战官兵时，握着齐世福的手说：“你们不仅积极参加抗震抢险救灾，用专业技术指导部队抢险作战，而且还用自己的实际行动为部队作了很好的传帮带，谢谢你们。”

5月17日，一块20多公斤重的岩石突然落在齐世福身边，碎石跳起擦伤了他的左腿。齐世福轻伤不下火线，经简单包扎后又继续奋战在抢险现场。某集团军在给理工大学的感谢信中写道：“齐世福同志在完成此次任务中的表现，充分体现了他服从大局、听从指挥，为国为民高度负责的精神，不怕牺牲、不怕疲劳、连续奋战的革命英雄主义精神，不讲条件、不计得失的奉献精神和严谨细致、实事求是、对工作高度负责的科学精神；充分反映出贵部专业人才队伍优秀的品质、科学的精神、严谨的态度、精湛的技术和过硬的作风。”

作为爆破专家，齐世福为抗震救灾做出了突出贡献，他的先进事迹先后被新华社、中央电视台、《解放军报》等10余家新闻媒体宣传报道。

2008年10月7日，齐世福被中共中央、国务院、中央军委授予“全国抗震救灾模范”荣誉称号。

乔天富

1954年11月出生，四川绵竹人。中共党员，大专学历。1970年12月入伍，解放军报社总编室高级记者，大校军衔。

5月12日下午，乔天富正在办公室编发当天的新闻图片稿，汶川特大地震发生的消息传来。乔天富立即动身奔赴灾区采访，坐出租车于16时30分赶到北京南苑机场。18时，得知绵竹老家两位亲人遇难，乔天富强忍泪水，拍摄了某工兵团官兵登机的照片。22时30分，乔天富随部队到达成都，成为中央新闻媒体最早一批到达灾区的记者之一。赶到都江堰市聚源镇中学后，乔天富冒着余震威胁，拍下武警成都市支队官兵从废墟中救出学生的照片。

5月13日2时，乔天富拍摄下工兵团官兵钻进倒塌废墟横梁的缝隙中，抢救出幸存学生高颖的画面。乔天富快速把这批新闻照片传回北京，次日由中国军网开辟专栏刊出，《解放军报》率先刊登了这批从废墟中最早救出幸存者的照片。晚上，乔天富为工兵团带路，转战东汽。出绵竹城300米就是乔天富的老家，震后午夜的绵竹，马路两边一片废墟。乔天富很想停车看看，但理智告诉他，不能停车，作为一名军人，部队在执行命令，目标是汉旺。东汽中学一栋6层楼垮塌，却留下了两侧、背后三面墙，正面半空中悬着两根钢筋水泥横梁。官兵们不顾一切，冒死抢救被埋在废墟中的幸存学生，乔天富就随官兵们一起在危楼下、废墟上拍摄。

5月15日8时，乔天富乘某陆航团团长余志荣驾驶的黑鹰机超气象飞行，抵达震中汶川县映秀镇采访，成为最早进入汶川的摄影记者之一。下午，乔天富从汶川回到成都凤凰山机场，发稿后顾不上吃饭，又直奔北川。傍晚，乔天富找到正在曲山小学夜战的某集团军工兵团，冒着频频余震和山体随时可能垮塌的危险，在现场守候一夜，记录下官兵的壮举。16日，一组题为《苦战九小时救出三女生》的照片以半版的篇幅在《解放军报》上刊出。

从5月12日下午至17日下午，乔天富只在车上睡了12个小时，吃了4顿饭。18日下午，中央军委有关领导同乔天富通电话，对乔天富的工作给予了充分肯定。

乔天富是解放军报社最先到达灾区、年龄最大的记者。在家中失去3位亲人的情况下，他不惧艰险，不怕牺牲，以高度的职业敏感和果敢迅速的行动奔赴灾区，拍摄记录下了抗震救灾一线部队官兵舍生忘死抢救人民群众的宝贵图片，为激发军民抗震救灾斗志做出了重要贡献。

2008年10月7日，乔天富被中共中央、国务院、中央军委授予“全国抗震救灾模范”荣誉称号。

徐壮志

1973年8月出生，陕西清涧人。中共党员，大学本科学历。1997年7月入伍，新华通讯社解放军分社采编室副主任。

汶川特大地震发生后，正在南京政治学院参加培训的徐壮志主动要求奔赴救灾一线采访。5月13日中午接到命令后，徐壮志来不及收拾东西，5分钟内便出发奔赴机场，登上当天唯一一班飞往成都的飞机。当夜到达成都后，直接进入成都军区抗震救灾联合指挥所采写报道，当天晚上就发出一批关于灾情和解放军、武警救灾行动的报道。14日，徐壮志搭乘第一批飞赴灾区的直升机飞向灾区，拍下汶川县灾后情形，并在通信极度困难的情况下，及时发出关于震后汶川、救援飞机抵达汶川的图片和文字报道，让外界知道了汶川县城震后的真实情况。16日，徐壮志进入另一个极重灾区茂县，及时向外界发出关于震后茂县的报道。

5月13—22日、6月11—22日，徐壮志两次奔赴抗震救灾第一线，深入汶川、茂县、北川等极重灾县（市）采访，冒着余震的危险，在塌方的道路上艰难行进，深入危楼和废墟中采访灾区人民和救援部队官兵，采访各方救援力量和志愿者，发出百余篇（幅）关于灾区救援的文字和图片报道。在首次飞赴汶川时，徐壮志为了拍好汶川县城照片，请空中机械师拉着自己的腰带，冒险将身体探出机窗拍摄；在茂县采访时，经历了强余震和山体滑坡的惊险；在北川采访时，深入废墟中，在成排的遗体边采访，踩着满地的玻璃碴进入危险的救援现场，并在采访中经历了唐家山堰塞湖溃堤警报的一次惊险撤离。

救灾前线一度通信、交通中断，登上直升机、汽车和寻找采访对象都非常困难。徐壮志凭着多次参与应急采访报道的经验，白天跑灾区，晚上写稿件、发稿件，平均每天只睡3个小时，在采写条件异常恶劣的条件下，完成总政治部和新华社赋予的全部报道任务，发出大量独家权威报道。其间，徐壮志克服重重困难，完成对某集团军军长许勇的采访，独家发出《将军突击——记成都军区某集团军军长许勇》的稿件；采写了《抗震救灾一月全景纪录：胜利属于英雄的中国人民》《英雄永生，大爱长存——祭邱光华机组5位烈士》等一批有广泛影响力的稿件。

2008年7月，徐壮志被中宣部、中央外宣办、广电总局、新闻出版总署、中国记协授予“全国抗震救灾宣传报道先进个人”称号；10月7日，被中共中央、国务院、中央军委授予“全国抗震救灾模范”荣誉称号。

李　际

1965年9月出生，河南郑州人。中共党员，大学本科学历。1983年11月入伍，解放军电视宣传中心军事新闻部记者，上校军衔。

5月14日，李际携带卫星传输设备赶赴四川灾区参加抗震救灾报道。

他以最快的速度赶到成都军区某陆航团，搭乘第一批次救人的直升机飞往汶川县映秀镇。天气恶劣，有多次航拍经验的李际深知在这种气象条件下飞行的危险，但他克服直升机上强气流的颠簸，全身心投入拍摄，几乎没有停机地拍摄记录了陆航团官兵全力抢运受伤群众的整个过程，及时向中央电视台传送了震中映秀镇的一组电视画面，中央电视台多个频道和栏目都迅速播出了此组画面。

5月15日，李际又和技术人员一起携带电视卫星转播设备，再次乘直升机机降映秀镇，和技术人员一起风餐露宿，白天采访拍摄，和官兵一起爬废墟救人；晚上和官兵一起挤窝棚，3个人盖一床被子，最困难的时候两个人一天才能喝到一瓶水。冒着余震不断的危险，李际在映秀镇坚守四天三夜，拍摄了大量第一手素材传到北京，及时向外界报道了解放军、武警官兵在震中地区抢险救灾的情况。

震后灾区形成30多个较大的堰塞湖。李际凭着自己的新闻敏感性全力关注，及时采访成都军区联指的有关领导，播发了《抗震救灾官兵全力应对堰塞湖》的新闻。5月25日，李际和战友冒着生命危险，携带卫星转播设备，跟随身背炸药前往唐家山堰塞湖执行任务的解放军和武警官兵组成的突击队采访报道，几乎一直在70～80度的陡峭山坡上行进，时刻都有掉到山下和地震裂缝里的危险。李际不知摔了多少跤，左脚拇指指甲盖踢掉了，5个脚趾被砸伤。忍着钻心的疼痛，李际在唐家山堰塞湖坝顶连续战斗了一个昼夜，第一时间、第一现场与中央电视台综合频道和新闻频道作连线直播报道。26日14时许，米—26直升机将大型装备吊上坝顶。李际直播了整个过程，把米—26直升机的性能、吊装大型设备的重量和难度一一作了介绍；之后又采访武警水电部队的有关领导，了解并回答了土工作业是否可以按计划进行、是否还要进行爆破作业、工程进度估计要多少天等几个人们最为关注的问题。

李际在抗震救灾一线战斗22天，深入成都、绵阳以及汶川、都江堰、绵竹、安县等地采访，在中央电视台“新闻联播”中播出新闻5条，在新闻频道播出新闻10条、直播连线12条，在“军事报道”栏目播出新闻20多条，为鼓舞全国军民夺取抗震救灾胜利，发挥了电视报道的重要作用。

2008年10月7日，李际被中共中央、国务院、中央军委授予“全国抗震救灾模范”荣誉称号。

梁恒国

1954年4月出生，江苏滨海人。中共党员，硕士研究生学历。1970年12月入伍，后勤工程学院营房管理与环境工程系教授。

汶川特大地震发生后，梁恒国主动放弃在外地疗养和检查身体的机会，不顾患有严重的风湿性关节炎、腰椎病和冠心病，迅速赶回学院向院党委请缨参战。5月16日到达灾区一线，梁恒国主要负责指导灾区建立供水保障点。在彭州市小鱼洞镇供水站，梁恒国坚持每天5时开始净水供水、寻找鉴定水源，一连十多天吃不上一顿热饭，平均一天休息不到4个小时，有几次累倒在公路旁。为了防止灾区群众喝受污染的水和有人恶意投毒破坏水源，梁恒国冒着余震不断、山体滑坡和塌方的危险，携带水质快速检测箱，两天行程70多公里，先后为12个村寨、570多户村民和7支抗震救灾部队寻找鉴定安全水源。每次确定安全水源后，梁恒国都首先示范饮用，及时化解灾区群众和部队对水质安全的恐慌和顾虑。

梁恒国充分发挥供水专业技能，千方百计深入灾区群众安置点和部队驻地，提供饮用水保障，并利用自己研制发明的新专利——便携式净水器提供移动供水。在唐家山堰塞湖排险的紧要关头，为保障疏散群众饮用水的安全，梁恒国利用休息时间及时编印5000余册《饮水安全小知识》发给灾区群众，并组织开设咨询点，向群众宣传安全饮水知识，接受群众咨询。

在做好向灾区群众和救灾部队提供干净饮用水的同时，梁恒国还积极为部队培养净水车操作人员20多名，维修保养净水车10多台。随着任务需要，梁恒国跟随部队紧急向重灾地区汶川、北川、青川、绵竹、什邡等任务区开进，建立供水保障"生命线"。在建站过程中，梁恒国带领大家冒着余震、塌方和泥石流等险情，争分夺秒，一个点一个点地勘察水源、检测水质，道路不通就徒步行进。他们风雨无阻，风餐露宿，先后在重灾地区各任务点指导架设19台野战净水车、4台净水分装挂车、63台便携式净水器，建立20个供水保障站，为抗震救灾部队和灾区群众提供了及时、有力的"生命保障"。

在绵竹市汉旺镇最大的灾区群众安置点，梁恒国通过实地勘察，连夜研究商讨、绘制草图，主持完成30公里给水管网和日产3200吨的水厂设计和现场技术指导，及时解决了11790户、4万多人灾后集中供水难题。

抗震救灾期间，梁恒国用自己的专业技能和业务知识为灾区人民和救援部队提供净水供水服务保障，指导和负责建立供水点20个，生产饮用和生活用水2万余吨，保障了灾区军民的饮用水和生活用水安全。

2008年10月7日，梁恒国被中共中央、国务院、中央军委授予"全国抗震救灾模范"荣誉称号。

孙颖浩

1961年5月出生，山东乳山人。中共党员，博士研究生学历。1985年9月入伍，第二军医大学第一附属医院副院长，主任医师、教授，大校军衔。

汶川特大地震发生时，孙颖浩正准备第二天赴美国。第26届世界腔内泌尿外科学术大会即将首次在中国召开，作为大会执行主席，孙颖浩要向国际泌尿外科学术委员会汇报大会筹备情况。面对灾情，孙颖浩退掉赴美机票，向校党委请战赴四川参加抗震救灾。

5月14日，学校受命组建抗震救灾医疗队，孙颖浩担任第一附属医院医疗队队长，带领队员仅用一天时间就组织了200件药品和器材。15日凌晨，医疗队抵达灾区后兵分两路，大部分在安县建立伤员中转分送站，同时抽组一支23人的突击队，火速赶赴汶川县三江乡和茂县灾区救援。孙颖浩再次主动请战，担任突击队队长。

按照上级指令，孙颖浩选派10名医疗队员乘冲锋舟开赴三江乡后，率领13名医疗专家乘直升机机降茂县。开进途中，由于道路塌方严重，孙颖浩带领大家背负着药品器材，翻越3座高山进入救援地。与此同时，派往三江乡的医疗队也于5月16日傍晚顺利抵达。

到达茂县后，孙颖浩一方面与当地共同组建了茂县较早的“战地门诊”和野战手术室，每天接诊300多人次，开展手术20多例，成功救治了全身多发伤、腰椎骨折、胸外伤和颅脑外伤等危重病人30余名；另一方面带领小分队冒着生命危险，赶赴茂县7个乡（镇）、30多个村寨送医送药、排查伤情。在茂县连续奋战十天十夜，孙颖浩带领12名队员收治伤员1500多人，完成大小手术180台，留下观察253人次，巡诊2300多人次。

5月22日，医疗队接收了部队一名重伤员。该战士在抢救灾区物资时膝部受伤，凭着惊人的毅力连续奋战48小时，晕倒时伤口已经严重溃烂，如不尽快救治就不得不截肢。孙颖浩立即组织医疗队员展开抢救。条件所限，孙颖浩硬是跪着与两名骨科专家一起完成手术，保住了战士的左腿。在抢救受伤群众的同时，孙颖浩先后组织20支医疗小分队，90多次深入到一线救灾部队巡诊、开展卫生防疫和营区消毒，保证了部队战斗力。

孙颖浩和他带领的医疗队先后受到中央军委领导、成都军区司令员李世明和四川省委书记刘奇葆的接见，他们对医疗队的工作给予了充分肯定。

2008年6月，孙颖浩被总政治部表彰为“抗震救灾优秀党员”；9月，被卫生部、食品药品监管局、中医药局、总后卫生部授予“抗震救灾医药卫生先进个人”称号；10月7日，被中共中央、国务院、中央军委授予“全国抗震救灾模范”荣誉称号。

熊利泽

1962年12月出生，湖北枣阳人。中共党员，博士研究生学历。1980年9月入伍，第四军医大学第一附属医院麻醉科主任，大校军衔。

汶川特大地震发生后，第四军医大学奉命抽调人员组建抗震救灾医疗队，熊利泽受命担任第一附属医院医疗队队长，于震后第三天率医疗队携带野战手术车、远程会诊车、放射车等特种设备，摩托化机动到安县，奉命组建专业野战救灾医院。在灾区没水没电、当地医疗机构基本损毁的情况下，熊利泽带领医疗队员仅用一个小时就展开野战救护帐篷，迅速建立起抢救室、清创室、手术室，全面展开野战医院救治工作，成为距离极重灾区北川羌族自治县最近、医疗条件最好、具备放射线检查和危重手术条件的医疗救护机构之一。

针对灾区伤员多、伤情重、情况急和后送难的实际，熊利泽果断决定，派遣医疗小组和救护车定点驻扎北川县城前接诊伤员，第一时间实施抢救，并提出了“保命、保肢、保功能”的救治原则和“零截肢、零感染、零死亡”的救治目标。在抢救的3600多名地震伤员中，年龄最大的108岁，被埋时间最长的124个小时，全部实现“零死亡”。熊利泽还组织包括4名院士参加的远程会诊，完成四川灾区军队首次野战条件下的远程多方会诊，通过远程会诊车对被埋124小时的北川建筑工人康东实施多方会诊，成功挽救了康东的生命，同时也为整个四川灾区军队医疗机构后续实施的100多次远程会诊提供了宝贵经验。

在做好野战医院救治工作的同时，熊利泽先后派出6支医疗小分队到安县周边乡镇查看灾情疫情，10余次带领医疗分队到安县7个乡（镇）救助所送医送药，深入了解当地伤情，现场指导救治。短短3天时间，医疗分队就巡诊6000余人，发放价值10万余元的各类药品。熊利泽和队员还积极为乡镇医院的医生授课，主动参与医院重建工作，在较短时间内帮助恢复了安县中医院检验科的功能。5月31日，当接到赴青川执行救治任务命令后，熊利泽带领20名医疗队员奔赴一线展开紧急救治工作，并协助青川县人民医院恢复了功能。

抗震救灾期间，熊利泽带领医疗队先后救治了3606名灾区伤病员，其中手术707例、重症612人，放射诊断600多人次。中央电视台、《解放军报》、陕西电视台和西安电视台等多家媒体报道了熊利泽的事迹。6月，熊利泽参加了总后勤部抗震救灾英模事迹报告团，在总后所属范围内进行巡回报告。

2008年9月，熊利泽被卫生部、食品药品监管局、中医药局、总后卫生部授予“抗震救灾医药卫生先进个人”称号；10月7日，被中共中央、国务院、中央军委授予“全国抗震救灾模范”荣誉称号。

卢世璧

1930年7月出生，北京人。中共党员，博士研究生学历。1954年9月入伍，解放军总医院专家组成员，全军骨科研究所所长，主任医师、教授，工程院院士。

汶川特大地震发生后，已经78岁高龄的卢世璧主动请缨到抗震救灾第一线。医院领导考虑到他年事已高且身患癌症，劝他留在北京指导救治工作。卢世璧知道灾区有大量的伤病员需要救治，多次向组织和家人表达强烈要求，坚持到一线直接救治伤员。最后，考虑到卢世璧的年龄和身体状况，组织上安排他在成都军区总医院指导救治工作。卢世璧成了灾区年龄最大、技术级别最高的医疗队员。

5月14日晚，卢世璧抵达成都，立即投入到抢救伤员的战斗中，每天连续工作10多个小时，既当指挥员又当战斗员，全力以赴抢救危重伤员。一位下肢严重砸伤的女孩被送到医院，当时该院医生考虑用截肢的办法来保住伤员的生命。卢世璧经过慎重考虑，果断决定不截肢，采取其他更为复杂的措施救治。在卢世璧的精心指导下，成功保全了女孩的双腿。16日17时许，北川灾区抢救出一位重伤者，生命垂危。刚刚巡查完100多名伤员的卢世璧迅速赶到成都军区联勤部远程会诊中心，通过视频对这位患者会诊，提出了科学有效的救治方案，及时挽救了伤者的生命。两个小时后，卢世璧顾不上吃饭，又返回病房查看伤员伤情，一刻不停地对伤员进行确定伤情和分类分级等工作。短短3天时间，卢世璧就参加和指导医疗队手术、会诊1000多例。国务院总理温家宝做出重要批示，对卢世璧和解放军总医院专家医疗队的工作给予高度评价。

面对灾区伤员多、病情复杂的情况，卢世璧主动为一线医护人员进行业务指导，详细分析此次地震伤员的特点，结合多次参加地震医疗救治的经验，从抢救搬运、检查伤情和治疗方法3个方面，向医护人员讲解医疗救治的方法和技巧，特别讲解了诊治中容易产生的误区和需要注意的问题。

在救治伤员的同时，卢世璧还主动向中共中央、中央军委献计献策；与解放军总医院专家医疗队的同事一起，针对救灾官兵中出现的多种疾病，及时向有关部门提出3项建议，得到中央军委主席胡锦涛等的充分肯定。卢世璧提出的“着力提高灾区伤员救治质量”的4点意见，受到灾区各级政府和医疗单位的普遍重视。

2008年9月，卢世璧被卫生部、食品药品监管局、中医药局、总后卫生部授予“抗震救灾医药卫生先进个人”称号；10月7日，被中共中央、国务院、中央军委授予“全国抗震救灾模范”荣誉称号。

王业东

1956年1月出生，吉林柳河人。中共党员，大学本科学历。1974年12月入伍，解放军第302医院副院长，主任医师，大校军衔。

汶川特大地震发生后，王业东受命担任该院抗震救灾医疗队队长，率领30名医疗队员赴彭州市小鱼洞镇大楠村和江桥村参加抗震救灾。5月14日18时30分，王业东带领医疗队抵达彭州。当地政府计划让他们驻扎在市结石病医院，救治后送伤员和市区患者。王业东找到成都军区联勤部和彭州市抗震救灾指挥部领导说：“我们千里迢迢从北京赶到灾区，就是要到灾情最重的地方、到灾区群众最需要的地方去，请把我们配置到灾区最前沿！”在王业东的强烈要求下，指挥部将他们派到彭州市受灾严重的小鱼洞镇大楠村。

5月15日中午医疗队到达大楠村，王业东当即决定，利用现场残余的一张桌子和几把椅子，迅速建立接诊点，立即展开救治工作。随后，王业东带领大家不顾长途奔波的劳累，很快搭建起1个简易外科手术室、1个药品库和8个宿营帐篷，迅速把近2吨重的药品和器材归整到位。救治工作展开后，王业东又带领前探小组，徒步往返40多公里，深入周边自然村和龙门山腹地了解群众受灾、救灾部队分布和医疗力量配置等情况。摸清情况后，王业东决定在立足营地接诊的同时，每日派出巡诊小组进村入户，为行动不便的群众送医上门，同时深入兄弟部队营区，上门为抢险救灾的官兵服务。

5月17日起，根据灾区伤情与疫情实际，王业东决定，将工作重点从伤病员救治向救治与防疫并重转变。王业东主动从成都军区联勤部协调到一批药粉，自己动手配制消毒药水，带领大家对疫情重点区域和抢险部队营地周边进行大面积消毒，同时向当地医疗卫生机构和群众发送《地震灾后传染病防治知识》1000余册。

在灾区工作的68天中，王业东既当指挥员又当战斗员，不顾多年的高血压、关节炎和痔疮等病痛，直接参与救治受伤群众，与队员一起抬伤员、搬器材、搭帐篷；深入6个自然村寨，走遍2000多家受灾农户，在医疗条件极其简陋的情况下，救治受伤群众5191人次，成功处置了20多例高危病人；带领队员克服重重困难，自己动手配制消毒药水，对小鱼洞镇区域内所有遇难者遗体挖掘点、动物尸体掩埋点和垃圾堆放点等污染源点进行消杀灭，面积达1000多万平方米。

2008年9月，王业东被卫生部、食品药品监管局、中医药局、总后卫生部授予“抗震救灾医药卫生先进个人”称号；10月7日，被中共中央、国务院、中央军委授予“全国抗震救灾模范”荣誉称号。

邓　蔚

1966年8月出生，湖北洪湖人。中共党员，大学本科学历。1985年9月入伍，解放军第161医院五官科主治医师。

5月13日17时，邓蔚随第161医院抗震救灾医疗一队抵达四川地震灾区。14日18时30分，医疗队急赴极重灾区北川羌族自治县。由于山体滑坡、道路塌陷，邓蔚带头背起40多公斤重的药品、器械向灾区挺进。经过近一天的艰难跋涉，医疗队于傍晚进入北川灾区展开救治。

5月15日上午，邓蔚和战友们在北川县城搜救幸存者。在县委机关幼儿园废墟下，一个被断墙压住下半身的小男孩已处于半昏迷状态。邓蔚和队友们赶紧给小孩喂水补液，鼓励孩子坚持住，同时徒手清理砖头杂物，经过3个多小时的连续奋战，救出这名被埋60多个小时的男孩。在北川灾区的前3天里，邓蔚和战友们共救治灾区群众190人次、官兵及民兵160人次，处理遇难者遗体40余具。

在“进村入户”救援中，邓蔚和9名队员组成小分队，每人背负30多公斤重的药品，携带3天干粮，到距营地100多公里的禹里乡执行救援任务。邓蔚和队员们翻越5座大山，跋涉30多个小时，赶到已成为“孤岛”的禹里乡，这是较早进入此重灾乡的医疗分队。

5月21日晚上，由于连日暴雨，小分队所在的禹里乡面临被淹没的危险。指挥部派出一架直升机前往转移小分队，但直升机一次只能搭乘7人，邓蔚毅然把其他同志推上飞机，自己留下来等待下一次救援。在禹里乡的5天里，邓蔚和队友共救治伤病员1200余人，开展手术17台，发放药品5件共40多个品种。

5月29日，邓蔚又带领小分队携带部分物资，徒步深入北川的开坪、白什、马槽、坝底、漩坪等乡，开展救治伤病员和卫生防疫工作。白什乡和平村92岁的老红军李金国，地震中被滚落的石块击伤左臂，造成左肱骨骨折，因山路阻隔无法外出医治。邓蔚和队员们带着药品、器械，步行10余公里，赶到老红军家里，为老人进行治疗，并坚持每天上门打针，直至老人痊愈。

在完成医疗救治任务的同时，邓蔚和战友们还先后深入到86个自然村，对每一个畜圈、每一个厕所进行消毒，对每一处水源进行净化处理，并宣传卫生防病知识，先后培训乡村卫生防疫人员78名，防疫消毒56万余平方米；同时，到农户家帮助清理废墟，搭建帐篷，到田间地头抢收小麦、插种秧苗，帮助灾区群众恢复生产。六一儿童节那天，邓蔚和队友们拿出身上仅有的1900元钱，为600多名儿童购买了书籍和节日礼物，并给他们上了一堂心理辅导课。

2008年9月，邓蔚被卫生部、食品药品监管局、中医药局、总后卫生部授予“抗震救灾医药卫生先进个人”称号；10月7日，被中共中央、国务院、中央军委授予“全国抗震救灾模范”荣誉称号。

邓和平

1972年12月出生，河北武安人。中共党员，大学本科学历。1995年7月入伍，解放军63839部队42分队工程师，中校军衔。

汶川特大地震发生时，邓和平正在厂房进行吹风试验。原定将要进行的试验需要大量氢气和氧气，用作试验气源的120个氢气瓶和120个氧气瓶都处于开启状态，能量巨大的高压气源一旦发生泄露，遇到微小的火星，也会产生爆炸，将整个厂区夷为平地，附近上百名人员和价值昂贵的特种设备，甚至围墙之外的地方公路、桥梁以及正在路上避难的群众，都将难以幸免。

当时已冲出厂房的邓和平，突然想到氢气瓶和氧气瓶都处于开启状态。作为研究室装备管理员和安全员的邓和平马上向值班领导报告，请求现场成立突击队返回厂房去关掉气瓶。邓和平挑选了4名心理素质好、工作经验丰富的同事，穿上防静电服，开启氢气检测仪，经检测无泄漏后，带领大家迅速冲进厂房。此时，余震仍然不断，严重开裂的厂房还在不停地摇晃。由于氢气瓶和氧气瓶放置在不同地方，邓和平将队员分成两组，自己和老同事从京伟一组，另外3名同事一组。240个氢气瓶和氧气瓶全部被关闭后，邓和平让3名同事先撤出厂房，自己和从京伟又逐个仔细检查气瓶一遍。当他们准备撤离现场时，发现隔壁厂房的气瓶也未关闭，于是二人再次进入厂房，火速关闭了另外30个气瓶。

从厂房撤出后，邓和平又投入到北川羌族自治县小坝乡的抢险中。在一处倒塌楼板下，邓和平听到有人求救，马上靠上去喊道：“有我们在，就有你在，你放心，我们一定救你出来！”邓和平立即召集附近的救援队员，一边手刨肩扛援救，一边鼓励被埋群众坚持住，在军地救援人员的共同努力下，终于把这名被埋群众安全救出。

在部队恢复上班的第一天，为缓解同事的饮食急需，邓和平主动去绵阳市采购了100多公斤的食物和瓶装水，再推着自行车，顶着炎炎烈日，步行3个多小时赶回部队。

地震使试验设备和厂房严重受损，为了尽快恢复试验，邓和平和分队的战友冒着余震危险，加班加点，细致清理厂房内外的瓦砾，逐台检查设备受损情况，想方设法维护修理。邓和平还以过硬的技术成功化解了余震对机组造成的危害，给友邻单位制作了总温热电偶，为恢复试验任务提供了有力支持。

2008年5月，邓和平被总装备部表彰为“抗震救灾先进个人”，并荣立二等功；10月7日，被中共中央、国务院、中央军委授予“全国抗震救灾模范”荣誉称号。

石卫波

羌族，1972年7月出生，四川北川人。中共党员，大学本科学历。1997年7月入伍，解放军63839部队41分队一组组长，中校军衔。

5月12日下午，石卫波正在部队机房调试程序，突然大地开始颤动。石卫波第一反应就是发生地震了，立即组织大家迅速撤离。虽然机房距离楼梯口较远，但由于反应及时，机房里的工作人员全部安全撤离。得知所在部队有两栋家属楼垮塌、6名工作人员被埋的消息，石卫波主动参加单位组织的突击队。手和腿被钢筋水泥划破了，他一直咬牙坚持，从15时一直挖到21时，先后挖出两名遇难人员。此时，石卫波想起在北川还有自己的岳父岳母、妻子女儿。经分队领导同意，石卫波连夜赶往北川寻找亲人。

在途经北川中学时，看到原来的教学楼完全倒塌，到处都是学生和家长的哭声。石卫波顾不上寻找亲人，立即参加救援。当天夜里，石卫波和其他救援人员在余震不断、大雨不停的情况下，从废墟下抢救出10余名师生。第二天，当更多的救援人员赶到之后，石卫波才继续寻找亲人。寻亲路上，石卫波又发现9名群众被困在一栋危楼里，便主动上前安慰被困群众，为他们提供水和食物，并及时通知救援队将被困群众救出。

王家岩山体因地震大面积滑坡，北川老县城几乎全部被埋，石卫波家的楼房和附近的幼儿园已成一片废墟。看到此景，石卫波忍不住失声痛哭。但在给生命探测仪专家带路搜救被困人员时，石卫波没有先搜救自己的亲人，而是直奔幼儿园废墟抢救孩子们。

从部队到北川寻亲过程中，石卫波一边救人，一边观察当地灾情，并于5月13日下午步行10多公里至绵阳市设在北川中学的抗震救灾指挥部，报告了所掌握的第一手资料，为指挥部正确决策提供了重要依据。

5月14日赶回部队后，石卫波在绵阳市九洲体育馆灾区群众收容点找到妻子的姐姐，从她那儿得知岳父在北川羌族自治县擂鼓镇遇难，岳母和他的小孩在去幼儿园的路上遇难，妻姐的丈夫也在地震中遇难。4位亲人的离去对石卫波打击很大，但他很快振作起来，迅速投入到抗震救灾工作中。石卫波和战友一起搭建临时营地，挖排水沟，抢救在危房中的办公用品，鼓励妻子坚持战斗在抗震救灾一线。其间，石卫波还与课题组一起完成多项试验任务。

2008年8月，石卫波荣立二等功；9月，被共青团中央、全国青联授予“中国青年五四奖章”；10月7日，被中共中央、国务院、中央军委授予“全国抗震救灾模范”荣誉称号。

姜土胜

1974年2月出生，四川三台人。中共党员，大学本科学历。1992年12月入伍，解放军63837部队51分队政治教导员，少校军衔。

汶川特大地震发生后，姜土胜主动向上级机关请缨，要求去一线参加抗震救灾。5月12日22时，姜士胜带领车队迅速到达绵阳市抗震救灾指挥部，受领了第一批救灾物资运输任务。在装载食品及帐篷时，地面还在不时摇晃，通往灾区的道路被垮塌山体阻断，北川、平武遭受巨大破坏的消息不时传来。为了稳定官兵情绪，姜士胜及时组织车队干部和驾驶员开会，激励大家以饱满热情投入抗震救灾。

5月13日5时，“生命通道”终于被打开，根据指挥部命令，救援车队分3批向北川、平武方向进发。姜士胜带领包括4台军车和临时征用的3台地方卡车组成的小分队，前往灾情最重的北川县城。车队向灾区纵深挺进，到处可见公路开裂、桥梁歪斜，路上不时有被巨石砸坏或因躲避塌方而翻进路沟的汽车，情景惨不忍睹。不断有山体滑坡，不断有石头往下滚，姜士胜带领的车组人员面临着生与死的严峻考验。6时30分，车队历经艰险，抵达北川抗震救灾指挥部，将第一批物资交付灾区后，姜士胜立即协助地方政府组织600多人展开自救，及时转移重伤员130多人，转送孤儿28人。因为忙于救援，姜士胜顾不得去寻找在北川家中的儿子、岳父母等5名亲人。9时许，熟人传来消息，亲人们在救援部队的帮助下获救，这更坚定了姜士胜支援灾区的信心和决心。

从5月14日开始，姜士胜带领车队开赴平武县南坝镇。由于地震造成路面悬崖一侧低于靠山一体侧，形成反离心力状态，5米长的载重汽车，载运几十吨的救灾物资，拐弯时经常出现半个轮子悬空的现象。为确保人员、车辆和物资安全，每每遇到这种情况，姜士胜便跳下车，冒着被碎石砸压的危险，仔细观察路面情况，指挥车辆通过。

姜士胜带领车队往返于绵阳和北川、平武之间，每天3趟，多次路过家门而不入。一路上，饿了就啃口馒头，渴了就喝点瓶装水，有时要忙到深夜一两点才收车。为了让驾驶员休息好，每天晚上姜士胜都安排他们睡驾驶室，自己却睡在车厢板上。经过7个昼夜的连续奋战，他们抢运救灾物资1500余吨、急救药品100余吨，转运灾区群众4000余人，安全出车300台次，安全行驶4万余公里，实现了人员零伤亡、车辆零事故、救灾高效率的目标。

2008年5月，姜士胜被总装备部表彰为“抗震救灾先进个人”；10月7日，被中共中央、国务院、中央军委授予“全国抗震救灾模范”荣誉称号。

贺建华

女，1971年10月出生，陕西清涧人。中共党员，大学本科学历。1990年3月入伍，解放军第306医院骨科护士长。

汶川特大地震发生后，贺建华向领导递交请战书，要求参加抗震救灾医疗队。5月16日，她随全军抗震救灾医疗队到达受灾严重、震情惨烈的北川县城，携带沉重的急救药品及骨科手术器械包，在险象环生的危楼和瓦砾间寻找生命迹象，竭尽全力救治每一位伤员。

作为医疗队护士长，贺建华每天早晨总是第一个起床为大家准备行装，白天与医疗队员一起救治受伤群众，工作10多个小时，晚上还要带领全体护士认真总结护理工作。在北川县城连续搜救伤员的7天里，贺建华参加蹲点搜救任务10余次，配合搜救队员救出5名幸存者，现场救治65名受伤群众。由于大多数伤者严重脱水，静脉无法确认，贺建华凭借丰富的临床经验和解剖知识，快速打通静脉通道，一次又一次为伤者打开生命之门。

5月17日下午，面对唐家山堰塞湖随时可能决堤的危急情况，为了让其他同志集中精力救治伤员，贺建华独自一人将装有急救药品、手术器械等重达30公斤的军用背包，从北川县老城区徒步5公里背到安全地带。

5月19日上午，绵阳市委常委、常务副市长左代富因劳累过度病倒，组织上将救治护理的任务交给贺建华。贺建华立即前往设在北川中学的指挥部。救治护理工作在条件极其恶劣的临时帐篷中进行，一旦出现细菌感染或输液不良反应，后果不堪设想。贺建华在最短时间内组织制订了周密的诊治方案，严格每一个操作细节，经过三天三夜的精心诊治护理，终于使左代富恢复健康。

医疗队从一线救治转入防疫巡诊后，贺建华每天跟随医疗队的卡车流动医疗所，行程200多公里为灾区百姓巡诊。面对余震不断、泥石滚落、山体随时滑坡等险情，贺建华丝毫没有退缩。5月30日15时30分许，贺建华带领医疗小组在擂鼓镇猫儿石村巡诊时，余震突发，道路两侧发生大面积山体滑坡，大大小小的山石向他们袭来，其中有一块巨石砸在离他们不足两米远的地方。由于山路崎岖，卡车颠簸十分厉害，严重晕车的贺建华只能仰卧在车板上，可一到目的地就又精神抖擞地投入工作。贺建华经常爬三四个小时的山路，顾不上休息就走村入户送医送药，跑遍北川4个镇16个村，先后为200余名受伤群众包扎换药拆线，测量血压1900余人次，发放价值20余万元的药品，为2000余户群众巡诊服务。

2008年10月7日，贺建华被中共中央、国务院、中央军委授予“全国抗震救灾模范”荣誉称号。

余志荣

羌族，1959年3月出生，四川汶川人。中共党员，大专学历。1977年9月入伍，解放军77116部队部队长，特级飞行员，大校军衔。

汶川特大地震发生后，身为部队长，余志荣不怕疲劳，连续作战，科学统筹，白天坐镇塔台全力指挥飞行，夜间组织制订任务计划，协调处理部队事务，每天连续工作十六七个小时。在通信联络不畅、灾区空域飞机数量多、地形条件复杂的情况下，沉着果断，严密监控，科学调度，每天组织近30架直升机执行抗震救灾任务，成功规避空中险情数十次，累计指挥飞行398小时34分，为夺取抗震救灾胜利做出了突出贡献。

余志荣既是指挥员，又是战斗员，奔波于塔台与飞机之间。他处处身先士卒，勇挑重担，专机保障亲自驾机，重要任务直接参与，突击危险冲锋在前，用实际行动为官兵作表率、树榜样。灾区地形条件复杂，航路气候变化频繁，能见度低，净空条件差，余志荣不畏艰险，不怕牺牲，凭着过硬的飞行技术、丰富的山区飞行经验和良好的心理素质，挑战飞行极限，勇闯“死亡”航线，累计超常规飞行76架次75小时3分，先后完成了国务院总理温家宝等6次首长专机飞行任务。

余志荣家乡在震中汶川，震后与家人失去联系，亲人音讯全无。他首先想到和顾及的不是亲人的安危，而是更多的人民群众的生命，义无反顾地投入到艰巨的抗震救灾中。余志荣临危不惧，勇挑重担，严密组织，靠前指挥，带领部队出色完成了首长专机保障、勘察地震灾情、投送救灾物资、运送救援人员、抢运危重伤员、解救被困人员等急难险重任务，他的事迹被《人民日报》、中央电视台、《解放军报》等多家媒体报道。他所在部队是抗震救灾中承担任务最重、飞行时间最长、出动兵力最早的陆航部队，被中央军委授予“抗震救灾英雄陆航团”荣誉称号。

2009年4月，余志荣被中央军委记一等功。

浦金辉

1959年5月出生，北京人。中共党员，硕士研究生学历。1978年2月入伍，广州军区武汉总医院院长、主任医师。

汶川特大地震发生后，浦金辉主动请战，带领医疗队飞赴灾区。为尽快进入重灾地区，浦金辉克服交通、通信中断等困难，冒着余震、山体滑坡、泥石流等危险，带领突击队员徒步急行军3个多小时赶到什邡市红白镇，成为到达该地的第一支医疗队。在交通受阻、大批伤员滞留的情况下，浦金辉当机立断，就地组织抢救伤员。他和队员一起抬担架、背伤员。步行10多公里，往返3趟，把所有重伤员转送到什邡市人民医院，组织专家连夜手术，使60余名重伤员脱离了生命危险。医疗队分布在3个县（市）、14个乡（镇）、长达200公里的战线上，点多、线长、面广。作为医疗队临时党支部书记，浦金辉注重发挥党组织和党员干部的作用，每次执行重大任务，遇有紧急救援任务，都组织成立党员突击队；白天和党委委员分赴一线，晚上召集专家听取意见。在浦金辉的严密组织、指挥下，医疗队出色地完成了二县六镇大抢救、龙门山大营救、“生命孤岛”大转移等重大任务。

5月17日1时，得知红白中学办公楼废墟下发现生命迹象，浦金辉迅速带领医疗急救小分队赶到现场。救援官兵根据浦金辉的建议，积极稳妥地展开营救，成功将被埋108小时的红白中学职工李克成救出，浦金辉指挥现场急救，使伤员转危为安。在他的领导下，医疗队先后救治了被埋122小时的金河磷矿矿工周志、被埋124小时的蓥峰化工厂女工卞刚芬、被埋196小时的响水沟磷矿矿工赖元平、被困216小时的金河水电站职工崔昌会等13名被埋（困）100小时以上的伤员，屡次创造生命奇迹。

5月30日，浦金辉带领3名医疗队员背上急救药品，随侦察分队经过5个多小时艰难跋涉，赶到离红白镇20多公里的堰塞湖，立刻对6名重伤员进行紧急处理，并与空降兵官兵一起将受伤群众转移下山。

医疗队配属空降兵某部遂行医疗救援和伴随保障任务，根据救灾任务急、重、险、散等特点，浦金辉组织医疗队采取主动服务、靠前服务、延伸服务等模式，搞好医疗保障，确保部队战斗到哪里、医疗保障就跟进到哪里。官兵挖掘废墟、处理遗体时容易感染，浦金辉组织专家连夜编印卫生防疫手册，利用作业间隙宣讲防疫知识，指导科学作业，每天带领医疗队员对营区驻地防疫消毒，保证了部队不发生非战斗减员。

抗震救灾期间，浦金辉带领109名医疗队员，连续奋战70余天，与空降兵某部协同配合，救治受伤群众2万多人，创造了拯救被困216小时伤员生命的纪录。他所保障的部队官兵没有发生任何疫情。5月18日，他在抗震救灾现场受到中央军委主席胡锦涛的亲切接见。

2008年10月7日，蒲金辉所领导的武汉总医院抗震救灾医疗队被中共中央、国务院、中央军委授予“全国抗震救灾英雄集体”荣誉称号；2009年5月，浦金辉被中央军委记一等功。

蔡瑞康

1935年2月出生，江苏太兴人。中共党员，大学本科学历。1950年4月入伍，空军总医院皮肤科主任医师，文职一级。

抗震救灾中，已73岁高龄的蔡瑞康，在身患肺炎尚未痊愈的情况下，主动请战，带领皮肤病防治专家组成员奔赴灾区，为受灾群众和救灾部队官兵开展医疗救治和卫生服务，巡诊范围遍及都江堰、彭州、绵竹、什邡4个县（市）8个乡（镇）20多个村庄，医治受灾群众和救灾部队官兵万余人。

救灾工作全面展开后，由于连降暴雨、气候潮湿和卫生条件限制，救灾部队官兵发生“烂裆”现象，引起总部首长高度关注，也给部队卫生保障工作带来压力。闻讯后，蔡瑞康带领专家组成员首先赶赴极重灾区什邡市蓥华镇，对集结在该地区的部队官兵进行拉网式巡诊检查，对病症发生情况进行客观评估。最终查明，当时灾区新发皮肤病约占巡诊总人数的1%，其中虫咬性皮炎占85%，典型“烂裆”病实际发生率不足0.1%，远远低于传闻中的严重程度。蔡瑞康立即将情况向上级做了详细汇报，为救灾部队防治疾病提供了决策依据。

与此同时，有传闻称在救灾部队中大面积流行一种原因不明的皮肤病，在社会各界和救灾官兵中引起恐慌。通过扩大巡诊和广泛调查，蔡瑞康很快查明，被说成大面积流行的皮肤病，实际上是丘疹性荨麻疹，发生原因与蓥华山区的一种叫作“河马草”的植物有密切关系。蔡瑞康当即组织人员拍摄下“河马草”和原因不明皮肤病的图片，传到中国中医研究院和中国医学科学院皮肤病研究所进行鉴定。结果证实，这种植物就是荨麻草，又名火麻草，皮肤接触可引起红肿瘙痒。确定判断后，蔡瑞康迅速和专家组成员共同研究治疗方案，用稀氨水、肥皂水等碱性水溶液对患处进行清洗，然后再涂抹一种当地植物的汁液，收到了有效减轻症状、消除红肿的效果。

在救灾一线巡诊治病中，蔡瑞康还发现一种体积很小的黑色昆虫，也是引发丘疹性荨麻疹的罪魁祸首之一。被昆虫叮咬过的裸露皮肤，会引起虫咬性皮炎并伴有顽固性瘙痒，给救灾官兵带来很大烦恼。蔡瑞康迅速组织专家组连夜攻关，提出了防治办法。其后，他不顾年迈体弱，艰难跋涉，深入到受灾群众和救灾官兵中，现场开展医疗救治和卫生服务，举办皮肤病知识讲座，发放《灾区皮肤病防治手册》，通过中央电视台、凤凰卫视、中国新闻网、四川卫视和四川人民广播电台等多家新闻媒体，以“灾后卫生防疫专家访谈”特别节目的形式，广泛宣讲灾后常见皮肤病症状、发病原因和防治方法。通过采取综合措施，使得皮肤病发病率迅速下降，及时解除了广大受灾群众、救灾官兵的病痛和忧患。

2009年5月，蔡瑞康被中央军委记二等功。

中国人民武装警察部队抗震救灾模范

张　辉

1983年6月出生，江苏宿迁人。中共党员。2002年12月入伍，武警8693部队69分队班长，二级士官警衔。

汶川特大地震发生后，张辉主动请缨参战，随部队奔赴极重灾区北川羌族自治县，全力以赴投入抗震救灾战斗。5月17日，部队抵达北川后，为准确掌握灾情，党委决定组建一支突击小分队进山勘察，同时为受灾群众运送急需的粮食、药品。张辉主动请战，担任突击队长，带领小分队克服长途机动的疲劳，冒着余震不断的危险，挨村挨户勘察灾情，发放粮食、药品。返回途中，得知有两名重伤群众急需转移救治，他与战友们找来木棍和床板制成简易担架，迅速将重伤员送至医疗点急救。受伤群众因抢救及时转危为安后，他才带领小分队连夜赶回驻地，此时大家才发现一直走在队伍前面开路的张辉身上已是伤痕累累。

5月21日，正在救助站执行任务的张辉得知一位老人被困危房，立即请命带领两名战士赶往救助。到达现场时，他发现房子的两面墙壁已经坍塌，屋顶在几根木柱的支撑下摇摇欲坠，老人已经被吓得失去知觉。张辉毫不犹豫地冲进屋内，迅速背起老人退出。他刚一迈出门槛，房子便轰然倒塌，现场所有人都惊出了一身冷汗。在清理遇难者遗体任务前期，因遗体腐烂恶臭，且防护装备不全，一些战士产生了恐惧心理。张辉第一个站出来，带头把一具高度腐烂的遗体装进裹尸袋。在他的带领下，全排战士两天清理搬运遗体38具。防护装备配发齐全后，在高温天气下，密不透风的防化服就像一个火炉，使人随时都有可能因闷热难耐而虚脱，但张辉始终坚持战斗在第一线，以自己的模范行动带动、鼓舞大家。在一次搬运遗体时，张辉的脚不小心被废墟里的钉子扎破，流了很多血。此时，大多数遗体已高度腐烂，他伤口很容易被感染。连队干部要求他立即撤回治疗，但张辉强忍着钻心的疼痛，冒着被感染的危险，始终奋战在清理遗体战斗的第一线。

抗震救灾期间，张辉带领全排战士转移救助受灾群众500余人，搬运救灾物资50余吨，帮助受灾群众抢收庄稼1.45公顷，平整居住地5处，维修、搭设帐篷23顶，清理遇难者遗体95具，搜寻出现金、首饰等贵重物品价值30万元，个人向受灾群众累计捐款3000余元，受到灾区群众的称赞。

2008年5月，张辉被武警部队表彰为“抗震救灾先进个人”，并荣立一等功；10月7日，被中共中央、国务院、中央军委授予“全国抗震救灾模范”荣誉称号。

陈　刚

1975年7月出生，福建泰宁人。中共党员，大专学历。1993年12月入伍，武警8694部队80分队政治指导员，上尉警衔。

汶川特大地震发生时，正在家休假的陈刚接到命令，立即辞别家人，火速返回营区，带领分队紧急赶赴四川地震灾区。5月21日，因受伤群众增多，灾区药品严重短缺，陈刚奉命组织官兵紧急向北川县城运送药品。连续几天高强度工作，他的腰椎旧伤复发，疼痛难忍，但他全然不顾，带领30人的党员突击队，每人背负30多公斤重的药品向北川县城进发。

5月22日下午，突击队行进至一处山崖，突然余震袭来，霎时山体晃动，碎石滚落。面对危急情景，陈刚沉着冷静、果断指挥，一面组织官兵紧急避险，一面奔向旁边惊慌失措的一对母女，奋力抱起小孩、拽着妇女冲向安全地段。他们刚离开，原先站立的地方顷刻间被山体塌方砸成断崖。获救母女对陈刚的救命之恩非常感激，不断询问他的姓名，但他只是说了一句“我们是人民的武警”，给母女留下200元钱和一些干粮，又带领部队继续向北川进发。23日，在翻越12座海拔2000米以上的高山、历经重重生死考验后，他带领党员突击队提前一天将药品送到灾区，有效地缓解了北川羌族自治县禹里乡、小坝乡伤病群众缺医少药的困境。

在抗震救灾战斗中，陈刚坚持把强有力的思想政治工作贯穿于执行救援任务的始终。针对部分官兵因面对惨烈景象引发的不良心理反应，他注重及时跟进做好心理疏导工作，采取转移注意力、心理暗示等办法，提高战士自我调节、主动适应的能力。他利用宿营休整时间，组织开展形式简便、丰富多样的战地文化活动，播放救援行动中拍摄的DV片段，不断激发官兵完成任务的使命感和光荣感。同时，他还积极发动官兵为灾区群众献爱心做好事，全连共为灾区捐款1万余元。在他的教育引导下，分队先后涌现出“机动一路、好事一路”的副班长何小华，家园被毁、亲人失踪、仍强忍悲痛投入救灾战斗的好战士罗超等一批先进典型。

抗震救灾期间，陈刚带领分队官兵搬运救灾物资400多吨，为灾区群众搭设帐篷380余顶，转移救助被困群众200多人，抢挖贵重物品价值500余万元，清理废墟3000多平方米。

2008年9月，陈刚被武警部队记一等功；10月7日，被中共中央、国务院、中央军委授予“全国抗震救灾模范”荣誉称号。

陈永广

1979年8月出生，湖北武汉人。中共党员，大学本科学历。1997年12月入伍，武警8741部队51分队政治指导员，中尉警衔。

汶川特大地震发生后，陈永广带领分队83名官兵紧急向汶川开进。一路上，余震不断，飞石乱滚，他率领党员突击队勇当先锋，用双手和铁锹为后续部队开出了一条简易通道。行至理县高家庄一段被称为“鬼门关”的路段时，强余震使松动的山石和泥沙瞬间倾泻而下。见一块巨石砸向一名群众，陈永广一个箭步冲上去，拽起这名群众跑向安全地段。巨石从他们身边擦过滚入江中，群众得救了，陈永广的右腿却被石块划出长长的血口。行军途中，分队先后遭遇30余次严重塌方、50多次飞石滚落，他们穿越40余公里的深山峡谷，连续昼夜行军92公里，用最短时间到达极重灾区汶川县。进入汶川后，陈永广带领官兵深入雁门、克枯、龙溪和威州4个乡（镇）的村寨，全面投入抗震救灾战斗。

5月14日，陈永广带领17人的救灾小分队，每人背负40公斤重的“救命粮”和药品，冒着生命危险，进入灾情严重的萝卜寨村，并及时将10余名危重伤员转运县城救治。17日，指挥部命令分队紧急转移克枯乡古城电站炸药。在震后无路可行、山体倾斜近85度的情况下，陈永广二话没说，和战友们用背包绳串连起来，带头扛着26公斤重的炸药包，一步一步小心翼翼地往下挪动，经过7个小时4趟艰难往返，终于将5吨炸药安全转移。18日，汶川县城菜市场小商铺内发电机突然起火，旁边一桶汽油和一个液化气罐就像两颗定时炸弹严重威胁着周边群众的安全。陈永广带领两名战士赶到现场，冲进屋内，用湿褥子将汽油桶和液化气罐紧紧包裹住，迅速转移至安全地带，及时排除了险情。

6月15日，暴雨和余震使龙溪乡的“生命补给线”再次中断，通往俄布村的14公里山路多处垮塌。陈永广主动带领56名官兵，在余震不断、狂风不止、时有塌方和飞石滚落的恶劣条件下，冒雨奋战30多个小时，顺利打通了 8 公里山路，及时为村民们送去粮食和药品。18日，他带领8名战士步行10公里，往返5个多小时，踏险路、避飞石、涉激流，组织官兵采用前面高举担架、后面半蹲前行的办法，将89岁高龄的王清明老人从海拔2300米的龙溪村安全转移到山下。

抗震救灾期间，陈永广带领官兵先后挖出遇难者遗体19具，营救伤员86人，疏散和转移群众6000余人，搬运救灾物资70余吨，抢修公路130余公里，搭建帐篷540余顶，抢挖粮食5000余公斤，清理出金银首饰和现金价值5万余元，受到当地党委、政府和人民群众的赞扬。

2008年10月7日，陈永广被中共中央、国务院、中央军委授予“全国抗震救灾模范”荣誉称号。

熊　叶

1989年9月出生，湖南益阳人。2007年12月入伍。武警8742部队52分队士兵，列兵警衔。

汶川特大地震发生后，熊叶得知部队即将奔赴四川抗震救灾，向分队党支部递交了请战书，要求奔赴任务最艰巨、最危险的救灾一线执行任务。5月13日4时，熊叶随队星夜兼程向茂县开进。在接近松坪沟时，天降大雨，前方因地震造成山体滑坡，道路塌陷，车辆无法通行。时间就是生命。熊叶主动申请加入突击队，和战友们一道冒着生命危险，徒步紧急向茂县挺进。为确保突击队员行进安全，他置个人安危于不顾，主动担任安全员。他用手电微弱的光亮为大家照明指路，凭声响判断有无石块滚落，及时为后续部队设定路标，终于在崇山峻岭中蹚出了一条生命之路。途中，熊叶发现一辆大客车上有游客被困，立即向上级报告，和战友们一道冒着山体塌方和山石滚落的危险，用手拽、用肩顶，用随身携带的铁锹和十字镐撬，将严重变形的客车撬开，火速将3名重伤游客转移到叠溪镇医院救治，将被困的其他46名游客全部转移到救助点。

到达茂县后，面对严峻形势和生死考验，熊叶主动要求到最艰苦、最危险的石大关乡、飞虹乡等地执行解救受困群众、抢运救灾物资、抢修道路、排除险情、搭建过渡房等任务。在地势险、情况急、任务重、后勤保障难的情况下，他顶烈日、冒暴雨，不顾余震不断，冒着生命危险，连续奋战在抗震救灾第一线。在海拔3400米的飞虹乡执行解救受困群众任务中，熊叶用锹挖、用手刨、用肩扛，一块一块地搬石头、抬断梁，从废墟中寻找生命。手被划破了、膝被磨烂了，鲜血染红了一块块瓦砾，但他坚持轻伤不下火线，与战友们一起从倒塌的房屋中解救出9名受困群众。

一次余震袭来，一名在废墟中抢挖粮食的15岁男孩被倒塌的房屋埋压。熊叶迅速冲上去，与战友们一道全力抢救。刚看见男孩的身体，余震再次发生，砖块纷纷下落，他用自己的身体尽全力护住男孩，身上多处被砸伤也全然不顾，一直坚持喊话鼓励被困男孩，最终将其救出。

抗震救灾期间，熊叶和战友们一起在极重灾区茂县连续奋战35天，先后转移群众300余名，排除危房567间，解救受困群众9人，挖掘水渠、整修道路23公里，抢收庄稼2000余公斤，疏通电网7公里，搭建过渡房323间。

2008年6月，熊叶荣立二等功；10月7日，被中共中央、国务院、中央军委授予“全国抗震救灾模范”荣誉称号。

杜江平

1977年12月出生，四川通江人。中共党员，大学本科学历。1995年12月入伍，武警8740部队80分队副分队长，上尉警衔。

汶川特大地震发生当天，杜江平所在部队受领救援任务。在家中房屋倒塌、亲人生死不明的情况下，杜江平毅然带领100余名官兵连夜赶赴都江堰市向峨乡展开救援。5月13日6时，救援部队在向峨乡政府办公楼废墟中发现了幸存者副乡长易大东，杜江平迅即带领20名突击队员展开紧急救援。由于没有大型吊装机械和专业救援工具，他一边派人四处寻找挖掘机械，一边组织人员用简易工具开挖一条供挖掘机械进出的简易通道。挖掘机到位后，他立即指挥展开吊装作业、切割钢筋。每吊开几块预制板，他就和战友一起迅速清理楼层废墟，经过8个多小时紧张救援，终于营救出幸存者。在震后72小时的黄金救援时间内，杜江平带领官兵连续奋战，与时间赛跑，先后从废墟中救出5名幸存者，清理遇难者遗体96具，抢运急需物资19吨，抢救出贵重物品价值100余万元。

在灾后重建阶段，汶川县映秀镇唯一的居民生活取水点发生大面积山体滑坡，塌方泥石达5000多立方米，300平方米的取水点和多台净水设备、车辆被埋，2万余人的生活用水面临严重威胁。杜江平带领突击队员紧急赶赴现场排险。查明现场情况后，他组织官兵一边设立安全员观察险情，一边立即展开抢挖作业。经过4个小时奋战，将设备、车辆全部挖出，平整出取水点，保障了灾区群众的生活用水。

在映秀镇物资中转站执行任务期间，杜江平主动协助地方有关通信单位和部队电台联合组网，建立了以映秀为中心，覆盖三江、漩口、银杏等乡（镇）的应急指挥通信网络，确保了抗震救灾指挥畅通高效。通信器材运到映秀后，杜江平每天带领10多名官兵安装、调试设备，架设发射台站，为各单位安装电话。他还利用卸载物资后的休息间隙，和4名战士一道，为地方工作队、志愿者和过往的灾区群众做饭，最多时一天保障800人的饭菜，先后3次累倒在工作岗位上。他还购买了1000余元的电子元件，在部队临时执勤点开设免费家电维修点，为群众义务修理电视机、DVD、冰箱等家电87件。

在参加抗震救灾的92天里，杜江平组织带领官兵完成了营救幸存者、挖掘掩埋遇难者遗体、转移受灾群众、清理垃圾、卫生防疫消毒、警戒看守、转运物资、通信保障及其他临时任务，先后装卸救灾物资746车、5600余吨，平整临时安置点场地3000余平方米，搭设帐篷530顶、简易板房85间，消毒防疫3万平方米，帮助映秀镇心连心小学复课，受到灾区群众的赞扬。

2008年6月，杜江平被四川省委授予“抗震救灾优秀党员”称号；10月7日，被中共中央、国务院、中央军委授予“全国抗震救灾模范”荣誉称号。

刘文宏

1970年9月出生，四川广安人。中共党员，大学本科学历。1989年3月入伍，武警8740部队后勤部运输科科长，中校警衔。

汶川特大地震发生时，刘文宏正带领汽车营复训队19台车辆和69名官兵，执行从南充、成都向马尔康长途输送后勤物资任务。5月12日14时28分，车队行驶至汶川县绵虒镇飞沙关，地下突然传来一声沉闷的巨响。一瞬间，正在行驶的车队犹如汪洋中的小舟般剧烈摇摆、颠簸起伏，飞石不时滚落。刘文宏迅速抓起对讲机，大声呼叫：“地震！注意观察飞石，加大行车间距，紧靠道路中间，加大油门，快速驶离危险路段！”车队刚一通过，只听“轰”的一声巨响，山体塌方的灰尘瞬间弥漫了整个山谷，遮天蔽日，一片漆黑。由于他的科学组织、果断决策，人员车辆无一受损，安全避险。

震后的汶川县绵虒镇电力、通信、交通全部中断，成为一座与外界隔绝的“生命孤岛”。车队与上级失去联系，刘文宏立即将车队40名党员召集起来，成立临时党支部，并组建指挥、救援、宣传、营救、通信、保障6个小组。震后10分钟，临时党支部决定兵分三路迅速向附近的村庄、学校实施救援。14时38分，刘文宏率领第一救援小组赶到绵虒镇高店村，经过6小时艰苦奋战，共救出幸存者20余人，转移群众350多人。

5月13日上午，一位村民反映，有60多名江西籍架线工人在施工时被垮塌的山体埋压。通往被埋地点的山路蜿蜒崎岖，左侧是陡立的峭壁，右侧是深不见底的悬崖，路段最窄处仅40

厘米。刘文宏带领20名官兵抠住山壁上凸起的岩石，身体贴着山体艰难前行。经过一个多小时艰难跋涉，终于赶到事发地。官兵们用手扒、用锹挖，经过6小时艰苦奋战，营救出16名幸存者。

在震后72小时黄金救援期，刘文宏带领官兵连续奋战在救援一线。在前往极重灾区茂县抢运农产品、运送救灾物资中，他带领汽车营19辆卡车克服道路损毁、塌方不断、山石飞滚等重重困难，累计行程1800余公里，翻越岷山等10余座海拔4000米以上的大山，用超常的胆识和过硬的技术开辟了一条“生命通道”，被灾区人民誉为“生命线上的运输队”。

抗震救灾期间，刘文宏组织官兵疏散转移灾区群众5200余人，营救被困群众140余人，为受灾群众搭设帐篷570余顶；出动车辆750余台次，运送危重病人、抢险分队和受灾群众3000余人次，运送救灾物资800余吨。刘文宏和汽车复训队的事迹，被媒体以《在震后第一时间展开救援的子弟兵》《第一批成为灾区群众靠山的军人》为题广泛报道。

2008年5月，刘文宏被武警部队表彰为“抗震救灾先进个人”，并荣立一等功；10月7日，被中共中央、国务院、中央军委授予“全国抗震救灾模范”荣誉称号。

王　毅

1963年10月出生，重庆大足人。中共党员，大学本科学历。1980年9月入伍，武警8750部队部队长，大校警衔。

汶川特大地震发生后，震中汶川地区断路、断电、断通信。汶川县的灾情如何，牵动着中央领导和全国人民的心。时任8740部队参谋长的王毅主动请缨，率670名官兵紧急开赴汶川。

5月12日21时许，当救援车队行至理县古尔沟时，通往汶川县的公路因地震造成山体塌方严重堵塞。王毅心急如焚，果断决定放弃乘车开进计划，选调200名官兵组成抢险先遣队，紧急徒步向汶川灾区挺进。行进途中，王毅身先士卒，始终走在队伍的前头。到达距汶川县城9公里的龙溪乡时，发生6.1级强余震，部队前进再次受阻，王毅大声激励战友们：“我们就是爬，也要爬到汶川；就是倒下，也要朝着汶川方向！”在王毅的鼓舞和带领下，先遣队员以坚强的毅力和顽强作风，跨越100余个落差在1.5米以上的道路裂缝，翻越30余个高达10米以上的塌方碎石堆，在危崖险道间徒步强行军21小时，艰难跋涉92公里，于13日23时15分率先到达汶川县城，用携带的卫星电话向上级报告灾情，为中央及时了解汶川灾情提供了准确的信息。

在汶川，王毅不顾连续强行军的疲惫，立即组织部队展开救援。在受灾最严重的龙溪小学，王毅第一个跨上4米高的废墟，带领官兵们飞快地用双手扒砖搬石。在搬抬垮塌的楼板时，王毅的小腿被翻滚的石头砸破，血流不止，他全然不顾，坚持和战士们一起埋头苦干。经过10个小时紧急抢救，47名幸存师生被救出。为尽快接受空投物资，解决受灾群众的燃眉之急，王毅在连续三天三夜没有合眼、每天只喝一碗稀饭的情况下，带领官兵又战斗在开辟空投场的阵地上，奋力将一块块大石头抬走。随后王毅带领官兵开赴龙溪乡、映秀镇等乡（镇）运送粮食、帐篷等急需物资。

抗震救灾期间，王毅带领官兵先后从废墟中抢救出幸存群众103人，转移受灾群众2600多人，运送救灾物资21吨。中共中央总书记、国家主席、中央军委主席胡锦涛称赞王毅有大局意识，急群众之所急，急中央之所急。

2008年5月，王毅被总参谋部、总政治部、总后勤部、总装备部和武警部队分别表彰为“抗震救灾先进个人”；10月7日，被中共中央、国务院、中央军委授予“全国抗震救灾模范”荣誉称号。

刘义兵

1976年10月出生，江苏灌云人。中共党员，大学本科学历。1994年12月入伍，武警8651部队13分队分队长，上尉警衔。

5月13日，刘义兵奉命带领分队从青海驻训地紧急赶赴汶川执行救援任务。在路况复杂、余震不断、保障困难的恶劣条件下，带领官兵昼夜兼程，先后翻越5座海拔4000米以上的雪山，穿越数十处塌方、飞石和泥石流路段，于16日到达震中汶川，担负草坡乡救援任务。在道路毁坏严重、多数桥梁断裂、路面被埋、交通瘫痪受阻情况下，他果断决定弃车徒步强行军，每名官兵背负25公斤大米，冒着余震不断、山体滑坡、飞石滚落的危险，翻山越岭、艰难前行。一路上，刘义兵不断激励官兵经受考验、勇往直前。官兵们克服天气炎热、山高路险、负荷重、给养少等困难，安全到达草坡乡，立即投入救援行动，解救危重伤员5人，转移群众10余人，为受灾群众运送粮食3000余公斤。

转入“进村入户”救援阶段后，刘义兵主动请缨到灾后6天仍无救援队伍进入的汶川县耿达乡。他组织5个救援小组，穿越“死亡之谷”、飞渡悬江铁索，逐家逐户搜救被困人员，解救水电站12名工程师，转移受困群众50余人，排查100多户人家，挖出遇难者遗体5具，搬运救灾物资10余吨，清理塌方路段500余米，清理2座水电站沙石30余吨，清理危房30余间，搭建帐篷50余顶，消毒面积1.5万平方米。特别是在执行梁山井村救援任务中，在时间紧、难度大的情况下，他科学编配救援力量，严密组织救援行动，使4名重伤员得到及时抢救，受到中央领导和军委首长的肯定。

抗震救灾期间，刘义兵带领官兵在完成各项救灾任务的同时，模范遵守群众纪律，做到守纪如铁、秋毫无犯，及时建立救灾物资登记和抢救财物上交制度，在灾区群众中树立了武警部队威武文明之师的良好形象。刘义兵的事迹被《连云港日报》《江苏日报》等多家媒体报道。

2008年5月，刘义兵被武警部队表彰为“抗震救灾先进个人”；10月7日，被中共中央、国务院、中央军委授予“全国抗震救灾模范”荣誉称号。

李丕金

1962年4月出生，四川北川人。中共党员，大学本科学历。1979年12月入伍，武警四川省总队成都市支队政委，大校警衔。

汶川特大地震发生后，身处震区的武警成都市支队官兵在李丕金的严密组织下，成功避险，并迅速成立了抗震救灾应急指挥部，紧急启动抗震救灾应急预案。在接到上级命令后，支队立即抽调1750名兵力，火速赶赴都江堰、汶川、什邡等极重灾县（市）投入抗震救灾战斗。

5月14日6时，李丕金带领650名官兵徒步开进震中汶川县映秀镇。沿途道路中断、险象环生，头顶是随时可能坍塌的山体和滚落的巨石，脚下是泥泞的泥石流和突兀的乱石堆，再往下则是汹涌奔腾的岷江。李丕金身先士卒、靠前指挥，每到危险地段都指挥官兵快速通过，直至最后一名官兵安全通过后他才火速离开。在他的严密组织下，官兵历经13个小时，徒步强行军58公里，顺利到达映秀镇。

5月14日19时，李丕金指挥部队兵分四路奔赴漩口中学、映电宾馆等被困人员较多的现场实施紧急营救，在最短时间内转移伤员75名，为医疗队实施及时抢救赢得了宝贵时间。15日10时，他带领20名突击队员，冒险通过全线垮塌的国道312线，经过艰苦努力，营救出被困的武警阿坝藏族羌族自治州支队六中队的4名重伤员和国家电网映电总厂的幸存者。

李丕金的老家就在受灾极重的北川。由于地震导致通信中断、道路损毁，直到3天后他才得知家中3位亲人遇难、10位亲人失踪的消息。战友了解到他家受灾情况后，建议他立即派几名战士前去搜救，被他断然拒绝。他坚定地说："这里受困的群众都是我的兄弟姐妹，他们的生命同样需要抢救！"他默默地把失去亲人的悲痛转化为营救群众的动力，既当指挥员，又当战斗员，科学安排兵力，严密组织抢险，在缺乏专业救援设备的情况下，利用一切手段大力开展营救，带领支队先后营救出幸存者27人，解救转移被困群众2000余人，清理遇难者遗体855具，运送救灾物资280吨，搭建帐篷41顶。

为解决映秀镇枫香树村、张家坪村群众和部队饮水困难，李丕金带领官兵多次上山寻找水源，协调有关部门检测水质，组织部队铺设5公里长的引水管道，将水引到映秀镇灾区群众聚集地，灾区群众为之拍手称快，称之为"救命泉"。

2008年5月，李丕金被武警部队表彰为"抗震救灾先进个人"；10月7日，被中共中央、国务院、中央军委授予"全国抗震救灾模范"荣誉称号。

张儒明

苗族，1965年12月出生，重庆酉阳人。中共党员，大学本科学历。1983年10月入伍，武警四川省总队乐山市支队支队长，上校警衔。

汶川特大地震发生时，张儒明刚刚完成阿坝藏族羌族自治州驻训任务，来不及了解身处震区的亲人是否平安，便率领400名官兵连夜冒雨奔赴汶川县漩口镇。在开进过程中，余震不断、塌方频发、道路中断，张儒明始终走在队伍最前面，徒步强行军7小时35公里，连续穿越3条“死亡隧道”。5月15日到达漩口镇，张儒明克服长途机动、体力透支、补给困难等不利因素，立即组织部队兵分三路，担负受灾严重的阿坝铝厂、漩口变电站和漩口中心小学的紧急抢险救援任务。

在阿坝铝厂救援现场，由于缺乏专业救援设备，他果断决定采取用双手刨、用肩膀扛、用钢钎撬、用绳索拉等方法搬运垮塌堆积的断墙和水泥板，仔细搜寻生命迹象，不放过任何一次抢救生命的机会。在他的带领下，支队官兵同心协力，共救出被困群众21人，转运伤员500余人，清理遇难者遗体100多具，安全转移农业银行漩口镇分理处现金140万元和价值上亿元的有价证券，抢救出阿坝铝厂重要文件档案20多万份、价值1亿元的增值税发票和价值500多万元的铝锭250吨。救援期间，张儒明腰疾复发，疼痛难忍，依然咬紧牙关，拄着拐杖现场组织抢险；每天部队深夜休整时，他还在会同地方有关部门和友邻部队总结救援经验教训，研究部署下步救援工作。

5月19日下午，青川县再次发生强余震。当得知漩口镇古溪沟村1组73户村民168人被困于海拔1800多米的山上时，张儒明不顾小腿划伤发炎化脓，率领250名官兵向古溪沟村紧急开进。一路上，山高林密、荆棘丛生、坡陡路险，最险处坡度达80度，他组织官兵们硬是用镰刀、斧头、铁锹开出了一条通往灾区的“生命之路”。到达古溪沟村后，他立即带领官兵挨家挨户查看灾情、营救群众，连续奋战18小时，帮助群众抢挖粮食，转移牲畜，将被困村民全部安全转移到救助点。看到百姓缺粮少水，张儒明把配发给支队的1000多公斤大米、500桶方便面、18箱饼干和22件瓶装水送到受灾群众手中，自己和官兵们只喝稀饭充饥。救灾初期，帐篷和棉被紧缺，张儒明动员官兵两人合用一床棉被露宿野外，将配发的30多顶帐篷、挤出的130多床棉被让给群众。张儒明带头捐光身上所有现金，组织官兵为当地特困户捐款12587元。

2008年5月，张儒明被武警部队表彰为“抗震救灾先进个人”，并荣立二等功；10月7日，被中共中央、国务院、中央军委授予“全国抗震救灾模范”荣誉称号。

马　毅

1969年9月出生，四川盐亭人。中共党员，大学本科学历。1987年11月入伍，武警成都指挥学院学员一大队政委，上校警衔。

汶川特大地震发生5分钟后，马毅一边组织学员紧急避险，一边受领学院紧急集结开赴一线的命令，组织官兵准备、携行物资，迅速集结到位，作为第一梯队率先向汶川灾区开进。临行前，马毅得知姑姑及侄女在地震中生死未卜，仍义无反顾地带领部队奔赴抗震救灾第一线。在都江堰市新建小学救援现场，马毅身先士卒始终冲在最前面，用手刨挖砖石、混凝土，手指被划破血肉模糊仍全然不顾，冒着余震和危房随时倒塌的危险，与战友们一道连续奋战12个小时，搜救生还者39人，挖出遇难者遗体100多具。

5月13日5时，马毅奉命带领小分队开赴震中映秀，在无路可走、无船可渡、山体严重崩塌的情况下，组织官兵冒着余震不断、飞石滚落的危险，历时5个多小时，在滑坡的山体上艰难地开辟出一条通向坝顶的简易道路。之后，马毅与官兵一道扛起1.2吨重的橡皮艇，沿着崎岖山路，一步一步向前挪动，奋战两个多小时，把橡皮艇安全拖到水面，及时将地方政府领导送进震中映秀组织救援。他们所开辟的这条水路，成为连接都江堰与映秀的一条“生命线”。随后，他带领部队通过水路进入映秀镇展开救援，在灾情严重的映秀幼儿园、映秀小学、电力公司等地营救幸存者9名，转运伤员189人，疏散转移被困群众400余人，清理遇难者遗体68具，抢运转移物资20余吨，帮助受灾群众挖出现金16万余元。

5月15日，为打通映秀至汶川县城的道路，勘察沿途灾情，马毅带领突击小分队徒步前往汶川。队员们一路上忍饥挨饿、昼夜兼程、冒雨行进，历时20多个小时，翻越10余座大山，跨过40多个冲沟，闯过30余处山体滑坡和泥石流地带，穿越“死亡峡谷”，完成探路任务，及时报告了沿途灾情，为后续部队大规模进入灾区实施救援创造了有利条件。

当马毅带领官兵奋战在抗震救灾第一线时，他的妻子王翩翩作为学院“抗震救灾女子突击队”的副队长也加入了抗震救灾队伍。由于夫妻双双离家，通信中断，音信全无，马毅心中十分牵挂。但在严重的灾情面前，他坚持带领部队完成“进村入户”搜救灾区群众、掩埋遇难者遗体、开辟抢险道路、搜寻失事直升机、现场警卫等急难险重任务。

2008年5月，马毅被武警部队授予“抗震救灾先进个人”称号，并荣立一等功；6月，被四川省委授予“抗震救灾优秀党员”称号；10月7日，被中共中央、国务院、中央军委授予“全国抗震救灾模范”荣誉称号。

张 建

1977年10月出生，四川遂宁人。中共党员。1997年12入伍，武警四川省总队遂宁市支队大英县中队中队长，中尉警衔。

5月13日18时接到上级命令，张建作为武警遂宁市支队抗震救灾第二分队队长，带领官兵冒着余震不断、飞石滚落、道路损毁的危险，摩托化机动280公里、徒步强行军40公里，历时18小时，于14日中午抵达震中汶川县映秀镇。他顾不上休整，立即组织官兵投入到搜救战斗中。由于缺乏专业救援工具，他们靠双手清理废墟，争分夺秒地搜寻幸存者。漩口中学化学实验楼在地震中几乎被夷为平地，楼内化学药品不时发生燃烧和爆炸。张建冒着生命危险，第一个钻进垮塌的楼内，仔细观察地形，科学组织指挥，带领官兵全力搜寻生命迹象，救出被埋的7名师生。

5月16日9时，根据支队前指命令，张建率分队徒步向耿达、映秀电站开进，营救出被困5天的武警阿坝藏族羌族自治州支队六中队执勤点9名官兵，其中重伤员4名。通往耿达方向沿途塌方不断，道路严重损毁，他们在塌方山体上手脚并用攀爬前行。艰难行进10小时后，再次发生强余震，道路严重受阻，无法通行。张建果断组织以28名党员为主的救援突击队，沿着陡峭的山体，披荆斩棘，强行向电站方向开进。到达救援目的地后，他立即查看被困人员伤情，迅速进行简单包扎；之后，带领官兵四处寻来木棍和门板，用背包绳扎成简易担架，把重伤员固定在担架上向外转移，在遭遇4次塌方和1次山体滑坡的危急情况下，历经9个多小时鏖战，成功营救出所有被困人员。

5月19日，张建带领官兵紧急奔赴龙湾村转移被困群众。进村后，他立即组织部队挨家挨户察看灾情，帮助抢挖粮食，收拢被困群众。当组织群众转移到村口时，一阵强余震袭来，龙湾村与外界联系的唯一木桥彻底垮塌。在路毁桥断的关键时刻，他带领中队20名官兵跳入水中，迅速抓起水面漂浮的桥面木板，手拉手用血肉之躯在垮塌的大桥下筑起一道“水上浮桥”，被困的100多名村民踩着官兵的肩膀安全转移过河。

抗震救灾期间，张建带领分队清理遇难者遗体26具，疏散转移群众300余人，挖出现金、贵重物品价值8万余元，搭建帐篷45顶，发放药品价值2000余元，发放干粮150余份，受到当地党委、政府和人民群众的高度赞扬。

2008年5月，张建被武警部队表彰为“抗震救灾先进个人”，并荣立二等功；10月7日，被中共中央、国务院、中央军委授予“全国抗震救灾模范”荣誉称号。

欧阳叶

1979年2月出生，湖南隆回人。中共党员，大学本科学历。1999年12月入伍，武警四川省总队达州市支队警通中队副中队长，中尉警衔。

汶川特大地震发生后，欧阳叶奉命率领支队冲锋舟分队10名队员艰难跋涉53公里到达紫坪铺水库。面对水库复杂水情和因余震不断引发的山体滑坡，他沉着冷静，果断决策，带领官兵在水库大坝至汶川漩口码头20多公里的“生命线”上往返穿梭。

5月17日上午，欧阳叶驾驶冲锋舟转移受灾群众时，水面突然刮起一阵大风。由于船上人数过多，船体失去平衡，一名群众从冲锋舟上不慎滑落水中，冲锋舟发生剧烈摇摆，随时都有翻船的可能。危急关头，他不假思索立即跳入水中奋力向落水群众游去，一把抓住落水群众衣领，用力往冲锋舟上拽，在战友的共同努力下，落水群众被救了上来。由于连续奋战，极度劳累，他的两膝半月板旧伤复发，疼痛难忍，但他始终坚持战斗在救援一线，带领官兵每天出航15个小时以上，争分夺秒抢运伤病员、转移受灾群众和运输救灾物资。

5月28日上午，欧阳叶发现水库中漂浮着一桶汽油，如不及时排除，随时可能因碰撞而发生爆炸，严重威胁救援水路通道安全。接到排险任务后，他火速驾驶冲锋舟，凭着过硬的驾驶技术，用绳索小心翼翼地将漂浮的汽油桶套住，一点一点拖向岸边，顺利排除了险情。在支援唐家山堰塞湖泄洪任务中，欧阳叶与友邻单位官兵组成突击队，日夜坚守在最危险地域运送抢险部队和保障物资，直至泄洪成功、险情排除，才带领分队人员撤离现场。

作为带队干部，欧阳叶注重发挥自身先锋模范作用，保持中队官兵旺盛士气和顽强斗志。一些战士由于目睹地震瞬间吞噬人民群众生命的惨烈场景，一度产生了焦虑、恐惧等不良心理反应。他在积极搞好宣传教育的同时，注重运用所学的心理学知识做好心理疏导工作，采取心理暗示、情绪宣泄、团体互动等方法，帮助官兵及时调整心理，全身心地投入到抗震救灾战斗中。

抗震救灾期间，欧阳叶率领冲锋舟分队共出动兵力300多人次、冲锋舟260余次，总行程4000余公里，运送伤病员、受灾群众、救灾官兵、医护人员、记者、志愿者2000多人次，运送救灾物资40余吨，打捞遇难者遗体32具，清理水面垃圾30余吨，完成了都江堰市紫坪铺水库水上救援运输和唐家山堰塞湖泄洪机动应急任务。

2008年8月，欧阳叶荣立二等功；10月7日，被中共中央、国务院、中央军委授予“全国抗震救灾模范”荣誉称号。

王永平

1974年8月出生，陕西平利人。中共党员，大专学历。1993年12月入伍，武警四川省总队凉山彝族自治州支队司令部作训科参谋，上尉警衔。

5月13日3时，王永平随部队火速赶赴北川参加抗震救灾战斗。开进途中，王永平利用对讲机及时传达上级命令指示，不间断地进行思想发动，极大地鼓舞了官兵士气。至中午，由于余震不断、山体滑坡造成道路中断，部队无法通行。王永平带领侦察小分队探险开路，始终走在队伍最前面，组织官兵成功排除3次险情，为部队顺利通过危险路段、及时赶赴灾区救援赢得了宝贵时间。

5月16日上午，王永平在北川县城搜救中，在缺乏大型机械和专业工具的情况下，冒着断梁、碎石、危楼等次生灾害的严重威胁，采取手搬、肩扛、棍撬等方法，和战友们一起历经两个多小时艰难救援，将被困90多个小时的县文化馆馆长李春救出。之后，王永平带领官兵火速赶往县财政局家属院搜救现场，立即勘察地形、组织搜救。当搜寻到一座垮塌的楼房时，听到楼内传出微弱的呼救声，他立即冲进去用双手刨开瓦砾碎石，看到一名中年妇女被预制板卡在门口拐角处。他和战友小心翼翼地搬开预制板，将被困妇女救出。当听说她女儿还埋在下面废墟里时，王永平顺着妇女所指方向，经过仔细搜寻，发现小女孩被两块预制板压在楼道拐角下面2米深处，面色苍白，生命垂危。危急关头，他带领官兵用钢钎和木板艰难地将预制板撬开一个缝隙，用一根抽出铜丝的电缆做成吸管将矿泉水和牛奶输送到女孩嘴里，并不间断地向她大声喊话，同时用铁锤砸断预制板，用电锯锯断钢筋，用双手一点点地清理碎石，慢慢向女孩靠拢，经过10多个小时艰苦奋战，终于将女孩救出。母女俩灾后重生幸福团聚，王永平却因严重睡眠不足和过度劳累晕倒在救援现场。

在72小时黄金救援期，王永平连续奋战3个昼夜，顶风冒雨组织部队实施救援，指甲抠掉了、手臂划破了、胶鞋磨穿了，没有叫一声苦、喊一声累。为避免救援过程中非战斗减员，每次搜救时，他都仔细勘察地形、掌握房屋结构、选择最佳方案，严密组织、果断指挥，和官兵们一道先后从废墟中营救出10名幸存者，清理遇难者遗体36具。

抗震救灾期间，王永平带领官兵转移搬运救灾物资5吨，搭建帐篷319顶，整修房屋42间，挖出现金、银行卡、贵重物品等价值18万余元，抢挖粮食1.6万公斤，为受灾群众捐赠瓶装水125件、大米650公斤、蔬菜1330公斤，为伤病群众发放药品15次价值7000余元，发动官兵向灾区百姓捐款24554元。

2008年7月，王永平被武警四川省总队记二等功；10月7日，被中共中央、国务院、中央军委授予“全国抗震救灾模范”荣誉称号。

张　莉

女，1976年2月出生，江西南昌人。中共党员，大学本科学历。1992年12月入伍，武警四川省总队政治部新闻电视工作站干事，中校警衔。

汶川特大地震发生后的14时40分，武警四川省总队接到紧急抗震救灾命令。作为一名部队电视新闻工作者，职业的敏感性使张莉马上意识到情况紧急，灾情严重。把86岁高龄的外婆和年幼的孩子托付给同事后，她立即随同部队火速奔赴震中汶川。5月12日16时20分，由于进入汶川道路中断无法前行，部队决定就地在灾情严重的都江堰市展开救援。

作为进入震区的首批军事记者，张莉立即跟随部队投入到紧张的救援战斗中。她冒着余震，不顾危楼随时垮塌被埋的危险，肩扛10多公斤重的摄像机，始终紧跟抢险官兵，冲在救援现场的最前沿。5月12日23时10分，张莉将拍摄的60多分钟素材，通过总队卫星指挥车及时传到武警总部作战值班室，为武警部队党委领导科学决策提供了准确信息。

5月13日3时，中央电视台播出了由她拍摄编送的《武警四川总队数千名官兵都江堰大营救》新闻报道，让关注震区的全国人民乃至世界人民通过荧屏，及时看到四川震区的严重灾情和官兵们英勇救援的感人画面。随后，她采访拍摄的《都江堰抗震大营救》《武警四川总队3500名兵力投入抗震救灾》等16条新闻，在中央电视台“新闻联播”“焦点访谈”等栏目滚动播出，极大地鼓舞了军心士气，坚定了灾区人民战胜地震灾害的信心和决心。4时，已连续工作10多个小时的张莉，来不及休息片刻，又随总队前指紧急赶赴北川。为及时拍摄传送最新的震区灾情和救援画面，她饿了就啃几口干粮，累了就趴在废墟旁打个盹，一人身兼记者、摄影、编辑三职，用手中的摄像机，记录下灾区的每个感人瞬间。

5月15日，她再次和救援官兵进入北川县城，官兵们历时5个小时，解救出被埋60多个小时的少年张浩宇，而孩子的父亲在废墟上意外地和刚刚获救的儿子重逢，张莉再次用手中的摄像机记录下父子俩震后团聚的幸福瞬间。她采编的这条新闻经媒体播出后，在当地引起很大反响。

震后，唐家山地区形成了汶川地震灾区最大、最危险的堰塞湖。5月20日，张莉再次请战，独自一人前往唐家山堰塞湖进行实况拍摄，记录下山体危险地段和堰塞湖水文信息，在中央电视台等媒体滚动播出，为国务院抗震救灾总指挥部科学决策和有关单位成功排险提供了重要依据。其间，张莉和中央电视台记者合作拍摄制作的《北川DV记忆》《意外相逢》《堰塞湖上警戒哨》等新闻专题片在多家媒体播发。

2008年6月，张莉被全国妇联授予“全国三八红旗手”称号，并荣立一等功；10月7日，被中共中央、国务院、中央军委授予“全国抗震救灾模范”荣誉称号。

王　林

1983年3月出生，重庆城口人。中共党员。2000年12月入伍，武警四川省总队南充市支队六中队班长，二级士官警衔。

汶川特大地震发生后，王林主动向中队党支部请战，坚决要求到一线参加抗震救灾。5月13日4时，他随中队冒雨向极重灾区平武县平通镇挺进。沿途道路20余处地段路基塌陷、10余处塌方，为打通开进通道，王林主动请缨，带领突击队排除路障。他们用双手搬、用铁锹填、用钢钎撬，历经两个多小时艰苦奋战，成功排除路障15处，中队于6时40分到达平通镇。王林主动要求到灾情严重的平通中学救援，带领战士在残垣断壁中全力搜寻幸存者。当他们搜寻到一座垮塌的楼房时，在几块水泥板夹缝中发现一名幸存者，王林第一个钻进废墟，一边不停地向幸存者喊话，一边用钢钎、木棒加固水泥板，避免造成二次伤害。在没有专业救援设备的情况下，他果断地用铁锤将预制板砸开，用老虎钳剪断钢筋，掘开一个仅容一人通过的狭小洞口，先后8次进出洞口，历经9个多小时的艰辛努力，将被埋超过28小时的教师王新民救出。

5月20日，由于地震造成交通中断，平通镇桅杆村被困群众断水断粮、缺医少药，王林奉命带领15名战士担负运送粮食、药品任务。他们身背粮食、药品，冒着余震频发、山体滑坡、道路受阻等危险向桅杆村挺进。途中，他沉着冷静、果断指挥，始终走在队伍的最前面。他们穿过一条峡谷，翻过两座海拔1900米的大山，历经10个小时，艰难跋涉50公里，将300公斤大米、20箱药品送到被困群众手中，及时解除了群众的燃眉之急。

在“进村入户”救援期间，王林带领本班战士连续十几天顶烈日、冒酷暑，徒步行进1000余公里，走遍桅杆村、石坝村10组326户村民家，做到不漏一户、不掉一人。为受灾群众拆除危房600余间，清理生活用品500余件，挖出粮食5000多公斤，抢收抢种庄稼8公顷，抢修道路11公里，装卸救灾物资800余吨，极大地鼓舞了灾区群众自力更生、重建家园的信心和决心。

抗震救灾期间，王林始终战斗在第一线，带领本班战士转移受伤群众200余人，掩埋遇难者遗体68具，搭建帐篷80余顶，修建简易厕所10个，搬运物资10余吨，带队巡逻800余次，设卡执勤100余次，出色完成了上级交付的各项急难险重任务。

2008年7月，王林被武警四川省总队记二等功；10月7日，被中共中央、国务院、中央军委授予“全国抗震救灾模范”荣誉称号。

刘宝峰

1985年4月出生，内蒙古乌拉特后旗人。中共党员，大专学历。2003年12月入伍，武警四川省总队内江市支队四中队班长，一级士官警衔。

汶川特大地震发生后，刘宝峰立即动员全班战士集体向中队党支部递交了请战书。5月13日16时30分，随中队紧急奔赴汶川，开进途中就把身上仅有的500元钱和自己的干粮送给了受灾群众。到达重灾区水磨镇后，刘宝峰立即带领全班战士投入救援。搬运伤员，他一路小跑着送到医治点；途经险路，他总是站在高危地段，把安全让给战友；挖掘废墟，他带头用双手掏土刨砖，手划破了，简单包扎处理后又投入战斗。在为三江乡村民运粮时，沿途坡高路险、道路泥泞，行进异常艰难，刘宝峰体力严重透支，左腿关节炎复发，但他强忍疼痛一声不吭，带领全班战士往返3次，及时将救命粮送到被困群众手中。

在“进村入户”救援期间，刘宝峰带领全班战士到黑水村担负搜救任务。他们挨家挨户查看灾情，全力搜救受困群众。在一间垮塌的民房内，发现一名60多岁的老人被埋在废墟下，奄奄一息。刘宝峰立即组织本班战士运用抬、撬、顶、挖相结合的办法，一点点用钢钎将压着老人的预制板撬开，从四周对严重受损的墙体进行支撑加固，历经5小时艰苦奋战，将老人救出。老人头部和身体右侧严重受伤、全身多处骨折，刘宝峰带领战士们迅速从四周寻来木棍和木板，制成简易担架，用背包绳进行固定，将老人及时转移到医疗救助点。因救援得当、抢救及时，老人转危为安。

中队担负维护灾区社会稳定任务后，刘宝峰每天带领全班战士顶烈日、冒风雨，昼夜巡逻，每天巡逻时间长达18个小时，先后巡逻总里程达500余公里，配合公安机关抓获不法分子5人，维护了灾区社会稳定。

抗震救灾期间，刘宝峰带领全班战士营救幸存者2人，转移伤员30余名，清理遇难者遗体90余具，疏散受困群众1000余名，搭建帐篷40余顶，清除废墟10余吨，抢收抢种庄稼0.67公顷。

2008年7月，刘宝峰被武警四川省总队记二等功；10月7日，被中共中央、国务院、中央军委授予“全国抗震救灾模范”荣誉称号。

柯　飞

1983年9月出生，湖北丹江口人。中共党员，大专学历。2002年12月入伍，武警四川省总队眉山市支队警通勤务汽车中队班长，二级士官警衔。

汶川特大地震发生后，柯飞主动向党组织递交请战书，坚决要求参加抗震救灾突击队。5月14日6时，部队开进到距汶川县城92公里的理县古尔沟时，严重的山体滑坡挡住了前进道路，柯飞带领突击队员，仅携带救援工具和两天的给养物资，冒着余震不断、山体滑坡和道路塌方等危险，强行徒步向汶川挺进。经36个小时艰难跋涉到达汶川县城，立即投入救援。在城郊郭竹铺村，得知一名妇女和小孩被困于楼房废墟中，柯飞立即带领战士抡起铁锤，砸开水泥，铲走沙石，搬开砖块，经过艰苦奋战，将已经遇难的妇女和孩子遗体挖出。

5月18日，汶川县草坡乡5000多名被困群众和伤员断粮断药，情况万分危急。5时，柯飞奉命带领战士们紧急向草坡乡运送救灾物资。他背负30多公斤重的粮食和药品，跋涉在狭窄、陡峭、泥泞的山路上，历经11个小时，先后翻越3座海拔2000米以上的高山，行程30多公里，为草坡乡受困群众送去急需的粮食、药品和帐篷。

5月25日，正在河岸边担负巡逻任务的柯飞，发现河面上游漂来一具遇难者遗体，立即向中队干部报告并主动请战打捞遗体。他和战友找来冲锋舟，用绳索套住遗体，慢慢地拖向岸边。面对已经高度腐烂的遗体，他没有畏惧退缩，带头将遗体装进裹尸袋，然后背起遗体步行两公里送到殡仪馆。28日，为尽快将救灾粮食分发到灾区群众手中，柯飞奉命带领战士们在汶川县粮站担负装卸任务。面对堆积如山的救灾粮，他带头背起沉重的大米、面粉袋快步疾行，衣服磨破了，肩膀红肿了，全身湿透了，仍咬牙坚持。在他的带动下，大家一鼓作气，经过5个小时奋战，完成粮食搬运任务。

抗震救灾期间，柯飞带领本班战士营救被困群众50余人，疏散转移群众200余人，装卸大米、面粉等救灾物资1.5万公斤，搭建帐篷12顶，清理遇难者遗体2具，挖出现金、贵重物品价值3万余元，平整场地2000余平方米。

2008年10月，柯飞被四川省委、省政府授予“四川省抗震救灾模范”称号，被武警四川省总队记二等功；10月7日，被中共中央、国务院、中央军委授予“全国抗震救灾模范”荣誉称号。

田亚洲

土家族，1989年2月出生，重庆酉阳人。中共党员。2005年12月入伍，武警四川省总队雅安市支队汉源县中队副班长，一级士官警衔。

5月12日下午，领班员田亚洲正在汉源县看守所监舍通道上巡查，突然脚下剧烈晃动，看到监墙和哨楼也在不停摇晃，他马上意识到发生地震了，便立即抓起对讲机向中队勤务值班员报告，同时将2名当班哨兵撤到巡视通道，成功避险。14时35分，看守所7号、8号监舍的10多名在押人员由于强烈地震而极度恐慌，不顾哨兵口头警告，集体撞开监舍铁门冲出监舍。此时，2号哨楼下已有部分监墙垮塌，情况万分危急。田亚洲见状立即持枪，迅速冲到离7号、8号监舍最近的巡视通道上，大声警告、鸣枪示警，迫使在押人员退回监舍，成功制止了一起在押人员集体脱逃事件。

5月13日，当看守所事态平息后，田亚洲主动加入由12名党员和团员组成的抗震救灾突击队，迅即投入汉源县抗震救灾战斗中。10时，当部队在县工会宿舍楼搜救时，忽然听到楼内传出微弱的呼救声。此时余震不断，楼房摇摇欲坠，随时都有可能垮塌。田亚洲主动请缨，火速带领

5名突击队员顺着微弱的呼救声，沿着扭曲的楼梯攀爬上危楼，用钢钎小心翼翼地撬开已严重变形的防盗门，将被困20多个小时的周邦和老人救出。在搜救中，连续奋战三天三夜的田亚洲忽然眼前一黑，栽倒在废墟上，不省人事。战友们立即将他送到卫生救护站紧急抢救。他醒来后不顾医生劝阻，拖着疲惫的身体又投入到紧张的抗震救灾中。

5月16日15时，当一批救灾物资运抵汉源县城时，少数不法分子企图哄抢救灾物资。正担负武装巡逻任务的田亚洲，迅速组织巡逻分队加强对救灾物资的现场警戒，同时果断出击，配合公安机关抓获3名违法犯罪嫌疑人，维护了汉源县城社会稳定。

抗震救灾期间，田亚洲与战友们一道先后营救出幸存者5名，清理遇难者遗体10具，搭建帐篷200多顶，疏散转移群众2000余人，分发救灾物资5000多件，配合公安机关抓捕不法分子34名。

2008年10月，田亚洲被四川省委、省政府授予“四川省抗震救灾模范”称号，并荣立一等功；10月7日，被中共中央、国务院、中央军委授予“全国抗震救灾模范”荣誉称号。

李梓源

1990年4月出生，四川成都人。2007年12月入伍。武警四川省总队广安市支队警通勤务汽车中队士兵，列兵警衔。

5月12日16时，得知中队接到抗震救灾的预先号令后，刚做完眼睛手术还处于恢复期的李梓源主动向中队党支部请战，坚决要求到一线参加抗震救灾。18时30分，在广汉市一处尚未完全倒塌的教学楼里，李梓源发现一名幸存者被埋在楼道拐角处的预制板下，奄奄一息，周边的几间残房摇摇欲坠，随时可能垮塌。危急关头，李梓源置个人生死于不顾，第一个冲向幸存者。在没有专业救援设备的情况下，在狭小的空间内，他用双手刨、肩膀扛、铁锹撬，将压在幸存者身上的碎石和预制板一点一点地挖开挪走，双手被碎石划破，鲜血直流，也全然不顾。战友拉他到一旁包扎伤口，李梓源大声说道：“不要管我，救人要紧！”一把推开战友，继续投入到营救幸存者的战斗中。经过两小时艰苦奋战，他和战友们将幸存者救出。

5月21日，一名99岁的羌族老人被困在海拔1627米的摩家山上已达9天。接到救援命令后，李梓源和19位战友火速徒步向摩家山急行军，途中遭遇3次强余震、2次山体滑坡，穿越5处塌方地段，到达救援地点。看到老人已是遍体鳞伤、生命垂危，李梓源立即取下水壶，用壶盖将水喂进老人嘴里，然后和战友用自制担架，采取前面举架、后面半蹲的方法，历经7个小时，把老人从摩家山转移到安全地带。

为帮助灾区孩子特别是失去父母亲人的孩子们尽快走出心理阴影，六一儿童节前夕，李梓源建议驻地官兵与灾区孩子举行一场联欢晚会。在时间紧、场地和设施条件受限的情况下，他积极发挥自身文艺特长，精心编排了一场丰富多彩的文艺节目，给灾区孩子们带来了幸福和欢乐。学校复课后，他拿出自己积攒下来的1000元津贴，为灾区学生购买了书包、笔和作业本等学习用品。

在长达47天的抗震救灾中，李梓源与战友们一道营救出幸存者2人，转移被困群众2400余人，清理遇难者遗体150具，抢修道路2500余米，清理废墟750立方米，搭建帐篷235顶、简易住所10座，排除险情30余处，搬运救灾物资400余吨，帮助灾区群众收割庄稼0.67公顷。李梓源的事迹先后被中央电视台等多家新闻媒体报道。

2008年6月，李梓源荣立二等功；10月7日，被中共中央、国务院、中央军委授予“全国抗震救灾模范”荣誉称号。

母　强

羌族，1976年9月出生，四川北川人。中共党员，大专学历。1995年12月入伍，武警四川省森林总队警通勤务中队士官，四级士官警衔。

汶川特大地震发生时，正在总队8楼电台室值班的母强，第一反应就是背起电台，抄起一套“北斗一号”卫星定位仪向楼下撤离。当冲到5楼安全出口时，他忽然想起电台室隔壁还有两名新战士，又迅速返回楼上，帮助两名新战士撤离到安全地带。此时，通信全部中断，母强想到的不是个人安危，而是要尽快恢复通信。震后不到10分钟，母强又一次冲进办公大楼，抢出一部海事卫星电话和20部对讲机。在余震不断的情况下，他楼上楼下、院里院外来回奔跑。通过他和战友的不懈努力，震后6小时即开通了以综合通信车为主的总队临时应急通信网络，实现总队救灾指挥信息的畅通。地震发生后的20多个小时里，在4位亲人生死未卜的情况下，母强一直坚守岗位，从未向组织提出任何要求。

由于交通中断、通信不畅，直至5月13日中午，母强才从妻弟处得知妻子李兰冰、刚刚19个月的女儿母欣洁，以及岳父岳母全部遇难的消息。总队领导了解情况后，特批母强回家料理后事。回到北川县城，在确认短时间内无法见到亲人遗体后，这位刚强的羌族汉子擦干眼泪，跪在废墟上向岳父岳母和妻儿磕头告别，当天便返回部队，奔向极重灾区都江堰市，坚守在抗震救灾一线。

由于地震破坏，总队抗震救灾分队官兵只能依托自我通信保障，作为通信骨干的母强深知自己肩上的千斤重担。5月16日晚，刚从北川返回成都的母强强忍悲痛，带上超大功率的通信中转台奔赴都江堰，迅即开通了短波电台、卫星定位系统、海事卫星电话等通信设备。他全天24小时不漏过任何一个时段，不放过任何一次哪怕是极其微弱的呼叫，不错过哪怕是两三个字的信息，始终坚守在总队野战通信车里。经过32小时不懈努力，失去联络的驻卧龙部队终于有了消息。之后几天，母强转战都江堰市蒲阳镇长河村等抗震救灾一线，架设天线、开通信道、呼叫接收、奔波传递，完成了应急通信保障任务。

2008年5月，母强被武警部队表彰为“抗震救灾先进个人”，并荣立一等功；10月7日，被中共中央、国务院、中央军委授予“全国抗震救灾模范”荣誉称号。

张　塬

1983年8月出生，四川剑阁人。中共党员，大学本科学历。2001年12月入伍，武警重庆市总队七支队特勤中队排长，中尉警衔。

汶川特大地震发生后，正在若尔盖执行驻训任务的张塬迅速向党组织递交请战书，主动要求到一线参加抗震救灾。5月13日凌晨，张塬随部队开赴茂县参与救援。茂县方向的道路、通信、电力完全中断，山体严重塌方，茂县县城灾情不明，成为一座与世隔绝的“孤岛”。为及时赶到茂县实施救援，张塬带领14名战士组成先遣突击队，徒步挺进茂县县城探明灾情，留下路标，为大部队顺利开进提供准确的路况信息。当他们赶到天龙湖水电站时，50多米宽的岷江横在面前，湍急的江水撞击岩石发出阵阵轰鸣。在水情不明的情况下，张塬果断决定和班长黄敬走在前面下水探路，其余队员分成两组，将15根背包绳系在一起，拴在腰上。大家紧紧拽住背包绳，互相搀扶着渡过冰冷的江水，继续向茂县县城方向强行军。张塬带领战士们历经10余小时，徒步70余公里，于14日14时30分抵达茂县县城，为救灾指挥部提供了准确的灾情信息。

在茂县，张塬主动请缨前往灾情最严重、道路最艰险的渭门乡实施拉网式搜救，随后率队徒步强行军30余公里，途经80余处高危路段，硬是在深山老林中开出一条“血路”，在救援黄金时间72小时内率先进村入户实施救援。他们先后走遍了渭门乡、沟口乡、飞虹乡等地26个村寨，转运重伤员5名，转移受灾群众1000余名。《人民日报》、中央电视台等新闻媒体用《神兵天降》《十五勇士》等为题对他们的英勇事迹进行了报道。

灾后重建阶段，张塬根据救灾指挥部命令，积极协助当地党委和政府，担负安置灾区群众、清理废墟、抢修道路和搭建板房等任务，满腔热忱地帮助灾区人民重建家园。

抗震救灾期间，张塬带领突击队员帮助灾区群众抢收粮食10余吨，抢修道路3公里，开挖水渠1200米，搭建帐篷180余顶、简易房4000余平方米，抢修水电站1座，帮助300余户村民提前恢复通电，得到地方党委、政府和人民群众的赞扬。

2008年8月，张塬荣立二等功；10月7日，被中共中央、国务院、中央军委授予“全国抗震救灾模范”荣誉称号。

刘　亮

1979年10月出生，陕西高陵人。中共党员，大学本科学历。1995年12月入伍，武警陕西省总队汉中市支队略阳县中队中队长，上尉警衔。

汶川特大地震使略阳县政府3楼档案室墙体大面积开裂，随时有倒塌可能，情况十分危急。接到救援命令后，刘亮于当日15时带领10名战士火速赶到现场。冒着余震随时可能再次发生的危险，他第一个带头冲进大楼，经过短短20分钟战斗，他们迅速将1.5吨重的珍贵档案资料转移到楼下开阔地带。

5月14日17时，又一次强余震袭来，中队执勤目标单位略阳县看守所一层的墙体出现大面积裂缝，并不同程度出现倾斜，看守所价值5万余元的生活物资面临严重威胁。受领紧急抢运物资任务后，刘亮只身冲进楼内，逐楼层、逐房间进行勘察，尔后立即组织部队进行紧张抢运，历经一小时的紧张奋战，将物资全部顺利转移至安全地带。最后一批物资刚刚转移出来，看守所扭曲的墙体轰然垮塌。

地震后略阳县部分受灾群众居无定所，不少群众自行搭建的简易帐篷在余震中风雨飘摇。刘亮看在眼里，急在心里，在天气炎热、蚊叮虫咬等恶劣环境中，他带领官兵奋战14个小时，搭建帐篷450顶，为灾区900余户受灾群众提供了临时栖身之所。5月24日午夜，7辆满载物资的大卡车抵达略阳县城，60余吨救灾物资急需装卸并转运至各灾区群众救助点。刘亮带领官兵发扬不怕疲劳、连续作战的作风，历经10个小时的艰苦奋战，装卸转运物资40余车次。负责现场指挥的略阳县民政局领导紧紧握着刘亮的手激动地说："关键时候还得靠我们子弟兵啊！"

抗震救灾期间，刘亮身先士卒，用自身的模范行动影响和感召中队官兵，几次晕倒在救灾现场，苏醒后又继续投入战斗。刘亮带领中队官兵顽强拼搏，出动兵力500余人次，疏散群众2000余人，先后抢运价值约8万余元的生活物资、教学设备1400余件（套），拆除危房50余间，搭建帐篷1600余顶，装卸救灾物资500余吨。

2008年5月，刘亮被武警部队表彰为"抗震救灾先进个人"，并荣立二等功；10月7日，被中共中央、国务院、中央军委授予"全国抗震救灾模范"荣誉称号。

马胜云

1982年11月出生，甘肃临洮人。中共党员。2000年12月入伍，武警陕西省总队汉中市支队六中队班长，二级士官警衔。

汶川特大地震发生时，汉中市震感强烈，正在查哨的马胜云火速跑到营院当中吹响紧急集合哨，仅用3分钟，全中队80多名官兵全部集合到开阔操场中间，无一伤亡，成功避险。

当得知中队准备执行抗震救灾任务时，马胜云悄悄压下准备回家结婚的休假申请，第一个向中队党支部递交了请战书。5月19日凌晨，马胜云奉命带领50名战士组成抢险突击队，紧急奔赴距中队驻地100余公里的略阳县担负搭建救灾帐篷任务。到达现场后，他立即组织党员骨干仔细勘察地形、科学选择搭设地点；尔后，冒着余震不断的危险，一面组织部队搬运救灾帐篷，一面带领战士平整场地。搭设帐篷缺乏专业工具，他用砖块砸、用碎石敲，手掌磨破了，虎口震裂了，手臂划伤了，但他全然不顾，带领突击队连续奋战20多个小时，为灾区群众搭建帐篷200余顶，完成了任务。

地震发生后，来自全国各地的大批救灾物资源源不断地运抵灾区，急需向灾区群众救助点紧急装运。5月28日，马胜云奉命带领战士担负物资搬运任务。面对堆积如山的救灾物资，他和战友们一道克服天气炎热、体力透支、给养困难等不利因素，连续奋战七天七夜。6月5日，马胜云带领战士担负宁强县青木川镇救灾任务。面对余震不断、道路损毁、山体滑坡等威胁，他沉着应对，组织部队科学避险。经过8小时急行军，他们一到青木川镇就立即投入到紧张的转移群众、搭建帐篷、拆除危房等救灾战斗中。一次拆除危房时，强余震袭来，正在房梁上作业的上等兵小王眼看就要摔落下去，马胜云一个箭步冲上前，死死地拽住小王衣领，奋力将他拉上房梁。由于用力过猛，他左脚不慎踩上一根5厘米长的铁钉，铁钉瞬间刺穿脚掌。他强忍疼痛，一声不吭，直至任务完成，才进行了包扎处理。

在连续一个月的抗震救灾中，马胜云时时冲锋在前，处处率先垂范，带领战士为灾区群众搭建帐篷240余顶，拆除危房87间，平整场地2000余平方米，抢运钢材60余吨。

2008年10月7日，马胜云被中共中央、国务院、中央军委授予“全国抗震救灾模范”荣誉称号。

王青松

1980年12月出生，重庆垫江人。中共党员，大专学历。1998年12月入伍，武警甘肃省总队陇南市支队一中队中队长，中尉警衔。

汶川特大地震发生后，陇南市遭受重大人员伤亡和财产损失。接到上级紧急救援命令后，王青松带领中队官兵火速赶赴陇南受灾现场。受地震灾害影响，陇南市部分地区山体滑坡、道路中断，油料严重短缺，5月13日中午，市民们纷纷跑到加油站抢购燃油，极有可能发生严重踩踏事故。王青松组织30名官兵紧急赶赴现场疏导群众，迅速恢复了社会秩序。14日，王青松带领50名官兵徒步赶赴受灾严重的武都区贺家坪村救援，在先后3次遭遇强余震、沿途多处山体滑坡的紧急情况下，徒步强行军23公里，抵达贺家坪后立即组织官兵挨家挨户搜救，共营救出受困群众36人，抢挖粮食5万余公斤，转移牲畜80余头，抢通公路3公里。

5月15日，在连续奋战3天、身体极度疲劳的情况下，王青松又带领20名突击队员紧急赶赴武都区马街镇赵坪村，为村民挖粮食、修公路、排险情，安全转移受困群众80多名，搭建帐篷20余顶，最大限度地减少了受灾村民的损失。18日，扬名中学校舍垮塌，学生被困，情况十分危急。王青松接到命令后，带领50名官兵紧急转移被困师生800余人，冒雨搭建帐篷100余顶，及时化解了险情。看到灾区学生因校舍垮塌无法上课，他主动组织部队腾出帐篷，为孩子们搭建起“帐篷小学”，并买来书本、文具，组织官兵轮流担当校外辅导员。

5月27日，武都区安化镇甘树湾村800多位村民唯一的饮用水源因山体滑坡被埋，村民生活用水告急，王青松奉命带领60名官兵紧急赶往水源地组织抢险。冒着余震不断、山体滑坡等危险，在缺乏机械工具的情况下，他组织官兵凭双手搬、肩膀扛、铁钎撬、铁锹挖，经过三天三夜的艰苦奋战，开挖土石2000余立方米，成功地将水源重新挖开，缓解了村民饮水困难。看到村民缺衣少粮，他又带领战士及时送去面粉、蔬菜和生活用品，组织官兵捐款6000余元、衣物120余件。

抗震救灾期间，王青松带领官兵先后帮助受灾群众拆除危房102间，挖出贵重物品428件，营救受困群众36人，抢挖粮食5万余公斤，抢修公路3公里。

2008年10月7日，王青松被中共中央、国务院、中央军委授予“全国抗震救灾模范”荣誉称号。

唐　萍

女，1974年7月出生，四川邻水人。中共党员，大学本科学历。1990年3月入伍，武警黄金第三总队十支队卫生队医师，少校警衔。

汶川特大地震发生后，唐萍得知灾区急缺医务人员，便主动请缨奔赴四川灾区，并担任武警黄金第三总队抗震救灾第一突击队医疗防疫分队队长，负责极重灾区都江堰市虹口乡卫生医疗、防疫消毒和心理干预工作。

虹口乡地处都江堰市西北最偏远的山区，离震中汶川县映秀镇仅一山之隔。地震造成该乡98%的房屋倒塌，人员伤亡严重，公路、通信、电力全部中断。恶劣的自然环境和罕见的地震灾情，给消毒防疫工作带来了极大困难。到灾区后，唐萍每天带领医疗防疫队员，背着医药箱和药水喷雾桶，冒着余震不断、山体随时塌方的危险，跋山涉水，进村入户，到8个行政村组巡诊、疗伤治病，并对垃圾、废墟、厕所和帐篷内外进行消毒防疫，完成271平方公里区域内的消毒防疫任务，杜绝了痢疾、疟疾、流行性腹泻等灾后易发疾病暴发流行。地震使虹口乡3个养殖场近150吨三文鱼死亡，震后几天连续暴晒，加上高温，死鱼迅速腐烂，如不及时清理消毒，势必污染水源，危及下游成都地区居民用水安全。她带领防疫队员不顾天气炎热，穿着密不透风的防护服，顶着让人无法呼吸的恶臭，对死鱼进行清理掩埋，连续4天12次采取浇油焚烧、石灰覆盖、挖坑深埋、喷洒消毒液等方式进行卫生防疫消毒。通过一个多月的跟踪防疫监测和消毒，彻底消除了死鱼对白沙河、紫坪铺水库及岷江下游水系构成严重污染的威胁。

抗震救灾期间，唐萍父亲患脑溢血住院，哥哥也在抗震救灾一线，家里只能由年迈且行动不便的老母亲照顾父亲。她把担心和牵挂深深地压在心底，坚守在工作岗位上，带领医疗防疫分队，走了近10个小时的崎岖山路，蹚过水流湍急的白沙河，前往被当地老百姓称为“孤岛”的漆树坪送粮、送医、送药。看到灾区群众一张张脸上沉重悲伤的表情，她立即召集所有村民进行心理疏导，并为失去家人的老人和孩子单独进行心理干预，尽最大努力减轻他们失去亲人的心理伤痛，帮助他们树立重建家园的信心。虹口乡“黄金部队帐篷小学”开课当天，她走上讲台，为120名小学生作了心理疏导。进入灾区以后，唐萍带领医疗防疫分队共诊治病人3000多人次，巡诊2500多人次，5次组织集体心理疏导，进行心理干预2800多人次。当地电视台多次对她给灾区群众做心理疏导、医治伤病员的感人事迹进行了专题报道。

2008年7月，唐萍被武警部队表彰为“优秀党员”；10月7日，被中共中央、国务院、中央军委授予“全国抗震救灾模范”荣誉称号。

任大军

1970年7月出生，四川仪陇人。中共党员，大专学历。1989年3月入伍，武警水电第一总队三支队副参谋长，中校警衔。

汶川特大地震发生后，抗震救灾前线指挥部决定派遣突击队徒步挺进唐家山，紧急开辟陆路通道，为后续部队大规模展开排险创造条件。5月25日，前期抵达的任大军奋勇当先，主动请缨；15时30分，带领11名队员背着电台、干粮，带着砍刀、铁锹向唐家山挺进。震后的山体异常陡峭，最大坡度达70多度，随处可见山体裂缝，有的裂缝达1米宽，上下错层近2米高，又遇天降暴雨，滑坡、泥石流随时可能发生。任大军指挥战士单列纵队行进，设立安全员及时观察随时可能发生的险情，每经过一处危险地带就组织一次报数。当突击队赶至半山腰时，强余震突然袭来，任大军见状，指挥战士蹲下顺坡隐蔽。猛然间，他看到一块巨石正朝着一名战士砸去，任大军不顾一切地冲过去，将战友拽出危险地域，自己却被滚落的石头擦伤。由于连续行军，身体多处划伤，任大军体力严重透支，但仍坚持前行。经7个多小时艰苦努力，突击队终于在22时39分安全到达唐家山堰塞湖坝顶，为后续排险部队开辟出第一条陆路抢险通道，被抗震救灾指挥部誉为“开路勇士”。

唐家山堰塞湖导流槽开挖战斗打响后，任大军带领部队承担施工难度最大的下游坝体挖槽任务。为充分发挥水电部队专业优势，加快排险进度，他采取齐头并进、分层开挖的施工方案，紧张有序地指挥着几十台大型设备联合作战。当在下游堰塞坝开挖至12米深时，遇到一段近70米长的页岩体，抢险进度严重受阻。任大军急忙调集现场10余台推土机、挖掘机和自卸车紧密配合，科学指挥推土机、挖掘机用推刀不停推锉、自卸车转碴方式，连续奋战两天两夜，终于成功消除施工中的“拦路虎”。由于自然条件恶劣，生活条件艰苦，现场饮用水供应十分困难，任大军就把仅有的饮水分发给抢险施工一线的战士，自己嗓子干涩得如火在烧，也舍不得喝上一口。在6个昼夜的高强度抢险施工中，任大军带领官兵不顾疲劳、连续作战、争分夺秒，累计休息时间不超过15个小时，以平均每天2万多立方米的开挖速度，与友邻部队密切配合，成功开挖出一条总长475米、上宽50米、下宽8米、深13米的导流泄洪槽，提前5天完成唐家山堰塞湖抢险任务。

2008年9月，任大军被武警部队记一等功；10月7日，被中共中央、国务院、中央军委授予“全国抗震救灾模范”荣誉称号。

梁启成

1965年11月出生，广西容县人。中共党员，大专学历。1987年12月入伍，武警水电第一总队四支队工程师，上校警衔。

汶川特大地震发生后，梁启成得知支队受领唐家山堰塞湖排险任务，主动请战率领观测先遣队空投到坝顶，带领官兵在滑坡频发、飞石如雨的恶劣环境里，冒着生命危险架设测量仪、设置参照物、标识控制点，24小时监测水情，密切关注现场水文、堰体形状和地质变化，根据数量数据分析检测坝体是否异常。由于连续4天空中通道受阻，梁启成携带的手机完全没有信号，海事卫星电话也无法使用，官兵们与外界完全断绝联系。在断粮断水和恶劣天气的艰险环境中，梁启成带领3名官兵始终坚守岗位，不分昼夜，每隔半小时观测一次水位，记录一组数据。为获取更加精准的测量数据，梁启成在原定15个测量点基础上，又增加了10个。渴了饿了，他们就到附近山上摘野梨、挖野菜、嚼草根、舔露水，一直坚守到第五天直升机送去第二批战友和给养。梁启成和战友们通过艰辛努力获得的测量数据，为国务院抗震救灾总指挥部处理险情、做出决策提供了第一手资料，为妥善排除唐家山堰塞湖险情提供了科学依据。

在坚守期间，梁启成总是把最危险的测量点留给自己，每天睡眠不足3个小时，步行20多公里往返于各测量点之间，脚上磨起血泡，血和袜子粘在一起，每走一步都钻心疼痛，但他咬紧牙关、一声不吭。为尽可能地扩大测量范围，获取最准确的水文参考数据，在长1000多米的堰塞湖上游边坡上，梁启成独自一人多次冒着被滚石砸伤的危险，设下733等5处高程测量点。返回后，迅即跑到堰体下游坝底放点，给观测员提供参照物，为水位观测提供准确的观测数据。5月26日下午，“决战唐家山”战斗打响，梁启成带领测量人员承担控制边坡开挖高程、测算开挖工程量等艰巨任务。31日晚，泄洪槽开挖工作完成，抢险工作取得阶段性胜利，会战官兵奉命撤离，而梁启成却坚持带领观测组留在坝顶继续实施观测。6月10日15时15分，最大洪峰顺利通过绵阳，高悬在绵阳下游百万群众头顶的一颗“定时炸弹”随之清除，人民群众无一伤亡，抢险排险取得决定性胜利，梁启成才奉命撤离。

在连续奋战的22个日夜里，梁启成带领观测组3名成员共监测水情319期，测算开挖工程量13.55万立方米，为前指报送数据资料300余份，他们被媒体誉为“唐家山四勇士”。

2008年10月7日，梁启成被中共中央、国务院、中央军委授予“全国抗震救灾模范”荣誉称号。

李书健

1969年10月出生，四川仁寿人。中共党员，大学本科学历。1991年7月入伍，武警水电第三总队十支队支队长，上校警衔。

汶川特大地震发生后，李书健接到抗震救灾的命令，火速带领42名官兵奔赴什邡市执行搜救任务。在什邡市湔氐中学实施救援时，他们从微弱呼救声中发现两名幸存者被压在废墟下的水泥板夹缝中。李书健迅速组织官兵用手扒、用手搬，用锤子、钢钎打孔，手指被磨破，虎口被震裂，血汗交融，他们全然不顾，一点点拓展水泥板缝隙，并从四面对严重受损的楼体进行支撑加固。紧张救援中，李书健身上多处被划伤，战士们劝他休息一会儿再干。李书健说：“救人要紧，这点伤算什么！”历经16个多小时艰苦奋战，终于将两名幸存者从废墟底下成功救出。5月13日下午，李书健又带领官兵投入到什邡市中心小学等地的搜救行动中，先后转移伤员323人。

5月15日，得悉绵竹市清平乡数万名群众因道路阻断尚未脱险的消息，李书健带领108名官兵，冒着道路两旁随时可能塌方的危险，充分发挥技术优势，连续奋战七昼夜，抢通被群众誉为“生命线”的汉旺镇至清平乡震毁道路。17日，他带领30名官兵前往红白镇执行道路抢通任务，抢修道路5000米，架设钢架桥30米。

5月21日，李书健等18名官兵奔赴小岗剑上游堰塞湖排险。从清平乡到小岗剑堰塞湖，路程虽然只有3.5公里，但一路上险象环生，被当地人称作“死亡之路”。抱着“爬也要爬到堰塞湖坝顶”的坚定信念，李书健背负近25公斤重的炸药，率领突击队喊着号子冲锋向前，极大地鼓舞了官兵士气。一路上余震频发、沙石滚落，突击队躲过一次次飞石流沙的威胁，艰难跋涉两小时，抵达堰塞湖坝顶，李书健立即指挥突击队员装填炸药。经过10个小时的连续奋战，炸开一条长45米、宽25米、深8米的导流渠，成功缓解了堰塞湖险情。李书健和突击队员们被地方媒体称为“炸坝18勇士”。

抗震救灾期间，李书健身先士卒，靠前指挥，带领支队官兵先后转战德阳、绵阳、都江堰等重灾地区，与官兵们一起顶烈日、战酷暑，夜以继日连续奋战，抢通6条“生命线”，成功排除堰塞湖险情9起，受到地方党委、政府和人民群众的高度赞扬。

2008年9月，李书健荣立一等功；10月7日，被中共中央、国务院、中央军委授予“全国抗震救灾模范”荣誉称号。

詹登民

1974年1月出生，宁夏中卫人。中共党员，大学本科学历。1997年6月入伍，武警水电第三总队工程技术科副科长，少校警衔。

汶川特大地震发生后，詹登民立即向党组织递交请战书，于5月13日凌晨随总队第一突击队火速赶往什邡市湔氐中学救援，与官兵们一道用手扒、肩扛、棍撬，奋力搜寻废墟中的幸存者，手掌被磨破、手指被砸伤也全然不顾，经过10个小时全力奋战，成功营救出2名生还者，挖出15具遇难师生遗体。湔氐中学搜救任务完成后，詹登民又立即组织官兵赶赴龙居小学、蓥华中学、蓥峰公司、宏达公司和红白镇进行紧急救援。他严密组织、科学指挥、全力营救，带领官兵连续奋战30多个小时，营救出11名幸存者，挖出遇难者遗体68具。

5月17日7时，詹登民带领官兵火速赶赴什邡至峡马口村塌方路段，抢通震毁道路。面对余震不断、山体滑坡、泥石流频发等危险，经过12小时的艰苦奋战，清理土石2万余立方米，成功抢通长约5公里的塌方路段，为及时“进村入户”救援创造了有利条件，受到当地政府和群众的高度赞誉。

5月18日15时，詹登民马不停蹄地赶往绵竹市参加小岗剑堰塞湖排险，及时解决工程难题，组织指导排除3起重大险情，开挖土石1.75万立方米，抢通道路5公里。21日，他带领18名爆破突击队员成功实施爆破排险，在坝顶形成一道深8米、宽25米、长45米的导流渠，有效降低了堰塞湖水位，减少了堰塞湖容量，实现了排险预期效果。

5月24日，詹登民又紧急奔赴绵阳参与唐家山堰塞湖抢险，在抢险前指综合组负责协调工作，及时协调相关单位，做好人员调配、物资设备装卸转运等大量繁杂的保障工作，使抢险人员和物资设备分批次按要求有计划地运至坝顶，为完成抢险任务创造了有利条件。其间，詹登民同时兼顾几处堰塞湖抢险工作，多次到苦竹坝、罐子铺、红岩、孙家院子、马鞍石等堰塞湖勘察现场，与相关单位共同研究制订抢险方案，到抢险一线现场指导。直至总队承担的最后一个堰塞湖——马鞍石堰塞湖成功排险，他才拖着疲惫不堪的身体返回部队。

抗震救灾期间，詹登民先后担负人员搜救、道路抢通和堰塞湖排险三大任务，在抢险一线连续奋战34天，组织部队成功营救幸存者13名，挖出遇难者遗体83具，解救受困群众15名，清理土石3.75万立方米，抢通公路16公里，参与唐家山等多处堰塞湖排险，完成了上级交付的各项救灾任务。

2008年10月7日，詹登民被中共中央、国务院、中央军委授予“全国抗震救灾模范”荣誉称号。

丁小剑

1982年5月出生，重庆忠县人。中共党员。2001年12月入伍，武警水电第三总队九支队四中队士官，挖掘机操作手，二级士官警衔。

汶川特大地震发生后，丁小剑随队投入理县古尔沟至汶川的道路抢通战斗。由于余震频发、塌方不断，施工人员和机械设备随时可能被落石砸伤、砸毁，前线指挥部果断决定将挖掘机整体并列作业方式改为单机开拓作业方式向前推进。关键时刻，丁小剑主动请缨，凭借对山区道路熟悉、操作经验丰富的优势，临危受命，驾驶单机担当开路先锋。面对一侧是陡峭悬崖、一侧是湍急岷江的险恶环境，他驾驶挖掘机在遍地是滚落的巨石、裂缝达2米多宽的山路上一次次开挖回填，突破一道道险关，单机清理山体塌方50多处，开挖土石2万多立方米、回填1万余立方米，排除危石上千块，冒着生命危险为部队开辟出一个个安全作业面。在九昼夜的紧张作业中，他几乎没有离开过挖掘机，实在顶不住了，就靠在驾驶室里打个盹。战友们争着要替换他休息，他流着泪说：“此时此刻不知有多少同胞正埋在废墟里亟待救援，我这个开路先锋怎么能停下来休息呢！”正是靠着这种坚定的信念，丁小剑和战友们比原定计划提前20天完成抢通任务。

5月16日下午，部队开进到距映秀镇20多公里的草坡隧道时，隧道两头的出口完全被塌方体堵死，丁小剑负责操作挖掘机疏通隧道。当他成功打通被封堵的洞口向前推进时，突发强余震，隧道顶部出现塌方，情况万分危急。丁小剑迅速指挥紧随其后的两位战友带重型工程机械撤离，自己则冷静地操作挖掘机大臂挡在塌方体与驾驶室之间，抵挡垮塌下来的巨石。操作刚刚完成，一块几十公斤重的石头重重地砸在挖掘机大臂上，被击碎的驾驶室玻璃撒落丁小剑一身。在他的掩护下，战友们全部安全撤出洞外，成功避免了一起重大险情。

5月20日，在抢通汶川至茂县公路时，强余震再次发生，山体大面积塌方，滚石砸得工程机械咚咚直响。丁小剑后撤时发现正在现场指挥的中队长王安军还没来得及撤离，立即停止后撤，与另一位挖掘机操作手紧密配合，用挖掘机长臂死死挡住飞石。直到中队长和另一名操作手安全撤离后，丁小剑才撤出塌方路段。

2008年9月，丁小剑被武警部队授予“抗震救灾勇士”荣誉称号；10月7日，被中共中央、国务院、中央军委授予“全国抗震救灾模范”荣誉称号。

郭瑾圣

1982年9月出生，陕西延安人。中共党员，大学本科学历。2004年6月入伍，武警交通第一总队一支队二中队助理工程师，中尉警衔。

汶川特大地震发生后，四川灾区公路损毁严重，抢通保通“救援生命线”的任务十分繁重。5月23日，郭瑾圣作为支队第一批先遣人员，组织官兵携工程机械设备从兰州紧急增援四川地震灾区。

5月24日22时，部队行进至距茂县100余公里的两河口路段时，突然遭遇大面积塌方，部队前行受阻。郭瑾圣立即向上级报告，果断命令部队实施道路抢通，尔后独自一人连夜翻越塌方山体，徒步行进13公里，赶赴黑虎乡向兄弟部队求援，请求从塌方山体两侧同时开挖。至25日6时，经过一夜艰苦奋战，车队才得以安全通过，于当日深夜抵达极重灾区茂县。到达任务地域后，郭瑾圣顾不上休整，迅速带领两名挖掘机操作手抢通飞虹乡至黑虎乡7公里严重损毁道路。他们饿了就吃块饼干，渴了就喝口凉水，晚上实在困得不行了就在机械底下打个盹，最终以顽强的毅力，经过三天四夜的艰苦奋战，提前完成道路抢通任务。

北川至茂县公路在地震中损毁严重。武警交通第一总队承担北川羌族自治县禹里乡至冒火山垭口21.9公里道路的抢通保通任务，并成立了茂（县）北（川）公路打通项目部，郭瑾圣担任总工程师。受领任务后，在缺乏设计图纸资料和向导的情况下，为选择最优施工线路，郭瑾圣带领5名官兵先后17次徒步翻越荆棘丛生、坡陡林密的冒火山，一边用砍刀开路，一边测绘丈量，连续奋战12个昼夜，硬是在无人区找到一条最佳施工路线。在时间紧、任务重、标准高的情况下，郭瑾圣克服余震不断、地质松散和塌方滑坡等施工难题，科学设计抢通方案，实施多点作业、依次推进，大大加快施工进度。8月中下旬，灾区连降暴雨，引发山洪，抢通路段多处再次出现塌方，个别地段出现软基，情况十分紧急。郭瑾圣迅速制订应急方案，组织部队处理软基、清理塌方、疏通河道、平整路面，在8月23日18时将道路打通至冒火山垭口，提前7天完成道路抢通任务。尔后，他又带领官兵继续向擂鼓镇方向抢通道路4公里，与兄弟部队对接汇合，实现全线贯通的目标，受到各级领导的一致肯定和高度赞扬。

在郭瑾圣的组织指挥下，茂北公路打通项目部共完成旧路改造5.7公里，开通新路26公里，拆除危房150间，运送物资90余车次，拖吊翻车13辆，开挖、清理土石386万立方米，完成了上级下达的抢通保通任务，并作为最后一批救援部队撤离灾区。

2008年10月7日，郭瑾圣被中共中央、国务院、中央军委授予“全国抗震救灾模范”荣誉称号。

梁卫东

1972年2月出生，吉林蛟河人。中共党员，大学本科学历。1991年9月入伍，武警部队司令部通信部通信处参谋，中校警衔。

汶川特大地震发生后，梁卫东作为武警总部机关第一批抵达灾区的救援人员，主要担负保障抗震救灾前线指挥通信、恢复灾区通信联络任务。在时间紧迫、环境恶劣、条件艰苦的情况下，梁卫东把个人生死置之度外，克服常人难以想象的困难，在救灾一线连续鏖战50多个昼夜，先后为都江堰、北川、汶川、茂县、理县等6个极重灾和重灾县（市）建立80多个通信作业点，及时用无线电波为中共中央、国务院、中央军委和灾区人民架起信息桥梁，为保证抗震救灾斗争的科学决策、高效指挥提供了强有力的通信保障。

由于震级高、破坏力强，震区通信设施毁坏严重，通信联络全部中断，形成多处“信息孤岛”，严重影响了抗震救灾决策指挥。针对灾区通信设施和救灾部队通信器材严重缺乏的实际，梁卫东迅速组织统计各部队用装数量，及时向首长提出合理化建议，并通过多种渠道紧急为灾区调配卫星电话、短波电台、超短波电台、发电机等通信设备600余部（台）。装备运抵成都后，他立即协调各方力量，采用飞机、车、船运送和人员背扛等方式，经过24个小时的艰苦奋战，将通信装备全部运到救灾一线，及时形成通信能力，确保了指挥高效畅通。

四川灾区救灾部队高度分散，通信专业人才严重不足。梁卫东精心筹划，边组织调拨通信器材，边进行通信骨干培训，并从武警四川省总队、交通、水电部队等抽调92名官兵，突击培训短波报话业务，及时充实到一线部队，为挽救被困群众的生命和财产发挥了重要作用。

为实现武警总部提出的灾区主要方向实现可视指挥的目标，梁卫东冒着余震频发、山体滑坡、塌方不断的危险，奔波于北川与都江堰之间，组织部队运用武警“三网一系统”最新信息化成果，将支队（团）级综合指挥车和综合通信车迅速调配到北川、汶川，将卫星背负站和便携站紧急调配到映秀、茂县和理县，开通都江堰、北川、汶川、映秀、茂县、理县6个救灾方向的卫星图像通信联络，搭建起灾区内外的信息桥梁，保证中共中央、国务院和中央军委的决策、指示及时传达到一线武警官兵，极大地激励和鼓舞了军心士气。

2008年10月7日，梁卫东被中共中央、国务院、中央军委授予“全国抗震救灾模范”荣誉称号。

张　翥

1977年11月出生，宁夏中卫人。中共党员，大学本科学历。2000年7月入伍，武警部队司令部作战勤务部三处参谋，上尉警衔。

汶川特大地震发生后，武警部队迅速在四川成立抗震救灾前进指挥所，统一指挥武警部队的救援行动。当时张翥正身处灾区，根据上级指示，就地参加前指工作，主要负责提出决策建议、组织部队调动、指导救灾行动等协调保障任务。从5月12日15时开始，张翥在临时搭建的指挥所帐篷内连续工作22个小时，采用海事卫星电话等多种通信方式，不间断地与灾区部队和地方政府保持联系，详细了解核实当地人员伤亡、道路通断、财产损失等灾情，进行综合分析并提出意见建议，提交四川震区灾情报告，为指挥部科学决策提供了重要参考。

当救援部队紧急向汶川等重灾地区挺进时，张翥坚持昼夜值班，每半小时与一线部队沟通联络一次，及时收集各部队困难、意见和建议；同时根据最新进展，手工标绘部队进入汶川、茂县以及各责任区内村庄道路通断情况图13张，并根据抗震救灾联合指挥部的统一部署和任务区受灾乡镇、村庄数量及灾区群众数量，向指挥部提出具体合理的兵力部署建议。建议被指挥部采纳后，他连夜拟制救援开进命令，报请批准后，迅速向部队传达，组织调动部队开进，形成了抗震救灾的整体合力。特别是在跨区调动武警部队赴灾区执行救援任务过程中，他承担了军事文书撰写和大量协调保障工作。他主动加强与总参谋部、总政治部、总后勤部、总装备部以及铁道部、成都铁路局等军地有关部门的沟通协调，拟制铁路输送计划和摩托化机动方案13份，指导任务部队搞好铁路装载输送和摩托化开进。在任务部队向灾区远程开进途中，他连续三天三夜奋战在作战值班室，随时掌握部队开进动态，及时向指挥部报告，积极协调沿线部队向救援官兵补充给养，确保了救灾部队安全抵达任务地域。

唐家山堰塞湖排险战斗打响后，张翥全程跟踪掌握部队行动和排险动态，准确做到上情下达、下情上传，为指挥部科学指挥、果断决策提供了依据。其间，张翥先后9次冒着余震不断的危险，深入汶川、茂县、都江堰、北川等极重灾县（市），指导一线部队开展救灾行动。

抗震救灾期间，张翥拟制紧急救援、“进村入户”、排险除险行动方案计划等20余份，拟制下发命令、指示、通知30余份，编辑抗震救灾每日情况要报90余份，为部队有序有效展开救援行动发挥了重要作用。

2008年10月7日，张翥被中共中央、国务院、中央军委授予“全国抗震救灾模范”荣誉称号。

郭海涌

1973年11月出生，河北魏县人。中共党员，硕士研究生学历。1989年10月入伍，中央人民广播电台驻武警记者站记者，上校警衔。

汶川特大地震发生后，正在家中料理母亲丧事的郭海涌闻讯立即归队投入战斗，当天17时就率先在中央人民广播电台和中国广播网发出《3000武警投入灾区全力救援》的重大新闻，随后又连夜采集信息，迅速发出《800武警今晨徒步开进汶川》《3万武警奔赴44个乡镇和208个乡村展开抢救生命总攻》等重要新闻。其间，郭海涌还先后在中央人民广播电台和新华网做现场访谈，向全国和全世界人民宣传武警部队抗震救灾最新战况。

地震在灾区形成多个大小不等的高中危级堰塞湖，随时都有溃坝可能，成为国内外关注的焦点。郭海涌主动请战、临危受命，担负起堰塞湖排险的新闻报道任务。在唐家山堰塞湖排险决战时刻，郭海涌坚守九天九夜，白天和官兵们并肩奋战，晚上加班加点采写稿件。在到达唐家山的第三天，从小就疼爱他的爷爷不幸去世，两个月内痛失两位亲人，郭海涌默默地把失去亲人的悲痛化作抗震救灾的力量，每天5时爬上堰塞体察看水情，为中央人民广播电台6时30分“新闻和报纸摘要”节目准时播报唐家山堰塞湖排险进展情况提供最新信息。在平武县马鞍石堰塞湖采访过程中，突然一阵余震袭来，正向山顶攀爬的郭海涌失足滑下悬崖，幸亏事先已和8名战士一组用保险绳捆在一起，才死里逃生。

在汶川采访时，由于连日奋战、过度劳累，郭海涌患上了严重的腰椎间盘突出症。疼得实在无法忍受时，他就在腰间捆上钢板，继续深入灾区跟踪采访，有时一天就发出8篇稿件。采访中，郭海涌发现震后连日阴雨，山体变得异常疏松，就及时在中央人民广播电台“新闻纵横”栏目进行了报道，为阿坝藏族羌族自治州13万群众安全大转移提供了重要参考。在汶川县牛脑寨采访时，郭海涌发现由于震后道路中断，灾区水果和蔬菜销售渠道受阻，立即进行深入调查，掌握翔实资料，及时向抗震救灾指挥部报告，协调部队抢通道路，解决了灾区农民的燃眉之急。

抗震救灾期间，郭海涌坚守灾区85天，多次冒着生命危险深入映秀、汉旺等重灾地区进行现场直播，跟踪报道20个高中危级堰塞湖排险进展情况，先后在中央人民广播电台“新闻和报纸摘要”等重点栏目播出现场录音和连线432篇，在新华网和中国广播网等中央新闻媒体刊发稿件图片872条（幅）。

2008年8月，郭海涌被总政治部表彰为“全军抗震救灾新闻宣传先进个人”；10月7日，被中共中央、国务院、中央军委授予“全国抗震救灾模范”荣誉称号。

韩慧娟

女，1963年12月出生，山东莱州人。中共党员，大学本科学历。1979年9月入伍，武警医学院附属医院护理部主任，上校警衔。

担任医院赴汶川灾区救援医疗队副队长的韩慧娟作为武警部队救援医疗队带队的唯一女性，经受住了苦与累、生与死的考验，表现出了强烈的政治责任感。在从理县赶赴汶川县威州镇的途中，因山体大面积滑坡，道路严重阻断，韩慧娟果断命令全体队员徒步前进，穿越17处生死线，历经46小时的艰难跋涉，抵达威州镇实施医疗救援。武警医疗队负责救助的村庄平均海拔在2700米以上，条件十分艰苦，救援难度很大。为及时救助受灾群众，韩慧娟每天带领队员徒步数十公里深入村庄巡诊。每次上山，她总是主动去最偏远的村寨。在前往增坡村救援时，有的山路最宽处不足0.3米，沿途还有1公里长的大面积塌方，而下面就是湍急的岷江，山路的险峻让男队员都感到紧张，但她二话不说，第一个背对悬崖，紧贴山体，手脚并用，勇闯险关，为其他队员增添了信心和勇气。在救灾任务最重的前半个月，韩慧娟每天都是凌晨带队出发，深夜回到营地，足迹遍及12个村庄。为赢得更多的救援时间，她连续7天不休息，由于过度疲劳两次晕倒在救灾一线。

灾区群众生活状况恶劣，医疗药品极度匮乏，韩慧娟看在眼里，急在心里。当一位70多岁的老大娘老泪纵横地向她诉说家里同时失去7位亲人的遭遇时，韩慧娟流着泪安慰老人，并把随身带的几百元钱都留给了她。在灾区一个多月里，她先后把身上带的几千元钱全部捐给了灾区困难群众。六一儿童节前夕，韩慧娟把雁门乡新桥村80多名学生接到驻地，与学生们一起联欢，并赠送了食品和学习用品。雁门乡中心小学在驻地附近，当韩慧娟得知留守的30多名学生中有一些同学在地震中失去亲人时，便组织医疗队员到学校看望孩子们，进行心理疏导，给他们赠送药品、食品和文体用品。

抗震救灾期间，韩慧娟带领23名医疗队员承担威州镇12个村庄和驻地解放军、武警部队5000余名官兵的医疗救治和防护工作，先后巡诊47806人次、诊治7092人次、抢救危重病人43人、用无私的爱展示了一名党员的高尚道德风范。

2008年5月，韩慧娟被武警部队表彰为“抗震救灾先进个人”称号；6月，被全国妇联授予“全国三八红旗手”称号；9月，被卫生部、食品药品监管局、中医药局、总后卫生部授予“抗震救灾医药卫生先进个人”称号；10月7日，被中共中央、国务院、中央军委授予“全国抗震救灾模范”荣誉称号。

钱政林

1978年9月出生，湖南慈利人。中共党员，大学本科学历。1996年12月入伍，武警部队成都仓库保管队士官，三级士官警衔。

汶川特大地震发生时，邻近武警成都仓库的3座居民楼发生垮塌，部分群众被楼房废墟埋压，守卫仓库官兵立即赶赴受灾现场展开搜救。听到废墟楼梯角落处有轻微呼救声，钱政林主动请缨进去救人。冒着余震随时可能造成废墟垮塌的危险，他小心翼翼地将废墟洞口的砖石和水泥块搬开，一步一步艰难地往里挪，借助微弱光线，终于在离洞口6米处看到奄奄一息的幸存者。钱政林一边对幸存者喊话，“一定要挺住，我们武警来救你了”，一边和外面战友共同研究营救办法。在近3个小时的时间里，一直蜷曲在废墟洞内，身体麻木了，手指划破了，嗓子喊哑了，他全然不顾，竭尽全力地清理幸存者身上的砖块瓦砾，将幸存者救出。

5月13日，按上级指示要求，仓库立即转入应急物资保障任务。当晚，救灾物资陆续从四面八方运抵成都双流机场、火车站，上级要求紧急转入仓库存放。已经两天一夜没有合眼的钱政林主动请缨，迅即投入装卸物资的战斗。23时30分，从北京发出的第一批10万件自热食品到达双流机场。面对堆积如山的救灾物资，钱政林积极协调有关部门，逐一清点数量、核对账目，经过6小时奋战，顺利将第一批物资接收入库。自救援部队进入灾区以后，仓库每天都要收发大量救灾物资，最多一次同时在机场接收9架次飞机的应急救灾物资。每天他都是在仓库、机场、车站连轴转，不分昼夜，但始终任劳任怨，从不叫苦，连续奋战15天，完成了各项应急物资收发任务。

抗震救灾期间，钱政林把灾区当战场，视时间如生命，充分发挥党员士官的先锋模范作用，和战友们一起营救受困群众11人，挖出遇难者遗体23具，收发应急救灾物资1.2万余吨，完成上级交给的各项任务。

2008年6月，钱政林荣立三等功；10月7日，被中共中央、国务院、中央军委授予“全国抗震救灾模范”荣誉称号。

民兵预备役部队抗震救灾模范

杨瑞良

1963年4月出生，陕西城固人。中共党员，大专学历。陕西陆军预备役高射炮兵师第5团双37高炮营政治教导员，预备役少校军衔。

在汶川特大地震中，略阳县遭受重创，为地震重灾县之一。5月12日下午，刚刚参加完略阳县委常委会议的杨瑞良，命令全营100余名官兵在略阳县城嘉陵广场紧急集结，随后带领官兵按照疏散预案深入城区各住宅小区、居民楼，组织群众撤离。地震发生后的一周内，杨瑞良先后帮助2万余名群众撤离至安全区域，组织官兵在城区指定安置点和重灾乡镇搭建3200余顶居民生活帐篷，使受灾群众得到妥善安置。

5月27日深夜，余震频频发生，城区群众非常慌乱，面积狭小的嘉陵广场避险群众已达2000余人，急需疏散。杨瑞良带着预备役战士迅速赶到嘉陵广场，组织群众连夜转移到安全地带。

地震给略阳县第二中学、高台小学、嘉陵小学校舍造成严重破坏，加之余震不断，学生已无法继续上课。杨瑞良带领官兵冒着余震危险，冲进教学楼，仅用一天时间就为城区3000余名学生抢搬教学设备1.27万余件（套），又在开阔区域搭建34个帐篷教室，将抢运出的教学物品放置到位，使学生迅速复课。

地震造成略阳县危房达7917户、26769间，如果不及时拆除，就有可能造成新的伤亡，但当地许多青壮劳力在外打工，缺乏人手。杨瑞良主动向县委、县政府请缨，带领官兵深入徐家坪镇上坪村、白水江镇林家山等重灾乡村，用12天时间拆除危房，及时解除了安全威胁。

5月下旬，何家岩镇煎茶岭阳山出现3万多立方米危岩险情，阻断了向四川运送赈灾物资的重要通道之一的省道309线，同时对当地群众生命财产安全构成严重威胁。杨瑞良一边向上级汇报险情，一边主持制订应急避险方案，组织撤离临险群众，连夜安排专业技术人员和预备役官兵采取爆破方式排除了险情。

震后两个多月时间里，杨瑞良每天工作时间都在16个小时以上。由于超负荷工作和不规律饮食，杨瑞良的胃病反复发作，整个人瘦了一大圈。他忍受着病痛折磨，坚持与战士同吃同住，既当指挥员，又当战斗员。在他的带动下，高炮营官兵冲锋在前，勇挑重担，在略阳抗震救灾中发挥了重要作用。

2008年10月7日，杨瑞良被中共中央、国务院、中央军委授予“全国抗震救灾模范”荣誉称号。

郑植耀

羌族，1981年11月出生，四川三台人。中共党员，大学本科学历。四川省北川羌族自治县人武部职工，民兵排长。

5月12日14时20分，郑植耀亲吻了一下差一天就满两个月的儿子，对妻子彭小华说：“我去搞训练了，你在家好好照顾儿子。”没想到，这一吻，竟是郑植耀与妻子、儿子和4位老人的最后诀别。

地震发生后，郑植耀被埋在废墟里昏迷不醒，幸运地被战友及时救出。苏醒后，尽管头上还流着血，可他赤着脚就加入到了搜救群众的队伍中。在没有外援和工具的情况下，郑植耀同人武部幸存的同志一起，在救援部队进入北川之前，用双手刨出了42名幸存者，仅郑植耀一人就从废墟中背出11名重伤员。

5月13日7时，郑植耀和人武部幸存战友及外援民兵受领搜救人武部传真密码机和枪支弹药等重要物资的任务。郑植耀已知道父母、妻子、儿子等6位亲人遇难的消息，他强压心中的巨大悲痛，和战友一道，用简易工具挖，用手刨，连续奋战3天，衣服被汗水一次又一次渗透，手指抠出血，硬是从废墟中一件不落地找回传真密码机和所有武器弹药，完成了任务。

地震后第三天，在转运完被救出的伤员之后，郑植耀才第一次回到深埋6位亲人的大楼废墟旁，向着父母、岳父母、妻子和儿子重重地磕了3个响头，独自一人号啕大哭，发泄掉内心的痛苦和压抑后，擦干眼泪，重新回到了工作岗位。此后的时间里，郑植耀同人武部幸存的战友一道，冒着余震和泥石流的威胁，每天都在废墟和受灾群众安置点忙碌，搬运、发放救灾物资，疏散转移被困群众。

5月30日，四川省军区在北川羌族自治县擂鼓镇设立受灾群众临时安置村，县人武部负责保障安置村166顶帐篷里近2000人的食宿。人武部人员较少，郑植耀既当驾驶员又当炊事员，还当安全员，每天工作十几个小时，受到安置村灾区群众交口称赞。

2008年10月7日，郑植耀被中共中央、国务院、中央军委授予“全国抗震救灾模范”荣誉称号。

胥怀君

1953年11月出生，四川盐亭人。中共党员，大专学历。东方汽轮机厂人武部军事科科长。

地震发生时，胥怀君正在家中轮休。第一波强震过后，胥怀君立即冲出家门，冒着余震的危险，奋力向东汽厂区奔去，到一分厂、三分厂、叶片分厂、东汽技校、工具分厂、机修分厂等单位查看灾情。东汽技校和叶片分厂已经成为废墟，东汽中学几百名学生被压，很多职工家属被埋，仅凭全厂幸存的职工和民兵难以自救。为了尽快向上级报告灾情，争取救援时间，胥怀君通过徒步和搭乘摩托车、三轮车等方式，经多次辗转颠簸，于5月12日17时赶到德阳军分区，报告了汉旺镇和东汽的严重灾情。在军分区首长的安排下，东方电机厂78名民兵和驻地部队70名官兵，在当日19时赶到东汽，展开紧急救援。

地震中，厂人武部部长不幸遇难。胥怀君果断挑起重担，动员组织全厂1100余名民兵在东汽中学、东汽技校、家属区、叶片分厂倒塌的废墟中展开救援。没有大型机械，胥怀君就带头用双手搬运砖头、瓦砾、钢筋和水泥板，从废墟中一次次救出受伤和被困群众，手指全被磨破了，鲜血顺着指尖往下流。连续奋战48个小时后，31名幸存者被营救出来。此后的六天六夜，胥怀君带领救援民兵昼夜奋战，又从废墟中抢救出学生和群众近100人，组织转移安置受灾群众2000多人。

胥怀君唯一的女儿是叶片分厂的职工，地震后下落不明。作为父亲，胥怀君本该尽快寻找女儿，但作为人武部幸存的唯一指挥员，胥怀君还是选择站在指挥员岗位，组织指挥民兵，争分夺秒抢救生还希望更大的被困群众。5月13日2时17分，他不满25岁、结婚才11天的女儿，在被救出几分钟后停止了呼吸。按照有关规定，遇难职工和家属的遗体可以选择由亲人领走火化或由厂里统一集中深埋。由于妻子重伤住院，抢救受灾群众生命正处在关键时刻，胥怀君没有时间料理女儿的后事，将女儿的遗体交由厂里集中深埋。

2008年6月，胥怀君被四川省军区表彰为“抗震救灾先进个人”，被四川省委表彰为“优秀党员”；8月，被四川省抗震救灾指挥部和成都军区联指表彰为“抗震救灾区民兵预备役先进个人”；10月7日，被中共中央、国务院、中央军委授予“全国抗震救灾模范”荣誉称号。

王洪刚

1970年2月出生，四川南充人。中共党员。四川省南充市高坪区黄溪乡白岩店村村主任助理，民兵。

汶川特大地震发生时，王洪刚的妻子因患胆囊炎，正在南充市高坪区东观镇卫生院住院治疗。当日24时，乡人武部接到命令：集结民兵，立即赴灾区执行抗震救灾任务。考虑到王洪刚妻子的病情，区人武部不准备让他参加，王洪刚几番争取，才被批准参加民兵抗震救灾应急分队。由于出发时间紧急，王洪刚没来得及和家人告别，便随部队奔赴灾区。

5月14日2时多，王洪刚和南充民兵应急分队550名队员抵达极重灾区青川县。根据指挥部命令，分队先后承担了救治伤员、搬运物资、转移安置群众、搭建帐篷、清理废墟等多项任务。在救灾一线，王洪刚和战友争分夺秒，为灾区群众搭起一顶顶帐篷，每天工作近16个小时，饿了就用随身携带的干粮充饥，渴了就喝上几口瓶装水。工作间隙，王洪刚还主动照顾灾区的老人和小孩，像对待自己亲人一样问寒问暖。

5月17日，王洪刚发现自己便血，考虑到抗震救灾正处在攻坚阶段，便没有对任何人提及此事。21日早晨上厕所时，王洪刚突然昏倒在地，随队医生诊断为消化道出血，把他送到南充治疗，后经检查确诊为胃癌晚期。医生介绍，在灾区连续超负荷工作，吃干粮、喝凉水是病情恶化的主要诱因。

住在医院的王洪刚，每天关心的还是灾区的群众和抗震救灾工作。他说："我曾是一名军人，永远不会忘记军人的本色，现在虽然是民兵，也要永远践行军人的宗旨。"他特意让家人买来收音机，每天坚持收听灾区抗震救灾的新闻。5月26日，在南充市第五人民医院病房，面对众多采访记者，王洪刚几乎只字不提自己的病情，关心最多的是灾区的情况。他告诉前去看望的领导和亲友："我最大的遗憾是没有能够像其他战友那样，在灾区坚持到最后。我最大的希望就是能够再次赶到灾区，和战友一起并肩战斗。"住院期间，王洪刚还把各级慰问他的3万多元慰问金全部捐献给了灾区学校。

2008年10月7日，王洪刚被中共中央、国务院、中央军委授予"全国抗震救灾模范"荣誉称号。

覃建生

1972年6月出生，四川南充人。中共党员，硕士研究生学历。四川省雅安市委政法委副书记、雅安陆军预备役步兵团政治处预任副主任，预备役少校军衔。

5月12日23时，接到团部执行抗震救灾任务的命令后，覃建生第一个赶到步兵团集结地域，随部队冒雨连夜奔赴绵竹灾区。13日凌晨到达绵竹后，根据团指挥部命令，他带领2营官兵先后在东汽中学、东汽技校、遵道镇、雪花啤酒厂抢救被困群众，连续奋战六天六夜，饿了啃干粮，渴了喝凉水，困了在车上打个盹，不分白天黑夜，不分晴天雨天，从废墟中救出被埋群众7人，挖出遇难者遗体49具。

6月4日2时23分，接到四川省军区赴映秀地区搜救失事直升机的命令，覃建生随部队连夜机动185公里，于6时5分到达汶川县漩口寿江大桥。根据团指挥部命令，他带领一支搜救小分队冒着余震、塌方、飞石等重重危险，在汶川县映秀镇岷江东岸的黄家院、小荣华山、1863高地地区近30平方公里的高山峡谷内，连续搜寻两天两夜。他还率队为步兵团前方搜寻队员运送食品、饮用水等各类生活保障物资近10吨，攀登绳、软梯等登山器材100余件，为搜寻突击队提供生活和物资保障。

雅安地区也遭受重灾，全团70%的预备役官兵家庭受到不同程度的损失。为保持部队士气，覃建生组织政工干部，有针对性地开展谈心交心活动，引导广大官兵舍小家顾大家，自觉树立全局观念和人民利益高于一切的意识；创办《抗震救灾通讯》和《抗震救灾快报》，宣传一线官兵的先进事迹，鼓舞士气。同时，覃建生还以地方领导的身份，建议雅安市各编兵单位，开展为在一线的预备役官兵家庭送温暖活动。

执行搜救失事直升机任务时，部队已在绵竹抗震救灾一线连续奋战20余天，极度疲劳，加之直升机失事地域山高林密、悬崖绝壁，时刻面临着余震和滚石的威胁。为鼓舞官兵士气，覃建生用中共中央的亲切关怀和邱光华机组的英雄事迹激励官兵，通过三言两语小动员、行动间隙小讲评、完成任务小竞赛等，叫响“早日让英雄回家”的口号，不间断地搞好思想发动和现场鼓动，终于历尽艰险，完成上级交给的重要任务。

抗震救灾期间，团指挥部考虑到预备役人员年龄、体能等因素，安排官兵轮休。覃建生每次都把机会让给别人，自己带领部队一直坚持奋战在一线，直至阶段性任务结束后部队回撤。

2008年6月，覃建生被四川省军区表彰为“抗震救灾先进个人”，被成都军区联指表彰为“搜寻失事直升机先进个人”；8月，被四川省抗震救灾指挥部和成都军区联指表彰为“抗震救灾民兵预备役先进个人”；10月7日，被中共中央、国务院、中央军委授予“全国抗震救灾模范”荣誉称号。

吴小洪

女，1975年2月出生，四川渠县人。大专学历。四川省达州欣源土石方项目工程部总经理，四川达州陆军预备役炮兵旅预任士兵。

汶川特大地震发生后，吴小洪于当天下午向炮兵旅预任副参谋长兼营政治教导员、渠县政法委书记淳永奉递交了请求参加抗震救灾的申请书。由于灾区危险多、条件差，考虑到女性的身体条件等原因，淳永奉没有同意，吴小洪就直接把电话打给旅长杨喜灿。杨喜灿被吴小洪的精神所感动，批准了她的请求。得知女儿要赴地震灾区，吴小洪的父母起初不同意，他们劝女儿：“你是搞企业的，给灾区捐个三五万块钱我们支持，现在灾区余震不断很危险，你一个女人家的何必要去冒这么大的险？”吴小洪的理由很简单：“我是一名预备役战士，灾区就是战场，我现在的岗位应该在战场而不是在商场。”5月12日24时，吴小洪按时到营部报到。

5月13日上午，在部队集结开进前，吴小洪组织自己公司员工第一次为灾区捐款2.5万元。得知灾区急需大型工程机械时，吴小洪当即调拨自己公司一台正在施工的挖掘机和4名机械操作手，随部队奔赴救灾一线。部队到达极重灾区平武县平通镇，吴小洪同全旅官兵一起，立即投入到抢救受灾群众的生命大营救中。在满是灰尘的废墟中，吴小洪镇定地指挥机械施工作业，在机械进入不了的场地，吴小洪就用手刨、用锹铲。她还为重伤员擦洗伤口。他们连续奋战五天五夜，救出被埋群众4人，搬运掩埋遗体13具。

转入“进村入户”搜救阶段，没有走过陡峭山路、未背过重物、平时车接车送的吴小洪，多次冒着头上落石不断、脚边悬崖深渊的危险，随救援分队翻山越岭深入灾区，为极重灾区运送急需的救灾物资。一次，吴小洪和大家连走带爬4个小时到达目的地平通镇大坝村，一位老大娘看到她手上、腿上被划得伤痕累累，感动地拉着她的手不停地说："闺女，你受苦了，为了我们遭这么大的罪，你让我们怎么安心呢？"吴小洪说："大娘，这是我们的责任。再说你的年龄和我母亲差不多，看到母亲没饭吃，哪个儿女不心痛，就是吃多少苦，冒多大的危险，我们都心甘情愿的啊。"

执行任务间隙，吴小洪还充分发挥自己的烹饪特长到炊事班帮厨，因地制宜，为官兵做出可口的饭菜。她还经常主动帮助友邻部队一些年轻战士洗衣服，令官兵深受感动。

2008年6月，吴小洪被四川省军区表彰为"抗震救灾先进个人"；10月7日，被中共中央、国务院、中央军委授予"全国抗震救灾模范"荣誉称号。

马占泉

1971年9月出生，四川青川人。中共党员。四川省青川县人武部职工，民兵。

汶川特大地震过后，整个青川县城一片残垣断壁，停电停水、道路受阻、通信中断。灾情信息早一点送出，救援队伍早一刻到来，人民群众的生命就多一分希望。紧急时刻，马占泉临危受命：采取一切办法向上级报送青川县受灾情况。接到命令后，马占泉立即带着大坝乡人武部部长杜磊，骑着摩托车向广元方向疾驰。骑至青川县酒家垭时，道路被乱石封堵，两人只好弃车步行。从酒家垭至大院回族乡，两人共遇到8次飞石、1处山体滑坡；在凉水镇至七佛乡途中，又遇到一次山体滑坡，多次飞石。很多地方由于地震损毁根本就没有道路，两人就连滚带爬，闯过一道道生死关，终于在地震当天22时赶到广元军分区，向指挥部报告了青川县灾情。未作休息，两人又连夜徒步返回，一路上同样经历数次险情，于5月13日9时回到青川县城。

回到人武部后，马占泉不顾疲劳，立即投入到抢救伤员的战斗中。他同干部、职工和民兵一道，连续奋战30个小时，抢救被困群众7人，挖出遇难者遗体18具。在抢救间隙，马占泉还协助其他同事，搞好各级指挥人员和部里同事的生活保障。一次帮厨时，高压锅爆炸，马占泉被滚烫的稀饭烫伤半边脸，瞬间红肿起泡。经过临时医疗所简单包扎和治疗后，他又返回救灾现场，坚持战斗在第一线。

从5月14日开始，来自全国各地的解放军、武警部队官兵和民兵预备役人员等救援力量共计2万余人陆续抵达青川，县城承受着从未有过的保障压力，饮食供应、任务分配、道路疏通、宿营安排，哪个环节出问题都会影响救援进度。马占泉在指挥部负责协调工作，每天要打200多个电话，嗓子哑了，咽喉发炎，用水润润，又继续工作，连续40多天，每天工作18个小时以上。当同事们问马占泉是什么力量在支撑他时，他回答说："我是一名党员、人武部职工，也曾经是一名军人，在这关键时候，没有退缩的理由！"

2008年10月7日，马占泉被中共中央、国务院、中央军委授予"全国抗震救灾模范"荣誉称号。

张奉文

1962年11月出生，重庆梁平人。中共党员，大专学历。重庆市梁平县文化镇人武部部长。

汶川特大地震中，梁平县遭受重灾，一些民房垮塌，或成为危楼；文化镇中心小学教学楼垮塌，900多名师生被困。获知灾情后，张奉文主动请缨，向镇党委立下军令状：全力抢救被困人员，让每一名师生安全转移。受命后，张奉文火速组织镇民兵应急分队50多人，赶赴现场展开救援。张奉文冒着余震危险，第一个冲进摇摇欲坠的危楼，肩上背一个，一手抱一个，一趟接一趟地把被困学生转移出来。没有大型机械设备，张奉文就带领民兵用肩扛、用手刨；没有外部救援力量支援，他们就连续奋战，坚持不下火线。经过三天三夜的全力抢救，救出被埋压学生40多人，抢运伤员70多人，900多名被困师生被全部安全转移。

因长时间超负荷工作，张奉文昏倒在营救现场，被送进医院抢救。苏醒后，虽然四肢缠着绷带、几处插着管子，他却没有询问自己的病情，开口第一句话便问在场人员："学生娃儿们都救出来了没有？"在医院住院治疗两天后，张奉文不顾医生劝阻，坚决要求出院，又全力投入到抗震救灾的战斗中。

在灾后重建阶段，张奉文协调搬迁学校周围10余户群众，完成了学校重建征地拆迁任务。他带领全镇有建筑专长的40多个民兵预备役人员，组成灾后重建小分队，深入全镇8个行政村、54个村民小组，一家一户排查危房，帮助受灾群众拆除危房20余间，加固危房204间，排除险情15处，清理倒塌房屋600多平方米，运送土石30余车次。

2008年10月7日，张奉文被中共中央、国务院、中央军委授予"全国抗震救灾模范"荣誉称号。

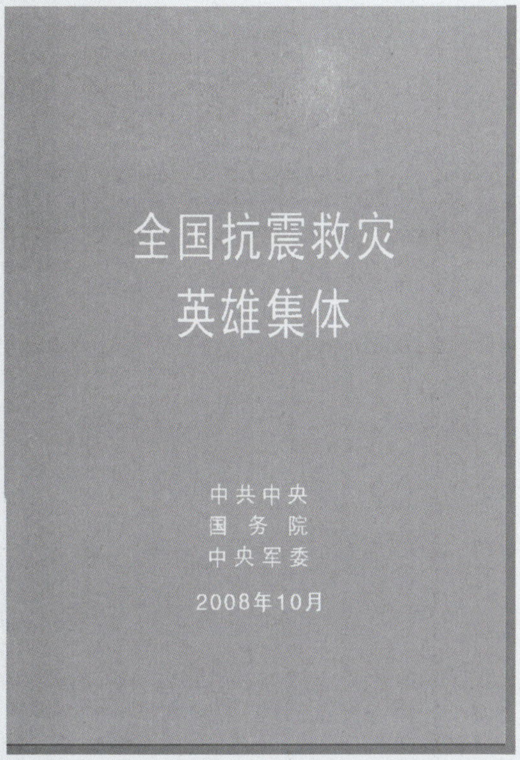
全国抗震救灾
英雄集体
中共中央
国务院
中央军委
2008年10月

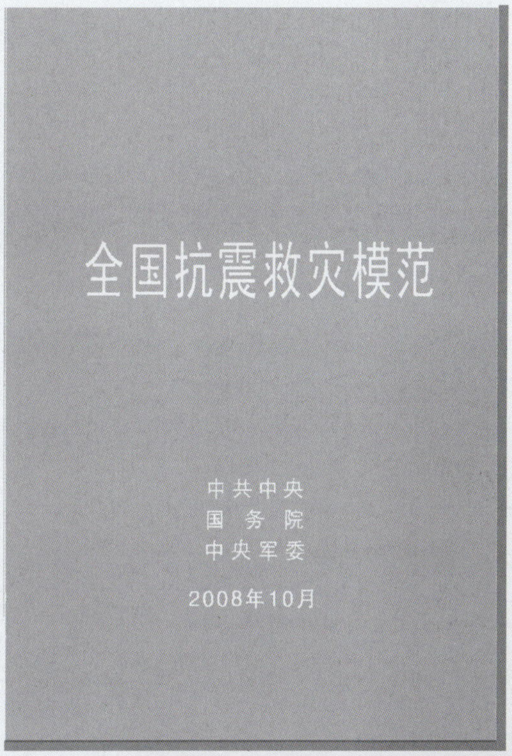
全国抗震救灾模范
中共中央
国务院
中央军委
2008年10月

文献辑存

（中委〔2008〕339号）

中共中央、国务院、中央军委关于表彰全国抗震救灾英雄集体和抗震救灾模范的决定

（2008年10月7日）

今年5月12日发生的四川汶川特大地震，是新中国成立以来破坏性最强、波及范围最广、救灾难度最大的一次地震，给灾区人民生命财产和经济社会发展造成巨大损失。面对突如其来的特大地震灾害，在党中央、国务院和中央军委坚强领导下，全党全军全国各族人民众志成城、迎难而上、顽强奋战，竭尽全力抢救被困群众，最大限度地减低了灾害损失。目前，受灾群众基本生活得到妥善安置，灾后恢复重建正在有序推进，抗震救灾斗争取得重大胜利。在这场抗震救灾斗争中，涌现出一大批临危不惧、勇往直前、舍生忘死、无私奉献的先进集体和先进个人。他们在抗震救灾斗争中的英勇表现，显示了党和人民的伟大力量，弘扬了中华民族的伟大精神，唱响了中国人民自强不息、团结奋斗的英雄凯歌，书写了中华民族发展史册上新的壮丽篇章。

为大力弘扬万众一心、众志成城，不畏艰险、百折不挠，以人为本、尊重科学的伟大抗震救灾精神，激励全党全军全国各族人民奋力推进改革开放和社会主义现代化建设事业，党中央、国务院和中央军委决定，授予成都市公安局交通警察支队等320个集体“全国抗震救灾英雄集体”荣誉称号；追授雷勇等5名同志“全国抗震救灾模范”荣誉称号；授予蒋敏等517名同志“全国抗震救灾模范”荣誉称号。希望被授予称号的集体和个人珍惜荣誉，再接再厉，争取更大的成绩。

中央号召，全党全军全国各族人民要以受表彰的先进集体和先进个人为榜样，更加紧密地团结在以胡锦涛同志为总书记的党中央周围，以邓小平理论和“三个代表”重要思想为指导，深入贯彻落实科学发展观，切实把伟大抗震救灾精神转化为艰苦奋斗、重建家园的坚强意志，转化为努力工作、建设祖国的实际行动，转化为推动科学发展、促进社会和谐的强大力量，以更加坚定的信心、更加饱满的热情、更加扎实的工作，为夺取全面建设小康社会新胜利、开创中国特色社会主义事业新局面而不懈奋斗！

附件一　全国抗震救灾英雄集体名单

附件二　全国抗震救灾模范名单

附件一

全国抗震救灾英雄集体名单

（共320个）

四川省

成都市公安局交通警察支队
成都市疾病预防控制中心
中共都江堰市向峨乡委员会
中共彭州市龙门山镇委员会
彭州市白鹿镇九年制学校
崇州市交通局
德阳市旌阳区柏隆镇人民政府
中共什邡市纪律检查委员会
什邡市民政局
中共绵竹市委员会组织部
绵竹市公安局
绵竹市青年志愿者协会
中共绵竹市汉旺镇委员会
绵阳市公安局
绵阳市交通局
绵阳市卫生局
四川长虹电子集团有限公司
中共江油市委员会
中共北川羌族自治县委员会
安县水务局
中共平武县委员会
广元市第一人民医院外科
广元市公安局交通警察支队
中共剑阁县委员会

中共青川县委员会
中共青川县乔庄镇委员会
广元市利州区民政局
南充市中心医院
中共南江县委员会
雅安市交通局
中共宝兴县硗碛藏族乡委员会
汉源县第一中学
中共石棉县新棉镇委员会
阿坝藏族羌族自治州交通局
阿坝藏族羌族自治州教育局
阿坝藏族羌族自治州卫生局
中共汶川县映秀镇委员会
汶川县雁门乡萝卜寨村党支部
中共理县甘堡乡委员会
中共茂县委员会
中共松潘县委员会
阿坝师范高等专科学校
四川省交通厅公路局
四川省交通厅公路运输管理局
四川省人民政府防汛抗旱指挥部办公室
四川省医学科学院·四川省人民医院
四川省骨科医院
四川公路桥梁建设集团有限公司
四川省机场集团有限公司
四川电视台

甘肃省

陇南市武都区马街镇姜家山村党支部
中共文县中庙乡委员会
中共甘南藏族自治州舟曲县江盘乡委员会
甘肃省人民政府应急管理办公室
甘肃省交通厅
甘肃省水利厅农村水利处
甘肃省人民医院

陕西省

宝鸡市疾病预防控制中心赴四川抗震救灾防疫队
宁强县广坪镇人民政府
中共略阳县白水江镇委员会
陕西电视台抗震救灾特别报道组

重庆市

重庆市公安局交通警察总队
重庆市支援四川灾区餐饮服务队临时党支部
重庆建工集团有限责任公司

云南省

昭通市民政局
云南省民政厅救灾物资储备中心
云南省第三人民医院赴四川抗震救灾医疗队

北京市

北京市接受救灾捐赠事务管理中心
北京市急救中心
北京市红十字会999救援队

天津市

天津市援建四川地震灾区安置房前线指挥部
天津市对口支援宁强县和略阳县工作组

河北省

唐山市支援四川抗震救灾医疗卫生队
中太建设集团股份有限公司

山西省

山西省援川建房太原突击队
山西省交通厅支援四川灾区公路抢通保通突击队

辽宁省

辽宁省建设厅援川过渡安置房建设前线指挥部
辽宁省首批赴四川抗震救灾医疗队

吉林省
吉林省公安厅赴四川汶川动中通通信保障组
吉林省卫生系统赴四川抗震救灾驻华西医院医疗队

黑龙江省
大庆庆瑞公司党员抗震救灾突击队
黑龙江省农垦总局抗震救灾指挥部

上海市
上海市援建汶川地震灾区绵阳、陇南过渡安置房现场指挥部
复旦大学附属华山医院中德红十字会野战医院

江苏省
江苏省赴四川抗震救灾医疗卫生救援队
江苏省阿珂姆野营用品有限公司

浙江省
浙江省建设厅援建四川广元过渡安置房施工现场指挥部
浙江省抗震救灾医疗防疫救援队

安徽省
合肥市建设委员会
安徽省卫生厅卫生监督所

福建省
福建省援建四川灾区过渡安置房工程建设现场指挥部
福建省赴四川抗震救灾医疗卫生救援队

江西省
江西省建设厅
江西省卫生厅抗震救灾第一批医疗队

山东省
烟台市疾病预防控制中心抗震救灾卫生防疫队
莒县农民救灾志愿队

河南省

河南省交通厅赴四川公路抢通保通突击队

河南省抗震救灾卫生防疫监督救援总队

湖北省

湖北省水文应急抢测突击队

湖北省医疗卫生防疫队

湖南省

湖南省交通厅抗震救灾抢险队

长沙中联重工科技发展股份有限公司

广东省

南方医科大学附属南方医院

广东省人民医院

内蒙古自治区

内蒙古自治区交通厅支援四川地震灾区公路抢通保通队

广西壮族自治区

广西抗震救灾防病工作队

海南省

海南航空股份有限公司签派控制中心

贵州省

贵州省支援四川抗震救灾医疗卫生救援队

青海省

青海省工程救援队

新疆维吾尔自治区

新疆维吾尔自治区团委、青联支援抗震救灾工作青年服务队

中央直属机关

中共中央办公厅机要局

中共中央组织部组织局

中共中央宣传部新闻局

人民日报驻四川记者站

团中央青年志愿者行动指导中心

中央电视台新闻节目中心

中央人民广播电台中国之声

新华通讯社抗震救灾报道前方指挥部

新华通讯社四川分社

中国民主建国会中央委员会中华思源工程扶贫基金会

全国工商联、中国光彩事业促进会光彩数字电影抗灾爱心宣传队

中央国家机关

国务院办公厅国务院应急管理办公室

外交部赴四川灾区前线救援工作组

国家发展和改革委员会经济运行调节局

教育部发展规划司

四川大学华西医院

民政部救灾司

司法部监狱管理局

人力资源和社会保障部抗震救灾领导小组办公室

交通运输部公路司

成都铁路局绵阳车务段

水利部黄河水利委员会抗震救灾工程抢险队

商务部市场运行调节司

中国国家话剧院《坚守》剧组

中国疾病预防控制中心

国务院国有资产监督管理委员会业绩考核局

国家质量监督检验检疫总局特种设备安全监察局

中国地震局国家地震灾害紧急救援队

中国人寿保险股份有限公司什邡市支公司

国家电力监管委员会四川抗震救灾保电工作指挥部

中国残疾人联合会康复部
中国红十字会总会赈济救护部
中国银行四川省分行
中国民用航空局西南地区空中交通管理局
中国货运邮政航空有限责任公司

国务院国资委管理的中央企业

中国石油天然气集团公司四川销售公司
中国华电集团公司四川宝珠寺水力发电厂
中国移动通信集团公司四川有限公司
中国东方电气集团公司东方汽轮机有限公司叶片分厂
中国航空集团公司中国国际航空股份有限公司西南分公司飞行部
中国南方航空集团公司中国南方航空股份有限公司珠海直升机分公司入川抗震救灾机队飞行班组
中国化工集团公司德阳昊华清平磷矿有限公司
中国铁路工程总公司中铁二局集团有限公司
中国铁道建筑总公司中铁第一勘察设计院集团有限公司宝成铁路109隧道抢险队
中国水利水电建设集团公司第十工程局医院

公安消防、特警、边防部队

四川省公安消防总队
四川省公安消防总队成都市支队
四川省成都市公安局特警支队
四川省绵阳市公安局巡特警支队
甘肃省公安消防总队天水市支队特勤中队
陕西省西安市公安局特警支队
陕西省公安消防总队宝鸡市支队特勤中队
重庆市公安消防总队赴四川抗震救灾救援大队
重庆市公安局特警总队
云南省公安边防总队抗震救灾医疗抢险队
河北省石家庄市公安局特警支队
山西省公安消防总队赴四川抗震救灾救援大队
辽宁省公安消防总队赴四川抗震救灾救援大队
吉林省长春市公安局特警支队
黑龙江省公安消防总队赴四川抗震救灾救援大队
黑龙江省哈尔滨市公安局特警支队

上海市公安消防总队赴四川抗震救灾救援大队
江苏省公安消防总队赴四川抗震救灾救援大队
江苏省南京市公安局特警支队
山东省公安消防总队赴四川抗震救灾救援大队
河南省公安消防总队赴四川抗震救灾救援大队
河南省郑州市公安局特警支队
广东省深圳市公安局特警支队
宁夏回族自治区银川市公安局特警支队
公安部抗震救灾前线指挥部指挥组

中国人民解放军

沈阳军区北川野战医院
第二五五医院
68212部队
68202部队25分队
68206部队59分队
68310部队35分队
68089部队
71622部队
71622部队47分队
71622部队64分队
71897部队63分队
71897部队96分队
71872部队
71988部队56分队
71282部队
71702部队65分队
71332部队66分队
71566部队66分队
71117部队52分队
71781部队73分队
71282部队97分队
71643部队66分队
71620部队
71697部队55分队
71677部队57分队

71336部队93分队
71407部队71分队
71352部队73分队
71366部队86分队
71892部队78分队
71998部队
71309部队75分队
71811部队52分队
71426部队94分队
71426部队84分队
71521部队64分队
71521部队55分队
71687部队82分队
71901部队54分队
71777部队80分队
72495部队野战方舱医院
第八十五医院四一一临床部医疗队
广州军区武汉总医院抗震救灾医疗队
77126部队
77133部队88分队
77136部队50分队
77146部队56分队
77156部队56分队
77105部队
77113部队96分队
77115部队98分队
77123部队87分队
77118部队70分队
77283部队
77289部队56分队
77293部队73分队
77296部队75分队
77298部队
77299部队61分队
77283部队67分队
77223部队85分队

77225部队60分队
77226部队70分队
77208部队66分队
77216部队72分队
77221部队65分队
77116部队62分队
第四十二医院医疗队
第三二四医院医疗队
78525部队
成都军区总医院抗震救灾医疗队
成都军区昆明总医院抗震救灾医疗队
78638部队50分队
78098部队60分队
78108部队70分队
78086部队110分队
四川省北川羌族自治县人民武装部
77367部队
92057部队30分队
92352部队
91099部队65分队
海军总医院冯理达抗震救灾医疗队
95655部队53分队
95118部队
95961部队71分队
94672部队李刚机组
95985部队
95982部队56分队
95936部队56分队
95816部队54分队
95942部队
95944部队61分队
95969部队61分队
95963部队55分队
95848部队52分队
95829部队73分队
95431部队

95806部队21分队

95788部队

95784部队54分队

95338部队第四施工大队

95538部队第一施工大队

空军总医院抗震救灾医疗队

95666部队83分队

96512部队

96542部队70分队

第五三七医院抗震救灾医疗救护队

61139部队应急办公室

总参第五十七研究所抗震救灾突击队

解放军理工大学专家抢险队

第三军医大学抗震救灾医疗队

军事医学科学院抗震救灾卫生防疫救援队

63831部队51分队

第五二〇医院

中国人民武装警察部队

武警8691部队

武警8692部队79分队

武警8741部队

武警8740部队80分队

武警8742部队51分队

武警8651部队10分队

武警四川省总队直属支队

武警四川省总队绵阳市支队

武警四川省总队绵阳市支队北川羌族自治县中队

武警四川省总队广元市支队青川县中队

武警四川省总队德阳市支队一中队

武警四川省总队宜宾市支队一中队

武警四川省总队阿坝藏族羌族自治州支队六中队

武警四川省森林总队阿坝藏族羌族自治州支队汶川大队

武警重庆市总队医院赴茂县抗震救灾医疗队

武警陕西省总队医院赴汉中抗震救灾医疗队

武警甘肃省总队三支队五中队

武警交通直属工程部第一工程处三中队
武警交通第一总队三支队六中队
武警水电第一总队四支队六中队
武警水电第三总队
武警水电第三总队九支队四中队
武警成都指挥学院学员一大队二队

民兵预备役

河南省偃师市顾县镇顾县村民兵连
四川雅安陆军预备役步兵团
重庆陆军预备役高炮师第三团二营六连

附件二

全国抗震救灾模范名单

（共522名）

四川省

蒋　敏（女，羌族）	彭州市公安局光明路派出所教导员
韩志保	彭州市磁峰镇石门村党支部书记
孙　静（女）	成都人民广播电台播音员
梁益建	成都市第二人民医院骨外科主任、副主任医师
张　俊	成都建筑工程集团总公司董事长
陈　岩	成都东冠实业有限公司副总经理
蒙祖海（水族）	成都信息工程学院学生
王　晋	都江堰市人民政府副市长，中共都江堰市龙池镇委员会书记
刘良志	都江堰市殡仪馆馆长

马远见	中共都江堰市虹口乡委员会书记
肖明清	都江堰市紫坪铺学校龙池校区校长
张年福	崇州市人民政府副市长
方小方	中共德阳市委员会书记
刘沧龙	四川宏达集团董事局主席
李汝良	中共广汉市委员会政法委员会维稳办副主任
何明俊	中共什邡市委员会书记
陈　健	什邡市红白镇卫生院院长
蒋国华	中共绵竹市委员会书记
杨占彪	绵竹市公安局交通警察大队副大队长
杨守芬	绵竹市清平乡人民政府综合办公室副主任
刘　勇	绵竹市汉旺学校教师
江　涛	中共中江县永太镇委员会书记
莫畏强	中共罗江县略坪镇委员会书记
谭　力	中共绵阳市委员会书记
王绵生	绵阳市建设局局长
唐训海	绵阳水文水资源勘测局副局长、高级工程师
谭春蓉（女）	绵阳市涪城区城北街道铁牛街社区党支部书记、居民委员会主任
王　健（羌族）	中共绵阳市游仙区街子乡委员会书记
张德溥	江油市公安局党委书记、局长
赖大东	三台县公安局刑警大队技术室主任
李彦华（女）	梓潼县马鸣乡小学教师
任安瑞	盐亭县富驿镇努力村党支部书记
林　川	北川羌族自治县文化旅游局党组书记、局长
赵海清	中共北川羌族自治县陈家坝乡委员会书记
王　黎	中共安县委员会书记
王正斌	平武县南坝镇人民政府镇长
罗　强	中共广元市委员会书记
陈代平	广元市交通局总工程师
文笃敏	苍溪县运山镇小学教师
张皓良	旺苍县规划和建设局党委书记、局长
何茂生	剑阁县上寺乡桅杆村党支部书记
霍俊明	青川县马鹿乡中心小学校长
李树林	中共青川县木鱼镇委员会书记
王明华	广元市利州区河西街道办事处副主任
翟广生	中共广元市元坝区红岩镇委员会书记

赵家贵	广元市朝天区卫生局局长
雷　勇	川北医学院附属医院驾驶员
苟晓超	通江县洪口镇永安坝村小学教师
尹春龙	资阳市雁江区中和镇罗汉村农民
涂　军	雅安市公安局交通警察支队民警
周　船	中共雅安市雨城区委员会办公室副主任
胡济均	天全县交通局局长
杨承一	中共雅安市委员会常委、雅安市人民政府副市长，中共汉源县委员会书记
汪良元	石棉县民政局局长
侍　俊	中共阿坝藏族羌族自治州委员会书记
李　黎	阿坝藏族羌族自治州人民政府副秘书长（挂职）、中国疾病预防控制中心免疫规划中心副主任
梁贤龙（藏族）	阿坝藏族羌族自治州人民政府应急管理办公室副主任
谢益皓（藏族）	阿坝藏族羌族自治州广播电视中心新闻采访一组组长
张通荣（藏族）	中共汶川县委员会常委、汶川县人民政府常务副县长
龙德强（藏族）	汶川县银杏乡沙坪关村党支部书记
杨克富	汶川县水磨镇白果坪村党支部书记
李为仁（羌族）	理县人民政府副县长
罗清华（藏族）	理县交通局局长
杨　莉（女，藏族）	理县薛城镇人民政府镇长
王学康（羌族）	茂县凤仪镇坪头村党支部书记
王懋军（藏族）	茂县凤仪镇宗渠村党支部副书记
唐祖成	阿坝藏族羌族自治州公路管理局黑水公路管理分局局长
周永东	四川农业大学职业技术师范学院党总支办公室主任
张幼军	四川省公安厅交通警察总队侦察员
佘永清	四川省公安信息通信中心工程师
郭正二	四川省慈善总会办公室主任
蒋劲松	四川省交通厅公路规划勘察设计研究院高级工程师
蒋　毅	四川成渝高速公路股份有限公司工程师
蔡先庆	四川省交通厅交通勘察设计研究院工程师
周武平	四川省水利水电勘测设计研究院副总工程师
王　华	四川省农田水利局副局长
肖　宁	四川省疾病预防控制中心寄生虫病预防控制所副所长、研究员
熊　庆	四川省妇幼保健院党支部书记、院长、教授
李永春	四川省卫生执法监督总队副支队长

张　虹（女）	四川省肿瘤医院副院长、主任医师
任予锋	四川华西集团有限公司四川省工业设备安装公司常务副总经理
李长江	泸天化（集团）有限责任公司保卫部消防救护中心主任
李　洪	四川省紫坪铺开发有限责任公司党委书记、总经理
李燕华	四川日报社会新闻部副主任
范红梅（女）	四川电视台记者

甘肃省

安定文	天水市人民政府副秘书长
苏文义（回族）	平凉市崆峒区大寨回族乡赵塬村党支部书记
徐进仓	庆城县南庄乡丰台村农民
徐思俊	陇南市武都区三河镇柏林村党支部书记
许　伟	文县范坝初级中学校长
石华雄	甘南藏族自治州道路运输管理局党组书记、局长
李建民	甘肃省民政厅救灾救济处主任科员
任春峰	甘肃省建设厅规划处处长
满晓林	甘肃省广播电影电视总台（集团）电视新闻中心副主任
鄢卫平	甘肃省中医院脊柱骨三科副主任、副主任医师

陕西省

肖绥军	西安市公安局特警支队支队长
牛金华	宝鸡市公安局巡警支队科员
王显勤	宁强县广坪镇金山寺村党支部书记
王　敏（女）	宁强县黄坝驿乡中心小学教师
张玉民	略阳县军事供应站站长
白　宁（回族）	陕西省人民医院麻醉科副主任

重庆市

唐　芳（女）	梁平县文化镇中心小学教师
刘克佳	重庆市卫生局副局长
江　鸿	重庆市建设委员会建设工程造价管理总站党支部书记、站长
程德宏	重庆市交通委员会基本建设工程质量和安全监督站总工程师
杨　曦（女）	重庆市广播电视集团（总台）电视新闻中心记者

云南省

杨德辉（女）	昭通市水富县向家坝镇民政所所长

王丽芬（女）	云南省财政厅社会保障处副调研员
刘晋安	云南省公路运输管理局局长
李琼芬（女）	云南省红十字会备灾救灾中心赈济科科长
方忠庆	云南建工安装股份有限公司第六分公司生产技术科科长、项目经理

北京市

席修明	首都医科大学附属复兴医院院长、主任医师
吕　刚	北京天坛医院神经外科主任医师
张树刚	北京市建设工程安全质量监督总站主任科员

天津市

刘　卓	河北区环境卫生管理局汽车队工人
华　勇	天津市卫生局医政处副处长
刘冬梅（女）	天津日报社健康工作室主任记者
张祥青	天津荣程联合钢铁集团有限公司董事长

河北省

刘文冰	张家口市公安局巡特警支队三大队大队长
杨翠霞（女）	秦皇岛市建设局总工程师
吴殿华	冀州市职工医院院长、主任医师
朱会宾	河北省疾病预防控制中心主任、主任医师

山西省

韩长安	山西潞宝集团焦化有限公司董事长
陈永生	山西汾西矿业（集团）有限责任公司矿山救护大队大队长
罗清宇	山西省人民政府副秘书长
刘　强	山西医科大学第一医院副院长、主任医师

辽宁省

韩奎勇	辽宁省民政厅救灾救济处处长
韩树君	辽宁省水利厅副厅长
王玉伟	中国造血干细胞捐献者资料库辽宁省志愿捐献者服务中心副科长
王　新	辽宁省交通勘测设计院副总工程师

吉林省

王立成	长春市公安局朝阳分局政治处副主任

郭　伟	吉林省公安厅信息通信处副处长
闫　闯	吉林省卫生厅卫生监督所所长、主任医师，吉林省抗震救灾卫生防疫队副总队长
朱庆三	吉林大学中日联谊医院骨科主任、主任医师，吉林省驻华西医院医疗队队长

黑龙江省

李晓阳	哈尔滨市第一医院副院长，黑龙江省赴四川广元市医疗队队长
周家代	大庆市家代粮油有限公司经理
刘凤兰（女）	黑龙江省民政厅救灾救济处处长，黑龙江省支援四川抗震救灾协调指挥小组办公室主任
韩　岩	黑龙江省质量技术监督局办公室主任，黑龙江省质量技术监督局赴四川抗震救灾专家技术服务队领队

上海市

姜亦山	上海市公安局消防总队奉贤支队支队长，上海消防部队赴四川抗震救灾特勤支队救援分队队长
范存义	上海市第六人民医院院长助理、主任医师，上海市第六人民医院抗震救灾医疗队队长
何　晓（女）	上海文广新闻传媒集团电视新闻中心记者
王晋超	上海维赛特网络系统有限公司网络控制中心副主任、工程师，上海救灾卫星突击队队长

江苏省

贾德裕	南京市建筑工程局党委书记、局长
陈光标	江苏黄埔再生资源利用有限公司董事长
赵翰林	江苏省人民医院普外科胆道微创专业组组长、主任医师
王守志	江苏交通控股有限公司华宇通用航空有限公司副总经理、总飞行师

浙江省

王瀛波	浙江日报社杭州分社社长
马建青	浙江大学教育学院思想政治教育系主任
赵长军	浙江省交通规划设计研究院副院长
杨宝庆	浙江泰普森休闲用品有限公司董事长

安徽省

马尔健（女）	合肥市疾病预防控制中心党总支书记、主任、主任医师
刘兆水	蚌埠市震兴路桥工程有限公司董事长
施立生	安徽省建设厅建筑安全办公室副调研员
奚　源（女）	安徽电视台新闻中心记者

福建省

郭晓平	厦门市建设与管理局主任科员
王灵岚	福建省疾病预防控制中心主任技师
郑建彬	福建日报报业集团海峡都市报记者
李小荣	雅致集成房屋股份有限公司福州分公司业务部经理

江西省

朱和平	江西省民政厅救灾救济处处长
钱　勇	江西省建设工程安全质量监督管理局局长、高级工程师，江西省支援灾区共建家园现场指挥部工程部部长
颜　春	江西省地矿局水文地质工程大队党委书记、高级工程师，江西省赴四川地质救灾工作队队长
刘月辉	南昌大学第二附属医院副院长、主任医师，首批江西青年志愿服务队队长

山东省

王迪生	济南市建设委员会副主任
刘兆民	潍坊市路桥工程建设一处副主任
宫治华	济宁市公安局交警支队四大队科员
周东生	山东省立医院骨外科主任、主任医师

河南省

赵东华	新乡电视台新闻中心记者
于东来	许昌市胖东来商贸集团有限公司董事长、总经理
陈士荣	驻马店市公路管理局总工程师
孙　威	河南省卫生厅疾病预防控制处副调研员

湖北省

卢　洲	中国移动通信集团湖北有限公司神农架林区移动公司工人

张俊勇	武汉市建设委员会副主任
卓力格图（蒙古族）	湖北省地震局应急救援处处长
王　俊（女）	湖北省广播电视总台电视卫星频道记者

湖南省

曾晓冠	湖南省公安厅刑侦总队法医
徐亚平	湖南日报社岳阳记者站主任记者
李康华	中南大学湘雅医院骨科主任、主任医师
李文利	湖南省电力公司超高压管理局副局长

广东省

谢庆国	广州市公安局特警支队支队长
李志敏	广东省水文局佛山分局副局长、总工程师
刁冬梅（女）	中山大学附属第二医院护师
李　想	广东省中医院骨科主治医师

内蒙古自治区

屈志国	内蒙古自治区医院副院长、主任医师

广西壮族自治区

严来光	广西壮族自治区水利厅技术中心主任

海南省

李英挺	海南日报社记者

贵州省

王长江	王武监狱主任科员

西藏自治区

丹　增（藏族）	西藏自治区卫生厅法规与监督处主任科员

青海省

王晓勤	青海省心脑血管病专科医院院长、主任医师

宁夏回族自治区

张　波	宁夏回族自治区卫生厅疾病控制处处长

新疆维吾尔自治区

买买提明·日吉甫（维吾尔族）	墨玉县芒来乡布都休克村农民

新疆生产建设兵团

殷泰平	新疆生产建设兵团卫生局办公室主任

中央直属机关

龚达发	人民日报社记者部党委书记、主任、高级编辑
唐　宁	人民日报社内参部党支部书记、主任、主任编辑
于文国	工人日报社摄影部主任、高级记者
张泉灵（女）	中央电视台新闻节目中心记者
燕　玺	中国国际广播电台记者、助理翻译
陈树根	新华通讯社摄影部社会新闻采访室主任、主任记者
李　斌	新华通讯社国内部中央新闻采访中心主任记者
练玉春	光明日报社教育部主任记者
钟华林（土家族）	经济日报社四川记者站站长
徐京星	中国日报社摄影部副主任、高级记者
冯骥才	中国民主促进会中央委员会副主席、中国文联副主席，天津市文联主席

中央国家机关

刘晓光	北京大学第三医院副院长、主任医师
王宏广	中国生物技术发展中心主任
苏金生	工业和信息化部电信管理局局长
成卫东	民族画报社高级记者
王振耀	民政部国家减灾中心主任
赵鸣骥	财政部农业司司长
熊自力	国土资源部地质环境司综合处副处长
马　宁	环境保护部西南环境保护督查中心主任
王素卿（女）	住房和城乡建设部建筑市场监管司司长
高　广	交通运输部南海第一救助飞行队航空安全部部长、B7125救助直升机机长

柴桦林	西安铁路局略阳工务段马蹄湾桥路车间副主任
杨启贵	水利部长江水利委员会长江勘测规划设计研究院总工程师
贾幼陵	农业部国家首席兽医师
杜　斌	中国医学科学院北京协和医院ICU主任、主任医师
赵明光	中国人民银行广元市中心支行党委书记、行长
程一平	审计署驻成都特派员办事处财政审计二处处长
李　伟	海关总署监管司副司长
蒋海泉	四川省北川羌族自治县国家税务局稽查局局长
李　进	国家安全生产应急救援指挥中心四川华蓥山广能（集团）公司矿山救护大队中队长
肖龙联	中国新闻社四川分社原社长、高级记者
封松林	中国科学院上海微系统与信息技术研究所所长
王小龙	重庆市地震监测预报中心副主任
刘　胜	四川省北川羌族自治县气象局局长
徐建东	中国银行业监督管理委员会绵阳监管分局党委书记、局长
杨勇平（女）	中国证券监督管理委员会四川监管局党委书记、局长
雷　云（羌族）	中国人民财产保险股份有限公司阿坝藏族羌族自治州分公司党委书记、总经理
吕仕洲	中国工商银行四川省分行德阳分行绵竹支行汉旺支行行长
江　山（羌族）	中国农业银行四川省分行北川羌族自治县支行党委书记、行长
陈桂全（羌族）	中国建设银行股份有限公司阿坝映秀分理处会计主管
陈贤发	中信海洋直升机股份有限公司党委副书记、纪委书记
何贤雄	国家粮食局军粮供应服务中心总经济师
罗　格	国家国防科技工业局系统工程一司司长
丁丽霞（女）	中国药品生物制品检定所党委副书记、研究员

国务院国资委管理的中央企业

易　逸	中国核工业集团公司中国核动力研究设计院一所49-3室值班长
齐焕清	中国航空工业第二集团公司哈尔滨飞机工业集团有限责任公司中国飞龙专业航空公司飞行大队副大队长
杨永钦	中国石油化工集团公司中原油田普光分公司应急救援中心副主任
陈学云	国家电网公司四川省电力公司广元电业局青川供电局党支部书记、工会主席
程　洪	中国华能集团公司四川华能太平驿水电有限责任公司党委书记、总经理

宋吉发　中国电信集团公司四川省长途通信传输局绵阳市平武分局南坝中继站光缆维护员
胡　勇　中国联合通信有限公司四川泸州分公司叙永县维护中心主任
杨川平　宝钢集团有限公司上海宝钢设备检修有限公司起重工
陈　跃　中国东方航空集团公司中国东方航空股份有限公司工程技术公司上海定检部一车间党支部书记
刘贵平　中国建筑材料集团公司北新建材（集团）有限公司副总经理
蒲明忠（苗族）　中国航空油料集团公司中国航油有限责任公司西南公司副总经理
郑声安　中国水电工程顾问集团公司成都勘测设计研究院院长

公安消防、特警、边防部队

李大军　四川省公安消防总队副参谋长
肖　和　四川省公安消防总队成都市支队七中队班长
郭廷林　四川省公安消防总队广元市支队直属中队战士
荆利杰　四川省公安消防总队德阳市支队绵竹市中队战士
唐明尧　四川省德阳市公安局巡特警支队支队长
樊坤明　四川省广元市公安局巡特警支队一大队二中队中队长
王毓弟　甘肃省兰州市公安局副局长
胡定华　重庆市公安消防总队特勤支队第一中队班长
刘俊祥　天津市公安消防总队河东支队特勤一队副队长
梁俊文　山西省太原市公安局特警支队支队长
刘　杰　内蒙古自治区公安消防总队包头市支队四中队班长
王大伟　辽宁省公安消防总队司令部战训处副处长
王　旸　辽宁省沈阳市公安局特警支队四大队一中队副中队长
邓立刚　黑龙江省公安消防总队司令部战训处处长
刘亚民　黑龙江省哈尔滨市公安局巡特警支队支队长
周庆阳　上海市公安消防总队特勤支队彭浦中队班长
马　兵　江苏省公安消防总队南京市支队特勤大队一中队班长
程　本　浙江省公安消防总队杭州市支队特勤大队一中队班长
俞　洋　浙江省杭州市公安局特警支队机动一大队二中队副中队长
张朝宁　浙江省宁波市公安局特警支队支队长
朱东兵　安徽省合肥市公安局特警支队二大队中队长
王　斌　福建省公安消防总队福州市支队参谋长
苏逾定　福建省厦门市公安局特警支队二大队四中队中队长
石　凯　江西省公安消防总队九江市支队副参谋长

顾　涛	江西省南昌市公安局特警支队一大队一中队中队长
于兴波	山东省公安消防总队济南市支队特勤大队副大队长
常宏鸣	山东省济南市公安局特警支队支队长
李　隆	河南省公安消防总队郑州市支队特勤大队副大队长
李志强	河南省郑州市公安局特警支队集训大队二中队中队长
万少波	湖北省公安消防总队副参谋长
杨明建	湖北省武汉市公安局特警支队政委
蒋爱兵	湖南省公安消防总队长沙市支队特勤中队班长
曾海波	湖南省长沙市公安局特警支队三大队民警
罗志勇	广东省公安消防总队广州市支队特勤大队大队长
谢建立	广东省深圳市公安局特警支队二大队民警
刘运良	广东省公安边防总队深圳边防支队卫生队队长
郑阳武	海南省公安消防总队海口市支队特勤大队一中队班长
温黎明	海南省海口市公安局特警支队技术装备科民警
马宝彦	青海省西宁市公安局特警支队后勤保障科副科长
胡顺扬	宁夏回族自治区公安消防总队银川市支队永宁县中队班长

中国人民解放军

董　刚	第二〇一医院院长
胡　军	65647部队管理处司机班班长
王洪国	66150部队部队长
王　昕（女）	北京军区总医院急诊科护师
郑永军	第二六一医院医务处副主任
范鹏斌	68212部队84分队分队长
陈国雄	68222部队副部队长
李　愿	68222部队84分队班长
孙德凌	68331部队48分队政治指导员
钟建文	69008部队副参谋长
韩嵩梅（女）	第三二三医院五官科护士长
朱望东	第四五一医院医学影像科主治医师
庞　军	甘肃省成县人民武装部部长
张静龙	71622部队41分队班长
唐青春	71622部队47分队分队长
李意政	71823部队28分队政治指导员
夏世富	71897部队部队长

亓　春	71897部队63分队分队长
郑雄荣	71897部队43分队班长
李合起	71960部队21分队分队长
马　磊	71391部队司令部作训股股长
王树文	71872部队部队长
安福喜	71988部队62分队班长
贺国梁	71988部队64分队政治教导员
杨　剑	71282部队部队长
刘存志	71702部队65分队政治教导员
张红星	71332部队65分队分队长
陈艳华	71566部队72分队分队长
常正峰	71117部队52分队分队长
柳德占	71117部队59分队原班长
王新华	71781部队75分队分队长
安　乐	71781部队73分队士兵
王　雷（回族）	71282部队67分队分队长
耿海星	71282部队77分队分队长
刘一凡	71282部队86分队政治指导员
杨拯修	71643部队副参谋长
潘明旺	71620部队67分队班长
陈　诚	71697部队68分队班长
程惠松	71697部队53分队班长
张先英	71677部队53分队士官
王信民	71407部队政治委员
陈大超	71407部队80分队班长
王军超	71407部队73分队副班长
胡　飞	71336部队74分队班长
韩光宇	71336部队97分队班长
曲国先	71366部队77分队分队长
曾道亮（羌族）	71366部队51分队士官
牛　斌	71998部队部队长
吕世龙	71998部队91分队士兵
侯宏力	71892部队88分队政治教导员
张宏果	71309部队52分队政治指导员
刘　智	71811部队97分队分队长

官　军	71811部队85分队助理工程师
余秋胜	71426部队原参谋长
于建水	71426部队84分队分队长
王成向	71426部队91分队士兵
郑　岩	71521部队60分队政治指导员
侯晓鹏	71762部队79分队班长
武自强	71687部队参谋长
杨宏阁	71901部队副部队长
李亚东	济南军区司令部作战部部长
房　勇	济南军区自动化工作站综合保障室主任
王学伦	济南军区政治部新闻电教室主任
杨　军（羌族）	71977部队81分队排长
何宏林	济南军区信阳装甲器材仓库勤务队班长
张荣伟	济南军区总医院神经外科副主任
李灿勇	第八十八医院副院长
冯聪勤（女）	第一五〇医院麻醉科护士长
司启富	73602部队部队长
李　波	75752部队部队长
王　凯	77126部队部队长
余禄恒	77128部队50分队分队长
陈　俊	77133部队88分队分队长
白杨民（藏族）	77136部队司令部作训股参谋
杨卫东	77146部队副参谋长
任占慧	77126部队50分队分队长
颜建刚	77156部队58分队士兵
王　健	77105部队部队长
栾麟毅	77113部队79分队士兵
贺才俭	77115部队98分队士官
邱　童	77123部队56分队副分队长
杨　平	77108部队50分队分队长
曲新勇	77283部队部队长
邓声群	77289部队56分队分队长
李建文（彝族）	77293部队73分队分队长
严情勇	77296部队55分队士兵
董　亮	77298部队55分队班长
任亚峰	77299部队66分队分队长

胡志勇	77283部队78分队分队长
袁运剑	77208部队部队长
黄梦忠	77223部队56分队分队长
唐德才	77223部队74分队士官
牛玉新	77225部队92分队排长
张甫军	77225部队68分队士官
李兴峰	77226部队68分队政治指导员
龙　热（藏族）	77226部队87分队士官
李　虎	77208部队66分队士官
尹光勇	77216部队74分队士官
王小飞	77221部队65分队副分队长
梁　晋	77116部队73分队分队长
赵金松	成都军区司令部作战部部长
陶国涛	78187部队42分队助理讲师
邓　强	78108部队63分队副分队长
冯小波	78179部队30分队助理员
高　霞	78170部队40分队司务长
赵宏彦	78376部队副部队长
吴绍平	78315部队43分队士官
赵　刚	78479部队43分队副分队长
翟鹏军	78526部队54分队政治教导员
李　海	78528部队80分队分队长
谢绍益	78649部队部队长
雷建成	78649部队汽车修理所所长
陈　宏	78638部队31分队卫生员
高国民	成都军区总医院副院长
徐朝霞（女）	成都军区总医院急诊科护士长
卢　豪	成都军区疾病预防控制中心医师
刘永华	新华社解放军分社驻成都军区支社记者
徐　成	成都军区政治部战旗报社编辑
郑鸣谷（土家族）	第四十四医院肝胆烧伤皮肤外科医师
张　聪	第四五二医院院长
徐　阳（壮族）	四川省黑水县人民武装部部长
赵玉江	四川省都江堰市人民武装部后勤科科长
赵　红	四川陆军预备役高射炮兵师四团57高炮二营营长
范后雄	四川雅安陆军预备役步兵团政治委员

贺顺康	四川雅安陆军预备役步兵团一营营长
严林剑	92352部队部队长
梁庆才	海军政治部人民海军报社新闻电教室主任
何　勍	海军总医院骨科副主任
张　超	海军总医院骨科主治医师
葛余金	95829部队副参谋长
李振波	95829部队空降兵研究所所长
殷　远	95848部队53分队班长
安　宁	95857部队58分队班长
孙念安	95985部队56分队分队长
张孝贤	95982部队52分队政治指导员
潘　刚	95982部队64分队分队长
钟　旺	95936部队54分队班长
肖玉柱	95900部队81分队分队长
杨云建	95816部队51分队副分队长
王宝红	95816部队60分队班长
孙红波	95944部队67分队副分队长
孙向东	95969部队部队长
刘　彬	95969部队62分队班长
祝红杰	95963部队司令部作训股参谋
黄　辉	95942部队74分队分队长
杨　光	95655部队53分队分队长
陈　钢	95092部队部队长
邱德甫	95118部队51分队飞行员
张肇荣	95786部队部队长
游　森	95636部队52分队士官
邓　浩	95517部队部队长
陈光耀	95437部队66分队分队长
屈　辙	93882部队第二施工大队大队长
冯新立	95746部队60分队技术员
范振成	95605部队83分队班长
蔡伟素	成都军区空军后勤部副部长
王　君（女）	95666部队85分队高级工程师
易开红	95486部队85分队士官
黄　卫	95486部队80分队无线电工程师
廖　军	成都军区空军司令部领航处参谋

孙积滨	空军司令部作战部处长
孟万良	空军航空管制中心参谋
孙焕冬	空军后勤部卫生防疫队卫生监督科主任
陈大桂（羌族）	96165部队92分队原排长
杨靖宇	96512部队93分队班长
雷加飞	96514部队92分队排长
廖炳生	96531部队部队长
张玉良	96544部队部队长
田东江（裕固族）	第二炮兵司令部工程部工程处副处长
刘全斌	96615部队卫生监督科主治医师
田义祥	61683部队主任
翟　宁	61486部队助理研究员
李明明	总参谋部通信训练基地教练连班长
蔡有固	61267部队部队长
齐世福	理工大学工程兵工程学院野战工程系地雷爆破教研室副教授
乔天富	解放军报社总编室高级记者
徐壮志	新华社解放军分社采编室副主任
李　际	解放军电视宣传中心军事新闻部记者
梁恒国	后勤工程学院营房管理与环境工程系教授
孙颖浩	第二军医大学第一附属医院副院长
熊利泽	第四军医大学第一附属医院麻醉科主任
卢世璧	解放军总医院专家组主任医师
王业东	第三〇二医院副院长
邓　蔚	第一六一医院五官科主治医师
邓和平	63839部队42分队工程师
石卫波（羌族）	63839部队41分队一组组长
姜士胜	63837部队51分队政治教导员
张同法	总装备部工程兵军代局驻上海和厦门地区军事代表室原高级工程师
贺建华（女）	第三〇六医院骨科护士长

中国人民武装警察部队

张　辉	武警8693部队69分队班长
陈　刚	武警8694部队80分队政治指导员
陈永广	武警8741部队51分队政治指导员
熊　叶	武警8742部队52分队士兵
杜江平	武警8740部队80分队副分队长

刘文宏	武警8740部队后勤部运输科科长
王　毅	武警8750部队部队长
刘义兵	武警8651部队13分队分队长
李丕金	武警四川省总队成都市支队政治委员
张儒明（苗族）	武警四川省总队乐山市支队支队长
马　毅	武警成都指挥学院学员一大队政治委员
张　建	武警四川省总队遂宁市支队大英县中队中队长
欧阳叶	武警四川省总队达州市支队警通中队副中队长
王永平	武警四川省总队凉山彝族自治州支队司令部作训科参谋
张　莉（女）	武警四川省总队政治部新闻电视工作站干事
王　林	武警四川省总队南充市支队六中队班长
刘宝峰	武警四川省总队内江市支队四中队班长
柯　飞	武警四川省总队眉山市支队警通勤务汽车中队班长
田亚洲（土家族）	武警四川省总队雅安市支队汉源县中队副班长
李梓源	武警四川省总队广安市支队警通勤务汽车中队士兵
母　强（羌族）	武警四川省森林总队警通勤务中队士官
张　塬	武警重庆市总队七支队特勤中队排长
刘　亮	武警陕西省总队汉中市支队略阳县中队中队长
马胜云	武警陕西省总队汉中市支队六中队班长
王青松	武警甘肃省总队陇南市支队一中队中队长
唐　萍（女）	武警黄金第三总队十支队卫生队医师
任大军	武警水电第一总队三支队副参谋长
梁启成	武警水电第一总队四支队工程师
李书健	武警水电第三总队十支队支队长
詹登民	武警水电第三总队工程技术科副科长
丁小剑	武警水电第三总队九支队四中队士官
郭瑾圣	武警交通第一总队一支队二中队助理工程师
梁卫东	武警部队司令部通信部通信处参谋
张　翥	武警部队司令部作战勤务部三处参谋
郭海涌	中央人民广播电台驻武警记者站记者
韩慧娟（女）	武警医学院附属医院护理部主任
钱政林	武警部队成都仓库保管队士官

民兵预备役

杨瑞良	陕西陆军预备役高射炮兵师第五团双37高炮营政治教导员
田　宇	甘肃省徽县嘉陵镇人民武装部部长

郑植耀（羌族）　四川省北川羌族自治县人民武装部职工
胥怀君　东方汽轮机厂人民武装部军事科科长
王洪刚　四川省南充市高坪区民兵
覃建生　四川雅安陆军预备役步兵团政治处预任副主任
吴小洪（女）　四川达州陆军预备役炮兵旅预任士兵
马占泉　四川省青川县人民武装部职工
张奉文　重庆市梁平县文化镇人民武装部部长
（上述所列“全国抗震救灾模范”名单有删减）

省（部）级以上机关
抗震救灾表彰情况一览表

表彰时间	批准机关	表彰项目及数量
2008年10月7日	中共中央 国务院 中央军委	“全国抗震救灾英雄集体”称号320个 “全国抗震救灾模范”称号522名（含追授5名）
2008年12月6日	国务院 中央军委	记集体二等功1个 记个人一等功3个
2008年5月19日	公安部	“全国公安系统二级英雄模范”称号1名（追授）
2008年5月22日	人力资源社会保障部 公安部	“全国公安系统一级英雄模范”称号1名
2008年5月22日	公安部	“全国公安系统二级英雄模范”称号3名
2008年5月23日	全国妇联	“全国三八红旗手”荣誉称号1名
2008年5月28日	中央纪委 监察部	“抗震救灾优秀纪检监察干部”称号9名
2008年5月29日	教育部	“抗震救灾先进集体”称号3个 “抗震救灾优秀学生”称号11名
2008年5月30日	司法部	记集体一等功1个 “全国司法行政系统二级英雄模范”称号2名
2008年5月30日	人力资源社会保障部 民政部	“民政系统抗震救灾英雄集体”荣誉称号1个 “民政系统抗震救灾英雄”荣誉称号3名
2008年5月30日	人力资源社会保障部 交通运输部	“交通运输系统抗震救灾英雄集体”荣誉称号3个 “交通运输系统抗震救灾英雄”荣誉称号6名

表彰时间	批准机关	表彰项目及数量
2008年5月30日	人力资源社会保障部 卫生部	“卫生系统抗震救灾英雄集体”荣誉称号1个 “卫生系统抗震救灾英雄”荣誉称号1名
2008年5月30日	人力资源社会保障部 质检总局	“质检系统抗震救灾英雄集体”荣誉称号2个 “质检系统抗震救灾英雄”荣誉称号4名
2008年5月30日	全国妇联	“抗震救灾好儿童”称号18名
2008年5月30日	人力资源社会保障部 教育部	“教育系统抗震救灾英雄集体”荣誉称号2个 “教育系统抗震救灾英雄”荣誉称号3名（含追授1名）
2008年6月2日	最高人民检察院	“检察系统抗震救灾英雄”称号2名
2008年6月3日	人力资源社会保障部	“人力资源和社会保障系统抗震救灾英雄”荣誉称号3名（含追授1名）
2008年6月3日	人力资源社会保障部 铁道部	“铁路系统抗震救灾英雄集体”荣誉称号3个 “铁路系统抗震救灾英雄”荣誉称号3名
2008年6月4日	外交部	嘉奖个人20名
2008年6月6日	人力资源社会保障部 卫生部	“卫生系统抗震救灾英雄集体”荣誉称号8个 “卫生系统抗震救灾英雄”荣誉称号4名
2008年6月6日	人力资源社会保障部 中国红十字会	“红十字系统抗震救灾英雄集体”荣誉称号4个 “红十字系统抗震救灾英雄”荣誉称号2名
2008年6月12日	天津市委	“先进党组织”称号10个 “优秀党员”称号33名
2008年6月12日	水利部	“全国水利抗震救灾先进集体”荣誉称号15个 “全国水利抗震救灾先进个人”荣誉称号25名
2008年6月12日	全国总工会	“全国五一劳动奖状”10个 “全国五一劳动奖章”10名
2008年6月13日	教育部	“抗震救灾先进集体”称号3个 “抗震救灾优秀学生”称号51名
2008年6月13日	文物局	“文物系统抗震救灾先进集体”荣誉称号11个 “文物系统抗震救灾先进个人”荣誉称号19名
2008年6月16日	人力资源社会保障部 公安部	“公安系统抗震救灾英雄集体”荣誉称号20个 “公安系统抗震救灾英雄”荣誉称号15名
2008年6月16日	人力资源社会保障部 地震局	“地震系统抗震救灾英雄集体”荣誉称号1个 “地震系统抗震救灾英雄”荣誉称号4名
2008年6月16日	全国妇联	“全国三八红旗集体”荣誉称号53个 “全国三八红旗手”荣誉称号165名
2008年6月17日	气象局	“抗震救灾气象服务先进集体”8个 “抗震救灾气象服务先进个人”8名
2008年6月20日	人力资源社会保障部 教育部	“教育系统抗震救灾英雄集体”荣誉称号5个 “教育系统抗震救灾英雄”荣誉称号17名（含追授9名）

表彰时间	批准机关	表彰项目及数量
2008年6月20日	人力资源社会保障部 水利部	“水利系统抗震救灾英雄集体”荣誉称号3个 “水利系统抗震救灾英雄”荣誉称号5名
2008年6月20日	人力资源社会保障部 国资委	“中央企业抗震救灾英雄集体”荣誉称号4个 “中央企业抗震救灾英雄”荣誉称号6名（含追授2名）
2008年6月24日	中央国家机关工委	“中央国家机关抗震救灾先进基层党组织” 称号59个 “中央国家机关抗震救灾优秀党员”称号41名
2008年6月24日	教育部	“抗震救灾先进集体”称号34个 “抗震救灾优秀学生”称号88名
2008年6月24日	全国妇联	“全国抗震救灾先进妇联组织”荣誉称号156个 “全国抗震救灾优秀妇联干部”荣誉称号51名
2008年6月25日	吉林省委 吉林省政府	“吉林省赴四川地震灾区抢险救援优秀集体”称号10个 “吉林省赴四川地震灾区抢险救援先进集体”称号17个 “吉林省赴四川地震灾区抢险救援个人一等功”称号67名 “吉林省赴四川地震灾区抢险救援个人二等功”称号200名 “吉林省赴四川地震灾区抢险救援个人三等功”称号386名
2008年6月25日	甘肃省委	全省抗震救灾先进基层党组织60个 全省抗震救灾优秀党员120名
2008年6月25日	人力资源社会保障部 民政部	“民政系统抗震救灾英雄集体”荣誉称号5个 “民政系统抗震救灾英雄”荣誉称号10名
2008年6月25日	人力资源社会保障部 交通运输部	“交通运输系统抗震救灾英雄集体”荣誉称号6个 “交通运输系统抗震救灾英雄”荣誉称号9名
2008年6月25日	人力资源社会保障部 农业部	“农业系统抗震救灾英雄集体”荣誉称号7个 “农业系统抗震救灾英雄”荣誉称号10名
2008年6月25日	人力资源社会保障部 工商总局	“工商行政管理系统抗震救灾英雄集体”荣誉称号2个 “工商行政管理系统抗震救灾英雄”荣誉称号3名
2008年6月26日	银监会	先进集体40个 先进个人21名
2008年6月27日	浙江省委	“省支援抗震救灾先进基层党组织”称号15个 “省支援抗震救灾优秀党员”称号30名
2008年6月27日	陕西省委	“全省抗震救灾先进基层党组织”荣誉称号52个 “全省抗震救灾优秀党员”荣誉称号68名
2008年6月27日	外交部	嘉奖集体3个 通报表扬集体14个
2008年6月27日	中央文明办 教育部 共青团中央 全国妇联	“抗震救灾英雄少年”称号20名 “抗震救灾优秀少年”称号30名

表彰时间	批准机关	表彰项目及数量
2008年6月27日	新华社	“抗震救灾报道先进集体”称号12个 “抗震救灾报道工作先锋模范”称号22名 “抗震救灾报道工作先进个人”称号80名
2008年6月27日	重庆市委 重庆市政府	“抗震救灾先进集体”称号73个 “抗震救灾先进个人”称号182名
2008年6月27日	审计署	记集体一等功2个 记集体二等功8个 记集体三等功9个 记个人一等功8名 记个人二等功18名 记个人三等功39名
2008年6月27日	工商总局	“工商行政管理系统抗震救灾先进集体”荣誉称号9个 “工商行政管理系统抗震救灾先进个人”荣誉称号13名
2008年6月29日	公安部	“全国公安系统二级英雄模范”称号2名
2008年6月30日	中组部	“抗震救灾先进基层党组织”称号54个 “抗震救灾优秀共产党员”称号65名（含追授6名）
2008年6月30日	民政部	记集体一等功36个 记个人一等功51名 嘉奖集体140个 嘉奖个人443名
2008年6月30日	重庆市委	“先进基层党组织”称号44个 “优秀党员”称号122名
2008年6月30日	四川省委	“抗震救灾先进基层党组织”称号100个 “抗震救灾优秀党员”称号149名 “抗震救灾优秀党员领导干部”称号20名
2008年7月1日	中宣部 中央外宣办 广电总局 新闻出版总署 中国记协	“全国抗震救灾宣传报道先进集体”荣誉称号41个 “全国抗震救灾宣传报道先进个人”荣誉称号143名
2008年7月1日	全国妇联	“全国三八红旗集体”荣誉称号6个 “全国三八红旗手”荣誉称号15名
2008年7月1日	全国侨联	“抗震救灾先进集体”荣誉称号23个 “抗震救灾先进个人”荣誉称号42名
2008年7月1日	宋庆龄基金会	“中国宋庆龄基金会2008年度抗震救灾先进基层党组织”称号4个 “中国宋庆龄基金会2008年度抗震救灾优秀党员”称号18名
2008年7月2日	交通运输部	“全国交通运输行业抗震救灾先进集体”荣誉称号81个 “全国交通运输行业抗震救灾先进个人”荣誉称号199名
2008年7月3日	工业和信息化部	“工业和信息化部直属机关‘抗震救灾’先进基层党组织”荣誉称号16个 “工业和信息化部直属机关‘抗震救灾’优秀党员”荣誉称号31名
2008年7月3日	水利部	“全国水利抗震救灾先进集体”荣誉称号47个 “全国水利抗震救灾先锋”荣誉称号16名 “全国水利抗震救灾先进个人”荣誉称号241名
2008年7月3日	司法部	记集体一等功6个 “全国司法行政系统二级英雄模范”称号5名

表彰时间	批准机关	表彰项目及数量
2008年7月4日	人口计生委	“全国人口和计划生育系统抗震救灾先进集体”荣誉称号100个 “全国人口和计划生育系统抗震救灾先进个人”荣誉称号200名
2008年7月9日	公安部	“全国公安系统二级英雄模范”称号16名 记集体一等功32个 记个人一等功70名 “全国公安系统抗震救灾先进集体”称号246个 “全国公安系统抗震救灾先进个人” 称号854名 “抗震救灾英雄群体”荣誉称号6个 “抗震救灾尖兵”荣誉称号12名
2008年7月10日	人民银行	“中国人民银行抗震救灾模范集体”荣誉称号40个 “中国人民银行抗震救灾模范个人”荣誉称号52名
2008年7月10日	民航局	“全国民航抗震救灾先进集体”荣誉称号129个 “全国民航抗震救灾先进个人”荣誉称号271名
2008年7月11日	人力资源社会保障部 气象局	“气象系统抗震救灾英雄集体”荣誉称号4个 “气象系统抗震救灾英雄”荣誉称号4名
2008年7月11日	人力资源社会保障部 共青团中央	“抗震救灾英雄志愿服务集体”荣誉称号4个 “抗震救灾英雄志愿者”荣誉称号4名
2008年7月14日	共青团中央 中国青年志愿者协会	“中国十大杰出志愿者”称号10名 “中国十大杰出志愿服务集体”称号10个 “中国百名优秀志愿者”称号100名 “中国百个优秀志愿服务集体”称号100个 “抗震救灾优秀志愿者”称号73名 “抗震救灾优秀志愿服务集体”称号65个 “中国志愿服务项目奖”称号101个 “中国志愿者工作组织奖”称号102个 “中国志愿服务事业贡献奖”称号59名
2008年7月14日	共青团中央	“抗震救灾先进团组织”称号76个 “抗震救灾优秀共青团员”称号49名 “抗震救灾优秀共青团干部”称号41名
2008年7月14日	全国总工会	“抗震救灾重建家园‘工人先锋号’”称号1199个
2008年7月15日	人力资源社会保障部 教育部	“教育系统抗震救灾英雄集体”称号5个 “教育系统抗震救灾英雄”称号10名（含追授5名）
2008年7月17日	国资委	“2008年抗震救灾先进集体”称号199个 “2008年抗震救灾先进个人”称号271名 “2008年抗震救灾先进基层党组织”称号136个 “2008年抗震救灾优秀党员”称号178名
2008年7月17日	全国总工会	“全国五一劳动奖状”80个 “全国五一劳动奖章”113名
2008年7月18日	质检总局	“全国质量监督检验检疫系统抗震救灾先进基层党组织”称号20个 “全国质量监督检验检疫系统抗震救灾优秀党员”称号52名 “全国质量监督检验检疫系统抗震救灾先进集体”称号53个 “全国质量监督检验检疫系统抗震救灾先进个人”称号107名 记集体一等功10个、记个人一等功14名

表彰时间	批准机关	表彰项目及数量
2008年7月23日	江苏省委 江苏省政府	“江苏省支援抗震救灾先进集体”称号11个 “江苏省支援抗震救灾先进个人”称号18名
2008年7月23日	环境保护部	“全国环保系统抗震救灾先进集体”称号30个 “全国环保系统抗震救灾先进个人”称号97名
2008年7月24日	民建中央	“中国民主建国会全国抗震救灾优秀会员”称号698名
2008年7月25日	证监会	“抗震救灾先进集体”称号1个 “抗震救灾先进个人”称号7名
2008年7月25日	中国红十字会	“抗震救灾最佳组织奖”称号21个 “抗震救灾组织奖”称号11个 “抗震救灾先进集体”称号101个 “抗震救灾先进个人”称号247名 “抗震救灾优秀志愿者”称号286名 “抗震救灾特别支持奖”称号62个 “中国红十字特级勋章”称号1个 “中国红十字勋章”称号22个 “抗震救灾特别贡献奖”称号4个
2008年7月27日	广东省委 广东省政府	“广东省抗震救灾先进集体”称号104个 “广东省抗震救灾先进个人”称号309名
2008年7月28日	科学技术部	“抗震救灾先进社会组织”称号2个
2008年7月28日	中国科学院	“中国科学院抗震救灾先进领导集体”称号8个 “中国科学院抗震救灾先进科技团队”称号11个 “中国科学院抗震救灾先进个人”称号54名
2008年7月29日	最高人民法院	“抗震救灾英雄集体”称号4个 “抗震救灾英雄个人”称号8名 “抗震救灾先进集体”称号25个 “抗震救灾先进个人”称号60名
2008年7月30日	海关总署	记集体一等功1个 记个人一等功3名 记个人二等功21名 记个人三等功17名
2008年7月31日	内蒙古自治区委 内蒙古自治区政府	“抗震救灾抢险救援先进集体”称号7个 “抗震救灾抢险救援先进个人”称号34名
2008年8月1日	青海省委 青海省政府	“抗震救灾集体贡献奖”称号8个 授予参加抗震救灾救援队全体人员“抗震救灾个人贡献奖”称号 “抗震救灾先进个人”称号61名
2008年8月4日	气象局	“抗震救灾气象服务先进集体”8个 “抗震救灾气象服务先进个人”10名
2008年8月5日	安监总局	“抗震救灾先进集体”称号64个 “抗震救灾先进个人”称号411名
2008年8月11日	国家烟草局	“全国烟草行业抗震救灾先进集体”称号6个 “全国烟草行业抗震救灾先进个人”称号22名

表彰时间	批准机关	表彰项目及数量
2008年8月12日	司法部	"全国司法行政系统抗震救灾工作先进单位"称号105个 "全国司法行政系统抗震救灾工作先进个人"称号176名
2008年8月18日	司法部	记集体一等功1个
2008年8月25日	气象局	记个人一等功1名 记个人二等功4名
2008年8月26日	公安部	记集体一等功22个
2008年9月3日	教育部	"教育系统抗震救灾先进集体"称号90个 "教育系统抗震救灾先进个人"称号206名（含追授25名）
2008年9月4日	四川省委 四川省政府	"四川省教育系统抗震救灾模范集体"称号20个 "四川省教育系统抗震救灾模范"称号35名（含追授5名）
2008年9月10日	山东省委 山东省政府	"山东省抗震救灾英雄集体"称号41个 "山东省抗震救灾模范"称号90名
2008年9月11日	住房城乡建设部	"全国住房城乡建设系统抗震救灾先进集体"称号245个 "全国住房城乡建设系统抗震救灾先进个人"称号515名（含追授1名）
2008年9月16日	中国科协	"中国科协抗震救灾先进集体"称号88个 "中国科协抗震救灾先进个人"称号406名
2008年9月20日	卫生部 食品药品监管局 中医药局 总后卫生部	"抗震救灾医药卫生先进集体"称号175个 "抗震救灾医药卫生先进个人"称号1400名
2008年9月25日	住房城乡建设部	"抗震救灾先进集体"称号27个 "抗震救灾先进个人"称号131名
2008年9月25日	侨办	"侨爱工程——抗震救灾温暖行动先进集体"称号35个 "侨爱工程——抗震救灾温暖行动先进个人"称号63名
2008年10月6日	国土资源部	表彰参加抗震救灾地质灾害应急排查工作的单位118个 表彰赴抗震救灾第一线参加地质灾害应急排查的个人1225名
2008年10月16日	税务总局	记集体一等功8个、记个人一等功15名 记集体二等功51个、记个人二等功56名 记集体三等功54个、记个人三等功238名
2008年10月20日	四川省委 四川省政府	"四川省抗震救灾模范集体"称号109个 "四川省抗震救灾模范"称号738名（含7名追授）
2008年10月29日	气象局	"抗震救灾气象服务先进集体"9个 "抗震救灾气象服务先进个人"14名
2008年11月11日	电监会	"电监会系统抗震救灾保电工作先进集体"称号7个 "电监会系统抗震救灾保电工作先进个人"称号30名
2008年11月14日	河北省委 河北省政府	"河北省抗震救灾模范集体"称号58个 "河北省抗震救灾模范"称号40名

表彰时间	批准机关	表彰项目及数量
2008年11月17日	福建省委 福建省政府	“福建省抗震救灾先进集体”称号36个 “福建省抗震救灾功臣”称号16名 “福建省抗震救灾先进个人”称号153名
2008年11月30日	民革中央	“民革全国抗震救灾先进集体”称号19个 “民革全国抗震救灾先进个人”称号83名
2008年11月30日	民盟中央	“中国民主同盟抗震救灾先进集体”称号7个 “中国民主同盟抗震救灾先进个人”称号75名
2008年12月3日	九三学社中央	“抗震救灾先进集体”称号86个 “抗震救灾先进个人”称号198名
2008年12月12日	致公党中央	“中国致公党抗震救灾杰出组织奖”称号5个 “中国致公党抗震救灾先进集体”称号5个 “中国致公党抗震救灾突出贡献奖”称号169名 “中国致公党抗震救灾先进个人”称号894名
2008年12月16日	农工党中央	“抗震救灾先进集体”称号229个 “抗震救灾优秀党员”称号1468名
2008年12月18日	江西省委 江西省政府	“抗震救灾模范集体”称号4个 “抗震救灾模范”称号12名 记个人一等功20名 记个人二等功40名 记个人三等功50名
2008年12月23日	公安部	记集体一等功18个
2008年12月25日	国务院扶贫办	“全国扶贫系统抗震救灾先进单位”称号13个 “全国扶贫系统抗震救灾先进个人”称号20名
2008年12月25日	全国工商联	“抗震救灾先进集体”称号198个 “抗震救灾先进个人”称号197名
2008年12月30日	粮食局	“全国粮食系统抗震救灾先进集体”称号64个 “全国粮食系统抗震救灾先进个人”称号124名
2009年1月4日	中国残联	通报表扬全国残联系统抗震救灾先进集体29个 通报表扬全国残联系统抗震救灾先进个人272名
2009年1月6日	新闻出版总署 （国家版权局）	“全国新闻出版行业抗震救灾先进集体”称号86个 “全国新闻出版行业抗震救灾先进个人”称号45名
2009年1月9日	测绘局	“四川汶川地震抗震救灾测绘保障工作先进集体”称号12个
2009年2月10日	云南省委 云南省政府	“云南省抗灾救灾先进集体”称号16个 “云南省抗灾救灾先进个人”称号77名
2009年5月11日	山西省委 山西省政府	“山西省援川抗震救灾先进集体”称号46个 “山西省援川抗震救灾先进个人”称号62名
2011年10月10日	人力资源社会保障部 发展改革委 解放军总政治部	“汶川地震灾后恢复重建先进集体”荣誉称号200个 “汶川地震灾后恢复重建先进个人”荣誉称号295名

中国人民解放军和中国人民武装警察部队抗震救灾奖励情况一览表

类别	批准机关	奖励项目及数量
单位立功受奖情况	中央军委	“抗震救灾英雄陆航团”荣誉称号1个
	中央军委	一等功2个
	中央军委	二等功1个
	中央军委	三等功4个
	沈阳军区	“赴川抗震救灾模范野战医院”荣誉称号1个
	成都军区	“抗震救灾英雄营”荣誉称号1个
	成都军区	“抗震救灾模范科室”荣誉称号1个
	成都军区	“抗震救灾英雄连”荣誉称号2个
	海军	“抗震救灾尖兵营”荣誉称号1个
	海军	“抗震救灾先锋医疗队”荣誉称号1个
	武警部队	“抗震救灾英雄营”荣誉称号1个
	武警部队	“抗震救灾英雄连”荣誉称号1个
	武警部队	“抗震救灾英雄中队”荣誉称号4个
	军区级以下机关	一等功47个
	军区级以下机关	二等功250个
	军区级以下机关	三等功802个
个人立功受奖情况	中央军委	“抗震救灾英雄战士”荣誉称号1名
	中央军委	一等功2名
	中央军委	二等功1名
	成都军区	“抗震救灾英雄战士”荣誉称号2名
	成都军区	“抗震救灾模范干部”荣誉称号1名
	武警部队	“抗震救灾勇士”荣誉称号2名
	军区级以下机关	一等功102名
	军区级以下机关	二等功1478名

中国人民解放军和中国人民武装警察部队抗震救灾表彰情况一览表

表彰时间	批准机关	表彰项目及数量
2008年5月16日	成都军区联指	“抗震救灾先进单位”8个 “抗震救灾先进个人”2名
2008年5月19日	总参谋部 总政治部 总后勤部 总装备部	“抗震救灾先进单位”17个 “抗震救灾先进个人”3名
2008年5月20日	成都军区联指	“抗震救灾先进单位”10个 “抗震救灾先进个人”8名
2008年5月21日	济南军区	“抗震救灾先进单位”7个 “抗震救灾先进个人”3名
2008年5月26日	武警部队	“抗震救灾先进单位”32个 “抗震救灾先进个人”68名
2008年5月27日	总政治部	“抗震救灾展开救援阶段新闻宣传先进个人”22名
2008年5月27日	总装备部	“抗震救灾先进单位”7个 “抗震救灾先进个人”7名
2008年6月4日	成都军区联指	“抗震救灾先进单位”15个 “抗震救灾先进个人”18名
2008年6月6日	兰州军区	“抗震救灾先进单位”8个 “抗震救灾先进个人”74名
2008年6月19日	总政治部	“抗震救灾先进旅团党委”9个 “抗震救灾先进基层党组织”18个 “抗震救灾优秀党员”23名
2008年6月26日	成都军区联指	“搜寻失事直升机先进单位”18个 “搜寻失事直升机先进个人”3名
2008年7月5日	总政治部	“第二批抗震救灾新闻宣传先进个人”21名

表彰时间	批准机关	表彰项目及数量
2008年7月7日	成都军区联指	“抗震救灾先进单位”23个 “抗震救灾先进个人”26名
2008年7月7日	成都军区联指	“执行唐家山堰塞湖抢险任务先进单位”13个 “执行唐家山堰塞湖抢险任务先进个人”27名
2008年8月18日	成都军区联指	“抗震救灾先进单位”24个 “抗震救灾先进个人”25名
2008年8月18日	南京军区司令部 政治部 联勤部 装备部	“抗震救灾先进单位”7个 “抗震救灾先进个人”27名
2008年9月4日	成都军区	“抗震救灾先进单位”41个 “抗震救灾先进个人”83名
2008年9月12日	总参谋部党委	“总参抗震救灾先进单位”7个 “总参抗震救灾先进个人”20名
2008年9月22日	济南军区	“抗震救灾先进单位”40个 “抗震救灾先进个人”81名
2008年9月26日	广州军区	“抗震救灾先进单位”6个 “抗震救灾先进个人”32名
2008年9月29日	兰州军区	“民兵预备役部队抗震救灾先进单位”17个 “民兵预备役部队抗震救灾先进个人”41名
2008年10月1日	空军	“抗震救灾先进集体”20个 “抗震救灾先进个人”50名
2008年10月7日	海军	“抗震救灾先进单位”9个 “抗震救灾先进个人”20名
2008年10月7日	第二炮兵	“抗震救灾先进单位”20个 “抗震救灾先进个人”61名
2008年10月13日	总后勤部	“抗震救灾先进集体”39个 “抗震救灾先进个人”61名
2008年10月24日	济南军区	“抗震救灾新闻报道和文艺创作先进单位”13个 “抗震救灾新闻报道和文艺创作先进个人”40名
2008年11月28日	兰州军区	“抗震救灾先进单位”10个 “抗震救灾先进个人”56名

编纂始末

为全面、客观、系统地记述汶川特大地震抗震救灾工作，2008年11月6日，国务院在北京召开汶川特大地震抗震救灾志编纂委员会（以下简称全志编委会）成立大会暨第一次全体会议，正式启动了《汶川特大地震抗震救灾志》编纂工作。《汶川特大地震抗震救灾志》共设11个分卷，按照全志编委会的要求和分工，《汶川特大地震抗震救灾志·英雄模范志》（以下简称《英雄模范志》）为第十卷，由人力资源社会保障部牵头组织编纂。

2009年3月，《英雄模范志》编纂委员会成立，编委会主任由中组部副部长、人力资源社会保障部部长兼国家公务员局局长尹蔚民担任，中央纪委常委、秘书长、机关党委书记吴玉良，中组部部务委员兼组织局局长傅思和，中直机关工委副书记赵凯，中央国家机关工委副书记邵旭军，公安部副部长刘金国，人力资源社会保障部副部长、国家公务员局党组书记杨士秋，国资委副主任黄淑和，解放军总政治部组织部副部长陆晓，国务院应急管理办公室主任陆俊华等任编委会副主任；成员包括中央办公厅、中央纪委、中组部、中直机关工委、中央国家机关工委、国务院应急管理办、公安部、国家公务员局、国资委、解放军总政治部、四川省人事厅、甘肃省人事厅、陕西省人事厅共13个单位的负责人。编委会办公室设在国家公务员局，办公室主任由杨士秋兼任。《英雄模范志》编纂工作全面启动后，编委会印发《〈汶川特大地震抗震救灾志·英模人物〉分卷编纂工作实施方案》《〈汶川特大地震抗震救灾志·英模人物〉基本篇目》和《关于报送〈汶川特大地震抗震救灾志·英模人物〉分卷有关材料的通知》，部署各有关部门、省（区、市）展开英模集体和个人基础资料收集和编写工作。4月，《英雄模范志》编委会办公室在北京举办编纂工作培训班，部分编委会委员、各省（区、市）人力资源社会保障部门、中央国家机关有关单位、解放军总政治部等部门近百名人员参加培训。

2010年3月，经过一年的资料收集和编写工作，《英雄模范志》编委会办公室召开编纂工作会议，组织全志专家组成员和编纂人员对报送材料进行初步审改。6月、10月，编委会办公室分别在成都、北京召开编纂工作培训会，针对部分单位报送材料中存在的问题，从志书撰写内容、文字、表述和行文规范等方面，对供稿单位和编纂人员进行培训。12月，编委会办公室组织专家和编纂人员，研究制定《英雄集体简介修改的基本要求》《英模人物简介修改的基本要求》和《英烈传记修改的基本要求》等，汇总整理报送材料，并对初稿进行系统修改。

2011年3—4月，《英雄模范志》编委会办公室多次召开总纂工作研讨会，集中审议有关问题，统一修改意见，提出附录部分编写方案和具体要求，研究整理全书志稿。人力资源社会保障部明电通知，请各单位补充报送开展抗震救灾表彰情况。5月，编委会办公室召开《英雄模范志》专家评审会，由有关参编单位及全志专家组成员参加，全面审议志稿，并对志稿的结构、内容的修改以及附录的选用等问题，形成统一意见。6月，编委会办公室按照专家评审会上形成的意见，对志稿进行全面、系统的调整和修改。7月，人力资源社会保障部办公厅印发通知，就调整修改后的志稿广泛征求中央国家机关、各省（区、市）及新疆生产建设兵团、解放军共100家参编单位和有关专家的意见。9月，编委会办公室对各单位反馈意见进行汇总分析后，再次修改完善志稿，形成初审稿。10月24—25日，编委会办公室在西安组织召开专家初审会，全志编委会办公室、解放军总政治部、解放军西安政治学院、中国作家协会、中国社会科学院等单位有关专家参加初审会，经充分研讨，形成初审意见。《英雄模范志》顺利通过专家初审。11月，在全志编委会办公室的组织指导下，负责《英雄模范志》总纂工作的专家、出版社责任编辑及编委会办公室相关人员汇总吸收初审会专家意见，对志稿进行全面评读和通审通改，之后送交出版社排版，形成复审稿。

2012年3月，《英雄模范志》编委会组建复审专家组，就复审稿征求复审专家组成员和承编单位意见。6月，编委会办公室与全志编委会办公室及有关专家对复审稿进行集中评议。7月，编委会办公室在北京组织召开专家复审会，编委会办公室主任、复审专家组组长杨士秋出席会议，全志编委会办公室、中直机关工委、中央国家机关工委、解放军总政治部、公安部、国资委、四川省公务员局负责同志以及全志专家组有关专家参加复审会。《英雄模范志》通过专家复审。同月，编委会办公室按照复审组评审意见，汇总吸收复审专家和承编单位意见，补充修改复审稿，并再次送印。9月，全志编委会办公室召开全志统稿会议，《英雄模范志》编委会办公室组织部分专家对志稿进行评读，着重解决与各卷之间的重复交叉、歧义等问题。按照专家评读意见，编委会办公室组织专家和编纂人员对志稿进行修改完善。2013年2月，《英雄模范志》通过终审。

在编纂《英雄模范志》过程中，全体编纂人员始终本着对历史、对人民负责的态度，以高度的历史责任感和使命感，把质量视为志书的生命，不断甄别提炼，去粗取精，凝练升华，用直观、翔实的文字记录鲜活的人物事迹，挖掘和丰富抗震救灾英模身上展现的崇高品质和时代风采。他们殚精竭虑、夜以继日，全面审查志书的史实、文字和体例等，确保志书的真实性、准确性、完整性和系统性，为志书的出版付出了艰辛的劳动。作为《英雄模范志》承编牵头单位，人力资源社会保障部高度重视志书编纂工作，尹蔚民部长担任编委会主任，强调志书编纂要把好政治关，坚持质量至上，确保工作进度；杨士秋副部长指导和部署各项编纂工作，多次参加重要会议，提出具体要求。全志编委会对《英雄模范志》给予了充分的关心和指导，把握志书的脉络和方向，中国地方志指导小组办公室党组书记田嘉、副主任邱新立等同志多次出席《英雄模范志》编纂会议，给予指导，并参与志书审核修改工作。13个编委会成员单位和中央国家机关、解放军有关部门及各省（区、市）和新疆生产建设兵团共100家参编单位近千名编纂人员，花费了大量的时间和精力，收集编写了丰富翔实的基础资料，认真审核把关，为志书能够全面、真实反映汶川特大地震抗震救灾期间英模集体和个人的英勇事迹打下了坚实的基础。方志专家齐家璐全程跟踪指导，倾力修改完善，做出了重要贡献。专家姜昆阳、张东升，解放军总政治部傅幼尧，解放军西安政治学院何经耀、张明庆，中国作家协会李朝全，中国社会科学院李晓虹，全志统稿专家吕志毅、苏炎灶、王复兴、武铁良、颜越虎，方志出版社冯松，认真负责、逐篇逐字对志书进行修改，提出了很多有价值的修改意见。国家公务员局考核奖励司承担编委会办公室日常工作，负责组织资料加工整理、培训、协调等工作。薛虹、欧东明、陈祎、张艳、邵锐、张晓科、龚宝瑞、张涛、袁琪、栾勇、于淼、吴瑞祥、陈先郡、金子琦、李德刚、江红波、孙晓东、林日闯、尹浩岚、李晓云、陈静、张强、赵镜、畅达、周根山、安山等同志精心组织、辛勤努力，不计名利、不畏艰苦，虚心向专家学习请教，顺利完成了各个阶段的编纂工作。值此《英雄模范志》付梓之际，谨向所有为《英雄模范志》编纂做出贡献的单位和个人表示诚挚的敬意和感谢!

《英雄模范志》编纂之初即有集体和个人因某种原因未收录事迹材料，编纂工作期间个别人物因特殊原因撤出其事迹材料，但为全面真实反映2008年抗震救灾表彰时的客观情况，未收录事迹材料的集体和个人名单仍列于表彰决定中。

作为全志的重要组成部分，《英雄模范志》是唯一一卷以记述人物为主要内容的志书，因编纂工作涉及部门、人员、行业众多，资料来源繁杂，加之水平所限，问题在所难免，恳请读者批评指正。

《汶川特大地震抗震救灾志·英雄模范志》
编纂委员会办公室
二〇一三年二月

汶川特大地震抗震救灾志　卷十　英雄模范志

编　　者：《汶川特大地震抗震救灾志》编纂委员会
责任编辑：冯　松

出 版 人：冀祥德
出 版 者：方志出版社
地址　北京市朝阳区潘家园东里９号（国家方志馆4层）
邮编　100021
网址　http://www.fzph.org
发　　行：方志出版社发行中心
电话　（010）67110500
经　　销：各地新华书店
设　　计：北京古润文化艺术传播有限公司
排　　版：北京开和文化传播中心
印　　刷：北京华联印刷有限公司

开　　本：889×1194　　1/16
印　　张：56
字　　数：1430千字
版　　次：2015年8月第1版　2015年8月第1次印刷
印　　数：0001～5000册

ISBN　978-7-5144-1578-0　　**定价：**1039.00元